陈兴良刑法学

CHEN XINGLIANG CRIMINAL LAW

● 陈兴良 /著

刑法哲学（第六版）

Philosophy of Criminal Law

中国人民大学出版社

·北 京·

我们的时代是一个反思的时代，崇尚思辨应该成为这个时代的特征。刑法学如欲无愧于这个时代的重托与厚望，必须提高自身的理论层次，引入哲学思维，使刑法的理论思辨成为时代本质的思辨，与时代变革的脉搏跳动合拍。

——题记

总　　序

一个人开始对自己的学术生涯进行总结的时候，也就是学术创造力衰竭的时候。“陈兴良刑法学”这一作品集就是对我的刑法学研究生涯的一个总结，因此也是我的学术创造力衰竭的明证。

刑法学研究是我毕生从事的事业。与刑法学的结缘，始于 1978 年，这年 2 月我以 77 级学生的身份入读北京大学法律学系。1978 年被称为中国改革开放的元年，这一年 12 月召开的中国共产党第十一届三中全会确定了改革开放的方针。至于说到法制的恢复重建，是以 1979 年 7 月 1 日刑法等 7 部法律通过为标志的。从 1949 年到 1979 年，在这 30 年的时间里我国是没有刑法，也没有民法的，更不要说行政法。1979 年刑法是社会主义中国的第一部刑法，从 1950 年开始起草，共计 33 稿，至 1979 年仓促颁布。这部刑法的起草经历了我国与苏联的政治蜜月期，虽然此后我国与苏联在政治上决裂，但刑法仍然保留了明显的苏俄痕迹。同时，从 1950 年代成长起来的我国刑法学家，基本上都是接受苏俄刑法学的学术训练，他们在荒废了 20 年以后回到大学重新执教，恢复的是苏俄刑法学的学术传统，我们是他们的第一批正规学生。1979 年 7 月 1 日通过的刑法，生效日期是1980年1月1日。而根据课程安排，我们这个年级从1979年9月开始学习刑法这门课程。也就是说，我们是在刑法尚未生效的时候开始学习刑法的，课程一直延续到1980年7月。一年时间，学完了刑法的总则与分则。对于刑法，我们只是粗略地掌握了法条，对其中的法理则不知其然，更不用说知其所以然。至于司法实务，更是因为刑法刚开始实施，许多罪名还没有实际案例的发生，所以不甚了然。大学期间，我国学术百废待兴，刚从“文化大革命”中走出来，受到摧残最为严重的法学学科几乎是一片废墟，我们经历了这个过程。现在很难想象，我们在整个大学四年时间里，每一门课程都没有正式的教科书，我们是在没有教科书的情况下完成学业的。也正是如此，我们阅读了大量非法学的书籍，基于本人的兴趣，我更是阅读了当时在图书馆所能借阅的大量哲学著作，主要是西方17世纪以来的，包括英国、法国、德国的哲学著作，对康德、黑格尔的德国古典哲学尤其着迷。因为原来就有一定的马克思主义哲学的基础，所以我对于马克思主义来源之一的德国古典哲学理解起来较为容易。这段阅读经历，在一定程度上培养了我的哲学气质，也对我此后的刑法研究产生了重大影响，我在1980年代后期至1990年代初期的刑法哲学研究，就是这段读书经历的衍生物。我在1981年年底完成的学士论文题目是《论犯罪的本质》，这就是一个具有本体论性质的题目。从这个题目也可以看出当时我的学术偏好。但这篇论文很不成功，只是重复了马克思主义关于犯罪的阶级性等政治话语，缺乏应有的学术性。因此，论文的成绩是良好而没有达到优秀。我的本科刑法考试成绩也只是良好，当时我的兴趣并不在刑法，后来只是因为一个偶然的原因才走上刑法的学术道路。

在我1982年2月大学毕业的时候，正是社会需要人才的时候，我们班级的大部分同学被分配到最高人民法院、最高人民检察院和中央机关，也有部分同学回到各省的高级法院和检察院，还有部分同学到各个高校担任教师，从事学术研究。而我们这些较为年轻的同学则考上了硕士研究生，继续在大学学习。我考上了中国人民大学法律系（从1988年开始改称法学院）研究生，师从我国著名的刑法学家高铭暄教授和王作富教授，开始了我的刑法学习生涯。

1982 年 2 月，我从北京大学来到中国人民大学。中国人民大学成为我接受法学教育的第二所大学。正是在这里，我接受了最为经典的带有明显苏俄痕迹的刑法学的学术训练。我的硕士论文是王作富教授指导的，题目是《论我国刑法中的正当防卫》，这是一篇贴近司法实务的论文，也是我最初的论文写作。该文答辩时是 4 万字，后来扩充到 20 余万字，于 1987 年以《正当防卫论》为书名在中国人民大学出版社出版，成为我的第一部个人专著。到 1988 年 3 月获得法学博士学位的时候，我娴熟地掌握了已经在中国本土化的苏俄刑法学，这成为我的刑法学的学术底色。

1984 年 12 月，我在硕士毕业的时候就已经办理了在中国人民大学法律系留校任教的手续，因此博士学位相当于是在职攻读。当然，当时课时量较少，没有影响博士阶段的学习。1988 年 3 月博士论文答辩获得通过，论文是高铭暄教授指导的，题目是《共同犯罪论》，有 28 万字。这是我第一次完成篇幅较大的论文。博士论文虽然以我国刑法关于共同犯罪的规定为基本线索，但汲取了民国时期所著、所译的作品，例如较多的是日本 20 世纪 30、40 年代的作品，试图将这些学术观点嫁接到我国刑法关于共同犯罪的理论当中。其中，以正犯与共犯二元区分为中心的理论模型就被我用来塑造我国刑法中的共同犯罪的理论形象。后来，我的博士论文被扩充到 50 余万字，于 1992 年在中国社会科学出版社出版。以上在硕士论文和博士论文基础上修改而成的两部著作，是我早期学习以苏俄刑法学为基础的刑法知识的产物，由此奠定了我的学术根基。

从 1984 年开始，我在中国人民大学法学院任教，从事刑法的学术研究。在中国人民大学法学院，我完成了从助教到教授的教职晋升：1984 年 12 月任助教、1987 年 12 月任讲师、1989 年 9 月任副教授、1993 年 6 月任教授、1994 年任博士生导师。及至 1998 年 1 月，我回到母校——北京大学法学院任教。在大学担任教职，培养学生当然是主业。但对于研究型大学的教师来说，学术研究也是其使命之所在、声誉之所系。因此，我将相当的精力投入刑法的学术研究，见证了我国刑事法治的演进过程，也参与了我国刑法学术的发展进程。在我自己看来，我在提升我国刑法研究的学术水平与拓展我国刑法研究的理论疆域这两方面作出了努力，有所贡献。我的研究领域主要在以下五个面向：

（一）刑法哲学

1992年由中国政法大学出版社出版的《刑法哲学》一书，可以说是当时篇幅最大的一部刑法著作，也是我的成名作，这一年我35岁，距离大学本科毕业正好10年。《刑法哲学》一书可以说是我对过去10年学习与研究刑法的总结之作，完成了我对以苏俄刑法学为源头的我国刑法学的理论提升与反思，并且确定了我进一步研究的学术方向。这是我国整个法学界第一部采用哲学方法研究部门法的著作，因而受到瞩目。在《刑法哲学》的基础上，我于1996年在中国方正出版社出版了《刑法的人性基础》一书，并于1998年在中国人民大学出版社出版了《刑法的价值构造》一书。以上三部著作构成了我的刑法哲学研究三部曲，成为我的刑法学术研究的一个独特面向。

我的刑法哲学研究是在一种十分独特的学术生态环境下进行的，也是我在极度贫乏的我国刑法学中试图突破，寻求前途的一种学术能力。如前所述，当我在1980年代中期进入刑法学术界的时候，我国刑法理论还是苏俄刑法学的“拷贝”，当然也结合刚刚颁布的我国刑法进行了一些阐述。但从总体上来说，我国当时的刑法理论是十分肤浅的，这对于正处于知识饥渴阶段的我来说，是很不解渴的。1988年当我获得博士学位的时候，现有的刑法知识我已经完全掌握了。当时我国学术尚未对外开放，在一个自闭的学术环境中，我基于对拘泥于法条的低水平解释的刑法理论现状的不满，以为刑法理论的出路在于从刑法解释学提升为刑法哲学。因此，在刑法哲学的名义下，我对现有的刑法知识进行了体系化的整理，并试图探索我国刑法学的出路。在刑法哲学的三部曲中，《刑法哲学》一书是在对苏俄刑法知识的系统化叙述的基础上，以罪刑关系为中心建构了一个刑法学的理论体系，可以看作是对苏俄刑法知识的哲理化改造。如果说，《刑法哲学》一书还是以叙述刑法本身的知识为主的，那么，《刑法的人性基础》与《刑法的价值构造》两书则是对刑法的形而上的研究，实际上可以归属于法理学著作而非刑法学著作。这是在学术境况晦暗不明的情况下，从哲学以及其他学科汲取知识，寻求刑法学的突破的一种努力。刑法哲学的研究从 1990 年持续到 1996 年，这是我从 33 岁到 38 岁这样一段生命中的黄金季节。尽管刑法哲学的研究给我带来了较高的声誉，但这只是我进入真正的刑法学研究的学术训练期。正是刑法哲学的研究使我能够把握刑法的精神与哲理，从思想的高度鸟瞰刑法学术。

（二）刑法教义学

1997 年我国完成了一次大规模的刑法修订，从这时起，我将学术目光转向刑法条文本身。1997 年 3 月，我在 40 岁的时候于中国人民公安大学出版社出版了《刑法疏议》一书，这是一部以法条为中心的注释性的刑法著作，是我从刑法哲学向刑法解释学的回归。《刑法疏议》一书中的“疏议”一词，是一个特定的用语，不仅仅具有解释的意思，而且具有疏通的含义。我国唐代有一部著名的著作，称为《唐律疏议》，流传千古，被认为是我国古代最为重要的律学著作。《刑法疏议》这个书名就带有明显的模仿《唐律疏议》的色彩，这也表明我试图从我国古代律学中汲取有益的知识。我国古代的律学，是一门专门的学问。律学与现在的法学还是有所不同的，法学是清末从国外移植的学术，主要是从日本，以及通过日本而吸收德国的刑法知识。因为该书是对刑法条文的逐条注释，随着时间的推移，该书的内容很快就过时了。该书成为我的著作中唯一一部没有修订再版的著作，这次也同样没有收入“陈兴良刑法学”作品集。

2001 年我在商务印书馆出版了《本体刑法学》一书，这是继《刑法疏议》之后又一部关注刑法本身的著作。但《本体刑法学》完全不同于《刑法疏议》：后者是逐条逐句地注释刑法条文的著作；前者则是没有一个刑法条文，而以刑法法理为阐述客体的著作。《本体刑法学》是《刑法疏议》的后续之作，力图完成从法条到法理的提炼与升华。《本体刑法学》这个书名中的“本体”一词来自康德哲学，具有物自体之义。我将法条视为物之表象，把法理看作是隐藏在法条背后的物自体。因此，《本体刑法学》是纯粹的刑法之法理的叙述之作。这里应该指出，在整个1980年代我国刑法学还是在一种与世隔绝的状态下进行学术研究的。只是从1990年代初开始，随着我国对外开放，与国外的学术交流也随之展开。尤其是英美、德日的刑法学译著在我国的出版，为我国刑法学者打开了一扇学术之窗。从刑法的对外学术交流来看，最初是与日本的交流，后来是与德国的交流，这些都在相当程度上为我国的刑法学研究提供了学术资源。刑法学界开始对我国传统的刑法学进行反思，由此开启了我国当代的刑法知识的转型之路。

2003年我在中国政法大学出版社出版了《规范刑法学》一书，这是我的第一本刑法教科书，或者也可以称为刑法体系书。该书以我国的刑法条文为中心线索，完整地展开对刑法总论和刑法各论的知识铺陈，以适应课堂教学的需要。该书到目前已经出版了第三版，篇幅也做了较大规模的扩充。《规范刑法学》对于刑法总则的法理阐述是较为简单的，其重点是对刑法分则的分析。我国刑法是一部所谓统一的刑法典，所有罪名都规定在一部刑法之中，有近500个罪名，其他法律中都不能设立罪名。《规范刑法学》对这些罪名逐个进行了构成要件的分析。对于重点罪名分析得尤为详细，这对于正确把握这些犯罪的法律特征，具有一定的参考价值。除了刑法规定以外，我国还存在司法解释制度，即最高人民法院和最高人民检察院可以就审判与检察中涉及的法律适用问题作出解释。这种解释本身就有法律效力，可以在判决书中援引。自从刑法实施以来，最高人民法院和最高人民检察院作出了大量的司法解释，这种解释实际上成为一种准法律规范。《规范刑法学》一书中所称的“规范”，不仅包括刑法规定，而且包括司法解释。因此，《规范刑法学》尽可能地将司法解释融合到法理叙述当中，并且随着司法解释的不断颁布该书也不断进行修订。

2010年我在中国人民大学出版社出版了《教义刑法学》一书，这是一部以三阶层的犯罪论体系为中心线索，并对比四要件的犯罪论体系，系统地叙述德日刑法知识的著作。该书所称的教义刑法学，是指教义学的刑法学。该书以教义或曰信条（Dogma）为核心意念，以三阶层的犯罪论体系为逻辑框架，在相当的深度与广度上，体系性地叙述了刑法教义的基本原理，充分展示了以教义学为内容的刑法学的学术魅力。该书对三阶层的犯罪论体系和四要件的犯罪构成理论进行了比较研究，是对三阶层的犯罪论体系的本土化的知识转换，为引入三阶层的犯罪论体系清理地基创造条件。该书是我为推动我国当代刑法知识的转型，以德日刑法知识取代以苏俄刑法学为底色的刑法知识所做的一种学术努力。

（三）刑事法治

1998年对于我来说又是人生道路上的一个转折点，这一年1月我回到了母校——北京大学法学院任教。与此同时，从1997年到1999年我在北京市海淀区人民检察院兼职担任副检察长，这段挂职经历使我进一步了解司法实务工作，尤其是对于我国刑事诉讼程序的实际运作情况有了切身的了解，这对于我此后进行的刑事法治研究具有重要助益。这也在一定程度上使我的学术视野超出刑法学，建立了刑事一体化，即整体刑法学的观念，从而开阔了理论视域。2007年我在中国人民大学出版社出版的《刑事法治论》一书，就是这一方向的努力成果。这是一部面向法治现实之作，而且是以刑事司法实际运作为结构，贯穿了刑事司法体制改革的中心线索。该书讨论了刑事法治的一般性原理，基于刑事法治的理念，我对警察权、检察权、辩护权和审判权都进行了法理探究：寻求这些权力（利）的理性基础，描述这些权力（利）的运作机理，探讨这些权力（利）的科学设置。同时，我还对劳动教养和社区矫正这两种制度进行了研究。尤其是劳动教养，它是中国独特的一种带有一定的保安处分性质的制度。但由于保安处分的决定权被公安机关所独占，其被滥用日甚一日。我在该部分内容中明确提出了分解劳动教养，使其司法化的改革设想。

刑事法治，是我在过去20多年时间里始终关注的一个现实问题，也是基于对我国的社会现状所进行的刑事法的理论思考，为推进这个领域的法治建设所做的一份学术贡献。尽管现实与理想之间存在巨大的差距，这种差距难免使我们失望，但学术努力仍然是值得的。我国目前正处在一个法治国家建设的关键时刻，既需要改革的勇气，也需要改革的思想。

（四）刑法知识论

2000年我在《法学研究》第1期发表了《社会危害性理论：一个反思性检讨》一文，这是我对深受苏俄影响的我国刑法学反思的开始。社会危害性是苏俄刑法学中的一个核心概念，被认为是犯罪的本质特征。正是在社会危害性的基础之上，建构了苏俄刑法学的理论体系。我国刑法学也承继了社会危害性理论，以及在此基础上的四要件的犯罪构成体系，由此形成我国刑法学的基本理论框架。对社会危害性理论的批判，成为我对苏俄刑法学的学术清算的切入口。2006年我在《政法论坛》第5期发表《刑法知识的去苏俄化》一文，明确地提出了去除苏俄刑法知识的命题，从知识社会学的角度展开对苏俄刑法学的批判，并对我国刑法知识的走向进行了探讨。其结论反映在我发表在《法学研究》2011年第6期的《刑法知识的教义学化》一文当中，这就是吸收德日刑法知识，建构我国的刑法教义学知识体系。在这当中，完成从苏俄的四要件到德日的三阶层的转变，可以说是当务之急。当然，我国的知识转型并没有完成，四要件的犯罪构成体系仍然占据着通说的地位，但三阶层的犯罪论体系已经开始普及，走向课堂，走向司法。围绕着以上问题的思考，我于2012年在中国人民大学出版社出版了《刑法的知识转型（学术史）》和《刑法的知识转型（方法论）》两书，为10年来我对我国刑法知识的研究画上了一个句号。刑法知识论的研究，使我从具体的刑法规范与刑法法理中抽身而出，反躬面向刑法学的方法论与学术史。这是一个刑法学的元科学问题，也是我的刑法学研究的最终归宿。

（五）判例刑法学

在我的刑法研究中还有一个独特的领域，这就是判例刑法学。我国传统的刑法学研究都是以刑法的法条为中心的，这与我国存在司法解释制度但没有判例制度具有一定的关联性。然而，判例对于法律适用的重要性是不言而喻的。因此，深入的刑法学研究必然会把理论的触须伸向判例。前些年，我国虽然没有判例制度，但最高人民法院公报以及最高人民法院刑事审判庭出版的案例选编等司法实际素材，为刑法的判例研究提供了可能性。我在法学院一直为刑法专业的硕士生开设案例刑法研究的课程，作为刑法总论与刑法各论学习的补充，受到学生的欢迎。在这种情况下，我以最高人民法院刑事审判庭出版的有关案例为素材，进行判例刑法学的研究，于2009年在中国人民大学出版社出版了《判例刑法学》（上下卷）一书。该书从案例切入，展开法理叙述，将案例分析与法理研究融为一体，成为刑法学研究的一个新面向。

2010年中国正式建立了判例制度，这是一种具有中国特色的判例制度，称为案例指导制度。这种判例制度完全不同于德日国家的判例制度，它是以最高人民法院不定期颁布指导性案例的方式运行的。最高人民法院颁布的指导性案例在下级法院审判过程中具有参照的效力。这里的参照，既非具有完全的拘束力，又不是完全没有拘束力，而是具有较弱的拘束力。这些指导性案例虽不能在判决书中援引，但判决与指导性案例存在冲突的，可以作为上诉的理由。尽管这一案例指导制度仍然具有较强的行政性，它是以颁布的方式呈现的，而不是在审判过程中自发形成的规则秩序；但它毕竟是一种新的规则提供方式，对于我国司法实践具有重要的意义。判例制度的关键功用在于通过具体判例形成具有可操作性的司法裁判规则，因此，对于裁判规则的提炼是一项重要的工作。我作为首席专家，从2010年开始承担了《中国案例指导制度》的国家社科重大项目，并于2013年年初在北京大学出版社出版了《人民法院刑事指导案例裁判要旨通纂》（上下卷）一书。该书在对既有的刑事指导案例进行遴选的基础上，提炼出对于刑事审判具有指导意义的裁判要旨，并对裁判要旨进行了法理阐述，以此为司法机关提供参考。

刑法学属于部门法学，它与公民权利具有密切的联系。因此，刑法学者不仅是一个法条主义者，更应该是一个社会思想家；既要有对于国家法治的理想，又要有对于公民社会的憧憬；既要有对于被害人的关爱之情，又要有对于被告人的悲悯之心。

罪刑法定主义是我所认知的刑法学的核心命题：它是刑法的出发点，同时也是刑法的归宿。在我的刑法理论研究中，罪刑法定主义占据着极为重要的位置。中国 1979 年刑法并没有规定罪刑法定原则，反而在刑法中规定了类推制度。及至 1997 年刑法修订，废弃了类推制度，规定了罪刑法定原则，由此而使中国刑法走上了罪刑法定之路。在我国刑法规定罪刑法定原则的前后，我先后撰文对罪刑法定主义进行了法理上的深入探讨。这些论文编入《罪刑法定主义》一书，由中国法制出版社于 2010 年出版。在该书的封底，我写了这样一句题记，表达了我对罪刑法定主义的认知："罪刑法定主义：正义之所归，法理之所至。"罪刑法定主义应当成为刑法的一种思维方式，并且贯穿于整个刑法体系。我国刑法虽然规定了罪刑法定原则，但这只是一个开端，还会经历一段罪刑法定司法化的艰难进程。在相当一个时期，我国刑法学者还要为实现罪刑法定原则而奋斗。

整体刑法学的研究也是值得提倡的。李斯特提出了整体刑法学的命题，这对于今天我国的刑法学研究仍然具有指导意义。北京大学法学院教授、我的前辈学者储槐植教授提出了刑事一体化的思想，追求刑法的内在结构合理（横向协调）与刑法运行前后制约（纵向协调）。作为一种方法论，刑事一体化强调各种刑法关系的深度融合。应该说，整体刑法学与刑事一体化都是从系统论的角度看待刑法，反对孤立地研究刑法，提倡把刑法置于整个法律体系与社会关系中进行分析。对于这样一种刑法研究的方法论，我是十分赞同的。因为刑法本身的研究领域是较为狭窄的，必须拓宽刑法的研究领域，并且加深刑法的研究层次。对于刑法，应当以教义学为中心而展开。如果说，刑法教义学是在刑法之中研究刑法，那么，还需要在刑法之上研究刑法的刑法哲学、在刑法之外研究刑法的刑法社会学、在刑法之下研究刑法的判例刑法学，等等。除了对刑法的学理研究以外，刑法学者还应当关注社会现实，关注国家法治建设。只有这样，才能使刑法学不仅是一种法教义学，而且具有经世致用的功效。

刑法是具有国别的，刑法效力是具有国界的；然而，刑法知识与刑法理论是具有普世性的，是可以跨越国界的。因此，我始终认为我国刑法学应当融入世界刑法学的知识体系中去，而不是游离于世界刑法学之外。在这种情况下，我国应当向德、日、英、美等法治发达国家学习先进的刑法理论。相对而言，由于历史的原因，我国借鉴的是大陆法系的法律制度，包括法律技术与思维方法。因此，吸收与汲取德日刑法知识是更为便利的。从1980年代以来中国刑法学演进的路径来看，其也是在学术上的对外开放当中发展起来的。最初是引进日本的刑法知识，后来是引进德国的刑法知识；开始是以引进刑法总论知识为主，后来逐渐引进刑法各论知识；从翻译出版刑法体系书（教科书），到后来翻译出版刑法学专著，经历了一个发展过程。这些来自德日的刑法知识对于中国刑法学的发展起到了重要的促进作用，推动了我国刑法学的发展。我国学者将这些舶来的刑法知识用于解决中国刑事立法与刑事司法中的问题，其实践功能也是十分明显的。可以说，我国刑法学正在融入德日刑法知识的体系之中。

“陈兴良刑法学”作品集将对已经出版的个人著作进行修订整理，陆续出版。我的著作初期散落在各个出版社，首先要对各个出版社的编辑在我的著作出版过程中付出的辛勤劳动，表示衷心感谢。自2006年起，我的著作列入中国人民大学出版社的“中国当代法学家文库”，出版了20余种。现在，我的个人专著以“陈兴良刑法学”的名义修订出版，作为本人学术生涯的一个总结。对于中国人民大学出版社的编辑在我的著作出版过程中的敬业、细致和认真的职业精神，表示敬意。30年来以学术为旨归，以写作为志业，虽劳人筋骨，伤人心志，亦执着以求，守职不废。这对于一个学者来说，当然是本分。然此盈彼亏，心思用于学问多，则亏欠家人亦多。因此，对于夫人蒋莺女士长久以来对我的理解与襄助，深表谢意。

自从1987年我在中国人民大学出版社出版第一本个人专著《正当防卫论》以来，正好30年过去了。这30年是我学术研究的黄金时节，在此期间，出版了数十种个人专著，主编了数十种著作以及两种连续出版物，即《刑事法评论》（40卷）和《刑事法判解》（9卷），发表了数百篇论文。收入“陈兴良刑法学”的，是我在这30年间出版的个人专著，共计以下14种，分为18卷（册），计一千余万字：

1.《刑法哲学》

2.《刑法的人性基础》

3.《刑法的价值构造》

4.《刑法的知识转型（方法论）》

5.《刑法的知识转型（学术史）》

6.《刑事法治论》

7.《正当防卫论》

8.《共同犯罪论》

9.《刑法适用总论》（上卷）

10.《刑法适用总论》（下卷）

11.《规范刑法学》（上册）

12.《规范刑法学》（下册）

13.《判例刑法学》（上卷）

14.《判例刑法学》（下卷）

15.《本体刑法学》

16.《教义刑法学》

17.《口授刑法学》（上册）

18.《口授刑法学》（下册）

学术是一个逐渐累积的过程，每个人都只是一门学科所形成的知识链中的一个节点。我作为从20世纪80年代开始登上我国刑法学术舞台的学者，学术生命能够延续到21世纪20年代，正好伴随着我国刑事法治的恢复重建和刑法学科的起死回生，以及刑法知识的整合转型，何其幸也。“陈兴良刑法学”所收入的这些作品在刑法学术史上，都只不过是“匆匆过客”。这些作品的当下学术意义日渐消解，而其学术史的意义日渐增加，总有一天，它们会成为刑法学术博物馆中的古董摆设，这就是历史的宿命。

在“陈兴良刑法学”作品集的编辑过程中，总有一种“人书俱老”的感叹。

我知道，这里的“书”并不是一般意义上的书，而是指书法的“书”。但在与“人”的对应意义上，无论对这里的“书”作何种理解都不重要，而对“俱老”的意识和体悟才是最为真实和深刻的。对于一个写作者来说，还有什么比亲笔所写的书，伴随着自己一天天老去，更令人激动的呢？

最后，我还要感谢中国人民大学出版社对我的厚爱。如前所述，我的第一本专著《正当防卫论》就是1987年在中国人民大学出版社出版的。从2006年开始人大出版社将“陈兴良刑法研究系列”纳入“中国当代法学家文库”，这次又专门为我出版“陈兴良刑法学”作品集。我还要感谢北京冠衡刑辩研究院院长刘卫东律师为作品集的出版慷慨解囊，提供资助。作为我指导的法律硕士，刘卫东在律师从业生涯中践行法治，成为业界翘楚。为师者，我感到十分荣幸。

是为序。

陈兴良

谨识于北京海淀锦秋知春寓所

2017年9月1日

出版说明

《刑法哲学》一书自1992年初版，先后经历五版，这次纳入“陈兴良刑法学”丛书，已经是第六版。在我所有的著作中，本书是版次最多的一部作品。

《刑法哲学》对于我来说，是承前启后的一部作品。所谓承前，是指本书具有将我此前的研究成果集大成的性质，是对我从1982年初考入中国人民大学刑法专业攻读硕士学位以来10年间学习和思考刑法的总结。所谓启后，是指为我此后一个时期的刑法理论研究开辟了一条道路。《刑法的人性基础》和《刑法的价值构造》就是在此基础上进行研究的成果。因此，我对《刑法哲学》这部作品还是很有感情的。当然，这毕竟是25年前的论著，无论是资料还是观点现在都已经过时了，这是不能不承认的。本书之所以还有必要再次出版，更多的还是具有学术史的意义。

《刑法哲学》的内容既包括对刑法的形而上思考，又包括对刑法的制度性与规范性、立法论与司法论的思考。因此，从某种意义上说本书的内容较为庞杂，尤其是当时所采取的体系性思考，明显具有人为雕琢的痕迹，这是需要检讨的。

当然，物是人非，现在已经没有必要再做改动，这只不过是一种过去的征表而已。

陈兴良

谨识于北京海淀锦秋知春寓所

2017 年 9 月 5 日

第五版前言

《刑法哲学》自从 1992 年出版以后，有过一次重印、三个修订版，此次属于第五版，改由中国人民大学出版社出版。

《刑法哲学》成书于 20 世纪 90 年代初期，此后虽然经过几次修订，但只是局部的、个别的修订，大体上还是保留了初版时的原貌。这次改版，对于如何进行修订也颇为踌躇。现在看来，进行大规模的修订已经是不太可能。就像一座年代已久的建筑物，地基和框架是难以拆的，否则就是重建了。充其量，也只能对外观做一些装饰性的修补工作。对于一本书的修订来说，也是如此。《刑法哲学》一书是在我国 20 世纪 80 年代刑法理论研究成果的基础之上写就的，本书所引用的资料，无论是国内的还是国外的，都是当时我所能见到的。我是根据这些资料建构本书的刑法理论体系的，现在这些资料都已经陈旧了，如果完全替换，则无异于该书的改写，但这显然是不可能的。因此，本书第五版只对个别法条进行了替换，其他内容基本保持不动。

《刑法哲学》一书可以说是我的成名作，代表了当时我的学术水平，同时也给我带来了学术荣誉。本书于出版后的第三年，即 1995 年，荣获国家教委全国高等学校人文社会科学研究优秀成果二等奖。更意想不到的是，本书于出版二十年之际，即2012年，又荣获中国人民大学吴玉章基金委员会第六届吴玉章人文社会科学一等奖。当然，这些荣誉只能代表过去，而我国刑法理论却一路前行，早已使本书成为一本速朽之作。确实，虽然《刑法哲学》成书的年代至今只有二十多年，期间我国刑法学的进步却是难以想象的。在这个意义上说，一本书的速朽，恰恰是这个学科迅速发展的明证。《刑法哲学》一书见证了我国刑法学科的崛起和演进，这是令人振奋的。因此，即使本书已经落伍，不再是刑法学科的前沿性成果，这依然是值得高兴的。这种高兴，也许只有用毛泽东的诗句“待到山花烂漫时，她在丛中笑”来表达。

《刑法哲学》现在之所以还有必要再版，是因为通过它可以还原我国刑法学所走过的这段崎岖之路。20世纪80年代我刚进入刑法这个学科的时候，可以说是一片学术荒芜。在刑事立法与刑事司法的推动下，我国刑法学前辈开始了筚路蓝缕的创业，开启了我国刑法学的发展之路。我们这一代刑法学者就是在这样一个学术背景下，加入到刑法理论队伍中的。《刑法哲学》是我的一个作品，也是我在当时对刑法的感悟。当时的我虽然青涩，却也如初生牛犊般的胆大，在没有现成范本可以参考的情况下，试图建立一个刑法学体系。现在，年近六秩的我，早已抛弃了对体系的追求，更注重对德日刑法学的传承与发展。这就是从刑法哲学向刑法教义学转变的心路历程，这既是我个人的学术发展轨迹，也是我国刑法学的成长历史进程。在这个意义上，《刑法哲学》不仅对于我本人是一个刑法学术研究的起点，对于我国刑法学，也是在其学术发展过程中不能绕过的一个节点。这就是《刑法哲学》一书所具有的学术史的意义，这也是本书还有出版价值的原因之所在。

是为第五版前言。

陈兴良

谨识于北京海淀锦秋知春寓所

2015年4月2日

第四版前言

顷接出版社通知，《刑法哲学》修订 2 版已经售罄，拟请我修订后再版。为此我又重新翻阅拙作，方知修订 2 版印行已三载。在此期间，我先后出版了《本体刑法学》（商务印书馆 2001 年版）和《规范刑法学》（中国政法大学出版社 2003 年版），由此而对刑法学产生了新的感悟。回想起写作《刑法哲学》一书的时候，我国刑法理论正处于经过十年积累蓄势待发之际，初生牛犊的我无知无畏地构造了一个罪刑关系中心论的刑法哲学理论体系。在初版前言中，我提出以下这样一个命题："从体系到内容突破既存的刑法理论，完成从注释刑法学到理论刑法学的转变，这就是我们的结论。"这一命题的提出是出于对当时刑法学理论研究现状的不满，并成为我撰就《刑法哲学》一书的动因。现在看来，这一命题是偏颇的，实际上注释刑法学和理论刑法学是并存关系，理论刑法学不能取代注释刑法学。因此，"从注释刑法学到理论刑法学的转变"应当修正为从注释刑法学到理论刑法学的提升。虽然在该书的后记中我提出了刑法学中理论层次区分的观点，但《刑法哲学》一书本身还是一个注释刑法学与理论刑法学混杂在一起的知识体系。正是在这个意义上说，《刑法哲学》尚不是真正意义上的刑法哲学。我这样说，并不是否定该书的学术地位，恰恰正是《刑法哲学》一书奠定了我的学术基础。从《刑法哲学》一书出发，我开始了真正意义上的刑法哲学研究，先后出版了《刑法的人性基础》（中国方正出版社1996年版）和《刑法的价值构造》（中国人民大学出版社1998年版）。这些是我最具个性的研究成果，也是我仍然将努力研究的一个领域。刑法哲学的研究对于提升我国的刑法学术水平是具有重要意义的，当然它不是刑法学理论之全部。因此，当刑法哲学的研究告一段落的时候，我又回归注释刑法学。在不满足于对刑法的简单注释之心的驱使下，我提出了本体与规范这样一对范畴，从而将刑法学区分为本体刑法学与规范刑法学。前者是对刑法的法理阐述，后者是对刑法的规范审视。《本体刑法学》与《规范刑法学》就是这一阶段的研究成果，它具有完全不同于刑法哲学的学术价值。通过以上两个领域的学术研究，使我能够全面掌握刑法理论。《刑法哲学》一书的写作成为我的刑法理论研究的起点，至今难以忘怀。

在《刑法哲学》一书的后记中，我还提出了“专业槽”的概念，这一概念后来引起广泛争议是我始料不及的。当时之所以提出这一概念，是有感于刑法理论的浅显，没有形成独立的学术品格。随着刑法专业槽的建构，我期望刑法专业知识自成一体，刑法研究者形成学术共同体。质言之，专业槽就是强调刑法的学术性，除此以外别无他意。当然，“非经严格的专业训练，不能随便伸进头来吃上一嘴”的表述容易引起误解，这也是事实。但是，专业槽绝无学术垄断之义，因为专业槽面前人人平等，只要经过刑法的专业训练就能进入专业槽从事刑法理论研究，否则会被拒之槽外。因此，专业槽之说并不与学术自由相矛盾，而恰恰是为了保障刑法理论研究在共同的信念与共许的前提下开展。唯有如此，才能形成学术共同体。我所从事的刑法理论研究，正是刑法专业槽建构的努力之一。因此，现在我仍然坚持专业槽的概念，并为改变刑法专业槽的浅显与宽泛，提升刑法的学术水平而继续奋斗。

此次修订，只是改正了一些错别字，调整了注释，并对个别引语和表述做了改动，而没有进行大幅度的修改，特此说明。

陈兴良

2003年10月19日

谨识于北京锦秋知春寓所

第三版前言

值此新旧世纪交替之际，对拙著《刑法哲学》再作一次修订，使我百感交集。本书写于 1991 年，是我在学术研究道路上弃旧图新的一本标志性著作，在我的治学生涯中占据着重要位置。现在看来，这本书的幼稚性是显而易见的。我以为，本书以下几点是值得反思的：其一，形式的体系性。《刑法哲学》一书具有明显的体系性特征，这反映出当时我对体系性构造的追求。体系作为一种思想的表达形式，自有它的长处，这就是逻辑性。当然也存在不足之处，这就是造作性。现在看来，《刑法哲学》一书的体系性叙述，虽然将我对刑法的一些思考纳入其中并恰当地表达出来，功不可没，但也包含着太多的人为建构的痕迹，局限性也极为彰显。其二，内容的庞杂性。《刑法哲学》一书涉及刑法理论各个领域的内容，在主导思想上是意图将注释刑法学转变为理论刑法学。但当时对刑法知识形态缺乏整体掌握，因此在内容上未能真正将注释刑法学与理论刑法学加以厘清，而是使两者混杂在一起，难免两败俱伤。尽管《刑法哲学》一书存在上述形式与内容两个方面的缺憾，本书毕竟是我对当时刑法理论的一次总清理，并在一定程度上为此后的刑法哲学研究开辟了道路，因此，在我本人的学术经历中确是具有里程碑的意义。如果说，《刑法哲学》一书现在还有某些值得肯定的地方，那也只是在于它第一次表达了突破既存的刑法理论，建立某种刑法学体系新框架的愿望，并大胆地做了尝试。作为一种理论探索，这种冒险精神是值得嘉许的。

可以说，《刑法哲学》是我的学术研究的一个起点，此后的理论研究都是由此承续的。无论是《刑法的人性基础》还是《刑法的价值构造》，都是在《刑法哲学》的基础上进一步研究的结果。可以说，没有《刑法哲学》，也就没有后两本书的写作。通过对法学知识形态的考察，我现在将法学知识形态分为三个领域：一是在法之中研究法，这就是规范法学，即法理学；二是在法之上研究法，这就是价值法学，即法哲学；三是在法之外研究法，这就是事实法学，即法社会学。对于刑法学也可作如此区分，因此，除刑法哲学研究的进一步深入以外，我想对《刑法哲学》一书中的规范内容加以展开，形成本体刑法学，由此使《刑法哲学》一书中的理论命题进一步深入。

这次修订，只是一些技术上的处理，未作伤筋动骨的大手术。因为，《刑法哲学》一书毕竟已经成为过去，还是尊重历史为好。因此，除个别地方以外，对基本观点未加改动。人的研究是不断进展的，而著作，作为人的作品则是静止的，因而它只能反映作者在某一阶段的理论研究状况。对于我来说，《刑法哲学》只是治学经历中留下的一个脚印。我希望刑法研究后来者能够跨过这个脚印，进入到一个更高的学术境界。当有一天，《刑法哲学》只具有学术史的价值，对于实定刑法研究没有任何现实意义的时候，它就算完成了自己的历史使命。

陈兴良

2000 年 1 月 25 日

谨识于北京西郊稻香园寓所

第二版前言

随着 1997 年 3 月刑法修订的完成，《刑法哲学》的修订工作也提上了议事日程。由于《刑法哲学》一书涉及一些较为具体的刑法问题，尤其是刑罚本体论一编，涉及刑罚改革问题。随着 1997 年《刑法》(修订案) 的颁布，需要加以修订并根据立法的发展在内容上加以增补并作出理论上的评价。因此，《刑法哲学》的修订是必要的，使之能够跟上立法的进展。

对本书修订时，我曾经考虑过两个方案：第一个方案是伤筋动骨，把本书拆为两本书：一是保留对刑法的哲理探讨部分，具体地说，是指第一～五章、第十一～十五章、第二十一、二十二、二十七章，删除其中的法条，改造成为一本“没有法条的刑法书”，使之上升为一本自然法意义上的刑法哲学著作，书名为《刑法的本体展开》，以便与此后出版的《刑法的人性基础》、《刑法的价值构造》相协调。二是将其他内容经过调整充实形成另一本书，书名为《理论刑法学》，作为比刑法哲学低一个层次的刑法专业著作。这一方案设计的考虑是：《刑法哲学》一书体系过于庞杂，在内容上将刑法的哲理探讨与学理探讨两个方面夹杂在一起，两败俱伤。若能拆开，则更为完美。第二个方案是小修小改，基本上维持本书原状，只是根据刑法修订的情况作出必要的修改。对于上述两个修订方案，从我主观上来说是更倾向于第一个方案，而且做起来并不难，两书的篇幅也都能保持在40万字左右，作为一本学术著作，篇幅亦已足够。但这一方案在征求意见时受到反对，主要是《刑法哲学》作为一本书已经成为一种现实，并且获得了一定的声誉，产生了一定的影响。将它改造成两本书，连《刑法哲学》的书名也消失了，似乎是对《刑法哲学》一书的生命的一种扼杀。而且，本来是一本书，莫名其妙又变成了两本书，以为你又重新创作了两本书，易使已有《刑法哲学》一书者误购，容易招致骂名。经过慎重考虑，我尽管不太情愿，但从尊重历史出发，还是接受了第二个方案，只对本书作简单的修改，尽量维持这本书的原貌。

在《刑法哲学》一书的修订中，我想起学术著作的命运问题。一本书就是一个生命，人求长寿，书亦如此，不希望是短命的、很快就被人们遗忘的。当然，这里命的长短都是相对的，因为永恒毕竟是相对的。但法学著作，尤其是部门法学的著作，在一定程度上依附于法律文本，不仅取决于自身的学术水平，而且还在很大程度上受制于法律文本。一部法律的修改，甚至一个司法解释的颁布，都会影响到一部法学著作的命运。因此，法学著作似乎更是命运多舛，更为短命，这无疑是法学著作的悲哀，也是它的宿命。但同是法学著作，超越法律文本的法哲学著作更具有一种永恒的价值。众所周知，意大利著名刑法学家贝卡里亚的不朽著作《论犯罪与刑罚》，虽区区6万字，距离1764年出版已经二百多年过去了，但至今仍被奉为经典，将来还会流传下去。它没有援引一个刑法条文，但却将刑法原理分析得淋漓尽致，并创立了刑事古典学派。由此可见，法哲学著作由其超越法律文本的特点所决定，较少受到法律更迭的影响，相对来说更具永恒性。但是，法哲学著作毕竟是少数，法学著作大多还是以一定的法律文本为内容的，因而会随着法律文本的修改而过时。在这种情况下，法学著作也需要随之修订不断补充内容。例如，在刑法领域，《肯尼刑法原理》可以说是一本解释英美刑法的名著。顾名思义，这本书应该是肯尼所著，但当它被修订到13版的时候，著者已经不是肯尼，而是西赛尔·特纳。由此，《肯尼刑法原理》一书获得了较为长久的生命力，这种生命力来自不断地修订。在当前中国市场经济的氛围中，功利思想、短期行为甚为流行，学术研究也不能不受其影响。在这种情况下，更需要学者安下心来，专心致志地研究一些问题，使学术之薪火得以传递。为此，需要追求学术的永恒性，写出一些具有较强生命力的学术著作，这是我们这一代学人的使命。

《刑法哲学》一书写于 1991 年，出版于 1992 年，至今已经五六年过去了。我对《刑法哲学》一书虽然并不满意，觉得它徒有“虚名”，还不能算是严格意义上的刑法哲学著作，但它毕竟是刑法哲学研究的开创之作。正是不满足于此，我于 1994 年写就了《刑法的人性基础》（中国方正出版社 1996 年版），于 1996 年写就了《刑法的价值构造》（中国人民大学出版社 1998 年版），完成了刑法哲学三部曲。这一研究也许会持续下去，希望还会有刑法哲学第四部问世。由此可见，学术研究是没有止境的，相形见绌的只是我们个人的学术生命。

陈兴良

1997 年 4 月 22 日

谨识于北京塔院寓所

重印前言

《刑法哲学》一书出版至今已经四年，此次仍为重印。该书虽然是我对刑法十年所思之积聚，由于学识所限，书中难免留下雕刻的痕迹。该书出版以后，受到我国法学界的一致好评，并于1995年被评为全国高等学校首届人文社会科学研究优秀成果二等奖。

在《刑法哲学》的前言中，我曾经写道："当将来有一天，理论的思考更为成熟的时候，回过头来看这本书，或许会为以往的幼稚而感到脸红，并为以往的大胆而感到后怕。"实际上，这本书一出版，我自己就已经十分不满意了，并力图在理论上超越《刑法哲学》。在这种情况下，我于1994年完成了《刑法的人性基础》（中国方正出版社1996年版）一书，以此作为刑法哲学第二部。我将在这条艰难的探险之路上继续前行，或许还会有刑法哲学第三部出版。但《刑法哲学》毕竟是这一探险的起点，它使我迈出了关键性的第一步，因而弥足珍贵。

钱钟书先生曾言："大抵学问是荒江野老屋中二三素心人商量培养之事。"如此说来，做学问难免要坐冷板凳，不甘寂寞难以成就大学问。在当前世俗社会里，学问显得不合时宜，甚至成为一种奢侈。尽管如此，潜心向学仍是我的不矢之志。在《刑法哲学》重印之际，特缀以上数语，略抒胸臆。

陈兴良

1996 年 1 月 4 日谨识于北京塔院迎春园寓所

初版前言

经过了将近二十年的寂静之后，随着我国第一部刑法的颁行，刑法学在各部门法学中一马当先，首先跨越了历史的断裂层，顾不得抹去长久的冬眠而残存在心灵上的噩梦，以一双不太适应的眼睛迎接理性的光芒，很快在法苑中立住了脚跟，恢复了大刑法昔日的自信，并睨视着其他尚在草创之中的部门法学，俨然以老大自居。可是突然有一天，随着社会主义市场经济的发展和对外开放的客观需要，民法、经济法、国际私法等部门法学雨后春笋般地蓬勃发展起来，如同旭日东升，被人喻为朝阳学科。相形之下，刑法学黯然失色，似乎刑法学的黄金季节已经过去，于是将刑法学喻为夕阳学科的哀叹问世了。面对着其他部门法学的竞争与挑战，刑法学意欲何为、出路何在？每一个有志于刑法学研究的人都扪心自问，并进行深刻的反思。

从体系到内容突破既存的刑法理论，完成从注释刑法学到理论刑法学的转变，这就是我们的结论。

并非一朝一夕苦思冥想的结果，形成了作为本书之精髓的罪刑关系的基本原理，这一基本原理最初以《罪刑关系论》为题（作者：陈兴良、邱兴隆，该文获中国人民大学1988年科研成果优秀奖），发表在《中国社会科学》杂志1987年第4期。在该文中，我们提出了一个大胆的命题，即“罪刑关系的基本原理应该成为具有中国特色的社会主义刑法学体系的中心”。然而，囿于选题的角度与行文的篇幅，该文主要是对罪刑关系原理本身的探讨，而对于该原理之于重建刑法学体系的意义的考察则基本上只限于命题的提出。为此，我们又撰写了《刑法学体系的反思与重构》一文，发表在《法学研究》1988年第5期，从刑法学体系的改造与完善的角度，进一步深化了罪刑关系的研究，并勾勒出“罪刑关系中心论”的刑法学体系的基本框架。当然，由于篇幅的限制，这个框架只是初步的建构，并且存在进一步推敲之处。

上述观点的公之于众，引起了一些有志于刑法学理论研究的青年同仁的兴趣，老一辈刑法学家也鼓励对这一课题的深入研究。在这种情况下，经过长期的理论准备，将纷至沓来的思想线索付诸文字，终于形成了这部以《刑法哲学》为题的著作，以作为理论刑法学的一种探索。在本书中，作者详尽地发挥并深化了罪刑关系的基本原理。细心的读者也许会发现，本书关于罪刑关系的论述在某些方面已经对《罪刑关系论》一文中的观点作了某种程度的修正并有一定的发展。因为是一种探索，作者不揣冒昧地将一些也许是思考不够成熟的观点发表出来，以期引起讨论，并将刑法理论的研究引向深入。当将来有一天，理论的思考更为成熟的时候，回过头来看这本书，或许会为以往的幼稚而感到脸红，并为以往的大胆而感到后怕。但我永远不会后悔，因为虽然现在的步子有些踉跄，但这毕竟是向前的步子，探索的步子，也是走向成熟的步子！

陈兴良

1991年5月12日谨识于北京

目　录

第三编 罪刑关系论

细　目

第一编　犯罪本体论

第二编　刑罚本体论

第三编　罪刑关系论

导 论

刑法哲学，又可以称之为刑法法理学，是将刑法所蕴含的法理提升到哲学高度进行研究的一门学科。刑法哲学作为刑法学的基础理论，对于刑法学的深入发展具有重大意义。在我国刑法学领域，刑法哲学尚是一块有待开垦的处女地。虽然在我国刑法学界的某些论著中不乏刑法哲学的理论探究，但作为刑法哲学的专著，本书尚是尝试之作。开创意味着学术上的冒险，同样也可以作为理论幼稚的搪塞。就我而言，也许后者比前者更为重要。对于刑法哲学，我也只是初略地窥视到了它那博大精深的学术殿堂的一丝门径而已，登堂入室远不敢说。所以，为不至于亵渎刑法哲学这神圣（至少对于我来说是如此）的字眼，只能以开创作为遁词。至于学术上的冒险，我想那只是真理追求过程中所应当付出的必要代价。我时刻铭记着英国哲学家罗素的这么一段至理名言："最终证明是正确的和重要的理论，最初是由于它们的发现者有一些不切实际的、荒谬的考虑而想出来的。由于最初人们不可能知道一个新的学说是否正确，因此，在提出新真理的自由中必然包含着相等的犯错误的自由。"如果说，本书中有荒谬之处（在所难免）的话，那么，我要说：为了追求真理，给我以犯错误的自由吧！本书的写作，正是基于这样一种探索的动机。

鉴于我国对刑法哲学还十分陌生，在本书的导论中，谨就刑法哲学的价值内容与范畴体系这两个基本问题略作论述，作为进入本书所构造的刑法哲学体系的向导。

第一节　刑法哲学的价值内容

在现代哲学中，价值问题越来越受到人们的关注，成为哲学研究中的一个最具诱惑力的问题，以至于形成所谓价值哲学。价值问题同样引起法学界的重视，英国法学家彼得·斯坦和约翰·香德在《西方社会的法律价值》一书中列举了西方社会法律制度的三大基本价值，这就是：秩序、公平和个人自由。在他们看来，一切法学家都只不过是用各种各样的方式，描述法律能够在什么程度上实现社会秩序、公平、个人自由这些基本的价值而已。① 显然，法律价值也应该是法学充分关注的问题之一。

那么，刑法的基本价值何在呢？

法是以调整个人与社会的冲突关系为己任的。这种个人与社会的冲突，可以说是一种社会冲突。社会冲突的法学本质应当是：主体的行为与社会既定秩序和制度以及主流道德意识的不协调或对之的反叛。② 刑法，作为其他一切法律的制裁力量③，它所调整的是最严重的社会冲突，在某种意义上可以说是个人与国家之间的冲突。④ 因为根据马克思主义的观点，犯罪是孤立的个人反对统治关系的

---

① 参见［英］彼得·斯坦、约翰·香德：《西方社会的法律价值》，王献平译，35页，北京，中国人民公安大学出版社，1990。

② 参见顾培东：《社会冲突与诉讼机制》，5页，成都，四川人民出版社，1991。

③ 参见［法］卢梭：《社会契约论》，何兆武译，63页，北京，商务印书馆，1962。

④ 参见张智辉：《刑法调整的对象》，载赵秉志等：《中国刑法的运用与完善》，241页，北京，法律出版社，1989。

斗争。[1] 犯罪本身就意味着，实施犯罪行为的人，由于其危害社会的行为，与社会的代表者——国家处于尖锐的对立之中，就产生了犯罪者个人与国家的冲突关系。正如苏俄法学家斯皮里多诺夫指出："犯罪行为（甚至在它似乎企图侵犯人身、财产、性的不可侵犯性时），是个人对社会关系的统治秩序的侵害行为，就是说归根到底是对社会的侵害。所以，恢复被破坏的状况，追捕犯罪分子，预防将来再出现类似的侵害行为，这是公共的事情。这就是为什么社会的官方代表——国家，履行这一社会功能，而社会功能本身所具有的不是私人性质的，而是非常公卄的性质，就像社会在自己的自然、历史的发展进程中，产生了同犯罪作斗争的机关，也建立了特殊的社会制度——刑罚，作为保护社会秩序免受犯罪侵害的一种手段。"[2] 从上述意义说，犯罪是个人对社会的一种侵害，而刑罚是社会为防卫自身的生存条件而对犯罪人的一种制裁。因此，什么行为是犯罪以及应处以何种刑罚，都是由立法者加以规定的。但是，根据马克思的观点，立法机关，甚至执法机关的法律评价可以把普通的过错行为变成应受刑事惩罚的行为，可以臆造犯罪。问题只在于确定：立法者这种自由扩展到什么限度？[3] 也就是说，立法者的这种自由是极其有限的，因为正如马克思所说：违法行为通常是由不以立法者意志为转移的经济因素造成的。[4] 同样，刑罚作为对犯罪的一种社会反应，在一定程度上取决于犯罪本身。因此，个人与社会的这样一种冲突关系，表现在刑法中，就是犯罪与刑罚之间的关系，罪刑关系应当是刑法的基本问题，也是刑法的调整对象。我国学者指出，不可否认，犯罪与刑罚，构成了刑法的基本内容。罪与刑的矛盾，是刑法发展的主线。但是，犯罪作为一种社会法律的现象，并不是与刑罚之间存在着什么社会关系，而是其本身就反映着不同主体之间的某种社会关系。刑罚是制裁犯罪的手段，是刑法用以调整特定社会关系的方法，而不是被调整的社会关系之主

---

① 参见《马克思恩格斯全集》，第 3 卷，379 页，北京，人民出版社，1960。

② ［苏］斯皮里多诺夫：《刑法社会学》，陈明华等译，126 页，北京，群众出版社，1989。

③ 参见［苏］斯皮里多诺夫：《刑法社会学》，陈明华等译，84 页，北京，群众出版社，1989。

④ 参见《马克思恩格斯全集》，第 13 卷，552 页，北京，人民出版社，1962。

体。所以犯罪与刑罚之间的关系，并不是刑法所要调整的社会关系，而是刑法对特定社会关系进行法律调整的表现形式。如果把刑法调整对象视为犯罪与刑罚的关系，那就必然导致把刑法调整的外在表现视为刑法调整的社会内容，引导人们追求罪与刑的表面上的相应性，而忽视刑法的真正本质。[①] 我认为，这种观点力图从罪刑关系的表象背后寻找刑法调整对象，以便深化刑法的理论研究，其用意是无可非议的。但这种观点对罪刑关系进行挖掘以后，得出个人与国家之间的冲突是刑法的调整对象这样一个命题，过于一般化，抹杀了刑法作为一种特别法的特殊性。事实上，个人与国家的冲突，从个人方面来说是通过犯罪表现出来的，而从社会或者国家方面来说，则是通过刑罚表现出来的。因此，离开罪刑关系讨论个人与国家的关系，则脱离了刑法的本质属性。

罪刑关系作为刑法的调整对象，表现出双重的属性：立足于已然之罪，刑罚应该是一种报应；而立足于未然之罪，刑罚应该是一种预防。报应与预防的关系及其解决，成为刑法哲学的基本问题。刑法哲学的一切命题都由此展开，并且为此服务。可以说，它是刑法哲学的逻辑起点，也是刑法哲学的逻辑归宿。本书对这个问题的解决，贯穿着以下三个原则，也就是刑法哲学追求的三大价值目标。

一、公正

公正，也称公平、正义，源于拉丁语 Justitia，系由 jus 一词推衍而来。从词源学上说，它具有正直、正当、公正、公平、不偏不倚的含义。公正是法的本性，法是公正的象征，尽管在古希腊时期就有恶法（不公正的法）是不是法的争论，并不乏对此持肯定态度的人，但一般的人论及法的时候，总有一种神圣感，这种神圣感盖源自法的公正性。在这个意义上说，如果法丧失了公正性，那么就像人丧失了意

① 参见张智辉：《刑法调整的对象》，载赵秉志等：《中国刑法的运用与完善》，239 页，北京，法律出版社，1989。

识与思维而成为“植物人”一样，法也就成为“植物法”，但愿这一并不贴切的比喻能够引起我们对法的公正性的充分关注。

刑法涉及对公民的生杀予夺，因而公正性更是它的生命，更值得我们重视。公正作为刑法的首要价值，就是说，刑法中的一切问题都应当让位于公正性，刑法哲学的一切原理都应当立足于公正性。刑法，应当成为具有公正性的刑法；刑法哲学，应当成为思考刑法的公正性的理论。离开这一根本命题，刑法哲学就丧失了它的生命力。当然，刑法的公正性问题并不是一个经院哲学的命题，公正性的标准及其判断是一个与社会密切相关的问题。并且，刑法的公正性本身也不是绝对的、抽象的，而是相对的、具体的，受制于一定的社会物质生活条件。

最早对公正问题进行思考的是古希腊哲学家亚里士多德。亚氏认为，所谓公正是一种由之而作出公正的事情来的品质，由于这种品质，人们行为公正和想要做公正的事情。① 亚里士多德把公正分为整体的公正与部分的公正：前者即所谓普遍的公正，后者即所谓特殊的公正。部分正公以及与此相应的公正事情，又可以分为两种：有一类表现在荣誉、财物以及合法公民人人有份的东西的分配中（因为在这些东西中，人们相互间存在着不均和均等的问题），这就是所谓分配的公正。另一类则是在交往中提供是非的准则，这就是所谓矫正性的公正。分配性的公正，是按照比例关系对公物的分配，因而是一种等比公正。矫正性的公正是某种均等，因而是一种平均公正。② 亚氏所说的分配之公正，相当于按劳分配：形式上不平等，实质上平等；而矫正之公正则相当于按需分配：形式上平等，实质上不平等。在刑法中，也有这两种公正：按照已然之罪确定刑罚，即报应，相当于按劳分配，是一种分配之公正。按照未然之罪确定刑罚，即预防，相当于按需分配，是一种矫正之公正。报应是刑罚一般化，根据社会危害性分配刑罚：社会危害性大则重判，社会危

① 参见［古希腊］亚里士多德：《尼各马科伦理学》，苗力田译，92页，北京，中国社会科学出版社，1990。

② 参见［古希腊］亚里士多德：《尼各马科伦理学》，苗力田译，92～95页，北京，中国社会科学出版社，1990。

害性小则轻判。预防是刑罚个别化，根据人身危险性分配刑罚：人身危险性大则重判，人身危险性小则轻判。这两种刑法公正的标准显然存在冲突。那么，我们究竟按照什么标准来衡量刑法的公正性呢？亚里士多德指出："不均是不公正的，然而在不均等的事物之间存在着一个中间。这个中间就是均等。如若不均是不公正，那么公正就是均等，就是中间。"[①] 这里的中间，就是所谓中道。公正不仅为二极端之中道，而且是两种公正标准之中道。因此，我认为，报应与预防都体现了某种公正性：报应是个人的公正性，预防是社会的公正性，两者应该统一而不是相互排斥。本书提出的罪刑关系二元论的基本原理，也正是基于这一思想。

刑法的公正性有立法公正、审判公正与行刑公正之分。在这三者中，立法公正是基础，没有立法公正就根本谈不上其他的刑法公正性。立法的公正性主要表现在刑事禁止性规范的合理性上。也就是说，只有对那些确有必要禁止的行为，才能在刑法上规定为犯罪，并予以刑罚处罚。正如苏俄刑法学家所指出的那样，从立法上说，实行刑法的禁止性规范或者排除刑法的禁止性规范，无疑是涉及某种行为是否应受惩罚的问题，因而也就影响到刑事责任的社会公正与否的问题。[②] 由于社会生活变化——尤其是在经济体制改革时期，社会的经济、政治等急剧变动，某一行为过去被认为是犯罪的，现在其社会危害性已经消失，甚至有利于社会；或者过去不被认为是犯罪的，现在却对社会具有较大的危害性。在这种情况下，刑事立法应当及时进行废、改、立，以便跟上社会发展的步伐，保持立法的公正性。审判公正，首先需要有公正的法官。根据马克思的观点，法律是普遍的，应当根据法律来确定的案件是单一的，要把单一的现象归结为普遍的现象就需要判断；判断还不是最后肯定，要运用法律就需要法官，如果法律可以自动运用，那么法官也就是多余的。这就是说，在法的适用的领域，存在着普遍与个别之间的矛盾，而解决这一矛盾，使个别案件的审理符合立法普遍精神的契机或中介，便是运用法律进行具体判断的

① ［古希腊］亚里士多德：《尼各马科伦理学》，苗力田译，93页，北京，中国社会科学出版社，1990。

② 参见陈明华：《当代苏联东欧刑罚》，243页，北京，中国人民公安大学出版社，1989。

结合。因此，要把法律所体现的自由理性精神具体融解和贯彻落实到个别案件的公正审理之中，就需要公正不阿、精通法律、维护法治尊严的法官。[①] 表现在刑法领域，为了实现社会公正原则，保障公正处刑，必须考虑犯罪行为的客观特征与主观特征以及违法者的个人情况这样三个因素，必须在分析审判质量和关于刑罚效果的各种数据的基础上，就某些类型的案件提出适合于社会上各种典型情况的统一政策，以确保公正地进行审判活动。[②] 至于行刑公正，则主要表现在犯罪人的行刑处遇上，例如行刑的个别化、开放化与社会化等。当然，最为重要的是将犯人当做人，尊重犯人的人格，维护犯人的合法正当的权利。

二、谦抑

谦抑，是指缩减或者压缩。[③] 刑法的谦抑性，又称刑法的经济性或者节俭性，是指立法者应当力求以最小的支出——少用甚至不用刑罚（而用其他刑罚替代措施），获取最大的社会效益——有效地预防和抗制犯罪。

这里涉及对犯罪与刑罚这两种现象的认识。犯罪作为一种社会现象，其原因是十分复杂的。在一定的社会条件下，它的产生具有某种必然性。在这个意义上，我认为菲利的犯罪饱和法则并非无稽之谈。菲利指出："犯罪是由人类学因素、自然因素和社会因素相互作用而成的一种社会现象。这一规律导致了我所讲过的犯罪饱和论，即每一个社会都有其应有的犯罪，这些犯罪的产生是由于自然及社会条件引起的，其质和量是与每一个社会集体的发展相应的。"[④] 因此，对于犯罪这种社会疾患，应当寻找社会的救治办法。而且，对于犯罪不可能指望通过刑罚予以消灭，而只能尽可能地将其控制在不危及社会的根本生存条件这一社会可以容忍的限度之

① 参见李光灿、吕世伦主编：《马克思恩格斯法律思想史》，66页，北京，法律出版社，1991。

② 参见陈明华：《当代苏联东欧刑罚》，245页，北京，中国人民公安大学出版社，1989。

③ 参见甘雨沛、何鹏编：《外国刑法学》，上册，175页，北京，北京大学出版社，1984。

④ ［意］菲利：《实证派犯罪学》，郭建安译，43页，北京，中国政法大学出版社，1987。

内。刑罚作为抗制犯罪的主要法律手段，兼具积极与消极的两重性。正如德国著名刑法学家耶林指出："刑罚如两刃之剑，用之不得其当，则国家与个人两受其害。"[①]因此，那种迷信刑罚的威慑力，尤其是迷信重刑对未然之犯罪的遏制效果以及对已然之犯罪人的矫正功能的观点，是不足取的。

刑法的谦抑性表现在：对于某种危害社会的行为，国家只有在运用民事的、行政的法律手段和措施仍不足以抗制时，才能运用刑法的方法，亦即通过刑事立法将其规定为犯罪，处以一定的刑罚，进而通过相应的刑事司法活动加以解决。因此，运用刑法手段解决社会冲突，应当具备以下两个条件：其一，危害行为必须具有相当严重程度的社会危害性。其二，作为对危害行为的反应，刑罚应当具有无可避免性。犯罪与刑罚是紧密相连的一对范畴，犯罪是刑罚的导因，而刑罚则是犯罪的后果。我们在确定是否应当将某一危害行为规定为犯罪并予以刑罚处罚时，一方面应当确认该行为具有相当程度的社会危害性；另一方面又应当确认，作为该行为的法律反应，刑罚具有无可避免性。相当程度的社会危害性主要是根据社会价值标准作出判断的。而所谓刑罚之无可避免性，则是指立法者对于一定的危害行为，如果不以国家最严厉的反应手段——刑罚予以制裁，就不足以有效地维持社会秩序。一般来说，具有下列三种情况之一的，就说明不具备刑罚之无可避免性：（1）无效果。所谓无效果，就是指对某一危害行为来说，即使规定为犯罪，并且处以刑罚，也不能达到预防与抗制之效果。（2）可替代。所谓可替代，就是指对于某一危害行为来说，即使不运用刑罚手段，而运用其他社会的或者法律的手段，例如道德教育、民事或者行政制裁，也足以预防和抗制这一危害行为。（3）太昂贵。所谓太昂贵，是指通过刑罚所得到的效益要小于其所产生的消极作用。在以上三种情况下动用刑法，就是刑罚不具有无可避免性，因而，刑法应当谦抑。

在西方发达国家，当今实现刑法谦抑的主要途径在于：非犯罪化与非刑罚化。非犯罪化，是指取消某种罪名，即排除某种行为应受到刑法惩处的性质。非刑罚化，是指减轻法律规定的对某些犯罪的刑事处罚，这些行为仍被认为是犯罪，但对

① 转引自林山田：《刑罚学》，2版，127页，台北，"商务印书馆"，1983。

待这些犯罪的方法与原有的刑事惩罚是不同的。在非刑罚化思想的影响下，人们致力于组织对监禁的替代方法。在正在进行的刑法改革运动中，这种限制自由或限制权利的措施将会获得更大的发展。同时，人们努力争取公共的和私人的帮助以及利用协调和调解程序，并且通过某些非官方机构和团体的介入，避免使冲突诉诸刑事诉讼。这一潮流在美国被称做“转处”，在加拿大被称做“非司法化”，并且在苏联和东欧国家也有类似做法，例如苏联的同志审判会或企业法庭。这样，在不同经济—社会结构国家的立法体制之间表现出接近。①

国际社会上的非犯罪化与非刑罚化的潮流应当引起我们的重视。我国学者提出轻刑化的概念，认为轻刑化包括了非犯罪化和轻刑罚化。非犯罪化，是指立法机关或司法机关将一些对社会危害不大、没有必要予以刑事惩罚的、但又被现时法律规定为犯罪的行为，通过立法不再作为犯罪或通过司法不予认定为犯罪，从而对它们不再适用刑罚。轻刑罚化，是指通过立法降低一些犯罪的法定刑幅度，从而达到整个刑事制裁体系的缓和化。② 我认为，这一命题的提出具有一定的积极意义。当然，无论是非犯罪化还是非刑罚化，都不能脱离我国的国情。就非犯罪化而言，我国现行刑法规定的犯罪，虽然有个别可以废除，但主要的问题还不是非犯罪化，而是犯罪化。尤其是经济犯罪，在经济体制改革以后伴生了大量的市场经济所特有的经济犯罪，而这些经济犯罪有些没有规定，因而当务之急是予以犯罪化。③ 而且，西方刑法中的犯罪概念与我国刑法中的犯罪概念不完全相同。例如，西方国家的违警罪范围十分广泛，在美国的多数司法区把超时停车也规定为违警罪。④ 因此，非犯罪化（扩大意义上，也是非刑罚化）的内容之一就是违警罪的非犯罪化。例如德

① 参见［法］马克·安赛尔：《从社会防护运动角度看西方国家刑事政策的新发展》，载《中外法学》，1989（2），61页。

② 参见王勇：《轻刑化：中国刑法发展之路》，载赵秉志等：《中国刑法的运用与完善》，323页，北京，法律出版社，1989。

③ 参见陈兴良主编：《经济刑法学（总论）》、《经济刑法学（各论）》，北京，中国社会科学出版社，1990。

④ 参见储槐植：《美国刑法》，44页，北京，北京大学出版社，1987。

国在 1975 年进行的一项改革中排除了违警罪（性质不严重的轻微犯罪）的刑事犯罪的性质，把违警罪只视为一般的对法规的违反，因此只处行政罚款，而不处刑事罚金。葡萄牙进行了同样的革新，意大利也受到了很大的影响。[①] 但在我国，相当于西方违警罪的这些危害治安行为并没有被作为犯罪来处理，而是作为行政违法行为规定在《治安管理处罚法》之中。因此，非犯罪化在当今我国不成为一个问题，成为问题的倒是其反面：犯罪化。就非刑罚化而言，并非我国当前面临的根本问题。我国的当务之急是削减死刑，逐渐实现轻刑化。至于非监禁化，则不是主要问题，考虑自由刑的替代措施也不是问题的主要方面。由于受我国传统的重刑观念的影响，生命刑、自由刑才被认为是刑罚，而财产刑、资格刑在思想上往往被排斥于刑罚概念之外的现象还十分严重。因此，应当提倡轻刑化。上述观点从表面上来看似乎与西方的非犯罪化与非刑罚化潮流背道而驰，实际上则是根据我国的国情提出来的。我认为，我国目前实现刑法谦抑的途径不在于非犯罪化与非刑罚化，而在于大幅度地降低刑罚量，逐渐实现轻刑化。当然，非犯罪化和非刑罚化思潮所强调的犯罪的相对性观念、刑法的不完整性观念、刑罚的经济性观念和刑法的最后性观念，仍然值得我国借鉴。[②]

三、人道

人道，与人性是同义词。刑法的人道性是指刑法的制定与适用都应当与人的本性相符合。应当指出，人道本身也是一个历史的范畴，每一个历史时期，都有与之相适应的人道标准。从我们今天的眼光看，古代与中世纪的刑法是极为残酷的。对此，贝卡里亚作了猛烈的抨击："刑罚最残酷的国家和年代，往往就是行为最血腥、最不人道的国家和年代。因为支配立法者双手的残暴精神，恰恰也操

---

① 参见［法］马克·安塞尔：《从社会防护运动角度看西方国家刑事政策的新发展》，载《中外法学》，1989 (2)，61 页。

② 参见黎宏、王龙：《论非犯罪化》，载《中南政法学院学报》，1991 (4)，72～73 页。

纵着杀人者和刺客们的双手。在王庭上，这种精神为恭顺的奴隶的凶残心灵制定了铁的法律；在阴暗的角落里，它却煽动人们绞杀这些暴君，并以新暴君而代之。”[①] 随着时代的发展，刑法的人道化已经成为历史发展的必然趋势，并且成为国际社会的共识。例如，国际社会先后通过了以下旨在保护人权的国际公约：《囚犯待遇最低限度标准规则》（1957 年）、《关于医务人员、特别是医生在保护被监禁和拘留的人不受酷刑和其他残忍、不人道或有辱人格的待遇或处罚方面的任务的医疗道德原则》（1982 年）、《关于保护面对死刑的人的权利的保障措施》（1984 年）、《禁止酷刑和其他残忍、不人道或有辱人格的待遇或处罚公约》（1984 年）、《联合国少年司法最低限度标准规则》（1985 年），等等。

刑法的人道性，立足于人性。而人性的基本要求乃是指人类出于良知而在其行为中表现出的善良与仁爱的态度与做法，即把任何一个人都作为人来看待。[②] 因此，刑法的人道性的最基本、也是最根本的要求可以归结为如下命题：犯罪人也是人。作为人，犯罪人也有其人格的尊严，对于犯罪人的任何非人对待都是不人道或者反人道的。应该说，我国刑法是人道的，没有规定任何残酷的与侮辱人格的刑罚。随着社会的进步、经济的发展，我国刑法必将进一步人道化，这主要表现在削减死刑、限制无期徒刑，大量地运用自由刑的替代措施，等等。

刑法的人道性，在更广泛的意义也是更重要的意义上，还表现为对公民个人自由的尊重，使无辜者不受刑事追究。彼得·斯坦、约翰·香德指出：“在刑事法庭上，只要对刑法的干涉范围究竟如何存在一丝疑问，人们就会要求法庭将个人自由价值观放在第一位。任何行为，只要对社会构成危害，刑法就可以予以禁止。但是，刑法必须对此事先加以精确的规定，这一点是至关重要的。每一个人都有义务了解法律。每一个人都应当使自己熟悉与他所要从事的活动有关的法律规则。绝不能允许出现这种情况的某个人成功地为自己的行为进行辩护，声称他在做出这个行为之前知道有关的法律，但同时又认为自己的行为是法律禁止之外

① ［意］贝卡里亚：《论犯罪与刑罚》，黄风译，43 页，北京，中国大百科全书出版社，1993。
② 参见赵秉志等：《中国刑法的运用与完善》，334 页，北京，法律出版社，1989。

的。所谓‘法无事先规定不受罚’的意义就在于此。”[①] 因此，在刑法中实行严格的“法无明文规定不为罪，法无明文规定不处罚”的罪刑法定主义原则，也应当是刑法的人道性的必然要求。在这方面，我国 1979 年刑法还存在不足之处。由于类推制度的存在，罪刑法定原则与之存在逻辑上的矛盾，因而两者在我国刑法中难以并立。个别单行刑法实行刑法时间效力的“从新兼从重原则”，是对国际上公认的“从旧兼从轻原则”的明显违背。所有这些，在一定程度上都有悖于刑法的人道性，亟待改善。1997 年刑法确立了罪刑法定原则，这不仅是我国刑法走向民主化的重要标志，也是我国刑法更为人道化的重要标志。

公正、谦抑、人道，现代刑法的三大价值目标，构成刑法的三大支点，也是刑法哲学应当贯穿的三条红线。

第二节 刑法哲学的范畴体系

如果说，价值内容是刑法哲学的血肉，那么，范畴体系就是刑法哲学的骨架。没有范畴体系，刑法的价值内容就无所依附。范畴体系相对于价值内容来说，虽然属于形式的东西，但这丝毫也不能否认范畴体系的重要性。歌德曾经说过这么一句发人深省的话：“素材是每个人都能看见的，意蕴只有在实际上和它相处的人才能看见，而形式对于多数人却是一个秘密。”刑法哲学的范畴体系就是歌德所说的这样一种形式，因而也是一个秘密。

一、范畴

在哲学中，范畴是主体的思维掌握客观世界普遍的或本质的联系的关节点或

① ［英］彼得·斯坦、约翰·香德：《西方社会的法律价值》，王献平译，177 页，北京，中国人民公安大学出版社，1989。

支撑点。[①] 没有范畴，人们就不可能掌握客观世界的普遍或本质联系，也不可能建立起任何科学理论体系。在哲学史上，古希腊哲学家亚里士多德最早提出了范畴这个概念，亚氏认为范畴是最一般和最基本的概念。列宁对哲学范畴有着经典性的阐述。列宁指出："即使是最简单的概括，即使是概念（判断、推理等等）的最初的和最简单的形成，就已经意味着人对于世界的客观联系的认识是日益深刻的。"[②] 这种概括的极限就是范畴。列宁曾经对范畴作了如下科学的说明："在人面前是自然现象之网。本能的人，即野蛮人没有把自己同自然界区分开来，自觉的人则区分开来了。范畴是区分过程中的一些小阶段，即认识世界的过程中的一些小阶段，是帮助我们认识和掌握自然现象之网的网上纽结。"[③] 根据马克思主义的观点，哲学范畴的根本特征有二：一是客观性，这是唯物主义在范畴问题上的体现。二是运动性，这是辩证法在范畴问题上的体现。

范畴作为网上纽结，是网之所以成为网的基本组合要素。任何一门科学，都是由一系列特有的范畴而形成的一张认识之网。在这个意义上，我同意以下观点：范畴及其体系是人类在一定历史阶段思维发展水平的指示器，也是各门科学成熟程度的标志。[④] 我国法学，从法理学到部门法学，范畴研究都是薄弱环节，有的法学部门甚至还没有建立起能够表明自己独立存在和理论优势的范畴体系雏形。因此，我国学者呼吁，为了摆脱法学落后的状态，更好地为社会主义法制建设服务，法学工作者应当增强范畴意识，重视法学范畴的研究。[⑤] 斯言诚哉。难能可贵的是，我国刑法学界已有学者先行一步，对我国刑法学的一些基本范畴作了初步探讨，这些基本范畴是：刑事责任、犯罪、犯罪人、刑罚、量刑、行刑

① 参见夏甄陶：《认识论引论》，247 页，北京，人民出版社，1986。
② 《列宁全集》，第 38 卷，190 页，北京，人民出版社，1959。
③ 《列宁全集》，第 38 卷，90 页，北京，人民出版社，1959。
④ 参见张文显：《论法学的范畴意识、范畴体系与基石范畴》，载《法学研究》，1991（3），1 页。
⑤ 参见张文显：《论法学的范畴意识、范畴体系与基石范畴》，载《法学研究》，1991（3），1 页。

等。它们是刑法学这一科学之网的纽结，刑法学正是通过这些纽结才成为一个系统的理论体系。[①] 毫无疑问，这种探讨为我们深入界定刑法哲学的范畴奠定了基础。

刑法是以犯罪与刑罚为内容的，因此，犯罪与刑罚是刑法哲学的最基本的范畴。犯罪与刑罚是由法律规定的，那么，如何看待刑法的理论范畴与法律范畴之间的关系呢？我认为，两者不可等同。刑法的理论范畴是应然，而刑法的法律范畴是实然。刑法哲学不应满足于对实然的东西的注释，而应当立足于应然，对实然作出理性的评价。基于这种思想，我认为刑法哲学的基本范畴包括：已然之罪（社会危害性）、未然之罪（人身危险性）、主观恶性、客观危害、再犯可能、初犯可能；报应之刑、预防之刑、道义报应、法律报应、个别预防、一般预防。

刑法哲学的范畴具有以下功能：

(一) 奠基功能

刑法哲学的理论大厦并非沙上之塔，而是建筑在坚实的理论基础之上的。而范畴就是这一理论大厦的基石，它起着奠基的作用。例如，犯罪、刑罚这样一些基本范畴，是刑法哲学不可须臾离开的。对这些基本范畴的科学界定，就如同为刑法哲学的理论大厦埋下拱心石。如果这些基本范畴偏颇，刑法哲学的理论大厦就会在片刻之间土崩瓦解。

(二) 凝聚功能

刑法哲学面向整个刑事立法与刑事司法，从中进行抽象与提炼，形成自身的理论体系。如果我们不是借助于范畴这样一种高度的抽象化的手段，就无法掌握千千万万个特殊情况。因此，范畴具有高度的凝聚性，一个范畴往往包含着博大精深的思想容量。通过范畴的这种凝聚功能，就能透过纷繁复杂的现象反映刑法的联系和本质。

---

① 参见曲新久：《试论刑法学的基本范畴》，载《法学研究》，1991 (1)，36页。

二、关系

在哲学中，关系是一个十分重要的概念。根据辩证唯物主义，客观事物是普遍联系着的。范畴作为对客观事物的反映，也必然反映事物的这种联系性，因而范畴之间也具有互相作用的关系。在刑法哲学中，各种基本范畴也都处于互相作用之中，刑法哲学的基本原理也正是蕴含在各个范畴的关系之中。

最基本的关系是因果性关系，因果关系是现象的联系形式之一。刑法哲学中，两大基本范畴——犯罪与刑罚之间，就存在这样一种因果关系。因果性，可以说是刑法中的报应观念赖以存在的哲学根据。例如，著名的报应论者黑格尔在论述犯罪和刑罚的必然联系时指出："犯罪，作为自在地虚无的意志，当然包含着自我否定在其自身中，而这种否定就表现为刑罚。"① 显然，在黑格尔看来，犯罪是原因，在原因之中包含着自我否定的因素，刑罚就是这种自我否定的外部表现，它是结果。报应主义借助于这种因果律，对于犯罪人来说，恶有恶报，从而以此作为归责的哲学根据。即使是预防主义，也并不否定犯罪与刑罚之间的这种因果关系，当然他们关注的是利用这种因果律来实现预防犯罪的刑罚目的。例如贝卡里亚在论及刑罚的及时性时指出：犯罪与刑罚之间的时间隔得越短，在人们心中，犯罪与刑罚这两个概念的联系就越突出、越持续，因而，人们就很自然地把犯罪看作起因，把刑罚看作不可缺少的必然结果。② 由于刑法哲学的两个基本范畴——犯罪和刑罚之间存在这种因果关系，因而，犯罪与刑罚两大部类的范畴也往往存在这种因果关系：已然之罪与报应之刑、未然之罪与预防之刑、主观恶性与道义报应、客观危害与法律报应、再犯可能与个别预防、初犯可能与一般预防。如此等等。

---

① ［德］黑格尔：《法哲学原理》，范扬、张企泰译，105页，北京，商务印书馆，1961。

② 参见［意］贝卡里亚：《论犯罪与刑罚》，黄风译，56～57页，北京，中国大百科全书出版社，1993。

在因果关系中，结果并非单值地受到原因的制约，而是对原因具有反作用。原因与结果的这种决定与被决定、作用与反作用的相互关系，就是由因果性概念本身深化并发展起来的相互作用概念。[①] 应该说，相互作用是范畴之间的一种更为复杂也更为高级的双向关系。

相互作用的关系首先意味着反应性的因果链条的产生过程：在一个客体对另一个客体发生作用时，后者所起的变化会产生使第一个客体发生变化的反作用（反应）。由于反作用，除了主动的因果链条以外，又产生了反应性的因果链条。每一反应又引起对该反应本身的反应，等等。于是，因果链条概念便发展成为相互作用的概念。[②] 在刑法哲学中，犯罪和刑罚也存在这样一种相互作用的关系：一方面是已然之罪决定着刑罚，这是罪刑之间的报应关系。他方面是刑罚遏制着未然之罪，这是罪刑之间的预防关系。这两种关系相互作用，就形成罪刑关系辩证运动的过程，这种相互作用的运动机制是：犯罪情况制约着刑事立法，刑事立法制约着刑事司法，刑事司法制约着行刑效果，行刑效果又反作用于犯罪情况。如此循环往复，以至无穷。当然，这种运行过程本身是十分复杂的，以上只是图式地加以描述，但这也充分说明犯罪和刑罚相互作用的关系的客观性。

范畴之间的关系，往往表现为关系命题，关系命题本身又形成一个上位的范畴。例如主观恶性与客观危害是已然之罪的两个基本范畴，这两个范畴的相互作用构成的上位范畴是社会危害性，其关系命题是：社会危害性是主观恶性与客观危害的统一。关系命题是刑法哲学的主体内容，关系命题的正确与否，在很大程度上决定着刑法哲学的科学性。关系命题与基本范畴既有联系又有区别。如果把范畴比喻为网上纽结，那么关系命题就是连接这些纽结的网绳；如

① 参见［苏］Φ. Φ. 维亚凯列夫主编：《客观辩证法》，刘晫星等译，196 页，北京，东方出版社，1986。

② 参见［苏］Φ. Φ. 维亚凯列夫主编：《客观辩证法》，刘晫星等译，196～197 页，北京，东方出版社，1986。

果把范畴比喻为房屋的基础，那么关系命题就是房屋的建筑；如果把范畴比喻为血肉，那么关系命题就是贯穿血肉的神经。因此，关系命题具有以下功能：

（一）联结功能

刑法哲学的范畴是对某一特定刑法现象的孤立认识，而刑法现象本身是处于广泛联系和无限运动之中的，因而刑法哲学范畴之间具有紧密的联系。而关系命题就具有揭示刑法哲学范畴之间的相互联系的功能，使各范畴相互联结起来，从而更为科学地认识刑法的本质属性，揭示犯罪和刑罚辩证运动的规律。

（二）组合功能

刑法哲学中的关系命题对两个基本范畴进行逻辑上的组合，从而形成上位范畴。上位范畴的出现，是人们对刑法现象认识进一步深化的结果，也为刑法哲学体系的最终建构提供了逻辑的组合件，因此具有十分重要的意义。

三、体系

从范畴到关系命题，再从关系命题到刑法哲学体系，这是必然的逻辑进程。体系是这一逻辑进程的归宿，无疑，归宿具有终极的意义，因而是价值追求的结果。

在哲学上，体系的建构被称为范畴系统化。范畴的系统化发轫于古希腊哲学。例如古希腊哲学家亚里士多德的哲学就是由十个基本范畴构成的：本质、性质、数量、关系、地点、时间、姿态、领有、活动和痛苦。近代德国哲学家康德对范畴系统化的发展产生了重大影响。康德构造了三个表：逻辑判断表、先验理智概念表和纯粹形而下的自然科学普遍原则表。范畴系统化在黑格尔那里发展到登峰造极的地步。黑格尔的体系是根据三段式——正题—反题—合题的原则构造的。按照三段式的原则，体系的每一组成部分被划分为三个成分，而其中的每一个也照样再分成三份，而各份又一分为三。如此等等。[①] 对于范畴的系统化即建构范畴体系应当有辩证的观点：构造这样的体系是一个研究范畴和揭示它们的相互联系的引人入胜并且卓有成效的方法，但要防止满足于体系的形式上的对称性与完美性，而忽略了内容上的客观性与科学性。总之，任何体系都是为一定的内容服务的，刑法哲学的范畴体系也应当服从于刑法哲学的价值内容的恰当表达。

（一）范畴的遴选

刑法哲学范畴系统化的第一步，是要对刑法哲学的范畴进行遴选。也就是说，要根据一定的标准将某些刑法概念选拔并列入刑法哲学的范畴体系，由此形成一份刑法哲学范畴的目录。

目前刑法理论中运用的刑法概念十分广泛与庞杂，选择哪些概念列入刑法哲学的范畴体系是一个复杂的问题。在哲学上，遴选哲学范畴的标准存在主观式标准与客观式标准之分。根据概念被某一个研究者列入范畴体系这个事实来挑选范畴的标准，可以姑且被称为主观式标准。如果所研究的概念包含在许多专门的科学理论当中，并且是对这些不同的科学进行哲学概括的有效工具，那么它就包括在客观存在着并实际发挥职能的哲学知识体系之内。因此，选择这个概念列入体系的标准可以被称为客观式的标准。[②] 哲学上遴选范畴的这两种标准对于我们都具有一定的参考价值，但刑法哲学中范畴的选择又有特殊性，对此应当予以充分关注。对于历史上存在的那些刑法范畴，例如犯罪人、人身危险性、刑罚个别化等应当批判地继承。同时，对于当前流行的刑法范畴，也要根据建立刑法哲学体系的逻辑内容进行甄别。例如刑事责任这一概念，在刑法理论上是一个魅力无穷而又争议很大的范畴。我国学者主张以刑事责任为主线建

① 参见［苏］格拉日丹尼科夫：《哲学范畴系统化的方法》，曹一连译，7～13 页，北京，中国人民大学出版社，1988。

② 参见［苏］格拉日丹尼科夫：《哲学范畴系统化的方法》，曹一连译，30～33 页，北京，中国人民大学出版社，1988。

立刑法哲学体系。[1] 还有学者认为刑事责任是整个刑法学范畴体系的最上位概念，它与一系列下位范畴一道构成了刑法学的科学之网。刑事责任诸下位范畴之间的相互联系与作用，集中地体现了刑事责任的功能与特点，应当引起我们的特别重视。[2] 按照这样的观点，可以建立一种以刑事责任为中心的刑法哲学体系。

我的观点不同于上述理论。这里关键是如何理解刑事责任这个概念。刑事责任这个概念是从大陆法系刑法理论中的有责性（culpability）演变而来的，而有责性是以对犯罪者意思形成之非难或非难可能性为其本体。[3] 在这个意义上说，刑事责任属于犯罪论的范畴，相当于我们现在所说的罪过。[4] 在英美法系刑法理论中，刑事责任也只是限制在犯罪论中使用，尤其与主观因素有关，用它难以概括刑法内容之全部。例如，对刑事责任颇有研究的英国著名刑法学家哈特指出："不能指望一本或一篇题为'刑事责任'的书或论文包罗决定着承担义务之条件的整个刑法，而只能涉及诸如精神错乱、未成年、犯罪、严格或替代责任、近因或行为与足以承担义务的损害之间的其他一般性的联系之类的某一特定范围的概念。"[5] 在苏俄刑法学界，刑事责任又成为一个与刑罚密切相连的概念。例如苏俄刑法学家巴格里-沙赫马托夫指出："就其性质来说，刑事责任是苏维埃法律对罪犯规定的国家强制方法之一（而且是最严厉的一种）。它是依据法律规范、犯罪人按照刑事诉讼立法、劳动改造立法和行政立法规定的程序对自己的行为向国家承担的义务，表现在刑事、刑事诉讼和刑事执行等各种强制方法之中，有时甚至表现在行政强制方法之中。刑事责任作为法律责任的一种类型，具有法律责任的一切特性，而且在与犯罪行为进行斗争中，它虽然不是主要的手段，却也是一

---

① 参见储槐植：《刑法例外规律及其他》，载《中外法学》，1990（1），23页。

② 参见曲新久：《试论刑法学的基本范畴》，载《法学研究》，1991（1），40页。

③ 参见洪福增：《刑事责任之理论》，修正版，1页，台北，三民书局，1988。

④ 苏（俄）往往把大陆法系刑法理论中的责任译为罪过，可为佐证。

⑤ ［英］哈特：《惩罚与责任》，王勇等译，207页，北京，华夏出版社，1989。

种十分有力的手段。就其本质来说，刑事责任是在罪犯和以具体的国家机关（或国家授权的社会机构）为代表的国家之间所形成的一定的社会关系的总和。”① 因此，巴格里-沙赫马托夫认为，刑法关系是刑事责任的实质。显然，巴格里-沙赫马托夫所说的刑事责任与大陆法系和英美法系刑法理论中所说的刑事责任（有责性）是大相径庭的。我国刑法学界一般将刑事责任定义为：“犯罪人因其实施犯罪行为而应承担的国家司法机关依照刑事法律对其犯罪行为及其本人所作的否定性评价和谴责。”② 这一概念将回顾责任与展望责任以及谴责与对这种谴责的承担统一起来，在一定程度上突破了传统的刑事责任概念。但就其在刑法理论中出现的意义而言，主要是作为对犯罪与刑罚起调节作用的中介，改变犯罪与刑罚的直接的对比关系。这实际上是出于一种理论上的变通的需要。因为根据刑事古典学派的观点，犯罪只是已然之罪，刑罚或者是对已然之罪的报应（报应主义），或者是借助于对已然之罪的惩罚预防其他人犯罪（一般预防主义）。而根据刑事实证学派的观点，刑罚应当具有对犯罪人进行矫正的功能，是为防止犯罪人本人再犯（个别预防主义）。随着两派的渗透和融合，当今的刑法学理论都汲取两派之所长，建立新的理论体系。但在建立这种理论体系的时候，一方面把犯罪限定为已然之罪，而刑罚又不能完全以已然之罪为转移，须照顾到预防犯罪的目的，因此，又应当考虑人身危险性的因素。那么，人身危险性到底属于犯罪的范畴，还是属于刑罚的范畴呢？囿于刑事古典学派对犯罪的界定，显然难以归入犯罪的范畴，而它也不能被视为刑罚的内容。为此，只能用刑事责任这个范畴容纳人身危险性的内容，从而改变在犯罪论中讲社会危害性（已然之罪），在刑罚论中讲人身危险性（未然之罪）这样一种互相割裂的理论格局。但是，即使是刑事责任这个范畴也难以改变这种理论上的跛足状态。因此，我主张还刑事责任以本来的面目——作为罪过问题进行考

① ［苏］巴格里-沙赫马托夫：《刑事责任与刑罚》，韦政强等译，19～20页，北京，法律出版社，1984。

② 曲新久：《试论刑法学的基本范畴》，载《法学研究》，1991（1），37页。

察。当然，建立以刑事责任为中心的刑法哲学体系的尝试也并非毫无意义。但是，基于我们对刑事责任的理解，没有把它作为一个刑法哲学的范畴遴选上来。

（二）范畴的分类

范畴的遴选仅是建构刑法哲学体系的第一步，接下来便是范畴的分类问题。在哲学中，分类是知识或活动的某一领域的各种并列从属概念（对象种类）的体系，它经常表现为形式不同的示意图（或表格），并用来作为确定这些概念或对象种类之间的联系，以及帮助理解各种概念或相应对象的多样性的手段。因此，范畴的分类，对于刑法哲学体系的建立具有十分重要的意义。我认为刑法哲学范畴可以分为以下三类：一是犯罪本体论的范畴，二是刑罚本体论的范畴，三是罪刑关系论的范畴。这三大类范畴互相之间既存在密切关系，又有着各自不同的特性。

（三）范畴的组建

刑法哲学体系的最终建造，有赖于一定的范式，这在哲学上也称为模型。由一套概念、结构、类型、依序整理（次第排列）的标准、各个等级和分类组构成的模型，称为概念的分类模型。① 黑格尔的正题、反题、合题是一种三段式的范式或曰模型。例如，黑格尔《逻辑学》的存在论就是由质、量、度三部分构成的，而质又由存在、现有的存在和自为的存在三部分构成，形成一种正、反、合的范式，这种范式对于我们建立刑法哲学体系具有一定参考价值。中国的《易经》为我们提供了另一种范式。《易经》谈八卦的产生时指出："易有太极，是生两仪，两仪生四象，四象生八卦。"这里从太极到两仪，从两仪到四象，从四象到八卦，就是一个事物生成的范式。参考以上两种范式，刑法哲学中的范畴可作如下组建：

---

① 参见［苏］格拉日丹尼科夫：《哲学范畴系统化的方法》，曹一连译，42页，北京，中国人民大学出版社，1988。

1. 三段论范式

正题	反题	合题
主观恶性	客观危害	已然之罪
再犯可能	初犯可能	未然之罪
已然之罪	未然之罪	犯罪
道义报应	法律报应	报应之刑
个别预防	一般预防	预防之刑
报应之刑	预防之刑	刑罚
犯罪	刑罚	刑法

2. 易经范式

<table>
<tr><th>太极</th><th>两仪</th><th>四象</th><th>八卦</th></tr>
<tr><td rowspan="8">刑法</td><td rowspan="4">犯罪</td><td rowspan="2">已然之罪</td><td>主观恶性</td></tr>
<tr><td>客观危害</td></tr>
<tr><td rowspan="2">未然之罪</td><td>再犯可能</td></tr>
<tr><td>初犯可能</td></tr>
<tr><td rowspan="4">刑罚</td><td rowspan="2">报应之刑</td><td>道义报应</td></tr>
<tr><td>法律报应</td></tr>
<tr><td rowspan="2">预防之刑</td><td>个别预防</td></tr>
<tr><td>一般预防</td></tr>
</table>

（四）范畴的系统化

刑法哲学范畴经过遴选、分类、组建，然后系统化，从而形成刑法哲学体系。

关于刑法哲学体系，在我国刑法学界已经有人论及。例如，我国学者认为将刑法现象中蕴含的哲理加以系统化，或者说用哲学观点和方法研究种种刑法现象，这就是刑法哲学，刑法哲学（或称刑事法理学）是一种刑法理论。刑法哲学以刑事责任（国家与公民、个人与社会、主体与客体的一种特殊关系）理论为主线，初步设想，大体由四部分构成：第一部分为刑法一般理论，包括刑法性质、刑法功能、刑法发展的原因和趋向。第二部分为刑事责任论，包括刑事责任本质、刑事责任价值取向、刑事责任结构。第三部分为刑事责任的起因——犯罪论，包含犯罪本质、刑事责任与犯罪、刑事政策与犯罪、犯罪化与非犯罪化、行为主义与行为人主义、犯罪行为理论、犯罪构成理论中的其他哲学问题。第四部分为刑事责任的实现——刑罚论，包括刑罚目的的理想与现实、刑罚功能和效应、现代犯罪学与刑罚制度、行刑效果对判刑制度的反馈作用、刑罚权的控制与非刑罚化、刑罚体系及其变化趋势。[①] 我国学者还将刑事责任、犯罪、犯罪人、刑罚、量刑、行刑等范畴系统化，从而形成刑法哲学体系。[②]

我认为，以上这些刑法哲学体系是有一定的独创性的，反映了作者对刑法哲学的独到见解。由于我所遴选的刑法哲学范畴不同于上述学者的，并且对刑法哲学的基本观点也有别于上述学者的，因而我所建构的刑法哲学体系也迥异于上述学者的。刑法哲学作为一种理论，不像刑法教科书那样有一个权威的独一无二的体系，每一种刑法哲学都可以具有自己的体系，只有这样，才能推动与深化刑法哲学的发展。我所建构的刑法哲学体系图示如下：

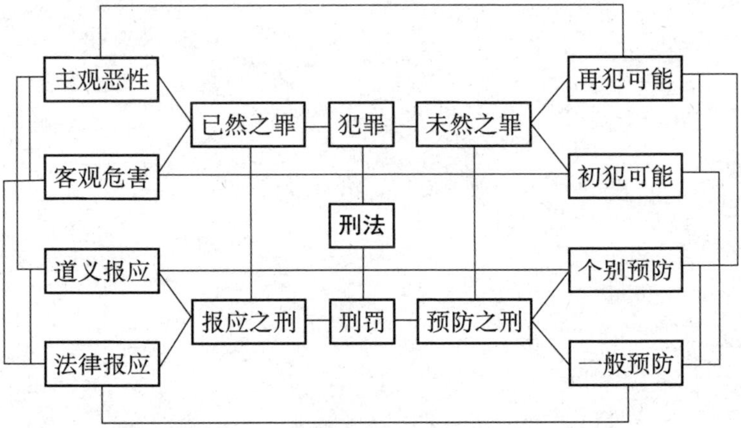

以上 15 个范畴及其相互之间的辩证关系，涵括了刑法学的基本问题，由此形成刑法哲学体系，也就是本书的逻辑体系。

① 参见储槐植：《刑法例外规律及其他》，载《中外法学》，1990（1），23 页。

② 参见曲新久：《试论刑法学的基本范畴》，载《法学研究》，1991（1），36 页。

第一编

犯罪本体论

第一章 主观恶性

已然之罪在主观评价上是一个恶性的问题。恶性，首先是一个伦理评价的问题，其次才是一个法律评价的问题。然而，无论是伦理评价还是法律评价，都不能离开这种评价赖以存在的基础——犯罪人的主观心理状态。在这个意义上说，心理事实与规范评价的统一，就是作为已然之罪的主观恶性的全部蕴含之所在。

第一节 主观恶性的嬗变

主观恶性这一范畴，从伦理学到刑法学的发展，在刑法学中地位的否定之否定的变化，经历了一个漫长的演变过程。历史在主观恶性这一范畴上，既投下了愚昧而无知的阴影，又折射出理性而睿智的光芒。

一、古代的主观恶性

伦理学意义上的恶，滥觞于古希腊。在古希腊哲学中，第一个将恶作为伦理学的基本范畴加以思考的是苏格拉底。苏格拉底是在与善的对应关系中界定恶的，并从善与恶的互相转化中深化了人们对恶的认识。苏格拉底认为，对于敌友在道德上的要求是不同的，道德善恶、正邪是以对象的不同而各异的，由此阐明了善恶相对性的原理。[①] 具有悲剧色彩的是，苏格拉底本人被冠以恶名而被雅典民主派政权判处死刑，罪状如下："一个作恶者，一个怪异的人，他窥探天上地下的事物，把坏的说成好的，并且以这一切去教导别人。"

如果说，苏格拉底之所谓恶，是指对某一行为或者事件的否定评价，那么，柏拉图之所谓恶性，是指对某一行为人的人格或者人性的否定评价。从苏格拉底之恶到柏拉图之恶性，这是一大进步，表明人们已经不是孤立地评价某一行为或者事件的善恶，而是从人性的高度对某一行为人的人格的善恶加以评价。柏拉图认为，在一个人的品性中，具有善与恶两种素质。人都有像兽性一样的恶性，当他对自己的善性放松控制时，兽性便活跃起来，即使是好人也难免如此。这里所说的恶性，就是指人人都有的而又不应该有的一些欲望。[②] 应当指出，欲望本身无所谓善恶之分，满足欲望的方式是否正当才能成为伦理评价的对象。当然，柏拉图从人性的意义上界定恶，从恶这一范畴中推衍出恶性的概念，是具有历史意义的发展。

无论是苏格拉底之恶，还是柏拉图之恶性，都仅具伦理内涵。古希腊著名哲学家亚里士多德将恶与罪相联系，把恶性与法律责任相沟通，从而使恶性初具法律内涵。亚里士多德指出：就善与恶、正当与不正当的界限来说，它是一个与恶相对立的极端，它是善，是正当，而不是在善与恶、正当与不正当之间的中间状态。一切恶的、不正当的情感与行为，如恶意、无耻、嫉妒等情感，偷盗、奸淫、谋杀等行为，本身就是恶，就应当被谴责。对于恶的、不正当的情感和行为来说，它们的恶性质，不在于是否在适当的时候、以适当的态度、施于适当的

① 参见罗国杰、宋希仁：《西方伦理思想史》，上卷，105 页，北京，中国人民大学出版社，1985。
② 参见张宏生主编：《西方法律思想史》，30 页，北京，北京大学出版社，1983。

人，而是只要做了就是恶的。因此，在亚里士多德看来，犯罪是一种罪恶。将恶用来评价犯罪，这不能不说是亚里士多德的一大贡献。尤其值得注意的是，亚里士多德还从道德责任与法律责任的意义上论述了恶性的概念，指出：一个人应该对自己自愿的行为负责，并因此被称赞或被指责。作恶者的性格是由于他们的懈弛、放荡的生活养成的。他们由于一犯再犯，重复地做某一行为，因而养成一种特殊的习惯和性格，使他们成为不公正的或放荡的人。这种人对于他的习性应该自己负责，并且应当受到谴责。即使由于无知而作恶有时可以不负道德责任，但有些无知正是犯罪的根源，如因酗酒而犯罪，喝酒是他无知的原因，但他本来可以不喝酒，再说，人人应当知道的社会规范，你不知道或疏忽，如若作恶犯罪，也应负道德的和法律的责任，也应当受谴责。因此，亚里士多德明确指出："我们力所能及的恶，都要受到责备。"[①] 更为重要的，是亚里士多德从人的本性的角度论述了人的善恶观念，指出："人类所不同于其他动物的特性，就在于他对善恶和是否合乎正义以及其他类似观念的辨认。"[②] 这就阐明了主观恶性的哲学根据。亚里士多德关于恶与恶性的论述，对古罗马的刑法理论产生了深远的影响。

首先将恶性引入刑法领域的是古罗马法学家。在罗马法上，初期客观责任的色彩极为浓厚，以后，由于受到古希腊伦理学的影响，开始采用恶性这个概念，这就是主观责任的肇始。例如，在罗马法中存在"自体恶"（malainse）与"禁止恶"（mala prohibita）之别，就是将古希腊伦理学中的恶性理论运用于犯罪分类的明证。自体恶是指某些不法行为本身即具恶性，此等恶性系与生俱来的，而不待法律之规定，即已存在于行为之本质中。相对地，另一些不法行为的恶性系源自法律的禁止规定，而非行为与生俱来的或行为本身所具有的。因此，有些不法行为，尽管法律对于它不加规定，但根据伦理道德的观点，依然是应予非难的

① ［古希腊］亚里士多德：《尼各马科伦理学》，苗力田译，51页，北京，中国社会科学出版社，1990。
② ［古希腊］亚里士多德：《政治学》，吴寿彭译，8页，北京，商务印书馆，1965。

行为。相反地，有些不法行为在伦理道德上是无关紧要的，它之所以成为禁止的不法行为，纯系因法律的规定。至今，仍有学者利用这种理论来解释刑事不法（自然犯）与行政不法（法定犯）的区别。[①]

二、中世纪的主观恶性

在整个中世纪，由于教会与王权合一，恶性被深深地打上了宗教的烙印。根据宗教神学的意志自由论，上帝赋予人以灵魂，灵魂是一种独立并优越于肉体的精神实体，否认人的意志受社会物质生活条件的制约，将犯罪视为魔鬼诱惑人类心灵的结果，这种导致犯罪的意志是一种恶的意志。例如奥古斯丁就明确地把犯罪原因归咎于人的恶的意志，指出："虽然坏的意志是坏的行动的动因，但坏的意志并没有什么事物是它的动因……惟有那还没有被其他意志所恶化，而本身就是恶的意志，才是第一个恶的意志"[②] 正因为如此，奥古斯丁认为法官的职责是"审判别人的良心"，对犯人着重追究思想动机，即强调犯罪的主观精神作用，以心治心。奥古斯丁的这种观点对后世产生了十分重大的影响。12 世纪在教会法庭审理案件中出现了"应受谴责"的思想，它既作为测定有罪的标准，也用来区别罪行的轻重。基督教的这种思想可以归结为一句格言："行为无罪，除非内心邪恶"[③]。在这种思想的影响下，中世纪的刑法充满主观归罪的意味。其中最突出的是犯罪（crime）和罪孽（sin）不加区别。违反宗教法的行为称为罪孽，罪孽又分为三部分：一部分是纯属内心活动的罪孽，另一部分是行为轻微的罪孽，还有一部分是严重侵犯教会信条或利益的罪孽，例如异端罪、巫术罪、通奸罪等，这类犯罪被教会法学家称为"犯罪的罪孽"。前两种罪孽由教会的内部庭

---

① 参见林山田：《经济犯罪与经济刑法》，修订 3 版，112 页，台北，三民书局，1980。

② 转引自周辅成选编：《西方伦理学名著选辑》，上卷，351～353 页，北京，商务印书馆，1961。

③ 转引自储槐植：《美国刑法》，80 页，北京，北京大学出版社，1987。

审理，后一种罪孽由教会的对外庭审理。[1] 在当时的统治者看来，犯罪是人内心邪恶、道德堕落的表现，由于这种堕落触犯了上帝的永恒法规，犯罪者应当受到惩罚，以此涤除道德罪恶并平息上天的震怒，因此犯罪的责任既是法律上的也是道德上的，而且它的基本根据是人内心的邪恶程度。由于人的内心邪恶程度没有客观尺度可以衡量，因而无数无罪者成为这种含义模糊并且可以任意解释的判断标准的牺牲品。直至近代英国著名哲学家霍布斯，虽然对犯罪与恶加以区分，认为罪与非罪的界限，必须以国法的标准来衡量，而不能用道德规范或用自然法的规则作为依据，在确定恶与非恶的界限上，则必须依自然法的规则作为衡量的标准，但霍布斯同时又认为："犯罪根源或原因所含有的恶意是衡量罪行的轻重程度的首要尺度。"[2] 在这里，根源的邪恶性仍然是一个含混不清的概念，以它作为衡量罪之轻重的标准，其后果是可想而知的。

三、近代的主观恶性

及至贝卡里亚所倡导的刑事古典学派的崛起，恶性这一概念及其他所代表的中世纪的以人的内心企图作为衡量刑罚轻重的专制主义刑法原则，受到严厉批判，贝氏明确提出使社会遭受到的危害是衡量犯罪的唯一真正的标准这一划时代的刑法学命题。贝卡里亚首先指出了以犯罪人的意图作为衡量犯罪的真正标准的不科学性，指出："这种标尺所依据的只是对客观对象的一时印象和头脑中的事先观念，而这些东西随着思想、欲望和环境的迅速发展，在大家和每个人身上都各不相同。如果那样的话，就不仅需要为每个公民制定一部特殊的法典，而且需要为每次犯罪制定一条新的法律。有时候会出现这样的情况，最好的意图却对社会造成了最坏的恶果，或者，最坏的意图却给社会带来了最大的好处。"[3] 贝卡

① 参见黄风：《贝卡里亚及其刑法思想》，10 页，北京，中国政法大学出版社，1987。

② ［英］霍布斯：《利维坦》，黎思复等译，236 页，北京，商务印书馆，1985。

③ ［意］贝卡里亚：《论犯罪与刑罚》，黄风译，67 页，北京，中国大百科全书出版社，1993。

里亚从主观意图的差异性和变异性以及主观意图与客观效果的差别性，论证了不能以主观意图作为衡量犯罪的标准。同时，贝卡里亚还批驳了罪孽的轻重是犯罪的标准的观点，指出："罪孽的轻重取决于叵测的内心堕落的程度，除了借助启迪之外，凡胎俗人是不可能了解它的，因而，怎么能以此作为惩罚犯罪的依据呢？如若这样做，就可能出现这种情况：当上帝宽恕的时候，人却予以惩罚；当上帝惩罚的时候，人却予以宽恕。如果说人们的侵害行为可能触犯上帝的无上权威的话，那么，人们的惩罚活动同样可能触犯这一权威。"① 贝卡里亚以罪孽的不可度量性否定了以罪孽的轻重衡量犯罪的标准。贝卡里亚对犯罪完全采取一种客观的标准来衡量，这就是对社会造成的危害，而这种危害是可以采用外部标准来衡量的，一个人内心的邪恶也只能由表现为外部行为及其所造成的危害来测定。除此以外，离开人的外部行为的主观恶性是不可度量的，不能作为衡量犯罪的标准。显然，贝卡里亚对犯罪坚持的是一种客观主义的立场。当然，贝卡里亚并不否认人的意志自由是构成犯罪的前提，但在贝卡里亚看来，作为理性的人，其意志自由是人人皆然的。所以，贝卡里亚非常小心翼翼地回避了已往刑法学家们所津津乐道的犯罪的主观状态问题，强调法律不惩罚犯意，不过问行为的内在恶意。② 应该说，贝卡里亚的这一思想在当时是具有历史进步意义的。当然，其否认主观恶性的客观主义立场的偏颇也是十分明显的。

19 世纪下半叶以后，随着社会的激烈动荡与变革，刑事古典学派的理论开始受到挑战，刑事人类学派和刑事社会学派应运而生，主观恶性这一概念又开始受到重视。刑事人类学派的代表人物加罗法洛在关于犯罪构成的论述中使用了恶性（Jemibitia）一词。加罗法洛关于自然犯罪的界定，无疑是在一定程度上古罗马法关于"自体恶"理论的复活。加罗法洛认为，按行为对两种原始的利他主义情感的这种或那种触犯，所有的犯罪可以分为两大类：一是触犯恻隐之心的犯

---

① ［意］贝卡里亚：《论犯罪与刑罚》，黄风译，68 页，北京，中国大百科全书出版社，1993。

② 参见黄风：《贝卡里亚及其刑法思想》，69 页，北京，中国政法大学出版社，1987。

罪，二是触犯正直之心的犯罪。在加罗法洛看来，犯罪是一种对社会有害并且侵害两种或其中一种最基本的情感——恻隐之心和正直之心的行为，罪犯必须是缺乏这两种情感或其中一种，在这些情感方面薄弱的人。这些正在被谈论的情感是所有道德的基础。缺乏这些情感的人就是不适应社会的有缺陷的人。① 加罗法洛在这里虽然论述的是犯罪的分类，但实际上是探讨犯罪人的主观因素，其落脚点就在于主观恶性，具体表现在犯罪人的恻隐之心与正直之心的缺乏，因而应当受到否定的道德评价和法律评价。

四、现代的主观恶性

在现代意义上，主观恶性在大陆法系与英美法系的刑法理论中具有各自的表现形态。在大陆法系刑法理论中，主观恶性集中体现在责任这一概念上，在有责性这一构成条件中加以论述，所谓（刑事）责任，是就能对行为人的犯罪行为进行谴责而言。这里的责任是一种主观责任，指在行为人具有责任能力和故意或者过失的情况下，才能对其进行谴责。② 责任的本质实际上就是一个主观恶性的问题。在苏联和东欧国家刑法理论中，主观恶性集中体现在罪过这一概念上，罪过是两种（两个形式）罪过——故意与过失的类的概念。正如苏联刑法学家曼科夫斯基指出："苏维埃刑法中的罪过，就是人对其所实施的危害社会行为的一种故意或过失形式的心理态度，由于这种危害社会行为，就使得这种心理态度受到社会主义立法的谴责。"③ 罪过的心理状态体现了犯罪人的主观恶性，正是在这个意义上，罪过一词在苏联和东欧国家刑法理论中被广泛使用。它在作为故意与过

① 参见［意］加罗法洛：《犯罪学》，耿伟等译，44 页，北京，中国大百科全书出版社，1996。

② 参见［日］福田平、大塚仁：《日本刑法总论讲义》，李乔等译，110 页，沈阳，辽宁人民出版社，1986。

③ ［苏］曼科夫斯基：《苏维埃刑法中的罪过问题》，载中国人民大学刑法教研室编译：《苏维埃刑法论文选译》，第 1 辑，159 页，北京，中国人民大学出版社，1955。

失的类概念使用的同时，还与意志自由的思想、正义报应的观念紧密地结合在一起，从而与大陆法系刑法理论中的责任这一概念相沟通。在英美法系国家，主观恶性集中体现在犯意（mensrea）这个概念上。对犯罪要求有犯意，在英美刑法的以下原则中得到体现："没有犯罪意图的行为，不能构成犯罪"（Actusnon fac-it-reum，nisi-mens sit rea）。英国刑法学家特纳对犯意进行了极为充分的论述，指出："犯罪意图是道德上的邪恶思想与法律上的犯罪思想的紧密结合。"[①] 特纳还论述了检验犯意的客观标准与主观标准。客观标准，是指对每个案件的事实都要考察被告人的行为是否达到了在当时被普遍接受和认可的道德标准。如果事实查明被告人的行为没有像一个遵从道德准则的人所应当实施的行为那样，这就证实他有犯罪意图。尽管采用公认的道德准则作为认定犯罪意图的标准实际上意味着法院客观地评价被告人的行为，然而，在相当程度上必须考虑被告人真实的心理活动，这就出现了主观标准。[②] 综上所述，无论是大陆法系国家刑法理论中的责任（有责性），还是苏联和东欧国家刑法理论中的罪过，抑或是英美刑法理论中的犯意，就其本质而言，都是一个主观恶性的问题。

第二节　心理事实

主观恶性的内在结构，是指主观恶性的构成要素。揭示主观恶性的内在结构，对于界定主观恶性具有十分重要的意义。我认为，主观恶性的内在结构是心理事实与规范评价的统一。

主观恶性是犯罪人主观上所具有的某种属性，这种属性是建立在犯罪人的主观心理状态之上的。根据我国刑法理论，犯罪人的主观心理状态是犯罪构成的主观要件。从哲学上说，犯罪人的主观心理状态涉及人的意识等心理事实，这些心

① ［英］特纳：《肯尼刑法原理》，王国庆等译，28 页，北京，华夏出版社，1989。

② 参见［英］特纳：《肯尼刑法原理》，王国庆等译，29～30 页，北京，华夏出版社，1989。

理事实是犯罪人的主观恶性的基本载体。

根据心理学的一般原理：人的心理，即他的意志和意识，是高度组织了的物质即人脑的产物。这就是说，人的心理作为一种精神现象是从物质中产生的并依赖于物质，就是说，我们的感觉、知觉、观念、概念和思想，乃是外部世界的反映，它表现为一定的心理形象，而这些形象的正确性是通过实践，通过人的活动来加以检验和证实的，并反作用于外部世界。正是在这个意义上，体现了人的主观能动性。对于罪过的心理事实的分析，应以这一基本原理为指导。

罪过心理虽然是一种应予否定的恶的心理，但它作为一种心理过程，仍然遵循着一般的心理规律。现代心理学把人的心理分为互相联系而又相互区别的两个领域：显意识和潜意识，这就是主观恶性的心理事实。

一、显意识

显意识作为一种心理现象，是认识过程、情绪过程和意志过程的总和。[①] 人在进行活动的时候，客观事物直接作用于人的感觉器官，人脑就产生了对外部客观事物各个部分和属性的整体反映，这就是认识。在认识的基础上，人们对现实环境和周围事物产生的内心体验以及所产生的喜、怒、哀、乐等态度，就是情感。由于各种不同情感的支配，为了作用于客观对象，人们就会提出目标，制订计划，然后去执行以实现既定的目标，这类活动在人的心理过程中叫做意志行为。在意志行为中，那种下定决心和准备克服障碍的内心活动就叫做意志。认识、情感和意志，作为人们对客观事物反映的心理过程的三个不同方面，是互相联系不可分割的。因此，在显意识的罪过心理事实中，认识、情感和意志是三个不可或缺的心理因素。

（一）认识因素

在罪过的心理事实中，认识居于一个十分重要的地位，在哲学上，认识是主

① 参见曹日昌主编：《普通心理学》，下册，2版，41页，北京，人民教育出版社，1980。

体对客体的一种观念的反映关系。由于主体是具有意识、能思维的大脑（并有感觉器官作为它的工具）的社会的人，因而在主体同客体的实际的相互作用即实践过程中，必然发生主体对客体的认识即观念反映关系。这种关系的实质是，主体认识或反映客体，在头脑中形成关于客体的观念的映像；客体则被主体所认识或反映，成为主体观念的内容。[①] 由此可见，从哲学上说，认识是主体对客体的反映。那么，主体是以何种形式反映客体的呢？这实际上就是一个认识的心理机制问题，属于心理学的范畴。从心理学上来说，认识是一个由外部刺激向内部意识事实转化的过程。[②] 外部刺激作用于人的大脑皮层，产生感觉，感觉是人脑对于客观事物的个别属性的反映。感觉经过人脑加工整合，上升为知觉，知觉是人脑对于客观事物各个部分和属性的整体反映。知觉再升华，就发展为思维。显然，思维是认识的最高形式。

认识是有意识的心理活动的基础和前提。这一点，在认识因素与意志因素的关系上表现得极为明显：意志的特征是具有自觉的目的，而人的任何目的都不是头脑里所固有的，而是人过去和现在的认识活动的产物。因此，离开了认识过程，就不会有意志活动。

在罪过的心理事实中，认识的作用是十分重要的。犯罪人的决意就是建立在对客观事物的认识判断的基础之上的。明知才能故犯，因此，任何一个国家刑法都把认识因素列入故意心理之中。这种认识，黑格尔称之为意图，认为意图是故意的属性之一，是故意行为中所表现出来的社会普遍性。这种普遍性，黑格尔又称之为价值。既然价值是普遍的，那么它就是绝对的，但包括在特殊行为中的价值仅是普遍价值的一部分，所以是相对价值。黑格尔指出："构成行为的价值以及行为之所以被认为是我的行为，这就是意图"[③]。在这个意义上说，认识既是一种自我意识，又是一种对客观事物的反映。正是通过认识，犯罪人产生犯罪意

---

① 参见夏甄陶：《认识论引论》，163页，北京，人民出版社，1986。

② 参见曹日昌主编：《普通心理学》，下册，2版，75页，北京，人民教育出版社，1980。

③ ［德］黑格尔：《法哲学原理》，范扬、张企泰译，117页，北京，商务印书馆，1961。

志并外化为行为。

（二）情感因素

在罪过的心理事实中，情感也是一个不容忽视的因素。在心理学中，情感是人对客观事物的态度的一种反映。人对客观事物采取何种态度，要以某事物是否满足人的需要为中介，客观事物对人的意义，也往往与它是否满足人的需要有关。因此，情感是需要的主观体验形式。人类在社会历史发展进程中所形成的稳定的社会关系决定着人们对于客观世界的态度，对于这些受社会关系所制约的态度的反映，就是人类所特有的情感。① 由此可见，情感是人的心理事实中最富感情色彩的内容之一。

在传统的罪过理论中，没有注意到情感因素。但随着现代心理学对人类心理活动的深层机制的科学揭示，情感对于认识与意志具有不可忽视的影响这一原理已经不可动摇，因而将情感纳入罪过心理是势在必行的。

情感具有两极性。依人的需要是否获得满足，情感具有肯定或否定的性质。凡能满足人的需要的事物，会引起肯定性质的体验，如快乐、满意、爱等；凡不能满足人的渴求的事物，或与人的意向相违背的事物，则会引起否定性质的体验，如愤怒、哀怨、憎恨。犯罪人只对特定的事物感兴趣，这种事物之所以引起犯罪人的兴趣，是与这一事物能够满足其需要有关的，在这种情况下，犯罪人会产生肯定的情感，因而表现为强烈占有欲，在财产犯罪与经济犯罪中往往如此。而当这种需要得不到满足时，犯罪人会产生否定的情感，因而表现为一种毁灭欲，例如杀人、放火等犯罪就是如此。

情感的两极性不仅表现在性质上，而且表现在强度上，这就是激动与平静。激动的情感称为激情，表现为强烈的、短暂的然而是爆发式的体验，如激情、狂喜、绝望。激情的产生往往与人在社会生活中占重要地位、起重要作用的事件的出现有关，同时又出乎原来的意料，违反原来的愿望和意向，并且超出了意志的

① 参见曹日昌主编：《普通心理学》，下册，2版，440页，北京，人民教育出版社，1980。

控制范围。在故意犯罪中，尤其是义愤杀人等，往往伴随着一定的激情。心理学研究表明，处于激情状态下，人的认识活动的范围往往会缩小，人被引起激情体验的认识对象所局限，理智分析能力受到抑制，控制自己的能力减弱，往往不能约束自己的行为，不能正确地评价自己的行动的意义及后果。① 因此，激情对于主观罪过程度有一定的影响。平静的情感是处在安静的情绪状态之中，在这样的场合，人能从事持续的智力活动。智力犯罪往往是在这种平静的情绪体验中完成的，而杀人的预谋更是以平静的情感为心理基础的。

在情感中，还有两种情绪状态值得重视，这就是心境与应激。

心境是一种使人的一切其他体验和活动都感染上情绪色彩的、比较持久的情绪状态。心境不是关于某一事物的特定的体验，它具有弥散性的特点。② 心境对人的行为具有重大的影响，积极良好的心境使人向上，而消极不良的心境则使人厌烦消沉，甚至导致违法犯罪。一个人固然要对自己的心境负责任。因为心境作为人的性格与意志的重要内容之一，有一个培养与锤炼的问题。但是，心境是在一定的社会环境中形成的，并且在不同的心境下实施犯罪行为，行为人的主观恶性不尽相同。因此，在罪过心理中，对于心境应当引起重视。

应激是出乎意料的紧张情况所引起的情绪状态。它是偏重于从紧张到轻松这一情绪的度量的表现。在突如其来的或十分危险的条件下，于必须迅速地、几乎没有选择余地采取决定的时刻，容易出现应激状态。③ 在应激的情况下，紧急的情景惊动了整个有机体，它能很快地改变有机体的激活水平，心率、血压、肌紧度发生显著改变，引起情绪的高度应激化和行动的积极化。因此，很难实现符合目的的行动，容易作出不适当的反应。犯罪也往往是在应激的情绪状态中发生的，例如防卫过当，在突如其来的不法侵害面前，出于防卫的本能奋起反击，防卫限度难以控制，导致过当的，主观责任有所减小甚至完全阻却。又如，司机在

① 参见曹日昌主编：《普通心理学》，下册，2版，69页，北京，人民教育出版社，1980。
② 参见曹日昌主编：《普通心理学》，下册，2版，69页，北京，人民教育出版社，1980。
③ 参见曹日昌主编：《普通心理学》，下册，2版，70页，北京，人民教育出版社，1980。

驾车行驶过程中，遇到突发情况，惊慌失措造成交通事故的，在处罚时应当考虑应激这一情绪状态。

一定的情感虽然是任何罪过心理中必不可少的内容，但其法律意义与认识因素和意志因素相比较，却显然是等而下之的。在一般情况下，认识因素与意志因素决定着主观恶性的有无，而情感因素只决定着主观恶性的大小。当然，在个别情况下，情感因素可能成为排除罪过的事由。关于情感因素决定主观恶性的程度，最为典型的是《瑞士刑法典》第 64 条明确将行为人因不当之刺激或侮辱，而生重大愤怒及痛苦，因而犯罪者作为刑罚减轻的事由。此外，还有不少大陆法系国家的刑法都将义愤杀人作为故意杀人罪的从轻或者减轻处罚的法定情节。在英美法系国家的刑法中，情感因素对刑事责任也具有不可忽略的影响。例如，在英国刑法中，激怒不是一个正当理由或免责问题，因为它并不排除定罪或刑罚，而是把指控由谋杀降为非预谋杀人，把可能的最高刑由死刑降为终身监禁。[①] 关于情感因素在个别情况下排除罪过，例如《匈牙利刑法典》第 15 条第 2 款规定，“防卫人之行为如系由于恐怖或可谅解的刺激致超过正当防卫之限度者，亦不予处罚”。《德国刑法典》第 33 条规定：“行为人由于惶惑、恐怖、惊愕，致逾越正当防卫之限度者，不罚。”不仅在各国刑事立法上对于罪过心理中的情感因素有所规定，而且各国刑事司法对情感因素也予以了充分关注。在故意的激情行为里，不仅心理过程而且故意罪过的内容与其他的故意行动相比，都处于变化状态。因此，在法庭认定罪过时必须对此给予特别的检查和说明。例如，德意志民主共和国法官 E. 默尔特尔和 H. 弗勒利希充分利用最高法院的判决确定了下述的激情标准[②]：

激情一般产生于一种突然爆发的精神刺激，行为人对这种刺激不能很快适应。

激情常常因反面的刺激而出现，其中有重要的带有刑法性质的行为（肉体的和精神的强制、伤害、诽谤、毁弃或损害财产）。

---

① 参见［英］哈特：《惩罚与责任》，王勇等译，15 页，北京，华夏出版社，1989。

② 参见［民主德国］J. 列克沙斯、J. 伦内贝格：《民主德国刑法理论的若干问题》，田彦群译，97～99 页，深圳，深圳大学，1988。

激情多数有一个长久的酝酿过程（夫妻、邻居和亲属之间），然后通过某些微不足道的原因而爆发出来。

激情的爆发是直接的、特别猛烈的，一般与剧烈的身体动作相联系，这些动作是在极度强烈、紧张的情感驱使下实施的。

如果刺激的原因继续存在，行为人仍无控制地放任行为，激情就会在行动中进一步升级。

在激情行为人中，时常有一些温和、无主见和敏感性格的人，其智力程度在激情中仅起次要作用。但是在另一方面这是有代表性的（在特别强烈的激情犯罪中），他们表现出个性异化的特征。

总之，情感因素在罪过的心理事实中的地位日益为人们所认识，这是现代心理学发展的结果。刑法理论与刑事立法都应该对此作出积极的反应，以便使其建立在科学的基础之上。

（三）意志因素

在罪过的心理事实中，意志是最重要的因素，这是由于意志在人类心理活动中的重要性所决定的。在心理学中，意志是指人自觉地确定目的并支配其行动以实现预定目的的心理过程。人在反映现实的时候，不仅产生对客观对象和现象的认识，也不仅对它们形成这样或那样的情感体验，还有意识地实现着对客观世界的有目的的改造。这种最终表现为行动的、积极要求改变现实的心理过程，构成心理活动的另一个重要方面，即意志过程。① 意志是人的主观能动性的充分表现，也是人与动物的根本区别之一。意志是主观意识向外部动作转化的决定性因素。在这一转化过程中，意志对人的行动起着调节作用。这种调节作用，主要表现在发动和制止两个方面：前者在于推动人去从事达到预定目的所必需的行动，后者在于制止不符合预定目的的行动。意志的这些功能同样体现在罪过心理中，可以说，如果没有一定的意志因素，就不会有罪过心理，因而也就不会有主观

① 参见曹日昌主编：《普通心理学》，下册，2版，74页，北京，人民教育出版社，1980。

恶性。

意志因素在罪过心理中的重要性，还通过它与认识因素和情感因素的关系体现出来。

意志对于认识过程具有不可忽视的巨大影响：首先，人对外部世界的认识，是有目的、有计划并克服各种困难的过程。这一认识过程离不开人的意志努力。其次，人对客观事物的认识，是在变革事物的实践活动中完成的，而一切实践活动都是意志行动，都受着意志的调节。因此，没有意志，就不会有深入的、完全的认识活动。在这个意义上说，我主张认识与意志的一元论，正如黑格尔指出："精神一般说来就是思维，人之异于动物就因为他有思维。但是我们不能这样设想，人一方面是思维，另一方面是意志，他一个口袋里装着思维，另一个口袋里装着意志，因为这是一种不实在的想法。思维和意志的区别无非就是理论态度和实践态度的区别。它们不是两种官能，意志不过是特殊的思维方式，即把自己转变为定在的那种思维，作为达到定在的冲动的那种思维"①。因此，认识与意志是统一的心理过程。

如同认识与意志具有密切联系一样，情感与意志也具有不可分割的联系。情感对于意志具有一定的推动或者阻止的作用。同时，意志对于情感又有着调节或者控制的功能。在罪过的心理事实中，意志能够控制突发的激情而没有控制，以致产生危害结果的，就应当认为具有主观恶性。当然，激情使意志力减弱，因而主观恶性相对要小一些。如果在激情突发的情况下，意志力完全丧失，且这种激情是不正当行为引起的，那么，就应当认为没有主观恶性。

二、潜意识

如果说，认识、情感和意志构成的是犯罪故意的心理事实，那么，过失这样

① ［德］黑格尔：《法哲学原理》，范扬、张企泰译，12页，北京，商务印书馆，1961。

一种心理事实就具有更为复杂的心理机制。传统的心理学对过失心理缺乏充分的关注，因此，刑法理论中的过失概念未能建立在坚实的心理学基础之上。

在刑法学上，犯罪过失的理论经历了从无认识说到不注意说及避免结果说这样一个发展过程。无认识说认为缺乏对事实或者结果的认识是过失的标志，同时，将有认识作为故意的标志，显然，这是以心理事实中的认识因素界定过失的结果。不注意说认为行为人因违反注意义务而导致结果发生是过失的标志。如果说，无认识说只考虑认识之有无问题，那么，不注意说注重认识是否可能的问题。避免结果说认为过失是行为人希望避免结果，但因违反注意义务或回避违法结果义务而导致犯罪结果发生。显然，避免结果说不同于前两种学说的地方在于以心理事实中的意志因素界定过失，且把过于自信的过失也包括在过失概念之中，这是对过失认识上的一次深化。对过失心理的揭示注重认识因素与注重意志因素的观点对峙，在冯·亚尔姆丁根（V. Almendingen）和费尔巴哈的学说中体现得极为明显：冯·亚尔姆丁根认为过失的本质在于“缺乏理智”（这里的理智就是认识），或可称之为理智上的不良状态，指出：过失是“单纯认识能力的错误”[①]。与此相反，费尔巴哈则认为过失的本质在于“缺乏意志”，或可称之为意志上的不良状态，指出：过失是“违法确定实施或忽略的违反主观意图听其自然产生违法效果的行为”[②]。应当指出，尽管上述两种观点存在对立，但在一点上是共同的，这就是把过失说成是某种心理事实（认识或者意志）的缺乏，这是一种否定式的表述，没有从正面揭示过失的心理特征。正因为如此，有些刑法学家错误地认为过失是一种“心理真空”。例如英国刑法学家特纳认为，过失意味着在某人的心理上完全缺乏特定的思想，即空虚。[③] 针对这种观点，哈特指出：“在普通英语乃至法律英语中，当某人因过失而导致危害时，如果我们要说这个

① ［德］冯·亚尔姆丁根：《关于过失的调查》，德文版，109页，基森，1809。

② ［德］费尔巴哈：《刑法基本原则和基本概念的校正》，德文版，第二部分，64页，开姆尼兹，1800。

③ 参见［英］特纳：《肯尼刑法原理》，王国庆等译，43页，北京，华夏出版社，1989。

人已经过失地实施了行为，我们将不会因此而仅仅描述他行为时的心理结构。‘他因过失而打碎了一只茶托’和‘他因疏忽而打碎了一只茶托’并不是同一种类的表述。‘疏忽’一词的意义只在于告诉我们行为人的心理状态，但是，如果我们说‘他因过失而打碎了它’，那么，我们就不仅把这一行为染上了受非难或指责的色彩，而且加进了某种非常特别的因素，即我们必须满足这样的事实，即行为人没有遵守任何有理智的正常人本来可以遵循的行为准则，而这一准则就是要求行为人采取预防措施，以免造成危害。无论从法律还是非法律的意义上讲，‘过失’这个词总是和没有做应当做的事情发生着本质的联系。‘过失’不是一种诸如‘他的内心一片空白’之类的直接说明心理内容的措词”①。显然，哈特对特纳的批评是有一定道理的。但哈特仍未指出“疏忽”到底是怎样一种心理事实。对此，我们不能苛求哈特，因为他毕竟不是心理学家。

问题仍然应该回到心理学上来。对于过失的心理特征的描述，不能不借助于弗洛伊德的过失心理学理论。弗氏过失心理学理论的一个核心概念是“潜意识”或译为“无意识”，弗氏认为：“心灵包含有感情、思想、欲望等等作用，而思想和欲望都可以是潜意识的”②。从潜意识的理论出发，弗氏首先提出“过失是有意义的”这一结论，这里所谓意义就是指重要性、意向、倾向，以及一系列心理过程中的一种。进而，弗氏又提出“过失是两种不同意向互相牵制的结果”的命题，这两种意向分别为：被牵制的意向和牵制的意向。③ 弗氏指出：“我们不但知道过失是有意义和有目的的心理现象，也不但知道它们是两种不同意向互相牵制的结果，而且知道这些意向中若有一个想要牵制另一个而得到发表，其本身便不得不先受一些阻力禁止它的活动。简单地说，一个倾向必须先受牵制，然后才能牵制其他倾向。”④ 由此弗氏认为，过失的心理机制由两个因素构成：（1）倾

① ［英］哈特：《惩罚与责任》，王勇等译，140～141 页，北京，华夏出版社，1989。
② ［奥］弗洛伊德：《精神分析引论》，高觉敷译，9 页，北京，商务印书馆，1984。
③ 参见［奥］弗洛伊德：《精神分析引论》，高觉敷译，41 页，北京，商务印书馆，1984。
④ ［奥］弗洛伊德：《精神分析引论》，高觉敷译，45 页，北京，商务印书馆，1984。

向和倾向的冲突；（2）有一倾向被逐而产生过失以求补偿。[①] 以上就是弗洛伊德过失心理学的全部论点。应该说，弗氏的这些论点是在分析舌误、笔误、手误等日常过失现象中得出的，尽管有其局限性，但对于我们揭示一般的过失心理还是大有帮助的。

现代心理学家的研究表明，潜意识是主体对客体一种不知不觉的认识功能。潜意识并不是人们对客观对象根本没有一点认识的反映，而是对某种对象不自觉的、未加注意的、不由自主的、不知不觉的、模糊不清的反映的认识。一句话，无意识是未被意识到的认识，或意识阈限下的认识。在这个意义上说，潜意识本身不等于无认识，而是认识的一种特殊形式。潜意识不仅具有不知不觉的认识功能，而且是主体对客体一种不知不觉的内心体验的功能。因此，在潜意识中包含着主体对客观事物的一定的情感和意志因素。国外学者把潜意识分为三种：第一种，即个体的上意识现象。这些现象经常处于模糊不清的隐秘的状态，并且成为那些离奇古怪的神话的基础。第二种，即未被意识到的活动动机。它们以意识目的的形式参加活动，并成为个体常常意识不到的活动调节器。第三种，即未被意识的行为和操作的调节器。[②] 由此可见，根据传统的"心理的即意识的"心理学理论，过失的心理确实是"一片空白"：在过于自信的过失中没有意志因素，在疏忽大意的过失中干脆连认识因素也没有。而那些坚持过失具有心理事实的刑法学家则把"应当预见"视为疏忽大意的过失的认识因素，指出："在疏忽大意的过失上，所谓无认识并不是真正的不能认识，也不是缺乏意识因素，只是由于意志上的疏忽大意，对于应当预见而能够预见的可能发生危害的结果，竟然没有预见到"[③]。同时，其又把"轻信"与"疏忽"视为过失的意志因素，指出："在过失犯罪中，意志的因素表现为：轻信与疏忽。轻信这种意志因素的社会危害性表

---

① 参见［奥］弗洛伊德：《精神分析引论》，高觉敷译，50 页，北京，商务印书馆，1984。

② 参见车文博：《意识与无意识》，40～43 页，沈阳，辽宁人民出版社，1987。

③ 朱华荣：《略论刑法中的罪过》，载甘雨沛主编：《刑法学专论》，66 页，北京，北京大学出版社，1989。

现为：已经预见到自己的行为可能发生危害社会的结果，在这种情况下，行为人在意志活动上更应该抱谨慎态度，更应该慎重地选择和控制自己的行为，以防止和避免危害社会的结果发生。但是，行为人在意志上却表现为盲目自信，对自己的能力和客观条件作出缺乏根据的判断，过于轻率地作出决定，以致发生危害社会的结果。疏忽这种意志因素的社会危害性，就在于行为人应当预见到自己的行为可能发生危害社会的结果，但却在意志上抱着疏忽大意的态度，马马虎虎，麻痹松懈，丧失警惕，因而没有预见到，以致发生了这种结果。这表明行为人对社会公共生活规则的不关心，缺乏责任心，不爱护他人和国家的利益。疏忽大意过失的形成，意志因素起着相当大的作用。"① 我认为，上述论述是没有心理学根据的。因为"应当预见"是以"没有预见"为前提的，"没有预见"是缺乏认识因素，怎么能说具有认识因素呢？至于"轻信"和"疏忽"，前者是应当避免而没有避免的心理原因，后者是应当预见而没有预见的心理原因，也正是缺乏意志因素，怎么能说具有意志因素呢？还有的刑法学家把与过失行为相伴随的故意行为的意志内容视为疏忽大意的过失的意志内容，指出："在疏忽大意犯罪的条件下，虽然行为人实施任何行为或者放弃作为（不行为），实际上都没有向自己提出达到危害社会结果的目的。但在这里却始终存在着对另一个目的（针对实际达到的结果而言）的追求。实际产生的结果不是行为的目的，而是行为附带的、派生的结果，是以次等的结果出现的。"② 显然，这一论点是不符合心理学的一般原理的。因为过失心理态度是针对结果而言的：行为可能是故意的，对结果却是过失的。例如故意违章驾车，过失造成重大交通事故。所以，不能把对行为的故意的心理事实与对结果的过失的心理事实混为一谈。

根据传统的心理学理论难以说明过失的心理事实，只有应用潜意识的理论才

① 朱华荣：《略论刑法中的罪过》，载甘雨沛主编：《刑法学专论》，68～69页，北京，北京大学出版社，1989。

② ［苏］斯·塔拉鲁欣：《犯罪行为的社会心理特征》，公人、志疆等译，55页，北京，国际文化出版公司，1987。

能科学地加以描述。这一点在苏俄刑法理论中已经得到承认。例如苏俄刑法学家M. T. 乌格列赫里捷从承认存在无意识或下意识心理的现代的心理学概念出发，揭示过失的心理事实，认为过失的心理事实是不受意志和意识控制的冲动定式，由这种定式所引起的行为蕴含着造成社会危害后果的现实可能性。[①] 乌格列赫里捷在 1976 年发表了《刑法中的过失罪过问题》的专著，乌氏将刑法学与心理学结合起来研究过失罪过问题，详细地描述了过失犯罪心理活动的过程。他努力从承认存在无意识或下意识心理的现代心理学概念中寻求解开过失心理奥秘的途径，企图运用乌兹纳捷关于无意识和定式的心理学科学成果阐明过失的罪过问题。

乌氏详尽地阐述了自己的观点，指出过失的心理是不受意志和意识控制的冲动定式，过失犯罪行为人的积极的心理活动是尚无意志参与的定向水平上的心理活动，这种心理活动本身即已包含着社会危害的可能性。乌氏指出，人的一个活动总是被另一种活动，按照一定的方向所代替，这种决定活动方向的无意识心理即是定式。定式不汇入主体的意识之中，但先于人的一切未来活动。其最大的特点即方式和计划合二为一，它既反映过去又先于未来，在具备了主观需要和满足这一需要的客观条件时，这种无意识心理即得以产生。作者认为失火罪的主体无意识地将烟头扔在地毯上引起了火灾，即因为主体有摆脱无用的烟头的需要，客观上又无妨碍这一需要立即得到满足的障碍，由此，主体产生了扔掉烟头的心理定式，这一定式在无意识的过失行为中得以实现。

乌氏认为过失行为（无论作为或不作为）都是冲动性定式。乌氏运用定式理论证明了过失是实际存在的心理状态，指出有时新的定式与原来的定式相矛盾，并且不准许原来的定式得以实现，如扳道工忘了扳道岔，护士忘了给重病人注射等等。主体在一定的时间以前是正常地执行任务的，具有相应的行为定式，但在

---

① 参见［苏］皮昂特科夫斯基等：《苏联刑法科学史》，曹子丹等译，81～82 页，北京，法律出版社，1984。

犯罪过失行为之前产生了宁静的主观需要或赶快回家的需要，在可以满足这种需要的条件下产生了不作为的定式，这一定式即是主体过失不作为的心理基础，又是实现原有定式的障碍。乌氏还指出在无意识的疏忽过失中，有时新的定式不是以原有定式的对立物，而是作为原有定式的竞争者的形式表现出来的。这种状态往往在主体处于复杂环境、处于惊恐状态中可以观察到。在这种情况下，趋向多个行为的定式造成主体的心理紊乱，这些定式力图相互调和、终止，但并不能改变主体与各定式的关系。主体之所以最终实施了疏忽的过失行为，即是基于特定的心理定式。如：主体在炼油装置的仪表操作中手忙脚乱地按错了键钮，使油路闭塞出现种种险情。排除险情的多种行为的心理定式和逃离现场的心理定式相互竞争、调和、制约，最终支配了行为人的心理定式即战胜其他定式而成为具体过失行为的心理基础。这一定式之所以成为优胜者是由于它最直接地反映了行为人的潜在的愿望。乌氏进一步指出当人处于惊慌时，常常会出现相互敌对的两个定式一个抑制另一个的情况，而主体便会极自然地受其支配。如：一火车司机突然发现机车前方的铁轨上有一群家畜，刹车和不刹车的两个定式相对立，继而一个抑制了另一个，结果该司机惊慌失措而未能紧急刹车，致使列车颠覆。乌氏对各种定式支配下的过失犯罪的分析证明：过失行为是在定式这一特别的心理状态下发生的，而定式必须以积极活跃的开端——意欲为前提，由此说明过失状态下的行为尽管缺乏注意和意志，但并非是心理的空白，而是一种实际存在的心理状态。在证明了过失是一种实际存在的积极的心理状态之后，乌氏进一步论证了这一心理状态的属性。乌氏认为疏忽大意的过失通常表现为未预见危害社会结果发生的可能性，表现为无意识与意识的种种组合。例如：主体有意识地作为或不作为，却没有认识到危害后果发生的可能；主体有意识地破坏法规，但未意识到这种破坏可能导致危害结果；主体瞬间意识到行为的某些事实，但未意识到行为的社会危害性质；等等。主体对行为的某些决断的认识不足以说明他对行为及其后果的认识，主体未将行为的性质和结果作为自己的认识对象，所以不可能产生认识—评价—决意的心理程序，由此可见，过失犯罪行为人的这种积极的心理活动是在尚无意志参与的无意识的定式水平上的心理状态，无意识的过失行为都是冲动性定式的表现。[①] 我认为，乌格列赫里捷创造性地运用潜意识的理论揭示过失的心理事实，这对于深化罪过理论具有重要意义。

我国学者对乌格列赫里捷的观点作了评述，认为乌氏的理论存在以下缺陷：第一，把一切过失犯罪行为的心理活动都归为冲动性定式的观点是不能令人置信的。过失犯罪行为包括意志行为和冲动行为，二者在对结果持否定的态度上是一致的，但是在行为的根源上却不相同，意志行为是有意识地采取决策，冲动行为是未经意识、意志控制的行为，除极少数的下意识行为引起的过失犯罪外，多数过失行为是意志行为；是意识和无意识心理的综合。第二，乌氏的过失犯罪的心理活动是纯粹无意识定式水平上的心理活动的结论，违背现代心理学基本原理，亦不符合过失犯罪心理的客观实际。现代心理学认为无意识心理不只是一个否定性的含义，而且是与高度发展的意识相联系的人所特有的心理反应形式，它不同于生理过程的没有意识，亦不等同于不认识，它是心理活动的最低水平，总是存在于多水平、多层次、多测度的心理活动中，纯粹的无意识定式水平上的心理活动是不存在的，实践中亦找不到具有这种纯粹无意识心理的过失犯罪。过失犯罪主体往往是对行为的对象、手段、方法、结果等某一主要的犯罪事实处于无意识状态，而对其他事实却是有意识的，它与故意犯罪在意识因素上的区别仅在于这些无意识的心理活动影响了原有的意识，乃至影响了过失行为原有意志的实现，而故意犯罪的无意识，比如杀人犯对被害人的年龄、长相、衣着等无意识则不影响他对主要犯罪事实的认识，亦不影响其杀人行为决意的实现。无论过失犯罪还是故意犯罪其心理状态都是意识和无意识的综合。第三，乌氏否定过失心理活动中意志因素的观点亦经不起分析。现代心理学承认无意识心理的存在，但并未否定人的行为具有意志的普遍真理。过失犯罪心理活动在绝大多数情况下是有意志

① 参见蔡卫平：《过失犯罪的心理状态及其形成原因》，载《华东政法学院法学硕士论文集》，275～278页，上海，上海社会科学院出版社，1988。

因素的，因为绝大多数的过失犯罪亦有行为的决意。但是过失犯罪的意志行为因受无意识心理的影响而偏离了预定的目标，最终摆脱了主体意志的控制。作者以为过失犯罪心理过程是有意志参与意识和无意识交错活动的过程。在司法实践中除个别冲动行为外，找不到完全没有意志的过失犯罪。刑法分则所规定的“违反规章制度”、“强令他人违章冒险作业”等过失犯罪的构成要件亦明确展示了过失犯罪的特定的意识、意志内容。因此，指出过失犯罪心理中存在无意识因素的特点，有助于分析过失犯罪心理形成的原因，但若一味强调这一无意识因素而否定过失犯罪心理的多水平、多层次性，则在理论上难以成立，在实践中亦难以辨认过失犯罪心理特征，造成过失犯罪认定上的困难。①

在人的心理活动中，意识与潜意识是互相依赖不可分割的，两者都不可能独立地存在，这无疑是现代心理学的一条原则。但是，这并不能否认在特定的心理过程中，某一方面（意识或是潜意识）占主导地位，从而支配了这一心理过程。在犯罪故意的心理过程中，同样存在潜意识的心理活动。但作为犯罪故意的心理事实，应该是意识，这也是不可否认的。在犯罪过失的心理过程中，意识与潜意识是综合的，但不能把意识列入犯罪过失的心理事实之中。例如，违章是故意的，肇事是过失的，难道能够就此得出复杂罪过的责任吗？显然不能。所以，我认为，过失的心理事实只能是潜意识的，犯罪过失的主观恶性也正是建立在这一心理事实的基础之上的。我们说疏忽大意的过失心理是由潜意识构成的，其心理内容主要表现为两种心理倾向的互相牵制。例如，一个扳道工，因家里来了客人急于回家，把自己的职责遗忘了，以致发生交通事故。在这个案件中，扳道工急于回家是一种心理倾向，履行职责又是一种心理倾向，两者发生矛盾冲突。在扳道工的潜意识中，急于回家的心理倾向压倒履行职责的心理倾向，从而表现为对职责的遗忘。这种遗忘本身似乎是对危害结果没有心理态度，实际上这种心理态

① 参见蔡卫平：《过失犯罪的心理状态及其形成原因》，载《华东政法学院法学硕士论文集》，278～280页，上海，上海社会科学院出版社，1988。

度只是没有显现于行为人的自觉意识当中而以潜意识的形态存在而已。但正是这种无意识的心理状态本身包含着行为人对履行职责的消极态度，从而为行为人承担过失犯罪的责任提供了心理事实。这种心理事实与故意的心理事实相比较，只有表现形态上的差别，而没有根本性质上的区别。在过于自信的过失心理中，对事实有认识，这是与故意的相同之处，但行为人又对行为作出了有悖于客观规律的选择，以致事与愿违。在这种情况下，行为人虽有明确的认识，但对于结果来说，仍然缺乏有意识的希望或者放任的意志，而是由潜意识支配的结果。正是在这个意义上，弗洛伊德指出："过失不是无因而致的事件，乃是重要的心理活动，它们是两种意向同时引起——或互相干涉的结果；它们是有意义的。"[①] 这里所谓两种意向，就是指预见与不预见（疏忽大意的过失）、轻信与不轻信（过失自信的过失），这两种意向互相斗争的结果，预见与不轻信的意向被不预见与轻信的意向所牵制，从而导致过失结果的发生。因此，疏忽与轻信本身并非过失的心理事实中的意志因素，而是潜意识的一种外在表现。

最后应当指出，心理事实的内容是主观的，属于精神的范畴，但它又不是虚无缥缈的和难以捉摸的东西。它相对于立法者和司法者来说，是一种客观存在，是可以测定的。即使是潜意识，隐藏在犯罪人的内心处，仍然是可知的。当然唯一的途径就是通过心理事实的外部表现加以把握。

第三节　规范评价

一、概述

在罪过心理中，是否存在规范评价的因素？对于这一问题，大陆法系刑法理

① ［奥］弗洛伊德：《精神分析引论》，高觉敷译，26页，北京，商务印书馆，1984。

论中存在心理责任论与规范责任论之争。心理责任论认为责任的实体存在于行为者对自己行为的心理关系之中，它是只对应予非难的作为责任本质心理状态中的心理侧面进行分析的理论。该理论认为责任可用以确定行为者对于行为的心理状态，它把行为者的这种心理状态分为对结果的认识（预见）与认识（预见）的可能性，称前者为故意，后者为过失，进而又把从心理角度把握的故意和过失看成是责任的两个种类，将责任解释为故意和过失的总和。[①] 显然，心理责任论把罪过仅仅看作是一种心理事实，完全排斥规范评价的因素。

规范责任论是作为对心理责任论的批判而形成的理论。该理论是由德国学者弗兰克首先提出的，以后经柯尔德·斯密特、弗罗丹塔等人的努力又有了新的发展。目前，在日本占据了主导理论的地位。规范责任论认为，责任并不是对结果的认识（预见）或认识可能性这种心理事实本身，而是反映了事实（心理事实）与规范（价值判断）的具体结合关系，责任的本质就是从规范的角度对事实施加非难的可能性。也就是说，责任非难的根据是行为者违反了关于不该作出违法行为决意的法律上意思决定规范的要求，换句话说，就是违反义务，而决定实施违法行为。根据该理论的观点，即使存在违反义务的意思，也不能因此就可以说责任一定存在，法律对于不可能的事情是无所指责的。因此，对于应该按照义务作出意思决定却未作出这样决定的，换句话说，即对于尽管应该实施合法行为但未予实施的，可以施加责任非难。然而在具体情况下，可以期待行为者实施合法的行为，这就是所谓的期待可能性。从规范责任论的观点来看，期待可能性就是决定责任界限的要素，其又被称为责任的规范要素，与作为心理要素的故意和过失相对立。这样，根据规范责任论的观点，责任就是作为心理要素的故意和过失与作为规范要素的期待可能性的结合。如果没有故意或过失，也没有期待可能性，因而也就不存在责任。当然即使有了故意或过失，但没有期待可能性的话，也不

① 参见［日］本村龟二主编：《刑法学词典》，顾肖荣等译，223页，上海，上海翻译出版公司，1991。

存在责任。由此可见，期待可能性是规范责任论的中心概念。[1] 显然，规范责任论肯定在罪过心理中具有规范评价的因素。在大陆法系国家，心理责任论已经衰落，盛行的是规范责任论。

英美法系刑法理论也明确肯定罪过心理中应该具有规范评价的因素。例如，在美国刑法中，犯罪心理（mens rea，亦译为犯意）就是行为人在实施社会危害行为时的应受社会谴责的心理状态。犯罪心理这个概念包括两层含义：（1）规范内容——应受道德规范和法律规范的谴责与否定；（2）心理内容——具有知和意的心理要素，即认识行为性质以及行为与危害结果间的关系，并且表明对行为和结果的意向。[2] 拉美法学家也认为罪过的概念中包括评价因素，他们把罪过分为狭义罪过与广义罪过。按照狭义理解，它是行为人对其行为及后果的心理态度。按照广义理解，则是一种应受社会谴责的意志表示，不仅是行为人对其全部行为的心理态度，而且是社会（具体说是审判机关）对行为人这种心理态度的评价。[3]

在苏俄刑法学界，罪过中有评价因素的观点被称为罪过评价论，其受到严厉批判。例如苏联刑法学家曼科夫斯基在评价德国刑法学家弗兰茨·李斯特关于罪过的学说时指出，李斯特在《刑法总则教程》中曾写道：狭义的罪过是人对行为的一种故意或过失形式的心理态度。然而，就在对罪过的这一狭义理解上，李斯特也作了一种很可作为特征的保留，即认为人对行为的这种主观态度，乃是表征个人品质的诸因素之一。换句话说，也就是把对罪过的狭义理解深化为性格罪过。至于广义的罪过，依李斯特的意见，应当理解为人对其所实施的违法行为的责任。李斯特指出，法院在其刑事判决中对实施违法行为的人给予一种法律上的制裁。在教程的最后几版中，李斯特更加发展了广义的罪过概念上的评价因素。他从新康德主义的立场出发，把广义的罪过概念确立为评价的概念，而把故意和过失形式的狭义的罪过概念当做经验现象置于评价的概念范围之外。对此，曼科

① 参见［日］木村龟二主编：《刑法学词典》，顾肖荣等译，224 页，上海，上海翻译出版公司，1991。

② 参见储槐植：《美国刑法》，72 页，北京，北京大学出版社，1987。

③ 参见王扬：《拉美国家关于罪过的定义及分类》，载《法律科学》，1991（1），95 页。

夫斯基评论道：李斯特好像是在保全罪过，其实是在取消罪过的形式（故意和过失）。曼科夫斯基还说，著名的德国新康德主义者莱因加尔德·弗兰克在其著作《关于责任概念的构成》（1907 年）中以及在对刑法典的注释中，非常详尽地发挥了关于放弃统一的罪过概念的理论。弗兰克认为，不能用故意和过失来限制罪过的内容。除了这个狭义的罪过概念之外，还必须创立包括评价在内的更加一般的罪过概念。伦理的评价乃是罪过的本质。弗兰克将影响犯罪人的责任的诸客观因素，其中也包括加重罪过及免除罪过的情况，都理解为包括在这个广义的罪过概念之内的通常伴随在一起的情况。除此之外，包括在罪过概念之内的还有责任能力。曼科夫斯基评价道：弗兰克这些理论的逻辑结果就是认为，要解决一个人的有罪问题，并不靠犯罪构成的判明，而是靠法院对他的品行作出否定的评价，这种品行即是行为的客观及主观情况的总和。曼科夫斯基断言，这些理论是资产阶级法制解体的表现。①

除曼科夫斯基之外，苏俄另一刑法学家皮昂特科夫斯基也严厉地谴责了罪过评价论，指出：唯心主义的罪过评价理论，是为破坏犯罪构成服务的。根据这种理论，法院对被告人行为的否定评价和对被告人行为的谴责，被认为是罪过。罪过的评价概念是以新康德主义的“存在”和“当为”的对立为前提的。新康德派刑法学者们否认人的罪过是实际现实世界的确定的事实。按照他们的理论，当法院认为某人的行为应受谴责时，法院就可以以自己否定的评断，创造出该人在实施犯罪中的罪过。主观唯心主义的罪过评价理论，使得资产阶级的法官们可以任意对他们认为危险的人宣布有罪。皮昂特科夫斯基还批判了克尔岑的观点，指出：新康德主义法学家克尔岑是众所周知的所谓纯粹法的学说的创始人，这一学说大意是说：法的概念应该取消有一切实际现实的因素。从这一点出发，在很早以前他就宣扬罪过评价的概念，认为罪过只是法院对人的行为否定的评价。他一

① 参见［苏］曼科夫斯基：《苏维埃刑法中的罪过问题》，高铭暄译，载中国人民大学刑法教研室编译：《苏维埃刑法论文选译》，第 1 辑，166 页，北京，中国人民大学出版社，1955。

方面粗暴地歪曲罪过和责任的概念，另一方面很早就替自己的主张辩解说：规定罪过并不是适用刑罚的前提，而恰恰相反，一旦适用刑罚，那么，随之也就产生了作为对某人行为否定评价的罪过。皮昂特科夫斯基还指出：一切罪过评价理论的特征，就在于否认人的罪过形式是故意和过失。在人的行为中所表现的故意和过失，已是确定不移的事实，而把故意和过失看作罪过的形式，是与罪过评价的概念不相容的。因此，罪过评价理论仅仅把故意和过失看作法院对被告人的行为评断时可能考虑到的、与其他许多情况并列的一种情况。克尔岑同心理学的罪过概念进行着顽强的斗争。他同心理学的罪过概念作斗争，也就是同法的理论方面尚未根除的唯物主义观点的因素作斗争。新康德主义的资产阶级法学家们，曾纠缠不清地写了许多关于克服心理学的罪过概念的东西。克服心理学的罪过概念，实际上只不过是克服资产阶级法制的最后残余，消灭确定犯罪构成对认定某人在实施犯罪中的罪过的意义而已，因为故意和过失是犯罪构成的必要特征，是犯罪构成的主观方面。所以在政治上，这就是替资产阶级法院在确定某人罪过时的非法和专横作辩解。这些反动的罪过评价理论，是帝国主义时代资产阶级法制的腐朽和瓦解的产物。①

苏俄刑法学家对所谓罪过评价论大肆鞭挞，完全是把学术问题与政治问题混为一谈了。况且，即使是学术问题，也是歪曲了规范责任论。事实上，根本就不存在完全脱离心理事实的罪过评价论。因为规范责任论不是否定心理事实这一内容，而是从心理事实出发，落在规范评价的非难上。而这一非难或规范的否定评价，就是责任本质之所在。换句话说，规范责任论既不排除心理事实（故意、过失的心理状态），也不孤立地论规范评价，而是将两者相结合，但又着眼于规范评价是责任的本质。② 因此，我认为所谓罪过评价论只不过是苏俄刑法学家的虚构。对此的大力抨击，不能不给人以唐·吉诃德大战风车的滑稽感。

即使是在苏俄，也还是有个别刑法学家对罪过中的规范评价因素予以充分肯

---

① 参见［苏］皮昂特科夫斯基：《社会主义法制的巩固与犯罪构成学说的基本问题》，孔钊译，载中国人民大学刑法教研室编译：《苏维埃刑法论文选译》，第1辑，77～78页，北京，中国人民大学出版社，1955。

② 参见甘雨沛、何鹏编：《外国刑法学》，上册，348页，北京，北京大学出版社，1984。

定。例如苏俄刑法学家乌切夫斯基主张对罪过作下列区分：一方面，把罪过看作犯罪构成的因素，而另一方面，把罪过看作刑事责任的一般根据。乌切夫斯基认为，第一方面包含着主体对于行为的以故意和过失为形式的心理状态；第二方面则是刑法上的独立制度（超出犯罪构成的范围的制度），是以对于某人的罪过行为的社会政治评价为基础的。按照乌切夫斯基的意见，犯罪构成也包括以故意或过失为形式的罪过在内。但是他说，犯罪构成的完成，并不就意味着承认这个人的行为是犯罪行为；一个完成了犯罪构成的人的行为，只有当法院把它评定为有罪过的行为的时候，才能算是犯罪。作为刑事责任的一般根据的罪过，也包括作为犯罪主观方面的罪过在内。但是，它还包括许多别的东西：（1）足以描述受审人、他所实施的犯罪以及这种犯罪的后果、条件和动机的各种主观和客观情况；（2）对这全部情况的否定性的道德—政治评价；（3）法院的信念，即法院相信根据这种评价，受审人的行为应导致刑事责任。因此，乌切夫斯基归结道：罪过这个刑事责任的一般根据，就是按照苏维埃法院的信念应该代表社会主义国家作出否定的社会评价（道德和政治的评价），并要求受审人负刑事责任的诸种情况的总和。乌切夫斯基直言不讳地指出：对罪过评价的理解，是确立和规定这一更为广义的过错概念的理论基础。①

继乌切夫斯基之后，塞尔格叶娃把罪过区分为：（1）作为刑事责任的一般基础的“有罪”，即依苏维埃社会主义刑法观点，认为应对实施一定犯罪的人适用具体刑罚的客观及主观情况的总和。（2）作为刑事责任的主观基础的罪过，即有责任能力和到达一定年龄的人，对其所实施的客观上危害社会的行为所持的一种表现为故意或过失形式的，引起苏维埃社会主义国家和苏维埃社会主义的判罪和谴责的心理态度，它依附于该人，并且是实施犯罪的主观原因。②

这两位苏俄刑法学家关于罪过的观点理所当然地受到严厉批判。曼科夫斯基指

① 参见［苏］乌切夫斯基：《苏维埃刑法中的罪过》，俄文版，9、59、103页，苏俄国家法律书籍出版局，1950。

② 参见［苏］塞尔格叶娃：《苏维埃最高法院有关刑法案件实践中的罪过与有罪问题》，俄文版，11、34、112页，苏维埃科学院出版社，1950。

出："B.C. 乌切夫斯基和 T.Л. 塞尔格叶娃关于罪过的理论是非马克思主义的；这种理论实质上就是引导到罪过的取消，背弃苏维埃社会主义的法制原则，这种理论会给我们的审判实践带来直接的损害，并把审判实践引入迷途"[①]。曼科夫斯基的批判大有无限上纲的味道。当然，乌切夫斯基将罪过区分为狭义与广义两个概念，从逻辑上来说，确实有其不妥之处。尤其是乌切夫斯基在刑事责任一般根据的意义上使用罪过这一概念，实际上是有罪的意思，与一般意义上的罪过一词出入很大，但却仍然使用同一法律术语，难免引起混乱。正如苏俄刑法学家所恰当地评价的那样："B.C. 乌切夫斯基所理解的作为刑事责任一般根据的罪过，成了一个相当含糊不清的概念"[②]。但这两位苏俄刑法学家试图在罪过的概念中列入规范评价因素的努力，却是值得我们充分肯定的。特别应该指出，苏俄有些刑法学家认为，把塞尔格叶娃的主张和乌切夫斯基的罪过评价理论混为一谈是不妥的。在讨论罪过的过程中，大多数苏俄刑法学家都赞成把评价因素列入罪过概念，不过都是像塞尔格叶娃那样，把这种评价因素看作是主体的心理态度。[③] 耐人寻味的是，即使是对罪过评价论大加鞭挞的曼科夫斯基也主张应当抛弃形式心理学的罪过概念，认为苏维埃刑法中的罪过概念，表现着人对其所实施的危害社会行为的心理态度（故意或过失形式），苏维埃社会主义立法对人的这种心理态度的谴责，以及人对其所实施的行为的社会危害性的认识。[④] 这一罪过概念中，难道不是明白无误地包含着规范评价的内容吗？

总之，问题不在于在罪过的概念中要不要规范评价的因素，而在于如何认识规范评价与心理事实的关系。李斯特以及苏俄刑法学家乌切夫斯基主张区分狭义

① ［苏］曼科夫斯基：《苏维埃刑法中的罪过问题》，高铭暄译，载中国人民大学刑法教研室编译：《苏维埃刑法论文选译》，第1辑，162页，北京，中国人民大学出版社，1955。

② ［苏］皮昂特科夫斯基等：《苏俄刑法科学史》，曹子丹等译，75页，北京，法律出版社，1984。

③ 参见［苏］皮昂特科夫斯基等：《苏俄刑法科学史》，曹子丹等译，78页，北京，法律出版社，1984。

④ 参见［苏］曼科夫斯基：《苏维埃刑法中的罪过问题》，高铭暄译，载中国人民大学刑法教研室编译：《苏维埃刑法论文选译》，第1辑，159页，北京，中国人民大学出版社，1955。

的罪过和广义的罪过，由此引入规范评价因素，这种做法弊端甚大，因而不足取。规范责任论提出期待可能性的概念，关于期待可能性在罪过中的地位存在以下三种观点：第一是把它理解为与责任能力、故意及过失并列的第三责任要素说。第二是把它理解为故意、过失的构成要素说。第三是把不存在期待可能性理解为责任阻却说。① 根据上述第一种观点与第三种观点，期待可能性都是独立于故意与过失之外的责任阻却事由。就是说，缺乏期待可能性则责任被阻却，但不阻却故意与过失。而根据第二种观点，没有期待可能性，不仅阻却责任，而且阻却故意与过失。我认为，第二种观点是有道理的。根据规范责任论，故意与过失可以分为构成要件的故意与过失和责任形式的故意与过失：前者是纯心理事实，是中性无色的；后者是规范评价，包含了价值判断。在规范评价中主要内容是，违法性意识与期待可能性。因此，我认为，罪过中的规范评价包括：（1）对心理事实中认识因素的规范评价，即违法性意识问题；（2）对心理事实中意志因素的规范评价，即期待可能性问题；（3）规范评价之所以可能，是以人的意志自由为前提的，意志自由是规范评价的哲学根据。因此，也有必要加以一并探讨。

二、违法性意识

违法性意识问题是 17、18 世纪启蒙运动的产物。德国著名刑法学家费尔巴哈把损害他人主观权利作为犯罪的定义。如同违法性构成犯罪的核心一样，意志决定的违法性成为罪过的核心。费尔巴哈从自由主义立场出发，前后一致地提出，故意中追求违法的意识——他将故意解释为以决定违法为目的——从根本上说乃是故意罪过的核心。② 此后，违法性意识为规范责任论所采纳，成为责任的

① 参见［日］福田平、大塚仁：《日本刑法总论讲义》，李乔等译，130 页，沈阳，辽宁人民出版社，1986。

② 参见［民主德国］J. 列克沙斯、J. 伦内贝格：《民主德国刑法理论的若干问题》，田彦群译，90 页，深圳，深圳大学，1988。

本质要素。尽管如此，违法性意识是否为罪过所必要，仍然是一个聚讼不已的问题。

（一）犯罪故意的违法性意识

关于在犯罪故意中是否要求违法性意识，刑法理论上存在以下四种观点：一是严格故意论。认为故意的成立必须具备违法性意识，其理由在于：故意是一种重责任形式，即承认将规范意识的反对动机排除在外所实施的行为，若无违法性意识，则这种反对动机也不存在，从而也不被认为是故意责任。其结论是，虽然具备法律错误（禁止错误）但缺乏违法性意识时，故意即被阻却。虽有事实认识，但由于过失而欠缺违法性意识，即“法律过失”时，还可以区分两种说法：第一种说法是构成要件的事实认识的有无，才是区分故意与过失的开始，而区分两者的分水岭，则在于有无违法性意识，即法律过失就是犯罪过失。第二种说法认为法律过失本属于过失，应把它与故意同等看待，或把这种情况称为“法敌对性”。二是限制故意论。认为构成犯罪故意至少需具备违法性意识的可能性，如无违法性意识的可能性，则无谴责的可能性，更无责任可言。三是违法性意识否定论。认为构成犯罪故意根本不需要违法性意识，其根据是自古罗马法以来的法律传统：“不知法为有害”。四是行政犯、自然犯区别论。主张对自然犯在故意上不需要违法性意识，对行政犯则需要违法性意识。[①]

我国刑法学界对此存在两种观点，一是否定说，认为故意的认识内容不包括违法性认识，主要理由在于：第一，这里所说的违法性认识，是指行为主体认识到自己的行为违反了一般法律秩序的要求。而这种违法性认识，应当说每一个达到责任年龄具有责任能力的人都是具备的。所以，没有必要再把违法性认识列为故意的认识内容。第二，行为主体认识到自己行为的社会危害性，也就在实质上认识到自己行为的违法性。第三，在故意的认识内容中排除违法性认识有利于加

① 参见［日］福田平、大塚仁：《日本刑法总论讲义》，李乔等译，122～125页，沈阳，辽宁人民出版社，1986。

强法制的权威。法律知识的多少并不是犯罪的决定因素，决定的因素是对法律的态度。第四，我国刑法没有关于缺乏违法性认识不为罪，或对缺乏违法性认识的犯罪从轻、减轻、免除处罚的规定。因此，不把违法性认识列入故意的认识内容是符合我国法律规定的。① 二是肯定说，认为绝不能认为我国刑法采取了“不得因不知法律而免除刑事责任”的原则。根据我国刑法的主、客观一致的原则，如果某个人不知道，而且显然没有可能认识到自己有意识的行为是违法的，因而也不可能认识到它的社会危害性时，应该认为是无认识，那就意味着这行为欠缺意识因素，就不能认为他有罪过，也就不能认为他构成犯罪。②

我认为，以社会危害性认识为内容的违法性认识，是构成犯罪故意所必要的。正如苏俄刑法学家特拉伊宁指出：“假如人没有意识到自己行动的社会危害性，就不能从道德上谴责他的行动，正因为如此，所以这种意识是作为犯罪构成因素的罪过的特征之一。”③ 在我看来，违法性认识可分为事实意义上的违法性认识和法律意义上的违法性认识。所谓事实意义上的违法性认识，是指以对自己行为的社会危害性的认识为内容的违法性认识，而所谓法律意义上的违法性认识，是指以对法律条文的具体规定的认识为内容的违法性认识。从事实意义上来说，违法性认识是犯罪故意不可或缺的内容。因为刑事违法性是社会危害性的法律表现，违法性认识是以行为人对社会危害性的认识为前提的，既然行为人已经认识到自己行为的社会危害性，而却不具有违法认识是难以理解的。因为，任何犯罪都是社会危害性与刑事违法性的统一，如果行为人不认识自己行为的社会危害性，那么也就不能认识到这种行为是法律所禁止的，反之亦然。但从法律意义上来说，违法性认识又不是犯罪故意所必要的。因为，在现实生活中，对刑法条

① 参见裴广川：《刑法故意论》，载赵秉志等：《全国刑法硕士论文荟萃（1981届—1988届）》，223页，北京，中国人民公安大学出版社1989。

② 参见朱华荣：《略论刑法中的罪过》，载甘雨沛主编：《刑法学专论》，65、66页，北京，北京大学出版社，1989。

③ ［苏］A. H. 特拉伊宁：《犯罪构成的一般学说》，王作富等译，162页，北京，中国人民大学出版社，1958。

文掌握得十分娴熟的人毕竟只是个别的。即使是司法工作人员，甚至是刑法专家，对于某些刑法条文的理解还存在争议。如果要求每个犯罪人对于自己行为的法律性质都认识得一清二楚，否则，就以不知法律而免除其刑事责任，这样势必放纵犯罪，不利于保护社会利益。在这个意义上说，也仅仅在这个意义上，“不得因不知法律而免除刑事责任”的原则才是正确的。

（二）犯罪过失的违法性意识

犯罪过失的违法性意识问题更为复杂。对于这个问题过去极少涉及，但在日本刑法学界最近提出了过失犯在认识的过失上也能存在违法性意识的可能性的问题。① 我认为，对于犯罪过失来说，违法性意识也是应当要求的，当然在具体表现形式上不同于犯罪故意。就过于自信的过失而言，是要求违法性认识的，对此没有异议。但疏忽大意的过失，是一种所谓无认识的过失，怎么理解其违法性意识呢？日本刑法学家以违法性意识的可能性相要求，与应当预见而没有预见的规定是一致的，这一观点不无道理。但违法性意识与这种意识的可能性毕竟不能等同。我在论述过失的心理事实时，用潜意识来解释过失心理。由此看来，违法性意识在疏忽大意的过失中也是一种潜意识，是由长期的社会生活和工作态度积淀下来的法漠视性情绪，这种违法性的潜意识不知不觉地对犯罪人起着作用。

（三）违法性意识的意义

违法性意识之所以是对心理事实中的认识因素的规范评价，就在于它赋予一定的认识因素以法律的内容，是对行为人的认识因素的否定法律评价基础。正是通过违法性意识，使心理学意义上的自然故意或者过失转化为刑法学意义上的犯罪故意或者过失。违法性意识作为心理事实的规范评价，对于认定某些特殊情况下行为人的主观心理状态具有重要的意义。例如在正当防卫和紧急避险的情况下，防卫人和避险人故意地实施防卫行为和避险行为，是否存在犯罪故意呢？对

① 参见［日］福田平、大塚仁：《日本刑法总论讲义》，李乔等译，125页，沈阳，辽宁人民出版社，1986。

此，有些刑法学家认为，在处于正当防卫或紧急避险状态下，实施在形式上是犯罪的行为，人的意识中发生着一定的心理过程。这种行为人预见到自己行为的后果，并希望这种后果的到来，那就是说他的行为具有一定犯罪构成的主观要件，即具有作为犯罪构成因素的罪过。[①] 显然，这种观点是荒谬的。因为在这种情况下，防卫人和避险人的实施防卫行为和避险行为的目的，是为了保护公共利益、本人或者他人的人身和其他权利，在这种认识的支配下所实施的防卫行为和避险行为是正当的。防卫人和避险人只有防卫和避险的故意而没有违法性意识，因而不具有作为罪过形式的犯罪故意。

三、期待可能性

期待可能性理论是根据以癖马案而闻名的德意志莱比锡法院的判例（1897 年 3 月 23 日）而产生的。癖马案的基本情况如下：被告系驭者，自 1895 年以来受雇驾驭双轮马车，其中一匹马素有以马尾绕并用力以尾压低缰绳的习癖，故称癖马。被告曾要求雇主更换这匹马，而雇主不仅不答应，反而以解雇相威胁。被告乃不得不仍驾驭该癖马。1896 年 7 月 19 日，当被告驾车上街之际，该马癖性发作，将尾绕缰用力下压，被告虽极力拉缰制御，但均无效，而马亦遂惊驰，将某行人撞倒，使其骨折。检察官以上述之事实，对被告以过失伤害罪提起公诉。一审法院宣告被告无罪，检察官以判决不当为由，向德意志帝国法院提出控诉，但帝国法院审理后认为，控诉无理，维持原判。帝国法院维持原判的理由是：确定被告之违反义务的过失责任，不能仅凭被告曾认识驾驭癖马可能伤及行人，而同时必须考虑能否期待被告不顾自己失去职业而拒绝驾驭癖马，此种期待，对于本案中的被告来说事实上是不可能的。因此，本案被告不能承担过失伤害行人的责任。

---

① 参见［苏］乌切夫斯基：《苏维埃刑法中的罪过》，俄文版，63 页，苏俄国家法律书籍出版局，1950。

该判例发表之后，麦耶于1901年首先提及期待可能性问题，认为违法性认识与否之问题，不过是区别故意和过失的标准而已。1907年弗兰克将癖马案判例，在其《关于责任概念的构成》一书中加以采纳，成为期待可能性理论研究的开端。弗兰克反对仅把犯罪心理要素作为责任内容的心理责任论，提出“非难性”和“非难可能性”的概念，认为责任应当包括以下内容：（1）责任能力；（2）故意或过失；（3）正常的附随情状，即行为时四周之状况处于正常状态之下，也就是说，可以期待行为者为合法行为。至1913年，杰姆斯·高尔德休米德将这一理论进一步发挥。高尔德休米德主张法律除要求个人外部遵守之法律规范外，还有必须采取遵守法律规范的意思决定，即不得为违法行为之意思决定的义务规范，违反前者，引起违法性；违反后者，则引起责任。而规范的责任要素，即以义务规范为基础。在弗兰克和高尔德休米德之后，弗洛伊颠特尔针对第一次世界大战后德国陷于极端贫苦之状态，人民苦于生活，为求生存而犯罪者颇多的情况，而极力主张因困于生活，为求生存出于不得已而犯罪，应无责任，从而将期待可能性之范围予以扩大。之后，爱贝尔哈尔·休米德基本上完成了期待可能性之理论，认为高尔德休米德所主张的法律规范与义务规范无论在时间上或理论上同时并存之规范论是不恰当的，而认为此两者不过是同一法律规范在不同方面发挥作用而已。高尔德休米德认为法律规范具有两种作用：（1）判定某行为是适法还是违法的评价规范作用；（2）命令行为者必须决意采取合法态度而不得决意采取违法态度的命令规范作用。对于前者是有关客观的价值判断；对于后者是有关判断责任之规范，故只能依据命令规范而为意思决定之人，如违反其期待而决意实施违法行为时，才发生责任问题。期待可能性理论经过上述主要代表人物的不断发展和完善，虽然至今在期待可能性之标准及其在刑法学体系中的地位等一些具体问题上还存在着分歧和争论，但它已为某些国家的刑法所一般承认，不仅在德国和日本被普遍采用，其余欧洲各国的刑法理论和刑事审判也深受其影响。

期待可能性，就其含义来说，是指在行为当时的具体情况下，能期待行为人作出合法行为的可能性。法并不强制行为人作出绝对不可能的事，只有当一个人具有期待可能性时，才有可能对行为人作出谴责。如果不具有这种期待可能性，那么也就不存在谴责可能性。由此可见，期待可能性是就一个人的意志而言的。意志是人选择自己行为的能力，这种选择保有在期待可能性的情况下，才是行为人的意志的体现。

期待可能性的规范评价在犯罪故意与犯罪过失这两种罪过形式中具有完全不同的表现：在犯罪故意的心理状态中，期待可能性的规范评价因素内在于犯罪人显意识的心理过程中。正是在这个意义上，黑格尔指出："我的行为仅以其内部为我所规定方是我的故意，或我的意图才算是我的行为。凡是我的主观意志所不存在的东西，我不承认其表示是我的东西，我只望在行为中能看到我的主观意识。"[①] 由此出发，我们可以把故意犯罪看作是犯罪人自己选择的结果。犯罪故意中的认识因素和意志因素由于内化着规范评价因素，因而就是一种犯罪认识和犯罪意志，就从中性无色的心理事实转化为具有价值评价的罪过心理。但在犯罪过失的心理状态中，期待可能性的规范评价因素却内在于犯罪人的潜意识的心理过程中。在过于自信的过失心理中，犯罪人已经预见自己的行为可能发生危害社会的结果，也就是说，对于违法性是有认识的。在这个意义上说，犯罪人具有犯罪认识。这也正是过于自信的过失与犯罪故意的相同之处。但犯罪人又不是明知故犯，而是对危害社会的结果持否定的态度，这在意志因素上明显不同于犯罪故意。因此，犯罪人不具有犯罪故意中那种作为显意识的犯罪意志，犯罪行为并非犯罪人有意识地选择的结果。在这种情况下，犯罪人本来应当更加谨慎行事以防止危害社会结果的发生，或者说，法是可以具有这种合理期待的。但犯罪人过于自信，采取一种轻率的态度，导致危害社会结果的发生。在这种过于自信或者说轻率的心理态度中，包含着对法的潜意识的漠视。因为在这种情况下，法是可以期待犯罪人谨慎从事防止危害结果发生的，这就是过于自信的过失中的期待可能性规范评价因素。在疏忽大意的过失心理中，期待可能性的规范评价因素内在于

---

① ［德］黑格尔：《法哲学原理》，范扬、张企泰译，114 页，北京，商务印书馆，1961。

犯罪人的潜意识的心理过程中的这一特征更为明显。应当预见，因疏忽大意而没有预见，从而导致危害社会结果的发生，这是疏忽大意的过失的法律特征。由此可见，在疏忽大意的过失心理中，没有显意识的违法性认识，因而没有犯罪认识。在这个意义上说，它是一种无认识的过失，以区别于有认识的过失（过于自信的过失）。由于没有显意识的犯罪认识，当然也是没有显意识的犯罪意志，因而，惩罚疏忽大意的过失犯罪，并不是惩罚显露在外的具有犯罪内容的认识和意志。在疏忽大意的过失心理中，违法性意识和法漠视性意志是作为潜意识而存在的。由于这是一种潜意识，犯罪人本人也没有自觉地意识到，因而只有通过一定的方法才能加以测定。而对于危害社会的结果是否应当预见，就是法定的测量标准。一般认为，应当预见包括两层意思：一是预见义务，二是预见能力。[①] 显然，这里的预见义务与预见能力都不是犯罪人的心理事实本身，而是对潜在于犯罪人无意识中的期待可能性及规范评价因素的测量标准。通过这种测量标准以确定行为人意识中期待可能性的规范评价因素之有无，从而确定行为人是否具有疏忽大意的过失。因此，过失犯罪的责任根据存在于犯罪人的内心，而并非是外加于他的。正如黑格尔指出，在过失的情况下，"那背后埋伏着的正义始终不将其自己独特的形态暴露于行动的意识之前，而只是自在地存在于〔行为者的〕决意与行为所包含的过失之中"[②]。正由于违反正义的过失之根据存在于他的自我意识之中，并通过他的行为而造成了后果，所以"过失也获得了罪行的意义"[③]。

四、意志自由

恩格斯指出：如果不谈所谓自由意志、人的责任能力、必然和自由的关系等

---

① 这里的预见能力不是作为刑事责任能力要件的辨认能力，而是指在具体情况下对一定的危害社会的结果的辨认能力。在这个意义上说，预见能力不如预见可能性一词确切。

② ［德］黑格尔：《精神现象学》，贺麟、王玖兴译，下卷，26页，北京，商务印书馆，1979。

③ ［德］黑格尔：《精神现象学》，贺麟、王玖兴译，下卷，24页，北京，商务印书馆，1979。

问题，就不能很好地议论道德和法的问题。[①] 关于人有无意志自由的问题，哲学史上历来存在行为决定论与意志自由论之争。

古希腊唯物主义哲学家德谟克利特认为，凡是受因果关系制约的一切都是必然的。因此，一切都是有原因的，一切都是必然的，都是被决定的。在这种情况下，自然没有意志自由可言。古希腊唯心主义哲学家柏拉图则认为，自由就其最高形式而言是天赋的，因而人们对真正目的进行追求并服从个人的选择。同时，人在自己的行动中，自始至终又都是自由的，因为他是自己行为的主人。

进入中世纪以后，意志自由成为一个神学的命题。奥古斯丁认为亚当和夏娃在堕落以前，曾经是有过自由意志的。因为上帝在创造万物并创造亚当和夏娃的同时，就赋予了他们自由意志。正因为有这种自由意志，所以才使他们避免了犯罪。但是，也正是因为有了自由意志，所以才使他们被蛇引诱偷吃了辨别善恶之树的智慧之果后，他们的道德便堕落了，并且这种堕落的道德还不断地传给后代子孙。人类之所以不断地犯罪，就是因为在他们的祖先那里失去了上帝所赋予的自由意志。由此可见，奥古斯丁认为人是没有意志自由的，只有上帝才能给人以自由选择的意志能力。中世纪的托马斯·阿奎那认为，人具有理智的灵魂和自由的意志。因此，人们能够自己选择自己的行为并对自己的行为负责。人们能够得出有关善和恶的正确观念，能够自觉地进行选择并做到操行善良。阿奎那承认人的自由和人选择行为的自由，这是非常重要的，这样才能解释人为什么要对自己的行为负责，为什么要对犯罪行为实行惩罚。阿奎那的意志自由学说仍然具有宗教色彩，认为人虽然能够自己进行选择，但意志的完全自由，只有在得到上帝支持时才会存在。

17 世纪荷兰哲学家斯宾诺莎驳斥了阿奎那的观点，认为人的一切意图和愿望必然出自他的自然本性，超出了这一范围就不可能有任何意志自由。在人们的心灵中没有无原因的愿望，一切都是受因果关系制约的，并且是按必然性实现的，人的

① 参见《马克思恩格斯选集》，2 版，第 3 卷，454 页，北京，人民出版社，1995。

意志也不例外。18 世纪法国哲学家霍尔巴赫则更为彻底地主张行为决定论，认为人的行为从来不是自由的，行为是人的气质，先入的思想，真的或假的关于幸福的概念，在教育、实例、日常影响下所形成的观念等之必然结果。因此，意志自由不过是一种幻想，产生这样一种幻想是由于人们不知道自己行为动机的真正原因。

近代刑事古典学派（旧派）与刑事人类学派、刑事社会学派（新派）在意志是否自由的问题上也是根本对立的。旧派是以意志自由论为其哲学基础的。例如黑格尔把法与自由意志相联系，认为法是自我存在的精神和它通过人的意志所体现出来的精神世界之间的统一。法的基础是精神。精神的第一天性，是它自身的绝对存在；第二天性，是从精神自身产生出来，由人的意志所体现的精神世界。所以，法的出发点，它的实体性就是意志。而意志的根本属性，是自由。意志如没有自由，就不能称其为意志。① 由此出发，黑格尔把犯罪视为犯罪人基于本人的意志自由选择的结果。在这个意义上，黑格尔认为“刑罚包含着犯人自己的法，所以处罚他，正是尊敬他是理性的存在”②。古典派犯罪学大师马里奥·帕加诺更为直截了当地指出：“一个人应对其所犯的罪行负责：如果在其犯罪之际，只有 1/2 的意志自由，应当负 1/2 的责任；如果只有 1/3 的意志自由，则只负 1/3的责任”③。对于这种观点，新派代表人物菲利坚决予以否定，指出：“我们不能承认自由意志。因为如果自由意志仅为我们内心存在的幻想，则并非人类心理上存在的实际功能”④。在菲利看来，“自由意志的幻想来自我们的内在意识，它的产生完全是由于我们不认识在作出决定时反映在我们心理上的各种动机以及各种内部和外部的条件”⑤。因此，菲利宣称：“实证派犯罪学主张，犯罪人犯罪并非出于自愿；一个人要成为罪犯，就必须使自己永久地或暂时地置身于这样一

① 参见吕世伦：《黑格尔法律思想研究》，4～5 页，北京，中国人民公安大学出版社，1989。

② ［德］黑格尔：《法哲学原理》，范扬、张企泰译，103 页，北京，商务印书馆，1961。

③ 转引自［意］菲利：《实证派犯罪学》，郭建安译，11 页，北京，中国政法大学出版社，1987。

④ ［意］菲利：《实证派犯罪学》，郭建安译，14 页，北京，中国政法大学出版社，1987。

⑤ ［意］菲利：《实证派犯罪学》，郭建安译，16 页，北京，中国政法大学出版社，1987。

种人的物质和精神状态，并生活在从内部和外部促使他走向犯罪的那种因果关系链条的环境中”[①]。尤其是龙勃罗梭提出的“天生犯罪人”的命题，更是对意志自由这一传统信念的直接挑战。[②]

随着历史的发展，进入19世纪后半叶，出现了旧派和新派从对立逐渐走向折中、调和局面的现实状况。在意志自由问题上也是如此，新古典学派抛弃了旧派的绝对意志自由论，而新社会防卫论也不主张决定论，主张选择的自由。这就在哲学理论基础方面开辟了走向两派折中、调和的道路。[③] 但是，无论是新古典学派还是新社会防卫论，都没有从哲学上解决意志自由问题。现代哲学把自由理解为人们对外部世界、对自然界和社会的力量以及对人们本身的支配，这种支配是以对于客观规律的认识和应用为前提的。在这个意义上说，意志自由只是人对必然的认识和在行动中对必然的驾驭，因此意志自由具有相对性，这就是相对意志自由的观点，它是我们对罪过心理事实进行规范评价的哲学基础。

在犯罪故意中，犯罪人具有明确的违法认识，并且决意实施这一行为。因此，犯罪人在实施犯罪这一点上，其意志是自由的。正是这种相对的意志自由，可以说明为什么犯罪人具有期待可能性，因而可以为刑事责任提供理论根据。那么，如何用意志自由来解释犯罪过失呢？例如，菲利就认为意志自由说不能解释为什么过失，尤其是疏忽大意的过失应当负刑事责任。[④] 在英美法系，有些法学家认为，纯属疏忽大意的人的心理状态似乎根本说不上邪恶，并且可以说未表现出任何报应理论可据以责难之处。[⑤] 我认为，这种观点是不能成立的。在过失犯罪的情况下，行为人在实施犯罪行为时，其意志似乎是不自由的，也就是说是不自觉的。但是，正如我国刑法学界有人指出：这种不自由是以能够自由为前提

---

① ［意］菲利：《实证派犯罪学》，郭建安译，9～10页，北京，中国政法大学出版社，1987。

② 参见［意］菲利：《犯罪社会学》，郭建安译，24页，北京，中国人民公安大学出版社，1990。

③ 参见甘雨沛、何鹏编：《外国刑法学》，上册，144页，北京，北京大学出版社，1984。

④ 参见［意］菲利：《实证派犯罪学》，郭建安译，12页，北京，中国政法大学出版社，1987。

⑤ 参见［英］哈特：《惩罚与责任》，王勇等译，126页，北京，华夏出版社，1989。

的，因为在过失犯罪中，客观上已经具备了认识行为与结果间的必然联系的充分条件，能不能获得对客观必然性的认识，完全取决于行为人愿不愿意发挥自己实际具有的主观能动性。[①] 在这个意义上说，过失犯罪的行为人在实施犯罪行为时所表现出来的不自由，只是一种现象，在这种现象的后面，包含着行为人的自由选择，尽管这是一种无意识的选择。正如哈特指出：在惩罚过失犯罪时，决定性的因素是"我们所惩罚的那些人应在其行为之时具备正常的实施法律行为和不实施法律禁止的行为的身体和心理上的能力以及发挥这些能力的公平机会"[②]。因此，意志自由说完全可以解释过失犯罪的刑事责任的主观根据问题。

至于违法性意识与意志自由的关系，则是不言而喻的。因为只有在对违法性的认识（故意）或者具有违法性意识（过失）的情况下，才谈得上进行有意识的选择或者无意识的选择（过失）的问题。对于期待可能性与意志自由的关系，则还有必要加以探讨。在刑法理论上，有一种观点认为责任论的期待可能性的判断标准是客观的社会正常人，因此与主观性的自由意志没有关系，期待可能性只限于说明一定的行为归于一定的行为者，无须牵涉到自由意志问题。[③] 我认为，这种观点是没有科学根据的。因为期待可能性的有无与大小是意志自由有无与大小的外在尺度。只有在行为人具有意志自由的情况下，才具有期待可能性；否则，就根本谈不上期待可能性。至于期待可能性是采个人标准、平均标准还是国家标准，那只是一个期待可能性的认定问题，从而也是一个意志自由的测量问题。从期待可能性采客观标准，不能得出期待可能性与意志自由无关的结论。

第四节 主观恶性的阻却

主观恶性的阻却是指主观恶性因为存在某种特定的原因而不存在，这些原因

① 参见张智辉：《试论过失犯罪负刑事责任的理论根据》，载《法学研究》1982（2），11页。

② ［英］哈特：《惩罚与责任》，王勇等译，145页，北京，华夏出版社，1989。

③ 参见甘雨沛、何鹏编：《外国刑法学》，上册，347页，北京，北京大学出版社，1984。

就是主观恶性的阻却事由。主观恶性的阻却事由从消极的意义上为主观恶性的认定提供标准，因而具有重要意义。

一、心神丧失

心神丧失就是刑事责任能力的丧失。主观恶性之所谓心理事实是以一定的心理能力为前提的，这就是所谓刑事责任能力的问题。我国刑法中的刑事责任能力，是指行为人构成犯罪和承担刑事责任所必需的、行为人具备刑法意义上的辨认和控制自己行为的能力。[①] 刑事责任能力包括认识能力和意志能力。认识能力是指行为人具备对自己的行为在刑法上的意义、性质、作用、后果的辨别能力；意志能力是指行为人对自己是否实施为刑法所禁止的行为的控制能力。如果说，认识能力是对是非善恶的分辨能力，那么，意志能力就是对是非善恶的选择能力。应当指出，一个人的刑事责任能力（认识能力与意志能力），不是与生俱来的，而是随着年龄的增长在社会生活中逐渐获得的。因此，只有达到一定年龄的人才具有刑事责任能力，才能对自己的危害社会的行为承担刑事责任。一个人的刑事责任能力不仅不是与生俱来的，而且不是与生俱存的，它还会因为某种精神疾患而丧失或者因为某种生理缺陷而削弱。因此，刑法明文规定精神病人在不能辨认或者不能控制自己行为的时候造成危害结果的，不负刑事责任。

在我国刑法理论中，刑事责任能力问题通常在作为犯罪构成四大要件之一的犯罪主体中加以研究。在这一点上，颇不同于大陆法系国家，例如德日等国通常在有责性这一要件中，将刑事责任能力与作为责任形式的犯罪故意和犯罪过失一并加以研究。我认为，后者是有一定道理的。因为刑事责任能力与罪过心理有着密切联系，如果没有以认识能力与意志能力为内容的刑事责任能力，就根本不存在罪过心理。更为重要的是，刑事责任能力本身虽然对于承担刑事责任来说是绝

① 参见赵秉志：《犯罪主体论》，27 页，北京，中国人民大学出版社，1989。

对必要的，但不能认为是犯罪本体的因素。苏联著名刑法学家特拉伊宁指出："没有责任能力，刑事责任问题本身就不会发生，因而犯罪构成的问题本身也就不会发生。正因为如此，所以责任能力并不是犯罪构成的因素，也不是刑事责任的根据；责任能力是刑事责任的必要的主观条件，是刑事责任的主观前提；刑事法律惩罚犯罪人并不是因为他心理健康，而是在他心理健康的条件下来惩罚的"①。我认为特拉伊宁仅把刑事责任能力视为承担刑事责任的能力是片面的，刑事责任能力不仅仅或者说主要的不是承担刑事责任的能力，而是犯罪能力。刑事责任能力，应当是行为人犯罪能力和承担刑事责任能力的统一。在刑法理论上，道义责任论把刑事责任能力视为行为人自由意思的决定能力，即行为人辨别是非善恶和选择行为的能力，可以称为构成犯罪的能力。而社会责任论则认为刑事责任能力是通过科以刑罚可以达到防卫社会的刑罚目的的能力，也叫作承担刑罚的能力，即刑罚适应能力。② 特拉伊宁的这一观点深受社会责任论的影响，有其偏颇之处，但也不乏真知灼见。在犯罪能力的意义上，刑事责任能力与罪过心理的联系是显而易见的：没有一定的心理能力就不会产生相应的心理事实。当然，我们不能由此而将罪过心理能力与罪过心理混为一谈。我国学者认为，罪过中的意识就是能够认识客观世界和辨别自己行为的心理能力，意志就是能够决定自己的行为方向和控制自己行为的心理能力。③ 在此，把意识和意志定义为一种心理能力，实际上是没有正确地区分罪过心理事实与罪过心理能力即刑事责任能力，因而不能不说是一个失误。我认为，罪过心理事实与罪过心理能力虽然有着密切联系，但又有着明显的区别。两者的分野就在于：罪过心理具有主观恶性，而具有刑事责任能力却并非意味着一个人具有主观恶性。然而，一个人如果不具有一定

① ［苏］A. H. 特拉伊宁：《犯罪构成的一般学说》，王作富等译，60 页，北京，中国人民大学出版社，1958。

② 参见赵秉志：《犯罪主体论》，22 页，北京，中国人民大学出版社，1989。

③ 参见朱华荣：《略论刑法中的罪过》，载甘雨沛主编：《刑法学专论》，60 页，北京，北京大学出版社，1989。

的罪过心理能力，就不会有主观恶性。因此，没有刑事责任能力，可以成为阻却主观恶性的一个法定事由。

二、意外事件

行为人在客观上虽然造成了损害结果，但是不是出于故意或者过失，而是由于不能预见的原因所引起的行为，在刑法理论上称为意外事件。在意外事件的情况下，行为人缺乏认识并且缺乏认识能力，因而主观上不具备作为主观恶性基础的心理事实，不能作为犯罪追究。

三、不可抗力

行为人在客观上虽然造成了损害结果，但不是出于故意或者过失，而是由于不能抗拒的原因所引起的行为，在刑法理论上称为不可抗力。在不可抗力的情况下，行为人虽然已经认识到危害结果的发生，但意志上受到外力的作用，失去了意志自由，因而主观上不具备作为主观恶性基础的心理事实，不能作为犯罪追究。

第二章 客观危害

已然之罪在客观评价上是一个危害的问题。客观危害作为犯罪的社会属性，表现为对一定的行为及其结果的价值评判。因此，行为事实与价值评判的统一，就是作为已然之罪的客观危害的全部蕴含之所在。

第一节 客观危害的嬗变

人们对于客观危害的认识，经历了一个由肤浅到深刻、由现象到本质的演变过程。

一、古代的客观危害

如果说刑罚是原始社会的复仇的文明形式，那么，犯罪就是原始社会的侵害的文明形式。因此，对犯罪的客观危害的认识，不能不追溯到原始社会。

原始社会是建立在氏族制度基础之上的，而氏族是以血缘为维系人与人之间关系的天然纽带的群体。在氏族社会，凡伤害个人的，便是伤害了整个氏族。因此，从氏族的血亲关系中就产生了为全体成员所绝对承认的血系复仇的义务。由此可见，在原始社会的氏族内部，具有浓厚的氏族意识，对氏族中某一个人的侵害，并不被视为个人之间的关系，而是被看作对整个氏族的危害，原始社会对侵害的危害性的这种观念，我们可以称之为氏族危害意识。

随着私有制的发展，氏族制度逐渐瓦解，血缘关系日益松弛，对个人的伤害不再被视为对整个氏族的伤害，而是被看作个人之间，至多是家庭亲属之间的关系。因而复仇的主体由被侵害者所在氏族的全体成员，缩小为被侵害者本人。复仇的对象由侵害者所在氏族的全体成员，缩小为侵害者及其家庭成员。及至原始社会末期，侵害不再由复仇来解决，而是通过支付赎金的方法平息被侵害者的心灵与肉体上的创伤。开始，复仇与赎金交替使用；先议和协商以赎金解决，协商不成再行复仇。后来，复仇完全被赎金所取代。在这种情况下，氏族危害意识不复存在。

在氏族制度的废墟上建立了国家，国家区别于氏族组织的一个重要特征是公共权力的建立，这表明人类社会进入阶级社会。犯罪是阶级社会所特有的历史现象，但人们对客观危害的认识却仍然停留在原始社会末期的习俗上，这就是把违法行为分为两种：一种是对国家的违法行为，另一种是对个人的违法行为。例如，在罗马法中，将违法行为分为公犯和私犯两种。前者指的是危害国家的行为，违犯的人须受刑事制裁，所有罗马市民都可以控告；后者指的是侵害他人人身或私人财产的行为，违犯的人负损害赔偿的责任，仅蒙受损失的人可以起诉。[①] 根据盖尤斯的意见和《查士丁尼法典》，特别是《法学阶梯》的分类，私犯即侵权行为，有以下四种，即：（1）盗窃。（2）抢劫。（3）财产上损害。（4）人身伤害。[②] 在公犯与私犯这两种违法行为中，只有公犯才被认为是犯罪，

① 参见周枏等：《罗马法》，253～254 页，北京，群众出版社，1983。

② 参见［古罗马］查士丁尼：《法学总论：法学阶梯》，张企泰译，190 页，北京，商务印书馆，1989。

私犯则仅被认为是民事违法行为。正如英国著名法学家梅因指出:“在罗马法所承认的民事不法行为的开头有窃盗罪(Furtum)。我们在习惯上认为专属于犯罪的罪行被完全认为是不法行为,并且不仅是窃盗,甚至凌辱和强盗,也被法学专家把它们和扰害、文字诽谤及口头诽谤联系在一起。所有这一切都产生了‘债’或是法锁,并都可以用金钱支付以为补偿”①。罗马法对犯罪与不法行为的这种划分,表明古代罗马人的犯罪概念中包括对国家或社会集体所加损害的内容②,这时的犯罪危害性仅仅被看作是对国家或社会的危害,对个人的侵害仅是私人之间的关系,通过民事诉讼的方式加以解决。这种观念反映了早期罗马人对于犯罪的一种肤浅的认识。

随着社会的发展,罗马人对犯罪的危害性的认识不断深化,终于出现了一个被梅因称之为从“不法行为”改变为“犯罪”的过程:起初,罗马立法机关对于比较凶暴的罪行并没有废止民事救济,它给被害人提供了他一定愿意选择的一种赔偿。但是,即在奥古斯都完成其立法以后,有几种罪行仍继续被视为“不法行为”,而这些罪行在现代社会看起来,是应该作为犯罪的;直到后来,在一个不能确定的时期,当法律开始注意到一种在“法学汇纂”中称为非常犯罪(erirmnaextraordinaria)的新的罪行时,它们才成为刑事上可以处罚的罪行。无疑的,有一类行为,罗马法律学理论是单纯地把它们看作不法行为的;但是社会的尊严心日益提高,反对对这些行为的犯罪者在给付金钱赔偿损失以外不加其他较重的处罚,因此,如果被害人愿意时,准许把它们作为非常(extra ordinem)犯罪而起诉,即通过一种在某些方面和普通程序不同的救济方式而起诉。从这些非常犯罪第一次被承认的时期起,罗马国家的犯罪表一定和现代世界任何社会中所有的同样地长。③ 也正是从这个时候开始,罗马人真正从对社会危害的意义上来把握犯罪的客观危害。

---

① [英] 梅因:《古代法》,沈景一译,208页,北京,商务印书馆,1959。
② 参见 [英] 梅因:《古代法》,沈景一译,217页,北京,商务印书馆,1959。
③ 参见 [英] 梅因:《古代法》,沈景一译,222页,北京,商务印书馆,1959。

二、近代的客观危害

经过中世纪漫长的冬眠以后，近代对犯罪的客观危害予以深刻揭示的当推贝卡里亚。我们一再推崇贝卡里亚关于“犯罪对社会的危害是衡量犯罪的真正标尺”的命题，贝卡里亚却认为这是一个显而易见的真理，发现这个真理既不需要象限仪也不需要放大镜，而且是每一个具有中等智力的人都能理解的。但是由于各种情况的奇怪的凑合，在各民族中总是只有少数有思想的人才能清楚地认识到这一真理。[①] 应该指出，贝卡里亚这里所说的“社会”，是一个抽象的概念，指奠基于社会契约之上的公民社会。在贝卡里亚看来，法律只不过是自由的人们的契约，社会借助于契约同它的每一个成员发生联系，而这个契约，就它的本质来说，是把义务加给双方的。犯罪，实际上就是对这种社会契约的违反，因而也是对社会契约所规定的义务的违反。

直接继承贝卡里亚的观点，德国著名刑法学家费尔巴哈以其权利侵害论而风靡一时。费尔巴哈认为，犯罪是对个别权利的侵害，国家也可以作为具有权利的一个人格来看待，因而对国家的犯罪也属于权利侵害。应该说，权利侵害论将犯罪的客观危害视为对权利的侵害，因而使犯罪法定化，相对于将犯罪的客观危害视为亵渎神意的封建刑法思想来说，是有进步意义的。当然，将犯罪的客观危害归结为对权利的侵害，无疑具有形式主义的色彩，这也正是导致近代西方犯罪的形式概念流行于各国刑法的直接理论渊源。

相比较之下，黑格尔对犯罪的客观危害的理解更为深刻。黑格尔以极其晦涩的语言，表达了他对犯罪的客观危害的认识。黑格尔指出：“自由人所实施的作为暴力行为的第一种强制，侵犯了具体意义上的自由的定在，侵犯了作为法的

① 参见［意］贝卡里亚：《论犯罪与刑罚》，黄风译，67页，北京，中国大百科全书出版社，1993。

法，这就是犯罪，也就是十足意义的否定的无限判断。”① 因此，根据黑格尔的观点，犯罪人的特定行为作为一种定在，具有社会的自在的普遍性。也就是说，犯罪不再只是侵犯了“主观的无限性的东西”即个人的人格或自由意志，而且侵犯普遍事物，这一普遍事物自身具有固定而坚强的实在性。因此产生了一种观点，即把行为看成具有社会危险性。对社会成员一人的侵害，就是对全体的侵害；侵害行为不只是影响直接受害人的定在，而是牵涉到整个市民社会的观念和意识。因此，侵害行为必然遭到社会全体人的反对。黑格尔还把犯罪行为同民事上的侵权行为进行对比，认为在民事诉讼中，不论是否定另一方的物权的要求，还是另一方肯定自己物权的申辩，都是在法的名义下提出的，所以作为普遍范围的法是得到承认和维护的。犯罪则不同，它不仅否定了特殊的法律，而且同时否定了普遍的范围，即否定了作为法那样的法。例如，一个人犯了偷窃罪，他所否定的不单是另一方的特殊的物权，同时也是那人的一般权利。因此，司法机关不仅勒令他退还原物，还要对他加以惩罚。犯罪作为逻辑上“无限判断”的实例，从法的角度上看，它不单单触犯了某一特殊的法律规定，而且触犯了整个法律的尊严或普遍的法律。② 显然，黑格尔是将犯罪置于整个社会的联系中去把握其客观危害的；虽然晦涩难懂，但不乏辩证法的巨大的逻辑穿透力。

三、现代的客观危害

现代西方刑法理论上，对犯罪的客观危害的通行认识是法益侵害说。法益侵害说是德国刑法学家毕伦巴莫在否定费尔巴哈的权利侵害说的基础上提出的，认为犯罪不是对权利的侵害，而是对法律所保护的利益的侵害。这里所谓法律所保护的利益，就是法益。确切地说，刑法上所谓法益乃指国家以刑法加以保护之

① ［德］黑格尔：《法哲学原理》，范扬、张企泰译，98页，北京，商务印书馆，1961。

② 参见吕世伦：《黑格尔法律思想研究》，72～73页，北京，中国人民公安大学出版社，1989。

"社会之生活利益"。易言之，法益即是国家与社会所公认应以国家强制力加以保护之社会共同生活上不可或缺之生活利益与社会秩序之基本价值。[①] 法益侵害说将犯罪的客观危害归结为对法益的侵害，较之费尔巴哈的权利侵害说有一定的进步，但仍未揭示犯罪的客观危害之真谛。

马克思主义将对犯罪的客观危害的认识提高到了一个科学的水平。马克思主义反对把犯罪看成只是单纯破坏法律的行为，认为只有那些把法和法律看成是某种独立自在的一般意志的统治的幻想家，才会把犯罪看成单纯是对法和法律的破坏。[②] 所以，马克思主义认为，现实生活中的许多犯罪行为，虽然从表面上看来是对"个别人的权利"的侵犯，但实质上，任何犯罪行为所侵犯的都是社会的利益。因为个人的权利都是由国家法律赋予并由法律保证行使的，对于个人权利的这种侵犯，无疑具有一般的社会危害性。这一社会危害的本质是对一定社会关系的侵害。在这个意义上，马克思、恩格斯的至理名言"犯罪——孤立的个人反对统治关系的斗争"，可以说是精辟地揭示了犯罪的客观危害的本质。通过表象，揭示犯罪客观危害的本质，在马克思的文章中得到生动体现。马克思认为，盗窃林木的犯罪行为所侵犯的对象是具体的林木，但林木作为一种具体的物，是具体的社会关系的物质表现，它体现着所有者对它的所有权。因此，这种犯罪行为的实质并不在于侵害了作为某种物质的林木，而在于侵害了林木的国家神经——所有权本身。[③] 因此，只有从一定的社会关系出发，才能真正科学地揭示犯罪的客观危害。

第二节 行为事实

客观危害的内在结构，是指客观危害的构成要素。揭示客观危害的内在结

① 参见林山田：《刑法特论》（上），2 页，台北，三民书局，1978。

② 参见《马克思恩格斯全集》，第 6 卷，392 页，北京，人民出版社，1961。

③ 参见《马克思恩格斯全集》，第 1 卷，168 页，北京，人民出版社，1956。

构，对于界定客观危害具有十分重要的意义。我认为，客观危害的内在结构是行为事实与价值评判的统一。

客观危害是犯罪人客观上所具有的某种属性，这种属性是建立在犯罪人的客观行为状态之上的。这种客观行为状态，可以称之为行为事实。行为事实包括行为、客体和结果以及行为与结果之间的因果关系这样一些内容，它们是犯罪行为的客观危害的基本载体。

一、行为

“无行为则无犯罪亦无刑罚”，这一法谚充分表达了行为在刑法中的地位。行为是生物的基本特征，在某种意义上可以把行为与生命相提并论，没有行为也就没有生命。历史上，许多哲学家都十分关注人的行为。笛卡尔认为，生物的某些自发性动作才具有外显性，行为有时与外显活动有一定的关系。从这一观点出发，人们初步揭示了行为的生理机制，这就是把行为过程看作是一个刺激—反应过程。外部诱因被人们称为刺激，由它引起的行为叫做反应。① 对行为的深入研究，形成了行为科学，它为刑法中行为的研究提供了科学根据。刑法中的行为，虽然是一种犯罪的行为，应当受到刑罚处罚，但它仍然具有人的一般行为的特征，这些特征包括：

（一）心素

行为的心素是指意思决定与意思活动。② 只有在一定的意思支配下的举止，才能称之为人的行为。因此，心素是人的行为的内在因素。至于行为是否包括心素，即刑法上的行为是否仅限于有意识的行为，在刑法理论上存在以下三种观点③：一是身体动作说，认为行为是一种单独的身体运动或静止，人的主观意思

① 参见［美］B. F. 斯金纳：《科学与人类行为》，谭力海等译，44～45页，北京，华夏出版社，1989。

② 参见林山田：《刑法通论》，2版，73页，台北，三民书局，1986。

③ 参见马克昌、鲍遂献：《略论我国刑法上行为的概念》，载《法学研究》，1991（2），1～2页。

不是行为的构成要素。二是有意行为说，认为刑法上的行为，必须是有意识的行为，人的意思是行为的必备要素。如果只是单纯的身体动作，而缺乏意思要素，不论其造成何种危害，都不是刑法上的行为。三是目的行为说，认为刑法上的行为不仅是一种有意识的举动，而且是一种有目的的举动。这种目的性表现为，行为首先是确定一定的目标，然后选择相应的手段，进而支配和调节人的身体活动，最后实现预定的目的。在大陆法系刑法理论中占统治地位的是有意行为说，例如日本著名刑法学家小野清一郎指出："行为——刑法上的行为——必须是意志的客观化、行为化和实现。"① 在我国刑法学界，有意行为说同样是通说。例如我国学者指出："作为犯罪客观方面表现的人的危害行为，是在人的意识和意志支配下实施的。例如一个人是在不可抗力或者身体被强制之下，完全不能按照自己的意志而行为，那就不能认为是他实施的危害行为，从而也不能让他负责。"② 但也有不同的观点，认为从我国刑法对行为的规定来看，不仅有基于意识和意志支配的有意行为，而且也有缺乏意识和意志支配的无意行为，这种无意识的行为，包括意外事件中的行为和精神病人在丧失意识和意志能力状态下实施的侵害行为。③ 我不同意这种把无意行为也纳入行为概念的观点，因为我们研究行为归根到底是为犯罪构成提供要件，而无意行为既然根本不可能构成犯罪行为，因此也就没有必要视之为行为。我国刑法之所以规定意外事件中的行为和精神病人在丧失意识和意志能力状态下所实施的侵害行为，恰恰是为了将它们从犯罪行为中排除出去。因为，不能因为刑法中有规定，就认为应当包括在刑法中行为的概念之内。正如苏俄著名刑法学家 A. H. 特拉伊宁指出：在主体的心神震荡或精神错乱时，也就是说，在刑事法律规定行为人无责任能力的一切场合，都没有而且不可能有刑法性质的行为。在不可抗拒的身体强制下做某种动作的人，他的这种动作也不是刑法意义上的行为。④ 根据行为概念中必须有心素这一特征，

① ［日］小野清一郎：《犯罪构成要件理论》，王泰译，42 页，中国人民公安大学出版社，1991。

② 高铭暄主编：《中国刑法学》，97 页，北京，中国人民大学出版社，1989。

③ 参见马克昌、鲍遂献：《略论我国刑法上行为的概念》，载《法学研究》，1991 (2)，2 页。

④ 参见［苏］A. H. 特拉伊宁：《犯罪构成的一般学说》，王作富等译，112 页，北京，中国人民大学出版社，1958。

下述行为非生于行为人之意思决定，因而并非刑法概念上之行为：(1) 无意识参与作用之反射动作。(2) 受他人暴力之直接强制，在完全无法抗拒，而其意思支配完全被排除之情况下的机械动作。(3) 睡眠中或无意识中之行为与静止。(4) 因病发作之抽搐，或因触电或神经注射而生之痉挛。(5) 手脚被捆绑而欠缺行动可能性之静止等。而下述人类行为，仍系行为人之意思所支配之行为或静止，因而仍属于刑法上的行为：(1) 日常生活上之自动化行为。(2) 冲动行为。(3) 受他人暴力之间接强制，致其意思受影响而为之特定行为。①

(二) 体素

体素是指身体动静，即所谓行止，这是行为的外部表现。任何行为，都必然有一定的身体动静，如果没有这种体素，也不能构成刑法上之所谓行为。这里的身体动静，包括动与静两个方面。动指动作，即有形的身体活动。静指静止，它虽然似乎没有身体活动，但实际上它仍然是一种行为。例如，在行为学上行为这个词用义非常广泛，它指动物的活动形式、发声和身体姿势，以及在外表上可辨认的变化，这些变化起到相互通讯的作用，并且能引发另一动物的行为模式，包括体色的改变或气味的释放。因此，行为不只限于活动，即使动物表现静止不动，在这里也可使用“行为”这个词。例如，一只雄羚羊在白蚁山上站立不动，表示如同它的领域一样是它所占据的特有区域；一只雌蝶释放一种气味（外激素或信息素）来吸引一只雄蝶，按广泛的含义来解释，这些都是“行为”②。但在刑法理论上，有人主张“不作为不是行为”，例如拉特布尔茨——在贝林格的影响下——将心理的物理的行为概念再深刻化，终于大胆地得出不作为不是行为的结论。③ 我认为，这种观点实际上是将行为的客观表现局限于身体动作，没有看到身体静止也是行为的一种表现形态。动与静是相对而言的，没有动就没有静，

① 参见林山田：《刑法通论》，2版，74页，台北，三民书局，1986。

② ［德］克劳斯·伊梅尔曼：《行为学导论》，马祖礼等译，1页，天津，南开大学出版社，1990。

③ 参见［日］小野清一郎：《犯罪构成要件理论》，王泰译，44页，北京，中国人民公安大学出版社，1991。

反之亦然。所以，我们应该对体素作全面的理解。

应该指出，心素和体素，在一般情况下应当同时具备，但在某些特定情况下，虽然不同时具备，仍可构成刑法上之所谓行为，这就是原因上的自由行为。在刑法理论上，原因上的自由行为，是指由于故意或过失使自己置于无责任能力的状态，然后在无责任能力的状态下导致构成要件的实现。[①] 根据大陆法系的刑法理论，责任能力与实行行为同时并在是一条原则，但原因上的自由行为显然不符合这一原则，因而对这种行为的可罚性产生疑问。对于原因上的自由行为的可罚性，刑法理论上存在三种观点：一是无责说，认为在原因上的自由行为中，行为人实施行为即已陷入无责任能力状态，无意思自由，也无法辨认是非，因此，与精神病患者无异，欠缺责任要素。二是有责说，认为在原因上的自由行为中，行为人虽然在实施客观构成要件行为时，无意思决定自由或无完全自由，但其原有的精神状态，即在招致无责任能力的原因设定阶段，本来与正常人没有差异，因此，与因疾病而导致精神错乱的情况不可同日而语，应认定具有责任能力。三是折中说，认为原因上的自由行为有无责任能力，应以当时有无自觉为断，行为当时有相当自觉者，仍应负刑事责任，至于行为时实属昏沉无识，精神错乱者，应视为心神丧失而不具有责任能力。我同意有责说，因为在原因上的自由行为的情况下，虽然行为时没有意思决定，即内在意思决定与外在身体举止发生脱节，但这种脱节只是时间上的错位，而非绝对分离。因此，原因上的自由行为仍应认为具有心素与体素，是刑法上的行为。

刑法中的行为，一般可以分为作为与不作为两种，关于作为犯罪与不作为犯罪，本书将设立专章予以讨论。但在英美刑法理论中，有一种称之为事件或占有（possession）的行为形式。在英国刑法中，有时犯罪的定义与其说是涉及一个作为或不作为，还不如说是仅仅涉及一个外部事件。只要有事件就可以构成的所有犯罪，都是由制定法明文规定的。英国《1968 年盗窃罪法》第 25 条对此提供了

① 参见［日］木村龟二主编：《刑法学词典》，顾肖荣等译，234 页，上海，上海翻译出版公司，1991。

一个例证。按照这一类的规定，如果一个人在其住所之外携带有用于夜盗、盗窃或欺诈或与此有关的任何物品，此人就构成了犯罪。[1] 在美国刑法中，有些犯罪定义既没有明确要求积极的作为，也没有明确规定消极的不作为，只要求“占有”某种物品就构成犯罪，如占有麻醉品罪、占有赃物罪，等等。占有，强调物品的自然位置，是一种状态。这种状态，起始点是人的“作为”；而状态本身更接近于“不作为”，但是占有又不同于一般的不作为，因为“不作为”总是和不履行义务相联系的，而占有状态并不同义务直接相关。占有状态可以被认为是作为和不作为的结合，既不同于一般的作为，也不同于一般的不作为，所以 20 世纪 60 年代开始制定的新刑法典总则部分特地把“占有”规定为“作为”的一种形式。有人认为，这也可以理解为“犯罪作为”的一种形式。[2] 与英美刑法理论中的事件与占有相类似的，是大陆刑法理论中的“持有”。在刑法理论上，持有罪是指行为人因持有某种物品所构成的犯罪。从各国刑法的规定来看，这里的某种物品通常限于违禁品，如赃物、毒品、军火等。持有是一种事实上的支配，行为人与物之间存在着一种事实上的支配与被支配的关系。[3]

那么，到底如何看待事件、占有与持有呢？换言之，事件、占有与持有是作为还是不作为，抑或是独立的一种行为形式？对此，在我国刑法理论上存在作为说、不作为说与独立行为方式说之争。就我本人而言，在以往的论著中对于持有倾向于以不作为论处。[4] 不作为说在将持有与作为加以区分这一点上是正确的。因为对于持有毒品等犯罪来说，法律关注的不是如何取得，而是对毒品的控制状态。如何取得当然是作为，这已经是持有以外的犯罪。因此作为说有所不妥。但不作为说没有深刻地揭示持有与不作为之间的区分，似有不足。持有与不作为存

---

① 参见［英］鲁珀特·克罗斯、菲利普·A. 琼斯：《英国刑法导论》，赵秉志等译，28 页，北京，中国人民大学出版社，1991。

② 参见储槐植：《美国刑法》，49～50 页，北京，北京大学出版社，1987。

③ 参见张明楷：《简论非法持有毒品罪》，载《法学》，1991（6），31～32 页。

④ 参见陈兴良：《刑法哲学》，2 版，70 页，北京，中国政法大学出版社，1997。

在的差异主要表现在义务问题上。由于毒品等危险物品一般属于违禁品，持有者存在交出义务，这是没有问题的。持有者应当交出而不交出，因而符合不作为的特征，这是不作为说的逻辑判断。但如果仔细分析，持有之交出义务与不作为的作为义务，仍然存在差别。持有如果被视为作为，则应是一种纯正的不作为，是纯正不作为的情况下，以具有特定的法律义务为前提的。持有虽然也存在义务，但这仅是一般的法律义务。特定的法律义务与一般的法律义务的区分，关键是看某种义务是否是刑法所责难的对象。在纯正不作为的情况下，一定的法律义务不履行是刑法责难的对象，即法律期待的作为未出现，因而应予刑罚处罚。因此，这种作为刑法责难对象的义务就是特定的法律义务。而在持有的情况下，刑法责难的对象是一定的持有状态，虽然在非法持有毒品罪的规定中，也有“非法”这样的刑法评价，但这里的非法是对持有状态的法律评价，而不是对交出义务不履行的法律评价。因此，这种未作为刑法责难对象的义务就是一般的法律义务。由于持有具有上述不同于作为的特征，因此应将持有独立于作为与不作为，使之成为第三种行为形式。

二、客体

行为总是指向一定的客体。因此，客体是行为的作用对象。在大陆法系刑法理论中，客体通称为行为客体，是指行为所指向的有形的人或物。[①] 这种所谓行为客体，在我国刑法理论中称为犯罪对象，通常是指犯罪行为直接作用或影响的作为社会关系主体和物质表现的具体的人或物，例如：杀人罪、伤害罪、强奸罪中的被害人，妨害公务罪中的国家机关工作人员等，是犯罪对象；抢劫罪、盗窃罪、诈骗罪中的现金、物品，私藏枪支、弹药罪中的枪支、弹药，以及破坏交通

① 参见［日］福田平、大塚仁：《日本刑法总论讲义》，李乔等译，47 页，沈阳，辽宁人民出版社，1986。

工具罪中的火车、汽车、电车、飞机等，也是犯罪对象。[①] 我国刑法理论通常把犯罪对象作为犯罪构成要件之一的犯罪客体中的一个内容加以研究；当然，也有个别学者认为现在的犯罪构成理论，将犯罪客体与犯罪对象分离开来，结果把犯罪对象看成可有可无的东西，研究得不够，而且也常常区分不清犯罪客体与犯罪对象。因此主张犯罪客体就是犯罪所侵害的对象，没有必要将它列为犯罪构成的要件之一，而应该放在犯罪客观方面中加以研究。[②] 我认为这种观点是有一定道理的，作为行为事实的客体，在一般情况下是与行为不可分离的。脱离了客体，行为往往无从谈起。因此，客体应当是行为事实的内容之一。

关于客体的外延，在刑法理论上存在争论。通常将犯罪对象（即我们所说的客体）界定为犯罪分子对之施加某种影响的具体的物或人。这样，就出现了有犯罪客体而无犯罪对象的情况，成为犯罪客体与犯罪对象的重要区别之一，这也是犯罪客体与犯罪对象分离的理由之一。但也有学者提出：一切犯罪都有客体和对象，二者密不可分，没有对象，客体就无法存在和表现。[③] 因而对犯罪对象作扩大解释，认为犯罪对象是一定社会关系的存在或表现形式，它或者是一定的人及其行为，或者是一定的物及其位置、状态；等等。[④] 在苏俄也有类似的观点，例如苏联刑法学家克利盖尔指出："犯罪对象（广义的），可能是作为一定社会关系的表现的自然人及其行为、法人（机关、团体等）以及作为具体的社会主义社会关系存在的案件（前提），或作为其表现形式或固定形式的物或过程。"[⑤] 我认为，这种将犯罪对象的外延无限扩大的论点是不妥的，也是不符合实际理论的。实际上，对于某些行为来说，就是不存在其作用的对象，因此根本没有必要硬给安上一个对象。因此，我还是主张将客体限于行为对之施加影响的人或物。

---

① 参见高铭暄等：《中国刑法词典》，140 页，上海，学林出版社，1989。

② 参见张文：《犯罪构成初探》，载《北京大学学报》，1984（5），49～50 页。

③ 参见敖德俊：《试论犯罪客体的几个问题》，载《北京政法学院学报》，1982（1），10 页。

④ 参见敖德俊：《试论犯罪客体的几个问题》，载《北京政法学院学报》，1982（1），10 页。

⑤ ［苏］克利盖尔：《论苏维埃刑法中犯罪客体的概念问题》，载中国人民大学刑法教研室编译：《苏维埃刑法论文选译》，第 2 辑，26 页，北京，中国人民大学出版社，1956。

三、结果

行为作用于一定的客体，从而导致发生一定的后果。因此，结果也是行为事实的重要内容之一。

在刑法理论上，关于结果是否具有独立存在的价值，存在两种观点：第一种观点认为结果并非独立的，它包括在行为概念之中。例如台湾学者林山田认为，刑法概念上所谓之行为乃指生于意思所主宰支配之人类行止，且此形诸客观可见之行为与静止，必须引致外界发生具有刑法重要性之后果。[①] 由此可见，一定之结果属于行为的构成要素，如果没有这种结果，就不是刑法意义上的行为。第二种观点则认为结果是独立的要素，并不包含在行为概念之中。因为刑法上的行为以基于意思支配的身体动静为必要，至于这种意思活动是否会造成或者事实上是否造成危害结果，可以不问。[②] 我认为，行为和结果还是有区别的，行为只是行为人基于意思决定而形之于外的一种身体举止，至于这种举止发生如何之外界变动，则已经超出了行为的范围，进入了结果的领域。

在我国刑法理论中，犯罪结果是作为构成要件来研究的，但这个意义上的结果并非是行为事实的结果。作为行为事实的结果应该是对犯罪对象所造成的一定后果。我们对于在这个意义上的结果缺乏应有的研究。我认为，行为事实的结果是仅从物理的意义上对行为后果的考察，并不包括价值评判的内容，因而它仅指物质性的结果。

作为行为事实的结果，它总是与行为的客体具有密切的关系，就是对行为客体所产生的某种影响。因此，研究结果，离不开客体。当然，我认为，结果应当仅限于对行为客体所产生的直接影响，例如杀人，把被害人杀死；盗窃，将他人

① 参见林山田：《刑法通论》，2版，73页，台北，三民书局，1986。

② 参见马克昌、鲍遂献：《略论我国刑法上行为的概念》，载《法学研究》，1991（2），3页。

财物非法窃为己有。被害人之死亡、事主之失窃，就是行为对客体所造成的直接的结果。正是这种结果，是为成立犯罪所必须具备的。如果不是这种直接的结果，而是间接的结果，也就是通常所说的后果，则并非我在这里所说的结果，与定罪无关，只不过是在量刑时应当考虑的情节而已。例如强奸妇女，被害妇女因不堪凌辱含愤自杀身亡。这里的自杀，就不是强奸行为的结果，因为强奸行为并不内在地包含被害妇女自杀的内容。当然，在选择量刑幅度、确定刑罚分量时，应当考虑被害妇女自杀这一后果。

结果在刑法中具有重要意义，它是行为的社会危害性的客观显示，也是社会遭受侵害的现实体现。因此，无论在理论上还是实践中，结果总是居于重要地位。

四、因果关系

因果关系是哲学上的一个重要范畴，它是指一种现象在一定条件下引起另一种现象，引起其他现象的现象是原因，被引起的现象是结果，前者与后者之间存在着因果关系。作为现象的联系形式的因果性观念，是在人们从事劳动活动的过程中形成的。

（一）古代刑法中的因果关系

在刑法中，因果关系是一个令人瞩目的问题。在长期的刑事法律活动过程中，人们逐渐积累了判断刑法因果关系的经验，从而形成了有关的法律制度。中国古代有保辜制度。所谓保辜是指伤害罪在伤情未定时，由犯罪人保养被害人的伤情使之及早平复，以减免犯罪者罪责的制度。根据有关史书记载，中国保辜制度创始于公元前 11 世纪至公元前 841 年间的西周成、康年代。[①]《公羊·襄公七年》："郑伯髡原何以名？伤而反，未至乎舍而卒也。"这被认为是关于保辜制度起源的最早记载。东汉何休注云："古者保辜，辜内当以弑君论者之，辜外当以

① 参见李光灿等：《刑法因果关系论》，291 页，北京，北京大学出版社，1986。

伤君论之。"及至《唐律》，保辜制度已经十分完备，并为后代刑律所沿袭。《唐律·斗讼》规定："诸保辜者，手足殴伤人，限十日；以他物殴伤人者，二十日；以刃及汤火者，三十日；折、跌肢体及破首者，五十日。限内死者，各依杀人论。其在限外及虽在限内以他故死者，各依本殴伤法。"由此可见，保辜制度是以时间来判定因果关系，在限内发生结果的，判定存在因果关系；限外发生结果及限内因他故发生结果的，则不认为存在因果关系。从这个意义上说，保辜制度是一种朴素的刑法因果关系的观念的反映。与中国古代保辜制度极为相似的是普通法上的一年零一日规则（Year and a Day Rule)。一年零一日规则是英美等国普通法杀人罪（谋杀和非预谋性杀人）的规定中，关于加害人是否对被害人的死亡负责的一种时间标准，亦即确定加害行为与死亡结果之间有无因果关系的一个标准。数世纪以前，因为人们对医学知识所知甚少，不能够科学地断定加害行为与死亡结果之间是否存在必然联系，所以，对某人是否因自己的行为对他人死亡负责的问题确定了一个绝对规则，即：如果被害人在遭受打击之后继续维持生命达一年零一日以上，则即使在此之后死亡，行为人也不因此而负谋杀罪责；相反，只要被害人在遭受打击之后一年零一日之内死亡，除明显由于其他外力所致之外，行为人都要因此而负谋杀罪责。正如英国著名刑法学家特纳所评论的那样，鉴于在中世纪医学的不发达，这个原则，即除非死亡是在造成死亡的伤害后的有限期间内发生的，杀人罪的指控就不能被确认，是一个明智的预防措施。①

（二）因果关系的必然性与偶然性及其统一

现代刑法因果关系是建立在哲学因果关系基础之上的，是科学的因果观在刑法中的反映。但是，由于刑法因果关系具有不同于自然界或社会生活中的一般因果关系的显著特征，因而刑法因果关系成为一个众说纷纭、莫衷一是的复杂问题。就我国刑法学界而言，争论的焦点在于如何理解刑法因果关系的性质，即关于刑法因果关系性质的必然性与偶然性之争。坚持刑法因果关系可以分为必然因

① 参见［英］特纳：《肯尼刑法原理》，王国庆等译，142页，北京，华夏出版社，1989。

果关系和偶然因果关系（简称偶然因果关系说）的学者认为，在刑法上既有作为基本形式的必然因果关系，又有作为补充形式的偶然因果关系。坚持刑法因果关系只存在必然因果关系（简称必然因果关系说）的学者则把偶然因果关系排除在刑法因果关系之外，认为所谓偶然因果关系就是条件联系或间接因果关系。两派观点各执一词，互不两立，但有一点却是共同的：双方都说对方把因果关系与必然性、偶然性的概念混为一谈了。偶然因果关系说指出："认为犯罪因果关系只有必然因果关系一种形式，是把因果性等同于必然性，不能正确理解因与果、必然性和偶然性这些哲学范畴间的相互关系的结果。"① 该说并且认为，"区分必然因果关系和偶然因果关系正是哲学上'因果关系'、'必然性'、'偶然性'等一般原理具体运用到刑法学领域内的表现，是运用这些范畴去研究犯罪因果关系所得出的正确结论之一。"② 而必然因果关系说则指出："区分必然因果关系与偶然因果关系，是把哲学上十大范畴中的两对，即'原因'与'结果'和'必然性'与'偶然性'，错误地混淆在一起，而造成的糊涂概念。"③ 因此，我认为，正确理解刑法因果关系的必然性和偶然性是解决两派之争的关键所在。

关于必然性和偶然性的关系，在黑格尔之前存在两种形而上学的观点。第一种观点认为，"一件事物、一种关系、一个过程，不是偶然的，就是必然的，但是不能两者兼而有之。所以两者是并存于自然界中；自然界包含着各种各样的对象和过程，其中有些是偶然的，另一些是必然的，在这里重要的只是不要把这两类混淆起来"④。第二种观点"力图用根本否认偶然性的办法来打发偶然性。按照这种观点，在自然界中占统治地位的，只是简单的直接的必然性"⑤。这两种观点虽然表现形态不同，本质却是一样的：割裂必然性和偶然性的内在联系，把

① 龚明礼：《论犯罪的因果关系》，载《法学研究》，1981（5），14页。
② 李光灿：《论犯罪中的因果关系》，载《辽宁大学学报》，1980（3），25页。
③ 夏起经：《刑法中的因果关系》，载《法学研究》，1981（2），16～17页。
④ 《马克思恩格斯选集》，2版，第4卷，323～324页，北京，人民出版社，1995。
⑤ 《马克思恩格斯选集》，2版，第4卷，324页，北京，人民出版社，1995。

它们看成互相对立、互相排斥的两个东西。这种形而上学的观点必然导向神学唯心主义。在西方哲学史上，黑格尔第一个辩证地解决了必然性与偶然性之间的关系。恩格斯把黑格尔的观点归纳为这样一个命题，“偶然的东西正因为是偶然的，所以有某种根据，而且正因为是偶然的，所以也就没有根据；偶然的东西是必然的；必然性自我规定为偶然性，而另一方面，这种偶然性又宁可说是绝对的必然性”①。黑格尔对必然性和偶然性的理解充满了辩证法：必然性和偶然性并不是事物发展的两个互相对立的过程，而是事物发展过程中互相矛盾而又互相转化的两个方面。恩格斯正确地指出：被断定为必然的东西，是由纯粹的偶然性构成的，而所谓偶然的东西，是一种有必然性隐藏在里面的形式，如此等等。② 这就是唯物辩证法关于必然性和偶然性的基本思想：必然性通过偶然性为自己开辟道路，偶然性背后隐藏着必然性。

那么，必然性和偶然性在因果关系中如何体现呢？因果关系是事物联系的一个环节。在这一环节中，既存在必然性，又存在偶然性。对于因果关系的必然性和偶然性的理解，只能从同一个因果运动过程出发。正如真理具有相对性和绝对性一样，但并不存在作为实体互相对立的相对真理和绝对真理。绝对真理寓于相对真理之中，相对真理包含着绝对真理。因果关系的必然性和偶然性也是辩证统一的，并不存在作为独立过程的互相对立的必然因果关系和偶然因果关系。

关于因果关系是必然性和偶然性的辩证统一，黑格尔指出：必然性和因果性便消失在这种一致性中；它们包含着相异事物的作为联系和关系的直接同一性以及相异事物的绝对实体性，从而包含着它们的绝对的偶然性；它们包含着实体性差别的最初统一，从而就包含着绝对的矛盾。③ 黑格尔明确地指出因果运动是既包含着必然性，又包含着偶然性的矛盾运动过程。而黑格尔以前的哲学家谈到因

---

① 《马克思恩格斯选集》，2版，第4卷，326页，北京，人民出版社，1995。
② 参见《马克思恩格斯选集》，2版，第4卷，244页，北京，人民出版社，1995。
③ 参见列宁：《黑格尔“逻辑学”一书摘要》，91页，北京，人民出版社，1965。

果关系，至多不过谈到因与果的相互作用。所谓相互作用就是互为前提和相互制约的实体之互为因果；每一个实体对于另一个实体来说，同时既是积极的又是消极的。① 正如列宁所指出的：仅仅“相互作用”＝空洞无物。② 因为仅说因与果相互作用，并没有说明它们如何作用。所以，列宁指出：需要有中介（联系），这就是在应用因果关系时所涉及的问题。③ 那么，因果关系的“中介”是什么呢？黑格尔指出：必然性就是存在，因为存在着的；必然就是以自己为根据的存在的自然统一；但是反过来，因为存在有一个根据，它就不再是存在，而只是假象的关系或中介。列宁在这段话旁边明白地注着：关系，中介。④ 无疑，这种中介就是因果关系中的必然性和偶然性的辩证运动。按照黑格尔的辩证法，因果运动是必然性和偶然性互相扬弃、互相转化的否定之否定过程。黑格尔在《逻辑学》一书关于因果对比的有关章节中，首先论述了形式的因果性。所谓形式的因果性就是，“因只看做因，果只看做果，只是因作用于果，果只能在作用于另一事物时才成为因。”⑤ 形式的因果性是因果关系的必然性。正如黑格尔所指出的：“必然性是形式的，因为它的环节是形式的，即那些环节是单纯的规定，它们只是作为单纯的统一或作为一个环节直接转化另一环节那样的总体，从而不具有独立形态。”⑥ 随着因果运动的发展，由形式的因果性转化为被规定的因果性。所谓被规定的因果性，就是“因不仅是因，而且同时是果的果，果不仅是果，而且同时是因的因，也就是说，因与果互相制约，互相规定，互相作用，互为前提，因在果中建立或设定自己，果也在因中建立或设定自身，换句话说，因消失在果中果成为因，果消失在因中因又成为果”⑦。正如形式的因果性是必然的因果性

① 参见列宁：《黑格尔“逻辑学”一书摘要》，90页，北京，人民出版社，1965。
② 参见列宁：《黑格尔“逻辑学”一书摘要》，92页，北京，人民出版社，1965。
③ 参见列宁：《黑格尔“逻辑学”一书摘要》，92～93页，北京，人民出版社，1965。
④ 参见列宁：《黑格尔“逻辑学”一书摘要》，91页，北京，人民出版社，1965。
⑤ 黄枬森主编：《哲学笔记注释》，上册，187页，北京，北京大学出版社，1981。
⑥ ［德］黑格尔：《逻辑学》，下卷，杨一之译，199页，北京，商务印书馆，1976。
⑦ 黄枬森主编：《哲学笔记注释》，上册，187页，北京，北京大学出版社，1981。

即因果关系的必然性，黑格尔指出，被规定的因果性只不过是“一个偶然的因果性”[①]，即因果关系的偶然性。因果运动就是必然性与偶然性这一“对抗的、包含着矛盾的过程，一个极端向它的反面的转化，最后，作为整个过程的核心的否定的否定”[②]。正因为必然因果关系和偶然因果关系都不是一个独立的运动形态，只是同一因果运动的互相对立而又统一的两个方面，所以列宁指出：“因果关系的运动”实际上等于在不同的广度或深度上被抓住、被把握住内部联系的物质运动以及历史运动。[③] 值得注意的是，某些学者认为列宁所说的因果关系的“中介”不是指必然性和偶然性的辩证运动，而是指“原因通过‘中介’与结果相联系，间接地对结果起作用即间接因果关系”[④]。实际上，列宁所说的“中介”并不是指间接因果关系，正如黑格尔指出：这不是从一个基质到另一个基质的因果性的外部对称，而是原因和结果在形成为对方的同时，也设定了自身。[⑤] 所以，列宁所说的“中介”就是同一个因果关系内部的“联系”，列宁明确地把联系与中介并列。这种联系不是空洞无物的相互作用，而是必然性与偶然性的辩证运动。正因为如此，列宁称赞黑格尔对因果性的理解要比现在的许许多多“学者们”深刻和丰富一千倍。[⑥]

综上所述，我们可以得出结论：因果关系是必然性和偶然性的辩证统一。因果关系就其本质而言，应该是必然的，这已经成为哲学界的通说。例如苏俄哲学家指出：因果性的特点表现在，原因和结果处于必然的，因而是单值的关系中；同一种原因在同样的条件下会引起同一种结果（自然界的划一原则）。同样的力作用于质量相同的物体，会引起同样大的加速度；同样一些外界影响作用于同样一些对象，会使它们发生同样的形态变化；相同的电流源和电荷源置入相同的介

① ［德］黑格尔：《逻辑学》，下卷，杨一之译，218页，北京，商务印书馆，1976。
② 《马克思恩格斯选集》，2版，第3卷，483页，北京，人民出版社，1995。
③ 参见列宁：《黑格尔“逻辑学”一书摘要》，90页，北京，人民出版社，1965。
④ 张文：《关于刑法因果关系几个问题的探讨》，载《北京大学学报》，1982（3），50页。
⑤ 参见列宁：《黑格尔“逻辑学”一书摘要》，90页，北京，人民出版社，1965。
⑥ 参见列宁：《黑格尔“逻辑学”一书摘要》，89页，北京，人民出版社，1965。

质中，会产生相同强度的场；等等。[①]

恩格斯指出：辩证法不过是关于自然、人类社会和思维的运动和发展的普遍规律的科学。[②] 唯物辩证法是一切科学研究的哲学基础。因此，唯物辩证法关于因果关系是必然性和偶然性统一的观点，对于刑法因果关系的研究具有指导意义。为此，让我们分析关于刑法因果关系的两派观点。

必然因果关系说否定偶然因果关系作为独立实体的存在，并且强调因果关系在本质上是必然联系，这无疑是正确的。但它在论证过程中，没有承认因果关系的偶然性，因而未将刑法因果关系建立在必然性和偶然性的统一上。个别学者用必然性和偶然性互相转化的辩证观点分析必然因果关系和偶然因果关系，认为："如果说偶然因果对结果的发生有一个从零到百分之百的或然性；而我们所面临的正是百分之百。从相互转变的观点来看，偶然性在这里已经转化为必然性了。因此，从这个意义上说，刑法所研究的因果关系，实际上只有必然因果，而没有偶然因果。"[③] 这种观点比较接近辩证法，可惜仍没有认识到因果关系是必然性和偶然性的统一。偶然性转化为必然性并不意味着偶然性的"消失"，反之亦然。在因果关系中，必然性和偶然性相互转化，按照黑格尔的说法，"有限的东西的必然性所包含的矛盾的发展，在定在中恰恰是必然性转变为偶然性，偶然性转变为必然性。"[④] 必然因果关系说在否定偶然因果关系作为实体存在（这是正确的）的同时，否定了因果关系的偶然性，因而陷入形而上学。

偶然因果关系说显然是把因果关系的必然性与偶然性从同一个因果运动过程中独立出来，作为两个实体而存在，这实际上是把必然性和偶然性简单地对立了起来。这些学者论证说，黑格尔在《逻辑学》一书中，一面指出因果性首先是实

① 参见［苏］Ф.Ф. 维亚凯列夫主编：《客观辩证法》，刘晫星等译，189页，北京，东方出版社，1986。

② 参见《马克思恩格斯选集》，2版，第3卷，484页，北京，人民出版社，1995。

③ 曾宪信：《对犯罪因果关系的几点看法》，载《法学研究》，1982（4），32页。

④ ［德］黑格尔：《法哲学原理》，范扬、张企泰译，120页，北京，商务印书馆，1961。

在的必然，是必然过程的一个侧面；一面又指出，在事物的相互作用中，因果性“包含作为关联和关系的那样的直接同一与相区别的东西的绝对实体性两者，从而包含相区别的东西的绝对偶然”①。因此，黑格尔没有把因果性同必然性等同起来，把偶然性排斥于因果性之外，并以此作为刑法因果关系存在必然因果关系和偶然因果关系的哲学依据，推论出必然因果关系表现了事物发展的必然性，偶然因果关系表现了事物发展过程中出现的偶然性。② 其实，按照黑格尔这段话的意思，所谓“作为关联和关系的那样的直接同一”，就是指形式的因果性即因果关系的必然性；所谓“相区别的东西的绝对实体性”，就是指被规定的因果性即因果关系的偶然性。因果关系包含的正是必然性与偶然性这“两者”。黑格尔确实没有把偶然性排斥于因果关系之外，但黑格尔更没有把因果关系的必然性和偶然性作为两个独立的运动形态对立起来。值得注意的是，在哲学著作中，继黑格尔之后关于必然性和偶然性的特征通常有这样一些观点：必然性被看作是有内部制约性，在自己本身即自己的本质中有原因，必定这样发生而不能那样发生的东西。偶然性被解释为不是在自身中而是在他物中有原因，从外部联系中产生，因而可能存在也可能不存在，可能以各种不同形式发生的东西。必然性和偶然性被分别看成是由本质联系和非本质联系决定的，其中本质的东西是指内在的东西，非本质的东西是指外在的东西。③ 刑法偶然因果关系说对因果关系的必然性与偶然性的论述与这种观点极为相似，指出：必然因果关系是事物内部的、本质的原因与结果间的因果关系；偶然因果关系是事物外部的、非本质的原因与结果间的因果关系。具体地说，刑法中的必然因果关系是：某（某些）危害行为对危害结果的发生起了决定作用，包含了危害结果的本质，是危害结果产生的根据，在一定条件下，合乎规律地产生该结果，这个（这些）危害行为与危害结果之间是必

---

① ［德］黑格尔：《逻辑学》，下卷，杨一之译，218、231 页，北京，商务印书馆，1976。

② 参见张文：《关于刑法因果关系几个问题的探讨》，载《北京大学学报》，1982（3），53 页。

③ 参见［苏］Φ. Φ. 维亚凯列夫主编：《客观辩证法》，刘晫星等译，182～183 页，北京，东方出版社，1986。

然因果关系。刑法中的偶然因果关系是：某（某些）危害行为造成某危害结果，这一结果在发展中又与另外的危害行为或事件相竞合，合乎规律地产生了另一危害结果，先前的危害行为不是这最后结果的决定性的原因，不能决定该结果出现的必然性，最后的结果对于先前的危害行为来说，可能出现，也可能不出现，可能这样出现，也可能那样出现，它们之间是偶然因果关系。① 但是，这种割裂必然性与偶然性的观点恰恰是错误的，正如苏俄哲学家 H. B. 波利片科在批判对必然性和偶然性的这种观点时指出："……当必然性和偶然性这两个范畴分别只由内部原因和外部原因来决定的时候，它们就彼此脱离了，它们之间的相对差别就上升为绝对对立；这里忽略了一点，事物和事件在同一时间内，但在不同关系上，既是必然的，又是偶然的，在每一事物、每一过程中，在各种不同的相互关系上都有必然的和偶然的因素，必然性和偶然性从来不是以纯粹的形式存在的。"② 偶然因果关系说的错误还在于把偶然原因与因果关系的偶然性混为一谈了。事实上，这是两个不同的概念。原因的偶然性并不能否认因果关系的必然性，反之亦然。正如苏俄哲学家 B. П. 戈卢宾科指出："原因和结果之间的关系是必然的，但原因本身可能是偶然的，这就是说，这种原因可能是其他联系的结果，可能是必然性的一种表现或补充形式。"③ 因此，偶然因果关系说在肯定因果关系既有必然性又有偶然性（这是正确的）的同时，又把必然因果关系和偶然因果关系作为两个独立的运动形态（实体）而存在，从而导致了形而上学。

现在，让我们具体地分析刑法因果关系的各种形式。所谓必然因果关系，按照必然因果关系说和偶然因果关系说的共同理解，就是一个原因基于其必然的、合乎规律的发展直接产生出一个结果。这种因果关系，如我们所说，实际上是必

① 参见李光灿等：《刑法因果关系论》，113～114 页，北京，北京大学出版社，1986。

② ［苏］H. B. 波利片科：《必然性和偶然性的因果制约性》，载《现代决定论和科学》，第 1 卷，俄文版，168 页。

③ ［苏］B·П·戈卢宾科：《必然和自由》，苍道来译，116 页，北京，北京大学出版社，1984。

然性和偶然性的统一。因为必然性是在无穷无尽的表面的偶然性中为自己开辟道路的。① 某些学者把必然因果关系分为一般形式和特殊形式。所谓一般形式的必然因果关系，是行为人所实施的危害行为在通常情况下都合规律地引起某种危害社会的结果。例如一个人向人群连发射击，引起死亡结果。射击与死亡之间的因果关系是必然性与偶然性的统一。必然性在于射击能引起死亡仍是基于物理学的规律。偶然性在于打死的恰是三人而不是两人，打死的恰是张三而不是李四。必然性所揭示的是射击与死亡这两个现象之间的必然联系，偶然性所揭示的是射击与死亡这两个现象之间的偶然联系。必然性反映事物的本质属性，但没有偶然性，必然性就不能体现出来。因此，一般来说，刑法因果关系的必然性是定罪的客观基础，至于刑法因果关系的偶然性，则只对量刑具有一定的意义。所谓特殊形式的必然因果联系，是指行为人所实施的危害社会的行为，在通常情况下不会引起某种危害结果，但在某种特殊的情况下，却必然地、合规律地引起某种危害结果。例如某甲驾驶汽车在远离医院的某地将某乙轧成重伤，某乙由于未能得到及时抢救而死亡。未能得到抢救是死亡的一个外部条件，但这个条件是受因果关系本身发展制约的：(1) 轧伤是该条件起作用的前提。(2) 轧伤程度决定该条件起作用的内容。总之，无论是必然因果关系的一般形式还是特殊形式，都是必然性和偶然性的统一，其实质都是原因与结果之间存在内在的本质的联系。

所谓偶然因果关系，按照偶然因果关系说的理解，就是行为人所实施的危害行为同危害结果之间的外在的非本质的联系。我认为这里所谓行为与结果外在的非本质的联系，就是说该行为对结果来说只是一个条件。因此，它们之间并不存在因果关系，只存在一般的联系。如果把一般联系与因果联系混同起来，从哲学上说，是歪曲了客观事物的性质；从刑法学上说，势必扩大刑事责任的范围。按照偶然因果关系说，所谓偶然因果关系又可以分为一般形式和特殊形式。一般形

① 参见《马克思恩格斯选集》，2版，第4卷，243页，北京，人民出版社，1995。

式的偶然因果关系是指由于两个以上的必然因果链条相互交叉而引起某种危害结果，其中必有某种原因同结果之间存在外在的、偶然的联系，这种联系就是偶然因果关系。例如甲骑自行车不慎将乙撞倒在大街上，恰巧丙驾驶汽车将乙轧死。本案中甲将乙撞倒是一条必然因果关系锁链，丙将乙轧死又是一条必然因果关系锁链。这两条因果关系锁链的交叉，甲的行为与乙的死亡被认为存在偶然因果关系。所谓特殊形式的偶然因果关系是指行为人所实施的危害行为通常不会引起某种危害结果，但由于某种自然因素的介入，以致引起这种危害结果。例如某甲将某乙砍成轻伤，由于伤口被破伤风杆菌侵入致乙死亡。实际上，以上被认为存在偶然因果关系的两种形式，都只是条件联系。因为，唯物辩证法认为因果关系是必然性和偶然性的统一，根本不存在作为实体存在的偶然因果关系。把条件联系看作是偶然因果关系，就是把条件和原因混为一谈了。所以，关键的问题是区分原因和条件。

（三）原因与条件的区分

那么，原因和条件到底如何区分呢？

历史上曾经存在过条件说与原因说之争。条件说，又称全条件同价值说，此说立于逻辑的因果概念的立场，认为一切行为，在逻辑上是发生结果的条件，就是结果发生的原因。此说主张在行为与结果之间，如果存在逻辑上必然的条件关系，即“如无前者，即无后者”的关系（Condition Sine Qua Non，简称 C、S、Q、N 公式），则存在刑法的因果关系。[①] 由于条件说把一切与危害结果存在条件关系的行为都视为原因，因而扩大了因果关系的范围，为了弥补条件说的缺陷，主张条件说的学者又提出因果关系中断说。该论认为，当前行之条件行为与结果之间介入第三者的故意行为时，可以中断原先的因果关系。例如德国著名刑法学家李斯特指出：“当意志活动所针对的结果被一个新的、独立的原因链所造成，

① 参见陈朴生、洪增福：《刑法总则》，61 页，台北，五南图书出版公司，1992。

则意志活动与结果的因果关系就应当被排除。"① 原因说区分原因与条件，将对于结果的发生赋予许多条件中，提出特别有力而重要的条件，作为对于发生结果的原因，而在其间认定刑法上的因果关系，其他条件则不认其对于结果的发生赋予原因力，而称为条件（单纯条件）。原因说是为限制条件说不当地扩大刑事责任的范围而产生的学说，故又称为限制条件说。② 原因说虽然具有一定的合理性，但在如何区分原因与条件上却争论不休，这里的争论不仅涉及刑法上如何认识原因与条件，而且涉及哲学上如何认识原因与条件。

恩格斯指出："当我们深思熟虑地考察自然界或人类历史或我们自己的精神活动的时候，首先呈现在我们眼前的，是一幅由种种联系和相互作用无穷无尽地交织起来的画面，其中没有任何东西是不动的和不变的，而是一切都在运动、变化、生成和消逝。"③ 因此，唯物辩证法告诉我们：世界上的一切事物都是互相联系、互相影响、互相制约的。一个事物的存在和发展，依赖于许多其他事物，这些其他事物就是这一事物的存在和发展的条件。整个世界的存在和发展是无条件的，而每一个具体事物的存在和发展却都是有条件的。孤立存在和发展的事物是没有的，一切东西都在相互关联中存在，一切事件都在交互影响下发生。各种事物和过程互为条件、互相影响，组成了这个世界的错综复杂、千变万化的因果。从这幅世界联系的总画面来看，世界的联系就是条件的互相制约。从这个意义上说，原因和结果都是条件。正如恩格斯指出：把原因和结果"放到它同宇宙的总联系中来考察，这两个概念就联结起来，消失在关于普遍相互作用的观念中，而在这种相互作用中，原因和结果经常交换位置；在此时或此地是结果，在彼时或彼地就成了原因，反之亦然。"④ 所谓此时此地是结果，彼时彼地是原因，就是指原因和结果这两个观念在一定的个别场合下才有的本来的意义已经消失，

---

① ［德］李斯特：《德国刑法教科书》，徐久生译，187～188 页，北京，法律出版社，2000。

② 参见陈朴生、洪增福：《刑法总则》，65 页，台北，五南图书出版公司，1992。

③ 《马克思恩格斯选集》，2 版，第 3 卷，359 页，北京，人民出版社，1995。

④ 《马克思恩格斯选集》，2 版，第 3 卷，361 页，北京，人民出版社，1995。

它们都转化成为世界普遍联系的条件。光从世界的普遍联系中考察事物还不够，我们还必须把单个的现象从普遍的联系中抽出来，孤立地考察它们，而且在这里不断更替的运动就显现出来，一个为原因，另一个为结果。这就是我们对因果关系考察所采取的人为地简化和孤立的原则，正如列宁指出：人的因果概念总是把自然现象的客观联系稍许简化了，只是近似地反映这种联系，人为地把一个统一的世界过程的某些方面孤立起来。[①] 在简化、孤立地考察因果关系的情况下，原因和结果表现出其本来的意义。因此，原因和结果都不是条件；只有这一因果锁链在一定程度上制约着这一因果关系发展的现象，才是这一因果关系的条件。这就是马克思主义在考虑原因和条件时所坚持的辩证思想：一方面，从世界的普遍联系中考察。在这种情况下，原因就是条件，它们的对应只具有相对的意义。另一方面，从世界的普遍联系中人为地将因果关系简化和孤立而加以考察。在这种情况下，原因就是原因，条件就是条件，它们的对立具有绝对的意义。从哲学上来说，一定场合下原因和条件的根本区别，就在于作为原因的现象里包含着结果的内容，正如黑格尔所说：结果并不包含……原因中没有包含的东西。[②] 而条件并不包含着结果的内容。因此，条件不存在结果产生的现实可能性。条件在原因的决定下起作用并制约着原因。刑法学研究危害行为和危害结果之间的因果关系，显然是坚持人为地简化和孤立原则，把某一具体的因果环节从普遍的世界联系中“摘”出来加以考察。所以，刑法因果关系中原因和条件的区分是有客观标准的：那些与危害结果有着内在的本质的联系并直接引起这种结果发生的危害行为，是刑法因果关系中的原因，那些与危害结果只有外在的非本质的联系或多或少地促使这种结果发生的行为，只能是刑法因果关系中的条件。

（四）因果关系的具体界定

哲学上原因和条件的区别是抽象的，而刑法学中需要的是确定而具体的标

① 参见列宁：《唯物主义和经验批判主义》，149页，北京，人民出版社，1960。

② 参见列宁：《黑格尔“逻辑学”一书摘要》，88页，北京，人民出版社，1965。

准。为此，我们可以通过对各种刑法因果关系的形态的分析，引出一些公式。刑法因果关系呈现着复杂的情形，其因果关系的基本形态可以分为两类：一是单一型的因果关系，即一因一果，可以用公式表述为：行为→结果。二是竞合型的因果关系，即多因一果，可以用公式表达为：行为Ⅰ＋行为Ⅱ→结果。除上述两种因果关系的基本形态以外，还存在刑法因果关系的特殊形态，这就是因果关系的介入。所谓因果关系的介入，是指在某一因果关系的发展过程中，人力或者自然力偶然地参与其间，从而影响因果运动的情形。人力介入可以用公式表述为，行为Ⅰ→行为Ⅱ→结果。自然力介入可以用公式表述为：行为→自然力→结果。应该说，因果关系的介入在刑法因果关系中具有过渡性，它在一定条件下转化为单一型的因果关系或者竞合型的因果关系。在行为与结果的因果运动的过程中，由于人力或自然力的介入，影响该因果关系的运动。这种影响可以分为以下两种：

1. 中断。在某一种情况下，行为Ⅰ与结果之间的因果关系发生中断，其所中断的状态成为行为Ⅰ的结果，我们称之为结果Ⅰ；其所介入的行为Ⅱ与结果之间发生因果关系，我们把行为Ⅱ的结果称为结果Ⅱ。因此，在由于人力的介入而中断因果关系的情况下，行为Ⅰ→行为Ⅱ→结果的因果关系的介入形式，就转化为行为Ⅰ→结果Ⅰ＋行为Ⅱ→结果Ⅱ这样两个单一型的因果关系。那么，因果关系为之中断的条件是什么呢？我认为，因果关系中断的条件是行为Ⅰ具有产生结果的可能性。也就是说，如果没有行为Ⅱ的介入，行为Ⅰ对于结果的产生来说，只是具有一种可能性，处于一种不能确定的状态。例如，甲致乙重伤，乙可能死亡，也可能不死亡，后果还不能确定，因果关系还处于运动过程中。在送乙去医院途中，丙将乙轧死。那么，丙行为的介入中断了甲行为与乙死亡之间的因果关系，甲行为与其所中断的重伤之间存在因果关系。用公式表示：中断前为：甲行为→丙行为→乙死亡，这是因果关系的介入形式。中断后为：甲行为→乙重伤＋丙行为→乙死亡，这就由因果关系的介入形式转化为两个单一型的因果关系。介入因素具有什么性质才能使因果关系中断？在刑法理论上存在两种观点：一种观点认为介入因素必须是具有责任能力的人的行为才能使因果关系中断，而无责任能力的人的行为不能使因果关系中断。因为无责任能力的人的行为不啻自然力，因此这种观点实际上也否定自然力的介入能够中断因果关系。另一种观点认为，只要介入的因素能够成为结果产生的独立原因，对因果运动起支配作用不管介入因素的性质如何，都使因果关系中断。我同意后一种观点，因果性和可罚性是两个不同的概念。因果关系是客观存在的，它的中断与否不以介入因素是否具有可罚性为转移。

2. 竞合。在第二种情况下，行为Ⅰ和行为Ⅱ竞合成为结果的共同原因。因此，行为Ⅰ→行为Ⅱ→结果的因果关系的介入形式就转化为行为Ⅰ＋行为Ⅱ→结果的竞合型的因果关系。那么，因果关系竞合的条件是什么呢？我认为，因果关系竞合的条件是行为Ⅰ具有产生结果的必然性。也就是说，如果没有行为Ⅱ的介入，行为Ⅰ仍将合乎规律地引起结果的产生，例如，甲致乙重伤，乙危在旦夕，死亡只是个时间问题而已。这时，乙虽然具有死亡的必然性，但其死亡结果还没有发生。因此，因果关系还处于运动过程中。在送乙去医院途中，丙将乙轧死。那么，丙行为的介入并不能中断甲行为与乙死亡之间的因果关系，只不过甲行为和丙行为相竞合，共同成为乙死亡的原因。用公式表示，竞合前为：甲行为→丙行为→乙死亡，这是因果关系的介入形式。竞合后为；甲行为＋丙行为→乙死亡，这就由因果关系的介入形式转化为竞合型的因果关系。

因果关系的中断与竞合，是因果关系介入以后产生的两种情况，它对于分析复杂的刑法因果关系具有一定意义。

第三节　价值评判

价值，是反映价值关系实质的哲学概念。在主客体相互关系中，客体是否按照主体的尺度满足主体需要，是否对主体的发展具有肯定的作用，这种作用或关系的表现就成为价值。[①] 而价值评判，是指主体根据一定的价值标准，对客观存

① 参见李德顺：《价值论》，108页，北京，中国人民大学出版社，1987。

在的事物加以评价与判断，使之符合主体的特定需要。

行为事实是一种纯客观的存在，它只有经过一定的价值评判，才能转化为具有犯罪意义的行为、客体、结果及其因果关系。在我国刑法理论中，对于行为事实与价值评判这两个层次的问题未加区别，并混为一谈，因此，造成了许多理论上的混乱。我认为，对行为事实的价值评判应当专门研究。

一、行为的价值评判

在犯罪行为中，是否存在价值评判的因素，在大陆法系刑法理论中存在自然行为论与社会行为论之争。自然行为论将行为概念作为自然科学思考的东西，当做心理的、物理的过程来掌握行为。在自然行为论中，又可以分为因果行为论和目的行为论两类。

因果行为论在近代刑法理论中占有重要地位，这种行为论认为行为是人在意思支配下表现于外的因果现象，这说明一个行为由两方面的要素所形成，一是有形的外部表现，一是叙述心理要素的自然意思的发动，同时也说明无意思支配的行为是不存在的（本能的反应除外），无因果的现象也是不存在的。一种意思的发动（表示）是某一现象产生的原因，所产生的这一现象又成为另一现象的原因，前后互继，互为因果的现象凝结为一个大的因果整体，这一互为因果的无穷地扩大便是因果的世界，在刑法中某独立的或单独的事项，都不外是一种因果性作用的结果。根据因果行为论，对于以身体活动而表现为刑法中所谓的作为是可以理解的，但对于不需人的身体的动作的不作为，却不可理解或难于理解。对此，因果行为论认为，作为意味着行为人有所为，而不作为意在有所为而不为，即不作为意味着行为人有所不为的背后，隐藏着某种被期待着的行为，而且正因此不作为会同样产生由行为产生的后果。如不喂乳而致婴儿饿死，与用其他作为方法致婴儿死亡的后果是同样的。因此，所谓不作为（非单纯的不作为）与作为有同样的因果性。不喂乳是婴儿饿死的原因，饿死是不喂乳的结果。因果行为论认为，不作为是行为的一种形式，不作为虽无有形性，但具有有意性，其有意性表现于不作为的故意上。如果在过失的不作为的情况下，则以忘却犯的意义加以解释。另外，过失是有形性行为，而其有意性（故意）已如前述，体现在有故意才相对出现过失，故意和过失是同一意思的不同表现，同样是意思表示的结果。因此，把故意和过失、作为和不作为统一理解在因果性的行为之中。①

目的行为论是在批判因果行为论的基础上提出来的，首倡者是德国刑法学家威尔泽尔（H. Welzel），他认为行为并非只是如因果行为论所主张的由意志所支配的因果历程，而是目的活动之实施。易言之，行为是有目的的，并非仅仅是因果关系的整个过程，而应是目的活动的整个历程。行为的目的性是行为的基础，因此行为可以说是人类为实现其目的而按照预定计划实施的目的行为。这种有目的的行为受到目的意识的支配。由于人有能力进行具有目的意识的行为，因而刑法才能使用刑罚手段，禁止或命令人的目的活动。目的行为论对于故意行为可以作出较为圆满的解释，将其视为目的活动的实施。但对于过失行为，则难以视为具有目的性的行为。为此，威尔泽尔曾举下例加以说明：某护士为病人注射吗啡针剂以止痛，但因过失而超量，导致病人死亡。对于这种过失致人死亡的行为，应可认为系有目的的注射行为所导致，而不是无目的的致死行为。易言之，病人的死亡并非护士所意欲或期待的结果，而是经由其有目的的注射行为所引致的结果，此系盲目之因果（blind causal）。因此，目的性是非盲目的，而因果关系则是盲目的。②

以上两种自然行为论，因果行为论强调结果无价值，而目的行为论则强调行为无价值。在对行为的解释上，前者注重行为的因果性，后者注重行为的目的性，因而两者有所区别。但这两种行为论都仅从行为本身的客观（因果性）与主观（目的性）出发，对行为作自然主义的描述，将行为本身视为中性无色、未加

① 参见甘雨沛、何鹏编：《外国刑法学》，上册，261～262 页，北京，北京大学出版社，1984。

② 参见林山田：《刑法通论》，2 版，78～79 页，台北，三民书局，1984。

价值评判的行为。社会行为论不同于上述两种自然行为论，它是关于行为的价值论。由于因果行为论不能说明不作为的真谛，目的行为论则难以解释过失行为的性质，因而，德国刑法学家谢密特（E. Schmidt）首倡社会行为论。根据社会行为论，行为价值不在于个人的恣意行为而在于社会的规范性。人的行为要素，一是记述要素的恣意性，一是规范要素的社会性，恣意性要受社会性的制约。因社会要素具有规范性，此规范性来自千百万的个人恣意行为在社会要素的规范性的约束下，并经过大调整而凝结为一个大的目的行为整体。而这一整体性的无限扩大即成为目的性的宇宙。因此，目的行为的重要性不在于个人的恣意，而在于社会的规范性，即每个个人的恣意行为必须受社会规范的规制。社会人群的恣意行为千式万样，若无社会规范之规律性的存在，就不会有社会历史的存在，以至于不会有人类的文明史的存在。针对这样的严峻事实，就显示出社会性规范的重要性，同时又显示出法律强制的必要性。法律的强制规范基于社会性规范。人的行为，在刑法评价之前，已有社会规范评价。因此，人的行为归根到底是在社会性规范规律之下的社会意义的即有社会价值的行为。在刑法理论中，所谓犯罪构成的行为事实的中性、无颜色的论点是不全面的。因一切行为在未经法律规范评价之前已经过社会性规范的评价。有条文记叙的罪状的行为，实非中性、无颜色。这样，研究犯罪行为，就要研究条文本身蕴含着的社会生活、家庭关系、风俗习惯等现实。① 显然，社会行为论不同于自然行为论，它将社会相当性的概念引入行为概念，着眼于对行为的社会评价，因而成为大陆法系刑法学界的通说。

在苏俄刑法理论中，行为的意义虽然得到强调，但对于行为本身缺乏深入研究，尤其是没有涉及行为事实的价值评判问题。但苏俄刑法学家已经开始涉足刑法中的价值理论，因而重视行为事实的价值评判问题。例如 A. A. 皮昂特科夫斯基指出："社会危害性是犯罪行为的客观属性，同其别的纯粹属事实的客观特征是有区别的，按价值论的观点，犯罪行为中包括几种因素：行为的事实情节，行

① 参见甘雨沛、何鹏编：《外国刑法学》，上册，263 页，北京，北京大学出版社，1984。

为的社会危害性；行为的刑法评价——违法性。”① 由此可见，将价值评判引入行为概念是十分必要的。

行为的价值评价，最根本的是行为的社会危害性的评判问题。苏俄刑法学家斯皮里多诺夫提出犯罪的社会危害性的社会学标准问题，指出：“危害社会秩序的行为多样性和每个行为客观造成的损害程度的历史变异性，把评价犯罪的社会危害性的标准问题提到了首位。如果没有这样的标准，要社会对犯罪作出自觉的或公正的反应，这基本上可以说是不可思议的。从社会学的理论观点看，行为同社会发展的客观规律相适应的程度，是评价人的行为的标准。”② 我认为，这一思想是极为深刻的。行为的价值评判，从根本上来说，就是对某一行为同社会发展的客观规律是否相适应以及相适应程度的评判。因此，社会发展的客观规律是行为的价值评判的最终标准。客观规律的表现是多方面的，因而这一最终标准可以在一定程度上予以具体化。例如，在经济上，这一客观规律主要表现为经济规律，而经济规律又在很大程度上通过生产力的标准体现出来。因此，确认某一经济行为是否具有社会危害性，是否构成经济犯罪行为，就应当根据这一经济行为是否有利于生产力的发展来确定。

行为的价值评判，包括以下两个方面：

（一）立法评判

立法评判是指立法者对于行为的价值评判。凡是立法者认为某一行为具有社会危害性，应予刑罚处罚的，就在刑法上予以规定。因此，刑法上的犯罪行为是一种类型化的行为，它具有所谓过滤作用（Filterfunction）。例如台湾学者林山田指出：刑法之行为概念乃刑法评价工作中，首先应判断之事项。行为或静止，唯有经由判断而肯定为刑法概念上之行为后，始再继续判断行为之可罚性。由于绝大多数之人类行止，均为意思所可支配者，故在刑法评价中，只有在例外情况

① 转引自俞荣根：《苏俄法学界研究刑法中价值理论问题的情况简介》，载西南政法学院刑法教研室编译：《苏俄刑法论文选》，第1辑，12页，西南政法学院，1983。

② ［苏］斯皮里多诺夫：《刑法社会学》，陈明华等译，48页，北京，群众出版社，1989。

下，才从事行为概念之判断，在即依事实情状足以怀疑行为人之行止是否系其意思所主宰支配时，始进一步加以检验。因此，行为概念之检验，在刑法之犯罪判断上，具有过滤作用。[①]

（二）司法评判

行为的立法评判固然重要，司法评判同样重要。类推定罪的行为自不必说，主要根源还在于行为的立法评判具有抽象性，例如刑法对许多犯罪行为的规定采取了空白罪状的方式。这里的行为虽然是法定的，但只是一个粗略的行为框架，还有待于司法人员根据有关参照法规予以认定。没有参照法规，司法机关往往颁布司法解释。因此，在行为的价值评判中，司法评判具有重要意义。

最后应当指出，刑法中行为的价值评判，是一种否定的评判。在哲学上来说，是一种非价值。[②] 表现在刑法上，经过否定的价值评判的行为，具有不法之内涵。所谓不法，就是对法的否定。在这个意义上，黑格尔的否定之否定说是恰如其分的：犯罪是对法的否定，而刑法是对犯罪的否定。因此，对行为的否定价值评判，就是表明行为无价值。

二、客体的价值评判

作为行为事实的客体，只有经过价值评判，才能转化为犯罪客体。在大陆法系刑法理论中，存在行为客体与保护客体的区别。行为客体就是作为行为事实的客体，而保护客体是指法益，两者有所不同。例如日本刑法学家指出："行为的客体与各类刑罚法规中的保护客体（即法益）是有区别的，行为的客体是行为所指向的有形的人或物；而保护的客体（法益）则是法律依据构成要件进行保护的利益或价值。例如妨害公务罪中的行为的客体是公务员，保护的客体（法益）却

---

① 参见林山田：《刑法通论》，2版，75页，台北，三民书局，1986。

② 参见［苏］В. И. 图加林诺夫：《马克思主义中的价值论》，齐友等译，9页，北京，中国人民大学出版社，1988。

是公务本身。这样，行为的客体与法益就未必是一致的。虽然不存在无法益的犯罪，却存在无行为客体的犯罪（例如单纯的潜逃罪、重婚罪等）。法益虽未被直接规定为构成要件要素，但在解释构成要件上，它却具有极为重要的作用。”① 这里的保护客体，实际上就是对行为客体的价值评判因素。只有通过保护客体，才能确定行为客体在刑法上的重要性。在我国刑法理论上，犯罪客体这一概念本身就包含了价值评判的因素，其评判标准主要是社会关系。应该说，社会关系本身是一个极为抽象的概念。同时，在对具体行为客体进行价值评判的时候，必须根据法律的有关规定，以便得出正确的结论。

三、结果的价值评判

我国刑法理论中，关于犯罪结果在犯罪构成中的地位，存在两种不同的观点②：第一种观点认为，犯罪结果不是犯罪构成的必备要件。犯罪结果虽然在犯罪构成中占有重要的地位，但同犯罪客体、危害行为、责任年龄、责任能力、罪过这些要件相比，都有不同的特点。上述这些要件缺少任何一个，就会使整个犯罪构成不能成立，也就不能认为是犯罪；而缺乏犯罪结果，在许多情况下仍然可以构成犯罪。第二种观点认为，犯罪结果是犯罪构成的必备要件。任何一种犯罪行为，都必然会给国家和人民的利益带来一定的损害，即侵害一定的客体（社会关系），造成一定的危害结果。因此，只要有犯罪行为存在，就会有犯罪结果存在。因为没有犯罪行为，我们的国家和人民利益就不会受到侵害，当然也就没有犯罪结果存在；反之，如果没有犯罪结果存在，某一行为就不能被认为是犯罪。因此，在刑法中，犯罪结果的有无是划分罪与非罪的重要标志。没有犯罪结果，就像没有客体和其他要件的犯罪一样，是不可思议的。之所以存在上述两种观点

---

① ［日］福田平、大塚仁：《日本刑法总论讲义》，李乔等译，47页，沈阳，辽宁人民出版社，1986。

② 参见高铭暄主编：《新中国刑法学研究综述（1949—1985）》，155～156页，郑州，河南人民出版社，1986。

的分歧，主要是由于对结果的理解各异所致。主张结果不是犯罪构成必备要件的学者认为，犯罪结果就是犯罪行为已经造成的实际损害结果或者具体的物质性的损害结果。显然，这种结果是指对行为客体所造成的结果，是行为事实意义上的结果。而主张结果是犯罪构成必备要件的学者则认为，犯罪结果是指犯罪行为对刑法保护的客体（社会关系）所造成的损害。① 在这个意义上的结果，则是经过价值评判的犯罪结果。由于将这两种结果混为一谈，因而造成理论上的混乱。

我认为，犯罪结果不是一切犯罪成立的必备要件。但是，我们同样反对那种没有价值评判的犯罪结果的概念。犯罪结果作为一个法律概念，它是有特定含义的，是以法律规定为前提的。从刑法的规定来看，有些是行为犯，在行为犯的情况下，法律并不要求以一定的犯罪结果作为构成犯罪的前提条件。在这种情况下，犯罪行为自然具有对社会关系的侵害性，因而表现为一种行为无价值。而在另外一些情况下，行为具有一定的客体，对这种客体造成一定的损害，因而形成一定的结果。这种结果同样是对社会关系侵害的物质表现，因而具有价值评判因素。在这种情况下，表现为一种结果无价值。

四、因果关系的价值评判

作为行为事实的因果关系只有经过价值评判才能转化为刑法的因果关系。但恰恰在这一点上，我国刑法学界在坚持因果关系的客观性的口号下，予以了彻底的否定。因此，我国刑法理论中的因果关系只是作为纯客观的行为事实进行研究的，这不能不说是一个缺憾。为此，我们有必要参考外国刑法中因果关系的理论。

在美国刑法理论中，有一种所谓双层次原因学说。双层次原因，就是把原因

① 参见高铭暄主编：《新中国刑法学研究综述（1949—1985）》，155页，郑州，河南人民出版社，1986。

分为两层：第一层是“事实原因”（cause in fact），第二层是“法律原因”（cause in law）。事实原因这一观念建立在直观基础上，根据民事侵权法理论，事实原因由“but for”公式来表达，即“如果没有 A（B、C……）”就没有“Z”，则 A（B、C……）就是已发生的事实原因。这个公式并不是刑法因果关系的定义，只是因果关系理论的一个基础层次。法律原因是为了弥补第一层次的缺陷，限定事实原因的范围，从事实原因中筛选出一部分（即法律所关注的那部分）作为刑事责任的客观基础。第一层次是第二层次的物质基础，第二层次不能超越第一层次，第二层次是刑法因果关系理论的核心因素。事实原因中的哪些原因是法律所关注的呢？在法定原因的标准问题上，美国刑法学界存在以下三种观点：（1）近因说（proximity），此说认为，近因（proximate cause）就是没有被介入因素打破因果链的，当然地或者盖然地引起危害结果的事实原因，只有近因才是法定原因。（2）预见说（foreseeability），此说以行为人的主观认识为标准来筛选事实原因作为法定原因。美国《模范刑法典》就是根据预见说规定因果关系的。（3）刑罚功能说（function of punishment），此说认为刑法因果关系理论的意义（价值）在于从许许多多因果关系中确定何种因果关系同刑事责任有联系，所以考虑问题的总出发点应当是体现刑罚目的的刑罚功能。① 上述美国刑法理论中双层次原因学说，第一层次是作为行为事实的因果关系，第二层次则是作为价值评判的因果关系。虽然在第二层次中的预见说和刑罚功能说都是以主观认识作为确定法定原因标准的，但正如有人指出：由于都是以事实原因为基础（第一层次）的，因而无须把预见说和功能说一概视为主观唯心主义。②

在大陆法系刑法理论中，除前述的条件说与原因说的争论以外，关于因果关系的理论主要还存在相当因果关系说与危险关系条件说，而这两种因果关系理论恰恰都是建立在对因果关系的价值评判基础之上的。相当因果关系说以条件说所

① 参见储槐植：《美国刑法》，59～71 页，北京，北京大学出版社，1987。
② 参见储槐植：《美国刑法》，60 页，北京，北京大学出版社，1987。

论证的刑法因果关系为前提，又主观地限制刑法因果关系的范围。此说认为，刑法因果关系虽然以伦理上的因果关系为基础，但并不是所有伦理上的因果关系都可作为刑法因果关系，只有那些在“社会经验法则”上具有相当性的因果关系，才是刑法因果关系。也就是说，在引起结果发生的数个条件行为中，只有那些依照人们日常生活经验（经验法则），认为是必然引起结果发生或可能引起结果发生的条件行为，才能作为刑法上的原因。否则，那些依人们日常生活经验看来是偶然的条件行为，不是刑法上的原因。由于在如何判断相当性的标准上不同，相当因果关系说又分为以下三说：(1) 主观的相当因果关系说。此说主张，应当以行为人在行为时所认识或所能认识的事实为标准，确定行为与结果之间是否存在刑法因果关系。也就是说，A 是行为人在行为时所能认识到的因果联系事实，不论社会上一般人是否能够认识到，皆认为存在刑法因果关系。可见，主观的相当因果关系说，完全是以行为人的主观认识能力为标准，确定刑法因果关系之有无。(2) 客观的相当因果关系说。此说认为，刑法因果关系是否存在，应当由法官以社会一般人对行为时及行为后所发生的结果能否预见为标准，作出客观的判断。凡是一般人已经预见或可能预见某种行为会引起某种结果的，就认为行为人的行为与结果之间存在刑法因果关系；否则，就不存在刑法因果关系。(3) 折中的相当因果关系说。此说以行为时一般人所预见或可能预见之事实以及虽然一般人不能预见而为行为人所认识或所能认识的特别事实为基础，判断刑法因果关系之有无。也就是说，凡是一般人所能预见到的行为与结果之间的伦理上的条件关系，不论行为人是否能预见，都认为存在刑法因果关系；凡是为一般人不能预见，但行为人能预见的，亦认为存在刑法因果关系。危险关系条件说从刑法以保护法益及防卫社会为目的的立场出发，认为刑法因果关系是否存在，应当以社会对于某种行为是否感到危险为标准。[①] 以上相当因果关系说与美国刑法理论中的预见说较为相似，而危险关系条件说则与刑罚功能说颇为接近。

① 参见李光灿等：《刑法因果关系论》，42～45 页，北京，北京大学出版社，1986。

如何理解因果关系的价值评判，关键是要解决因果关系的客观性的问题。我国刑法学界在论述因果关系的客观性时，通常认为：因果关系是现象之间引起与被引起的一种客观的联系，它是不以人们的主观意志为转移的。不管人们是否承认它，也不管人们对它的认识程度如何，它总是客观地存在着。正如列宁所指出的，我们通常所理解的因果性，只是世界性联系的一个极小部分，然而——唯物主义补充说——这不是主观联系的一小部分，而是客观实在联系的一小部分。因此，判断危害行为与危害结果之间是否存在因果关系，一定要从客观实际情况出发，深入到案件全部事实中去调查研究，而不能以某人是否认识到自己的行为可能造成某种结果作为标准，也不能以办案人员的主观推理作为标准。[①] 这里提出了因果关系客观性的两个标准：一是不以行为人的意志为转移，二是不以司法人员的意志为转移。

就因果关系的存在不以司法人员的意志为转移而言，我认为无疑是正确的。也就是说，因果关系是客观存在着的，无论司法人员是否已经认识到。因此，不能以司法人员的主观臆断代替客观存在着的因果关系。但是，尽管如此，还是不能否认司法人员对于客观存在着的因果关系的评价作用。因为因果关系客观存在是一回事，司法人员选择哪些因果关系作为具有刑法意义的因果关系又是另一回事。在这个意义上来说，根据人类的经验法则来确定刑法因果关系，并不意味着违反因果关系的客观性。同样，因果关系不以行为人意志为转移，也只是在一定意义上是正确的，即客观的因果关系已经发生，无论事后行为人如何否认，因果关系都是客观存在着的，不会因行为人说无而无，说有而有。但是，这也并不意味着因果关系与行为人的认识及其能力毫无关系。事实上，能够作为定罪根据的也只能是那些行为人已经预见或者可能预见到的因果关系，如果根本不能预见，那就不能作为刑法中的因果关系而加以认定。因此，我认为，作为行为事实的因果关系与作为定罪根据的因果关系是有所区别的，前者未经价值评判，是存在论

① 参见高铭暄主编：《中国刑法学》，103～104 页，北京，中国人民大学出版社，1989。

的因果关系；后者经过价值评判，是价值论的因果关系。正如我国学者指出：条件说关于条件是否存在的存在论的因果概念，必须与刑法意义上具有重要性的评价的因果关系的概念区别开来。存在论的因果概念的评价是关于因果关系的存在与不存在的评价。关于因果关系在刑法意义上具有何种重要性的评价，是指已确定了因果关系的存在，进而论到因果关系在刑法意义上的评价问题，亦即涉及犯罪构成要件该当性的各方面的要件要素的评价问题。在这个意义上说，相当因果关系说是以条件说的因果关系为基础，相互结合，形成了比较切合实际的价值论的因果论，是现代刑法学具有代表性，为一般刑法学者所承认的。条件说解决了具体的或个别事物的因果关系是否存在的问题，在此基础上，把这一因果关系通过价值论升华为刑法的犯罪构成的相当因果论。[①] 由此可见，客观存在的作为行为事实的因果关系是价值评判的基础，价值评判是对因果关系的刑法意义的进一步确认，是由行为事实的因果关系转化为刑法（犯罪）因果关系的桥梁。没有价值评判，就不存在刑法（犯罪）因果关系。因此，那种把对因果关系的价值评判论，说成是把客观存在的因果联系看作是人们思想中的一种“习惯联系”，因此陷入了唯心主义的因果性理论的泥潭的指责，没有存在的余地。

在理解因果关系的价值评判时，还必须明确因果关系与刑事责任的关系问题，这个问题实际上涉及因果关系在刑法犯罪论体系中的地位问题。关于这个问题，大陆法系刑法理论中历来存在行为论、构成要件论和责任论之争。在 19 世纪中叶，将因果关系作为行为论的中心问题加以研究，把因果关系作为行为的不可分离的要素。在此时期，认为前行事实（实行行为）与后行事实（所惹引之结果）之间，只要存在物理上的因果关系，就认为存在刑法中的因果关系，有因果关系存在，即认定行为在法律上应负责任。因此，在这一时期，有因果关系万能之说。到了 19 世纪末，随着刑法理论的变化，又将因果关系作为构成要件论中是否符合犯罪构成要件的问题来研究，而不是再作为行为论的问题来研究。并

① 参见甘雨沛、何鹏编：《外国刑法学》，上册，293、295 页，北京，北京大学出版社，1984。

且，在这一时期的刑法理论中，并不认为因果关系是一切犯罪的必备要素，因为只在实质犯的构成要件中存在因果关系问题，在形式犯中并不存在因果关系问题。这样，因果关系在刑法中的地位，就较之前一时期大大降低了。在此之后，又有学者主张，刑法因果关系是以行为人对结果的预见或预见可能性为前提的，它与故意或过失问题是相互一致的。因此，因果关系应包括在行为人的责任论之中，没有特别加以研究之必要。[①] 由此可见，当因果关系作为行为论的问题进行研究的时候，实际上是从行为事实的意义上论述的，但这显然是不够的。至于把因果关系作为责任论的问题研究，与主观罪过混为一谈，从而导致因果关系否定论，也是不妥的。目前大陆法系刑法理论，一般是把因果关系作为构成要件论问题研究。在这种情况下，因果关系就不是纯行为事实，而是包含着价值评判的因素。正如日本著名刑法学家小野清一郎指出："我是把因果关系作为构成要件中所必需的一个关键来考虑的……构成要件不单纯是心理的、物理的即记述性的因果关系，而是最终站在伦理的立场上，把它看成是作为伦理主体的人格者的行为，是他自由意志的客观化。它是主体性的、实践性的行动过程。换句话说，构成要件的实体是伦理上的非行。它在包含主观方面的同时，作为投入人伦实践世界的行为，含有因果关系的契机，因而，因果关系必须是构成要件性的、定型的因果关系。"[②]

在苏俄及我国刑法的犯罪构成理论中，因果关系都有一席之地，但关于它是否是犯罪构成的一个要件，却存在争论：第一种观点认为，因果关系是一切犯罪构成的必要的基本要件。例如苏俄著名刑法学家 A. H. 特拉伊宁指出："无论是罪过或是因果关系都是每个犯罪构成的必要因素。"[③] 我国刑法学界也有类似观

① 参见李光灿等：《刑法因果关系论》，26～27 页，北京，北京大学出版社，1986。

② [日] 小野清一郎：《犯罪构成要件理论》，王泰译，58～59 页，北京，中国人民公安大学出版社，1991。

③ [苏] A. H. 特拉伊宁：《犯罪构成的一般学说》，王作富等译，147 页，北京，中国人民大学出版社，1958。

点，认为犯罪行为和犯罪结果以及犯罪行为与犯罪结果之间的因果关系，都是必备要件。① 第二种观点认为，在任何犯罪构成中，都不存在因果关系要件。在结果出现后，研究因果关系，是为了解决行为人是否应对结果负刑事责任的问题，并不是为了确定它是不是某种犯罪构成的要件。② 这两种观点的分歧的要害在于：如果根据第二种观点，因果关系并非犯罪构成要件，那么，因果关系就只能是纯客观的行为事实，与价值评判无关。而根据第一种观点，因果关系是犯罪构成要件。那么，它和犯罪行为一样，是具有价值评判因素的。我国刑法学界通行的观点是将因果关系排斥在犯罪构成的要件之外，因此，是在纯客观意义上论述因果关系的。在因果关系与刑事责任的关系上，认为不能把因果关系问题与刑事责任问题混为一谈。即使某一危害结果在客观上确定是由某人的行为造成的，二者之间具有因果关系，但如行为人主观上缺乏罪过，即既无故意也无过失，仍然不能构成犯罪和使其负刑事责任。③ 我认为，对因果关系与刑事责任关系的这种理解是存在缺陷的，实际上是把因果关系当成一个纯客观的行为事实。因果关系作为客观事实虽然只能是为刑事责任提供客观基础，但经过价值评判的刑法（犯罪）因果关系，应该直接导致刑事责任。

从客观归责的意义上说，因果关系的价值评判是必要的。这种价值评判是指在纯行为事实的因果关系的基础上，确认因果关系在刑法上的意义。相当因果关系论为我们提供了确认刑法意义上的因果关系的三种标准：主观标准、客观标准和折中标准。我认为，应当采取主观标准。也就是说，在确认有无刑法意义上的因果关系的时候，应当在行为事实的因果关系的基础上，以行为人的预见及其可能性作为标准。这也相当于美国刑法理论中的预见论。事实上，这种观点在我国刑法学界早在20世纪50年代就有人作过论述，只不过是囿于当时的历史条件没有引起人们的注意罢了。例如我国学者指出：为了确定某种行为是否构成犯罪起

① 参见高格主编：《刑法教程》，2版，74页，长春，吉林大学出版社，1987。
② 参见喻伟主编：《中国刑法新教程》，80页，武汉，武汉大学出版社，1989。
③ 参见高铭暄主编：《中国刑法学》，108页，北京，中国人民大学出版社，1989。

见，刑法科学不但要研究这种行为是否为某种结果的原因，并且还要对这种行为作政治上、道德上的评价，以决定法律上的责任（这里是刑事责任）。在这种评价时，固然要考虑到这种行为在因果关系中所起的作用，但这还不够。更重要的是要考虑行为人对于行为结果的事先的认识及态度。因果律的运用，受到行为人主观条件的某些限制，它还得进一步研究行为人对自己行为和某种结果的因果联系是否在事先已经、可能或应该预见到，以便据以决定他应否负刑事责任。① 此外，还有学者对刑法因果关系的法律性作了论述，认为因果关系的法律性具有两层含义：第一层是指这种因果关系具有刑法性质，是犯罪构成客观方面的一个重要内容，这是刑法因果关系的根本前提。就是说因果关系在刑法上的概念，既非自然科学的概念，亦非单纯事实上的概念，一定的危害结果虽在哲学上能证明起因于一定的行为，然而，它还必须具有刑法性质。这一总的前提的限制，决定了刑法因果关系法律性的第二层含义，就是刑法对这种因果关系的主观选择性。具体地说，立法者通过选择，来确定刑法因果关系的对象范围和内容等。② 应该说，这一论述虽然没有从根本上解决因果关系的价值评判问题，但显然已经触及了这一问题。我认为，在确认刑法意义上的因果关系的时候，作为价值评判的因素，主要体现在行为人对于客观因果关系的预见及其预见可能性上。如果具有预见或者预见可能性，则应认为具有刑法的因果关系，从而产生刑事责任。反之，如果没有这种预见或者预见可能性，则虽然有作为行为事实的因果关系，但不能认为具有刑法的因果关系。

第四节　客观危害的阻却

客观危害的阻却是指客观危害因为某种特定的原因而不存在，这些原因就是

① 参见杨兆龙：《刑法科学中因果关系的几个问题》，载《法学》，1957（1），62～63页。

② 参见樊凤林主编：《犯罪构成论》，57～58页，北京，法律出版社，1987。

客观危害的阻却事由，大陆法系刑法理论中称为违法阻却事由，苏俄和我国刑法理论中称为排除社会危害的行为。客观危害的阻却事由从消极的意义上为客观危害的认定提供标准，因而具有重要意义。

一、正当防卫

正当防卫是对正在进行不法侵害的人采取造成其一定的人身和财产的损害的方法，以防止公共利益、本人或者他人的人身和其他权利遭受侵害的行为。正当防卫是为使公共利益、本人或者他人的人身和其他权利免受正在进行的不法侵害的防卫行为。因此，正当防卫没有社会危害性，而且是同犯罪行为作斗争的行为，这是对正当防卫的肯定的社会政治评价。正当防卫不具备犯罪构成，没有刑事违法性，因此正当防卫行为不负刑事责任，这是对正当防卫的肯定的法律评价。正当防卫之所以不负刑事责任，不仅在于缺乏违法性，更重要的是它没有社会危害性。所以，正当防卫不受刑罚处罚，并且受到刑法的保障。因此，我国刑法中的正当防卫是社会政治评价和法律评价的统一，是排除社会危害性和阻却刑事违法性的统一。[①] 正当防卫之所以排除社会危害性，从根本上说，是因为它在客观上不具有危害，因而是客观危害的阻却事由之一。

二、紧急避险

紧急避险是指在法律所保护的权益遇到危险而不可能采用其他措施加以避免时，不得已而采用的损害另一个较小的权益以保护较大的权益免遭损害的行为。关于紧急避险之所以阻却客观危害的根据，大陆法系刑法理论中存在以下三种理

① 参见陈兴良：《正当防卫论》，34 页，北京，中国人民大学出版社，1987。

论[1]：一是法益权衡理论。这种理论认为，刑法乃以保护法益为其目的，行为人若在危急情况下，只存在唯一之选择可能性，必须就两个法益选择其一加以破坏，而别无他途之时，行为人选择破坏低价值法益，则此等行为显与刑法保护法益之基本精神相等。申言之，即在刑法所保护之各种不同法益间发生冲突时，牺牲低价值法益，而保全高价值法益；或在不同之法义务发生冲突时，违反低价值义务，而履行高价值义务，则以此等方式而解决法益冲突或义务冲突，应为法规范所容许者，此即所谓之法益权衡理论。二是目的理论。这种理论认为，假若法益之侵害或义务之违反系达到法秩序所承认之目的的相当手段时，则该法益之破坏行为或法义务之不履行，均非违法。三是利益权衡理论。这种理论认为，解决法益冲突或义务冲突，不应只注意到法益或义务之价值问题，而且应同时顾及法益持有者之利益。我认为，紧急避险之所以不负刑事责任，主要是因为它是在处于紧急危险的状态下，不得已采取的以损害较小的合法权益来保全较大的合法权益的行为。因此，紧急避免是一种阻却客观危害的行为。在我国，国家利益、集体利益和个人利益是根本上一致的，因此，公民在法律所保护的权益遇到危险时，有权损害较小的权益以保护较大的权益，从而使合法权益可能遭受的损失减少到最低限度。所以，紧急避险对于保护公共利益和其他合法权益具有重大的意义。

三、其他阻却客观危害的事由

阻却客观危害的事由，除正当防卫和紧急避险以外，在大陆法系刑法理论中还包括义务冲突、依照法令的行为、正当职务行为、正当业务行为、执行命令的行为、被害人承诺的行为、医疗行为、允许的危险行为、自损行为、自救行为、安乐死，等等。这些行为在刑法上大多没有明文规定，而是根据社会的相当性观

---

① 参见林山田：《刑法通论》，2版，150～151页，台北，三民书局，1986。

念而视之为阻却客观危害。所谓社会的相当性，是指在社会生活中，历史所形成的社会伦理程序所允许的行为。例如医生的外科手术行为，拳击、摔跤等竞技行为，就是具有社会的相当性的行为的适例。社会相当性理论从动态的观点出发，将违法与社会生活的关系加以考虑。根据社会相当性理论，违法的标准不是单纯地看法益是否受到侵害，如果将凡侵害了社会生活的一切法益都作为违法而加以禁止，那么，社会生活就停滞不前了。为了使社会生活发挥生气勃勃的机能，对于那些从静止、绝对的观点来看似乎是侵害法益，但从动态、相对的观点来看则是社会的相当性行为，并不认为违法。只有那些超越了社会相当性的行为，才能视为违法。[①] 我认为，将社会相当性理论用来说明其他阻却客观危害的事由是可以成立的。因此，对于那些刑法没有规定，但从社会相当性观念来看，不具有社会危害性的行为，可以视之为阻却客观危害的事由。

① 参见高铭暄等：《中国刑法词典》，233～234页，上海，学林出版社，1989。

第三章

再犯可能

再犯可能作为未然之罪的内容之一，是现代刑法理论中的一个重要范畴，它的出现彻底改变了刑法只溯及既往不前瞻未来的状态，给刑法增添了积极的色彩。可以说，将再犯可能纳入犯罪本体，是人类对犯罪的认识的一大变化。

第一节　再犯可能的概念

再犯可能是指已经实施犯罪的人在受到刑事处分以后再次实施犯罪的可能性。由此可见，再犯可能这一概念可以从以下几个方面得到说明。

一、再犯的主体

再犯的主体，是已经实施犯罪的人，即已然犯罪人。这是从再犯可能这一概念中得出的一个显而易见的结论。一个人，如果以前从未实施过犯罪，那就不存在再犯的问题。

二、再犯的时间

再犯的时间是已然犯罪人受到刑事处分以后，这是再犯可能的一个重要的时间特征。这里所谓受到刑事处分，是指受过刑事法律的处理，其内容包括以下两种情况：其一，经过人民法院的免予刑事处分的处理。根据我国刑法第 37 条的规定，对于犯罪情节轻微不需要判处刑罚的，可以免予刑事处分。免予刑事处分是一种有罪判决，它本身实际上就是一种刑事处分，从法律用语来说，改为免予刑罚处罚较妥。其二，经过人民法院判处刑罚。刑罚是刑事处分的实质内容，被判处刑罚当然是受到刑事处分。经过上述刑事处分以后，才谈得上再犯的问题。因此，没有经过这种刑事处分，犯罪人接二连三地犯数罪，不能认为是这里的再犯。

三、再犯的性质

再犯的性质是指这种再犯只是一种可能性，而非现实性。可能性与现实性是有区别的，一是未然，另一是已然，两者全然不同。当然，这种可能性并非一种抽象的可能性，而是一种现实的可能性，是根据一系列的主观与客观条件经过判断与认定而得出的结论。

第二节　再犯可能的表征

再犯可能虽然只是一种可能性，就未然的犯罪来说，还并不现实地存在，但这种可能性已经得到充分的表现，根据这种表征，可以对再犯可能作出科学的判断。再犯可能的表征，通常有以下三个方面：

一、犯罪人的分类

再犯可能在不同类型的犯罪人身上，存在明显差别。因此，在判断再犯可能的时候，犯罪人的分类是一个最引人注目的问题。

犯罪人的分类问题，是意大利学者龙勃罗梭首先提出来的。在龙勃罗梭之前，在刑法理论上只有犯罪行为的分类，而没有犯罪人的分类。因为古典派犯罪学者把犯罪现象视为一种已经完成的事实。他们从职业法学家的角度进行分析，而不问犯罪是如何发生的，为什么这些犯罪事实年复一年地或多或少地在各个国家重复发生。[①] 正是龙勃罗梭，完成了从犯罪到罪犯的伟大转变，尽管龙勃罗梭对犯罪人的分类的观点我们未必同意。龙勃罗梭将犯罪人分为三种：(1) 天生犯罪人。(2) 精神病犯罪人。(3) 本性有犯罪倾向的人。[②] 此后，菲利将犯罪人划分为以下五类：(1) 天生犯罪人，即天生具有某种犯罪倾向的人。(2) 精神病犯罪人，即患有某种精神病的临床形态，甚至连我们的现行刑法也予以承认的人。(3) 习惯性罪犯，即主要由于社会对罪犯的预防和镇压措施无效而染上犯罪习惯的人。(4) 机会犯，指一个人犯了一种轻罪，与其说他是被退化人格的进攻性所驱使，倒不如说是被其生活环境而导入歧途。(5) 激情犯，这类犯人像精神病犯罪人一样受到实证派犯罪学的重视。[③] 应该指出，龙勃罗梭和菲利都是从犯罪学的意义上对犯罪人进行分类，与刑法学意义上的犯罪人分类不完全相同。但是，他们通过对犯罪人的分类以便采取不同的处遇措施的做法，却值得我们借鉴。从再犯可能来说，各种犯罪人的再犯可能性程度并不是完全相同的。为此，有必要对犯罪人加以分类。

---

① 参见［意］菲利：《实证派犯罪学》，郭建安译，25页，北京，中国政法大学出版社，1987。

② 参见［美］里查德·昆尼、约翰·威尔德曼：《新犯罪学》，陈兴良等译，49页，北京，中国国际广播出版社，1988。

③ 参见［意］菲利：《实证派犯罪学》，郭建安译，41～42页，北京，中国政法大学出版社，1987。

（一）初犯与再犯

初犯是指初次实施犯罪行为的人，而再犯则是实施了两次以上犯罪行为的人，这是以犯罪人是否第一次实施犯罪行为为标准对犯罪人所作的分类。初犯，由于是第一次实施犯罪，因而犯罪的习癖尚未养成，可改造性较大，再犯可能性相对来说要小一些。而再犯，已经是两次以上实施犯罪，也就是说已经因为犯罪受过一次刑事处分，但犯罪人仍然恶习不改。尤其是累犯，是再犯当中性质较为严重的一类犯罪人，这种人明知故犯、一犯再犯，主观上已经形成一定的犯罪习癖，犯罪人格较难矫正，因而再犯可能性相对来说要大一些。因此，在犯罪人中区分初犯与再犯，考虑到这两种犯罪人再犯可能性的差别，予以区别对待是完全必要的。

（二）偶犯与惯犯

偶犯是指偶然地实施犯罪行为的人，相当于菲利所说的机会犯，这样的犯罪人之所以实施犯罪，存在一定的客观原因或者条件。例如一些顺手牵羊的盗窃案件的行为人，往往是利用了某些客观上的条件。如果这些条件不具备，犯罪行为未必发生；一旦这些条件丧失，再次实施的可能性比较小。当然，也不能排除某些人因偶尔得手尝到甜头而再次甚至屡次作案。但总的来说，偶犯的再犯可能性较小。偶犯虽然是第一次实施犯罪行为，往往同时也是初犯，但在初犯这个概念中强调的是第一次实施犯罪行为，而在偶犯这个概念中强调的则是实施犯罪行为的偶然性这一特征，因而对两者应加以区分。与偶犯相对应的是惯犯。在我国刑法理论中，惯犯又称惯习犯或习惯犯，是指具有实施同种犯罪行为习惯的分子。[①] 惯犯往往以实施某一犯罪为业即以此为主要生活来源，或者虽然不是以此为业，但却是以此为挥霍的来源。由于惯犯已经具有较深的犯罪习癖，积习难改，因而具有较大的再犯可能性。在犯罪人中区分偶犯与惯犯也具有重要意义，主要就在于再犯可能性存在程度上的差别，因而改造与矫正的难易也有所不同，

① 参见高铭暄等：《中国刑法词典》，366页，上海，学林出版社，1989。

应当区别对待。

（三）激情犯与预谋犯

激情犯是指由于外部刺激引起激情爆发而实施犯罪行为的人。在激情犯中，有许多是被害人有过错的犯罪。激情犯由于激情爆发而丧失理智，一旦事发，后悔不迭。当然，激情犯本身也是十分复杂的。菲利认为，对于激情犯之激情，我们不应仅从强度和数量方面考虑，而必须从性质方面进行考虑。我们必须区别社会激情和反社会激情，前者有利于人类及人类集体的生活状态，后者不利于人类集体的发展。第一种情况有爱，受到损害的自尊心等通常有利于社会，这种情况下的失常，按照案件情况，或多或少都有宽大的余地。另一方面，也有不可原谅的激情，因为它们的心理倾向是反对社会发展的。它们是反社会的，是不能宽宥的，憎恨和复仇即属此类。因此，实证派犯罪学认为，一个人的道德观念正常，过去的历史清白，其犯罪行为系由于某种社会激情引起时，这种激情是可以宽恕的。[①] 尽管菲利是从是否可宽恕这一角度论述激情的，这一论述对我们仍有启发意义。应当说，在通常情况下，激情性犯罪的再犯可能性都要小一些，尤其是由于社会激情而实施犯罪的人。至于由于反社会的激情而引起的犯罪人，虽然具有不可宽恕性，但从再犯可能性上来说，毕竟还是较小的。预谋犯是指经过长时间的深思熟虑、预先谋划而实施犯罪行为的人。在长时间的预谋过程中，犯罪人不断强化犯罪意识，因而再犯可能性较大。激情犯就像一场雷阵雨，来势凶猛，时间短促；而预谋犯如同一场酝酿了很久的倾盆大雨，持续长久。因此，在犯罪人中区别激情犯与预谋犯，对于确定再犯可能是有裨益的。

二、犯罪人的特性

犯罪人作为人，是生活在社会之中，作为各种社会关系的主体而存在的，因

① 参见［意］菲利：《实证派犯罪学》，郭建安译，42～43页，北京，中国政法大学出版社，1987。

而是活生生的具体的人。脱离了犯罪人的一定特性，就无法对犯罪人的再犯可能性作出科学的判断。在这一点上，刑事古典学派是存在明显缺陷的。正如菲利所说，“古典派把犯罪看成法律问题，集中注意犯罪的名称、定义以及进行法律分析，把罪犯在一定背景下形成的人格抛在一边”①。在刑法学历史上，是龙勃罗梭首次开始注重犯罪人的个人特性，当然，龙勃罗梭提出天生犯罪人的论断是缺乏科学根据的。但正是龙勃罗梭把理论的注意力从犯罪行为转到了犯罪人身上，从而开创了刑法理论的新纪元。世界各国刑法，对于犯罪人的特性都十分重视。在苏俄刑法学界，犯罪人的这种特性被称为个人情况，考虑犯罪人的个人情况是《苏联刑事立法纲要》第 32 条关于量刑一般原则的要求。因此，法院量刑时必须注意属于个人情况的情形。② 关于这些个人情况的内容，主要包括：（1）具有法律性质的个人情况，这就是：某人是否被认定为特别危险的累犯，他实施犯罪是再犯还是初次，他有无前科，犯罪时是否已经成年，等等。其中，一系列说明个人情况被立法者规定为减轻情节或加重情节。（2）不带有法律性质的个人情况，但是，如果根据这些情况，可以判断出该人个人的特性（日常生活中的行为表现，对家庭成员和对同事们的态度，对待劳动、国家财产和公共财产的态度，对待遵守公共秩序和纪律的态度、意志、品质等），那么，法院对此也应加以考虑。（3）犯罪人本人的实际状况，如健康状况、家庭状况、财产状况等等，也对说明该人的个人情况具有意义。（4）犯罪人的个人品质，即实施犯罪行为的直接主观原因（不愿以诚实的劳动为生、与他人交往的相互关系中的利己主义，等等）以及这些品质的稳定程度。总之，犯罪人的个人情况应当被看作是构成该人本质的各种社会关系的总和。③《罗马尼亚刑法典》第 72 条也明确规定，决定与适用刑罚时应考虑犯罪人之特点。在大陆法系刑法理论中，犯罪人的特性往往被称为人

---

① ［意］菲利：《实证派犯罪学》，郭建安译，24 页，北京，中国政法大学出版社，1987。

② 参见陈明华：《当代苏联东欧刑罚》，239 页，北京，中国人民公安大学出版社，1989。

③ 参见［苏］H. A. 别利亚耶夫、M. И. 科瓦廖夫主编：《苏维埃刑法总论》，马改秀等译，332～333 页，北京，群众出版社，1987。

格。《德国刑法典》第 46 条规定，法院在量刑时，应权衡对犯罪人有利和不利的情况。特别应注意下列事项：犯罪人的犯罪动机和目的，行为所表露的思想和行为时的意图，违反职责的程度，行为方式和犯罪结果，犯罪人的履历、人身和经济情况，以及犯罪后的态度，尤其是为了补救损害所做的努力。在以上所列的因素中，前四种属于已然之罪的范畴，而后两种属于未然之罪的范畴，实际上就是再犯可能的问题。该刑法典第 47 条关于判处短期自由刑属于例外情况的规定，还明确提到犯罪人的人格。在德国、比利时、日本等国还形成一种制度，在适用刑罚之前对犯罪人的个人情况进行调查，称为“犯人的人格调查”，也称为判决前调查制度。日本犯罪学家菊田幸一指出：所谓判决前的调查制度，是为了在刑事程序上对每个犯罪人都能选择恰当的处遇方法，使法院能在判决前的审理中，对被告人的素质和环境作出科学的分析而制定的。调查内容包括：犯罪人的素质、性格、精神状态、知识水平、健康状况以及对悔改的态度等，还包括有关本人的生育史、家族、近邻、学校、同学、工作等情况。① 各国少年法一般都明文规定要进行“犯人的人格调查”，以此作为适用刑罚的基础。例如日本 1948 年《少年法》第 9 条规定：家庭法院调查少年事件时，“务须就少年、保护人或关系人之行状、经历、素质、环境等，运用医学、心理学、教育学、社会学及其他专门知识，努力为之”。1955 年 8 月在日内瓦召开的联合国第一届防止犯罪及罪犯处遇会议上，各国代表及专家均认为：“实行个别处遇，应从人格之调查分类着手，必先根据精密的调查，由是进而决定个别处遇之方法，始便于分类收容。”② 1950 年海牙召开的第 12 届国际刑法及监狱会议，也把判决前犯人人格调查问题列为讨论的一个议题。瑞士的弗朗索瓦·克莱克教授在为会议准备的研究报告中指出：“在审查被告人期间，如果审判官认为有必要应在各种不同性质的制裁方式中选择出某一种时，那就应该在判决前进行调查。”日本犯罪学家菊田幸一把

① 参见［日］菊田幸一：《犯罪学》，海沫等译，178 页，北京，群众出版社，1989。

② 林纪东：《刑事政策学》，4 版，89 页，台北，正中书局，1969。

判决前的调查称为寻求处遇方法的辅助手段，是处理犯罪人的首次处方笺。[①] 由此可见，世界各国对于犯罪人的特性都是十分关注的，它已成为个别处遇的基础。我认为，犯罪人的特性应当包括以下数项：

（一）年龄

年龄是犯罪人的自然情况之一。一般来说，未成年的犯罪人，由于年龄尚小，身心发育未成熟，这样的人，可塑性强，易于矫正，因而再犯可能性较小。而成年人，由于思想已经定型，并且犯罪也是经过深思熟虑的，难以矫正，因而再犯可能性较大。

（二）性别

性别也是犯罪人的自然情况之一。女性犯罪人与男性犯罪人具有不同的特点，尤其是生理特征与心理特征都有较大的差异。心理学研究表明，女性容易冲动、偏重感情、不善于预料未来、不能有效地控制自己等心理特点，与女性周而复始的月经活动有关。尤其是在月经前，由于激素不平衡，妇女的精神和植物性神经常会出现一些异常的症状，这在医学上称为经前期综合征（PMS）。经前期综合征与犯罪行为之间存在一定的关系。早在 1894 年，意大利的科学家就观察了月经期间对犯罪行为的影响。他们对以妨害公务罪被捕的 80 名女性作了考察，发现其中 71 名犯罪时正来月经。19 世纪 90 年代，有人在巴黎对因入店行窃而被捕的妇女作了考察，得出相同的结论。尽管上述考察方法有些原始，然而，它们与现代的研究相一致。[②] 因此，对于女性犯罪人的这种生理特征应予以充分注意，以便正确地判定其再犯可能性的大小。

（三）家庭

家庭是社会的细胞，家庭对人具有很大的影响。尤其是对于未成年人，影响更是突出。正如日本犯罪学家平尾靖指出："一般来说，大多数违法行为少年，

① 参见［日］菊田幸一：《犯罪学》，海沫等译，179～180 页，北京，群众出版社，1989。

② 参见［美］劳伦斯·泰勒：《遗传与犯罪》，孙力等译，76 页。北京，群众出版社，1986。

都有家庭结构以及家庭中人际关系问题上的原因。”① 因此，在考虑犯罪人的再犯可能时，应注意其家庭情况。具体地说，家庭和睦，父母关系正常的，再犯可能性较小；而家庭失和，父母离婚，尤其是家长有犯罪记录的，再犯可能性较大。

（四）婚姻

婚姻状况是犯罪人的一项重要个人情况。对于一个正常的人来说，婚姻状况的满意程度具有很大的影响。在考察犯罪人的再犯可能时，也要注意到其婚姻状况。凡已经婚配，且婚姻关系较为稳定的，婚姻的制约对于改恶从善有一定的帮助。而没有婚配或者离婚的人，没有家庭的制约，往往缺乏社会责任感，易于导致再犯。

（五）职业

职业是人的价值的自我实现的一条重要途径，也是经济的来源之一。而且，一定的职业为人提供了一定的人际环境与社交圈子，对于一个人的发展具有重要意义。因此，具有一定职业的人，生活安定，经济来源稳定，再犯可能性小。而没有正当职业的人，生活没有着落，到处流浪行乞，再犯可能性较大。

（六）文化

文化程度是衡量一个人的知识水平的一个重要指数。文化是与文明联系在一起的，而没有文化则往往是愚昧的同义语。文化水平较高的人，易于接受改造，再犯可能性小。而一个没有文化或者文化水平很低的人，则不易接受改造，再犯可能性较大。

（七）气质

气质属于人的心理因素。在心理学上对气质所下的定义是：个人的主要同人的生物特点有关，并从心理过程和情绪激感性的动态方面来说明他的特性的总和。气质特点的重要标志是心理过程的强度和速度：感受力和激感性的程度和深

① ［日］平尾靖：《违法犯罪的心理》，金鞍译，106页，北京，群众出版社，1984。

度、体验的经常性和变异性、它们的倾向和外部表现、体验对行为和行动的关系，等等。[①] 巴甫洛夫根据神经系统类型在个人身上的存在，把气质分为四种：多血质、胆汁质、黏液质和抑郁质。这四种人具有迥然有别的心理特性，这对于一个人的行为，对于他在各种生活情况下的行为方式、在不同情势下的做法，具有一定的作用。正如巴甫洛夫指出："气质是对神经系统的基本说明，它赋予每个人的全部活动以一定的面貌。"[②] 气质本身是天生的，无好坏之分，但它对于人的行动具有很深刻的影响，在考察再犯可能性时也应当予以考虑。

（八）性格

如果说气质影响人的行为，制约着心理反应的各种不同的强度和灵活性的话，那么性格则决定着这种反应的内容本身，即外部情况通常在人身上所引起的情感、情绪、动机和体验以及与之相适应的行为和举动的方式。[③] 因此，在心理学中，性格是个性的重要方面。客观事物不断地渗透到个体的生活经历之中，影响着个体的生活活动。这些客体的影响通过认识、情绪和意志活动在个体的反映机构里保存下来，固定下来，构成一定的态度体系，并以一定的形式表现在个体的行为之中，构成每个个体所特有的行为方式。这种主体对客体的态度体系和行为方式标志了性格的本质特点。[④] 性格是后天形成的，反映了一个人的社会性。性格对于人的行为具有较大的影响，一定的性格产生以后，往往形成一种行为定式，支配与制约着今后的行为。因此，性格对于考察再犯可能也具有一定的意义。

（九）道德

一个人的道德面貌如何，对于行为具有重大的影响。在一定程度上，可以把

---

① 参见［苏］阿·鲍·萨哈洛夫：《论苏联的犯罪人和犯罪原因》，陈汉章译，164 页，北京，法律出版社，1964。

② 《巴甫洛夫全集》，俄文版，第 3 卷，第 2 部，103 页。

③ 参见［苏］阿·鲍·萨哈洛夫：《论苏联的犯罪人和犯罪原因》，陈汉章译，169～170 页，北京，法律出版社，1964。

④ 参见曹日昌主编：《普通心理学》，下册，2 版，178 页，北京，人民教育出版社，1980。

道德看作是社会和心理监督的工具，这些工具可防止导致违法行为的因果链条的发展。不仅如此，变形的道德本身还可能成为产生违法行为倾向的原因。[1] 因此，对犯罪人的改造主要就是对其变形的道德的矫正。道德的变形程度，在很大程度上决定再犯可能性的大小，因而应当加以考察。

（十）其他个人情况

其他个人情况是指个人的习性、爱好等因素，这些因素虽然似乎具有纯个人性质，与再犯可能无关，但实际上并非如此。例如嗜酒，完全是一个人的爱好，但往往与犯罪有关。酒作为一种强烈的麻醉剂，对于人的机体起着破坏作用，它首先影响神经系统的正常活动，影响心理过程的运行。这种影响发生作用的整个过程已经由生理学家和心理学家们作了相当充分的研究并加以证明。在酒的影响下，神经细胞包括脑细胞的活动遭到破坏，对于人的行为极为重要的兴奋和抑制过程发生失调现象，意识和意志陷于失常状态。喝醉酒的人失掉对外部刺激因素的习惯的对等反应，在他身上激感性就会加强起来；反之，社会养成的抑制过程则遭到削弱，有时甚至完全被麻痹。一个人在酒醉状态中就会变成放肆的、缺乏自制的和粗暴的。在他身上，在正常状态下受到压制的那些不道德的和反社会的观点和动机就会脱身出来而发生作用，他则失去自我控制的能力，往往还会失去正确认清周围环境的能力。在无节制地和经常地饮酒的情形下，上面所指出的那种影响就会大大地加强和增长起来，而使机体发生深刻的病态的变化，有时甚至使人格完全腐化。所有这些自然会在行为上表现出来，便利和助长各种各样的反社会侵害行为的实施。[2] 如果犯罪人有这类不良嗜好并且不加矫正，那么，这本身就潜藏着再犯可能，因而需要加以注意。

应当指出，以上这些因素是密切联系的，在对犯罪人进行考察的时候，应当

① 参见［苏］B. H. 库德里亚夫采夫：《违法行为的原因》，韦政强译，213 页，北京，群众出版社，1982。

② 参见［苏］阿·鲍·萨哈洛夫：《论苏联的犯罪人和犯罪原因》，陈汉章译，198 页，北京，法律出版社，1964。

把这些因素综合起来分析，从而正确地判定再犯可能性的大小。

三、犯罪人的表现

犯罪人的表现是犯罪人以言行显露出来的思想风貌，它对于衡量犯罪人的再犯可能有一定的意义。根据这种表现与犯罪的产生和发展过程的关系，可以把犯罪人的表现分为：

（一）犯前表现

犯前表现是指犯罪人在实施犯罪行为以前的一贯表现。人的思想与行为具有连贯性，也就是说，一个人实施犯罪行为一般来说并非出于偶然，而是有一定的思想基础的，正如俗语所说："冰冻三尺，非一日之寒。"因此，犯前表现对于认识犯罪人为什么会犯罪以及预测其今后再次实施犯罪的可能性大小，都有所帮助。犯前表现可以分为三种①：一是表现良好。如工作积极，学习勤奋，生活严谨，乐于助人，尊老爱幼，多次受到有关机关、单位的表扬、嘉奖等。这样的人犯罪大多有一定的客观原因，再犯的可能性也小。当然，有些犯罪人善于伪装，表面上装出一副工作积极的样子，骗取各种荣誉，实际上心怀鬼胎，伺机作案。对于这样的犯罪人，不能认为犯前表现良好。二是表现一般。如虽然安分守己，但工作、学习平平，既不受到他人非议，也不曾受到他人赞扬。这样的人犯罪主观和客观原因都有，今后再犯罪可能性应当视其犯罪类型并结合其他表现来认定。三是表现不好。如工作懈怠，生活放荡，好逸恶劳，流氓习气，对人不诚实，爱贪小便宜，为人民群众所鄙视；大错不犯，小错不断；具有小偷小摸、调戏妇女、打架斗殴等一般违法行为，曾受到过法律、行政处分；或实施过犯罪行为，受到过刑罚处罚等。这样的人犯罪主要是由于主观原因引起的，尤其是那些受过刑罚处罚的人，仍不思悔改，表明其将来再犯的可能性较大。

① 参见周振想：《刑罚适用论》，195～196页，北京，法律出版社，1990。

（二）犯中表现

犯中表现主要是指犯罪人在实施犯罪过程中的一些情节，这些情节既反映着行为人的主观恶性与客观危害，同时对于判定犯罪人再犯可能性的大小也具有一定的意义。犯中表现主要有以下这些：一是犯罪的动机。一般来说，故意犯罪的动机都是不良的，但也有程度上的差别，例如：奸情杀人，较之基于保护自己或他人的合法权益、一时激愤的杀人严重；因追求腐化堕落生活的贪污，较之基于家庭经济一时困难的贪污严重；等等。二是犯罪的手段，例如：用碎尸肢解等特别残忍的手段杀人，比一般开枪杀人严重；用伤害被害人的手段实施强奸，比一般强奸严重；等等。三是犯罪的环境和条件，例如：乘他人危难之际抢劫，比一般的抢劫严重；对缺乏抗拒能力或孤立无援的人实施伤害，比一般的伤害严重；等等。四是犯罪造成的损害结果。例如，贪污财物数量大的比数量小的严重；杀害多人比杀害一人的严重；出于流氓动机，侮辱外宾，造成恶劣政治影响的，比一般的流氓活动更严重；等等。五是犯罪对象的情况。例如，侵害孕妇、未成年人、盲人、聋哑人，比侵害一般人严重；盗窃军用物资比盗窃一般物资严重；等等。在考察犯罪人的再犯可能性时，应当对以上犯中表现，尤其是主观方面的因素予以充分关注。

（三）犯后表现

犯后表现是指犯罪人在犯罪以后对于自己所实施的犯罪行为所抱的态度。犯后表现大概有以下五种：一是拒不认罪。这样的人在犯罪以后态度恶劣，对自己所犯罪行毫无认识，不以为耻，反以为荣，毫无悔罪之心。这种人在犯罪以后往往表现为隐匿罪行，畏罪潜逃，杀人灭口，抗拒逮捕，编造口供，互相串供，避重就轻，嫁祸于人，推卸罪责，对揭发检举人恨之入骨，扬言报复等。二是认罪悔罪。这样的人对自己所犯罪行及其对社会的危害后果有一定的认识，在证据前能够承认自己所犯罪行。三是坦白交代。这样的人能够主动地交代自己的罪行，对自己的行为给社会带来的损害以及给被害人造成的痛苦感到愧悔。四是投案自首。这样的人在犯罪以后主动向司法机关投案，并且交代自己的犯罪事实，诚恳地接受司法机关的惩罚。五是检举立功。这样的人在被动归案或者自动投案以后，不仅坦白交代本人的犯罪行为，而且具有检举揭发他人的犯罪行为，经查证属实，或者提供重要线索，从而得以侦破其他案件等立功表现。以上犯后表现的不同，表明了犯罪人再犯可能性的大小，因此对于认定犯罪人的再犯可能具有重要的意义。

第三节　再犯可能的预测

再犯是一种可能性，可能性不像现实性那样容易掌握，只有通过预测的方法才能获知其存在。因此，科学预测，对于确定再犯可能来说十分重要。

一、再犯预测的概念

再犯预测是犯罪预测的一种。所谓犯罪预测，乃由犯罪者或非行者过去之生活经历资料中，拣选影响犯罪的重要因子（预测因子），以科学的方法预测将来限于犯罪或非行可能性之有无及其程度。① 再犯预测作为犯罪预测的主要类型，具有特定的内容，它指依据制约个体犯罪的社会、生理和心理等因素，估计和推断犯罪个体在刑满释放或假释之后重新犯罪的可能性程度。② 由于再犯预测主要预测犯罪人在释放后是否能够顺利复归社会的问题，因而又称为犯罪者之社会预测（Social Prognoses）。③

再犯预测依其理论属性和方法特点大致分为犯罪生物学派系统和犯罪社会学派系统。前者以德国学者为代表，主要根据临床观察所得的反映各类犯罪生理及

① 参见张甘妹等：《再犯预测之研究》，3页，台北，法务通讯杂志社，1987。

② 参见杨春洗等主编：《刑事法学大辞书》，633页，南京，南京大学出版社，1990。

③ 参见张甘妹等：《再犯预测之研究》，3页，台北，法务通讯杂志社，1987。

心理特征的因素，经精神病学家和心理学家对罪犯人格特征的综合性直观判断，作出其有无再犯倾向的预测。后者由美国学者于20世纪30年代首创，主要根据社会学及概率论原理收集和确定制约罪犯再犯的社会、心理和生理等多类预测因子，且以较为客观、科学的计量方法测定再犯可能率。例如，美国学者伯吉斯于1928年对伊利诺伊州三个矫正机构所假释的3 000名罪犯进行释后研究。伯吉斯调查了这些假释者在假释前的生活经历，由所搜集的详细资料中，遴选出21个预测因子，并将预测因子根据其与犯罪相关联的程度予以数量化，然后再根据假释者就各预测因子所得点数的多寡，制成了得点与假释成败间的关联表，这被认为是世界上最早的再犯预测表。继伯吉斯之后，美国哈佛大学教授卢克夫妇于1930年发表了《500名犯罪者之经历》（*500 Criminal Careers*，1930）一书。卢克夫妇发动专门调查人员，对于在1919年至1920年间由麻省州矫治机构假释的510名男性罪犯进行了实地调查，收集其入狱前、入狱中、假释中及假释后4个阶段的各种资料，选出犯罪可能因子50个，然后再运用统计技术，筛选出8个与犯罪有重大关联的因子，进行再犯预测。

再犯预测虽然不能百分之百地准确，但由于它是以犯罪人以往的资料为根据，根据科学的方法推知其将来，因而具有一定的可信性。

二、再犯预测的种类及其方法

再犯预测按其预测时期可以分为以下两种：

（一）判决时预测

判决时预测，是指在对犯罪人裁量刑罚之前，对其在被科刑、宣告缓刑和受不起诉处分等不同条件下的再犯可能性进行预测和比较，为法官决定处刑轻重或负担刑罚及行刑方式提供根据。①

① 参见杨春洗等主编：《刑事法学大辞书》，633页，南京，南京大学出版社，1990。

判决时预测是确定刑罚轻重，尤其是适用缓刑的基础。判决时预测所采用的主要是观察调查法，也就是要在对犯罪人的类型、特性和表现进行观察调查的基础上，综合地判断犯罪人的再犯可能。判决时预测应当有一定的制度保证。我认为，可以参考借鉴外国经验，在我国建立判决前调查制度。调查人是主审法官，即审判长。调查对象是被告人及与之相关的人员或机关。调查内容可以包括以下这些①：（1）犯罪与违法行为的调查。犯罪与违法行为，是从本人所生活的周围环境中反映出来的。因此，不仅要调查现有的犯罪问题，而且应该调查了解过去的犯罪和违法经历。（2）社会调查。通过会见犯罪人了解以下内容：1）家属关系与生育史、父母和兄弟姐妹的情况；监护人的住址、职业、资产、健康情况；父母的个性与和睦情况；家庭内的气氛、生活规律、家庭的理想；被告人父母和妻子的态度和关系。2）学历、学习成绩、爱好或厌烦的学科；对学校和教师的态度；退学理由和升学愿望；与同学的关系。3）居住地和近邻的环境、近邻对被告人的信任和感情，以及家庭迁移的情况、过去和现在的交友情况。4）职历、转退职的理由、出勤状况、工作成绩、对工作抱有的希望和态度、与同事的关系。5）过去和现在的收入和支出情况、资产、负债的理由、偿还计划和偿还情况。6）病历、过去和现在的身体情况。7）道德品质、宗教信仰、娱乐、习惯、兴趣。8）婚姻和性生活情况。（3）确认调查。通过访问犯罪人的家庭、近邻、学校以及会见其家属、邻人、雇主、同事、教师等办法，或者利用电话、书信等手段，了解其周围的环境，以便核实和确认所提出的申述是否属实。（4）身心鉴别。委托精神医学、神经医学、法医学和心理学等各方面的专家组成鉴定机构，对犯罪人的身心进行鉴别。经过调查，形成犯罪人情况的调查表，作为判断再犯可能的依据。应当在刑事诉讼法中将判决前的调查规定为一项特别程序，使之法律化、制度化。

---

① 参见［日］菊田幸一：《犯罪学》，海沫等译，181～183页，北京，群众出版社，1989。

（二）释放时预测

释放时预测，是指在犯罪人获准假释之前，对其假释成功率或假释期再犯率进行预测和评价，为行刑机关和刑务机构决定假释与否和假释期保护管束措施的宽严提供依据。①

释放时预测是确定是否假释及假释考验措施宽严的基础。释放时预测所采用的主要是跟踪调查法，也就是对假释的犯罪人进行跟踪调查，从而得出再犯可能的预测。释放时预测以制定预测表为工具，预测表是数量化的犯罪因子与犯罪率之间的相关表。其制作过程是：先对犯罪人的各方面经历进行详细的调查，并以科学的统计技术，分析研究促使犯罪人陷于犯罪的主要原因。作为犯罪预测表基础的预测因子，系详细调查分析犯罪人的身体、精神、环境等多方面的资料后所获得的重要犯罪因素，对此要作综合分析。

三、再犯预测的意义

再犯预测，对于刑罚个别化，尤其是对于缓刑、假释的适用具有重要意义。

（一）对于适用缓刑的意义

根据我国刑法规定，只有对“没有再犯罪的危险”的犯罪人才能适用缓刑。② 这里所谓“没有再犯罪的危险”主要是指没有再犯可能性。这样，适用缓刑首先就有一个再犯预测问题。关于如何考察确定犯罪人留在社会上不致再危害社会，我国刑法学界一般认为可以从以下三个方面考察：第一，考察其已然的犯罪状况，包括犯罪的原因、犯罪的动机、犯罪的手段、犯罪的后果等。第二，考

① 参见杨春洗主编：《刑事法学大辞书》，633页，南京，南京大学出版社，1990。

② 根据《刑法修正案（八）》的规定，适用缓刑必须同时符合下列条件：（1）犯罪情节较轻；（2）有悔罪表现；（3）没有再犯罪的危险；（4）宣告缓刑对所居住社区没有重大不良影响。在以上四个条件中，既包括已然之罪的要素，又包括未然之罪的要素，其中，“没有再犯罪的危险”属于未然之罪中的再犯可能的要素。

察其犯罪前与犯罪后的表现，包括犯罪前是一贯遵纪守法还是染有劣迹，犯罪后是否具有认罪、悔罪表现，如自首、坦白、退赃等。第三，考察其回归社会后的客观生存环境，包括是否有家庭的关心，是否有稳定的工作，是否有一定机关监督等。① 我认为，这些方面是正确地判定犯罪人是否具有再犯罪的危险的基本思路。但在具体考察上，还应当引入科学预测的方法，使结论建立在科学的根据之上。因此，再犯预测对于适用缓刑具有重要意义。

（二）对于适用假释的意义

我国刑法规定，只有对“没有再犯罪的危险”的犯罪人才能适用假释。这里所谓“没有再犯罪的危险”主要是指没有再犯可能性。因此，适用假释也存在一个再犯预测问题。2012 年 1 月 17 日最高人民法院《关于办理减刑、假释案件具体应用法律若干问题的规定》对如何判断假释适用条件——“没有再犯罪的危险”作了以下规定：根据犯罪的具体情节、原判刑罚情况，在刑罚执行中的一贯表现，罪犯的年龄、身体状况、性格特征，假释后生活来源以及监管条件等因素综合考虑。上述司法解释对于正确判断“没有再犯罪的危险”具有重要的参考意义。当然，上述对是否具有再犯罪的危险的判断主要还是一种经验判断。我认为，在假释的适用中，也应该引入再犯预测方法，以保证假释的犯罪人不再危害社会。例如，美国假释委员会运用真值表或指标系统考察狱中犯人犯罪的性质和罪犯的人身危险系数（重要系数），以决定是否对某个罪犯予以假释。② 这种做法值得我们借鉴，使假释建立在科学预测的基础之上。因此，再犯预测对于适用假释具有重要意义。

① 参见周振想：《刑罚适用论》，350～351 页，北京，法律出版社，1989。

② 参见［加］托马斯·加博：《犯罪行为预测——统计方法》，孙晓雳等译，4 页，北京，中国人民公安大学出版社，1990。

第四章

初犯可能

初犯可能作为未然之罪的内容之一，在一定程度上反映了犯罪与社会的复杂关联性。对初犯可能的深入研究，对于确立刑事政策有着重要意义。

第一节　初犯可能的概念

初犯可能是指犯罪人以外的一般人实施犯罪的可能性。由此可见，初犯可能这一概念可以从以下几个方面得以说明：

一、初犯的主体

初犯的主体，是犯罪人以外的一般人，即未然犯罪人。这里的一般人，包括三种人：一是潜在的犯罪人，这是最主要的初犯主体。二是被害人，被害人的初犯可能性主要是指被害人对犯罪人及其亲属进行报复的可能性。三是其他守法者，其他守法者的初犯可能性是指测定其蜕变成为潜在犯罪人是否转化为犯罪人的可能性。

二、初犯的时间

初犯，是与再犯相对应的，是指初次犯罪。因此，初犯是指在没有前科的情况下首次实施犯罪活动。初犯意味着从一个合法公民向犯罪人的蜕变与堕落。当然，作为初犯，犯罪是首次，违法行为却完全可能不是首次实施，甚至是屡教不改的违法人员。

三、初犯的性质

初犯可能与再犯可能一样，都是一种可能性，而不是现实性。因此，初犯可能也属于未然之罪的范畴。对于初犯可能性，应当根据各种因素进行科学的判断与认定，从而为适用刑罚提供根据。应该说，我们在初犯可能这个题目下，要讨论的不是初次实施犯罪的人的刑事责任问题，而是一个人由于实施犯罪行为引发他人犯罪（初犯）的这种可能性，对于这个实施犯罪的人的刑事责任的影响，我们将它视为未然之罪的应有之义。

第二节　初犯可能的表征

初犯可能虽然只是一种可能性，但这种可能性本身是现实地存在着并通过一定的形式表现出来的，这就是初犯可能的表征。我认为，初犯可能的表征，通常有以下几个方面：

一、形势

形势的好坏是初犯可能的一个重要表征。换言之，初犯可能在一定程度上取决于形势，这里主要是指治安形势的好坏，因而影响到犯罪人的定罪量刑。我国刑法学界曾经对定罪量刑与形势的关系展开过讨论，但对形势影响定罪量刑的根据这个问题则缺乏科学论证。

（一）定罪量刑与形势的关系

定罪量刑要不要考虑形势需要？这是在我国刑法学界存在争议的一个问题。[①] 这一争论，涉及以下四个问题：

1. 刑事政策与形势需要的关系。

在讨论定罪量刑要不要考虑形势需要的时候，首先涉及的就是刑事政策与形势需要的关系问题。主张定罪量刑应当考虑形势的学者认为，政策是法的灵魂，法的制定和执行都要受政策的指导。而政策是根据客观形势制定的，因此，依照刑法规定定罪量刑，理所当然地要受客观形势需要的影响。而主张形势不能作为定罪量刑的根据的学者则认为，把形势需要作为定罪量刑的根据，在司法实践上是极为有害的。过去我国没有统一的刑法，定罪量刑没有统一的标准，司法机关无所遵循，只能依照政策精神和形势需要判案。中华人民共和国成立以来的司法实践证明，这种做法弊多利少。如果我们继续坚持把形势需要作为定罪量刑的依据，必将给刑事审判工作和法制建设造成极大的危害。我认为，刑事政策与刑事法律从本质上来说，应当是统一的。刑事政策不仅是刑事法律的灵魂，而且是刑事司法的指南。定罪量刑当然应当依照刑事法律的规定，但这并不意味着可以不受刑事政策的指导。例如从重从快，这是根据在一定时期内犯罪形势严峻这一客观事实提出的刑事政策，它表现在刑事立法上，对过去的刑事法律规范作出相应的修改、补充，例如提高某些犯罪的法定刑等；表现在刑事司法上，就是要在刑事法律规定的幅度和范围之内从重从快，这里的从重从快是以依法为前提的。正如我国学者指出：考虑形势并不等于抛弃法律，并因此在法律之外设立另一个定

① 参见高铭暄主编：《新中国刑法学研究综述（1949—1985）》，440～444 页，郑州，河南人民出版社，1988。

罪标准。承认形势影响定罪与把形势作为定罪的根据是完全不同的两码事。定罪的根据只能是法律规定的犯罪构成，而不是形势。事实上，形势离开了法律也就不能对定罪产生影响。因此，说形势影响定罪，是在坚持法律标准之前提的意义上来说的。也只有在适用法律进行定罪时充分考虑了形势，才能正确地理解和适用法律。[①] 因此那种认为定罪量刑考虑形势需要，就会有损于刑事法律的严肃性与统一性的观点，实际上是把刑事法律与刑事政策割裂开来，甚至对立起来了，因而是不足取的。

2. 刑罚目的与形势需要的关系。

在讨论定罪量刑要不要考虑形势需要的时候，还涉及刑罚目的与形势需要的关系问题。主张定罪量刑不应考虑形势需要的学者认为，将形势需要作为量刑的依据，同我国刑罚的目的不相一致。因为如果治安情况不好时，片面强调“治乱邦，用重典”，轻罪重刑，就会增加犯罪分子的抗拒情绪，妨碍他真正从思想上认罪服法，悔过自新。释放后，由于其思想未得到真正改造，难免不再重新犯罪。如果在治安情况良好时，片面强调“治安邦，用轻典”，重罪轻判，无异于鼓励犯罪，也会使人民群众对我国法制产生怀疑，挫伤他们揭发犯罪、预防犯罪的积极性。可见，按形势需要量刑，既不能达到特殊预防的目的，也不能达到一般预防的目的。而主张定罪量刑应当考虑形势需要的学者则认为，量刑考虑形势因素，是同刑罚的目的一致的。为了实现刑罚的目的，人民法院在量刑的时候，必须时刻注意同犯罪作斗争的需要。一般来说，治安情形不好，犯罪现象严重，“治乱邦，用重典”，就应考虑依法从重量刑；治安情况良好，犯罪现象较少，“治安邦，用轻典”，就应考虑依法从轻量刑。同时，还要注意斗争策略，严中有宽，宽中有严，宽严相济，充分体现镇压与宽大相结合的政策。我认为，刑罚目的，这里主要是指预防目的，包括一般预防与个别预防，它们与形势需要是统一的。也就是说，定罪量刑考虑形势需要，正是为了更好地实现刑罚的预防目的。

---

① 参见王勇：《定罪导论》，236页，北京，中国人民大学出版社，1990。

如果定罪量刑根本不考虑形势，无论治安形势好坏，定罪量刑始终如一，这样机械地适用刑法，根本无法实现刑法的应有效益，也就根本谈不上一般预防与个别预防的目的的实现。因此，我认为那种否认定罪量刑应当考虑形势需要的观点，实际上是把刑罚目的与形势需要对立起来，因而不妥。

3. 重刑主义与形势需要的关系。

那些否认定罪量刑应当考虑形势需要的学者指出，过去封建统治者提出了刑罚要“以时而定”，实行的是封建的重刑。根据形势提出对现行重大的刑事犯罪分子实行依法从重从快惩处的方针，反映了封建重刑主义的刑罚思想。而主张定罪量刑应当考虑形势需要的学者则认为，定罪量刑考虑形势需要和封建重刑主义的刑罚思想是根本不同的。我认为，对这个问题应当具体分析。应该说，封建统治者提出刑罚“以时而定”、“世轻世重”等这样一些思想，在很大程度上确实是作为实行封建重刑的借口而提出的。但尽管如此，这一思想就其揭示了法律适用与形势需要的内在关系而言，又不能否认具有一定的科学性。我主张定罪量刑要考虑形势的需要，主要是基于对定罪量刑与形势需要这样一种关系而提出来的，至于刑是重还是轻，则应当“以时而定”。考虑形势需要，并不必然倾向于重刑，也可能导致轻刑。因为刑罚“世轻世重”，这里的轻与重是相对的，并且在一定程度上是以形势需要为转移的。

4. 冤假错案与形势需要的关系。

那些否认定罪量刑应当考虑形势需要的学者往往把冤假错案归咎于定罪量刑考虑形势需要，指出：从近年平反冤假错案的情况看，运动中判处的案件比一般情况下判处的案件错的多，这都与把形势需要作为定罪量刑的根据有直接关系。有的学者甚至认为，如果根据形势不同，量刑可以或轻或重，则刑罚必然失去客观标准，严重的，甚至会出现整个时期的错案。[①] 我认为，这种观点是难以成立的。不可否认，在以前的运动中，片面强调形势需要，出现了一些冤假错案。但

① 参见张军：《刑事错案研究》，138页，北京，群众出版社，1990。

这主要是由于法制不健全造成的，并且也与我们的领导人对形势的错误估计有关，这与定罪量刑考虑形势需要本身并无必然联系。只要我们坚持法制原则，严格依法定罪量刑，在此基础上适当地考虑形势需要，并不会出现大量的冤假错案。因此，以过去冤假错案大量发生为由来否认形势在定罪量刑中的意义，是没有根据的。

（二）形势影响定罪量刑的根据

形势为什么会影响定罪量刑？一般认为，形势之所以影响定罪量刑，是因为形势使定罪量刑的标准发生了变化。这种观点本身并没有错，但不能不说是肤浅的。为此，有些学者不满足于此，认为形势影响定罪量刑，是因为犯罪行为本身的含义发生了变化：在特定形势下，犯罪的社会危害性发生了变化，从而指出：当行为本身的性质发生变化时，为这种行为规定的惩处（或奖励）规则也必然发生相应的变化。因此，应当认为，只有犯罪行为社会危害性在不同形势下的变化，才是形势影响定罪量刑的主要根据和基础。① 还有学者进一步指出：作为犯罪本质特征的社会危害性与形势密切相关。国家的政治、经济、文化方面的情况的变化，直接影响着行为的社会危害程度，而这一危害程度往往又是决定罪与非罪的关键所在，尤其是在行为处于罪与非罪的临界线时，更是如此。所以，对行为社会危害性程度发生影响的形势也必定对定罪发生影响。② 我认为，这种观点从形势对犯罪本身的影响的角度，揭示形势影响定罪量刑的根据，有其深刻之处。但这种观点把形势这一初犯可能的表征，视为影响已然之罪的社会危害性程度的一个因素，却值得商榷。应该说，社会危害性属于已然之罪，是由犯罪人的主观恶性与客观危害所决定的。这里的客观危害，主要是指行为对社会造成的损害。毫无疑问，客观危害与初犯可能有着某种内在的联系，但它们仍然属于两个不同的范畴。初犯可能在很大程度上是由形势，尤其是治安形势的好坏所决定

① 参见张军：《刑事错案研究》，143 页，北京，群众出版社，1990。

② 参见王勇：《定罪导论》，236 页，北京，中国人民大学出版社，1990。

的。治安形势混乱，潜在犯罪人会感到犯罪的阻力小，有利因素多，犯罪后侥幸逃避惩罚的可能性大，因而会认为犯罪时机已经成熟，从而可能铤而走险，以身试法。与此相反，稳定的治安形势给潜在犯罪人所造成的心理压力大，他会认为犯罪的社会环境尚不具备，冒险犯罪易于被捕并受到刑事制裁，这样，他便可能欲犯而不敢。因此，治安形势的好坏是测定潜在犯罪人有无犯罪可能性及犯罪可能性大小的一项重要标志。① 因此，我认为形势影响定罪量刑的根据不在于犯罪的社会危害性程度的变化，而在于初犯可能程度的增减。只有从这个意义上，才能科学地揭示形势影响定罪量刑的理论根据。

（三）形势的正确认识与把握

形势在客观上确实影响定罪量刑，因为它是初犯可能的一个表征，但形势这一因素对于定罪量刑的影响是有限的，并且应当建立在对形势的正确认识之上。因此，在制定和执行刑事政策的时候，对形势的正确认识与把握是十分重要的。应该说，形势作为一种状态，是客观存在，不以人的认识为转移的。形势本身具有客观性，因而人对形势的认识只不过是对这一客观事物的反映，必须从事实本身出发，而不能以主观臆想代替对形势的科学认识。但是形势本身又不是静止不变的，而是随着社会的发展而处于不断的发展变化之中，并且具有多方面性、多层次性所决定的复杂性。因此，对形势要有科学的把握，既不能落后于形势的变化，也不能超越形势。

事实说明，只有在对形势的正确认识与把握的基础上，才能准确地测定初犯可能的大小，从而制定科学的刑事政策，指导刑事立法与刑事司法。例如，经济犯罪与经济形势有着密切联系，这里的经济形势包括经济体制的改革，经济模式的转换，经济形态从单一的计划经济向社会主义市场经济的转变，以及经济政策的改变等。当前，我国社会经济犯罪之所以大量产生，一个重要原因就是新旧体制之间的矛盾。经济体制改革是从旧体制向新体制的转变。党的十一届三中全会

① 参见邱兴隆等：《刑罚学》，261 页，北京，群众出版社，1988。

以前，我国实行的是高度集中的管理体制和计划体制，这种体制把计划经济和市场经济对立起来，排斥市场的调节作用，国家对经济活动统得过多，管得过死，严重地阻碍了社会生产力的发展。因此，必须进行经济体制改革。经济体制改革的目标是建立市场经济体制。这种经济模式的特点是：宏观经济活动决策权是集中化的，企业日常经济活动由企业自行决策。新旧体制的交替，不是一朝一夕所能完成的，而需要一个相当长的转换过程。因为旧体制虽然弊端丛生，但它已经存在了数十年，有着强大的历史惯性，不可能挥之即去。同时，新体制虽然具有强大的生命力，但它必须是建立在各种主观与客观条件同时具备的基础上的，需要有一个孕育的过程，不可能招之即来。这样，经济体制改革发展到一定程度，就不可避免地出现一个双重体制并存的时期，这也正是新体制诞生前的阵痛阶段。经济犯罪作为新旧体制矛盾的产物，在这个时期多发是难以避免的。在某种程度上说，经济犯罪是由旧体制向新体制过渡的必要的代价。因此，根据这样一种经济形势与经济犯罪的状态，对于经济犯罪，我们既应当看到其存在的必然性与长期性，又不能无动于衷或者悲观失望，更不能希冀几场“严打”就可以把经济犯罪的势头彻底压下去，从此天下太平。如果没有对经济形势与经济犯罪势态的这样一种科学分析，就难以正确地认识与把握形势，从而难以正确地估计初犯可能在定罪量刑中的适当地位与准确意义。

二、犯罪率

形势对于定罪量刑的影响具有宏观的性质，它从总体上反映了初犯可能的大小。在此基础上，还应该进一步测定潜在犯罪人可能实施什么样的犯罪，或者说实施什么样的犯罪的可能性大。测定这种可能性的标志，应该是犯罪率的变化情况。

（一）犯罪率的概念

在犯罪学中，犯罪率是指一定时空范围内犯罪数与人口总数对比而计算的比率。犯罪率一般包括人犯率和发案率。人犯率是一定空间一年内经法定诉讼程序确认的犯罪人数与人口总数对比而计算的比率。发案率是一定空间一年内由公安、检察机关立案侦查，法院直接受理的刑事案件数与人口总数的比率。进一步细分，犯罪率还可以分为犯罪分配率、专门犯罪率。犯罪分配率是指同一犯罪数列中各项数值对总数值的百分比率，包括犯罪主体分配率、犯罪种类分配率、犯罪侵害分配率。专门犯罪率是一定时空范围内某种犯罪人数或某类犯罪案件数与具有特殊刑事责任能力的人口总数对比而计算的万分或十万分比率。犯罪率，尤其是发案率对于定罪量刑具有较大的影响。

（二）犯罪率影响定罪量刑的根据

犯罪率之所以影响定罪量刑，主要是因为它是初犯可能的一个重要表征。因为，在一般情况下，如果某类犯罪的发案率持续上升，便表明产生此类犯罪的原因比较突出，潜在犯罪人中的相当一部分人，也可能实施此类犯罪。反之，如果某类犯罪的发案率稳步下降，则表明产生此类犯罪的原因逐渐减弱或丧失，潜在犯罪人中只有少数人会实施此类犯罪。

（三）犯罪率的局限与价值

犯罪率是对客观存在的犯罪现象的数量化的反映，以犯罪统计的方式表现出来。对于犯罪率，我们应当正确对待。主要表现在以下两方面：

1. 正确认识犯罪率的局限。

由于种种原因，犯罪率本身是有局限的，这种局限表现在犯罪率的失真。犯罪率与实际发生的犯罪之间，存在很大距离，这里有一个“犯罪黑数”（dark figure of crime）问题。在犯罪学中，犯罪黑数是指潜伏犯罪总量指标的估计值。潜伏犯罪是确已发生，但由于各种原因未被计算到司法犯罪统计中的犯罪。这里所谓各种原因，主要是指：（1）有的犯罪只有犯罪人知道，因而，未被犯罪人报告。（2）因为缺乏刑法知识，被害人和目击者没有报告这种犯罪。（3）目击犯罪的人因为怕麻烦、窘迫、胆怯或缺乏对司法的兴趣而未报告犯罪行为。（4）被害人或目击者怕在调查中卷入这一犯罪或那一犯罪中。（5）被害人或目击者怕报告犯罪行为后遭到报复。(6) 朋友和亲戚庇护犯罪人，因而没有报告。(7) 被害人害怕舆论对自己不利或处于窘迫境地。(8) 社会价值观念和公众意见不利于一定刑法的完全执行。(9) 一些犯罪，因为其性质而致公众或司法机关不能发现。(10) 司法机关希望隐匿一些犯罪。[①] 由于以上种种原因，社会上发生的犯罪不可能全部都反映到犯罪统计上来，因而犯罪率具有相当的不可信性。

2. 科学分析犯罪率的价值。

对犯罪率还有一个正确的分析与使用的问题，尤其是对犯罪率不能迷信，应当有一个科学的分析态度。例如，根据 1982 年至 1994 年最高人民法院工作报告中公布的有关数字，自 1982 年至 1994 年我国经济犯罪案件数量的变化情况在以下统计表中得到反映：

全国法院 1982 年—1994 年一审受理的经济犯罪案件统计表*

年度	案件	年度	案件
1982 年	35 176 件	1989 年	76 758 件
1983 年	51 486 件	1990 年	88 184 件
1984 年	46 625 件	1991 年	40 366 件
1985 年	48 400 件	1992 年**	40 270 件
1986 年	78 133 件	1993 年	27 463 件
1987 年	60 691 件	1994 年	43 013 件
1988 年	55 180 件		

*资料来源：1982 年至 1985 年数据来自最高人民法院院长郑天翔 1986 年 1 月 13 日在第六届全国人民代表大会常务委员会第十四次会议上《关于打击严重经济犯罪活动的几个问题的汇报》，载《最高人民法院公报》，1986 (1)。1986 年至 1994 年数据，来自历年最高人民法院院长在全国人民代表大会上所作的《最高人民法院工作报告》，载《最高人民法院公报》，1987 年至 1995 年各年的第 2 期。

** 1992 年没有全年数字，该数字是 1 月至 11 月的，载《最高人民法院公报》，1993 (1)。

从上述 1982 年至 1994 年经济犯罪案件的数量变化，我们可以看到除个别年份数量相对有所下降外，从整体趋势来说经济犯罪案件的数量是逐年上升的，其中大案要案的增加更为突出。而且，经济犯罪案件的增长明显地呈现波浪式的发

① 参见［美］理查德·昆尼、约翰·威尔德曼：《新犯罪学》，陈兴良等译，97～98 页，北京，中国国际广播出版社，1987。

展，其中有几个犯罪高峰：一是1983年，经济犯罪案件从1982年的35 176件，猛增到51 486件。二是1986年，经济犯罪案件从1985年的48 400件，猛增到78 133件。三是1990年，经济犯罪案件从1989年的76 758件，猛增到88 184件。但这些数字也不能完全说明问题，有些年份经济犯罪案件之所以多，是与中央抓了打击经济犯罪的工作有关。因此，犯罪率可以并不反映现实的犯罪总数，而只反映警察部门活动的方法和活动的改变。例如，反映了司法人员的空间排列，反映了警察部门的工作安排的重点。[①] 如果在对犯罪率进行分析的时候，不把这些因素考虑进去，就不能从中得出正确的结论。

三、民愤

民愤对定罪量刑是否有影响，这是一个存在争论的问题。我认为，民愤作为初犯可能的表征，是定罪量刑的基础之一。

（一）民愤的概念

民愤，是指犯罪给人们所造成的对犯罪人的愤恨感。由于犯罪对人民的生命财产造成了一定的损害，人们对犯罪都十分痛恨，这种痛恨感的抽象概括，就形成民愤。民愤的基本内容，表现为要求司法机关惩治或者从严惩治犯罪人，否则，就不足以平民愤。

（二）民愤在定罪量刑中的意义

定罪量刑是否要考虑民愤？对比，我国刑法学界存在两种互相对立的观点。第一种观点认为，民愤的大小，体现着犯罪对人们既存的价值观念的破坏程度，是人们心理上原有的价值平衡因受犯罪的冲击而失衡的严重程度的外化。同时，民愤的大小又反映了人们对犯罪的否定评价的严厉性程度，内含着人们要求惩罚

① 参见［美］理查德·昆尼、约翰·威尔德曼：《新犯罪学》，陈兴良等译，97～98页，北京，中国国际广播出版社，1987。

犯罪以求恢复价值的心理平衡的愿望的强度。因此，定罪量刑应该考虑民愤。[①]第二种观点认为，把民愤的有无和大小作为量刑的重要依据之一，没有理论上与法理上的依据，有悖于刑罚的目的，因而坚决予以否定。[②] 我同意第一种观点，这里有两个问题需要提出讨论。

1. 民愤与罪刑相适应

否定民愤论者认为，考虑民愤就是不仅要犯罪人对自己的犯罪行为本身承担刑事责任，而且要犯罪人对自己行为以外的情况或事实——"民愤"的大小承担刑事责任，作为加重犯罪人的刑罚的重要依据，必然会造成罪刑不相适应。[③] 我认为，罪刑相适应并不能简单地理解为重罪重判、轻罪轻判，这里的罪不只是已然之罪，这里的刑也不只是报应之刑，作为未然之罪的初犯可能也应包括在罪的范畴之内，而民愤作为初犯可能的表征，当然也属于罪的范畴。在适用刑罚的时候，不仅要考虑已然的犯罪行为本身，而且要联系到人们对这一行为本身的评价与反应，而民愤正是这种评价与反应之一。如果脱离社会对犯罪行为的评价与反应，机械地追求罪与刑之间的均衡，那只能是一种法律形式主义。至于说，作为刑罚权主体的国家对犯罪人是否适用刑罚，以及适用何种严厉程度的刑罚，既不取决于犯罪者的意志，也不取决于被害人和被害人亲属的意志（自诉案件除外）以及其他部分社会成员的意志的论点[④]，也是不能成立的。事实上，恰恰相反，正是由犯罪人本身决定自己的刑罚及其程度，正如黑格尔指出："刑罚既被包含着犯人自己的法，所以处罚他，正是尊重他是理性的存在。如果不从犯人行为中去寻求刑罚的概念和尺度，他就得不到这种尊重。"[⑤] 同时，在我们国家，国家意志是由人民意志上升而来的，前者是末，后者是本，本末不能倒置。正如有些

① 参见邱兴隆等：《刑罚学》，262～263页，北京，群众出版社，1988。

② 参见伍柳村、左振声：《民愤能否作为量刑的依据》，载《法学研究》，1989（4），13～17页。

③ 参见伍柳村、左振声：《民愤能否作为量刑的依据》，载《法学研究》，1989（4），13页。

④ 参见伍柳村、左振声：《民愤能否作为量刑的依据》，载《法学研究》，1989（4），13页。

⑤ ［德］黑格尔：《法哲学原理》。范扬、张企泰译，103页，北京，商务印书馆，1961。

学者指出：对一些动机恶劣、手段残忍、危害重大的犯罪，人民群众会感到对犯罪人“不杀不足以平民愤”。在这样的情况下，国家司法机关只有对犯罪人处以严厉的刑罚，才能平民愤，满足人民群众正义观念的要求，也只有邪恶的犯罪行为受到否定和惩罚之后，被损害了的社会主义正义观念才能得以伸张。因此，在犯罪行为发生之后，人民的国家机关除了顺从人民的意志，对犯罪人适用刑罚，以满足人民群众的社会主义正义观念而外，别无选择。① 所以，考虑民愤本身就是罪刑均衡的题中应有之义。

2. 民愤与刑罚目的

否定民愤论者认为，1979 年刑法第 43 条中的“罪大恶极”是不能理解为“民愤极大”的。如果以“民愤”的大小作为决定罪犯有无改造的可能、是否立即执行死刑的依据，不仅是对死缓适用条件的曲解，在理论和法律上也是站不住脚的，有悖于我国刑罚的目的。把加重对犯罪者的刑罚，作为平息民愤的一种手段，是典型的功利主义威慑论的表现。② 我认为，威慑显然是刑罚预防目的应有的内容，而民愤正是反映了这种威慑的必要性，它是作为威慑的根据而存在的。如果刑罚不能反映或者平息民愤，那么，守法者就会失望，继续对守法价值产生怀疑，从而使守法价值发生不应有的贬值，动摇正常的社会心理基础，这才是真正的有悖于刑罚目的。正如苏俄刑法学家 A. P. 拉京诺夫等在《社会舆论与犯罪》一书中指出：刑罚的社会公正性和法院的惩罚实践问题，不仅是苏联公民瞩目的焦点，而且已成为公民最深切忧虑的事情。公民对犯罪破案率的评价如何，司法机关能否保证使犯罪人不可避免地担负责任，这将决定审判实践及刑罚的效果。③ 因此，在一定程度上说，民愤是否得到平息，是社会公正实现程度的一个尺度，也是刑罚目的实现程度的一个标志。至于民愤大小是否是适用死缓的一个条件，在司法实践中，一般认为，民愤不是极大，可视为“不是必须立即执行

① 参见周振想：《刑罚适用论》，97 页，北京，法律出版社，1990。

② 参见伍柳村、左振声：《民愤能否作为量刑的依据》，载《法学研究》，1989（4），15 页。

③ 参见陈明华：《当代苏联东欧刑罚》，247 页，北京，中国人民公安大学出版社，1989。

的”情形的第一个。[①] 由此可见，如果民愤极大，就不应适用死缓。

如上所述，我同意民愤可以作为定罪量刑的依据的观点。但必须指出，民愤是作为初犯可能的表征而存在的，它与犯罪的社会危害性是两个不同的范畴，那种认为民愤的大小反映了犯罪社会危害性程度的大小的观点是不能成立的。在这一点上，否定民愤论者的批驳是有道理的：考察社会危害性的大小，只能以犯罪事实本身作为基础和出发点。因为，我们这里所说的社会危害性及其程度，只能是客观犯罪事实本身所固有的、所反映的社会危害性及其程度，而不是指、也不能包括犯罪事实以外的情况——如民愤的大小。[②] 当然，我们否认将民愤包括在社会危害性的范畴之内，并非像民愤否定论者那样根本否认民愤在定罪量刑中的意义。而是将民愤归入初犯可能的范畴之内，实事求是地肯定其在定罪量刑中的意义。

（三）民愤的正确判断与对待

不可否认，民愤是一个以感情成分表现出来的公众舆论，与理性产物的法律是有区别的。而且，由于人民群众法律意识可能模糊，例如对国家法律了解不够，因而不一定都与法律一致。尤其是民愤带有浓厚的感情色彩，很容易被煽动，如果一些新闻媒介引导不当，往往会产生一些消极的影响。在这种情况下，应当对民愤有一个理性的科学态度。我认为，应当在坚持法治原则的前提之下，在对民愤作出正确的分析与鉴别的基础上，分别对待。具体地说，对于正确的、反映了犯罪的社会危害性与犯罪人的人身危险性的社会舆论（包括民愤——下同），对犯罪人适用刑罚时应当予以考虑；对于不符合案件实际情况的社会舆论，即使再强烈也不能迁就。[③] 以下两种倾向都是应当反对的：一味考虑公众对犯罪人的“同情情绪”而脱离事实与法律对犯罪人处以轻刑，或者一味考虑公众对犯罪人的“民愤”而脱离事实与法律对犯罪人处以重刑甚至极刑。只要我们能够科

① 参见林准主编：《中国刑法教程》，162页，北京，人民法院出版社，1989。

② 参见伍柳村、左振声：《民愤能否作为量刑的依据》，载《法学研究》，1989（4），14页。

③ 参见周振想：《刑罚适用论》，220页，北京，法律出版社，1990。

学地判断与对待民愤，在法律的范围之内考虑民愤，把民愤作为定罪量刑的依据之一，则不仅不会成为健全法制的障碍，而且能够在刑法的适用过程中充分体现人民性，从而有效地达到刑罚的目的。

第三节 初犯可能的预测

初犯可能的预测远比再犯可能的预测复杂，并且更具有宏观的性质，更需要加以深入的研究。

一、初犯预测的概念

在犯罪学中，初犯预测是相对于再犯预测而言的，都是对一定个体犯罪的预测，属于犯罪微观预测的范畴。在这个意义上，初犯预测是指对具有犯罪倾向但尚未犯罪的人，预测其未来发生犯罪行为的可能性。① 我们这里所说的初犯预测不同于此，应当是指犯罪的宏观预测，即根据治安形势的好坏、犯罪发生的各种相关因素的消长，来预测初犯可能的大小。

二、初犯预测的种类及其方法

初犯预测可以从不同的角度分为各种类型，初犯预测的这种类型，对于科学的预测具有一定意义。从犯罪学中，初犯预测的种类主要有：（1）根据犯罪预测的期限，可以把初犯预测分为犯罪的短期预测、中期预测和长期预测。犯罪的短期预测，是指对近期某一特定期间的犯罪动向所作的预测，主

① 参见周密主编：《犯罪学教程》，220 页，北京，中央广播电视大学出版社，1990。

要有季度预测、半年预测、一年预测和两年预测。犯罪的中期预测是对未来若干年内犯罪的发展动向和态势所作的预测。一般来说，中期预测的期限为3至5年，尤以5年为期限最适宜的一种中期预测。犯罪的长期预测，是对犯罪现象在未来一个较长时间内逐渐变动的趋向所进行的预测。长期预测的期限一般为6年以上10年以下。（2）根据犯罪预测的内容，可以把犯罪预测分为犯罪率预测、犯罪类型预测、犯罪主体预测、犯罪手段预测。犯罪率的预测，是指根据未来社会政治、经济、文化、人口、职业、教育等情势的变化及其与犯罪的相关性，对未来犯罪率的消长趋势和犯罪起伏变化规律的预测。犯罪类型的预测，是对犯罪类型的变化发展趋势所进行的预测。犯罪主体的预测，是指对犯罪人的人数、职业、教育程度、年龄、性别以及初犯、累犯等方面的发展变化趋势所作的预测。犯罪手段的预测，主要是指对犯罪分子可能利用哪些新的犯罪手段，特别是利用新的科学技术手段实施的犯罪所进行的预测。

由于预测是基于过去和现在的已知，而过去和现在毕竟还不是未来，因而预测未来难免会出现某些误差。而减少误差的关键在于预测方法的科学性。我认为，初犯预测应当采用以下方法：

（一）定性预测法

所谓定性预测法，是指在分析犯罪原因的基础上，从社会政治、经济、文化等各种因素对犯罪的影响程度出发，对未来的犯罪状况进行预测。犯罪如同其他社会现象一样，其产生、发展和变化都有一定的原因可究，有一定的规律可循。正确地认识这种犯罪现象的因果关系，有助于准确地揭示和把握引起犯罪现象的主、客观原因，并为能动地消除和改变导致犯罪现象产生、存在的不良因素和条件，提供科学的理论依据。在定性预测法中，较为常用的是因素分析法。因素分析法是在承认犯罪现象受很多复杂因素制约的前提下，从中找出制约犯罪的产生、变化和发展的重要相关因素，以作为对犯罪态势进行预测的预测因子，并通过对这些预测因子和犯罪相关性的分析，确定预测因子与犯罪的相关系数，从而测定各该预测因子的预测能力。然后，再根据各预测因子所起作用的大小及其变化，预测犯罪的发展趋势。运用因素分析法预测初犯可能，关键是要确定制约犯罪产生、变化、发展的预测因子及其预测能力。这可以通过对各种因素与犯罪的相关性和相关系数的分析获得。所谓相关性，是指两种或两种以上数列彼此相随变动的趋势。数列间的这种相关性可分为三种：正相关、负相关和零相关。正相关，即一种数列的增加，同时伴以他种数列之增加；负相关，即一种数列的增加，同时伴以他种数列的减少；零相关，是一种数列的增加或减少，不引起他种数列的变化。相关性是通过相关系数来表达的，相关系数就是用以表示两种事物相关程度与方向的适当数量。相关性愈大，相关系数愈高；反之，则相关系数愈低。通过因素分析法，我们不仅可以测知犯罪的未来态势，而且可以根据对预测因子相关系数的分析，从预测因子中拣选出长期起作用的因素和暂时起作用的因素、强相关因素、一般相关因素和负相关因素、容易控制的因素、难于控制的因素，以及阻止犯罪发生的因素，从而为确定刑事政策提供科学根据。

（二）定量预测法

所谓定量预测法，是指运用各种科学的统计方法，通过对过去和现在犯罪现象量的比较分析，来推算未来犯罪的发展趋势。犯罪统计学在我国是一门起步较晚的学科，它在性质上属于统计学理论与方法在研究犯罪问题中的应用范畴。自比利时学者阿道夫·凯特勒将统计学方法运用于犯罪领域以来的一百多年时间里，犯罪统计理论得到了迅速的发展。凯氏不仅应用统计方法寻求出犯罪现象的某些规律性，而且应用统计方法对犯罪数量作出科学的预测。定量预测法主要采取的统计方法是：(1) 趋势外推法。这种犯罪预测方法，是根据过去和现在已知其构成规律的动态统计数列向未来延伸的轨迹，以预测未来的犯罪态势。它首先是借助数学方法计算出过去和现在的一个时期犯罪状况和结构的变化指标，然后将这些变化的速度和节奏的指标，通过构成绝对数据或指数的动态数列的途径，移用于最近的未来。如果影响犯罪状况与结构变化的因素和条件具有相对稳定的性质，那么，就可利用外推法这一数量评定方法，来计算未来的犯罪动态。趋势外推法是假设未来犯罪发展态势不变，从现状推断未来犯罪动态，而犯罪态势不可能在较长时间内保持不变或不大变，因此，趋势外推法不适宜用于长期趋势预测，尤其不适宜在社会政治、经济、文化大变革的时期进行长期趋势预测。甚至中短期预测在这种外部条件发生巨大变化的情况下，也不适宜采用外推法。一般来说，犯罪趋势的相对不变只存在于社会稳定发展的某个不太长的时期内。在这个期限内，运用趋势外推法对未来犯罪态势进行短期预测和中期预测，往往可以取得比较准确的结论。（2）回归分析法。回归分析法是犯罪预测的主要方法之一。回归一词，原来是指生物的后代有回复到历史原来性质的倾向。统计学上所说的回归是指两变量或多变量间相互关系的直线（称回归直线），亦即各量数的平均趋势，它是用来处理具有相关关系变量的一种统计方法。在犯罪统计中，它主要用于犯罪预测。回归分析法有一元回归分析方法和多元线性回归分析方法之分。两个变量 X 和 Y 具有相关关系，若变量 Y 的值在某种程度上随着变量 X 的变化而变化，变量 Y 通常称为因变量，X 称为自变量，自变量只有一个的回归分析称为一元回归分析。一元回归分析只讨论一个因变量 Y 和一个自变量 X 的回归问题，即 Y 仅受一个因素 X 的影响，这是最简单的情况。事物是复杂的，犯罪现象尤其如此，在绝大多数情况下，影响因变量 Y 的因素不是一个而是多个，这就需要进行多元回归分析。在多元的情况下，变量之间的相关关系是复杂的，这是因为任意两个变量之间都可能存在着相关关系。对于一批调查资料，任意计算两个变量之间的简单相关系数，这时它往往不能正确地反映该两变量真正的相关关系，因为此时所有的变量都在变化着。所以，要真正反映多变量中的任意两个变量之间的相关关系，必须除去其他变量的影响来计算它们的相关系数，这种相关系数称为偏相关系数。只有偏相关系数才真正反映了两个变量之间的线性相关程度。回归分析法运用了有关数学方法，在条件可靠的情况下，其预测具有一定的精确性。

三、初犯预测的意义

初犯预测，对于刑罚个别化也同样具有重要意义。但它不同于再犯预测，是对未来犯罪态势的一种宏观预测，因而主要通过刑事政策的调整影响对具体犯罪人的刑罚适用，具有一定的间接性。

（一）为刑事立法提供科学依据

刑事立法不是凭空创制法律，而是对一定时间、一定国家的犯罪态势的一种社会反应。作为反应，它不能离开被反应的对象——犯罪。因此，犯罪态势在很大程度上决定着刑事立法的反应程度。中国古人所谓“刑罚世轻世重”，就是说刑罚的轻重主要以当时的犯罪形势为转移，乱世用重典，治世用轻典。而且，刑法是国家的基本法，有相对稳定性的要求。在这种情况下，刑事立法者制定刑法规范必须充分考虑到相当时期内各种犯罪的基本状况及其变化趋势。“法与时转则治，治与世宜则有功”（韩非语），只有这样，才能保证刑法规范的适时性和科学性。因此，初犯预测对于刑事立法，包括废、改、立，都具有重大意义。

（二）为刑事司法提供科学依据

刑事立法创制的刑法规范是概括抽象的，适用于具体案件，具有相当的自由裁量的余地，尤其是在量刑上。由于刑法具有相对稳定性，不能朝令夕改，因而刑事司法就必须根据犯罪态势的演变正确地适用刑法。在这个意义上说，初犯预测也能为刑事司法提供科学依据。司法人员在处理具体案件的时候，不仅应当根据已然之罪的轻重，以及再犯可能的大小，还要考虑治安形势的好坏等。因此，初犯预测对于刑事司法，包括定罪、量刑和行刑，都具有重大意义。

第五章

犯罪本质二元论

已然之罪与未然之罪，构成犯罪本体的两个方面。正确地界定两者之间的关系，是科学地揭示犯罪本质的重要途径。

第一节　主观恶性与客观危害

主观恶性与客观危害的统一，就是社会危害性。社会危害性是已然之罪的本质属性，有必要加以科学界定。

一、社会危害性的概念

关于社会危害性，我国刑法学界存在事实说、法益说、属性说之争。[①] 事实说认为，社会危害性是指行为在客观上实际造成或可能造成的危害。就是说，从

① 参见青锋：《犯罪的社会危害性新论》，载《法学季刊》，1991 (3)，24 页。

本质上看，一种行为能够对社会造成这样或那样的损害，对社会秩序起着破坏作用，等等。法益说认为，社会危害性是指对刑法所保护的一定社会关系的侵犯或者破坏。属性说认为，社会危害性是因行为人侵犯了刑事法律规范而给受法律保护的社会关系带来危害的行为属性，等等。我认为，以上观点都有一定的道理，离开了事实，社会危害性就失去了客观基础；不从法益出发，就无从揭示社会危害性的本质属性；而从形式上来看，属性说无疑是能够成立的。但以上观点也都不够全面，我同意以下观点：所谓社会危害性，就是指对社会秩序和社会关系具有破坏作用的行为对社会造成这样或那样损害的事实特征。[①] 在这个意义上说，社会危害性首先是某类行为的一种特性或曰属性，其次社会危害性是一种事实属性，最后社会危害性是一种侵犯法益的事实属性。只有根据这样一种理解，社会危害性才能得到全面深入的揭示。

社会危害性是已然之罪的本质特征，是对犯罪人否定的社会政治评价。以社会危害性为核心的犯罪概念是依据马克思主义关于犯罪的一般概念所得出的必然结论。在马克思以前，意大利刑法学家贝卡里亚指出："什么是衡量犯罪的真正标尺，即犯罪对社会的危害。"[②] 犯罪使社会遭受到的危害就是指犯罪的社会危害性，这实际上或多或少地已经触及犯罪的本质。但是，由于历史的局限性，贝卡里亚尚不可能科学地阐明社会危害性的内容，因而科学地揭示犯罪的本质。在人类历史上，马克思主义第一次揭示了犯罪的本质——行为的社会危害性的具体内容。马克思和恩格斯指出：犯罪——孤立的个人反对统治关系的斗争，和法一样，也不是随心所欲地产生的。相反地，犯罪和现行的统治都产生于相同的条件。[③] 根据马克思主义的犯罪观，在一定的社会历史条件下，犯罪的本质在于危害了统治关系。统治阶级之所以把某一行为规定为犯罪并予以刑罚制裁，归根到底是因为该行为具有危害统治关系的社会危害性。

---

① 参见青锋：《犯罪的社会危害性新论》，载《法学季刊》，1991（3），24页。

② ［意］贝卡里亚：《论犯罪与刑罚》，黄风译，67页，北京，中国大百科全书出版社，1993。

③ 参见《马克思恩格斯全集》，第3卷，379页，北京，人民出版社，1960。

（一）社会危害性是质和量的统一

犯罪是具有社会危害性的行为。那么，能不能反过来说，一切具有社会危害性的行为都是犯罪呢？我的回答是否定的。因为具有社会危害性的行为除了犯罪以外，还包括民事违法和行政违法等行为。这些违法行为（包括刑事违反——犯罪）具有共同的性质——社会危害性，但在其社会危害性程度上具有一定的差别。因此，社会危害性不是刑法所特有的范畴。为了把犯罪的社会危害性和其他违法行为的社会危害性区别开来，必须从质和量的统一上来阐述犯罪的社会危害性。

犯罪的社会危害性的质是由犯罪所侵害的客体所决定的。国家主权、领土完整、社会制度、社会秩序、人身权利、民主权利和财产权利等，都是社会生存的基本方式和条件，是统治关系的集中体现。犯罪对这些为刑法所保护的社会关系进行侵害，就体现了对社会的危害性。

犯罪的社会危害性不仅具有一定的质，而且具有一定的量。我国刑法第 13 条关于犯罪概念规定中的但书指出："情节显著轻微危害不大的，不认为是犯罪。"显然，但书所说的情节显著轻微危害不大，就是对某一行为的社会危害性的数量特征的描述。因此，我国刑法第 13 条的但书是犯罪概念的必不可少的有机组成部分，它主要是从量上揭示犯罪的社会危害性，从而为划分罪与非罪，尤其是划分刑事违法行为和其他违法行为提供标尺。正如我国学者指出："但书把定量因素明确地引进犯罪的一般概念之中，反映了人类认识发展的时代水平，是世界刑事立法史上的创新。"①

（二）社会危害性是内容与形式的统一

社会危害性的内容是对一定的社会关系的侵害，但其表现形式是多种多样、形形色色的。对此，我国刑法分则都有详尽的规定。但我们在理解社会危害性的内涵的同时，不可不对社会危害性的外延予以足够的重视。

---

① 储槐植：《我国刑法中犯罪概念的定量因素》，载《法学研究》，1988（2），28 页。

我国刑法分则所规定的绝大多数犯罪，都已经对社会造成了现实危害。因此，现实危害是犯罪的社会危害性的主要表现形式。但我们在认定社会危害性的时候，不可忽视犯罪对社会关系的威胁，即可能的危害。例如，我国刑法第116条规定："破坏火车、汽车、电车、船只、航空器，足以使火车、汽车、电车、船只、航空器发生倾覆、毁坏危险，尚未造成严重后果的，处三年以上十年以下有期徒刑。"我国刑法第119条又规定，破坏上述交通工具造成严重后果的，处10年以上有期徒刑、无期徒刑或者死刑。在上述两个法条的规定中，前者是危险法，由此而构成的犯罪称为危险犯。后者是实害法，由此而构成的犯罪称为实害犯。显然，危险犯和实害犯，在社会危害性的表现形式上是有所不同的。又如，我国刑法分则规定的犯罪都是以既遂为标本的。所谓既遂，在大多数情况下是指犯罪已经造成了一定的危害后果。例如故意杀人罪，已经把被害人杀死。而我国刑法第22条、第23条和第24条，又分别规定了犯罪的预备、未遂和中止。在犯罪的预备的情况下，犯罪人只实施了为犯罪准备工具、创造条件的预备行为，还没有开始实施刑法分则所规定的具体的犯罪实行行为。这种预备行为对社会关系尚未造成现实危害，而只是一种威胁，或者说是可能的危害。未遂和中止，也都没有造成刑法分则所规定的一定的现实危害，也只存在对社会关系的一种威胁，或者说是可能的危害。我认为，现实危害和可能危害，不是社会危害性有无的区别，而只是社会危害性大小的区别。

社会危害性在其表现形式上不仅有现实危害和可能危害之别，而且存在物质危害和精神危害之分。物质危害，又称为有形损害。物质危害在大多数情况下都是对犯罪客体所造成的，犯罪客体是犯罪所作用的对象，大体上可以分为两类：一是社会关系的主体——人；二是社会关系的物质体现——物。对人的物质危害主要表现为将人杀死，剥夺其生命权；将人伤害，损害其健康权；等等。对物的物质危害主要是将物毁坏，破坏物之所有权，等等。精神危害，又称为无形损害。在这种情况下，行为对社会主义社会关系所造成的危害是非物质性的，不能计算度量的，因而是无形的。例如损害人格和荣誉、损害国家机关的威信、破坏国家机关的正常活动，这些损害表现在精神上、政治上；它的危害程度一点也不亚于物质危害，但它更为隐蔽，难于测算，因而容易被人们所忽视。

现实危害和可能危害、物质危害和精神危害，表明社会危害性在其表现形式上的复杂多样性。揭示社会危害性的外延，有助于我们深刻地认识社会危害性的丰富内涵，为在司法实践中正确地认定社会危害性提供依据。

（三）社会危害性是评价对象和评价标准的统一

社会危害性作为已然之罪的本质特征，具有丰富的社会政治内容，它是与社会生活息息相关的。因此，社会危害性作为评价对象，它是犯罪行为的客观存在的社会属性，是不以人们的主观意志为转移的。我国刑法中犯罪概念对社会危害性的概括只是对这种社会属性的法律表述而已，并不是立法者的杜撰和臆想。由此出发考察社会危害性，我们必须坚持唯物的观点，承认社会危害性具有客观性，同时还应当承认社会危害性的可变性。因为在不同的历史时期，社会关系总是会发生变动的，行为的社会危害性也会随之发生变化。这种变化表现为两种形式：一是社会危害性有无的变化，某种行为会因社会生活的变化，由没有社会危害性变为具有社会危害性；某种行为也会因社会生活的变化，由具有社会危害性变为没有社会危害性。二是社会危害性大小的变化，某种行为会因社会生活的变化，由社会危害性较大变为较小；某种行为会因社会生活的变化，由社会危害性较小变为较大。社会危害性作为评价对象具有客观性。揭示这一点，对于立法和司法都有重要意义。

社会危害性作为已然之罪的本质特征，是被法律认可了的东西，因此它是一个法律的范畴，是评价标准。立法者将某一行为的社会危害性进行综合评价以后定型化为犯罪，以此作为行为模式，对现实生活中发生的同类行为进行法律评价。从这个意义上说，某一行为是否具有社会危害性以及社会危害性大小，又取决于立法者的意志。由此出发考察社会危害性，我们必须坚持辩证的观点，强调统治阶级在立法活动和司法活动中对社会危害性进行评价的能动性。为了适应社会生活，保护社会关系，随着社会危害性的变化，统治阶级需要在立法上及时地对此作出反应。这种反应表现为三种形式：一是废，当某种行为由具有社会危害性变为没有社会危害性或者危害轻微不必处以刑罚的时候，应当改变对其评价，废除原来的法律规定。二是改，当某种行为由具有较小的社会危害性变为社会危害性较大的时候，或者某种行为由具有较大的社会危害性变为社会危害性较小的时候，应当在法律上修改对某一行为的社会危害性的评价。三是立，当某种行为由没有社会危害性变为具有社会危害性，而且应当受到刑罚处罚的时候，就要及时对该行为的社会危害性作出评价，通过立法将其规定为犯罪。

总之，社会危害性作为评价对象是不以立法者的意志为转移的客观存在；作为评价标准，又无不打上立法者的烙印。

二、社会危害性的法律表现

社会危害性的法律表现是刑事违法性。刑事违法性是犯罪的法律特征，是刑法对具有社会危害性的犯罪行为所作的否定的法律评价。

刑事违法性是社会危害性在法律上的表现形式，通过刑事违法性，立法者将社会危害性纳入刑法的范畴，使某一行为与刑法规范发生一定的联系。在这个意义上说，刑事违法性是由社会危害性所决定的，因此社会危害性是第一性的，而刑事违法性是第二性的，两者之间具有决定与被决定的关系。行为不是因为违法才具有社会危害性，而是因为具有社会危害性才违法。因此，对于刑事违法性，我们不能仅从法律规范本身去探讨，而应该看到刑事违法性实质上是违背表现为刑法规范的国家的意志，侵犯社会的生存条件与人民的根本利益。当然，刑事违法性又不是消极地反映社会危害性的纯粹的法律形式，它具有积极的意义：首先，立法者将具有社会危害性的行为有选择地赋予刑事违法性的属性，使社会危害性在刑法规范中得到明确具体的反映，这就为追究具有社会危害性的犯罪行为人的刑事责任提供了法律依据，为司法人员认识社会危害性起到了指示作用。其次，通过刑事违法性反映社会危害性，是刑事法治的必然要求。某种行为是否具有社会危害性，应以刑法的规定为准绳，司法人员只能依法定罪量刑，不能依司法人员的好恶而任意出入人罪，这就为无罪的人不受法律追究起到了保障作用。最后，立法者将具有社会危害性的行为确认为触犯刑律的行为，使之在刑法中得到否定的法律评价，这就为人们提供了一张应受刑罚惩罚的行为的清单，给人们提供了一个行为模式，对人们的行为起着指引作用。在实行罪刑法定原则的情况下，强调犯罪的刑事违法性具有十分重要的意义。如果说，在刑事立法中，考虑一种行为是否在刑法中规定为犯罪的时候，主要应当关注的是行为的社会危害性及其程度，那么，在刑事司法中认定犯罪的时候，就应当严格地将行为是否具有刑事违法性作为区分罪与非罪的唯一标准，而不能在刑事违法性之外另立标准。

为了正确地理解犯罪的刑事违法性，我们必须把它和社会危害性结合起来考察，而不能把刑事违法性视为脱离了社会政治内容的纯粹的法律形式。因此，我认为我国刑法中犯罪的刑事违法性是主观和客观的统一、形式和实质的统一。

在刑事违法性问题上，大陆法系刑法理论中存在客观的违法性与主观的违法性、形式的违法性与实质的违法性等二元的观点。[①] 大陆法系刑法理论把犯罪构成分为构成要件的该当性、违法性和有责性三个基本要件，三个要件之间呈现出递进关系，只有同时符合这三个要件，该行为才得视为犯罪。因此，就该当性和违法性两个要件的关系而言，出现了形式违法性与实质违法性的区别。凡行为符合构成要件该当性的，就具有形式的违法性。形式的违法性，简单地说，就是违反法律规范。但如果缺乏其他要件，虽然具有形式的违法性，仍不构成犯罪。只有行为具备构成要件的该当性和违法性这两个要件的，才具有实质的违法性。因此，正当防卫、紧急避险等行为虽符合构成要件的该当性，因不具有实质的违法性，所以不构成犯罪，即所谓阻却违法，这里的违法就是实质的违法。就违法性和有责性两个要件的关系而言，又出现了客观的违法性和主观的违法性的区别。

---

① 参见甘雨沛、何鹏编：《外国刑法学》，上册，308～311页，北京，北京大学出版社，1984。

在大陆法系刑法理论上，长期以来恪守“违法是客观的，责任是主观的”这个原则。根据大陆法系刑法理论。行为具备构成要件的该当性和违法性，尚不一定构成犯罪，还应具备有责性，有责性包括罪过的内容。因此，作为构成要件的违法性，只是客观的违法性。大陆法系刑法理论上关于刑事违法性的二元化观点，盖源于其犯罪概念与犯罪构成理论的矛盾。根据其关于犯罪的形式定义，刑事违法性是犯罪的基本特征，凡是具有刑事违法性的，就构成犯罪。因此，这里的违法应该是主观与客观、形式与实质的统一。但在犯罪构成理论中，又把违法性作为一个区别于构成要件的该当性和有责性的构成要件，这里的违法性相对于构成要件的该当性的形式违法来说是实质违法，相对于有责性的主观违法来说又是客观违法。

在我国刑法中，形式违法与实质违法、主观违法与客观违法是统一的。因为刑事违法性作为犯罪的法律特征，是由社会危害性这一犯罪的本质特征决定并由犯罪构成要件来说明的。在我国刑法理论中，刑事违法性和社会危害性一样，不是某一个具体的构成要件，而是整个犯罪构成所体现出来的性质。因此，在某种意义上说，我国刑法中的犯罪构成不仅是社会危害性的构成，而且是刑事违法性的构成。形式和实质、主观和客观是辩证的统一。我们既不承认脱离了实质的形式违法性和脱离了主观的客观违法性，也不承认脱离了形式的实质违法性和脱离了客观的主观违法性。在我国刑法中，只存在形式和实质统一、主观和客观统一的刑事违法性。因此，在我国刑法理论上，只存在一元化的刑事违法性观点。就形式违法性和实质违法性而言，我国刑法规定的具体犯罪是坚持两者统一的。例如依照我国刑法规定，盗窃罪以数额较大为构成要件，如果一般盗窃行为没有达到数额较大的程度，就不能被视为具有所谓形式违法性。就主观违法性和客观违法性而言，我国刑法也是坚持两者统一才具有刑事违法性的。例如我国刑法规定的意外事件，因行为人主观上不具有罪过，我们不承认其行为具有所谓客观违法性。对于未成年人和精神病人的危害行为，同样不认为具有所谓客观违法性。

三、社会危害性的法律后果

社会危害性的法律后果是应受惩罚性，它表明国家对于具有社会危害性和刑事违法性的行为的应有的立场和态度。

从刑法理论上说，犯罪和刑罚是两个有着密切联系的范畴，两者是互相制约和渗透的。马克思曾经表述过犯罪的概念要有惩罚，惩罚的界限应该是他的行为的界限的思想。[①] 所谓犯罪的概念要有惩罚，就是应受惩罚性是犯罪的特征之一。这个特征将犯罪与刑罚这两种社会现象联系起来，从一个现象与另一个现象的联系中阐明这个现象的特性。因此，应受惩罚性是犯罪必不可少的特征。犯罪作为一个法律概念，它具有双重属性。一方面，犯罪是犯罪人所实施的一种行为，是受犯罪人的主观心理状态支配的，是立法的对象。在这个意义上说，犯罪是不以国家意志为转移的，因此具有客观的属性。另一方面，犯罪又是立法者对严重危害社会利益的具有社会危害性的行为的一种评价，它表明立法者对这种行为的谴责，通过立法而使之成为刑罚的根据，是立法的结果。在这个意义上说，犯罪是由统治阶级的意志所决定的，因此具有主观的属性。所以，我国刑法中的犯罪作为犯罪人的活动和立法者对这种活动的评价的统一，也是一种主观和客观的统一。如果从这个角度去认识犯罪，那么，我们就不仅应该看到犯罪作为犯罪人的活动所造成的社会危害性，而且应该看到犯罪作为立法者对这种活动的评价所具有的刑事违法性和应受惩罚性，从而使犯罪从一个社会政治的范畴转化为一个法律的范畴。

从社会危害性、刑事违法性和应受惩罚性三者的关系来说，三个特征既互相联系，又互相区别，形成一个整体，共同揭示已然之罪的本质，可谓缺一不可。从三个特征的联系上说，社会危害性是已然之罪的基本属性，它对于犯罪的性质

① 参见《马克思恩格斯全集》，第1卷，140页，北京，人民出版社，1956。

具有决定意义。而刑事违法性是社会危害性在法律上的反映和认可。至于应受惩罚性则是前两个特征的必然的法律后果。三者是不可分割的，如果看不到三个特征之间的这种联系，就不可能全面地认识已然之罪的性质。从三个特征的区别上说，社会危害性反映了犯罪与社会的联系，揭示的是犯罪的社会政治内容。刑事违法性反映了犯罪与刑法的联系，揭示的是犯罪的法律性质。应受惩罚性反映了犯罪与刑罚的联系，揭示的是犯罪的法律后果。因此，上述三个特征在犯罪概念中的意义是有所不同的，它们从不同的侧面揭示了犯罪的性质，因而对于已然之罪来说，都是不可缺少的特征。

从应受惩罚性这一特征的作用上说，它并不是社会危害性和刑事违法性的消极的法律后果，而是对于认定已然之罪有着重要意义的特征。在立法上，应受惩罚性对于国家将何种危害社会的行为规定为违法行为具有制约作用。某种危害社会的行为，只有当立法机关认为需要运用刑罚加以制裁的时候，才会在刑法上将其规定为犯罪，给予这种行为否定的法律评价。否则，如果某种行为虽然具有一定的危害性，但国家认为还没有触犯其根本利益，还不需要运用刑罚，只要给予行政处罚就可以了，那就不会把这种行为规定为犯罪。在司法上应受惩罚性对于在刑事审判工作中划分罪与非罪的界限也具有重要的指导意义。我国刑法分则规定了某些以数额较大为构成要件的数额犯和以情节严重为构成要件的情节犯，立法上对于数额和情节的具体内容并无明确规定，而由司法机关具体掌握。那么，司法机关如何掌握数额较大和情节严重，从而划分罪与非罪呢？显然，犯罪的应受惩罚性也是应该考虑的因素之一。那种没有必要予以刑罚惩罚的行为，实际上就可以认为数额不大、情节轻微而不认为是犯罪。因此，我认为，应受惩罚性对于立法和司法都具有重要意义。

第二节 再犯可能与初犯可能

再犯可能与初犯可能的统一，就是人身危险性。人身危险性是未然之罪的本质属性，有必要予以科学界定。

一、人身危险性的缘起

人身危险性是随着刑事实证学派的崛起而产生的一个概念。刑事古典学派关注的是犯罪行为而非犯罪人，只有刑事实证学派，才将理论触须伸向犯罪人，从而完成了由犯罪行为向犯罪人的划时代的转变。人身危险性，正是作为犯罪人的一种特性而被揭示的，并且建立在“应当惩罚的不是行为，而是行为人”这样一个命题之上。1910 年，国际刑法学家联合会的创始人之一、社会学派思想的拥护者普林斯指出：“这样一来，我们便把以前没有弄清楚的一个概念，即犯罪人的社会危险状态的概念，提到了首要的地位，用危险状态代替了被禁止的一定行为的专有概念。换句话说，孤立地来看，所犯的罪行可能比犯这种罪的主体的危险性小。如果不注意主体固有的特性，而对犯这种违法行为的人加以惩罚，就可能是完全虚妄的方法。”① 这里所谓“犯罪人的社会危险状态”就是指人身危险性，也有的称为“社会危险性”，指“刑罚法规中规定某行为为应罚行为，即或是无责任能力者阻却刑罚，但对此法有规定刑罚的行为有将反复实施的盖然性，亦构成社会危险者”②。

人身危险性，作为犯罪人的人身特征，往往被理解为某种犯罪倾向性。意大利著名刑法学家加罗法洛在《危险状态的标准》（1880 年）一书中，就把这种危险状态视为某人变化无常的、内心所固有的犯罪倾向。意大利著名刑法学家龙勃罗梭则把这种具有犯罪倾向的人称为天生犯罪人，从生物学的角度阐述犯罪人的人身特征，认为这种人虽然尚未实施犯罪行为，但由于他们基于遗传或体态等方面的原因，因而已经具有了犯罪的倾向。此后，菲利也用天生犯罪人的概念来表

① 转引自［苏］A. H. 特拉伊宁：《犯罪构成的一般学说》，王作富等译，22～23 页，北京，中国人民大学出版社，1958。

② 甘雨沛、何鹏编：《外国刑法学》，下册，667 页，北京，北京大学出版社，1985。

示这种具有犯罪倾向的人。菲利认为："说一个人是天生犯罪人，是指他具有某种天生的退化现象，使其倾向于犯罪。"但菲利同时认为，"一个人或许有天生的犯罪倾向，但他如果处在良好的环境之中，就有可能到死也不违犯任何刑法条文及道德信条"[①]。显然，菲利所称天生犯罪人，主要是就犯罪的生物学因素而言的。正如菲利指出：天生或本能的犯罪人最容易表现出犯罪人类学所确定的器官和心理特征。这些人既残忍蛮横又狡猾懒惰，他们分不清杀人、抢劫或其他犯罪与诚实勤劳的区别。弗雷吉尔说："他们是罪犯就像别人是好工人一样。"而且，就像罗麦诺西指出的，"因为他们把监禁看作是从事其职业所必须承担的风险，就像泥瓦匠对待屋顶掉下来或矿工对待沼气一样，所以实际的惩罚比惩罚的恐吓对他们的影响要小得多，甚或对他们一点影响也没有"。莫罗认为，"他们在监狱里并不感到痛苦，就像一个在画室里构思其下一幅杰作的画家一样。他们对待看守人员很友好，甚至懂得如何使自己受益。"菲利援引莫罗的这段话，无非是要说明这种所谓天生犯罪人对待犯罪就像对待一种职业一样。菲利还论述了天生犯罪人与偶犯之间的确切区别在于：对前者来说，外部原因比其内部倾向性所引起的作用要小，因为这种倾向性拥有一种驱使行为人犯罪的离心力；而对偶犯来说，犯罪行为只不过是行为人无力抵御外部原因的结果，大多数犯罪都是外部原因引起的。在天生犯罪人中，犯罪的偶然原因一般都是行为人内部已经存在的本能或倾向性的结果，与偶犯相比纯粹是一个借口。另一方面，在偶犯中，无疑是偶然因素在适当的土壤中促成了以前未生长的犯罪倾向性的生长。[②] 如果把纯生物学的内容从天生犯罪人这一概念中剔除，那么，所谓天生犯罪人无非就是指人身危险性较大的犯罪人而已。由于刑事人类学派过分强调犯罪人的生物学特征，因而引起人们的指责与非难。后来，刑事社会学派注意从社会方面寻找犯罪人的犯罪原因。人身危险性的表征也由纯生物学而向社会学转变。例如菲利在《法国

① ［意］菲利：《实证派犯罪学》。郭建安译，40、41页，北京，中国政法大学出版社，1987。

② 参见［意］菲利：《犯罪社会学》，郭建安译，23～34页，北京，中国人民公安大学出版社，1990。

犯罪研究》(1881年）一书中，用三种自然类别对所有以前曾被以零碎、不完整的类别表述过的犯罪原因进行了分类，提出：“考虑到人类行为，无论是诚实的还是不诚实的，是社会性的还是反社会性的，都是一个人的自然心理机制和生理状况及其周围环境相互作用的结果，我特别注意犯罪的人类学因素或个人因素、自然因素和社会因素。”[①] 作为这种犯罪原因的表征的，是以下三个方面的因素：

（一）人类学因素

犯罪人个人所具有的人类学因素是犯罪的首要条件。如果对犯罪人从生理、自然和社会三方面进行研究，我们可以将人类学因素分为三个次种类：(1) 犯罪人的生理状况，包括颅骨异常、脑异常、主要器官异常、感觉能力异常、反应能力异常和相貌异常及文身等所有生理特征。(2) 犯罪人的心理状况，包括智力和情感异常，尤其是道德情感异常，以及犯罪人文字和行话等。(3) 犯罪人的个人状况，包括种族、年龄、性别等生物学状况，以及公民地位、职业、住所、社会阶层、训练、教育等生物社会学状况。

（二）犯罪的自然因素

犯罪的自然因素是指，气候、土壤状况、昼夜的相对长度、四季、平均温度和气象情况及农业状况。

（三）犯罪的社会因素

犯罪的社会因素包括，人口密集、公共舆论、公共态度、宗教、家庭情况、教育制度、工业状况、酗酒情况、经济和政治状况、公共管理、司法、警察、一般立法情况、民事和刑事制度等。[②]

菲利对犯罪原因的这种三元论，在一定意义上可以认为是对犯罪的人身危险性的表征的描述。

综上所述，人身危险性在刑事古典学派那里没有地位，它是刑事实证学派所

① [意] 菲利：《犯罪社会学》，郭建安译，41页，北京，中国人民公安大学出版社，1990。

② 参见 [意] 菲利：《犯罪社会学》，郭建安译，41～42页，北京，中国人民公安大学出版社，1990。

竭力主张下推崇的一个概念，在某种意义上也可以说是刑事实证学派的中心思想。当然，人身危险性在刑事人类学派与刑事社会学派中的意蕴有所不同：刑事人类学派强调犯罪人生物学因素，因而人身危险性更多的是奠基于犯罪人的生物学因素的基础之上的。刑事社会学派则强调犯罪人的社会学因素，因而人身危险性是建立在对犯罪人的生物学、社会学的综合分析之上的。尽管如此，刑事人类学派与刑事社会学派在人身危险性这一点上是一脉相承的，从而构成区别于刑事古典学派的根本标志。

二、人身危险性的概念

关于人身危险性的概念，我国刑法学界一般将其界定为再犯可能性。例如我国学者指出："所谓人身危险性，指的是犯罪人的存在对社会所构成的威胁，即其再犯罪的可能性。"① 还有学者指出："什么是犯罪人的人身危险性？一般来说，就是指犯罪人再次犯罪的可能性（即再犯可能性），它所表现的是犯罪人主观上的反社会性格或危险倾向。"② 毫无疑问，再犯可能应当涵括在人身危险性这一概念之内。但是，我认为，人身危险性并非再犯可能的同义语，除再犯可能以外，人身危险性还包括初犯可能。在这个意义上说，人身危险性是再犯可能与初犯可能的统一。

为什么说人身危险性包括初犯可能？人身危险性之所谓人身，是指犯罪人之人身，再犯可能的主体是犯罪人，因而把再犯可能视为犯罪人的人身危险性是完全应该的。而初犯可能的主体是犯罪人以外的其他人，这些人的犯罪可能性怎么能归结为犯罪人的人身危险性呢？这里需要解释。菲利经常把防治犯罪与防治疾病相类比，指出："我们可以说，在社会生活中，刑罚与犯罪的关系和医药与疾

① 邱兴隆等：《刑罚学》，259页，北京，群众出版社，1988。
② 王勇：《定罪导论》，83页，北京，中国人民大学出版社，1990。

病的关系一样”[①]。菲利在抨击刑事古典学派时还指出：“这种否认一切基本常识的刑事司法制度，竟使聪明人得出这种结论，它们忘记了罪犯的人格，而仅把犯罪作为抽象的法律现象进行处理。这与旧医学不顾病人的人格，仅把疾病作为抽象的病理现象进行治疗一样。古代的医生并不考虑病人的营养状况好坏、年纪大小、身体强弱以及神经状况如何。他们把发烧当做发烧治，把胸膜炎当做胸膜炎治。但现代医学宣称，研究病症必须从研究病人入手。同样的疾病，如果病人的情况不同，可以用不同的方法进行治疗。”[②] 根据菲利的这一类比，病人的人格，实际上是从治疗角度来说的，影响到治疗措施及其效果，因而应予考虑。否则，无法治愈。在这个意义上，我们可以把这种病人的人格视为再犯可能。但是，在治病的时候，不仅要考虑这种病人的人格，而且要考虑病患对其他人的影响，这就是有无传染之可能，对于传染病应当采取格外的隔离措施。这种病患的传染性可能导致他人生病，可以说是一种初犯可能。在犯罪问题上也是如此。一个人犯了罪，不仅本人具有再犯可能，而且犯罪人作为一种犯罪源，对于其他人也会发生这种罪之感染。在犯罪学中，有一种分化性联想（Differential Association）理论，是美国著名犯罪学家埃德温·H. 萨瑟兰提出的，其核心命题是不良交往论。萨瑟兰认为，犯罪总与不良交往有关，它和任何复杂行为一样，在实施以前得有一个学习过程。萨瑟兰根据巴甫洛夫的经典条件反射原理，认为个体可以区别各种对他起作用的刺激；经过对区别出的某种刺激的多次尝试后，该种刺激便会与有机体的某种反应建立联想，形成分化性反应。所以，犯罪行为的学习过程，就是一种个体对某种刺激建立特定反应的过程；犯罪行为的学习，仅仅依赖于刺激和反应在时间和空间上的接近性。[③] 萨瑟兰的研究，充分揭示了犯罪的习得性，因而表明了犯罪的传染性。初犯可能正是这种犯罪的传染性的表现，因此，它应该属于犯罪人的人身危险性的范畴。

---

① ［意］菲利：《实证派犯罪学》，郭建安译，47页，北京，中国政法大学出版社，1987。

② ［意］菲利：《实证派犯罪学》，郭建安译，40页，北京，中国政法大学出版社，1987。

③ 参见沈政主编：《法律心理学》，207页，北京，北京大学出版社，1986。

我国刑法学界除把初犯可能排斥在人身危险性的范畴之外，在人身危险性的内容上认识也不尽一致。尽管都将人身危险性定义为犯罪人的再犯可能性，但如何确定犯罪人的人身危险性的范围，存在两种观点：第一种观点认为，犯罪人的个人情况是测定犯罪人再犯可能性，即人身危险性的根据，这里的犯罪人的个人情况主要包括犯前情况、犯中情况与犯后情况。① 还有学者指出："犯罪人的人身危险性并非像资产阶级人类学派所说的那样，是指某些人与生俱来的一种反社会的性格，而是指由犯罪人的年龄、心理、生理状况、个性气质、经历、道德观念、教育程度、犯罪前的表现、犯罪后的个人态度等一系列个人情况所决定的再次犯罪的可能性。所以，考察犯罪人人身危险性的有无与大小，必须从考察犯罪人的个人情况入手。"② 第二种观点认为，犯罪者的个人情况，主要是那些能够对刑罚特殊预防作用的发挥产生影响的情况。根据我国刑事法律的规定，结合司法实践的经验，参照国外的立法情况，犯罪者的个人情况应包括以下几类：(1) 人身危险性，即罪犯再次犯罪的可能性。犯罪行为是罪犯人身危险性的直接体现，但犯罪者的一些个人情况也能够反映其人身危险性的强弱，这主要包括罪犯是偶犯还是累犯，是一般累犯还是特殊危险的累犯，对所犯罪行的认识和态度(是否坦白、悔罪、自首等)，犯罪者的一贯表现等。(2) 年龄和性别，据此可将罪犯分为未成年犯、青年犯、壮年犯、老年犯、男犯和女犯。(3) 犯罪者的世界观和政治思想、知识和道德水平、人格（性格、气质、能力）和心理特点等。(4) 犯罪者的犯罪原因、生活经历、社会家庭关系等。所有这些犯罪者的个人情况，根据其对刑罚影响作用的不同，又可分为两大类：第一类是犯罪者人身危险性，主要对刑罚处罚的轻重起作用。其余三种情况为第二类，属于犯罪者个人的一般情况，主要对刑罚怎样具体教育改造罪犯起作用。③ 此后，论者又将第二类犯罪者个人的一般情况称为犯罪人的个人中性特性，并且强调个人中性特性并不

① 参见邱兴隆等：《刑罚学》，259 页，北京，群众出版社，1988。

② 周振想：《刑罚适用论》，194 页，北京，法律出版社，1990。

③ 参见曲新久：《试论刑罚个别化原则》，载《法学研究》，1987 (5)，26 页。

对刑事责任的轻重从而对刑罚的轻重产生任何影响，但是在适用刑罚的过程中，犯罪人的个人中性特性，对于采取具体怎样的方式方法教育和改造犯罪人有着不可忽视的意义和作用。① 我认为，第二种观点在犯罪者个人情况中区分出个人中性特征，并非毫无道理。因为某些个人情况本身并不具有反社会性质，而只是一种中性特征。但对于把这些因素与人身危险性并列起来，却难以苟同。因为这些因素正是作为测定人身危险性的根据而存在的，可以说是人身危险性的表征。离开了这些因素，人身危险性就成为一个空洞无物的概念。论者之所以将这些个人中性特征从人身危险性中剔除，究其原委大概就是因为这些个人特征是中性的，而人身危险性则具有反社会性质，因而两者难以相容。我认为，这是对人身危险性的一种误解。因为人身危险性不同于社会危害性，社会危害性是基于报应，是对已然之罪的一种否定的政治与法律的评价，根据个人责任论，应当受到刑罚惩罚。而人身危险性是基于预防，是犯罪人的一种未然行为之可能性。已然的犯罪行为作为人身危险性的表征，固然含有反社会性，但个人中性特征作为人身危险性的表征，却未必含有反社会性。因为人身危险性是根据社会责任论，而成为刑罚的基础的。而且，那种认为犯罪者个人中性特征只影响刑罚执行方法，而不影响刑罚轻重的观点也是不能成立的。这些所谓犯罪者个人中性特征是人身危险性的表征，而犯罪人人身危险性的大小，表明了犯罪人改造的难易程度，因此，犯罪人的人身危险性大，也就意味着改造起来比较困难，改造所需时间就长，与之相适应，所处的刑罚也应重一些。反之，犯罪人的人身危险性小，也即意味着改造起来比较容易，改造所需时间就短，与之相适应，所处的刑罚也就应轻一些。

总之，我认为人身危险性是指犯罪可能性，属于未然之罪。这里的犯罪可能性，既包括再犯可能性，即犯罪人本人再次实施犯罪的可能性，又包括初犯可能性，即犯罪人以外的其他人主要是指潜在的犯罪人的犯罪可能性。这一人身危险性的概念虽然与传统意义上的人身危险性有所不同，但我认为这一概念更能科学

① 参见曲新久：《试论刑法学的基本范畴》，载《法学研究》，1991（1），38页。

地反映未然之罪的本质，在通过对传统的人身危险性的概念进行重新界定的基础上完全可以使用，这也是一种推陈出新吧。

三、人身危险性的评价

如何评价人身危险性，这是一个复杂的问题。苏联和东欧国家的刑法学家曾经对人身危险性理论持完全否定的态度。例如苏俄著名刑法学家 A. H. 特拉伊宁指出："人类学者们把犯罪人置于时间和空间之外，把犯罪人看成是在任何时间和任何条件下都注定要犯罪的某种生物学上的个体。在这种理解下，犯罪行为就丧失了它的决定性的意义，就不再是犯罪的'核心'了。犯罪行为便只具有次要的意义，即证明人生来有犯罪天性的那种外部征候的意义。因此，人类学者们容许对没有实施具体犯罪的人适用刑事制裁。"① 特拉伊宁对刑事人类学派的评价虽然不无道理，但也存在明显的偏颇，从而导致对人身危险性的彻底否定。此后，苏俄刑法学界虽然肯定刑罚个别化原则，但对于作为刑罚个别化的根据的人身危险性却躲躲闪闪，羞于承认。苏俄刑法学家指出，刑罚个别化原则就其最基本的内容而言，是指在具体适用刑罚处罚犯罪人时，应根据犯罪人的个人情况，有针对性地适用相应的刑罚，以期更有效地教育改造罪犯，实现刑罚特殊预防之目的。② 这里所谓犯罪人的个人情况实际上就是犯罪人的人身危险性，有的苏俄刑法学家认为这些个人情况影响着犯罪和犯罪人的社会危害性质和程度。因此，在它们的总和中，不考虑这些特点和情况，就不可能正确解决关于犯罪人的性质和责任的范围问题。③ 在此，苏俄学者把个人情况界定为对犯罪和犯罪人的社会危害性质和程度具有影响的因素，实际上是把作为已然之罪的犯罪行为的社会危

① ［苏］A. H. 特拉伊宁：《犯罪构成的一般学说》，王作富等译，22 页，中国人民大学出版社，1958。

② 参见陈明华：《当代苏联东欧刑罚》，237 页，北京，中国人民公安大学出版社，1989。

③ 参见陈明华：《当代苏联东欧刑罚》，236 页，北京，中国人民公安大学出版社，1989。

害性与作为未然之罪的犯罪人的人身危险性混为一谈了，在逻辑上给人以杂乱的感觉，理论的发展脉络也未理清。

在我国，人身危险性从来就遭受非难。例如，我国权威的刑法教科书指出：刑事人类学派是以“天生犯罪人”来代替犯罪行为，刑事社会学派则是以人的“危险状态”来代替犯罪行为。他们就是这样把犯罪构成的学说变成了“犯罪人”的学说。他们拒绝和否认把法律确切规定的犯罪构成当做刑事责任的基础。不难看出，这样的理论是为帝国主义资产阶级破坏法制、加强镇压劳动人民服务的。这些理论为资产阶级法院的专横和任意制裁大开方便之门，为资产阶级施行恐怖政策提供理论根据。[①] 显然，这一结论是武断的。后来，我国刑法界在探讨刑罚个别化的过程中，提出了人身危险性问题，并予以肯定。例如我国学者指出，长期以来，我国刑法理论界未对刑罚个别化原则进行过专门探讨，究其原因，其中很重要的一点就是，认为刑罚个别化原则是以人身危险性为理论根据的刑罚原则，而我国刑法理论界长期以来对人身危险性问题讳莫如深，因而怀疑甚至于否定刑罚个别化原则。[②] 现在，人身危险性的概念已经得到我国刑法学界的普遍承认，问题是要对犯罪人的人身危险性作出恰当的评价。

我认为，犯罪人的人身危险性是客观存在的，它准确地揭示了犯罪人的特性，因而是科学的。那种否认犯罪人的人身危险性的观点是难以成立的。即使是不存在人身危险性这一概念，也是用诸如犯罪人的个人情况之类的概念表达着同一内容。当然，我并不是要将犯罪人的人身危险性绝对化，尤其不能把它与犯罪行为的社会危害性割裂开来。如果离开犯罪行为的社会危害性奢谈人身危险性，确实会出现主观擅断与破坏法制的现象。因此，应当在社会危害性的前提下探讨人身危险性，把社会危害性与人身危险性在一定的基础上统一起来。

① 参见高铭暄主编：《刑法学》，2版，94页，北京，法律出版社，1984。

② 参见曲新久《试论刑罚个别化原则》，载《法学研究》，1987（5），24页。

第三节　社会危害性与人身危险性：犯罪本质二元论

犯罪本质，如同刑罚目的一样，是一个为历代刑法学家所津津乐道的问题，也是刑法领域学派之争的一个焦点。本节以犯罪本质二元论立论，以期深化对这一问题的研究。

一、主观恶性与再犯可能

主观恶性与再犯可能，前者属于已然之罪的范畴，后者属于未然之罪的范畴，但两者又有着密切的联系。主观恶性虽然外化为已然之犯罪行为，但它在一定程度上也能说明未然之再犯可能的大小。在这个意义上，人格责任论具有一定的说服力。人格责任论认为，人是受素质和环境的制约的，同时在一定程度上也能控制或支配素质与环境的影响。基于这种抽象的人性，认为人的具体行为的背后还有个抽象的人格。人格是各个具体行为的抽象概念，各个具体行为亦寓于人格之中。两者是具体与一般的关系，是不可割离的关系。追究责任首先着眼于具体行为，同时要推及该行为者的人格责任。人格责任论不孤立地论人格责任，而是把行为责任与人格责任结合起来，得出一个综合的整体的新型责任论。这一理论的基本特征是，具体行为的罪责取决于行为者的人格态度。这样，首先意识到的是人格责任论认为责任是犯罪行为人的人格暴露，据此又可称为行为责任论。但更为本质的是须推想到犯罪行为背后所潜在的行为人的人格体系，这一人格体系就是人格形成责任论的核心。[①] 由此可见，行为本身不是孤立的，而是受行为人的人格支配的，行为的反复性与规律性都可以在人格体系中找到合乎逻辑的根

① 参见甘雨沛、何鹏编：《外国刑法学》，上册，350 页，北京，北京大学出版社，1984。

据。对于犯罪行为也应作如是观。但是，人格责任这个概念失之笼统。如果细致分析，我们可以发现已然之罪的主观恶性与未然之罪的再犯可能之间存在某种内在的联系。揭示这种联系，对于全面地理解犯罪并科学地揭示犯罪的性质具有重要意义。

关于主观恶性与再犯可能的关系，我国刑法学界存在一种认识，认为司法实践中经常提到的行为人的主观恶性，实则是行为人的人身危险性的重要内容，因为人身危险性的最大意义，就在于它对行为人主观恶性大小的说明。行为人的人身危险性大的，其主观恶性也大；行为人的人身危险性小的，其主观恶性也小。二者间成正比关系。[①] 我认为，这种观点不完全准确。首先，就主观恶性与再犯可能（即所谓人身危险性）两者的关系而言，是主观恶性决定再犯可能，而不是相反。其次，在一般情况下，说主观恶性与再犯可能之间存在正比关系，并无不可。但这种正比关系不是绝对的，在某些情况下，两者之间未必是正比关系。因为再犯可能除与主观恶性有关以外，还取决于其他个人情况即所谓中性特征。之所以出现这种认识上的偏颇，主要是论者把主观恶性包括在再犯可能之中，认为人身危险性从它对行为人未来行为方向的预示看，它是未然的，它的实际证实要等到行为人真的实施了侵害社会的行为之后。从它对行为人过去行为方向的证实看，它又是已然的，它表明过去具有人身危险性的行为人现在真的实施了侵害社会的行为，过去的可能性转化成了现在的现实性。因此说，行为人的人身危险性在特点上带有未然与已然的双重性。[②] 我认为，再犯可能只能是未然的，而不可能既未然又已然，带有这种所谓未然与已然的双重性。主观恶性在一定程度上能够说明犯罪人的再犯可能性，但它本身并不能包括在再犯可能的范畴之内。

关于主观恶性与再犯可能的关系还有一种错误认识，是将再犯可能包容于主

---

① 参见刘勇：《犯罪基本特征新论》，载北京大学法律学系编：《改革与法制建设——北京大学九十周年校庆法学论文集》，541 页，北京，光明日报出版社，1989。

② 参见刘勇：《犯罪基本特征新论》，载北京大学法律学系编：《改革与法制建设——北京大学九十周年校庆法学论文集》，541 页，北京，光明日报出版社，1989。

观恶性所在的社会危害性这一概念之中，例如我国学者指出，犯罪的社会危害性是现实危害与可能危害的统一。现实危害是指犯罪给社会已经造成的危害。可能危害是指犯罪分子再犯罪的趋势。这些学者指出：犯罪的社会危害性包含着犯罪分子再犯罪的可能性，绝不是割裂现实危害与可能危害之间的联系，也不是把这两者置于同等的地位上，而是要真正确立两者之间的辩证关系，给再犯可能性在犯罪的社会危害性中以恰当的地位。可能性虽然只是将来的现实，而它的根据却深藏于现存的现实之中。再犯罪的可能性，不是抽象的或臆测的存在，而是存在于犯罪及罪前罪后犯罪人的表现和态度等现实之中，应当从现实中确定它的存在及大小。例如，真诚坦白交代的犯罪分子比拒不交代认罪的犯罪分子再犯罪的可能性要小；犯罪动机恶劣、手段残酷的犯罪分子比基于义愤的犯罪分子再犯罪的可能性要大；主动投案自首的犯罪分子比毁灭罪证、嫁祸于人的犯罪分子再犯罪的可能性要小；犯罪意志强、恶性深的犯罪分子比偶犯的再犯罪可能性大；等等。[①] 显然，论者在这里所说的社会危害性的可能危害，实际上就是作为人身危险性表现之一的再犯可能。我国刑法学界还有人更是明确地提出人身危险性是社会危害性的主观因素的命题，认为人身危险性就是由行为人具有的应受谴责的主观因素的总和所支配的行为人实施危害行为的必然趋势。它主要包括三个因素：(1) 认识因素。(2) 情感因素。(3) 意志因素。[②] 显然，这是完全把再犯可能与主观恶性这两个完全不同的范畴混为一谈了。客观地说，由于主观恶性与再犯可能联系紧密，因而极易混淆。即使是笔者本人也曾经将再犯可能混同于主观恶性。例如，笔者曾经指出，我国刑法规定对累犯应当从重处罚，对犯罪以后自首的，可以从轻处罚。犯罪造成的客观损害结果是不以犯罪分子具有累犯身份或者投案自首而转移的。那么，为什么累犯从重、自首从轻呢？归根到底还是由行为的社会危害性大小所决定的，对于累犯从重、自首从轻的理论根据必须也只能从

---

① 参见朱建华：《论犯罪的社会危害性的内在属性》，载《法学研究》，1987 (1)，52 页。

② 参见冯军：《论社会危害性的内部结构与刑事责任的根据》，载赵秉志等：《全国刑法硕士论文荟萃 (1981 届—1988 届)》，95 页，北京，中国人民公安大学出版社，1989。

犯罪的社会危害性的变化上阐述。而如果把社会危害性仅仅归结为客观危害，把主观恶性摈弃于社会危害性的范畴之外，也就不能科学地论证累犯从重、自首从轻的理论根据。[①] 这里论述犯罪的社会危害性是主观恶性与客观危害的统一的观点当然是正确的，但在论述过程中，不自觉地将作为未然之罪的再犯可能归之于作为已然之罪的主观恶性。现在看来，将再犯可能混同于主观恶性是完全错误的，因为主观恶性属于已然的领域，而再犯可能属于未然的领域，两者应当严加区分。

总之，在主观恶性与再犯可能的关系上，既不能将主观恶性归之于再犯可能，也不能将再犯可能归结为主观恶性，这是两个根本不同的范畴，不应混同。

二、客观危害与初犯可能

客观危害与初犯可能，前者属于已然之罪的范畴，后者属于未然之罪的范畴，但两者之间同样存在密切的联系。客观危害作为已然之罪的外在表现，具有物质的或者精神的外观，因而对社会上的其他人产生一定的影响。[②] 由此可见，客观危害的存在是初犯可能的基础，没有客观危害就根本谈不上初犯可能。但是，客观危害与初犯可能又不可混为一谈。在刑法理论中，将两者混为一谈，尤其是将初犯可能归结为客观危害的现象极为普遍。例如，苏俄刑法学家指出，社会危害性具有以下四个因素：(1) 它破坏了社会里的社会关系体系和社会心理秩序的安定性。(2) 它破坏了个人心理秩序，具体地说就是犯罪能引起人们的忧虑、不安和恐惧。(3) 犯罪分子受到刑罚之前，对道德上不坚定的人的不良影

① 参见陈兴良：《犯罪概念》，载高铭暄、王作富主编：《新中国刑法的理论与实践》，135页，石家庄，河北人民出版社，1988。

② 参见刘勇：《犯罪基本特征新论》，载北京大学法律学系编：《改革与法制建设——北京大学九十周年校庆法学论文集》，540页，北京，光明日报出版社，1989。

响。(4) 人“自动表明”自己对社会的危害性。[①] 在所谓社会危害性的上述四个因素中，除第四个因素应当属于再犯可能以外，其他三个因素都属于初犯可能，也就是说，论者将初犯可能完全包容于社会危害性的客观危害之中，使其丧失了独立存在的价值。在我国刑法学界，一般都把初犯可能列入社会危害性的客观危害，例如我国学者指出：犯罪时的社会形势是影响社会危害性的因素。一个犯罪案件社会危害性的大小，不仅决定于案件本身犯罪构成各种因素的总和，而且受外部条件的影响。犯罪时社会的政治形势、经济形势，尤其是社会的治安形势如何，直接影响着犯罪社会危害性的大小。[②] 还有些学者虽然将社会危害性与再犯可能加以区别，但仍将初犯可能混同于客观危害，认为犯罪的社会危害性是以初犯可能性（社会上一般人效仿犯罪人实施犯罪的可能性）为标准进行评价的，犯罪之初犯可能性轻的，其社会危害性亦轻；犯罪之初犯可能性重的，其社会危害性亦重。[③] 对于上述观点，我不敢苟同。我认为，已然之罪中的客观危害虽然与未然之罪中的初犯可能具有密切联系，但两者也有明显的区别，主要表现在：

(1) 客观危害是一种现实性，属于已然的范畴，而初犯可能则是一种可能性，属于未然的范畴。初犯可能虽然是以客观危害为基础的，但它不同于客观危害，因为它只是社会上一般人犯罪的可能性。

(2) 客观危害是对个别犯罪的评价，具有微观的性质；而初犯可能是对社会上形势、犯罪率和民愤的估量，具有宏观的性质。客观危害是对某一具体犯罪案件处理的主要根据，而初犯可能则是在一定时期、一定地区对一般犯罪案件处理的原则根据。对于具体犯罪案件来说，它一定要转变为具体的刑事法律与刑事政策而发生作用。

(3) 客观危害与初犯可能在一定条件下是可以互相转化的。在一定时期，由于社会治安形势严峻、犯罪率高、民愤大，因而初犯可能性大。这种情况反馈于

---

① 参见［苏］尼基福罗夫：《刑罚及其目的》，载《国外法学》，1982 (2)，10～12 页。

② 参见周振想：《刑罚适用论》，181 页，北京，法律出版社，1990。

③ 参见曲新久：《试论刑法学的基本范畴》，载《法学研究》，1991 (1)，41 页。

立法者，立法者通过修改法律加重对犯罪的客观危害的否定评价，从而使得某一犯罪的社会危害性增加。正是由于这种转化性，给人以错觉，似乎初犯可能就是客观危害。

三、社会危害性和人身危险性的统一

在分别探讨了主观恶性与再犯可能、客观危害与初犯可能的关系以后，就开始真正触及犯罪本质问题。

（一）我国刑法学界关于犯罪本质特征的讨论

根据我国刑法学界的通说，犯罪具有三个特征，这就是社会危害性、刑事违法性与应受惩罚性。但在这三个特征中，何者为犯罪的本质特征，存在观点分歧。大多数学者认为社会危害性是犯罪的本质特征，个别学者主张应受惩罚性是犯罪的本质特征。[①] 这里所谓犯罪，实际上指的是已然之罪。

下面，对这个问题略抒己见。根据传统的观点，社会危害性是犯罪的本质特征。但有些学者认为，根据哲学原理，质乃是一事物区别于他事物的内部所固有的规定性。而社会危害性非犯罪所独有，以它为本质特征，难于把犯罪和其他危害社会行为区别开来。因此，这些学者提出一种补救方法，就是倾向于把社会危害性视为犯罪行为所特有的，其他违法行为只是对社会造成损害，而不是对社会具有危害性。例如，早在20世纪40年代末，苏俄刑法学家H. П. 杜尔曼诺夫就提出了这种观点。[②] 我国50年代初也有人主张这种观点。[③] 这一观点显然是牵强的，因此，理所当然地受到反驳。[④] 以后，一直承袭了社会危害性是犯罪本质特

① 参见陈忠林：《应受刑罚惩罚性是犯罪的本质特征》，载《法学季刊》，1986（2），18～19页。

② 参见［苏］皮昂特科夫斯基等：《苏联刑法科学史》，曹子丹译，22页，北京，法律出版社，1984。

③ 参见张仙根：《关于犯罪概念中社会危害性问题的商榷》，载《华东政法学院学报》，1956（2）。

④ 参见江仁宝、曾绍案：《关于犯罪概念中的社会危害性问题的讨论》，载《法学》，1957（1），68～72页。

征的论点。80 年代，我国学者对此提出质疑，认为犯罪的本质特征应该称为“最明显最极端的社会危害性”（或称为“极端的社会危害性”）[1]。还有学者则认为，犯罪的本质特征是严重程度的社会危害性。[2] 以上两种提法大同小异，都是试图从社会危害性的量上作出规定，使之成为区分罪与非罪的标准。通过以上叙述可以看出，这个问题的争论由来已久，那么症结何在呢？我认为，为了解决这一问题，有必要从一些基本的哲学概念入手。

在哲学上，质和本质是两个不同的范畴。质是相对于量而言的，两者又分别称为质的规定性和量的规定性，在质量互变规律中对此加以考察。根据哲学原理，质是事物内部所固有的一种规定性，这种规定性决定这一事物是这一事物而不是别的事物，把它和其他事物区别开来。而量是指事物存在和发展的规模、程度、速度，等等。[3] 根据这一原理，犯罪的质的规定性是社会危害性，量的规定性是社会危害性程度。在此，质和量是不可分割的。质总是具有一定量的质，量也总是一定质的量，质和量的统一形成一定事物的度。达到犯罪程度的社会危害性就是犯罪保持其质的数量界限，这也是犯罪和其他危害社会行为区别的标志。质量互变规律还揭示了事物的量变和质变：一般危害社会行为，其危害达到一定程度，就会在量变的基础上发生质变，即由一般的危害社会行为转化为犯罪。正如黑格尔所指出的：“在道德方面，只要在‘有’的范围内来加以考察，也同样有从量到质的过渡；不同的质的出现，是以量的不同为基础的。只要量多些或少些，轻率的行为越过尺度，于是社会出现完全不同的东西，即犯罪，并且，正义会过渡为不义，德行会过渡到恶行。”[4] 因此，我不认为犯罪的社会危害性和其他违法行为的社会危害性没有质的区别。那种认为社会危害性不能作为划分罪与非罪的标准的观点，恰恰是割裂了社会危害性的质和量的辩证关系，而把犯罪的

---

① 邹涛：《犯罪的特征新探》，载《社会科学》，1984（12），36 页。

② 参见荣谕：《犯罪概念的再认识》，载《法学评论》，1986（3），38 页。

③ 参见艾思奇主编：《辩证唯物主义历史唯物主义》，3 版，97～99 页，北京，人民出版社，1978。

④ ［德］黑格尔：《逻辑学》，上卷，杨一之译，405 页，北京，商务印书馆，1982。

社会危害性和其他违法行为的社会危害性混为一谈了。我国学者认为犯罪的社会危害性这种表述不合适，因为犯罪概念是从本质特征中提炼后规定在法律中的，所以不能把本质特征的外部反映用来表达本质特征，这在逻辑上是颠倒的。① 我认为，从立法上来说，犯罪的确是从本质特征中提炼出来的，立法者总是将那些社会危害性严重到足以破坏社会生存条件的行为规定为犯罪。从这个意义上来说，社会危害性是评价对象。但从司法上来说，社会危害性是犯罪的属性，司法人员在认定犯罪的时候，总是考察某一行为的社会危害性是否达到了犯罪程度。在这种情况下，犯罪的社会危害性是一个标尺，据此可以划分罪与非罪。从这个意义上来说，社会危害性是评价标准。因此，我认为社会危害性作为犯罪的特征，是质和量的统一，可以作为划分罪与非罪的标准。把犯罪的社会危害性表述为极端的社会危害性或者严重程度的社会危害性，似乎没有必要。

如果说，犯罪的社会危害性作为犯罪特征是划分罪与非罪的标准，体现了犯罪和其他危害社会行为的内部联系，那么，社会危害性作为犯罪的本质特征，则体现了犯罪三个特征之间的内部联系。如前所述，社会危害性是犯罪特征之一，犯罪特征除了社会危害性以外，还有刑事违法性和应受惩罚性。那么，在这三个特征中，哪一个是决定着犯罪的性质的本质呢？这里就出现了本质这一哲学范畴。前面我们已经说过，质和本质在哲学上是有区别的。遗憾的是许多学者在讨论问题的时候把两者混淆了，因而造成不必要的概念混乱。如前所述，质是相对于量而言的，而本质则是相对于现象而言的。在哲学上，事物的本质是事物的性质及此一事物和其他事物的内部联系。而现象是指直接被我们的感官所感知的事物的外表形态。现象是事物的本质在各方面的外部表现。② 根据这一哲学原理，社会危害性是犯罪的本质特征，刑事违法性与应受惩罚性不是犯罪的本质特征。因为只有社会危害性才能决定犯罪的性质，而刑事违法性与应受惩罚性只不过是

① 参见邹涛：《犯罪的特征新探》，载《社会科学》1984（12），36页。

② 参见艾思奇主编：《辩证唯物主义历史唯物主义》，3版，131页，北京，人民出版社，1978。

社会危害性这一犯罪本质在法律上的表现，是具有社会危害性的犯罪行为的必然归宿。就社会危害性与刑事违法性、应受惩罚性的关系而言，社会危害性是第一性的，是起决定作用的；而刑事违法性和应受惩罚性是第二性的，是被决定和派生出来的法律特征，这也是马克思主义关于犯罪的基本观点。只有通过揭示犯罪的社会危害性，才能科学地回答某一行为为什么应受刑罚惩罚。从立法上来说，国家首先考虑的是行为的社会危害性，在此基础上才考虑是否应受刑罚惩罚的问题，以决定是否把某种行为规定为具有刑事违法性的犯罪。如果行为不具有社会危害性或者社会危害性没有达到一定程度，就根本不存在刑事违法性与应受惩罚性的问题。从司法上来说，法官在认定犯罪的时候，主要是依据行为的社会危害性，在行为不具有社会危害性的情况下，根本不构成犯罪，因而也不存在刑事违法性与应受惩罚性的问题。总之，无论在立法上还是在司法上，主要考虑的是行为的社会危害性，它是对于犯罪的性质具有决定意义的要素，而刑事违法性与应受惩罚性虽然在立法和司法上具有一定的意义，是犯罪的独立特征，但它们毕竟只是社会危害性在法律上的表现及其法律后果。如果把刑事违法性与应受惩罚性当做犯罪的本质特征，否定社会危害性在犯罪概念中的决定意义，不仅违背马克思主义关于犯罪的一般学说，而且不符合立法和司法的实际情况，因此这种观点在理论上是错误的，在实践中是有害的，为我们所不取。至于以能为人们的直觉所把握作为确立本质特征的依据①，则是违背哲学基本原理的。根据哲学原理，本质是内在的、隐蔽的、深刻的，人们经过抽象思维才能认识它。② 因此，为人们的直觉所能把握的恰恰是事物的现象而不是本质。社会危害性不能为直觉所把握，也恰恰说明了它是隐藏在刑事违法性与应受惩罚性的背后，对犯罪的性质起着决定作用的本质特征。

（二）人身危险性之引入犯罪概念

人身危险性这一概念，目前在我国虽然已经恢复名誉，开始在各种刑法学论

① 参见陈忠林：《应受刑罚惩罚性是犯罪的本质特征》，载《法学季刊》，1986（2），18页。

② 参见艾思奇主编：《辩证唯物主义历史唯物主义》，3版，132页，北京，人民出版社，1978。

著中使用，但人身危险性在刑法学中到底居于什么地位的问题并没有解决。大致有以下三种认识：

1. 从犯罪概念的意义上界定人身危险性。

我国刑法学界有人认为，行为的社会危害性与行为人的人身危险性对于确定犯罪都具有最本质的意义。严重的社会危害性和很大的人身危险性共同成为犯罪行为的最为本质的特征。重新解释犯罪基本特征，承认行为人的人身危险性是犯罪的一个基本的重要特征，无论在刑事领域的理论上还是在立法、司法实践上，都有着十分重要的意义。①

2. 从定罪根据的意义上界定人身危险性。

我国刑法学界有人在定罪根据的意义上认识人身危险性，这种观点建立在人身危险性是社会危害性的一个方面这样一个命题之上，认为把犯罪的社会危害性和犯罪人的人身危险性予以绝对地分割，是不正确的。社会危害性和人身危险性是一个有机的统一体，或者说，人身危险性正是社会危害性的一个方面，不能将它归结为社会危害性以外的东西。由此得出结论：组成犯罪构成要件的各因素都在一定程度上体现着犯罪的社会危害性和犯罪人的人身危险性。它们两者是相互统一的，不可予以绝对地分割。那种把社会危害性和人身危险性割裂开来，认为犯罪构成要件只体现犯罪的社会危害性，而不表现犯罪人的人身危险性，从而认为行为人人身危险性因素对定罪不发生作用的观点是不妥当的。不但作为犯罪构成要件的因素，如犯罪的故意等，体现了犯罪人的人身危险性，而且一般情况下不是犯罪构成要件的、体现了行为人人身危险性的因素，如一贯表现、事后态度等，也可能在特定条件下影响犯罪构成的要件，从而对定罪发生作用。②

3. 从量刑根据的意义上界定人身危险性。

我国刑法学界还有学者批评了那种将犯罪人的人身危险性和犯罪的社会危害

---

①　参见刘勇：《犯罪基本特征新论》，载北京大学法律学系编：《改革与法制建设——北京大学九十周年校庆法学论文集》，549页，北京，光明日报出版社，1989。

②　参见王勇：《定罪导论》，89～90页，北京，中国人民大学出版社，1990。

性并列作为定罪的根据的观点，认为这种观点之所以错误，原因在于没有分清社会危害性与人身危险性两个范畴在刑法中的地位与作用。按照“应受惩罚的是行为，而惩罚的是行为人”的原理，“应受惩罚的是行为”是指定罪对象只能是行为，其评价的核心是社会危害性，刑事责任之所以能够产生，就在于行为的社会危害性达到了犯罪的程度。“惩罚的是行为人”是指适用刑罚的对象是犯罪人，犯罪人是刑罚的承担者，其评价的核心是人身危险性，适用刑罚的目的在于预防犯罪人再次犯罪。①

以上三种观点，第三种观点较为流行，第二种观点为少数人所主张，而第一种观点则为个别人所主张。我同意上述第一种观点，对这个观点的论述，应当从我国关于刑事责任的根据问题的争论说起。

关于刑事责任的根据，传统的观点是犯罪构成唯一根据论。例如苏俄著名刑法学家 A. H. 特拉伊宁指出：“在苏维埃国家里，犯罪构成是刑事责任的惟一根据，如果在某人的行为中具备犯罪构成，那么便有根据对他适用刑罚；如果在这行为中缺乏犯罪构成，那么便免除刑事责任。”② 由于犯罪构成的内容过于狭窄，且在犯罪构成本身的理解上存在分歧，因而对刑事责任的根据提出了以下修正的观点：一是犯罪行为论，认为犯罪构成只是一种法律形式，而犯罪人实施的危害社会的行为才是犯罪的本质，是犯罪的客观内容，因而是刑事责任的根据。二是社会危害性论，认为犯罪的社会危害性是犯罪的最本质特征，是衡量刑事责任的法律标准，因此社会危害性是刑事责任的根据。三是事实总和论，认为一切能够从一个侧面反映和影响着刑事责任的存在、性质、范围和程度等的事实和情况，都是刑事责任的根据。四是罪过论，认为主观罪过支配着行为人实施犯罪行为，因而只有罪过才是犯罪人负刑事责任的根据，而犯罪行为只是追究犯罪人刑事责

---

① 参见曲新久：《试论刑法学的基本范畴》，载《法学研究》1991（1），39页。

② ［苏］A. H. 特拉伊宁：《犯罪构成的一般学说》，王作富等译，81页，北京，中国人民大学出版社，1958。

任的条件。[①] 之所以产生上述观点分歧，盖因对刑事责任及其根据的不同理解。罪过论的观点，显然是在主观的意义上理解刑事责任，因而将罪过视为刑事责任的根据，这种观点对刑事责任的理解比较符合刑事责任一词的原意。而犯罪行为论，则与犯罪构成论并无本质的区别，只是因为犯罪构成仅仅是抽象的法律规定，是刑事法律规范本身，而不能成为刑事责任的根据。但实际上，犯罪行为只有符合犯罪构成才能成为刑事责任的根据，因而犯罪行为作为刑事责任的根据与犯罪构成作为刑事责任的根据词异义同。社会危害性论与事实总和论也是同一个意思，它们与前述犯罪构成论与犯罪行为论则有明显区别，主要是在刑事责任的根据中引入了实际上是表明犯罪人的人身危险性的内容，而这一切在以往的刑事责任根据论中却是不包括的。例如社会危害性论认为，犯罪的社会危害性作为刑事责任的事实根据，包含以下三个方面的综合事实：（1）犯罪前的主客观情况。（2）犯罪时的主客观情况。（3）犯罪后的主客观情况。[②] 在上述三个方面内容中，除社会危害性以外，大量的是人身危险性的内容。应该说，这种综合事实根据论的提出，对于原先的单一根据论是一大突破。但是，在综合事实根据论的意义上理解刑事责任这一概念，已经与刑罚这一概念没有任何区别了。刑事责任的根据，实际上就是刑罚的根据。由此可见，综合事实根据论并没有贯通犯罪与刑罚的关系。而单一根据论则把刑事责任理解为一种客观存在的现实可能性，只要有犯罪事实，就必然引起刑事责任的产生，正是在这个意义上，认为刑事责任的根据是犯罪行为。而刑事责任如何承担又是另一个问题，在解决刑事责任如何承担的时候，才考虑人身危险性。[③] 因此，根据这种观点，人身危险性只是量刑根据，而非定罪根据，更非刑事责任的根据。我认为，这种观点将定罪与量刑割裂开来，在逻辑上难以成立。从罪刑关系的角度来说，所谓定罪是罪刑关系的质的个别化，所谓量刑则是罪刑关系的量的个别化。如果人身危险性不是犯罪这一概

① 参见杨春洗、苗生明：《论刑事责任的概念和根据》，载《中外法学》，1991（1），4页。

② 参见刘德法：《论刑事责任的事实根据》，载《法学研究》，1988（4），34～35页。

③ 参见曲新久：《试论刑法学的基本范畴》，载《法学研究》，1991（1），38页。

念中所有的东西，裁量刑罚的时候怎么又能以它为根据呢？正如我们所说，由于对犯罪的理解限定于已然之罪，对刑罚的理解则多考虑预防的意义，因而罪刑之间发生脱节。为此而引入刑事责任的概念加以弥补。但在我看来，这种努力是无济于事的。因此，从量刑根据意义上理解人身危险性，并没有科学地界定人身危险性在刑法中的地位与作用。

显然，从定罪根据的意义上理解人身危险性较之从量刑根据上理解人身危险性有所进步，但仍然不够彻底，并在犯罪与犯罪构成之间的关系上未能予以贯彻。这种观点是建立在人身危险性是社会危害性的一个方面这样一个命题的基础之上的。同时，主张这种观点的学者把定罪根据理解为就是刑事责任的根据（实际上，这是两个有所区别的问题），因而主张犯罪构成是其根据，但又不是唯一的根据，而应当辅之以社会危害性和人身危险性的判断，即在犯罪构成和社会危害性及人身危险性的相互联系之中寻找定罪的根据。[①] 这样，就使人产生一种疑惑：犯罪构成与社会危害性和人身危险性之间到底存在什么关系？更为重要的问题是：这种观点未能从犯罪构成与犯罪之间的关系上进一步深化，正确地界定人身危险性在刑法中的地位。既然犯罪构成体现人身危险性，而犯罪构成又是建立在犯罪概念基础之上的，那么，在犯罪概念中是否有人身危险性存在的余地呢？论者正确地指出：犯罪概念问题与作为定罪依据的犯罪构成紧密相关。只有正确解决了犯罪概念和犯罪构成的关系问题，才能最终解决定罪的根据问题。[②] 可惜的是，论者并没有在犯罪概念中进一步阐述人身危险性的内容，因而使人对于人身危险性从何而来产生疑惑。

问题就在于：人身危险性与社会危害性是两个不同的范畴，在犯罪的概念中应当有人身危险性的一席之地，正是在这个意义上，我同意第一种观点，认为人身危险性涵括在犯罪的特征之中，并且与社会危害性相并列，是犯罪的本质特

① 参见王勇：《定罪根据论》，载《法学研究》，1989（4），31页。

② 参见王勇：《定罪导论》，74页，北京，中国人民大学出版社，1990。

征，这就是犯罪本质的二元论。

（三）社会危害性与人身危险性的关系

社会危害性与人身危险性之间的关系，是一个关键问题，这已经越来越为人们所认识。以往的刑法学理论之所以破绽百出，在很大程度上就是没有理顺社会危害性与人身危险性的关系。

在两者的关系上，我认为首先应当强调的是：两者都属于犯罪的范畴。社会危害性属于犯罪的范畴，没有疑问。但对于人身危险性是否属于犯罪的范畴，则大部分人不以为然。这主要是在对犯罪的理解上，刑事古典学派将犯罪理解为已然之罪这样一种思维定式在起作用。如果把犯罪理解为已然之罪，那么刑罚必然是报应之刑。但在刑罚论中，又引入刑事实证学派的观点，以预防作为解释刑罚的钥匙，因而在刑罚论中大谈人身危险性，并引入刑事责任的概念作为掩饰。这样，在犯罪论与刑罚论之间必然产生矛盾。我国刑法学界有人敏锐地感到了这一点，称之为刑法理论中的脱节点，并指出：为消除刑法理论中的脱节点，有必要确认犯罪行为人方面的特点（即人身危险性），并把有关特点也看作是犯罪的基本特征。[①] 我认为，这种观点是完全正确的，尽管它仅在犯罪论体系的意义上讨论这个问题，实则从罪刑关系的意义上亦有重大价值。因此，我认为人身危险性是与社会危害性既相联系又相区别的并与之并列的犯罪本质特征，只有在这一意义上，才能科学地阐述刑罚根据（包括定罪根据与量刑根据）问题。

更进一步地探讨社会危害性与人身危险性的关系，我们还应当注意到：两者虽然都同属于犯罪的范畴，但两者的地位是有所不同的，因而在罪刑关系的辩证运动中两者的意义也有所差别。具体地说，在立法过程中，确定犯罪的时候，主要考虑的是行为的社会危害性。只有那种社会危害性达到一定严重程度的行为，

① 参见刘勇：《犯罪基本特征新论》，载北京大学法律学系编：《改革与法制建设——北京大学九十周年校庆法学论文集》，540页，北京，光明日报出版社，1989。

立法者才会将其规定为犯罪，因而作为犯罪的法定概念，主要是就已然之罪的意义而言的。当然，由于人身危险性与社会危害性紧密相连，因而立法者主要考虑社会危害性，实际上也就同时兼顾了行为人的人身危险性，在定罪过程中，主要以社会危害性为根据，但同时也离不开人身危险性。例如，某些处于罪与非罪界线上的行为，在认定其是否构成犯罪的时候，就要参考行为人的人身危险性。例如，在我国刑法的规定中，构成某些犯罪，必须以“情节恶劣”为前提。如果某种违法行为处于恶劣与尚不恶劣的临界线上，那么，反映了行为人人身危险性的罪前和罪后（准确地说，是行为前和行为后）因素就在此通过“情节恶劣”的构成要件对定罪发生作用了。如果行为人表现一贯良好，没有前科劣迹之记载，且行为后认错态度很好，那么，我们就可以不认定其属“情节恶劣”，从而不予认定为犯罪；而如果行为人行为前表现一贯不好，常有违法乱纪之行为，屡教不改，并在行为后逃避责任，撒谎抵赖，那么，我们就可以认定其属于“情节恶劣”，就可以认定其为犯罪。① 由此可见，人身危险性在定罪中并非毫无意义。在量刑过程中，当然以社会危害性为主，但人身危险性的地位上升。关于这一点，已经为人们所认识。即使否认人身危险性不具有定罪的意义的学者，也承认它对于量刑具有重要意义，是实现刑罚个别化的主要根据。② 在行刑过程中，人身危险性开始居于主要地位，尤其是人身危险性中的再犯可能，是实现个别预防的主要根据。行刑过程，实际上就是人身危险性的逐渐消除过程，因而也是个别预防逐渐实现的过程。

总之，在犯罪概念中，社会危害性与人身危险性这两个因素的关系不是固定的，而是随着罪刑关系的辩证运动而逐渐展开与变化的。正确地处理这两者之间的关系，就成为整个刑事法律活动的基础。

---

① 参见王勇：《定罪导论》，88页，北京，中国人民大学出版社，1990。

② 参见谢正权：《论量刑的刑罚个别化原则》，载《政法论坛》，1988（1），16～20页。

第六章 故意犯罪

相对于过失犯罪而言，故意犯罪是主观恶性较深的一种犯罪。所谓明知故犯，指的就是故意犯罪。

第一节　故意犯罪的嬗变

故意犯罪历来是刑法所严惩的对象，因而故意犯罪很早就在立法上有所反映，并且从粗疏到完备，经历了一个漫长的演变过程。

一、古代刑法中的故意犯罪

在中国古代刑法中，最初故意犯罪简称为故，《尚书·大禹谟》就有“宥过无大，刑故无小”的记载，当时人们已经认识到故意犯罪要比过失犯罪严重，因而重点予以惩罚。《尚书·康诰》还有“非眚维终，不可不杀”之说，眚是过失，非眚是非过失，即故意。维终是坚持到底，不肯悔改。对于这种人，不可不杀。

由此可见，非眚是从与过失犯罪的区别上对故意犯罪的界定。

及至秦朝，法律对故意的规定更为规范化。秦律称犯罪故意为“端”或“端为”。《墨子·号令》：“其端失火以为事者，车裂”。毕沅注曰：“言因事端以害人，若今律故犯”。官吏断案，如果故意出入人罪，为“不直”或“纵因”。《法律答问》载：“罪当重而端轻之，当轻面端重之，是谓不直。当论而端弗论，及易其狱，端令不致，论出之，是谐‘纵囚’。”对于故意犯罪，依法应予从重处罚。在汉朝，区分故意与过失，已经上升为法律原则。《后汉书·郭躬传》有所谓“法令有故、误”之说。这里的故是指故意犯罪，误是指过失犯罪。矫诏杀人，是故，罪当腰斩。传命之谬，是误，罪止罚金。

晋朝的张斐对犯罪故意作了理论上的概括，指出：“其知而犯之，谓之故意”。根据张斐的这一论述，明知其行为可能造成某种危害后果而为之者，是故意犯罪。由此可见，张斐是以“知”即认识因素作为认定犯罪故意的主观根据。《唐律》基本上采用了张斐的这一解释，继承了张斐的认识主义理论。《唐律》在《斗讼律》中规定：“虽因斗，而用兵刃杀者，与故杀同。”因为“若金刃本可以害人之物，知其可以害人，而用以伤人，与知而犯之何异，故即斗争亦与故杀同，科至故杀，正所谓知而犯之者也”。此外，“无故于城内街巷走车马”、“向城官私室射”而致人死伤者，皆以故意论处。《唐律》所论及的上述情况，相当于现代刑法中的间接故意，由于以“知”为标准，因而理所当然地被划入故意的范畴。自唐以后，历代刑律关于故意犯罪的立法基本上都沿袭《唐律》，无大变动。

二、近代刑法中的故意犯罪

近代西方刑法中关于故意犯罪的立法，渊源于古罗马法。罗马法对故意责任之认定，乃以行为人对于结果有所预见为要件，虽学者中有主张对故意责任之成立，须行为人一方面对结果有单纯之预见，他方面对犯罪事实所意欲者，但此一主张未获普遍之支持，是以罗马法关于故意责任之学说，仍以观念说为主。① 随着启蒙运动的勃兴，启蒙思想家在抨击封建社会客观归罪的同时，充分肯定了行为人的主观罪过在定罪中的重要地位，从而对故意犯罪日益重视，犯罪的故意被确认为典型的罪过形式，并且进一步将犯罪故意区分为两种：直接故意与间接故意。例如英国著名法学家边沁指出："一项结果在它是故意的时候，可以是直接故意，也可以是间接故意。当产生它的前景构成那导致人采取行动的因果链上的一环时，它便可以说是直接故意。当结果虽在意中并似乎很可能随行动而来，但产生它的前景不构成上述链条的一环时，它便可以说是间接故意。"②

对故意犯罪研究的理论成果，必然反映在刑事立法上。1810 年《法国刑法典》虽然没有关于故意犯罪的一般规定，但在法典中随处可见的"恶意"、"知情"、"预谋"、"企图"、"意欲"等用语，无不具体地揭示了故意这样一种犯罪的心理状态。1871 年《德国刑法典》也在具体罪状中强调了犯罪故意的心理特征。及至 19 世纪后期开始，在各国刑法典中出现故意犯罪的一般规定。例如，1860 年颁布的《印度刑法典》第 39 条规定："一个人用有意使后果发生的方法，或者在使用这些方法时知道或者有理由相信会使后果发生，而致后果发生时，被认为是'故意地'使后果发生。"1903 年《沙俄刑法典》规定："不仅在犯罪者意欲犯罪的时候，其犯罪行为被认为是故意，当犯罪者自觉容许犯罪行为的结果发生时，亦认为是故意。"③

第二节　故意犯罪的概念

关于故意犯罪，我国刑法第 14 条作出如下界定："明知自己的行为会发生危

① 参见蔡墩铭：《唐律与近世刑事立法之比较研究》，156 页，台北，汉苑出版社，1976。

② ［英］边沁：《道德与立法原理导论》，时殷弘译，134～135 页，北京，商务印书馆，2000。

③ 转引自［苏］孟沙金主编：《苏联刑法总论》，下册，彭仲文译，590 页，上海，大东书局，1950。

害社会的结果，并且希望或者放任这种结果发生，因而构成犯罪的，是故意犯罪。”这一定义基本上正确地揭示了故意犯罪的内容。为了进一步深入地掌握故意犯罪的内涵，下面我们分别对故意犯罪的心理本质和主观特征加以研究。

一、故意犯罪的心理本质

关于故意犯罪的心理本质，在大陆法系刑法理论中曾经先后存在过以下三说：一是认识主义，又称预见主义、观念主义，认为认识因素是确定故意的标准，行为人已认识犯罪构成的事实并坚持实行，表明其主观的反社会性，就是犯罪故意。二是希望主义，又称意欲主义、意思主义，认为故意的成立不仅要认识构成要件的事实，而且须希望危害结果发生。三是容认主义，又称折中主义，认为犯罪故意在认识犯罪构成事实的基础上，并不一定以希望结果发生为条件，只要行为人容认危害结果发生，也构成故意。在上述三种观点中，认识主义强调认识因素在故意犯罪构成中的重要性，无疑是正确的。因为故意犯罪是明知故犯，而明知就是认识因素，没有明知，就根本谈不上故意犯罪。但是，过分夸大认识因素在故意犯罪中的地位，则是不可取的。事实上，认识本身只是一种对客观事物的反映，还不表明行为人对这一客观事物的主观心理态度。而且，故意犯罪必然要求明知，但反之则不然，即有明知却不一定就是故意犯罪。例如，过于自信的过失，行为人对于危害结果也是有所认识的，虽然认识的程度不如故意，但也可以说是一种明知。如果简单地以认识作为界定故意的根据，则过于自信的过失也就不恰当地包括到故意犯罪中来了。因此，认识主义存在片面性。希望主义在强调认识因素的基础上，将注意力投放在意志因素上，正确地揭示了认识因素与意志因素之间的内在关系，这无疑是比认识主义有所进步的。因为，只有意志因素才真正反映一个人的主观心理态度。但是希望主义将故意犯罪的意志因素仅仅局限为希望，否定了故意犯罪的意志因素的多元性，同样存在片面性。容认主义，在肯定认识因素在故意犯罪构成中的重要性的基础上，用容认来概括故意犯罪的意志因素。也就是说，对于构成故意犯罪来说，只要容认危害结果发生就足以构成，希望这种危害结果发生，当然更在情理之中。容认主义既排除了过于自信的过失，又纳入了间接故意，比较确切地揭示了故意犯罪的心理本质，因而为大多数国家的刑事立法所接受。

二、故意犯罪的主观特征之一：认识因素

明知自己的行为会发生危害社会的结果，是故意犯罪在认识方面的特征。故意犯罪是明知故犯，没有明知这一认识因素，就根本谈不上故犯。因此，犯罪主体对其行为引起的危害社会结果的明知，是构成犯罪故意的前提条件，是一切故意犯罪在认识上共同具备的特征。

（一）一般之明知

在一般情况下，故意犯罪的明知内容是什么？对此，在大陆法系刑法理论中存在以下三种学说：一是具体符合说，认为行为人所明知或者预见的构成犯罪的事实，与实际发生的犯罪事实完全一致时，才构成故意犯罪。如果行为人所明知或者预见的构成犯罪的事实，与实际发生的犯罪事实不符，则不能构成故意犯罪。二是抽象符合说，认为行为人所明知或者预见的构成犯罪的事实与实际发生的犯罪事实，存在抽象的一致时，不论明知或者预见的犯罪事实和实际发生的犯罪事实的具体差别和罪质轻重，均以行为人明知或者预见的犯罪事实以故意犯罪论处。三是法定符合说，认为行为人明知或者预见的犯罪构成事实与实际发生的犯罪事实在法定构成要件（特别构成要件）上一致时，行为人所明知或者预见的犯罪事实构成故意犯罪。以上三种观点，对故意犯罪的明知内容的理解是不同的。具体符合说要求主观认识与客观事实完全一致，即对客观事实具有完全的认识，显然有所不妥。例如，行为人预见被害人口袋里有一块手表，摸出来一看，是一串金项链。在这种情况下，所知与所为不完全一致，按照具体符合说不构成故意盗窃金项链的犯罪。我认为，这种观点对于故意犯罪明知或者预见的内容过

于苛求，不符合情理，因而不足取。抽象符合说放弃对客观事实的具体符合，代之以抽象符合，这在大多数情况下是可取的。例如，上述案件中，无论是手表还是金项链，都是他人所有之财物，明知是财物而加以秘密窃取，构成盗窃罪。但抽象符合说到底抽象到什么程度，没有加以限制，因而导致失之过广。例如，行为人见一军人在火车站候车，身旁有一只手拎包，预见里面有贵重财物，遂秘密窃取之。打开一看，里面有一支手枪。按照抽象符合说，行为人应以盗窃枪支罪论处。由于枪支只是财物，因而与行为人的主观上也是抽象地符合的与这一结论显然不妥，问题就在于抽象符合说对行为人主观认识的要求失之过宽。我认为，法定符合说将故意犯罪的认识内容限定在犯罪构成要件之内，具有一定的合理性。根据法定符合说，要求行为人认识或者预见的是同一构成要件内的事实：上述两个案件中，手表与金项链，同是财物，属于同一构成要件之内的财物；而手枪虽然也是财物，但它已经不是一般财物，是特殊财物，行为人主观上有盗窃一般财物的故意，但没有盗窃特定财物——枪支的故意，因而不能以盗窃枪支罪论处。

既然根据法定符合说，要求行为人认识或者预见的是同一构成要件内的事实，而犯罪构成具有主体、客体、客观方面等诸个构成要件，那么，故意犯罪应该认识犯罪构成要件的哪些事实呢？对此，在刑法理论上也存在争论，主要存在以下三种观点：一是一要件说，认为故意犯罪只要求行为人认识犯罪客观方面的事实。二是二要件说，认为故意犯罪应该认识犯罪客体和犯罪客观方面的事实。三是三要件说，认为故意犯罪必须认识法律所决定的该犯罪构成要件的一切事实。由于故意是犯罪的主观方面，那么一切事实就意味着包括犯罪主体、犯罪客体和犯罪客观方面的事实。以上争论，主要涉及的是两个问题：第一，犯罪主体是不是认识的内容？犯罪主体可以分为一般主体与特殊主体。一般主体主要是指刑事责任年龄和刑事责任能力，这些内容并非认识内容，这在刑法理论上不存在争议。关键是对特殊主体即主体身份是否应当认识。日本刑法学家内藤指出，认识内容包括行为主体、行为客体、行为状况。必须认识事实是符合构成要件的客观事实，在行为发生时已经存在。譬如，贿赂罪中的公务员，作为杀人罪客体的“人”，妨害灭火罪中的“火灾发生时”等，均属此类。[①] 苏联刑法学者也有类似观点，认为：如果某种故意罪的犯罪构成要件包括特殊犯罪主体的话，那么犯罪者应当认识到那些属于这一特殊主体的事实情况。[②] 我国刑法学界对这个问题一般都未涉及，但从论述来看，是把特殊主体排除在故意犯罪的认识内容之外的。例如我国学者指出：刑法规定中只是概括提到“明知行为会发生危害社会的结果”，而这种结果同犯罪客体、客观要件等事物是紧密联系的。因此，在具体犯罪中，明知必然表现为对与此相联系的其他犯罪要件事实的认识。[③] 这里只涉及客体和客观要件，而没有提到特殊主体。我认为，主体身份不应成为故意犯罪的认识内容。因为虽然主体身份在很多情况下影响犯罪性质，但主体对于本人的特殊身份是否认识对于犯罪性质并无影响。无论主体是否认识到本人的特殊身份，都可以构成故意犯罪。第二，犯罪客体是否是认识的内容？应该指出，我国刑法理论中的犯罪客体与大陆法系刑法理论中的行为客体是两个不同的概念，大陆法系刑法理论一般认为行为客体是认识内容，而这里的行为客体相当于我所说的犯罪对象。苏俄刑法学家一般认为，犯罪客体是认识内容。例如特拉伊宁指出：“故意应当包括说明犯罪客体、客观方面等的全部构成因素。”[④] 根据我的观点，犯罪客体与犯罪对象是合一的东西，作为行为作用的对象，犯罪客体当然是行为人所应当认识的。因此，应当把犯罪客体纳入故意犯罪的认识范围。

根据上述论述，我认为，故意犯罪应当认识的因素包括以下这些：

1. 行为的性质。

行为是犯罪的核心要件，没有行为就没有犯罪。行为的性质对于决定犯罪的

---

① 参见［日］木村龟二主编：《刑法学词典》，顾肖荣等译，243页，上海，上海翻译出版公司，1991。

② 参见《苏维埃刑法总则》，俄文版，183页，1981。

③ 参见王作富主编：《中国刑法适用》，109页，北京，中国人民公安大学出版社，1987。

④ ［苏］A. H. 特拉伊宁：《犯罪构成的一般学说》，王作富等译，165页，北京，中国人民大学出版社，1958。

性质，具有十分重要的意义。因此，行为的性质是故意犯罪首先必须认识的内容。这里所谓行为的性质，是指行为会发生危害结果的性质。如果行为人对行为的性质没有认识，那就根本不存在故意犯罪。例如，在假想防卫的情况下就是如此。在现实生活中，往往会发生这样的情形，即一个人确实由于主观认识上的错误，实际上并不存在不法侵害，却误认为存在，因而对臆想中的不法侵害实行了所谓正当防卫，造成他人的无辜损害，这就是刑法理论上的假想防卫。假想防卫属于刑法中的认识错误，具体地说，是行为人在事实上认识的错误，是行为人对自己行为的实际性质发生错误认识而产生的行为性质的错误。假想防卫在大陆法系刑法理论中是故意责任的阻却事由之一，不可能构成故意犯罪，无论是直接故意还是间接故意。① 假想防卫之所以阻却犯罪故意，就是因为假想防卫行为虽然是故意的行为，但这种故意是建立在对客观事实错误认识基础上的，自以为是在对不法侵害实行正当防卫。行为人不仅没有认识到其行为会发生危害社会的后果，而且认为自己的行为是合法正当的，而犯罪故意则以行为人明知自己的行为会发生危害社会的后果为前提。② 总之，行为的性质是故意犯罪必须认识的内容，如果不了解自己行为的危害社会的性质，就不存在故意犯罪。

2. 行为的客体。

行为的客体在一定程度上决定某一行为是否会发生危害社会的结果或者发生何种危害结果，因而也是故意犯罪的认识内容。对于特定的行为客体缺乏必要的认识，就不存在某种犯罪故意。例如，破坏公用电信设施罪，其客体是正在使用中的公用电信设施，例如电线、电缆等，如果不知是正在使用中的公用电信设施而加以破坏，则只构成故意毁坏公私财物罪，因缺乏破坏公用电信设施的犯罪故意，而不构成破坏公用电信设施罪。

---

① 参见甘雨沛、何鹏编：《外国刑法学》，上册，320 页，北京，北京大学出版社，1984。

② 参见陈兴良：《正当防卫论》，192 页，北京，中国人民大学出版社，1987。

3. 行为的结果。

行为的结果是指危害社会的结果，这是故意犯罪认识的核心内容。行为的性质与客体之所以成为故意犯罪认识的内容，根本原因也就在于如果不认识本人行为的性质与行为的客体，也就不可能明知自己的行为会发生危害社会的结果。因此，我国刑法第 14 条把故意犯罪明知的内容落脚在行为会发生危害社会的结果上，是有道理的。但是，对此我国刑法学界存在不同观点，有的学者指出：根据定义，只有“明知”会发生危害“结果”才能构成故意犯罪，这表明只有发生了法定结果才能成立既遂罪，然而刑法分则规定并非都如此。论者认为总则采用的是“结果本位”原则，是消极刑法思想的反映。提到理论高度，作为犯罪本质特征的行为严重社会危害性，是表明国家对某类行为的政治法律评价，并不是行为人的主观判断。刑法分则规定的故意犯罪主观要件也都没有要求行为人对行为社会危害性的认识，把故意犯罪的构成建立在犯罪人与国家意志相一致的基础上是一种理论失误，因而主张刑法修改时对刑法第 14 条作如下修改：“明知自己的行为会发生法律规定为犯罪的结果或者明知自己的行为就是法律规定为犯罪的行为，并且希望或者放任发生这种结果或者实施这种行为，因而构成犯罪的，是故意犯罪”①。我认为，这里涉及三个问题：一是行为的社会危害性是否是故意犯罪的认识内容？对此，我已经作了肯定的回答，故意犯罪之所以要求对行为的性质与客体有认识，也正是表明了这一点。二是希望或者放任是否仅限于对危害结果，对危害行为是否也存在希望或者放任的问题。这个问题涉及故意犯罪的意志因素，我将在下面讨论。三是是否一切故意犯罪都必须对行为的结果有认识，具体地说，行为犯或曰举止犯是否要求对危害结果有认识？我在此重点分析一下。关于这个问题，在刑法理论上存在争论。例如，苏联刑法学界对此历来就有两种不同观点。第一种观点认为，在实质犯罪构成（即结果犯）中要认识危害结果，

① 储槐植：《建议修改故意犯罪定义》，载《法制日报》，1991-01-24。

在形式犯罪构成（即举止犯）中不要求认识危害结果。① 第二种观点认为，不管是实质犯罪构成还是形式犯罪构成，都要认识危害结果。② 双方针锋相对，各持己见，在苏联 1983 年召开的罪过形式讨论会上，展开了激烈的争论。在我国刑法学界，对于这个问题涉及较少。只有少数学者认为，法律对某些犯罪的成立不要求有犯罪结果发生，并不等于这种犯罪不会造成危害社会的结果。任何犯罪都会发生危害社会的结果，尤其是故意犯罪是行为人有意识、有目的的行为，他必然认识到其行为的危害结果。所以，对于举止犯来说，只有认识到行为结果，才能构成犯罪故意。犯罪故意的认识因素的实质是对危害结果的预见。③ 我同意这一观点，也就是说，行为人对危害结果有无认识、是否要求其认识是一回事，法律在构成要件的客观方面是否以一定的危害结果作为必要要件是另一回事，不能因为法律不以危害结果为必要要件，而否定行为人主观上对一定的危害结果必须有认识。例如诬告陷害罪，刑法理论上的通说是行为犯，只要行为人出于陷害他人的目的，实施了诬陷行为，就构成犯罪既遂，至于被害人是否因诬告而受到刑事追究或刑事处分，对定罪没有影响，但可以作为情节在量刑时适当考虑。④ 但诬告陷害罪是否要求行为人主观上对危害结果即被害人受到刑事处分有认识（确切些说是预见）呢？回答是肯定的。如果行为人对此没有认识，那就不存在诬告陷害的故意，而可能是错告或者检举失实。因此，即便是举止犯，也要求行为人对危害结果有认识。

4. 行为与结果之间的因果关系。

因果关系对于故意犯罪的行为人来说，也是必须认识的。如果行为人虽然认识到某种危害结果，但认为与本人的行为毫无关系，就不存在对这一危害结果的犯罪故意。在不作为的情况下更是如此。当一个人的不作为能够发生危害社会的

---

① 参见《苏维埃刑法总则》，俄文版，183 页，1981。

② 参见《确定罪过的形式必须依据法律规定》，载《苏维埃司法》，1980（22）。

③ 参见高铭暄等：《中国刑法词典》，196 页，上海，学林出版社，1989。

④ 参见高铭暄主编：《中国刑法学》，492 页，北京，中国人民大学出版社，1989。

结果时，行为人只有认识到已经出现或即将出现的有害于社会的因果锁链，他才能认识到自己的行为会发生某种危害社会的结果。如果缺乏对已经出现或者即将出现的这种因果锁链的认识，也就排除了行为人对自己的行为会发生危害社会结果的“明知”①。当然，对因果关系的认识，不是要求行为人对具体因果过程的认识，而是行为人只要预见到某种危害结果将由自己的行为引起即可。

5. 法定的其他事实。

法定的其他事实，主要是指行为的时间、地点等。因为在一般情况下，行为的时间、地点并非犯罪构成的必备要件，例如杀人，无论在何时、何地杀人都构成杀人罪，所以不要求对杀人的时间、地点有认识。但在个别情况下，法律将行为的时间、地点规定为犯罪的特殊要件，因此，行为人对行为的时间、地点必须有认识。例如，我国刑法规定的非法狩猎罪，行为人必须明知是禁猎期、禁猎区，才具有非法狩猎的犯罪故意。

（二）特定之明知

除了一般之明知以外，我国刑法分则中还规定了特定之明知，即以犯罪人明知某种情况作为构成要件，这样的犯罪包括：掩饰、隐瞒犯罪所得罪、重婚罪、破坏军婚罪等。以掩饰、隐瞒犯罪所得罪为例，只有明知是犯罪所得的财物而代为保存的才构成掩饰、隐瞒犯罪所得罪。显然，如果不知其为犯罪所得的财物，则代为保存的主观意志没有恶性，不构成掩饰、隐瞒犯罪所得罪。应该指出，刑法总则在犯罪故意的概念中已经明确规定明知这一构成条件，某些刑法分则条文之所以再对明知加以规定，既不是无谓的重复，也不是再次的强调，而是因为总则中的明知与分则中的明知既相互联系又相互区别：前者是对自己的行为会造成危害社会的结果的明知，后者是对客体的某种特定情况的明知。在一般情况下，没有对客体的特定明知，并不影响对自己的行为会造成危害社会的结果的明知。例如，只要认识到客体是人而故意杀之，就是明知自己的行为会造成危害社会的

① 高铭暄、王作富主编：《新中国刑法的理论与实践》，242页，石家庄，河北人民出版社，1988。

结果的，而不要求对被害人的性别、年龄、身份的认识，甚至将物误认为人而故意杀之，虽然发生认识上的错误，对自己的行为会造成危害社会的结果仍然是明知的，只不过因客体不能犯构成犯罪未遂而已。但在特定情况下，如果没有对客体的特定明知，也就不存在对自己的行为会造成危害社会的结果的明知，因而不存在犯罪故意，例如上述掩饰、隐瞒犯罪所得罪就是如此。只有这样，才能充分理解刑法分则规定明知的立法意图。

在此，有必要探讨奸淫幼女罪是否以明知被害人是不满 14 周岁的幼女为条件的问题。我国刑法第 236 条第 2 款规定："奸淫不满十四周岁的幼女的，以强奸论，从重处罚"。那么，奸淫幼女罪是否以明知为条件呢？我国刑法学界存在以下四种观点：第一种观点认为，按照主客观相统一的原则，构成奸淫幼女罪除了行为人对幼女的奸淫行为外，行为人还必须明知被害人是不满 14 周岁的幼女；否则，就不构成奸淫幼女罪。第二种观点认为，不论行为人是否知道被害人是幼女，只要在客观上与不满 14 周岁的幼女发生了性行为，就应以奸淫幼女定罪。第三种观点认为，构成奸淫幼女罪，应当要求行为人明知对方是幼女。但是，并不要求行为人确知对方是幼女，而是只要他知道可能是幼女，就可以认定行为人是明知对方是幼女而故意奸淫，从而构成奸淫幼女罪。第四种观点认为，对这个问题不能一概而论，需作具体分析：幼女身体发育早熟，且谎报年龄，致使行为人显然无法知道其为幼女，同时性行为出于双方自愿的，一般不构成犯罪；幼女谎报年龄，但其身体发育并不早熟，行为人完全可以认识到她可能是幼女的，即使性交已征得幼女同意，仍然构成奸淫幼女罪。[①] 从法律的规定来看，上述第二种观点是有道理的，因为刑法分则对掩饰、隐瞒犯罪所得等犯罪的客体要求特定明知，对奸淫幼女罪却未作这样的要求。而上述第一种观点认为刑法总则关于犯罪故意的概念中规定了明知，因而包含了对幼女的明知，这种论证是缺乏说服力

① 参见高铭暄主编：《新中国刑法学研究综述（1949—1985）》，603～605 页，郑州，河南人民出版社，1986。

的，它不能说明掩饰、隐瞒犯罪所得等犯罪为什么有明知的规定。那么，如果上述第二种观点能够成立，能否引申出我国刑法承认绝对责任的结论呢？英国威廉姆斯教授认为，任何国家的刑法实际上都有绝对责任情况的实际存在，凡法律或事实错误实际上影响罪过，但立法不减免其罪责的均可被视为绝对责任，例如强奸幼女案件的年龄错误就是一例。[①] 显然，绝对责任与我国刑事立法的精神是格格不入的。上述第三种观点与第四种观点都有折中的意味，从实际效果来看较为公正合理，但没有法律根据。耐人寻味的是，1984 年 4 月 26 日最高人民法院、最高人民检察院、公安部《关于当前办理强奸案件中具体应用法律的若干问题的解答》（已失效）对这个问题只字未提，只是含糊地指出："在办理奸淫幼女案件中出现的特殊问题，要具体分析，并总结经验，求得正确处理"。显然，司法解释对这个问题采取了明显的回避态度。值得注意的是，2003 年 1 月 17 日最高人民法院《关于行为人不明知是不满十四周岁的幼女双方自愿发生性关系是否构成强奸罪问题的批复》对这一问题作出以下明文规定："行为人明知是不满十四周岁的幼女而与其发生性关系，不论幼女是否自愿，均应依照刑法第二百三十六条第二款的规定，以强奸罪定罪处罚；行为人确实不知对方是不满十四周岁的幼女，双方自愿发生性关系，未造成严重后果，情节显著轻微的，不认为是犯罪。"尽管这一司法解释招致一些批评意见，但我对这一规定深表赞许。从外国立法例来看，奸淫幼女罪是否需要以明知被害人为幼女才能构成，这也是一个有分歧的问题，大体上有三种情况[②]：第一，美国、英国、加拿大、意大利等明确否定明知。例如美国在性犯罪通则一节中设立专条，规定："在任何情况下，当某一行为是否犯罪取决于被害人的年龄是否未满 10 岁时，不知被害人年龄或有理由相信被害人已超过 10 岁，均不得作为无罪依据。"第二，瑞士原则上主张明知，但还规定了限制条件。《瑞士刑法典》规定："行为人因未充分注意而误认该儿童为

① 参见储槐植：《美国刑法》，83 页，北京，北京大学出版社，1987。

② 参见郑伟：《刑法个罪比较研究》，342 页，郑州，河南人民出版社，1990。

16岁以上而为前述行为，若加以注意即可避免错误者，处轻惩役。”由此可见，《瑞士刑法典》把对幼女年龄的认识分为三种情况：不知、明知与误认，不知者不为罪，误认者与明知同罪，但在处罚上可予以从轻。第三，德国、法国、日本、奥地利、韩国、泰国、印度、阿尔巴尼亚、罗马尼亚、蒙古、西班牙、巴西、苏联等未作明文规定。我国刑法属于上述第三种情况，但从刑法完善的角度来说，我主张在刑法分则条文中应当明确规定对幼女年龄的明知。当然，什么是明知，以及如何证明明知，可以作出司法解释与学理解释，其原则应该是：既不能让犯罪人以不明知为由逃避法律追究，又不能刑及确实不明知的无辜者。

三、故意犯罪的主观特征之二：意志因素

希望或者放任危害结果的发生，是故意犯罪在意志方面的特征。犯罪故意中的意志因素，是指犯罪人在明知自己的行为会发生危害社会的结果的基础上，决意实施这种行为的主观心理态度。意志因素在犯罪故意中具有决定性的意义，正如德国刑法学家克莱因指出：“决意实施法律禁止的行为，或者决意不履行法律命令的行为，就表明积极的恶的意志，就是故意。”[①] 犯罪故意中的意志因素之所以是犯罪人的主观恶性的决定性因素，就在于意志是将犯罪行为付诸实施的一种主观意图，在这种主观意图中包含着危害社会的主体倾向。

故意犯罪中的意志因素——希望或者放任，是针对危害结果还是针对危害行为，在刑法理论上也存在争论。双重标准论认为，主观心理状态的确定，既看其对危害行为的态度，又看其对危害结果的态度。例如我国学者指出，故意犯罪是希望或者放任危害结果或者实施这种行为。[②] 一重标准论认为，应以行为人对其

① 转引自［日］真锅毅：《现代刑事责任论序说》，日文版，66页，东京，法律文化社，1983。

② 参见储槐植：《建议修改故意犯罪定义》，载《法制日报》，1991-01-24。

行为引起的危害社会的结果的态度为标准。[①] 在以上两种观点中，我同意一重标准说。故意犯罪的意志因素，无论是希望还是放任，都是就危害结果而言的，而且法律也是这样明文规定的。在危害结果之外，另立其他标准，在定性上容易失误。

我国刑法中故意犯罪的意志因素分别为：希望与放任。应该说，希望与放任虽然同属犯罪故意的意志因素，但由于两者在意志内容上的差异而使其在主观恶性上也有所差别。希望是这样一种主观心理态度：犯罪人对于危害结果抱着积极追求的态度。换言之，这个结果的发生，就是犯罪人通过一系列犯罪活动所要达到的目的。而放任则有所不同，犯罪人不是追求这种结果的发生，但也没有明确表现出确实不希望甚至阻止它发生，而是有意地纵容其发生。由此可见，希望与放任，在其意志程度上是存在明显区别的：希望的犯意明显而坚决，放任的犯意模糊而随意。正是在这一点上，体现出直接故意与间接故意之间主观恶性的差别。

第三节　故意犯罪的法定分类

故意犯罪的法定分类，是指刑事立法上对故意犯罪所作的分类。我国刑法第14条把故意犯罪分为直接故意犯罪与间接故意犯罪，下面分别加以论述。

一、直接故意犯罪

犯罪的直接故意是指明知自己的行为会发生某种危害社会的结果，并且希望这种结果发生的主观心理状态。

犯罪的直接故意通常表现为以下两种形式：一是明知其行为有引起某种危害

① 参见王作富主编：《中国刑法适用》，107页，北京，中国人民公安大学出版社，1987。

结果的必然性，并希望其发生。例如，甲想杀死乙，用枪对准乙的脑袋射击，明知这必然致乙死亡而仍然为之。二是明知其行为有引起某种危害结果的可能性，并希望其发生。例如，甲想枪杀乙，但距乙较远，又缺乏射击技术，射击时对能否将乙打死没有把握，但仍然向乙开枪射击。

在直接故意犯罪中，一个有争论的问题是：行为人明知其行为必然会引起某种危害社会的结果，但他仍然通过自己的行为去促使这种结果发生。在这种情况下，行为人是直接故意还是间接故意？苏俄著名刑法学家 A. H. 特拉伊宁曾经举下面这个例子加以说明：有一座楼房正在修建，伊万诺夫和谢敏诺夫两个工人同在一个用粗麻绳系在十层楼的房顶旁的脚手架上工作。公民罗曼诺夫（伊万诺夫的仇人）企图害死伊万诺夫，为了这个目的而割断了捆着脚手架的绳索，结果两个工人都跌下来摔死了。对于这个案例，特拉伊宁作了如下分析：罗曼诺夫虽然不希望，但却有意识地放任其死亡的谢敏诺夫，不能不同伊万诺夫一块摔死。他的死亡并不是可能的，而是不可避免的。因此，罗曼诺夫不仅是以直接故意杀害了伊万诺夫，而且是以直接故意杀害了谢敏诺夫。因为在这种情况下，不杀害其中一人，就不能杀害另一人。因而，只要不希望发生、但有意识放任发生的结果必然要发生，就不能再说是可能的故意。① 这种观点为我国刑法学界所接受，一个时期成为通说。例如我国权威的刑法教科书指出："行为人虽不希望危害结果的发生，但明知结果必然发生，则仍是直接故意"②。对于这个问题，我国刑法学界开始产生否定说，主要理由有三：一是与法律规定不相符合。刑法规定的"会发生"所指的内容——发生的可能性和必然性，对于希望和放任都无例外是适用的。二是将主体的认识程度作为划分直接故意和间接故意的标准，不仅违背了法律划分罪过形式的本旨，而且逻辑上也犯了同时并用两个标准进行分类的错误。三是上述观点未能科学地反映人的心理活动规律。人在认识到自己的行为必

① 参见［苏］A. H. 特拉伊宁：《犯罪构成的一般学说》，王作富等译，167 页，北京，中国人民大学出版社，1958。

② 高铭暄主编：《刑法学》，2 版，149 页，北京，法律出版社，1984。

然要发生危害结果时，尽管他决意实施行为，也完全可能由于种种原因并不希望这个结果发生。人的认识程度对人的意志倾向虽有一定的制约作用，但人的意志在人的心理活动中又具有相对的独立性。主体对危害结果采取何种意志倾向，不取决于他的认识程度，而是取决于他对危害结果所抱的情感状态。所以，以人的认识程度来推论人的意志倾向，无疑是靠不住的。① 在否定说的上述三个理由中，前两个理由是不值一驳的：第一个法律理由，问题不在于法律如何规定，而在于法律规定是否科学。何况对法律规定的同一词汇加以扩大或者限制的解释，都是允许的。第二个逻辑理由，并用两个标准进行分类的逻辑错误实际上并不存在，关键是如何正确地划分。第三个心理理由，却是值得重视的。为了解释这个问题，我们有必要回到肯定说。在我们看来，肯定说犯了一个言不达意的语病：认识到结果必然发生，但又不希望发生而是有意放任其发生是直接故意而不是间接故意。这里有一个问题值得探讨：认识到结果必然发生，还有没有可能产生放任的心理态度？放任是以存在两种可能性为前提的，只有在存在可能发生也可能不发生这两种可能性的情况下，才谈得上放任的心理态度。正是在这个意义上，肯定说言不达意，因而产生了双重的自相矛盾：既然是放任，又怎么说不是间接故意；既然是不希望，又怎么说是直接故意。因此，我认为应当把这个问题表述为：在明知结果必然发生的情况下，还是否存在“放任”的心理态度？否定说根据心理活动规律，认为人的认识程度不能决定人的意志倾向。这一命题的正确性只是相对的，在某些情况下，人的认识程度恰恰能够决定人的意志倾向。例如过于自信的过失，只能建立在明知结果可能发生的认识基础之上，试问：明知结果必然发生，还有可能产生过于自信的意志倾向吗？回答是否定的。也许否定说会指出：我国刑法关于犯罪过失的概念中，对过于自信的过失采用的是“可能发生”一词，而刑法关于犯罪故意的概念中，对间接故意采用的是“会发生”一词，因而两者不可相提并论。这样，问题又回到法律理由上来了，回答的仍是那句老话：问题不在于法律如何规定，而在于法

① 参见夏卫民：《间接故意浅析》，载《法学季刊》，1982（3），53页。

律规定是否科学。总之，我认为在明知结果必然发生的情况下，不可能产生“放任”的犯罪意志，而只能是“希望”的犯罪意志。从这个意义上说，认识程度决定着意志的程度，从而决定着主观恶性的程度。

二、间接故意犯罪

犯罪的间接故意是指行为人明知其行为可能引起某种危害社会的结果并且有意放任这种结果的发生。质言之，预见到危害结果发生的可能性，而加以放任，就是间接故意。

间接故意犯罪的认识因素只能表现为对自己的行为可能造成危害社会结果的明知，如果是明知必然，则无放任可言。对此，在上面已经论及。我国刑法只用一个“会”字加以表述，而“会发生”一般认为包括必然发生与可能发生两种情形，这两种情形直接故意均可包括，但间接故意却不能包括明知危害结果的必然发生之情形。因此，有人建议将间接故意设立专款，以“可能”表示之。[①] 我认为，这一立法建议有一定道理。当然，即使刑法未加修改，也应当对间接故意的认识因素限于明知危害结果可能发生。

由于间接故意是以危害结果可能发生为前提的，因而在刑法理论上也把间接故意称为可能的故意。例如苏俄著名刑法学家 A. H. 特拉伊宁就将间接故意称为可能故意，指出：可能的故意——它的特点也就在于此——就在于犯罪人在不希望、但却有意识地放任发生的结果，是可能的，也就是说，可能发生，但也可能不发生。例如，公民甲为了获得保险金而放火烧掉了房子；这所房屋里有一个婴儿，甲并不希望这个婴儿死；但是，婴儿是可能被火烧死的，而甲却有意识地放任这种死亡的发生。在这个例子中，婴儿的死亡是可能发生的，但它也可能不发生。因为甲是不希望，却有意识地放任婴儿的死亡，所以，甲要负直接故意放

① 参见赵秉志主编：《刑法修改研究综述》，122 页，北京，中国人民公安大学出版社，1990。

火罪并对由可能的故意构成的杀害婴儿罪负责。① 在大陆法系刑法理论中，则把可能的故意称为未必的故意，是不确定故意的一种，例如明知子弹可能击中甲，但他抱着无所谓的态度开枪的情况，这是明知有结果发生的可能性，但他对其结果采取容忍的态度。② 我认为，用可能的故意来说明间接故意，虽然突出了认识的因素，即明确地将间接故意的认识程度限制在明知其行为可能发生危害社会的结果，这是具有一定意义的。但这一用语同样存在缺陷，因为直接故意与间接故意的区别，主要在于意志因素的差别，而认识程度上的差别是次要的，并且反映行为人主观恶性同时据以揭示犯罪故意的本质属性的也是意志因素。因此，用认识因素来表示间接故意，不仅有失片面，而且是本末倒置。此外，除间接故意是认识到行为可能发生危害结果以外，过于自信的过失也是预见到行为可能发生危害结果，如果只反映明知行为可能发生危害结果这一特征，则容易将间接故意与过于自信的过失混为一谈。因此，我认为以可能的故意取代间接故意并不足取。

关于间接故意的意志因素，考察各国刑事立法，在理论上可以概括为以下诸说：一是放任说，认为间接故意犯罪是指行为人认识到自己的作为或不作为对社会的危害性，并预见到它对社会的危害结果，而且有意识地放任这种结果发生的行为。例如《苏俄刑法典》第 8 条就是这样规定的，朝鲜、原捷克斯洛伐克、蒙古、阿尔巴尼亚、原民主德国等国家刑法典均采放任说。二是同意说，认为间接故意犯罪是指行为人意识到自己的作为或不作为可能产生为法律所禁止的结果，并同意这一结果发生的行为。持这种主张的有波兰、前南斯拉夫等国家的刑法典。这种学说将间接故意犯罪的特征分为两个方面：从认识因素来看，行为人意识到自己的行为可能产生法律所禁止的后果；从意志因素来看，行为人的意志状

① 参见［苏］A. H. 特拉伊宁：《犯罪构成的一般学说》，王作富等译，167 页，北京，中国人民大学出版社，1958。

② 参见［日］福田平、大塚仁：《日本刑法总论讲义》，李乔等译，69 页，沈阳，辽宁人民出版社，1986。

态比较肯定，同意危害结果的发生。三是容忍说，认为间接故意犯罪是行为人明知有危害结果发生的可能性，却对其结果采取了容忍的态度。持容忍说的主要是日本，日本虽然在刑法典中没有明确规定故意犯罪的概念，但在刑法理论上一般都认为间接故意犯罪就是容忍危害结果的发生。四是不违背本意说，认为间接故意犯罪是指行为人对于构成犯罪之事实，预见其发生并不违背其本意的行为。例如中华民国1928年刑法第26条规定："行为人对于构成犯罪之事实，而其发生并不违背其本意者，以故意论。"在以上四说中，同意说与不违背本意说实际上是一正一反之关系，异曲同工，内容雷同。放任说与容忍说相比较，容忍说过于消极，没有科学地揭示出间接故意犯罪人对危害结果所持的心理态度。比较之下，放任说恰当一些，我国刑事立法与刑法理论皆采放任说。

那么，如何理解放任一词呢？在汉语中，放任是指听其自然，不加干涉。因此，似乎给人一种无所作为的消极感。我国刑法学家往往对放任作如下解释：行为人在当时的情况下，对于危害结果是否真的要发生，是处在一种不能肯定的状态之下，行为人虽不希望这种结果发生，但又不设法防止其发生，而是采取听之任之，漠不关心的态度。[①] 因此，听之任之、漠不关心就成为放任一词的注脚。这种解释可能会给人这样一种印象，就是对发生某种危害结果和不发生某种危害结果，行为人采取了模棱两可的态度，似乎危害结果的发生与不发生，同他没有丝毫利害关系。对于这种解释，我国学者提出了批评，认为在间接故意犯罪中，行为人对危害结果并不是完全持"漠不关心"的态度。由于危害结果是基于实现行为人所追求的目的的行为而发生的，行为人在明知自己的行为会发生这种危害结果的情况下，为了达到自己的既定目的，仍然实施这种行为，这本身就意味着行为人对所放任的危害结果具有自觉容忍其发生的心理态度。这种心理态度表现为实现他的既定目的比防止发生危害结果更为重要，因而危害结果的发生并不违

① 参见高铭暄主编：《新中国刑法学研究综述（1949—1985）》，245页，郑州，河南人民出版社，1986。

背行为人的意志。[①] 更为可贵的是，我国刑法学界还有学者以对立统一规律为指导，将放任意志形态置于犯罪发展过程的动态领域之中加以考察，较为正确地揭示了放任意志形态的全部心理实质，指出：在间接故意犯罪的情况下，行为人开始所抱的意志形态的确是不希望危害结果发生。但是，这种不希望并不是放任意志形态的真正含义。任何间接故意犯罪，都是以追求某种目的结果为前提的；正是这种目的结果，导致了行为人原先的不希望意志形态发生性质上的变化。这种变化表现为：本来，行为人既然明知自己的行为会发生某种危害结果，也不希望这种结果发生，那么，只要停止实施预定行为，危害结果自不会发生。但是，行为人为了追求另一目的结果，执意实施预定行为。这时，他主观上就会产生一种矛盾，即既不希望危害结果发生，又想实施会引起这种结果发生的行为。有矛盾必有斗争。一旦斗争的结果仍然是决意实施预定行为，于是原有的不希望意志形态自行消失，转化为对危害结果的发生抱听之任之的放任意志形态。[②] 论者虽然仍以听之任之解释放任，有其不贴切之处，但对放任意志形态的产生与发展过程的论述是较为科学的。我认为，可以用纵容来解释放任，这表明：放任并非听之任之、漠不关心，而是有意地放纵危害结果的发生。唯有如此，才能揭示间接故意犯罪的主观恶性。

第四节 故意犯罪的学理分类

故意犯罪的学理分类，是指刑法理论上对故意犯罪所作的分类。刑法理论从各种不同角度，对故意犯罪进行分类，以便更好地把握各种故意犯罪的类型。

① 参见高铭暄、王作富主编：《新中国刑法的理论与实践》，247～248 页，石家庄，河北人民出版社，1988。

② 参见赵国强：《论刑法中的故意》，载赵秉志等：《全国刑法硕士论文荟萃（1981 届—1988 届）》，229 页，北京，中国人民公安大学出版社，1989。

一、确定故意犯罪与不确定故意犯罪

在刑法理论上，根据犯意的确定性程度，可以将故意犯罪分为确定故意犯罪与不确定故意犯罪。

（一）确定故意犯罪

确定故意是指行为人对其行为的事实和后果有明确预见，作出决意，并在实施行为中希望结果的发生。这种确定故意，在刑法理论上有的认为就是直接故意。[①] 在确定故意的情况下，行为人的犯意明确而坚定，行为人不仅认识到自己的行为的危害社会的性质，而且决心通过自己的行为追求危害结果的发生，因而是主观恶性最深的一种犯罪心理。

（二）不确定故意犯罪

不确定故意是指行为人对构成犯罪的事实没有具体确定的认识，即在实施犯罪行为或某种非犯罪行为时，不具有侵犯特定客体或希望犯罪行为发生的心理状态。一般认为，不确定故意又可以分为以下三种：

1. 概括故意。

概括故意是一个复杂的概念，可以在以下三个意义上加以理解：

一是作为不确定故意的一种，指行为人明知或者预见自己的行为会发生危害结果，但又不确知这种结果发生在什么对象上的犯罪心理。例如，甲向聚集在一起的众人开枪，打死多人。甲明知向人群开枪会剥夺他人生命，但又不确知究竟会死几人、死者为何人，即客体具有不确定性。只要行为人对犯罪的事实有概括的认识就足以构成故意犯罪，不要求行为人明确犯罪结果发生在什么客体上。

二是指连续犯的主观条件。在刑法理论上，连续犯是指基于同一的或概括的

① 参见甘雨沛、何鹏编：《外国刑法学》，上册，361页，北京，北京大学出版社，1984。

犯罪故意，连续多次实施性质相同的几个犯罪行为，而触犯同一罪名的犯罪。[①]按照这一概念，连续犯在主观上必须基于同一的或者概括的犯罪故意。这个意义上所谓概括的犯罪故意，是指虽然没有明确具体的犯罪计划，但是有一个概括的犯罪意向，有一个总的犯罪意图。[②] 由此可见，这个意义上的概括故意是与单一故意相对应的。

三是所谓威伯的概括故意。例如，甲出于杀乙的意图勒其脖颈，使乙陷于假死状态，甲误认乙已经死去，而将乙投入水中，实际上乙是溺水而死，而甲误认为他最初的行动已达到他所企图的目的，于是采取了第二个行动，但实际上他最初所企图的目的是由他第二个行动实现的。在这种情况下，如何分析行为的犯罪故意呢？在大陆法系刑法理论中，对此存在以下两种观点[③]：第一，行为两分说，认为作为第一故意的杀人与为了达到转移尸体目的而实施的第二故意行为之间即使有联系，而两者应该被看成是分别独立的两个行为，关于这一点，有许多论据可以论证。第二故意与第一故意在内容上完全不同，那么两者的统一是否有可能呢？对此，有些观点认为，已经实现了的事情不可能成为故意的对象，第二故意也不可能受第一故意的支配等。这些观点都主张把行为一分为二，对于第一故意应追究未遂罪责，对第二故意根据不同情况应追究过失既遂的罪责。但在杀人未遂与过失致死的关系上，又有以下三说：（1）合并罪说，该说主张把犯罪的全过程分割成两个个别的独立行为，实行数罪并罚。（2）观念竞合说，该说虽然也把行为分为杀人未遂与过失致死，但是又想统一地把握全过程，视为想象竞合犯。（3）折中说，该说把此类案件分为两类：其一是可以认定有一个故意既遂的，其二对两个行为是可以认定合并罪的。对于前者，该说认为第一个未必故意

① 参见高铭暄主编：《中国刑法学》，221 页，北京，中国人民大学出版社，1989。

② 参见高铭暄主编：《新中国刑法学研究综述（1949—1985）》，394 页，郑州，河南人民出版社，1986。

③ 参见［日］木村龟二主编：《刑法学词典》，顾肖荣等译，250～251 页，上海，上海翻译出版公司，1991。

也涉及第二个行为，因此应该认定为故意既遂。对于后者，认为既然行为者在实施第二个行为时确实误以为结果已经发生，那就只能认定为未遂和过失的合并罪。第二，概括故意说，又分为以下两种观点：(1) 一行为说，关于概括故意案件，合并罪说与观念竞合说主要对将案件的全过程应该看作是一个行为还是两个行为，存在着意见分歧。对此，观念竞合说的观点未必十分明确。而概括故意说完全是从故意概念的角度出发，把它看作是一个行为，也就是说，认为整个过程是一个行为，而且是由第一故意引导出来的一个行为，因此其把第一个故意引导出来的第二个行为作为一个整体，是归结到一个行为当中去，试图根据概括故意来认定第一故意行为的既遂。这种观点是在意欲扩大来自罗马法的故意概念的基础上产生的，它通过对故意内容的分析，最后认定行为是一个。(2) 因果关系上的错误说，从故意概念的角度，把概括故意案件看作是一个行为的，就是概括故意说的观点。在承认第一故意行为既遂的相同见解中，也有观点不是直接涉及一个或两个行为的问题，而是把它看作是因果关系上错误的特殊情况。该观点试图并用法定符合说和相当因果关系说来确证第一故意行为的既遂。从前面所举的事例来看，一般实施了第一个行为的行为者有可能为了掩盖自己的罪行而实施第二个行为，最初的结果可能因第二个行为而得到实现。这样，因第二个行为而实现的结果，应该说包括在相当因果关系的相当性范围之内。可以认为，此时的因果关系中错误不会对故意的成立产生任何影响，因此应对行为者追究杀人既遂的罪责。当同一行为者的行为以第一行为和第二行为的形式连续实施时，第二行为可被看作是第一行为与结果的中间原因，如果该中间原因的存在不影响到第一行为与结果之间的相当因果关系，那么按照法定符合说的观点，错误并不重要。在上述观点中，通行的是概括故意说。苏俄刑法学家 A. H. 特拉伊宁则称之为一般故意 (dolus generalis)，指出：当所希望的结果不是在犯罪人预料的时刻内发生的，在这种场合，可能产生一种独特的故意，即所谓一般故意。如甲用枪射击乙，认为乙已被击毙，为了湮灭罪迹，便把乙扔到水里，但是后来发现，乙并非由于被子弹击中而死，而是被扔到水里后淹死的，在所有与此类似的场合，行为人都是故意，而且是以直接故意行动的。[①] 在英美刑法中，类似情况也被认定为一个故意犯罪，指出：一般来说，杀人或致人重伤的故意必须在被告实施引起死亡的行为时存在。但是，如果死亡是被一系列行为中的一个行为引起的，这一系列的行为又不可分割，例如是预想计划的组成部分，那么，如果被告实施一系列的其他行为时具有谋杀的故意，而实施谋杀的行为时没有这种故意，那都是无关紧要的。在“萨博·梅利诉王室政府”一案中，被告计划在一个小屋里杀死被害人，然后把这个人的尸体从悬崖上滚下去，造成死于意外事故的假象。被害人在小屋里被打得昏迷不醒，而被告确信他已死亡，就把他从悬崖上滚下去了。医学证据表明，被害人的死亡不是由小屋里的伤害所致，而是死于被丢弃在悬崖下。有人争辩说，对于被告不应以谋杀定罪，因为当被告实施第一行为时，具有杀人的犯罪意图，但这一行为不是死亡的原因；而引起死亡的第二个行为却不具有杀人的犯罪意图，因为被告确信被害人早已死亡。枢密院否认了这一观点，认为两个行为是一个不可分割的整体。因此，对于被告应以谋杀定罪，而不是像否定的观点占优势时那样，认定为谋杀未遂或应受处罚的杀人罪（非预谋杀人罪）。枢密院的提示意见表明，如果在具有杀人的故意时实施的行为和实际的杀人行为不是整个预定计划的组成部分，它作出的判决就可能不同了。无论如何，在丘奇一案中，刑事上诉法院认为，萨博·梅利一案的判决也适用于非预谋杀人罪的指控和这样一种情况，即造成死亡的行为不在计划之中，与犯罪意图相连的行为在当时完全不能预见。在该案中，被告突然袭击一个妇女，致使这个妇女昏迷过去了。当时，被告以为这个妇女已经死亡，便把她的躯体扔进河里，从而使她被淹死。上诉审维持了非预谋杀人的判决，其根据是，被告的行为是由一系列的行为组成的，这一系列的行为以妇女的死亡而告终。这一判决看来是正确的，虽然确

① 参见［苏］A. H. 特拉伊宁：《犯罪构成的一般学说》，王作富等译，166页，北京，中国人民大学出版社，1958。

定被告的行为是否组成一个不可分割的整体将是经常面临的困难。[①] 我认为，上述情况涉及不少法理问题，例如：是一个行为还是两个行为？这两个行为之间的关系如何？是一个概括的故意，还是既有故意又有过失？等等。主要的问题是：在杀人故意支配下的行为并未将人杀死，没有杀人故意的行为却将人杀死，在这种情况下是合二为一，视为一个故意杀人既遂罪，还是一分为二，看作故意杀人未遂与过失杀人两个罪呢？根据我的观点，对这种情况用概括的故意是可以解决的，并不违反主观与客观相统一的原则。根据概括故意，无论是一个行为还是两个行为，都是属于实现一个故意范围之内的所为，不能成立两个罪。

2. 择一故意。

择一故意是指行为人不确知自己的行为会对数个客体中的哪一个客体发生危害结果，但明知或者预见必有其中之一会发生此种结果，并且在实施行为时希望这种结果发生的犯罪心理。例如，甲欲杀其仇人乙，见乙与其妻女同行散步。甲持枪向乙及其妻女射击，其主观上认为如果射中乙当然好，即使不射中乙，而射中其妻或其女，亦足以报仇。这种心理状态，就是择一故意。应该指出，择一故意与概括故意虽然同属不确定故意，但两者是有区别的。区别主要在于不确定的程度不同：概括故意的不确定是非限制性的，行为人只知道会发生危害结果，却完全不知什么客体会受到危害结果。而择一故意的不确定则是限制性的，行为人确知侵害的客体非此即彼，必有其一。

3. 未必故意。

未必故意是指行为人明知或者预见自己的行为可能发生危害结果，并且放任这种结果发生的犯罪心理，也称为可能故意或者间接故意。未必故意的侵害客体一般是确定的，因而不同于概括故意与择一故意，未必故意之所以被认为是不确

① 参见［英］鲁珀特·克罗斯、菲利普·A. 琼斯：《英国刑法导论》，赵秉志等译，154 页，北京，中国人民大学出版社，1991。

定故意，主要在于：第一，行为人对行为所发生的结果不确定。第二，行为人对行为所发生的结果的认识限于有发生可能的情况，既可能发生，也可能不发生，因而具有不确定性。第三，行为人对危害结果发生的心理态度具有一定的不确定性：既不希望其发生（如果希望发生，就是直接故意），又不希望其不发生（如果希望其不发生，就是过于自信的过失）。

二、偶然故意犯罪与预谋故意犯罪

在刑法理论上，根据犯罪故意形成时间的长短，可分为偶然故意犯罪与预谋故意犯罪。

（一）偶然故意

偶然故意，又称一时故意、单纯故意、激情故意、顿起故意或非预谋故意，指行为人非经预谋而出于一时起意实施危害行为的犯罪心理。在偶然故意的情况下，因偶尔的一点琐事，犯意顿起，导致危害结果的发生。从萌发犯意，到结果发生，往往时间短促，表现为激情型犯罪。

（二）预谋故意

预谋故意是指行为人经过深思熟虑和反复思考之后着手实施犯罪的犯罪心理。由于预谋故意犯意形成的时间比较长，在一般情况下主观恶性较之非预谋故意要重，因而，一般来说，区分预谋故意与偶然故意对于量刑具有一定的意义。正如苏俄刑法学家指出：有预谋的故意实施犯罪的人一般都比由于突发的故意而实施同样犯罪的人更危险。因此，即使故意产生的时间不能影响定罪，但在判刑时仍然要加以考虑。[①]

---

① 参见［苏］H.A. 别利亚耶夫、M.И. 科瓦廖夫主编：《苏维埃刑法总论》，马改秀等译，151页，北京，群众出版社，1987。

三、事前故意犯罪与事后故意犯罪

在刑法理论上，根据行为人在行为当时的意思决定，可分为事前故意犯罪与事后故意犯罪。

（一）事前故意

事前故意，是指行为人在犯罪事实发生之前就希望危害结果发生的犯罪心理。例如行为人出于某种犯罪目的而实施一定的犯罪行为，因对犯罪事实判断错误，以为犯罪既遂，又出于其他目的，实施另一个行为，因后一行为才得以完成原来所认识的犯罪事实。就其后一行为观察，对于以前所认识的犯罪事实的完成，虽无故意，但就行为整体观察，后一行为是前一行为决定意思的延续，最初的犯罪意图贯穿至后一行为，因此称为事前故意，又称为延续的故意。但这种事前故意实际上就是威伯的概括故意，视为概括故意较妥；因此，事前故意这一概念可以废除。

（二）事后故意

事后故意，是指行为人在实施足以发生一定结果的行为后，才产生犯意，并放任危害结果发生的犯罪心理。例如医生为病人甲剖胸做手术，剖开胸膛后，发现甲乃其仇人，遂放任不管，致甲死亡。一般认为，在这种情况下，医生具有事后故意，构成杀人罪。但我认为，这种情况并非事后故意，而应当是不作为犯罪，应以不作为故意杀人论处。犯罪故意不可能具有溯及力，因此事后故意的概念是不科学的，应予废止。

四、危险故意犯罪与实害故意犯罪

在刑法理论上，根据侵害法益的后果状态，可以分为危险故意犯罪和实害故意犯罪。

（一）危险故意

危险故意是指行为人明知或者预见自己的行为会对某种法益足以发生危害结果的危险，并且希望或者放任这种危险发生的犯罪心理。因而，危险故意实际上就是危险犯的犯罪故意。由于危险犯可以分为抽象危险犯与具体危险犯，因而危险故意在这两种危险犯中存在差别：在抽象的危险犯里，由于法律规定其具有一般性的抽象危险，行为人只要实施了某种符合犯罪构成要件的行为，即认为具有危险的故意，不必查证行为人主观上是否明知其行为的危险性。例如现住建筑物等放火罪，只要行为人明知某种建筑物现在供人居住或者有人在内，而点火燃烧，即具有危险的故意，并不要求行为人认识其行为对于一般的公众的生命、身体、财产造成威胁。而在具体的危险犯里，必须查证行为人明知其行为的危险性，才认为行为人具有危险的故意。①

（二）实害故意

实害故意是指行为人明知或者预见自己的行为会对某种法益发生实际损害的结果，并且希望或者放任这种结果发生的犯罪心理。实害故意与危险故意在认识的内容上有所不同，因而区分是有必要的。

---

① 参见杨春洗等主编：《刑事法学大辞书》，513页，南京，南京大学出版社，1990。

第七章

过失犯罪

过失犯罪虽然不如故意犯罪那样常见，但在司法实践中，过失犯罪的认定更为复杂。因此，过失犯罪往往受到人们的重视，需要深入研究。

第一节　过失犯罪的嬗变

过失犯罪是伴随着立法者对犯罪认识的深化而逐渐被认识并在法律上加以规定的。因此，作为法律现象的过失犯罪，经历了一个产生和发展的演变过程。

一、古代刑法中的过失犯罪

在中国古代刑法中，过失也被称为眚。《尚书·舜典》有“眚灾肆赦”的记载，眚指过失。《左传》云：“不以一眚掩大德”。《尚书·康诰》还指出：“乃有大罪，非终，乃惟眚灾：适尔，既道及厥辜，时乃不可杀。”这里就明确提出过失犯罪再严重也不可杀的过失从轻的处罚原则。西周的立法者明确提出三宥：

“一宥曰不识，再宥曰过失，三宥曰遗忘。”[①] 由此可见，当时是以对于自己的行为及其客体和行为结果有无认识以及有无全部认识作为界定过失的标准。而所谓“宥”，注文：“宽也”，即从宽处理，包括不追究刑事责任。

在秦律中，过失称为不端或失。例如《法律答问》指出：“甲告乙盗牛若贼伤人，今乙不盗牛、不伤人，问甲何论？端为，为诬人；不端，为告不审。”[②] 甲控告乙盗牛或伤人。经查明乙既未盗牛，又未伤人。在这种情况下，对甲应如何处理呢？出于故意，就构成诬告罪；不出于故意即出于过失，就属于控告不实。秦律规定的官吏犯罪中，根据主观心理状态，有“不直罪”与“失刑罪”之分。如果在主观心理上有包庇罪犯的故意，就构成了“不直罪”。根据《法律答问》：“罪当重而端轻之，当轻而端重之，是谓‘不直’。”[③] 对于“不直罪”，秦律处罚很重。不出于故意，即主观心理上没有包庇罪犯的故意，就以“失刑罪”论处，属于过失犯罪。在秦律中，由于将“失刑罪”看成是“不端为”，处罚不会重。《法律答问》有：“甲贼伤人，吏论以斗伤，吏当论不当？当谇。”[④] 确属错判，当构成失刑罪，仅给予“谇”，即申斥的行政处分，由此可见对过失犯罪处刑之轻。

及至晋朝，张斐对过失犯罪作了理论概念，指出；“不意误犯，谓之过失。”根据这一论述，如果行为人没有意识到自己的行为可能造成某种危害后果而为之者，是过失犯罪。《唐律》采用了张斐的这一解释，以“不知”作为界定过失的标准。《斗讼律》规定：“诸过失杀伤人者”，注云：“谓耳目所不及，思虑所不到；共举重物，力所不制；若乘高履危足跌及因击禽兽，以致杀伤之属，皆是。”《疏议》又进一步加以解释说：“谓耳目所不及，假有投砖瓦及弹射，耳不闻人声，目不见人出，而致杀伤；其思虑所不到者，谓本是幽僻之所，其处不应有

---

① 《周礼·秋官·司寇》。

② 睡虎地秦墓竹简整理小组：《睡虎地秦墓竹简》，169页，北京，文物出版社，1983。

③ 睡虎地秦墓竹简整理小组：《睡虎地秦墓竹简》，191页，北京，文物出版社，1983。

④ 睡虎地秦墓竹简整理小组：《睡虎地秦墓竹简》，203页，北京，文物出版社，1983。

人，投瓦及石，误有杀伤；或共举重物，而力所不制；或共升高险，而足蹉跌；或因击禽兽，而误杀伤人者；如此之类，皆为'过失'。称'之属'者，谓若共捕盗贼，误杀伤旁人之类，皆是。"《唐律》对过失犯罪，采取从轻处罚的原则。例如《名例律》规定："其本应重而犯时不知者，依凡论；本应轻者，听从本。"自唐以后历代刑律对过失犯罪的规定，大体上袭从《唐律》。

二、近代刑法中的过失犯罪

近代西方刑法关于过失犯罪的立法肇始于古罗马法。在罗马法中，过失犯之处罚，在于行为人疏忽而未认识行为之违法性，或由于行为人之错误，致未认识其行为之结果，凡此均可因有所需要之注意而得予避免。[①] 12世纪，意大利注释法学的发展，使非故意的犯罪趋于理论化。法学家们"尝试区别故意与过失，并以行为人对犯罪结果的预见、认识，作为区别的标准"[②]。及至近代，在启蒙思想的影响下，确立了以处罚故意为原则，处罚过失为例外的刑法原则。1810年《法国刑法典》没有关于过失犯罪的一般规定，而是使用"轻率"、"疏忽"、"懈怠"、"不注意"、"不熟练"等语表示过失。1871年《德国刑法典》在刑法总则中设置了事实错误的条款，涉及对过失犯罪的规定。该刑法典第59条规定："行为人犯罪时，如对于法律所定构成犯罪事实要件的情况的存在并不知悉，或者对于加重处罚的情况的存在并不知悉者，此项情况不应归行为人负责。"（第1项）"处罚过失犯罪时，以犯人的不知情况并非由于应归其负责的过失为限，始适用第1项。"（第2项）根据这一规定，事实认识错误阻却故意，但应否负过失的刑事责任，则应以犯人对不知情有无过失而定。及至20世纪初期，刑事立法上开始有过失犯罪的一般规定，例如1903年沙俄刑法典规定："不仅在犯罪者未预见

---

① 参见蔡墩铭：《唐律与近世刑事立法之比较研究》，160页，台北，汉苑出版社，1976。

② ［日］真锅毅：《现代刑事责任论序说》，日文版，43页，法律文化社，1983。

犯罪结果发生时，其犯行被认为是过失罪，当犯罪者虽已预见结果之发生，但轻信会防止其发生的时候，也被认为是过失罪。”①

第二节　过失犯罪的概念

关于过失犯罪，我国刑法第 15 条作出如下界定：“应当预见自己的行为可能发生危害社会的结果，因为疏忽大意而没有预见，或者已经预见而轻信能够避免，以致发生这种结果的，是过失犯罪。”这一定义较为准确地揭示了过失犯罪的内容。为了进一步深入地掌握过失犯罪的内涵，下面我们分别对过失犯罪的心理本质和主观特征加以研究。

一、过失犯罪的心理本质

关于过失犯罪的心理本质，在大陆法系刑法理论中，曾经先后出现过以下诸说：一是无认识说，认为行为人对犯罪事实或犯罪结果没有认识，是犯罪过失的标志。将过失犯说成是不意误犯，就是无认识说的观点之一。无认识说与认识主义是一对孪生子。根据认识主义，凡是对犯罪事实或犯罪结果有认识的就是犯罪故意。理所当然地，没有认识的就不是犯罪故意。因此，无认识说也是认识主义的必然结论。二是不注意说，认为过失乃是行为人因违背注意义务而导致犯罪结果发生的心理态度。与无认识说强调过失犯罪的认识相比，不注意说强调的是过失犯罪的意志因素。不注意说与希望主义是一对双胞胎。根据希望主义，行为人希望危害结果发生的，是犯罪故意，因此，凡是不希望危害结果发生，但对危害结果发生应当注意而没有注意的，就不是犯罪故意，那当然只能是犯罪过失。三

① 转引自［苏］孟沙金主编：《苏联刑法总论》，下册，彭仲文译，390 页，上海，大东书局，1950。

是避免结果说，认为犯罪过失是行为人希望避免犯罪结果，但因违反注意义务或回避违法结果义务而导致犯罪结果的心理态度。避免结果说与容认主义是一对伴生儿，根据容认主义，明知或者预见到自己的行为可能发生危害结果，虽然不希望危害结果的发生，但却消极地容忍危害结果发生的，是犯罪故意。因此，凡是不希望结果发生并且避免结果发生的，当然就是犯罪过失。避免结果说源出于德国著名刑法学家费尔巴哈。费尔巴哈指出：过失虽非由于行为者之意图而惹起侵害权利之情形，但发生侵害权利之事，无论基于何种原因，皆为国家所不愿发生者，故国民不仅应负“不直接意欲违法的结果”之义务，亦应负“必须回避违反自己意图而招致有害的结果”的一切作为及不作为之一般的义务（注意义务）。行为人如一方面知悉有此一般义务之存在，另一方面仍敢违反此义务时，则可认定其有过失。[①] 在此，费尔巴哈明确提出公民具有“回避违反自己意图而招致有害的结果”之义务。此后，经过贝林等人的发展，形成日本刑法理论上之所谓新过失论，更有所谓新新过失论。[②] 新过失论是相对于旧过失论而言的，旧过失论认为过失纯粹是责任形式或责任的种类。对于注意义务，旧过失论采结果预见义务说，新过失论则持结果回避义务说。新新过失论，又称危惧感说，认为作为认定注意义务前提的预见可能性，不一定需要具体的预见，对危险的发生只要有模糊的不安感、危惧感就可以构成过失。新新过失论与新过失论一样，将注意义务理解为结果回避义务，从一定意义上说，它是新过失论的一种。但它在如何理解预见可能性的内容上，与新过失论又有所不同。

在以上三说中，无认识说的缺陷是显而易见的，实际上，有无认识并不是区分犯罪故意与犯罪过失的标志，犯罪故意固然都是有认识的，但反之则不然，即不能认为凡是具有认识的都必定是犯罪故意。事实上，过于自信的过失也是有认识的，即所谓有认识的过失。更为重要的是，无认识说没有科学地揭示犯罪过失

① 参见洪福增：《刑事责任之理论》，261页，台北，刑事杂志社，1982。

② 参见杨春洗等主编：《刑事法学大辞书》，550页，南京，南京大学出版社，1990。

的心理本质。不注意说虽然注意到注意义务的问题，但是将具有注意义务而不注意作为犯罪过失的心理本质。就此而言，不注意说较之无认识说有所进步。但不注意说只是从消极的意义上注意犯罪过失的意志因素，因此仍未彻底摆脱无认识说的窠臼。而且，不注意说没有科学地划分犯罪故意与犯罪过失，因为不注意说是与希望主义互为表里的，因此，除希望危害结果发生的直接故意以外，对危害结果持放任或者容忍态度的间接故意也不解释为犯罪故意。而间接故意在某种意义上对危害结果的发生也是不注意的，因此也就将其解释为犯罪过失了。相对来说，避免结果说较为科学。根据避免结果说，应以对结果的态度来区分。过于自信的过失与间接故意相比较，过于自信的过失对危害结果的发生是采取回避态度的，而间接故意则对危害结果的发生采取容忍的态度。

当然，如何认定对危害结果的发生是采取回避态度还是容忍态度，是一个十分复杂的问题，在判断标准上存在种种学说，主要有以下诸说①：一是盖然性说，该说以表面现象作为依据，认为本人所预见到的结果发生可能性的大小，就是用以判断故意存在与否的标准。按照该理论，凡是认识到结果发生有较大盖然性并又实施了行为的，一般均可认定有故意存在。二是容认说，认为作为判断故意有无的标准，不仅要根据对结果发生可能性的认识这种认识因素，还应该特别考虑容认结果发生的意思要素。故意，本来就应该被理解为表面要素和意思要素的综合统一。因此，容认说强调故意存在的判断标准不仅要看盖然性的程度大小，而且要考虑容认这个意思要素，这是很自然的。容认说指出，尽管对于违法的结果发生的认识本来应该对行为者的规范意识有作用，并支配着会使结果发生的行为，但是实际上只要有与法律秩序敌对的意思存在，即在意思上容认结果发生，行为上敢于大胆地毫不踌躇地践踏法律秩序，就可成为区别有认识的过失与间接故意的决定性的关键点。由此可见，盖然性说以对结果发生的可能性的认识

① 参见［日］本村二主编：《刑法学词典》，顾肖荣等译，246～248页，上海，上海翻译出版公司，1991。

程度作为区分标准，显然有其不足。因为作为故意，必须对结果发生的可能性有所认识或预见，并且具有实现结果的意思。因此，容认说的出现，可以说是为了弥补盖然性说不足之处。当然在对实现结果的意思存在与否的判断上，存在困难。为了解决这个困难，德国著名刑法学家 P. 弗兰克提出一个假定，刑法理论上称为弗兰克公式，其内容是：假设显示出可能性的结果确实要发生，那么此时本人可能会采取什么举动。针对这个设想，可以预计到，如果是间接故意，就会在意思上反映出“尽管如此仍然实施行为”的态度；而过于自信的过失，在意思上则会反映出“如果是那样的话就中止实施行为”的态度。[①] 当然，在具体案件中，还应当结合主观与客观的情况全面考察。

二、过失犯罪的主观特征之一：注意能力

注意能力，又称为认识能力，这是过失犯罪构成的主观前提条件之一。无论是疏忽大意的过失犯罪还是过于自信的过失犯罪，都离不开注意能力。在疏忽大意的过失犯罪中，行为人具有注意能力但根本没有发挥这种注意能力，以至于对危害结果没有预见。在过于自信的过失犯罪中，行为人已经预见到危害结果可能发生，似乎与注意能力无关；但实际上行为人并没有确切地认识到危害结果发生的内在机制，以至于轻率地作出危害结果不会发生的错误判断，这里存在一个注意能力没有正确、充分地得以发挥的问题。

注意能力在过失犯罪的认定中具有十分重要的意义。过失犯罪在一定意义上说，是行为人对客观事实发生错误认识的结果，只有在行为人可以回避这种错误发生的条件下，才能对行为人进行谴责；否则，就缺乏谴责可能性。我国刑法第 16 条明确规定：“行为在客观上虽然造成了损害结果，但是不是出于故意或者过

① 参见［日］木村龟二主编：《刑法学词典》，顾肖荣等译，248 页，上海，上海翻译出版公司，1991。

失，而是由于不能抗拒或者不能预见的原因所引起的，不是犯罪。”在这种意外事件的情况下，行为人根本就不具备注意能力，因而不能以犯罪论处。

既然注意能力在认定过失犯罪中意义如此重大，那么，如何判断一个人的注意能力呢？至于这个问题，历来存在三种学说：（1）主观说，亦称个人标准说，以行为人本人的注意能力为确定违反注意义务的过失标准。根据本人的注意能力对一定的构成事实能够认识，应当认识而竟未认识，产生了违法后果。依此确定违反注意义务，称为主观标准。（2）客观说，以社会一般人或平均人的注意能力为标准，确定某具体人的违反注意义务的过失责任。具体人就是一定的行为者个人，一般人或平均人的标准意味着社会上一般认为是相应的社会相当性的客观标准。（3）折中说，认为把具有相应情况的某些个人的注意能力加以抽象化，作为一种类型标准，而这一类型标准是根据社会相当性形成的。根据这样的某些类型标准再以广泛意义的社会相当性来加以抽象而形成一种一般的普通的类型标准。以这个标准确定出来的注意能力，推论出违反注意义务的过失责任。在外国刑法学中，一般认为折中说较为妥当，客观说次之，主观说为少数。① 在以上三种标准中，我国刑法学界通常主张主观标准说，认为确定一个人是否有疏忽大意的过失，应该根据行为人的个人特征来判断他能不能预见到某种危害社会的结果。也就是说，在解决行为人是否应当预见自己行为的危害结果时，应该采取主观标准。② 我国刑法学界曾出现一种结合说，坚持主、客观相结合的原则，把人的主观认识能力同客观存在的认识条件结合起来，进行全面、辩证的分析。如果客观上存在着足够的相当预见条件，同时主观上具有能够预见的能力，就说明行为人具有应当预见义务，法律则要求他应当预见。如果主观上具有预见的能力，但客观上不具备预见的相当足够的条件，或者客观上显然具有相当足够的条件，主观上却不具有预见的能力，则说明行为人不具有预见的义务，法律上亦不应当要求

① 参见甘雨沛、何鹏编：《外国刑法学》，上册，368～369页，北京，北京大学出版社，1984。

② 参见高铭暄主编：《刑法学》，修订本，152页，北京，法律出版社，1984。

预见。[①] 但这种所谓主客观结合说，仍然不同于外国刑法中的折中说，外国刑法中的折中说，实际上是客观说的变种；而我国刑法中的结合说，则是主观说的变种。因为客观条件是一个认定主观有无预见能力的问题，与以一般人作为标准的客观说是根本不同的两个概念，正如有的刑法学家指出："客观标准，在一般情况下可以给我们提供一个参考，提供一个考虑问题的基本的要求，但决定的因素，仍然是被告人的主观能力。"[②]

上述标准中，主要是主观说与客观说之争。客观说因以一般人的标准来衡量一个具体人有无预见能力，所以确有客观归罪之嫌。正如哈特指出："法律制度在主观因素问题上所作的最重要的妥协包括采纳了被不适当地称之为'客观标准'的东西。这可能会导致这样的情况，即为了定罪和惩罚而把一个人看作就算他具备了他实际并没有具备，而某一正常人或有理智的正常人具备并将发挥出的控制行为的能力。"[③] 同时，客观标准还可能放任犯罪，一个人按一般人标准不具有注意能力，按本人的具体情况则具有注意能力。在这种情况下，按客观说就会使该人无罪。当然，主观说也有一定的不足，因为主观说对于那些没有充分发挥和调动自己的主观能动性的人实际上起了一种保护作用，客观上打击了先进，鼓励了落后。例如甲乙二人同为工人，甲没有积极钻研，因此业务水平低，而乙则相反，勤奋钻研，自学成材，业务水平高。对于同一工作上的事故，按照甲的业务水平，没有预见能力，不以过失犯罪论处，而按照乙的业务水平，具有预见能力，应以过失犯罪论处。这里面显然包含着不合理的因素，正如苏俄法学家隆茨指出："拒绝客观尺度，就是纵容了个人的眼光短浅，不学无术的庸碌无能，而这些正是我们的党和政府的斗争对象。"[④] 在这个意义上说，客观说是有价值

① 参见李靖选：《过失犯罪若干问题浅论》，载甘雨沛主编：《刑法学专论》，98页，北京，北京大学出版社，1989。

② 王作富：《中国刑法研究》，173页，北京，中国人民大学出版社，1988。

③ ［英］哈特：《惩罚与责任》，王勇等译，146页，北京，华夏出版社，1989。

④ 转引自［苏］马特维也夫：《苏维埃民法中的过错》，彭望雍等译，318页，北京，法律出版社，1958。

的，它的价值在于："利用了它，我们的法院和公断机关便能够胜利地进行斗争，以反对那些用不能容许的消极性和不负责任的态度来对待他所承担的义务以及对待他人的利益的现象。"① 如上所述，主观说与客观说都有缺陷，相比之下，我认为主观说的缺陷较小，应采主观说。因为注意能力的有无关系到是否构成过失犯罪的问题。在刑事责任问题上，客观归罪是绝对不允许的，是和我国刑法的性质格格不入的。至于主观说的消极性，是可以克服的。例如如果不利于同那些不学无术和庸碌无能的行为作斗争，则可以通过行政处理、思想教育等多种方法解决。在没有罪过的情况下，不能科以刑罚。

三、过失犯罪的主观特征之二：注意义务

注意义务是指行为人作为时应当注意有无侵害某种法益，不作为时应当注意有无违反某种特定的法律义务的责任。注意义务是一种法律义务，行为人违反了这种注意义务，发生危害结果的，就构成过失犯罪。

在刑法理论上，一般认为注意义务可以分为结果预见义务和结果回避义务。结果预见义务是指对于危害社会的结果所具有的预见义务。结果回避义务则是指在预见可能发生危害结果以后，行为人所具有的避免这种危害结果发生的义务。在疏忽大意的过失犯罪的情况下，行为人违反的是结果预见义务；而在过于自信的过失犯罪的情况下，行为人违反的则是结果回避义务。

注意义务作为一种法律义务，它不是抽象的，而是根据社会生活领域内各种各样的具体情况来确定的。我国刑法中，过失犯罪的注意义务，大体上有以下五类：(1) 刑法强行要求主体承担的法律义务。(2) 其他行政或业务管理法规规定的义务。(3) 职务或业务要求的义务。(4) 接受委托或期约的义务。(5) 普通常识和习

① ［苏］马特维也夫：《苏维埃民法中的过错》，彭望雍等译，318 页，北京，法律出版社，1958。

惯要求的义务。[①] 由于各个案件的具体案情不同，在司法实践中，应当根据具体案情判断行为人有无注意义务。

第三节　过失犯罪的法定分类

过失犯罪的法定分类，是指刑事立法上对过失犯罪所作的分类。我国刑法第15条把过失犯罪分为疏忽大意的过失犯罪与过于自信的过失犯罪，下面分别加以论述。

一、疏忽大意的过失犯罪

犯罪的疏忽大意的过失是指应当预见自己的行为可能发生危害社会的结果，因为疏忽大意而没有预见，以致发生这种结果的主观心理状态。

疏忽大意的过失的心理事实是一种潜意识心理，其规范评价蕴含在潜意识之中，这已如前所述。潜意识不像犯罪故意中的认识因素和意志因素那样容易认定。为此法律明确将“应当预见而没有预见”作为测量犯罪人的过失的尺度。如果说“没有预见”是一种实际认识状态，“应当预见”是一种认识的可能性，那么，疏忽大意的过失就是以这种实际认识与认识能力相分离为特征的。因此，疏忽大意的过失的认定，主要就在于对这一特征的认定。

（一）没有预见

没有预见是指对危害社会的结果缺乏认识。在疏忽大意的过失中，没有预见是一种客观事实，似乎在理解上没有疑义。实际上，没有预见作为疏忽大意的过失的一种主观特征，科学地认定它还是相当复杂的。应当指出，没有预见在行为人不仅

---

① 参见李靖选：《过失犯罪若干问题浅论》，载甘雨沛主编：《刑法学专论》，93～95页，北京，北京大学出版社，1989。

对危害结果没有预见，而且对行为本身也没有预见的情况下，不难认定。例如，司机喝醉了酒失去知觉，伏在驾驶盘上睡着了，导致正在行驶的汽车将人轧死。在这种情况下，过失行为是在无意识状态中发生的，行为人对危害结果当然是没有预见的。但在行为人认识到自己所实施的行为及其后果，而没有认识到行为可能发生危害社会的结果的情况下，没有预见意在何指却会产生疑问。例如，高某潜入某粮食仓库盗窃，见到一些装满东西的麻袋，旁边还有些竹席。高某想看看麻袋里装的是什么东西，就用火柴在麻袋上烧一个小洞，没想到把麻袋旁的竹席点着了，致使仓库烧毁，损失达数十万元。在本案中，对高某到底定放火罪还是失火罪？主张定放火罪的学者认为，高某是故意点火，其火又将仓库烧毁，应定放火罪无疑。主张定失火罪的学者则认为，高某点火虽然是故意的，但对于火灾的发生却是过失的，所以应以失火罪论处。在本案中，定性的关键是高某对危害结果有无预见：有预见且故意为之，就是放火罪；无预见，则为失火罪。而判断高某有无预见，又不能脱离预见的内容。在本案中，高某的点火当然是故意的，但点火是为了烧一个小洞看看麻袋内所装何物。显然，这一内容不属于过失犯罪中的预见内容。而对于其点火行为可能产生危害结果，高某却是没有预见的，对本案中的高某显然应定失火罪。由此可见，在过失行为是有意识地实施的情况下，尤其要注意正确地认定对于危害结果有没有预见。在这个意义上说，疏忽大意的过失是“不意误犯”，这也是它与犯罪故意及过于自信的过失的根本区别之所在。

（二）应当预见

应当预见是预见义务与预见能力的统一：预见义务是从客观的意义上提供应当预见的法律根据；而预见能力则是从主观的意义上提供应当预见的事实根据。

预见义务是构成疏忽大意的过失的前提之一，没有预见义务，也就不存在疏忽大意的过失。预见义务是注意义务的表现形态之一，它主要是指对于危害结果的注意义务。具体地说，疏忽大意的过失犯罪的预见义务是指根据实施行为时的情况，行为人负有预见自己的行为可能发生危害社会结果的义务。凡是社会共同生活规则要求人们应当注意的事项，行为人实施有关行为时，就有预见行为可能发生危害社会结果的义务。凡是关于某种专门职务的规定要求从事该项职务的人应当注意的事项，从事该项职务的人实施有关行为时，就有预见行为可能发生危害社会结果的义务。行为人如果缺乏这种预见义务，则谈不上疏忽大意的过失存在。

预见能力是指是否可能预见，即预见可能性。预见能力是注意能力的表现形态之一，是指根据行为人的个人情况，行为人具有预见自己的行为可能发生危害社会结果的能力。一个人虽有预见义务，但没有预见能力，仍不能构成疏忽大意的过失。

二、过于自信的过失犯罪

犯罪的过于自信的过失是指已经预见自己的行为可能发生危害社会的结果，但轻信能够避免，以致发生这种结果的主观心理状态。

过于自信的过失是一种有认识的过失，但其意志因素却隐藏在行为人的潜意识之中，法律以"应当避免而没有避免"作为测量这种意志因素的标准。如果说，"没有避免"是所为行为，"应当避免"是当为行为，那么，过于自信的过失就是以这种所为行为与当为行为相分离为特征的。因此，过于自信的过失的认定，主要就在于对这一特征的认定。

（一）没有避免

没有避免是指行为人主观上具有避免危害结果发生的愿望，但这一愿望没有实现，危害结果不以行为人的意志为转移地发生了。因此，没有避免不仅是一种客观事实，在这一客观事实中还包含着行为人对于危害结果避免其发生的主观愿望。在过于自信的过失中，行为人认为凭借自己熟练的技术、敏捷的动作、高超的技能、丰富的经验、有效的防范，完全可以避免发生危害结果。这就是所谓"意以为然"。但实际上是过高地估计了自己的力量，因此未能防止危害结果的发生。在行为人曾经采取一些避免措施的情况下，对于避免危害结果发生的主观愿望，在认定上不会发生困难。例如，某矿山坑道出现滑坡迹象，身为矿长的王某已经得到安全员的报告，并去看了现场，采取了一些加固措施，仍照常派人下井采矿，结果发生事故。在本案中，矿长有避免事故发生的主观愿望，因而主观上是过于自信的过失。但在行为人没有任何行动，避免危害结果的发生纯属一种心理活动的情况下，就难以认定了。例如，陈某正在打猎，见到猎物旁边有了小孩在玩耍，陈某不顾可能射中小孩而向猎物开枪，结果把小孩打死。在这种情况下，陈某是间接故意杀人还是过于自信的过失杀人？从理论上说，对危害结果放任的是间接故意，对危害结果轻信可以避免的是过于自信的过失。那么，在这种情况下如何判断呢？如果是过于自信的过失，陈某避免危害发生的主观愿望完全停留在心理活动上，判断起来不像采取避免措施的情况那么容易，但仍然可以结合一些客观事实加以认定。例如，陈某枪法不错，猎物离小孩较远，射击的距离较近，可以认为行为人具有避免危害结果发生的主观愿望；反之，则认为不具有这种主观愿望。由此可见，避免危害结果发生的主观愿望是没有避免的题中应有之义。在这个意义上说，过于自信的过失是“事与愿违”，这也是它与间接故意的根本区别之所在。

（二）应当避免

应当避免是避免义务与避免能力的统一：避免义务是从客观的意义上提供应当避免的法律根据；而避免能力则是从主观的意义上提供应当避免的事实根据。

避免义务是指在预见到危害结果可能发生的情况下，避免这种危害结果发生的义务。避免义务是注意义务的表现形态之一，这种义务的内容虽然不同于疏忽大意的过失中的预见义务，其范围却与预见义务大体上相同，因此不再重复。

避免能力是指是否可能避免，即避免可能性。一个人虽有避免义务，但没有避免能力，仍属缺乏应当避免这一要件，因而不构成过于自信的过去。我认为，在判断行为人是否具有避免能力的时候，应当以行为人本身的情况作为认定有无避免能力的根据。在行为人具有避免能力，预见到危害结果可能发生的情况下，已经具备避免危害结果发生的条件而竟然未能避免，因而行为人主观上是有过失的，应当承担刑事责任。

第四节　过失犯罪的学理分类

过失犯罪的学理分类，是指刑法理论上对过失犯罪所作的分类。刑法理论从各种不同角度，对过失犯罪进行分类，有助于我们全面地理解过失犯罪。

一、普通过失犯罪与业务过失犯罪

根据过失犯罪违反规范的内容，可以将过失犯罪分为普通过失犯罪与业务过失犯罪。

（一）普通过失

普通过失是指一般意义上的非业务的过失，具体地说，是指行为人在从事业务以外的活动中，应当预见自己的行为可能发生危害结果，因为疏忽大意而没有预见或者已经预见而轻信不会发生的犯罪心理。普通过失是过失的一般形态，因此也称为一般过失。

（二）业务过失

业务过失是指业务人员从事具有发生一定侵害法益结果危险的业务时，疏忽业务上的必要注意。[①] 有些国家刑法明确规定对业务过失的处罚重于对普通过失的处罚，例如《日本刑法典》第 117 条之二。在刑法理论上，对业务过失的处罚之所以重于对普通过失的处罚，主要理论根据是从事某种业务的人在执行业务中，对一定的情况蕴含着什么危险及其发生的可能性，根据业务经验、专业智能和熟练技术，会有超出一般人的预见能力和避免危害发生的预防能力。这样，从事某业务的人就必须有较高的注意力，经常保持极为慎重的态度，以回避危险的发生。如手术医生

① 参见［日］福田平、大塚仁：《日本刑法总论讲义》，李乔等译，76 页，沈阳，辽宁人民出版，1986。

执行医疗（手术）与人的生命、健康有关。看守易燃仓库的人因不慎引起爆炸或重大火灾，与生命、财产以至社会安全有关。汽车司机在行车时态度不慎（违反注意义务）与行人的生命、身体安全有关。从事这类业务的人员，必须高度注意，保持极为慎重的态度。从事本业务的人员违反业务上应注意的义务，引起违法结果的，应以业务过失罪受重罚。①

与外国立法例相反，我国刑法规定对业务过失的处罚不仅不比对普通过失的处罚重反而要轻。我国刑法并未明文标出业务过失，但与业务有关的过失犯罪是客观存在的，1979年刑法中业务过失犯罪主要有以下4个条文：第113条的交通肇事罪、第114条的重大责任事故罪、第115条的违反危险物品管理规定肇事罪、第187条的玩忽职守罪。以第113条的交通肇事罪为例：情节一般的，处3年以下有期徒刑或者拘役；情节特别恶劣的，处3年以上7年以下有期徒刑。而根据1979年刑法第133条和第135条的规定，过失杀人罪的法定最高刑是15年有期徒刑；过失重伤罪的法定最高刑是7年有期徒刑。而《苏俄刑法典》第106条规定，过失杀人的，处3年以下的剥夺自由，或1年以下的劳动改造。第211条却规定，运输工具的驾驶人员违反交通规则，因而致人重伤、死亡的，处10年以下剥夺自由，并科或不并科5年以下的剥夺驾驶运输工具的权利；造成若干人死亡的，处3年以上15年以下的剥夺自由，并科或不并科剥夺5年以下的驾驶运输工具的权利。两相比较，轻重悬殊颇大。那么，我国刑法为什么没有采用世界上通行的对业务过失从重处罚的立法原则呢？对此，我国学者指出："我国刑法是从我国的实际情况出发的。比如，我国的人口众多，道路和其他交通设备一般还比较落后；新职工比较多，加上一些无政府主义思想的影响等等原因，交通事故还是比较多的。再加上这种事故通常是在执行交通运输业务当中发生，而且从事交通运输这种任务本身，是带有一定危险性的，稍有不慎，就很容易发生这样的事故，造成严重的后果。考虑

① 参见甘雨沛、何鹏编：《外国刑法学》，上册，379页，北京，北京大学出版社，1984。

到这样的客观因素，所以对交通肇事罪的处刑轻一些”①。我认为，这些理由是很难成立的。有些理由恰恰应该得出对于业务过失应当从重处罚的结论，例如交通运输业务带有一定危险性，稍有不慎很容易发生事故，造成严重的后果。因此，这就对交通运输人员提出了更高的预见和避免的要求。在这种情况下，行为人应当预见而没有预见或者应当避免而没有避免，岂不应当承担更重的刑事责任吗？这与故意犯罪中，具有特定职务的人犯罪应当从重处罚的道理是完全一样的。我国交通事故十分严重，被称为一场没有硝烟的战争，成为和平时期致死人数第一的原因，这难道与我国刑法对交通肇事罪的法定刑规定过低没有一点关系吗？这个问题值得我们思考。我认为，业务过失比普通过失的主观恶性大，在立法上规定对业务过失罪的处罚重于至少等于对普通过失罪的处罚是完全必要的。在1997年修订后的刑法中，业务过失犯罪有所增加，例如第131条的重大飞行事故罪、第132条的铁路运营安全事故罪、第135条的重大劳动安全事故罪、第137条的工程重大安全事故罪、第138条的教育设施重大安全事故罪等。1997年刑法基本上维持了业务犯罪的刑度，但将过失致人死亡罪（即原过失杀人罪）的法定最高刑降为7年，以便与业务过失犯罪的法定刑相协调。

在业务过失中，还有一个饶有兴趣的问题值得研究，就是如何看待在科技高度发达的现代社会里的过失犯罪？对此存在两种截然相反的观点。第一种是苏俄一些刑法学家所主张的过失行为犯罪化的观点，认为科技革命加重了人的心理负荷程度，要求个人的决策准确和反应敏捷的极其异常的条件增多，从而使得在错误决策的可能结果规模扩大的同时，加大了人对自己的行为所应担负的责任。这样，就提出了过失危害社会的行为的犯罪化问题。② 其中措施之一是设置过失犯的危险犯，认为技术上的犯罪具有特殊性，所以应当（在必要场合也需要）作出规定，只要违反规范上确立的安全法规（空白规范），不论是已经引起危害社会的结果，还是具

① 王作富：《中国刑法研究》，441页，北京，中国人民大学出版社，1988。

② 参见［苏］巴戈列利克等：《在科技革命条件下如何打击犯罪》，王长青、毛树智译，96、97页，北京，群众出版社，1984。

有发生这些结果的实在危险（实在危险构成），都应承担刑事责任。[①] 第二种是德日等国的一些刑法学家所主张的过失行为非犯罪化的观点，提出信赖原则和容许的危险这两个过失行为阻却责任的论点。[②] 信赖原则是指在社会生活中的某些场合，应该对他人的行为给予信任，相信他人的行为能够对自己的安全和正常活动予以保障。信赖原则最早见于 1935 年德国处理交通事故的案例中。随着现代科技的发展，很多西方国家在经济生活、社会生活中逐步扩大采用这一原则，把它作为过失理论的补充，并在立法上予以确认。信赖原则认为，过失行为人与被害人都存在预见和避免危险结果发生的可能性，也都有违反注意义务的问题。如果确认双方都违反注意义务之后，就产生了如何分担过失责任的问题。信赖原则可以明确三种情况：一是行为人有预见结果发生的可能性，但没有预见的义务，在出现异常情况时，允许通过信赖原则免除过失责任；二是行为人和被害人双方都违反注意义务时，按各自违反注意义务的多少以及应对他人行为信赖的程度，确定双方应分担的过失责任；三是如果行为人超出信赖范围，出现信赖过当，则不能以信赖原则作为免除过失责任的理由。显然，信赖原则缩小了过失犯罪主体的范围。如果说，信赖原则是针对疏忽大意的过失而言的，那么，容许的危险就是相对于过于自信的过失而言的。随着高速度的交通设施和工矿企业、医疗事业复杂设施的日益增多，不可避免地给人的生命、健康、财产等法益带来或多或少的危险性；而且，操纵这些设施的人员在一定程度上可以预见到危险的可能性。如果人们对这种危险因素考虑过多，就会影响生产和建设事业。所以，一些刑法学家提出了容许的危险这一理论，主张对从事危险事业的人员造成危害结果从宽处理。

上述两种观点，在我国刑法学界也有所反映。例如，关于能否设立过失的危险犯，就存在分歧。肯定说认为，在一般情况下，过失行为仅有造成某种损害的可能性，不宜规定为犯罪。但是，对那些主观恶性比较重，损害结果虽未发生，但发生

① 参见［苏］巴戈列利克等：《在科技革命条件下如何打击犯罪》，王长肯、毛树智译，115 页，北京，群众出版社，1984。

② 参见甘雨沛、何鹏编：《外国刑法学》，上册，374 页，北京，北京大学出版社，1984。

的可能性极大，且可能造成的损害巨大的严重过失行为，可以考虑在分则中特别规定为危险状态构成的过失犯罪。从实际情况看，这类犯罪应该主要出现在具有危害公共安全性质的犯罪中。[①] 否定说则认为，否定犯罪过失的结果责任是不合适的。危害结果是限制过失责任范围的客观尺度。脱离这一标准，便会无限制地扩大犯罪过失的范围。在业务活动过程中，行为人违反任何一项注意义务（主要是规章制度）都可能发生危害社会的结果。如果对这种行为处以刑罚，无异于以刑罚惩治违反行政法规的行为。而且，这种立法的社会效果不好，加重了业务人员的心理负担，不利于社会的进步和发展。[②] 我认为，过失行为犯罪化的观点是值得商榷的，尤其是对过失犯罪规定危险犯的设想，是没有科学根据的。在刑法理论上，危险犯是指法律规定不以发生某种实际危害结果为要件，而是以具有发生这种危害结果的危险为要件的犯罪。危险犯通常存在于直接故意犯罪之中，由于它不要求犯罪结果，因而必须是该行为本身就具有足够危害的，是所谓行为无价值。而过失犯历来都是结果犯，以发生一定的犯罪结果作为构成犯罪的必要条件，是所谓结果无价值。在没有发生一定危害结果的情况下，就没有过失犯罪可言。因此，我认为，过失不存在设立危险犯的可能性。随着科学技术的不断发展，过失犯罪的危害性日益增加，这是一个不容忽视的事实。但不能指望通过设立过失危险犯的方式来预防过失犯罪，出路只能是充分调动人的主观能动性，杜绝过失，防患于未然。

二、事实过失犯罪与法律过失犯罪

在刑法理论上，根据行为人过失的内容，可以将过失犯罪分为事实过失犯罪与法律过失犯罪。

---

① 参见王伊端、王晨：《晚近过失犯罪发展趋势研究》，载中国高级法官培训中心、全国法院干部业余法律大学：《首届学术讨论会论文选》，55 页，北京，人民法院出版社，1990。

② 参见姜伟：《罪过心理的立法构想》，载杨敦先等主编：《廉政建设与刑法功能》，292 页，北京，法律出版社，1991。

（一）事实过失

事实过失是指行为人应当预见到行为可能发生符合构成要件的犯罪事实，由于主观上的疏忽而没有认识，或者已经认识但轻信能够防止发生的犯罪心理。在事实过失的情况下，行为人应当预见而没有预见或者已经预见而轻信能够避免的是某一具体的犯罪事实，因而称为事实过失。过失犯罪，在一般情况下都是事实过失。

（二）法律过失

法律过失是指行为人应当认识自己行为的违法性，由于违反注意义务而没有认识的犯罪心理，也称为违法过失。在法律过失的情况下，行为人对于事实本身是有认识的，但对于这一事实的违法性应当认识而没有认识，由此不同于事实过失。

法律过失的定性，涉及违法认识是否是犯罪故意的认识内容问题。关于这个问题，大陆法系刑法理论上存在以下诸说[①]：一是违法认识不必要说，心理责任论把故意和过失的区别解释成对符合构成要件的事实有无认识和容忍。因此，对于构成故意来说，违法认识是根本不需要的。据此推论，法律过失根本不是过失，而应该是故意。二是违法认识必要说，严格故意论认为，作为故意的要件，对符合构成要件事实的认识和违法的认识是必要的，它的结论是，当由于不注意而没有对符合构成要件的认识以及违法的认识时，过失犯也成立。那么，对于法律过失到底怎么定性呢？对此，有甲乙两说。甲说认为，有无对符合构成要件事实的认识是故意和过失的区别的开端，而两者区别的分水岭是有无违法的认识，因此，法律的过失是过失的一种。乙说认为，故意成立时必须要有对符合构成要件事实的认识和违法的认识，从而，在过失中既没有对符合构成要件事实的认识，也没有违法的认识。但又认为，在过失中必须同时不存在对符合构成要件事实的认识和违法的认识。因此，过失成立时区分为两种情况：一种是既没有对符合构成要件事实的认识，也没有违法的认识；另一种是有对符合构成要件事实的认识，而没有违法的认识（即法律的

① 参见［日］木村龟二主编：《刑法学词典》，顾肖荣等译，289～291页，上海，上海翻译出版公司，1991。

过失）。虽然法律的过失本来是过失，但应把它与故意同等看待。三是违法认识可能说，限制故意论认为故意和过失的区别在于有无对符合构成要件事实的认识；故意中必须有违法的认识，或者至少必须有这种认识的可能性。根据这一理论，有关违法性的过失，有这种意义上的违法的认识可能性和对符合构成要件事实的认识时，故意就成立。因此，法律的过失不是过失，被理所当然地解释为故意中的一种情况。我认为，法律过失是犯罪过失的一种，因为在法律过失的情况下，对于违法性应当认识而没有认识，属于疏忽大意的过失。而根据法律规定，疏忽大意的过失是预见到自己的行为可能发生危害结果，由于对于违法性没有认识而致使对自己的行为可能造成危害结果疏于认识，显然符合疏忽大意的过失的特征。因此，对所谓法律过失应以犯罪过失论处，而不能论之以犯罪故意。

应当指出，在我国刑法学界，对法律过失问题鲜有论及，而在具体问题上则有所涉及，但由于没有提高到法律过失这样一个高度来讨论，因而观点分歧颇大。例如，防卫过当的罪过形式就是如此。[①] 在司法实践中，一般把防卫过当作为故意犯罪处理，认为防卫过当是行为人故意实施的，因此是故意犯罪。但在致人死亡的情况下，又极少定故意杀人罪，而是以故意伤害致死罪论处。在刑法理论上，存在四种观点：第一种观点认为，防卫过当的罪过形式既可能是故意（直接故意和间接故意），也可能是过失（疏忽大意的过失和过于自信的过失）。第二种观点认为，防卫过当的罪过形式是间接故意与过失（疏忽大意的过失和过于自信的过失）。第三种观点认为，防卫过当的罪过形式是过失（疏忽大意的过失和过于自信的过失）。第四种观点认为，防卫过当的罪过形式只能是疏忽大意的过失。之所以发生以上严重分歧，主要在于防卫过当的罪过问题的复杂性。在防卫过当中，存在三种心理：一是防卫心理。二是对过当事实的心理。三是对必要限度的心理。其中，对必要限度的心理涉及法律过失的问题。在防卫过当中，行为人对致死或致伤的结果既可能是故意，也可能是过失，有人以此作为防卫过当的罪过，认为如果防卫过当故意造成

① 参见陈兴良：《正当防卫论》，227～238页，北京，中国人民大学出版社，1987。

他人死亡，则构成故意杀人罪；如果防卫过当故意造成他人伤害，则构成故意伤害罪；如果在实际防卫中失手打死侵害人，可以考虑定过失杀人罪；如果失手伤害严重，可考虑定过失伤害罪。[1] 显然，这种观点是不妥的。我认为，确定防卫过当，不是看行为人对过当事实的心理，而是看行为人对必要限度的心理。在大多数情况下，行为人致死致伤虽然是故意或者过失的，但他对自己的行为是否超过正当防卫的必要限度却是应当预见而没有预见，因而属于法律过失。对这样的法律过失，应以过失犯罪论处，而不是以故意犯罪论处。当然，如果行为人明知自己的行为会超过必要限度，希望或者放任其超过必要限度，因而造成过当的，应以故意犯罪论处。

三、轻过失犯罪与重过失犯罪

在刑法理论上，根据过失的轻重程度，可以将过失犯罪分为轻过失犯罪与重过失犯罪。

过失的轻重不是指客观上的危害结果的轻重，而是指主观上的过失程度的轻重。轻过失是指一般情况下不能预见，需要高度注意才能预见的；或者一般情况下不能避免，需要特别努力才能避免，而未预见或未避免的过失情况。所谓重过失，是指主、客观方面存在着足够预见或者能够避免的条件而未预见或未避免的过失情形。[2] 我认为，这一区分对于过失犯的量刑是十分重要的。但在刑法理论上也存在否定过失有轻重之分的观点，例如特纳指出："当过失一词用于表示一种心理状态的时候，它实在完全缺乏特定的思想，即空虚，而空虚是没有程度差别的。"[3] 这种观点是建立在否定过失的心理事实的基础之上的，因而缺乏科学根据。

---

① 参见高格：《刑法知识问答》，2 版，29 页，哈尔滨，黑龙江人民出版社，1982。

② 参见李靖选：《过失犯罪若干问题浅论》，载甘雨沛主编：《刑法学专论》，北京，北京大学出版社，1989。

③ ［英］特纳：《肯尼刑法原理》，王国庆等译，43 页，北京，华夏出版社，1989。

第五节 无过失责任

无过失责任（Liability without Fault），又译为无罪过责任，这是英美刑法中的一个特殊问题，我国刑法学界也有人涉及这个问题。有些西方刑法论著将无过失责任归入过失犯罪的范畴①，因此本书特设专节，论述无过失责任。

一、无过失责任的概念

在英美刑法中，无过失责任是指在某些特殊情况下，某种行为构成犯罪并对其追究刑事责任不以本人具有罪过为必要条件，只要具备一定的危害行为并造成一定的危害结果，就要负刑事责任。

无过失责任是近代英美刑法的刑事责任的归责方式之一。传统的英美刑法，恪守“非具本人罪过的行为不使人有罪”（Aetus non facit reunl nisi mens sct rea）的古老原则，因此，普通法中大多没有无过失责任。随着近代工业的高度社会化，经济活动异常频繁和复杂，高度危险行业迅速增长，各种业务性犯罪激增，无过失责任应运而生，它主要是由制定法规定的。当然，也不排除个别普通法中存在无过失责任的犯罪。一般来说，英美刑法中的无过失责任包括以下三种：

（一）严格责任

严格责任（Strict Liability），也称绝对责任（Absolute Liability）或结果责任（Result Liability）。在某些特殊的犯罪中，即使被告的行为不具有对被控犯罪必要后果的故意、放任或过失，即使被告的行为是基于合理的错误认识，即认为自己具有犯罪定义所规定的某个特殊的辩护理由，他也可被定罪。在这种情况

① 参见张炳明等：《过失犯罪的理论与实践》，39页，北京，中国人民公安大学出版社，1988。

下，被告人虽然没有任何过错，但却要承担刑事责任，这种责任称为严格责任。①

在英美刑法中，严格责任在普通法和制定法中都有所体现。普通法上的严格责任主要有：（1）公害。公害对公共健康和安全都存在潜在的危险，因此一般说，在具有公害性质的案件中犯意不是必备的要件。与之类似的还有制造噪音等。（2）渎神，指亵渎神灵，侵害公民的宗教感情的行为。（3）藐视法庭。法庭是执行法律的神圣机构，具有神圣不可侵犯性。（4）诽谤，指降低他人人格，诋毁他人名誉。上述四种情况在普通法里，均认为可适用严格责任。在制定法上，一般而言，要求所有的犯罪必须具有故意、过失等犯意。但在一些制定法，尤其是单行法规中，有着严格责任的规制，在英国主要指1872年《销售许可证法》、1914年《破产法》、1930年《公路交通运输法》、1951年《水污染防治法》、1955年《食物、药物法》、1956年《性犯罪法》和《分期付款和信用销售协议法》、1968年《贸易行业法》、1971年《滥用药物法》。② 在美国，严格责任条款叫作“空白法条”（empty statute）。这些法条主要见于《交通法》、《食品法》、《酒类与药物法》等，以及其他内容相关、性质类似的地方法规中。例如，卖酒给未成年人，不论是否知道他的年龄，都构成这种绝对责任罪。又例如，出售腐败变质有害健康的食品，不管出售者是否知道这种情况，均为犯罪。③ 总之，严格责任主要适用于一些违反工商管理和交通管理的规定的犯罪。

（二）代理责任

代理责任（Vicarious Liability），也译为替代责任或代位责任，指一个人虽然没有罪过，但由于其具有一定的地位或职位，要对其他人（通常是他的雇员）的危害行为负刑事责任。

在英美刑法中，如果一个人允许另外一个人犯罪或他对于正犯具有控制权而

---

① 参见［英］鲁珀特·克罗斯、菲利普·A. 琼斯：《英国刑法导论》，赵秉志等译，67页，北京，中国人民大学出版社，1991。

② 参见郑耀华：《英美刑法中的严格责任》，载《法学与实践》，1991（4），60～61页。

③ 参见储槐植：《美国刑法》，84页，北京，北京大学出版社，1987。

故意地对犯罪不加制止，那么，根据共犯的法律，这个人应该对另一个人的犯罪承担刑事责任。当然，一个人如果没有授权或事先不知道，那他就不对另外一个人的行为负责，即使另外那个人是他的雇员且是在雇用过程中进行的活动，也仅仅产生民事上的代理责任，这是刑法的一项基本原则。但作为一般规则的例外，在一定的有限的范围内，一个人可能对他没有授权的和他不知情的另一个人的行为承担代理责任。[①] 代理责任在普通法和制定法中都有所表现。在普通法上，代理责任只存在于以下两种情况中：(1) 雇主对于其雇员在他的土地和房屋内或在公路上所实施的公共滋扰行为，应当承担刑事责任，即使雇员是违背他的命令实施的，亦然。(2) 雇主对于其雇员所散布的诽谤言论承担刑事责任，除非他能够证明他没有授权散布这种诽谤言论和对诽谤言论的散布没有疏忽的责任。在制定法中，可以明确规定代理责任。在某些制定法上的罪名中关于被禁止的行为的定义前面，凡有“任何人，不论是其本人或其雇员或其代理人”的字样，就表示代理责任。法院还通过扩张解释和授权来适用代理责任，绝大多数制定法上罪名的代理责任都是如此。[②]

代理责任不同于严格责任，它除了像严格责任那种不要求必须具有本人的罪过之外，也不要求必须具有本人的行为，而是一种基于一定的地位，对他人的行为负责。

(三) 法人责任

法人责任 (Enterprise-Liability)，又译为单位组织体责任，是指法律规定要求一定的单位组织体（包括法人组织、合伙和其他非法人团体）为其单位内部特定人员的危害行为负刑事责任，其中主要是法人责任。在英美刑法中，对法人犯罪实行无过失责任。法人责任是严格责任和代理责任的复合，就其不要求罪过要

① 参见［英］鲁珀特·克罗斯、菲利普·A. 琼斯：《英国刑法导论》，赵秉志等译，414～415页，北京，中国人民大学出版社，1991。

② 参见［英］鲁珀特·克罗斯、菲利普·A. 琼斯：《英国刑法导论》，赵秉志等译，415～416页，北京，中国人民大学出版社，1991。

件而言，它是一种严格责任；就其对单位内部特定人员的危害行为负责而言，它是一种代理责任。当然，对于承担责任的主体范围有所限制，即在法人组织中实行所谓“高级代理人规则”（Superior-agent Rule），仅限于对理事会和高级经理人的行为负责；在合伙和其他非法人团体中也可以是对一般成员的行为负责。①

在上述三种无过失责任中，严格责任是主要的，以至于人们谈到无过失责任，主要就是指严格责任，因而把两者等同起来。也有的认为，无过失责任就是两种：严格责任与代理责任。② 法人责任较少论及，当然也不能否定法人责任中的无过失因素。

二、无过失责任的评价

对于英美刑法中的无过失责任到底应当怎么看待？也就是说，法律为什么要追究无过失行为的刑事责任？这是一个无过失责任的立法理由问题。英国刑法学者将实行严格责任的理由概括为以下这些：在违反管理法规的犯罪中，大多数对公众有很大危害性，而且，要证明被告的行为是否出于故意或过失，是非常困难的。因此，若把犯罪意图作为犯罪构成的必要条件，往往会使被告逃脱惩罚，使法律形同虚设。另外，如果对事实的无知或认识错误总是可以作为辩护理由而被接受，那么，许多虚假的辩护都可以成功。当前的初级刑事法院的工作任务十分繁重，要对每个触犯管理法规的犯罪案件的起诉进行关于犯罪意图的调查是行不通的。实行严格责任，可以有助于保证社会团体或组织的负责人采取一切可行的措施，去贯彻执行有关社会福利方面的重要法规。不考虑犯罪意图也给予定罪，可以制约或迫使人们不去做不允许做的事，同时也保证了人们可以去做允许做的

① 参见孙膺杰、吴振兴主编：《刑事法学大辞典》，707、970 页，延边，延边大学出版社，1989。

② 参见欧阳涛等：《英美刑法刑事诉讼法概论》，57 页，北京，中国社会科学出版社，1984。

事。[①] 实际上，上述理由可以归结为两点：一是出于预防某类特殊犯罪的需要；二是出于惩处这些犯罪的诉讼需要。

但是，上述两个理由很难说是能够成立的。从第一个理由来看，实行无过失责任的犯罪大体上有以下三种情形：一是某些并非真正意义上的犯罪，但根据公众利益的需要，而赋予其刑事不法特征；二是一些公害行为；三是某些从诉讼形式上看是刑事的，但实质上是实现民事责任的简易方法。简言之，严格责任大多是将行政不法转化为刑事不法。[②] 这些所谓犯罪行为，在大陆法系国家都不是犯罪，只是可受行政处罚的违反工商行政管理或治安交通管理的行政违法行为或者民事违法行为。而在行政责任与民事责任中，往往有无过失责任的存在。正如我国学者一针见血地指出的：绝对责任制度存废之争的关键在于，那些同公众利益息息相关的违法行为是否被纳入犯罪的范畴。[③] 我认为，这些所谓犯罪实际上是行政不法或民事不法，应还其本来面目，对其实行严格责任是不必要的。

从第二个理由来看，诉讼的根本价值在于追求公正，如果以强调诉讼效率为名，实行无过失责任，实际上是本末倒置。况且，从诉讼角度来看，有些实行无过失责任的场合，主观心理状态还是可以证明的；不实行无过失责任，也不见得就会放纵这些人。

当然，我们也不能简单地以客观归罪或者罪刑擅断来批评无过失责任。实际上，在英美刑法中，实行无过失责任也是有限制的，主要有：一是排除重罪的适用。二是限制刑罚量，一般都处罚金。三是行为人具有一定程度的过失，但这种过失又难以证明。四是意志以外的原因，如行为人所不能控制的原因，在行为人力求避免但未能如愿的情形下，不能适用严格责任。[④] 而且，如前所述，实际上

① 参见［英］鲁珀特·克罗斯、菲利普·A. 琼斯：《英国刑法导论》，赵秉志等译，77页，北京，中国人民大学出版社，1991。

② 参见郑耀华：《英美刑法中的严格责任》，载《法学与实践》，1991（4），61页。

③ 参见储槐植：《美国刑法》，85页，北京，北京大学出版社，1987。

④ 参见郑耀华：《英美刑法中的严格责任》，载《法学与实践》，1991（4），61页。

实行无过失责任的大多数是行政不法或民事不法，只不过是作为犯罪处理而已。不视为犯罪，仍然可以按照无过失责任追究其行政责任或民事责任。

三、无过失责任之在中国

我国刑法学界曾论及无过失责任的问题，例如我国学者提出危害环境罪（环境污染罪、公害罪）的立法建议时，认为对该罪可以实行过失责任制和无过失责任制并用，指出：本罪的成立仅以过错为依据已不足以严格控制由于现代化生产建设高速发展所引起的对环境空前加剧的严重危害。因此，在采用过失责任制的同时，还应考虑采用无过失责任制，即有权利用环境的法人和行为人，有义务保证该行为不危害环境，一旦发生危害就应当承担其应负的责任，直至刑事责任。[①] 我国刑法学界还有学者指出，从我国刑事立法与司法实践看，实际上存在着追究严格责任的情况。[②] 如果说，前者作为一种立法建议，存在一个是否采纳的问题，后者则明确提出我国刑法中存在严格责任，这就要求具体辨析。

论者认为的严格责任情况之一：由于酒精的麻醉作用，行为人完全不能辨认自己行为的性质和不能控制自己的行为，但又排除了病理性醉酒的可能性。我国刑法规定对这种行为追究刑事责任，就是一种严格刑事责任。[③] 对于这种观点，我们不敢苟同。应当说，对于这种情况，用醉酒的人并没有完全丧失辨认或者控制自己行为的能力，只是能力有所减弱的理由，来论证要对醉酒的人追究刑事责任，在上述因酒精中毒而烂醉如泥的情况下难以说通。但是，对此也并没有用严格责任进行解释的必要。即使在实行严格责任的英美刑法，对此也并不解释为严格责任。行为人主动引起的醉态，不能作为合法辩护的理由。对此，学理解释为

① 参见赵秉志主编：《刑法修改研究综述》，258页，北京，中国人民公安大学出版社，1990。

② 参见刘生荣：《论刑法中的严格责任》，载《法学研究》，1991（1），44页。

③ 参见刘生荣：《论刑法中的严格责任》，载《法学研究》，1991（1），44页。

行为人具有“先在过错”[①]。“先在过错”也被译为“预先过失”，如果被告的无能力状况是自己以前的行为引起的可能预见的结果，并且他能够采取某些可以、而且也应该采取的预防措施来避免，那么，被告就不能提出不由自主的行为或其他非自愿行为的辩护理由。[②] 根据“预先过失”原则，尽管醉酒人在行为时无责任能力，但对导致醉酒是有过失的，这种过失相对于行为来说是“预先”的，因而称为“预先过失”。苏俄刑法学者也提出过类似的主张，指出：在饮酒并使自己陷于酩酊大醉的状态的场合，主观的联系似乎是有了延长和扩展，它把酒醉状态中所造成的损害社会的后果，不仅同直接引起后果的行为（打击、射击等等），而且也同饮酒的事实联系起来。[③] 对于这种情况，我国学者作了正确的分析，认为上述醉酒人，不能单纯从危害行为及危害结果发生时分析责任能力和犯罪主观要件是否存在，还要考察行为人醉酒前的责任能力状况和对犯罪行为及其结果的主观心理态度，甚至要把醉酒前的这种状况，作为认定实施危害行为的醉酒人的责任能力和犯罪主观要件是否具备的主要依据。[④] 综上所述，我认为，在醉酒情况下，醉酒的人确实可能处于无责任能力状况，但这是一种原因上的自由行为，追究其刑事责任的主观根据在于对醉酒的心理态度。由此可见，追究醉酒人刑事责任的根据并非是严格责任。

论者认为严格责任情况之二：奸淫幼女罪中的年龄错误，指出：由于刑事案件的复杂性，并不能排除在某些情况下行为人确实不知对方是幼女或确信对方不是幼女，在这种情况下，行为人显然缺乏奸淫幼女的故意。依照我国刑法的规定，对这些与幼女发生性行为者追究相应的刑事责任，也是一种严格刑事责

① 储槐植：《美国刑法》，150 页，北京，北京大学出版社，1987。

② 参见［英］鲁珀特·克罗斯、菲利普·A. 琼斯：《英国刑法导论》，赵秉志等译，101 页，北京，中国人民大学出版社，1991。

③ 参见［苏］阿·鲍·萨哈洛夫：《论苏联的犯罪人和犯罪原因》，陈汉章译，205 页，北京，法律出版社，1964。

④ 参见赵秉志：《犯罪主体论》，230 页，北京，中国人民大学出版社，1989。

任。[①] 对于这种情况，我在故意犯罪一章中已经有所涉及，认为在这种情况下不能实行严格责任。如果行为人确实不知对方是幼女的，不能以奸淫幼女罪论处。

论者认为严格责任情况之三：一般刑事犯罪中对法律的认识错误，其中在法律上是犯罪行为，行为人自己不认为是犯罪的，也涉及严格刑事责任方面的问题。例如，正当防卫中的防卫过当。[②] 我认为，在防卫过当的情况下，并非只是客观上造成了危害结果主观上没有罪过，事实上，我国刑法学界都承认防卫过当行为具有罪过性，只不过对罪过形式存在分歧而已。因此，我认为对防卫过当追究刑事责任，并不是实行严格责任。

总之，我认为在当前我国刑事立法与司法实践中不存在严格责任，而且将来也不应当采用严格责任。罪过责任始终是我国刑事责任的原则，无过失责任与我国刑法的性质是背道而驰的，应予否定。

① 参见刘生荣：《论刑法中的严格责任》，载《法学研究》，1991（1），44页。
② 参见刘生荣：《论刑法中的严格责任》，载《法学研究》，1991（1），45页。

第八章

作为犯罪

作为犯罪，是从客观方面对犯罪所作的分类。在司法实践中，绝大多数犯罪都是作为犯罪。因此，对于作为犯罪的研究具有重要意义。

第一节　作为犯罪的嬗变

作为犯罪是以行为人的一定身体动作为手段对一定的客体造成一定的危害结果的犯罪。由于它具有外显性，因而也是人们最早认识到的一种犯罪，并且在漫长的历史过程中逐渐演变。

一、古代刑法中的作为犯罪

古代刑法中的作为犯罪，由于受到人的认识能力的限制，在最初的时候，对作为犯罪的规定往往相当具体，因而罪名亦十分零散。以盗为例，盗表现为非法占有他人财物的一种行为，它是侵犯财产罪中一种十分古老的罪名。《尚书·舜典》："寇贼奸宄"。《吕刑》："寇贼、奸宄、夺攘、矫虔。"《周礼·司刑》注引《尚书大传》，也有"奸宄、夺攘、矫虔"。可见，从黄帝初期蚩尤作乱，直到周代，存在奸宄、夺攘、矫虔的罪名。根据著名刑法学家蔡枢衡的考证，奸宄之分，就是内外之别。《晋语》："乱在内为宄，在外为奸。"因此，奸宄都是盗窃，只是根据主体的身份不同而分为奸宄。夺攘，夺乃强取之义；攘即馕，就是野餐，引申为粮食。夺攘实是攘馕，亦即强取粮食。矫虔，矫就是略取，略，强取也。虔是犍和劇的省笔，是指被阉割了的壮健牲畜。矫虔实是挢犍，亦即强取壮健牲畜。食物、食具、粮食和牲畜，都是财物的具体种类。一个罪名仅以一种财物为对象，并未概括一切财物。足见五帝、三王时代侵害财产罪的罪名之原始，缺乏应有的概括。直到秦、汉、魏、晋，才出现了盗的概念，张斐《晋律注》："取非其有谓之盗"；"加威势下手取财谓之强盗"[1]。及至《唐律》，关于盗罪的立法达到炉火纯青的程度。《贼盗律》规定："诸盗，公取、窃取皆为盗。"《疏议》曰："公取，谓行盗之人，公然而取；窃取，谓方便私窃其财，皆名为盗。"可见，《唐律》给盗下了一个完整的定义，即所谓盗就是公开或秘密地取得并占有他人财物的行为。《贼盗律》还对盗的作为方式作了详细的注解，如系"器物之属须移徙，阑圈系闭之属须绝离常处，放逸飞走之属须专制，乃成盗。若畜产伴类随之，不并计。即将人已及盗其母而子随之者，皆并计之"。《疏议》对此解释说："器物之属须移徙者，谓器物、钱帛之类，须移徙离于本处。珠玉、宝货之美，据人手隐藏，纵未将行亦是；其木石重器，非人力所胜，应须就载者，虽移本处，未驮载间，犹未成盗。但物有巨细，难以备论，略举纲目，各准临时取断。阑圈系闭之属须绝离常处，谓马牛驼骡之类，须出阑圈及绝离系闭之处。放逸飞走之属，谓鹰犬之类，须专制在己，不得自由，乃成为盗。若畜产伴类随之，假有盗马一匹，别有马随，不合并计为罪。即因逐伴而来，遂将人已，及盗其母而子随之者，皆并计为罪"。由此可见，《唐律》在对盗罪的各种作为方式详

① 蔡枢衡：《中国刑法史》，141～143页，南宁，广西人民出版社，1983。

细说明的基础之上，对盗罪的行为作了相当高度的概括。值得注意的是，随着对作为犯罪的认识的提高，罪名的抽象化程度也不断提高。但也出现个别过于抽象概括的作为罪名，最为典型的是《唐律》中的不应得为罪："诸不应得为而为之者，笞四十；事理重者，杖八十。"注云："谓律、令无条，理不可为者。"《疏议》曰："杂犯轻罪，触类弘多，金科玉条，包罗难尽。其有在律在令无有正条，若不轻重相明，无文可以比附。临时处断，量情为罪，庶补遗缺，故立此条。"这里所谓不应得为，就是不应为而为。但在一般情况下，何者为不应为而为才构成犯罪，这里的不应为则只是泛泛而言，只要司法人员认为不应为的作为都可以依此而入罪，较之类推断罪更甚。这也反映了封建刑法意图用刑罚解决一切问题的泛刑罚观念，从对作为犯罪的规定上来说，失之抽象。

二、近代刑法中的作为犯罪

近代刑法是在反对封建专制刑法中开始其历史进程的，贝卡里亚明确提出，法律的含混不清本身就是一种弊害。[①] 因此，对于作为犯罪，在法律上应该有明确的规定。为此，贝卡里亚提出了罪刑阶梯的思想，没有列入这种阶梯中的行为，不能称为犯罪。贝卡里亚指出，犯罪可以分为以下三类："有些犯罪直接地毁伤社会或社会的代表；有些犯罪从生命、财产或名誉上侵犯公民的个人安全；还有一些犯罪则属于同公共利益要求每个公民应做和不应做的事情相违背的行为。"[②] 贝卡里亚把第一类犯罪称为大逆罪，实际上是指侵害国家法益的犯罪。贝卡里亚认为，大逆罪是最危险的罪，因此也是最重的罪，应当处以重刑。贝卡里亚把第二类犯罪称为侵犯私人安全罪，实际上是指侵害个人法益的犯罪。贝卡里亚指出："一切合理的社会都把保卫私人安全作为首要的宗旨，所以，对于侵

① 参见［意］贝卡里亚：《论犯罪与刑罚》，黄风译，16页，北京，中国大百科全书出版社，1993。

② ［意］贝卡里亚：《论犯罪与刑罚》，黄风译，69页，北京，中国大百科全书出版社，1993。

犯每个公民所获得的安全权利的行为，不能不根据法律处以某种引人注目的刑罚。”[①] 贝卡里亚把侵犯私人安全罪又分为两种：有些犯罪是侵犯人身的，而另一些犯罪行为是侵犯财产的，杀人和盗窃是这两种犯罪的典型。贝卡里亚把第三类犯罪称为扰乱社会治安和公民的个人安宁罪，实际上是指侵害社会法益的犯罪。贝卡里亚的这种犯罪分类虽然是就整个犯罪行为而言的，但作为犯罪在整个犯罪中占有绝对的数量，因而根据贝卡里亚的这种犯罪分类框架建立起来的，主要是作为犯罪的体系。贝卡里亚的这种思想对近代刑事立法产生了深远的影响。例如，1810 年《法国刑法典》中的作为犯罪就大体上是按照贝卡里亚的这样一个体系建立起来的，术语准确、概念简明、结构合理、体系严谨，成为后世刑事立法之楷模。恩格斯指出：法兰西法根本没有像普鲁士邦法中所说的“策动”犯罪这种肤浅的范畴，更不用说什么策动犯罪企图了。法兰西法只有教唆犯罪，而这只有“通过送礼、许愿、威胁、滥用威信或权力、狡猾的挑拨或犯罪的勾当”（刑法典第 60 条）来进行时方可判罪。由此可见，《法国刑法典》对各种作为犯罪的规定明确具体，达到了相当科学的程度。

第二节 作为犯罪的概念

作为犯罪，是指犯罪人通过身体的外部动作积极实施的刑法所禁止的危害行为而构成的犯罪。因此，作为犯罪具有以下特征：

一、作为犯罪的有形性

作为犯罪，在客观上必然通过一定的身体外部动作表现出来，因而具有有形

① ［意］贝卡里亚：《论犯罪与刑罚》，黄风译，72 页，北京，中国大百科全书出版社，1993。

性。作为犯罪可以通过各种方式实施，对于这一点我们将在下一节详加论述。但无论表现为何种方式，都离不开犯罪人的一定的身体动作，这种身体动作对外界发生影响，并且产生一定的危害结果。根据作为犯罪的有形性这一特点，我认为思想不能构成犯罪。在古代及中世纪，有追究思想倾向的犯罪的立法，例如中国封建社会的腹诽罪就是如此。所谓腹诽，是指对法令有不同看法而心怀不满。《史记·魏其武安侯列传》："魏其、灌夫日夜招聚天下豪杰壮士与论议，腹诽而心谤。"据《汉书·食货志》载："御史大夫张汤与大农令颜异郁祟，张汤奏称颜异'见令不便，不入言而腹诽，论死'。自是之后，有腹诽之法（比）。"即以判例断"腹诽"之案。[①] 西方中世纪也有这种惩罚思想的案例，例如孟德斯鸠在《论法的精神》中记载，马尔西亚斯做梦他割断了狄欧尼西乌斯的咽喉。狄欧尼西乌斯因此把他处死，说他如果白天不这样想夜里就不会做这样的梦。对此，孟德斯鸠指出："这是大暴政，因为即使他曾经这样想，他并没有实际行动过。法律的责任只是惩罚外部的行动。"[②] 马克思在 1842 年揭露反动的普鲁士书报检查令时也尖锐地指出：凡是不以行为本身而以当事人的思想方式作为主要标准的法律，无非是对非法行为的公开认可。[③]

我认为，思想之所以不能构成犯罪，主要是因为思想属于人的主观认识的范畴，一定的思想只有行之于外才能对社会产生影响，从而使一定的社会关系受到危害。如果一个人的思想，无论是多么邪恶或者反动，只保留在自己的头脑之中，那么，思想的内容就不会成为现实，因而不能作为犯罪来追究。更何况，由于思想本身是无形的，如果允许追究人的思想倾向，必然失去确定的法律标准，从而导致专制。因此，刑法只调整人的外部行为，而不追究人的内在思想，已经成为现代刑法的一条原则。

日本著名刑法学家小野清一郎在回答为什么刑法中只把在外部实现了的行为

---

① 参见孙膺杰、吴振兴主编：《刑事法学大辞典》，1174～1175 页，延边，延边大学出版社，1989。

② ［法］孟德斯鸠：《论法的精神》，上册，张雁深等译，197 页，北京，商务印书馆，1961。

③ 参见《马克思恩格斯全集》，第 1 卷，16 页，北京，人民出版社，1956。

作为问题时指出，大致有以下理由：第一，国家所关心的治安或公共福利，都是外部的、客观的秩序，纯属于意识内部的事情，国家并不予以直接关心。国家的法律秩序，首先是客观的秩序。第二，把纯粹的“意业”[①] 作为刑法的对象，在实际工作中几乎是不可能的。怎样才能证明它的存在，是个难以说得清的事，所以有陷入恣意臆断的危险。第三，若硬把纯粹内部的“意业”当做刑法上的问题，那就是对个人自由的难以容忍的干涉。而这一点，是自由主义的法律思想特别重视的。批判了思想裁判和宗教裁判的、不失为刑法的巨大文明与进步的罪刑法定主义，在“处罚应以被特别规定了的客观行为为对象”的意义上，是现代刑法的铁的原则。[②] 既然思想没有外部显现的身体动作，不能构成行为犯罪，那么，言辞与文字是否属于有形性的身体动作呢？对于这个问题，孟德斯鸠有过精彩的论述。孟德斯鸠在论及言辞时指出，言语并不构成“罪体”。它们仅仅栖息在思想里。在大多数场合，它们本身并没有什么意思，而是通过说话的口气表达意思的。常常相同的一些话语，意思却不同，它们的意思是依据它们和其他事物的联系来确定的。有时候沉默不言比一切言语表示的意义还要多。没有比这一切更含混不清的了。那么，怎能把它当做大逆罪呢？无论什么地方制定这么一项法律，不但不再有自由可言，即连自由的影子也看不见了。所以，孟德斯鸠认为，言语要和行为结合起来才能具有该行为的性质。所以，一个人到公共场所鼓动人们造反即犯大逆罪，因为这时言语已经和行为联结在一起，并参与了行为。人们处罚的不是言语，而是所犯的行为，在这种行为里人们使用了这些言语。言语只有在准备犯罪行为、伴随犯罪行为或追从犯罪行为时，才构成犯罪。如果人们不是把言语当做死罪的征兆来看待，而是以言语定死罪的话，那就什么都混乱了。至于文字，孟德斯鸠指出：文字包含某种比语言较有恒久性的东西。但是如果文

① 小野清一郎根据佛教把“业”（伦理主体的行动）分为三种：意业、语业与身业。意业是指人的思想活动，语业指言论，身业指人的身体活动。

② 参见［日］小野清一郎：《犯罪构成要件理论》，王泰译，48～49页，北京，中国人民公安大学出版社，1991。

字不是为大逆罪做准备而写出的话，则不能作为犯大逆罪的理由。[①]

我认为，孟德斯鸠对言论与犯罪关系的这种论述基本上是正确的。应该说，言论（包括言语与文字）与思想已经有所区别，言论当然包含一定的思想，但言论本身已经不仅仅是思想，它是思想的物质载体，已经有了一定的客观存在形式。因此，言论作为表达思想、表明主观意图的外在活动方式之一，可以说是一种行为。言论作为一种行为，它也会产生某种危害结果。按照苏俄刑法学家B. H. 库德里亚夫采夫的说法，原因包含着信息的传递。[②] 因此，言论作为信息传递的工具，它本身也具有原因力，视为一种行为是可以的。例如，教唆是一种能够引起他人犯意的行为，这种行为表现为劝说、请求、挑拨、刺激、利诱、怂恿、嘱托、胁迫、诱骗、授意等方法，这些方法都离不开一定的言论；教唆可以用口头言辞表达，也可用书面文字表达，还可以用打手势、使眼神等人体动作表达。[③] 由于教唆已经超出了思想的范畴，已经与他人发生了一定的社会关系，并且侵害了刑法所保护的客体，因而属于犯罪行为。当然言论与暴力性的身体动作在程度上毕竟还是有所区别的，而言论又往往与思想表达有关，一个民主国家，言论自由应该是基本的公民权利。因此，言论构成犯罪应该是有严格限制的。小野清一郎指出，“语业”只是在损毁名誉、伪证等少数表现犯中成为问题，大多数都是“身业”[④]。在我国刑法中，也只是把那些具有相当程度的社会危害的言论，规定为某些犯罪的实行行为或实行行为中的一部分，如侮辱罪、诽谤罪、诬告陷害罪等的实行行为，就是或者可以是以特定言论形式构成的，而抢劫罪、强奸罪、敲诈勒索罪等的实行行为中的手段行为，也可以是威胁性的言论。至于传

① 参见［法］孟德斯鸠：《论法的精神》，上册，张雁深等译，198～199 页，北京，商务印书馆，1961。

② 参见［苏］B. И. 库德里亚夫采夫：《违法行为的原因》，韦政强译，15 页，北京，群众出版社，1982。

③ 参见陈兴良：《共同犯罪论》，97～102 页，北京，中国社会科学出版社，1992。

④ ［日］小野清一郎：《犯罪构成要件理论》，王泰译，48 页，北京，中国人民公安大学出版社，1991。

授犯罪方法罪，更是典型的以言论方式构成的犯罪。刑法总则规定的犯罪预备行为、教唆行为和帮助行为，也可以由言论构成。当然，我们惩罚的并不是言论本身，而是犯罪人利用言论所进行的犯罪行为。总之，作为犯罪的首要特征是有形性，离开有形性，就没有作为犯罪。

二、作为犯罪的违法性

作为犯罪的违法性，主要表现为对法律的禁止性规范的违反。所谓禁止性规范，是义务性规范的一种，其内容是要求人们承担不作出一定行为的义务。其行为模式是禁止人们这样行为的模式，其法律后果是否定式的。例如，药品管理法中关于禁止生产、销售劣药、假药的规定，刑法中关于禁止打砸抢、禁止非法拘禁他人等规定，婚姻法中关于父母子女间不得相互遗弃或虐待的规定，以及它们相应的法律后果，均属禁止性规范。[1] 因此，作为犯罪是“不应为而为”，它是以积极的行为违反法律规范。应当指出，作为犯罪的这种违法性，与构成作为犯罪必须符合刑法分则对某一具体犯罪的构成要件的规定并不是矛盾的。在大陆法系刑法理论中，宾丁认为规范是法规的前提，应与法规本身相区别。以刑法而论，犯罪并非法规之违反，而是对于法规上所规定之构成要件予以充足之行为，在法规之后隐藏有一定之规范，才是犯罪人所违反的对象。例如，刑法规定“杀人者处死刑”是法规，而该项法规有一含义：“勿杀”，是规范，此二者应区别观之。[2]

我认为犯罪构成要件是违法行为之类型化，因此，凡是符合犯罪构成的行为，必然是违法之行为，这两者是统一的。作为犯罪的违法性，主要表现在对禁止性规范的违反，因而其犯罪构成的行为也是以禁止的内容为内容的，例如禁止杀人，违反这一禁令杀人，因而杀人就是该罪的行为。根据这一理论，作为犯罪

① 参见沈宗灵主编：《法理学研究》，217页，上海，上海人民出版社，1990。

② 参见韩忠谟：《刑法原理》，增订14版，23～24页，台北，台湾大学，1981。

的行为具有法定性，是以法律规定为特征的。因此，对于作为犯罪的具体认定，不能脱离法律的规定。在这个意义上，人的身体动作只有经过法律的规范评价才能上升为一定的作为犯罪。所以，应当把一般的身体动作与刑法意义上的作为加以区别。正如苏俄著名刑法学家特拉伊宁所指出的：刑法意义上的行为，不仅在质量上和身体的动作不同，而且就是在所谓的数量上，一个作为也往往包括几个动作，如举起手枪，对准目标，手握枪机，扳动枪机，等等。刑法上的行为一方面所包含的永远不是个别的“动作”或“环节”，而是这些环节的有机结合，如射击、窃取、收买，等等；另一方面不应当把刑法上的行为同人的一系列的行动，同人的活动即他的举动混为一谈。譬如，投机罪是由收买和转卖两个独立的行为（作为）组成的。当法律上讲到常业犯的一切场合，对于犯罪构成来说，所要求的并不是孤立的一个行为，而是一系列的行为。[①] 总之，作为犯罪必须依法认定，这也是其违法性的题中应有之义。

第三节　作为犯罪的形式

作为犯罪的形式，是指行为人实施作为犯罪的表现方式。作为犯罪虽然表现为一系列的身体动作，但由于人是一种具有理智的高级动物，因而行为人在实施作为犯罪的时候，并不限于利用本人的身体以实现一定的犯罪意图，而且利用各种犯罪工具及其手段，将本人的犯意付诸实施。正如我国学者指出，不能把作为等同于亲手实施的行为，作为除了包括犯罪人本人亲手实施的积极活动外，还应该包括犯罪人借助自然力（如借助风势、水势）、借助动物（如借助狗、蛇等）、借助不具备犯罪主体条件的他人（如借助儿童、精神病人）或借助他人的过失行

---

① 参见［苏］A. H. 特拉伊宁：《犯罪构成的一般学说》，王作富等译，112页，北京，中国人民大学出版社，1958。

为来实施犯罪行为，这些情况仍应被视为利用者本人实施了作为的犯罪行为。[①]因此，对于作为犯罪的形式的分析，有利于我们认识作为犯罪的复杂性，从而科学地掌握作为犯罪的本质。

一、利用自身动作实施作为犯罪

一个人的身体动作是受大脑的高级神经支配的，因而是人的意识与意志的外在表现。人的四肢五官能够形成各种各样的身体动作，这些身体动作是人的活动的最基本的组成部分，是人的存在方式之一。人的身体动作既可以用于实施对社会有利的行为，同样，也可以用于实施对社会有害，包括犯罪的行为。因此，利用自身动作实施的作为犯罪，是最为常见的作为犯罪的形式。例如，采用拳打脚踢的方法伤害他人，就是典型的利用自身动作实施的作为犯罪。除四肢移动以外，五官也可以用于作为犯罪。例如口出秽言侮辱他人，眼神示意教唆他人等，同样是利用自身动作实施的作为犯罪。

二、利用机械力实施作为犯罪

人的自身力量是有限的，因此，利用自身动作实施的作为犯罪只能是小规模的。有时，为了造成更大的危害结果，靠自身动作难以实现，因而必须借助于一定的机械力。机械，是人的手足的延伸，赋予了人更大的实践活动能力，增加了人的能动性。机械力可以造福于人类，但同样可以危害人类。当机械力被犯罪分子用于犯罪的时候，就会产生危害社会的后果。机械力是通过一定的工具表现出来的，因此，利用机械力实施作为犯罪，总是以一定的工具为中介的。犯罪人借助于工具的某种属性，作用于一定的客体，从而消除特定客体的存在或者改变特

① 参见王作富主编：《中国刑法适用》，74～75页，北京，中国人民公安大学出版社，1987。

定客体的功能，就会给社会造成危害。例如，借助炸药的爆炸力，杀伤人畜，毁坏公私财物，危害公共安全；或者利用枪支杀人；等等。在这些情况下，犯罪人本身虽然没有接触被害人，但由于一定的机械力是在犯罪人的意志支配下作用于被害人的，因而应当归罪于犯罪人。当然，在利用机械力实施作为犯罪的情况下，犯罪人还是必须要有一定的身体动作，这些身体动作主要表现在对机械力的操纵上。具体地说，表现在对一定的犯罪工具的使用上。例如用枪杀人，必须要有端枪扣动扳机这样一些身体动作，否则，枪不会自动射击将人打死。如果没有一定的身体动作纯粹地利用机械力实施犯罪，那么，在一定条件下可以构成不作为犯罪。例如，扳道工故意不履行扳道义务，导致两列火车相撞，造成重大人员伤亡与财产损失。犯罪人也是利用机械力实施犯罪，但扳道工没有任何身体动作，只是消极地不履行扳道义务，因而只能构成不作为犯罪。由此可见，有一定的身体动作是作为犯罪的基本要求，在利用机械力的情况下也是如此。

三、利用自然力实施作为犯罪

自然力与机械力在性质上是相同的，只不过前者出于天然，后者来自人工。自然力包括雷电、风暴、洪水等，这些自然力既可以用来为人类服务，也可能对人类造成危害。有些犯罪分子故意地利用这种自然力，来达到危害社会的目的。例如，决水冲毁家舍农田，危害公共安全等。利用自然力实施的作为犯罪，也必须要有利用行为，这种利用行为往往是通过一定的身体动作表现出来的，例如决水，必须要有挖毁堤坝的行动。如果根本没有这些身体动作，而是有义务阻止自然力的破坏作用，应当履行而不履行这种义务，以至于由于自然力的破坏而造成一定危害结果的，就是不作为犯罪，而不是作为犯罪。

四、利用动物实施作为犯罪

动物不通人性，因而凡是动物造成损害的，除非动物主人管理不严而负有责任，否则不产生人的责任问题。但如果是犯罪人故意地唆使动物去伤害他人或者损害他人利益，犯罪人就是利用动物实施作为犯罪。

五、利用他人实施作为犯罪

利用他人实施作为犯罪，实际上就是一个间接实行犯（间接正犯）的问题。这个问题比较复杂，有必要具体论述。间接正犯，由于他是利用他人实施犯罪，在表面上与共同犯罪中的教唆犯与帮助犯极为相似，但他又不是共犯，因而一般被认为是单独正犯的一种形态，以区别于直接正犯，放在共同犯罪中加以研究。[①] 但间接正犯主要还是一个行为的问题，随着刑法上的评价态度从自然主义的考察向规范主义的考察发展，近来在大陆法系刑法理论中，间接正犯不被放在共犯论里面，而是作为构成要件行为的解释问题在构成要件该当性中加以论述。[②] 因此，在行为论中不能不涉及间接正犯问题。间接正犯把一定的人作为中介实施其犯罪行为，其所利用的中介由于具有某些情节而不负刑事责任或不发生共同犯罪关系，间接正犯对于其通过中介实施的犯罪行为完全承担刑事责任。这种实施犯罪行为的间接性和承担刑事责任的直接性的统一，就是间接正犯。

间接正犯的概念，据说发生于主观主义未普遍发达时代的德国刑法学。[③] 一般认为，间接正犯是客观主义的共犯理论为弥补其共犯从属性说之不足而推衍出来的一个范畴。按照主观主义的共犯理论，只要具有共同犯罪行为，即使是具有刑事责任能力的人与没有刑事责任能力的人或者达到刑事责任年龄的人与没有达到刑事责任年龄的人，也可以构成共同犯罪，这就是所谓共犯独立性说。按照此说，间接实行犯显系正犯，在理论上毫无承认之必要。而按照客观主义的共犯理

---

① 参见陈兴良：《共同犯罪论》，482 页，北京，中国社会科学出版社，1992。

② 参见［日］福田平、大塚仁：《日本刑法总论讲义》，李乔等译，160～161 页，沈阳，辽宁人民出版社，1986。

③ 参见蔡墩铭：《刑法基本问题研究》，216 页，台北，汉苑出版社，1976。

论，共犯具有从属性，即教唆犯和帮助犯系从属于正犯的犯罪，又称从属犯。在一般情况下，如果正犯不构成犯罪，就没有处罚教唆犯和帮助犯的理由。但具有刑事责任能力的人或者达到刑事责任年龄的人教唆或者帮助没有刑事责任能力的人或者没有达到刑事责任年龄的人实施犯罪行为，无异于利用工具犯罪。在这种情况下，如果仍然坚持以正犯构成犯罪作为教唆犯或者帮助犯承担刑事责任的前提，那么，该教唆犯或者帮助犯就难以被依法论处，这显然不合乎情理。在这种情况下，为调和客观主义共犯理论的矛盾，将这种教唆犯和帮助犯名之曰间接正犯，使之对正犯的犯罪行为承担完全的罪责，这就是间接正犯的由来。间接正犯的概念产生虽早，但在立法上承认间接正犯，却迟至 1913 年的德国刑法草案，该草案明文规定将间接正犯视为教唆犯或帮助犯。1919 年的德国刑法草案第 26 条明文规定了间接正犯的概念，提出："对于非依犯意而行为之他人，或无责任能力之他人，以犯意嗾使其为犯行之实施者，是为间接正犯，间接正犯依正犯处罚之。"这被认为是独立于共同犯罪的间接正犯的最早立法例。在现代各国刑法中，明文规定间接正犯的只是少数。例如《意大利刑法典》第 86 条（利用无责任能力人犯罪）规定："使他人陷于无辨别及无意思能力之状况，而利用其为犯罪行为者，应负该项犯罪行为之刑事责任。"又如，《德国刑法典》第 25 条第 1 项规定："假手他人以实行之者，依正犯处罚之。"间接正犯没有亲手实行犯罪，又为什么要将其视为正犯呢？这就是刑法理论上所谓间接正犯的正犯性问题，这也是一个间接正犯的立论根据问题。在这种问题上，主要有以下四种观点：一是工具说，认为间接正犯是利用他人犯罪，被利用者只不过是间接实行犯罪的工具而已。有些刑法学家认为被利用者之法的性格与直接实行犯使用机械或器具之情形相同，因而极其率直地认为间接正犯只不过是利用有灵魂的道具而已。因此，工具说在刑法理论上又称为道具理论。二是条件说，认为间接正犯对于通过他人所实现的犯罪结果赋予原因，而被利用者的行为只不过是犯罪结果发生的条件。三是犯意说，认为间接正犯是以自己犯罪的意思而利用他人犯罪。所以，虽然利用者没有直接实施犯罪，也应视同正犯。四是支配说，认为间接正犯在利用他人犯罪中，起着支配作用，即间接正犯在整个犯罪过程中都居于支配的地位。以上四说中，前两说是从被利用者方面展开的，后两者是从利用者方面展开的。各说对于揭示间接正犯的正犯性都具有一定的积极意义，但又都存在致命的缺陷。首先，上述各说都割裂了利用者与被利用者的关系，仅从一个方面去论证，因而有失片面。其次，上述各说都割裂了主观与客观的关系，例如条件说，从客观上说明间接正犯的正犯性；犯意说则从主观上说明间接正犯的正犯性，因而都不够圆满。

我认为，对间接正犯的性质，应坚持主观与客观相统一的原则，从利用者与被利用者两个方面展开论述。间接正犯在主观上明知被利用者是没有刑事责任能力的人或者没有达到刑事责任年龄的人而故意地加以利用，希望通过被利用者的行为达到其预期的犯罪结果。因此，间接正犯与被利用者之间在主观上没有共同犯罪的故意。即使是在利用有故意的工具的场合，由于被利用者不具有某种特定的犯罪目的，因而不能说甲和乙之间存在基于这种特定目的而构成的共同犯罪故意。所以，间接正犯主观上所具有的只能是单独犯罪的故意。正是基于这种单独的犯罪故意，其利用他人作为犯罪工具的特点才得以充分肯定。将上述主观方面和客观方面统一起来，就是间接正犯的质的规定性，也是间接正犯特殊的犯罪构成及其承担刑事责任的基础。间接正犯一般来说，都是作为犯罪。因为行为人必然通过一定的身体动作来利用他人，所以，揭示间接实行犯的表现形式对于理解间接正犯的行为性具有重要意义。在刑法理论上，一般认为间接正犯具有以下六种形式：

（一）利用不满 14 周岁的人为工具实施作为犯罪

我国刑法第 29 条第 1 款规定："教唆他人犯罪的，应当按照他在共同犯罪中所起的作用处罚。"这里所谓他人，按照一般理解，是指达到刑事责任年龄的人。我国刑法第 17 条第 1 款规定："已满十六周岁的人犯罪，应当负刑事责任。"第 2 款规定："已满十四周岁不满十六周岁的人，犯故意杀人、故意伤害致人重伤或者死亡、强奸、抢劫、贩卖毒品、放火、爆炸、投毒的，应当负刑事责任。"因此，利用不满 14 周岁的人为工具实施任何犯罪行为，利用者都以间接正犯论处。利用已满 14 周岁不满 16 周岁的人为工具实施除刑法所规定的以上 8 种犯罪以外的犯罪行为，教唆犯以间接正犯论处。

（二）利用精神病人为工具实施行为犯罪

我国刑法第 18 条第 1 款规定："精神病人在不能辨认或者不能控制自己行为的时候造成危害结果，经法定程序鉴定确认的，不负刑事责任。"精神病人的大脑由于受到各种致病因素的影响，机能活动发生紊乱，导致精神活动发生不同程度的变异，造成精神病人的意识和行为的异常，并使其极易受暗示的影响。犯罪分子往往利用精神病人的这种病态，教唆其实施一定的危害行为。在这种情况下，精神病人只不过是犯罪工具而已。精神病人由于没有刑事责任能力，法律规定不负刑事责任，因而利用没有刑事责任能力的精神病人实施犯罪行为，应以间接正犯论处。我国刑法第 18 条第 2 款规定："间歇性的精神病人在精神正常的时候犯罪，应当负刑事责任。"所以，如果是利用间歇性精神病人为工具实施犯罪的，还必须查明该人实施犯罪行为时是在精神正常期间还是在发病期间。只有在间歇性精神病人处于丧失刑事责任能力的发病期间，教唆其实施危害行为的，才构成间接正犯；否则，教唆犯和精神正常的间歇性精神病人构成共同犯罪。

（三）利用他人的不可抗力和意外事件实施作为犯罪

我国刑法第 16 条规定："行为在客观上虽然造成了损害结果，但是不是出于故意或者过失，而是由于不能抗拒或者不能预见的原因所引起的，不是犯罪。"这就是刑法理论上所说的不可抗力和意外事件。所谓利用他人的不可抗力和意外事件实施作为犯罪，就是指被利用的人的行为在客观上是危害社会的行为，但他在实施这一行为时主观上没有罪过，属于不可抗力或者意外事件。对于利用者来说，构成间接正犯，应对他人的不可抗力或者意外事件所造成的损害结果承担刑事责任。例如，医生甲与病人乙有仇，一天甲在注射液内投入致命毒药，让护士丙为乙注射，结果乙被害死亡。在本案中，护士丙的行为虽然在客观上造成了乙的死亡，但丙对于死亡的原因是不能预见的，相当于英美法系刑法理论中的无罪之代理人（Innocent agent）。[①] 因此，乙的死亡对丙来说是意外事件。甲对于乙的死亡主观上具有杀人的故意，客观上虽然没有直接的杀人行为，但利用他人的不可抗力或者意外事件实施杀人行为，属于间接正犯。

（四）利用他人的合法行为实施作为犯罪

这里所谓合法行为，是指正当防卫、紧急避险等排除社会危害性的行为。这些行为根据我国刑法的规定不负刑事责任，是合法行为。如果利用他人的正当防卫实施犯罪，防卫人不负刑事责任，利用者则构成间接正犯。例如，甲与乙有仇，想置乙于死地，但又不想亲自下手，遂设一计，对乙谎称丙曾经在背后诽谤乙。乙听后勃然大怒，对丙进行不法侵害。但丙身强力壮，又曾从甲处得知乙将来寻衅，早已有所防备。因此，丙对乙正当防卫，致乙死亡。丙的行为没有超过正当防卫的必要限度，依法不负刑事责任，而甲则应对乙的死亡承担间接正犯的刑事责任。

（五）利用他人的过失行为实施作为犯罪

我国刑法中的共同犯罪是二人以上共同故意犯罪。共同故意是共同犯罪的质的规定性之一，没有共同故意也就谈不上共同犯罪。因此，我国刑法第25条第2款规定："二人以上共同过失犯罪，不以共同犯罪论处；应当负刑事责任的，按照他们所犯的罪分别处罚。"那么，一人故意和一人过失的犯罪如何处罚？对此，我国刑法没有明文规定。根据我国刑法理论，二人不构成共同犯罪，应该分别处罚。因此，如果一人利用他人的过失行为犯罪，利用者应对犯罪行为承担故意犯罪的刑事责任，属于间接正犯，被利用者对该犯罪行为承担过失犯罪的刑事责任。例如，甲与乙有仇，意图枪杀乙。一天，丙向甲借枪，甲把装有子弹的枪借给丙，骗其枪中没有子弹，可以吓乙一跳，丙信以为真，朝乙开枪，乙中弹身亡。在本案中，甲主观上具有杀人的故意，客观上虽然没有直接实施杀人行为，但他是利用丙的过失行为杀人，因此构成间接正犯，丙则主观上具有疏忽大意的

① 参见《布莱克法律词典》，英文版，708页，明尼苏达，West出版公司，1979。

过失，客观上实施了杀人行为，其行为单独构成过失杀人罪。

（六）利用有故意的工具实施作为犯罪

在刑法理论上，所谓有故意的工具，是指被利用者具有刑事责任能力并且故意实施某一犯罪行为，但缺乏目的犯中的必要目的（无目的有故意的工具），或者缺乏身份犯中的特定身份（无身份有故意的工具）的情形。德日多数刑法学家都承认在利用有故意的工具实施犯罪行为的情况，利用者应成立间接正犯。例如，日本刑法学家福田平、大塚仁在谈到间接正犯的构成范围时，明确地将目的犯被利用人缺乏目的、身份犯不具有身份列为间接正犯的形式。[①] 在利用有故意的工具的情况下，被利用者虽然具有犯罪故意，但没有目的犯之目的和身份犯之身份，因而利用者构成作为犯罪。

第四节　作为犯罪的类型

作为犯罪具有各种不同的法律类型，这些法律类型从各个方面表现了作为犯罪的内容。对作为犯罪的类型的论述，有利于科学地揭示作为犯罪的性质。

一、行为犯

（一）行为犯的概念

行为犯，也称为举动犯，是指行为人只要单纯地实施刑法分则所规定的构成要件的行为就足以构成犯罪，而无须发生一定的犯罪结果。因此，行为犯具有两个明显特征：一是必须要有一定的行为举动，这是行为犯的积极要件。二是无须发生一定的犯罪结果，这是行为犯的消极要件。行为犯之所以不要求有一定

① 参见［日］福田平、大塚仁：《日本刑法总论讲义》，李乔等译，162页，沈阳，辽宁人民出版社，1986。

的犯罪结果，有两种情况：一是由于不存在一定的犯罪客体，因而不可能出现一定的犯罪结果。二是这种犯罪并非不能发生一定的危害结果，而是由于这种犯罪行为本身性质就十分严重，法律规定不以发生一定的犯罪结果为犯罪构成的要件，一定的犯罪结果发生与否，只是量刑时考虑的情节。当然，由于有些学者认为行为犯的概念中也可以区别行为和结果，因而认为不存在所谓行为犯的概念。①

（二）行为犯与形式犯

行为犯与形式犯极为相似。在苏俄刑法理论中，行为犯与形式犯是同一种犯罪形式。例如：苏俄学者认为，如果立法者只是叙述了行为的要件，而未把结果归在犯罪构成里，那么，这个构成就具有形式的性质。这时，只要完成犯罪构成中所指出的行为，就被认为是既遂罪。② 这个意义上的形式犯，就是行为犯。民主德国学者则明确认为，单纯行为的犯罪即行为犯，又叫举止犯和形式犯。在单纯行为的犯罪中，法定犯罪构成规定了一定的行为，并不需要刑事责任的承担依赖于由犯罪引起的损害结果。③ 大陆法系刑法理论则认为行为犯与形式犯有所区别。形式犯，在构成要件上，意味着连侵害法益的抽象危险都无须的犯罪。其例可见于根据予以必要的行政取缔的行政刑罚法规。例如，（日本）食品卫生法第30条、第4条的不卫生食品贮藏罪，仅因为贮藏不卫生食品，又如甚至连对人体不含有抽象危险的行为也在处罚之列。但在行为犯中，例如侵犯居住罪中妨害居住的安全，又如伪证罪有招致误判之虞，行为者随其行为侵害法益，或者出现

① 参见［日］木村龟二主编：《刑法学词典》，顾肖荣等译，159页，上海，上海翻译出版公司，1991。

② 参见［苏］H. A. 别利亚耶夫、M. И. 科瓦廖夫主编：《苏维埃刑法总论》，马改秀等译，87～88页，北京，群众出版社，1987。

③ 参见［民主德国］J. 列克沙斯、J. 伦内贝格：《民国德国刑法理论的若干问题》，田彦群译，17页，深圳，深圳大学，1988。

侵害法益的危险。因此，形式犯大致可说就是行为犯，行为犯则并非都是形式犯。[①] 我认为，行为犯与形式犯的区别是极为微妙的。既然形式犯都是行为犯，把形式犯看作是行为犯中的一种情况，将其统一于行为犯这个概念中，并非不可。

（三）行为犯与阴谋犯

在苏俄刑法理论上，还有截断（亦译截短）的犯罪构成的概念，认为在犯罪活动一切可能的发展阶段里，当犯罪构成仅仅包括预备行为，或者包括旨在造成危害社会结果的某个行为的过程本身时，这时就存在截断的犯罪构成。在这种情况下，要确定既遂罪，并不需要造成危害社会的结果，也不需要将能够引起这些结果的行为进行到底，有时甚至不需要实施所指出的行为本身。例如，以侵占财产为目的使用对被侵袭人的生命和健康有危险的暴力，或者以使用暴力相威胁的方法而实施了强盗行为，在侵袭的时刻就构成既遂罪。侵袭者是否占有了财产，这对强盗行为的犯罪构成并无意义。侵袭行为本身已构成既遂罪。[②] 截断的犯罪构成与大陆法系刑法理论中的阴谋犯的概念极为相似。阴谋犯是指只要有一定的阴谋策划的行为，就可以构成犯罪，不需发生一定的犯罪结果，甚至不需实施使这一犯罪结果发生的行为。我认为，无论是截断的犯罪构成还是阴谋犯，都是从行为的自然意义上而言的，但从法律角度来说，一定的阴谋行为既然已经规定为犯罪的实行行为，那么，本身只要不需发生一定的犯罪结果就足以构成犯罪，则完全可以将其包括在行为犯这一概念之中。

（四）行为犯与危险犯

在刑法理论上，还有危险犯这一概念。在大陆法系刑法理论中，危险犯是指

---

① 参见［日］木村龟二主编：《刑法学词典》，顾肖荣等译，158～159页，上海，上海翻译出版公司，1991。

② 参见［苏］H.A. 别利亚耶夫、M.И. 科瓦廖夫主编：《苏维埃刑法总论》，马改秀等译，88页，北京，群众出版社，1987。在苏联刑法学界，也有学者否定截断的犯罪构成的概念。例如A.H. 特拉伊宁指出：半个的、部分的和“截短的”构成，是不可能存在的。参见［苏］A.H. 特拉伊宁：《犯罪构成的一般学说》，王作富等译，82页，北京，中国人民大学出版社，1958。

其构成要件的行为不需要侵害一定的法益，单是有发生侵害的危险即已达成的犯罪。[①] 在我国刑法中，危险犯是指行为人实施的行为足以造成某种危害结果发生的危险状态，严重危害结果尚未发生，即构成既遂的犯罪。[②] 例如刑法第117条规定的破坏交通设施罪：只要行为人实施破坏交通设施的行为，足以使火车、汽车、电车、船只、航空器发生倾覆、毁坏的危险，即使这些交通工具尚未发生倾覆或毁坏，也构成破坏交通设施罪既遂。危险犯又可以分为两种：一是具体危险犯，指将危险状态作为构成要件要素而规定于刑法条文中，法官必须就具体之案情，逐一审酌判断，而认定构成要件所保护之法益果真存有具体危险时，始能成立犯罪之危险犯。二是抽象之危险犯，指符合构成要件中所预定之抽象危险之危险犯。此等抽象危险可谓具体危险之先前阶段，而具高度危险；行为只要符合构成要件所描述之事实，即可认定具有此等抽象危险，无待法官就具体案情而作认定。[③] 由此可见，危险犯这个概念还是反映了刑法中规定的某一些犯罪的特点，因而具有一定的意义。但就只要实施一定的行为，而无须发生一定的犯罪结果这一点而言，它也完全符合行为犯的本质，因而可以归入行为犯。但是，有些学者把危险犯中的"尚未造成严重后果"本身理解为是一定的犯罪结果，指出，危险犯不是行为犯，而与实害犯同样是结果犯。因为危险犯也要求一定的结果，只是它要求的结果是某种危险状态。[④] 我认为这种观点欠妥。因为从逻辑上理解，尚未造成严重后果，就是法律规定的一定犯罪结果没有发生，又怎么能说这本身就是一种结果呢？因此，这种观点是由于对犯罪结果理解的错误而造成的。

综上所述，我认为行为犯这种作为犯罪的类型是以一定的犯罪作为作为构成

① 参见［日］木村龟二主编：《刑法学词典》，顾肖荣等译，158、159页，上海，上海翻译出版公司，1991。

② 参见高铭暄主编：《中国刑法学》，169页，北京，中国人民大学出版社，1989。

③ 参见林山田：《刑法通论》，2版，106页，台北，三民书局，1986。

④ 参见高铭暄主编：《中国刑法学》，169页，北京，中国人民大学出版社，1989。

犯罪的充足条件，无须发生一定的犯罪结果的犯罪，刑法理论上的形式犯、阴谋犯和危险犯都可以归入行为犯的范畴。

二、结果犯

（一）结果犯的概念

结果犯是指不仅实施犯罪构成客观要件的行为，而且必须发生法定的危害结果才能构成既遂的犯罪。由此可见，结果犯的构成，必须同时具备一定的行为、结果及其两者之间的因果关系。刑法中规定的犯罪，绝大部分是结果犯，例如杀人罪、伤害罪、盗窃罪、抢夺罪、诈骗罪、抢劫罪、敲诈勒索罪、贪污罪等，都是结果犯。

（二）结果犯与实质犯

结果犯与实质犯极为相似，在苏俄刑法理论中，实质犯就是结果犯。例如，苏俄学者指出：如果立法者不仅把行为，而且把由这种行为所产生的危害社会的结果都归为说明犯罪之要件，并以这种方式组成犯罪构成，那么，这种犯罪构成就具有实质的性质。杀人、偷窃以及其他许多犯罪构成就是如此。结果是实质性犯罪构成的必要要件。在这种情况下，如果危害社会的行为没有造成危害社会的结果，那就不能构成既遂罪的犯罪构成，犯罪人只对未遂犯罪承担责任。[①] 在这个意义上说，结果犯与实质犯是可以等同的。但在大陆法系刑法理论中，实质犯与结果犯存在一定的差别。例如日本刑法学者认为，实质犯是指构成要件行为以侵害法益或发生危险为内容的犯罪，大部分犯罪是实质犯。实质犯又根据构成要件的行为实际侵害法益，或者仅仅发生侵害的危险，从而分为侵害犯和危险

① 参见［苏］Н. А. 别利亚耶夫、М. И. 科瓦廖夫：《苏维埃刑法总论》，马改秀译，87 页，北京，群众出版社，1987。

犯。[①] 由此可见，大陆法系刑法理论中的实质犯包括了危险犯。民主德国刑法学者认为，结果犯中的结果，人们理解为由犯罪行为引起的，在法定犯罪构成中所规定的损害结果，其中也包括一定的危险。[②] 根据这种理解，则结果犯与实质犯是等同的。但是我认为，一定的危险状态不等于一定的犯罪结果，因而危险犯属于行为犯而非结果犯。同时，实质犯之所谓实质，主要是就是否发生一定的危害结果而言的，因此，把危险犯包括在实质犯这个概念之中也似乎不妥。我们赞同在同一的意义上使用结果犯与实质犯这两个概念。

（三）结果犯与实害犯

结果犯与实害犯这两个概念也极为相近。在大陆法系刑法理论中，实害犯通称侵害犯，指构成要件的行为需要已完成侵害一定法益的犯罪。[③] 我国刑法学界一般认为，实害犯是指行为人实施的行为必须对刑法所保护的客体造成实际的损害，始构成既遂的犯罪。例如刑法第 119 条规定的破坏交通设施罪，必须造成严重后果，始构成本罪的既遂。此外，杀人罪、伤害罪、盗窃罪、抢夺罪、抢劫罪等也都是实害犯。[④] 由此可见，实害犯都是结果犯，都以发生一定的犯罪结果作为构成犯罪既遂的必要条件。

三、结果加重犯

（一）结果加重犯的概念

在刑法理论上，结果加重犯又称为加重结果犯，是指法律上规定的一个犯罪行为，由于发生了严重结果而加重其法定刑的情况。有些刑法学者把结果加重犯

---

① 参见［日］木村龟二主编：《刑法学词典》，顾肖荣等译，157～158 页，上海，上海翻译出版公司，1991。

② 参见［民主德国］J. 列克沙斯、J. 伦内贝格：《民主德国刑法理论的若干问题》，田彦群译，18 页，深圳，深圳大学，1988。

③ 参见［日］木村龟二主编：《刑法学词典》，顾肖荣等译，158 页，上海，上海翻译出版公司，1991。

④ 参见高铭暄主编：《中国刑法学》，169 页，北京，中国人民大学出版社，1989。

包括在结果犯之中。根据这种观点，行为人只要实行基本构成要件该当之行为，而生加重结果者，即足以成立结果加重犯，而不以基本构成要件该当之行为既遂为必要，即使基本构成要件该当之行为尚属未遂，但已因而生加重结果，则仍可成立结果加重犯。[①] 而我国学者认为，结果加重犯与结果犯不同，后者只有一个基本结果，即作为基本构成要件的结果；前者则有两个结果，即除了具有基本结果之外，还有一个加重结果。[②] 我认为，结果加重犯并非在任何情况下都具有两个结果，因而以一个结果还是两个结果区分结果犯与结果加重犯是不科学的。当然，我也不同意把结果加重犯视为结果犯的一种观点。结果犯与结果加重犯的根本区别在于：结果犯之结果是本罪之结果，而结果加重犯之加重结果则是他罪结果。也就是说，结果加重犯之加重结果已经超出基本犯罪的罪质范围。唯此，才能将结果犯与结果加重犯加以区分。

（二）结果加重犯的构成

结果加重犯的构成，必须具备以下条件：

1. 犯罪人必须实施了基本犯罪行为。

犯罪人必须实施了基本犯罪行为，这是构成结果加重犯的前提条件。基本犯罪的罪过形式到底是限于故意还是也可以由过失构成？这在我国刑法学界存在分歧。有些学者认为行为人对基本犯罪只能是故意。[③] 还有些学者则认为，由过失构成的基本犯罪，同样可以构成结果加重犯。[④] 例如，我国刑法第 136 条规定的危险物品肇事罪，造成严重后果的，法定刑为 3 年以下有期徒刑或者拘役；后果特别严重的，法定刑为 3 年以上 7 年以下有期徒刑。所谓“后果特别严重的”，即为本罪的结果加重犯。我认为，结果加重犯的基本犯罪的罪过形式应当以各国

① 参见林山田：《刑法通论》，2 版，100 页，台北，三民书局，1986。

② 参见高铭暄主编：《中国刑法学》，170 页，北京，中国人民大学出版社，1989。

③ 参见顾肖荣：《试论结果加重犯》，载《法学研究》，1984（4），21 页。

④ 参见王虎华：《论结果加重犯》，载赵秉志等：《全国刑法硕士论文荟萃（1981 届—1988 届）》，400～401 页，北京，中国人民公安大学出版社，1989。

刑法规定为准。基本犯是过失犯时，也可认为是结果加重犯，例如《德国刑法典》第 309 条失火致死罪和第 314 条过失决水致死罪都属于结果加重犯。根据我国刑法的规定，基本犯罪的罪过形式也可以是过失。

2. 基本犯罪行为造成了加重结果。

加重结果是指法律规定超出基本犯罪的罪质范围的结果。关于加重结果的性质，刑法理论上存在两种观点。第一种观点把加重结果理解为“加重处罚之条件”，所谓客观的处罚条件，一般系指犯罪虽已成立，但必得其他来由（即非行为本身要素所存在之一定的事实或事由）赋予条件始发生刑罚可加以处罚之情形而言。依此意义，则以发生重结果为理由，而加重其刑之重结果，即仅系客观的处罚之一条件或加重条件，即“客观的加重处罚条件”而已，并非以行为者之行为为中心所构成之犯罪构成要素。第二种观点把加重结果理解为“构成要件要素”，即基本犯罪已因加重结果之发生，产生新的构成要件要素，当然改变原有基本犯之罪责，而独立成为一新犯罪。[①] 我认为，第二种观点是正确的，因为加重结果不仅仅是一个处罚问题，而且是一个罪质变化的问题。因而，相对于基本犯罪来说，结果加重犯应该是一个独立的新罪。

3. 基本犯罪与加重结果之间存在因果关系。

行为人之所以要对超出基本犯罪的加重结果负刑事责任，就是因为基本犯罪与加重结果之间存在着因果关系。如果没有这种因果关系，则不存在结果加重犯之问题。例如，甲致乙轻伤，乙由于破伤风感染而死亡。在本案中，甲的伤害行为与乙的死亡之间不存在因果关系，因而不能构成故意伤害致死罪。

4. 行为人对于加重结果主观上有罪过。

如果说，基本犯罪与加重结果之间存在因果关系，是行为人对加重结果承担刑事责任的客观基础，那么，行为人对于加重结果主观上有罪过，就是行为人对加重结果承担刑事责任的主观基础。但是，关于行为人对于加重结果主观上的罪

① 参见陈朴生、洪福增：《刑法总则》，114～115 页，台北，五南图书出版公司，1982。

过是限于过失还是也可以是故意，存在争论。在刑法理论上有一种“故意的结果加重犯”的观点，认为对加重结果可以是出于故意的。① 但这种观点受到普遍否定，例如我国学者指出：如果行为人已经预见到加重结果发生的必然性或可能性，而希望或放任这种结果的发生，那么其加重结果则应当作为另一个新罪的结果，不能成立结果加重犯。② 但在对具体犯罪的解释上，存在一定的难度。例如，我国刑法第263条规定犯抢劫罪致人重伤或者死亡，对于重伤或者死亡的罪过形式并没有规定。按照一般理解，认为故意或者过失都包括在内。那么，在故意的情况下是否属于结果加重犯？我认为，这里存在一个立法技术问题。但无论如何，将故意包括在对加重结果的罪过形式之中，是难以成立的。

---

① 参见［日］木村龟二主编：《刑法学词典》，顾肖荣等译，162页，上海，上海翻译出版公司，1991。

② 参见王虎华：《论结果加重犯》，载赵秉志等：《全国刑法硕士论文荟萃（1981届—1988届）》，400～401页，北京，中国人民公安大学出版社，1989。

第九章 不作为犯罪

相对于作为犯罪而言，不作为犯罪发生较少。但就理论上的复杂性而言，不作为犯罪远甚于作为犯罪，而且在司法实践中也较难认定。为此，有必要进行深入研究。

第一节　不作为犯罪的嬗变

不作为犯罪作为一种犯罪行为，在刑事立法上很早就有规定，由于古代社会与其专制制度相适应，实行严刑峻法，因而对于不作为犯罪的处罚面广且严厉。及至近代，不作为犯罪的处罚面受到一定的限制。由此可见，不作为犯罪的嬗变与社会发展具有同步性。

一、古代刑法中的不作为犯罪

不作为犯罪，主要是指纯正不作为犯罪，在古代刑法中都有明文规定。当时，对不作为犯罪的惩治是作为强化专制统治的一种法律手段而行使的。因此，往往是加诸十分广泛的作为义务，不履行者以不作为犯罪论处。

古巴比伦的《汉谟拉比法典》就规定了知情不举的不作为犯罪。该法典第107条规定：“倘犯人在卖酒妇之家聚议，而卖酒妇不报捕此等犯人，送之宫廷，则此卖酒妇应处死。”根据这一规定，卖酒妇具有报捕聚议的犯人并送之宫廷的作为义务，不履行这一义务的，构成不作为犯罪，处以死刑。此外，日耳曼古代刑法的“Iex Ribaria”，对于不服从国王征用命令的人，明文规定处以罚金。

中国古代刑法中的不作为犯罪更为广泛。当时虽然没有不作为犯罪这一概念，但却有对不作为犯罪的明文规定。例如在商鞅时代，立相坐之法，十家为伍；有犯罪要互相纠举揭发，否则连坐。例如，《史记》中有“令民为什伍而相牧司连坐。不告奸者腰斩，告奸者与斩敌首同赏，匿奸者与降敌同罪”的记载。[①] 这里的“不告奸”，就是一种不作为犯罪，处以腰斩之刑。根据相坐之法，里典和伍老因其管辖范围内有人犯罪未检举的，也要连坐。例如，《史记》有“吏见知不举者，与同罪”的记载。[②] 也即知情不举罪犯，要与本罪同样处罚。秦王朝为了加强同犯罪作斗争，还规定对杀伤人不救助者的刑事责任。睡虎地出土的秦墓竹简《法律答问》载：“贼入室，贼伤甲，甲号寇，其四邻、典、老皆出不存，不闻号寇，问当论不当？审不存不当论；典、老虽不存，当论”。根据这一规定，四邻在家闻呼喊而不救助，要被追究刑事责任。及至唐朝，为了让人们严格按照封建的典章制度及伦理道德行事，对应为而不为的不作为犯罪作了更加缜密的规定。《唐律》中大量的是涉及职务上的不作为犯罪，例如：“诸在官应直不直；应宿不宿”；“诸官人无故不上；及当香不到”；“诸大祀不预申期，及不颁所司”；“诸事应奏而不奏”；“应言上而不言上”；“诸囚应请、给衣食、医药而不请、给”等。此外，《唐律》中还有不救助方面的不作为犯罪，例如，“诸邻里被强盗及杀人，告而不救助者，杖一百。闻而不救助者，减一等。力势不能赴救

① 参见《史记·商君列传》。
② 参见《史记·秦始皇本纪》。

者，速告随近官司，若不告者，亦以不救助论”。“诸强盗及杀人贼发，被害之家及同伍，即告其主司，若家人，同伍单弱，此伍为告，当告而不告，一日杖六十”。“诸见火起，应告不告，应救不救，减失火罪二等”。自《唐律》以后，历朝刑律多有此类规定。例如《明律》规定：“凡知同伴人欲行谋害他人，不即阻挡、救护，及被害之后不首告者，杖一百。”我国著名刑法学家蔡枢衡认为，这里的不阻挡、救护，都是不纯正不作为；不首告，却是纯正不作为。①

二、近代刑法中的不作为犯罪

自近代开始，不作为犯罪作为一种刑法理论问题被提出，开始受到人们的关注。例如费尔巴哈最早把特定的义务同不作为联系起来，阐述不作为犯罪的本质特征。费尔巴哈指出：“不作为犯通常是以规定行为义务的特别法律根据（法律和契约）为前提的。无论什么人，欠缺这一根据都不能成为不作为的犯罪人。”②但是，由于19世纪初期的刑法是以个人主义和自由主义为中心的，当时所谓犯罪，主要是就侵害法益或侵害权益而言的，因而重视作为犯罪，所有刑法上的问题，都与作为犯罪发生关联而被展开，原则上并没有不作为可构成犯罪的观念，仅把不作为犯罪视为违反法律规定或违反由于契约等之义务的例外情形。及至19世纪后半叶和20世纪初，信用诚实的社会连带主义思想推行并应用于日常生活，不作为之构成犯罪逐渐发展。后来，团体主义或全体主义抬头，重视社会生活之互相扶助，因此对于不实施在社会生活上所期待之作为，视之为违反公序良俗而构成违法行为。在这种情况下，不作为犯罪的观念逐渐普及，成为犯罪的题中应有之义。因此，刑事立法对不作为犯罪的规定也就是十分自然的了。例如《德国刑法典》第330条第3项规定：“意外事故或公共危险或急难时，有救助之

① 参见蔡枢衡：《中国刑法史》，211页，南宁，广西人民出版社，1983。
② 转引自［日］堀内捷三：《不作为犯论》，7页，日本，青林书院新社，1973。

必要，依当时情况又有可能，尤其对自己并无显著危险且不违反其他重要义务而不救助者，处1年以下自由刑或并科罚金。”其他大陆法系国家的刑法大多有此类规定。英美法系国家也开始仿效大陆法系刑法，扩大不作为义务的范围，其原因在于社会发展要求社会成员之间加强合作。①

第二节　不作为犯罪的概念

不作为犯罪是指行为人负有实施某种积极行为特定的法律义务，并且能够实行而不实行的行为。不作为是行为方式之一，但它与作为不完全相同，因而为了科学地确定不作为犯罪的概念，就有必要对不作为犯罪的行为性及其违法性进行深入研究。

一、不作为犯罪的行为性

作为犯罪的行为性是没有疑问的，而不作为犯罪的行为性则成为一个问题。关于这个问题，在大陆法系刑法理论上虽然各种行为理论都从“无行为即无犯罪”这一“先验命题”出发，竭力论证不作为的行为性，但其成效则有所不同，这主要是由各种行为理论本身立论根据所决定的。在这个意义上不妨可以说，不作为犯罪的行为性是检验各种行为理论的试金石。

（一）因果行为论

因果行为论实际上是一种客观的自然行为论，该论认为行为是人的精神与身体活动，有意性、有体性以及外界变动性是行为的三大要素。不作为虽然具有有意性，但没有外部身体动作，缺乏有体性，外界变动也并非由其所引起。因此，

① 参见储槐植：《美国刑法》，49页，北京，北京大学出版社，1987。

不作为难以被称为行为。例如拉托布鲁夫认为，行为与意思的行为结果是因果关系，换言之，行为是指意思和行动具有因果关系，而不作为由于是行为，就不得不证明这一要素，而不作为是行为的不作为，因而，不作为与行为（作为）在意思、行为两者之因果关系的特点上，不但不是共同的，而且有着否定这种特点的东西。因为行为（作为）和不作为可以说是肯定和否定的关系。所以，将行为（作为）和不作为包括在一级概念中是不可能的，从而得出不作为不是行为的结论。[①]

（二）目的行为论

目的行为论实际上是一种主观的自然行为论，该论在不作为是否具有行为性上存在分歧。一是否定论。在目的行为论中，有些学者主张不作为不属于行为的观点。例如，魏尔茨认为，不作为是目的活动（行为）的不作为，因而不属于行为，不作为只是与一种行为有关系，因为是行为人可能性行为的不作为，所以，目的的行为力（可能的目的性）是贯穿行为和不作为的共同特征。因此，将行为和不作为在上一等级概念基础上，统一理解为作为状态。[②] 二是肯定说。在目的行为论中，有些学者主张不作为也属于行为的观点，认为不作为是以一定的行为（例如“杀人”）为标准的，因为它具有包含否定其要素的行为（没有在杀人而在散步），所以就成了行为。例如姆达拉赫认为：“行为，不论其现象如何，乃系一切犯罪之共同基础”，并主张“行为乃受意思所操纵、支配，并使之间一定结果进行之‘人的态度’；故不特积极活动以变更环境的作为，系此意义之行为，则向着不实行某种行为之态度（即不为一定的作为），在其价值上亦应谓为系此种意义的行为。行为乃包含作为与不作为，不作为并非所谓‘行为’之否定，而系‘作为’之否定”[③]。

（三）社会行为论

社会行为论是一种价值的行为理论，它着眼于行为的社会价值，从价值关系

① 参见［日］木村龟二主编：《刑法学词典》，顾肖荣等译，108 页，上海，上海翻译出版公司，1991。

② 参见［日］木村龟二主编：《刑法学词典》，顾肖荣等译，114 页，上海，上海翻译出版公司，1991。

③ 转引自洪福增：《刑法理论之基础》，64 页，台北，三民书局，1977。

论证不作为的行为性。例如麦兹格指出：“可罚的作为与可罚的不作为，不仅系外界事象对立的概念，同时亦系‘价值关系的概念’（即与价值有关的概念）。‘作为’即实行某种行为之谓。‘不作为’即不实行某种行为之谓，而非任何行为皆不实行。作为与不作为，皆与此‘某种行为’有关系。刑法上所有的不作为，在其背后有‘被期待的行为（作为）’之存在，作为与不作为因皆系受一定的评价之‘人的态度’，亦即在价值关系的概念上，具有共同的标识者，故对之认定具有行为之共同的上位概念。”①

在以上三种观点中，因果行为论否定不作为的作为性显然不能成立。而目的行为论中，否定说也同样不足取，肯定说虽然主张不作为是行为，但论证不够有力。尤其是在所谓忘却犯的场合，目的行为论的解释颇为困难。所谓忘却犯，是指无认识过失（无意识的过失）的不作为犯，例如具有报知义务却发生了忘却报知的情况，由于在铁路道口班上睡着了而没有给信号，使火车颠覆的情形。根据目的行为论的观点，行为的本质要素是目的意思＝目的性。从这一观点上看，不作为（包括过去不作为犯＝忘却犯）一般看作不属于作为的观点是有力的。例如目的行为论的首倡者魏尔茨指出，因为不作为是目的活动的不作为，所以不属于行为，故行为和不作为是对立的，不作为是行为人可以实施行为的不作为。而这种目的的活动完成的可能性（目的的行动力）是通过作为、不作为共同表现的。由此两者在上一等级概念中统一为人们的行为。平场教授则认为，行为只是故意的作为犯，过失犯、不作为犯不属于作为（不作为），建议这种行为和不作为共同作为上一等级概念的“社会的现象”或者“人对人的关系看待”②。由此可见，目的行为论很难对不作为的行为性作出有力的论证。社会行为论基于行为的价值论，对不作为的行为论作了论证，我认为是可取的。当然，社会行为论在论证不作为的行为性时，立足于行为的价值，仍嫌空泛。

① 转引自洪福增：《刑法理论之基础》，64页，台北，三民书局，1977。

② ［日］木村龟二主编：《刑法学词典》，顾肖荣等译，110页，上海，上海翻译出版公司，1991。

我认为，不作为犯罪的行为性必须也只能从一定的社会关系中得以洞察。同样，价值的观念，也只能在社会关系中找到实际的内容。行为之所以具有社会危害性，归根到底也在于它侵害了一定的社会关系。因此，无论是作为还是不作为，其否定的价值只有在一定的社会关系中才能得以说明。在一定的社会，人与人结成一定的社会关系，这种社会关系通过法律加以确立，这就形成以权利义务关系为核心的法律关系。权利和义务是同一法律关系的两个不同的侧面，两者互相依赖、互相转化。承担一定的法律义务实际上就是他人的权利得以实现的前提，而行使本人的权利也必须以他人履行一定的义务为基础。因此，公然侵害他人的权利（作为）是一种具有社会危害性的行为。不履行自己应当并且能够履行的义务（不作为），同样是侵害他人的权利，因而是具有社会危害性的行为。在这个意义上说，不作为与作为具有等价性，即在否定的价值上是相同的，而这种等价性就是由其所侵犯的社会关系的性质所决定的。从一定的社会关系出发，就可以确定无疑地阐述不作为的行为性。

应当指出，我们虽然肯定作为与不作为具有等价性，确定了不作为的行为性，但这并不意味着将作为与不作为一视同仁，抹杀两者之间的区别。实际上，作为与不作为，在犯罪结构上还是存在许多重大区别的，用作为的理论很难解释不作为现象。在这个意义上，有些刑法学家认为不作为犯存在之现象与面临之问题，刚好与作为犯者相反，因而提出所谓相反原则（Umkehrprinzip）。[①] 应该说，这一原则并非毫无道理。

二、不作为犯罪的违法性

不作为犯罪的违法性，不同于作为犯罪的违法性。作为犯罪的违法性主要表现在对法律的禁止性规范的违反。而不作为犯罪的违法性，则主要表现

---

① 参见林山田：《刑法通论》，2版，283页，台北，三民书局，1986。

在对法律的命令性规范的违反。所谓命令性规范，也是义务性规范的一种，其内容表现为法律要求人们应该作出一定行为。其行为模式是应该或必须这样行为的模式，其法律后果一般是肯定式的，有时则是肯定式、否定式两种后果并存，即人们按此行事，法律承认其合法、有效并予保护，否则，可能要承担相应责任。例如，婚姻法中关于夫妻之间、父母子女间的义务的规定，刑事诉讼法中关于任何人有义务向检察机关和公安机关交出有关物证、书证的规定等，均属命令性规范。① 因此，不作为犯罪是“应为而不为”，它是以消极的行为违反法律规范。

关于不作为犯罪的违法性，在刑法理论上也并非没有争论，尤其是对于不纯正不作为犯，是否符合罪刑法定原则，因而是否具有违法性，存在不同看法。有些刑法学家认为，由于作为犯的构成要件在明文上未规定有不作为，所以什么样的不作为符合作为犯的构成要件，在这点上是不明确的。属于不纯正不作为犯的本质要素的作为义务，是从命令规范产生的，而且这一命令规范并非刑法的禁止规范，即不包括作为犯的规定，它是以存在于刑法之外的其他法领域作为原则的，如果这样的话，那么，不纯正不作为犯就是违反命令规范的不作为犯，并不是违反刑法禁止法规的作为犯，刑法上并未规定有这类不作为犯，所以从罪刑法定主义的原则来看，对于不纯正不作为犯难免产生疑问。根据这种说法，可以理解为不纯正不作为犯，由于不作为而未能防止产生后果，被认为在当罚性上与通过作为而实现构成要件的情况具有同等价值，这种情况，是把作为犯的规定进行类推加以处罚的。② 我认为，不纯正不作为犯由于其本身特点所决定，一般比较隐蔽，不像作为犯罪形式那样明显，因而法律对其规定不够明确，违法性也不像作为犯那样容易确定，这是一个事实。在刑事立法上，应该对不作为犯，尤其是不纯正不作为犯加以明确具体规定，这是一个立法完善的问题。但对于罪刑法

① 参见沈宋灵主编：《法理学研究》，216～217页，上海，上海人民出版社，1990。

② 参见［日］福田平、大塚仁：《日本刑法总论讲义》，李乔等译，58、59页，沈阳，辽宁人民出版社，1986。

定，我们也不能作机械的理解，例如刑法规定“杀人行为”，这是提供了一种违法类型，只要符合“杀人行为”这一特征的，一概视为具有违法性。即使是以作为杀人而言，法律也没有规定用刀杀人、用枪杀人……那么能不能说“用刀杀人”也不具有违法性呢？显然不能。同样，不作为杀人，同样是一种杀人行为，在其否定的社会价值上与作为犯罪无异，因此也可以涵括在“杀人行为”这一违法类型之中。[①] 由此可见，否认不纯正不作为犯罪的违法性是难以成立的。

第三节　不作为犯罪的构成

构成不作为犯罪，需要具备一定的条件，这些条件的总和就是不作为犯罪的构成。我认为，不作为犯罪的构成需要具备以下三个条件：

一、不作为犯罪的作为义务

只有具有特定的作为义务的人才能构成不作为犯罪，因此，一定的作为义务是不作为犯罪构成的前提条件。正如我国学者指出：特定义务是不作为犯罪的核心。可以说，在刑法理论中所有不作为犯罪的问题无不以特定义务为基础，它反映了不作为犯罪的基本犯罪事实和构成要素，是决定不作为犯罪能否成立，以及属于何种性质的主要依据。[②]

---

① 不纯正不作为犯之处罚是否符合罪刑法定原则，关键在于解决不纯正不作为犯与作为犯是否可以等置于同一犯罪构成要件的问题。对此，日本学者日高义博指出：在把不纯正的不作为犯和作为犯等置的情形中，两者存在结构上的空隙成为等置的障碍。因此，如果要使不纯正不作为犯与作为犯能够等置，就要找到能够填补不纯正不作为犯与作为犯结构上的空隙。如果找不到克服不纯正不作为犯与作为犯存在结构上的空隙的媒介，不纯正不作为犯和不作为犯就不能等置，这样就会由不能等置而必然得出处罚不纯正不作为犯违反罪刑法定主义的结论。参见［日］日高义博：《不作为犯的理论》，王树平译，94～95页，北京，中国人民公安大学出版社，1992。

② 参见李学同：《论不作为犯罪的特定义务》，载《法学评论》，1991（4），55页。

（一）作为义务的概念

义务是与权利相对而言的，没有一定的义务也就没有一定的权利。因此，义务与权利互相依存，对立统一。但作为不作为犯罪的前提之义务，并非泛泛的法律义务，而是特定的义务，这种特定义务的内容就是一种作为义务。

所谓作为义务，是指必须实施一定行为的义务，因而是一种积极义务，它是相对于消极义务或不作为义务而言的。事实上，并非只有不作为犯罪与一定义务之违反有关，作为犯罪与一定之义务违反也同样有关。例如，我国宪法明文规定“保守国家秘密”是公民的基本义务之一。如果违反这一义务，以作为的方式非法泄露国家重要机密，情节严重的，就构成泄露国家秘密罪。但是，作为犯罪所违反的这种义务，是一种不作为的义务，即一种消极的义务。在法律上，义务可以分为两种：一种是要求人们实施一定积极行为的义务，例如纳税的义务等，这是积极义务。积极义务的实质是要求人们实施一定的行为，因而是作为义务，即应为义务。在这种情况下，违背义务就表现为“应为而不为”，构成不作为犯罪。另一种是要求人们不实施某种行为的义务，即抑制人们实施某种行为的义务，这是消极义务。消极义务的实质是要求人们不实施一定的行为，因而是不作为义务，即不应为义务。在这种情况下，违背义务就表现为“不应为而为”，构成作为犯罪。因此，不作为犯罪所违反的是作为义务，据此可以把它与作为犯罪所违反的义务加以区别。

不作为犯罪的义务不仅是一种作为义务，而且是一种特定的义务，是基于某种特定的条件而产生，随着条件的改变而变化的。在这个意义上说，不作为犯罪的义务是一种特殊义务。特殊义务是相对于一般义务而言的，一般义务又称绝对义务、无条件义务。只要具有责任能力，一切人都应该遵守的义务，就是一般义务。而特殊义务是指针对特定人的，并且附有某种条件的义务。因此，在认定不作为犯罪是否违反作为义务的时候，应当和一定的条件联系起来综合考察。如果具有这些条件，则负有特殊义务。如果不具有这些条件，则不负有特殊义务。如果先前具有这些条件，现在这些条件已经消失，则先前负有特殊义务，现在不负有特殊义务。

义务表示人在一定的社会关系中所处的地位及其应负的责任。但从性质上来说，义务有法律义务、道德义务、习惯义务之分。违反不同的义务，会给行为人带来不同的责任后果。例如，违反法律义务可受法律制裁，违反道德义务可受道德谴责。那么，不作为犯罪所违反的到底是什么性质的义务呢？对此，现在一般认为不作为犯罪所违反的义务只能是法律义务。例如，日本刑法学家指出：作为义务应属于防止产生构成要件结果的法定义务，不能单纯把它认为是道德义务。例如，见到与自己无关的人落水而不拯救，或过路人明知他人被非法监禁而不全力救助时，这些都不能构成不纯正不作为犯。[①] 因此，我认为，不作为犯罪所违反的义务，只能是基于特定的法律事实而产生的特定法律关系中，行为人应当承担的法律责任。不作为犯罪所违反的义务是法律义务，但并非违反一切作为的法律义务都能够构成不作为犯罪。这种义务还必须与刑事法律相联系，具有刑事强制性。正如我国学者指出：不论某一特定义务是规定在何种法律部门之中，还是未在法律中明确规定，都必须和一定的刑事法律后果相联系，即只有当某种法律规范的制裁部分具有刑事制裁的内容时，其相应的法律义务才可以成为不作为犯罪的特定义务。否则，某种法律规范的制裁部分不包含刑事制裁的内容，即某一特定义务的不履行并不必然引起刑事法律后果时，该义务就不能作为认定不作为犯罪的根据。如在经济合同法律关系中，一方当事人不履行合同所规定的义务，只能引起某种经济上的法律后果，则其负有的实施一定行为的义务就不是不作为犯罪的特定义务。[②]

当然，我们说不作为犯罪所违反的是法律义务而非道德义务，并非意味着不作为犯罪所违反的义务与道德毫无关系。事实上，许多不作为犯罪所违反的法律义务是由道德义务转化而来的，因此，它与道德义务有着密切联系。

---

① 参见［日］福田平、大塚仁：《日本刑法总论讲义》，李乔等译，61页，沈阳，辽宁人民出版社，1986。

② 参见李学同：《论不作为犯罪的特定义务》，载《法学评论》，1991（4），55页。

在司法实践中，由于不作为犯罪所违反的义务并不是都有明确具体的法律规定，因而在许多情况下，行为人违反的义务性质往往难以确定。例如，值班医生面对要求抢救的生命垂危的病人，以病人一时交不出大额押金为由推出不管，致使病人未能得到及时抢救而身亡。在这种情况下，值班医生是违反了职业道德的义务，还是违反了法律义务？如果是前者，只是一个批评教育的问题；如果是后者，则是一个构成不作为犯罪的问题。对于这种情况，我认为应当区分纯粹的道德义务与上升为法律义务的道德义务。事实上，道德义务与法律义务往往是紧密地联系在一起的，只有纯粹的道德义务才不发生不作为犯罪的问题。如果是包含着道德义务的法律义务，则毫无疑问地产生不作为犯罪的问题。

（二）作为义务的分类

不作为犯罪的作为义务在认定不作为犯罪中具有重要意义，作为义务的分类就是为认定不作为犯罪的行为义务所进行的必要的理论准备。作为义务的分类，实质上是一个作为义务范围的确定问题，即哪些义务可以认为是不作为犯的作为义务呢？关于这个问题，在刑法理论上存在各种分类法。日本刑法学者一般将作为义务分为：（1）法令情形。（2）基于法律行为（契约、事务管理）的情形。（3）从公共秩序、良好习俗出发的作为义务，其中又包括：1）习惯上的情形。2）管理者的防止义务。3）紧急救助义务。4）基于自己先行行为的防止义务。[①] 台湾刑法学者一般将作为义务分为：（1）以法律或法令明文规定者。（2）基于契约或其他之法律行为者。（3）法令及契约虽无该作为义务之根据，但依习惯、条理以及公序良俗之观念，或依交易上之诚实信用之原则而应发生一定之作为义务者，其中又包括：1）诚实信用上之告知义务。2）习惯上之保护义务。3）基于先行行为之防止义务。4）管理或监护者之防止义务。5）紧急救助之义务。[②] 我国刑法学界通常认为作为义务包括：（1）法律上的明文规定。（2）职务上或业务

① 参见［日］木村亀二主编：《刑法学词典》，顾肖荣等译，143～144页，上海，上海翻译出版公司，1991。

② 参见洪福增：《刑法理论之基础》，168～170页，台北，三民书局，1977。

上的要求。(3) 行为人先前的行为。[①] 由此可见，我国刑法学者所主张的作为义务的范围从总体上来说要小一些，主要是我国刑法学界未将基于公共秩序、良好习俗（或曰公序良俗）而产生的作为义务纳入不作为犯的作为义务范围，但职务或职业上的作为义务则要比其他国家的广泛一些。这种情况是与一个国家的特定社会关系相适应的，不能简单地作出孰是孰非的判断。即便是在我国，随着社会成员协作的加强，随着经济体制改革的深入，不作为犯罪特定义务的范围也不是固定不变的，而会有逐步扩大的趋势。[②] 我认为，我国刑法中不作为犯罪的作为义务可以分为以下四类：

1. 法律明文规定的作为义务。

法律明文规定的作为义务，主要是指纯正不作为犯罪的作为义务。这种作为义务是由其他法律规定而由刑法认可的，因此，这里的法律规定，既指其他法律的规定，又指刑法的规定，即具有法律规定的双重性。例如，1979 年刑法第 183 条规定，对于年老、年幼、患病或者其他没有独立生活能力的人，负有扶养义务而拒绝扶养，情节恶劣的，构成遗弃罪。遗弃罪所违反的这种扶养义务，是由婚姻法规定的，但经由刑法认可。如果只有其他法律规定，未经刑法认可，则不能成为不作为犯罪的作为义务。

2. 职务或者业务要求的作为义务。

职务或者业务要求的作为义务，主要是指不纯正不作为犯罪的作为义务。在我国刑法中，职务或者业务要求的作为义务是十分广泛的，主要分布在刑法分则第二章危害公共安全罪、第四章侵犯公民人身权利、民主权利罪、第九章渎职罪和第十章军人违反职责罪中。职务或者业务要求的作为义务，一般都规定在有关的规章制度中，这些规章制度具有同样的法律效力，因此可以成为不作为犯罪的义务来源。而且，有些职务或者业务要求的作为义务已由司法解释加以明文规

① 参见高铭暄主编：《中国刑法学》，99 页，北京，中国人民大学出版社，1989。

② 参见李学同：《论不作为犯罪的特定义务》，载《法学评论》，1991 (4)，56 页。

定。例如1987年8月30日最高人民检察院发布的《关于正确认定和处理玩忽职守罪的若干意见（试行）》（已失效），将玩忽职守罪的行为表现归纳为13大类64种，其中大量的是不履行职务或者业务要求的作为义务而构成的不作为的玩忽职守行为。例如，不执行上级部门的指示、命令和规定，或不执行劳动保护法规，造成重大伤亡的；对屡次违章作业或违章指挥作业，熟视无睹不加制止，造成重大伤亡的；已发现隐患或有重大事故预兆，不及时采取有效措施，造成重大伤亡的；对有关部门或个人所提出的消除不安全因素或加强完全防范的合理意见、建议不采纳，造成重大伤亡的；单位领导或主管工作人员，目睹严重超员、超载的车、船不加制止，造成重大伤亡的；对建筑安装工程，不进行质量监督和检查，放任偷工减料、粗制滥造，造成严重后果的；对供方销售的不符合质量要求、质次价高的货物，应该检查而未检查，擅自同意发货，又不坚持按合同验收，造成重大经济损失的；发现进口商品质次货劣，或货物残损短少，又不及时采取措施，致延误索赔期，造成重大经济损失的；发现出口商品的质量、数量不符合规定，不及时采取措施，致使外商向我索赔，造成重大经济损失或严重影响外贸信誉的；进口设备、仪器或其他物资到货后，逾期不提货，造成严重毁损报废的；生产建设物资长期在露天堆放，不予管理，致使严重毁损报废，后果严重的；不监督、不检查、不执行会计出纳制度，管理严重混乱，致使犯罪分子大量贪污或盗窃公款的；邮电工作人员拒不办理依法应当办理的邮电业务，延误投送邮件或收发电报，致使公共财产、国家和人民利益遭受重大损失的；邮电单位主管人员对下属人员放任不管，致使邮件、电报大量积压、丢失、毁损，情节恶劣，影响极坏的；工商行政管理人员、海关工作人员，不依法履行职责，放纵犯罪，情节、后果严重的；税收、审计工作人员，不依法履行职责，情节、后果严重的；司法工作人员对属于自身职责应管的事，放任不管，严重失职，造成严重后果的；国家工作人员对全国人大常委会《关于严惩严重破坏经济的罪犯的决定》第1条1、2、3项所列的犯罪人员有追究责任的不依法处理，或者因受阻挠而不履行法律所规定的追究职责的；单位主管人员对野蛮装卸不制止，放任不管，造成重大经济损失的；等等。[①] 这一规定，为认定不作为的玩忽职守行为的作为义务提供了明确、具体的标准。1997 年修订后的刑法为使这些职务上的不作为犯罪更加容易认定，在刑法中增设了有关罪名，从而将某些职务或者业务要求的义务上升为法律明文规定的义务，例如第 411 条规定的放纵走私罪。

3. 法律行为引起的作为义务。

法律行为是指在法律上能够引起一定的权利和义务的行为。在社会生活中，人的法律行为是多种多样的，从广义上来说，不仅行为人按照有关法律规定实施的行为，而且凡是自愿承担了某种实施一定行为或者防止损害结果发生的义务，行为人都自然产生一定的法律义务，因而也属于法律行为。在当前，能够引起作为义务的法律行为主要是合同行为。合同是规定当事人之间权利义务的法律文件，根据民法的规定，合同一经签订，即产生法律效力。在一般情况下，合同一方当事人不履行合同所规定的一定义务，只产生违约的法律后果，并不产生不作为犯罪的作为义务。但当不履行合同所规定的义务给刑法所保护的社会关系造成严重危害时，这一义务才能成为不作为犯罪的作为义务。例如，一个妇女自愿被某人雇用，做后者小孩的保姆。这样，该妇女就具有看护好小孩，防止其遭受意外伤害的义务。如果保姆不负责任，不加看护，致使小孩从楼上摔下死亡，该保姆就应负法律责任。当然，因法律行为引起的作为义务存在一个产生、消失和转移的问题。以合同行为为例，它产生于合同生效，消失于合同期限届满而失效。因此，不能把法律行为看作是绝对的、超越时空的。

4. 先行行为引起的作为义务。

由于行为人先前实施的行为（简称先行行为），使某种合法权益处于遭受严重损害的危险状态，该行为人产生采取积极行动阻止损害结果发生的义务，就是先行行为引起的作为义务。先行行为之作为不作为犯的作为义务，是由德国刑法

---

① 参见卢泰山主编：《最高人民检察院司法解释评析（1979—1989）》，516～522 页，北京，中国民主法制出版社，1991。

学家斯就别尔所首倡的，他从生活的实际感觉以及明白的法感性归纳而得出这一结论。及至1884年10月21日，德国判例首次确认了先行行为与法律和契约同样是作为义务的发生事由，该判例指出："由不作为者的先行或者附随行为而产生的作为义务，或者，由不作为在法律上所存在的作为义务被侵害的场合中，无论是在一般理论的意义上还是在刑法典的意义上不作为都是作为。"① 我国刑法对不作为的作为义务没有明文规定，但在刑法理论上都认为先行行为所产生的作为义务是不作为的特定义务之一。② 在认定先行行为引起的作为义务时，以下三个问题值得探讨：

（1）先行行为是否限于违法行为

先行行为是限于违法行为还是包括合法行为？对此，在刑法理论上存在争论。有的认识前行为只要是以导致构成要件该当结果发生之危险者，即为已足，系合法或违法行为，在所不问。多数学者之通说则认为，前行为除必须具备导致结果发生之迫切危险外，尚须具备义务违反性。③ 我认为，先行行为只要足以产生某种危险，就可以成为不作为的义务来源，而不必要求先行行为必须具有违法的性质。因此，无论是合法行为还是违法行为，都可以成为先行行为。我国学者进一步将违法行为分为一般的违法行为和犯罪行为④，这是有一定意义的。但在先行行为是犯罪行为的情况下，先行行为与不作为行为之间具有牵连关系，构成牵连犯。

（2）先行行为是否限于有责行为

先行行为是限于有责行为还是包括无责行为？对此，刑法理论上也存在争论。有的学者认为，先行行为必须出于故意或者过失，才能发生作为义务。还有的学者则认为，先行行为只要足以导致构成要件该当结果发生之危险者，即为已

① ［日］堀内捷三：《不作为犯论》，12页，日本，青林书院新社，1973。
② 参见高铭暄主编：《中国刑法学》，99页，北京，中国人民大学出版社，1989。
③ 参见林山田：《刑法通论》，2版，302页，台北，三民书局，1986。
④ 参见李学同：《论不作为犯罪的特定义务》，载《法学评论》，1991（4），57页。

足，系有责或无责行为，在所不问。[①] 我认为，先行行为是否必须有责，只是对先行行为的法律评价问题，如果行为人对于先行行为虽然无责，但该先行行为引起作为义务，行为人应当履行而不履行，也就是说，行为人对于不作为具有责任，那么，无责之先行行为，完全可以成为不作为的义务来源。因此，先行行为并不限于有责行为。

(3) 先行行为是否限于作为

先行行为，在通常情况下都是作为。例如某人骑自行车不慎将一老人撞倒受伤，从而产生了送受伤老人去医院抢救治疗的义务。但先行行为并不限于作为，不作为也完全可以引起作为义务。例如携带装有子弹之手枪，于他人取枪把玩之时未加阻止，他人因手枪走火致死。

（三）作为义务的地位

作为义务的地位，是指作为义务在不作为犯罪中的体系地位。对于这个问题，刑法理论上存在以下三种观点[②]：一是因果关系说，认为在因果关系的领域中，存在着作为义务，仅对违反作为义务的不作为才认为是它的原因。二是违法性说，贝林和麦耶把作为义务理解为不作为的违法性问题，成为权威的学说，在日本牧野博士提倡这种说法，至今还保持着通说的地位。这种学说认为作为与不作为，在构成要件该当性上是完全相同的，但不作为的情况异于作为的情况，就在于它的构成要件该当性不以违法性为标志，该当构成要件的不作为，原则上并不违法，只限于有作为义务时才构成违法。三是保证人说，为了克服违法性说的缺陷，纳格勒把作为义务视为不作为的构成要件该当性问题，提出所谓“保证人说”。如果根据这种说法，由于依据作为义务，个人就成为有法律保证的使法益不受侵害的保证人，因而只有这种保证人的不作为，才能与作为的实现构成要件具有同等价值，从而被认为该当构成要件。因此，保证人的地位（即作为义务）

---

① 参见林山田：《刑法通论》，302 页，台北，三民书局，1986。

② 参见［日］福田平、大塚仁：《日本刑法总论讲义》，李乔等译，61 页，沈阳，辽宁人民出版社，1986。

不是违法性问题，而是构成要件该当性问题，是实行行为的问题。威尔泽尔更进一步把保证人的地位视为限定不作为人的范围的构成要件要素，认为不纯正不作为犯是需要具有保证人身份的纯正身份犯。在以上三种观点中，因果关系说和保证人说都是从构成要件的意义上论述作为义务的地位，而违法性说则把作为义务视为一个违法问题。

我认为，把作为义务视为一个违法问题是错误的。因为大陆法系的犯罪构成理论，是按照构成要件该当性、违法性、有责性这样一个顺序递进的。如果把作为义务视为违法性的问题，则不具有作为义务的人也具有该当构成要件的不作为，只是因为不具有作为义务而阻却违法。显然，这是难以成立的。因果关系说把作为义务看作是一个犯罪构成的客观方面，具体地说是因果关系的问题，而保证人说则把作为义务看作是犯罪构成主体要件的问题。根据保证人说，作为义务决定了保证人的地位，因而不作为犯是一个身份犯的问题。这一观点有一定道理。在大多数情况下，不作为犯，尤其是纯正不作为犯，其作为义务来自法律规定或者职责要求，因而属于特殊主体的犯罪，例如遗弃罪就是如此。但这种观点不能绝对化，在不纯正不作为犯的情况下，作为义务可能来自先行行为，因而这种犯罪并非身份犯。例如，将邻居之子带去游泳，未能照顾好，邻居之子进入深水区，行为人未能及时抢救，结果邻居之子被淹死。在本案中，行为人构成不纯正不作为的故意杀人罪，其作为义务来自先行行为，但不能视为身份犯，而是非身份犯。我认为，应当将作为义务与不作为的实行行为结合起来考虑。在这个意义上，因果关系说是可取的。这种理论是李斯特等人的观点，从因果关系理论的角度出发，具有应当防止结果的作为义务的人，尽管有可能防止结果，却不履行作为义务，使其任凭自然演变而发生结果时，如果没有这种不作为，结果也就不会发生。在这一意义上，就和作为犯中的作为可以作同样的评价。因此，这种观点又称为不作为、作为同价值说。①

---

① 参见［日］木村亀二主编：《刑法学词典》，顾肖荣等译，141页，上海，上海翻译出版公司，1991。

在刑法理论上，也有学者认为不作为的因果关系，意味着如果作出作为将能防止后果的产生，由于它与作为义务无关，因而认为因果关系说是欠妥当的。① 我认为，不作为因果关系并非与作为义务无关，离开了作为义务，就不能科学地说明不作为的因果关系。因此，不能从作为义务与因果关系无关这一点而否定因果关系说。总之，我认为只有把作为义务纳入不作为的犯罪构成，才能科学地说明作为义务的体系地位。正如我国学者指出：违反特定作为义务实际上反映了犯罪构成中客观方面的主要情况，它代表了基本的犯罪事实和犯罪情节，是决定犯罪能不能成立，以及犯罪属于何种性质的主要根据，因此理应包括在犯罪构成之中。②

二、能够履行而没有履行

没有履行是不作为犯罪成立的事实前提，已经履行了作为义务，就不发生不作为犯罪的问题。而能够履行则是一个履行能力的问题。如果行为人虽然没有履行作为义务，但根据实际情况，根本不可能履行，仍然不发生不作为犯罪的问题。

（一）没有履行

没有履行也就是不履行作为义务，因而构成不作为。所谓没有履行，是指没有履行法律或者职责所要求履行的作为义务。因此，在认定有没有履行的时候，不能简单地以行为人的身体动静为标准，而是应该以法律所要求或者期待的作为是否得以实施为标准。在某些情况下，行为人虽然也有一定的身体活动，但这一身体活动并非法律所要求或者期待之作为，因而仍应视为不作为。例如某保育员带领幼儿去郊游，一幼儿跌入粪池中，该保育员并未下去抢救，而是呼喊、用小

---

① 参见［日］福田平、大塚仁：《日本刑法总论讲义》，李乔等译，60页，沈阳，辽宁人民出版社，1986。

② 参见陈忠槐：《论我国刑法中的不作为犯罪》，载《硕士研究生论文集》，227页，西北政法学院，1983。

棍子拨弄等，由于没有采取及时有效的措施，导致幼儿死亡。在本案中，保育员面对幼儿跌入粪池，也并非无动于衷、不闻不问，而是采取了呼喊、用小棍子拨弄等行动。但在这种情况下，法律所要求保育员的是跳入粪池抢救，保育员因怕脏怕臭没有实施法律所要求的抢救行为，因而虽然有一定的身体动作，仍然构成不作为犯罪。由于法律对于要求行为人所实施的作为并无明确具体的规定，因而在特定情况下，法律所要求行为人实施的作为，应当根据具体情况加以确定。

（二）能够履行

能够履行也就是具有履行的可能性。是否具有履行作为义务的可能性，应当根据事实加以判断。在刑法理论上，一般认为，在以下四种情况下不具有履行能力①：

1. 无作为能力：如因昏迷、麻痹、抽搐，或手脚为绳索所捆绑等。

2. 生理之缺陷：如喑哑、患病，或其他身体之残障等。

3. 空间之限制：如保证人与足以防止结果发生之地，相距过远。例如生母乘婴儿入睡外出，婴儿自睡床坠地受伤流血不止，因母未能及时送医急救致死，则母外出受限于空间距离，而不具事实可能性。

4. 欠缺救助所必要之能力、经验、知识或工具：如不会游泳、不会做人工呼吸、体力不足等。又如对于昏迷之罹难者，必须采用外科气管切断术予以急救，此对一个非医生之保证人而言，即不具防止结果发生之事实可能性。

法律并不强求行为人履行事实上根本无法履行之义务。因此，作为义务是否能够履行，对于能否构成不作为犯罪，具有十分重要的意义。

三、作为义务之不履行与危害结果之发生具有因果关系

某些不作为犯罪，只要行为人不依法履行其作为义务就足以构成，不要求有

---

① 参见林山田：《刑法通论》，2版，305页，台北，三民书局，1986。

危害结果的发生，这就是行为犯。在这种情况下，自然没有必要查明不作为的因果关系。但在多数情况下，不作为犯罪是结果犯，因而查明作为义务之不履行与危害结果发生之间的因果关系，对于不作为犯的构成就具有重要意义。

（一）不作为因果关系概说

关于不作为因果关系，在中外刑法理论上，存在较大的争议。主要存在消极说与积极说之争。

1. 消极说。

消极说否认不作为犯罪中存在客观的因果关系，理由是不作为没有行动，从物理上说是无，无中不能生有，因而不作为与结果没有因果关系。例如日本刑法学家牧野博士，就站在实证主义立场上，否认其物理上的因果关系，而用“危险关系”来说明。按照牧野博士的说法，这是一种“根据主观的（社会心理的）”主张。[①] 苏俄刑法学家沙尔戈罗茨基也持类似的观点，指出：“在不作为的情况下，完全不存在因果关系。这里需要解决的问题不在于不作为在什么情况下是所造成的结果的原因，而在于主体在什么情况下要对其不作为承担责任”[②]。

我国刑法学界否定不作为因果关系的消极说，又可以分为以下两种具体观点[③]：第一是拟制说，认为大多数不作为犯罪中，危害结果的出现并不是由不作为的危害行为引起的，而是由别的现象引起的，这个现象可能是行为人自己先前的行为，也可能是某种自然的或机械的力量。这些学者认为，不作为犯罪的因果关系不仅仅是基于客观存在和事实而发生的，而且是基于法律的规定而发生的。当一种现象已经有发生危害结果的可能性时，一个人的不作为本来是与这个因果关系的锁链无关的，但是由于法律的规定，使负有特定义务的人在这种情况下与

① 参见［日］小野清一郎：《犯罪构成要件理论》，王泰译，65页，北京，中国人民公安大学出版社，1991。

② 转引自［苏］皮昂特科夫斯基等：《苏联刑法科学史》，曹子丹等译，59页，北京，法律出版社，1984。

③ 参见高铭暄主编：《新中国刑法学研究综述（1949—1985）》，191～192页，郑州，河南人民出版社，1986。

这个因果关系的锁链发生了联系。法律赋予负有特定义务的人采取积极的措施，来防止危害结果的产生，中断这个因果关系的锁链，如果负有特定义务的人不这样做，使危害结果的发生成为不可避免，那么他的不作为就成为危害结果发生的原因，就构成了刑法意义上的因果关系。第二是条件说，认为作为和不作为不是一般所认为的一个犯罪行为的两种表现形式，而是性质、作用以及行为与结果之间的因果关系等都完全不同的犯罪行为。从行为与结果的因果关系来说，作为与结果有因果关系，作为是因；反之，不作为与结果无因果关系，无中不能生有。无作为，自无结果，不作为不是结果的原因，只是促成结果产生的条件。不作为与结果虽一般无因果关系，但不能由此否定或减轻不作为犯的刑事责任，不作为之应负刑事责任乃因其违反作为义务，违反法律规范，而对于社会具有重大的危害性。

2. 积极说。

积极说认为不作为和作为一样，都与结果之间存在因果关系。但在具体论证时，又产生了种种学说。在西方刑法理论中，主要有以下诸说[①]：一是先行行为说，认为不作为本身虽不能产生结果，但在不作为之前必有积极作为存在，此作为与不作为结合就成为引起结果的原因。二是他行为说，认为不作为不能引起结果，但是，在不作为的同时常有积极的作为存在。作为与不作为结合，可以成为发生结果的原因。三是他因利用说，认为引起结果的原因甚多，有人的行为，也有自然事实。因此，在其他原因力正在进行之际，行为人能够阻止其因果过程而不阻止，并且加以利用，使因果过程得以完成，其不阻止之行为有原因力。四是作为义务违反说，认为不作为是违反应作为之义务的行为，如果不违反义务，结果就不会发生。因此，不作为具有原因力。五是防果条件压抑说，认为以积极行为引起结果，此种行为为起果条件；但是，如果对其加以防止，结果也可以不发生。行为人能够防止而不防止，即是压抑了防果条件，以致使犯罪结果出现。因

① 参见韩忠谟：《刑法原理》，增订14版，127～128页，台北，台湾大学，1984。

此，不作为也是发生结果的原因。我国刑法学界也有人主张作为义务违反说和防果可能性说。[①]

我认为，不作为因果关系是客观存在的，那种否认不作为因果关系的观点是难以成立的。消极说着眼于不作为与作为的差别性，并且夸大了这种差别性，由此得出不作为不存在因果关系的结论。实际上，不作为与作为在客观表现上虽然存在一定的差别，但在两者都具有因果关系这一点上并无区别，只不过不作为的因果关系不同于作为的因果关系罢了。

（二）不作为因果关系的特点

以往关于否定不作为具有因果关系的理论，都是简单地套用作为因果关系的模式来分析不作为因果关系，因而得出消极的结论。所以，确定不作为因果关系，应当从阐述不作为因果关系不同于作为因果关系的特点着手。

不作为因果关系的特点首先在于它与作为义务的关联性。作为的因果关系，是某一身体举动与由其所引起的结果之间的因果关系。而不作为的因果关系是指，客观上违反刑法规定的不作为即不履行特定的作为义务的行为同危害社会结果之间的因果关系。[②] 因此，不作为的因果关系，是与特定的作为义务紧密相关的。如果没有这种作为义务，就根本谈不上不作为，也就没有因果关系可言。

不作为因果关系的特点其次在于它与结果联系的间接性。作为的因果关系，其联系往往是直接的，例如枪响人死、刀起头落等。但在不作为因果关系的情况下，不作为之引起危害结果，往往还借助于某种自然力或者他人的行为。正如有人指出：在不作为犯罪的因果关系系统中，必须存在某种中介条件，即行为人的不作为以外的引起危害社会结果的必要条件，它们是引起危害社会结果所必不可少的。缺少了它，行为人的特定作为义务就无从谈起，不作为犯罪中的因果关系

---

① 参见高铭暄主编：《新中国刑法学研究综述（1949—1985）》，190～191 页，郑州，河南人民出版社，1986。

② 参见李光灿等：《刑法因果关系论》，204 页，北京，北京大学出版社，1986。

就无从谈起。[①]

不作为因果关系的特点最后还在于其主观性。作为因果关系作为行为事实本身是客观的，在价值评判中则使之具有了一定的主观性。而不作为因果关系无论是作为一种客观事实，还是价值评判，都具有主观性。日本著名刑法学家小野清一郎指出："不作为的根本，应当是伦理的道义行为的义务（要求和期待），这才是站在历史的、一次性的行为实践的立场上进行是非判断的基础。因而，最终所意味着的，是侵害法益或社会有害性，而不是所谓的实质违法性问题；是纯粹的伦理义务，是以对伦理和规范的行为的要求和期待为前提的。由此便可同时确认不作为的行为性及其危险性。"[②] 因此，不作为因果关系的主观性既表现在法律对因果关系范围的限定上，又表现在行为人履行作为义务能力对因果关系的影响上。前者与作为义务相联系，不作为因果关系的成立以法定的作为义务为条件，将无法定义务的人的行为与危害结果的联系，排除于刑法上的因果关系之外。后者与履行能力相关联，不作为因果关系，以行为人有能力实施某种行为而不予实施为成立条件。如果行为人没有能力实施某种作为，那么，即使因此发生了危害结果，二者之间也不具有刑法上的因果关系。由此可见，无论是立法者的意志还是行为人的主观因素，都对不作为犯罪因果关系的成立影响甚大，它们的存在，使不作为犯罪因果关系呈现出主观性的特征。[③]

（三）不作为的原因力

立足于不作为因果关系的特点，我们还应当进一步阐明不作为的原因力问题。

作为具有原因力，这是不言而喻的。因为在作为的情况下，行为人是以积极的行动，并且往往借助于种种工具和手段，来改变客观事物或者秩序的现状，促

① 参见李光灿等：《刑法因果关系论》，206～207页，北京，北京大学出版社，1986。

② ［日］小野清一郎：《犯罪构成要件理论》，王泰译，65～66页，北京，中国人民公安大学出版社，1991。

③ 参见张晓辉：《论不作为犯罪因果关系中的主观性》，载《政法论坛》，1987（1），70页。

使危害结果的发生。而在不作为的情况下，为什么具有原因力，就不像作为的原因力那样一目了然，不能用物理学的机械作用的观点，而应当用社会学的观点进行解释。根据社会学的观点，社会是由无数个人组成的群体，这一群体并非是个人的简单组合，而是按照一定的规律不可避免地相互交往而形成一定的社会关系。法律就是在调整这种社会关系中而发挥作用的，刑法的任务更是为了保护这种社会关系。法律是规定当事人的权利和义务来调整社会关系的，使社会关系有序化，并且有条不紊地协调发展。当社会关系中某一具体的人应当履行某种法律义务而不履行时，社会关系就不能按照法律所指引的方向发展，而是向着危害结果发生的方向发展。因而，不作为就具有了原因力。我国学者用"转辙"来形容不作为的原因力，是十分贴切的。事物的发展大都是采取曲线的形式的，到了一定时候，它就要发生转折，而开始沿着新的轨道前进。但是，事物发展的这种转折有时并不能自然而然地实现，而必须依靠外力的作用，亦即依靠人们的一定的作为才能完成。这种情况正如铁路上的岔道一样，火车要转辙，就离不开扳道工的作用。[①] 由此可见，不作为的原因力并不在于直观地"引起"某种危害结果，即所谓起果，而在于对事物合乎规律的健康发展起了阻碍的作用，或者说由于不作为，而使事物在发展方向上产生逆转的趋势，出现与原来的发展方向相反的结果。我国刑法学界有人将这种因果关系称为反向进程的因果关系[②]，并非没有道理。

在分析不作为的原因力时，应否结合作为义务进行分析，这在刑法理论上存在争论。作为义务违反说认为，不作为犯罪的原因力实际上是同特定作为义务分不开的。如果一个人不负有特定的作为义务，那么他的不作为行为同危害社会的结果之间就不存在刑法上的因果关系。同时，只有当行为人具有履行该义务的实际可能而不履行，其不作为犯罪的因果关系才能成立。而防果可能性说则不同意

① 参见陈忠槐：《论不作为犯罪的因果关系》，载《法学研究》，1988（1），48页。

② 参见张晓辉：《论不作为犯罪因果关系中的主观性》，载《政法论坛》，1987（1），69页。

上述作为义务违反说，认为作为义务是一个违法性的问题，不能把违法性和因果性混淆起来。不作为对于结果之所以能成为原因，其理由不在于负有应作为的义务，而在于行为人如起而作为，就有防止结果发生的可能。如果行为人能够防止其他原因的进行就不致发生危害结果，他却不起而防止，结果就必然发生，则这个不作为就是结果发生的原因。[①] 我认为，防果可能性说把作为义务看作是一个违法性问题，与因果关系无关的观点是不妥的。事实上，作为义务并非是一个违法性的问题，而是与不作为的行为性紧密相关的问题。不作为的违法性虽然与作为义务有关，即没有作为义务，就没有违法性，但反之则不然。而且，如果不联系作为义务，泛泛地谈论防果可能性，就会扩大不作为犯罪的范围。例如，面对一个危害结果发生的可能性，两个人都没有防止其发生，其中一个人有作为义务，另一个人则没有这种作为义务。如果不考虑这种作为义务，那么就会认为两个人都具有不作为的因果关系，显然这是不对的。总之，分析不作为的原因力，不能离开作为义务。

（四）不作为的结果范围之限定

在不作为的因果关系中，不仅要分析不作为的原因力，而且要限定不作为的结果范围。作为的结果，由于与人的身体动作具有较为直观的联系，尽管在某些场合由于自然力或人力的介入而使结果与原因的联系复杂化，但在一般情况下并不难界定。而在不作为的情况下，不履行一定的作为义务而引起一定的危害结果，那么，在什么程度上或者范围内的结果能够归结为不作为的产物呢？这个问题不像作为犯罪那么直观。我认为，不作为的结果应当以作为义务为限。因此，不仅分析不作为的原因力离不开作为义务，而且限定不作为的结果也不能离开作为义务。所谓不作为的结果应当以作为义务为限，就是指不作为的结果是作为义务所要求而没有履行的内容。例如，被告人王某系小学教师，在春节值班期间，

① 参见高铭暄主编：《新中国刑法学研究综述（1949—1985）》，190～191页，郑州，河南人民出版社，1986。

委托在校做作业的11岁幼女李某单独一人在校替其值班，本人离开学校去了张家，并在张家吃饭。午饭后，王让张之子陆某（男，13岁）去学校替换李某回家吃饭，结果陆将李奸淫后杀死。那么，在本案中王某的不作为与李某之死亡有无因果关系呢？我认为没有。因为王某值班的职责是守护学校的公共财产，如果王某让李某值班，来一伙歹徒对学校进行打砸抢，甚至放火将学校烧毁，则都与王某的不作为存在因果关系。因为李某只是一个11岁的小孩，根本无力承担保护学校的职责。但李某被陆某奸淫并杀死的结果，则与王某的作为义务无关，因而我认为不存在因果关系。

第四节　不作为犯罪的类型

不作为犯罪，可以分为各种类型。对不作为犯罪类型的深入分析，有助于进一步理解不作为犯罪的实质。

一、不作为犯罪分类概说

关于不作为犯罪，大陆法系刑法理论一般分为纯正不作为或称真正不作为与不纯正不作为或称不真正不作为两种。例如日本刑法学者认为，不作为犯可分为两种，其一是真正（纯正）不作为犯，它把作为构成要件内容的不作为规定为犯罪。其二是不真正（不纯正）不作为犯，即“由于不作为的作为犯”，是指以不作为实现作为构成要件内容的作为加以规定的犯罪。[①] 值得注意的是，法国刑法理论中并无纯正不作为犯与不纯正不作为犯的区分，不作为犯仅限于指纯正不作为犯，而不纯正不作为犯被认为是作为犯与不作为犯之间的一种“中间类型”。

① 参见［日］福田平、大塚仁：《日本刑法总论讲义》，李乔等译，57～58页，沈阳，辽宁人民出版社，1986。

该理论指出：通常由积极行为所引起的结果，有时是从单纯地不作为产生出来的，它与作为犯罪同样要被处以刑罚。在作为犯与不作为犯之间通过不作为来达到作为犯的结果，这是一种“中间类型”[①]。苏联刑法学者认为，犯罪的不作为按其性质来说，可以分为两种：所谓“纯粹”的不作为和所谓“混合的”不作为。“纯粹”的不作为存在于这样的立法结构中：不论已经产生还是可能产生后果，不作为的事实本身和既遂罪一样要受到惩罚。“混合”的不作为只可能存在于下列场合，即由于不作为而产生了一定法律所规定的危害社会结果。[②] 我认为，苏俄学者的这种分类，好像是以是否发生危害结果为标准的，似乎不同于纯正不作为与不纯正不作为的分法，但“纯粹”的不作为并不意味着在任何情况下都不要求有危害结果的发生，在刑法规定要求情节严重才能构成的情况下更是如此。因此，这种分法并不科学。实际上，所谓“纯粹”的不作为相当于纯正的不作为，而所谓“混合”的不作为则相当于不纯正的不作为，只是论述问题的角度略有不同罢了。我国学者把不作为犯分为以下四类：第一类，只能由不作为形式构成的犯罪。第二类，既可以由作为也可以由不作为形式构成的犯罪。第三类，同时包含作为和不作为两种形式的犯罪。第四类，不能单独成立，只能在共同犯罪中存在的不作为犯罪。[③] 下面，我们对这四类不作为形式作一简单论述。

只能由不作为形式构成的犯罪是否就是纯正的不作为犯罪？论者予以否定。理由是：我国刑法对遗弃罪和遗弃伤员罪这两条增加了“情节恶劣”作为其犯罪构成的一部分。“情节恶劣”其中包含具有一定的损害结果。所以我国刑法对这一类犯罪的规定与大陆法系刑法中的纯正不作为犯罪有所不同，它在犯罪构成要

---

① 何鹏：《外国刑事法选论》，128页，长春，吉林大学出版社，1989。

② 参见［苏］H. A. 别利亚耶夫、M. И. 科瓦廖夫：《苏维埃刑法总论》，马改秀等译，126～127页，北京，群众出版社，1987。

③ 参见陈忠槐：《论我国刑法中的不作为犯罪》，载《硕士研究生论文集》，219～222页，西北政法学院，1983。

件中并没有完全排除损害结果。[①] 我认为，纯正不作为是根据法律规定只能以不作为构成的犯罪，与是否包含危害结果并无关系。因此，不能以包含危害结果为由，否认我国刑法中的遗弃罪和遗弃伤员罪是纯正不作为犯。换言之，这种只能由不作为构成的犯罪，就是刑法理论上的纯正不作为犯。[②]

既可以由作为也可以由不作为形式构成的犯罪，其中由不作为形式构成的犯罪，是不纯正不作为犯，对此没有异议，在此不赘。

同时包含作为和不作为两种形式的不作为犯罪，则是一个复杂的问题。我国刑法学界有的学者指出：个别犯罪既包含不作为，也包含作为的成分，如偷税、抗税罪，就伪造账目、弄虚作假甚至殴打税务人员而言，是作为；但从应纳税而不纳税而言，则是不作为。[③] 还有学者认为，这一类犯罪实际上是以作为面目出现的不作为犯罪，主要特征还是不作为，但它有别于以上两种不作为犯罪（纯正不作为与不纯正不作为）。[④] 我认为，这种观点是混淆了作为与不作为的关系。作为与不作为的区别，并非是简单的身体动静，而主要在于违反的法规的性质，作为是违反禁止法规，而不作为是违反命令法规。因此，凡是违反命令法规，应为而不为的，就是不作为。不作为的内容是命令法规规定的作为。如果应为而不为，尽管实施了其他身体动作，仍然是不作为。因此，对于作为与不作为的区分，应当从本质上去把握。偷税、抗税，其本质在于逃避纳税义务。就应当纳税而不纳而言，是不作为。至于在逃避纳税义务过程中采取的一些方式方法，并不重要，更不能把它与不作为并列；否则，就不存在纯正不作为犯了。例如，公认为纯正不作为犯的遗弃罪，也并非没有任何身体动作。遗弃婴儿，往往将婴儿置放在街边路旁。因此，我们完全同意台湾学者林山田的以下观点：作为与不作为

① 参见陈忠槐：《论我国刑法中的不作为犯罪》，载《硕士研究生论文集》，220 页，西北政法学院，1983。

② 参见高铭暄主编：《中国刑法学》，98 页，北京，中国人民大学出版社，1989。

③ 参见高铭暄主编：《中国刑法学》，99 页，北京，中国人民大学出版社，1989。

④ 参见陈忠槐：《论我国刑法中的不作为犯罪》，载《硕士研究生论文集》，221 页，西北政法学院，1983。

两者之关系，有如A与非A（A and non A），而相互对立排斥。一个行为经刑法评价，如被认定为作为，则不可能同时又是不作为；反之，亦同。[①] 由此，我认为那种所谓同时包含作为和不作为两种形式的不作为犯罪，就是纯正不作为，而且就其实质而言是不作为，并非同时包含作为。

至于只能在共同犯罪中存在的不作为，我认为确实是客观存在的，但它并非是独立的不作为犯罪的类型。

综上所述，我认为，不作为犯罪的类型只能是纯正不作为犯罪和不纯正不作为犯罪。

二、纯正不作为犯罪

在刑法理论上，纯正不作为是指法律规定以不作为为犯罪内容的犯罪行为。由于纯正不作为犯罪在刑法中有明文规定，因而在司法实践中不会发生困难。

从我国目前的法律规定来看，纯正不作为仅限于极少数犯罪，我认为还应当增设一些纯正不作为犯罪。由于某些不作为未规定为纯正不作为，因而或者不予过问，或者作为不纯正不作为处理，而不纯正不作为与作为具有完全的等价性，因而显得有些不伦不类。例如，民警眼见歹徒强奸妇女，妇女呼救，民警熟视无睹，以致妇女惨遭歹徒强奸。在这种情况下，民警的不作为应定何罪？定强奸罪，显然不合情理。定玩忽职守罪，也与该罪的构成要件不相吻合。又如，医务人员由于惧怕恶性疾病的传染，对危急病人不予抢救，导致病人死亡。司法实践中有定故意杀人罪的，不很恰当，被告人难以接受。较为理想的办法是在刑法中增设见危不救罪，意大利、奥地利、前苏联、法国、前捷克斯洛伐克等国的刑法典都规定了见危不救罪或拒绝援救遇难人员罪。鉴于这种行为在我国已大量发生，因此有些刑法学者认为应当在刑法分则中增设见危

① 参见林山田：《刑法通论》，2版，77页，台北，三民书局，1986。

不救罪或拒不救助遇难人员罪。[1] 我认为，这一立法建议是可取的。在条文设计上，可分为两款，第一款规定基本犯，第二款规定加重犯，即负有救助义务的人犯此罪的，应当规定较重的法定刑。总之，纯正不作为主要是一个立法上完善的问题。

三、不纯正不作为犯罪

在刑法理论上，不纯正不作为是指以不作为形式而犯通常以作为形式实施的犯罪的情形。不纯正不作为犯罪，由于在我国刑法中没有明文规定，因而在司法实践的认定中往往存在困难。例如，遗弃婴儿或者老人，致其死亡。这种不作为到底是作为纯正不作为定遗弃罪，还是作为不纯正不作为定故意杀人罪呢？尽管在刑法理论上不难区分，认为遗弃婴儿和老人（神志不清、行动困难的老人），到底是构成遗弃罪还是故意杀人罪要具体分析。将上述被害人丢弃在容易为人发现的地方（车站、别人家门口等），便于及时得到救援，仍应以遗弃罪论处。如果是将上述被害人丢置在野兽出没的深山僻野或很少有人发现的冰天雪地，则表明行为人主观上具有杀人故意，应以故意杀人罪论处。[2] 但在司法实践中，大多当做遗弃罪处理，定故意杀人罪的十分罕见。因此，我认为，应当在刑法中增设不纯正不作为犯的概念，可以具体表述为：法律上负有防止义务的人而不防止，或因自己的行为将发生一定危害社会的结果，有防止义务而不防止，以致发生这种结果的，亦为犯罪。[3] 法律对不纯正不作为犯有了明文规定，强调了不作为与作为的等价性，同时，也使罪刑法定原则得以切实贯彻，这是我国刑法科学化的必然要求。

---

① 参见赵秉志主编：《刑法修改研究综述》，313页，北京，中国人民公安大学出版社，1990。

② 参见高铭暄主编：《中国刑法学》，595页，北京，中国人民大学出版社，1989。

③ 参见高憬宏：《不作为犯论》，载赵秉志等：《全国刑法硕士论文荟萃（1981届—1988届）》，161页，北京，中国人民公安大学出版社，1989。

第十章 犯罪的附随情状

在现实生活中，犯罪总是具体的，必然受到主观与客观的各种因素的制约与影响。其中，有些主客观因素对于犯罪具有重要的意义，例如犯罪的动机与目的、犯罪的时间与地点等，我称之为犯罪的附随情状。本章对这些犯罪的附随情状进行研究，以深化犯罪本体的理论。

第一节 犯罪的动机和目的

犯罪的动机和目的，是犯罪人的主观心理状态的因素之一，它对于确定犯罪人的主观恶性具有重大意义。苏俄刑法学家斯·塔拉鲁欣指出："犯罪行为的社会心理内容，通过行为人所犯罪行的目的和动机而被充分地揭示出来。正是这些要件揭示出故意或过失的产生机制，从而可以在任何一个具体的犯罪构成中提出它们独立的有法律意义的问题。"① 我认为，塔拉鲁欣对犯罪的动机和目的在刑

① 参见［苏］斯·塔拉鲁欣：《犯罪行为的社会心理特征》，公人、志疆等译，71页，北京，国际文化出版公司，1987。

法中的意义的评价是恰如其分的。

一、犯罪的动机

（一）动机的一般理论

动机是心理学中的一个重要范畴。动机之所以备受心理学家的青睐，主要因为它可能是人类一切机能中最主要的一种机能，因而动机领域是心理学的中心问题。[①] 根据心理学的一般原理，人的行为是由动机支配的，而动机是由需要引起的。人们的行为一般来说都是有目的的，都是在某种动机的策动下为了达到某个目标。因此，需要、动机、行为和目标，这四者之间的关系可以表示如下：

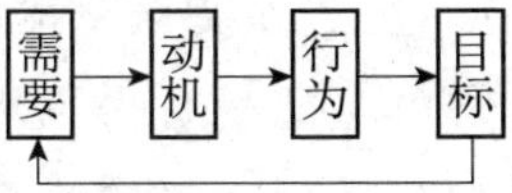

从上图可知，需要是动机的内驱力，没有需要就不可能产生动机。因而，对动机的内在机制的揭示，有赖于对人的需要的科学界定。以研究动机著称的美国人本主义心理学家亚伯拉罕·马斯洛在其名著《人类动机理论》中，提出了著名的需要层次说[②]，这一学说对于动机的研究具有重要意义。马斯洛认为，人类的需要主要有以下一些：

1. 生理需要。

生理需要是人类的基本需要，是动机的生理驱力。马斯洛指出，生理需要在所有需要中占绝对优势。具体说，假如一个人在生活中所有需要都没有得到满足，那么生理需要而不是其他需要最有可能成为他的主要动机。一个同时缺乏食

① 参见［美］舒尔茨：《现代心理学史》，英文版，394 页。
② 参见［美］马斯洛：《动机与人格》，许金声等译，40 页，北京，华夏出版社，1987。

物、安全、爱和尊重的人，对于食物的需要可能最为强烈。由此可见，生理需要在人类所有需要中占有重要地位。

2. 安全需要。

如果生理需要相对充分地得到了满足，接着就会出现安全需要，内容包括：安全、稳定；依赖、免受恐吓、焦躁和混乱的折磨，对体制、秩序、法律、界限的需要；对于保护者实力的要求；等等。

3. 归属和爱的需要。

假如生理需要和安全需要都很好地得到了满足，爱、感情和归属的需要就会产生。马斯洛以这样的语言描述了人对归属和爱的渴望：现在，个人空前强烈地感到缺乏朋友、心爱的人、妻子或孩子。也就是说，他一般渴望同人们有一种充满深情的关系，渴望在他的团体和家庭中有一个位置，他将为达到这个目标而作出努力。他将希望获得一个位置，胜过希望获得世界上的任何其他东西，他甚至可以忘掉，当他感到饥饿的时候，他把爱看得不现实、不必需和不重要了。此时，他强烈地感到孤独，感到在遭受抛弃、遭受拒绝，举目无亲、浪迹人间的痛苦。

4. 自尊需要。

除了少数病态的人之外，社会上所有的人都有一种对于他们的稳定的、牢固不变的、通常较高的评价的需要或欲望，有一种对于自尊、自重和来自他人的尊重的需要或欲望。

5. 自我实现的需要。

即使所有这些需要都得到了满足，我们可以经常（并不总是）预料新的不满足和不安又将迅速地发展起来，除非个人正在独特地干着他所适合干的事情。一位作曲家必须作曲，一位画家必须绘画，一位诗人必须写诗，否则他始终都无法安静。一个人能够成为什么，他就必须成为什么，他必忠实于他自己的本性。我们可以称这一需要为自我实现（self-actualization）的需要。

以上五种需要形成一个逐渐发展的层次。当然，这五种需要并不完全能得到满足，也并不完全是一种固定的、刻板的顺序，即不是一种需要百分之百地满足后才能产生另一种需要。正如马斯洛指出："对于我们社会中的大多数正常人来说，其全部基本需要都部分地得到了满足，同时又都在某种程度上未得到满足。要想更加真实地描述这个层次序列，就应该在这个优势层次序列中逐级减小满足的百分比。例如，为了说明情况，我可以任意假定一些数字，或许一般公民大概满足了85%的生理需要、70%的安全需要、50%的爱的需要、40%的自尊需要、10%的自我实现需要。至于说到一个新的需要在优势需要满足后出现这一观念，这种出现并不是一种突然的、跳跃的现象，而是缓慢地从无逐渐到有。比如，如果优势需要A仅满足了10%，那么需要B可能还杳无踪影。然而，当需要A得到25%的满足时，需要B可能显露出5%，当需要A满足75%时，需要B也许显露出50%等等。"① 马斯洛关于需要层次的理论，虽然还存在某些缺陷，但这一理论基本上正确地描述了动机的内驱力，因而在学术界产生了广泛的影响。

需要是动机产生的内在源泉。但是，并不是任何需要都能成为动机，只有需要指向一定的目标，并且展现出达到目标的可能性时，才能形成动机，才会对行为有推动力。也就是说，需要只是必要条件，除此以外还要有诱因条件，才能形成实际活动的动机。只有和需要相适应的客观条件出现时，愿望才能成为活动的动机。由此可见，形成动机的条件有二：一是内在条件（需要、欲望），二是外在条件（诱因、刺激）。动机性行为的发生，往往是在内在条件与外在条件的相互作用下发生的，这就是人的动机产生的科学机制。因此，动机是指推动人行动的内在力量，它是引起和维持个体行为、并将此行为导向某一目标（个人需要的满足）的愿望和意念。② 一般说来，动机具有以下三个功能：

---

① ［美］马斯洛：《动机与人格》，许金声等译，62页，北京，华夏出版社，1987。

② 参见宋书文等主编：《心理学词典》，85页，南宁，广西人民出版社，1984。

1. 始发功能。

动机的始发功能是指驱使行为人产生某种行为，即能够引发行为。动机的始发功能是通过动机斗争而实现的。一个人具有多种动机，以其一定的相互关系构成动机的体系。在这些动机中，某些动机比较强烈而稳定，另一些动机比较微弱而不稳定。经过动机斗争，一个人往往采取同那些比较强烈而稳定的主导动机相符合的意志行动，从而引发行为。

2. 指向功能。

动机的指向功能是指维持行为趋向一定的目标，沿着一定的方向发展，具有指向性，操纵着行为向特定目标发展。

3. 强化功能。

动机的强化功能是指对行为起着保持和巩固的巨大影响。动机会因符合主体愿望的行为结果而使行为重复出现，使行为得到加强，这就是所谓正强化。动机也会因不符合主体愿望的行为结果，使行为受到削弱、减少以至不再出现，这就是所谓负强化。

（二）犯罪动机的科学界定

在刑法理论中，犯罪动机就是激起和推动犯罪人实施犯罪行为的心理动因。犯罪动机产生于行为人的需要，但这并不意味着生物机体的需要必然引申出犯罪的动机。因此，犯罪动机是行为人的需要与其他主观因素以及与社会各种条件交互作用的产物。人的需要仅仅是动机产生的基础，这一基础与其他因素相结合，才可能孕育出犯罪动机。因为，人的需要是维持其机体的存在和人的社会性的必然产物。就此而言，需要本身无所谓善与恶、正当与不正当之分。如果局限于对人的生理机能的需要的考察，就不能科学地揭示犯罪动机的产生，至多只能说明人的需要是产生犯罪动机的前提和基础。并且，人的需要的满足，是受社会条件制约的。社会条件是行为人的需要不断变化的杠杆，作为社会人的需要与社会条件有着紧密的联系。犯罪动机虽由畸变了的异态的需要引起，而这种反常的需要得以出现，是由消极的社会条件的作用所致。当然，也并非只要存在消极的社会条件，人们的需要结构就一定畸形，犯罪动机就一定产生。客观外界的消极条件还需与主观的意识、立场、观念相互作用，才能形成犯罪动机。而且，犯罪人也是一个一体化的有组织的整体，而这个整体的人，必定是社会中的一分子，其行为无不打上社会的烙印。所以，主观心理的需要与社会存在就在作为整体的个人身上得到了高度的统一。基于上述原理，我们可以对犯罪动机的产生过程作如下描述：犯罪动机是以反社会的消极的需要结构为前提的，这种需要结构是社会环境的消极因素和条件逐渐影响的结果：首先是改变个体原有的需要结构，使它逐步发生不良的变化，逐渐形成适应外界不良环境的倾向。而需要的改变，就会逐渐导致个体行为动机的演变，造成行为的变化，这种反馈作用又进一步影响个体需要结构的不良变化，促使反社会需要结构的真正形成，最终引起犯罪动机，犯罪动机进一步产生犯罪目的，犯罪目的则在一定条件下外化为犯罪行为。

在心理学中，动机可以是有意识的，也可以是无意识的，由此可以分为有意识的动机与无意识的动机。例如马斯洛指出：需要既不一定是有意识，也不一定是无意识的。然而从整体来看，在一般人身上，它们经常是无意识的。在这一点上，没有必要查找一大堆证据来表明无意识动机的绝对重要性。目前单纯以优先为根据，可以推测无意识动机总的来说比有意识动机重要得多。我们称之为基本需要的东西，通常大部分是无意识的，虽然对于富有经验的人(Sophisticated)，借助于恰当的方法，它们可能变为有意识的。① 那么，在犯罪动机中，能否分为有意识的动机与无意识的动机呢？对此，存在不同观点。苏联刑法理论认为，动机与意志行为相联系，它不可能是无意识的。任何关于动机的无意识性的见解都要引向唯心主义，因此，苏俄绝大多数犯罪学家理由充足地只把被人意识到的动机归于犯罪动机之列。例如 B.C. 沃尔科夫强调，就确定犯罪动机而言，决定的因素是动机的被意识到。沃尔科夫给犯罪动机下了

① 参见［美］马斯洛：《动机与人格》，许金声等译，62～63 页，北京，华夏出版社，1987。

这样的定义："凡在人的意识中反映出来并推动他去实施犯罪的，就是犯罪的动机。" A. B. 纳乌莫夫对犯罪动机的定义是："犯罪动机是指通过实施犯罪的方法去达到一定目的的有意识的动机（需求、情感等等）。" 斯·塔拉鲁欣对犯罪动机的定义是："犯罪动机是虽被意识到的、为了实现有目的倾向的、具有社会危害性并被刑法规定为犯罪的具体行为（有意志的行为）的意图（意向）。"① 我国学者认为，动机从意识水平上可以有不同的层次，有意识动机（意识到的动机）是一种较高层次水平的动机，无意识动机（未被意识的动机、意识不到的动机）是一种较低层次水平的动机。这种未被意识到的动机同样存在于犯罪行为中。论者认为，属于无意识犯罪动机的主要有下面四种情形②：

1. 未被意识到的定式。

所谓定式，是一种对一定活动的准备状态，准备状态的模式制约着后继的心理活动的趋向。定式反映着主体整个个性活动的特点，在许多场合、情境中不知不觉地决定着主体对整个生活的态度。这种未被意识到的定式是客观存在的一种事实。这种未被意识到的定式，同样存在于犯罪现象之中，显然这属于消极的定式。

2. 犯罪意向。

所谓意向，就是没有分化的、没有明确意识的需要。通常，意向是暂时的未被意识到的一个动机阶段，在特定社会条件作用下就会转化为意识到的活动动机。因此，犯罪意向就是一种暂时存在的、有过渡性的、未被意识到的犯罪动机。

3. 冲动性犯罪行为。

冲动性犯罪行为的动机是未被意识到的动机，或者是意识到的程度很低。

① ［苏］斯·塔拉鲁欣：《犯罪行为的社会心理特征》，公人、志疆等译，45～46页，北京，国际文化出版公司，1987。

② 参见邱国梁：《犯罪动机论》，154～160页，北京，法律出版社，1988。

4. 习惯性犯罪行为。

习惯性犯罪行为的动机，具有一定的无意识性。在习惯性犯罪行为中，有动机功能独立的现象。所谓动机的功能独立，就是强调行为与动机的密切联系，多次重复某一行为以至逐渐形成一定习惯后，主体再发生这一行为时，具有自动化的倾向，不似一般的动机斗争的过程，好像是独立的功能。

我认为，无意识的动机是一个十分复杂的问题，尤其是引入刑法理论中，更是如此。犯罪是人的一种反社会的行为，撇开对其的否定评价，犯罪行为本身具有一般行为的内在和外在的特征，在它的主观心理方面亦然。当然，刑法理论作为一个理论体系，有它独特的逻辑结构和价值评判。因此，应当从刑法理论的观念出发，科学地认识无意识的动机问题。为了说明这个问题，我们还有必要对刑法理论上关于犯罪动机存在的范围加以考察。

关于犯罪动机存在的范围，刑法理论上存在通说与异说之争。通说认为，犯罪动机只存在于直接故意中。异说认为，不仅直接故意，而且间接故意，甚至过失犯罪中都存在犯罪动机。我国刑法学界有人指出："间接故意犯罪和过于自信的过失犯罪的行为人，尽管不具有希望通过犯罪行为本身去导致危害结果发生的心理态度，不存在犯罪的目的，然而，他们对于自己的行为可能导致危害结果的发生，都是有预见的。摆在他们面前的，是可供选择的两种情况：要么积极排除危害结果发生的可能性，坚决防止触犯刑律；要么对危害结果的发生，持放任或轻信能够避免的态度，甘冒触犯刑律的风险。在这种得失两可的场合，行为人舍弃前者而选择后者，必然是基于一定内心起因的推动……所以，作为推动行为人实施犯罪行为的内心起因——动机，无论在直接故意或者间接故意和过于自信的过失犯罪中，都是存在的。"① 苏俄刑法学家斯·塔拉鲁欣指出："关于过失犯罪的动机的本质问题，在法律著作中存在不同的观点。一些作者认为，在这种情况下，动机是同犯罪的结果（因一定的行为而产生）有关。另一些作者则认为，动

① 曾宪信等：《犯罪构成论》，105～106 页，武汉，武汉大学出版社，1988。

机是同作为或不作为本身有关，而这种看法似乎最为正确。过失犯罪通常都是行为人在难以意识行为同可能的结果之间的因果关系的发展的许多极其不利情况的汇合下实施的。因果关系在这里常常带有边缘的、被偶然因素变复杂化了的性质。因此说明过失犯罪同无罪过引起的损害行为十分相近。既然过失犯罪同达到犯罪结果的目的没有联系，因此动机不与犯罪结果而与行为人的作为或不作为本身发生关系。过失的作为或不作为动机也就是这些情况下犯罪的动机。”①

我不同意这种观点。关键在于：这里的犯罪动机是有意识的犯罪动机还是无意识的犯罪动机？显然，论者所指的都是有意识的动机，而这种犯罪动机总是和犯罪目的紧密相连的。不存在犯罪目的，谈何犯罪动机？苏俄刑法学家斯·塔拉鲁欣认为存在两种动机：与犯罪目的相连的犯罪动机——这当然是指直接故意犯罪中的犯罪动机，与犯罪行为（作为或不作为）本身相连的犯罪动机——这就是间接故意犯罪和过失犯罪中的犯罪动机。② 我国刑法学界也有学者将引起间接故意犯罪行为或者过于自信犯罪行为本身的内在心理事实视为犯罪动机。例如，狩猎的人明知可能击中猎物附近的牧民，其所以放任这种危害结果的发生，而决意开枪，是为了获取猎物；驾车逃亡的抢劫犯，明知违章高速行车可能造成行人死伤，其所以不计后果，决定高速行驶，是为了摆脱追捕，逃避抢劫的罪责。他们就是在为要获取猎物和逃避抢劫罪责的思想活动的刺激、促使之下，放任他人死、伤结果的发生。这种思想活动，显然就是推动他们间接故意实施杀、伤他人的犯罪行为的内心起因，即犯罪动机。③ 这实际上是一种似是而非的理论。犯罪动机与一般的行为动机是两个不同的概念：一切行为，包括间接故意与过失行为都具有动机，但这种动机并非是犯罪动机。犯罪动机的质的规定性在于促使和推

---

① ［苏］斯·塔拉鲁欣：《犯罪行为的社会心理特征》，公人、志疆等译，57 页，北京，国际文化出版公司，1987。

② 参见［苏］斯·塔拉鲁欣：《犯罪行为的社会心理特征》，公人、志疆等译，57 页，北京，国际文化出版公司，1987。

③ 参见江任天：《论间接故意与犯罪动机》，载《法学研究》，1983（2），18 页。

动犯罪行为，这里的犯罪行为本身就具有犯罪性质，而不以犯罪结果的发生为转移。例如，因奸杀人，奸是犯罪动机，杀人是犯罪行为，不管杀人结果是否发生，杀人行为本身就具有犯罪性质，犯罪动机也是客观存在的。这种行为只能是与一定的犯罪目的紧密相连的直接故意犯罪行为。因为，犯罪动机的特殊性之一就是，犯罪行为（指刑法规定的故意犯罪）的动机必定含有违法的目的。例如，杀人罪的动机、盗窃罪的动机，它们必定分别是导致非法剥夺他人生命和非法侵占公私财物，都有一定的犯罪目的，这就意味着犯罪动机总是和犯罪目的联系在一起的。[①] 而在间接故意犯罪和过失犯罪的情况下，都属于结果犯，即以一定的犯罪结果发生为构成要件的犯罪，在该犯罪结果没有发生以前，就不能确定间接故意行为和过失行为具有犯罪性质。也就是说，间接故意犯罪和过失犯罪作为连带性犯罪，其行为具有从属性。在这种情况下，促使和推动行为人实施主行为的动机，不能被视为犯罪动机。例如，打猎中间接故意将人打死，获取猎物只能是打猎的动机，而不是间接故意杀人的动机。否则，如果间接故意的犯罪结果没有发生，间接故意犯罪不存在，而促使和推动该行为的动机仍然存在，能否说它是犯罪动机呢？如果否认，那么，犯罪动机的性质就取决于行为结果的性质，而这与动机理论显然是相违背的。根据动机理论：不是行为的结果决定动机，而恰恰相反，是动机决定行为的结果。更为重要的是，犯罪动机是测定犯罪人的主观恶性程度的一个心理指数，只有能够说明犯罪人的主观恶性程度的心理事实才能成为犯罪动机，例如奸情杀人与义愤杀人，奸情与义愤这两个犯罪动机所反映的犯罪人的主观恶性是有所区别的。而在间接故意犯罪和过失犯罪的情况下，所谓动机并不反映犯罪人的主观恶性程度。例如，为投毒杀妻而间接故意杀子，与为打中猎物而间接故意杀人，就间接故意杀人而言，无论实施这一行为的动机是杀妻还是打猎，主观恶性程度没有差别。因此，我认为，间接故意犯罪与过失犯罪不存在有意识的犯罪动机。正如苏联刑法学家 T.C. 萨尔基索夫指出：行为的动机

① 参见邱国梁：《犯罪动机论》，28 页，北京，法律出版社，1988。

和目的不过是过失犯罪构成的直接要件，但这绝不意味着人的行为根本没有任何动机和目的，他的行为同样受一定的动机所推动，并且充分追求确定的目的。但是，因过失产生的事实上的结果与行为的目的之间有明显的分叉。换句话说，在过失犯罪的情况下，动机和目的不包括在已出现的结果的“范围”之内。① 对于间接故意亦应作如是解释。

既然在间接故意与过失犯罪中，不存在有意识的犯罪动机，那么，是否存在无意识的犯罪动机呢？我认为，在这两种情况下，无意识的动机是客观存在的。尤其是在过失的心理事实中，潜意识本身就包含着无意识的动机。但是，我并不认为有必要将刑法学中的犯罪动机分为有意识的动机与无意识的动机。因为无意识的动机由于是主体没有意识到的，因而往往是未分化的、与其他心理事实融为一体的，缺乏独立存在的意义。而有意识的犯罪动机，它在直接故意的心理事实中，与犯罪故意以及目的都有明确区别，对于故意心理的形成与发展具有独特的意义。因此，我仍将犯罪动机限定为有意识的动机，只有在直接故意犯罪中才存在。

犯罪动机对于直接故意犯罪来说，具有十分重要的功能。这种功能主要体现在：一是促使犯罪发生，这就是所谓始发功能。人的任何意志行为都是有动机的，直接故意犯罪行为也不例外。没有犯罪动机的促使，直接故意犯罪行为就不可能发生。在这个意义上说，犯罪动机是促使犯罪人实施犯罪的内心起因。二是推动犯罪发展。犯罪动机不仅仅是促使犯罪人实施犯罪的内心起因，而且是推动犯罪发展的内心动因。对于这一点，以前刑法理论往往认识不足，正如我国学者指出，传统刑法理论在解释犯罪动机时，都用了起因这个提法，从动机的实质来考虑，是含义不够完善的。因此，若从心理学角度对犯罪动机的概念加以修正，犯罪动机就是激起和推动犯罪人实施犯罪行为的心理动因。这个概念明确表明了犯罪动机是犯罪行为的动力性因素，使犯罪动机不易同产生犯罪的主观原因混淆

① 参见［苏］T. C. 萨尔基索夫：《犯罪的动机和目的》，载《国外犯罪心理学研究文集》，26页，北京，中国展望出版社，1986。

起来，而且符合一般的动机概念，突出了犯罪动机是犯罪人的一个内在心理过程。它不仅激起某种犯罪行为，而且使激起的某种犯罪行为继续保持下去，作用于实施某种犯罪行为的整个过程。① 我认为，这一观点是可取的。实际上，犯罪动机作为一种心理过程，在发起犯罪行为以后并没有立即消失，而是继续推动犯罪行为向犯罪结果运动，直接导致犯罪结果的实现。因此，犯罪动机反映了犯罪人主观恶性的程度，对于定罪量刑都具有不可忽视的意义。

（三）犯罪动机的刑法意义

在罪过心理中，犯罪动机是一种相当重要的心理因素。这种心理因素的全部刑法意义就在于：它是测定犯罪人的主观恶性的心理指数。犯罪动机之所以能够测定犯罪人的主观恶性，主要是因为它与直接故意中的意志因素密切相连。在心理学中，意志是个体自觉地确定目的并支配其行动以实现预定目的的心理过程。直接故意犯罪是受犯罪意志支配的行为，犯罪意志是直接故意的主观恶性的决定因素，而犯罪意志又是在犯罪动机的作用下产生的，并且犯罪动机的强度决定着犯罪意志力的强度，从而对主观恶性具有影响。

1. 犯罪动机的产生与主观恶性。

如前所述，动机的产生是内在条件（需要）与外在条件（诱因）互相作用的结果。犯罪动机的产生也是如此。在犯罪动机的产生过程中，内因与诱因的作用是不同的，一般来说，内因起主导作用，而诱因只起辅助作用。但在不同的犯罪中，内因与诱因的作用并非是一成不变的。例如，在诱因较小的情况下，犯罪动机的产生主要归咎于犯罪人本身的意志缺陷，因而主观恶性较大；而在诱因较大的情况下，犯罪动机的产生在一定程度上应归咎于外在的不良刺激，因而犯罪人的主观恶性较小。根据有些学者的研究，在现实生活中，不良刺激主要来自三个方面②：（1）来自人的不良刺激。人的某些不正确的或不恰当的言谈、表情或举

① 参见邱国梁：《犯罪动机论》，27～28页，北京，法律出版社，1988。

② 参见张智辉：《犯罪学》，210～212页，成都，四川人民出版社，1989。

动，刺激了具有某种个体特质的人，便会促使犯罪的发生。例如，女性的轻浮往往会使自己遭到有流氓习气的人的侵袭、侮辱。（2）来自物的刺激。例如，一时无人看管的财物，独自携带的巨款，一旦刺激了利欲熏心、唯财是命的人，这些人便会寻机窃取甚至图财害命。（3）来自社会的不良刺激。社会秩序的局部混乱，社会上出现的某种事件、状态，也会刺激具有某种个体特质的人，强化其犯罪意识或促使其萌发犯罪意念。例如，公共场所突然出现的混乱状态，往往会强化具有反社会心理的人的犯罪意识，使其趁乱作乱，制造事端。在犯罪学中，存在被害人有过错（甚至犯罪）的犯罪。在这种情况下，被害人的过错（甚至犯罪）往往是加害人的犯罪动机产生的诱因，因而表明犯罪人的主观恶性较小，应予从宽处罚。例如《苏俄刑法典》第 38 条第 5 项规定，由于受到受害人的不法行为所引起的强烈精神激动的影响而实施了犯罪是减轻责任的情节，这一点反映在刑种的选择上。《苏俄刑法典》第 104 条和第 110 条还分别将遭到受害人的暴力或严重的侮辱，在突发的精神激动状态中实施的故意杀人和在强烈的精神激动状态中故意重伤或伤害他人身体规定为情节减轻犯，减轻其责任。① 犯罪动机在外部诱因的强烈作用下而产生的又一适例，是共同犯罪中的被教唆人的犯罪动机，是在教唆犯的教唆下产生的，因此被教唆人犯罪的主观恶性较小，应予从轻处罚。作为极端的例子，在美国刑法中存在警察圈套的辩护理由。所谓警察圈套（entrapment）就是警察、司法人员或者他们的代理人为了获得对某人提起刑事诉讼的证据而诱使他实施某种犯罪的行为；被告人则以他的犯罪行为是在警察、司法人员或者他们的代理人诱使下产生的为理由提出免罪辩护。② 在这种情况下，犯罪动机完全是在警察的诱使之下产生的，主观恶性显然较小。至于美国刑法中之所以完全免罪，主要是对司法官员可能滥用侦查权的一种限制，因而是一

---

① 参见［苏］H. A. 别利亚耶夫、M. И. 科瓦廖夫主编：《苏维埃刑法总论》，马改等译，162 页，北京，群众出版社，1987。

② 参见储槐植：《美国刑法》，171 页，北京，北京大学出版社，1987。

个“不言而喻的例外”①。综上所述，在犯罪动机的产生过程中，诱因作用的大小，对犯罪人主观恶性的程度具有一定的影响。

2. 犯罪动机的性质与主观恶性。

犯罪动机的性质是指由内在需要决定的犯罪动机的特殊性。西方犯罪学家根据犯罪动机的性质，通常把犯罪动机分为财欲、性欲和攻击欲三大类。我国学者根据犯罪动机的性质，把主要犯罪动机分为以下 11 类②：(1) 政治动机，是指出于一种仇视社会主义制度和人民民主专政政权的反社会需要而产生的犯罪动机。(2) 财物动机，是指为了满足衣、食、住、行等方面的物质需要所引起的犯罪动机。(3) 性动机，是指基于人类为了延续生命的需要的性本能而产生的犯罪动机。(4) 报复动机，是指基于报复而产生的犯罪动机。(5) 自尊动机，是指由变形了的自尊心所引起的犯罪动机。(6) 友情动机，是指因非社会化的友情需要而产生的犯罪动机。(7) 妒忌动机，是指因为妒忌而引起的犯罪动机。(8) 戏谑动机，是指出于追求刺激的需要而产生的犯罪动机。(9) 恐怖动机，是指因为惧怕而引起的犯罪动机。(10) 好奇心动机，是指出于新奇、有趣等好奇心而产生的犯罪动机。(11) 其他动机，如亲杀案中的出于正义感动机而大义灭亲杀逆子，又如出于“不愿同生愿同死”的动机而害死了亲人。以上动机，由于性质不同，因而表现出来的犯罪人的主观恶性是有所不同的。例如，因贪利动机杀人或因奸情动机杀人，主观恶性较大；相比之下，因戏谑动机杀人的主观恶性就较小。所以，在犯罪行为与犯罪目的相同的情况下，比较犯罪动机的性质，往往可以区分两个犯罪人的主观恶性的大小。

3. 犯罪动机的强度与主观恶性。

动机是由需要引起的，在实际生活中，需要的程度是有所不同的，因而由需要转化而来的动机也有强度上的差别。犯罪动机所具有的这种强度，充分反映了

① 储槐植：《美国刑法》，173 页，北京，北京大学出版社，1987。

② 参见邱国梁：《犯罪动机论》，70 页，北京，法律出版社，1988。

犯罪人的主观恶性的程度。从犯罪动机的产生来看，是动机斗争的结果，犯罪动机战胜其他动机取得优势地位，因而产生犯罪行为。在犯罪过程中，犯罪动机的强度充分表现在对犯罪的推动作用上：犯罪动机弱的，遇障碍而中止；犯罪动机强的，顽抗到底，甚至发生犯罪动机的恶性转化。在犯罪心理学理论中，所谓犯罪动机恶性转化，是指由一般的犯罪动机转化成更为严重的犯罪动机，表现为由一般的犯罪行为转化为严重的犯罪行为。例如，在盗窃过程中，抗拒抓捕而将事主打伤甚至杀死，因而转化为抢劫罪。因为犯罪动机的强度与主观恶性成正比，所以它在主观恶性的测定中具有重要意义。

二、犯罪的目的

（一）目的的一般理论

在心理学上，目的是主体关于自己行为的趋向目标或对象的一种预见性的观念。人具有目的，这也正是人与动物的根本区别之所在。马克思指出：蜘蛛的活动与织工的活动相似，蜜蜂建筑蜂房的本领使人间的许多建筑师感到惭愧。但是，最蹩脚的建筑师从一开始就比最灵巧的蜜蜂高明的地方，是他在用蜂蜡建筑蜂房以前，已经在自己的头脑中把它建成了。劳动过程结束时得到的结果，在这个过程开始时就已经在劳动者的表象中存在着，即已经观念地存在着。他不仅使自然物发生形式变化，同时他还在自然物中实现自己的目的，这个目的是他所知道的，是作为规律决定着他的活动的方式和方法的，他必须使他的意志服从这个目的。[①] 马克思的这段话精彩地论述了人类的目的活动与动物的本能活动的区别，对于我们理解目的这一概念具有重大意义。在这个意义上说，只有人的活动才真正是有目的的活动，因为只有人才能自觉地预先设定活动的目的。由于他设定了活动的目的，因而他知道他的活动的目的，使他的活动服从于这个目的，并

① 参见《马克思恩格斯全集》，第23卷，202页，北京，人民出版社，1972。

在活动的结果中实现这个目的。

目的具有以下属性：

1. 主观性。

首先应当肯定，目的是人的一种内部心理活动，因而从其存在方式来说，具有主观的形态。目的的这种主观性，说明了目的是人所特有的一种心理活动。在哲学上，目的论认为：当且仅当活动趋向于一个作为定向关联的一个结果的目标显示出敏感性和坚持性时，活动才是有目的的。按照这种观点，不仅人的行为，而且一切活的机体和人工控制系统的行为都是有目的的活动。对于这种观点我显然是不能同意的。当然，我们说目的具有主观性，是人的一种心理活动，并不意味着否定目的内容的客观性。马克思主义认为，目的具有客观性，目的本身是受客观世界制约的。人们为什么提出某种目的，能否实现和如何实现某种目的，以及实现某种目的又会产生什么结果，都不是由人的主观意志随意决定的，而是受具体社会历史条件，主要是受社会的物质经济条件的决定和制约的，在这个意义上，我们可以说人的目的体现了主观与客观的辩证统一。但从目的的外在表现形态上看，人的目的的主观性是不言而喻的。正如有的哲学家指出：目的总是同意识、观念密切相关的，不通过意识、观念的中介，便不可能有或无所谓目的。离开在观念中意识到了的对象来谈论目的是毫无意义的。①

2. 对象性。

人的目的反映人的需要。需要是有对象的，它总是指向外部环境中的某个对象，并通过对象性的行为或活动取得或创造能使自己的需要得到满足的对象。没有对象的需要就不成其为需要。作为反映需要的目的，是关于满足需要的活动的对象性的自觉意识或观念，并表现为满足需要的活动的自觉的对象性。因此，人的目的是有对象的、具体的。一个目的如果不是特殊的目的，就不成其为目的，

① 参见夏甄陶：《关于目的的哲学》，227页，上海，上海人民出版社，1982。

正如同行动如果没有目的就是无目的、无意义的行动一样。[①] 目的的对象性，充分说明目的是有所指向的，是具有确定性的，这对于认识目的也具有重要意义。

3. 能动性。

人具有目的表明人能够依照自己的现实需要，认识和利用客观规律，自觉地从事有意识的对象性活动，这就是人所特有的能动性。正是这种自觉的能动性使行为人在主体行动之前，对于所要达到的结果预先有一种观念，这种观念规定着主体活动的方向，支配着活动的整个过程。

4. 实践性。

目的是人的实践活动的要素和前提之一，它指导和支配着人的实践活动作用于对象的方式。同样，任何一个目的，都离不开人的实践活动，只能存在于实践活动之中。目的是在实践活动的基础上形成和产生的，又指导着主体的实践活动。

（二）犯罪目的的科学界定

犯罪目的具有一般目的的共同属性。犯罪人也是人，同样具有人类的自觉活动的能力。因此，在直接故意犯罪中，犯罪人将犯罪结果预先存在于观念之中，并付诸行动，这就是目的。在这个意义上，可以把犯罪目的定义为犯罪人实施犯罪行为希望达到的结果。

当我们进一步深入地探究犯罪目的的本质时，我们就会把犯罪目的与实现这一犯罪目的所必要的犯罪行为结合起来考察。从哲学意义上说，犯罪目的与犯罪行为之间具有目的与手段之间的关系。在哲学上，所谓手段就是置于有目的的对象性活动的主体和客体之间的一切中介的总和，包括实现目的的工具和运用工具的活动方式或操作方式、方法等。手段是达到或实现目的的桥梁、媒介、方法、工具，是为实现一定目的的对象性活动的一个必不可少的要素。[②] 因此，就犯罪

① 参见《马克思恩格斯全集》，第1卷，287页，北京，人民出版社，1956。

② 参见夏甄陶：《关于目的的哲学》，329～330页，上海，上海人民出版社，1982。

目的与犯罪行为的关系而言，犯罪行为受犯罪目的的制约和支配，从属于犯罪目的，服务于犯罪目的。在故意杀人的犯罪中，把人杀死是犯罪目的，正是在这一犯罪目的的支配下，犯罪人采取杀人的行为，置被害人于死地。当然，离开了犯罪手段，犯罪目的也就无从实现。

犯罪目的不仅外化为犯罪行为，而且必然指向一定的客体。在这个意义说，犯罪目的在犯罪活动过程中具有一定导向作用，犯罪目的赋予了犯罪人实施犯罪活动的自觉性，使犯罪人有目标、有方向地进行犯罪活动。尤其是在预谋犯罪的情况下，犯罪人往往拟订了详细的犯罪活动的计划、方案，确定了实施犯罪的时间、地点、方法、步骤以及应变措施。个别犯罪分子甚至在犯罪目的的支配下，进行长时间的精心策划与周密考察，有的还进行模拟试验，如此等等，不一而足，这些充分说明犯罪目的在整个犯罪活动过程中的支配与制约作用，同时也说明离开了一定的客体，就不存在犯罪目的。

犯罪目的是犯罪人自觉地选择客体，并为此而确定犯罪手段的一种主观心理因素，因此，犯罪目的只存在于直接故意犯罪之中。但是，我国刑法学界有些学者认为在间接故意犯罪中也同样存在犯罪目的，指出：间接故意既然也被称为可能故意，那么行为人对危害结果发生的认识和心理态度也就有两种可能性，一种是可能产生，一种是不可能产生，或者说既有目的又没有目的，既希望又不希望，两种因素交错在一起。由此得出结论，间接故意具有不确定的目的，认为间接故意对犯罪结果的不确定态度就表明了行为目的的不确定。间接故意对犯罪结果是有意识的，但意识浅而不深、朦胧而不确定，对于某种结果是否可能发生持无所谓的态度，结果发生与否都不反对，放任自流。因此，间接故意不是像过失犯罪那样绝对地没有犯罪目的，而是相对地、较之直接故意而言没有确定的目的而已。[①] 我认为，这种观点是难以成立的。因为犯罪

① 参见高铭暄主编：《新中国刑法学研究综述（1949—1985）》，262～263页，郑州，河南人民出版社，1986。

目的应该是确定的，尽管这种确定本身具有相对性，所谓不确定的目的是根本不存在的。更为重要的是，间接故意犯罪从犯罪学上来说，是一种连带性的犯罪。所谓连带性犯罪，是指为了实现既定目的所实施的行为，由于造成了严重的危害结果，因而构成了与目的无关的犯罪。① 因此，在间接故意犯罪中，存在行为的目的，但却不存在犯罪目的。下面，根据间接故意的三种形式分别加以说明：

一是，为了追求某一犯罪结果而实施一种犯罪行为，同时放任该行为可能产生的另一犯罪结果的发生，对于由此行为与后一种结果构成的犯罪，犯罪人具有间接故意的心理态度。例如采取投毒手段杀妻，明知幼儿可能中毒致死，因杀妻心切仍然投毒，致妻儿死亡。犯罪人对于妻子的死亡是直接故意的，对于幼儿的死亡却是间接故意。在这一行为中，存在着杀妻的犯罪目的；作为连带犯罪的杀子，则不存在犯罪目的。

二是，为了实现某一非犯罪目的而实施某一行为时，明知自己的行为会发生犯罪结果，仍然实施这种行为，放任犯罪结果的发生，对于由这种行为构成的犯罪，犯罪人具有间接故意的心理态度。例如打猎，明知可能打中猎物旁边的人，因急于打中猎物，仍然开枪射击，以至于将人打死。在这一行动中，打猎是主行为，将人打死是由此行为派生出来的，是连带性犯罪。就打猎来说，行为人具有目的，但这并非犯罪目的。就杀人来说，则不存在犯罪目的。

三是，在突发性犯罪中，对同一客体实施犯罪，不计后果，放任严重犯罪结果的发生。例如，流氓在公共场合偶然发生口角，拔出刀子就捅，死伤不计。如果致人死亡，就属于间接故意杀人。这种间接故意形式，其实就是第一种形式，即为追求一个犯罪目的而放任另一犯罪结果的发生，只不过在这种情况下，发生在同一客体身上罢了。犯罪人对人乱捅刀子，对于伤害是直接故意的，具有伤害的犯罪目的。如果没有发生死亡后果，就应以直接故意伤害论处。但犯罪人对人

① 参见张智辉：《犯罪学》，158 页，成都，四川人民出版社，1988。

乱捅刀子，可能致人死亡是明知的，并且采取一种放任的态度，所以，在致人死亡的情况下，属于间接故意杀人，直接故意伤害的行为则被吸收了，不另立罪名。在这种情况下，间接故意仍然没有犯罪目的。

综上所述，间接故意犯罪虽然作为一种故意行为，有其犯罪的或者非犯罪的目的，但这种犯罪的或者非犯罪的目的是主行为所具有的，作为连带性犯罪的间接故意犯罪却不仅没有犯罪目的，非犯罪目的也没有。这也正是间接故意犯罪的主观恶性小于直接故意犯罪的主观恶性的重要原因之一。

（三）犯罪目的的刑法意义

犯罪目的是犯罪人的主观恶性的直接体现，它对于行为的性质具有决定性的意义。例如，正当防卫行为与犯罪行为的区别之一，就在于行为人的目的是否正当。我国刑法第 20 条第 1 款明确规定正当防卫行为的目的，是使国家、公共利益、本人或者他人的人身和其他权利免受正在进行的不法侵害。正是这一正当的目的决定了正当防卫行为的正当性，因而是一种排除社会危害性的行为。如果行为人主观上没有这一目的，尽管外观上类似于防卫行为，例如防卫挑拨，也不能被视为正当防卫，而是应以故意犯罪论处。因此，犯罪目的是区分罪与非罪的重要标志之一。

三、犯罪的动机和目的的关系

犯罪的动机和目的的关系，是刑法理论中最为复杂的问题之一。无论是在刑事立法上还是在刑事司法中，这个问题都没有得到圆满解决，因而造成理论上的混乱与困惑。为此，需要对犯罪的动机与目的的关系加以科学界定。

（一）犯罪的动机和目的的联系

在心理学中，动机和目的是两个既相互联系又相互区别的概念。在人的简单行动中，动机和目的经常表现出直接的相符。在这种情况下，对某一事物的反映，就其对人的推动作用来说，是活动的动机；就其作为活动所要达到的预期结果而言，又可以是活动的目的。但在人的复杂行动中，动机与目的又往往表现出区别，即作为活动目的的东西并不同时是活动的动机。在这种情况下，行动目的是行动所要达到的结果，而行动动机则反映着人为什么去达到这一结果的主观原因。正因为动机和目的之间存在着这种差别，所以人的同一种行动，尽管其目的是一样的，却可因其不同动机而具有不同的心理内容，也可因其不同动机而获得不同的社会评价。另一方面，同样的动机也可以体现在目的不同的行动之中。一般来说，动机是比目的更为内在、更为隐蔽、更为直接推动人去行动的因素。

如同一般的动机与目的具有密切的联系而又有明显的区别一样，犯罪的动机与目的也存在这种关系。犯罪的动机与目的具有密切联系，这是一个不可否认的事实。这种联系主要表现在：两者都是以某种需要为基础并且又都是为满足这种需要服务的。在任何一个直接故意犯罪中，犯罪的动机和目的都共存于同一个犯罪心理活动的过程之中。没有犯罪动机的激发，就没有犯罪目的的产生；没有犯罪目的的确立，犯罪动机也就不能发起犯罪行为。因此，在某些犯罪中，犯罪的动机和目的往往共同反映和决定着犯罪故意的内容，从而共同决定着犯罪的性质。我国学者把犯罪的动机和目的之间的联系概括为下列四点：第一，从产生看，犯罪动机与犯罪目的都来源于行为人的不良需要（反社会需要结构），是客观世界对行为人影响的结果。第二，从作用看，犯罪动机与犯罪目的作为行为人的心理现象，都对行为有重要作用，动机对行为主要是激发功能，目的对行为主要是引导功能，这两种功能是密切联系在一起的。第三，从表现形式看，犯罪动机一定要表现为犯罪目的，而犯罪目的也必然反映了犯罪动机。所以，在了解犯罪动机和犯罪目的的过程中，可以把这两者进行相互印证。第四，从相互作用看，犯罪动机与犯罪目的作为心理因素是彼此影响的。一方面，犯罪动机在形成的动机斗争的过程中，势必影响到犯罪目的的选择，行为人究竟选择何种犯罪目的，这要受动机斗争的影响。另一方面，犯罪目的在实现的过程中，必然会对犯罪动机产生强化作用。正强化增强犯罪动机，负强化削弱犯罪动机。[①] 我认为，这一概括是科学的。总之，犯罪的动机与目的都是犯罪人的内部心理活动，作为人的心理现象，两者都是犯罪人的大脑对客观世界的一种主观反映，这就是犯罪的动机与目的具有密切联系的根据。

（二）犯罪动机和目的的区别

尽管犯罪的动机与目的具有密切联系，但两者毕竟是两种性质有别的心理现象，因而两者的区别也是明显的。关于这种区别，苏俄刑法学家斯·塔拉鲁欣简练地概括为："行为的动机是说明人为什么这样而不那样行动，同时说明他所遵循的是什么；而目的回答的问题是他为了什么而这样做，他以自己的行动去追求什么。"[②] 具体地说，犯罪的动机与目的的区别表现在以下几个方面：

1. 功能上的区别。

犯罪动机是指发起和维持犯罪行为的一种心理倾向，其主要功能在于发起犯罪行为。而犯罪目的则是行为人实施犯罪行为所希望达到的危害结果在其观念中的反映，其主要作用在于引导犯罪行为向犯罪结果运动。因此，犯罪动机是产生犯罪目的的直接原因，犯罪目的则是犯罪动机激发所产生的结果。从这个意义上说，犯罪动机对犯罪目的起着直接的决定作用。而且，犯罪动机表现为发起犯罪行为的内心起因，犯罪目的则表现为犯罪行为所追求的外部结果。这就决定了犯罪动机具有内隐性，犯罪目的则具有外露性。

2. 内容上的区别。

犯罪目的一般都包含和反映一定的犯罪结果，正是在这个意义上，我们说犯罪目的是犯罪结果的主观形态，换言之，犯罪目的是犯罪人所期望达到的犯罪结果在其观念中的反映，因而必然包含一定的犯罪结果。而犯罪动机在一般情况下并不直接反映一定的犯罪结果，它仅仅是把某种非法需求转化为内心的欲念，至

---

① 参见邱国梁：《犯罪动机论》，50～51页，北京，法律出版社，1988。

② ［苏］斯·塔拉鲁欣：《犯罪行为的社会心理特征》，公人、志疆等译，53页，北京，国际文化出版公司，1987。

于到底如何实现这种内心欲念，还有待于犯罪目的的积极活动。

3. 时间上的区别。

犯罪目的和犯罪动机虽然同属犯罪人的主观心理状态，但两者产生的时间有所不同。从心理发展的过程考察，犯罪动机形成在先，而犯罪目的产生于后。犯罪人的犯罪动机并非总是从一开始就是单一的，往往具有多种犯罪动机。经过犯罪动机的激烈斗争，某一强烈的犯罪动机占了上风。只有在这种情况下，基于这一犯罪动机，才开始形成特定的犯罪目的。

（三）犯罪的动机和目的的转化问题

在心理学上，一般都认为动机与目的是可以互相转化的。也就是说，动机和目的的区别只具有相对的意义。例如，一个农业生产队长在致力于农业增产时，获得增产是行动的目的；其动机可以是为了实现“四化”做贡献。但是当生产队长为了达到增产的目的而在筹划水利建设等方面采取行动时，建成水利设施等又是行动的目的，而争取来年的增产丰收则成了行动的动机。① 由此可见，动机和目的的所谓互相转化，是就两者的区别并非绝对而言的，在一定的条件下，动机可以成为目的，而目的又可以成为动机，仅此而已。如果离开了一定的条件，根本就谈不上动机和目的的转化问题。我国学者把动机和目的可以互相转化的理论引入刑法领域，认为在一定条件下，或从特定的角度看，犯罪动机就是犯罪目的，或者说犯罪动机可以转化为犯罪目的。因为无论从逻辑还是从事实看，犯罪动机都是犯罪目的背后的目的。犯罪动机是更深层的犯罪目的，是犯罪行为的间接目的或最终目的。②

我认为，在刑法中，犯罪的目的和动机是确定的，不存在互相转化的问题。因为刑法对各种犯罪都有具体规定，这种规定本身就使其犯罪目的确定化，不可能与犯罪动机发生转化。例如，盗窃罪的目的是非法占有他人财物，其动机则可

---

① 参见曹日昌主编：《普通心理学》，下册，2版，91页，北京，人民教育出版社，1980。

② 参见高铭暄主编：《新中国刑法学研究综述（1949—1985）》，郑州，河南人民出版，1986。

以多种多样，无论如何，也不会发生犯罪的目的和动机的转化问题。至于那种认为意图非法占有公私财物的心理活动，对于抢劫、盗窃、诈骗罪来说，反映行为人希望通过行为直接造成这种结果的愿望，属于犯罪目的；对于图财害命性质的杀人罪来说，却又是推动实施杀人的内心起因，属于犯罪动机。① 这种说法本身似乎是无懈可击的，但问题在于：这种所谓转化是在两种犯罪之间发生的，而我们所要讨论的都是在同一犯罪之内犯罪的目的与动机的关系问题。显然，在同一犯罪之内，犯罪的目的与动机是不可能发生转化的。我完全同意以下论断："在犯罪成立的情况下，认为犯罪的动机、目的和手段可以互相转化，实质上是否定它们的因果性和客观性，否定犯罪构成本身"②。

之所以提出犯罪的动机和目的互相转化的观点，主要是用来解释现行刑法中的某些规定，这就是所谓目的犯问题。在此，有必要略加论述。

在刑法理论上，目的犯是指具有一定的目的，为其特别构成要件的犯罪。③ 目的犯之目的，通常超越构成要件的客观要素范围，所以也叫做超越的内心倾向。在这一点上，目的通常与故意有别。也就是说，直接故意本身有一定的目的，这一目的是在构成要件之内的，法律不加规定并不影响这种目的的存在。但目的犯之目的却并非如此，它是由法律专门规定的。通常，目的犯可以分为两种：一是断绝的结果犯（KupierteErfolgsdelikte），这种目的根据行为本知，或作为附带现象，由自己来实现，特别是在其实现上，不需要新的其他行为。二是短缩的二行为犯（Verkummert Zweiaktige Delikte），根据这个构成要件的行为本身，不能达到目的，于是，行为者又要通过第三者的其他行为才能实现其目的。④ 在断绝的结果犯和短缩的二行为犯的情况下，立法者之所以规定为目的

① 参见江任天：《论间接故意与犯罪动机》，载《法学研究》1983（2），20页。

② 樊凤林主编：《犯罪构成论》，142页，北京，法律出版社，1987。

③ 参见［日］福田平、大塚仁：《日本刑法总论讲义》，李乔等译，277页，沈阳，辽宁人民出版社，1986。

④ 参见［日］本村龟二主编：《刑法学词典》，顾肖荣等译，159页，上海，上海翻译出版公司，1991。

犯，前者是为了防止严重犯罪的发生，后者是为防止其他犯罪的发生。这里所谓目的，相对于本罪的构成要件的行为来说都是动机，是立法者想要防止的严重犯罪和其他犯罪的目的。例如，伪造货币罪之行使意图，对于伪造行为来说是动机，对于将来的行使行为来说是目的。应该指出，大陆法系国家在目的犯的立法例中鲜有使用目的一词的，一般使用意图这一概念。在刑法理论上一般概括为目的犯，实际上应该是动机犯，只是因为在大陆法系刑法理论中，动机和目的没有严格意义上的区别，一般没有动机的概念，对于犯罪人的主观心理状态除故意以外，就用目的概括之。

我国刑法中规定以法定的目的作为构成要件的，可以分为以下情形：（1）以非法占有为目的。例如第 192 条、第 193 条规定的集资诈骗罪和贷款诈骗罪。（2）以营利为目的。例如第 217 条、第 218 条规定的侵犯著作权罪和销售侵权复制品罪。（3）以牟利为目的。例如第 363 条规定的制作、复制、出版、贩卖、传播淫秽物品牟利罪。（4）以传播为目的。例如第 152 条规定的走私淫秽物品罪。（5）以勒索财物为目的。例如第 239 条规定的绑架罪。（6）以出卖为目的。例如第 240 条第 5 项、第 6 项规定的以出卖为目的，使用暴力、胁迫或者麻醉方法绑架妇女、儿童的，和以出卖为目的，偷盗婴幼儿的，上述两种情形均构成拐卖妇女、儿童罪。上述法定的目的，立法功能是：（1）区分罪与非罪的界限。例如第 217 条规定的侵犯著作权罪，必须是以营利为目的。如果没有营利目的，即使客观上存在侵犯著作权的行为，也不构成犯罪。（2）区分此罪与彼罪的界限。例如第 363 条规定的制作、复制、出版、贩卖、传播淫秽物品牟利罪，必须是以牟利为目的。如果没有牟利的目的，则构成第 364 条规定的不以牟利为目的传播淫秽物品罪。此外，还有些犯罪，刑法分则条文虽然没有规定构成该罪必须具备某种特定犯罪目的，但从司法实践和刑法理论来看，则必须具备某种特定犯罪目的才能构成该犯罪，即所谓不成文的构成要件。这些犯罪包括：第 170 条伪造货币罪必须以营利为目的，第 263 条抢劫罪、第 264 条盗窃罪、第 266 条诈骗罪、

第 267 条抢夺罪、第 274 条敲诈勒索罪、第 382 条贪污罪必须以非法占有为目的。

我国学者认为："对于这类尚未被立法成文化的事实上的目的犯，尤须注意。为免于犯罪认定发生困难，我国刑法对这类不成文的目的犯有将其成文化的必要"[①]。但这样一来，这些所谓目的犯就存在两个目的，也有的称之为双重目的。对此，我国学者指出："犯罪目的虽然与犯罪的直接故意具有密切的联系，但是仍然存在着作为犯罪目的所希望达到的结果不相同的情况，并且在这种情况下，犯罪目的并不是犯罪直接故意的内容。英国刑法理论把这种情况下的犯罪目的称之为'潜在的故意'（further intention），以区别于可以成为直接故意内容的犯罪目的。我国刑法理论中目前还没有能够区别这两种犯罪目的的专门术语，但是我们不能不承认，在我国刑法规定的犯罪中，同样存在着这样两种略微不同的犯罪目的。"[②] 还有学者则明确地将这两种目的分别称为一般犯罪目的与特定犯罪目的。一般犯罪目的是直接故意犯罪人实施犯罪行为希望达到的结果。特定犯罪目的则是超出故意内容所能包含的范围、独立于故意内容之外的目的。一般犯罪目的是所谓"外部行为单纯的意欲"，而特定犯罪目的则是所谓"外部行为有意义的意欲"。两者的区别在于：第一，从目的是否具有攻击性加以区别，特定犯罪目的属于主观目的，而一般犯罪目的则是行为目的。第二，从目的存在的时间加以区分，特定犯罪目的存在的时间长于一般犯罪目的存在的时间。从产生的顺序上看，先有特定犯罪目的，始有一般犯罪目的。[③] 这些论述是以刑法的规定为根据的，在解释上不能说没有一定道理。但是，刑法的规定本身是否正确？对这个问题却没有考虑。如果刑法规定本身是错误的，那么再解释也难

① 陈立：《略论我国刑法的目的犯》，载《法学杂志》，1989（4），18 页。

② 张智辉：《我国刑法中的流氓罪》，19～20 页，北京，群众出版社，1988。

③ 参见陈立：《略论我国刑法的目的犯》，载《法学杂志》1989（4），18～19 页。

以自圆其说。问题就在于刑法所标明的犯罪目的，实际上是犯罪的动机。[1] 这真是一语中的！

从以上关于一般犯罪目的与特定犯罪目的的区分来看，也证明所谓特定犯罪目的实际上就是犯罪动机。首先，犯罪目的是与行为相联系的，犯罪动机则纯属内心的意欲。而那些把犯罪动机称为特定犯罪目的的观点，也是将特定犯罪目的看作是与外部行为殊不相干的内心活动，一般犯罪目的则指向特定的对象和客体，是一种行为目的。其次，犯罪动机是产生犯罪目的的原因，从时间顺序上来说，也是先有犯罪动机，后有犯罪目的。而那种把犯罪动机称为特定犯罪目的的观点，也声称先有特定犯罪目的，始有一般犯罪目的。这一切都充分地说明：刑法规定的目的犯之所谓目的，就是犯罪动机。我国刑法之所以将犯罪动机规定为犯罪目的，除在一定程度上受苏俄刑事立法的影响以外，一个十分重要的原因是没有科学地区分犯罪的目的和动机。刑法上的这些规定，给司法实践和刑法理论带来一系列问题。

其一，犯罪未得逞的标准难以贯彻。我国刑法第 23 条明确把犯罪未得逞规定为犯罪未遂的特征之一。从语义上来说，犯罪未得逞是指犯罪目的没有实现。因为得逞与否纯粹是一个主观问题。但在所谓目的犯，即将犯罪动机规定为犯罪目的的场合，这一标准难以贯彻。例如，刑法第 303 条规定赌博罪必须以营利为目的，那么如果没有营利，是否属于犯罪未遂呢？显然不是。因此，在这种情况下，犯罪未得逞认定标准上的目的说就难以成立，这实际上不是目的说本身存在缺陷，在很大程度上是刑法将犯罪动机规定为犯罪目的使然。

其二，具体认定上发生困难。例如，我国 1979 年刑法第 90 条规定，构成反革命罪，必须具有反革命目的。但在实际生活中，有些明显的反革命犯罪行为，却未必具有反革命目的。例如，组织越狱罪，要求反革命目的，难免牵强附会。还有些反革命罪，例如反革命杀人罪，反革命实际上是动机，将人杀死才是目

① 参见余欣喜：《犯罪动机应是犯罪构成的选择要件》，载《西北政法学院学报》，1988（1），34 页。

的。在刑法修订中，取消了关于反革命目的的规定，不以这种目的作为认定危害国家安全罪的根据，更为可取。

刑事立法规定目的犯的意图是以它作为划分罪与非罪的界限，缩小打击面，这一立法意图是可取的。但由于这些规定违背犯罪的目的与动机相互关系的心理学原理，因而发生不必要的歧义。因此，合乎逻辑的规定应该是将刑法中的目的犯改为动机犯，例如将“以营利为目的”改为“意图营利”。

第二节　犯罪的时间和地点

任何犯罪都是在一定的时空中发生的，不能离开特定的时间和地点。但在一般情况下，法律对犯罪的时间和地点未作任何规定，因为在通常情况下犯罪的时间与地点只具有犯罪学的意义，而对于定罪量刑的意义则可以忽略不计。但在某些情况下，犯罪的时间和地点作为犯罪的本体因素，对于刑法的适用具有重要意义。

一、犯罪的时间

（一）即成犯与犯罪时间

在刑法理论上，即成犯是指犯罪行为实施完毕以后，犯罪即告结束的犯罪，既不存在犯罪行为的继续，也不存在不法状态的继续。例如杀人罪，行为人把人杀死以后，犯罪即告结束，就是即成犯的适例。在即成犯的情况下，犯罪时间是特定的，一般情况下，对于构成犯罪没有影响。但是，在法律明文规定把一定时间作为构成某种犯罪要件的时候，时间对于该行为是否构成犯罪，就具有决定的作用。例如刑法第 340 条和第 341 条把“禁渔期”和“禁猎期”规定为犯罪构成的必要要件。只有在这个禁期内进行捕捞和狩猎，情节严重的，才构成犯罪。

所以，在这种情况下，犯罪时间对于定罪具有重要意义。犯罪时间不仅对于定罪有重要的意义，在某些情况下，对于量刑也有一定意义。例如，某些军人违反职责罪战时与平时都可以构成，但战时处罚严于平时处罚。因此，同一犯罪，战时所犯与平时所犯处罚上有严与宽的区别，这就是犯罪时间对于量刑的意义。

（二）隔时犯与犯罪时间

1. 隔时犯的概念。

在刑法理论上，犯罪的实行与作为犯罪构成要件的结果发生在不同时间的犯罪，称为隔时犯。例如，甲在某日致乙重伤，在经过数月治疗后乙死亡，这就是隔时犯的适例。由于隔时犯是指犯罪的实行行为与犯罪结果发生在不同时间，因而只有在以犯罪结果作为犯罪构成必要要件的结果犯中才能存在，而不以犯罪结果作为犯罪构成必要要件的行为犯，不可能成为隔时犯。因为在行为犯的情况下，只要身体动作一经实施，即使没有发生一定的物质性的犯罪结果，也可以构成犯罪。此外，在犯罪的预备、中止与未遂中也不存在隔时犯，因为犯罪预备没有着手实行犯罪，当然谈不上犯罪结果。而犯罪中止是自动中止犯罪或者有效地防止犯罪结果的发生，也不可能存在犯罪结果。至于犯罪未遂，虽然已经着手实行犯罪，但由于犯罪分子意志以外的原因而使得犯罪结果未能如期发生，也不存在犯罪结果。因此，在上述三种情况下都不发生隔时犯的问题。

2. 隔时犯的犯罪时间。

刑法理论之所以研究隔时犯，就是要正确地认定隔时犯的犯罪时间，以便为确定与追究隔时犯的刑事责任提供根据。关于如何确定隔时犯的犯罪时间，在刑法理论上存在着争议，主要有以下几种观点：一是行为主义，认为在犯罪行为与犯罪结果发生在不同时间的情况下，应以犯罪行为发生的时间作为犯罪时间。二是结果主义，认为不能以犯罪行为，而应以犯罪结果发生的时间作为犯罪时间。三是行为结果主义，又称折中主义，认为行为时间与结果的发生时间都是犯罪时间。我国刑法对隔时犯的犯罪时间没有明文规定，但我国刑法理论对隔时犯的时间主张行为主义。因为犯罪行为是构成犯罪的最重要也是最基本的要件之一，也是行为人的主观恶性最直接、最充分的表露，是我国刑法惩罚的对象。一旦犯罪行为实施完毕，就应当认为犯罪行为已经发生。同时，我国刑法虽然对隔时犯的犯罪时间没有明文规定，但刑法第 89 条第 1 款对连续犯与继续犯的追诉期限规定从犯罪行为终了之日起计算，这可以作为确定隔时犯的犯罪时间的参考。我国刑法之所以对连续犯与继续犯的追诉期限作专门规定，主要是因为这些犯罪行为有一个持续过程。对于这种行为有一个持续过程的犯罪，刑法规定从犯罪行为终了之日起计算其追诉时效，也就是说，以行为终了作为其犯罪时间。那么，对于行为没有持续过程的，当然也就以行为之实施作为其犯罪时间。此外，从外国立法例来看，也有持行为主义的。例如《匈牙利刑法典》第 26 条第 1 款规定："犯罪之时效期间自行为人构成犯罪行为终结之日起算。"

3. 隔时犯的意义。

确定隔时犯的犯罪时间，对于正确适用刑法具有重要意义。

（1）对于确定行为人的刑事责任的意义。

当行为人在未达到法定刑事责任年龄时实施了一定的危害社会行为，而结果却发生在达到法定刑事责任年龄以后，这时如何确定行为人的刑事责任？又如，行为人在精神病发作没有辨认或者控制自己行为的能力的情况下实施了一定的危害社会行为，而结果却发生在精神正常以后，这时如何确定行为人的刑事责任？根据行为主义，可以正确地解决其刑事责任问题。在没有刑事责任能力的情况下实施危害社会行为，尽管危害结果发生在具有刑事责任能力的情况下，也不能让行为人承担刑事责任；否则，就是客观归罪。反之，如果在精神正常的情况下实施一定的犯罪行为，结果则发生在精神病发作期间，以行为时间作为犯罪时间，就不能免除行为人的刑事责任，只是由于被告人缺乏受审能力，可以延期审理而已。

（2）对于确定追诉期限的意义。

我国刑法第 89 条第 1 款规定："追诉期限从犯罪之日起计算"。正确理解犯罪之日，与在隔时犯的情况下确定犯罪时间具有密切关系。这里的犯罪之日是指犯罪行为发生之日，还是指犯罪结果发生之日？我认为，对于犯罪之日还是应当理解为犯罪行为之日。因此，对于隔时犯来说，应该以其行为之日而不是以结果发生之日作为追诉期限的起算时间。这样做，并不会放纵犯罪分子，因为我国刑法规定时效制度，对于发生的时间较长，已过追诉时效的犯罪不予追究，就是为了有效地打击现行犯罪。而且，对于某些社会危害性大的犯罪，即使超过了追诉时效，仍然可以通过特殊途径，追究其刑事责任。

二、犯罪的地点

（一）即成犯与犯罪地点

在即成犯的情况下，由于犯罪即时完成，因而不仅犯罪的时间是特定的，而且犯罪的地点也具有特定性。在一般情况下，犯罪地点对于构成犯罪没有影响。但在法律明文规定把一定地点作为构成某种犯罪要件的时候，地点对于该行为是否构成犯罪，就具有决定的作用。例如刑法第 340 条和第 341 条规定的“禁渔区”和“禁猎区”，就属于这种情况。

（二）隔地犯与犯罪地点

1. 隔地犯的概念。

犯罪的实行与作为犯罪构成要件的结果发生在不同场所的犯罪，称为隔地犯。例如在甲地投寄炸弹，在乙地发生爆炸，这就是隔地犯的适例。和隔时犯一样，隔地犯也只存在于结果犯中，而在不以犯罪结果作为犯罪构成要件的犯罪，例如行为犯、犯罪预备、中止与未遂等犯罪中，都不存在隔地犯的问题。

2. 隔地犯的犯罪地点。

刑法理论上研究隔地犯，就是要正确地认定隔地犯的犯罪地点。如何确定隔地犯的犯罪地点，刑法理论上存在以下几种观点：一是行为主义，认为在犯罪行为与犯罪结果发生在不同地点的情况下，应以犯罪行为发生的地点作为犯罪地点。二是结果主义，认为应以犯罪结果发生的地点作为犯罪地点。三是行为结果主义，又称折中主义，认为行为地点与结果发生地点都是犯罪地点。根据我国刑法的规定和刑法理论，我国刑法对隔地犯实行行为结果主义，即无论是行为地还是结果发生地，都应被视为犯罪地。

3. 隔地犯的意义。

确定隔地犯的犯罪地点，对于正确适用刑法与刑事诉讼法具有重要意义。

（1）对于适用刑法的意义。

我国刑法第6条第3款规定："犯罪的行为或者结果有一项发生在中华人民共和国领域内的，就认为是在中华人民共和国领域内犯罪"。这就是我国刑法对跨国性的隔地犯实行行为结果主义的规定。所谓跨国性的隔地犯，是指行为与结果分别发生在两个以上国家的犯罪。例如，在甲国投掷炸弹，通过国境，在乙国爆炸，这就是跨国性的隔地犯。根据我国刑法对跨国性的隔地犯规定的行为结果主义，以下几种情况下都应适用我国法律：一是犯罪行为发生在我国，而犯罪结果发生在外国。二是犯罪结果发生在我国，而犯罪行为发生在外国。三是在航行或飞行中的中华人民共和国船舶或航空器内实施犯罪行为，在船舶靠岸或航空器着陆处的外国港口或机场发生犯罪结果。上述对跨国性的隔地犯的行为结果主义，充分体现了我国刑法在这个问题上坚持的国家主权原则。

（2）对于适用刑事诉讼法的意义。

我国刑事诉讼法第24条规定："刑事案件由犯罪地的人民法院管辖"。所谓犯罪地，一般认为，这里所说的犯罪地应该理解为既包括行为地，又包括结果发生地，因此，对国内的隔地犯也应实行行为结果主义。由于我国刑事诉讼法对国内的隔地犯实行行为结果主义，因而有时会发生几个法院对一个案件都有管辖权的管辖竞合的情况，为了解决管辖问题，我国刑事诉讼法第25条规定："几个同级人民法院都有权管辖的案件，由最初受理的人民法院审判。在必要的时候，可以移送主要犯罪地的人民法院审判。"

第二编

刑罚本体论

第十一章 道义报应

报应之刑首先表现为道义报应，道义报应使刑罚奠基于对犯罪人的否定的道义（伦理）评价之上，从而使刑罚具有合理性。

第一节　道义报应的概念

道义报应，是指根据犯罪人的主观恶性程度实行报应。根据道义报应的观点，对犯罪人发动刑罚，应以其道德罪过为基础，使刑罚与道德充分保持一致。

一、康德之道义报应主义

康德是道义报应主义的始祖。因此，讨论道义报应不能不论及康德的思想。康德认为，人的行为是道德研究的对象，而人的行为有意志过程和效应过程。意志是人的实践理性，意志过程是决定作出某一行为的动机过程，凭这一过程的机制，建立行为的准则，并使之符合一定的普遍规律。行为的效应过程，是行为产生结果和起作用的过程。康德认为，唯一有道德意义的，是行为的动机过程。只有动机才是评判行为的依据。行为的效应过程，已经进入了自然因果律决定的范围，至少从三个方面看，行为结果是不确定的，不能作为评判依据：（1）行为结果建在主观感性感知的范围内。（2）这些结果的产生，受自然因果律决定，与选择无关。（3）它们只相对于人的感性才能发生有益或有害的作用。可见，行为的效应过程，没有普遍必然的性质。唯一能接受评价的，只有行为的动机方面。①在这个意义上说，康德是一个动机论者。根据康德的伦理原则，人本来就具有一种内在的指挥力量，它决定着他自己的实际行为，并使之具有道德性质。人违反绝对命令而犯罪，就应当受到道义上的非难与谴责。刑罚本身蕴含着正义、均衡的道德本质，含有等量报复的报应刑的意义。对犯罪人发动刑罚，应以其道德罪过为基准。犯罪人所应受的刑罚的形式，取决于犯罪人所实施的犯罪形式，刑罚应与犯罪在量和形式上相均衡。

应该说，康德的道义报应主义较之神意报应主义有所进步。但是，康德的道义报应主义把犯罪的主观恶性绝对化，夸大刑罚的道德意义，大有可责难之处。

（一）道德并不是社会生活的唯一准则

在社会生活中，道德规范固然具有重大意义，它对于法律规范，包括刑法规范也具有重要的制约性。但是，犯罪与刑罚作为刑法现象，主要应当遵循法律规范的评价，尽管也不能忽视道德的评价。但是，康德却过分地强调道德评价，忽视了法律评价的重要性。康德甚至还把道德对社会生活的作用强调到不恰当的程度，似乎不是道德为社会生活而存在，而是社会生活为道德而存在，这种道德至上论，完全是本末倒置。正如我国学者所指出的：道德固然是一种很重要的社会生活准则，但是，作为社会主体的人并不只是为道德而生存。相反，道德本身只

① 参见周辅成主编：《西方著名伦理学家评传》，464页，上海，上海人民出版社，1987。

不过是维护社会生活的一种手段。因此，尽管刑罚不可能离开人们的道德评价标准而存在，但从道德而不从社会生活的需要来解释刑罚，显然是把道德这一社会生活准则凌驾于社会生活本体之上，自然难以为人所接受。[①] 因此，康德的道义报应主义将道德夸大为行为评价的唯一准则的观点是难以成立的，应予否定。

（二）道德罪过并不是犯罪的唯一本质

犯罪与道德罪过有一定关联，即使是在犯罪中，这种关联也并非总是一样的。刑法中就有自然犯与法定犯之分，自然犯大多是与道德罪过有着密切联系的犯罪，而法定犯却与道德罪过无甚大关系。因此，仅仅以道德罪过为标准，并不能十分准确地揭示犯罪的本质，因而难以为刑罚提供科学的依据。同时，过分强调道德罪过；忽视客观行为在犯罪中的意义，会导致追究人的思想动机，这种现象历来存在。而且，以道德罪过作为犯罪的唯一本质，那么，什么行为应该规定为犯罪，就应当完全以有无道德罪过为转移。但这并不符合刑法规范的实际情况。正如我国学者所指出的：有些行为，道德罪过轻微甚至谈不上道德罪过，被明文规定为应受刑罚惩罚的犯罪，如：违章停车。而另一些令人发指、道德罪过严重的行为却反而不受刑罚制裁，如：血亲通奸。同样，在特定情况下，亲朋好友间的背信弃义、过河拆桥的行为的道德罪过比轻微的偷盗的道德罪过有过之而无不及，但前者未被纳入刑法的视野，后者却一直构成刑罚的常务对象。[②]

（三）道义报应并不是刑罚的唯一根据

刑罚是一种复杂的社会与法律的现象，其根据是多元的，而并非是单一的。康德的道义报应主义将道义报应视为刑罚的唯一根据，是将刑罚这种复杂的现象简单化，并不符合刑罚的本质。而且，即使是在康德的道义报应主义的理论中，也存在自相矛盾：既然刑罚以道义报应为根据，刑罚的轻重便应以社会对犯罪的道德评价为转移，即是说，道德罪过严重者应受重刑，道德罪过轻者只应受轻

① 参见邱兴隆等：《刑罚学》，33页，北京，群众出版社，1988。

② 参见邱兴隆等：《刑罚学》，33页，北京，群众出版社，1988。

刑。如：同是杀人，出于激愤而杀人者的道德罪过显然轻于图财害命者的道德罪过，前者应受的惩罚当然应轻于后者的。然而，康德却主张刑罚的形式与犯罪的形式相等同，这实际上是对犯罪人的道德罪过的无视。故此，康德的道义报应论难以自圆其说。[①] 因此，只有把道义根据与刑罚的其他根据有机地结合起来，才能科学地揭示刑罚的根据。

二、道义报应之科学立论

我们虽然对康德的道义报应主义持否定的态度，但绝不能由此而否认道义报应本身。应该说，道义报应这个概念，在一定程度上揭示了刑罚的真谛，应予肯定。当然，需要对道义报应作出科学的界定。

道义报应的本质是将刑罚奠基于主观恶性，它作为对已然之罪的一种回顾，着眼于犯罪人的主观恶性和予以否定的伦理评价。道义报应揭示了刑罚的伦理意义，因而是刑罚的题中应有之义。日本著名刑法学家小野清一郎指出：伦理规范是国家法律的根底。所谓法，实际上就是由国家认可、限定、组织和形成的伦理。法的实质是伦理，不，法本身就是伦理。法属于人伦的、伦理世界中的一种规范秩序，是被政治和权力所保障的秩序。凡是伦理秩序都是扎根于人类存在的基础的，特别是法秩序，更是和人类存在中的现实利益相结合的。[②] 基于对法与伦理关系的这样一种认识，小野清一郎明确地指出了刑法的伦理性，认为应当把刑法当做在根本上是以伦理的，亦即人伦关系中的实践的道理或条理为根基的东西。[③] 由此出发，小野清一郎论述了道义责任的内容，指出：所谓道义责任，是

---

① 参见邱兴隆等：《刑罚学》34 页，群众出版社，1988。

② 参见［日］小野清一郎：《犯罪构成要件理论》，王泰译，17～47 页，北京，中国人民公安大学出版社，1991。

③ 参见［日］小野清一郎：《犯罪构成要件理论》，王泰译，46 页，北京，中国人民公安大学出版社，1991。

指基于“对那种行为人理应知道不该去做而事实上他却做了的违法行为要进行非难”这一点而确定的责任。刑法上的责任，就是基于这种道义非难的责任。因此，可以说它是以道义责任为核心的。然而，道义责任具有方向和程度的区别。故意犯和过失犯，就是构成要件方面所给予的区别。故意和过失，原本属于伦理的、道义的价值判断，最终要依靠对具体事实的观念的制约。① 我认为，小野清一郎的这些论述使道义报应的意蕴昭然若揭，值得高度重视。

三、道义报应的形式

道义报应只有通过刑罚适用才能实现，因此，道义报应蕴含在各种具体的刑罚方法之中。下面分别加以说明。

（一）道义报应与生命刑

生命刑是极刑，也是道义报应的最高形式。在生命刑的适用中，无疑应当考虑道义报应的因素。但在我国刑法学界，对此的理解并非完全一致。例如，我国1979年刑法第43条明确规定：“死刑只适用于罪大恶极的犯罪分子”。那么，如何理解这里所谓的“罪大恶极”呢？一种观点认为，在我国的法律上，凡是涉及可以判处死刑的条文，都是明文规定的，判处死刑的，必须是“情节特别严重”，或者“对国家和人民危害特别严重、情节特别恶劣的”，或者“致人重伤、死亡”，或者“致使公私财产遭受重大损失”，等等。② 因此，所谓“罪大恶极”，一般是指对国家和人民利益危害特别严重和情节特别恶劣的犯罪。③ 显然，这种观点强调的是犯罪的客观危害。另一种观点认为，“罪大恶极”一方面指犯罪人主观恶性很深，不能改造或基本不能改造；另一方面是指犯罪人的犯罪活动给国

① 参见［日］小野清一郎：《犯罪构成要件理论》，王泰译，17～47页，北京，中国人民公安大学出版社，1991。

② 参见王作富：《中国刑法研究》，300页，北京，中国人民大学出版社，1988。

③ 参见林准主编：《中国刑法教程》，157页，北京，人民法院出版社，1989。

家、社会和人民造成极严重的损害，只有一方面，不能认为是罪大恶极，不能适用死刑。[①] 无疑，这种观点是从主观与客观相统一的意义上来理解“罪大恶极”这一规定的，要求被告人主观恶性很深，才能适用死刑。我同意后一种观点，这种观点把道义报应的因素考虑到生命刑的适用条件中去，较为符合立法原意。因此，主观恶性是否很深，应当成为死刑适用的参考因素之一。道义报应在死缓适用中也有重要意义，死缓适用的前提虽然也是“罪大恶极”，但根据法律规定，如果不是必须立即执行的，可以判处死缓。这里所谓“不是必须立即执行”，也应当考虑主观恶性程度。因此，对以下两种人从道义报应的角度考虑可以判处死缓：(1) 平时表现较好，犯罪动机不十分恶劣，因偶然原因犯了特别严重的罪，可以考虑适用死缓。因为这种人较容易改造。(2) 被害人有一定过错，责任不全在被告人的。这也是情有可原的，可以考虑适用死缓。[②] 1997 年刑法中，虽然将“罪大恶极”改为“罪行极其严重”，但在理解上，并无实质的变化。总之，在死刑（包括死缓）的适用中，应当考虑道义报应。

（二）道义报应与自由刑

自由刑作为以剥夺自由为内容的刑罚，与道义报应也有密切联系。例如，道义报应导致刑罚措施（主要是指自由刑）的多阶原则（prinzip der Mehrstufigkeit derMassnahmen）。根据这一原则，把自由刑分成“重惩役”、“轻惩役”与“拘禁”等。[③] 根据麦耶的观点，德国刑法中的重惩役是与无耻性相联结的，是一种无耻刑。[④] 日本刑法则把犯罪区分为破坏廉耻罪和非破坏廉耻罪，分别适用禁锢刑与徒刑刑。[⑤] 显然，道义报应是自由刑多阶化的重要因素之一。虽然当

① 参见杨春洗、陈广君：《死刑论》，载甘雨沛主编《刑法学专论》，548 页，北京，北京大学出版社，1989。

② 参见陈广君：《我国刑法中死刑的初步探讨》，载赵秉志等：《全国刑法硕士论文荟萃（1981 届—1988 届）》，452 页，北京，中国人民公安大学出版社，1989。

③ 参见林山田：《刑罚学》，2 版，51 页，台北，“商务印书馆”，1983。

④ 参见［日］木村龟二主编：《刑法学词典》，顾肖荣等译，425 页，上海，上海翻译出版公司，1991。

⑤ 参见［日］福田平、大塚仁：《日本刑法总论讲义》，李乔等译，215 页，沈阳，辽宁人民出版社，1986。

前世界上存在自由刑单一化的运动，赞同者众，但阻力也很大，在日本对自由刑的单一化持反对论的人就很多。[①] 这里不能不考虑到道义报应的合理要求在起作用，当然也有不少国家实行了自由刑的单一化，例如荷兰从 1881 年以来就已经实现了自由刑的单一化。但是，即使是实现了自由刑的单一化，也并不意味着对道义报应的无视。正如日本刑法学家指出：在性质上对于社会的、政治的犯人之类的有信仰的犯人，不可忽视在行刑时要特别予以考虑。[②] 我国刑法将自由刑分为无期徒刑、有期徒刑与拘役，也不能说没有道义报应的因素在起作用。

道义报应不仅体现在自由刑的设立上，而且表现在自由刑的执行上。例如独居制，就有道义报应的意蕴。日本犯罪学家菊田幸一就指出：与其说昼夜独居拘禁是刑事政策上的需要，倒不如说是为了使被收容者能够有所忏悔和促使他们在思想上有所改正，以便从心理上施加压力而实行的制度。[③] 因此，独居制的初衷是为犯罪人对自己所犯罪行进行忏悔创造条件。当然，由于独居制具有折磨人的性质，受到一些人的抨击。但现在仍有不少国家的刑法规定，在新入狱的一定时间得实行独居制。

（三）道义报应与财产刑

财产刑主要适用于财产性犯罪以及轻微的故意犯罪与过失犯罪，从历史渊源上来看，与道义报应没有很大的关系。当然，在我国现行刑法中，财产刑的适用也不能不考虑主观恶性的因素。对于那些屡教不改，一贯从事财产性犯罪的人应当剥夺其一定数量的财产。外国就有这样的立法例，例如《苏俄刑法典》第 30 条第 2 款规定：“罚金的数额，当根据所犯罪行的轻重程度，并考虑犯罪人的财产状况，在 30 卢布以上 50 卢布以下的范围内判处。对于贪利的犯罪，应在 1 000卢布以下的范围内判处。”由此可见，对贪利的犯罪判处的罚金，高于非贪

① 参见［日］福田平、大塚仁：《日本刑法总论讲义》，李乔等译，215 页，沈阳，辽宁人民出版社，1986。

② 参见［日］木村龟二主编：《刑法学词典》，顾肖荣等译，426 页，上海，上海翻译出版公司，1991。

③ 参见［日］菊田幸一：《犯罪学》，海沫等译，468 页，北京，群众出版社，1989。

利的犯罪，这就是在财产刑中考虑道义报应的因素。

（四）道义报应与资格刑

资格刑是从名誉刑演变而来的，而名誉刑往往适用于那些所谓破廉耻的犯罪，因而具有较为浓厚的道义报应的意味。当然，在古代刑法中，资格刑的主旨在于毁损犯罪人的名誉，给其以精神上的折磨。这种资格刑在今天是应当予以否定的。但我们也不能否认，即使是今天的资格刑也有道义报应的内容。

第二节　刑罚的伦理根据

道义报应为刑罚提供伦理根据。因此，进一步地阐述道义报应，有必要涉及刑罚的伦理根据问题。应该说，刑罚的伦理根据是一个十分重大、内容广泛的问题，本节只是从道义报应这一角度略加论述。

一、刑罚伦理根据的演变

在远古时代，结果责任盛行。只要发生了危害结果，就予以刑罚处罚，而不过问行为人的主观动机及其罪过问题。中国古代就有杀人者死、伤人者刑的说法，鲜明地表达了结果责任的意蕴。可以说，杀人者死、伤人者刑是原始社会的同态复仇的习俗的沿袭。但自西周时期开始，中国古代文献就有“杀人而义”的记载。例如，《周礼·地官·司徒》云：“凡杀人而义者，不同国，令勿仇，仇之则死。”“杀人而义”有条件地不死，作为中国古代杀人者死的法律原则的例外，表明中国古代调整犯罪和刑罚关系的刑法，逐渐摆脱了原始社会同态复仇的习俗，而越来越纳入以伦理为原则的轨道，这是中国古代刑法伦理化的一个重要标志。那么，什么是“杀人而义”呢？汉人郑玄注谓：“义，宜也。谓父母兄弟师长，尝辱骂而杀之者，如是为得其宜，虽所杀者人之父兄，不得仇也，使之不同国而已。”从这个解释中，我们可以看出，义是对于杀害辱骂父母兄弟师长者的肯定的伦理道德的评价，因而也是肯定的法律的评价。所以，杀人而义是免除杀人者的刑事责任的根据。如果说，这里的杀人而义，主要是指正当防卫①，那么，中国古代刑法从西周开始就对故意与过失等这样一些罪过形式有了粗略的区分，开始从结果责任向道义责任转变。当然，在某些朝代，由于统治者的残暴，仍然制定出一些全然不考虑道义因素的严刑苛罚。例如秦朝就有对服劳役者失期当斩的规定。只要迟到（即失期），就处以死刑，而不问是故意失期、过失失期，抑或是意外事件与不可抗力。由此可见，刑罚建立在道义基础之上，是一个复杂的变化过程，其中难免有反复与曲折。

及至中世纪，从结果责任发展到主观责任，开始走向极端，导致刑罚与道德相混淆，刑罚追究人的道德过错甚至思想动机，这在中外刑法史上都不罕见。中国古代有春秋决狱，外国古代有圣经决狱。春秋决狱的主要内容之一就是原心定罪，即只以行为人的主观思想作为定罪的依据，而不是以其行为的社会危害性为根据。《盐铁论·刑德》：“《春秋》之治狱，论心定罪，志善而违于法者免，志恶而合于法者诛。”这就是中国古代刑法中诛心的思想，是明显的主观归罪。所谓圣经断狱，则是根据圣经的只言片语出入人罪。在圣经断狱的情况下，刑事司法的重要任务就是依据神学教义深入探究行为人的主观心理状态，尤其是行为的动机。在中世纪的欧洲广泛流传着这样一个典型的圣经断狱的案件。一天，几名强盗闯进一座修道院，把两名修士打昏并洗劫院内的财物，两名修士很快苏醒过来，出其不意地制伏了强盗，把他们捆绑起来。一名修士跑去向当局报告，另一名留下来看守强盗。后来强盗企图逃跑，就在即将挣脱绳索时，看守他们的那名修士为了防止被强盗所杀，就先下手杀掉了他们。案发后，人们对这两名修士的行为是否属于正当防卫争论不休，并把案件呈送到教皇亚历山德罗三世那里。教皇依据《圣经》裁断，两名修士捆绑和杀死强盗的行为均构成犯罪，因为他们违

① 参见陈兴良：《正当防卫论》，11页，北京，中国人民大学出版社，1987。

反了基督教徒所必须遵守的恭谦忍让的原则，违背了耶稣的箴言：如果一个人拿走了你的外衣，你应该把你的斗篷也让他拿去；如果打了你的左脸，你应该把右脸也伸过去。[①] 在这种情况下，刑罚完全成了封建伦理的奴仆与工具。

到了近代，康德对封建宗教的道义责任论进行改造，提出了理性的道义报应论，将刑罚的主要任务视为恢复道德秩序。当然，正如前面我们所言，康德的道义报应主义仍然存在片面性，没有科学地揭示刑罚的伦理根据。

二、刑罚伦理根据的底蕴

刑罚为什么需要伦理根据？这是一个需要回答的问题。刑罚与伦理属于两个不同的范畴。但是，它们作为一种社会现象，都属于社会上层建筑的范畴，都是被一定的社会物质生活条件所决定的。在维护社会方面，道德与法律（包括刑法在内）共同执行着维护有利于统治阶级的社会秩序的职能。当然，伦理道德更侧重人们行为的内在动机；而刑法则侧重人们行为的外部结果。刑法与伦理道德的统一形成上层建筑控制经济基础的巨大力量。[②] 由此可见，刑罚与伦理，既存在本质上的内在同一性，又存在特征上的外在差别性。对于两者的差别性，我们尤其应当予以注意。德国著名伦理学家弗里德里希·包尔生在论及法律与道德的不一致时指出："刑法也是这样。它把按照主观的考虑或道德的考虑作出的因而存在着巨大的差别的两类行为置于同一个公式之下。凶杀是有预谋地对一个人的故意杀害，是该处死罪的。这个定义中既包括对一个无耻卑鄙地用某种卑污的手段毁灭了我的家庭荣誉和幸福而丝毫没有感到自己违反了刑法的流氓的公开的正义的逐杀，也包括施毒者与暗杀者的最为凶残的行为。不错，刑法在这种差别最为显著的地方试图使自己更为灵活以适合个别情况；法官在与实施惩罚有关的问题

① 参见黄风：《贝卡里亚及其刑法思想》，60页，北京，中国政法大学出版社，1987。

② 参见曲三强：《社会主义初级阶段刑法伦理观探要》，载《中外法学》，1989（2），35页。

上的独立的审判权，对可原谅的情况以及赦免的可能性的考虑，都是达到这一目的的手段。但是显然这些保护性措施对于抵制法律的机械运用所造成的错误是不够的。”[①] 因此，刑法的适用不能完全脱离伦理的因素，而应当把两者有机地结合起来：理与法融为一体，凡违法者也背理，凡合理者也合法，下面，我从以下两个方面对刑罚伦理根据的底蕴加以论述：

（一）犯罪行为的背理性

行为是人的愿望与意志的外化，它有其自身的价值，因而任何行为都具有伦理性。[②] 刑法中的行为——犯罪，也是如此。正如日本刑法学家小野清一郎指出：刑法中的行为，也是伦理观点中的行为。作为伦理主体的行动（业）而成为伦理性价值批判对象的，就是行为。[③] 罪行首先是伦理的评价对象，其次才是法律的评价对象，并且法律评价正是建立在伦理评价的基础之上的。犯罪行为的背理性，是指犯罪行为具有否定的伦理蕴含，即犯罪行为是一种恶的行为，是违背伦理道德的行为。在犯罪行为中，自然犯，像杀人、放火、强奸之类犯罪的违背伦理的性质表现得比较明显。而法定犯，像经济犯罪等的违背伦理的性质表现得不如自然犯那样明显。但是，我认为这并不意味着法定犯不具有伦理蕴含。事实上，自然犯与法定犯的界限也并不是一成不变的，由于法律的规定某些法定犯的否定的伦理蕴含得到强化，因而也有可能使法定犯向自然犯转化。因此，无论是在立法上还是在司法上，对于犯罪行为的背理性都要予以充分的重视。

（二）刑罚手段的伦理性

刑罚手段在某种意义上来说，也是一种行为。从报应的观念来看，是对犯罪

---

① ［德］弗里德里希·包尔生：《伦理学体系》，何怀宏、廖申白译，544页，北京，中国社会科学出版社，1988。

② 参见［日］小仓志祥：《伦理学概论》，吴潜涛译，139页，北京，中国社会科学出版社，1990。

③ 参见［日］小野清一郎：《犯罪构成要件理论》，王泰译，46页，北京，中国人民公安大学出版社，1991。

的一种反应。作为对犯罪的反应的刑罚，当然受制于犯罪。但是，仅此还不够。刑罚还取决于统治者本身的伦理观念。因此，刑罚手段也存在一个伦理性问题。这也正是报应与报复有所不同的地方：报复是纯感性的冲动，是没有节制的反应；而报应是理智的行为，是有节制的反应。在动用刑罚手段的时候，如果不考虑一定的伦理因素，那么刑罚就将难以被社会接受并发挥其维护社会秩序的功能。刑罚手段的伦理性表现在两个方面：一是是否动用刑罚，应当受到一定伦理因素的制约。中国古代刑法中有些含有伦理因素的原则，例如同居相隐不为罪，如何正确地评价，就值得研究。我国古代刑律中同居相隐不为罪的立法原则，来源于儒家。孔子有“父为子隐，子为父隐，直在其中矣”之说。在《汉律》中，由于儒家学者的鼓吹，同居相隐不为罪上升为法律制度。及至《唐律》，同居相隐的规定更加完善。《唐律·名例律》规定：“诸同居，若大功以上亲，及外祖父母、外孙，若孙之妇，夫之兄弟，及兄弟妻，有罪相为隐；部曲、奴婢为主隐，皆勿论。即漏露其事及擿语消息，亦不坐。其小功以下相隐，减凡人三等。若犯谋叛以上者，不用此律。”一般认为，同居相隐不为罪的规定是为维护以仁孝为主要内容的伦理道德关系的。因为同居相隐是符合封建伦理道德的，如果治罪，必使刑罚与伦理发生矛盾冲突。当然，同居相隐不为罪也是有条件的，不能因此而损害统治阶级的根本利益。因此，若犯谋叛以上者，不用此律。我国刑法对同居相隐不为罪是持否定态度的，但在当前家庭仍是社会基本细胞，人伦关系仍是人际关系之基础的情况下，如何处理好人伦关系与社会关系的矛盾，仍是一个重大问题。如果对于亲属犯罪予以庇护者一律定罪处刑，恐怕不太符合当前社会的伦理道德。因此，对于同居相隐不为罪的原则在总体上我们虽然应予否定，但对于刑罚适用中的伦理因素不能不加以考虑。二是在确定刑罚分量的时候，也应当受到一定伦理因素的制约。刑罚是支持伦理道德的，但只有适当的刑罚才能起到这样的作用。否则，刑罚的过量与滥用，不仅不能起到支持伦理道德的作用，甚至会败坏社会伦理道德。正是在这个意义上，我赞同苏俄刑法学家 A. Л. 列缅松的以下论断：不考虑方法的残酷刑罚会破坏社会的道德基础，会给社会造成严重的损害，这是无法通过对某些不坚定分子采取更严厉的恐吓手段所能弥补的。[①]总之，刑罚手段本身应当具有一定的伦理性。

第三节　道义报应的实现

道义报应只有通过刑事法律活动的全过程，才能得以实现。而且，道义报应本身也是支配与制约着刑事法律活动的一个重要因素。

一、道义报应的实现与刑事立法

刑事立法是针对人的外在行为的，它调整的只是人的行为，而不追究人的内心动机，这当然是正确的。正是在这个意义上，马克思认为唯一与立法者打交道的是我的行为。但是，行为又是受人的内心动机支配与制约的。没有形之于外的内心欲念当然不能追究，但在调整人的外部行为的时候，有时往往不能不涉及人的内在动机。显然，主观罪过与犯罪动机上的不同，必然导致刑事责任上的差别。因此，在刑事立法中应当体现道义报应的要求，不仅从行为的差别性上分别规定刑罚，而且根据主观罪过与犯罪动机的差别，使同一犯罪行为的刑罚分量的轻重有所区别。在这一点上，我国刑法还存在某些可以改进之处。最为明显的是我国 1979 年刑法第 186 条的泄露国家重要机密罪，对主观罪过形式未予规定，因而使人们在理解上产生歧义：一种观点认为，本罪是指故意泄露机密，不包含过失泄露。[②] 根据是：刑法第 12 条第 2 款规定："过失犯罪，法律有规定的才负刑事责任。"而刑法第 186 条却未明确规定要处罚过失行为。因此，自然是指故

① 参见［苏］巴格里-沙赫马托夫：《刑事责任与刑罚》，韦政强等译，356 页，北京，法律出版社，1984。

② 参见王作富等：《刑法各论》，2 版，326 页，北京，中国人民大学出版社，1985。

意犯罪。国家工作人员由于玩忽职守而过失泄露机密的，按玩忽职守罪处理。还有一种观点认为，本罪可以由故意和过失构成，条文上未写明“这是立法技术上的问题”①。1988 年《中华人民共和国保守国家秘密法》第 31 条明文规定：违反本法规定，故意或者过失泄露国家秘密，情节严重的，依照刑法第 186 条的规定追究刑事责任。1997 年刑法第 398 条也明确地载明“故意或者过失泄露国家秘密”。由此可见，立法已经解决了这一理论上的争论。但是，这一立法本身却仍然值得非难。因为故意犯罪与过失犯罪的主观恶性存在明显差别，但法律在处罚上却没有显示出差别来，这显然不符合道义报应的要求。又如，我国某些经济行政法律规定对一些故意行为比照刑法中的过失犯罪处罚，这种现象屡见不鲜，违背了道义报应的起码要求。在 1997 年刑法修订中，由于把附属刑法中规定的犯罪基本上都吸纳到刑法中来，因而在立法上使这一问题得到了较好的解决。

二、道义报应的实现与定罪量刑

定罪量刑作为罪刑关系的个别化过程，对于道义报应的实现具有重大意义。在定罪时，行为人的主观罪过是构成犯罪的必要要件之一，没有故意或者过失，就不能认定行为人有罪。我国刑法第 16 条明确将意外事件与不可抗力排除在犯罪之外，就体现了道义报应的原则。此外，许多犯罪都以情节严重或者情节恶劣作为构成的要件，这样的犯罪在我国刑法理论上通常称为情节犯。情节犯之情节的认定，对于定罪具有重要意义。而这里所谓情节，显然包括主观恶性的因素。尤其是在刑法规定情节恶劣的情况下，更是侧重于对行为人的主观上的否定评价。在量刑时，除考虑一般的主观与客观相统一的犯罪事实以外，更应当考虑犯罪人的犯罪动机等主观因素。在我国刑法理论中，一般都把犯罪动机作为审判中

① 高铭暄主编：《刑法学》，2 版，570 页，北京，法律出版社，1984。

量刑的酌定情节，认为动机是否卑鄙、恶劣，表明犯罪分子主观恶性程度不同。例如，同是杀人行为，有的是图财害命，有的是奸情杀人，有的是嫉妒报复，有的是义愤杀人。一般来说，出于图财害命等卑劣动机的杀人，较之基于义愤而杀人要严重。量刑时对出于不同动机的犯罪，应当考虑予以区别对待。[①] 显然，这也是道义报应的体现。

三、道义报应的实现与刑罚执行

刑罚执行是道义报应实现的重要阶段，在行刑过程中，道义报应的实现主要表现在对主观罪过形式不同的犯罪人实行不同的处遇，并施以不同的改造措施。例如，对于过失犯实行单独关押等。这些措施有利于针对犯罪人的主观恶性加以区别对待，为主观恶性的减弱乃至消除创造条件。

---

① 参见高铭暄主编：《中国刑法学》，279页，北京，中国人民大学出版社，1989。

第十二章

法律报应

法律报应是相对于道义报应而言的，它也是报应之刑的重要内容。法律报应使刑罚奠基于对犯罪人的否定的法律评价之上，从而使刑罚具有合法性。

第一节　法律报应的概念

法律报应，是指根据犯罪人的客观危害程度实行报应。根据法律报应的观点，对犯罪人发动刑罚，应以其客观上对社会造成的危害为基础。

一、黑格尔之法律报应主义

黑格尔是法律报应主义的鼻祖。因此，讨论法律报应不能不论及黑格尔的思想。黑格尔将犯罪的本质理解为不法，指出：“特殊意志既然自为地与普遍意志不同，所以它表现为任意而偶然的见解和希求，而与法本身背道而驰——这就是不法。”[①] 也就是说，作为特殊意志的个人与作为自在的、普遍意志的法并不总是一致，相反，它们常常是不一致的。假如个人的见解和要求同法的精神背道而驰的情况见诸行为，就叫做不法。犯罪是最严重的不法，是对于法的否定；而刑罚则是这种否定的否定。按照黑格尔辩证法的推论，从法到不法（犯罪），从犯罪到刑罚，从而又回到了法——这是法概念自身的运动规律。所以，刑罚表现了法律同自身的调和；由于犯罪的扬弃，法律本身回复了原状。因此，刑罚的意义在于：第一，它消除了对他人意志自由定在的侵害，消除了由犯罪带来的社会危险性。第二，它从本质上显示犯罪的虚无性和法的绝对性。第三，它显示了法的有效性。通过刑罚对犯罪这个否定物的否定，证明法不仅是存在的，而且是有效的，它能够实现自己。[②] 这就是黑格尔法律报应主义的要旨。

值得注意的是，黑格尔的法律报应主义倡导等价报应，而不同意康德的等量报应。等量是以物易物的等量，表现在刑法上就是以牙还牙、以眼还眼式的同态报应。而等价或等值是以客观的尺度来论等价，是以质计而不是以量计，表现在刑法上就是刑罚与具体犯罪在特定环境和时间中的特定价值，也就是犯罪对社会所造成的具体危害程度相一致。

黑格尔的法律报应主义产生了很大的影响，例如德国刑法学家宾丁就秉承黑格尔的观点，认为刑罚权产生于犯罪者的违法，国家作为刑罚的权力者，对违反者适用刑罚的权利，即刑罚是刑罚权力者使犯罪者服从的权利。总之，犯罪者违法也，此谓“规范论”。根据违法所造成的危害大小而量刑，此谓之法律报应。[③]

应该说，黑格尔的法律报应主义较之康德的道义报应主义有所进步。但是，黑格尔的法律报应主义同样存在缺陷，主要表现在以下几个方面：

（一）法律评价并非独立于道德评价而存在

黑格尔的法律报应主义排斥道德评价，仅把犯罪视为不法，以违法的客观危

---

① ［德］黑格尔：《法哲学原理》，范扬、张企泰译，90页，北京，商务印书馆，1961。

② 参见吕世伦：《黑格尔法律思想研究》，81页，北京，中国人民公安大学出版社，1989。

③ 参见甘雨沛、何鹏编：《外国刑法学》，上册，145页，北京，北京大学出版社，1984。

害作为量刑的标准。但在实际上，法律评价是建立在道德评价的基础之上的，它不能完全离开道德评价而存在。表现在刑法中，量刑就不能完全以客观违法程度为标准，而同时应当考虑犯罪人的道德罪过程度。正如我国学者指出：在既存刑法制度中，有不少客观危害相同但道德罪过相异的犯罪，在量刑上迥然有别。如：故意犯罪处刑重于同等条件下的过失犯罪，这是一条世界性的刑法原则。诸如此类的情况，仅凭法律评价是不可能作出令人信服的说明的。因为人们尽可以提出为什么法律应对客观损害相同的行为作出这种迥然不同的评价之类的问题。而对于这样的问题，我们只能解释为人们对此类行为的道德评价有别，即明知故犯者的道德罪过永远大于无意误犯者的道德罪过。[①] 由于黑格尔的法律报应主义将法律评价与道德评价完全割裂开来，因而不能完整而科学地解释刑罚。

（二）社会危害并非法律报应所能完全消除

犯罪对社会造成的危害既表现为客观的，例如杀人罪之将人杀死，盗窃罪之将他人财物非法窃取，等等，犯罪的危害还表现为主观形态的对社会的危险性，尤其是对社会心理秩序的破坏。黑格尔的法律报应主义虽然也强调刑罚适用应当与社会情况相协调，但注重的仍然是犯罪的客观危害。例如，黑格尔认为，一般地说，刑罚要根据犯罪在当时的社会危险程度加以确定，即按照犯罪的质和量来衡量。但是，这个质量的严重性因市民社会情况不同而有差别。更具体些说，如果社会自身还是动荡不安的，那就必须通过刑罚树立榜样，因为刑罚本身是反对犯罪的榜样。而在已经是稳定的社会，犯罪的勾当是很微弱的，因此犯罪处罚也必须根据这种微弱程度来衡定。黑格尔举例说，有时对偷窃几分钱或一棵甜菜的人处以死刑，而有时对偷窃百倍此数甚或价值更高的东西的人却处以轻刑，二者均可以成为正当的。原因就在于，由于时间、地点等条件的变迁，它们的社会危险性不同了。[②] 由此可见，黑格尔将犯罪的质或量作为刑罚的尺度，但这里的犯

① 参见邱兴隆、许章润：《刑罚学》，35 页，北京，群众出版社，1988。

② 参见吕世伦：《黑格尔法律思想研究》，85～86 页，北京，中国人民公安大学出版社，1989。

罪的质或量都是指犯罪的客观危害。黑格尔强调通过法律报应消除犯罪带来的社会危险性，虽然有一定道理，但以法律报应却难以消除犯罪人的主观恶性。对于这一点，黑格尔醉心于对犯人的理性的尊敬之类的侈谈，而没有从道德评价的意义上予以充分关注，不能不说是一种缺憾。

（三）恢复法律秩序并非刑罚的根本目的

黑格尔的法律报应主义将犯罪视为不法，即犯罪是对法的否定，刑罚则是对犯罪的否定，从而通过否定之否定，达到它的重新肯定。正如黑格尔指出："犯罪的行为本质上是没有真实存在的，由于罪行之被刑罚加以纠正、排除，更足以见得没有真实的存在"①。但是，法律及其法律秩序并不是脱离社会生活而存在的，它是作为社会经济关系的"外壳"而具有价值的。国家设置刑罚，也并不只是为了恢复被犯罪所侵害的法律秩序，建立有条不紊的法律秩序本身也是为了更好地维系社会生活。因此，黑格尔的法律报应主义将法律凌驾于社会生活之上，并把它与社会生活相割离，自然难以为人所接受。

二、法律报应之科学立论

我虽然对黑格尔的法律报应主义予以否定的评价，但对于法律报应本身还是应当肯定的。在某种意义上说，法律报应这个概念对于深刻地理解刑罚的本质具有一定的意义，因而可以为我们所采用。当然，应当把它与黑格尔的法律报应相区别，两者不可混同。

法律报应的本质在于将报应限制在法定的范围之内，具体地说，就是根据犯罪行为所造成的客观危害实行报应。显然，法律报应的思想有其合理之处，它为确定刑罚提供了较为确切的客观标准。马克思曾经指出：如果犯罪的概念要有惩罚，那么实际的罪行就要有一定的惩罚尺度。实际的罪行是有界限的。因此，就

① ［德］黑格尔：《小逻辑》，贺麟译，135 页，北京，三联书店，1957。

是为了使惩罚成为实际的，惩罚也应该有界限，——要使惩罚成为合法的惩罚，它就应该受到法的原则的限制。任务就是要使惩罚成为真正的犯罪后果。惩罚在罪犯看来应该是他的行为的必然结果，——因而也应该是他本身的行为。① 马克思还强烈地抨击那种不考虑任何差别的惩罚，认为这是一种残酷手段，使惩罚毫无效果，因为它消灭了作为法的结果的惩罚。② 马克思的这一论断，虽然带有黑格尔刑法思想的思辨痕迹，但却科学地揭示了法律报应的意蕴。由此可见，只有从犯罪的客观危害之中，才能找到刑罚的合理限度。脱离了犯罪的客观危害，或者不考虑行为之间在客观危害上的差别，就会使惩罚变成残酷的手段，并且使惩罚难以收到良好的社会效果。在这个意义上说，法律报应对于我们今天的刑法仍有现实意义。

三、法律报应的形式

法律报应和道义报应一样，其内容蕴含在各种具体的刑罚方法之中，下面分别加以说明。

（一）法律报应与生命刑

生命刑作为以剥夺人的生命权为内容的刑罚，与法律报应有着不解之缘。杀人者死，可以说是法律报应的一条原则。黑格尔虽然主张等价报应，但在杀人罪中则并非如此。黑格尔指出："报复虽然不能讲究种的等同，但在杀人的场合则不同，必然要处死刑，因为生命是人的定在的整个范围，所以刑罚不能仅仅存在于一种价值中——生命是无价之宝——而只能在于剥夺杀人者的生命。"③ 在今天，杀人者死的原则已经不复存在。但在生命刑中，考虑法律报应的因素，却是完全必要的。我国刑法总则规定，死刑只适用于罪行极其严重的犯罪分子。这里

① 参见《马克思恩格斯全集》，第1卷，140～141页，北京，人民出版社，1956。
② 参见《马克思恩格斯全集》，第1卷，139～140页，北京，人民出版社，1956。
③ ［德］黑格尔：《法哲学原理》，范扬、张企泰译，106页，北京，商务印书馆，1961。

的罪行极其严重，首先应当理解为对社会造成的客观危害很大。从刑法分则的具体规定来看，危害国家安全罪犯中被判处死刑的，必须是“对国家和人民危害特别严重、情节特别恶劣的”，重大刑事罪犯中被判处死刑的，必须是“情节特别严重”、“造成严重后果”、“致人重伤、死亡”、“致使公私财产遭受重大损失”、“危害特别严重”。因此，从客观上看，一般被判处死刑的犯罪，都是造成极为严重的危害后果；否则，不能适用死刑。同样，客观危害还是决定判处死缓的重要因素。死缓之所谓不是必须立即执行，并非是可处死，也可不处死，而是罪该处死，但罪行还不是最严重地危害国家和人民利益，不是必须立即执行的。我国学者提出正确划分立即执行和死缓的十个界限，其中以下三个界限就体现了法律报应的因素：(1) 以法定量刑情节为依据，对罪该处死，有法定从重、加重情节的罪犯，判处死刑立即执行；对罪该处死，但有从轻、减轻情节的罪犯，判处死缓。(2) 避免一案杀人过多。审理犯死罪的共同犯罪案件，对个别罪行特别严重、情节特别恶劣的主犯，判处死刑立即执行；对那些罪该处死，但在共同犯罪中还不是起最主要作用的主犯，可判处死缓。(3) 看数额大小。对于经济犯罪，数额特别巨大的，判处死刑立即执行；对于数额巨大但其他情节不是特别恶劣的，可以判处死缓。① 由此可见，无论是死刑立即执行，还是死刑缓期执行，其适用都应考虑法律报应的因素。

（二）法律报应与自由刑

自由刑的产生与发展都曾经受过报应主义，尤其是法律报应主义的影响。黑格尔所宣扬的等价报应的思想，在自由刑中就表现得极为充分。当然，现在的自由刑注重通过执行矫正，改造犯罪人。但法律报应仍然是自由刑的理论基础之一。在我国刑法中，自由刑的设置与适用也都受法律报应的制约。这主要体现在我国刑法根据犯罪轻重，主要是指客观危害的大小，将自由刑分成无期徒刑、有

① 参见成光海：《论我国刑法中的死刑》，载赵秉志等：《全国刑法硕士论文荟萃（1981 届—1988 届）》，446～447 页，北京，中国人民公安大学出版社，1989。

期徒刑、拘役与管制四种，实行所谓自由刑的多阶原则；并且对适用范围最广泛的有期徒刑又分为数格，形成一个由轻至重的自由刑阶梯，从而能够适用于客观危害大小不等的各种犯罪。尤其是在经济犯罪中，根据数额大小，分为数额较大、数额巨大、数额特别巨大三等，分别适用刑罚，包括自由刑。同时，在自由刑的适用中，也应当考虑客观危害的大小。自由刑的明显优点之一，就是具有可分割性，可以适应客观危害的大小，实行较为彻底的罪刑等价。

（三）法律报应与财产刑

财产刑，主要是指罚金，本来是从原始社会末期为限制血亲复仇的赔偿金转化而来的，而赔偿金与客观损失的大小是成比例的，因此，财产刑也具有十分明显的法律报应的性质。为了说明侵犯财产罪的惩罚标准，马克思曾经将政治经济学中的“价值”范畴引入法学领域，并赋予它法学的意义。马克思认为，价值是财产的市民存在的形式，是使财产第一次获得社会意义和互相转化能力的逻辑术语。它也应该成为惩罚的客观的和本质的规定。① 因此，对侵犯财产罪适用财产刑，往往以侵犯财产的数额为标准。在有些国家刑法中，规定等比罚金制，即按照侵犯财产的数额的一定比例确定罚金的数额。当然，财产刑完全以犯罪数额为转移，可能导致唯数额论，也会产生一些弊端。宋代的曾布在评论中国古代刑法中的“以赃治罪”的原则时指出：“盗，情有轻重，赃有多少，今以赃论罪，则劫贫家，情虽重，而以赃少，减免。劫富室，情虽轻，而以赃重，论死。是盗之生死，系于主之贫富也。”② 因此，在确定财产刑的时候，虽然应当以法律报应为主，但也应兼顾其他因素。

（四）法律报应与资格刑

资格刑的适用与法律报应也有密切关系。在我国刑法中，附加适用剥夺政治权利，往往作为一种比较严厉的刑罚而适用于客观危害较大的犯罪。依照刑法第

① 参见《马克思恩格斯全集》，第1卷，141页，北京，人民出版社，1956。

② 《宋史刑法志注释》，138～139页，北京，群众出版社，1962。

56条的规定，对于危害国家安全的犯罪分子应当附加剥夺政治权利。对于故意杀人、强奸、放火、爆炸、投放危险物质、抢劫等严重破坏社会秩序的犯罪分子，可以附加剥夺政治权利。这里所说的严重破坏社会秩序的犯罪分子，通常是指与故意杀人、强奸、放火、爆炸、投放危险物质、抢劫等罪行相当的其他严重刑事犯罪分子。一般来说，上述犯罪分子如果犯罪情节恶劣或者被判处重刑时，可以考虑附加剥夺政治权利。由此可见，法律报应也是资格刑适用时必须考虑的因素。

第二节　刑罚的法律根据

法律报应为刑罚提供法律根据。因此，在法律报应中不能不论及刑罚的法律根据问题。从法律报应的本体内容来说，主要涉及的是法定责任问题。

一、刑罚法律根据的演变

刑罚应当以法律为根据的观念反映了法律对刑罚的一定程度的限制，因而自从刑法产生，这种观念也就相伴而生。例如，在古罗马法中，就有“除法律或其他特别法有专门规定外，不得施加刑罚”的原则，这一原则就明确地将刑罚限制在法律规定的范围之内。

在漫长的中世纪，专制制度下的刑罚，完全成为宗教与政治的奴婢。因而，刑罚并不以法律为转移，而是根据统治者的个人好恶随意出入人罪。欲加之罪，何患无辞？在这种情况下，不是根据行为的客观危害，依照法律规定适用刑罚，而是实行罪刑擅断。

随着近代启蒙运动的兴起，罪刑法定主义的勃兴，法定责任的思想不断深入人心，要求刑罚建立在严格的法律根据之上的呼声也日益高涨。例如，贝卡里亚就指出："每个公民都应当有权做一切不违背法律的事情，除了其行为本身可能造成的后果外，不用担心会遇到其他麻烦。这是一条政治信条，它本应得到人民的信任，本应得到廉正地守护法律的、高尚的司法官员们的宣扬；这是一项神圣的信条，舍此就不会有一个合理的社会；这是对人的一种正确的补偿，因为他已经牺牲了每个感知物所共有的、在自己力量范围内做一切事情的普遍自由。这一信条培养着生机勃勃的自由心灵和开明头脑；它为了使人们变得善良，赋予他们一种无所畏惧的美德，而不是逆来顺受者所特有的委曲求全的美德。"① 贝卡里亚的这一段话深刻地揭示了法定责任的底蕴：公民自由只有在法律的保障下才能存在，而刑罚以法律为根据同时也是对统治者的一种约束。

黑格尔从意志自由论出发，将刑罚的法律根据建立在尊重犯人的理性，亦即犯人自己的法的基础之上。黑格尔认为，一个成年人的犯罪，是在违背了他的本性，从而表明他的理智和意志都是在被束缚于"自然状态"的情况下出现的。当罪犯受到处罚时，他可以把所受到的惩罚认作限制了他的自由。但事实上，那惩罚并不是从外面强加他的力量，而是他自己行为本身的一种表现。只要他认识这点，则他就觉悟到自己是一个自由的人。② 同样的道理，承认罪犯自由意志的法律，才是合理的法律。应该说，黑格尔的这种观点，较之贝卡里亚有所发展。正如马克思所指出的：毫无疑问，这种说法有些地方好像是正确的，因为黑格尔不是把罪犯看成是单纯的客体，即司法的奴隶，而是把罪犯提高到一个自由的、自我决定的人的地位。③

二、刑罚法律根据的底蕴

刑罚之应当具有法律根据，这似乎是不言自明的，不像刑罚的伦理根据那样

---

① ［意］贝卡里亚：《论犯罪与刑罚》，黄风译，北京，69页，中国大百科全书出版社，1993。

② 参见［德］黑格尔：《小逻辑》，贺麟译，299、329～330页，北京，三联书店，1957。

③ 参见《马克思恩格斯全集》，第8卷，579页，北京，人民出版社，1961。

需要论证。但是，如何理解刑罚法律根据的底蕴，却是一个复杂的问题。我认为，刑罚法律根据的底蕴主要表现在以下两个方面：

（一）犯罪行为的不法性

具有法律根据的刑罚，只能作为对不法的犯罪行为的反应而存在。因此，对犯罪行为的不法性的要求，是刑罚法律根据问题的应有之义。犯罪行为的不法性，是法律赋予并确认的，是犯罪行为的法律属性之一。但是，犯罪行为的这种不法性，又不是一般意义上的不法性，而是一种构成要件的类型化了的不法性。犯罪行为之不法，是与构成要件紧密地联系在一起的。正如日本刑法学家小野清一郎指出："构成要件是实定法上的、并且是成文法上的概念，在此意义上，可以说它是属于形式的东西。但是，它并不是一般的规定；而是被特殊化了的规定，是'特别'的构成要件。"① 因此，只有与构成要件结合起来，才能科学地界定犯罪行为的不法性，即构成要件的不法性，从而为刑罚提供根据。

（二）刑罚手段的合法性

刑罚是以法的面目出现的，它的合法性首先来源于对具有不法性的犯罪行为的否定。但是，刑罚手段本身还有一个合法性的问题。具体地说，刑罚手段的行使受到法律的限制。只有在法律的范围之内，依法行使刑罚权才是合法的。任何法外用刑，都是不允许的。刑罚手段的合法性，要求刑种与刑度的有法可依，同时，还要求刑罚适用活动的有法必依。离开法律规定，就会使刑罚被滥用而成为非法残暴的手段。刑罚手段的合法性，是刑罚的自我制约的必要机制。在刑事立法上，应当进一步完备与完善刑罚的立法，使刑种法定化、刑度精确化、刑罚适用规范化，从而在立法上保证刑罚手段的合法性。在刑事司法上，应当自觉地将刑罚适用活动纳入法制的轨道，依法裁量刑罚，并且依法执行刑罚，从而在司法上保障刑罚手段的合法性。总之，刑罚手段的合法性是刑罚法律根据的重要内容，应予高度重视。

① ［日］小野清一郎：《犯罪构成要件理论》，王泰译，16页，北京，中国人民公安大学出版社，1991。

第三节　法律报应的实现

法律报应的实现过程，也就是刑事法律活动的过程。法律报应对于刑事法律活动的各个阶段都具有一定的制约意义。

一、法律报应的实现与刑事立法

法律报应表现在刑事立法活动中，就是要根据犯罪的客观危害的大小，分别规定轻重不等的法定刑，建立一种较为合理的罪刑关系。我国刑法中的许多规定都反映了法律报应的要求。例如，我国刑法第 234 条将故意伤害罪根据伤害后果区分为三种情况：一是轻伤害，处 3 年以下有期徒刑、拘役或者管制。二是重伤害，处 3 年以上 10 年以下有期徒刑。三是伤害致死，处 10 年以上有期徒刑、无期徒刑或者死刑。应该说，这一规定较为科学地反映了轻伤害、重伤害与伤害致死这三种情节的故意伤害罪的客观危害。当然，由于我国立法经验不足，因而从法律报应的要求来看，尚存在一定的差距，这主要表现在：(1) 立法过粗，把社会危害性差别较大的行为硬塞在一个罪名之中，从而形成所谓“口袋罪”，有悖于法律报应的要求。在 1997 年修订的刑法中，分解了口袋罪，使立法更为明确、具体，更具可操作性。但仍然存在一些过于粗糙的观念，尚有待于根据法律报应的要求，在立法上进一步加以改善。(2) 立法过粗还表现在过多地使用情节严重、情节较轻这类概括性的术语上，对犯罪的客观危害在立法上区分不够细致。例如，规定情节减轻犯和情节加重犯是我国刑法的一大特色，而世界上其他国家的刑法大多明文列举减轻或者加重的情节，以解决立法上的罪刑相适应的问题。以杀人罪为例，《瑞士刑法典》共分 7 个条文，分别规定了故意、谋杀、激愤杀人、受托杀人等，每个条文都具有其独立的罪名，这些罪名构成罪质同一的杀人罪。因此，在《瑞士刑法典》中，杀人罪是一个集合罪名。其中，故杀条规定："故意杀人而未该当以下各条特别规定之一者，处5年以上重惩役。"这里所说的"以下各条特别规定"，是指对谋杀、激愤杀人、受托杀人等的规定。所以，故杀是杀人罪的基本犯，它和其他杀人罪的法条之间存在普通法与特别法的关系。《意大利刑法典》规定的杀人罪则分为3个条文：第一个条文规定的是杀人罪的基本犯，第二和第三个条文规定的是杀人罪的加重犯，法律明文列举了9个加重情节，这就是：第一，有第61条第2款所列情状之一者。第二，对直系尊、卑亲属有第61条第2款及第4款所列情状之一，使用毒物或其他秘密方式或预谋者。第三，意图脱免羁押、逮捕、入监或在脱逃中谋生而犯之者。第四，犯罪集团之成员为脱免羁押、逮捕、入监而犯之者。第五，在实施第519条、第520条及第521条所规定之罪时犯之者。第六，杀尊亲属或卑亲属者。第七，使用毒物或以其他秘密方式犯之者。第八，有预谋者。第九，有第61条第1款及第4款所列情状之一者。而《意大利刑法典》第61条又共列一般加重之情节11种之多，由此可见其法网之细密，法度之严明。因此，无论是《瑞士刑法典》还是《意大利刑法典》在法条形式上有何区别，明文列举减轻或者加重情节是其共同特点。我国没有采用这种世界上通行的立法方式，而是概括性地以情节轻重作为划分罪质的层次从而区分相应的罪责的等级的标志，至于情节的具体内容，我国刑法没有明文列举或者详细规定，而是由司法机关具体掌握。由此而出现立法过于粗泛、概括的缺陷，不符合法律报应的严格要求。(3)法定刑跨度大。这实际上也是立法过粗的表现。法定刑有一定的刑种和幅度，使司法人员在量刑时，能够根据客观危害的大小具体裁量，这是必要的。但我国刑法对法定刑的规定跨度过宽，伸缩性大，这就给量刑时的主观随意性提供了便利条件，不利于法律报应的实现。以上三种情况在我国刑法中的存在，有悖于法律报应的严格要求。因此，在刑法修改中应当加以完善，以便更好地实现法律报应。

二、法律报应的实现与定罪量刑

定罪量刑作为法律报应的具体实现过程，也应当根据法律报应的要求，严格地依照客观危害的程度进行定罪量刑。法律报应表现在定罪之中，就是要依法掌握刑法的定罪要件，严格划分罪与非罪的界限。在我国刑法中，大多数犯罪，都是以客观危害的大小作为划分罪与非罪界限的。例如，于有些犯罪以危害结果的大小轻重作为划分界与非罪的界限，如刑法规定的盗窃罪、诈骗罪、抢夺罪，必须是盗窃、诈骗、抢夺数额较大，才构成犯罪。刑法规定的挪用特定款物罪，必须是“致使国家和人民利益遭受重大损害的”，才构成犯罪。刑法所规定的一切过失犯罪，也都以造成严重后果为前提，否则不构成犯罪。在很多情况下，我国刑法还把客观危害大小作为提高法定刑幅度的标志。例如，有的犯罪以发生某种严重后果的危险作为构成的要件，而把“造成严重后果”作为提高法定刑的根据。如破坏交通工具罪、破坏交通设施罪，既可以是“危险犯”，也可以是“实害犯”，界限就在于是否“造成严重后果”。

在量刑过程中，法律报应也是必须考虑的因素之一。我国量刑情节分为法定情节与酌定情节，无论是法定量刑情节还是酌定量刑情节，都包含着反映行为的客观危害的内容。例如，法定情节中，非法拘禁他人或者以其他方法非法剥夺他人人身自由，具有殴打、侮辱情节的（刑法第 238 条）、索贿的（刑法第 386 条）等，都是如此。关于酌定情节，在我国刑法理论公认的 7 个酌定情节中，其中 4 个属于客观情节：（1）犯罪的手段。手段是否残酷、狡猾，反映行为的社会危害程度不同。例如，同样是强奸犯罪，有的用一般的强制方法实行奸淫行为，有的采取惨无人道的、极其野蛮的手段，对被害妇女进行百般摧残。很明显后者情节严重，应予从重处罚。（2）犯罪的时间、地点。在法律没有特别规定的情况下，在什么时间、什么地点犯罪，对量刑也有一定影响。例如，破坏交通工具、破坏交通设施等危害公共安全的犯罪，在战时比在平时的社会危害性要大得多；在发生水灾、地震等灾区进行抢劫、盗窃等犯罪活动，其社会危害性比在非灾区要大。(3) 犯罪造成的损害结果。损害结果严重与否，对量刑有重要意义。例如，强奸多人比强奸一人严重；交通肇事造成多人死亡的比造成一人死亡的严重，等等。对于造成不同形式、不同大小的损害结果的犯罪分子，处刑的轻重也应当有所不同。(4) 犯罪侵害的对象。侵害对象的具体情况不同，行为的社会危害性程度也不同，因而量刑的轻重也有差异。例如，侵犯病人、残疾人、未成年人、老人、怀孕妇女比侵犯一般人严重，乘人之危实施犯罪比在正常情况下对人实施犯罪严重，贪污、盗窃政府发放给灾区人民的救济款物比贪污、盗窃一般的财物严重，等等。[①] 总之，定罪量刑都受法律报应因素的制约。

三、法律报应的实现与刑罚执行

刑罚执行中，法律报应的影响较小，而主要以道义报应及个别预防为主，这与历史上那种对犯人实行单纯的镇压和惩罚的措施，施行野蛮残酷的监禁，以便在肉体和精神上折磨犯人的情况是根本不同的。但这并不是说，法律报应与刑罚执行毫无关系。事实上，许多行刑制度与行刑措施，都受着法律报应因素的制约。例如减刑与假释，都受原判刑期的限制，而原判刑期已经体现了法律报应的因素。因此，在行刑过程中不能无视法律报应。

---

① 参见高铭暄主编：《中国刑法学》，279～280页，北京，中国人民大学出版社，1989。

第十三章 个别预防

预防之刑首先表现为个别预防，以防止犯罪人再犯为意蕴的个别预防，是实现刑法任务的重要途径之一。强调与重视个别预防，是近代刑罚理论的显著标志。以个别预防为中心展开思路，可以大大地开拓刑法研究的疆域。

第一节　个别预防的概念

个别预防，又称为特殊预防，是指通过对犯罪人适用一定的刑罚，使之永久或者在一定期间内丧失再犯能力。由此可见，个别预防的概念可以从以下三个方面得以揭示：

一、个别预防的对象

个别预防的对象是已然的犯罪人。犯罪人既是犯罪的实施者，又是刑罚的承受者。刑罚只能对犯罪人适用，因此个别预防的对象只能是犯罪人。

（一）犯罪人的特征

作为个别预防对象的犯罪人，具有以下三个特征：

1. 具有刑事责任能力。

刑事责任能力是指行为人构成犯罪和承担刑事责任所必需的，行为人具备刑法意义上的辨认和控制自己行为的能力。在刑法理论上，一般认为，刑事责任能力中的辨认能力，是指行为人具备对自己的行为在刑法上的意义、性质、作用、后果的分辨认识能力。就是说，行为人有能力认识自己的行为是否为刑法所禁止、所谴责、所制裁。刑事责任能力中的控制能力，是指行为人具备选择自己实施或不实施为刑法所禁止、制裁的行为的能力，即具备决定自己是否以行为触犯刑法的能力。① 因此，刑事责任能力是辨认能力与控制能力的统一。人的这种刑法意义上的辨认能力与控制能力，是随着人的年龄的增长在社会生活中逐渐培养起来的，具有习得性。而且，人的这种刑法意义上的辨认能力与控制能力也不是一旦拥有就永远具备的，它还会因为各种病变而丧失。因此，没有达到一定年龄的人和患有各种精神疾病的人，不具有对自己行为的这种辨认能力与控制能力，是无责任能力之人。正由于这两种人不具有刑事责任能力，因而对其适用刑罚毫无意义，根本难以起到防止其再次实施危害社会行为的作用。因此，这样的人不能成为犯罪主体，同样也不能成为个别预防的对象。

应该指出，在古代和中世纪，由于医学与法学的不发达，因而往往刑及未成年人和精神病人。例如在中世纪的欧洲，绝大多数精神病人，都被看成是邪魔缠身、鬼怪附体，因而遭受残酷的折磨，不少精神病患者被宗教法庭投入火堆中活活烧死。对精神病人的危害行为更是采取严刑峻法，并且广泛地适用消灭肉体的办法将其置于死地。② 时至近代，随着启蒙思想的传播，人道主义运动的兴起，精神病人才得以免责。1810 年《法国刑法典》明文规定，精神错乱中所为之犯

① 参见赵秉志：《犯罪主体论》，27～28 页，北京，中国人民大学出版社，1989。

② 参见赵秉志：《犯罪主体论》，166 页，北京，中国人民大学出版社，1989。

罪行为，不构成重罪或轻罪。但是，随着龙勃罗梭所倡导的刑事实证学派的产生，在对个别预防予以充分关注的同时，往往把精神病人列入个别预防的对象。例如龙勃罗梭明确地将精神病罪犯纳入其罪犯分类中。龙勃罗梭否认在精神病与犯罪之间存在明确的区分，指出：在这样的情况下，如果说在犯罪与精神病之间有一条分界线的话，这条线也非常模糊，很难在进行审判前或者在尚能防范恶果发生时分辨清楚。在有些情况下，这种分界线则根本不存在，对犯罪和精神病加以区分的正是我们自己，而不是客观自然。因此，有必要建立刑事精神病院，只有依靠它们才能消除司法公正与社会安全之间的冲突，这种冲突在我们每日对这些人的审判中层出不穷。① 此后，菲利在其所划分的五类犯罪人中，也有精神病犯罪人这一类，认为精神病犯罪人是指患有某种精神病的临床形态，甚至连我们的现行刑法也予以承认的人。② 菲利还批驳了这样一种观点，即“如果他是一个精神病人，便与刑事司法毫无关系；他的行为不构成犯罪，因为他不能控制自己，那么他应当进普通精神病院，对他采取像对其他每一个危险精神病人一样的专门措施。否则，如果他是一个罪犯，那么他就与精神病院无关，就应当进监狱”。菲利认为，在这个二难推理中存在着一个谬误，因为它遗漏了中间情况和类型，即有些人同时是有精神病的和犯罪的。在这种中间情况下，有些人即使是精神病人，其逻辑结果也不能排除特别精神病院，那么具有犯罪倾向的犯罪精神病人就应当进入专门为他们这类精神病人准备的特别精神病院。③

我认为，从防卫社会的观点出发，由于精神病人具有较大的实施危害行为的可能性，因而应当予以重点防范，这无疑是正确的。但是，精神病人毕竟丧失了辨认能力和控制能力，不负刑事责任，因而他们不能成为刑罚的承受者，同样不能成为个别预防的对象。当然，对精神病人不予刑罚处罚，并不意味着对精神病人放任不管，任其危害社会，而应当建立有关精神病机构，予以必要的管束与治

① 参见［意］龙勃罗梭：《犯罪人论》，黄风译，272页，北京，中国法制出版社，2000。
② 参见［意］菲利：《实证派犯罪学》，郭建安译，41页，北京，中国政法大学出版社，1987。
③ 参见［意］菲利：《犯罪社会学》，郭建安译，157页，北京，中国人民公安大学出版社，1990。

疗。有些国家把这些措施纳入保安处分的范畴，但这也只是一种行政法上的保安处分措施，与刑法意义上的保安处分还是有区别的，因而也不属于个别预防的内容。

2. 实施已然犯罪之人。

作为个别预防的对象，还必须是实施了已然犯罪的人。这是由个别预防的性质本身所决定的。个别预防是对犯罪人适用刑罚，从而达到防止其再犯的目的。而刑罚只能对已经实施了犯罪的人才能适用。在刑法理论上，龙勃罗梭认为对没有实施犯罪而有可能犯罪的人也可以适用刑罚，进行个别预防。我认为，这种观点是十分危险的。虽然从预防犯罪这一善良动机出发，似乎无可指责，但这种观点过高地看重刑罚在犯罪预防中的作用，并且违背或者无视刑罚本身只具有一种事后救济的性质，从而得出一个很危险的结论，就是刑及无辜。所以，这种观点我难以苟同。社会上的不稳定分子，现在未犯，但已经具有犯罪动机，将来很可能欲犯。对于这样的人，可以采取一般预防，或者采取其他预防措施，但绝不能对他们适用刑罚，成为个别预防的对象。

3. 具有再犯可能之人。

作为个别预防的对象，不仅是已经实施了已然之罪的人，还必须是具有再犯可能之人。从理论上说，一切实施了已然之罪的人，如果不被施以必要的刑罚处罚，就会从犯罪中尝到甜头，从而都具有再犯可能。当然，每一个人的情境与性格不同，再犯可能性程度具有很大的差别。因此，对于一个精神正常的人，都应当处以刑罚，采取个别预防措施。但是，如果犯罪时精神正常，但在犯罪以后刑事诉讼过程中患了精神病，在这种情况下，丧失了辨认能力与控制能力，个别预防对其不可能再奏效，因而应当中止诉讼，不能判处刑罚。

（二）犯罪人的种类

对于犯罪人可以从多种角度进行分类，我这里只谈自然人与法人的分类。自然人当然可以成为个别预防的对象，那么，法人能否成为个别预防的对象呢？法人能否成为犯罪主体，这在刑法理论上是一个存在很大争论的问题。争论中涉及的一个重要问题就是法人是否具有刑罚的感受性，因而能否成为个别预防的对象。法人犯罪肯定说认为，法人是由自然人组成的，法人机关的成员能够根据各种利害关系决定法人的活动，为法人选择有利的经营、生产或其他活动内容。在我国，法人中的一般工作人员也有对法人活动进行监督、建议，甚至通过其代表决定法人事务，从而影响法人活动的权利和义务。由于法人受处罚不可避免地对法人中的上述人员产生直接或间接的影响，对于其中的有关责任人员，这种影响甚至可能使其直接地承担行政的或刑事的责任。因此，如果法人受到刑罚处罚，能够促使法人机关成员为了法人和自身利益而端正经营、生产以及其他经济活动的作风，促使法人中的一般工作人员监督、敦促法人遵纪守法。① 法人犯罪否定说则认为，法人不是有生命的实体，谈不上主观恶性，因而对法人无法通过适用刑罚进行教育改造，从而实现刑罚的目的。因为法人的犯罪都是由法人代表以法人名义实施的，法人代表既然不能直接受刑罚制裁，自然难以基于刑罚的威慑和改造教育功能而不再犯罪。②

我认为，这一争论的关键在于如何认识法人的性质。关于法人的性质，有拟制说与实体说之分。③ 根据拟制说，法人是虚构的，没有意识与意志，当然也就没有刑罚感受能力。而根据实体说，法人是一个具有人格的法律实体，像自然人一样具有意识与意志，因而也就有刑罚感受能力。我主张实体说，认为法人是具有意识与意志的能力，因而具有刑罚感受力，可以成为个别预防的对象。正如我国学者指出：法人的意志性取决于法人行为及其意思表示的目的性，而这种目的性又可以通过法人系统的整体作用于法人系统的部分或法人系统的部分作用于法人系统的整体的方式呈现出来。④ 否认法人具有意志力的观点难以解释法人为什

① 参见甘雨沛等主编：《犯罪与刑罚新论》，98 页，北京，北京大学出版社，1991。

② 参见赵秉志：《犯罪主体论》，348 页，北京，中国人民大学出版社，1989。

③ 参见马俊驹：《法人制度通论》，28 页，武汉，武汉大学出版社，1988。

④ 参见王晓燕：《对近年来关于法人犯罪问题之争论的批判研究》，载《改革与法制建设——北京大学九十周年校庆法学论文集》，585 页，北京，光明日报出版社，1989。

么在民事的与行政的法律活动中具有意志力，能够成为民事制裁与行政制裁的对象，而在刑法的法律活动中却不具有意志力，不能成为刑事制裁的对象，这一点在逻辑上难以自圆其说。

二、个别预防的形式

个别预防是通过对犯罪人适用刑罚实现的，刑罚对犯罪人的作用表现为以下两个方面：

（一）物理强制

物理强制是个别预防的最根本的形式，这种物理强制直接对犯罪人发生作用，从而体现出刑罚的强制力。在刑法理论上，刑罚可以分为生命刑、自由刑、财产刑、资格刑，这些刑罚方法由于其所剥夺的内容上的差别，因而强制程度有所不同，但它们对犯罪人都具有物理强制性。

1. 个别预防与生命刑。

生命刑是以剥夺犯罪人的生命为内容的，生命是人的基本存在形式，也是进行其他活动的前提。没有生命，就如同“皮之不存，毛将焉附”一样，其他人生价值也就无从实现。从个别预防的意义上来说，生命刑剥夺了犯罪人的生命，因而从肉体上彻底剥夺了犯罪人的再犯能力及其再犯可能性。正因为生命刑具有这种特征，因而受到某些个别预防主义者的推崇。例如龙勃罗梭就主张对那些危险性很大的人处死，使犯罪人彻底丧失再犯能力，这种主张被称为剥夺犯罪能力论。即使是贝卡里亚这样的死刑的首倡者，也不否认死刑具有这种彻底的个别预防的性质，因而认为在以下两种情况下是必要的：第一个理由，某人在被剥夺自由之后仍然有某种联系和某种力量影响着这个国家的安全；或者他的存在可能会在既定的政府体制中引起危险的动乱。再者，当一个国家正在恢复自由的时候，当一个国家的自由已经消失或者陷入无政府状态的时候，这时混乱取代了法律，因而处死某些公民就变得必要了。如果一个举国拥戴的政府，无论对内还是对外，都拥有力量和比力量更有效的舆论作保护，如果在那里发号施令的只是真正的君主，财富买来的只是享受而不是权势，那么，就看不出这个安宁的法律王国有什么必要去消灭一个公民，除非处死他是预防他人犯罪的根本的和唯一的防范手段。这是死刑据以被视为正义和必要刑罚的第二个理由。① 以上两个根据，第一个根据就是基于个别预防提出来的。当然，尽管生命刑具有这种彻底的个别预防的性质，但由于它具有相当的残酷性，有悖于刑罚人道主义原则，因而在现代刑罚体系中受到冷落以至于被逐出。

2. 个别预防与自由刑。

自由刑是以剥夺犯罪人的自由为内容的，自由虽然不像生命那么重要，但它仍然是实现人的价值的一个充分必要的条件。对于个别预防来说，自由刑的意义表现在两个方面：一是通过剥夺自由使犯罪人与社会相隔离，从而起到限制再犯的作用。二是利用行刑手段，对犯罪人进行教育改造。前者是自由刑的消极机能，又称排害机能；后者是自由刑的积极机能，又称驯化机能。自由刑的机能论经历了一个由消极说向积极说改变的历史发展过程。现在，西方又发展到有限积极说。基于现代经济理论支配下的自由刑机能论，把惩罚当做不得已而为之的最后手段，主张为实现刑期无刑、统治的高效益，在自由状态下或非刑罚状态中能解决的问题，尽量不放到拘禁设施内去解决，要尽量回避自由刑的使用，就是使用了，也要注意保护罪犯的人权，使其痛苦降到最低度，同时争取最大的改造效果，维护社会秩序。在这一意义下的自由刑，其机能虽仍是促进机能、积极机能，但只能是有限情况下的积极机能。② 在这种思想的指导下，限制自由刑得以发展，即使是剥夺自由刑，也是在开放或者半开放的监狱执行，打破了过去的完全封闭性。限制自由刑虽然不像剥夺自由刑那样，使犯罪人的人身自由完全丧失，而只是予以一定程度的限制，但它能够利用社会力量监督与改造犯罪人，并

① 参见［意］贝卡里亚：《论犯罪与刑罚》，黄风译，45～46页，北京，中国大百科全书出版社，1993。

② 参见甘雨沛等主编：《犯罪与刑罚新论》，431～432页，北京，北京大学出版社，1991。

发挥犯罪人的主观能动性，因而收到了较好的个别预防的效果，代表着自由刑未来发展的方向。

3. 个别预防与财产刑。

财产刑是以剥夺犯罪人的财产为内容的，财产不涉及人身，因而不属于人身刑。财产作为一种物质，在商品社会里具有极其重要的作用。当然，它的价值与生命和自由还是无法相提并论的。但是，财产刑，这里主要是指罚金，对于那些贪利性的经济犯罪和财产犯罪，具有较大的个别预防的作用。因为这种犯罪往往以牟利为目的，对这样的犯罪人剥夺一定的财产，使其偷鸡不成蚀把米，这本身就具有教育意义，使犯罪人知道不义之财不可贪。同时，这种犯罪还往往以一定的财产作为犯罪的资本或者手段，处以财产刑，是对其再犯能力的剥夺。由于罚金具有执行便利、刑罚经济等优点，现在适用面越来越广泛，尤其是在替代短期自由刑方面，收到了良好的效果，因而大量地适用于轻微的故意犯罪、过失犯罪以及其他一些犯罪。

4. 个别预防与资格刑。

资格刑是以剥夺犯罪人的资格为内容的，资格虽然相对于生命与自由来说，其价值是微不足道的，但是，在现代社会里，资格意味着一定的权利，也就是实现一定价值的机会。因而，资格的剥夺同样也会带来一定的影响，尤其是对于职务犯罪来说，资格刑作为附加刑适用，剥夺其担任一定职务的权利，具有特殊的个别预防作用。

（二）心理强制

物理强制只是刑罚对犯罪人作用的一个方面，另一重要的方面就是心理强制。心理强制作用于犯罪人的内心，使刑罚产生威慑心理。在这种威慑心理中，犯罪人的心理反应十分明显。从心理学的角度来看，所谓威慑心理，就是由于刑罚的威慑力，由于对犯罪者施加心理与生理上的强制性影响或抑制性刺激，所引起的一种畏惧反应。这种畏惧反应的突出特点是通过国家机器的强制手段和特殊方式，给犯罪者造成一定的心理压力和心理痛苦，从而阻止其犯罪动机和犯罪决意的形成，消除或改变犯罪心理结构和犯罪行为。[①] 因此，在某种意义上来说，心理强制对于个别预防更具有重要的意义。通过心理强制，可以产生以下的刑罚心理效应：

1. 畏惧心理。

畏惧心理是由于刑罚心理强制所引起的一种最基本的心理，它是犯罪人对刑罚这种强大的刺激的直接反映形式。畏惧心理可以使犯罪人因为惧怕刑罚而消除犯罪心理，有效地遏止犯罪动机的产生。刑罚对犯罪人产生的畏惧心理，虽然不像悔罪心理那样积极，但从个别预防的角度上来说，只要防止了再犯，无论是因畏惧还是因悔罪，价值都是相同的。因此，畏惧心理是刑罚的心理强制产生的个别预防的效应之一。

2. 痛苦心理。

对犯罪人适用刑罚，必然给犯罪人造成一定的痛苦，除生命刑剥夺生命以外，刑罚都在不同程度上使犯罪人感受到肉体或者精神上的痛苦，产生一定的痛苦效应。心理学认为，乐生恶死是人之常情，趋乐避苦是人类的本能，于是，一些犯罪学家便想通过一个人企图犯罪而还未能犯罪时所感到的不愉快感，同因实行犯罪所受到的痛苦的刑罚相比较的方法来阻止犯罪，并且通过大量的苦与乐的计算，列出了一个非常复杂的罪与罚的一览表，来指出人们行为的善与恶、止与行的后果，予人们以戒律。[②] 通过刑罚对犯罪人造成的痛苦心理，使犯罪人从切肤之痛当中有所悔悟，从而消除再犯心理，实现个别预防。

3. 悔罪心理。

刑罚不仅具有惩罚性，而且具有教育性。教育性寓于惩罚性之中，通过惩罚使犯罪人得到教育，从而产生自责与悔罪的心理，对本人的犯罪行为给社会造成的危害追悔莫及，表示认罪服法，改恶从善，根除犯罪意识。应该说，悔罪心理

---

① 参见马晶森：《论刑罚的威慑心理》，载《法学研究》，1984（4），35页。

② 参见马晶森：《论刑罚的威慑心理》，载《法学研究》，1984（4），37页。

是刑罚心理强制产生的一种积极的心理效应，对于个别预防具有极为重要的意义。

三、个别预防的目的

个别预防的目的是要防止再犯，也就是通过对犯罪人适用刑罚所产生的物理强制与心理强制的效应，达到防止犯罪人再次实施危害社会的犯罪行为的目的。

第二节 个别预防的功能

个别预防的功能，是刑罚功能的一个方面。刑罚功能是指国家创制、适用与执行刑罚所可能产生的积极的社会作用。刑罚的功能与国家刑事法律活动是密不可分的，它只表现在国家创制、适用与执行刑罚的过程中。因此，只有结合刑事法律活动的过程，才能科学地揭示刑罚的功能。个别预防的功能，是刑罚适用于犯罪人而直接产生的积极的社会作用。我认为，刑罚的个别预防功能主要体现在以下几个方面：

一、剥夺功能

刑罚总是表现为对犯罪人的一定利益或权利的剥夺。作为个别预防的具体措施，剥夺功能应当是指对于犯罪人再犯能力的剥夺。

在西方历史上，龙勃罗梭首次提出剥夺再犯能力的问题。龙勃罗梭根据天生犯罪人论，认为人类社会中既然存在着这些特殊的犯罪人的类型，就必然给社会带来危险状态。因此，龙勃罗梭主张依据这些犯罪人的特殊的、明显的生理烙印，不等到他们犯下某种罪行，就采取断然的社会保护措施，用人工选择的方法，来消灭人类中的坏分子，即对先天犯罪人采取处以死刑、终身隔离、流放荒岛、消除生殖机能等刑罚。应该说，龙勃罗梭的这一思想显然是将问题推到了极端，其荒谬性十分明显。因此，我同意对西方学者主张的剥夺犯罪能力论的以下评价：剥夺犯罪能力论几乎是把刑罚的剥夺犯罪能力功能当成个别预防的代名词，将其视为刑罚的唯一功能或主要功能，从而必然导致以剥夺犯罪能力为名对犯罪人适用终身监禁、长期自由刑甚至不定期刑。由于犯罪人的再犯可能性无法准确地测定，这种可能性的持续时间没有确切的衡量标志，以剥夺犯罪能力为名适用的极端的刑罚往往成为“虚假的实在”，即它们被适用于并无再犯可能的人或已消除再犯可能的人。[①] 我认为，即使是惩治犯罪，也还是要受到刑罚人道主义原则的限制。如果不顾忌这一点，以个别预防为名，任意剥夺犯罪人的利益，也不能认为是正当的。因此，对于剥夺功能应当有一个正确的认识。

剥夺再犯能力，作为刑罚的功能之一，在当今世界各国刑罚种类的设置中得到了充分体现。例如，侵犯公民人身权利的犯罪，除死刑以外，一般都适用自由刑。这样，就可以将犯罪人与社会相隔离，防止其再犯。自由刑之所以备受各国刑法之青睐，主要就在于它具有剥夺与限制再犯能力这样一个其他刑种无可比拟的简便的优点。

二、改造功能

同剥夺功能一样，改造也是针对犯罪人的刑罚功能，并且是最主要的功能之一。如果说，刑罚的剥夺功能具有十分悠久的历史，甚至可以说是刑罚与生俱来的功能，那么，刑罚的改造功能就是近代才提出来的。它的提出，表明人类对刑罚现象的认识的又一次升华。刑罚的剥夺功能主要表现在量刑过程中，行刑是剥夺功能的具体实现的过程。而刑罚的改造功能则主要发生在行刑阶段。因此，改

① 参见邱兴隆等：《刑罚学》，75页，北京，群众出版社，1988。

造功能具有十分重要的意义。

改造，在西方法学著作中称为矫正（correction），其目的在于改变犯人的价值观念和行为方式。[①] 改造与矫正，词异义同。一般认为，对罪犯进行矫正的思想起源于边沁。边沁根据功利主义原则，认为应当以尽可能小的代价防止犯罪，而对犯罪人进行有效的矫正无疑是防止犯罪的方法之一。由边沁发起的不列颠刑法改革，大力倡导了矫正思想。边沁还亲自设计了一个圆形监狱，这是对矫正的一大贡献。[②] 而系统提出矫正理论的，则是李斯特。李斯特的教育刑论，把根据罪犯的人身危险性对罪犯进行矫正的任务提到了十分重要的地位，他明确提出"矫正可以矫正的罪犯，不可能矫正的罪犯不使为害"的口号。自此以后，各国刑法都贯彻了这一思想。在社会主义国家，《苏联各加盟共和国刑法基本原则》第 4 条以及《苏俄刑法典》第 9 条明确把对罪犯之矫正劳动规定为刑罚适用之目的。[③] 中华人民共和国成立初期，劳动改造作为我国刑法的任务加以规定，并在有关法律中得以贯彻。

我国刑罚的改造功能是以马克思主义关于人的解放的学说为政治理论基础的。无产阶级以改造世界为己任，不仅要改造客观世界，而且要改造主观世界。当然，对犯罪分子的改造根本不同于对其他人的改造，其他人的改造是自觉的，而犯罪分子的改造则是不自觉的，需要采取强制手段，迫使其改造。只有通过改造，才能改变其好逸恶劳的恶习，铲除其违法犯罪的思想，使其成为自食其力、遵纪守法的公民。通过改造，使消极因素化为积极因素，无论对于社会还是罪犯都有十分重要的意义。

对犯罪分子的改造不仅是必要的、有益的，而且是完全可能的。这里涉及一

① 参见［美］克莱门斯·巴斯勒斯：《矫正导论》，孙晓雳等译，67 页，北京，中国人民公安大学出版社，1991。

② 参见［美］克莱门斯·巴斯勒斯：《罪犯矫正概述》，郭建安等译，13～14 页，北京，群众出版社，1987。

③ 参见［苏］孟沙金主编：《苏联刑法总论》，下册，彭仲文译，492 页，上海，大东书局，1950。

个改造犯罪分子的可能性问题。改造犯罪分子的可能性是由人的思想的可塑性所决定的。马克思主义认为，世界是一个运动变化的过程，立足于现实世界的人，是各种社会关系的主体，也在社会的不断运动变化中调整自己的行为。人不仅是自然的产物，更重要的是社会的产物。人的意识，包括犯罪分子的思想意识，是自然界和社会客观存在的事物在其头脑中的反映，因此，人的思想既不是天生的，也不是头脑里固有的，而是来自社会实践。正是在这个意义上，我们认为人是可以改造的。这一点，也得到了生物学的确凿证明。苏俄著名生物学家巴甫洛夫指出："用我的方法研究高级神经活动，经常得到的最主要的最强烈的印象，就是这种活动的高度可塑性及其巨大的可变性：任何东西不是不变的、不可影响的。只要有相应的条件，一切总是可以达到的，并且向好的方面转化。"[①] 巴甫洛夫的研究成果从生物学的角度证明了人的心理结构的可改变性，从而为改造犯罪分子提供了科学的依据。

我国刑罚制度体现了对犯罪分子进行改造这样一种思想。例如，我国刑法中的管制，是在公安机关管束和群众监督下进行劳动改造；我国刑法中的无期徒刑和有期徒刑，是将犯罪分子关押在监狱或者其他场所进行劳动改造；我国还规定了死缓制度，对判处死缓的罪犯，强制实行劳动改造。

三、感化功能

感化功能是针对犯罪分子而言的，它主要体现了刑罚的教育性，刑罚的感化功能是指通过区别对待、宽大处理等一系列的政策与制度，使刑罚对犯罪分子产生心理上的感受和影响。

中国古代一些思想家，尤其是儒家，在德主刑辅、宽猛相济等思想的指导

① 《巴甫洛夫选集》，俄文版，第3卷，下册，1951。

下，都十分重视刑罚的感化功能，强调诛心的作用。我国刑罚的感化功能，是惩办与宽大相结合这一刑事政策的直接体现，因而根本不同于封建社会的刑罚感化功能。根据惩办与宽大相结合的刑事政策，在处理刑事案件的时候，应当分清不同情况，实行区别对待，惩办少数，改造与教育多数。这一政策在我国刑法中得到具体体现：我国刑法规定了自首、缓刑、减刑、假释、死缓等刑罚制度，以及一系列从轻、减轻或者免除的量刑情节。这些制度与从宽处理的情节，都体现了国家对犯罪分子宽大处理的政策精神，它可以消除犯罪人的抵触情绪，使其自觉地接受加于自身的刑罚，从而对犯罪分子起到攻心作用。许多犯罪分子在受到法律的宽大处理以后，都对政府感恩不尽，决心改恶从善，脱胎换骨，重新做人，这就是刑罚通过宽大处理而感化罪犯的最好说明。对犯罪分子的刑罚感化，不仅表现在量刑过程中，而且体现在行刑过程中。行刑既不单纯是对犯罪分子的权利与利益的剥夺，也不仅仅是对犯罪分子的改造，而且是通过各种措施，感化犯罪人。只有这样，才能收到良好的效果。

我国刑罚之所以强调刑罚的感化功能，还立足于这样一个基本思想，即犯罪分子也是人。尽管有些犯罪分子在长期的恶劣的环境中，丧失了人之为人的理智与感情，形成变态的扭曲心理，有些甚至变成丧心病狂的亡命之徒，但这些犯罪分子仍然是人，对于外界的刺激也不会无动于衷，也还会有人的感情需求。在这种情况下，需要根据其所犯罪行，予以严肃的法律制裁的同时，动之以情，晓之以理，打动他的心，启迪他的理智。因此，刑罚的感化功能是使犯罪分子成为新人的有效方式。

四、个别威慑功能

个别威慑是指刑罚对犯罪分子产生的威吓慑止作用。个别威慑又可以分为行刑前威慑与行刑时威慑。行刑前威慑是指犯罪分子在受到刑罚惩罚前，基于对刑罚的畏惧而采取放弃犯罪或者争取宽大处理的行为。犯罪分子是具有正常理智的人，是在意志自由的情况下实施犯罪的，除个别激情型或义愤型犯罪具有突发性，往往缺乏对本人行为后果的预见以外，在大多数情况下，犯罪分子都是了解法律规定，对自己行为的法律后果有所预见，基于本身的愿望而选择的。因此，犯罪分子虽然没有亲身感受过刑罚的惩罚，但刑罚的存在无疑是对犯罪分子的强大阻止，对犯罪分子具有慑止作用。行刑时威慑是指刑罚的实际执行使犯罪分子因畏惧再次受刑而不敢再犯罪。犯罪分子往往具有侥幸心理。行刑前威慑虽然具有一定的作用，但犯罪分子因心存侥幸而不顾刑罚的威慑以身试法。为此，通过对犯罪分子适用刑罚，使之亲身体验受刑之苦，告知犯罪必须以受惩罚为代价，任何侥幸都是枉然，从而产生犯罪与刑罚之间具有必然联系的确信。这样，犯罪分子就会消除犯罪动机，抑制犯罪意念，使再犯心理不外化为再犯行为。

五、个别鉴别功能

个别鉴别是刑罚对不知法而犯罪者所产生的认清自己行为的性质的作用。在司法实践中，不知法而犯罪者大有人在，这种所谓法盲犯法现象的存在，充分说明了刑罚的个别鉴别功能的必要性。不知法而犯罪者，通过接受法律的审判和刑罚的适用与执行，以亲身感受的方式明确无误地认识到某一行为是刑法所确然禁止、为社会所不接受的，从而接受教育以后不犯，而且，刑罚的这种个别鉴别功能还有举一反三之作用，因不知法而犯某一具体之罪，通过刑罚适用当然可以认清这种行为是犯罪的。然而同时反躬自问：为什么会导致犯罪？关键在于不知法。因而促使犯罪分子去学习法律、掌握法律，将自己的所作所为限制在法律所允许的范围之内。

第三节　个别预防的实现

个别预防的实现，有赖于整个刑事法律活动的进行。在这个意义上说，刑事法律活动的一个重要目的就是实现个别预防。当然，个别预防的实现并非百分之百，再犯可能性在很多情况下往往转化为现实性，因此，对刑罚的个别预防功能不能寄予过高的期望。因为预防犯罪是一项综合性的工作，刑罚只是综合治理中的一个环节，指望刑罚能够彻底防止再犯是完全不现实的。尽管如此，我们仍应当致力于个别预防，并在最大程度上实现个别预防。个别预防效果的好坏与再犯率的高低成反比。所谓再犯率，是指该区域内再犯数量与个别预防对象数量之间的百分比。这里的再犯数量包括：a. 在服刑期间又犯的新罪；b. 刑罚执行完毕（或赦免后）又犯的新罪；c. 正在服刑期间的犯罪人；d. 刑罚执行完毕（或赦免后）的人。如果用 N 代表再犯率，用 a，b，c，d 分别代表上述四种人，再犯率可用公式表示为：$N=[(a+b)/(c+d)]\div 100\%$。[①] 因此，实现个别预防，就是要尽可能地降低再犯率。

一、个别预防的实现与刑事立法

刑事立法是以制定、修改或者补充刑事法律为内容的，它具有对事不对人的特点，对于个别预防的实现来说，它并不具有直接的意义。但是，个别预防不能离开刑事法律，刑事法律是实现个别预防的前提条件。更为重要的是，在刑事立法中贯彻个别预防的观念，使制定出来的法律，在个别预防方面能够发挥更大的作用。因此，刑事立法对于个别预防有着重要的意义。例如，刑事立法对法定刑

① 参见苗潜、余净：《论刑罚的双重预防目的》，载《烟台大学学报》，1991（4），22页。

规定一定的幅度，以便于司法人员根据个别预防的需要选择适用，这就为个别预防的实现提供了法律保障。

二、个别预防的实现与定罪量刑

定罪量刑是刑事司法的主要内容，它对于个别预防的实现有着重要的意义。尤其是刑罚的裁量，根据犯罪人的再犯可能性大小，结合其他主客观因素，确定对犯罪人的具体刑罚，是实现个别预防的十分重要的一个步骤。为了实现个别预防，对犯罪人所判处的刑罚必须适当。根据犯罪心理学的原理，罪刑相当时，犯罪人经过教育，一般或迟或早总会觉得承受刑罚是对所犯罪行给社会造成危害的必要补偿。恰当的刑罚，能减轻犯罪者的自责感，使其由于犯罪造成的紧张情绪得到缓和，恢复原有的心理平衡，因而在执行刑罚投入劳动改造的过程中，能够使其以正常人的心理状态，冷静地思考问题。但是，犯罪人预测的刑期往往较实际判决的为低。因此，在判决宣告后他们通常会产生不满情绪，需要通过教育，帮助他们认识判决的正确性。[①] 如果刑罚不适当，则不利于个别预防的实现。刑罚畸重，犯罪人难以接受，会产生强烈的反感、抵触情绪，投入劳动改造以后，仍然不服判决，甚至沉浸在漫无止境的申诉当中，根本不能开展正常的劳动改造。刑罚畸轻，则犯罪人思想上触动不大，视法律如儿戏，没有感受到刑罚的震慑力，难以防止将来再次以身试法。

三、个别预防的实现与刑罚执行

刑罚的执行，尤其是自由刑的执行，对于个别预防的实现有着直接而重要的作用。在某种意义上可以说，个别预防主要是通过刑罚的执行得以实现的。我国

① 参见罗大华等：《犯罪心理学》，336页，北京，群众出版社，1983。

的刑罚执行，贯彻惩罚与改造相结合的原则，尤其是改造犯人是刑罚执行的核心任务，它既是刑罚执行的出发点，又是刑罚执行的归宿。刑罚的个别预防，主要是通过对犯罪人的改造实现的。刑罚执行中对犯罪人的改造包括两个基本的方面：一是让犯人在劳动生产中改造自己；二是通过教育改造犯人，转化犯人的思想和行为。在刑罚执行中，劳动生产是改造犯人的根本途径，让犯人在劳动生产中改过自新，学会劳动技能，养成劳动习惯，为社会创造一定的财富，这是社会主义性质刑事执行的一个显著特点。① 实践证明，刑罚执行期间，犯罪人改造的好坏，对于将来再犯具有重大影响，根据对 1 052 名出狱人员的调查，服刑表现好的人中，重新犯罪的只占 0.9%；而服刑表现差的人中，重新犯罪率高达 14.6%。在释放后表现好的人中，服刑期间表现好的占 75%，有一半的人受过奖；在表现差的和轻微违法者中，服刑期间表现差的占了 56%；在重新犯罪者中，原来表现差的达 65%，且有 36.8%的人受过惩罚。②

第四节　个别预防的评价

对于个别预防应当如何评价，在理论上存在较大的争论。个别预防在我国尚是一个有待重视的问题，对它的恰如其分的评价，必将有利于个别预防作用的发挥。

一、个别预防客观存在

在刑法理论上，报应主义对个别预防断然予以否定，例如黑格尔对个别预防主义的矫正说作了批评，指出：“如果单单把犯人看做应使变成无害的有害的动

① 参见张绍彦：《刑事执行法学》，33 页，北京，中国人民公安大学出版社，1990。

② 参见《劳改劳教工作的理论与实践》，371 页，北京，法律出版社，1988。

物，或者以儆戒和矫正为刑罚的目的，他就更得不到这种尊重（对犯人理性存在的尊重——引者注）。”① 一般预防主义也对个别预防进行了抨击，例如兰德施德特指出：“那种认为刑罚的目的在于使罪犯适应社会的观点，无疑是最荒诞的空想，而且只是在经院式的法律学中才能找到。经验证明，刑罚对罪犯恰恰只能起相反的作用。刑罚本身就具有使被判刑者自暴自弃的作用，并且常使罪犯转入受社会歧视的行列。”② 我认为，这种断然否定个别预防的观点是不能成立的，事实上，个别预防的作用确实存在，根据在于：

（一）心理学根据

个别预防主要是对犯罪人思想的矫正，因为犯罪的客观危害已经难以改变。但这种犯罪行为并非是一次性的，而是具有可重复性的。因为它受犯罪人的思想的支配。而从心理学上来说，人的犯罪思想是可变的。犯罪人的犯罪心理并非与生俱来，凭空产生，而有其固有的物质基础，是在后天社会生活和活动中，在其独具特色的个体实践、社会经历和交往过程中逐渐产生和发展的。现实的人所处的社会环境，是十分复杂而变化无穷的，其中既有积极的、正常的方面，也有消极的、异常的方面，如不良的社会存在和不良的社会意识，等等。犯罪心理正是犯罪人在其生活实践中大脑对外部环境中的不良因素的反映，是外部不良条件刺激物反复作用的结果。③ 根据犯罪心理的这种产生过程的客观性，我们可以为犯罪人创造一个良好的小环境，在这个小环境内，通过劳动改造的手段，逐渐消除犯罪人的犯罪心理，并在此基础上建立良好的心理结构。

（二）刑法学根据

个别预防的刑法学根据，在于对犯罪人适用刑罚的目的之一，就是要对犯罪人进行劳动改造，使其人身危险性逐渐消失，从而不至于再次危害社

---

① ［德］黑格尔：《法哲学原理》，范扬、张企泰译，103 页，北京，商务印书馆，1961。

② 转引自［挪］约翰尼斯·安德聂斯：《刑罚与预防犯罪》，钟大能译，2 页，北京，法律出版社，1983。

③ 参见孙晓雳等：《劳改法学理论新论》，212 页，北京，中国人民公安大学出版社，1991。

会。例如，菲利认为犯罪这种道德疾病像生理疾病一样，犯人像病人一样。因此，对犯罪人的矫正也应当像对待病人一样，针对不同的原因和个性特征，施以不同的治疗。菲利甚至明确地宣称："我们可以得出一个历史的法则，在人类处于最野蛮的状态下，其刑法典都只有惩罚规定，而没有关于矫正罪犯的规定；随着人类文明的进步，则出现了与此相反的只有矫正而没有惩罚的观念。"① 虽然菲利夸大了个别预防的作用，但个别预防显然是代表着刑法的发展方向的。

（三）实证性根据

个别预防的效果，是有实证性根据支持的。我国三十多年来，在改造犯罪者的事业上，已经取得了辉煌的成就。各式各样的犯罪分子，包括皇帝、战犯、特务、间谍、强盗、窃贼等等在内，经过劳动改造这个伟大熔炉的锻炼，许多人成了安分守己、自食其力的劳动者，纷纷走上了自新之路。② 尤其是对末代皇帝溥仪和日本战犯的改造，最为世界所称道。

二、个别预防困难重重

尽管个别预防的效果是客观存在的，但个别预防面临着极大的困难，并不像个别预防主义者想象的那么乐观。德国学者京特·凯泽指出："最近出现了某些障碍，严重地限制了行刑的进一步改革和人性化。其中一个因素是人们对监禁刑的效果越来越感到怀疑，甚至可以说，这使监禁刑的观念发生了危机。现在提出的问题是：罪犯究竟会不会'改造自新'？也就是说，能否把他们教育好，使他们获释后安分守己地生活而不再犯罪。监狱系统内外吸毒现象的增加和关押恐怖分子引起的反响都干扰了再社会化的进程。犯罪人数的增加，当前刑事机构内的

① ［意］菲利：《实证派犯罪学》，郭建安译，5页，北京，中国政法大学出版社，1987。

② 参见邓又天主编：《劳动改造罪犯的理论与实践》，241页，北京，法律出版社，1987。

过分拥挤和拨款的减少都对进一步开展矫正改革产生了极为不利的影响。这种现象不只限于德意志联邦共和国，整个欧洲都是如此”[①]。个别预防之所以受挫，原因是多方面的，但主要原因是京特·凯泽所说的行刑效果不佳。因为行刑效果是个别预防得以实现的一个根本保证，而正是在这一点上远远不尽如人意。而且，个别预防的实现不仅仅是行刑机构的事情，而且有赖于社会各方面的工作。根据调查，重新犯罪率高的共有以下10种情况[②]：(1) 改造程度差的高于改造表现好的。(2) 没有学会劳动技能的高于学有一技之长的。(3) 无生活出路的高于安置落实的。(4) 无人帮教的高于帮教落实的。(5) 无家小的高于有家小的。(6) 服刑期短的高于服刑期长的。(7) 盗窃、诈骗犯高于其他刑事犯。(8) 农村高于城镇。(9) 少年犯高于成年犯。(10) 改造秩序乱的单位高于改造秩序稳定的单位。在以上10种情况中，除第1种和第10种属于监狱本身的问题以外，其他8种都与社会上的因素有关。因此，对于个别预防的艰巨性应该充分认识，个别预防的实现需要付出更大的努力。

三、个别预防的中国课题

如何实现个别预防的效果，对于中国来说，始终是一个重大的课题。不可否认，中国的个别预防存在不少困难。较高的脱逃率与再犯率困扰着司法机关。例如，某省劳改部门，在1983年“严打”之前，犯人的脱逃率为6.6‰，在1985年为7.1‰，在1986年则为10.1‰。[③] 这些触目惊心的数字，给我们敲起了警钟。我国的个别预防到底应当如何发展？这已经成为一个迫切需要解决的问题。

---

① ［德］京特·凯泽：《欧·美·日本监狱制度比较》，刘瑞祥等译，16页，北京，中国政法大学出版社，1989。

② 参见《劳改劳教工作的理论与实践》，371～375页，北京，法律出版社，1988。

③ 参见中共贵州省委政法委员会研究室：《对劳改单位改造质量问题的调查及对策》，载《法学与实践》，1987（4），29页。

我认为，我国的个别预防应当注意以下三个问题：

（一）刑事立法上强化个别预防

虽然我国刑法理论将个别预防视为刑罚目的之一，但在刑事立法中体现得还不够。从完善刑事立法的角度来考虑，应当强化个别预防。强化个别预防主要表现为对犯罪人的规定进一步类型化，从而加强刑事立法的针对性。在这方面，外国立法例可供参考。例如，《苏俄刑法典》规定了特别危险的累犯，在刑法中对特别危险的累犯的责任问题作了特别规定，以便加强同这种特别危险的累犯作斗争。又如，《巴西刑法典》将累犯分为两种：凡是犯不同性质的罪为一般累犯。凡是犯同一性质的罪为特殊累犯。对于特殊累犯，即刑法理论上所说的同种累犯的处罚重于对一般累犯的处罚。我国刑法中虽然也规定了累犯，但累犯的分类还不够细致。在犯罪人中，除累犯具有较大的人身危险性以外，惯犯具有更大的人身危险性，也是个别预防的重点。我国 1979 年刑法仅有 4 个条款规定了惯犯，1997 年修订后的刑法则又废弃了惯窃罪、惯骗罪的规定，使惯犯种类更为减缩。而且，在刑法理论上也未将惯犯作为一种犯罪人加以重点研究，而是将惯犯作为罪数问题进行研究。我认为，惯犯应当被作为一种犯罪人的类型，在刑法总则中加以规定，进一步明确惯犯构成条件，加强与惯犯作斗争。只有这样，才能使刑法更好地发挥个别预防之功能。

（二）定罪量刑中加强个别预防

定罪量刑中加强个别预防，主要是指在刑事审判工作中要贯彻刑罚个别化的原则，使定罪量刑更有针对性。在定罪工作中，要考虑犯罪人的人身危险性的因素，尤其是在以情节严重为构成要件的犯罪中，认定情节是否严重，应当注重考虑犯罪的人身危险性。在量刑工作中，更是要贯彻刑罚个别化的原则，根据犯罪人的人身危险性选择刑种并确定刑度。

（三）刑罚执行中落实个别预防

个别预防的效果如何，关键在于刑罚执行。因此，刑罚执行对于个别预防的实现具有重要意义。在刑罚执行中落实个别预防，就是要在刑罚执行过程中加强对犯罪人的劳动改造和教育改造，消除犯罪人的人身危险性。应该指出，我国再犯罪率高的原因是多方面的，但与在监狱管理工作中，对劳动改造与教育改造的关系处理不当也有一定的关系。在相当一个时期内，监狱存在着重生产、轻教育的现象，监狱的企业化倾向较为严重，而其行刑职能有所减弱。这与监狱经费未能落实到位有一定的关联，为此监狱不得不把创收放在一个重要位置上。随着监狱体制改革，实行监企分离，监狱经费得到保障，监狱的行刑职能受到强调与重视。因此，刑罚执行中的个别预防得到较好的落实，行刑效果有所提高，这是值得肯定的。

第十四章 一般预防

预防之刑不仅表现为个别预防，而且表现为一般预防。相对于个别预防来说，一般预防的涉及面更为广泛，它充分表现了刑罚对于社会的积极影响，因而是刑法哲学的重要课题，值得深入研究。

第一节　一般预防的概念

一般预防，是相对于个别预防而言的，指通过对犯罪人适用一定的刑罚，而对社会上的其他人，主要是指那些不稳定分子产生的阻止其犯罪的作用。由此可见，一般预防的概念可以从以下三个方面得以展开：

一、一般预防的对象

一般预防的对象是社会上的其他人，这是一般预防区别于个别预防的一个显著特征。一般地说，一般预防的对象主要是指以下三种人：

（一）潜在的犯罪人

潜在的犯罪人，又称为未然的犯罪人，是指那些社会上的不稳定分子。这些人已经产生犯罪意念，具有犯罪的现实可能性。潜在犯罪人具有对社会造成危害的潜在危险性，因而是一般预防的首要对象。我国学者把潜在犯罪人又分为两类：知法欲犯者与不知法而可能犯者[①]，这是科学可取的。虽然同是潜在犯罪人，但知法欲犯者与不知法而可能犯者具有不同的特征，应当予以区别。知法欲犯者，在大多数情况下都是明知故犯的危险分子。这些人已经基于自身的非法需求，产生了通过危害社会的方式满足自己的非法需求的心理动机。当外界客观条件成熟以后，这种犯罪动机就会很快地转化为犯罪行为。不知法而可能犯者，大多是法盲犯罪。这些人对于法律规定茫然无知，因而随时随地都有可能犯罪，也属于危险分子。

（二）被害人

被害人是犯罪的受害者。被害人有狭义与广义之分：狭义上的被害人指直接受到犯罪侵害的当事人；广义上的被害人除上述当事人以外，还包括其亲属，尤其是在杀人等犯罪案件中，被害人死亡，感受到切肤之痛的往往是被害人的亲属。在被害者学（Victimology）中，著名的以色列律师门德尔松（Mendelsohn）认为被害者与加害者之间存在“刑事上的对立者”（Couplepenal）的关系。刑事上的对立者有两个相反的局面：一是在受害之前，被害者与加害者两方或者在社会关系中互相依存，或者各不相干；二是受害之后，二者互相排斥，其关系亦转化为对抗性质，或者从没有关系变为有关系，不过这种关系是利害关系。[②] 正由于被害人与加害人即犯罪人之间存在这样一种对抗性的关系，因而被害人具有要求惩罚犯罪人的迫切愿望。如果这一愿望不能得到满足，被害人就会基于复仇的动机，对犯罪人进行私人报复，从而构成新的犯罪。因此，被害人也是刑罚的一般预防的对象。

---

① 参见邱兴隆等：《刑罚学》，85页，北京，群众出版社，1988。

② 参见张智辉、徐名涓：《犯罪被害者学》，35页，北京，群众出版社，1988。

（三）其他守法公民

除潜在犯罪人和被害人以外的其他守法公民，能否成为一般预防的对象，这是一个存在较大争论的问题。刑事古典学派的代表人物之一 A. 费尔巴哈明确指出："刑事法律是面向全体公民的；它威胁着每一个人。"[①] 苏俄刑法学家 A. H. 特拉伊宁在评论费尔巴哈的这一论断时指出：实际情况同这些说法是极其矛盾的。在对流浪行为、罢工和工人违反雇佣合同等规定刑罚时，在对侵犯私有制的罪犯猛烈打击时，刑事法律实际威胁的并不是"一切人"和"每一个人"，也不是同等地威胁着"一切人"和"每一个人"。法律所反对的是被剥削者的切身利益。[②] 在这里，特拉伊宁揭露了资本主义社会刑罚在其现实性上的不平等性。但是，特拉伊宁并未对全体公民是否可以成为一般预防的对象作出评论。在苏俄刑法学界，对于其他守法公民能否成为一般预防的对象也存在争论。贝斯特洛娃指出："藉对犯罪者施用刑罚的方法达到影响四周人民意识的目的，称为一般预防的目的。"[③] 显然，根据这种说法，不仅社会上的不稳定分子，而且其他守法公民都能够成为一般预防的对象。杜尔曼诺夫则明确地说："在我国国内认为一般预防的任务是预防社会成员们不去犯罪，这种说法是不对的。实际上需要预防的只是少数的动摇不稳分子。"[④] 这种争论，在我国刑法学界同样存在。我国学者认为，一般预防，是指通过对罪犯适用刑罚来警戒社会上有可能犯罪的分子，防止他们走上犯罪道路，并教育和支持广大人民群众自觉遵守法律并同犯罪分子作斗争。[⑤] 根据这种观点，广大人民群众也是一般预防的对象。但也存在与此相反的观点，认为群众是同犯罪分子作斗争的主体，他们蕴藏着同犯罪作斗争的积极

① 转引自［苏］A. H. 特拉伊宁：《犯罪构成的一般学说》，19～20页，北京，中国人民大学出版社，1958。

② 参见［苏］A. H. 特拉伊宁：《犯罪构成的一般学说》，20 页，北京，中国人民大学出版社，1958。

③ ［苏］贝斯特洛娃：《苏维埃刑法总论讲义》，中国人民大学刑法教研室译，6 页，北京，中国人民大学出版社，1952。

④ ［苏］杜尔曼诺夫：《苏联刑法概论》，杨旭译，36 页，北京，新华书店，1950。

⑤ 参见何秉松主编：《刑法教程》，149 页，北京，法律出版社，1987。

性，绝大多数公民不犯罪，绝非出于刑罚的警戒，而是出于他们主人翁的责任感和遵纪守法的自觉性。因此，不能把人民群众作为刑罚一般预防的对象。[①] 我认为，在我国，人民群众是同犯罪作斗争的有生力量，对于这一点谁也不会否定。关键是如何理解一般预防？那种认为只要把其他守法者作为一般预防的对象，就是对人民群众不信任的观点，其实是出于对一般预防的误解。例如我国学者指出：一般预防即是通过对犯罪人适用刑罚的活动，发挥刑罚的司法威慑功能，阻却已产生犯罪欲念的人去实施犯罪。这就决定了，只有具有犯罪欲念的人才有刑罚威慑的必要，才有一般预防的必要，才能进入一般预防对象的行列。而我国的绝大多数公民，由于法律体现的是他们的意志，因而能自觉遵守；由于无论刑法规定的何种犯罪行为都直接或间接地危害着他们的利益，因而他们都深恶痛绝。他们根本没有犯罪的欲念，相反，却有着很高的与犯罪作斗争的积极性。既然如此，刑罚有什么必要去对广大的奉公守法公民进行威慑呢。[②] 显然，这种观点把一般预防归结为刑罚的威慑，因而得出了错误的结论。实际上一般预防的含义并非仅仅是威慑，而是还包括教育、鉴别等意蕴。因此，我认为其他守法公民也是一般预防的对象。

二、一般预防的形式

刑罚对于个别预防来说，是直接形式；对于一般预防来说，则是一种间接形式。也就是说，刑罚不仅作用于犯罪人，而且间接地作用于其他人，这种作用当然不是个别预防那样的物理强制，但仍然具有现实的内容。

（一）一般预防与生命刑

生命刑虽然剥夺的是犯罪人的生命，但对于社会上的其他人，尤其是不稳定

① 参见曹子丹主编：《刑法教程》，164页，北京，中国政法大学出版社，1988。

② 参见周振想：《刑罚适用论》，139页，北京，法律出版社，1990。

分子，具有强烈的威慑力。在历史上，统治者总是力图借助于生命刑的这种震慑力，采取公开的行刑方式，以达到一般预防的效果。中国刑法史上的“弃市”，就是一例。在心理学上，存在所谓交感效应，就是通过对一些犯罪分子施以刑罚，在他们的心理上造成一种畏惧感，然后再由他们的感觉、知觉、情绪、情感等心理现象迅速传递给另外一些犯罪分子，从而收到一定的震慑效果。有的心理学家把这种效应称为“观念效应”，就是说一个人的心理现象或活动可以引起其他人的心理“共鸣”，并且会产生一种较强的反馈现象，所谓“杀一儆百”就是这个道理。①

（二）一般预防与自由刑

自由刑采取对犯罪人剥夺或者限制人身自由的形式。丧失自由对于一个过惯了正常社会生活的人来说，将会产生极大的心理压力并且感受到深切的痛苦。这对于一切珍惜自由的人来说，都具有一种威慑力。匈牙利诗人裴多菲的名句每一个人都记忆犹新：“生命诚可贵，爱情价更高，若为自由故，两者皆可抛”。如果说裴多菲的诗句将自由的价值置于生命之上是一种文学的夸张，那么，贝卡里亚的以下这段话则不乏哲理：“对人类心灵发生较大影响的，不是刑罚的强烈性，而是刑罚的延续性。因为，最容易和最持久地触动我们感觉的，与其说是一种强烈而暂时的运动，不如说是一些细小而反复的印象。习惯是一种主宰着一切感知物的王权，一个人说话、走路、寻求生活需要，都离不开习惯的帮助；同样，道德观念只有通过持续和反复影响才会印入人的脑海。处死罪犯的场面尽管可怕，怕只是暂时的，如果把罪犯变成劳役犯，让他用自己的劳苦来补偿他所侵犯的社会，那么，这种丧失自由的鉴戒则是长久的和痛苦的，这乃是制止犯罪的最强有力的手段。这种行之有效的约束经常提醒我们：如果我犯了这样的罪恶，也将陷入这漫长的苦难之中。因而，同人们总感到扑朔迷离的死亡观念相比，它更具有力量。”② 尽管贝卡里亚的这一说法有一定的心理学根据，但是我们还是不能同

① 参见马晶淼：《论刑罚的威慑心理》，载《法学研究》，1984（4），38页。

② ［意］贝卡里亚：《论犯罪与刑罚》，黄风译，46～47页，北京，中国大百科全书出版社，1993。

意，因为生命刑重于自由刑，这已是世界性的共识。贝卡里亚这段话所阐述的自由刑的一般预防作用，尽管被夸大了，但还是为我们所同意的。

（三）一般预防与财产刑

财产是富贵的象征，以剥夺财产为内容的财产刑，对于贪财如命的犯罪人来说不啻是釜底抽薪。同样，财产刑也具有一般预防的作用。那些想要实施贪利性犯罪的人，往往精于计算，想要通过犯罪手段攫取不义之财，最后却赔了夫人又折兵，因而得不偿失。基于这样一种考虑，可能犯罪者会因受到财产刑的威慑而悬崖勒马。因此，财产刑也具有一般预防的作用。

（四）一般预防与资格刑

资格刑不像其他刑罚那样具有强烈的震慑力，但资格刑往往涉及犯罪人的荣誉、人格等精神性的利益。一个被剥夺政治权利的人，在选举等活动中往往感到低人一等，无脸见人。因此，对于那些比较注重精神利益的人来说，资格刑也具有切实的一般预防作用。

三、一般预防的目的

一般预防的目的是要防止初犯，也就是通过对已然的犯罪人适用刑罚，震慑社会上的不稳定分子，安抚被害人，教育其他守法者，从而防止犯罪的发生。

第二节　一般预防的功能

一般预防的功能，是刑罚功能的另一个方面，它和个别预防一起，共同构成刑罚功能的本体。刑罚的一般预防功能主要体现为刑罚对一般人的影响，这种影响主要表现在以下几个方面：

一、一般威慑功能

一般威慑是刑罚对潜在犯罪人发生的威吓慑止作用。一般威慑又可以分为立法威慑与司法威慑。立法威慑是指国家以立法的形式将罪刑关系确定下来，通过刑法规定犯罪是应受刑罚惩罚的行为，并具体列举各种犯罪应当受到的刑罚处罚，这就为全社会提供了一份罪刑价目表，使知法欲犯者望而止步，悬崖勒马。司法威慑是指法院对犯罪分子适用刑罚，行刑机关对已决罪犯执行刑罚，使意欲犯罪者因目击他人受刑之苦，而从中得到警戒。应当指出，立法威慑和司法威慑是互相联系、不可分割的，既不能片面地强调立法威慑而忽视司法威慑，也不能片面强调司法威慑而忽视立法威慑。实际上，没有立法威慑，就不可能有后来的司法威慑；而没有司法威慑，立法威慑也不可能产生应有的效果，两者是密切结合的有机整体。在这个意义上说，费尔巴哈和菲兰吉利的观点都是片面的。费尔巴哈主张立法威慑，否认司法威慑，认为要使人们确信犯罪与刑罚之间的联系具有必然性，不能借助刑罚的适用。因为适用刑罚只表明某一种犯罪与刑罚具有必然的联系。然而，人们的视野有限，不可能同时目睹各种犯罪都受到刑罚惩罚，自然也无法确信所有犯罪都会招致受刑之苦，因而难保不犯任何罪。菲兰吉利则主张司法（行刑）威慑，否认立法威慑，认为立法威慑只是追求刑罚纸上谈兵式地在法律中确定下来可能产生的威慑作用。

二、一般鉴别功能

一般鉴别是刑罚对社会上的其他人发生的认清某一行为的性质的作用。一般鉴别首先对于不知法而欲犯者具有鉴别功能。在司法实践中，经常发生这样的情形：有些人已经产生实施某一行为的意念，但并不知道这一行为是犯罪。在这种情况下，如果在其实施这一犯罪行为之前，通过一定的方式告知其行为是犯罪，就会使之不付诸实施。而对实施同样或者类似行为的犯罪人适用刑罚，就是最佳方式。一般鉴别不仅对不知法而欲犯者具有鉴别功能，对于自发守法者也具有这种鉴别功能，并促使其向自觉守法者转化。自发守法者尽管没有产生犯罪的意念，是一个合格的守法公民，但他这种守法不是建立在对法律内容的了解与对守法价值的认识的基础之上的，而是较为被动、消极的守法。通过对犯罪分子适用刑罚，可以帮助这些人了解法律内容、认识守法价值，因而具有一般鉴别功能。

三、补偿功能

犯罪作为一种危害社会的行为，一般都存在被害人。被害人因受到犯罪的侵害而在物质上受到了不同程度的损失，所以要求对犯罪分子适用刑罚，一方面惩罚犯罪人，另一方面使物质损失得到补偿。因而，刑罚对被害人具有补偿功能。我国刑法对被害人的补偿功能主要表现为第36条的规定："由于犯罪行为而使被害人遭受经济损失的，对犯罪分子除依法给予刑事处罚外，并应根据情况判处赔偿经济损失"。为了实现刑罚的补偿功能，我国刑事诉讼法专门对刑事附带民事诉讼作了规定，所有这些规定，都是被害人的物质损失得以补偿的法律保障。

四、安抚功能

刑罚的安抚功能是刑罚的重要功能之一。犯罪行为对社会造成侵害，破坏了社会秩序，引起被害人的激愤与其他人的义愤。在这种情况下，通过对犯罪分子适用刑罚，可以平息民愤，满足社会公正的复仇要求，因此，安抚功能一方面是对被害人的功能，满足被害人要求惩罚犯罪分子的强烈愿望，抚慰其受到的精神创伤，并使其尽快从犯罪所造成的痛苦中解脱出来。他方面，安抚功能也是对社会上其他成员的功能，人民法院对犯罪分子处以刑罚，体现了社会的正义要求，恢复被犯罪行为破坏了的心理秩序。

五、鼓励功能

刑罚只能对犯罪分子适用，但其影响涉及整个社会，对社会全体成员都会发生作用。我不赞成那种把社会全体成员作为刑罚威慑对象的观点，但并不能由此否认刑罚对守法公民也有影响。如果说刑罚之于犯罪分子主要表现为剥夺，之于潜在的犯罪人主要表现为威慑，这都是一种否定的功能，那么，刑罚之于守法公民，主要表现为鼓励，这是一种肯定的功能，其结果在于强化公民的守法意识。

第三节　一般预防的实现

一般预防的实现，是一个较之个别预防的实现更为复杂的问题。关于一般预防的目的通过何种途径实现的问题，在苏俄刑法学界存在不同观点。B. H. 库德里亚夫采夫等人认为，制止不安分守己分子实施犯罪乃是刑事法律和整个刑事立法的目的。B. C. 特拉赫捷洛夫则相反，认为一般预防只是判处刑罚和服刑这一事实本身，而不能把颁布刑事法律的作用也加入进去。还有些学者则认为，刑事立法一般预防的目的，既可通过颁布法律，也可通过对所实施的犯罪适用刑罚来达到。[①] 我认为，一般预防的实现和个别预防的实现一样，有赖于整个刑事法律活动的开展，并且贯穿于刑事法律活动的全过程。因此，刑事立法、定罪量刑和刑罚执行对于一般预防都具有重大的意义。当然，对于一般预防来说，刑事立法本身的作用比较大。因为颁布某一刑事法律，宣告某些行为为犯罪并处以一定的刑罚处罚，这就是对社会上的不稳定分子的一种警告。当然，对于已然的犯罪人

① 参见［苏］皮昂特科夫斯基等：《苏联刑法科学史》，曹子丹等译，109 页，北京，法律出版社，1984。

绳之以法，是以更为直观的现实来说明以身试法者的下场，因而其警戒意义也更为直接与具体。一般预防以防止一般人犯罪为目标，其效果的好坏只有通过初犯率来衡量。某一特定社区内的初犯率，是指该社区内初犯数量和一般预防对象数量之间的百分比。这里的初犯数量是指第一次受刑罚处罚的犯罪（用 a'表示），一般预防对象数量是指从本社区内总人口（用 I 表示）中减去该社区内的个别预防量（用 b'表示）和不具备犯罪主体资格的人（用 c'表示，包括未满 14 周岁的人和无刑事责任能力的人）。那么初犯率（用 N'表示）可用公式表示如下：$N'=[a'/(I-b'-c')]\times 10\,000$‱。[①] 因此，实现一般预防，就是要尽可能地降低初犯率。

一、一般预防的实现与刑罚必然

所谓刑罚必然，是指只要发生了犯罪必然受到刑罚处罚，任何人都难以逃脱法网。刑罚必然对于一般预防的实现具有重要意义，因为知法欲犯者往往具有较为强烈的侥幸心理。在犯罪心理学中，侥幸心理是一种趋利避害的冒险的投机心理。行为人在认识上，即使认为不一定成功，也决心要付诸实施。在犯罪以前，侥幸心理表现得十分明显。许多案犯在犯罪心理形成和实施犯罪的过程中，一方面惧怕失败，另一方面又自我安慰。犯罪的侥幸心理会随着作案成功而增强。[②] 在某种意义上可以说，侥幸心理是支配犯罪人的一种最重要的心理。而破除侥幸心理的重要途径，就是刑罚必然，建立起犯罪与刑罚之间的必然的因果关系。对此，贝卡里亚与费尔巴哈都有十分精辟的论述。贝卡里亚指出："对于犯罪最强有力的约束力量不是刑罚的严酷性，而是刑罚的必定性，这种必定性要求司法官员谨守职责，法官铁面无私、严肃认真，而这一切只有在宽和法制的条件下才能成为有益的美德。即使刑罚是有节制的，它的确定性也比联系着一线不受处罚希

① 参见苗潜、余净：《论刑罚的双重预防目的》，载《烟台大学学报》，1991（4），24 页。

② 参见罗大华主编：《法制心理学词典》，333～334 页，北京，群众出版社，1989。

望的可怕刑罚所造成的恐惧更令人印象深刻。”① 贝卡里亚的这段话虽然是为了证明轻刑反对酷刑而说的，但他对刑罚不可避免性在制止犯罪中的作用的论述是很有见地的。费尔巴哈也强调建立市民对刑罚不可避免的确信，把犯罪与刑罚的关系用法律明文规定下来（罪刑法定），也就是为了起到一般威吓心理的强制作用。② 因此，一旦犯罪，刑罚必至，建立犯罪与刑罚之间的一种必然因果关系的观念，对于实现一般预防来说，意义是十分重大的。如果不能做到有罪必罚，在很多情况下犯罪人可以逍遥法外，那么刑罚的一般预防作用必然大打折扣。

二、一般预防的实现与刑罚及时

所谓刑罚及时是指一旦犯罪发生，应当在尽可能短的时间内将案件破获，将犯罪人交付审判，及时地判处刑罚。如果刑罚不及时，犯罪人长时间地逍遥法外，即使后来受到惩罚，刑罚的一般预防效果也会降低，甚至刑罚毫无效果，还会产生副作用。对此，贝卡里亚也有十分精辟的论述。贝氏指出：“只有使犯罪和刑罚衔接紧凑，才能指望相联的刑罚概念使那些粗俗的头脑从诱惑他们的、有利的犯罪图景中立即猛醒过来。推迟刑罚只会产生使这两个概念分离开来的结果。推迟刑罚尽管也给人以惩罚犯罪的印象，然而，它造成的印象不像是惩罚，倒像是表演。并且只是在那种本来有助于增加惩罚感的、对某一犯罪的恐惧心理已在观众心中减弱之后，才产生这种印象。”③ 应该说，贝卡里亚这一论断是有一定的心理学根据的。心理学中有联想主义这一派，它根据经典力学关于“受吸引力作用的物体越靠近吸引中心，接受的吸引力就越大”的定义，提出所谓“时空接近律”。贝卡里亚关于刑罚必须及时的论述，被认为是联想主义心理学的

---

① ［意］贝卡里亚：《论犯罪与刑罚》，黄风译，59 页，北京，中国大百科全书出版社，1993。

② 参见甘雨沛、何鹏编：《外国刑法学》，上册，22 页，北京，北京大学出版社，1984。

③ ［意］贝卡里亚：《论犯罪与刑罚》，黄风译，57 页，北京，中国大百科全书出版社，1993。

"时空接近律"在刑法理论中的翻版。[①] 刑罚如果不及时，在犯罪发生以后很长时间才使犯罪人受到惩罚，这样的刑罚不仅不能得到群众的支持，甚至会引起群众的反感以及对犯罪人的同情，这也正是世界各国刑法之所以规定时效制度的一个重要原因。为了做到刑罚及时，必须讲究诉讼效率，防止久拖不决，在最大程度上实现刑罚的一般预防作用。

三、一般预防的实现与刑罚公开

所谓刑罚公开是指规定犯罪与刑罚的刑事法律公之于众，以及刑事案件的审理过程，除有特殊情况需要秘密进行以外，都应当向社会公开。因此，刑罚公开包括立法公开与司法公开这两个互相联系的方面。立法公开，是指实际罪刑法定主义。为一般老百姓提供犯罪与刑罚的清单，以便遵守。因此，立法公开具有明显的一般预防意义。中国古代实行所谓"刑不可知则威不可测"，实际上是没有科学根据的。在刑无从知的情况下，老百姓不能根据法律准绳来约束自己的行为，因此根本谈不上法律威慑作用的存在。至于司法公开，首先是为了便于人民群众对刑事案件的审理过程进行监督。但是，司法公开的另一重要作用是实现一般预防，这一点往往不为人们所重视。即使是贝卡里亚，虽然强调司法的公开性，也没有重视它与一般预防的联系。贝卡里亚指出："审判应当公开，犯罪的证据应当公开，以便使或许是社会唯一制约手段的舆论能够约束强力和欲望；这样，人民就会说：我们不是奴隶，我们受到保护。这种感情唤起勇气，而且对于懂得自己真正利益所在的君主来说，这相当于一种贡品。"[②] 实际上，司法公开对于一般预防的意义十分重大。我们的司法机关应当利用审判这一机会，揭露犯罪，宣传法制。惩罚的是一个犯罪人，而受到教育的却是一大批人，从而较好地

① 参见黄风：《贝卡里亚及其刑法思想》，121 页，北京，中国政法大学出版社，1987。

② ［意］贝卡里亚：《论犯罪与刑罚》，黄风译，20 页，北京，中国大百科全书出版社，1993。

实现刑罚的一般预防。

四、一般预防的实现与刑罚适当

所谓刑罚适当是指刑罚应当与已然的犯罪事实与未然的再犯可能性相适应。适度的刑罚，犯罪人能够接受，人民群众能够理解，因而有利于一般预防的实现。刑罚过轻，不足以体现刑罚的威慑力，难以使社会上的不稳定分子放弃犯罪的欲念，甚至可能使这些人加速犯罪的进程，因为过轻的刑罚使他们解除了对刑罚的畏惧心理。刑罚过重，则不符合刑罚人道主义，不仅增强犯罪人对刑罚的忍耐力，造成对刑罚的反应迟钝，而且得不到群众的支持，群众甚至会继而同情犯罪人，使犯罪人不受处罚。对此，贝卡里亚曾经深刻地指出："刑罚的残酷性还造成两个同预防犯罪的宗旨相违背的有害结果。第一，不容易使犯罪与刑罚之间保持实质的对应关系。因为，无论暴政多么殚精竭虑地翻新刑罚的花样，但刑罚终究超越不了人类器官和感觉的限度。一旦达到这个极点，对于更有害和更凶残的犯罪，人们就找不出更重的刑罚以作为相应的预防手段。第二，严酷的刑罚会造成犯罪不受处罚的情况。人们无论是享受好处还是忍受恶果，都超越不了一定的限度。一种对于人性来说是过分凶残的场面，只能是一种暂时的狂暴，决不会成为稳定的法律体系。如果法律真的很残酷，那么它或者必须改变，或者导致犯罪不受处罚。"① 不仅如此，过重的刑罚还会产生相反的效应，增加对犯罪的吸引力和神秘感，使有些人像热衷冒险活动那样去做犯罪冒险。有些青少年犯罪人还认为，刑罚越重，犯罪的价值越高，也越富于刺激性，于是以不怕风险、不畏重刑而自诩，故意寻机犯罪，借以抬高在黑社会中的身份，或取得犯罪集团的领导地位。② 这样的情形虽然是个别的，但也绝非天方夜谭。总之，适当的刑罚是

① ［意］贝卡里亚：《论犯罪与刑罚》，黄风译，43～44页，北京，中国大百科全书出版社，1993。
② 参见田文昌：《刑罚目的论》，77～78页，北京，中国政法大学出版社，1987。

实现一般预防的必要条件，刑罚过轻或者过重都必将削弱甚至消退刑罚的一般预防作用。

第四节　一般预防的评价

如何评价一般预防？这是一个极为复杂的问题。在刑法理论上，一般预防主义者努力论证一般预防的功能，而个别预防主义者则竭力贬低一般预防，两派观点孰是孰非，应当予以恰当的评价。

一、一般预防并非幻想

贝卡里亚和费尔巴哈都是著名的一般预防主义者。但是，随着时间的推移，一般预防受到来自报应主义与个别预防主义两个方面的夹击。

报应主义者黑格尔对费尔巴哈所倡导的以一般预防为核心的心理强制说进行了批评，指出："费尔巴哈的刑罚理论以威吓为刑罚的根据，他认为，不顾威吓而仍然犯罪，必须对罪犯科以刑罚，因为他事先已经知道要受罚的"。对此，黑格尔辛辣地讽刺道："如果以威吓为刑罚的根据，就好像对着狗举起杖来，这不是对人的尊严和自由予以应有的重视，而是像狗一样对待他。"黑格尔还从正面指出："心理的强制仅仅跟犯罪在质和量上的差别有关，而与犯罪本身的本性无关，所以根据这种学说所制定的法典，就缺乏真正的基础。"[①] 根据黑格尔的观点，威吓仅仅是一种外在力量，只能影响到犯罪的价值（相对价值）和范围，而不涉及犯罪是自由意志的定在及其绝对价值（整体的社会利益）。因此，黑格尔对费尔巴哈以威吓为根据的一般预防理论予以断然否定。

① ［德］黑格尔：《法哲学原理》，范扬、张企泰译，102页，北京，商务印书馆，1961。

个别预防主义者菲利则从犯罪原因入手，批评了一般预防主义。菲利指出："边沁讲过：由于刑罚不能防止犯罪行为的发生，每次处刑都被证明是无效的。因此，这种医治方法毫无价值。对犯罪原因的深入研究表明，人不犯某一罪行，是因为有完全不同的原因，而不是畏惧刑罚，这些强有力的基本原因并非立法者的威吓所具备的。然而，如果警察和监狱管理人员进行上述威吓，则与那些情形相悖。意图犯罪，受激情支配或是受动摇其道德观念的心理飓风所左右的人，绝不是刑罚威吓所能控制得了的，因为火山爆发般的激情不允许他进行思考。在行为人经过预谋和准备之后而犯罪的案件中，刑罚更无力阻止他去实施犯罪，因为他希望犯罪之后能够逃脱惩罚。所有的罪犯都异口同声地说，在其预谋犯罪时，只有一件事在推动他，那就是希望在犯罪之后安然地逍遥法外，如果他们稍微考虑到有可能被发觉、被处罚，也不会犯罪，只有一时感情冲动者除外。"① 菲利还利用一个被他认为具有说服力的例子，来说明法律威吓在罪犯心理上的无效，这就是伪造货币罪。在文明国家里，（出于需要或为了方便）纸币变成金属货币的代用品，到了 19 世纪，伪造纸币已经司空见惯。犯这种罪的伪造者，必须聚精会神地逐字模仿纸币上的文字，其中包含有威吓性的一段话："法律处罚伪造……"等。菲利指出："诸位可以想象伪造者在版上刻下这句话时的心理。别人忽视其将受到的惩罚，而他自己却不能。这一例子极富说服力，因为在其他犯罪场合，人们可以假设，即使行为人并非处于极度冲动之中，也不会考虑到行为的后果。但在伪造货币的场所，犯罪事实本身就提醒他有法律的威胁，而他在犯此罪时都很冷静。"②

黑格尔与菲利以其各自特有的逻辑，将一般预防推到了一个绝境，就像哈姆雷特需要问一问"存在，还是毁灭"一样，一般预防也面临着一个"是幻想还是现实"的问题。这个问题确实需要论证。

---

① ［意］菲利：《实证派犯罪学》，郭建安译，26 页，北京，中国政法大学出版社，1987。

② ［意］菲利：《实证派犯罪学》，郭建安译，26 页，北京，中国政法大学出版社，1987。

我认为，刑罚的一般预防功能是客观存在的，正如马克思指出："一般说来，刑罚应该是一种感化或恫吓的手段……况且历史和统计科学非常清楚地证明，从该隐（Cain，基督教《圣经》中亚当的长子，曾杀死他的弟弟 Abel——引者注）以来，利用刑罚来感化或恫吓世界就从来没有成功过。"① 在此，马克思肯定了刑罚具有感化或恫吓这种一般预防功能，但同时指出在人与人之间互相对立的剥削阶级社会，一般预防从来没有成功过。我认为，这一论断不仅是正确的，而且是十分深刻的。对于我们理解一般预防具有指导意义。

一般预防是现实而非幻想，根据在于：

（一）心理学根据

从心理学上来说，任何一个人对于客观外界都能够作出相应的反应。而刑罚，实际上可以被看作是向社会成员发出的一个信号，作为信号接收者的社会成员必然会对信号作出反应，而不可能无动于衷。因此，刑罚作用于公民必然产生一定的心理反应，这种心理反应被称为刑罚的心理效应。刑罚的心理效应之所以存在，其心理学根据就是作为刑罚客体的人的心理品质。人的心理具有认知并反映客观事物的属性，并在认知和反映的过程中表征和反映自己的心理结构。作为刑罚客体的人同样如此。正是这种认知活动组成了公民与刑罚之间彼此沟通的桥梁和纽带，并在彼此作用的过程中，刑罚客体将现实物化的刑罚所表述的刑罚主体的要求内化为自己的刑事法律意识。同时，人在认知过程中，必然会体验到一定的情感，这种情感具有多极性的特点，对刑罚心理效应的强弱有着重要的影响。由此可见，人的认识能动性以及认识过程中同时产生的情感属性，乃是刑罚的存在及其运动之所以导致刑罚客体产生刑罚心理效应的心理基础。② 所以，刑罚的一般预防效果的存在是有其心理学根据的。无视这一点就不是一种科学的态度。

---

① 《马克思恩格斯全集》，第 8 卷，578 页，北京，人民出版社，1961。

② 参见徐平：《论刑罚的心理效应》，载赵秉志等：《全国刑法硕士论文荟萃（1981 届—1988 届）》，431 页，北京，中国人民公安大学出版社，1989。

（二）刑法学根据

一般预防不仅具有心理学根据，而且具有刑法学根据。挪威著名刑法学家约翰尼斯·安德聂斯对此有过十分精辟的论述，他指出："刑法提供一份必须追究责任的行为清单，并且规定出对违反者的刑罚，法庭的判决以及警察和监狱部门的活动，可以使全体居民了解刑法，强调刑事法律决不是一句空话，同时还向人们详细宣布违反何种法律将受何种惩罚。"① 从刑法学来说，刑罚的一般预防是十分重要的，并且也是立法者所孜孜追求的。

值得我们注意的是，常有一种犯罪经济学理论，即对犯罪的经济学的研究②，这种研究从经济学的意义上肯定了一般预防，尤其是刑罚的威慑效果的存在。从犯罪经济学研究中得出的最有力的结论是：用增加逮捕的可能性和从重判刑的方式来惩罚，才有助于威慑犯罪。因为罪犯和其他人一样，都受需求法则的支配。在选择行为的时候，罪犯同样要合乎情理地使他们自身的功利最大限度地受他们在市场上或者别处所看到的价格和收益的限制。人们所考虑的是各种选择的纯费用和纯收益，并据此作出自己的决定。所以，我们要解释犯罪行为在时间和空间上的变化，就必须考察这些限制因素的变化。根据经济学原理，如果我们增加某种商品的价格，人们对它的要求就会减少，而不论该物是桃子还是犯罪。因此，对犯罪的经济学研究明确地宣布，刑罚会威慑犯罪。决定犯罪行为的代价和收益的因素，一是时机的价值，包括平均工资率、教育状态、失业、种族、年龄等；二是从事犯罪行为所获得的利润；三是预测受到刑罚方面的代价（这种代价 $E=pf$，其中 p 是受到刑罚的可能性，f 是如果判刑时刑罚的代价）。应该说，这一犯罪经济学的结论并非没有一点道理，它在一定程度上表明了一般预防的效果。例如，香港学者用犯罪经济学理论分析港澳两地走私犯罪，指出：犯罪作为

---

① ［挪］约翰尼斯·安德聂斯：《刑罚与预防犯罪》，钟大能等译，24页，北京，法律出版社，1983。

② 参见张智辉：《犯罪经济学研究新动向简介》，载《犯罪学概论》，147～151页，北京，中国政法大学出版社，1985。

一种社会现象，罪行的严重程度或犯罪率，与惩罚的轻重很有关系。而肯定这种关系，才有按罪名轻重判刑的司法并且假设惩罚轻重与遏制罪行的效果有关。①当然，犯罪经济学的结论本身也是有局限性的，因为犯罪毕竟不同于买一斤或者两斤新鲜桃子。因此，从经济学角度论证刑罚的一般预防，不是唯一的解释，却是某种应当考虑的因素。

（三）实证性根据

假如没有刑法的存在，社会将会怎么样？这一假定能够实现，一般预防的效果就具有了实证性的根据。可惜，这个假定是永远不可能实现的，因而一般预防的效果往往难以得到实证的支持。但是，对于一般预防，我们也并非一无所知。对一般预防的效果可以通过以下三种方法进行测定②：（1）地区比较法。在研究死刑的效果时曾采用过这种方法。其做法是把判处凶杀以死刑的地区和未规定凶杀必判死刑的地区加以比较，其目的是想查明，这一刑罚与凶杀率之间有什么联系。（2）时间比较法。在社会生活正常的条件下适用法律发生明显的实变，这就是在因果关系方面作出结论的最好时机。（3）实验。任何法律条文的改变或者警察部门、刑侦部门和法庭策略的改变，在一定的意义上都是一场实验。虽然其目的主要是取得一定的结果，而不是扩大我们的知识，但这种实验总可以在一定程度上带着研究的色彩。安德聂斯曾经举两个较为特殊的例子说明一般预防的效果。例一是 1919 年利物浦的警察自 7 月 31 日子夜开始罢工，近半数警察未上班执行勤务。结果和警察罢工的同时，就出现了不良分子威胁他人、暴力和恫吓，发生了多起对尚在执勤的警察的袭击事件。由于罢工事发突然，政府部门无法采取应付局面的有力措施。自 8 月 1 日晚 8 时开始发生抢劫商店的案件，并延续数日，约有 400 家商店被抢劫。例二是 1956 年苏伊士运河危机期间，瑞典为了节

① 参见刘佩琼：《港澳走私与省港旗兵——犯罪经济学与地区法律》，载《法学评论》，1991（6），64 页。

② 参见［挪］约翰尼斯·安德聂斯：《刑罚与预防犯罪》，钟大能等译，53～56 页，北京，法律出版社，1983。

约汽油，禁止在假日驾驶私人汽车。尽管也发放特别许可证（许可证必须贴在前挡风玻璃上），但大部分汽车还是停开。这一禁令，大大地增加了假日偷盗汽车的危险性。在实行禁令期间，星期六、星期日（特别是在大城市）偷盗汽车的数目大大减少。当被捕获的危险性确实增加以后，甚至那些专爱偷开汽车的人（一般都是精神状态不稳定的年轻人）也有所顾忌。[①] 由此可见，一般预防的效果是可知的。当然，这一方面的研究还不够深入。尽管如此，我们还是确实地感受到刑罚的一般预防效果。

二、一般预防不是仙丹

我们已经证明了一般预防的存在，但应当进一步指出：一般预防也不是包治百病的仙丹妙药，对此应当有清醒的认识。在这一点上，个别预防论者菲利的反面意见很值得我们参考。菲利认为，法律惩罚——实际上就是指一般预防——效果不大的一个重要原因就是行为人想象有许多逃脱的机会。首先，存在着不被发觉的机会，这是预谋犯罪产生的最强大的原动力；其次，在被发觉之后，存在着证据不足、法官仁慈或者被欺骗、在错综复杂的审判过程中不被判刑，以及由于宽大而撤销或减轻判决、科刑的机会。这么多与对痛苦结果的本能恐惧相冲突的心理学因素，在不为自然惩罚所知时，就减弱了法律惩罚的抵制力量。还有另外一种既削弱自然惩罚的效力又几乎完全抵消了社会惩罚的效力的心理状况，那就是没有远见。实际上，我们知道，缺乏远见的人即使对最确定的自然后果也满不在乎，因此这种后果在保证他们不从事违反自然的危险行为上也失去了大部分效力。[②] 由于各种因素，包括立法、司法、犯罪人本身的心理、生理以及其他社会因素，一般预防的效力总是有限的，因而我们要在肯定一般预防的基础上，客观

① 参见［挪］约翰尼斯·安德聂斯：《刑罚与预防犯罪》，钟大能等译，39～40页，北京，法律出版社，1983。

② 参见［意］菲利：《犯罪社会学》，郭建安译，76页，北京，中国人民公安大学出版社，1990。

地对一般预防的局限性加以分析。在我们看来，一般预防的局限性主要表现在以下几个方面：

（一）一般预防因人而异

尽管一般预防面对每一个公民，尤其是那些社会上的不稳定分子，但是，由于每一个人的心理和生理的特点存在较大差异——这一点是任何人都不能否定的，因而一般预防对于不同的人效果截然不同。人的主观心理由意识和意志两个方面构成。意识表现为对事物的认识与辨别能力，这种能力差的人对刑罚反应迟钝，法盲犯罪往往属于这种情况。对于这些人来说，威慑根本不起作用，因为对刑罚的畏惧以主体对刑罚的性质与意义的充分认识为前提，而认识的正确与否又受制于主体的认识能力。[①] 由于这些人对法律根本无知，又如何期望刑罚对他们产生威慑作用呢？即使是一般预防中的鉴别作用，对这些人也很难奏效。因为这些人文化水平低、理解能力差，不会举一反三，很难指望通过刑罚的鉴别功能使他们不去犯罪。意志表现为对自己行为的控制能力，这种能力差的人也就像菲利所说的没有远见，往往为一时的感情冲动所左右，丧失理智，不计后果，为满足一时之私欲而不惜以身试法。虽然犯罪后悔悟，但为时晚矣。总之，一般预防对人的作用是参差不齐的，主要取决于刑罚客体的感受能力。

（二）一般预防因罪而异

犯罪类型对于一般预防的效果也具有一定的影响。首先，对于自然犯与法定犯，一般预防的效果有所差别。安德聂斯指出："刑法对个人动机的影响大小，根据所捍卫的规范的性质不同，而有本质的变化。刑法理论早就在两类行为之间作了划分，即按其本性是不道德的行为（自然犯——引者注）和仅仅由于法律禁止而被认定为非法的行为（法定犯——引者注）。尽管这二者的界限含糊不清，但仍有本质的差别。遇到不道德行为的情况，法可依靠社会的道德规范。假如法律规定的刑罚威慑不复存在，道德感和对社会舆论的畏惧至少还会继续一段时

① 参见邱兴隆等：《刑罚学》，90页，北京，群众出版社，1988。

间，并继续成为预防犯罪的有利因素。但是遇到非法行为的情况，法就始终独自为之，能否使之服从就看法律制裁的有效性。”[①] 即使是在自然犯与法定犯的内部，一般预防也仍然存在差别。在自然犯中，基于本能的某些犯罪，例如性犯罪，一般预防的效果往往不佳。因为作为人的第一需要，本能性需求受阻给主体造成的肉体痛苦或心理压抑通常比社会性欲求不满足的压力更为现实与具体。为了解除本能性欲求受阻的痛苦与压抑，主体常常饮鸩止渴，肆无忌惮地实施犯罪行为。[②] 在这种情况下，明知犯罪会受到惩罚，也必欲犯之而后快。在法定犯中，对于政治性犯罪，一般预防的效果也差。政治性犯罪中有一种确信犯，这样的人具有崇高的政治理想和信念，把受刑罚惩罚视为实现自己的政治信念所付出的必要的代价，因而临危不惧，宁死不屈，刑罚奈何不了他。因此，一般预防对各种类型犯罪的差别是客观存在的。

（三）一般预防因时而异

在不同的治安形势下，一般预防的效果也有差别。当治安形势比较好、社会较为安定的时候，一般预防的效果比较好，往往可以收惩一儆百之效，并且使用较轻的刑罚就足以制止较重的犯罪。而当治安形势比较差、社会较为混乱的时候，犯罪不断增加，对社会上的不稳定分子会产生一定的感染力，犯罪就会像瘟疫一样迅速在社会上传染蔓延，刑罚的一般预防效果就相对削弱。

（四）一般预防因地而异

在不同的国家与社会，一般预防的效果是有很大差别的。因为一般预防起作用取决于各种社会因素，这些社会因素不同，刑罚的一般预防效果也就会产生差异。因此，根据各个国家与社会的具体情况，设置刑罚，以便最大限度地发挥一般预防的作用，这是完全正确的，即使在同一国家的不同地区，例如农村与城市或者南方与北方、沿海与内地，一般预防也不完全相同。正如安德聂斯指出：

---

① ［挪］约翰尼斯·安德聂斯：《刑罚与预防犯罪》，钟大能等译，33～34页，北京，法律出版社，1983。

② 参见邱兴隆、许章润：《刑罚学》，91页，北京，群众出版社，1988。

“在一个变化缓慢的小村庄里，为了提倡一定的服从，只要有一个非正式的社会压力就可以做到，根本不须求助于各种刑事法律。在变幻莫测、城市日益集中的社会里，这种社会监督受到削弱，于是，法律的监督职能就具有更加重要的意义”①。

以上一般预防的局限性充分说明，一般预防对于预防犯罪来说，并非仙丹。它在预防犯罪中的作用是有限的，应当正视这一点。

三、一般预防的中国课题

我国对于一般预防是比较重视的，这既有历史传统的影响，也有现实社会的原因。因此，中国不是对一般预防强调得不够，而是过分地依赖一般预防，在某种程度上对一般预防存有幻想，以至于使一般预防笼罩在重刑主义的思想氛围之中。

从一般预防中不能得出必然导致重刑的结论，但是不可否认的是两者往往具有联系。安德聂斯在批评季尔堡关于“相信一般预防，就是赞同严刑”的观点时指出，他的这种说法是把实验问题和伦理学问题混为一谈。其实，这种批驳是苍白无力的。安德聂斯本人也不得不承认，看来似乎可以作出一个结论：除了个别例外，刑法的一般预防效果通常都随着惩戒措施的严厉化而增加。现代的专制制度无情地证明，严刑重典可以造成盲目服从的效果。② 由此可见，强调一般预防潜藏着导致重刑的可能性。

我国 1979 年制定的刑法，基本上是一部比较轻缓的刑法。当然，由于制定刑法指导思想上的偏差，这部刑法在刑罚量的分布上也存在一定的缺陷。此后，随着社会变革的开始，犯罪形势发生了一定的变化。实际上，社会变动而带来犯

① ［挪］约翰尼斯·安德聂斯：《刑罚与预防犯罪》，钟大能等译，35 页，北京，法律出版社，1983。

② 参见［挪］约翰尼斯·安德聂斯：《刑罚与预防犯罪》，钟大能等译，33～47 页，北京，法律出版社，1983。

罪的增长，这几乎是一条犯罪学的规律，也是社会进步或者退步付出的必要代价。面对这种治安形势，1982 年、1983 年先后对刑法作了重大的补充修改，增加了 14 个死罪，刑罚分量大幅度加重。在这种情况下，我国的刑法已经是一部比较严厉的刑法。但即使如此，犯罪率依然居高不下，治安形势照样严峻。以经济犯罪为例，自 1978 年 12 月党的十一届三中全会以来，我们实现了工作重点的转移，开始贯彻实施对外开放、对内搞活的方针政策，并取得了显著的成绩。但是，与此同时各种经济犯罪活动开始猖獗起来，其数量之大、情节之恶劣，为中华人民共和国成立以来所未有，因此经济领域中的犯罪成为改革开放过程中一个引人关注的问题。为此，1982 年 3 月 8 日全国人大常委会作出了《关于严惩严重破坏经济的罪犯的决定》。随后，中共中央和国务院于 1982 年 4 月 13 日联合作出了《关于打击经济领域中严重犯罪活动的决定》。自此，各级司法机关把严惩严重破坏经济的罪犯作为中心工作之一，展开了打击经济犯罪的活动。但是，严惩既不能杜绝经济犯罪，也不能保证经济犯罪率下降。从 1982 年以来最高人民法院和最高人民检察院的工作报告中公布的有关统计数字来看[①]，除个别年份数量相对有所下降外，从整体趋势来说经济犯罪案件的数量是逐年上升的，其中大案要案的增加更为突出。其他严重刑事犯罪，大体上也是如此。在这种情况下，如何调整刑罚？对此，我国刑法学界存在两种观点：一曰刑罚之轻刑化。轻刑化论者指出：我国现行刑事法律体系存在重刑化的倾向。其突出表现是挂有死刑、无期徒刑的条款过多，涉及罪名过广、适用对象过宽；而挂有罚金、缓刑、管制的条款过少，适用对象过窄、且多为选择刑种。同时，实际部门在刑种及量刑幅度的选择上偏重，依法判处死刑的人数较多。为此，这些学者建议刑罚应向轻刑化、缓和化趋势发展。其主要理由是：（1）轻刑化是历史发展的必然，也与我国国家性质、任务及文明发展的客观进程相一致。（2）轻刑化是发展商品经济的需要。它有利于创造一个适合社会主义市场经济发展的宽松环境。（3）轻刑化是社

① 参见陈兴良主编：《经济犯罪学》，181、182 页，北京，中国社会科学出版社，1990。

会主义民主的保障，从历史发展情况来看，重刑主义往往和专制主义是紧密相连的。(4) 轻刑化是刑法科学化的要求。轻刑化的刑法就有可能促使人们在刑罚之外去寻找更多的科学方法，以便从根本上治理犯罪。[①] 二曰刑罚之重刑化。重刑化论者指出，我国现行刑法中的刑罚体系并非重刑主义。为了适应同犯罪作斗争的需要，应当修改刑法，使刑罚更趋严厉。其主要理由是：(1) 就总体而言，我国刑法规定的刑罚种类还不够严厉。主要表现在还有拘役、管制等轻刑；并且，这些轻刑可适用于刑法分则规定的大多数犯罪。(2) 有些犯罪的法定刑偏低。(3) 刑罚应当充分发挥其威慑功能，稳定我国目前的治安情况，遏止经济犯罪的增长势头，创造一个安定的社会环境。(4) 轻刑化作为刑罚发展的总趋势不能取代在某个国家的某个特定时期根据需要适当加重刑罚，以适应同犯罪作斗争的需要。[②] 以上两种观点可谓针锋相对，对刑罚的轻重作了截然不同的选择。

我认为，重刑化的论点，在已经是重刑却依然遏制不住犯罪发展的势态的情况下，是过于迷信刑罚的一般预防作用，因而不足取。在这个问题上，菲利的以下诊断还是很值得一听的：刑罚的效力很有限这一结论是事实强加给我们的，并且就像边沁所说的，恰恰因为从前适用惩罚性法规没有能够成功地预防犯罪，所以每一个惩罚性法规的适用证明了这一点。不过，这一结论与公众舆论，甚至与法官和立法者的观点直接对立。在犯罪现象产生和增长的时候，立法者、法学家和公众只想到容易但引起错觉的补救办法，想到刑法典或新的镇压性法令。但是，即使这种方法有效（很可疑），它也难免具有使人们忽视尽管更困难但更有效的预防性和社会性的补救办法。菲利强调指出：刑罚只是社会用以自卫的次要手段，医治犯罪疾患的手段应当适应导致犯罪产生的实际因素。而且，由于导致犯罪产生的社会因素最容易消除和改善，因而我们同意普林斯的观点："对于社

① 参见王勇：《轻刑化：中国刑法发展之路》，载赵秉志等：《中国刑法的运用与完善》，323～329页，北京，法律出版社，1989。

② 参见赵秉志主编：《刑法修改研究综述》，163～164页，北京，中国人民公安大学出版社，1990。

会弊病，我们要寻求社会的治疗方法。”[①] 在这个意义上，我倾向于轻刑化的观点，应当把刑罚的一般预防作用放在一个适当的位置，尤其要注重对犯罪的综合治理，铲除产生犯罪的社会土壤。只有这样，才能达到抑制犯罪的目的。当然，轻刑化是一个过程、一种趋势。在我国刑罚已经较重的情况下，不顾实际情况骤然大幅度降低刑罚分量，可能会产生一些消极的后果。我认为，应当逐渐实行轻刑化。总之，在中国一般预防不是被忽视，而是被强调到了一个不恰当的程度，导致重刑化。因此，我们应当恰当地评价一般预防的作用，使之在预防犯罪中发挥它所应有的作用。

① 转引自［意］菲利：《犯罪社会学》，郭建安译，70～71页，北京，中国人民公安大学出版社，1990。

第十五章 刑罚目的二元论

报应与预防，构成刑罚本体的两个方面。正确地界定两者之间的关系，是科学地揭示刑罚目的的重要途径。

第一节 道义报应与法律报应

道义报应与法律报应构成报应之整体。那么，两者之间的关系如何呢？下面予以界定。

一、道义报应与法律报应的对立性

道义报应与法律报应，显然存在差别。道义报应以道德罪过程度作为报应的根据，而法律报应则以法律规定的客观危害性作为报应的基础。由于道义报应与法律报应的根据不同，有时就产生了道义报应与法律报应的矛盾和冲突，主要表现为：

（一）法律报应的需要压倒道义报应的需要

在某些情况下，犯罪人的主观恶性比较小，但客观上造成的危害却比较大。根据道义报应的需要，可以判处较轻的刑罚；而根据法律报应的需要，则应当判处较重的刑罚。这样，法律报应的需要也就压倒了道义报应的需要。

（二）道义报应的需要压倒法律报应的需要

在另一些情况下，犯罪人的主观恶性比较大，但客观上造成的危害却比较小。根据法律报应的需要，可以判处较轻的刑罚；而根据道义报应的需要，则应当判处较重的刑罚。

二、道义报应与法律报应的同一性

尽管由于道义报应与法律报应存在差别，因而导致在某些情况下两者之间的对立，但从根本上来说，道义报应与法律报应之间存在质的同一性。

（一）对象的一致性

道义报应与法律报应都是对已然的犯罪人的一种报应，两者的对象具有一致性。犯罪人作为刑罚报应的对象，尽管道义报应主要针对其主观上的恶性，法律报应主要针对其客观上的危害，但无论是主观恶性还是客观危害，都辩证地统一在已然的犯罪人身上，因而就为道义报应与法律报应的同一性奠定了基础。

（二）机能的共同性

道义报应与法律报应，从机能上来说，都是要惩治犯罪于已然，对已然的犯罪人予以否定的伦理的与法律的评价，从而体现社会伦理与法律的尊严。在这个意义上说，道义报应与法律报应具有共同的任务，而正是这一点将两者有机地统一起来。

三、道义报应与法律报应的关系

道义报应与法律报应既有对立性，又有同一性，具有一种辩证关系。我认为，这种辩证关系在刑事法律活动的不同阶段，使得道义报应与法律报应具有不同的主次关系。

（一）刑事立法阶段以法律报应为主，兼顾道义报应

刑事立法作为创制法律的活动，立法者主要考虑的是根据行为对社会的客观危害程度确定一种抽象的罪刑关系，这就决定了应当以法律报应为主。但任何法律的制定，都不可能无视其伦理基础，因而必然要同时兼顾道义报应。

（二）定罪量刑阶段法律报应与道义报应并重

定罪量刑是针对具体犯罪人的，在这种情况下，既要考虑其客观危害的大小，又要考虑其主观恶性的程度。因此，需要对于法律报应与道义报应同时加以重视。偏向于任何一方，都可能导致判决的结果有失公正性。

（三）刑罚执行阶段以道义报应为主，兼顾法律报应

刑罚执行是以教育与改造犯罪人为主要任务的，因而道义报应的地位明显上升。通过刑罚的实际有效的执行，削弱或者消除犯罪人的主观恶性，使之改恶从善，这同时也有助于法律报应的实现。

第二节 个别预防与一般预防

个别预防与一般预防是预防之刑的两个方面，如何正确地认识两者之间的关系，是深化刑罚理论研究的一大重要课题。

一、个别预防与一般预防的对立性

个别预防与一般预防作为预防之刑的两个方面，首先必须承认两者之间存在一定的差别，这种差别主要表现在作用对象的不同上。

个别预防是以已然的犯罪人为作用对象的，目的在于防止这些人再次危害社会。而一般预防则是以潜在的犯罪人、被害人和其他守法公民为作用对象的。由于作用对象上的这种差别，有时就产生了个别预防与一般预防的矛盾和冲突。这种矛盾主要表现为：

（一）一般预防的需要压倒个别预防的需要

在某些情况下，犯罪人本身再犯罪的可能性不大，甚至根本没有，但一般人实施类似犯罪的可能性较大。例如姚锦云以驾车撞人的危险方法危害公共安全致人重伤、死亡一案，姚锦云虽然在天安门广场驾车朝人群猛撞，致 5 人死亡、19 人受伤，且造成恶劣的政治影响，但由于姚锦云的犯罪行为是在一时冲动下实施的，且撞伤撞死的都是与姚素不相识的无辜者，因而案发后姚本人极为悔恨。从个别预防的角度考虑，即使对姚锦云处以较轻的刑罚，她也不会实施类似的犯罪行为，因而应处以较轻的刑罚。但从一般预防的角度考虑，其毕竟罪大恶极，致 24 名无辜者死伤，不重判不足以平民愤，不足以威慑那些有可能为了泄私愤而迁怒于无辜的潜在犯罪人，因而应处以极刑。在这种情况下，刑罚主要是取决于个别预防的需要还是一般预防的需要，就成为一个尖锐的矛盾。这种一般预防的需要突出而压倒个别预防的需要的情况，往往发生在过失犯罪、义愤犯罪与法盲犯罪等案件中。在这些情况下，犯罪人的再犯可能性不大，即使不处重刑，甚至不处刑也可能使之不再犯罪。然而，由于某些原因，这些犯罪在一般人中却较易发生，不处刑，甚至不处以重刑，很难充分实现刑罚的一般预防的目的。

（二）个别预防的需要压倒一般预防的需要

在某些情况下，犯罪人再犯的可能性较大，而一般人由于缺乏与之相类似的条件，因而不可能犯类似的罪行。这种情况往往发生在连续犯、惯犯、累犯等案件中。在这些情况下，犯罪人犯罪的习癖较深，甚至可以说是犯罪成性，再次实施犯罪的可能性较大，甚至很大。为了消除其再犯可能，需要判处较长时间的剥夺自由的刑罚，使之与社会相隔离，并进行教育与改造，甚至有必要动用死刑，彻底剥夺其再犯能力。但对于一般人来说，并非犯罪成性，从阻止社会上一般人犯罪来说，并不需要对犯罪人处以重刑。这样，就发生了个别预防的需要突出，压倒了一般预防的需要。

应当指出，个别预防与一般预防的上述矛盾是客观存在的，不承认这一点，不是一种实事求是的态度，从而也就根本不可能对两者之间的关系作出科学的界说。

二、个别预防与一般预防的同一性

个别预防与一般预防虽然存在对立的一面，但同时也存在同一的一面。揭示个别预防与一般预防的这种同一性，对于认识两者之间的关系具有重要意义。

（一）归宿的共同性

个别预防与一般预防尽管在作用对象上有所不同，但两者的共同目的都在于预防犯罪。可以说，预防犯罪是个别预防与一般预防的共同归宿。正是这一共同归宿，决定了个别预防与一般预防本质上的一致性。离开了预防犯罪这一根本点，就难以揭示个别预防与一般预防的同一性。

（二）功能的互补性

刑罚的个别预防功能，以已然的犯罪人为对象，通过刑罚的惩治防止犯罪人再次实施犯罪行为。而刑罚的一般预防则是以未然的犯罪人为对象，防止其犯罪意识外化为犯罪行为，阻止犯罪的发生。刑罚的个别预防与一般预防的这两种功能是互补的。例如，刑罚威慑功能中，个别威慑与一般威慑是辩证统一的，将两者割裂开来或者对立起来的观点都是错误的。如果只考虑个别威慑而不考虑一般威慑的需要，个案的处理效果会对社会产生不良的影响。同样，如果脱离个别威慑，过分强调一般威慑，甚至为追求一般威慑的效果不惜加重对犯罪人的刑罚，这当然是有悖于公正的。同样，刑罚的鉴别功能中，个别鉴别与一般鉴别也是辩证统一的。从形式上看，个别鉴别与一般鉴别的对象有别，因而实现的方式也存在差异。个别鉴别是通过对犯罪人适用刑罚而实现的，因而更具有直接性，其效果也较为明显。而一般鉴别则是通过开庭审理、公开审判、法制教育等途径实现的，因而相对来说具有间接性，但其效果也是不容否认的。尽管个别鉴别与一般鉴别有以上差别，但它们都建立在刑罚的教育性的基础之上，因而具有一致性。司法机关应当通过刑罚适用活动使犯罪人认罪服法，从而在收到个别鉴别效果的同时，尽量地采取各种形式，惩罚一个人、教育一群人，从而收到一般鉴别的效果。总之，个别预防与一般预防具有功能上的互补性。

（三）效果的同步性

个别预防与一般预防这两种效果是同步的，也就是说个别预防的效果的产生有赖于一般预防的充分实现；一般预防的效果的产生同样有赖于个别预防的充分实现。在这个意义上说，个别预防与一般预防在效果上是互为因果的。正如我国学者形象地比喻的那样，个别预防与一般预防好似同一传动带上的两个轴轮，两者相互作用、同步运转，任何一方都不能脱离另一方而单独存在。[①] 如果对于个别预防与一般预防的效果不是有这样的辩证认识，片面地追求某一方面的效果而忽视另一方面的效果，那么，无论是个别预防的效果还是一般预防的效果，都无从实现。

三、个别预防与一般预防的关系

个别预防与一般预防之间既有对立性，又有同一性，这两者是互相依赖而存在的，因而具有对立同一的这样一种辩证关系。

① 参见邱兴隆等：《刑罚学》，105页，北京，群众出版社，1988。

（一）个别预防与一般预防之间关系的重要性

个别预防与一般预防之间关系的重要性，已经越来越为人们所认识。苏俄刑法学家认为，这一问题的重要性在于，它在一定程度上决定着刑事立法发展的道路；决定着在司法实践中的正确适用，关系到分则的法定刑是绝对确定、相对确定或必择其一，关系到法院将刑罚易科为教育感化措施的范围；关系到法院判处刑罚，改造教育犯罪人并预防实施新罪，预防的效益及刑罚个别化的地位，等等。[①] 我认为，正确处理个别预防与一般预防的关系，确实关乎一个国家的刑罚适用，应当引起重视。因为个别预防与一般预防是刑罚的预防目的的两个方面，两者的协调互补才能有效地实现刑罚预防犯罪的目的。

（二）个别预防与一般预防之间关系的阶段性

如前所述，个别预防与一般预防之间既有对立性又有同一性，两者之间辩证统一。这种辩证关系表明，个别预防与一般预防在刑事法律活动的各个阶段具有不同的主次关系，这主要表现在：

1. 刑事立法阶段以一般预防为主，兼顾个别预防。

刑事立法是创制法律，具有对事不对人的特点，因而应当以一般预防为主，根据一般预防的要求来安排刑罚体系、种类、法定刑及其幅度等。但刑事立法也不可能根本无视个别预防，而应当根据个别预防的要求，对反映犯罪人的人身危险性较大的某些特定的犯罪人类型，例如惯犯、累犯等予以特别规定，使之在个别化方面具有法律根据。同时，对自首、中止等反映犯罪人的人身危险性较小的犯罪情节予以法定化。总之，在刑事立法阶段，个别预防与一般预防的关系表现为一般预防为主、个别预防为辅的这样一种主次关系。

2. 定罪量刑阶段个别预防与一般预防并重。

定罪量刑是罪刑关系的个别化，是针对具体的案件、具体的案犯适用法律。在定罪量刑的时候，应当根据犯罪人的再犯可能的大小判处罪刑相适应的刑罚；同时，也

① 参见陈明华：《当代苏联东欧刑罚》，44页，北京，中国人民公安大学出版社，1989。

要考虑一般预防的要求，这主要表现在两个方面：一是依法定罪量刑本身意味着兼顾了一般预防，因为刑事立法是以一般预防为主要根据的，刑法本身体现了一般预防的要求，因而依法定罪量刑必然兼顾了一般预防的要求。二是在定罪量刑的时候，还要考虑形势、犯罪率、民愤等初犯可能的表征，从而直接照顾了一般预防的要求。总之，在定罪量刑阶段，个别预防与一般预防的关系表现为两者并重。

3. 刑罚执行阶段以个别预防为主，兼顾一般预防。

刑罚执行是定罪量刑的延伸，是使罪刑关系得以现实化的刑事法律活动阶段。在刑罚执行阶段，教育与改造犯罪人是首要的任务，因而无疑应当以个别预防为主。但在刑罚执行阶段，也要兼顾一般预防的要求，这主要表现在刑事判决所确定的宣告刑制约着行刑期间对宣告刑的调整。根据我国刑法规定，减刑的期限不能高于宣告刑的1/2，被判处无期徒刑的，必须实际服刑13年以上；假释只能适用于已执行宣告刑1/2以上的被判处有期徒刑的犯罪分子。被判处无期徒刑的犯罪分子，实际执行13年以上才能适用假释，这些规定无疑体现了一般预防因素的制约作用。因为如果宣告刑可以无限制地减轻，犯罪人可以无条件地假释，那么社会上的不稳定分子就会感到刑罚不足畏，因而必然削弱刑罚的一般预防的效果。由于在刑罚执行阶段，一般预防只是起到消极的制约作用，而不是像在定罪量刑阶段那样需要积极地予以考虑，因而，在刑罚执行阶段，个别预防与一般预防的关系是以个别预防为主，兼顾一般预防。

（三）个别预防与一般预防之间关系的发展趋势

如果说，在刑事法律不同的活动阶段，个别预防与一般预防之间的关系具有阶段性的特点，那么，从宏观的长远的发展来看，个别预防与一般预防之间的关系也不是一成不变的，而是具有可变性。那么，两者关系的发展趋势如何呢？关于这个问题，在苏俄刑法学界存在三种观点[①]：第一种观点认为，一般预防减弱、特殊预防强化。例如皮昂特科夫斯基指出，一般预防与特殊预防之相互关系

① 参见陈明华：《当代苏联东欧刑罚》，45～49页，北京，中国人民公安大学出版社，1989。

不是一成不变的，而是要根据某一具体历史时期保护的社会主义社会关系中的某个部分的具体要求经常变化；随着实现一般预防的要求的减少，适用刑罚的特殊预防的任务将会在同犯罪的斗争中愈益被提到首位，就是说，在社会主义社会发展的不同时期，一般预防的地位呈下降趋势，而特殊预防则呈上升趋势。第二种观点认为，特殊预防在刑事政策中永远不能占有首要地位，在特殊情况下提到第一位的只能是一般预防。例如 A. Л. 索洛维耶夫指出，特殊预防和一般预防的目的的统一，并不意味着这些目的之关系是永远不变化的，现在没有任何根据来区分刑罚目的中其中哪一个是第一位的，是一般预防还是特殊预防？因为在缺乏特殊情况而只是一般平常条件下，刑罚的所有目的将有着平等意义。特殊预防在刑事政策中永远不能占有首要地位，因为在特殊情况下提到第一位的只是一般预防的目的。第三种观点认为，刑罚的所有目的是相互联系的，实际执行刑事惩罚的过程是实现刑罚全部目的的过程。例如列缅松指出，刑事政策的发展并不是按照由一般预防到特殊预防这种道路。别良耶夫坚持认为，把主要注意力放在预防犯罪上的时候，不能说刑罚的一般预防意义在缩小。这样一来，一般预防和特殊预防就是刑法的两个独立的同等的任务。作为保护社会主义社会关系免受犯罪行为侵害的手段的刑罚，通过一般预防、特殊预防及改造、教育犯罪人而起作用。在我国刑法学界，大多赞同从社会发展的历史和进化的趋势来看，两个预防的关系是朝着加强特殊预防作用的方向发展的观点。例如我国学者指出，随着社会主义制度的发展和完善，社会的物质文明与精神文明程度的提高，公民遵纪守法自觉性的加强，社会上因恐惧而不敢违法犯罪的人数必将逐步减少。由此决定，我国适用刑罚活动中一般预防的任务必然会逐渐减轻，特殊预防的任务将会越来越提高到首位。[①] 还有学者甚至断言，将来的刑罚必然是以个别预防为中心的刑罚。[②]

我认为，个别预防与一般预防之间关系的发展趋势是一个十分复杂的问题，应

---

① 参见周振想：《刑罚适用论》，146 页，北京，法律出版社，1990。

② 参见邱兴隆等：《刑罚学》，110～111 页，北京，群众出版社，1988。

当结合整个社会的物质文明与精神文明的发展加以分析。只要刑罚存在，刑罚的个别预防与一般预防的功能与目的必然同时存在，这是毫无疑问的；但从总的发展趋势来看，个别预防强化，一般预防弱化，这应当是一个发展趋势。因为随着社会文明程度的提高，公民遵纪守法意识的加强，刑罚的一般预防的功能减弱，这只是问题的一个方面；另一方面是，随着对犯罪发展规律的揭示，预防犯罪由单一地依靠刑罚向综合地运用社会、政治、经济、道德、法律等各种手段发展，从而增加了犯罪预防的有效性，刑罚在犯罪预防体系中的地位开始下降。同时，由于科学手段不断被引入刑事领域，大大提高了再犯预测的准确性，从而为个别预防提供了科学依据，使得个别预防地位上升。因此，个别预防强化、一般预防弱化，应该是一般发展趋势。当然，这并不排除在特定阶段两者之间关系的复杂变动。

第三节　报应与预防：刑罚目的二元论

报应之刑与预防之刑的关系，集中体现在刑罚目的上。刑罚目的是刑法理论中一个极为重要的问题，它对于刑罚的创制与适用，都有着直接的指导意义。正因为刑罚目的如此重要，所以，有些国家不仅把它当做一个单纯的理论问题，而且将它直接规定在刑法典中，作为刑罚适用的指导原则。例如《俄罗斯联邦刑法典》（1993 年修订）第 20 条（刑罚的目的）规定：“刑罚不仅是对所犯罪行的惩罚，而且还以改造和教育被判刑人、使之诚实对待劳动、认真执行法律、遵守社会主义共同生活规则，以及预防被判刑人重新犯罪和其他人实施犯罪为目的。刑罚不以使人遭受肉体痛苦或侮辱人格为目的”。类似规定还见于《罗马尼亚刑法典》第 52 条、《蒙古刑法典》第 16 条、《朝鲜刑法典》第 27 条。我国刑法制定过程中，也有人主张规定刑罚的目的，但未被立法者采纳。① 尽管刑罚目的问题

① 参见高铭暄：《中华人民共和国刑法的孕育和诞生》，58 页，北京，法律出版社，1981。

如此之重要，但它恰恰是一个被历史上的刑法学家搞得最为混乱的问题。学派之间的对峙、观点之间的分歧，争论达上千年之久，仍无定论。即使在我国刑法学界，也没有就刑罚目的问题达成共识。我国刑法之所以没有规定刑罚的目的，重要理由之一就是刑罚的目的究竟如何表述，在理论上还有争论。[①] 为了科学地揭示刑罚的目的，应当对刑法理论上关于刑罚目的的各种观点加以辨析，在此基础上阐述我们的观点。

一、中国历史上关于刑罚目的之学说

中国历史上，儒、法两家对于刑罚的认识是有所区别的。儒家主张德主刑辅，将刑罚置于次于德的地位，在政治统治中，刑罚只起辅助作用；而法家则主张以刑罚作为基本的政治手段，极为推崇甚至无限地夸大刑罚的作用。由于对刑罚的认识的这种差别，儒法两家在刑罚目的问题上的观点也各有特点。儒家强调刑罚的教育、感化作用；而法家则追求刑罚的恫吓作用。中国历史上关于刑罚目的的论述，主要涉及以下两个方面：

（一）报应

中国历史上有些思想家认为，之所以要实行刑罚，目的之一是报应。例如荀况指出："凡刑人之本，禁暴恶恶……凡爵列、官职、赏庆、刑罚、皆报也，以类相从者也。一物失称，乱之端也。夫德不称位，能不称官，赏不当功，罚不当罪，不祥莫大焉。"[②] 因此，在荀况看来，刑罚是对犯罪的一种恶的报应，正与赏庆是对功绩的一种善的报应相同。因此，刑罚的轻重应该取决于犯罪的大小，正所谓"杀人者死，伤人者刑"。

（二）预防

刑罚不仅具有报应作用，而且具有预防作用。荀况将"惩其未也"与"禁暴

① 参见高铭暄：《中华人民共和国刑法的孕育和诞生》，58页，北京，法律出版社，1981。

② 《荀子·正论》。

恶恶”相并列，视为“刑人之本”[①]。刑罚的预防，可以分为个别预防与一般预防，其中，个别预防是以防止犯罪人再次犯罪为内容的，中国古代某些刑罚措施都体现了这种个别预防的思想，刑罚“去其为恶之具，使夫奸人无用复肆其志”，例如“亡者刖足”，“盗者截手”，“淫者割其势”等等，正如晋代思想家刘颂所说：“除恶塞源，莫善于此”[②]。

一般预防是以防止社会上的其他人犯罪为内容的。中国古代关于一般预防的思想，表现在以下两个方面：

法家强调威吓。为了达到这一目的，法家甚至主张采用重刑。例如，商鞅认为，如果“行刑，重其重者，轻其轻者”，“轻者不止，则重者无从止矣”。因此，商鞅反对“重重而轻轻”，当然，更反对“罪重刑轻”。商鞅认为，“罪重刑轻，刑至事生，此谓以刑致刑。”商鞅主张，“行刑，重其轻者；轻者不生，则重者无从至矣”。因此，商鞅指出：“以杀去杀，虽杀可也；以刑去刑，虽重刑可也。”[③]韩非十分赞同商鞅的观点，认为：“以重止者，未必以轻止也；以轻止者，必以重止矣。”而且，韩非还进一步发挥了商鞅的思想，甚至提出“重刑者，非为罪人也”。也就是说，刑之轻重不以罪为转移，刑罚不是专门为惩罚罪人而设置的。刑罚的设置是为了威吓社会上的其他人，收到杀一儆百的效果，所谓“重一奸之罪而止境内之邪，此所以为治也。重罚者，盗贼也；而悼惧者，良民也”[④]。

儒家重视感化。荀况认为刑罚具有引导人们循礼守法的作用：“有不由令者，然后俟之以刑。故刑一人而天下服，罪人不邮其上，知罪之在己也。是故刑罚省而威流，无它故焉，由其道故也。”荀况还强调通过公布成文法，教育一般百姓，“天下晓然皆知夫盗窃之不可以为富也，皆知夫贼害之不可以为寿也，皆知夫犯

① 《荀子·正论》。
② 《晋书·刑法志》
③ 《商君书·画策》。
④ 《韩非子·六反》。

上之禁不可以为安也……皆知夫为奸则虽隐窜逃亡之由不足以免也”[1]。荀况既反对“不教而诛”，又反对“教而不诛”，主张“先教后诛”，认为只有这样才是“义刑义杀”。

应当指出，中国古代思想家关于刑罚目的的以上论述，虽然或多或少地触及这个问题的本质，有其合理可取之处，但由于其阶级和历史的局限，不可能科学地揭示刑罚的目的。

二、西方历史上关于刑罚目的之学说

在西方历史上，关于刑罚目的的学说可谓源远流长，一直可以追溯到古希腊。近代随着刑法学作为一门独立学科的诞生，刑罚的目的更是成为一个令人瞩目的热点。正是在刑罚目的上各个不同学派的分庭抗礼，推动与促进了刑法科学的繁荣与发展。下面，我们对西方历史上关于刑罚目的之学说作一鸟瞰式的概览。

（一）报应

在西方历史上，最早将刑罚目的归结为报应的当推古希腊哲学家亚里士多德。亚里士多德认为，刑罚的目的在于恶报，即消除犯罪所引起的罪恶。亚里士多德指出：“以刑罚惩治罪恶，就某一意义（如给人痛苦）而言，仍旧只是一件可以采取的坏事，相反，人就惩恶的目的在于消除罪恶而言，善施恰恰是可以开创某些善业而成为善德的基础。”[2] 亚里士多德之所以把刑罚视为一件“可以采取的坏事”，一是指它具有被动性，取决于犯罪的发生；二是它具有消极性，是以恶报恶。

西方进入漫长的中世纪以后，神意报应主义占主导地位。神意报应主义以神

① 《荀子·君子》。

② ［古希腊］亚里士多德：《政治学》，吴寿彭译，383页，北京，商务印书馆，1961。

的旨意作为报应的理由，认为犯罪是违反了神的命令或上天的旨意，国家对罪犯适用刑罚是秉承神意给以报应。例如古罗马著名天主教思想家圣·奥古斯丁指出："罪是奴役制度之母，是人服从人的最初原因，它的出现不是越过最高的上帝的指导，而是依照最高的上帝的指导，在最高的上帝那里是没有不公正的事的。只有最高的上帝才最明白怎样对人的犯罪施行适当的惩罚。"① 神意报应用虚无缥缈的神的旨意来诠释世俗社会的刑罚目的，其荒诞性是不言而喻的。

及至近代，德国著名哲学家康德创立了道义报应主义的刑罚哲学，将报应刑的思想推向了一个极端。康德认为人是现实上创造的最终目的。从尊重人作为目的的价值出发，对人的行为的反应便只能以其行为的性质为根据，而不能另立根据或另有所求，否则便是否定了人作为目的的价值。人受道德律的支配，不得侵害他人的权利。犯罪人侵害了他人的权利，违背了道德律，因而应受惩罚。正如康德指出："违背道德上之原则，加害恶于他人者，须受害恶之报应（刑罚），此理有固然者也。"② 只有这样，才能恢复他人作为目的的价值，恢复被犯罪所侵害的道德秩序。从这一观点出发，康德还主张刑罚的质和量都应与犯罪的道德罪过及其外存表现相均衡，实行等量报应，即"如果你诽谤了别人，你就是诽谤了自己；如果你偷了别人的东西，你就是偷了自己的东西；如果你打了别人，你就是打了你自己；如果你杀了别人，你就是杀了你自己"③。康德的道义报应主义当然较之神意报应主义进步，但它把刑罚的意义完全归结为恢复道德秩序，以道德罪过来诠释刑罚的本质，显然是把刑罚与道德混为一谈，因而有其缺陷。尤其是康德主张的等量报应，正如黑格尔所说，根据这种观点，很容易得出刑罚上同态报复的荒诞不经的结论。例如，以牙还牙，犯罪人全口牙齿都已脱落怎么办？④

---

① 转引自《西方法律思想史资料选编》，93页，北京，北京大学出版社，1983。

② 转引自王觐：《中华刑法论》，上卷，新订7版，20～21页，北平，朝阳学院，1933。

③ ［德］康德：《法的形而上学原理——权利的科学》，沈叔平译，165页，北京，商务印书馆，1991。

④ 参见［德］黑格尔：《法哲学原理》，范扬、张企泰译，105页，北京，商务印书馆，1961。

在否定康德的道义报应主义的基础上，黑格尔将其辩证法中的否定之否定规律运用于对犯罪与刑罚关系的考察，提出了著名的法律报应主义。黑格尔认为，犯罪是犯罪人基于自由意志而选择的危害社会的行为，因而是一种害恶。而善有善报、恶有恶报是社会常理，从这一社会报应观念出发，作为害恶的犯罪理所当然地应受恶的惩罚，刑罚则只不过是这种恶的惩罚的有形的体现。因此，犯罪和刑罚之间只能是一种因果报应关系。黑格尔指出："刑罚毕竟只是犯罪的显示，这就是说，它是以前一半为前提的后一半"①。黑格尔否认以主观罪过作为报应根据的道义报应主义，指出："犯罪应予扬弃，不是因为犯罪制造了一个祸害，而是因为它侵害作为法的法"②。因此，黑格尔主张从犯人的客观行为中去寻求刑罚的概念和尺度，犯罪与刑罚之间的这种均衡只能是等质而不可能是等量的。由以上这些论述灼然可见黑格尔的法律报应主义思想。当然，黑格尔的法律报应主义强调用法律作为尺度衡量犯罪的危害，以此确定刑罚的分量，这是较为可取的。但黑格尔绝对排斥道德罪过在确定刑罚中的意义，显然是难以接受的。

（二）预防

西方历史上用预防将来再犯作为刑罚目的的观点，可以追溯到古希腊哲学家普罗塔哥拉，他指出："谁要是以理智来处罚一个人，那并不是为了他所犯的不法，因为并不能由于处罚而使业已发生的事情不发生。刑罚应该为着未来而处罚，因此再不会有其他的人，或者被处罚者本人，再犯同样的不法行为。"③ 此后，古希腊另一著名哲学家柏拉图也表达了同样的思想。在柏拉图看来，刑罚的目的是为了使犯罪者改邪归正，惩罚不仅教育他本人，而且对其他人也是警告，并有教育作用。国家的一切惩罚措施都要引导公民们走向善德的道路，给罪犯一个刺激，使其改变不义而恢复灵魂中的正义。④ 柏拉图的这一观点，得到后来的

① ［德］黑格尔：《法哲学原理》，范扬、张企泰译，106页，北京，商务印书馆，1961。
② ［德］黑格尔：《法哲学原理》，范扬、张企泰译，102页，北京，商务印书馆，1961。
③ 转引自林山田：《刑罚学》，2版，64页，台北，"商务印书馆"，1983。
④ 参见王哲：《西方政治法律学说史》，26页，北京，北京大学出版社，1988。

哲学家格劳秀斯的赞同，他指出："关于惩罚的目的，迄今我们说的只证明犯法者如果受到惩罚，是没有冤枉他们的。但是，由此不应得出必然的结论，认为他们应该受到惩罚，也不能认为这种惩罚一定是必要的……柏拉图在其法律篇中的观点，受到了人们的赞美，塞涅卡把它译为：'没有一个聪明的人惩罚别人是因为他犯过错误，而是为了他今后不再犯错误'。"①

如果说以上关于刑罚的目的在于预防犯罪的论述还只是只言片语，那么，及至近代刑法学之父贝卡里亚《论犯罪与刑罚》一书在1764年出版，双面预防主义蔚然成为一家之说，后来由于边沁的进一步发挥而形成完整的体系。贝卡里亚从法律的唯一目的在于"使大多数人得到最大幸福"这一功利主义命题出发，断然否定以回顾已然为主旨的报应主义，指出："刑罚的目的既不是要摧残折磨一个感知者，也不是要消除业已犯下的罪行。"② 在否定报应主义的基础上，贝卡里亚提出了双面预防的刑罚目的观，指出："刑罚的目的仅仅在于：阻止罪犯再重新侵害公民，并规诫其他人不要重蹈覆辙"③。这里所谓"阻止有罪的人再使社会遭受到危害"，就是指刑罚的个别预防目的；而所谓"制止其他人实施同样的行为"，则是指刑罚的一般预防目的。继贝卡里亚之后，边沁明确指出刑罚的目的是预防犯罪，指出："任何惩罚都是伤害；所有的惩罚都是罪恶，根据功利原理，如果惩罚被认为确有必要，那仅仅是认为它可以起到保证排除更大的罪恶"④。边沁还首次将刑罚的目的划分为"一般预防"与"个别预防"。边沁认为，实现刑罚一般预防目的的途径是借助于刑罚的威慑作用。边沁以抢劫罪为例指出："可以这样说，一件过去的抢劫罪行，可能包含着削弱旨在防止这种罪行发生的政治法令的效力。这种政治法令防止抢劫罪的方法，就是宣布对任何犯抢劫罪的人，处以稳定刑罚……如果刑罚最后实施了，这类犯罪的伤害性，才会最

① 转引自《西方法律思想史资料选编》，158页，北京，北京大学出版社，1983。

② 转引自［意］贝卡里亚：《论犯罪与刑罚》，黄风译，42页，北京，中国大百科全书出版社，1993。

③ 转引自［意］贝卡里亚：《论犯罪与刑罚》，黄风译，42页，北京，中国大百科全书出版社，1993。

④ 转引自《西方法律思想史资料选编》，493～494页，北京，北京大学出版社，1983。

终停止。”[①] 至于刑罚个别预防目的的实现，则主要取决于三个因素，即通过把犯罪人关押于一定的场所，使其丧失实施犯罪的身体能力；借助道德改造消除犯罪人的犯罪欲望；以及借助法律的威吓或恐怖而使犯罪人恐惧刑罚。还是以抢劫罪为例，边沁直截了当地指出：“什么地方经常发生抢劫而不受惩罚，抢劫者就毫不感到羞耻”[②]，其结果只能是导致再犯。尽管贝卡里亚和边沁是双面预防主义者，但并不意味着对个别预防与一般预防等量齐观，两位巨匠都对一般预防格外垂青，边沁更是毫不掩饰地指出：“无论如何，刑罚的主要目的都是一般预防”[③]。

贝卡里亚、边沁对一般预防的格外钟情，导致此后以费尔巴哈与菲兰吉利等人的一般预防主义的崛起。费尔巴哈以立法威慑论而著称，根据其心理强制说，犯罪人之所以犯罪，主要是受了潜在于违法行为中的快乐的诱惑与不能得到快乐时所潜在的痛苦的压迫。为此，必须以成文法的形式明确规定罪刑价目表。基于刑事立法的这种威慑作用，潜在犯罪人就不得不在心理上对犯罪的利弊得失根据舍小求大、趋利避害的功利原则进行仔细的权衡，因恐怖铁窗之苦而舍弃犯罪之乐，自觉地抑制违法的精神动向，使之不外化为犯罪行为。一般预防主义阵营中别树一帜的是菲兰吉利的行刑威慑论。菲兰吉利认为，刑罚的目的不在于追求刑罚纸上谈兵式地在法律中确定下来可能产生的威慑作用，而在于执行刑罚的活生生的场面可以使人望而生畏，菲兰吉利直言不讳地指出：“刑罚的执行给公众以恐怖，使之目击犯罪所应得的惩罚而生戒心，进而防止一般人犯罪。”[④]

当一般预防主义占据长期的统治地位以后，西方国家的犯罪率，尤其是累犯率大幅度增加，刑罚的威慑作用引起人们的怀疑。同时，欧洲大陆兴起实证主义哲学，倡导观察优于思考的学风。相形之下，刑事古典学派以法律概念中的刑罚

① 转引自《西方法律思想史资料选编》，493页，北京，北京大学出版社，1983。
② 转引自《西方法律思想史资料选编》，493页，北京，北京大学出版社，1983。
③ ［英］边沁：《刑罚的理论基础》，载《边沁选集》，英文版，396页，1843。
④ ［德］菲兰吉利：《刑事立法学》，德文版，1788。

为对象的纸上谈兵极具经院哲学的色彩，则不免失之空泛。在这种情况下，以实证主义为思想方法的个别预防主义应运而生。其中最有影响的有以下三个人物：一是龙勃罗梭，以天生犯罪人论著称，在刑罚学说上，主张对生来犯罪人，应该根据不同的情形，分别采取如下措施：（1）对尚未犯罪但有犯罪倾向的人实行保安处分，即预先使之与社会相隔离；（2）对于具有犯罪生理特征者予以生理矫治，即通过医疗措施，如切除前额、剥夺生殖机能等来消除犯罪的动因；（3）将危险性很大的人流放荒岛、终身监禁乃至处死。这三种措施的共同目标都是使犯罪人丧失犯罪或再犯罪的能力或条件，防止其再犯罪。① 因此，龙勃罗梭的刑罚理论被称为剥夺犯罪能力论。二是菲利，以犯罪饱和论著称，认为在一定的社会条件下，必然产生一定的犯罪，就像氧和氢相结合必然产生水一样。在刑罚学说上，否认国家具有惩罚犯罪人的刑罚权，主张根据造成犯罪人不同的人格的社会情形，用不同的救治方式取代刑罚，这就是刑罚替代物论。菲利指出："我们坚信，科学真理的成就将把刑事司法变成一种自然功能，用以保护社会免受犯罪这种疾病的侵害，铲除所有今天尚存在的复仇、憎恶和惩罚等未开化时代的遗痕。"② 三是李斯特，著名的教育刑论的倡导者，他主张刑罚不是一种本能或原始的同害报复，而应以改造罪犯、保全社会为出发点。不但要根据犯罪人的具体情况进行教育改造，使其尽快复归社会，而且要根据犯罪者的社会危险性所侵害社会利益的程度，适用相应的刑罚，以达到保卫社会的目的。李斯特的刑罚思想在以下这句名言中灼然可见："矫正可以矫正的罪犯，无法矫正的罪犯不使为害。"

（三）一体论

世代对立的报应主义与预防主义以及这两大阵营内部的各种不同学说，大多都具有一定的合理性，又具有难以克服的片面性。在这种情况下，对报应主义与

① 参见刘麟生：《郎伯罗梭氏犯罪学》，上海，商务印书馆，1938。

② ［意］菲利：《实证派犯罪学》，郭建安译，21页，北京，中国政法大学出版社，1987。

预防主义大多持折中态度，一体化刑罚论由此便脱颖而出。正如著名刑法学家哈特指出："围绕刑罚制度的困惑与日俱增……对这一制度的任何在道德上讲得通的说明，都必然表现为对诸种性质各异且部分冲突的原理的一种折中。"① 一体论的基本立论在于：报应与功利都是刑罚赖以存在的根据。因此，刑罚既回顾已然的犯罪，也前瞻未然的犯罪。对于已然的犯罪，刑罚以惩罚为目的，对于未然的犯罪，刑罚的目的则是预防。在预防未然的犯罪上，刑罚的目的既包括防止犯罪人再犯罪的个别预防，也包括阻止一般人犯罪的一般预防。在这一立论的前提下，一体论又可以分为以下派系：

以美国学者帕克为代表的一体论者认为，刑罚具有报应与预防两方面的目的，这是从既存刑罚规范所必然得出的结论。对杀人、抢劫、盗窃等传统的自然犯罪的惩罚，其根据在于它们严重违背了社会道德。刑罚之于此类犯罪，目的主要是表达社会谴责，道义报应是其渊源所在。而非法停车以及其他一些法定犯罪，并未违背社会道德，即使违背了道德，道德罪过的程度也相当轻，刑罚之于它们，纯系出于社会功利观念的要求，即仅仅是因为社会试图阻止此类行为的发生，才用刑罚惩罚它们。因此，对此类犯罪的刑罚，不能从报应而只能从功利的角度寻找其根据。

以美国学者赫希为代表的一体论者认为，刑罚既蕴含有痛苦，也潜藏着谴责。刑罚给人的痛苦的属性产生于威吓的需要，其根据是预防犯罪，即以痛苦相威吓，使犯罪保持在可以容忍的范围内。而刑罚的谴责性则有着独立于预防犯罪之外的根据，它不是针对犯罪人将来的行为，而是针对其已经实施的犯罪本身。也就是说，无论犯罪是否具有道德罪过，它们至少是错误行为，而按照道德的要求，对于错误行为，必须予以谴责。刑罚的谴责性便由此而生。因此，刑罚的痛苦性以功利为根据，其谴责性则以报应为根据。

以英国学者哈特为代表的一体论者认为，刑罚根据应视刑事活动的阶段性而

① ［英］哈特：《惩罚与责任》，王勇等译，1页，北京，华夏出版社，1989。

定。刑罚活动分为立法、审判与行刑三个阶段，与此相适应，刑罚的根据也表现为三个方面。刑罚之在立法上的确定，即规定什么样的行为应受惩罚以及应受多重的惩罚，主要取决于一般预防的需要。即是说，只有社会希望遏制其发生的行为才应受刑罚惩罚，而具体犯罪应受的惩罚的分量，也以遏制其发生的实际需要为转移。在审判阶段，刑罚的裁量则以报应为根据，即只有对犯罪的人才能适用刑罚，对具体犯罪人所处的刑罚的分量应该与其犯罪的严重性程度相适应。至于行刑阶段，占主导地位的是个别预防。对犯罪人是否实际执行已判处的刑罚，实际执行刑罚的方式，以及实际执行的刑罚的分量，均应以个别预防为根据，即应与教育改善犯罪人的需要相适应。

西方历史上绵延数千年之久的刑罚目的论之争，极大地丰富了刑法理论，其中不乏真知灼见。当然，由于历史条件的限制，这些关于刑罚目的的学说都不可避免地存在一定的缺陷。我们应当在前人思考的基础上，提出我们自己的见解。

三、中国刑法学界关于刑罚目的之学说

关于刑罚的目的，在我国刑法学界是一个长期争论的问题。20 世纪 50 年代，学者就曾经先后发表了 7 篇文章，探讨刑罚目的问题。进入 80 年代，学者又先后发表了一批探讨刑罚目的的论文，并且出版了专著。我国刑法学界关于刑罚目的的观点，主要有以下几种[①]：

（1）惩罚说，认为刑罚既然是阶级专政的工具，是国家的一种强制方法，惩罚就是刑罚的本质属性。适用刑罚的目的就在于使犯罪分子的自由和权利受到限制和剥夺，使他们感到压力和痛苦，只有这样，才能制止犯罪的发生。

（2）改造说，认为我们对犯罪人判处刑罚，既不是为了追求报复的目的，也

① 参见高铭暄主编：《新中国刑法学研究综述（1949—1985）》，408～409 页，郑州，河南人民出版社，1986。

不是将惩罚作为自己的目的，而是通过对犯罪分子的惩罚这个手段，达到改造犯罪人，使其重新做人的目的。

(3) 预防说，认为刑罚固然具有惩罚的属性，但是，适用刑罚惩罚犯罪分子，使其遭受一定的痛苦和损失，并不是我们适用刑罚的目的。我国对犯罪分子适用刑罚的目的是预防犯罪。它具体表现为两个方面：一是个别预防，就是对犯罪分子适用刑罚，以防其再次犯罪；二是一般预防，就是通过惩罚犯罪，教育和惩戒社会上可能犯罪的分子，使他们不致走上犯罪的道路。

(4) 双重目的说，认为我们对犯罪分子适用刑罚，既有惩罚犯罪分子的目的，又有教育改造犯罪分子的目的。如果认为我国刑罚只有对犯罪分子教育改造的目的，而没有惩罚的目的，那就失去了刑罚固有的属性和存在的必要。

(5) 三目的说，认为我国人民法院对犯罪分子适用刑罚，是要达到三个目的，即：惩罚与改造犯罪分子，预防他们重新犯罪；教育和警戒社会上的不稳定分子和可能走向犯罪的分子，使他们不走上犯罪的道路；教育广大群众增强法制观念，积极同犯罪作斗争。

(6) 预防和消灭犯罪说，认为我们对犯罪分子适用刑罚，就是要把他们当中的绝大多数人教育改造成为新人，从而达到预防犯罪，最终消灭犯罪，以保护国家和人民利益的目的。

(7) 根本目的和直接目的说，认为由我国刑罚的职能和任务所决定，我们对犯罪人适用刑罚的根本目的是预防犯罪、保卫社会。根据我国刑罚根本目的的要求及我国刑罚的性质，我国刑罚的直接目的应包括以下三项内容：第一，惩罚犯罪，伸张社会正义。第二，威慑犯罪分子和社会上不稳定分子，抑制犯罪意念。第三，改造犯罪分子，使其自觉遵守社会主义法律秩序。

以上这些观点，说明我国刑法学界对刑罚目的问题的认识还是相当混乱的。为了确立科学的刑罚目的，应当解决以下四个问题：

(一) 刑罚目的的界定

我国刑法学界之所以在刑罚目的问题上各执一词，一个重要的原因是没有就刑罚目的这一前提性的问题达成共识。在我国刑法学界，关于刑罚目的一词大约有狭、中、广三义。狭义上的刑罚目的指适用刑罚的目的，即人民法院对犯罪分子适用刑罚所要达到的目的。中义上的刑罚目的指制定和适用刑罚的目的，即指国家制定刑罚和人民法院对犯罪分子适用刑罚所要达到的目的。广义上的刑罚目的指制定、适用、执行刑罚的目的，即指国家制定刑罚、人民法院对犯罪分子适用刑罚和刑罚执行机关对犯罪分子执行刑罚所要达到的目的。在上述三种观点中，狭义上的刑罚目的占主导地位，即刑罚的目的通常是指适用刑罚的目的。显然，以这样一种狭义的观点来认识刑罚的目的，其理论视野不能不受到限制。我认为，刑罚的目的是指国家运用刑罚的目的，即国家确立、适用与执行刑罚所追求的客观效果。由此来理解刑罚的目的，自然可以引申出刑罚目的的以下三大作用：

1. 刑罚目的对刑事立法的制约作用。

刑罚目的一经确定，便会以与之相适应的刑罚体制为其赖以实现的手段。因此，刑罚目的也是刑事立法的指导思想之一，它对于刑罚制度的确立具有无可辩驳的重要意义。

2. 刑罚目的对刑罚适用的决定作用。

刑罚目的直接影响刑罚裁量的结果，是否判处刑罚、如何选择刑种、怎样确定刑度，都与刑罚目的问题息息相关，不可须臾分离。因此，刑罚目的也是刑罚适用的指导原则之一，它对于刑罚裁量的活动具有难以估量的重要意义。

3. 刑罚目的对刑罚执行的指导作用。

刑罚目的不仅在刑罚创制与刑罚适用过程中得以体现，而且一直贯彻到刑罚执行的过程之中，指导着一个国家的行刑政策和行刑实践。为了收到满意的行刑效果，行刑的方式、内容、制度等都应当与刑罚的目的相吻合。因此，刑罚目的也是刑罚执行的指导方针之一，它对于刑罚执行的过程具有显而易见的重要意义。

（二）刑罚属性与刑罚目的

我国刑法学界在刑罚目的问题上歧义纷生，除对刑罚目的存在不同认识以外，还有一个原因是把刑罚属性与刑罚目的混为一谈了。在上述列举的对刑罚目的的表述中，惩罚与教育应该是刑罚的属性而不是刑罚的目的。在哲学上，属性是指事物本身所固有的一种性质，这是一种客观实在；而目的是对于事物属性的自觉认识和运用，是指人们从事某一活动时所预期达到的结果，是一种主观愿望。显然，属性与目的不可混为一谈。关于惩罚是否是我国刑罚的目的，我国刑法学界存在争论：否定说认为，把惩罚视为刑罚目的，是将刑罚的属性与目的混为一谈了；而肯定说则认为，把惩罚视为刑罚目的是人民的正义观念的必然要求。应当说，就惩罚是否是刑罚目的而言，否定说是完全正确的；但就刑罚目的中应当反映人民的正义观念而论，肯定说又无可厚非。关键问题是如何理解惩罚这个概念。惩罚一词，英文中是用“punishment”一词表示的，而该词又可译为中文“刑罚”。由此可见，惩罚与刑罚实为同义词，都是指享有合法惩罚权的人使他人遭受某种痛苦、折磨、损失、资格丧失或者其他损害。[①] 因此，说惩罚是刑罚的目的，无异于否定刑罚具有目的。将惩罚说成是刑罚的属性，倒是恰如其分的。那么，刑罚目的中的人民的正义观念应当如何表达呢？只有一个经历数千年至今仍然魅力不减的词汇，这就是报应。在英文中，报应一词为“retribution”，指对所受的损害回复、回报或补偿。有时它被视为惩罚的目的之一，如满足由受害者自然产生的报复或报仇的本能要求，但在相当大的社会范围内也可以适用，可以被看作是由社会强制进行的有节制的报复。[②] 显然，惩罚与报应是有所不同的，惩罚是刑罚的属性，而报应可以被看作是刑罚的目的，即通过惩罚所要达到的客观效果。但遗憾的是，论者在不恰当地把惩罚当做刑罚目的的同时，又否认报应可以作为刑罚目的。[③] 关

① 参见［英］戴维·M. 沃克：《牛津法律大辞典》，邓正来等译，736页，北京，光明日报出版社，1989。

② 参见［英］戴维·M. 沃克：《牛津法律大辞典》，邓正来等译，772页，北京，光明日报出版社，1989。该译本将“retribution”译为“报复”，不够确切。约定俗成，应译为“报应”。

③ 参见田文昌：《刑罚目的论》，58～60页，北京，中国政法大学出版社，1987。

于这一点，我将在下文展开论述，在此不赘。

（三）刑罚功能与刑罚目的

把刑罚功能与刑罚目的相混淆，这也是我国刑法学界在刑罚目的问题上聚讼不休的症结之一。刑罚的功能，是指国家创制、适用与执行刑罚所可能产生的积极的社会作用。如果说，刑罚的内在属性是惩罚与教育，这是从静态上揭示刑罚的本质特征，那么，刑罚的功能就是刑罚的内在属性在其运动过程中的外在表现，是刑罚内在属性的外化，这是从动态上考察刑罚这一法律制度的。刑罚的功能与国家刑事法律活动是密不可分的，它只能表现在国家创制、适用与执行刑罚的过程中。因此，必须结合刑事法律活动的过程，才能科学地揭示刑罚的功能。刑罚的功能还表现为刑罚的社会作用，因而，它不仅发生在犯罪人身上，而且发生在受害人、社会上的不稳定分子以及其他社会成员身上。我们不能因为刑罚仅适用于犯罪分子，而否定刑罚对犯罪分子以外的人也会发生社会影响。刑罚的功能不仅是一种社会作用，还是一种可能产生的、积极的社会作用。所谓可能产生，是指刑罚的功能还只是蕴含在刑罚之中的一种现实的客观的可能性，它的发挥与实现还有待于刑事法律活动的完成。所谓积极，是指刑罚的功能有消极与积极之分，消极的作用也是客观存在不可否认的，但在一般情况下，刑罚功能是就其积极意义而言的。根据以上我们对刑罚功能的界定，我认为，诸如改造、威慑等都应该属于刑罚的功能，而不是刑罚的目的，这是显而易见的。例如，所谓根本目的与直接目的说，根本目的中的预防犯罪可以被看作是刑罚目的。而三个直接目的，除惩罚是刑罚属性以外，威慑与改造，都是刑罚功能。

（四）消灭犯罪与刑罚目的

我国刑法学界有些论著将消灭犯罪与预防犯罪并列，视为刑罚目的。我认为，这种观点是过分夸大了刑罚的作用。犯罪是一种十分复杂的社会现象，刑罚虽然是为惩治与预防犯罪而产生的，但刑罚绝不是治理犯罪的唯一手段，甚至不是主要手段。对犯罪应当实行综合治理，这一点已经被我国的实践经验所证明。至于消灭犯罪，决定于犯罪产生的政治条件和经济条件的消失，这又有待于社会生产力的高度发达。刑罚只能最大限度地将犯罪控制在一定范围之内，使之不危及社会的根本生存条件。那种希冀、期望刑罚消灭犯罪的观点，不仅是天真的，而且是无济于事的。

四、刑罚目的之报应与预防的辩证统一

我国的通说是将刑罚目的表述为预防犯罪，然后又将预防分为个别预防与一般预防。我认为，刑罚的目的不应是一元的，而应该是二元的，这就是报应和预防的辩证统一。

（一）刑罚二元目的之立论

为了论证刑罚具有报应和预防的双重目的，我们首先应当从目的这个概念入手。

人在进行任何一种活动、从事任何一项事业的时候，自始至终都有一个自觉的目的在驱使。正如恩格斯指出：在社会历史领域内进行活动的，是具有意识的，经过思虑或凭激情行动的、追求某种目的的人；任何事情的发生都不是没有自觉的意图，没有预期的目的的。① 因此，人类实践是一个有目的的活动过程。任何实践在一开始就包含着主体对外部现实的某种要求或需要，要求或需要就体现了主体对外部现实的关系。它们反映在主体的头脑中，被主体自觉地意识到，就成为推动主体进行实践活动的一般动机或动因。要求或需要只能通过改造和创造某种具体的客体来满足。而某种具体客体的被改造和被创造，一开始是作为实践所采取的结果事先建立于主体的观念之中的。一旦观念地建立起这种结果，它就作为实践的内在目的起作用，成为调节和控制主体同客体之间实际的相互作用的重要内部因素。② 由此可见，目的是调节和控制主体同客体之间的相互作用，

① 参见《马克思恩格斯选集》，2版，第4卷，247页，北京，人民出版社，1995。

② 参见夏甄陶：《认识论引论》，128页，北京，人民出版社，1986。

并且支配、创造一定的手段以便将其客观化的一种主观动因。应该指出，目的虽然是人的需要的反映，属于主观的范畴，但它又是受客观制约的。因此，必须强调从客观实际出发，依照客观规律来规定自己的目的和进行有目的的活动。

如果我们把统治者（立法者与司法者）视为主体，把犯罪视为客体，那么，统治者通过刑罚惩治犯罪就是一种实践活动。在这一实践活动中，刑罚乃是手段，而统治者运用刑罚这一手段所要达到的客观效果，就是所谓刑罚的目的。刑罚的目的并不是统治者主观臆想的，不能离开客观世界而存在。在某种意义上说，它决定于犯罪，是对犯罪现象深刻认识的结果。因此，刑罚目的的确立，不能离开犯罪这一客体。

犯罪具有双重的属性：作为已然之罪，它主要表现为主观恶性与客观危害相统一的社会危害性；作为未然之罪，它主要表现为再犯可能与初犯可能相统一的人身危险性。从这个意义上说，犯罪是社会危害性与人身危险性的统一，这就是犯罪本质的二元论。立足于此，刑罚作为犯罪的扬弃，其功能应当是具有相应的二元性：刑罚之于已然之罪，表现为惩罚；刑罚之于未然之罪，表现为教育。从刑罚功能再推论出刑罚目的，当然也具有二元性：惩罚之功能表现为报应，教育之功能表现为预防。

刑罚目的的二元论，是运用刑罚惩治犯罪这一人类实践活动的复杂性所决定的。美国著名科学家 N. 维纳从控制论出发，把法律定义为对于通讯和通讯形式之一即语言的道德控制。在此基础上，维纳指出："目前西方各国的法律中最难令人满意的地方就在于刑事方面。法律似乎把刑罚时而看做对其他可能的犯罪者的恐吓手段，使他们不敢犯罪；时而看做罪人的赎罪仪式；时而看做把罪犯和社会隔离起来的方法，以免罪犯有重复犯罪的危险；又时而看做对个人进行社会改造和道德改造的手段。这是四种不同的任务，可用四种不同方法来完成；因此，除非我们知道正确调节它们的方法，我们对待犯人的整个态度就是自相矛盾的。在现在，刑法时而讲这种语言，时而讲另一种语言。除非我们下定决心，认为我们社会真正需要的是赎罪，抑是隔离，抑是改造，抑是威胁潜在的罪犯，这些办法是起不了作用的，而只会把事情弄得乱七八糟，以致一件罪行引起了更多的罪行。任何一部法典的制订，如果其中有 1/4 是根据 18 世纪英国爱好使用绞刑的偏见，有 1/4 是根据把罪犯和社会隔离起来的原则，有 1/4 是根据冷漠无情的改造政策，还有 1/4 是采取吊起一只死乌鸦来吓走其余乌鸦的政策，那它肯定对我们是一无用处的。”[①] 维纳认为法律应当具有语义上的一致性，以避免噪音的干扰。而刑法对于刑罚目的的表述的多重性，导致刑法的无效性。作为一名科学家，维纳从技术的角度对刑罚目的多元性的抨击似乎不无道理。但是，现在的问题不是恐吓、赎罪、隔离、改造这四种不同的任务，由四种不同方法来完成，而是刑罚同时面临着这四种任务。在这种情况下，当然不能只从四种不同的任务中选择其中之一来完成，而是应当尽可能好地同时完成这四种任务。好在维纳也并没有完全否认这四种任务同时完成的可能性，关键在于“我们知道正确调节它们的方法”。在这个意义上，我们同意英国著名刑法学家哈特以下这段十分精辟的论述：在我们谈论或思考刑罚的传统方式中，存在某种由来已久的倾向，即将需要分别考虑的多重性问题过分简单化。要反对这一倾向，最需要的不是简单地承认，而是应该将作为对与刑罚的正当根据有关的某一单个问题的相关的解答提出来；不是某一单个的价值或目的（遏制、报应、改造或任一其他价值），而是多种不同的价值或目的。所需要的是，应该认识到不同的原理（其中每一项都可称为一种“正当根据”）在对从道德上讲得通的任何说明中，不同程度地彼此相关。我们所寻求的是对诸如此类问题的解答：刑罚的一般措施的正当性由什么来证明？刑罚可以施加于何人？刑罚的分量应多重？在解决有关刑罚的这些问题或其他问题时，我们应该牢记，正如在其他绝大部分社会制度中一样，在刑罚制度中，对一个目的的追求可能受到不应错过的追求其他目的的机会的限制或可能提供这种机会。只有当我们对刑罚的这种复杂性有了这样的意识时，我们才能恰当

① ［美］N. 维纳：《人有人的用处——控制论和社会》，陈步译，87 页，北京，商务印书馆，1978。

地估计到整个刑罚制度已被关于人类心理的新信念所渗透的范围或它必须适应这些新信念的范围。[①] 正因为如此，我们在确定刑罚目的的时候，不应把报应与预防对立起来，而是应当将两者统一起来。不可否认，在人类历史上，刑罚目的观有一个从报应到预防的转变过程。但这丝毫也不能否定报应与预防之间具有内在联系，两者都应当作为刑罚目的加以确立，关键在于如何协调两者之间的关系。

（二）刑罚的报应目的

报应作为刑罚目的，是指对犯罪分子之所以适用刑罚是因为他犯了罪，通过惩治犯罪表达社会正义观念，恢复社会心理秩序。因此，社会正义观念，是刑罚报应目的的理论基础。正义，英文表示为 justice，与公正、平等属于同类范畴，主要是作为评价某一行为或者某一社会制度的道德标准而使用的。例如美国著名法学家约翰·罗尔斯指出："正义是社会制度的首要价值，正像真理是思想体系的首要价值一样。一种理论，无论它多么精致和简洁，只要它不真实，就必须加以拒绝或修正；同样，某些法律和制度，不管它们如何有效率和有条理，只要它们不正义，就必须加以改造或废除。"[②] 应该指出，正义观念属于意识形态的范畴，归根到底它是由社会的经济基础决定的。因此，不同社会有不同的正义观念。在我国，犯罪行为不仅是危害国家和人民利益的行为，而且是违反社会正义的邪恶行为。因此，从我国的社会正义观念出发，对于恶行应该作出否定评价，对于善行应予褒扬。同时，对恶行的否定评价程度应该以恶行的大小为转移，对善行褒扬的分量应该取决于善行的大小。在现实生活中，社会正义观念作为行为评价标准具有重要意义，我们在确立刑罚目的的时候，也不应当无视社会正义观念的存在。而报应之作为刑罚目的，就是社会正义观念的最好体现。

① 参见［英］哈特：《惩罚与责任》，王勇等译，3页，北京，华夏出版社，1989。

② ［美］约翰·罗尔斯：《正义论》，何怀宏等译，1页，北京，中国社会科学出版社，1988。

将报应作为刑罚目的，会导致刑罚残酷，这是人们对报应持有戒心的一个重要原因。这完全是无知造成的不必要的担心。实际上，报应与刑罚残酷并无联系，恰恰相反，在一定程度上说，报应是对残酷刑罚的一种否定。因为报应作为刑罚目的，必然将刑罚的分量限制在与犯罪相适应的范围之内，使刑罚有节制而又有差别，这正是刑罚人道性的体现。至于历史上在报应（或者报复）的名义下所实行的严刑苛罚，是由当时的社会物质生活条件所决定的，与报应观念并无直接、必然的联系。恰恰是那种离开报应侈谈预防，才有可能导致刑罚残酷。

报应作为刑罚目的，有道义报应与法律报应之分。道义报应是指刑罚的质和量应当以犯罪的主观恶性为转移，法律报应是指刑罚的质和量应当与犯罪的客观危害相适应。我认为，作为刑罚目的的报应，应当是道义报应与法律报应的辩证统一。因为客观危害是主观恶性的外化，离开主观恶性谈客观危害，就会导致客观归罪。同时，客观危害又是主观恶性的表现，离开客观危害谈主观恶性，就会导致主观归罪。我国刑法坚持主观与客观相统一，因此，作为刑罚目的的报应，也应是道义报应与法律报应的统一。

（三）刑罚的预防目的

预防作为刑罚目的，是指对犯罪分子之所以适用刑罚，是为了预防犯罪，通过惩治犯罪实现社会功利观念，维护社会法律秩序。因此，社会功利观念，是刑罚预防目的的理论基础。功利，英文表示为 utility，与价值、效益属于同类范畴，主要是作为评价某一行为或者某一社会制度的价值标准而使用的。根据社会功利观念，国家之所以设置刑罚这样一种惩罚人的措施，主要是因为它蕴含着的剥夺权益之苦可以使其成为犯罪的阻力，起到遏制犯罪发生的作用。社会主义社会仍然存在犯罪，这是一个有目共睹的客观事实。而且，多种犯罪原因在社会主义社会的存在又决定了犯罪有其再生的必然性。因此，为了保护社会不受犯罪的侵害，国家有必要采取一系列措施来遏制犯罪的发生，而刑罚便是必不可少的措施之一。因此，预防之作为刑罚目的，就是社会功利观念的最好体现。

预防作为刑罚目的，有个别预防与一般预防之别。个别预防是指预防犯罪分子本人重新犯罪；一般预防是指通过惩罚犯罪，警戒社会上的不稳定分子，防止他们走上犯罪的道路。我认为，作为刑罚目的的预防，应当是个别预防与一般预防的辩证统一。因为个别预防是以再犯可能性为前提的，而将刑罚限于罪犯是构成刑罚之正当目的的任何原理（报应或功利）的无条件的结果。[①] 因此，离开个别预防谈一般预防，会导致刑及无辜或者不适当地加重犯罪人的处罚。同时，一般预防是以初犯可能性为基础的，其作用范围远远大于个别预防的作用范围，可以在更大程度上实现刑罚预防犯罪之功效。一般预防对刑罚同样具有制约作用，离开一般预防谈个别预防，会大大地限制刑罚的社会效益，因此。作为刑罚目的的预防，应是个别预防与一般预防的统一。

（四）报应与预防的辩证统一

刑罚的报应目的与预防目的是辩证统一的，对两者关系的阐述，成为确立刑罚目的二元论的关键之所在。

刑罚目的中的报应与预防具有对立统一的辩证关系。不可否认，报应与预防具有对立的一面。因为报应要求刑罚以已然之罪为根据；而预防要求刑罚以未然之罪为基础。但恰恰在罪刑关系上，报应与预防又展示出其内在的同一性。

报应体现了刑罚目的中的正当原则。正当原则要求某一事物的存在要有其内在的根据。表现在刑罚上，就是刑罚必须建立在罪有应得的基础上。罪有应得性作为刑罚根据与应受惩罚性作为犯罪特征存在一种对应关系。马克思曾经从犯罪的应受惩罚性与刑罚的罪有应得性的统一上论述罪刑关系。[②] 离开了报应的制约，预防犯罪就会成为实行严刑苛罚的借口。例如贝卡里亚与边沁都强调预防犯罪，尤其强调一般预防，他们虽然都反对死刑，但同时又都给死刑准

① 参见［英］哈特：《惩罚与责任》，王勇等译，11页，北京，华夏出版社，1989。

② 参见《马克思恩格斯全集》，第1卷，140～141页，北京，人民出版社，1956。

备了一种更为残忍、更具恐怖性的取代物——让罪犯牛马般地劳动并予以单身关押的长期或终身监禁。边沁甚至还提出，对刑罚的必然性越是没有把握，刑罚便应愈严厉。① 又如，龙勃罗梭强调个别预防，因而提出对所谓天生性犯罪人剥夺生殖机能，将人身危险性很大的人流放荒岛、终身监禁乃至处死等严厉的处罚措施。此后，在美国还出现所谓集体性剥夺犯罪能力的观点，认为某些类型的犯罪人（如：饮酒成癖者、吸毒上瘾者）中的犯罪再发率相当高，对于属于这些类型的犯罪人，应毫无例外地科处无限期的监禁，直至其犯罪动因消除为止。② 所以，我认为报应是制约着刑罚正当性的目的，是刑法保障机能的体现。

预防体现了刑罚目的中的效率原则。效率原则认为，一种结构，当改变它以使一些人（至少一个）状况变好的同时不可能不使其他人（至少一个）状况变坏时，这种结构就是有效率的。这样，对于一批产品在某些个人中的某种分配来说，如果不存在任何改善这些人中至少一个人的状况而同时不损害到另一个人的再分配办法，那么，这种分配就是有效率的。③ 效率原则是以“最大多数人的最大幸福”为目的的，因此，为实现这个目的，可以付出一定的代价，而不失其正当性。刑罚目的中的效率原则是以防卫社会为基础的，当社会受到犯罪的侵害时，为了保障大多数社会成员的生命、财产的安全，有权惩治犯罪。任何刑罚，都是因其具有预防犯罪的作用存在的。对于那些不可能预防或者代价太大的行为，都不适用刑罚。对此，边沁有过极为精彩的论述，他认为，所有的法律或应有的法律的一般目的都在于增加全民的幸福；因而，它首先应尽可能排除任何起到破坏幸福的事情。换句话说，排除伤害。根据这一功利主义原则，边沁认为下列情况不应适用刑罚：当刑罚是：（1）滥用；（2）无效；（3）过分；（4）太昂贵之时。边沁将上述四种情况下适用的刑罚称为：（1）滥用之刑；（2）无效之刑；

① 参见邱兴隆等：《刑罚学》，39页，北京，群众出版社，1988。

② 参见邱兴隆等：《刑罚学》，43页，北京，群众出版社，1988。

③ 参见［美］约翰·罗尔斯：《正义论》，何怀宏等译，63页，北京，中国社会科学出版社，1988。

(3) 过分之刑；(4) 昂贵之刑。[①] 否定刑罚的效率原则，将刑罚视为对犯罪的消极反应，或者完全不考虑惩罚效果的绝对的报应，都是我们所摈弃的。根据刑罚目的的效率原则，赋予刑罚制裁以积极的内容：它不仅是单纯的对犯罪的回报，而且是为防止犯罪的发生，从而防卫社会。所以，我认为预防是决定着刑罚效益性的目的，是刑法保护机能的反映。

刑法是保障机能与保护机能的统一，同样，刑罚的目的是正当原则与效率原则的统一，也就是报应和预防的统一。这里所谓统一，是指在创制、适用、执行刑罚的时候，应当同时兼顾报应和预防这两个目的。当然，在不同的阶段，两者的关系是有所不同的，下面我们分别加以论述。

刑罚创制阶段，实际上是刑事立法的过程。在这一阶段，立法者考虑的是需要用多重的刑罚来遏制犯罪的发生，因此，预防犯罪的目的显然处于主导地位。但在对不同犯罪规定轻重有别的刑罚的时候，又应当兼顾刑罚的报应目的，使两者统一起来。

刑罚适用阶段，主要是指刑罚裁量的过程。在这一阶段，司法者面对的是具体的犯罪和犯罪人。在这种情况下，只能根据其所犯罪行的大小来决定刑罚的轻重，因而是以报应为主。由于刑事立法规定的是相对确定的法定刑，其间存在一定的幅度，在这一幅度内，可以兼顾刑罚的预防目的，从而使两者统一起来。

刑罚执行阶段，表现为对犯罪分子的改造过程。在这一阶段，行刑者面对的是一个已经被判处确定之刑的犯罪人。在这种情况下，根据犯罪分子的人身危险性以及具体犯罪事实，采取有效的改造措施，消除其再犯可能，成为主要任务。因此，主宰着行刑的是刑罚的预防目的。根据犯罪人改造表现，可以实行减刑、假释等制度，从而充分体现刑罚的预防目的。但根据刑法规定，减刑

① 参见［英］边沁：《立法理论——刑法典原理》，孙力等译，66～67页，北京，中国人民公安大学出版社，1993。

和假释都受原判刑罚的限制，这就是对报应的兼顾，以免一味追求刑罚预防目的而有失公正。同时，对于那些没有改造好的人则不得实行加刑，除非在狱中犯罪可以依法判处，这也表明报应这一刑罚目的在行刑过程中并非无足轻重。

第十六章 生命刑

生命刑，法律上通称死刑。[①] 生命刑，乃刑之极也，因而中国古代又称之为极刑。在英语中，对死刑一般称为 death penalty，字面意思就是处死之刑；也有称为 capital punishment 的，capital 是最大、最重之意，因此，capital punishment 类似于中国古代所称的极刑。生命刑作为一种最重的刑罚，关系到一个人的生死问题，因而历来受到刑法学家的重视。在当前世界上人权运动方兴未艾的社会历史背景下，生命刑更是成为人们关注的焦点问题之一。

第一节 生命刑的演进

一、生命刑的起源

死刑的起源可以追溯到原始社会的血亲复仇。在原始社会的氏族制度下，以

① 为行文方便，除章节标题外，文内一般称为死刑。

血缘维系人与人之间的关系。因此，凡伤害个人的，便是伤害了整个氏族。从这种氏族的血亲关系中就产生了为全体氏族成员所绝对承认的血亲复仇的义务。正如恩格斯指出："假如一个氏族成员被外族人杀害了，那么被害者的全氏族就有义务实行血族复仇。"① 随着私有制的发展，氏族制度逐渐瓦解，血族复仇演变为私人复仇。在氏族制度的废墟上建立了国家，私人复仇权逐渐受到限制，乃至最后被取消，代之而起的就是国家的刑罚权，包括死刑权。正是在这个意义上，恩格斯指出，"我们今日的死刑，只是这种复仇的文明形式"②。这就明白无误地揭示了死刑与原始社会血亲复仇的习惯之间的姻缘关系。

二、生命刑的泛滥

死刑曾经泛滥一时，成为严刑苛罚的标志。以中国为例，西周时期制定的《吕刑》，五刑之律共三千条，其中大辟（死刑）二百条。根据睡虎地秦墓竹简提供的资料，《秦律》中的死刑有四种：第一，戮，指处死之前，先予刑辱，然后斩首。第二，弃市，指杀之于市，与众弃之。第三，磔，指裂其肢体而杀之。第四，定杀，指抛入水中淹死或生埋。秦朝的死刑，除上述秦简所载之外，见诸史籍的还有族、夷三族、枭首、车裂、腰斩、肢解、凿颠、抽肋、镬烹、具五刑等。这些死刑，有些是法定的常刑，有些则是法外滥刑。及至《唐律》，死刑立法定型化，分绞、斩二等。

在西方中世纪，死刑滥用同样十分严重。中世纪的英国，诺曼人征服后，由于盎格鲁-撒克逊法和诺曼法同时并存，因而广泛采用死刑，其执行方式有分尸、焚刑、车裂等。特别是对反叛者，几乎无例外地处死刑。例如，英国爱德华三世时的法律规定，冒犯王后、国王的未婚长女、国王的长子或继承人之妻者，一律

① 《马克思恩格斯选集》，2版，第4卷，85页，北京，人民出版社，1995。

② 《马克思恩格斯选集》，2版，第4卷，95页，北京，人民出版社，1995。

应处绞刑。按照威廉一世的森林法，杀死国王林地上的一只鹿就要被处以残害肢体刑，后继诸王更进一步规定处以死刑。在伊丽莎白一世统治时期，每年因流浪而被处死者多达三四百人。英国在17世纪完成资产阶级革命以后，封建刑法却以英国法所特有的方式被继承下来。据英国著名法学家布莱克斯通在18世纪60年代保守的估计，当时英国仅规定死刑的成文法便达160多部，而每部成文法中又规定了数种乃至数十种死罪，更不用说普通法上的死罪数量了。对于英国刑罚的残酷性，恩格斯指出：谁都知道，英国的刑法典在欧洲是最森严的。就野蛮来说，早在1810年它就已经毫不亚于加洛林纳法典了：焚烧、轮辗、砍四块、从活人身上挖出内脏等等曾是惯用的几种刑罚。不错，从那时起最令人愤慨的酷刑固然已经废止，但刑法中仍然原封不动地保留了大量野蛮的和卑劣的酷刑，处死刑的有七种罪（杀人、叛国、强奸、兽奸鸡奸、破门入盗、暴力行劫、纵火杀人）；而以前应用范围广泛得多的死刑，也只是到1837年才限制在这几个方面。[①]死刑适用的广泛性在中世纪德国的《加洛林纳刑法典》中表现得也极为明显。根据《加洛林纳刑法典》，就连在池塘捕鱼和堕胎，也要被处死刑。而且死刑的执行方法十分残忍，包括火烧、车裂、四马分尸、尖物刺死等。恩格斯于1850年在《德国农民战争》一书中揭露道：加洛林纳法典中的各章论到“割耳”、“割鼻”、“挖眼”、“断指断手”、“斩首”、“车裂”、“火焚”、“夹火钳”、“四马分尸”等等，其中没有一项没有被这些尊贵的老爷和保护人随一时高兴就用在农民身上。[②]

三、生命刑的没落

17世纪以后，随着启蒙思想家宣扬的人权思想的勃兴，死刑开始受到限制。

---

① 参见《马克思恩格斯全集》，第1卷，701页，北京，人民出版社，1956。

② 参见《马克思恩格斯全集》，第7卷，397页，北京，人民出版社，1959。

1810 年《法国刑法典》只就部分政治犯罪、人身及财产犯罪规定了死刑。到 1848 年，进一步废除了对政治犯罪的死刑。在中世纪乃至 19 世纪初均以广泛适用死刑而著称的英国，也在刑罚人道主义思想的影响下，经过 19 世纪的刑法改革，死刑的适用范围日趋缩小，只对叛逆等数种犯罪保留了死刑。1965 年，英国以试行 5 年为条件，对普通杀人罪废止了死刑，于 5 年期满后的 1970 年正式废止了死刑。现在废除死刑与限制死刑已经成为世界性趋势。

死刑的演进就是一部从死刑占据刑罚体系的中心位置到死刑在刑罚体系中的地位每况愈下，乃至面临着被逐出刑罚体系的厄运的历史。死刑的这一衰落史清楚地表明，任何一种刑罚制度都必须与一定社会的文明程度相适应；否则，就会被淘汰。

第二节　生命刑存废之争

死刑是一种古老的刑罚。在古代社会，生产力的落后决定了人的生命价值的低下，因而死刑的滥用成为司空见惯的事情。中国古代文献记载的“大者陈诸原野，小者致之市朝”[①] 的杀人场面，以血淋淋的事实形象地说明了古代社会死刑适用的广泛性，给人以“命如蝼蚁”的深刻印象。随着生产力的发展，人的生命价值相应提高，人权理论逐渐形成，人们开始对死刑制度进行理性的反思。可以说，死刑存废之争正是由人权理论引发的，始终伴随着对人的生命价值的思考。

一、生命刑存废的理论聚讼

人权理论最初起源于 17 世纪英国哲学家洛克的自然权利说和 18 世纪法国哲

① 《国语·鲁语》。

学家卢梭的天赋人权说。洛克所说的自然权利，包括人的生命、自由和财产。洛克指出："一个人既然没有创造自己生命的能力，就不能用契约或通过同意把自己交由任何人奴役，或置身于别人的绝对的、任意的权力之下，任其夺去生命。谁都不能把多于自己的所有的权力给予他人，凡是不能剥夺自己生命的人，就不能把支配自己生命的权力给予别人。"① 而卢梭更是把生命视为人类主要的天然禀赋。② 洛克和卢梭都将生命权神圣化，由此开启了现代人权理论的先河。尽管如此，洛克和卢梭并没有提出废除死刑的观点，而是对死刑持肯定的态度。洛克认为，在自然状态下，一个人具有处罚违反自然法的罪行，包括将其处死的权力。但在政治社会，人们把处罚的权力完全放弃了，交由社会来行使。因此，洛克认为政治权力包括判处死刑的权利，只要这一切都是为了公众福利。③ 卢梭则更为具体地指出："对罪犯处以死刑，也可以用大致同样的观点来观察：正是为了不至于成为凶手的牺牲品，所以人们才同意，假如自己做了凶手的话，自己也得死。在这一社会条约里，人们所想的只是要保障自己的生命，而远不是要了结自己的生命；决不能设想缔约者的任何一个人，当初就预想着自己要被绞死的。"④ 洛克和卢梭在宣扬人权思想的同时，并没有由此得出废除死刑的结论，这是否意味着他们的人权观与死刑观之间存在矛盾呢？并非如此。卢梭宣称："对罪犯处以死刑，这与其说是把他当做公民，不如说是把他当做敌人。"在这种逻辑的支配下，死刑不仅不与人权理论相矛盾，而且恰恰是保障人权的手段之一。因此，尽管洛克和卢梭竭力弘扬人权，将其视为天赋，但并没有将人权与死刑对立起来，而是都认为出于社会更高利益的需要，生命权仍是可以被剥夺的。

在西方历史上，第一次明确提出废除死刑观点的是意大利著名刑法学家切撒雷·贝卡里亚。耐人寻味的是，贝卡里亚正是在洛克和卢梭所创立的天赋人权说

---

① ［英］洛克：《政府论》，下篇，叶启芳、瞿菊农译，17 页，北京，商务印书馆，1964。

② 参见［法］卢梭：《论人类不平等的起源和基础》，李常山译，137 页，北京，商务印书馆，1962。

③ 参见［英］洛克：《政府论》，下篇，叶启芳、瞿菊农译，4 页，北京，商务印书馆，1964。

④ ［法］卢梭：《社会契约论》，何兆武译，修订 2 版，46 页，北京，商务印书馆，1980。

与社会契约论等古典自然法的基础上，论证死刑的非正义性和不必要性。贝卡里亚认为，人们最初在订立社会契约的时候，只交给公共当局一份尽量少的自由，这里当然不包含处置自己生命的生杀予夺大权。因此，贝卡里亚明确指出："死刑并不是一种权利。"① 死刑不仅不是一种权利，而且在贝卡里亚看来，用死刑来向人们证明法律的严峻是没有益处的。如果说，欲望和战争的要求纵容人类流血的话，那么，法律作为人们行为的约束者，看来不应该去扩大这种残暴的事例。随着人们用专门的研究和手续使越来越多的死亡合法化，这种事例就更加有害了。体现公共意志的法律憎恶并惩罚谋杀行为，而自己却在做这种事情；它阻止公民去做杀人犯，却安排一个公共的杀人犯。贝卡里亚认为，这是一种荒谬的现象。② 当然，贝卡里亚也并非是一个彻底的死刑废除论者。他认为，在以下两种情况下，死刑才可以被认为是必要的：第一，当一个人甚至被剥夺了自由以后，他还拥有这样的联系和这样的实力，以致威胁到国家的安全；而且他的存在可能引起不利于现存政体的变革。第二，一个人的死亡是制止其他人犯罪的唯一有效的手段。③ 贝卡里亚废除死刑的观点一经传播，在当时的欧洲大陆引起极大反响。因此，贝卡里亚往往被认为是死刑存废之争的挑起者。当然，由于人们过分注重贝卡里亚对死刑的非正义性和不必要性的论证，因而对于他在一定功利需要下仍可适用死刑的观点往往予以忽视。

应当说，贝卡里亚对于废除死刑的论证并非无懈可击。德国著名哲学家康德就批评了贝卡里亚关于死刑不可能包括在最早的公民契约中，因为公民不会这样处置自己的生命的观点，认为贝卡里亚的这种说法完全是诡辩和对法的歪曲。康德从报应主义出发，明确指出："谋杀人者必须处死。在这种情况下，没有什么法律的替换品或代替物能够用它们的增或减来满足正义的原则。没有类似生命的

① ［意］贝卡里亚：《论犯罪与刑罚》，黄风译，45页，北京，中国大百科全书出版社，1993。

② 参见［意］贝卡里亚：《论犯罪与刑罚》，黄风译，49页，北京，中国大百科全书出版社，1993。

③ 参见［意］贝卡里亚：《论犯罪与刑罚》，黄风译，45页以下，北京，中国大百科全书出版社，1993。

东西，也不能在生命之间进行比较，不管如何痛苦，只有死。因此，在谋杀罪与谋杀的报复之间没有平等问题，只有依法对犯人执行死刑。”[①] 康德还举例说，假定一个公民社会经过它所有成员的同意，决定解散这个社会，并假定这些人是住在一个海岛上，决定彼此分开散居世界各地，如果监狱里还有最后一个谋杀犯，也应该在处死他以后，才执行他们解散的决议。应该这样做的原因是每一个人都可以认识到自己的言行有应得的报应，也认识到有血债的人不应留下给他人；如果不这样做，他们将被认为参与了这次谋杀，是对正义的公开违犯。由此可见，康德是一个极端的死刑保留论者。德国另一著名哲学家黑格尔则从否定社会契约论出发，驳斥贝卡里亚的观点。黑格尔指出：“贝卡里亚否认国家有处死刑的权利，其理由，因为不能在社会契约中包含着个人同意，听人把他处死；毋宁应该推定与此相反的情形。可是，国家根本不是一个契约，保护和保证作为单个人的个人的生命也未必就是国家实体性的本质，反之，国家是比个人更高的东西，它甚至有权对这种生命财产本身提出要求，并要求其为国牺牲。”[②] 至于处死是否应当得到犯人同意，黑格尔指出：“贝卡里亚要求，对人处刑必须得到他的同意，这是完全正确的。但是犯人早已通过他的行为给予了这种同意。不仅犯罪的本性，而且犯人自己的意志都要求自己所实施的侵害应予扬弃。”[③]

尽管如此，同意贝卡里亚废除死刑观点的还是大有人在。例如，意大利著名刑法学家菲利，在刑法观点上截然不同于贝卡里亚，但在废除死刑这一问题上，菲利宣称自己是一个“诚服的死刑废除论者”。他明确指出：“由于死刑在正常时期不必要，而且对能够生效的那部分人又不能适用，因此只能将它废除。”[④] 法国著名思想家罗伯斯庇尔更是颇有些危言耸听地说：“死刑只不过是整个民族进

---

① ［德］康德：《法的形而上学原理——权利的科学》，沈叔平译，166 页，北京，商务印书馆，1991。

② ［德］黑格尔：《法哲学原理》，范扬、张企泰译，103 页，北京，商务印书馆，1961。

③ ［德］黑格尔：《法哲学原理》，范扬、张企泰译，104 页，北京，商务印书馆，1961。

④ ［意］菲利：《犯罪社会学》，郭建安译，166 页，北京，中国人民公安大学出版社，1990。

行的隆重的谋杀行为而已。”①

二、生命刑存废的哲学思考

在我国刑法学界，还谈不上死刑存废之争。由于传统观念的影响，死刑的必要性一再得以强调。随着社会主义民主的发扬，马克思人道主义思想的阐释，人们开始对死刑进行反思。如果说，现在中国刑法学界在死刑问题上主要存在限制与扩张之争，那么，在可以预见的将来，死刑存废之争必将被提到中国学者面前。无疑，对死刑存废做理论上的思考是必要的。我认为，死刑的存废之争可以从以下两个层次加以考察：

（一）死刑是否必要

西方刑法学界的死刑存废之争，在很大程度上是就死刑是否必要而展开的。死刑是否必要，是对死刑存废的功利之争。

死刑废除论者从以下三个方面论述了死刑的不必要性：第一，死刑对犯罪分子不足以发生威吓作用。不可否认，对于某些犯罪，刑罚具有威慑力，但对于死刑适用最广泛的杀人犯，死刑的威吓是无济于事的。因为有些杀人犯，本身就是亡命之徒，决心以死相拼，甚至杀人后自杀。人不畏死，奈何以死惧之？第二，死刑断绝了犯罪分子悔过自新之路。刑罚应是使犯罪分子对自己的犯罪有所认识，建立自觉性和责任心，具备适应社会生活的能力，尽早复归社会。因此，刑罚制度是一种文化制度。而死刑制度是对这一社会文化制度的根本否定，它剥夺了犯罪分子的生命权，使之欲改而不能。第三，死刑不利于社会安定。死刑可以使被害人及其亲属在心理上得到一种满足，但在物质上一无所得，因被害而招致的生命以及其他方面的损失无法补偿。而且，处1人死刑，涉及死刑犯众多亲朋好友，因杀1人而引起10人乃至100人生活不稳定、感情不舒畅，不利于社会

① ［法］罗伯斯庇尔：《革命法制和审判》，赵涵兴译，69～70页，北京，商务印书馆，1965。

安定。

死刑保留论者则从以下三个方面论述了死刑的必要性：第一，死刑具有最大的威慑力。死刑虽然残酷，但对犯罪分子具有威吓作用。因惧怕死刑而不敢犯罪者，不知几何。一般来说，犯罪分子对本人的生命也是珍惜的。亡命之徒，只是个别。仅以个别亡命之徒不畏死为依据而得出死刑没有威慑力的结论，难免是以偏概全，失之片面。第二，死刑是实现刑罚预防犯罪的目的的必不可少的手段。死刑对社会上不稳定分子具有一般预防作用。对于犯罪分子本人，剥夺其生命，根绝其再犯罪之能力，这是一种特殊的个别预防。第三，死刑有利于维护社会安定。死刑虽然给犯罪分子的亲属带来一定痛苦，但死刑对社会大多数成员来说意味着正义的胜利，是邪不压正的体现，对社会起促进作用；否则，将会有更多的人死于非命。

在死刑是否必要这一问题上，死刑废除论者与死刑保留论者的观点可以说是针锋相对，各执一词。但是，双方对于死刑是否必要的"非此即彼"的思想方法却是共同的，而恰恰在这一点上，双方都失之片面。实际上，在死刑是否必要这个问题上，简单的肯定与简单的否定都是错误的。对于死刑的利弊应当有一个客观、中肯的评价：一方面，死刑确实具有威慑作用。因为大多数犯罪分子毕竟还是喜生厌死的。由于死刑的存在，使少数欲犯而未犯者望之而却步，这并非是神话。例如，社会学家菲利普斯在 1980 年题为《死刑之遏制力：老题新证》一文中，以周为单位，考察了英国 1858 年至 1921 年之间 22 起公开处死前后杀人率的变化，发现每执行一起死刑后两周内，杀人率每周比执行死刑前一周下降了 35%。美国学者莱特斯尔对美国恢复死刑后于 1977 年执行第一起死刑前后两周内杀人率作了比较，也发现死刑促成杀人率下降。[①] 由此可见，那种断然否认死刑的威吓作用的观点是难以成立的。他方面，死刑的威慑作用又是有限的。正如菲利指出："刑罚从其结果的不可避免性中产生全部威力。在刑罚中，尤其是在

① 参见邱兴隆：《美国死刑遏制之争概览》，载《外国法学研究》，1985 (1)，31 页。

死刑中，刑罚的确定性比严厉性更有效，这是古典派犯罪学家取得并反复强调的几个实际的心理学研究结论之一。而且，我还要加上一点，即使很小的不确定性也会大大削弱我们所担心的痛苦的抵制力量，即使很大的不确定性也不会打消我们所希望的快乐的吸引。”① 因此，那种神化死刑的威慑力，把死刑视为对付犯罪的神丹妙药的观点也是缺乏根据的。如果说，在死刑是否必要这一功利之争上，只要死刑保留论者证明了死刑还具有一定的威慑作用，尽管这种作用是有限的，就会使评价天平的砝码倒向死刑保留论。那么，这只是死刑存废之争的第一个层次的问题，就此得出肯定或否定的结论为时尚过早。因而，应当转入对于死刑存废之争的第二个层次问题的考察。

（二）死刑是否正义

如果说，死刑是否必要是就死刑存废的功利之争，那么，死刑是否正义就是死刑存废的人道之争。

死刑废除论者从以下两个方面论证了死刑的非正义性：第一，死刑是野蛮时代血腥复仇的沿袭，是最残酷的，是出于本能的报复，而非基于人的理性。根据自然法思想，天赋人权，生命是不可侵犯的，更不能以非自然力来加以剥夺。即使依法剥夺（死刑），也是人为地破坏天则。第二，死刑能助长人性的残忍，违反人道主义。杀人的形象是血淋淋的，其凄惨情景，令人目不忍睹，这种情感是一般人性所具有的。虽然死刑是依法杀人，但在心理上，起着导人向恶的作用，给人以人是可以杀的印象，引起或助长人的残忍性。

死刑保留论者则从以下两个方面论证了死刑的正义性：第一，死刑是基于伦理正义的必然要求，对于那些罪大恶极的人处以死刑，是除恶务尽，是人伦道义、公平正义的具体体现。非此，则不足以伸张正义，不足以维持法律的公平。杀人处死，罪所应得。如果杀人者不死，则意味着对一人的宽容对大多数人的残忍，应杀而赦，遗患无穷。因此，保留死刑，实属天理昭然。第二，死刑的适用

① ［意］菲利：《犯罪社会学》，郭建安译，76页，北京，中国人民公安大学出版社，1990。

是人道主义的要求。如果对杀人者宽容，那么更多的善良公民会丧生于杀人犯之手，这才是真正的不人道与反人道。国家有保护公民的人身和民主权利之责，犯罪侵犯人身和民主权利，当一般刑罚不足以制止时，当然可以适用死刑以制止之。

在死刑是否正义这一问题上，死刑废除论者与死刑保留论者的观点同样是大相径庭的。在这一点上，存在一个立场问题：从社会防卫角度来说，对杀人者判处死刑，满足社会正义的要求，当然不能说是不人道。但从人权保障的角度来说，即使是罪犯，也还是公民，对其判处死刑，剥夺作为最基本人权的生命权，确有不正义之嫌。死刑存废双方从各自的立场出发，对死刑是否正义得出了截然相反的结论，这应在常理之中。但我认为，对死刑是否正义这一问题，应当从更深更高的层次，作出社会的与历史的考察。从社会的角度说，社会是由无数个人构成的，况且罪犯本身也是社会的一员，对待罪犯的态度也在一定程度上反映了一个社会的正义实现程度。就此而言，像卢梭那样，把判处死刑的罪犯当做敌人，在逻辑上固然简单，但在结论上未免偏颇。而且，正义观念本身也是一个历史的范畴，在古代社会能够容忍许多在我们今天看来是十分残酷的刑罚；而在我们今天，哪怕是微小的酷刑也难以容忍。刑罚从以死刑为中心到当今西方社会的以自由刑为中心乃至向以罚金刑为中心的演变，清楚地勾画出了刑罚由严厉到轻缓的轨迹，正义观念不是也会随之变化吗？这正是人类文明进步的表现。因此，如果说社会本位的正义观在过去还冠冕堂皇的话，在今天则逐渐失去市场。人权思想的崛起，标志着个人本位的正义观的抬头。因此，就死刑是否正义这一问题而言，死刑废除论不能不占上风。

三、生命刑存废的评价

当我们对死刑是否必要与死刑是否正义这两个问题进行联结考察的时候，就会发现摆在面前的是这样一个棘手的问题：死刑的存废是服从其功利要求，还是服从人道要求呢？这是一个针对死刑的价值取向问题。任何一个人面对这样的问题，都会陷入两难的境地。我认为，从人类发展的更高境界来说，死刑存废的功利要求应当服从于人道要求。这也正是为什么我对于死刑总有一天会废除这一观点坚信不疑的原因，就此，似乎可以把我划入死刑废除论的行列了。但是，问题并没有到此为止。

我认为，西方死刑存废之争最大的不足之处是抽象地谈论死刑存废问题，而没有联系一定的物质生活条件，因而难免陷入空谈。事实上，死刑作为一种刑罚制度，连同对待死刑的功利观念和正义观念，都属于上层建筑的范畴，决定于一定的经济基础。因此，死刑存废应当同一定社会的物质生活条件结合起来考察。就此而言，死刑是否应当废除是一回事，死刑在一定国家是否可能废除又是一回事。在一定的国家，死刑存废取决于以下两个因素：第一，社会存在的因素，这是死刑废除的物质基础。这里所谓社会存在包括社会的物质文明程度和社会的物质生活水平。在社会的物质文明程度和社会的物质生活水平较高的社会，犯罪所造成的危害与人所能够创造的物质价值的反差大，人们比较看重人的生命的价值，因而死刑废除的物质条件较为具备。反之，在一个物质生活水平较低的社会，犯罪对社会造成的危害大，人的生命价值相对低，因而缺乏死刑废除的必要的物质条件。第二，社会意识的因素，这是死刑废除的精神基础。在社会精神文明程度较高的社会，朴素的报应观念逐渐丧失市场，对待犯罪的态度较为理智。而且，由于人们的文化水平高，较为轻缓的刑罚就足以制止违法犯罪，因而死刑废除的精神条件较为具备。反之，在一个精神文明程度较低的社会，杀人偿命的观念十分浓厚。而且，人们的文化水平低，只有用较为严厉的刑罚才能制止违法犯罪，因而缺乏死刑废除的必要的精神条件。事实说明，凡是不具备这两方面条件的，死刑即使废除了，还会重新恢复。而随着这两方面条件的逐渐具备，死刑废除将成为现实。更为重要的是，由于各个国家的物质生活条件存在差别，根据各国的国情选择死刑的存废，这是一个内政问题，不应横加指责。当然，国际上的某些人权组织倡导死刑废除，只要不干涉别国的内政，就应当尊重这些组织的存在。

第三节　各国生命刑的比较

死刑存废两派观点互相对立，各执一词，尽管在理论上未就死刑的存废达成共识，但这一争论本身对世界各国产生了深远的影响。废除死刑或者限制死刑已经成为国际性趋势，并且载入国际人权公约，其中《公民权利和政治权利国际公约》(1976 年 3 月 23 日生效）第 6 条规定：(1) 人人皆有天赋之生存权，此种权利应受法律保障。任何人之生命不得无理剥夺。(2) 凡未废除死刑之国家，非犯情节最大之罪，且依照犯罪时有效并与本公约规定及防止和惩治残害人群罪公约不抵触之法律，不得科处死刑。死刑非依管辖法院终局判决，不得执行。(3) 生命之剥夺构成残害人群罪时，本公约缔约国公认本条不得认为授权任何缔约国以任何方式减免其依防止及惩治残害人群罪公约规定所负之任何义务。(4) 受死刑宣告者，有请求特赦或减刑之权。一切判处死刑之案件均得给予大赦、特赦或减刑。(5) 未满 18 岁之人犯罪，不得判处死刑；怀胎妇女被判死刑，不得执行其刑。(6) 本公约缔约国不得援引本条，而延缓或阻止死刑之废除。① 此外，《欧洲人权公约》、《美洲人权公约》等国际公约都有类似规定。1985 年欧洲理事会还对《欧洲人权公约》作出《关于废除死刑的第六附加议定书》的增补，并生效。1989 年 12 月 15 日，第 44 届联合国大会以 59 票赞成，26 票反对，48 票弃权，通过了废止死刑的国际公约。2012 年 11 月 19 日联合国大会第三委员会以 110 个国家赞成、39 个国家反对、36 个国家弃权，通过了暂停执行死刑决议，这是 2007 年以来联合国大会第四次通过相同的决议。在人权理论的影响和国际公约的推动下，世界上已经有相当一部分国家废除了死刑。1990 年 5 月在国际刑法学协会于巴黎召开的理事会上，东欧一些国家，如波兰、匈牙利、罗马尼

① 参见王德禄、蒋世和编：《人权宣言》，37～38 页，北京，求实出版社，1989。

亚、捷克斯洛伐克等的代表在发言中强调保留死刑同保护人权相矛盾，刑法改革要以《欧洲人权公约》为准则，要同欧洲人权委员会合作，死刑应当废除。[①] 由此可见，废除死刑的国家还将增加。根据联合国人权事务办公室公布的报告《远离死刑——国家实践中的教训》，截止到2012年，在联合国的193个会员国中，已经有150个国家在法律上或事实上废除了死刑或者暂停执行死刑。也就是说，近80％的国家现在已经停止了适用死刑。在仍然适用死刑的不到20％的国家中，绝大部分国家对死刑适用采取了极其严格的要求和标准。[②] 根据有关材料，将废除死刑和限制死刑的情况分述如下。

一、生命刑的废除

废除死刑，不仅指法律上废除死刑，而且包括事实上废除死刑。主要有以下三种情况：

（一）完全废除死刑

完全废除死刑是指通过法律规定，无论在平时还是在战时，对任何犯罪均宣告废除死刑。属于这种情况的国家有葡萄牙、丹麦、挪威、卢森堡、荷兰、奥地利、德国、冰岛、瑞士、法国、摩洛哥、哥伦比亚、乌拉圭、委内瑞拉、洪都拉斯等国家。

（二）事实上废除死刑

事实上废除死刑是指在法律上保留死刑，但实际上在相当长一段时间内从未判过死刑或从未执行过死刑。属于这种情况的国家有比利时、爱尔兰、毛里求斯、土耳其等国家。

---

① 参见杨敦先：《国际刑法学协会与刑法学动态》，载《中外法学》，1990（6），78页。

② 参见刘仁文：《死刑的温度》，66页，北京，生活·读书·新知三联书店，2014。

（三）部分废除死刑

部分废除死刑是指对普通刑事犯罪废除死刑，对叛国罪或军事犯罪则保留死刑；或宣告平时废除死刑，战时对某些犯罪保留死刑。属于这种情况的国家有意大利、西班牙、加拿大、新西兰、爱尔兰、尼泊尔等。

二、生命刑的限制

死刑应当受到严格限制，这已经成为世界上大多数国家的共识。死刑限制主要规定在各国刑法中，个别的在国际公约中也有所规定，包括以下内容：

（一）死刑适用范围的限制

在保留死刑的国家中，都将死刑的适用仅限于少数几种犯罪，主要是谋杀等严重侵犯人身权利的犯罪。例如加拿大只对谋杀罪规定了死刑；爱尔兰只对谋杀正在执行职务的警察或监管人员或政治谋杀规定了死刑。

（二）死刑适用对象的限制

《公民权利和政治权利国际公约》和《美洲人权公约》等国际性文件都规定对审判时怀孕的妇女、犯罪时不满 18 周岁的未成年人、政治犯和指控犯罪时已满 70 岁的人不适用死刑，这些规定已被许多国家所采纳，从而使死刑的适用对象受到严格限制。

（三）死刑实际执行的限制

有些国家对死刑的实际执行采取了极其严格的限制，从而使死刑实际执行的数量大为减少。

（四）死刑判决程序的限制

各国刑法一般都对死刑判决程序作了严格规定，以防止滥用。死刑判决程序的限制的规定包括：适用死刑必须事实清楚，证据确凿。被判处死刑的人都有权向上一级法院上诉。被判处死刑的人应享有寻求赦免或减刑的权利。非有一定高级权威的法院作出的最后判决，不得执行死刑。

（五）死刑执行方法的限制

联合国经济和社会理事会在《关于保护面对死刑的人的权利的保障措施》中规定，执行死刑应尽量降低死刑犯遭受痛苦的程度。现在世界各国一般都采用绞杀、枪杀等死刑执行方法。

废除死刑与限制死刑虽然成为当今世界各国立法的趋势，但也并非一帆风顺。尤其是废除死刑，在不少国家往往是几起几落。例如意大利 1889 年废除死刑，1926 年恢复死刑，第二次世界大战后又宣告废除死刑。西班牙 1932 年废除死刑，1934 年恢复死刑，1938 年又宣告废除死刑。在社会主义国家中，苏联先后于 1912 年、1920 年和 1947 年三次宣告废除死刑，又于 1918 年、1922 年和 1950 年三次恢复死刑。有些国家虽然在法律上废除了死刑，但事实上还存在法外死刑。还有一些国家增加了死刑条款，例如智利、朝鲜、苏丹、卢旺达、突尼斯、安哥拉、乌干达、利比亚、科威特、冈比亚等，尤其是对贩毒等几种特殊的国际性的犯罪，许多国家都增加了死刑规定。因此，尽管当今世界上废除死刑的呼声很高，但死刑作为一种刑罚方法，在可以预见的将来远远未达到废弃不用的地步。

第四节　中国生命刑的限制

尽管我们期待死刑废除那一天早日到来，但在中国的社会条件下，我认为在我国刑法（本节所称刑法，均指 1979 年刑法）中保留死刑是必要的，其理由除中国现在还不具备废除死刑的物质条件和精神条件以外，主要还在于：第一，中国还存在较为严峻的治安形势。刑罚是社会防卫手段之一，生命刑亦不例外。在严重犯罪大量存在，并且危害到社会秩序和人身安全的治安形势下，废除死刑不是明智的。第二，中国几千年流传下来的“杀人者死”的报应观念在中华民族心理结构中已经根深蒂固，即使是正当防卫杀人不负刑事责任都很难为一般群众所接受，非法杀人不处以死刑，难以平息民愤。第三，中国现在人权意识还比较淡薄，由于受到社会物质生活条件的限制，人的潜能未能得到充分发挥，因而人的生命价值相对来说较低，死刑较易为一般群众所接受。基于以上原因，在中国侈谈废除死刑是徒劳的。

一、生命刑的限制与扩张之争

中国目前虽然不能废除死刑，限制死刑却是完全应当的，这也是大势所趋。值得注意的是，我国刑法学界个别学者在刑法修改中，主张扩大死刑适用范围，这反映了某些人对死刑的过分迷信。例如有人认为，死刑作为一种法律制度，是立法者根据客观情势权衡利弊而建立的。我国正处在社会主义初级阶段。在这一时期，落后的经济条件要求强化包括死刑在内的各种法律制度，以保证良好的经济秩序，促进生产发展。因此，我国现行死刑制度状况不仅合理，而且应予加强，并在客观上有必要扩大其适用范围。这些学者主张，在维持我国刑法和两个《决定》规定的死刑适用范围的基础上，再增设一些新的死刑适用条款，如：建议在反革命罪一章中，对危害特别严重的组织、领导反革命集团罪，可以规定死刑；在破坏社会主义经济秩序罪一章中，对情节特别严重的抗税罪和伪造货币罪，也可以规定死刑；在妨害社会管理秩序罪一章中，对使用暴力造成警卫人员死亡的脱逃罪，同样可以规定死刑；等等。[①] 在刑法修改中，增设新罪名的立法建议提出对以下犯罪可以判处死刑：妨害国交罪，劫机罪或劫持交通工具罪，海盗罪，制作销售有毒、有害食品罪，非法涨价罪，高利贷罪，掳人勒赎罪，挥霍

① 参见赵秉志主编：《刑法修改研究综述》，176～177页，北京，中国人民公安大学出版社，1990。

浪费罪，擅离配置地罪，委弃军用品罪。[①] 此外，还有个别学者对刑法关于孕妇不适用死刑的规定提出质疑，认为在我国既要判处罪大恶极的犯罪分子以死刑，又要实行革命的人道主义。对罪该判处死刑的孕妇而言，既不能因为她有身孕而使她逃避极刑的惩处，也不能因为母亲犯有死罪同时就剥夺了无辜胎儿发育成为婴儿的可能和权利，剥夺新生婴儿受到母乳期良好哺乳的权利。为此，这些学者建议对孕妇和哺乳妇女的死刑问题作下述规定：对审判时怀孕的妇女和处于哺乳期的妇女适用死刑，孕期或哺乳期缓刑。[②] 我认为，上述扩张死刑的思潮是不符合时代发展潮流的，应予严正的否定评价。我国刑法中适用死刑的条款，经全国人大常委会多次补充立法，截至 1997 年共有 37 个条文规定了将近 70 种死罪，这在世界刑事立法中已经是遥遥领先的。面对这种情况，视而不见，不仅不对死刑予以压缩限制，反而膨胀扩张。这不是重刑思想作祟又是什么呢？

不可否认，由于全国人大常委会《决定》对某些犯罪增加了死刑，从而引起与其他犯罪的死刑的不相协调。例如，对投机倒把罪规定了死刑，伪造货币罪法定最高刑依然是无期徒刑；盗窃罪规定了死刑，诈骗罪法定最高刑依然是无期徒刑。在这种情况下，出于刑罚协调的考虑，有些学者建议对伪造货币罪、诈骗罪规定死刑。应该说，刑罚应当协调这一出发点是好的，但结论却未免偏颇，如果采纳这种意见，必然形成一种刑罚攀比的现象，导致不可收拾的重刑化。在这个意义上，正如我国学者正确地指出的那样：协调并不是只有把轻刑提高为重刑、由轻刑向重刑看齐一条途径，我们也可以从轻的方面，即取消盗窃罪的死刑方面，来达到协调相近犯罪死刑的目的。为何不考虑从轻的方面，而是一定要从重的方面来选择呢？这说明重刑主义、死刑万能的传统思想在我们的头脑中比较根

---

① 参见赵秉志主编：《刑法修改研究综述》，北京，中国人民公安大学出版社，1990。

② 参见赵秉志主编：《刑法修改研究综述》，181～182 页，北京，中国人民公安大学出版社，1990；李希：《试论怀孕妇女的死刑适用》，载《政法论坛》，1991（2），13 页。

深蒂固，以致考虑问题时总习惯于从重刑的角度出发。[①]

扩张死刑的学者，往往关注某些犯罪的危害后果，对于经济犯罪来说，尤其关注非法所得数额，以至于形成一种思维定式，只要非法所得数额巨大或者特别巨大，就应当规定死刑；对于行为的方式等则不甚重视，因此像非法涨价、高利贷这样的犯罪也上升为死罪。应该说，这是一种十分原始的刑法观念，实际上是一种结果责任论。如果仅关注犯罪造成的危害结果，那么就会忽视这种结果之所以造成的犯罪行为与主观犯意上的差别性，从而导致不加区别地刑罚一律，难以达到刑罚预防犯罪的社会效果。我认为，在任何情况下，危害结果，尤其是犯罪数额，只是衡量某一种犯罪的社会危害性的一个因素，并且远非主要的因素。刑法越是发展，人们的刑法观念越是进化，危害结果在刑法中的意义就越是降低，这是一条科学的规律。刑法的演变史，正是从只关注危害结果（结果责任）到关注客观行为（行为责任），一直到关注犯罪人的人身危险性（人格责任）这么一个嬗变过程。所以，把危害后果或者犯罪数额作为扩张死刑的主要根据，难免失之片面。

扩张死刑的呼声，部分来自司法机关与人民群众，对此应当有正确的认识。司法机关承担着依法惩治犯罪，维护社会治安的任务，由于我国司法机关的人力与物力都十分有限，因而面临着犯罪浪潮，颇有些无能为力之感。在“打击不力”的压力下，指望通过扩张死刑弹压犯罪的想法是情有可原的。但是，由于死刑具有十分明显的副作用，并且完全依赖死刑的威慑作用以对待犯罪缺乏足够的科学根据，因而大量适用死刑很可能会事与愿违，发生死刑效力的贬值。而且，立法机关如果满足司法机关扩张死刑的要求，就会不适当地引导司法机关将预防犯罪的重心放在死刑的威慑上，而不是通过综合治理的途径，减少各种死罪发生的社会根源。至于人民群众的呼声，更应理性地分析，不可一味地迁就。事实上，立法本身就具有一种引导民意的作用，立法机关应当把民意向正确的方向引

① 参见赵秉志等：《中国刑法的运用与完善》，205页，北京，法律出版社，1989。

导，这是立法机关义不容辞的任务。其他国家的经验充分说明了这一点。在废止死刑的国家中，因凶杀犯罪增加而民众要求恢复死刑之声不断。例如根据英国及加拿大的民意调查，赞成恢复死刑者达50％以上，但国会仍否决了死刑的恢复。议员认为民意代表之责任应是理性地指导民意尊重生命权，而非顺从情绪性报应诉求。人人应珍惜自己的生命，同样亦须尊重他人的生命。①

至于那种要求对孕妇适用死刑的观点，更是违背起码的人道主义的。对孕妇不得适用死刑，这是一条公认的原则，并且已载入各种国际人权公约。例如联合国经济和社会理事会1984年5月25日第1984/50号决议批准的《关于保护面对死刑的人的权利的保障措施》第3条明文规定，对孕妇或新生婴儿的母亲不得执行死刑。这一规定体现了对妇女（尤其是怀孕妇女）的人权的特殊保护，是现代社会的共识。中国古代刑法，对怀孕妇女适用死刑问题也有规定。据《南北朝刑法志》记载，南朝梁武帝时规定："妇怀孕者，勿得决罚。"《唐律·断狱》"妇人怀孕犯死罪"条规定："诸妇人犯死罪怀孕当决者，听产生一百日乃行刑。"我认为，要求对怀孕妇女适用死刑的学者那种疾恶如仇的立场可嘉，但这种观点在人道主义精神盛隆的当今世界，是一种冒天下之大不韪的主张。若采纳且实行之，将严重降低我国刑法的人权保障机能。

综上所述，我认为我国目前虽然不能废除死刑（并非不应该，而是缺乏条件），但是限制死刑却是完全应当的。而且，这种限制应该是严格的限制，即应与国际发展趋势大体上相吻合；也不仅是立法上限制，更为重要的是司法上的限制，将死刑限制在确实必要的限度以内。

二、生命刑的立法限制

死刑改革，首先应当从立法上限制死刑的适用范围。在我们看来，死刑必须

① 参见张甘妹：《死刑存废的国际趋向》，载台北《现代法律》，1990（8），25页。

从立法上“大刀阔斧”地进行削减，这对某些人来说尽管可能是“忍痛割爱”，但这种削减是势在必行的。死刑的立法限制主要体现在以下三个方面：

（一）实质性削减

实质性削减是指在实质的意义上缩小死刑的适用范围。下面，我们分别对各类犯罪死刑的实质性削减加以论述。

1. 政治犯罪

政治性犯罪在我国刑法中，主要是指反革命罪。在1979年刑法中，共有11个条文规定的十多种反革命罪规定了死刑，只有反革命集团罪和反革命宣传煽动罪不是死罪。刑法中反革命罪的死刑如此之多，与制定刑法当时的历史背景与指导思想有一定关系。正如我国学者所指出的：在编纂刑法的当时，剥削阶级虽然已经不复存在，但阶级斗争还将在一定范围内长期存在；尚未把发展生产力当做我们的中心任务，一定程度上已积淀为人们观念的“以阶级斗争为纲”还发生影响。在这种历史背景下，立法者在其价值取向上更为注重刑法的政治功能，对反革命罪规定得过繁过细亦是必然的。① 随着国家中心任务的转移，反革命案件锐减，据有关资料统计，1983年至1987年5年间，全国审结的反革命罪案件仅占审结的刑事案件的0.28%。因此，反革命罪的死刑规定基本上备而不用，形同虚设。有鉴于此，我主张除作技术性调整压缩死刑以外，一方面实际地削减某些反革命罪的死刑，例如聚众劫狱罪，组织越狱罪，间谍罪，特务罪，资敌罪，组织、利用封建迷信、会道门进行反革命活动罪。他方面将数个犯罪规定予以概括，分别设立背叛祖国罪（相当于外国刑法中的外患罪）和颠覆政府罪（相当于外国刑法中的内乱罪），采取列举的方式，将策动叛变或叛乱罪、投敌叛变罪、持械聚众叛乱罪的有关内容予以合并。经过上述修改，反革命罪的死刑可望从十多种削减为2种，基本上与保留死刑的国家相协调。

① 参见侯国云、薛瑞麟主编：《刑法的修改与完善》，128页，北京，中国政法大学出版社，1989。

2. 贪利犯罪

贪利犯罪主要是指经济犯罪与财产犯罪。在1979年刑法中，共有走私罪、投机倒把罪、盗窃罪、贪污罪、贩毒罪、盗运珍贵文物出口罪、受贿罪等7种犯罪规定了死刑。我认为，贪利犯罪的死刑应予废除。世界上保留死刑的国家，一般都把刑法中的死刑条文限于旨在剥夺他人生命权利的犯罪，鲜有对单纯贪利犯罪规定死刑的立法例，这在一定程度上反映了死刑的刑罚等价观念。而经济犯罪和财产犯罪发生在经济生活中，它所侵害的客体是经济秩序和财产关系，因此，对这些犯罪适用死刑有悖于死刑的刑罚等价观念。而且，死刑也并不是预防经济犯罪和财产犯罪的灵丹妙药，对于经济犯罪更是如此。自1982年3月全国人大常委会《关于严惩严重破坏经济的罪犯的决定》施行以后，走私、投机倒把等经济犯罪的法定最高刑都上升为死刑。但是，死刑的适用并没有扭转经济犯罪泛滥的趋势。死刑对经济犯罪的预防作用实在微乎其微，靠死刑是无法遏制的。死刑之所以对经济犯罪效果不佳，主要是由于经济犯罪是由经济、政治、法律等各种因素促成的。国家政策上的失误、经济管理上的混乱、政府机构中的腐败、行政关系网的干扰、社会监督的疲软、刑事立法的不足等等，无一不是导致经济犯罪日益猖獗的重要原因。因此，预防经济犯罪的关键不在于施以死刑，而在于完善法制、堵塞漏洞、清除腐败、违法必究。因此，贪利性犯罪的死刑规定，应在削减之列。

3. 其他刑事犯罪

在其他刑事犯罪中，流氓罪、故意伤害罪、拐卖人口罪、强迫妇女卖淫罪，引诱、容留妇女卖淫罪，传授犯罪方法罪都可以废除死刑。因为这些犯罪的性质都不是特别严重，而且从各国立法例看，对这些犯罪适用死刑的十分罕见。而且，故意伤害罪（包括故意重伤与致人死亡）与故意杀人罪相比较，情节显然要轻，但两者都以死刑评价，难以做到罪刑等价。

4. 军事犯罪

军职罪中的窃取、刺探、提供军事情报罪，阻碍执行职务罪、盗窃武器装备或军用物资罪、破坏武器装备或军用设施罪、战时造谣惑众罪、临阵脱逃罪、违抗战争命令罪、谎报军情或假传军令罪、自动投降敌人罪，掠夺、残害战区无辜居民罪等十多种犯罪可以判处死刑。在这些犯罪中，有些犯罪只能是战时犯的，还有些犯罪则战时与平时都能犯。从军事司法的情况来看，还未见这些死刑适用的案例。因此，军事犯罪死刑规定虽多，大多数也是备而不用的。而且，随着国际形势的缓和，战争发生的可能性大为减小。为此，我主张废除平时军事犯罪的死刑，保留战时军事犯罪的死刑，但明文规定战时死刑只有自战争爆发之日起开始生效。因此，军事犯罪的死刑虽存犹废。

（二）技术性削减

我国刑法中死刑条款之所以多，除某些可以明文废除外，还有一些犯罪是有必要规定死刑的，只是立法技术拙劣才使刑法中的死刑条款膨胀。为此，有必要进行技术性削减。例如我国 1979 年刑法第 101 条规定了反革命杀人罪，可以判死刑。刑法第 132 条规定的故意杀人罪，法定最高刑法也是死刑。两者完全可以合并，对反革命杀人的以杀人罪从重处罚，可以减少一个死刑条款。又如，刑法第 139 条规定的强奸罪、奸淫幼女罪，刑法第 150 条规定的抢劫罪都可以适用死刑。实际上，这些犯罪之所以将法定最高刑规定为死刑，主要是因为这些犯罪涵括了故意杀人或故意重伤的内容。如果将故意杀人或故意重伤的内容从强奸罪、奸淫幼女罪和抢劫罪中排除出去，规定强奸、奸淫幼女、抢劫而故意杀人或故意重伤的实行数罪并罚，就可以削减这三种犯罪的死刑，并且仍然能做到罪刑相适应。此外，反革命罪中的死刑条款有一部分与普通刑事犯罪的死刑条款竞合，例如刑法第 100 条的反革命破坏罪与危害公共安全罪中的爆炸、放火、决水等就完全可以合并。通过以上这种技术性的调整手段，可以削减某些死刑条款。应当指出，这里的技术性削减，仍然包含实质性削减的意义在内。例如根据刑法的规定，犯抢劫罪情节严重的或者致人重伤、死亡的，可以判处死刑。经过技术性处理，只有抢劫而杀人的，可以按照故意杀人罪判处死刑，其他情况则不能判处死刑。由此可见，死刑的技术性削减，并不是纯技术处理，同样具有限制死刑适用范围的意蕴。

（三）实际执行的限制

我国刑法规定了死缓制度，在性质上，类似于外国刑法中的死刑易科制，在减少死刑的实际执行上具有重要意义。但在执行中也还存在一些问题，主要是由于立法不够完善，例如死刑立即执行与死刑缓期执行的界限没有具体规定，而以“如果不是必须立即执行的”界定之，弹性很大。各地司法机关理解各异，因而适用上也各行其是，不利于法制统一。另外，死缓改为立即执行的条件规定不明确，导致刑法理论上其说不一。而在司法实践中判处死缓的只有极个别改为立即执行，有些犯罪分子没有悔改表现的，也减为无期徒刑，影响死缓制度的效果。我认为，在不能马上废除死刑的情况下，可以考虑通过扩大死缓制度的适用范围，限制死刑的实际执行，作为向废除死刑的过渡。具体设想是：放宽适用死缓的范围，甚至规定所有判处死刑的犯罪一律适用死缓。与此同时，限制减为无期徒刑（为与无期徒刑相协调，死缓一般不得减为有期徒刑）的条件。在刑法中对死缓改为死刑立即执行的条件加以明确规定，凡是具备这些条件的，应当执行死刑。这样，给犯有死罪的罪犯一个最后的悔改机会。在死缓期间具有抗拒改造的法定情节的，实属死不悔改，杀之无赦。

三、生命刑的司法限制

除了在立法上对死刑作出实体与程序的限制以外，在司法中也应当严格限制死刑的适用。立法限制对于减少死刑适用来说固然十分重要，但司法限制在某种意义上更为重要。这是因为对死刑的立法规定是对事不对人的，而死刑的司法适用是针对具体案件、具体案犯的，如果适用不当，滥用死刑，就会造成误判难纠的后果。我认为，对死刑的司法限制主要表现在以下几个方面：

（一）从严解释

在法律规定不明确的情况下，应当按照从严解释的原则，严格限制死刑的适用范围。例如，1984年《森林法》第34条第3款规定：盗伐林木据为己有，数额巨大的，依照《刑法》第152条的规定追究刑事责任。这是对刑法第128条盗伐林木罪的重要修改补充。但是，严重的盗伐林木罪可适用刑法第152条的几个量刑幅度呢？1979年刑法第152条原有两个罪刑单位，一是数额巨大的处5年以上10年以下有期徒刑，二是情节特别严重的处10年以上有期徒刑或者无期徒刑。全国人大常委会1982年《关于严惩严重破坏经济的罪犯的决定》，对该条第二个罪刑单位增设了死刑刑种。1984年《森林法》第34条第3款规定盗伐林木数额巨大的按刑法第152条处罚，那么，情节特别严重的能否适用刑法第152条的第二个量刑幅度呢？一种意见认为，只有数额较大的才可适用刑法第152条第一个罪刑单位；至于情节特别严重法律未予规定，不能适用刑法第152条第二个罪刑单位。另一种意见认为，情节特别严重较之数额巨大危害更为严重，不让适用刑法第152条第二个罪刑单位不合理；但是，因为《森林法》没有提及1982年的《决定》，因而对盗伐林木情节特别严重的只能适用刑法第152条原来规定的第二个罪刑单位，即应判处10年以上有期徒刑或者无期徒刑，但不能适用1982年《决定》增设的死刑。还有一种意见认为，如果承认盗伐林木情节特别严重的可适用刑法第152条，就应当承认这种犯罪情况也可适用1982年《决定》增补的死刑，因为经过《决定》的增补，《刑法》第152条第二个量刑幅度已经把死刑包括在内而成为一个整体，在《决定》颁行后再讲适用刑法第152条第二个罪刑单位，只要没有明确排除死刑，就当然包括死刑在内。[①] 还有学者更是明确指出，按照《森林法》第34条第3款的规定，盗伐林木据为己有，数额巨大的，按照刑法第152条的规定追究刑事责任。而该条所规定的盗窃罪可以判处死刑，因此，盗伐林木罪实际上也是一种死罪。[②] 我认为，这种解释将导致死刑范围的扩大，因而是不妥的。死刑适用应有法律的明文规定，凡法律没有明文规定

① 参见高铭暄、王作富主编：《新中国刑法的理论与实践》，525页，石家庄，河北人民出版社，1988。

② 参见邱兴隆等：《刑罚学》，181页，北京，群众出版社，1988。

的，不能通过逻辑推理认为理所当然地包括。在这个意义上说，凡关系到死刑适用的，只能限制解释，不可随意地扩大解释。

（二）从严掌握

根据刑法第43条规定，死刑只适用于罪大恶极的犯罪分子。这里所谓罪大恶极，一方面指犯罪人主观恶性很深，不能改造或基本不能改造；另一方面是指犯罪人的活动给国家、社会和人民造成极严重的损害。只有一方面，不能认为是罪大恶极，不能适用死刑。[①] 我认为：对于作为死刑适用条件的罪大恶极，一定要从严掌握。非罪大，不杀；非恶极，不杀。只有同时具备罪大与恶极，才可适用死刑。凡可杀可不杀的，一律不杀，否则就是错杀。但是，我们看到司法机关对死刑适用条件有所松动，出现了可杀可不杀的，杀了；甚至不应该杀的，也杀了。有个别司法解释甚至作出有悖于立法精神的规定，例如1984年11月2日，最高人民法院、最高人民检察院《关于当前办理盗窃案件中具体应用法律的若干问题的解答》（已失效）规定：个人盗窃公私财物数额在3万元以上的，应依法判处死刑。根据这一规定，只要是个人盗窃公私财物数额在3万元以上的，一律都判处死刑。盗窃数额3万元，成为适用死刑唯一的与绝对的条件，其他情节都不予考虑。正如我国学者指出：把盗窃3万元以上财物的犯罪分子都一律判处死刑，既违背刑法理论，又有悖于现有刑事立法的精神，同时亦不利于司法解释。事实上，对盗窃手段轻微，对象是普通财物，能够投案自首，坦白交代罪行，主观恶性不大，退赔积极的犯罪分子，即使盗窃数额在3万元以上，也完全可以不适用死刑。[②] 我完全同意这一观点，并且应当从这一司法解释中汲取教训，在司法实践中对死刑从严掌握。

（三）从严核准

死刑的适用关系到人头落地，因而应当慎之又慎。为此，我国刑事诉讼法规

---

① 参见甘雨沛主编：《刑法学专论》，348页，北京，北京大学出版社，1989。

② 参见刘明祥、吴德桥：《不宜把盗窃三万元以上财物的犯罪分子都判处死刑》，载《法学评论》，1989（1），76页。

定了死刑复核程序。根据刑法第 43 条规定：死刑除依法由最高人民法院判决的以外，都应当由最高人民法院核准。这一规定对于严格控制死刑的实际适用，具有十分重大的意义。但是，1983 年全国人大常委会对这一规定作了修改：“杀人、强奸、抢劫、爆炸以及其他严重危害公共安全和社会治安判处死刑的案件的核准权，最高人民法院在必要时，得授权省、自治区、直辖市的高级人民法院行使。”这一规定虽是因时而变作出的，对于当时从重从快有一定的意义，但同时带来明显的消极因素，主要是使这些死刑案件的二审程序与死刑复核程序合而为一，因而使得死刑复核形同虚设，严重地影响了死刑案件的质量。值得注意的是，1991 年 6 月 6 日最高人民法院发出通知，决定云南省的毒品犯罪死刑案件的核准权（本院判决的和涉外的毒品犯罪死刑案件除外），依法授权由云南省高级人民法院行使。[①] 我认为，这种做法值得商榷。不仅毒品犯罪的死刑复核权不应下放，而且已经下放的其他犯罪的死刑案件的复核权，也应重新统一收归最高人民法院。总之，从严执行死刑复核程序，对于司法机关限制死刑的适用具有重大的意义。

第五节　生命刑的修订及其评价

在刑法修订中，死刑的削减始终是一个引人注目的问题。1997 年修订后的刑法，虽然对有关死刑观念作了一些调整，但总的来说是维持现状。现将 1997 年刑法对死刑的修订情况略作论述。

一、生命刑修订的原则

在 1997 年刑法修订中，对于死刑的削减，在刑法学界可以说已达成共识。

---

① 参见《最高人民法院公报》，1991（2），64 页。

一般认为，我国1997年刑法虽然规定了15个死刑罪名，但总体上是一部比较宽和的刑法，是一部“不严不厉”的刑法。[①] 而从80年代开始，随着经济转轨、社会转型，在急剧的社会变动的情势下，出现了一个犯罪高潮。为此，立法机关通过20多个单行刑法，增设了50多个死刑罪名，加重对刑事犯罪的惩罚。在这种情况下，我国刑法表现为“厉而不严”。但这些死刑规定并未取得预期的效果，大量规定并适用死刑削弱了死刑的威慑效果，造成死刑的贬值。因此，我国学者认为，刑法修改后将1979年刑法80多个死刑罪名集中到一部法典，面对这样一部刑法典，我们的国家形象将受到损害，在即将进入21世纪之际，且不说我们如何迎合世界各国限制和废除死刑的国际潮流，也不符合我们党一贯倡导的少杀政策。[②] 这样，我们就面临着一种选择：是制定一部“又严又厉”的刑法，还是制定一部“严而不厉”的刑法？我国学者为刑法修订设计的政策思想是：“严而不厉”，其中重要内容之一就是限制死刑，因为死刑是“厉”的主要表现。在我国相当长时期内不能把死刑一概视为厉刑而予以废除，对一些危害国家安全和公共安全罪以及凶杀、强奸、抢劫等严重暴力罪适用死刑是完全必要的。但是，在市场经济即将进入21世纪的时代，对多种侵犯财产和经济犯罪仍然保留诸多死刑，以及对罪行特别严重的已满16岁不满18岁的未成年犯可判死刑缓期执行，则不能认为合潮流，问题还在于效果不大，也超出实际的客观需要。[③] 因此，死刑限制十分必要。

从1997年修订后的刑法关于死刑的规定来看，距离学者的期望还存在相当大的距离。立法机关明确表示：考虑到目前社会治安的形势严峻，经济犯罪的情况严重，还不具备减少死刑的条件。这次修订对现行法律规定的死刑，原则上不

---

① 这里的严为严肃、严格、严密之意，指刑事法网严密，刑事责任严格；厉为厉害、猛烈、苛厉之意，指刑罚严厉，刑罚过重。参见储槐植：《刑事一体化与关系刑法论》，306页，北京，北京大学出版社，1997。

② 参见邢研：《刑法修改：小改、大改还是暂时不改——兼论刑法修改的时机》，载《中外法学》，1997（1），50页。

③ 参见储槐植：《刑事一体与关系刑法论》，307页，北京，北京大学出版社，1997。

减少也不增加。[1] 由此可见，在1997年刑法修订中，对于死刑之所以维持现状而没有进行大幅度的削减，主要是考虑到以下因素：（1）社会治安的形势严峻。我国社会上还存在严重的刑事犯罪，大案要案居高不下，社会治安遭受破坏，人民群众的安全感下降。尤其是车匪路霸十分猖獗，有些地方甚至出现了带有黑社会性质的犯罪组织为害一方，人民群众对此深恶痛绝。在这种社会治安形势没有根本好转的情势下，对死刑作大幅度的削减，有可能使社会治安形势更趋恶化，不利于控制犯罪。（2）经济犯罪的情况严重。在1979年刑法中，经济犯罪的死刑罪名占有很大的比重，在刑法学界对于经济犯罪废除死刑的呼声也比较高。但经济犯罪往往与职务犯罪联系在一起，例如贪污受贿等犯罪，其主体基本上是国家工作人员。随着我国经济体制上的转轨，经济犯罪的情况十分严重。尤其在惩治腐败的大背景下，过多地削减经济犯罪的死刑，难以被人民群众所认同。基于以上两点考虑，立法机关认为减少死刑的条件还不具备。由此可见，立法机关认为，并非死刑不应当削减，而仅仅是还不具备减少死刑的条件而已。

我认为，死刑问题既是一个理论问题又是一个现实问题。从理论上来说，死刑确实应当削减，否则与世界发展趋势背道而驰。但从现实上来说，死刑又确实不能大幅度地削减，这里存在一个中国的国情问题。但是，在1997年刑法修订中，对死刑完全维持现状，又似有保守之嫌。应该说，社会治安形势严峻，经济犯罪情况严重，这是有目共睹的客观事实。这种社会现实也确实给死刑减少带来极大的困难。但是否可以说，死刑一点削减余地也没有呢？实际上，有些死刑规定本来就是虚置的，予以适当削减，对于犯罪控制并无重大影响。其中最为典型的是修订后的刑法第295条规定的传授犯罪方法罪，这是1983年9月2日全国人大常委会《关于严惩严重危害社会治安的犯罪分子的决定》第2条新设的一个死刑罪名。传授犯罪方法罪在刑事审判中案件稀有，判处死刑更是十分罕见。而且，对于

① 参见王汉斌1997年3月6日在第八届全国人民代表大会第五次会议上所做的《关于〈中华人民共和国刑法（修订草案）〉的说明》。

某些罪行严重的传授犯罪方法的犯罪分子按照共同犯罪中的教唆犯也能得到恰当的处理。在这种情况下，在修订后的刑法中，保留传授犯罪方法罪，并维持其死刑规定，纯属多余，是典型的法律虚置现象。又如，集资诈骗罪、票据诈骗罪、信用证诈骗罪等金融犯罪与虚开增值税专用发票、用于骗取出口退税、抵扣税款发票罪，伪造、出售伪造的增值税专用发票罪等税收犯罪都保留了死刑，而这些犯罪的发生和金融管理秩序混乱、税收管理体制缺陷存在极大关系，主要应当通过加强社会经济管理，填补漏洞来防止这些犯罪的发生，而不能简单地以重刑、乃至于死刑作为管理不善的补偿。事实上，如果金融管理和税收管理的正常秩序没有建立并健全，犯罪就不可避免，设置死刑也无济于事。因此，这里存在一个思想上的认识问题：死刑对于解决犯罪问题是否就那么灵验。由于这个问题很难通过社会实验来加以检测，因而重刑论者与轻刑论者各执一词。重刑论者指出：现在刑罚这么重，死刑这么多，犯罪尚且这么严重，如果轻刑化，犯罪将更趋严重。其逻辑结论是，为控制犯罪，刑罚还要进一步趋重。而轻刑论者指出：现在刑罚这么重，死刑这么多，犯罪仍然如此严重，可见刑罚对于犯罪不是万能的。其逻辑结论是，应当轻刑化。由此可见，从犯罪形势严峻、刑罚已经很重这样同一个事实出发，重刑论者与轻刑论者却得出了截然不同的结论，问题就是这样复杂。

我认为，限制死刑乃至于废除死刑，这是一个总趋势，中国也不例外。刑罚不是越重越好，死刑不是越多越好，这应当成为我们的一个基本信念。在此基础上，又不能不承认削减死刑是要具备一定条件的，而这种条件又是逐步具备并且是要人去认识的。在条件已经具备的情况下，我们要正确地认识这种条件，并转化为削减死刑的实际行动。由此，通过几代人的努力，逐渐地削减死刑，最后实现废除死刑的目标。

二、生命刑修订的内容

1997年修订刑法，死刑虽然没有大幅度地削减，但在限制与完善死刑制度上还是有所进展。值得注意的是，2011年2月25日全国人大常委会颁布的《刑法修正案（八）》对死刑作了局部修订，在限制死刑的道路上迈出了重要的一步。

（一）死刑的总则修订

1979年刑法第44条虽然规定犯罪的时候不满18周岁的人和审判的时候怀孕的妇女，不适用死刑，但同时又规定“已满十六周岁不满十八周岁的，如果所犯罪行特别严重，可以判处死刑缓期二年执行”。这一规定实际上在逻辑上存在矛盾。因为死缓是死刑的执行制度，它以罪该处死为前提。但1979年刑法第44条一方面规定对犯罪的时候不满18周岁的人不适用死刑，另一方面又规定可以判处死缓。实际上是把死缓当做一个独立刑种加以规定的。而且，这一规定也不利于对未成年人的保护。不满18周岁的人犯罪，尽管特别严重，毕竟还没有达到罪大恶极不堪改造的程度。因此，从限制死刑适用上来说，应当取消已满16周岁不满18周岁的人犯罪可以判处死缓的规定。在1997年修订后的刑法中，立法机关采纳了这一建议，实现了严格意义上的未成年人犯罪不适用死刑的原则。

除了废除1979年刑法关于已满16周岁不满18周岁的人可以判处死缓的规定以外，1997年修订后的刑法还对死缓制度作了修订，使之更加完善。1979年刑法规定死缓减为无期徒刑的条件是“确有悔改”表现，死缓改为死刑立即执行的条件是“抗拒改造情节恶劣、查证属实的”。但这里的悔改与抗拒不易认定，而且以“确有悔改”表现作为死缓减为无期徒刑的条件，不能穷尽所有情况。例如，没有悔改表现但又没有情节恶劣的抗拒改造情节，既不符合减为无期徒刑的条件，也不符合改判死刑立即执行的条件。为此，1997年修订后的刑法将减为无期徒刑的条件改为“没有故意犯罪”。据此，在死刑缓期执行期间，如果没有故意犯罪，2年期满以后，减为无期徒刑。同时，1997年修订后的刑法还将“故意犯罪，查证属实”的，作为死缓改判死刑立即执行的条件。由此把死缓变更的实体条件统一起来，具有可操作性。

（二）死刑的分则修订

1997年修订后的刑法在分则中关于死刑罪名基本没有削减，但在适用死刑的条件上有所限制。例如根据1979年刑法第152条之规定，盗窃情节特别严重的，最高可以判处无期徒刑；根据1982年《决定》将盗窃罪的法定最高刑提高到死刑。在司法实践中，往往盗窃数额达到特别巨大的程度（具体数额则由司法解释加以规定），就可以判处死刑。但1997年修订后的刑法第264条规定："有下列情形之一的，处无期徒刑或者死刑，并处没收财产：（一）盗窃金融机构，数额特别巨大的；（二）盗窃珍贵文物，情节严重的。"只有在以上两种情况下，对于盗窃罪才能判处死刑，由此严格限制了盗窃罪的死刑适用。由于盗窃罪适用死刑在死刑适用中所占比重很大，这次刑法修订虽然未能废除盗窃罪的死刑，但作了严格限制，这对于控制盗窃罪的死刑适用具有十分重大的意义。此外，1997年刑法还限制了故意重伤罪的死刑适用。1979年刑法第134条规定故意伤害致人重伤的，处3年以上7年以下有期徒刑，但1983年《决定》对故意伤害罪的法定刑作了修改。据此，故意伤害他人身体，致人重伤或死亡，情节恶劣的，或者对检举、揭发、拘捕犯罪分子和制止犯罪行为的国家工作人员和公民行凶伤害的，可以在刑法规定的最高刑以上处刑，直至判处死刑。由此可见，故意重伤只要情节恶劣的就可以判处死刑。而这里的情节恶劣缺乏可操作性的标准，在司法实践中不易掌握。1997年修订的刑法第234条第2款修改为：以特别残忍手段致人重伤造成严重残疾的，处10年以上有期徒刑、无期徒刑或者死刑。应该说，这一规定对故意重伤罪适用死刑的条件作了较为明确、严格的限制，这将有利于控制故意重伤罪的死刑适用。

（三）《刑法修正案（八）》对死刑的限制

1. 老年人犯罪不适用死刑

《刑法修正案（八）》第3条还增设了老年人犯罪免死的条款："审判的时候已满七十五周岁的人，不适用死刑，但以特别残忍手段致人死亡的除外。"在减少死刑适用的背景下，我国刑法对已满75周岁的老年人免除死刑适用，虽有例外性的但书规定，仍具有重要意义。

2. 死刑罪名的减少

死刑制度是我国一项重要的刑罚制度，减少死刑是宽严相济刑事政策的重要体现。减少死刑，也就是死刑的限制可以分为两个方面：一是司法上的限制，二是立法上的限制。对死刑的司法上的限制与立法上的限制可以说是同样重要。2007年我国通过最高人民法院收回死刑复核权，严格掌握死刑适用标准，在死刑的司法限制方面取得了重大成效。但仅有死刑的司法限制是不够的，死刑的立法限制具有其独特作用，它表明国家在死刑问题上的严正立场。《刑法修正案（八）》取消了13个经济性非暴力犯罪的死刑，具体包括：走私文物罪，走私贵重金属罪，走私珍贵动物、珍贵动物制品罪，走私普通货物、物品罪，票据诈骗罪，金融凭证诈骗罪，信用证诈骗罪，虚开增值税专用发票、用于骗取出口退税、抵扣税款发票罪，伪造、出售伪造的增值税专用发票罪，盗窃罪，传授犯罪方法罪，盗掘古文化遗址、古墓葬罪，盗掘古人类化石、古脊椎动物化石罪。这些罪名死刑的取消，虽然是对刑法分则的修订，其意义却并不局限于分则，而可以说是我国死刑立法改革所取得的实质性进展。当然，这次取消死刑的13个罪名，其死刑基本不用或者极少适用，对于死刑的实际效果还是十分有限的，而其对限制死刑的立法宣示意义更为重要。我认为，在条件具备以后，还应进一步从立法上限制死刑，对那些经济性非暴力以及暴力程度较轻的犯罪都应当逐渐取消死刑，使死刑的立法限制对司法发生实际效果。只有这样，才能推进我国死刑制度的改革。

3. 死缓限制减刑制度的设立

为克服我国刑罚制度中存在的死刑过重、生刑过轻的矛盾，在取消了13个罪名的死刑的同时，《刑法修正案（八）》对死缓设立了限制减刑制度。死缓是我国一项重要的制度，它对于减少死刑立即执行具有重要作用。死缓在一般情况下都不会执行死刑，在这个意义上说，死缓属于生刑。当然，更确切地说，死缓是介乎死刑与生刑之间的一种过渡性的刑罚。但由于我国刑法中的死缓实际执行的刑期过短，缺乏足够的严厉性，难以对死刑立即执行起到替代作用，因而《刑法修正案（八）》第 4 条第 1 款适当延长了死缓减为有期徒刑以后的执行期限。根据原刑法第 50 条的规定："判处死刑缓期执行的，在死刑缓刑执行期间，如果没有故意犯罪，二年期满以后，减为无期徒刑；如果确有重大立功表现，二年期满以后，减为十五年以上二十年以下有期徒刑；如果故意犯罪，查证属实的，由最高人民法院核准，执行死刑。"根据这一规定，死缓减为有期徒刑以后，最少执行 15 年，这与死刑立即执行之间的差别过大。为此，《刑法修正案（八）》第 4 条规定："如果确有重大立功表现，二年期满以后，减为二十五年有期徒刑。"这样，就实际地把死缓减刑以后的刑期由过去最少只执行 15 年，改为最少执行 25 年。与此同时，《刑法修正案（八）》第 4 条第 2 款设立了死缓限制减刑制度："对被判处死刑缓期执行的累犯以及因故意杀人、强奸、抢劫、绑架、放火、爆炸、投放危险物质或者有组织的暴力性犯罪被判处死刑缓期执行的犯罪分子，人民法院根据犯罪情节等情况可以同时决定对其限制减刑。"与此同时，《刑法修正案（八）》第 15 条第 3 项规定："人民法院依照本法第五十条第二款规定限制减刑的死刑缓期执行的犯罪分子，缓期执行期满后依法减为无期徒刑的，不能少于二十五年，缓期执行期满后依法减为二十五年有期徒刑的，不能少于二十年。"死缓限制减刑制度的设立，提高了死缓制度的严厉性，在一定程度上减少了死缓与死刑立即执行之间的惩罚强度上的差距，以便使死缓在替代死刑立即执行中发挥更大的作用，使我国刑罚结构更为合理。因此，死缓限制减刑制度虽然是一项从严规定，但其目的在于减少死刑立即执行的适用，又具有从宽的效用。

第十七章

自由刑

自由刑替代中世纪的生命刑和身体刑而崛起，占据刑罚体系的中心地位达数个世纪之久，是近代刑法史上具有历史意义的进步。虽然自由刑的中心地位不断受到来自财产刑和保安处分的冲击与挑战，但作为近代刑罚之花的自由刑，仍然在刑罚体系中占有十分重要的地位。立足于这样一个基本的事实，自由刑应该成为研究的重点。

第一节　自由刑的演进

自由刑作为一种刑罚方法正式确立下来，是在 16、17 世纪，但其产生可以追溯到十分遥远的古代，并且它经历了一个漫长的演变过程。

一、中国自由刑的演进

中国的自由刑萌生于西周。《周礼·秋官》云："凡万民之有罪过，而未丽于法，而害于州里者，桎梏而坐诸嘉石，役诸司空。重罪，旬有三日坐，期役。其次九日坐，九月役。其次七日坐，七月役。其次五日坐，五日役。其下罪三日坐，三月役。”这种所谓嘉石制度，是一种既有拘坐又有劳役并有一定刑期的刑罚，被认为是现代拘役的雏形。由于原始的自由刑的存在，又出现了类似于当今监狱的场所，称之为圜土，是筑成圆形的土墙，用以囚禁犯人。《周礼》云：“以圜土纳之。”注曰：“圜土，狱城也。”《释名》云：“狱又谓之圜土，筑土表墙，其形圜也。”《周礼·秋官·大司寇》记载：“凡害人者，寘（同置）之圜土，而施职事焉，以明耻之，其能改过，反于中国，不齿三年；其不能改而出圜土者，杀。”这段话的含义是，对危害社会的人，禁闭在圜土内，施以刑罚，使其感到耻辱，能改过就释放，让其回到中原地区，但三年内剥夺其社会地位。对不改过而逃出圜土的，杀之。应该说，西周时期这种徒刑还不是严格意义上的独立刑罚方法，而往往与当时的五刑并用。例如《周礼·秋官》云：“墨者使守门，劓者使守关，宫者使守内，刖者使守囿，髡者使守积。”这里的守门、守关、守内、守囿和守积都具有徒刑的性质，只不过是五刑的执行方法而已。乃至秦汉，名曰刑徒，有髡钳城旦舂，完城旦舂，鬼薪白粲，司寇，罚作，刑期为一年至五年。曹魏有髡刑四，完刑、作刑各三，均为徒刑之属。至西晋定律，正式命名为徒刑，作为五刑之一，分为髡钳与劳作两种，刑期亦为1年至5年。北魏订律，仍以徒刑为五刑之一，分为五等，刑期为一年至五年，各加鞭笞配役。北周仍称为徒刑，亦分为五等，刑期为一年至五年，唯加鞭加笞的数目比北齐略为减少。隋朝以徒刑为五刑之一，亦分为五等，但刑期大为缩短，为一年至三年，每等之差为半年，并不附加鞭杖。唐因隋制，沿用不改。《唐律》规定，徒刑分为五等，一年、一年半、二年、二年半、三年。凡被处以徒刑者，除监禁之外，均须从事劳作。正如《疏议》云：“徒者，奴也，盖奴辱之。”由此可见徒刑是一种奴役性的惩罚劳动。至于其具体内容，《新唐书·刑法志》云：“居作者著钳若校，京师隶将作，女子隶少府缝作。旬给假一日，腊、寒食二月，毋出役院。病者释钳校、给假，疾差陪役。谋反者男女奴婢为官奴婢，隶司司农，七十者免之。凡役，男子入于蔬圃，女子入于厨膳。”由此可见，古代自由刑不仅具有惩罚的目的，而且具有剥削的意蕴在内。由于当时刑罚残酷，盛行的是生命刑和身体刑，自由刑的严厉性远远不及前者，因而在刑罚体系中的地位是等而下之的。也正是由此之故，自由刑不仅适用范围小，即使适用也往往附加其他身体刑或者财产刑，以提高自由刑惩罚的严厉性。

二、西方自由刑的演进

西方古代的自由刑的产生，远远迟于中国。在西方古代及中世纪，对付犯罪人的主要刑罚为生命刑及身体刑，虽然当时亦有以剥夺自由本身为目的之拘禁，但往往仅将犯罪人幽禁于塔中或废弃的寺院中予以监视而已。当时虽然已经出现监狱，但监狱并不是作为自由刑执行的场所而存在的，而仅仅用作拘禁犯人的场所。古罗马甚至明确禁止把监狱用作刑罚。甚至到了 1532 年《加洛林纳刑法典》，仍然恪守古罗马的这一原则，规定监狱是为了拘禁，不能用作刑罚。即使后来出现零星的监禁刑，在刑罚体系中也不占重要地位。

近代自由刑产生于 16 世纪在西欧各地都市成立的矫治所或劳役所。由于资本的原始积累，使失去土地的大批农民流离失所，涌向城市，失业和流浪严重影响着城市的社会治安，造成严重的社会问题。在这种情况下，有关当局便把无业的农民收容起来，组织他们进行劳动，使之自食其力。后来，逐渐收容不良或犯罪少年及女性犯人，17 世纪开始收容一般犯罪人，逐渐演变为纯粹的监狱。其中最早的是英国的伦敦矫正院，最为有名的则是荷兰的阿姆斯特丹工作场。阿姆斯特丹工作场在自由刑执行中已经注意到对犯人的精神感化，职业指导。例如阿姆斯特丹女监的标语写着：“勿怕，吾并非对汝恶行加以报复，而是将汝导于善，吾手虽严，但吾心仍亲切。”阿姆斯特丹工作场的经验为德国、比利时等欧洲国家所效仿，这对于自由刑的产生和发展有着重要的影响，被认为是现代监禁制度的滥觞。①

及至 18 世纪中叶，商品经济促使社会迅速发展，同时也导致了犯罪的同步增长，监狱人口大量增加，而受到物质条件的限制，监狱的设施却得不到同步的改善与增加，自由刑的执行方法也得不到应有的重视与提高。在这种情况下，监狱内人满为患，犯人居住条件恶劣，卫生条件极差，各种疾病流行，各类犯人杂居，交叉感染严重。这样，监狱丧失了 16 世纪设立工作场的本旨，成为消极监禁的场所，不仅不能教育改造犯人，反而成为犯罪的温床。18 世纪监狱黑暗的状况，引发了一场监狱改革运动。正是这场监狱改革运动，对自由刑的发展起到极大的推动作用。

监狱改革的倡导者是英国监狱学家约翰·霍华德（John Howard，1726—1790）。霍华德鉴于当时监狱的恶劣状况，首次对英国的监狱进行了全面考察，并考察了法、德、荷、比等国的许多监狱，于 1777 年写出了《英格兰及威尔士监狱状况》一书，揭露监狱的黑暗，呼吁监狱的改革，并提出了改革监狱的设想，内容包括：犯人要独居，使其与外界隔离，以达到灵魂不受污染，在忏悔中得到拯救。同时，要给犯人以人道待遇，要把犯人当人看待，改善其生活条件。

在霍华德的影响下，美国于 18 世纪末，在宾夕法尼亚州进行监狱改革，创立了独居制，又称宾州制（Pennsylvania System）。这种监禁方法是使犯人昼夜隔离独居，目的在于杜绝犯罪的相互传染，使犯人萌发反省悔悟之心。独居制是由宾州奎克教徒成立的费拉德尔菲亚协会在监狱改良运动中创立的，根据奎克的宗教思想，一个人的悔悟改善只有在严格独居的条件下培养其自制、沉默、稳健、谦让等习惯以后才能完成，因而主张严格独居，在绝对的沉默与静寂中，促使犯人自动悔改，完成精神改善。因此，独居制颇具宗教色彩。独居制对于欧洲

① 参见［德］京特·凯泽：《欧·美·日本监狱制度比较》，刘瑞祥等译，13 页，北京，中国政法大学出版社，1989。

产生了极大的影响，欧洲许多国家予以仿效。一般认为，独居制的优点在于使犯人在孤寂的环境中，畏惧刑罚和懂得自由的可贵，从而自我反省，防止和避免自由刑执行过程中传习犯罪和养成职业犯罪。但独居制也存在严重弊病，主要是损害犯人的健康。对此，马克思曾经尖锐地指出：把人同外界隔绝，强制他陷于深沉的灵魂孤独之中，把法律的惩罚同神学的折磨结合起来——这种做法中所运用的刑罚观念，最突出地体现在单人牢房制之中。[①] 马克思对独居制的抨击可以说是一针见血的。

继独居制之后，19 世纪初，美国纽约奥本监狱创立了沉默制，又称奥本制。沉默制是为避免互相沾染犯罪恶习，防止监狱沦为犯罪学校而产生的监察制度。根据沉默制，犯人夜间分房监禁，白天则在同一工场作业，但严禁交谈联络，避免发生争执、杀伤、通谋反抗乃至监狱暴动。沉默制既吸收了独居制的内容，又可以通过犯人的劳动创造劳动价值，因而受到广泛的欢迎。

18 世纪的世界监狱改革运动，通过对自由刑执行方法上的改良，从而在刑罚体系中正式确立了自由刑的地位。此后，随着监狱改革的不断发展，自由刑在刑罚体系中的地位日益上升，终于跃居刑罚体系的首把交椅，从而进入了一个以自由刑为中心的时代。

自由刑之所以在近代崛起而成为刑罚体系的中心，有其深刻的社会的、政治的、经济的和文化的原因。首先，是由于作为自由刑剥夺对象的自由的升值，从而使得自由刑作为一种刑罚方法成为可能。在古代和中世纪，人与人之间存在严重的人身依附关系，对于广大的奴隶和农奴来说，根本不知自由为何物。在这种情况下，生命刑和身体刑才具有惩罚性，而自由刑则缺乏这种必要的惩罚性。即使存在个别自由刑的原始形态，也只是偶尔才对轻微罪行适用。在 17、18 世纪，启蒙思想深入人心，自由成为一种基本人权，被视为天赋。在这种情况下，随着自由在社会生活中的价值日益上升，自由刑才有可能出现。其次，资本主义生产

① 参见《马克思恩格斯全集》，第 2 卷，237 页，北京，人民出版社，1957。

关系的发展，资本主义社会的商品化，为自由刑的发展提供了社会基础。苏俄刑法学家斯皮里多诺夫指出："正如在商品市场里，各种劳动最终归结为用工作时间衡量的抽象劳动，各种刑罚归结为剥夺自由，这种剥夺是以同实施犯罪的严重程度相应的时间期限来计量的。抽象的人的劳动，是价值的惟一的和总的源泉。计量劳动时间的乃是货币。因此，从资产者的观点看，时间就是一切。所以，剥夺犯罪人自由并强使他耗费时间，不是加于自身而是加于社会的刑罚，把赎买、罚金、赔偿损害等所有形式都包含于其中。"① 在资本主义社会，价值及其表现形态——货币就是一切，剥夺自由的实质就是剥夺创造价值获得货币的机会与能力，这就是自由刑的本质，这也就是自由刑在资本主义社会得以广泛适用的根本原因之一。再次，刑罚观念的变化，为自由刑的发展提供了适宜的文化氛围与文化土壤。刑罚观念的变化，表现在两个方面：一是由严酷向轻缓的变化。在人道主义的影响下，启蒙思想家对封建社会的刑罚制度的残酷性作了猛烈的抨击，使人们强烈地感到否定封建社会以生命刑和身体刑为中心的刑罚体系的必要性和迫切性，从而为自由刑的诞生提供了观念上的契机。二是由报应向矫正的变化。以往的刑罚纯然以报应为目的，旨在威吓，因此生命刑和身体刑以其鲜血淋淋的感官形象而备受青睐。此后，报应刑论受到唾弃，目的刑论兴起，以改造犯人为内容的自由刑伴随着刑罚观念的更新而大为流行。

悲观论者认为，自由刑的时代已经过去，自由刑这朵刑罚之花已经枯萎。但是，这一结论在我们看来是偏颇的，自由刑还有其生命力，在我们中国尤其如此。

第二节　自由刑优劣之争

在自由刑问题上，虽然对于无期自由刑与短期自由刑存在废除的观点，但从

① ［苏］斯皮里多诺夫：《刑法社会学》，陈明华等译，178 页，北京，群众出版社，1989。

总体上说，自由刑不存在存废之争，而只有优劣之争。

一、自由刑的优点

自由刑作为当今世界占主导地位的刑种，它的存在有其客观必然性，其所具有的优点就是使其能够雄踞刑罚体系中心地位的基础。自由刑的优点主要表现为以下几个方面：

（一）矫正性

自由刑以剥夺一定时间的自由为内容，在这一定的时间内，可以通过各种积极有效的手段，对犯罪人进行教育改造，使之改恶从善。

（二）伸缩性

自由刑具有一定的伸缩性，能够适应各种不同的案件，因而具有较大的可适用性。从种类上说，自由刑有剥夺自由刑与限制自由刑之分。凡是需要与社会隔离的，可适用剥夺自由刑；凡是不需要与社会隔离的，可适用限制自由刑。从时间上说，有无期自由刑、长期自由刑和短期自由刑之别。对于那些犯罪情节较为严重的犯罪人，可以适用无期徒刑。尤其是在当前世界性的限制乃至于废除死刑的趋势下，无期徒刑具有替代死刑的作用。对于那些情节较轻的犯罪人，可以适用短期自由刑。对于那些情节不是特别严重，但也不是较轻的犯罪的人，则可以适用长期自由刑。由此可见，自由刑具有较强的伸缩性。

（三）可分性

在刑种中，死刑没有任何可分性。相比较而言，自由刑具有一定的可分性。在自由刑中，无期自由刑一般认为不具有可分性。但从总体上说，自由刑还是具有可分性的。以我国刑法为例，有期徒刑从 6 个月到 15 年；拘役从 1 个月至 6 个月。在这一个较长的刑期幅度之内，可以根据罪刑相适应的要求，依法裁量。

（四）个别性

刑罚应该具有个别性，根据犯罪人的人身危险性程度确定适当的刑种与刑度。在这方面，自由刑有其独特的优越性，以其丰富的形式与内容可供选择，以便真正做到刑罚个别化。

（五）隔离性

适用刑罚的目的之一是防止再犯，即对再犯能力的剥夺。而在这一点上，死刑是彻底剥夺再犯能力，但因其残酷性而颇受非难。相对而言，自由刑对再犯能力的剥夺虽不像死刑那样彻底，但由于它可以通过各种手段对犯罪人进行矫正，并且通过无期或者有期的隔离措施，使犯罪人不至于对社会造成危害，因而具有其可取性。

二、自由刑的缺点

自由刑虽然具有上述优点，但它同时也存在许多缺点，对于缺点的认识与对于优点的认识具有同等价值。因为只有在充分认识自由刑的缺点的基础之上，才能对自由刑进行有效的改革。自由刑的缺点主要表现在以下几个方面：

（一）感染性

自由刑将犯罪人关押在一定的场所，除实行绝对隔离的独居制（事实上不太可能）以外，犯罪人之间难免存在思想感情上的交流。如果监狱管理不善，监狱不仅不能成为改造犯罪人的场所，而且可能成为犯罪技术的传习所。有些初犯经过一段时间的关押，不仅人身危险性没有消除，而且可能增大。尤其是一些青少年犯罪人，易感性强，在监狱里进一步堕落的可能性大。

（二）封闭性

自由刑中除少数是限制自由刑以外，大多数都是剥夺自由刑，将犯罪人与社会相隔离。监狱这个词本身就令人想起高墙深院，与世隔绝。犯罪人在这种完全封闭的场所内长期生活，对社会的变化一无所知或知之甚少，即使有所知也是间接地通过报纸、广播和电视等新闻媒介，缺乏亲身感受。因此，造成犯罪人出狱以后难以回归社会。尤其是现代社会的变化日新月异，与监狱的封闭性形成极大的反差，这就增加了犯罪人再社会化的难度，十分容易导致再犯。

（三）盲从性

自由刑具有法律的强制性。监狱中，犯罪人必须绝对地服从管教人员，这种服从程度往往被看作是认罪服法的表现之一。长此以往，犯罪人消极服从习以为常，自信心与进取心丧失殆尽。就此而言，自由刑在消除犯罪人的人身危险性的同时，可能也使其丧失了人的主观能动性。

（四）过剩性

刑罚过剩，在自由刑中也往往发生。尤其是无期自由刑和长期自由刑，虽然在量定的时候就已经考虑了人身危险性程度，但人身危险性毕竟只能是一种再犯可能性，是建立在推定与预测的基础之上的，其可靠性不能不大打折扣，更何况改造效果有好有差。犯罪人在行刑过程中，人身危险性程度的消长是十分自然的，也是刑罚裁量时很难估计的。所以，人身危险性已经消除，刑期还没有到期的现象时有发生，导致刑罚过剩。

（五）不足性

在自由刑中刑罚不仅可能过剩，而且可能不足。尤其是短期自由刑，关押时间很短，入狱后刚刚开始适应狱内生活，刑期已经到头，根本无暇对其进行教育改造。有些犯罪人甚至由于审理时间长，宣判短期自由刑的同时就需放人，导致刑罚不足，因而引起短期自由刑的存废之争。

三、自由刑优劣之争的评价

关于自由刑的优劣之争，已经持续百年之久。但是，到目前为止，还没有设计出一种更好的刑种以取代自由刑。因此，尽管自由刑优劣之争继续存在，但它对于自由刑本身的地位并没有很大的影响。在自由刑优劣的争论中，人们不断地改革自由刑，使之适应刑事政策的需要。因此，我认为自由刑优劣之争对于推动自由刑的发展完善具有一定的积极意义。

自由刑可以说是优劣并存、利弊参半。自由刑的这种优劣利弊盖源于自由刑本身的内在属性，这就是它对自由的剥夺性。自由刑，这里主要是指剥夺自由刑，是以剥夺自由为根本特征的。剥夺犯罪人的自由，一方面将其与社会相隔离，防止其再犯，并且可以利用行刑期间对犯罪人进行矫正，这是自由刑的主要优点之所在。但也正是这一点，产生了一些消极的副作用，由于对犯罪人实行隔离，必然具有封闭性。将犯罪人长期封闭在一个与社会相隔绝的场所，于防止其在一定时期内再犯方面，固然是有所得，但由于行刑期间的教育改造效果不佳，给犯罪人行刑期满回归社会造成一定困难，因而犯罪人出狱以后的再犯率高，以至于使人们对监狱的效果失望。在这一点上，又有所失。就其所得而言，自由刑有其存在的必然性；就其所失而言，除说明自由刑改革的迫切性以外，也与人们对监狱的期望值过高有关。实际上，犯罪是一种十分复杂的社会现象，再犯也是如此。监狱作为自由刑的执行场所，固然承担着改造犯罪人的任务。但犯罪人最终还是要回到社会的，自由刑的效果如果没有社会条件的保障，就不可能保持并扩大。因此，在降低人们对监狱的期望值的同时，切实地对自由刑进行改造才是唯一的出路。从各国的实践来看，根据自由刑存在的弊端，对自由刑的改革主要集中在行刑问题上。正如台湾刑法学家林纪东指出：自由刑本体方面，现在已经没有什么问题，故刑事政策学者对于自由刑的研究，注意在它的执行方面。事实上，自由刑的执行，确是极重要的问题。① 由于自由刑执行的变革，以至于使自由刑的原来面目大为改变。有些学者甚至提出行刑属于自由刑的替代形式之一。例如，丹麦司法部监狱与缓刑司认为，刑罚的具体实施过程是刑罚方法的发展，因为，刑罚规范原则性的规定在实行过程中才能得到具体体现，而实施者可以在行刑中根据一定需要予以发展，改变一些具体刑罚措施。② 通过行刑而使刑罚本身的性质发生某种变化，这确实是令人惊讶的。这也充分说明在自由刑问题上，

① 参见林纪东：《刑事政策学》，4版，187页，台北，正中书局，1969。

② 参见甘雨沛等主编：《犯罪与刑罚新论》，409页，北京，北京大学出版社，1991。

人们把改革的希望寄托在行刑上，对其本体问题反而不予关注了。自由刑在行刑上的改革集中在以下几个方面：

（一）行刑合理化

所谓行刑合理化，是指立足于教育改造犯罪人，变刑罚的原始报应和消极回顾限制机能为积极促进矫正犯罪人的机能。

（二）行刑人道化

所谓行刑人道化，是指将犯罪人视为具有权利、义务的人，而不是消极地接受改造的被动客体，强调对犯罪人的人权的尊重和保护，改善犯罪人的处遇。

（三）行刑技术化

所谓行刑技术化，是指现代自由刑的执行，往往辅之以精密的技术。行刑以科学为指导，例如利用科学方法管理监狱，矫正犯罪人等。

（四）行刑个别化

所谓行刑个别化，是指注重刑罚的个别预防职能，强调从犯罪人的个人情况出发，实行个别处理，因人施教。

（五）行刑社会化

所谓行刑社会化，是指不再把监狱看作是单纯的国家机关，仅仅具有国家附属物的性质，而是视为一种社会事业，是解决犯罪这一社会问题的场所，因此加强对于出狱犯人的救助和保护。监狱由过去的全封闭改为半开放甚至开放式的现代监狱，为犯罪人刑满以后顺利地回归社会创造条件。

应当指出，尽管在自由刑的行刑上作了重大改革，但自由刑仍以剥夺或者限制自由为特征。如果丧失了这一特征，那么自由刑也就不复存在了。因此，对自由刑的改革也不可能超过这个限度。总之，对于自由刑，我们应当发扬其优点，想方设法克服其缺点，使之在防治犯罪中发挥更大的作用。

第三节　各国自由刑的比较

自由刑在各国的刑罚体系中都占有重要地位，考察各国刑法关于自由刑的规定，对于深化对自由刑本质的认识，发展完善我国刑法中的自由刑具有十分重要的意义。

自由刑是一个类概念，具体表现为形形色色的各种自由刑。从理论上可以对自由刑作如下分类：一是剥夺自由刑与限制自由制。剥夺自由刑是指完全剥夺犯罪人的人身自由的刑罚方法。限制自由刑是指对犯罪人的人身自由加以限制，犯罪人仍然留在社会上进行劳动改造的刑罚方法。二是终身自由刑与有期自由刑。终身自由刑是指剥夺犯罪人人身自由终身的刑罚方法。有期自由刑是指规定确定的剥夺或限制犯罪人的人身自由期限的刑罚方法。三是长期自由刑与短期自由刑。长期自由刑是指剥夺自由期限较长的刑罚方法。短期自由刑是指剥夺自由期限较短的刑罚方法。四是定期自由刑与不定期自由刑。定期自由刑是指对犯罪人宣告刑罚时，有明确的自由刑期限，在行刑过程中，非因特殊原因刑期不能发生变动。不定期自由刑是指裁判上不确定自由刑的期限，根据犯罪人在服刑中的实际情况和具体表现，决定释放的时间。下面，我们对各国立法中通常的几种自由刑加以考察。

一、终身自由刑的比较

终身自由刑是仅次于死刑的刑罚方法，尽管在理论上对终身自由刑的存废存在争论，但大多数国家都规定了终身自由刑，尤其是随着死刑的限制乃至于废除，终身自由刑作为一种选择或者替代的刑种，受到人们的重视。

在保留死刑的国家，为了限制死刑的适用，往往把终身自由刑作为死刑的选择刑而加以规定。例如，《日本刑法典》规定了死刑，同时规定了两种终身自由刑：

无期惩役和无期监禁。当然，也有一些国家虽然保留死刑，但认为终身自由刑毫无存在的价值，因而没有规定终身自由刑，例如原苏联、原捷克斯洛伐克、波兰、罗马尼亚等。应该指出，在保留死刑的情况下，没有终身自由刑，而有期自由刑的最高刑期又不能过高，有期自由刑与死刑直接衔接，有损于刑罚体系的科学性。

在废除死刑的国家，为了对付客观存在的严重犯罪，增强刑罚的严厉性，往往规定了终身自由刑。例如《意大利刑法典》在废除死刑以后，以无期徒刑作为最严厉的刑罚。又如《瑞士刑法典》虽然没有明文规定终身自由刑，但该法典第35条（重惩自由刑）规定："重惩自由刑，为最重之自由刑，其刑期最低为1年，最高为20年，法律另有特别规定时，可延长为终身刑。"这里的终身刑，实际上就是终身自由刑。在终生自由刑与有期自由刑单一化的情况下，终身自由刑的地位不是十分突出，但其实际上仍然存在。还有些国家，例如美国的某些州，既废除了死刑，也没有规定终身自由刑，但是，同时也没有规定有期自由刑刑期的上限，这就导致出现对同一犯罪人判刑数百年，甚至上千年。由于刑期远远超过受刑人的生命极限，因而虽无终身自由刑之名，却有终身自由刑之实。

终身自由刑虽然从表面上看没有期限，剥夺犯罪人终身的人身自由，但除个别国家法律规定有无假释的终身自由刑以外，大多数国家的终身自由刑都并非名副其实。澳大利亚维多利亚州存在自然生命的终身自由刑，就是一种无假释的终身自由刑，受刑人必须终身服刑直至死亡，主要适用于叛国、谋杀、暴力海盗等犯罪。在大多数国家，受刑人被判终身自由刑后可以通过赦免或者假释等形式得以出狱。为了避免受刑人过早假释，一些国家（地区）刑法规定了终身自由刑的最低服刑期，其中较低的如美国加利福尼亚州，为7年，较高的如美国田纳西州，为30年；又如意大利，为28年。

二、有期自由刑的比较

有期自由刑是整个自由刑的主体部分，由于它具有适用范围广泛的特点，因而各国刑法都有关于有期自由刑的规定。

（一）有期自由刑的种类

有期自由刑往往名目繁多，这是由于各国的实际情况以及法律传统所决定的。有期自由刑的分类，取决于多种标准，例如刑期上的衔接、关押方法的区别、执行场所的差异、法律效果的不同等。有期自由刑种类少的分为两种，例如《意大利刑法典》，分为有期徒刑与拘役。有期徒刑的刑期为 15 日以上 24 年以下，于特定场所以强制劳动及夜间单独监禁方式行之。拘役刑期为 5 日以上 3 年以下，在特定场所或其中特设部分以强制劳动及夜间单独监禁方式行之。有的分为 4 种，例如《日本刑法典》将有期自由刑分为有期惩役、有期监禁、拘留、劳役场拘押。多的甚至达 10 种，例如《西班牙刑法典》将有期自由刑分为长期监牢、短期监牢、长期苦役、长期徒刑、短期苦役、短期徒刑、长期监禁、甲级放逐、乙级放逐、丙级放逐。由于有期自由刑的种类过繁，且互相之间并无实质意义上的区别，因而提出了自由刑的单一化问题。例如日本就有学者认为，自由刑无须分徒刑与监禁，应依教育刑论统一起来，成为拘禁单一刑制度。①

（二）有期自由刑的期限

具有一定的期限，这是有期自由刑的一个重要特征，也是有期自由刑与终身自由刑相区别的一个标志。由于各国实际情况不同，关于有期自由刑期限的规定也存在相当大的差别。就最低期限而言，最低的是日本和朝鲜，仅为 1 日，意大利规定为 5 日，罗马尼亚规定为 15 日，泰国、保加利亚、匈牙利规定为 1 个月，等等。就有期自由刑的最高期限而言，一般为 15 年，例如匈牙利、波兰、保加利亚、原捷克斯洛伐克、前南斯拉夫等，在特殊情况下可以达到 20 年或 25 年。例如《波兰刑法典》规定，剥夺自由刑不得少于 3 个月，不得高于 15 年。25 年的剥夺自由之主刑可适用于以死刑相威吓的犯罪，并可适用于法律所规定的其他情况。这里的 25 年期限的剥夺自由主要是用作死刑的替代刑，因为《波兰刑法

① 参见甘雨沛、何鹏编：《外国刑法学》，上册，500 页，北京，北京大学出版社，1984。

典》没有终身自由刑的规定。具体地说，当某种犯罪的法定刑中只规定了单一的死刑时，可以代替死刑。当死刑与3个月以上15年以下的剥夺自由刑选择适用时，法院有权酌科25年期限的剥夺自由刑，以取代死刑。对犯罪时不满18岁及怀孕的妇女，不得适用死刑，但可代之以25年期限的剥夺自由。有期自由刑的期限高的可达30年，例如《巴西刑法典》。

（三）有期自由刑的刑期

有期自由刑还存在一个刑期的计算与折抵问题。关于有期自由刑的刑期计算，不少国家刑法有明文规定。例如《日本刑法典》第23条（刑期的计算）规定："（1）刑期从判决确定之日起计算。（2）未被拘禁的日数，虽在判决确定后，也不算入刑期内"。又如《德国刑法典》第39条（自由刑之计算）规定："不满1年之自由刑，以星期或月计算之，期间较此为长者，以月或年计算之。"关于有期自由刑的刑期折抵，不少国家刑法也有明文规定。例如《意大利刑法典》第137条（侦查期间之羁押）规定："判决确定前所为羁押，应自有期自由刑之全部刑期中扣除之，在侦查中所为拘留，亦得扣除。"

三、限制自由刑的比较

限制自由刑的特点是并不剥夺犯罪人的人身自由，只是对犯罪人的人身自由予以一定程度的限制，犯罪人仍然留在社会上保持正常的生活。当然，由于犯罪人的人身自由受到一定的限制，某些权利的行使被停止甚至剥夺，并且被强制性地加诸一定的义务，从而体现刑罚的惩罚性。限制自由刑较为典型的是苏联等国的不剥夺自由的劳动改造。《苏俄刑法典》第27条规定：不剥夺自由的劳动改造，可以判处的期限为2个月以上2年以下，并且根据法院的判决在被判刑人的工作地点执行，或者在劳动改造管理机关所指定的其他地点执行，但必须是在被判刑人居住的地区以内。《波兰刑法典》还明文规定了限制自由刑的犯罪人在执行期间的义务：（1）不得未经法院允许便变更其固定的居住地。（2）有义务从事法院指定的工作。(3) 丧失在社会组织中履行职责的权利。(4) 有义务提供关于刑罚的执行过程的报告。该法典还规定，上述第 2 项所列的义务是基于公共目的而每月从事 20 至 50 小时的无偿监督劳动。对于类似的限制自由刑，《捷克斯洛伐克刑法典》称之为改造措施，《匈牙利刑法典》称之为改造教育工作，《罗马尼亚刑法典》称之为劳动教育，《波兰刑法典》则直接称之为限制自由刑。不剥夺自由的劳动改造是苏联及东欧各国广泛采用的刑罚方法，适用率占全部被判刑人的 8%至 20%。[①] 与苏联及东欧国家的不剥夺自由的劳动改造具有同一性质的是英国等西方国家的社会服务令 (Community Service Order，亦被译为无偿劳动)，这种刑罚不剥夺犯罪人的人身自由，只是要求犯罪人在特定期限内履行特定时间的义务劳动。这种义务劳动往往与犯罪人的本职工作无关，也不涉及生产领域，仅仅是提供一种社会服务，例如公园、公共礼堂、教会的清洁工作或者帮助慈善机构做一些辅助性工作。由于限制自由刑具有开放性的特点，在保持正常的社会生活与家庭生活的条件下进行教育改造，克服了短期自由刑在监狱内交叉感染并且需要一个再社会化过程等缺陷，因而被认为是代表了自由刑的发展方向，受到世界各国的广泛青睐。当然，限制自由刑也有其不足之处，主要是它的适用面比较窄，只适用于情节较轻的犯罪，尤其是苏联等国一般都把它作为一种主刑，更局限了它的适用范围。可以预料，限制自由刑经过改革完善，必将在自由刑中占有重要的地位。

第四节　中国自由刑的改革

自由刑在我国 1979 年刑法（本节所称刑法及条文，均指 1979 年刑法）的刑罚体系中占有极为重要的地位，在五种主刑中，有四种属于自由刑，这就是：无

① 参见［苏］苏联科学院国家与法研究所主编：《社会主义刑法的当代发展趋势》，徐晓晴译，93 页，西南政法学院。

期徒刑、有期徒刑、拘役和管制。其中，无期徒刑属于无期自由刑，其他均为有期自由刑；管制属于限制自由刑，其他均为剥夺自由刑。我国刑罚制度改革的重点应当是自由刑的改革。我认为，自由刑的改革应当做到以下几点：

一、限制无期徒刑

无期徒刑是剥夺犯罪分子终身自由，强制劳动改造的刑罚方法。在我国刑法中，无期徒刑是仅次于死刑的一种严厉的刑罚方法，它一方面作为死刑的选择刑，凡是规定了死刑的条款同时都规定了无期徒刑，以减少死刑的适用；另一方面，它又是某些严重犯罪的最高刑。从刑法规定来看，无期徒刑主要适用于反革命犯罪以及其他情节严重的刑事犯罪。

由于我国刑法中死刑规定较多，因而无期徒刑的严厉性往往相形失色，不被人们看重。而且，在实际执行中，判处无期徒刑的罪犯往往经过 2 年可以减刑，一般减为有期徒刑 15 年至 20 年。因此，无期徒刑实际上相当于有期徒刑 22 年，失之于轻。根据我的设想，我国刑法中的死刑应当大幅度地削减，在这种情况下，无期徒刑作为仅次于死刑的一种刑罚方法，其严厉性会相应地提高，适用率也会有较大幅度的增加。同时，我认为无期徒刑应当在一定的限度上名副其实化。因为如果判处无期徒刑的犯罪人 2 年以后都可以减为 15 年至 20 年有期徒刑，那么，无期徒刑这个刑种名存实亡，只要相应地提高有期徒刑的上限，而没有必要设立无期徒刑这一刑种。所以，判处无期徒刑的犯罪人，应当在被关押 10 年以上才开始考虑减刑，并且设置无期徒刑的缓刑制。关于无期徒刑缓刑，现在世界上尚无哪一个国家采用。我国司法实践中曾经实行过无期徒刑缓刑制。例如，1952 年 5 月 13 日政务院政治法律委员会在《关于处理贪污、浪费及克服官僚主义错误的若干规定》有关无期徒刑宣告缓刑和不宣告缓刑有何区别问题的答复中指出："判处无期徒刑宣告缓刑者，即是在宣告缓刑的一定时期内（例如缓刑 2 年）如改造的好，即可于缓刑期满时根据其表现重新判处酌予减刑；否则，即仍执行无期徒刑。”1952年4月18日政务院政治法律委员会副主任彭真同志在《关于中华人民共和国惩治贪污条例草案的说明》中也指出：“对于死刑、无期徒刑和有期徒刑，均得酌情予以缓刑。缓刑主要是适用于坦白悔改或有立功表现的犯人。死刑缓刑和无期徒刑缓刑均须实行监禁，在监禁和强制劳动中加以考察，并根据其在缓刑期间的表现，决定执行原判或于缓刑期满时予以减刑改判。”但是，在我国刑法起草过程中，鉴于审判实践中一直很少适用无期徒刑缓刑，而且减刑制度规定无期徒刑本身也可以减刑，缓刑不缓刑意义不太大，因此，刑法草案历次稿中都没有采用无期徒刑缓刑的制度。① 我国刑法学界有些学者曾认为，从完善无期徒刑这一刑种的需要出发，设置无期徒刑缓刑制势在必行。这些学者还具体提出，无期徒刑缓刑制的内容拟可表述为：“对于应当判处无期徒刑的犯罪分子，根据其犯罪情节与悔改表现，认为不需立即执行的，可以判处无期徒刑同时宣告缓期2年执行，实行劳动改造，以观后效。判处无期徒刑缓期2年执行的，在无期徒刑缓期执行期间，如果确有悔改表现，2年期满后，减为15年以上20年以下有期徒刑；如果确有悔改并有立功表现，2年期满以后，减为10年以上15年以下有期徒刑；如果抗拒改造，查证属实的，撤销缓刑，执行无期徒刑。”② 我认为这个建议是很有见地的，应当予以采纳。当然，无期徒刑缓刑期满后减刑的刑期拟应提高到20年至25年；确有悔改并有立功表现的，减为15年以上20年以下。由于实行了缓刑制，无期徒刑实际上又分为两种：一是判处缓刑的无期徒刑；二是未判处缓刑的无期徒刑。由于判处缓刑的无期徒刑是在2年以后减为20年至25年有期徒刑，严厉性超过现在我国刑法中的无期徒刑；相应的，未判处缓刑的无期徒刑根据我们的设想在10年以后才可考虑按照减刑制度予以减刑，则实际上更是相对地提高了无期徒刑的严厉性，由此而弥补由于大幅度削减死刑所造成的刑罚严厉性下降的缺憾。

---

① 参见高铭暄：《中华人民共和国刑法的孕育和诞生》，72～73页，北京，法律出版社，1981。

② 邱兴隆等：《刑罚学》，205～206页，北京，群众出版社，1988。

随着无期徒刑的严厉性的增加，限制无期徒刑就成为一个十分重要的问题。因为无期徒刑虽然不像死刑那么残酷，但无期徒刑属于重刑，这应当是没有争议的定论。在死刑逐渐限制乃至于废除以后，无期徒刑的严厉性就更为突出。为此，有必要对无期徒刑作适当的限制，防止其滥用。这种限制，我认为包括以下几个方面：

（一）性质限制

所谓性质限制，就是从犯罪性质上对无期徒刑的适用加以限制。无期徒刑只适用于那些危害国家安全、公共安全、经济秩序和人身权利的严重犯罪。对于其他犯罪，在法律上不规定无期徒刑，将无期徒刑限制在确属必要的范围之内。

（二）情节限制

所谓情节限制，是指从犯罪情节上对无期徒刑的适用加以限制。只有对那些情节特别严重的犯罪人才能适用无期徒刑。至于何谓情节特别严重，法律也应当尽可能地加以列举，以便司法人员依法裁量。

（三）数额限制

所谓数额限制，是指从犯罪数额上对无期徒刑的适用加以限制。我们主张对经济犯罪和财产犯罪废除死刑，对那些性质十分严重的经济犯罪和财产犯罪可以保留无期徒刑，但应限于数额特别巨大或者情节特别严重的情况，应当有数额的限制。当然，数额不能作为适用无期徒刑的唯一条件，必须结合其他情节综合考察某一犯罪的社会危害性。

总之，通过以上措施，在增加无期徒刑的严厉性的同时，对其适用条件加以严格限制。

二、调整有期徒刑

在我国刑罚体系中，有期徒刑是适用范围最广泛的刑种之一，刑法分则条文中，凡是规定了法定刑的，都规定了有期徒刑。但是，我国刑法在对有期徒刑的规定上还存在一些需要改进的何题，下面分别加以论述。

（一）提高有期徒刑的上限

根据我国刑法的规定，有期徒刑的期限为 6 个月以上 15 年以下，数罪并罚不得超过 20 年。按照我的设想，无期徒刑减刑应在刑罚执行 10 年以上，无期徒刑缓刑的，在 2 年以后可以减为 20 年以上 25 年以下有期徒刑。为了与无期徒刑相衔接，我们主张将有期徒刑的上限提高到 20 年，数罪并罚不得超过 25 年。由于提高了有期徒刑的上限，增加了有期徒刑的严厉性，并与无期徒刑相协调，以作为大幅度削减死刑以后的补救措施，我认为这是完全必要的。据此，可以把有期徒刑分成三种：一是长期徒刑，10 年以上 20 年以下，主要适用于性质严重的犯罪。二是中期徒刑，3 年以上 10 年以下，主要适用于性质较为严重的犯罪。三是短期徒刑，3 年以下，主要适用于性质不太严重的犯罪。以上长、中、短三种有期徒刑互相配合，形成一个较为严密的体系，可以适用于大多数犯罪。

（二）缩短有期徒刑的幅度

我国刑法中有期徒刑的幅度，最短的是 1 年以下至 6 个月，为半年。中等的是 5 年或者 7 年，或者如 5 年以上 10 年以下，或者如 3 年以上 10 年以下。最长的是 10 年，例如 5 年以上 15 年以下。有期徒刑的幅度长，给司法人员的自由裁量留下了较大的余地，有其适用性强的优点；但也为司法人员的擅断提供了可能性，这是其缺点。为此，我主张有期徒刑的幅度以 2 年以下、3 年以下、5 年以下为宜，废除 10 年的幅度，以便严格执法。

（三）增加有期徒刑的交叉

我国刑法中有期徒刑的幅度，一般都是衔接的，例如 3 年以下、3 年以上 10 年以下、10 年以上三个档次，互相衔接，结构严谨。但这种规定也存在一定的不足，就是符合某一档次的，只能在这一档次内判刑。在实际生活中，有些犯罪虽然符合某一档次，但情节较轻，又无其他减轻情节，因而无法做到罪刑相适应。尤其是在经济犯罪中，往往以数额为适用各种档次的有期徒刑的标准，容易造成唯数额论的后果。值得注意的是，1988 年全国人大常委会有关补充规定出现了有期徒刑交叉的规定。例如《关于惩治贪污罪贿赂罪的补充规定》第 2 条规定，对犯贪污罪的，根据情节轻重，分别依照下列规定处罚：（1）个人贪污数额在5万元以上的，处10年以上有期徒刑……（2）个人贪污数额在1万元以上不满5万元的，处5年以上有期徒刑……（3）个人贪污数额在2 000元以上不满1万元的，处1年以上7年以下有期徒刑；情节严重的，处7年以上10年以下有期徒刑……（4）个人贪污数额不满2 000元，情节较重的，处2年以下有期徒刑……以上规定，以数额作为基本的分档标准，再以情节作为校正标准，从而使有期徒刑的幅度发生必要的交叉，因而比较科学。我认为，对经济犯罪和财产犯罪以及其他涉及数额的犯罪都可借鉴这种立法例。

（四）设计有期徒刑的等级

我国刑法对有期徒刑没有规定等级，一般认为有格之分。例如，1981年6月10日全国人大常委会《关于处理逃跑或者重新犯罪的劳改犯和劳教人员的决定》规定了加重处罚。怎样加重处罚？根据全国人大常委会法制委员会副主任王汉斌向第五届全国人大常委会第十九次会议作的《关于三个有关法律的决议、决定（草案）的说明》，所谓加重处罚，不是可以无限制地加重，而是罪加一等，即是在法定刑以上一格判处。对此，我国刑法学界一般认为，所谓一格，就相当于一个等级或一个阶梯。从刑法分则规定的法定最高刑来看，共有9种规定，即1年、2年、3年、5年、7年、10年、15年、无期徒刑、死刑。这9种法定最高刑就形成了9个刑罚等级，或曰9个格。所以，加重处罚，即在法定最高刑以上一格处罚，就是说法定最高刑是1年的，在高于1年，不超过2年的幅度内处罚，法定最高刑是7年的，加重处罚就是在高于7年，不超过10年的幅度内处罚，依此类推。[①] 我认为，这一解释基本上是正确的。但立法解释和学理解释将格定义为一个等级则不够确切。实际上，有期徒刑的等级是另外一种规定。等级（罪加一等）与格，两者不可混淆。中国刑法史上关于有期徒刑等级的规定，首创于北魏。北魏订律，以徒刑为五刑之一，分为五等，刑期为一年至五年。[②] 此

① 参见王作富主编：《中国刑法适用》，249页，北京，中国人民公安大学出版社，1987。

② 参见乔伟：《唐律研究》，76页，济南，山东人民出版社，1985。

后相沿不改，只是等差有所别，例如隋朝等差为半年。及至《唐律》，徒刑分为五等，一年、一年半、二年、二年半、三年。不仅徒刑，而且其他刑种，唐律也分等。于是，《唐律》中就有“加”（罪加一等）或“减”（罪减一等）之分。根据《唐律》的规定，诸称“加”者，就重次，称“减”者，就轻次。《疏议》解释曰：假有人犯杖一百，合加一等，处徒一年；或应徒一年，合加一等，处徒一年半之类，是名“就重次”。又有犯徒一年，应减一等，处杖一百；或犯杖一百，应减一等，决杖九十，是名“就轻次”[①]。我认为，我国刑法也应借鉴《唐律》的立法例，对有期徒刑规定一定的等级，假如有期徒刑的期限为 6 个月至 20 年，可以考虑分为以下 10 个等级：2 年、4 年、6 年、8 年、10 年、12 年、14 年、16 年、18 年、20 年。刑法在规定减轻或者加重时，可以根据各种不同的情节，分别规定加重若干等或者减轻若干等，从而使有期徒刑的裁量更加精确化。顺便指出，1979 年刑法中规定的加重处罚，有期徒刑可以加重到无期徒刑，无期徒刑可以加重到死刑，我认为不妥。刑法中即使规定一般加重，也应在本刑种之内加重，不得上升为其他刑种。至于减轻，则不受刑种的限制。

三、完善拘役刑

在我国刑法中，拘役是短期剥夺犯罪人的人身自由，并就近实行强制劳动改造的刑罚方法。拘役属于短期自由刑[②]，它具有一切短期自由刑的利与弊。

关于短期自由刑利弊的争论，由来已久。意大利著名刑法学家龙勃罗梭首先对短期自由刑发难，认为判处短刑只能使犯人和其他犯人接触，而又没有足够的时间把他们改造好。因此，建议遇到这类案件，可以采用其他替代的方法，如监

① 参见（唐）长孙无忌等：《唐律疏议》，142 页，北京，中华书局，1983。

② 关于短期自由刑之短期，从 1872 年召开的第一次国际监狱会议以来，已经争论了一个多世纪。有力的主张是 3 个月说、6 个月说与 1 年说。笔者主张 6 个月说，论证不赘。有关短期的概念参见张明楷：《外国短期自由刑简论》，载《法学评论》，1991（2），81 页。

外执行、法庭警告、罚款、监外强制劳动、当地流放、肉刑、假释，等等。[①] 由此引发了一场短期自由刑的存废之争。短期自由刑废止论的理由主要有：(1) 因为是短期自由刑，所以没有讲究教育、改善手段的余地，或者说没有足够的时间去教育、改善受刑人，且因为时间短、严厉性弱而没有威慑力。(2) 短期拘禁只能给受刑人的家庭带来物质上、精神上的贫穷，受刑者被释放后难以重返社会。(3) 由于执行场所大多设施不齐备，不可能有合格的监狱官的指导，这样，短期自由刑的受刑者反而会感染恶习，使其人身危害性增大。(4) 由于这种刑罚的受刑者大多数是初犯，故适用这种刑罚会使他们丧失对拘禁的恐惧感，也造成他们的自尊心低下，不利于防止他们再次犯罪。(5) 短期自由刑的受刑者大多属于下层阶级的人，上层阶级的犯罪人往往只被处以罚金，这恐怕加深了不公正感。(6) 短期自由刑的受刑者过多地占用了监狱设施，给行刑实务造成过大的负担。短期自由刑保留论的理由主要有：(1) 短期自由刑对初犯者、机会犯人、过失犯具有冲击作用，有利于防止他们再次犯罪。(2) 从监狱的实际情况来看，刑期短会提高监狱的利用率，这反而是短期自由刑的一个优点。(3) 由于短期自由刑是自由刑，因而与财产刑不同，在不分贫富起相同作用这一点上，符合公平的观念，避免刑罚不公平。(4) 在短期自由刑是自由刑这一点上，它与作为财产刑的罚金刑相比，给受刑者造成的痛苦更为明显，刑罚的性质更加显示出来了，具有刑罚的意义。(5) 从一般预防的观点来看，保留短期自由刑是必要的。[②] 应该指出，短期自由刑存废之争并未导致废除，而是促使立法者对短期自由刑进一步改进，从而适应惩治犯罪的客观需要。例如《德国刑法典》第47条规定："(1) 法院科处不满6月之自由刑，唯在依犯罪或犯罪人之人格所具特别情况，堪认为科处自由刑对犯罪人之影响作用及法律秩序之维护确不可少时，始得为之。(2) 法律纵未规定罚金刑，如法院对犯罪不须科处6月或超过6月之自由刑，而又无前

① 参见［美］休·泰特期·李德：《犯罪和犯罪学》，载北京政法学院编：《外国刑法研究资料》，第1辑，142页，北京，北京政法学院，1982。

② 参见张明楷：《外国短期自由刑简论》，载《法学评论》，1991 (2)，82页。

项所定必须科处自由刑之情形者，法院得宣告罚金。法律所定自由刑之最低度较高时，则上述罚金之最低度可以原定自由刑之最低度为准，每 1 日额金相当于 1 日自由刑，每 30 日额金相当于 1 月自由刑。”根据这一规定，科处短期自由刑仅属例外情形。因而，这条规定被德国刑法学界称作“最后手段条款”①。

我国刑法学界对于拘役的存废也存在争论。我国刑法学界有些学者认为，拘役刑的特点也是其优点，即它适用于罪行情节较轻不须长期关押改造的犯罪分子，体现了罪刑相适应的原则，贯彻了刑罚的个别化精神，被判处拘役的犯罪分子，每月可以回家 1 至 2 天，参加劳动的，可以酌量发给报酬，这就从期限、内容等方面同有期徒刑加以区别，避免了有期徒刑的某些弊端。基于拘役刑的特点和在同犯罪作斗争中的特殊作用，拘役刑是不能废除的。② 还有些学者则主张废除拘役，认为除了具有一般短期自由刑的全部弊病外，拘役刑还有以下几点突出的矛盾：（1）使用率极低。（2）羁押期过长。（3）拘役刑破坏了我国刑罚体系的科学性。基于以上理由，主张废除拘役。③ 我认为，拘役作为短期自由刑，确实存在某些有目共睹的弊端，但自由刑的刑期由短及长，这是一个客观事实。即使废除拘役，作为替补方法，适当降低有期徒刑的最低期限，仍然难以避免短期自由刑的缺陷，因而并非良策。即使在国外，现在也朝着积极评价短期自由刑的方向发展。现在的任务在于，既利用短期自由刑的优点，又克服短期自由刑的缺点，对短期自由刑采取现代的活用方法，来教育改善犯罪人，完成现行刑事政策的使命。④ 对于拘役，也应采取这样一种积极的态度，一废了之并不可取。这里还须指出，对拘役无论是主存论者还是主废论者，都提到自由刑单一化（或称一体化）问题。例如我国刑法学界主存论者指出：拘役刑的存废虽然随自由刑一体

① 甘雨沛主编：《犯罪与刑罚新论》，400 页，北京，北京大学出版社，1991。

② 参见高格：《论进一步完善我国的刑罚制度》，载杨敦先等主编：《刑法发展与司法完善》，147 页，北京，中国人民公安大学出版社，1989。

③ 参见王晨：《完善短期自由刑的立法》，载《法学评论》1990（1），39 页。

④ 参见张明楷：《外国短期自由刑简论》，载《法学评论》，1991（2），83 页。

化的世界性趋势而提上了议事日程，但根据我国刑罚制度的具体情况，废除拘役的必要性尚不明显。① 而主废论者则认为，适应世界刑法改革的大趋势，主张废除我国刑法中的拘役刑。更严格、更科学地说，是消除拘役与徒刑的差别，实现徒刑单一化。② 我认为，自由刑单一化的最主要内容是解决各种不同类别自由刑的单一化，废除野蛮的自由刑类别，使被处自由刑的犯罪人在设施内享受基本相似的待遇，至少不存在具有侮辱性、折磨性、野蛮性的差异。有期自由刑与短期自由刑的单一化虽然也属于单一化的范畴，但并非主要内容。从自由刑单一化出发论证废除短期自由刑，充其量只不过是一个技术性的理由，难以令人信服。总之，我认为应当保留拘役，但应当从以下几方面予以完善：

(一) 严格拘役的宣告

为了避免拘役的弊端，应当严格限制拘役的宣告。法律可以规定类似于《德国刑法典》第 47 条的“最后手段条款”，不得已而用之。

(二) 缩短羁押的期限

在司法实践中，犯罪人羁押期往往较长，有些犯罪人被作出拘役的判决后就须放人，因为刑期已满。在这种情况下，拘役只不过是一种刑罚形式，根本不起教育改造作用。为此，我认为应当提高诉讼效率，缩短羁押期限。对于可能判处拘役的犯罪人，一般应采取逮捕以外的强制措施，审理期间不予羁押。作出拘役的判决以后，收监执行。

(三) 实行分管分教

拘役刑期短，犯罪人之间容易交叉感染。因此，在执行上必须同被判处有期徒刑的犯罪人分管分教，以便对症下药，在较短的刑期内，收到较好的改造效果。

(四) 增设替代措施

我国刑法中的拘役替代措施，主要有缓刑，对此应当坚持。同时，还要增设

---

① 参见邱兴隆等：《刑罚学》，218 页，北京，群众出版社，1988。

② 参见王晨：《完善短期自由刑的立法》，载《法学评论》，1990 (1)，40 页。

一些替代措施，提出的建议主要有：（1）增设不剥夺自由的劳动改造刑，刑期为6个月至3年，对不宜适用短期自由刑的犯罪人适用此刑，不仅所处的刑种性质不会重于短期自由刑的，而且可以为政府节支，并有助于消除短期自由刑的弊端。（2）用其他处置措施来代替短期自由刑。如以1年劳教处分代替拘役，对绝大多数轻微违法犯罪行为尽量不以犯罪论处，而代之以行政处罚。对一些有罪但危害性不大的，可按刑法（1979年）第32条规定，适用非刑罚的社会处罚方法，等等。① 在以上两种设想中，我主张第一种，第二种以非刑罚方法代替短期自由刑，既不符合罪刑法定原则，也难以实现罪刑相适应。但第一种设想中，为替代拘役又要专门增设一个刑种，没有必要。而且，从内容来看，这一刑种与刑法中的管制并无很大区别。因此，我主张对管制进行改进，建立拘役与管制之间的易科制度，尽可能避免拘役的适用。

四、改进管制刑

我国刑法中的管制，是由人民法院判决，对犯罪人不予关押，但限制其一定自由，在公安机关管束和群众监督下进行劳动改造的一种刑罚方法。管制作为一个刑种，是我国的独创。它早在民主革命时期便已产生，中华人民共和国成立以后仍一直在使用。但是，在我国刑法起草制定过程中，关于管制刑种的存废问题，曾有过激烈的争论。最终，立法者采纳了多数学者的意见，保留了管制。但经过近十年的司法实践之后，在刑法修改过程中，又有学者提出废除管制的问题，纷争再起。主张废除管制的主要理由在于：（1）管制刑的产生与发展有其特定的历史背景。解放区采用管制制度可以说是一种不得已的权宜之计，中华人民共和国成立初期对管制的沿用，则主要是基于有效地控制历史反革命分子之需。现在，形势已经发生了根本的变化。我国既非没有健全的监管设施，也无历史反

① 参见赵秉志主编：《刑法修改研究综述》，174页，北京，中国人民公安大学出版社，1990。

革命分子还需要管制。因此，可以认为管制刑赖以存在的历史条件早已消失。(2) 我国刑法中的拘役上限为半年，与有期徒刑的下限相衔接，下限为 15 日，与行政拘留的上限相衔接，可以说在刑种的衔接性与严厉性的层面都符合刑罚体系之科学性的要求，而在拘役与行政拘留之间再插入一个并不比拘役轻的管制刑，却有损刑罚体系的科学性。(3) 自党的十一届三中全会以来，开放、搞活与改革给我国城乡带来了巨变，跨地区、跨行业的经济流转和人员流动越来越多。这种新的形势给管制刑的执行带来了莫大的困难。正是由于管制刑既不合时宜，也难于执行，在实践中，真正适用管制的案件并不多，有的法院自刑法颁布以来便从未适用过这一刑种。据某省的抽样调查，管制刑的适用率仅为 2‰。可见，管制刑已近乎名存实亡。(4) 管制刑的立法理由已经消失。总之，管制刑弊多利少。与此相适应，废除管制刑，应该说是刑事立法之发展的必然。[①] 主张保留管制的主要理由在于：(1) 管制刑的存在，符合我国刑罚目的的要求。管制刑是把犯罪人置于公安机关管束和群众监督下进行教育改造的刑罚方法，是“专门工作与群众路线相结合”的方针在刑罚方法上的运用和具体体现。它对罪行较轻而又不必关押的犯罪人的教育改造能收到较好的效果，是实现我国刑罚目的的必要手段。(2) 管制刑的存在符合我国刑法的罪刑相适应原则的要求。作为不剥夺自由，而只是限制一定自由的管制刑，在刑罚体系中有其独特的作用，它对那些罪行较轻，无须关押，但又要给以一定惩罚的犯罪分子是最适宜的手段。(3) 管制刑的存在，符合刑罚发展的方向。我国刑法中独特的管制刑，是具有中国特色的不剥夺自由的劳动改造的限制自由刑。它符合刑罚的开放性、社会性的发展方向，我国长期的司法实践已经证明了它具有许多其他方法和刑罚制度所不能替代的优点，它将会在今后同犯罪作斗争中日益发挥其独特的作用。[②]

从以上主废说与主存说的争论来看，虽然双方都有一定道理，但我还是更倾

① 参见邱兴隆等：《刑罚学》，219～224 页，北京，群众出版社，1988。

② 参见曹子丹：《论管制刑应予保留和完善》，载杨敦先等主编：《刑法发展与司法完善（续编）》，37～39 页，长春，吉林大学出版社，1990。

向于主存说。因为管制作为一种刑罚方法，确实有其特色，其他刑罚方法难以取代。当然，主废说提出的问题也不能不引起我们的深思，从某种意义上说，管制确有名存实亡的可能。这里主要存在一个思想问题，就是在重刑主义的氛围之下，只有徒刑才是刑罚，像管制这样开放性的刑罚往往不被人们重视，甚至被告人本身也是如此。加上管制的立法存在某些弊端，使得管制没有发挥其应有的作用。随着刑罚轻缓化，管制的重要性与可行性必将逐渐受到人们的重视。同时由于管制符合当今刑罚开放化的世界性趋势，它也能够经过改造而成为一种行之有效的刑罚方法。基于以上考虑，我主张保留管制，并提出以下改进措施：

（一）调整管制在刑罚体系中的地位

在我国的刑罚体系中，管制是一种主刑，排列在拘役之后。由于管制期限为3个月以上2年以下，而在1979年刑法中拘役期限仅为15日以上6个月以下，虽然从性质上说管制限制自由，拘役则为剥夺自由，但仍然使人产生一种不协调的感觉，甚至对管制与拘役孰轻孰重产生争议。为此，我认为应当适当地调整管制在刑罚体系中的地位。具体地说，就是将管制由现在的主刑降格为附加刑。对此，我国刑法学界不少有识之士都已经有所论述，认为将管制刑从主刑中剥离出来，可以避免治安行政拘留与拘役刑在期限衔接上发生中断的问题，使整个法律制裁中的行政制裁与刑事制裁有机地连接起来。① 管制刑作为附加刑以后，对罪行较轻不需要予以监禁的犯罪人可以独立适用，通过开放式的刑罚方法达到教育改造的目的。对罪行严重、人身危害性较大的犯罪分子可以作为主刑的补充，附加适用，在主刑执行完毕以后再执行管制，使这些犯罪人在经过较长时间的关押踏入社会后，经过一个限制自由接受社会监督的缓冲阶段，使其逐渐适应社会生活。

（二）修改管制的内容

根据现行法律的规定，管制的内容主要有三项：（1）遵守法律、法令，服从群众监督，积极参加集体劳动生产或者工作。（2）向执行机关定期报告自己的活

① 参见侯国云、薛瑞麟主编：《刑法的修改与完善》，106页，北京，中国政法大学出版社，1989。

动情况。(3) 迁居或者外出必须报经执行机关批准。从以上内容来看，由于经济体制改革，参加集体劳动生产或者工作一项难以落实。而且，对于擅自离开居住地外出从事其他活动长年不归的，既不能作为脱逃罪处理，又没有其他制裁措施，有失法律的尊严。为此，我建议除对判处管制的犯罪人的人身自由进行一般限制以外，对有劳动能力的犯罪人，要求其每月必须到指定地点参加一定时间的无偿的公益劳动。这样，对于那些从事个体经济或集体经济的犯罪人，也能体现对其管束与改造，表达出管制的惩罚意蕴；同时，还可以借鉴苏联的立法例，规定逃避管制的后果。《苏俄刑法典》第 28 条（逃避不剥夺自由的劳动改造的后果）规定："被判处不剥夺自由的劳动改造并在工作地点执行的人逃避服刑时，法院根据内务部机关的请求或社会团体、劳动集体的申请，可将该人送到劳动改造管理机关所指定的其他地点去服刑，但必须是在被判刑人居住的地区以内。被判处不剥夺自由的劳动改造的人蓄意逃避服刑时，法院可将未服完的劳动改造刑期易科为同样期限的剥夺自由。"对逃避管制的，可以考虑易科为拘役，以增加管制刑的威慑力。

（三）严格管制的执行

管制的适用率之所以低，管制的执行未能有效地落实，是一个十分重要的因素。为此，必须严格管制的执行，避免"不管不制"，放任自流的现象。过去在管制的执行上，过分强调依靠群众，专门机关的监督与管束失之过轻。我认为，应当在依靠群众的同时，健全专门机关的监管工作。为了严格管制的执行，我国学者提出制定管制实施（改执行为好）细则，认为实施细则应在总结司法实践经验的基础上，结合经济体制改革变化了的形势，对管制的组织形式、管制的任务、管制工作人员的职责、管制的方法，以及对被管制的犯罪分子的具体要求、奖惩制度等作出明确、具体的规定。① 我认为这一建议是可行的，应予采纳。只

① 参见曹子丹：《论管制刑应予保留和完善》，载杨敦先等主编：《刑法发展与司法完善（续编）》，41～42 页，长春，吉林大学出版社，1990。

有落实了管制的执行措施，才能使之更好地发挥作用。

第五节 自由刑的修订及其评价

1997年修订后的刑法大体上维持了1979年刑法关于自由刑的规定，没有重大修改，但也在一些细节问题上作了修订。此外，《刑法修正案（八）》对社区矫正制度作了规定。这对于完善自由刑的执行以及缓刑和假释的考察都具有重要意义。

一、无期徒刑的修订

1997年修订后的刑法，在其总则中对无期徒刑未作任何修改，而是完全维持了1979年刑法关于无期徒刑的规定。因为无期徒刑主要是作为死刑的替代刑而存在的，在死刑大量削减的情况下，在一定程度上使无期徒刑名副其实化，也就是加大无期徒刑的惩治力度，作为大量削减死刑的补偿与过渡。在1997年刑法中，在对死刑没有进行实质削减的情况下，当然也就谈不上对无期徒刑的修订。由此可见，刑罚是一个有机的整体，其改革也应当协调考虑。

1997年修订后的刑法对于无期徒刑的规定有一处变化，就是增加了“不得假释的无期徒刑”的规定，刑法第81条第2款规定：“对累犯以及因杀人、爆炸、抢劫、强奸、绑架等暴力性犯罪被判处十年以上有期徒刑、无期徒刑的犯罪分子，不得假释。”根据这一规定，对累犯以及因杀人、爆炸、抢劫、强奸、绑架等暴力性犯罪被判处无期徒刑的犯罪分子不得假释，因而这是一种“不得假释的无期徒刑”。这一规定，意在体现对累犯以及因杀人、爆炸、抢劫、强奸、绑架等暴力性犯罪的从严惩处。但我认为，这一规定的实际意义是十分有限的，它与某些国家中的“无假释的终身自由刑”是完全不同的。这些国家由于不存在减刑制度，因而“无假释的终身自由刑”是自然生命的终身自由刑：被关押终身。但在我国刑法中，存在减刑制度，绝大部分被判处无期徒刑的犯罪分子在2年以后就被减为有期徒刑，以后还可以减刑，只受实际关押不得少于13年的限制。而直接从无期徒刑假释的情况极为罕见，因而这种“不得假释的无期徒刑”规定在很大程度上是虚置的，意义不大。

二、有期徒刑的修订

1997年修订后的刑法，对于有期徒刑基本上未作修改。关于有期徒刑修改的主要建议是延长有期徒刑的上限，这一建议未被立法机关所接受。延长有期徒刑上限是以无期徒刑一定程度上的名副其实化和死刑的较大幅度的削减为前提的。由于1997年修订后的刑法在刑种上基本保持了1979年刑法的规定，未作重大修订，因而对于有期徒刑也就不可能进行修订。

三、拘役刑的修订

尽管在理论上对拘役的利弊存废存在争议，但基于对自由刑的形式多元化的考虑，在1997年修订后的刑法中保留了拘役刑，只是将拘役刑的期限由15日以上6个月以下改为1个月以上6个月以下，提高了拘役刑的下限。1979年刑法将拘役刑的下限确定为15日，主要是为与治安拘留的上限相衔接。但实际上，治安拘留的期限虽然是15日，在一人实施两种以上违反治安管理的行为时，按照并罚的原则，合并执行拘留的期限可以超过15日。治安拘留是一种行政处罚，其期限有时都超过15日，而作为刑罚的拘役，其下限刑期为15日，存在不合理之处。更何况，从司法实践的情况来看，判处拘役15日的情况基本上没有，即使有，由于判决前羁押时间长，往往宣判之日便是释放之时。因为一个案件从采取刑事强制措施到起诉，再到法院判决，其间需要一定的诉讼时间，这一时间一般都超过 15 日。在这种情况下，如果再判处拘役 15 日，难以发挥拘役刑的效用。

四、管制刑的修订

1997 年修订后的刑法，对管制刑作了较大的调整。在刑法修订中，对于管制刑的存废也存在争论，但立法机关最终还是站在存置论的立场，并根据管制刑的缺陷作出修订，主要修订在于管制刑的执行上。由于管制是将犯人放在社会上，不予关押，因而如果没有切实的监督措施，就会出现放任不管的倾向，降低管制刑的效用。1979 年刑法虽然也对管制期间应当遵守的规定作了列举，但过于简单。1997 年修订后的刑法第 39 条对被判处管制的犯罪分子，在执行期间，应当遵守的规定更为详细地列举如下：（1）遵守法律、行政法规、服从监督；（2）未经执行机关批准，不得行使言论、出版、集会、结社、游行示威自由的权利；（3）按照执行机关规定报告自己的活动情况；（4）遵守执行机关规定报告自己的活动情况；（5）离开所居住的市、县或者迁居，应当报经执行机关批准。以上规定如果能够得到切实贯彻，可以在一定程度上避免使管制流于形式，有利于对被管制的犯罪分子的监督改造。但修订后的刑法没有规定违反上述在执行期间应当遵守的规定的惩戒措施，这同样会影响管制的效果。

第十八章 财产刑

财产刑是仅次于生命刑和自由刑的一种刑罚方法，在各国的刑罚体系中都占有重要地位，在刑法理论上也占有一席之地。尤其是随着刑罚的轻缓化，自由刑在刑罚体系中的中心地位开始动摇，财产刑（主要是指罚金）大有取而代之之势。因此，财产刑应当引起我们的足够重视。

第一节 财产刑的演进

如同生命刑一样，财产刑也是一种极为古老的刑罚。财产刑的历史演变，将会给我们以昭示：这种历史悠久的刑罚是如何历经蜕变，在当今刑罚体系中跃居重要地位的。

一、罚金的演进

罚金的起源可以追溯到原始社会。可以说，为限制血亲复仇制度而出现的赔偿制度，是罚金的胚胎。血亲复仇曾经盛行于原始社会，随着生产力水平的提高，出现了私有制，财产的价值逐渐被人们所认识。在这种情况下，一定范围内的赔偿习惯开始代替复仇的风俗。赔偿就是由加害者向被害者交付一定数额的财产，使被害者得到一定的经济补偿，而加害者则以此作为赎罪的一种表现形式，平息被害者的复仇愿望。赔偿的习惯一经产生，就具有强大的生命力，对于人类社会的进化产生了深远而巨大的影响。

国家产生以后，原始社会赔偿的习惯得以保留，并被改造成为一种刑罚方法。统治者将加害者赔偿的财物分为两部分：一部分交给被害者及其亲属，这就是民法中损害赔偿制度的起源；另一部分交给国家，这就是刑法中罚金制度的起源。就此而言，以下论述应当是可信的：罚金刑系由希腊古代赔偿金制度（Compusition）或日耳曼民族之赎罪金制度（Suhngeld，bota）演变而来，即国家往往对犯罪人科以强制赔偿的义务，令其对被害者支付若干赔偿金，作为其罪行之赎罪，同时将其中之一部向国家或公共团体缴纳，作为破坏社会秩序之惩罚。后来这一公共团体征收的和平金（Friedensgeld，Fredus，pax），逐渐发展成为国家的罚金制度。[①] 因此，罚金的产生是一个漫长的历史过程。

罚金立法的成文化，最早见诸公元前 18 世纪的《汉谟拉比法典》。该法典第 5 条规定，法官改判的，科以相当于原案中之起诉金额的 12 倍罚金。稍晚的古罗马《十二铜表法》也有关于罚金的规定，该法第 8 表第 3 条规定：如自由人打断自由人的骨头，则应缴纳罚金 300 阿司，如为奴隶则为 150 阿司。在刑罚残酷的古代社会，罚金实际上是国家放弃适用身体刑的代价，相对于身体刑的残暴而言，罚金简直是微不足道的。因此，罚金往往施恩于某些特殊人物或者特殊阶层，其适用并无广泛性。中国古代社会的“金作赎刑”[②]，就是一例，只有具有特定资格的人才能以财赎罪。在这个意义上，有些刑法学家认为在古代刑罚制度

① 参见张甘妹：《刑事政策》，337 页，台北，三民书局，1979。

② 《尚书·舜典》。

中，它并非独立的刑罚手段，而只是刑罚宥减的方法。[1] 又如，中国古代社会把罚金作为处理疑罪的刑罚方法，所谓“墨辟疑赦，其罚百锾……劓辟疑赦，其罚惟倍……剕辟疑赦，其罚倍差……宫辟疑赦，其罚六百锾……大辟疑赦，其罚千锾”[2]。由此可见，罚金只是作为处理疑罪的一种例外。

在整个中世纪，罚金在刑罚体系中都未居重要之地位，只在有关法律中有对罚金的个别规定，而不像生命刑与身体刑那样广泛适用。例如，《萨利克法典》第 54 条第 1 款规定：“如果有人杀死伯爵，应罚二万四千银币。”在中国封建社会，罚金始终没有被纳入正式的刑罚体系，因而从来不受重视。在秦汉法律中，有罚金的零散记载。例如《秦律》称为赀，有赀甲、赀盾、赀戎和赀徭之分。例如，《法律答问》指出：“有秩吏扑阑亡者，以畀乙，令诣，约分购，问吏及乙论何也？当各费二甲，勿购。”[3] 《汉律》才有罚金之称，例如《史记·张释之传》有“诸侯出入殿门，公车司马门，皆不如令，罚金四两”的记载。这种罚金没有进入五刑，在五刑中只有作为罚金变种的赎刑，是一种对本刑的易科刑。例如《唐律》中的赎是犯人可用铜代替或抵消其本刑的制度，根据《唐律》的规定，从笞十起到绞斩，都可以赎，但有限制。《名例》指出：“诸应议、请、减，及九品以上之官。若官品得减者之祖父母、父母、妻、子孙，犯流罪以下，听赎。”由此可见，在中国封建社会的刑罚体系中，罚金处于无足轻重的地位。

及至近代，罚金才开始受到人们的重视。1810 年《法国刑法典》对罚金的系统规定，标志着罚金在刑罚体系中地位的正式确立。该刑法典在总则与分则中都对罚金作了规定，总则是对罚金的原则规定，分则是对罚金的具体规定，根据该法典规定，罚金是主刑。罚金可以单独适用于轻刑，也可以附加适用于身体刑与名誉刑。罚金的数额为相对确定数额，并且可以易科。这些规定全面而细致，成为后来各国罚金立法的典范。

---

① 参见林山田：《刑罚学》，2 版，277 页，台北，“商务印书馆”，1983。

② 《尚书·吕刑》。

③ 睡虎地秦墓竹简整理小组：《睡虎地秦墓竹简》，210 页，北京，文物出版社，1983。

进入20世纪以后，罚金在刑罚体系中的地位不断上升，甚至大有取代自由刑而成为刑罚体系中心的趋势。引起罚金广泛适用的原因是复杂的，主要在于：第一，观念的变化。在商品经济极为发达的资本主义社会，社会关系商品化是不可避免的。罚金地位的提高，无疑是刑事责任商品化的一个重要体现。第二，刑罚的轻缓化。刑罚由严酷到轻缓，是历史发展的必然趋势。在17、18世纪，自由刑取代身体刑而成为刑罚体系的中心，无疑是历史的进步。20世纪以后，由于自由刑，尤其是短期自由刑的弊端日益暴露，因而罚金成为取代自由刑的理想刑种，这也是刑罚轻缓化的必然要求。第三，犯罪的嬗变。由于现代科学技术的快速发达，生产过程的高度复杂化，过失犯罪激增，此其一。由于国家行政组织的严密化，经济领域的犯罪日显突出，此其二。由于社会经济生活的发展，法人在社会经济生活中的作用越来越大，法人犯罪大量涌现，此其三。对于过失犯罪、经济犯罪与法人犯罪来说，罚金是一种适当的刑罚方法，因而导致罚金的扩大化。由于以上三个原因，使罚金备受青睐。

二、没收财产的演进

通常认为，没收财产比罚金为迟。可以说，没收财产是在私有制进一步发展，社会物质财富更加丰富的历史条件下出现的。

在中国古代，没收财产出现于战国时代。魏国的法律就有没收犯罪人家产的籍刑之规定。《汉律》中有没官之刑，规定：伤杀人所用兵器，没入县官；骑乘车马，行驶道中，已论者，没入车马、被县。自汉以后，《北齐律》、《梁律》等都有没官的规定。例如《北齐律》规定，受纳货贿，悉以没官。《梁律》则明确规定，谋反、降逆、大道已上，赀财没官。《唐律》更是集各朝没官立法之大成，发展到极为完备的程度。《唐律》中的没官，分为特定财产的没官与一般财产的没官。特定财产的没官系指彼此俱罪之赃及犯禁物的没官。一般财产的没官，

《唐律》称为簿敛之物没官，就是将谋反、大逆正犯的所有财产予以没官。自唐以后，各朝刑律基本上沿袭了《唐律》关于没官的规定，只是名称略有变动，不称没官，而称入官。没官作为一种从刑，往往是附加于其他刑罚而适用的。对于重大的犯罪，除判处生命刑或身体刑以外，大多同时籍没犯罪人全部财产，而且其妻女亦没入官为奴，由此以一般没收来强化刑罚的严厉性，加重刑罚的惩罚性。因此，有些学者称没官为从刑之最重者①，不无道理。

在西方，没收财产也产生于封建社会。12 世纪初，英国刑法中出现重罪（felonies）与轻罪之分，对于重罪一律适用没收财产。据英国著名法学家布莱克斯顿的考证，是否没收财产是重罪与轻罪的主要区别，甚至于英文中的重罪（felony）一词在词源上便包含没收财产之意。② 及至 1810 年《法国刑法典》，对没收财产作了详细规定。根据该法典，没收财产附加适用于危害国家安全的严重犯罪。被判刑者如未婚时，没收财产为全部没收；被判刑者如已婚时，没收其共同财产分割后所有之部分，或没收其夫妻不可分割财产所有之部分。

没收有一般没收与特别没收之分。一般没收由于一方面与私有财产神圣不可侵犯的原则相矛盾，而且一旦适用往往累及家人，违背刑止一身的原则，因而为大部分西方国家所不采。例如意大利、瑞士、德国、阿根廷、巴西、澳大利亚、新西兰等国的现行刑法，均无一般没收的规定。而特别没收对于消除犯罪的凭藉以达到预防犯罪的目的具有一定意义，因而为大多数国家所保留。只是在立法例上，不再把没收（指特别没收）当做一种从属性的刑罚规定于刑罚章中，而将其自刑罚中提出，另立专章或专节规定之，与保安处分、追缴等同称为“处分”③。但在大多数社会主义国家刑法中则有没收财产的规定，在这一点上表现出两者的重大区别。

① 参见陈顾远：《中国法制史概要》，5 版，213 页，台北，三民书局，1977。

② 参见邱兴隆等：《刑罚学》，236 页，北京，群众出版社，1988。

③ 林山田：《刑罚学》，2 版，315 页，台北，“商务印书馆”，1983。

第二节　财产刑存废之争

财产刑作为一种刑罚方法，可以说是利弊兼具、优劣并存。正因为如此，在刑法理论上围绕着财产刑的存废长期以来争论不休。下面对财产刑存废双方的论点逐一加以介绍，并在此基础上略加评价，以表明我们对财产刑存废的立场。

一、罚金存废之争

（一）罚金主存论

罚金主存论立足于对罚金的优点的认识，认为罚金具有其他刑罚所不具有的长处，主要表现在以下八个方面：

1. 罚金刑是惩治经济犯罪的有效方法

当今世界各国，经济犯罪无不作为刑事制裁的重要对象。这种经济犯罪主观上出于贪利目的，对其仅仅判处自由刑还不足以遏制其再犯。为此，必须对经济犯罪双管齐下，在判处自由刑的同时，并科罚金，给予经济上的严厉制裁。只有这样，才能既剥夺经济犯罪人的犯罪所得，又剥夺其继续实施犯罪的资本，使他们不仅无利可图，而且得不偿失，从而实现预防其再犯的刑罚效果。

2. 罚金是惩治法人犯罪的最佳手段

法人犯罪是以法人作为主体的犯罪，在对法人犯罪实行并罚制的立法例中，刑不仅及于直接责任人员，而且及于法人。在这种情况下，法人不仅是犯罪的主体，而且是刑罚的承受者。由于法人的虚拟性这一性质所决定，对法人无法适用生命刑与自由刑。但法人具有一定的财产，而罚金是以剥夺一定的财产为内容的刑罚。因此，罚金刑就成为惩治法人犯罪的最佳手段。

3. 罚金刑具有经济性

罚金刑与生命刑和自由刑相比较，具有显而易见的经济性。生命刑的执行简便支出少，但没有任何收入；自由刑可以强制犯罪人创造价值，但增添了国家对犯罪人的经济负担。由此可见，生命刑和自由刑缺乏明显的经济性。而罚金刑是强制犯罪人无条件地向国家缴纳金钱，国家因而可以增加国库收入。而且，由于在单科的情况下对犯罪人不予关押，不需供养犯罪人而有所支出。在并科的情况下，虽予关押，但那属于自由刑的法律效果，罚金刑仍然只有收入，没有支出，其经济性十分明显。

4. 罚金刑具有可分性

罚金刑是以剥夺犯罪人的金钱为内容的刑罚方法，而金钱是可以计量的，因而罚金刑具有可分性。罚金刑的可分性一方面为根据已然犯罪的社会危害性的严重程度正确地裁量刑罚提供了可能性，另一方面又为根据未然犯罪的人身危险性的大小实现刑罚个别化创造了条件，因而能够做到罪刑相适应。

5. 罚金刑具有可附加性

罚金刑与生命刑和自由刑相比，还具有可附加性的优点。生命刑是剥夺生命的刑罚，生命一旦被剥夺，自由便不复存在，因而生命刑没有可附加性。同样，自由刑是剥夺自由的刑罚，自由以生命的存在为前提，因而自由刑也没有可附加性。一言以蔽之，生命刑与自由刑具有不相容性。相比之下，罚金刑可以依附于生命刑与自由刑而存在，因而具有可附加性。因为罚金刑是以剥夺财产为内容的刑罚，财产权独立于人身权，它可以与生命刑和自由刑同时适用。罚金刑的这种可附加性，就为在对某种犯罪人仅处以自由刑不足以抵罪或不足以遏制再犯的情况下，自由刑与罚金刑同时适用提供了可能。

6. 罚金刑可避免犯罪人在狱中恶性感染

自由刑将犯罪人关押在监狱之中，使犯罪人在监狱内容易受到其他犯罪人的恶性感染，传习犯罪，影响改造。而罚金刑不剥夺犯罪人的自由，犯罪人不像被判处自由刑的人一样关押在狱中。这就消除了犯罪人在监狱内互相感染的可能性，有利于对犯罪人的教育改造。

7. 罚金刑可防止犯罪人对社会生活的不适应

自由刑将犯罪人关押在监狱之中，使之与社会相隔离，固然有其防止再犯的一面，但也有使犯罪人不适应社会生活的一面。而在单科的情况下，罚金刑是对犯罪人不予关押，因而可防止犯罪人对社会生活的不适应。至于在并科的情况下，由于犯罪人同时被判处自由刑仍需关押，可能出现对社会生活的不适应性。但这并非罚金刑的缺陷，而是自由刑的问题。

8. 罚金刑误判易纠

在司法实践中，误判的可能性是难以避免的。但罚金刑与生命刑和自由刑相比，在发生误判的情况下最易纠正。生命刑是剥夺人的生命，如果误判，人头落地，人死不能复生，可谓误判难纠。自由刑是剥夺人的自由，发生误判，虽然可以无罪释放，但在改判前已经失去的自由也无法挽回。只有在罚金刑的情况下，发现误判，可以向受刑人返还其缴纳的金钱，赔偿其利息，得到彻底的纠正。

（二）罚金主废论

罚金主废论则基于对罚金的缺陷的认识，认为罚金具有以下不足：

1. 罚金刑可能难以执行

生命刑与自由刑不存在难以执行的问题，因为无论贫富贱贵，人人均有生命与自由，都可以依法予以剥夺。然而，以剥夺一定的财产为内容的罚金刑，以存在一定的财产为前提。但人们贫富不均的现象普遍存在。对于富者来说，判处罚金刑不会发生执行上的困难。但对于贫者来说，在无钱可交的情况下难以执行。

2. 罚金刑可能同罪异罚

正因为罚金在犯罪人无钱可交的情况下难以执行，立法上往往规定易科其他刑罚。这样，就会出现同罪异罚的现象：在实施同样犯罪的人中，对富者只判处罚金，贫者易科其他刑罚，因而导致同罪异罚。

3. 罚金刑可能株连无辜

罚金刑的裁量，虽然要考虑犯罪人的经济状况，以免使其不堪承受或者累及家人，但犯罪人家属为使犯罪人免受其他刑罚，用自己的财产为犯罪人缴纳罚金，是一种十分普遍的现象。在这种情况下，对犯罪人判处罚金，便使其家属受到株连。至于对未成年人判处罚金，由于其不具有独立的经济能力，其所应缴的罚金只能由其家长支付，株连性更为明显。

4. 罚金刑可能罚不当罪

在判处罚金的时候，法院首先考虑的是罚金能否缴纳，而这又取决于犯罪人有无支付能力。因此，往往导致司法人员在裁量罚金的时候，脱离已然犯罪的社会危害性程度与未然犯罪的人身危害性大小，仅根据支付能力确定罚金数额，而有悖于罪刑相适应的原则。

5. 罚金刑具有不平等性

对同样的犯罪判处同等数额的罚金，这似乎十分平等，但在这种形式上的平等的背后，掩盖着实际上的不平等。如果对于同样的犯罪判处同等数额的罚金，因犯罪人的经济承受能力的差别，对犯罪人产生的实际效果则相去甚远。对于富者来说，即使是上万元的罚金也只不过是九牛一毛无关痛痒；而对于贫者来说，即便是上千元的罚金也足以使其倾家荡产，痛切肌肤。因而，罚金刑具有不平等性。

6. 罚金刑导致逃避制裁

罚金刑的执行以犯罪人具有一定数量的金钱为前提，这样，犯罪人便可以通过转移或隐匿财物的方式逃避制裁。因此，罚金刑客观上给犯罪人逃避制裁留下了可乘之机。

7. 罚金刑导致重新犯罪

在判处罚金的情况下，如果犯罪人无力支付，但又因恐惧不支付而受到严厉的刑罚，就会想方设法凑足罚金。为此，犯罪人甚至不惜采取诈骗、盗窃等非法手段，从而导致再次犯罪。

8. 罚金刑导致以钱赎罪

罚金刑以剥夺犯罪人的一定数额的金钱为内容，在单科罚金的情况下，往往给人造成以钱赎罪的印象，无意中助长了金钱万能的现象，因而有损于法律的尊严，降低刑罚的威慑力。

（三）罚金存废的评价

罚金刑到底是存还是废，这不仅是一个理论问题，也是一个在立法中面临的实际问题。在我国刑法起草过程中，对于要不要在刑法中规定罚金这一刑种，就曾经出现过争论。有的学者主张取消罚金，理由是：（1）我国工人、农民、干部钱比较少，罚了钱影响他们的生活，甚至有的还得给他补助、救济。（2）犯了罪，应该治罪。犯罪较轻，不需要关起来的，可以判缓刑。严重的应该关起来。对经济犯罪，罚少了他不在乎，一次性投机生意就赚回来了，罚多了他又缴不起。（3）罚金刑是资本主义国家和旧中国剥削人民的一种手段，只对资本家有利，因为他们有了钱就可以赎罪。相反，劳动人民没有钱，只有坐班房。因此，我们社会主义国家不能采用罚金，如果非要采用，也不要单独采用，而且适用范围应尽量小。与此同时，多数学者主张罚金应是我国刑法的刑种之一，理由是：（1）对人民内部比较轻微的犯罪，根据犯罪分子的财产状况罚点钱比坐班房好，也可以少关一些人。（2）对经济方面牟取暴利的犯罪分子，给予他们一定的金钱上的剥夺，使他们在经济上捞不到便宜。这不仅能够起到惩罚和教育的作用，同时对剥夺他们犯罪的资本，也可以收到良好效果。（3）罚金作为刑种，世界各国普遍适用，社会主义国家也都有规定。在我国，无论中华人民共和国成立前后，一直使用这个刑种。总的来说效果是好的，不能取消。最后，刑法还是把罚金作为一种刑罚加以规定。[①] 应当指出，罚金虽然在刑法上被规定为刑种，但由于思想问题没有解决，在司法实践中实际适用率极低。例如，四川省 1985 年处理的 5 000多件经济犯罪案件中，适用罚金刑的仅 11 件，其他地区也有类似情况。

我国司法实践中罚金的适用率之所以如此之低，除立法规定不完善以外，还

① 参见高铭暄主编：《新中国刑法学研究综述（1949—1985）》，435 页，郑州，河南人民出版社，1986。

存在一个对罚金刑的认识问题。其中以下三个问题最为重要，有必要加以评说。

1. 如何认识罚金的阶级性

在以往的刑法理论中，囿于传统观念，往往认为罚金是资本主义国家剥削、压迫人民的一种手段，只对资本家有利，资本家有钱可以赎罪，劳动人民无钱只能受苦役。应该说，在资本主义国家，罚金刑确有其阶级压迫的性质，对此，恩格斯曾经指出：这种罚款的办法是贫富一律的。但是富人很少或完全不会苦于负担，而穷人却十之八九支付不起，于是法庭就干脆以“default of payment”（“不付罚款”）为由罚他们做几个月的苦工。[①] 这一揭露是深刻的。但我们也应当看到，在资本主义国家，在立法上对罚金刑也进一步加以完善，例如日额罚金制的提出，对于防止其不平等性就具有一定的意义。同时，罚金刑也并非资本主义国家的专利品，正如生命刑与自由刑一样，也完全可以成为我国的刑罚方法。因此，在对罚金刑的阶级性的认识上，我们要进一步解放思想。

2. 如何认识以罚代刑

在司法实践中，罚金刑之所以适用率低，原因在于还存在一个思想顾虑，就是害怕被指责为以罚代刑。我认为，罚金刑本身也是一种刑罚，因此，判处罚金根本不存在以罚代刑的问题。至于以钱赎罪纯粹是一种误会。虽然从形式上看，罚金是强制犯罪人向国家缴纳一定金钱，类似于民法上的债务关系。因而法国法学界有一种债务理论，认为罚金刑可以转化为民法上的义务，从国家的观点，可当做民法上的一种财物的请求权。[②] 显然，这种观点是不妥的，难以为我们所接受。因为刑法上的罚金与民法上的债务具有本质上的区别。罚金缴纳义务具有一身专属性，不能继承，也不得转让，并且犯罪人死亡而罚金尚未缴纳的，刑罚即告中止，不得再行征收。由此可见，罚金与债务是形似而实异。那种因罚金形式上类似于债务，就认为判处罚金是以钱赎罪，是出于对法律的无知，不值得大惊

① 参见《马克思恩格斯全集》，第1卷，703页，北京，人民出版社，1956。

② 参见林山田：《刑罚学》，2版，278页，台北，“商务印书馆”，1983。

小怪。而且，即使这种表面上的以钱赎罪的印象，也是可以清除的。在单科罚金的情况下，犯罪往往较轻，没有必要判处自由刑，对这种犯罪因害怕以钱赎罪而判处自由刑，显然是违背罪刑相适应原则的。反之，如果不判任何刑罚，则必然放纵犯罪人。在这种情况下，予以单科罚金，正是罪刑相称，不发生以罚代刑的问题。而在并科的情况下，更是没有以罚代刑的问题。由此可见，以罚代刑的担忧是没有根据的，也是毫无必要的。

3. 如何认识罚金的刑罚本质

罚金是一种轻刑，这是毫无疑问的。随着刑罚的轻缓化，罚金作为一种刑罚方式，理应越来越受到人们的重视。但是，在中国尚存重刑化的氛围。在这种氛围下，有些人过分崇尚生命刑与自由刑，对财产刑则不屑一顾，甚至提出废除财产刑，认为对犯罪分子适用财产刑，易使其人身自由没有得到应有的限制而难达特殊预防之效。如果取消财产刑，会促使人们集中力量充分运用其他刑罚手段，从而更加有力地打击经济犯罪。[①] 我认为，这种观点的产生除受重刑化思想的支配之外，一个重要的原因就是对罚金的刑罚本质缺乏足够的认识。囿于传统重义轻利的观念，人们往往把砍头坐牢视为刑罚，至于缴纳一定的金钱似乎无关痛痒，没有触及犯罪人的皮肉，难以体现刑罚对犯罪人的否定评价。其实不然。生命刑、自由刑固然可以对犯罪人造成一定的刑罚痛苦，罚金亦然，只不过表现形态稍异且较为间接，因而不易被人们所认识罢了。正如有的刑法学家指出：罚金所造成的刑罚痛苦中心并不在于被迫地缴纳一定数额的金钱，而是在于因缴纳罚金，致无法满足其物质享受的需要所造成的间接痛苦。因此，罚金刑的刑罚痛苦乃在于强制受刑人于一定时间内放弃物质享受。当然，这种刑罚痛苦要在受刑人系以自己的金钱来满足物质需要的条件下，以及科处之罚金数额具有足够高度的情况下，才能达到。而且，就金钱的功能言之，金钱实可当做“凝固化的或是具体化的自由”。因此，罚金刑实非单纯缴纳一定数额金钱的财产刑，而是剥夺一

① 参见洪道德：《财产刑异议》，载《政法论坛》，1989（6），16～22页。

种特殊形态的自由，即受刑人的一种物质享受的自由。因此，罚金刑也具有剥夺自由的本质。[①] 应该说罚金与剥夺自由还是有一定区别的，因而这一最终的结论未免偏颇，但这种对于罚金本质的认识是深刻的，也是值得我们参考的。

综上所述，虽然罚金利弊共存，但并非平分秋色。在我看来，罚金刑的利大于弊，况且其缺陷是可能通过立法与司法的进一步完善而予以弥补的。在对罚金刑的优劣的这种认识之上，我认为，在我国刑法中罚金刑不仅宜存，而且应进一步扩大其适用范围。

二、没收财产存废之争

（一）没收财产主存论

主张保留没收财产的人认为，没收财产具有下述优点而应予保留：

1. 没收财产是惩治经济犯罪的有效方法

经济犯罪大都是贪财图利的犯罪，对于经济犯罪适用没收财产刑，使犯罪人在经济上受到严厉制裁，可以收到较佳的效果。同时，没收财产的适用对象不限于动产，也可以是不动产，这就可以更大限度地惩治经济犯罪人。

2. 没收财产是惩治严重犯罪的辅助措施

没收财产是一种重刑，它可广泛地适用于那些严重的犯罪，从而体现对严重犯罪的严厉的否定评价。对于严重犯罪虽然判处死刑或者无期徒刑，仍不足以体现对其否定评价的严厉性。在这种情况下，没收财产就成为惩治严重犯罪的辅助措施，从而体现罪刑相适应的原则。

3. 没收财产具有经济性

没收财产是无偿地将犯罪人财产的一部或全部收归国有，可以增加国家的财政收入，而其执行又比较简便，不需要支出，因而具有明显的经济性。

---

① 参见林山田：《刑罚学》，2版，279页，台北，“商务印书馆”，1983。

4. 没收财产误判易纠

没收财产一旦发生误判，可以通过返还原物或者金钱补偿的办法予以纠正，不至于造成不可挽回的损失。

（二）没收财产主废论

主张废除没收财产的人认为，没收财产具有下述弊端而应予废除：

1. 没收财产难以执行

没收财产在执行上存在障碍，犯罪人往往将属于本人所有的财产加以转移或者说成是其家庭其他成员所有，使法院难以执行。

2. 没收财产具有不平等性

人有贫富之分，因此，个人的财产状况是差别极大的，而没收个人全部或一部财产，其具体数额是不确定的。对于富者来说，其部分财产就可能是成千上万元的财富；对于贫者来说，全部财产也值不了几个钱。因此，没收财产具有不平等性。

3. 没收财产可能株连无辜

在立法上虽然明确规定没收的只是属于犯罪人本人所有的财产的部分或者全部，但在现实生活中，家庭成员共同生活，财产一般并不分开。而且，即使是犯罪人的财产，其配偶子女还存在一个继承问题。对一个被判处死刑的犯罪人没收其个人所有财产，无异于剥夺其配偶子女的继承权。因此，没收财产具有株连无辜的潜在可能性。

4. 没收财产有碍于犯罪人的再社会化

判处自由刑而同时并处没收财产，在自由刑刑满以后，存在一个再社会化的问题，即犯罪人还要自食其力地生活。但由于剥夺了其个人所有的财产，使其丧失了谋生所需的资本，甚至连起码的生活都难以维持，因而有碍于其再社会化，个别犯罪人甚至为生活所迫，重蹈覆辙再次犯罪。

（三）没收财产存废的评价

没收财产和其他刑罚方法一样，也存在优与劣两个方面，对此要有一个正确的评价。我认为，没收财产作为一种较为严厉的附加刑，对于那些严重犯罪适用是比较合适的，因此，从实际需要上来看，有必要保留。同时，没收财产的某些缺陷可以通过完善立法加以弥补，例如在立法上进一步界定没收财产的范围，防止其株连无辜。当然，没收财产由于其性质所决定，适用范围不宜扩大，而应限于那些严重犯罪。

应当指出，由于没收财产与资产阶级的私有财产神圣不可侵犯的原则相矛盾，因而资本主义国家至今没有普遍采用没收财产这一刑罚方法，除法国等个别国家有没收财产这一刑罚方法外，其他国家即使有没收的规定，也只是对特定之物的没收，而不是对财产的没收。

第三节　各国财产刑的比较

财产刑作为以对犯罪人的财产利益的剥夺为内容的刑罚方法，在世界各国刑法中都有规定。财产刑的种类，大多数国家分为罚金与没收财产两种，个别国家根据罚金数额大小，又从罚金中分离出一种类似罚金的刑罚方法，《日本刑法典》称之为科料（也有的译为罚款），《意大利刑法典》称之为罚锾。与此相类似，《土耳其刑法典》则将罚金分为重罚金与轻罚金，前者适用于重罪，后者适用于轻罪。但在刑法理论上，一般认为罚金与科料两者都是以一定数额的金钱被剥夺为内容，只是金额大小之差（前者的金额比后者大），并无实质的区别。[①] 在这个意义上，毋宁说科料、罚锾是罚金的变种，都属于罚金刑的理论范畴。本节分别对各国的罚金和没收财产进行比较。

一、罚金的比较

各国关于罚金的规定，繁简有别，其所涉及的内容也存在一定的差异。下

① 参见甘雨沛、何鹏编：《外国刑法学》，上册，504页，北京，北京大学出版社，1984。

面，我们从以下四个方面，对各国罚金进行比较研究。

（一）罚金的地位

罚金的地位，主要是指罚金在刑罚体系中的地位，即罚金是主刑还是附加刑。这个问题，关系到立法者对罚金刑的重视程度，因而对其考察具有一定的意义。从世界各国刑法的规定来看，罚金刑在刑罚体系中的地位主要有以下三种情况：

1. 罚金作为主刑

有些国家刑法将罚金规定为主刑，这样的国家有：意大利、日本、巴西、德国、瑞士、罗马尼亚、朝鲜等。例如《朝鲜刑法典》第 28 条规定了七种刑罚，其中包括罚金；第 29 条第 1 款规定："死刑、徒刑、劳动改造和罚金，是对犯罪人适用的基本刑罚（主刑）。"

2. 罚金作为附加刑

有些国家刑法将罚金规定为附加刑，例如《捷克斯洛伐克刑法典》第 18 条规定，刑罚分为主刑与附加刑，附加刑只能与主刑同时判处，而罚金是附加刑的一种。

3. 罚金既作为主刑又作为附加刑

有些国家刑法将罚金规定为既可作为主刑适用又可作为附加刑适用，这样的国家有：苏联、蒙古、阿尔巴尼亚、匈牙利等。例如《苏俄刑法典》第 22 条（主刑和附加刑）第 1 款规定剥夺自由等五种刑罚是主刑；第 2 款规定罚金等六种刑罚可以作主刑适用，也可以作附加刑适用；第 3 款规定没收财产等两种刑罚只可以作附加刑适用。

除以上三种情况外，还有些国家的刑罚没有主刑与附加刑之分，仅根据排列顺序决定刑罚轻重程度，在适用方法上没有差别，例如奥地利、印度、阿根廷、泰国等。另有些国家的刑法，例如《法国刑法典》，把刑罚分为重罪之刑与轻罪之刑；罚金是一种轻罪之刑。

从以上各国刑法关于罚金在刑罚体系中的地位的规定来看，大多数国家，尤其是西方国家，一般都将罚金作为主刑来规定，由此可见对罚金的重视程度。少数国家规定罚金既可作为主刑又可作为附加刑，而纯粹将罚金规定为附加刑的是个别国家。罚金在一个国家刑罚体系中的地位，直接关系到它在司法实践中适用率的高低。因此，世界各国大多将罚金规定为主刑或者既可作为主刑又可作为附加刑这一立法状况，应当引起我们的重视。

（二）罚金的适用对象

关于罚金的适用对象，各国差别也很大，没有统一模式。但从各国刑法的规定来看，还是有规律可循的。我们根据犯罪轻重与犯罪性质分别对罚金的适用对象探讨如下：

1. 根据犯罪轻重考察罚金的适用对象

罚金是适用于重罪、轻罪，还是重罪与轻罪都可以适用，关于这个问题，各国有以下三种立法例：

（1）不论犯罪轻重，一概都可适用罚金刑。

英国除谋杀罪以外几乎对任何犯罪都可以采用罚金。1977 年，英国的治安法院（大约 97%的刑事案件由这些法院作出裁决）在非交通事件中，有 74%是判处罚金的，即使在对大部分严重犯罪行为有管辖权的皇家刑事法院，有 15%的案件也是采用罚金的。据英国内政部《英格兰和威尔士刑事犯罪统计》（1977 年），暴力罪（对人）判处罚金的占 52.5%，判监禁（包括教养——下同）的仅占 13.4%；性犯罪判处罚金的占 41.3%，判监禁的仅占 23%；非法侵入罪判处罚金的占 26.9%，判监禁的占 30.3%；抢劫罪判处罚金的占 2%，判监禁的占 78%；盗窃、收受贼赃罪判处罚金的占 61.4%，判监禁的占 8.5%；诈骗罪、伪造罪判处罚金的占 46.4%，判监禁的占 14.5%；刑事损害罪判处罚金的占 69%，判监禁的占 5.8%；其他应正式起诉罪判处罚金的占 50%，判处监禁的占 17.2%。综上所述，判处罚金的占 50%，判处监禁的占 12.8%。[①] 此外，《印度

① 参见［英］卡特、［美］科尔：《论英国治安法院采用的罚金刑——美国能实行这种制度吗?》，载《法学译丛》，1980（5），30 页。

刑法典》规定，无论是国事罪还是谋杀罪抑或是强奸罪，均无一例外地适用罚金刑。

（2）罚金刑主要适用于较轻的犯罪。

美国罚金通常作为轻罪和违警罪的惩罚方法，对比较严重的罪往往只能和监禁刑一起适用。[①]《瑞士刑法典》规定，除了某些常业性犯罪和个别判处重惩役的犯罪以外，罚金刑大多适用于判处轻惩役的犯罪。《日本刑法典》规定适用罚金刑的犯罪共计 49 条，其中有 43 个条文的处刑均不超过 3 年自由刑。难怪日本刑法学家福田平和大塚仁指出：直至现在，罚金是作为代替短期自由刑的刑罚占有其地位的。[②]

（3）罚金刑一概适用于较轻的犯罪。

《日本刑法典》第 18 条规定："在并科罚金或罚金与科料并科时，拘押的期间不得超过 3 年。"其他国家也有类似规定，但刑期有所差别，《德国刑法典》以 5 年自由刑为限，《罗马尼亚刑法典》以 2 年监禁为限。

从各国刑法规定来看，罚金刑主要适用于轻罪，偶尔适用于重罪的情况较为普遍，同时存在向较重的犯罪也适用罚金刑的方向发展。

2. 根据犯罪性质考察罚金的适用对象

除了犯罪轻重影响罚金的适用对象以外，犯罪性质对于罚金的适用对象也有关系。通观各国刑法的规定，罚金主要适用于以下三种性质的犯罪：

（1）贪利犯罪。

贪利犯罪，包括经济犯罪、财产犯罪和主观上以营利为目的的其他犯罪。这些犯罪的共同点是企图通过各种非法行为谋取暴利。因此，罚金主要是适用于这些贪利犯罪的。例如，《苏俄刑法典》分则第六章规定的经济上的犯罪，共有 26 个条文，其中有 20 个条文规定可以适用罚金刑。

---

① 参见储槐植：《美国刑法》，309 页，北京，北京大学出版社，1987。

② 参见［日］福田平、大塚仁：《日本刑法总论讲义》，李乔等译，219 页，沈阳，辽宁人民出版社，1986。

（2）过失犯罪。

除贪利犯罪以外，各国刑法规定罚金刑主要适用于过失犯罪。有些国家例如联邦德国、日本等刑法规定，只要是过失犯罪，都可以适用罚金。例如《德国刑法典》第222条（过失杀人）规定："过失致人死者，处5年以下自由刑或罚金。"即使是像失火罪这样危害公共安全的过失犯罪，也可以适用罚金刑。例如《日本刑法典》第116条（失火）第1款规定："失火烧毁第108条所记载之物，或系属他人所有之第109条所记载之物者，处一千元以下之罚金"。

（3）某些性质较轻的故意犯罪。

在有些国家，除了贪利犯罪与过失犯罪外，对某些性质较轻的故意犯罪也可以适用罚金刑。但何谓性质较轻的故意犯罪，各国刑法之间差别很大。例如《德国刑法典》规定，对于破坏身份关系罪（第169条）、违反扶养义务罪（第170条b）、违背监护与教养义务罪（第170条d）、重婚罪（第171条）、亲属通奸罪（第173条）、对与自己有从属身份者之猥亵行为罪（第174条）、对自己管束者之猥亵行为罪（第174条a）、利用公务地位之猥亵行为罪（第174条b）、同性间之猥亵行为罪（第175条）、对儿童之猥亵行为罪（第176条）、侮辱罪（第185条）、恶意诽谤罪（第186条）等，都可以适用罚金刑，其范围较为广泛。又如，《瑞士刑法典》规定，媒介奸淫罪（第198条）、营业媒介奸淫罪（第199条）、贩卖儿童及妇女罪（第202条）、公然猥亵罪（第203条）、公示猥亵物件罪（第204条）以及妨害风俗之微罪（第205条至第212条），都可以适用罚金刑。

罚金刑的适用对象，主要反映了罚金刑适用的范围。扩大罚金刑适用的范围，这几乎已经成为一种世界性的发展趋势。

（三）罚金的适用方法

罚金的适用方式，是指罚金的单科、选科与并科的问题。这个问题与罚金的地位有着密切关系，罚金的地位直接制约着罚金的适用方式。目前各国刑法关于罚金的适用方式主要有以下三种立法例：

1. 罚金单科制

罚金的单科制，是指在刑法分则条文中，对某种犯罪或某种情节的犯罪只规定罚金刑，而不规定其他刑罚方法。例如，《意大利刑法典》第500条规定：对过失传播动植物疾病的，处4万里耳以下罚金。罚金单科制，一般只适用于那些犯罪情节较轻，危害较小的犯罪。

2. 罚金选科制

罚金的选科制，是指在刑法分则条文中，对某种犯罪或某种情节的犯罪规定既可以适用自由刑，也可以适用罚金刑。在刑罚裁量时，司法人员只能选择其中之一适用，不得同时适用。例如《瑞士刑法典》第153条（商品伪造）规定："意图供商业交易上行诈之用，而仿造或伪造商品或减低其价值者，处轻惩役或罚金"。在犯商品伪造罪的情况下，根据《瑞士刑法典》第153条之规定，只能在自由刑与罚金刑之间选择一种科处。

3. 罚金并科制

罚金的并科制，是指在刑法分则条文中，对某种犯罪或某种情节的犯罪同时规定自由刑和罚金刑两种刑罚方法，司法人员在刑罚裁量时可以两者兼而科之。从世界各国刑法的规定来看，罚金并科制又可以分为以下两种情况：

（1）得并制。

得并制是指立法者对自由刑和罚金刑的并科不作硬性规定，是否并科由司法人员根据案情酌情决定。例如《德国刑法典》第171条（重婚）规定："有配偶而重为婚姻或与有配偶之人缔结婚姻者，处3年以下自由刑或并科罚金"。

（2）必并制。

必并制是指立法者在刑法分则条文中明确规定自由刑与罚金刑必须同时适用，司法人员没有自由裁量的余地。例如《法国刑法典》第174条规定："公务员明知不当或超过应缴款额，仍收受或命令缴付的，处2年至10年监禁，并科300至3 000法郎罚金"。

以上三种罚金的适用方式，是对各国刑法规定的理论概括。应当指出，到目前为止，世界上还没有哪一个国家只采用上述一种适用方式，而是同时兼采上述两种甚至三种适用方式。在以上三种适用方式中，单科制的适用范围是极为有限的，因为在任何一个国家的刑法中，只适用罚金就足以抵罪的情况毕竟是个别的。因此，单科制较少被采用。选科制的适用范围虽然大于单科制，但选择的结果是只判处罚金，这对那些主观恶性轻、客观危害小的犯罪是合适的，对其他犯罪则效果不佳。例如对于经济犯罪，迄今的研究结果促使各国多数学者认为仅以罚金的刑罚威吓来抗制，并不适宜。其理由就在于经济罪犯的人格特征，因为大多数的经济罪犯都是唯利是图者，而且喜好冒险性的投机，若对之仅科以罚金，在行为人主观上充其量不过是一次投机生意的失败，而非受到国家的惩罚。因之，其刑罚威吓的效果就大为减弱。所以，对于经济犯罪行为的法律效果，宜以自由刑为主，而辅以罚金刑。① 由此可见，罚金的并科制较为可取。因此，有些国家虽然在刑法分则中规定了罚金的选科制，但在刑法总则中规定某些特定情况下采并科制。例如《德国刑法典》第41条（罚金与自由刑之并科）规定："犯罪人之行为在于利得或意图利得者，如斟酌其人身及经济情况，纵于法未有罚金刑之规定，或只许选科，亦得与自由刑并科之"。在并科制中，得并制较为灵活，适用于犯罪较轻的情况；必并制较为强硬，适用于犯罪较重的情况。

（四）罚金的数额

罚金的数额是罚金刑立法中的一个重要问题，也是在研究罚金刑时不可回避的一个问题，从各国刑法的规定来看，主要有以下四种立法例：

1. 无限额罚金制

无限额罚金制是指不规定罚金的最高数额，而由法院斟酌犯罪人的经济状况、表现情况及其货币的购买值等情况，具体裁量罚金数额的制度。② 在世界上实行无限额罚金制的国家较少，德国曾经实行无限额罚金制，例如1871年《德

① 参见林山田：《经济犯罪与经济刑法》，修订3版，137页，台北，三民书局，1981。

② 参见金凯：《比较刑法》，224页，郑州，河南人民出版社，1985。

国刑法典》第 86 条规定："犯本章之罪者（大逆罪）除处以第 80 条至第 84 条之刑外，得并处无限额之罚金"。现在挪威仍实行无限额罚金制。无限额罚金制对罚金数额在立法上未作任何规定，完全由司法人员自由裁量，容易导致司法专横，因而缺陷较大。值得注意的是，有些国家在采限额罚金制的同时，对个别情况下的犯罪采无限额罚金制。例如，《苏俄刑法典》第 30 条规定："在法律规定的特殊情况下，对于某些犯罪可以判处更高的罚金数额"。在此，对罚金的最高数额没有限制。又如，《瑞士刑法典》第 48 条第 1 项规定："如无其他明文规定时，罚金金额最高为 4 万瑞士法郎。犯罪行为出于图利之意欲者不在此限"。

2. 限额罚金制

限额罚金制又称为普通罚金制，是指在法定的罚金数额内，由法院具体地自由裁量的罚金制度。从各国规定来看，限额罚金的立法例又有以下三种：

（1）总则规定法。

总则规定法是指在刑法总则中规定罚金数额的上、下限或只规定上限，在分则中则不予规定，这样的国家有罗马尼亚、瑞士、苏联等。例如《罗马尼亚刑法典》第 63 条规定："法律只规定处罚金而未限制数额的，罚金额为一千列伊至五千列伊。法律规定有处罚金与一年以下监禁，但未规定罚金额的，罚金最低额为二千列伊，最高额为七千列伊。法律规定有罚金与高于一年监禁的，罚金的最低额为三千列伊，最高额为一万五千列伊"。

（2）分则规定法。

分则规定法是指在刑法分则中规定罚金数额的上、下限，在刑法总则中则不予规定。这样的国家有法国、西班牙、巴西等国。例如《西班牙刑法典》第 291 条规定："伪造经法律允许发行之公债及其利息单，或者将其引入西班牙国境内者，应处以长期苦役，并科以西币五千元至二十五万元之罚金"。

（3）兼采总则、分则规定法。

兼采总则、分则规定法是指在一部刑法中，对于罚金数额既在刑法总则中规定，又在刑法分则中规定。其中又可以分为两种情况：第一种情况是在刑法总则中规定罚金数额的下限，在刑法分则中规定罚金数额的上限，例如《日本刑法典》第15条规定："罚金为20元以上"。除减轻处罚外，20元以下则为科料。由此可见，《日本刑法典》是因为有罚金与科料之分而在刑法总则规定罚金的下限的。至于罚金的上限，则在刑法分则中加以规定。第二种情况是在刑法总则中规定罚金数额的上限与下限，在刑法分则中在总则规定的法定限额内再对具体犯罪的罚金的上限与下限加以规定。例如《意大利刑法典》第24条规定："罚金数额的上限为二百万里耳，下限为二千里耳"。而《意大利刑法典》第527条（猥亵之行为）规定："于公共场所或公众得接近或观览之场所为猥亵之行为者，处三个月以上三年以下徒刑。因过失而犯之者，处一万二千里耳以上十二万里耳以下罚金"。倘分则只规定罚金的上限或下限的，则其下限或上限依总则规定适用。

3. 按比例罚金制

按比例罚金制是指以某个犯罪数额为基数，而后再乘以若干倍数或百分数以确定罚金数额。这种制度主要适用于具有一定金钱数额的经济犯罪或财产犯罪。例如《西班牙刑法典》第三集第二章是关于伪造国家及银行之硬币及钞票的规定，其中第290条规定："犯罪者触犯本章之规定，除处以所规定之刑外，并科以其所制造或使用之假钞，修剪及变形货币面值2倍至10倍的罚金"。

4. 日额罚金制

日额罚金制，又称为日付罚金制，是按照所确定应完纳罚金的数额天数和每天应当交付罚金的数额，逐日交付罚金的制度。日额罚金制盛行于北欧各国，一般认为源自瑞典立法例。[①] 瑞典的日额罚金制始于1918年，其刑法草案第20条规定："应处罚金者，以法院于考虑本人之财产、收入、扶养义务及其他之缴纳能力有关系之情事之后，宣告一定之金额，此金额应逐日交付。"自瑞典实行日额罚金制以后，不少国家仿效。例如《德国刑法典》第40条（依日额金而为科处）第1项规定："罚金以日额金 Tagess aetza 为单位而科处之。最低为5单位

① 参见林山田：《刑罚学》，2版，290页，台北，"商务印书馆"，1983。

日额金，其最高度，除法律另有规定外，为 360 单位日额金”。又如《奥地利刑法典》第 19 条（罚金）第 1 项规定：“罚金，以日额计算之，最低为 2 日额罚金”。

在上述四种罚金数额的立法例中，无限额罚金制、限额罚金制和按比例罚金制都是一种数字罚金，即以一定的金钱数字直接表示罚金的数额。而日额罚金制度是以一定的日数换算为相应的金钱数字间接地表示罚金的数额。由于日额罚金体现了法律面前人人平等的思想，不因财产状况不同而导致罚金刑的效果出现不平等，因而表现出其科学性。

二、没收财产的比较

各国的刑法都有一定的篇幅对没收财产进行了规定，这些规定主要涉及以下问题：

（一）没收财产的地位

关于没收财产在刑罚体系中的地位，除《泰国刑法典》与《印度刑法典》等没有主刑与附加刑之分以外，一般都将其规定为附加刑，还未见将没收财产规定为主刑的国家。《日本刑法典》将没收规定为唯一的附加刑；有些国家刑法除主刑与附加刑外，规定有些刑罚既可作为主刑又可作为附加刑适用，但没收财产都不在其列。由此可见，没收财产在各国刑罚体系中，处于一种从属的地位，只能作为附加刑适用。

（二）没收财产的适用对象

关于没收财产的适用对象，个别国家在刑法总则中加以规定，例如《波兰刑法典》第 46 条规定：“1. 在对下列重罪量刑时，法院应该判处没收财产之全部或一部：(1) 危害波兰人民共和国的重大政治或经济利益；(2) 侵吞具有重大价值的社会财产。2. 在对基于谋取物质性利益的其他严重犯罪量刑的情况下，法院可以判处没收财产之全部或一部”。大多数国家都在刑法分则中具体规定没收财产的适用对象，从各国刑法规定来看，没收财产的适用对象主要有以下三种犯罪：

1. 经济犯罪

经济犯罪，尤其是那些较为严重的经济犯罪，仅处以自由刑不足以消除其再犯条件，为此，各国往往都把经济犯罪作为适用没收财产的首要对象。例如《苏俄刑法典》第153条规定："以国家的、合作社的或其他公共的经营方式进行私营性质的企业活动的，处五年以下的流放并科没收财产，或处二百卢布以上一千卢布以下的罚金"。

2. 财产犯罪

财产犯罪也是一种贪利性的犯罪，因而各国刑法都把财产犯罪作为适用没收财产的对象，例如《苏俄刑法典》分则第二章侵害社会主义所有制的犯罪和第五章侵犯公民个人财产罪中的某些较为严重的犯罪，都可以并科没收财产。

3. 国事犯罪

国事犯罪，又称危害国家安全罪，是严重的政治性犯罪，对这些犯罪，多数国家都规定可以并科没收财产。例如《罗马尼亚刑法典》规定的危害国家安全罪，共17个罪名，其中有13种犯罪并科没收财产，只有4种犯罪没有并科没收财产的规定。

（三）没收财产的适用方式

关于没收财产的适用方式，从各国刑法的规定来看，主要有以下两种立法例：

1. 得并制

没收财产的得并制，是指在判处一种刑罚的同时，可以并科没收财产。例如《苏俄刑法典》第91条规定，犯强盗罪的，处3年以上10年以下的剥夺自由，并科或不并科没收财产。这里的并科或不并科，就是指是否并科由司法人员酌情裁量，因此是一种没收财产的得并制。

2. 必并制

没收财产的必并制，是指在判处一种刑罚的同时，必须并科没收财产。例如

《罗马尼亚刑法典》第159条规定，犯间谍罪的，处死刑和没收全部财产，或处15年至20年监禁、没收财产。没收财产的必并制，往往适用于性质较为严重的犯罪。

应当指出，没收财产的得并制与必并制，在某些国家的刑法中往往兼而采之，适用于轻重有别的不同犯罪。

（四）没收财产的数量

关于没收财产的数量这个问题，各国刑法一般都规定是没收犯罪人财产的全部或一部。例如《苏俄刑法典》第35条（没收财产）规定："没收财产，是把被判刑人个人所有的财产的全部或一部强制地无偿收归国有。如果没收的是一部分财产，则法院应当指明所没收的是哪一部分财产，或者将没收的财物一一列举"。在多数国家刑法中，对于具体犯罪，到底是没收全部财产还是没收部分财产，由司法人员裁量，在法律上只规定并科没收财产，而不指明没收一部还是全部。但也有少数国家在刑法分则中明确规定是没收全部财产还是一部财产。例如《罗马尼亚刑法典》第165条规定犯破坏国民经济罪的，处5年至15年监禁、禁止行使一定权利和没收部分财产；如果对国民经济造成了严重损害的，处死刑、没收全部财产，或处15年至20年监禁、禁止行使一定权利。

（五）没收财产的范围

关于没收财产的范围，大多数国家只是笼统地规定是个人所有的财产，但对哪些财产不得没收都有规定，例如《罗马尼亚刑法典》第70条（免予没收之财产）规定："犯罪分子及其家属之家用与私用财产，不予没收。犯罪分子及其家庭成员赖以谋生之财产，维护犯罪分子或其家庭生活绝对必需之财产，不予没收。此类财产之范围由法律确定"。在个别国家，例如《蒙古刑法典》甚至对不得没收的财产进行了十分详细的列举。

（六）没收的种类

从各国刑法的规定来看，没收有一般没收与特别没收之分，现论述如下：

1. 一般没收

一般没收是指对犯罪人的财产的没收，在社会主义国家的刑法中，大都有一般没收的规定，例如苏联、罗马尼亚等。在资本主义国家的刑法中，个别国家曾经规定了一般没收，例如1810年《法国刑法典》第37条规定："宣告第70条、第71条、第72条、第73条、第93条及第95条规定之重罪之刑者，得依以下法条之规定，宣告没收被判刑者全部财产，归纳国库"。但1994年《法国刑法典》已经取消了一般没收的规定。

2. 特别没收

特别没收是指对与犯罪行为有关的物的没收，日本等国的刑法中的没收是指特别没收。根据《日本刑法典》第19条规定，下列各物，可以没收：(1) 构成犯罪行为之物；(2) 供给或意图供给犯罪行为之物；(3) 由犯罪行为所产生或因犯罪行为所得之物，以及作为犯罪行为的报酬所得之物；(4) 作为前款所列之物的代价而取得之物。在日本刑法中，还有追征的规定，即在刑法所列之物的全部或一部不能没收时，可以追征其价款，在刑法理论上一般认为这是一种换刑处分[①]，或者说是一种准没收[②]，大体上也属于特别没收的范畴，是执行没收的遗留问题的一种补救方法。

由于没收有一般没收与特别没收之分，在各国刑法规定中，一般将一般没收表述为没收财产，而将特别没收表述为没收。

第四节　中国财产刑的改造

我国1979年刑法（本节所称刑法及条文，均指1979年刑法）中的财产刑，可以分为罚金和没收财产。在我国刑罚体系中，罚金和没收财产是重要的刑罚方

① 参见［日］福田平、大塚仁：《日本刑法总论讲义》，李乔等译，225页，沈阳，辽宁人民出版社，1986。

② 参见甘雨沛、何鹏编：《外国刑法学》，上册，514页，北京，北京大学出版社，1984。

法。但是，由于制定刑法当时的历史条件所决定，我国财产刑立法缺陷颇多，难以适应当今惩治犯罪的客观需要，亟待改造。

一、罚金的改造

我国刑法总则对罚金作了一般性的规定，在刑法分则中，对各种犯罪的罚金适用又作了具体规定，但罚金的立法仍然不够完善。为此，有必要从以下方面加以改造：

（一）提高罚金在刑罚体系中的地位

在我国刑法中，罚金是附加刑。由于我国刑法规定附加刑既可附加适用又可独立适用，因而使罚金既可单处又可并处，具有较大的灵活性。但是，附加刑与主刑相比较，在刑罚体系中的地位毕竟低一些。为此，在刑法修改中，罚金在刑罚体系中的地位问题已引起人们的思考。对于这个问题，我国刑法学界存在以下三种观点：第一种观点主张仍应将罚金刑列入附加刑中，以保持其既可附加适用，又可独立适用的特性，从而有利于发挥其适用的灵活性。① 第二种观点主张随着社会经济的发展和罚金适用范围的扩大，罚金刑应当跻身于主刑的行列，认为罚金的主刑地位有利于克服思想障碍，提高罚金的适用率。② 第三种观点则主张将罚金作为主刑的一种，又可作为附加刑适用，并在分则中作出具体规定。③ 在上述三种观点中，主张罚金仍为附加刑的观点虽然保守一些，但其所持的理由却不能不加注意。这些学者认为，我国刑法理论上一般都认为，主刑只能独立适用，不能附加适用，对一种犯罪只能判处一个主刑，不能判处两个主刑。罚金刑

---

① 参见侯国云、薛瑞麟：《刑法的修改与完善》，113 页，北京，中国政法大学出版社，1989。

② 参见赵国强：《关于完善我国罚金刑立法的比较研究》，载杨敦先主编：《刑法发展与司法完善（续编）》，47～49 页，长春，吉林大学出版社，1990。

③ 参见李云修、钟新岭：《关于完善我国罚金刑立法的思考》，载杨敦先主编：《刑法发展与司法完善》，204 页，北京，中国人民公安大学出版社，1989。

修改为主刑后，对一些罪行较轻的犯罪分子独立适用当然是可以的，但对一些严重犯罪也可以独立适用，即只判处罚金，不判处其他刑罚，就很难实现刑罚的目的。[①] 对此，主张应将罚金上升为主刑的学者反驳说，罚金刑与自由刑内容各异，一为剥夺金钱，一为剥夺自由。两者既不互相冲突，且能取长补短。由此可见，在我国刑法中规定罚金刑为主刑，丝毫不会影响罚金刑的附加适用。因此，这些学者认为同一犯罪不能适用两个主刑是一种毫无道理的偏见。[②]

我认为，主刑与附加刑是相对而言的，我国刑法第 29 条规定：附加刑也可以独立适用。由此可见，附加刑是既可附加适用又可以独立适用的，而主刑则只能独立适用。否则，主刑与附加刑之间就没有任何区别了。因此，同一犯罪不能适用两个主刑并非偏见，而是根据刑法规定引申出来的必然结论。就此而言，主张应将罚金上升为主刑的观点虽然不乏新意，但所持理由却值得推敲。相比较之下，主张罚金既作为主刑又作为附加刑的观点有其可取之处，外国也不乏这样的立法例。当然，这一主张实行起来也有相当困难，涉及对主刑与附加刑的重新界定，再分出一类介乎主刑与附加刑之间的刑罚：既可作为主刑又可作为附加刑。我认为，从提高罚金在刑罚体系中的地位出发，把罚金规定为既可作为主刑又可作为附加刑的刑罚，这不失为一种较为明智的选择。

（二）扩大罚金的适用对象

根据刑法的规定，我国罚金主要适用于轻罪。在我国刑法规定罚金的 20 个条文中，判处 3 年以下（包括 2 年以下）有期徒刑并处罚金的占 14 个，其他为 5 年以下或 7 年以下，只有个别是 10 年以下或者 15 年以下有期徒刑并处罚金的。最为明显的是同一个罪，基本犯适用罚金，而情节加重犯则适用没收财产。从犯罪性质来说，我国刑法中的罚金主要适用于以下三种犯罪：第一，经济犯罪。在

---

① 参见杨敦先：《浅议管制和罚金刑的若干问题》，载杨敦先主编：《刑法发展与司法完善》，188 页，北京，中国人民公安大学出版社，1989。

② 参见赵国强：《关于完善我国罚金刑立法的比较研究》，载杨敦先主编：《刑法发展与司法完善（续编）》，49 页，长春，吉林大学出版社，1990。

我国刑法中，经济犯罪主要是刑法分则第三章规定的破坏社会主义经济秩序罪。我国刑法中的罚金主要集中在破坏社会主义经济秩序罪，约占45%左右。刑法分则第三章共有15个条文，其中9个条文规定了罚金，约占全部条文的60%左右。第二，财产犯罪。财产犯罪中有一个条文规定了罚金。第三，妨害社会管理秩序罪。这一章共有22个条文，其中有10个条文规定了罚金，约占45%左右，占全部罚金条文的50%。从以上分析可以看出，我国刑法中的罚金主要适用于轻罪和故意犯罪。我认为，罚金的适用范围在此基础上还可以扩大到下述犯罪：

1. 过失犯罪

我国刑法中对过失犯罪没有罚金的规定，这无疑是一个缺陷。过失犯罪人的主观恶性较小，改造难度亦较小，对过失犯罪人判处罚金，有利于改造与教育过失犯罪人。因此，应当对过失犯罪规定罚金。

2. 严重的经济犯罪与财产犯罪

我国刑法只对较轻的经济犯罪与财产犯罪规定了罚金，对于严重的经济犯罪与财产犯罪却未规定罚金，这是不妥的。我认为，对所有经济犯罪与财产犯罪都应当规定罚金。只有这样，才能进一步强化罚金在惩治与预防经济犯罪与财产犯罪中的作用。

3. 其他较轻的故意犯罪

除妨害社会管理秩序罪以外，对其他较轻的故意犯罪也应当规定罚金。甚至可以考虑，凡根据我国刑法规定，法定最高刑在3年以下有期徒刑的，原则上可以适用罚金。

（三）改进罚金的适用方式

我国刑法中罚金的适用方式主要分为以下几种情况：第一，单科制。刑法典中没有单科制，单行刑法中对法人犯罪规定了单科制。第二，选科制。在某些情况下，刑法规定单独适用的罚金与其他刑种并列，以供选用。第三，并科制。我国刑法中罚金的并科制，都是得并制，而没有必并制。第四，复合制。复合制是指罚金的单处与并处同时规定在一个条文之中，以供司法人员选用。应该说，我国刑法中对罚金规定了多元化的适用方式，这无疑是可取的，但主要问题是并科制中只采得并制，排斥必并制。得并制虽然较为灵活，赋予司法人员相当大的刑罚裁量权，可以适应各种案件的具体情况选择适用，但得并制也存在缺陷，不像必并制那样具有适用的强制性，我国司法实践中罚金适用率之所以低，与得并制有一定的关系。为此，我认为对于那些贪利性的犯罪宜改为必并制，有利于充分发挥罚金刑的遏制作用。

（四）明确罚金的数额

我国刑法对罚金的数额没有规定，实际上实行的是无限额罚金制。应当指出，我国刑法对罚金没有作数额幅度的规定，与世界各国刑事立法的通例是有所不同的。在刑法草案第22稿里，曾经在总则中规定罚金的一般原则，在分则有关条文中规定罚金的数额。以后修改中考虑到我国地广人多，情况复杂，把数额规定死了，未必适合斗争需要，故又把分则条文中的具体数额予以删除。[①] 我国刑法的这种规定具有两重性：一方面便于司法人员根据犯罪行为和犯罪人的具体情况作出符合实际的罚金判决，同时也不会因为货币价值的变化而不断修正罚金的数额。另一方面不便于司法人员掌握，因为同一罪行判处罚金出现畸轻畸重的现象就在所难免，所以不利于司法统一。为此，我认为，应当在刑法总则中明确罚金的最高额与最低额，并辅之以依犯罪情节和犯罪人经济状况酌情裁量的原则性规定。此外，对于某些经济犯罪，例如偷税罪、抗税罪、伪造货币罪、受贿罪，可以参照外国立法例，实行倍比罚金制，以示严惩。

（五）实行罚金的易科制

在罚金的执行过程中，犯罪分子确实没有缴纳能力应该怎么办？我国刑法采取罚金减免制。但外国刑法中，广泛采用的是罚金易科制。至于如何易科，又有各种立法例：有易科劳役的，例如《日本刑法典》；有易科不剥夺自由的劳动改造的，例如《苏俄刑法典》；有易科自由刑的，例如《意大利刑法典》；有以自由

① 参见高铭暄：《中华人民共和国刑法的孕育和诞生》，78页，北京，法律出版社，1981。

劳动抵冲罚金的，例如《瑞士刑法典》。在上述立法例中，将罚金易科为剥夺自由的刑罚，我认为不妥，一般群众在心理上也难以接受。而易科不剥夺自由的劳动改造，则不失为一种选择。我国学者认为，由于我国现行刑罚体系不包括不剥夺自由的劳动改造刑，故有同时增设此刑种之必要。[①] 我认为，刑法中的管制实际上相当于不剥夺自由的劳动改造，可以将管制予以适当的改造，使之成为罚金易科的刑种。

二、没收财产的改造

对没收财产应当从以下几个方面加以改造：

（一）扩大没收财产的适用对象

我国刑法分则规定适用没收财产的共有 24 个条文，主要是以下几类犯罪：第一，反革命罪。根据我国刑法第 104 规定：犯反革命罪的，可以并处没收财产。在我国刑法中，反革命罪是最严重的犯罪，对反革命罪适用没收财产，表明国家对其严厉的否定评价，也是对继续犯反革命罪的资本的必要剥夺。第二，严重的经济犯罪。我国刑法分则第三章规定的破坏社会主义经济秩序罪中，有 7 个条文规定可以适用没收财产。第三，严重的财产犯罪。我国刑法分则第五章规定的侵犯财产罪中，有 3 个条文规定可以适用没收财产。第四，其他严重的故意犯罪。我国刑法中还规定对于妨害社会管理秩序罪中的 3 个严重的故意犯罪可以适用没收财产。从以上规定来看，没收财产基本上适用于重罪。我认为，可以将没收财产的适用范围扩大到其他一些较为严重的财产犯罪与职务犯罪，以最大限度地发挥没收财产的刑罚功能。

（二）界定全部没收与部分没收的标准

我国刑法中的没收财产，有全部没收与部分没收之分，但对两者的适用条件

---

① 参见赵国强：《关于完善我国罚金刑立法的比较研究》，载杨敦先等主编：《刑法发展与司法完善（续编）》，57 页，长春，吉林大学出版社，1990。

未加界定，只是笼统地规定没收财产的全部或一部。我认为，刑法对此应当有具体规定。例如对少数极其严重的犯罪规定没收全部财产，对某些较轻的犯罪规定没收部分财产，对还有些犯罪则规定既可没收全部财产又可没收部分财产。

（三）区分犯罪者本人与其家属的财产

我国刑法虽然规定了没收财产是没收犯罪分子个人所有的财产，并且明文规定不得没收属于犯罪分子家属所有或者应有的财产，对于防止株连具有一定的意义，但规定尚嫌笼统，缺乏可操作性。例如，对于何谓犯罪分子家属"所有"的财产与"应有"的财产，未作具体说明。我认为，对此宜细致规定。尤其是犯罪分子家属"应有"的财产，应当明文规定包括犯罪人对其未成年子女或者丧失独立生活来源的其他家庭成员应尽的扶养或者赡养义务而支出的财产；规定裁量没收财产时，应给以犯罪分子的经济收入为生活来源的犯罪分子家庭成员的生活留有余地。

第五节　财产刑的修订及其评价

1997年修订后的刑法对财产刑作了一些调整，这种调整有利于发挥财产刑的作用。

一、罚金的修订

在1979年刑法中，罚金刑作为附加刑规定，主要适用于一些轻微的经济犯罪。随着经济犯罪的日益增多，罚金刑在刑罚体系中的地位与作用越来越得到认识与重视。在1997年修订的刑法中，对于罚金刑在总则方面改动不大，但在分则规定上有一些改进。

1997年修订后的刑法总则对罚金刑的修改主要表现在以下两个方面：

(1) 增设罚金追缴制。1979 年刑法对于罚金执行只规定了强制缴纳制和减免制。但有些犯罪分子通过转移财产，即使是强制缴纳也无法使其缴纳罚金。为防止犯罪分子逃避刑法制裁，1997 年修订后的刑法第 53 条增加规定："对于不能全部缴纳罚金的，人民法院在任何时候发现被执行人有可以执行的财产，应当随时追缴。"这是设立了罚金追缴制，它进一步强化了罚金刑的执行措施。(2) 规定民事赔偿优先原则。1997 年修订后的刑法第 36 条第 2 款规定：承担民事赔偿责任的犯罪分子，同时被判处罚金，其财产不足以全部支付的，应当先承担对被害人的民事赔偿责任。根据这一规定，在刑事责任（这里指罚金）与民事责任（赔偿经济损失）竞合且其财产不足以全部支付的情况下，实行民事赔偿优先的原则，以利于对被害人利益的保护。

1997 年修订后的刑法，在分则中扩大了罚金刑的适用范围。1979 年刑法规定适用罚金的条文只有 20 个，其中，可以单处适用罚金的有 5 条，并处的有 8 条，单处或者并处的有 7 条。而 1997 年修订后的刑法中，挂罚金刑的条文达 139 个之多，使罚金刑的适用范围大为扩大。从犯罪性质考察，我国刑法中的罚金主要适用于以下三种犯罪：(1) 经济犯罪。在我国刑法中，经济犯罪主要是刑法分则第三章规定的破坏社会主义市场经济秩序罪。我国刑法中的罚金刑主要适用于该章之罪，约占适用罚金之罪的 45%左右。该章共有 92 个条文，基本上都规定了罚金刑的独立适用或者附加适用。(2) 财产犯罪。在我国刑法中，财产犯罪主要是指刑法分则第五章规定的侵犯财产罪。该章共有 14 个条文，其中 9 个条文规定了罚金刑。(3) 其他故意犯罪。其他故意犯罪主要是指我国刑法分则第六章规定的妨害社会管理秩序罪，这一章共 91 个条文，其中约有 50%的条文规定了罚金刑。此外，在我国刑法分则第四章侵犯公民人身权利、民主权利罪和第八章贪污贿赂罪中，也还有个别条文规定了罚金刑。在故意犯罪中，不少较轻的犯罪规定了罚金刑，而且有个别重罪，也规定了罚金刑。例如刑法第 239 条规定的绑架勒赎罪、绑架罪，第 240 条规定的拐卖妇女、儿童罪。从以上情况可以得出结论，1997 年修订后的刑法使罚金刑的适用范围大为扩大，这是符合我国刑罚制度改革的发展方向的。当然，在立法上扩大了罚金刑的适用范围以后，还需要落实在司法判决中，在这方面还要付出更大的努力。

1997年修订后的刑法在罚金的适用方式上，也根据犯罪的不同情况作了各种不同的规定，较为丰富。罚金的适用方式主要有以下几种情形：（1）单科制，罚金刑的单科制主要适用于单位犯罪。例如刑法第387条规定：国家机关、国有公司、企业、事业单位、人民团体，索取、非法收受他人财物，为他人谋取利益，情节严重的，对单位判处罚金。在这种单科制的情况下，罚金只能单独判处。（2）选科制。我国刑法中的罚金作为附加刑，既可附加适用，又可单独适用。在某些情况下，我国刑法规定单独适用的罚金与其他刑种并列，以供选择适用。例如根据我国刑法第275条规定，犯故意破坏公私财物罪的，处3年以下有期徒刑、拘役或者罚金。在这里，罚金刑是一种选择的法定刑。在这种情况下，罚金只能单独适用，而不能附加适用。（3）并科制。并科制有必并制与得并制之分，必并制具有强制性，可以达到强化罚金刑适用的效果。我国刑法中罚金的并科制，几乎都规定必并制。这是1997年修订后的刑法关于罚金刑适用方式的一大特点，由此可见立法机关提高罚金适用率的决心。当然，这种必并制也存在一定的缺陷，即在犯罪分子无罚金缴纳能力的情况下，根据法律规定也要判处罚金，从而使罚金在实际上无法执行。（4）复合制。在复合制的情况下，罚金的单处与并处同时规定在一个条文之中，以供司法人员选用。例如我国刑法第312条规定："明知是犯罪所得的赃物而予以窝藏、转移、收购或者代为销售的，处三年以下有期徒刑、拘役或者管制，并处或者单处罚金"。这里规定的"并处或者单处罚金"，就是复合制的适例，它赋予司法人员一定的自由裁量权。

1997年修订后的刑法在罚金数额上，总则当然仍然维持无限额罚金制，在刑法分则中对罚金数额则作了多样化的规定：（1）无限额罚金制，刑法分则未对罚金具体数额作出限定，由司法人员根据案件情况酌情判处。例如刑法第326条规定："以牟利为目的，倒卖国家禁止经营的文物，情节严重的，处五年以下有期徒刑或者拘役，并处罚金；情节特别严重的，处五年以上十年以下有期徒刑，并处罚金。单位犯前款罪的，对单位判处罚金，并对其直接负责的主管人员和其他直接责任人员，依照前款的规定处罚。”这里有三处规定了判处罚金，都是无限额罚金制。尤其值得注意的是，刑法对单位犯罪采用的都是无限额罚金制。(2) 限额罚金制。在刑法分则中，某些条文对罚金的上限与下限作了规定，司法人员可以在此幅度内酌情裁量，这种情况较多地规定在刑法分则第三章破坏社会主义市场经济秩序罪中。例如刑法第 195 条规定，犯信用证诈骗罪，处 5 年以下有期徒刑或者拘役，并处 2 万元以上 20 万元以下罚金；数额巨大或者有其他严重情节的，处 5 年以上 10 年以下有期徒刑，并处 5 万元以上 50 万元以下罚金；数额特别巨大或者有其他特别严重情节的，处 10 年以上有期徒刑或者无期徒刑，并处 5 万元以上 50 万元以下罚金或者没收财产。在上述规定中，罚金是一个具有上限与下限幅度的刑种，便于司法人员选用。(3) 倍比罚金制，即按照一定违法犯罪所得数额的倍数或者比例数判处罚金。例如刑法第 202 条规定：“以暴力、威胁方法拒不缴纳税款的，处三年以下有期徒刑或者拘役，并处拒缴税款一倍以上五倍以下罚金；情节严重的，处三年以上七年以下有期徒刑，并处拒缴税款一倍以上五倍以下罚金。”这里是按照拒缴税款的倍数来确定罚金数额的，因而与犯罪轻重保持一种均衡，较为合理。

如上所述，1997 年修订后的刑法，在分则关于罚金刑的规定上有所改善，例如扩大了罚金刑的适用范围，规定了倍比罚金制和限额罚金制等。但在总则关于罚金刑的规定上依然如故，未作相应的修改，未能形成总则与分则关于罚金规定的呼应与协调，令人遗憾。

二、没收财产的修订

在 1997 年修订后的刑法中，关于没收财产的规定基本上保留了 1979 年刑法的条文，只是作了个别修订，主要表现在以下几个方面：

(1) 对于没收财产的范围作出更为严格的限制。刑法第 59 条增加规定了

“没收全部财产的，应当对犯罪分子个人及其扶养的家属保留必需的生活费用”的内容。根据这一规定，在没收财产的时候，不仅将没收财产的范围限于犯罪分子个人所有财产的一部或者全部，而且规定在没收全部财产的情况下，还应当为犯罪分子个人及其扶养的家属保留必需的生活费用。这一规定，体现了不株连无辜的原则。（2）对于以没收的财产偿还债务的，作出更为明确的规定。1979 年刑法对此没收财产偿还债务的问题也作了规定，但规定得不够明确。1997 年修订后的刑法对此作了修改，主要的改动是将经债权人请求，由人民法院裁定，改为经债权人请求，应当偿还。这一修改使得规定更为明确。因为由人民法院裁定是个程序问题，而且也可以理解为是否偿还由人民法院决定，即如果人民法院不批准也可以不偿还的含义，显然与立法精神不符。本条改为应当偿还则意思明确，不致发生误解。（3）规定民事赔偿优先原则。1997 年修订后的刑法第 36 条规定：“承担民事赔偿责任的犯罪分子，同时……被判处没收财产的，应当先承担对被害人的民事赔偿责任。”根据这一规定，在判处没收财产的时候，如果同时承担经济上赔偿责任的，应当优先承担对被害人的民事赔偿责任。这一规定，体现了对被害人利益的保护。

第十九章
资格刑

资格刑，又称为名誉刑、能力刑、权利刑等，是刑之最轻者。资格刑虽然不像生命刑、自由刑和财产刑那样引人注目，但它在刑罚体系中仍然占有一席之地。而且，随着刑罚由严酷向轻缓发展，作为轻刑的资格刑在刑罚体系中的地位必然日益突出。

第一节　资格刑的演进

资格刑这个概念虽然是近代刑法理论的产物，但其内容却经历了漫长的蜕变与进化，中国古代文献记载中的象刑，古罗马法中的名誉刑、中世纪的耻辱刑及至近代刑法中的资格刑，为我们清楚地勾勒出资格刑的历史发展轨迹。

一、象刑

中国刑法学家在谈到资格刑的起源的时候，大都会追溯到中国古代的象刑。[1] 象刑最早见诸文献，当推《尚书·舜典》。《尚书·舜典》云“象以典刑。”关于何谓象刑，历来众说纷纭。《周礼》司圜疏引孝经纬云：“画象者上罪，墨冡赭衣杂履；中罪赭衣杂履；下罪杂履而已。”《白虎通》则云：“画象者，其衣服象五刑也。犯墨者蒙由，犯劓者以赭著其衣，犯髌者以墨蒙其髌，象而画之，犯宫者扉，犯大辟者布衣无领。”王夫之在注释《尚书·舜典》时又说：“有虞氏之诛，以幪由当墨，以草缨当劓，以菲履当刖，以艾韠当宫，布衣无领当大辟。”上述诸文献对象刑的解释虽然有所不同，但都认为象刑是一种象征性的刑罚，即采取区别犯罪者衣服冠饰色质的办法，使见者知其所受之刑罚，以资警戒。

象刑是否确实存在过，已经难以考证。但象刑的传说，反映了人们一定的刑罚观念，从而向我们传递了古人对于刑罚认识的某种信息。作为象征性的刑罚的象刑，一般认为流行于正式刑罚产生之前，即尧舜时代。当时，处于原始社会的末期，社会冲突尚不激烈。因此，“别异衣服而愧辱，而不至于用刑。”也就是说，只要区别衣服的式样和色质，就足以使人感到惭愧耻辱，无须动用刑罚。当然，对此荀子不大以为然：“然则是杀人者不死，伤人者不刑也。罪至重而刑至轻，庸人不知恶矣，乱莫大焉。”因此，荀子认为：“象刑殆非生于治古，并起于乱今也。”也就是说，象刑只不过是处于乱世的今人的推测臆断而已。但无论如何，象刑反映了人们的这样一种认识：在某种情况下，只要通过区别衣服式样与色质，象征性地对人处以刑罚，充分利用人的荣辱观念，就可以达到预防犯罪的目的，而不必动用摧残肉体、剥夺生命的刑罚。

不可否认，象刑只不过是在遭受残酷刑罚摧残之下的人们的美好想象而已。但是，在这种美好想象中我们不是可以捕捉到资格刑的蛛丝马迹吗？

---

① 参见林山田：《刑罚学》，2版，308页，台北，“商务印书馆”，1983。

二、名誉刑

名誉刑源自罗马法。因此，外国刑法学家谈到资格刑的缘起的时候，无不追溯到罗马法。[①] 在罗马法中，享有权利能力的人，就具有法律上的人格。人格的完全具备，必须有自由权、市民权和家族权。自由权是自由人享有自由身份的权利；凡不具有自由权的，就是奴隶。市民权是指罗马市民所享有的特权。这种特权包括：公权与私权。公权指选举权，即选举官吏和出席会议投票的权利以及荣誉权，即被选为官吏的权利。私权指婚姻权和诉讼权。婚姻权，即按市民法享有立遗嘱的能力，也就是为继承人的能力和为遗嘱证人的能力；诉讼权，指享有依照法定程序提起诉讼，以保护合法利益的权利。家族权是指罗马市民在家族团体中所享有的权利。根据在家庭中地位的不同罗马人被分为自权人和他权人。前者指不属于他人权力之下而能独立行使权利的人，后者指属于他人权力之下而不能独立行使权利的人。自权人有家长权、夫权和买主权三种权力。

在罗马社会，权利的行使与名誉具有极大关系。罗马社会很重视名誉，故名誉的好坏，直接影响到一个人权利的享有。所谓名誉是指普通人应有的声誉，而不是超群出众的威名。所以，名誉健全，享有各种公权和私权的，就算有名誉。名誉全部丧失的为名誉消灭，如丧失自由权或市民权。名誉部分丧失的为名誉减损，受这种处分的，其权利的行使，受到限制，但人格并不因此丧失。在罗马法中，受名誉减损处分的主要有以下三种情况：

（一）不能作证

不能作证是最古老的不名誉处分。《十二铜表法》规定在要式买卖或其他要式行为中的证人，事后拒绝作证的，即丧失作证的能力，同时亦不得请他人为之作证。其后，如果有以文字侮辱他人的也受同样的处分。此项制裁，极为严厉。

① 参见林山田：《刑罚学》，2版，308页，台北，“商务印书馆”，1983。

因罗马时代，所有重要的法律行为如土地和牛马的买卖、现金借贷以及遗嘱等，一般都要凭证人为之。故不能作证，无异于取消其处分财产的权利。

（二）丧廉耻

丧廉耻的人，无选举权和被选举权，也不得服兵役，其诉讼权亦受限制，除为家庭和恩主外，不得代他人进行诉讼，亦不得请他人代自己进行诉讼。丧廉耻的原因主要有以下三类：一是由于犯罪经判决的，如刑事犯，私犯中的窃盗、强盗、诽谤、诈欺，以及违背合伙、委任、寄托、监护、保佐等应尽忠诚义务的，等等。二是由于不名誉的事实的，如重婚，同时或先后和二人订婚的，不守禁婚期的，卖淫的，监护人与未成年的被监护人结婚的，破产的，诬告他人偷税的，逃避兵役的，等等。三是由于从事优伶和斗兽等卑贱职业的。

（三）污名

污名是指虽无法定或官员指定的原因，但因行为卑劣而为人们所蔑视的。污名纯属事实问题，故又称事实上的丧廉耻。有污名的人，不应委任他们担任那些需要有诚实、信用品质的职务，故不得被指定为监护人或充当证人。①

以上罗马法中减损名誉的处分，虽然有的是对犯罪人适用的，但从本质上来说，还是一种民事上的处罚方法。然而，它对于后世资格刑的形成，无疑具有重大影响。它给人们的启示在于：对于人的一定名誉（在罗马社会名誉往往与权利联系在一起，但实际上名誉与权利还是可分的）的减损或者剥夺，可以起到惩罚犯罪人并警戒其本人与他人的作用。

三、耻辱刑

耻辱刑，有时被认为是名誉刑的别称。但在我们看来，耻辱刑与名誉刑还是有所区别的：名誉刑以剥夺名誉为内容，它是以一个人具有某种名誉为前提的。

① 参见周枏等：《罗马法》，69～81页，北京，群众出版社，1983。

而耻辱刑都是以对一个人施以耻辱，使其遭受精神上的痛苦与折磨为内容的。因此，耻辱刑与名誉刑迥然有别。

耻辱刑是伴随着肉刑而出现的，是报复观念的产物。根据刑罚报应主义，犯罪人不仅肉体上要受到痛苦，而且精神上也应受到折磨。例如中国先秦时期盛行的五刑：墨、劓、剕、宫、大辟，无不具有耻辱性。这些刑罚一经施行，除死刑以外，使犯罪人终生痛苦。统治者正是有意识地利用这种肉刑及其所附属的耻辱刑，对人民进行残酷的统治。及至《唐律》，封建的五刑取代了旧五刑，从而确定了流传于整个封建社会的新五刑——笞、杖、徒、流、死。新五刑较之旧五刑虽然具有历史性的进步，但耻辱刑的性质依然如故。例如，徒刑是指在一定时期内剥夺犯罪人的自由并强迫其从事劳役的一种刑罚。它在形式上类似于现代的自由刑，但它仍然带有耻辱刑的色彩。《唐律疏议》在解释徒刑时说："徒者，奴也，盖奴辱之。"一言破的，耻辱刑的性质昭然若揭。

西方中世纪盛行肉刑，刑罚十分残酷。例如，1649 年俄国会典中规定了斩首、绞刑、溺刑、焚刑、活埋、以熔化的金属液注入咽喉、肢解和车裂等骇人听闻的刑罚，这些刑罚都带有耻辱性。又如，1532 年神圣罗马帝国议会通过的《加洛林纳刑法典》，死刑被任意滥用，其施行方法极其残酷，如肢解、焚刑、斩首、绞死、溺死及活埋。肉刑有割鼻、割耳、挖眼、砍手等。这些刑罚以威吓为指导原则，并具有对受刑人强烈的羞辱性。更有甚者，这种羞辱不仅施于受刑人，还累及其无辜的亲属。例如，法国思想家罗伯斯庇尔在题为《论羞辱性刑罚》的著名讲演中指出："耻辱污损人的心灵；一个人要是被判定应受轻蔑，他就不得不成为该受轻蔑的人。"① 罗伯斯庇尔还深刻地指出了这种以耻辱作为刑罚的现象是专制制度的产物。随着资产阶级革命的胜利，耻辱刑也被彻底废除。

但是，在另外一个意义上，耻辱刑这个概念仍被使用并保留下来。例如，意大利著名刑法学家贝卡里亚在《论犯罪与刑罚》一书中专节讨论耻辱刑问题。贝

① ［法］罗伯斯庇尔：《革命法制和审判》，赵涵兴译，3 页，北京，商务印书馆，1965。

卡里亚指出："人身侮辱有损于人的名誉，也就是说，有损于一个公民有权从他人那里取得的那份正当的敬重。对于这种侮辱行为，应该处以耻辱刑。"① 在贝卡里亚看来，耻辱是一种受到公众谴责的标志，它使罪犯失去了公众的赞助、祖国的信任和社会所倡导的友爱。贝卡里亚认为，耻辱并不是一种取决于法律的东西。因而，法律所处以的耻辱必须同产生于事物关系本身的耻辱相一致，必须同普遍道德和各个制度下的特定道德——它们是世俗舆论和本国舆论的立法者——所倡导的耻辱相一致。② 显然，贝卡里亚在这里所说的耻辱刑，是指运用道德谴责来实现刑罚的效果，因而其蕴含已经与我们今天所说的资格刑相去不远。

四、资格刑

以剥夺资格为内容的刑罚，称之为资格刑。在不同的历史时期，资格在法律上有各自的表现形式，因而资格刑的内容有所不同。根据考证，资格刑最早规定于《汉穆拉比法典》中，该法典第5条规定，擅自改变原判的法官，不但应被科处罚金，而且其席位应从审判会议中撤销，他不得再置身于法官之列，出席审判。在中国秦汉开始有夺爵免官之法。尤其是汉之禁锢，都与现代之褫夺公权相仿佛，即为资格刑也。③

近代资格刑的最早立法见诸1810年《法国刑法典》。《法国刑法典》是法国大革命胜利的产物，是近代刑事立法的范本。该法典第1条规定："法律以违警刑所处罚之犯罪，称违警罪。法律以惩治刑所处罚之犯罪，称轻罪。法律以身体刑或名誉刑所处罚的犯罪，称重罪。"在此，名誉刑与惩治刑、身体刑相提并论，是对重罪适用的一种刑罚方法。该法典第8条规定："下列之刑为名誉刑：一、枷项；二、驱逐出境；三、剥夺公权。"这里的剥夺公权，又被称为"民事死亡"

---

① ［意］贝卡里亚：《论犯罪与刑罚》，黄风译，75页，北京，中国大百科全书出版社，1993。

② 参见［意］贝卡里亚：《论犯罪和刑罚》，黄风译，54页，北京，中国大百科全书出版社，1993。

③ 参见陈顾远：《中国法制史概要》，5版，213～214页，台北，三民书局，1977。

(Mort civil) 或"公民权利的死刑"。被判处这种刑罚的人，丧失民事上和政治上的一切权利。根据该法典第9条的规定，定期禁止行使某些公民权、民事权和亲属权，属于惩治刑。但从现代刑法观念来看，这种刑罚应为资格刑。由此可见，1810年《法国刑法典》中的资格刑，从名称到内容都还没有完全成熟，较深地打上了古罗马法中名誉刑的烙印。

继1810年《法国刑法典》之后，对资格刑立法的发展具有重大意义的是1871年《德国刑法典》。在该法典中，资格刑被称为公权剥夺。公权剥夺得与死刑或惩役并用。该法典第32条规定："处死刑或惩役时，得与公权之剥夺，共为宣告。"公权剥夺的内容分为两部分：第一部分是对过去取得的名誉等的剥夺。该法典第33条规定："受公权剥夺之宣告时，终身丧失因公权而得之权利、官职、位记、贵号、勋章、赏牌。"第二部分是对将来取得名誉的能力的剥夺。法典第34条规定："公权剥夺，前条外，于其判决所定之期间内，丧失下之能力：第一，佩用国之徽章之能力。第二，就任于德意志军队及帝国海军之能力。第三，受官职、位记、贵号、勋章、赏牌之能力。第四，关于公共之事务的决议、为选举与被选举及其他行使政权之能力。第五，于证书作成之际为证人之能力。第六，为后见人、后见监督人、保佐人、母之辅助人、亲族会员，及财产管理人之能力。但为其卑属亲之事，得后见官厅或亲族会之许可时，不在此限。"应该说，1871年《德国刑法典》对资格刑的规定，较之1810年《法国刑法典》有很大进步。这主要表现在，1810年《法国刑法典》把名誉刑（剥夺公权）与剥夺公民权、民事权和亲属权（归入惩治刑）分立，实际上这两者具有同一之性质，都属于资格刑的范畴。而1871年《德国刑法典》则不再作此区分，并且把剥夺名誉与剥夺能力合为一体，前者针对既往，后者针对将来，逻辑堪称严谨。

第二节　资格刑存废之争

在刑法理论中，资格刑有各种不同的别称，这些别称是资格刑在其漫长的历史演进过程中留下的轨迹。其中，较为有名的是名誉刑、能力刑与权利刑。有些刑法学家把资格刑称为名誉刑，认为名誉刑就是剥夺犯罪者的荣誉称号、学位称号以及其他奖章、奖状的刑罚。[①] 我认为，名誉刑对于剥夺某些荣誉称号的刑罚的概括是确切的，但在资格刑中除剥夺荣誉称号以外，还有剥夺政治权利等内容，而政治权利显然不能说是一种荣誉，因此，我认为名誉刑这个概念不够贴切，犯了定义过窄的逻辑错误。有些刑法学家把资格刑称为权利刑，指以剥夺一定权利为内容的刑罚。我认为，权利的范围十分广泛，任何刑罚都是以剥夺一定的权利为内容的：生命刑剥夺的是生命权，自由刑剥夺的是自由权，财产刑剥夺的是财产权。因此，把资格刑称为权利刑，难以把它和其他刑罚方法区别开来，犯了定义过宽的逻辑错误。有些刑法学家还把资格刑称为能力刑，认为能力刑是剥夺犯罪者享有公权能力的刑罚。[②] 能力，是指能够胜任某项任务的主观条件。在法律上，能力有权利能力与行为能力之分。权利能力是指国家赋予民事主体依法在人身和财产方面能够享受权利和负担义务的资格。行为能力是指能够以自己的行为依法行使权利和承担义务的资格。显然，权利能力与行为能力是完全不同的，具有行为能力的人首先要有权利能力，但是有权利能力的人不一定都有行为能力。而能力刑中所剥夺的能力应该是指权利能力，但由于这个概念对能力一词未加界定，因而也不妥当。由此可见，唯有资格刑这一概念才能恰如其分地表达这一刑罚方法的特征。资格刑的特征是以剥夺一定的资格为内容的，那么，何谓资格？资格是从事某种活动所应具备的条件、身份等。在法律上，资格具有以下特点：第一，资格是法律所赋予的或是法律予以认可的。没有法律的赋予与认可，则无法律意义上的资格而言。第二，资格表现为一定的权利，但这种权利往往是与人格有关的，在某种意义上也可以说是一种人格权。当然，这种权利并不囿于人格权，还包括政治、经济、民事等权利。第三，资格是可以被剥夺的，因为它是由法

① 参见甘雨沛、何鹏编：《外国刑法学》，上册，516页，北京，北京大学出版社，1984。

② 参见韩忠谟：《刑法原理》，增订14版，415页，台北，台湾大学，1981。

律所赋予与认可的，所以，当一个人不具备享有某种资格的条件时，资格可以被依法剥夺。正是在这个意义上，剥夺资格可以成为一种刑罚方法。

资格刑在所有刑罚方法中，虽然不像生命刑那样成为千夫所指的目标，但也从来没有受到过像自由刑与财产刑那样的青睐。似乎命中注定了从产生之日起，资格刑就要受冷落乃至唾弃。资格刑蜕变于名誉刑，是报应观念的产物。进入近代以后，随着预防观念的勃兴，虽然资格刑取代名誉刑而出现，但仍命运多舛。第七届国际刑法会议曾在其决议上劝告应废止仅以剥夺名誉为目的之附加刑处分。瑞典和丹麦分别在 1836 年和 1951 年废止市民权利剥夺制度。法国在 1854 年废除了剥夺公权。联邦德国 1969 年刑法限制资格刑的适用范围，第 45 条第 2 项规定资格刑之宣告以刑法分则有特别规定者为限。而分则上的特别规定，主要针对对国家有相当危害之罪，例如背叛、渎职等罪。宣告期间均为 2 年以上 5 年以下，废除终身剥夺。而且，剥夺的内容也有所缩小，1871 年《德国刑法典》规定剥夺的荣位、称号、勋章及为证人、监护人、保证人等项资格，1969 年刑法已不再剥夺。多数国家对少年犯人废止名誉刑以维护其自尊心并利其回归社会。[①]

尽管当今世界上大多数国家的刑法还是有资格刑的规定，但在刑法理论上对资格刑的存废长期聚讼，似无定论。

一、资格刑主存论

在刑法理论上，有些刑法学家主张刑罚体系中，资格刑应占有一席之地，其根据是基于对资格刑的优点的认识。这些刑法学家认为，资格刑存在的主要理由如下：

（一）资格刑具有政治上否定评价的明显效果

任何刑罚，都体现了国家法律对一定的犯罪行为及其实施者的否定的政治评

① 参见张甘妹：《刑事政策》，351 页，台北，三民书局，1979。

价。但其他刑罚侧重于对犯罪分子的生命、自由和财产的剥夺，政治上的否定评价主要是通过适用生命刑、自由刑和财产刑而间接地体现出来的。而资格刑的基本内容就是对犯罪人的政治权利的剥夺，它明白无误地反映了国家法律对一定的犯罪行为及其实施者的否定的政治评价。正因为如此，有些犯罪人罪行特别严重，情节特别恶劣，依法被判处死刑，仍需对其附加适用剥夺政治权利，以显示对被判处死刑的犯罪人的否定的政治评价。因此，资格刑有必要保留。

（二）资格刑具有剥夺或限制再犯能力的独特功能

犯罪人的犯罪思想不是一朝一夕形成的，有些犯罪分子的犯罪意识甚至已经积淀为犯罪的心理结构，形成了一定的犯罪人格。对于这样的犯罪分子，经过一定时间的剥夺自由，进行劳动改造，刑满释放以后也未必已经改造成为守法公民。在这种情况下，对犯罪人附加适用剥夺政治权利，在刑满释放以后的一定时间内剥夺或者限制其再犯能力，在客观上可以巩固对犯罪人的改造效果，使之成为一个守法公民。因此，资格刑有理由保留。

（三）资格刑具有对国家机关信誉的保障作用

国家公职人员，承担着按照人民的意愿对国家的政治、经济、文化等进行有效管理的任务，理应成为人民的公仆，廉洁奉公，遵纪守法。但有些国家公职人员却凭借本人的某种资格或者身份，从事与其职务不相称甚至背道而驰的违法犯罪活动，严重地损害了国家机关的威信。对于这样的犯罪人，判处剥夺其所担任的一定的职务，并且禁止其在一定时期内担任某一国家公职，有助于维护国家机关的信誉。因此，资格刑有根据加以保留。

综上所述，资格刑具有其他刑罚不可替代的独特功能，因而应当予以保留。

二、资格刑主废论

在刑法理论上，有些刑法学家主要着眼于资格刑的缺点，因而主张废除资格刑，其主要理由如下：

（一）资格刑对已经改造好的犯人具有过剩性

资格刑在一般情况下是依附于其他刑罚而适用的，例如对于判处自由刑的犯罪人，附加适用资格刑。在这种情况下，如果犯罪人在刑罚执行期间没有改造好，资格刑的适用可以在一定程度上起到继续剥夺或者限制其再犯能力的作用。但是，经过自由刑的执行，绝大多数犯人都已经改造好了。尤其是在实行不定期刑制度、减刑制度和假释制度的情况下，犯人是在已经改造好的前提下得到释放的。在这种情况下，对犯人继续适用资格刑纯属多余，成为过剩的刑罚。因此，应当废除资格刑。

（二）资格刑对犯人的再社会化具有妨碍性

被判处自由刑的犯人，在其假释或者刑满释放后，都存在一个再社会化问题。所谓再社会化，是指犯人经过一段时间的监禁，与社会相隔绝，等到出狱的时候已经不适应社会生活。因此，为了使犯人较快地适应社会生活，回归社会，就需要一定的适应过程，这个适应过程就是再社会化。但资格刑一般都是在犯人被执行自由刑之后适用的，损害其名誉，不但和现代执行自由刑的本旨相矛盾，而且根本违反目的主义力求社会适应的精神。因为现代执行自由刑的目的，在于使犯人改过迁善，适合于社会生活。自由刑执行完毕，表明目的已经达到，但又附加适用资格刑，不把他和常人一样看待，岂不矛盾？① 因此，资格刑妨碍犯人再社会化，应予废除。

（三）资格刑对犯人与不稳定分子缺乏遏止性

资格刑是剥夺犯罪人的资格，而资格属于无形的、非物质性的范畴，它不像生命刑、自由刑和财产刑那样，给犯罪人造成直接的、有形的、物质性的损失。因此，对于意欲再犯的人，资格刑不足以对其形成强大的威慑力，使之产生畏惧感。同样，对于社会上的其他不稳定分子来说，资格刑的影响力微乎其微。因此，无论从特殊预防还是从一般预防的意义上说，资格刑都没有明显的遏制

① 参见林纪东：《刑事政策学》，4版，191页，台北，中正书局。1969。

效果。

三、资格刑存废的评价

资格刑的主存论与主废论所持的见解，似乎各有道理。那么，到底应当如何看待资格刑的这一存废之争呢?

我认为，任何刑罚都有利与弊两个方面，十全十美的刑罚方法是不存在的。生命刑从彻底剥夺犯人的再犯能力与对社会上的其他不稳定分子产生巨大的威慑力来说，其优点是显而易见的，但它有残酷、野蛮的缺陷，因而进入近代以后，生命刑从限制到废除，已经成为世界性的趋势。自由刑从使犯罪人与社会相隔绝，防止其再犯，并在自由刑执行过程中对犯罪人进行教育改造来说，具有明显的效果，因而为近代各国刑法所广泛采用。但自由刑同样具有使犯罪人不适应社会，在刑满释放以后需要一个再社会化的过程的弊端。财产刑也是如此，有剥夺犯罪人利用其经济条件再犯的优点，同样也有对穷人不公正的缺陷。资格刑作为一种刑罚方法，亦有其利弊共存的特点。那种只见其利不见其弊，或者只见其弊不见其利的思想方法都不足取。关键的问题是：在对资格刑的利弊有一个清醒认识的前提下，进一步判断是利大于弊还是弊大于利。利大于弊则宜存，弊大于利则宜废。根据我对资格刑的分析，它利大于弊，应予保留。理由如下：

（一）资格刑的优点是其他刑罚不可替代的

由于资格刑所剥夺的是资格这一独特的属性，因而它是其他刑罚无法取代的。资格刑的功能古今迥然有别，存在一个演变过程。如前所述，资格刑是从名誉刑蜕变而来的，欧洲大陆法系中的资格刑源自罗马法。当时，出于绝对理论的观点，它是对于犯人的一种报应，以犯人的人格减等来降低犯人的法律地位。①在这种情况下，人们注重的是资格刑的报应功能，它通过对犯罪人加诸耻辱，以

① 参见林山田：《刑罚学》，2版，308页，台北，“商务印书馆”，1983。

示儆戒；同时，又以减损犯罪人的荣誉，降低其法律地位，以示惩罚。在近代社会，刑罚观念发生了重大变迁，预防犯罪的思想广为流行。而作为人格减等的名誉刑，与特殊预防理论所强调的犯人再社会化的主旨是背道而驰的。因此，基于报应观念的名誉刑被废止了，而以剥夺与停止犯罪人的公权为内容的资格刑应运而生。这种资格刑不再是为了报应犯人的犯罪行为，而是基于社会保安上的需要。[①] 在一定时间之内，一方面限制犯罪人从事公职的资格与能力，他方面剥夺其一定的公权，以发挥社会防卫之功能。从我国刑法来看，资格刑具有以下功能：第一，惩罚功能。资格刑的适用对象，主要有两种情况：一是利用本人的资格从事一定的犯罪活动；二是其所实施的犯罪行为玷辱了其所享有的资格。在这两种情况下，对犯罪人判处剥夺其一定资格的刑罚，都具有惩罚的意蕴在内。第二，警戒功能。通过对犯罪人资格的剥夺，还对其他具有同样资格的人起到一定的警戒作用，使之珍惜自己的资格，不去从事与其本人的资格不相称的违法犯罪活动，以免丧失某种资格。第三，防卫功能。被判处剥夺一定资格的犯罪人，如前所述，往往是利用本人的某种资格从事一定的犯罪活动，因此，难免将来不会再次利用这种资格实施犯罪。因而，对这种犯罪人判处资格刑，可以有效地防止其利用一定的资格进行犯罪活动，从而使资格刑的适用具有社会防卫的功能。第四，评价功能。在某些情况下，资格刑是对那些被判处死刑或者无期徒刑的犯罪分子附加适用的。在这种情况下，资格刑具有评价功能，它体现了国家法律对于那些严重的犯罪人的严厉的否定评价。尽管资格刑存在某些不足，但从上述资格刑的功能来看，是利大于弊，应予保留。

（二）资格刑的缺陷是可以避免的

资格刑的缺陷是客观存在的，但它可以通过其他刑罚得以弥补或者通过自身的完善得以避免。例如，资格刑缺乏足够的威慑力，但可以将资格刑与其他主刑同时适用。这样，资格刑本身虽然威慑力不够，但却可以由主刑的威慑作用来弥

① 参见林山田：《刑罚学》，2版，308页，台北，“商务印书馆”，1983。

补。又如，资格刑可能成为过剩的刑罚，可以通过以下两种措施得以防止：第一，资格刑的分立制。资格刑剥夺的资格范围较广，一经判处就全部予以剥夺，可能成为多余的刑罚。如果实行资格刑分立，可以根据犯罪人的实际情况，剥夺资格刑中的某一项或者多项资格。这样，就不至于刑罚过剩。第二，资格刑的减免制。被判处自由刑的犯罪人，在刑满释放时，根据其改造情况，对资格刑实行减免。已经改造好的，可以免除资格刑；没有完全改造好但原判资格刑过长的，可以减轻。这样，就可以防止资格刑成为出狱犯人再社会化的障碍。总之，资格刑的缺陷是可以避免的，因而宜存。

（三）资格刑的存在是司法实践的客观要求

一种刑罚之存废，不以人的主观意志为转移，主要取决于客观需要。从我国司法实践来看，对于那些犯罪情节较轻、不需要判处主刑的犯罪分子，单独适用资格刑可以减少关押人数，也有利于预防犯罪。同时，我国现行刑法中没有保安处分制度，资格刑也可以在一定程度上起到保安处分的作用。即使将来我国刑法中建立了保安处分制度，资格刑也可以在刑罚与保安处分措施之间起到一种过渡和调节的作用。因此，从司法实践的客观要求来看，资格刑也应当保留。

第三节　各国资格刑的比较

当今世界各国，大多有关于资格刑的规定，只是内容详简疏密有所差别而已。下面，对各国资格刑略加比较。

一、资格刑的地位

资格刑的地位是指资格刑在一个国家刑罚体系中所占据的地位，主要是指资格刑是主刑还是附加刑，抑或是既可以作为主刑适用又可以作为附加刑适用。关于这个问题，各国大约有以下三种情况：

(一) 作为附加刑

世界上大多数国家都把资格刑作为附加刑适用，这些国家是：罗马尼亚、波兰、意大利、西班牙、巴西等。例如《意大利刑法典》第 19 条（从刑之种类）规定：犯罪可科处之从刑如下：(1) 剥夺公权。(2) 剥夺营业权。(3) 宣告禁治产。(4) 剥夺遗嘱权、宣告判决前所立之遗嘱无效。(5) 丧失或停止父权或夫权。在这些国家的刑法典中，资格刑只是作为基本刑罚的补充而存在的，它不具有独立的意义，只能附加适用而不能独立适用。

(二) 既可作为主刑又可作为附加刑

在有些国家，资格刑既可作为主刑，又可作为附加刑。例如，《朝鲜刑法典》第 29 条第 2 款规定：剥夺一定权利、禁止从事一定的职业或营业可以单独判处，也可以作为基本刑罚（主刑）的附加刑而判处。

(三) 某类资格刑只能作为附加刑，某类资格刑既可作为主刑又可作为附加刑

在有些国家，对不同类型的资格刑作了不同的规定：某类资格刑只能作为附加刑，某类资格刑既可作为主刑又可作为附加刑适用。例如《苏俄刑法典》共规定了剥夺担任一定职务或从事某种活动的权利、撤职、剥夺军衔或专门称号三类资格刑。根据该法典第 22 条规定：剥夺担任一定职务或从事某种活动的权利、撤职可以作主刑适用，也可以作附加刑适用。剥夺军衔或专门称号，只可以作附加刑适用。

从世界各国刑法典的规定来看，还未见到将资格刑完全规定为主刑的。有些国家刑法典对刑种未分主刑与附加刑，将资格刑与自由刑、财产刑相并列，但从具体适用的规定上来看，又无不将资格刑与其他刑罚并用，因而实际上还是将其作为一种附加刑使用的。由此可见，资格刑基本上是一种附属于其他刑罚而存在的刑罚方法。资格刑在刑罚体系中的地位，与生命刑、自由刑、财产刑相比，都是等而下之的。我认为，客观地肯定这一点，丝毫也无损于资格刑的意义；相反，有利于我们充分认识资格刑的特点，巩固其在刑罚体系中的地位。

二、资格刑的种类

资格刑是一个理论概念，它所概括的是某一类刑罚方法的共性，这类刑罚方法都以剥夺犯罪人的某种资格为内容，但由于资格的性质有别，因而各国刑法规定了不同类型的资格刑。从世界各国刑法典的规定来看，资格刑主要有以下类型：

（一）剥夺一定的权利

剥夺一定的权利，是资格刑中最主要的类型，但在具体称谓上，各国有所不同，有的称为禁止行使一定权利（《罗马尼亚刑法典》第53条），有的称为剥夺公共权利（《波兰刑法典》第38条），有的称为剥夺公权（《法国刑法典》第8条、《意大利刑法典》第19条），还有的把剥夺权利分为特别剥夺权利、完全剥夺权利和停止权利（《西班牙刑法典》第27条）；等等。从各国刑法典的具体规定来看，剥夺权利的内容包括以下这些：

1. 选举权与被选举权
2. 担任与国家权利之行使有关的职责之权利
3. 担任在性质上与犯罪分子借以犯罪之职务相同的职务的权利
4. 亲权
5. 充当监护人与被信托人权利
6. 丧失为陪审员、证人及提起控诉之资格
7. 丧失携带武器，为国家防卫军、服军职及在教育机构传授之权利
8. 学位、荣誉、勋奖及其他公共之荣衔
9. 国家或其他公共机关给付之薪水、年金及津贴

…………

从以上规定来看，剥夺一定的权利的剥夺对象是十分广泛的，有属于政治方面的，如选举权与被选举权；有属于经济方面的，如获得薪水、年金及津贴；有

属于民事方面的，如亲权；还有属于人格方面的，如荣誉等。由于剥夺权利的内容过于庞杂，一经判处全部剥夺，可能导致刑罚过剩，因而有些国家刑法典将剥夺权利限于政治方面，而把亲权、荣誉等内容独立出来。

（二）禁止担任一定的职务

禁止担任一定的职务是指剥夺担任一定职务的权利。例如《蒙古刑法典》第22条规定："如果法院根据犯罪人在职务上或从事某种活动时所犯罪行的性质，认为不能再让其保留担任一定职务或从事某种活动的权利，法院可以对犯罪人适用这种刑罚。"

禁止担任一定的职务在有些国家被列入剥夺一定的权利之中，未将其独立出来。例如《罗马尼亚刑法典》第64条，将剥夺选举或被选举为国家权力机关成员及担任政府机关或社会团体成员的权利，作为禁止行使一定的权利的内容之一。

在不同的国家，禁止担任一定的职务有各种不同的称谓，《苏俄刑法典》中称为撤职；《波兰刑法典》中称为禁止担任特定职务；《瑞士刑法典》中称为剥夺官职；《土耳其刑法典》中称为撤销公权。尽管称谓不同，但基本内容都大致相同，其适用对象均为担任一定职务的犯罪人；适用条件是犯罪人滥用了这种职务，或者法院认为犯罪人不适宜继续担任这一职务。

（三）禁止从事一定的职业

禁止从事一定的职业是指剥夺从事某种经济活动的权利。在《意大利刑法典》中称为剥夺营业权，《瑞士刑法典》中称为禁止职业、营业或商业行业。这一资格刑主要适用于经济方面的犯罪，例如《意大利刑法典》第31条（剥夺营业权利之案件）规定："凡因滥用职权，违反职务上、公务上或第28条第1项第3款所规定之事务，或妨害职业、营业、企业、商业、手工业或与其有关之义务而被处罚者，处以临时褫夺公权，或职业、营业、企业、商业、手工业等营利权之从刑。"

（四）禁止驾驶

驾驶也是一定的职业，但在不少交通发达的西方国家，交通肇事犯罪十分严重。因此，禁止驾驶往往作为一种特殊的资格刑。例如，《德国刑法典》第 44 条明确具体地规定了禁止驾驶的适用条件，第 1 款指出："犯罪发生于驾驶动力车辆之际，或与之有关，或由于违反驾驶人之义务，因而判处自由刑或罚金者，法院得命禁止于街道驾驶一切或特定种类之动力车辆，其期间为 1 月以上 3 月以下。"

（五）剥夺荣誉称号

剥夺荣誉称号是许多国家刑法典中规定的资格刑种类，一般都作为附加刑适用。例如，《苏俄刑法典》规定，剥夺军衔或专门称号，只可以作附加刑适用。

（六）剥夺亲权及其他民事权利

亲权是指父母基于其身份对子女特有的权利和义务。亲权的内容包括人身与财产两个方面。属于人身方面的亲权主要有：一是保护教养权，二是住所决定权，三是惩戒权，四是身份行为上的代理权和同意权。属于财产方面的亲权主要有：一是财产上的法定代理权和同意权，二是子女特有财产的管理权。[①] 由此可见，亲权是一个内容十分广泛的概念，并且与子女的人身与财产有着密切的联系。因此，某些国家的刑法规定当实施违背亲权人义务的犯罪时，法院可以判处剥夺亲权的资格刑。例如《瑞士刑法典》第 53 条（剥夺亲权及监护权）规定："因轻罪或重罪违背其为亲权人、监护权人及财产管理人之义务，并因此受自由刑之宣告者，法官得褫夺其亲权、监护权或财产管理人之职位，并宣告其丧失执行亲权、担任监护人或财产管理之人资格。在其他情形，法官认为犯重罪或轻罪之行为人，不适合执行亲权或担任监护人或财产管理人之职务时，应通知监护督导官署。"

有些国家刑法规定，除剥夺亲权以外，还剥夺夫权、财产管理权与财产处置

① 参见高铭暄等：《法学词典》，2 版，722 页，上海，上海辞书出版社，1984。

权等民事权利，称为剥夺民事权利之刑。例如《西班牙刑法典》第 43 条规定：“剥夺民事权利之刑，系剥夺受刑人在服刑期间行使亲权、监护权，参与家族会议权，行使丈夫权威，管理财产权以及财产处置权。除非法律肯定限制其结果，可不受此限制。”应该指出，剥夺民事权利过于广泛，不利于犯罪人回归社会，在很大程度上是报应主义的体现，因而现代各国刑法典已经很少采用。

（七）剥夺国籍和驱逐出境

国籍是指一个人作为某一国家的公民（或国民）的资格。国籍的取得有两种情况：一是与生俱来的，二是归化的。一般来说，对于与生俱来的国籍不能剥夺。但对于归化而取得的国籍，某些国家的刑法规定可以剥夺。例如《西班牙刑法典》第 34 条规定：“丧失西班牙国籍之刑，仅适用于外国人归化取得西班牙国籍者。”

驱逐出境作为资格刑，一般也是对外国人适用的。例如《瑞士刑法典》第 55 条（驱逐出境）规定：“外国人受重惩或轻惩自由刑之宣告者，法官得将其自驱逐于瑞士国境 3 年至 15 年，累犯者得终身驱逐出境。”

三、资格刑的期限

资格刑除个别种类，例如剥夺荣誉称号等没有期限以外，其他类型的资格刑大多都有期限的规定。就资格刑的期限而言，可以分为以下两种情况：

（一）终身剥夺

资格刑的终身剥夺，一般都适用于犯有重罪的犯罪人，例如《意大利刑法典》第 28 条规定将剥夺公权分为无期及有期两种。第 29 条规定：宣告无期徒刑及 5 年以上有期徒刑者，其褫夺公权为无期。常习性犯罪、常业性犯罪及有犯重罪倾向性格者，应处无期剥夺公权。

（二）定期剥夺

资格刑的定期剥夺是指在一定期限内剥夺犯罪人的某种资格。至于定期剥夺的期限，各国规定各不相同，有规定一定幅度的，例如《蒙古刑法典》第 22 条规定："禁止担任一定职务或从事某种活动，既可以作为主刑也可以作为从刑，期限为 1 年以上 5 年以下"；也有的仅规定最高限度的，例如《朝鲜刑法典》第 40 条规定："剥夺权利的期限不得超过 5 年。"

在定期剥夺资格的情况下，还存在一个剥夺资格的效力是否及于主刑执行期间的问题。对此，世界各国一般都规定剥夺资格的效力及于主刑执行期间。例如《土耳其刑法典》第 41 条规定："撤销犯罪人公职或经营某种职业、行业或取消其他资格作为限制人身自由刑的追加或附加刑，对取消这种资格的时间在判决中应加以注明，或者依法规定在主刑执行完毕或被取消后开始执行。在主刑服刑期间当然继续取消这种资格。"

第四节　中国资格刑的完善

我国 1979 年刑法（本节所称刑法及条文，均指 1979 年刑法）中的资格刑，主要是指剥夺政治权利，同时还包括驱逐出境，剥夺勋章、奖章和荣誉称号，以及剥夺军衔。

一、中国资格刑的内容分析

（一）剥夺政治权利

在我国刑法中，剥夺政治权利是指剥夺犯罪人参加管理国家的政治活动的权利的刑罚方法。根据我国刑法规定，剥夺政治权利既可附加适用，又可独立适用。由于反革命罪是严重危害国家安全的犯罪，因而法律规定对于反革命分子应当附加剥夺政治权利。但构成反革命罪的，除中国公民以外，还有外国公民。那么，对构成反革命罪的外国公民是否存在应当剥夺政治权利的问题呢？我认为，只有拥有的东西，才可以剥夺。不是中国公民的外国人，不享有中国公民享有的法定的政治权利，因而即使在我国犯了反革命罪，也不必剥夺他不具有的那些政治权利。在司法实践中，之所以出现这样的问题，是与我国刑法第52条的规定不严谨有关。在修改刑法的时候，可以将刑法第52条“对于反革命分子应当附加剥夺政治权利”修改为：“对于构成反革命罪的中国公民应当附加剥夺政治权利”，或者在刑法第52条中增设一款：“上述规定不适用于外国公民”。

（二）驱逐出境

在我国刑法中，驱逐出境是强迫犯罪的外国人离开中国国（边）境的刑罚方法。它只能对犯罪的外国人适用，不具有普遍适用的性质，因而没有列入一般刑种之内。驱逐出境是否属于资格刑，我国刑法学界虽然尚无人论及，但有解释的必要。我认为驱逐出境属于资格刑，因为它具有资格刑的本质属性。对犯罪人一定的资格的剥夺是资格刑的本质属性。驱逐出境剥夺的是外国人在中国居留的资格。应当指出，外国人在中国境内的居留资格已经为中国法律所确认，例如《外国人入境出境管理法》第14条规定，根据需要在中国长期居留的外国人，经中国政府主管机关批准，可以获得长期居留或者永久居留资格。外国人在中国居留，应当遵守中国法律。上述法律还规定，对于未遵守中国法律的外国人，中国政府主管机关可以缩短其在中国停留的期限或者取消其在中国的居留资格。显然，外国人在中国犯罪，法院判处驱逐出境，正是对其在中国的居留资格的剥夺，因而它是一种资格刑。

（三）剥夺荣誉称号

我国刑法并无剥夺勋章、奖章和荣誉称号的规定，1981年《惩治军人违反职责罪暂行条例》（以下简称《暂行条例》）第24条规定对于危害重大的犯罪军人在必要的时候可以附加适用这一刑罚。由此可见，这一资格刑具有适用对象的特定性——军人，和适用内容的独特性——剥夺勋章、奖章和荣誉称号这两大特征。关于剥夺勋章、奖章和荣誉称号是否属于剥夺政治权利，我国刑法学界存在两种观点：一是肯定说，认为《暂行条例》相当于刑法分则第九章，是刑法的一部分，对勋章、奖章和荣誉称号的剥夺也是附加剥夺，应该是剥夺政治权利的一种，不是独立的资格刑。二是否定说，认为刑法是普通法，《暂行条例》是特别法，特别法的效力优于普通法，不能把它看作刑法分则第九章。刑法第50条规定的剥夺政治权利的内容不包括剥夺勋章等，因此它是一种独立资格刑。[①] 我认为，上述第二种观点是不正确的。剥夺勋章、奖章和荣誉称号之所以不属于剥夺政治权利，就是由它所具有的适用对象的特定性和适用内容的独特性这两个特征所决定的。如果说，刑法规定的剥夺政治权利属于一般的资格刑，那么，剥夺勋章、奖章和荣誉称号就属于特殊的资格刑，两者不可混为一谈。

（四）剥夺军衔

我国刑法将剥夺军衔作为对犯罪军官适用的附加刑，有一个演变过程。1955年2月8日第一届全国人大常委会第六次会议通过《中国人民解放军军官服役条例》，该条例第22条规定："军衔是军官终身的光荣称号，非因犯罪经法院判决，不得剥夺。剥夺尉官、校官的军衔，根据法院判决书，由国防部命令公布；剥夺将官的军衔，根据法院判决书，由国务院命令公布。"显然，剥夺军衔曾被军事法院判案时作为附加刑加以适用。如当时军事法院对军人犯叛国罪和反革命罪的，犯一般刑事罪依法应该判处死刑、无期徒刑和3年以上有期徒刑的，开除军籍后，在对罪犯判刑的时候，同时判决剥夺其军衔。军人犯一般刑事罪，经法院判决刑罚较轻宣告缓刑而未剥夺政治权利后，均不剥夺其军衔。在战时，对犯有一般刑事罪依法应被剥夺军衔的军人，如果需要其继续执行职务，由部队首长提议，经法院裁定，可以暂缓执行，准其佩戴军衔肩章、领章继续执行职务，戴罪立功。[②] 及至1965年，我国废止了军衔制度。因此，在1979年制定的第一部刑法和1981年公布的《惩治军人违反职责罪暂行条例》中都没有把剥夺军衔规定为附加刑。1988年，我国又恢复了军衔制度。根据1988年7月1日全国人大常

① 参见高铭暄等：《中国刑法词典》，404～405页，上海，学林出版社，1989。

② 参见张建田：《军人违反职责罪》，33页，北京，群众出版社，1986。

委会通过的《中国人民解放军军官军衔条例》第28条规定："军官犯罪，被依法判处剥夺政治权利或者三年以上有期徒刑的，由法院判决剥夺军衔。退役军官犯罪的，依照前款规定剥夺其军衔。"由此可见，剥夺军衔又成为一种附加刑。从性质上来说，它属于资格刑。

二、中国资格刑的完善措施

从以上我国刑法关于资格刑的立法规定看，资格刑还存在一定的缺陷，主要表现在：第一，资格刑，尤其是剥夺政治权利，是从对敌对阶级适用的专政措施继承下来的，具有较为浓厚的政治色彩，主要作为死刑或者无期徒刑的附加刑适用，作为轻刑独立适用的十分罕见。第二，剥夺政治权利的内容较为广泛，而且一经判决，全部剥夺，缺乏必要的灵活性，这也是影响剥夺政治权利单独适用的一个重要原因。第三，刑法中的资格刑较为分散，未能形成一个有机的整体，因而影响它在刑罚体系中地位的确立。有鉴于此，我提出下述资格刑完善的措施：

（一）资格刑的非政治化

在我国社会，敌对阶级作为一个整体已经被消灭，阶级斗争虽然在一定时期或者一定范围内还会继续存在，有时甚至会激化，但阶级斗争毕竟已经不是社会的主要矛盾，在这种情况下，剥夺政治权利作为资格刑，已经在很大程度上不能适应惩治犯罪的客观需要。为此，我认为应当将剥夺政治权利改为剥夺一定的权利，消除其浓厚的政治性，使之成为可以适用于各种犯罪，尤其是经济犯罪与职务犯罪的刑罚。剥夺权利的内容包括：

1. 剥夺从事特定职业的权利

在现实生活中，不少犯罪，主要是经济犯罪，都与犯罪人的职业有关，犯罪人是利用这种职业或者在从事职业活动的过程中从事各种犯罪活动。对于这种犯罪人，有必要判处剥夺从事特定职业的权利，既作为对其犯罪的一种惩罚，也是防止其利用职业再犯罪的一种手段。剥夺从事特定职业的权利，其实际效果相当于行政处罚中的吊销营业执照。我国刑法学界主张将吊销营业执照规定为刑罚的不乏其人，这一建议有其可取之处。但在法条上表述为剥夺从事特定职业的权利较妥，它的实际效果虽然与吊销营业执照相似，但法律蕴含却有所差别：剥夺从事特定职业的权利作为一种刑罚，不仅仅是一个吊销营业执照的问题，而且是对营业权利的剥夺，其否定的社会、法律评价的严厉性显然重于作为行政处罚方法的吊销营业执照的严厉性。

应该指出，剥夺从事特定职业的权利的适用面十分广泛，它可以根据犯罪的具体情况适用。例如医务工作人员（包括个体医生）在治疗工作中玩忽职守致人死亡的，可以剥夺其在一定期限内从事医疗工作的权利，对于个体医生来说，就是在一定期限内吊销其营业执照。又如，吊销驾驶执照在有些国家作为独立的资格刑，我认为驾驶也属于特定职业，因而吊销驾驶执照的内容可以包括在剥夺从事特定职业的权利这一刑罚之中，而不必单独设立。

2. 剥夺担任特定职务的权利

在现实生活中，国家工作人员职务犯罪屡有发生，这些犯罪往往是国家工作人员利用职务上的便利或者在从事职务活动的过程中实施的，对国家和人民利益危害极大。为此，对利用职务上的便利或者在从事职务活动的过程中实施犯罪的人，有必要判处剥夺担任特定职务的权利，以示警戒。在我国刑法中，剥夺政治权利包括剥夺担任国家机关职务的权利和担任企业、事业单位和人民团体领导职务的权利，这一内容大体上就相当于剥夺担任特定职务的权利。我认为，特定职务这个概念具有较大的包容性，可以把剥夺担任国家机关职务的权利，剥夺担任企业、事业单位和人民团体领导职务的权利等内容都包括进去，因而没有必要把担任国家机关职务的权利和担任企业、事业单位和人民团体领导职务的权利一一列举。

3. 剥夺选举权和被选举权

剥夺选举权和被选举权是剥夺政治权利的核心内容。因为在现代法治国家，公民主要是通过行使自己的选举权和被选举权来参与国家政治活动的，所以选举权和被选举权应当成为剥夺的对象。

4. 剥夺公民的基本权利

公民的基本权利是指宪法所规定的，公民的言论自由、出版自由、游行示威自由等各项权利。这些权利是宪法赋予公民的，但宪法同时又规定，公民在行使自己权利的时候，不应妨害他人行使这些权利，并不得危害社会利益。有些犯罪分子滥用公民权利，甚至利用这些权利来进行违法犯罪活动。为此，有必要予以剥夺。

（二）资格刑的分立制

资格刑的分立首先是指资格刑种类的增加。我国刑法中的资格刑，刑法规定了剥夺政治权利与驱逐出境两种。此后，1981 年颁布的《惩治军人违反职责罪暂行条例》规定了剥夺荣誉称号，1988 年颁布的《中国人民解放军军官军衔条例》规定了剥夺军衔。但除剥夺政治权利以外，其他三种资格刑适用于特定对象，因而其性质是否属于资格刑尚不是十分明确。我认为，在将来修改我国刑法的时候，除将剥夺政治权利改称剥夺一定的权利以外，驱逐出境和剥夺军衔作为资格刑应予保留。剥夺荣誉称号，现在只适用于犯罪的军人。我认为有必要扩大适用对象和扩大剥夺内容，就适用对象而言，扩大到一般人；就剥夺内容而言，扩大到国家授予的其他荣誉称号。例如全国劳动模范和其他勋章，例如五·一劳动奖章等。此外，还应当包括剥夺一定的学位。这样，在我国刑法中，资格刑就可以分为四种：对一般人适用的是剥夺一定的权利（偏重于对能力的剥夺）和剥夺荣誉称号（偏重于对名誉的剥夺）；对特定人适用的是驱逐出境（对外国人适用）和剥夺军衔（对军人适用）。

资格刑的分立还指法院在依法判处剥夺一定权利的刑罚时，如果法律列举了各种权利，是全部剥夺还是只剥夺一部分的问题。对此，从世界各国的立法例来看，有以下两种情况：

一是未予规定。在这种情况下，凡判处剥夺一定权利的，法律上所列举的各项权利应予全部剥夺。

二是规定既可全部剥夺又可部分剥夺。例如《意大利刑法典》第 28 条规定：

"法律得规定在何种情况之下，剥夺公权，只限于剥夺上列权利之数种。"显然，在法律没有规定的情况下，应全部剥夺。《朝鲜刑法典》规定得更为明确，该法典第37条规定："适用剥夺权利的处分时，得剥夺上列权利的全部或一部。"

上述两种立法例中，第一种立法例一经判决剥夺的权利不止一种，有可能造成刑罚过剩。例如《法国刑法典》第34条褫夺公权，被剥夺的权利达五种之多，而且各种权利之间并无内在联系。在这种情况下，难以根据具体的犯罪案件选择适用，必须同时剥夺，因而有悖于刑罚个别化原则。相比之下，第二种立法例就比较科学合理。因为它既可以根据案情对法律列举的各项权利全部剥夺，又可以有选择地剥夺其中一项或者两项以上的权利。

就我国刑法而言，是采用第一种立法例的，刑法第50条规定的四种政治权利，一经判决就予全部剥夺。我认为，这种立法方式应当改变，而引入资格刑的分立制。只有这样，才能进一步强化资格刑的功效。

最后还应当指出，随着法人犯罪的立法化，对法人犯罪应当如何规定刑罚的问题也提到了立法机关的面前。刑法规定对法人犯罪只能判处罚金刑，有人提出应对法人犯罪增设准自由刑——停业整顿和准生命刑——刑事破产。我认为，这两种刑罚对于惩治法人犯罪来说是完全必要的。但将停业整顿称为准自由刑，将刑事破产称为准生命刑，只是一种拟人化的比喻而已。就这两种刑罚的本质属性而言，它们都属于资格刑：停业整顿是定期剥夺法人从事工商活动的权利；而刑事破产则是无期剥夺法人从事工商活动的权利。

（三）资格刑的减免制

我国刑法中没有资格刑的减免制的规定。在犯罪人被判处死刑缓期执行或者无期徒刑的情况下，根据刑法第53条第2款规定，在死刑缓期执行减为有期徒刑或者无期徒刑减为有期徒刑的时候，应当把附加剥夺政治权利的期限改为3年以上10年以下。这一规定并非是资格刑的减刑，而是资格刑作为附加刑，在主刑变更的情况下，随之而发生的变更。刑法中的减刑制度只适用于自由刑，在其对象中未包括资格刑。虽然刑法未规定资格刑可以减刑，但在刑法颁布以前，有两个司法解释涉及这个问题。最高人民法院1957年8月27日《关于剥夺政治权利的刑罚可否减刑问题的复函》指出："对于判处有期徒刑并剥夺政治权利若干年的罪犯，在徒刑减刑时，剥夺政治权利部分也可以减刑。"最高人民法院1956年11月16日《关于被剥夺政治权利的留场人员表现良好可否缩短剥夺政治权利期限问题的复函》也指出："关于被剥夺政治权利的留场人员，表现良好，可否缩短其剥夺政治权利期限的问题，本院同意你院（山西省高级人民法院——引者注）可以缩短其剥夺政治权利期限的意见。"对此，我国学者认为，虽然最高人民法院关于剥夺政治权利的刑罚是否可以减刑的司法解释是在三十多年前作出的，但其基本精神仍是正确的。因此，在立法或司法解释对此问题作出新的规定之前，上述两个司法解释仍然有效。[①] 对于这种观点，我难以苟同。因为这两个司法解释是在刑法颁行以前作出的，刑法对此没有规定，因而仍然依照这两个司法解释对剥夺政治权利的犯人减刑，缺乏法律根据。当然，刑法中更无资格刑的免除制。

考虑到资格刑有可能成为过剩的刑罚，我认为在刑法中规定资格刑的减免制是完全必要的。资格刑的减免制不同于刑法中的减刑制度，因而不宜在减刑制度中规定，可以考虑借鉴刑法关于罚金减免制的规定，直接规定在资格刑中。至于减免的条件应当明文列举，至少在以下两种情况下可以考虑减免：在服刑期间一次或数次减刑的，一般情况下可以减轻资格刑，表现突出的，可以免除资格刑；在被假释的情况下，一般可以免除资格刑，当然可以考虑免除期间自假释考验期满起算。

第五节　资格刑的修订及其评价

资格刑的完善，也是在刑法修改中较受人们关注的一个问题，1997年修订

① 参见周振想：《刑罚适用论》，367页，北京，法律出版社，1990。

后的刑法大体上维持1979年刑法关于资格刑的规定，但也作了一些修订。

一、资格刑种类的修订

1979年刑法中，资格刑的种类包括剥夺政治权利和驱逐出境两种。1981年《惩治军人违反职责罪暂行条例》增加规定了剥夺勋章、奖章和荣誉称号；1988年《中国人民解放军军官军衔条例》增加规定了剥夺军衔。在1997年修订后的刑法中，保留了剥夺政治权利和驱逐出境，但在将《惩治军人违反职责罪暂行条例》吸收到刑法典中来的同时，却未将剥夺勋章、奖章和荣誉称号吸纳进来。由于修订后的刑法第452条明确规定上述《暂行条例》自本法施行之日起，予以废止，因而实际上是废除了剥夺勋章、奖章和荣誉称号这一资格刑。在修订后的刑法中，也同样没有把剥夺军衔作为附加刑加以规定。但由于修订后的刑法并未明令附属刑法失效，因而对于犯罪的军人需要剥夺军衔的，仍然可以按照《军衔条例》剥夺军衔。在这个意义上说，剥夺军衔是我国刑法中的附加刑。从以上资格刑修订的情况可以看出，我国刑法对资格刑采取了限制性的立法措施。

二、资格刑内容的修订

我国刑法中的资格刑，主要是指剥夺政治权利。在刑法修改中，许多学者对剥夺政治权利这一资格刑具有较为强烈的政治色彩提出了非政治化的建议，但未被立法机关采纳，维持了1979年刑法中的剥夺政治权利，只是在有关内容上作了适当的调整。这主要表现在以下三个方面：

1. 剥夺政治权利内容的合理化

1979年刑法第50条规定的剥夺政治权利是指剥夺下列权利：（1）选举权和被选举权；（2）宪法第45条规定的各种权利；（3）担任国家机关职务的权利；

（4）担任企业、事业单位和人民团体领导职务的权利。自 1979 年以来，我国社会发生了剧烈的变化，最高立法机关对宪法作了修改，而这里宪法第 45 条是指已经废止的 1978 年宪法第 45 条。现行宪法关于公民基本权利不是规定在第 45 条，而是规定在第 35 条，因而条文内容存在重大出入。不仅如此，而且随着经济体制改革，我国经济格局发生了重大变化，企业不仅存在国有企业（以及公司），而且存在私有企业（以及公司）。显然，只有剥夺担任国有公司、企业领导职务的权利才属于剥夺政治权利，而不能包括剥夺担任私有公司、企业领导职务的权利。为此，修订后的刑法第 54 条修改为剥夺政治权利是剥夺下列权利：（1）选举权和被选举权；（2）言论、出版、集会、结社、游行、示威自由的权利；（3）担任国家机关职务的权利；（4）担任国有公司、企业、事业单位和人民团体领导职务的权利。应该说，上述规定更为科学。

2. 附加剥夺政治权利适用对象的明确化

1979 年刑法第 52 条规定："对于反革命分子应当附加剥夺政治权利；对于严重破坏社会秩序的犯罪分子，在必要的时候，也可以附加剥夺政治权利。"这一规定过于笼统，在司法实践中不易掌握。为了便于操作，在立法上应当对附加剥夺政治权利的适用范围加以明确规定。为此，修订后的刑法第 56 条第 1 款规定："对于危害国家安全的犯罪分子应当附加剥夺政治权利；对于故意杀人、强奸、放火、爆炸、投毒、抢劫等严重破坏社会秩序的犯罪分子，可以附加剥夺政治权利。"这一规定，摒弃了"在必要的时候"之类的弹性极大的内容，而代之以列举式的规定。当然，这里还不是完全列举，而是还包含"等严重破坏社会秩序的犯罪分子"这样一种概括性规定。但由于前面作了列举，因而有助于确定这里规定的严重破坏社会秩序的犯罪分子。

3. 剥夺政治权利执行的严格化

1979 年刑法对剥夺政治权利的执行未作较为明确的规定，因而法律对于被判处剥夺政治权利的人在执行期间缺乏应有的约束，不利于充分发挥剥夺政治权利这一刑种的惩治功效。为此，1997 年修订后的刑法第 58 条第 2 款规定："被剥夺政治权利的犯罪分子，在执行期间，应当遵守法律、行政法规和国务院公安部门有关监督管理的规定，服从监督；不得行使本法第五十四条规定的各项权利。”这一规定，对犯罪分子在执行剥夺政治权利期间应当遵守的条件作出规定，有利于剥夺政治权利这一刑种的正确适用。

第二十章 保安刑

保安处分之引入刑法领域，是近代刑法发展的具有划时代意义的重大突破。无论对保安处分持何种态度，保安处分在现代刑法中的地位已经牢不可破。现在的问题是，如何正确认识保安处分，以更好地发挥其在犯罪预防中的功能。本章主要论述刑罚本体意义上的保安处分，故名之曰保安刑。[①]

第一节　保安处分的演进

一、古代的保安处分

保安处分制度的产生可以追溯到古罗马时代。在罗马法中，就有关于对在疯狂病发作状态下，杀害其生母的成年人应如何处分问题的讨论。因为疯狂病人缺

① 由于本章内容除论述刑法意义上（狭义）的保安处分以外，还兼及行政法意义上（广义）的保安处分，为行文方便，文内一般称保安处分。

乏受刑能力，对其适用刑罚难收威慑、恫吓之效果，因而需要采取保护、治疗等监护措施，以保障社会安全。这种以防卫社会为目的、有别于刑罚的监护措施，实际上初具现代保安处分制度之雏形。

二、中世纪的保安处分

如果说，古罗马法关于保安处分的内容是只言片语，并且只是在法学家的讨论中涉及的，没有上升为法律，那么，及至中世纪的《加洛林纳刑法典》，已经有关于类似保安处分制度的明文规定。《加洛林纳刑法典》第176条规定："对一定的人，预想实施犯罪行为，而又缺乏使其不实施犯罪的保障的场合，科以不定期的保安监置。"该法明确规定保安监置的适用对象是可能实施犯罪行为的人，并且只有在缺乏使其不实施犯罪的保障的场合，才能适用保安监置。而且，保安监置是不定期的，实际上是以犯罪的可能性消失为期限。由此可见，《加洛林纳刑法典》对保安处分的规定是较为明确具体的，因而对于现代保安处分制度的建立具有重要意义。

三、近代的保安处分

近代意义上的保安处分，是由德国著名刑法学家克莱因首倡的。克莱因认为，在刑罚之外，对行为者的犯罪危险性加以评量，其危险性不属于恶害性质时，可科以保安处分。[①] 这里所谓不属于恶害性质，是指主观上缺乏罪过，难以予以伦理上的非难，例如精神病人等。但同时克莱因还认为，对一定的犯罪者虽然适用了刑罚，但另附以保安处分也是可以的，只不过应把它看作是刑罚执行上

① 参见甘雨沛、何鹏编：《外国刑法学》，下册，601页，北京，北京大学出版社，1985。

的内容。[①] 在这个意义上，克莱因实际上是把保安处分视为刑罚的补充措施，因而在一定程度上把保安处分与刑罚联结起来。克莱因关于保安处分的思想，当时受到刑法学家的抨击。例如，费尔巴哈指出，市民刑法的刑罚与保安处分须严加区别，因而，刑事法官只能行使刑罚权而不能行使确定保安处分的权利，而且不容许以将要实现犯罪的危险为理由而适用保安刑。[②] 保安处分是克莱因闪光的思想火花之一，但在当时报应主义与自由主义盛行的社会背景之下，这一思想火花显得暗淡，只是一点火星而已。

菲利和李斯特的社会防卫论的提出，为克莱因的保安处分理念点起了再燃之火。菲利指出："迄今为止一直被认为是救治犯罪疾患最好措施的刑罚的实际效果比人们期望于它的要小。"[③] 为此，菲利认为必须对现行的刑罚制度进行改革，提出必须将实证刑罚制度建立在对罪犯实行不定期隔离原则的基础之上。这一原则认为，刑罚不应当是对犯罪的报应，而应当是社会用以防卫罪犯威胁的手段这样一种理论的必然结果。[④] 这就是著名的社会责任论，它的提出为保安处分制度的建立廓清了地基。与此同时，李斯特于 1882 年作为"马尔布赫大学提纲"内容提出了著名的"刑法的目的思想"，特别强调社会防卫，即强调社会一般的防卫目的。李斯特认为，应当把将犯罪人改造成为新人，不再实施犯罪行为，作为达到保卫社会的途径之一。对有实施犯罪行为的危险者，事先采取预防或防卫措施，避免其实施危害社会的行为，这同样是或者是较为重要的达到保卫社会的途径。根据这种"刑法的目的思想"，就应当对一定的犯罪本应定其罪、宣告其刑罚的场合，先不宣告刑罚，而宣告由保安处分的改善所收容。[⑤] 李斯特的不定期刑和改善处分理论，加强了保安处分的理论基础，对保安处分制度的完整体系的

① 参见甘雨沛、何鹏编：《外国刑法学》，下册，601 页，北京，北京大学出版社，1985。
② 参见甘雨沛、何鹏编：《外国刑法学》，下册，602 页，北京，北京大学出版社，1985。
③ [意] 菲利：《犯罪社会学》，郭建安译，60 页，北京，中国人民公安大学出版社，1990。
④ 参见 [意] 菲利：《犯罪社会学》，郭建安译，142 页，北京，中国人民公安大学出版社，1990。
⑤ 参见甘雨沛、何鹏编：《外国刑法学》，下册，604 页，北京，北京大学出版社，1985。

建立，具有重要意义。

在保安处分制度形成的过程中，有关国际刑法会议起到了推波助澜的作用，加速了保安处分制度的诞生。国际刑法及监狱会议于1846年在德国法兰克福召开的第一次会议以及此后召开的若干次会议中，就少年犯、累犯、精神障碍者、流浪者以及乞丐等的处置问题，作了广泛的讨论。例如，1847年布鲁塞尔会议上，通过了关于少年犯教养保护的决议；1872年伦敦会议的决议中与保安处分有关的内容包括，警察监视、惯行犯之处置以及少年犯之处置等；1878年斯德哥尔摩会议，对防治惯习犯、少年犯及少年无赖者的管理等问题进行了讨论；1885年罗马会议，讨论了与保安处分有关的少年犯的父母责任、少年犯父母的责任与法官的权限、对流浪者的处置等问题；1895年巴黎会议讨论了防止游荡无职业之办法等问题；尤其是1910年华盛顿会议通过的决议认为，对少年犯须加以迁善教育，应将习惯犯、常业犯与普通犯加以区别，对感化应进行改良，地方慈善机构受政府委托可以监督假释者，对游荡无职业者应强令其工作，对酗酒者应进行治疗等，这次会议标志着保安处分的长足进步。除国际刑法与监狱会议以外，国际刑法学会与国际刑法统一会议也分别对保安处分作出了各种决议。例如在国际刑法学会1926年布鲁塞尔会议上，着重讨论了刑罚是否可以为保安处分代替或补充的问题，会议决议指出："……如以刑罚为对于犯罪唯一的制裁，则对于因精神异常而犯罪的人，有犯罪倾向或习惯的人，或有教育可能的未成年人，在防卫社会的实际要求上，均嫌不够。所以我们希望刑法典内应规定保安处分。保安处分的内容，应以犯人人格及其社会适应性如何为标准，刑罚和保安处分，均应由法院宣告。法官可依照犯罪情形和犯人的人格，并科刑罚和保安处分，或选择其一。"① 国际刑法统一会议1928年在罗马召开的会议，对保安处分的发展具有重大意义，会议的决议中有关保安处分的条文达15个之多，它们就保安处分的若干中心问题，如保安处分与刑罚的关系，保安处分与缓刑的关系，

① 转引自林纪东：《刑事政策学》，4版，301～302页，台北，正中书局，1969。

以及保安处分的性质、渊源、效力等，均以条文的形式作了极为明确的规定。

在有关国际刑法会议的影响下，各国开始进行保安处分的立法，把保安处分系统地规定在刑法典或刑法草案中，将其视为代替或补充刑罚的一种制度。在保安处分发展史上具有划时代意义的是在著名刑法学家斯托斯（Stooss）主持下制定的1893年瑞士刑法草案，通称斯托斯案。这个草案将保安处分与刑罚并列规定在第二章中，形成刑罚和保安处分的二元论体系。1893年斯托斯案被认为是开创了世界保安处分的新纪元，对后来的刑事立法产生了重大影响。继斯托斯案之后，又有1921年的菲利案，该案的精神实质在于刑罚社会性的制裁化，完全否定传统刑罚的实质概念，将刑罚与保安处分融为一体，形成一元论的保安处分体系。此后，各国纷纷在刑法中规定保安处分，保安处分成为风行一时的制度，得到了空前的发展，进入全盛时期。尤其是1930年意大利刑法，它首次将保安处分作为一种正规的、系统的制度，在正式的刑法典中确立下来，因而在保安处分的发展史上具有特殊意义。

第二节 一元论与二元论之争

在保安处分的理论中，最复杂的是它与刑罚的关系问题。在这个问题上，存在一元论与二元论之争。

一、一元论

刑罚与保安处分一元论，为刑事实证学派（新派）所主张。根据新派的观点，刑罚的本质是改善、预防的教育刑，是防卫社会。犯罪人可分为矫正可能者与矫正不可能者两类，对于矫正可能者加以矫正，对于矫正不可能者则施行社会隔离处分。无论是刑罚还是保安处分，其目的都在于改善犯罪人，预防犯罪，从而保全社会，其本质是一致的，无须区分，这就是刑罚与保安处分的一元论。

意大利著名刑法学家菲利是刑罚与保安处分一元论的有力倡导者。1921年，菲利拟定并发表了意大利刑法草案，史称菲利案。这是一元论立法的先驱。菲利案是以“无刑罚的刑法典”的模式出现的，就是以单一的保安处分代替了传统的刑罚，将二元制上刑罚与保安处分融合为一个保安处分化的概念，即制裁(Sanction)。菲利案规定的制裁措施有：一是对于18岁以上人犯普通罪的制裁：(1) 罚金。(2) 地方流放。(3) 定居。(4) 强制田中劳作。(5) 于劳作所或劳业所之轻惩役。(6) 于惩役所之惩役。(7) 无期惩役。二是对于18岁以上人犯政治或社会之罪的制裁：(1) 国外流放。(2) 轻监禁。(3) 重监禁。三是对少年犯罪的制裁：(1) 监视。(2) 交职业感化院。(3) 交少年劳作所或农业所。(4) 交监置所。四是对精神病犯的制裁：(1) 交监置所。(2) 送犯罪狂病院。(3) 特别劳作所。五是附加制裁：(1) 公布判决。(2) 善行保证。(3) 停止职业。(4) 禁止公职。(5) 外国人之驱逐。菲利的刑法草案虽然没有付诸立法，但对某些国家的刑事立法产生了一定的影响。受其影响的有：苏联1922年、1926年刑法，古巴1926年刑法，墨西哥1926年刑法以及瑞典1959年的保护法草案等，都采用了一元论的立法模式。例如1924年的《苏联及各加盟共和国刑事立法基本原则》以及1926年的《苏俄刑法典》，完全抛弃了刑罚与保安处分形式上的区别，总称为社会保卫方法。《基本原则》把社会保卫方法分为司法改造性质的方法、医疗方法和医疗教育方法。《基本原则》通过以后，苏联法学界对刑罚改为社会保卫方法的意义展开了讨论：一种观点认为不用刑罚而采用社会保卫方法，实质上主要是术语上的改变。例如 M.Л. 沙尔戈罗茨基指出：拒绝采用刑罚这一术语，并不意味着对刑法任务的看法有任何原则性的变化。这主要是立法者希望强调不能把刑罚作为报复。不采用刑罚纯粹是术语上的、字面上的问题，内容没有发生变化。另一种观点则认为采用社会保卫方法的术语是对刑事法律的原则性修改，它将导致主要是以社会学派思想来改造刑事立法。例如，A.H. 特拉伊宁指出：社会保卫方法和刑罚方法这些术语包含着某种思想倾向。这些方法正在摆脱传统的司法审判，意味着以社会保卫的原则代替惩治性的司法审判。[①] 这一争论表明，一元论的立法例引起理论上的聚讼，人们难以接受。苏联 1934 年 6 月 8 日《国事罪条例》重新开始采用刑罚这一概念，及至 1961 年《苏俄刑法典》，在规定刑罚方法的同时，还规定了医疗性和教育性的强制方法，从而从一元论转向二元论。

二、二元论

刑罚与保安处分二元论，为刑事古典学派（旧派）所主张。根据旧派的观点，客观的犯罪事实是适用刑罚的必然前提，无犯罪则无由谈刑罚的适用，这就是罪刑法定主义。据此，刑罚的任务在于惩处违法犯罪，保护公民的合法利益。同时，刑法还必须限制掌握刑罚权者和行使刑罚权者滥用权力。根据这种法制原则，刑罚只能是依法适用于犯罪，而犯罪须有严格的犯罪构成，又必须与其他行政违法、违警罪等加以区别。但是除既犯者外，还有将犯或再犯的危险者的存在，同样有破坏社会的安全秩序、侵害公民的合法权益的可能，对此不能不考虑采取预防或防止犯罪危险的相应措施，这就必须承认保安处分制度的必要性，从而形成了刑罚与保安处分的二元论。

瑞士著名刑法学家斯托斯是刑罚与保安处分二元论的有力支持者。1893 年，斯托斯完成并公布了《瑞士刑法预备草案总论》。1894 年完成并公布了《瑞士刑法预备草案各论》，这就是著名的斯托斯案。斯托斯案综合报应主义与预防主义而形成了社会防卫主义刑法的完整体系。该案在内容上相应地保持罪刑法定主义的原则，维护责任主义的理论，在承认报应刑论是刑罚的基础的同时，认为对犯罪的预防比报应更具有重要意义，并作为刑罚的补充，在刑法典中一并规定下

① 参见［苏］皮昂特科夫斯基等：《苏联刑法科学史》，曹子丹等译，190～191 页，北京，法律出版社，1984。

来。因此，斯托斯案具有刑罚与保安处分的双重体系。除刑罚以外，该案还规定了 6 种基本的保安处分和 8 种附随的保安处分。这些保安处分仅仅作为补充刑罚的辅助性措施而适用于特殊类型的犯人。这 6 种基本的保安处分是：(1) 累犯者的监置处分。(2) 逃避劳动者的劳动所收容处分。(3) 禁止酒精饮用者出入饮食店的处分。(4) 酒癖犯人于酒癖治疗所的矫治处分。(5) 无责任能力者的监置处分。(6) 无责任能力者的治疗处分。8 种附随的保安处分是：(1) 没收。(2) 赔偿被害者。(3) 剥夺市民荣誉权。(4) 剥夺亲权或监护权。(5) 剥夺职业或营业权。(6) 公布判决。(7) 剥夺官职。(8) 善行保证。斯托斯案对后来的各国刑事立法产生了深远的影响，仿照斯托斯案的有德国 1903 年刑法预备草案，以及 1913 年、1919 年、1925 年、1927 年的草案，奥地利 1909 年、1912 年、1922 年、1927 年的刑法改正案，捷克斯洛伐克 1922 年、1926 年的刑法预备草案，日本 1927 年刑法改正案，南斯拉夫 1929 年刑法，丹麦 1930 年刑法，等等。尤其是意大利 1930 年刑法、波兰 1932 年刑法，以及法国 1934 年刑法改正案等，不仅采二元论，而且保安处分不再作为补充刑罚的辅助性措施存在，而是与刑罚相对应的、平行并列的，为预防犯罪而广泛适用的措施。

三、一元论与二元论的评价

刑罚与保安处分的一元论与二元论之争，涉及一些重大的刑法理论问题，关乎刑法的前途与命运，应当引起我们的思考。

一元论立足于刑罚与保安处分的共同点，从而抹杀两者的区别，将刑罚统一于保安处分或将保安处分统一于刑罚，由此实现一元化。在报应与预防的关系上，一元论彻底否定报应主义，主张彻底的预防主义。从防卫社会的角度来说，这不能不认为是一种具有诱惑力的设想。德国著名刑法学家麦兹格曾经对刑罚与保安处分统一的可能性作了论述，认为刑罚与保安处分统一的可能性是有的，而且有种种解释论预示着这一可能性。正如上述从保卫社会这一法的机能和任务说，保安处分的理论之一或者说重要的理论之一就是社会防卫论，保卫社会的机能是保安处分生而具有的本质性的机能。从刑罚的终极目的和机能说，同样具有保卫国家、保全社会的机能，这就预示着刑罚与保安处分两者统一的可能性。同一的犯罪，可适用刑罚也可以保安处分代替适用，这预示着两者趋向统一的可能性。保安处分可以与刑罚并科适用，这表明同一性质的犯罪适用两种处遇方法，而两种方法是形式问题，同一性质的犯罪是本质上的统一。这足以说明刑罚与保安处分的并科适用，是两者走向统一的过渡条件，预示着两者统一的现实可能性。[①] 应该说，这一论述本身并无不当，但问题在于：可能性，无论是抽象的可能性还是现实的可能性，毕竟并非现实性。从可能性转化为现实性还需要具备一定的条件，无视这种条件而超越现实，显然是不妥的。在这个意义上，我们同意刑法学家拉托巴哈的观点，纯粹的保安处分的一元体系的出现须待社会发展到人与人完全平等，无斗争或少有斗争，相互间以和平、友爱、冷静态度相待，社会上充满着真正的人道主义的时候。总之，纯粹的一元体系的建立为时尚早。[②] 之所以如此，主要是商品经济基础之上的报应观念尚有其存在的客观基础。而且，完全排斥报应对于处分的制约，势必扩大法官的裁量权，削弱乃至于废除传统的罪刑法定主义，从而在两个机能中，向社会保护机能倾斜，人权保障机能则受到不应当的忽视。

二元论立足于刑罚与保安处分的差别点，使之平起平坐，各成为一个体系，规定在同一刑法典中。根据二元论，刑罚是对犯罪的镇压，保安处分是对犯罪的预防；刑罚是对违法行为的强制性的制裁，其动因是报应，保安处分是对有危险者的预防，通过个别的处遇达到改善的目的；刑罚的本质是恶害，保安处分的本质是伦理中性的危险性；刑罚的基础是每个行为者的行为责任，保安处分的基础是行为者的人身危险性。由此可见，二元论是对报应观念与预防观念的调和与折

① 参见甘雨沛、何鹏编：《外国刑法学》，下册，638 页，北京，北京大学出版社，1985。

② 参见甘雨沛、何鹏编：《外国刑法学》，下册，645 页，北京，北京大学出版社，1985。

中，但由于这两种观念本质上的对立并未能够得到圆满的解决，因而在立法与司法上，存在难以克服的困难。正如刑法学家独雷埃所指出的，如果以刑罚的本质是威吓、是伦理正义的报复、是一般预防等特征作为区分刑罚与保安处分的界限，那么，两个支柱的二元论是缺乏理论基础和完整性的，也是缺乏贯通性和彻底性的。如果说刑罚的本质是报应，是对恶害者的以恶报恶，那么就须对犯罪者科以相应的（罪刑相均衡）刑罚，而这种刑罚对犯罪者必须是一定的痛苦或忍受。这样，就会看到保安处分中的剥夺自由的保安拘禁、保安监护等处分，同样有被剥夺自由的痛苦和忍受。再如在刑罚执行终了，被收容者还具有再犯的危险时，从保卫社会观点出发，在法官认为有必要时，可再附加以保安拘禁，这时在执行上，即或说是有区别，也不过是由执行刑罚的拘禁场所移至另外的一个拘禁场所，用一般的说法是“打开了这一监门，进入另一个监门”[①]。因此，二元论虽然将刑罚与保安处分加以区别，但实际上两者的理论界限是无法划清的，因而二元论本身存在难以克服的内在矛盾。

我认为，刑罚与保安处分的关系的界定，应当立足于刑罚目的的二元论：刑罚的目的既非像报应刑论者所主张的那样纯然是报应，也不像预防刑论者所主张的那种完全是预防，而是报应与预防的统一，刑罚本身具有报应与预防两种功能。因此，刑罚与保安处分不是相互对立的二元论（刑罚以报应为根据，保安处分以预防为原则），也不是完全融合的一元论（在预防的基础上实现刑罚保安处分化或者保安处分刑罚化），而是确立刑罚与保安处分的相对的一元论与二元论：这就是将有关保安处分引入刑罚体系，建立保安刑，使之与传统刑罚方法中的生命刑、自由刑、财产刑和资格刑相并列，作为补充与强化后者的预防功能，尤其是个别预防功能而适用。应当指出，我们这里所谓的保安刑，不同于挪威刑法中规定的保安刑。1902 年《挪威刑法典》就含有“执行刑罚就包含着行使保安处分的意义”的立法旨趣。《挪威刑法典》第 65 条的适用解释是，对具有一般再犯

① 甘雨沛、何鹏编：《外国刑法学》，下册，636～637 页，北京，北京大学出版社，1985。

危险性者，应普遍地加重科处，这就是保安刑。这种保安刑在确定刑罚的当时，就把犯人的应考虑适用保安处分的因素（一般危险性）综合在一起来论断，无须把刑罚与保安处分分开考虑。[①] 这种保安刑是一种不同于菲利的废止刑罚，以社会防卫处分的形式成立保安处分的一元体系，而是保安处分的机能为刑罚所吸收，形成保安刑的一元体系。这种保安刑，实际上还是将保安处分的意义融化于刑罚，过于激进地将两者融为一体，因而难以为社会所接受。因此，挪威刑法中的保安刑，只不过是一元论的变种而已。而我们所谓的保安刑，与一元论形异实同，与二元论实异形同，是特定意义上的保安刑。由此把刑法意义上的保安刑从保安处分中独立出来，纳入刑罚体系，而将行政法意义上的保安处分仍旧保留，从而科学地确定刑罚和保安处分的关系，跳出一元论与二元论之争的窠臼。

第三节　各国保安处分的比较

当今世界各国刑法典大多有关于保安处分的规定，由于各国文化传统的差别和立法技术的原因，保安处分的规定无论是内容上还是形式上都存在较大的差异，现将一些共同性的规定加以比较。

一、保安处分的适用对象

保安处分的适用对象一般认为是具有一定犯罪危险性的主体。从各国关于保安处分的立法规定来看，保安处分的适用对象可以分为一定之人与一定之物，其中人是保安处分的直接对象，物是保安处分的间接对象。

（一）以人为对象的保安处分

以人为对象的保安处分，是指对具有一定人身危险性，可能危害社会的人实

① 参见甘雨沛、何鹏编：《外国刑法学》，下册，610 页，北京，北京大学出版社，1985。

施的一种具有刑法强制力的预防性措施。作为保安处分对象的人，除一元论的立法例以外，与作为刑罚对象的人是有区别的，其适用保安处分既不取决于该人的危害社会的行为状态，也不取决于责任能力，而取决于人身危险性，即该人将来对社会共同生活是否存在危险性，只要存在这种危险性，就可以成为保安处分的适用对象。根据世界各国保安处分的立法例，保安处分的适用对象主要是以下5类人：

1. 无责任能力之人

无责任能力之人不能成为犯罪主体，因而难以成为刑罚适用对象，但却可以对之适用保安处分。例如，《苏俄刑法典》第58条规定："对于在无责任能力状态中实施危害社会行为的人，或者虽在有责任能力状态下实施这种行为，但在宣告判决前或者服刑期间患有精神病，因而不能辨认或控制自己行为的人，法院可以采用下列医疗性强制方法：(1) 安置在普通的精神病院。(2) 安置在专门的精神病院。"

2. 缺乏刑罚适应性的人

缺乏刑罚适应性的人由于具有某种特殊原因，缺乏刑罚适应性，对于这样的人，可以适用保安处分，例如，《德国刑法典》第64条第1款规定："有过度服用酒精饮料或其他麻醉剂之习癖，或昏醉中有违法行为，或其违法行为起因于此习癖，基此行为而受有罪之裁判，或只因证明为责任无能力或不能否定其系无能力始未为有罪之裁决，且因其习癖将来有为严重违法行为之危险者，法院应命收容于强制禁戒机构。"

3. 特种危险性犯人

特种危险性犯人，包括酒精或麻醉剂中毒者、性异常犯人、常习犯、职业犯、累犯、流浪汉等。例如，《罗马尼亚刑法典》第113条第1款规定："对因疾病、酒精中毒、药物中毒或其他类似物质中毒而引起社会危险的犯罪者，可强迫定期进行医疗，直至恢复正常。"又如，根据《德国刑法典》第66条规定，对特别严重的累犯及性向犯，应交付保安监置。

4. 少年犯人

少年犯人由于年龄上的原因，法律往往加以特殊保护。同时，从防卫社会的角度出发，一般都作为保安处分的重点对象。有些国家还通过专门的少年法，对少年犯的处遇加以专门规定。例如英国1907年的保护观察法和1908年的少年法规定，对少年常习犯，保安处分可代替刑罚适用，也可与刑罚并科适用。还有些国家则在刑法典中对少年犯人的保安处分作出规定，例如《意大利刑法典》第224条第1款规定："未满14岁人犯法定罪行，且有危险性者，推事特别斟酌行为之轻重及其家庭伦理状况，令入司法感化院或付保护管束处分。"第225条第1款规定："满14岁而未满18岁未成年人认可归责者，推事斟酌前条第1款所列情状，得于刑之执行后，收容于司法感化院或付保护管束。"第226条又特别规定，未满18岁的人犯为常习性、职业性或有犯罪倾向之犯罪者，令入司法感化院的期间不得在3年以下。

5. 法人

法人能否成为犯罪主体在理论上存在争论，因此，法人能否成为保安处分的对象，也同样存在不同的观点。由于科学技术的飞速发展，法人的活动引起的社会危险性客观存在，因而有的国家的刑法实际上已经出现承认法人作为保安处分的适用对象的立法例。例如，1893年瑞士刑法草案和1926年捷克斯洛伐克刑法草案等，对法人规定了禁止营业的保安处分。1934年法国刑法草案规定了停止法人活动和解散法人的保安处分。还有些国家，例如日本等，在单行法规中对法人根据具体情况采取权能剥夺（全部或部分）、禁止营业、警察监视、解散法人等措施。

（二）以物为对象的保安处分

以物为对象的保安处分，是指以防止犯罪或犯罪危险性为目的，对与犯罪有关联的特定物采取的具有刑法强制性的预防措施。从各国立法例来看，作为保安处分适用对象的物一般有以下两类：

1. 具有诱导犯罪发生性质的物

在一定的场合，一般认为具有可能导致犯罪或者侵害社会的危险性质的物件，就是具有诱导犯罪发生性质的物。例如可供犯罪者使用的器物，包括一切供将实施违法犯罪而使用的物。

2. 过去犯罪的残存危险物

在一定的场合，一般认为具有可能导致犯罪或者侵害社会性质的残存物，就是过去犯罪的残存危险物。例如，供实施犯罪使用的工具，受贿罪所取得的贿赂。

二、保安处分的适用条件

保安处分的适用条件，是指适用保安处分所应当具备的要件。保安处分的适用条件，一般是由法律加以规定的，从各国立法例来看，大体上存在三种模式：第一是以联邦德国、奥地利、西班牙等为代表的立法模式，这种模式将保安处分作为刑罚的补充制度。根据这种立法模式，适用保安处分的条件是：(1) 实施违法行为。(2) 具备法律规定的一定性状的特殊性格者。第二是以 1930 年意大利刑法典为代表的立法模式，这种立法模式将保安处分作为与刑罚并列的制度。根据这种立法模式，适用保安处分的条件是：(1) 实施法规中规定为加罚的行为。(2) 具有犯罪危险性。在例外情况下，虽未实行犯罪行为，如对不能犯和教唆的未遂等，也可适用保安处分。第三是以菲利为代表的一元论的立法模式，其特点是适用保安处分的条件和适用刑罚的条件完全相同。比较上述三种立法模式，除菲利案以外，其他两种立法模式均认为保安处分不同于刑罚，具有其特定的适用条件，并在法律上加以规定。由于各国法律对保安处分的适用条件的规定并不相同，在刑法理论上将其分为共同适用条件和个别适用条件，下面分别加以论述。

(一) 保安处分的共同适用条件

保安处分的共同适用条件，是指适用任何保安处分都必须具备的条件。无此条件，则不能适用保安处分。这些条件又可以分为：

1. 客观条件

在客观方面，被适用保安处分的必须是实施了犯罪行为或者至少实施了违法行为的人。因为一定的违法事实不仅是人身危险性的客观外在表现，而且是对法官自由裁量权的制约。以一定的违法事实为适用保安处分的条件，对于保障人权，防卫社会都有重要意义。当然，还存在个别例外。例如有些国家的法律规定，对没有实施违法行为，但有犯罪危险或嫌疑的人，如精神病人、有犯罪之虞的少年以及某些恶习成癖的人等，也可以适用保安处分。

2. 主观条件

在主观方面，被适用保安处分的必须是具有人身危险性的人。所谓人身危险性，是指行为人将要违法或想要违法，但尚未实施违法行为的一种状况。人身危险性是否存在，应当根据一定的客观事实加以判断。《意大利刑法典》第 133 条规定，判断是否具有公共危险性时，应以下列事实作为衡量的标准：(1) 犯罪之动机及行为人之性格；(2) 刑事及裁判上之前科以及行为人犯罪前之行为及生活状况；(3) 犯罪时或犯罪后之态度；(4) 行为人个人、家庭或社会关系。

在上述客观条件与主观条件中，对于适用保安处分更为重要的是主观条件，即人身危险性。仅有一定的违法事实存在，而没有人身危险性，不能适用保安处分。反之，仅有人身危险性而无一定的违法事实，却可以适用保安处分。同时，人身危险性的状况对于选择和确定保安处分的种类和期限具有重要意义。

(二) 保安处分的个别适用条件

除保安处分的共同适用条件以外，各国还根据各种类型的保安处分的特殊性，规定了一些具体条件，这就是保安处分的个别适用条件。例如日本刑法改正案规定，适用监护处分，须具备“犯符合于监禁刑以上罪”的客观表征和被处分者须有“精神障碍或哑者”的主观表征；适用矫正处分，须具备“陷于酩酊或麻醉状态而犯罪”的客观表征和被处分者须有“酗醉或使用麻醉品习癖性”的主观表征；适用劳作处分，须具备“因流浪或逃避劳动而犯罪”的客观表征和被处分者是"常习犯"的主观表征；如此等等。保安处分的个别适用条件是根据具体保安处分措施的特殊性而确定的，它对于准确地适用保安处分具有重要意义。

三、保安处分的基本类型

各国法律关于保安处分的规定极不统一，其中基本的保安处分的类型共有以下这些：

（一）监护处分

监护处分，也称为强制治疗、医院限居。这一处分主要适用于限制责任能力或无责任能力的精神病人，处分的方法是送入精神病院或者治疗监护所。《德国刑法典》第 63 条，《意大利刑法典》第 219 条、第 222 条，《奥地利刑法典》第 21 条，《瑞士刑法典》第 43 条，《苏俄刑法典》第 58 条至第 61 条等，都规定了这种保安处分。例如《德国刑法典》第 63 条规定：在无责任能力或限制责任能力状况下而为违法行为，法院应对行为人及其行为进行全面衡量，如果是以显示行为人仍将有严重违法行为，会危及公共安全者，应命令收容于精神病疗养院。监护处分是适用最为普遍、最为经常的一种保安处分措施。

（二）禁戒处分

禁戒处分，也称为矫正处分、禁绝处分。这一处分主要适用于病癖性违法犯罪者，如麻醉剂中毒者和性变态者。《德国刑法典》第 64 条，《意大利刑法典》第 219 条、第 221 条，《瑞士刑法典》第 44 条，《苏俄刑法典》第 62 条等，都规定了这种保安处分。例如《意大利刑法典》第 219 条规定：非过失性犯罪之受刑人，由于酒精或麻醉剂慢性中毒等原因减刑时，至少入治疗监护所 1 年。《瑞士刑法典》第 44 条也规定：如酗酒、烟毒犯罪行为与酗酒、吸毒习惯有关时，法官得令入酗酒戒绝所或其他治疗处接受治疗。

（三）劳作处分

劳作处分，也称为强制工作，主要适用于有犯罪习惯者、常业犯罪者或因游荡或懒惰成习而犯罪者。也有的国家对职业行乞、一贯卖淫者也适用该处分。例如《巴西刑法典》第93条规定，对于因游手好闲、流浪或卖淫罪而被剥夺自由者，可拘禁在农场、劳役场、改造所或习艺所。

（四）保安监置

保安监置，也称保安拘禁、预防处分、预防拘禁，是指收容有犯罪习性及有危险性者于预防所的处分，主要适用于有再犯某种严重罪行重大嫌疑的人、危险性常习犯人或者其他危险性犯人。《德国刑法典》第66条、《意大利刑法典》第216条至第218条、《奥地利刑法典》第23条、《瑞士刑法典》第42条等，都规定了这一保安处分措施。例如《瑞士刑法典》第42条（常习犯罪人之监管）第1项规定：行为人数度犯故意之轻罪或重罪，并因此受重惩自由刑、轻惩自由刑或劳动教育场所受有总共2年以上剥夺自由之处罚或前因常习犯经监管代替自由刑之处罚时，如在确定刑之执行完毕后5年内再犯重罪或轻罪，以致其为常习犯之倾向已明，法官得将其处以监管以代替重惩或轻惩监狱之处罚。

（五）司法感化院之收容

司法感化院之收容，是对未成年人适用的特别保安处分。这种保安处分的本质在于感化、教育、保护、救助、医疗、监视、改善等，在执行场所、执行方法以及执行内容等方面，充分考虑了少年犯的特点，突出和重视改善教育，在性质上较之一般的刑事立法上的保安处分也要缓和得多。大多数国家在少年法中规定了这种保安处分，个别国家则在刑法中加以规定。例如《意大利刑法典》第223条规定，司法感化院之收容系对未成年人之特别保安处分，其期间不得少于1年。未成年人达21岁后仍须适用或执行此项保安处分之全部或一部者，将其处分变更为保护管束，但推事认为应收容农园惩治所或劳动所者不在此限。

（六）善行保证

善行保证是责令被适用者提供一定数额的金钱或者有价证券，作为将来不再犯罪的保证。如果行为者违反善行保证，其所提供的金钱或者有价证券便充公。例如《意大利刑法典》第237条规定：善行保证在4万里耳至80万里耳之范围内，向罚锾金库提存保证金。善行保证得以抵押或连带保证之，处分期间为1年以上5年以下，并自提供保证之日起算。

（七）没收

没收是指为消除犯罪的方法或条件，将与犯罪有关联或有诱发犯罪危险的物品违禁品等予以没收的处分。《意大利刑法典》第240条，《罗马尼亚刑法典》第118条，《德国刑法典》第73条、第74条，《奥地利刑法典》第26条等，都规定了这种保安处分措施。例如《德国刑法典》第74条规定的没收条件为：（1）犯罪行为所产生的物。（2）预备犯罪行为或供犯罪使用之物。（3）会危及公众或可能为犯罪利用之物。

（八）保护观察

保护观察主要适用于被宣告缓刑、假释者、执行完毕剥夺自由的保安处分者以及对少年犯代替刑罚使用。《德国刑法典》第68条b将保护观察称为行为监察，具体规定了被监察者遵守的下列事项：（1）未经许可不得离开居住地或指定地区。（2）不得在有犯罪机会或诱发犯罪因素的特定地区逗留。（3）不得与可能提供犯罪机会或诱发犯罪的特定人或团体交往。（4）不得参与导致犯罪的特别行为。（5）不得接触、供给再犯机会或诱发再犯之物件。（6）不得保持或驾驶易滋生或招致犯罪的特定车辆。（7）定期报告自己的情况。（8）住所变更或遇有失业时，向监察员或有关机关报告。

（九）禁止出入特定场所

禁止出入特定场所主要对因习惯性酗酒或在习惯性酗酒状态下犯罪者适用；其内容是刑罚之后附加禁止出入酒馆或饮食店。《意大利刑法典》第234条规定最短期限为1年。《巴西刑法典》还规定了酗酒以外的其他情况也适用禁止出入特定场所的保安处分。例如对于游手好闲、流浪而犯罪者，在刑罚之外可以规定在3个月内不得进入可能诱发其犯罪的特定场所。

（十）限制居住

限制居住主要适用于政治性犯罪以及具有一定地域性质的犯罪。例如《意大利刑法典》第233条规定，对国家安全或公共秩序的犯罪，或因政治动机而犯罪，或以一定地域的社会、伦理上的特别条件为机会而犯罪者，法官可以命令其禁止居留于特定的乡镇或州，期限为1年以上。

第四节 中国保安刑的建构

中国是否需要保安处分？我国刑法学界有些学者虽然对保安处分的优越性予以充分肯定，但同时提出，这种着重人身危险、立足社会防卫的制度及其采用的灵活做法，一旦失控极易走向反动，构成践踏人权、破坏法制的帮凶。我国的民主和法制建设还相当落后，司法实践中滥用权力，侵犯人权的情况还相当严重，在这种社会环境下匆忙地迎来保安处分将十分危险。[①] 还有学者认为，如果创制刑法体系意义上的保安处分制度，都会不可避免地削弱或破坏法治文化精神。[②] 应当说，这种观点对保安处分的利弊分析是中肯的，尤其是认为保安处分必须有健全完善的民主制度的保障，否则必将成为摧残民主的凶手的论点不乏真知灼见。但是，以我国的民主和法治建设落后为由，否定我国应当建立保安处分制度的结论，在我看来，大有值得商榷之处。事实上，我国刑法理论虽然没有使用保安处分这样的概念，甚至将西方保安处分制度完全斥责为法外制裁予以彻底的否定，但在我国的现实生活中，曾经存在类似于西方保安处分的制度，例如劳动教养、强制留场就业等；并且1979年刑法（本节所称刑法及条文，均指1979年刑法）条文中也有类似规定，例如刑法第60条规定“违禁品和供犯罪所用的本人财物，应当予以没收”，就类似于保安处分中的没收处分。由于这些类似于保安处分的措施立法极不完善，因而暴露出种种弊端。在这种情况下，与其放任自

① 参见陈啸平：《保安处分的诱惑与风险》，载《法学评论》，1988（5），54页。

② 参见宋建强：《冲突与选择——世界刑法态势与中国刑法改制》，载《法学与实践》，1991（1），7页。

流，不如在立法上予以完善，建立保安刑，将其纳入法律调整的轨道，这对于防卫社会与保障人权都具有重要意义。值得注意的是，1989 年 5 月 18 日在北京举行的“刑法改革与重刑”学术讨论会上，有的学者建议在刑法中增设保安处分制度，以取代当前的劳动教养、工读学校、强制留场就业、注销城市户口和收容审查等非刑罚处置制度。[①] 由此可见，保安处分引入刑法典，是完全必要的。

随着我国法治建设的发展，保安处分制度也发生了重大变化，因应了时代的进步。其中，上述劳动教养、工读学校、强制留场就业、注销城市户口和收容审查等制度都已经被废止。为使我们对这些曾经存在的保安处分制度更加了解，以下对这些制度加以评述。

一、劳动教养

根据 1957 年全国人大常委会批准、国务院公布的《关于劳动教养问题的决定》，劳动教养是对被劳动教养的人实行强制性教育改造的一种措施，也是对他们安置就业的一种办法。根据该决定，劳动教养的适用对象包括：（1）不务正业，有流氓行为或者有不追究刑事责任的盗窃、诈骗等行为，违反治安管理、屡教不改的；（2）罪行轻微，不追究刑事责任的反革命分子、反社会主义的反动分子，受到机关、团体、企业、学校等单位的开除处分，无生活出路的；（3）机关、团体、企业、学校等单位内，有劳动能力，但长期拒绝劳动或者破坏纪律、妨害公共秩序，受到开除处分，无生活出路的；（4）不服从工作的分配和就业转业的安置，或者不接受从事劳动生产的劝导，不断地无理取闹、妨害公务、屡教不改的。1979 年全国人大常委会批准、国务院颁行的《关于劳动教养的补充规定》规定劳动教养的期限为 1 年至 3 年，必要时得延长 1 年。从以上规定来看，劳动教养是对具有轻微罪行的人实行强制性教育改造的行政处分，实际上具有保

① 参见王晓燕等：《“刑法改革与重刑”学术讨论会综述》，载《法学研究》，1989（4），20 页。

安处分的性质。但劳动教养关系到对劳教人员的人身自由的限制甚至剥夺，而且时间最长的可达3年。就其实际效果来说，比作为刑罚的管制和拘役还要重，形成严重的不协调。而且，从程序上来说，不需要经过人民法院的审理和判决，对于需要实行劳动教养的人，由省、自治区、直辖市和大中城市劳动教养委员会审查批准。由于劳动教养主要是由公安机关负责，因而基本上由公安机关决定。在这种情况下，对于劳动教养缺乏必要的制约机制，劳教人员实际上也享受不到辩护权、上诉权与申诉权。因此，我认为，过去30多年，劳教制度对于维护社会治安虽然具有一定的作用，但由于立法不完善，在人权保障上存在不足之处。为此，应当将劳动教养纳入刑罚体系，按照正式的刑事审判程序判决。考虑到适用劳动教养的犯罪情节都较轻，一般可以适用简易审判程序，例如由公诉人及某些案件的自诉人向基层治安法庭起诉，治安法庭为一审。不服一审判决的，上诉到基层人民法院。对于劳动教养的适用对象，应由刑法加以明确规定，可确定为适用于具有轻微罪行，但屡教不改，具有较大的人身危险性的犯罪人。教养的期间可规定为1至2年，执行方法上有别于自由刑，以教养为主，辅之以劳动。劳动教养类似于西方保安处分中的劳作处分，其功能主要在于防止更严重犯罪的发生。

二、强制留场

1954年《中华人民共和国劳动改造条例》对刑罚执行完毕的人员规定了释放和留场就业两种处理方法。当时的留场就业以自愿或基本自愿为原则，主要是解决刑满释放人员的安置就业问题。1964年全国第六次改造工作会议《关于加强劳改工作若干问题的报告》，就刑满释放人员留场就业问题提出四留四不留的政策。其中四留是指：（1）改造不好的；（2）无家可归又无业可就的；（3）家在边境口岸、沿海沿边县以及靠近沿海沿边的县和大城市的尽量留，但有些改造好了的人民内部犯法分子和轻微刑事犯，放回去没有危险的，也可以不留；（4）放出去有危险的和其他特殊情况的。从这一规定可以看出，这里的留场就业不再以自愿或基本自愿为原则，而是具有一定的强制性。并且，留场就业也不单纯是为解决刑满人员的安置就业问题，而主要是为防止没有改造好的刑满人员继续危害社会。因而，这一留场就业制度已经初具保安处分的性质。及至1981年6月10日，全国人大常委会《关于处理逃跑或者重新犯罪的劳改犯和劳教人员的决定》规定：(1) 劳教人员解除教养后3年内犯罪、逃跑后5年内犯罪的，从重处罚，并且注销本人城市户口，期满后除确实改造好的以外，一律留场就业，不得回原大中城市。其中情节轻微、不够刑事处分的，重新劳动教养或者延长劳动教养期限，并且可以注销本人城市户口，期满后一般留场就业，不得回原大中城市。(2) 劳改犯逃跑后又犯罪的，从重或者加重处罚；刑满释放后又犯罪的，从重处罚。刑满后一律留场就业，不得回原大中城市。劳改期满释放后，有轻微犯罪行为、不够刑事处分的，给予劳动教养处分。期满后一般留场就业，不得回原大中城市。没有改造好的劳改罪犯，劳改期满后留场就业。这一规定明确以没有改造好作为留场就业的条件，由于劳教人员经过一段时间的教养以后，仍然执迷不悟，恶习难改，因而予以强制留场就业。而劳改人员经过刑罚执行，人身危险性尚未消除，有的甚至逃跑后再犯罪，因此予以强制留场就业。所以，强制留场就业实际上就是一种保安处分措施。应该指出，这一措施在当时对于打击犯罪与预防犯罪起到了一定的作用。但是，由于种种原因，这些措施在实施中也带来了一些消极后果，主要是这些措施以及强留就业人员在就业期间的管理、待遇、婚姻、家庭等方面所存在的种种严峻问题，使受到这种处罚或将要受到这种处罚的人对自己的前途感到迷惘、绝望，甚至产生对抗情绪。为此，我国刑法学界有些学者提出取消强制留场制度，改为其他处理办法。① 我认为，这种观点不妥。强制留场就业制度本身不够完善，在实施中产生了一些消极后果，这是客观存在的。但强制留场就业制度从根本上来说是好的，应当肯定；个别缺陷可以加以改

① 参见赵秉志主编：《刑法修改研究综述》，195页，北京，中国人民公安大学出版社，1990。

进与完善，而不能一概予以否定。在我看来，强制留场就业制度的主要缺陷在于：(1) 适用条件失之抽象。(2) 没有期限规定，并且注销本人城市户口，使人丧失希望。(3) 对劳教人员同时适用，有其不妥。(4) 没有适当的法律程序。根据以上情况，我认为应当把强制留场纳入刑罚体系，作为保安刑正式确定，并从以下四个方面予以完善：第一，强制留场适用于在自由刑执行期间具有抗拒改造行为，情节严重，而且刑满之际没有改造好的犯罪人。在刑法中规定抗拒改造罪，将该罪的构成要件明确化、具体化，使之具有可操作性。第二，强制留场由劳改机构提出，经人民法院按法律程序判决确定。第三，强制留场的期限一般为 5 年，并且适用减刑制度。第四，强制留场的场所应有别于监狱或者其他自由刑执行场所，在管理方法上适当放松，以改造教育为主，辅之以必要的强制措施。

三、强制禁戒

在当前的犯罪中，有相当一部分是由病癖引起的，这些病癖包括：酗酒、毒品、赌博、卖淫等。由于这些病癖成瘾，难以禁戒，因而导致重新犯罪。为此，在保安刑中应当规定强制禁戒制度。当行为人犯有罪行并沾染了酗酒、毒品、赌博、卖淫等病癖时，可判处强制禁戒的保安刑，强制禁戒的期限为 1 年至 2 年。具体设想为：当所犯罪行较重，需要判处自由刑时，强制禁戒可以先执行，其期限计入自由刑的期限。当所犯罪行较轻，不需要判处自由刑时，单独判处强制禁戒。可以考虑单独设立有关禁戒机构，禁戒机构除具有行刑机构的性质以外，还具有治疗机构的性质。以治疗为主，辅之以强制性的改造。

四、少年管教

1954 年《中华人民共和国劳动改造条例》规定，对少年犯应当设置少年犯管教所进行教育改造。1960 年 4 月 21 日，最高人民法院、最高人民检察院发出通知，少年儿童除犯罪情节严重的反革命犯、凶杀、放火犯和重大惯窃犯，以及有些年龄较大，犯有强奸幼女罪，情节严重，应当判处刑罚的以外，对一般少年儿童违法犯罪的，不予逮捕判刑，采取收容教养的办法进行改造。教养改造的期限一般不作规定，但应根据他们在改造过程中的表现好坏，确定解除教养或者继续教养。同年 4 月 23 日，第 12 次全国公安工作会议《关于继续整顿和加强劳改工作的意见》再次重申："对少年犯一般不判刑，采取劳动教养的办法。改造好了就放，不定期限。"1965 年 5 月 15 日，公安部、教育部在《关于少年管教所工作的意见》中指出："管教期限一般为半年到 3 年。对改造表现很坏的，可以适当延长管教期限。"及至 1979 年刑法颁行以后，1982 年 3 月 28 日公安部在《关于少年犯管教所收押、收容范围的通知》中，明确规定少年犯管教所收押由人民法院依法判处有期徒刑、无期徒刑和判处死刑缓期 2 年执行的年满 14 周岁不满 18 周岁的少年犯；收容根据 1979 年刑法第 14 条的规定，由政府收容教养犯罪少年。收容教养的期限，一般为 1 年至 3 年。从以上情况看，在 1979 年刑法颁行以前，少年管教不属于刑罚执行方法，属于保安处分措施。而在 1979 年刑法颁行以后，少年管教已经成为一种刑罚执行的特殊方法。我认为，应当重新把少年管教确定为一种保安处分措施，对已满 14 周岁不满 16 周岁的少年犯，经过少年法庭的审判，应当判处少年管教。已满 16 周岁不满 18 周岁的少年犯，犯罪情节较轻，应当判处 3 年以下有期徒刑的，可以少年管教代替之。

五、善行保证

我国当前在司法实践中判处缓刑和适用假释的比率极小，究其原因，除司法人员思想上的原因以外，一个重要的原因是刑法规定的缓刑和假释的考察制度不够完善。为此，我国刑法学界有些学者建议，我国刑法可确立缓刑保证金制度，用经济手段与缓刑的督促人甚至缓刑人员相联系，加强其责任心，从而改变当前缓刑制度得不到具体落实的状况。其具体设想是，对被判处刑罚宣告缓刑的犯罪分子，人民法院可以责令他提供担保人，由担保人出具保证书，交纳一定的保证金，保证该犯在缓刑期内能认真改造，遵纪守法。如果该犯不思悔改，违法乱纪，可以撤销缓刑，执行原判刑罚，保证金应予没收。[①] 我认为，这一建议不乏新意。但这种缓刑保证金制度只能适用于缓刑；实际上假释也需要类似制度。因此，可以建立善行保证制度，与缓刑、假释并用。在必要的情况下，也可以对常习性或者职业性犯罪人附加适用。担保金的数额应由法律明文规定；期限则与缓刑、假释的考验期限相同。对常习性或者职业性犯罪人适用的，期限可确定为1年至3年。凡在法定期限内违反保证犯罪的，担保金没收归国家所有；遵守保证没有犯罪的，则担保金予以发还。《意大利刑法典》将善行保证视为对物的保安处分，虽有一定道理，但并非十分确切。实际上，善行保证仍应是对人的保安处分，其适用对象是人而非物，只不过以物为中介而已。

六、没收罪物

我国刑法第60条对没收犯罪物品有明文规定，但没收犯罪物品是一种行政强制措施。[②] 我认为，应将没收犯罪物品作为保安刑，纳入刑罚体系，称为没收罪物。

以上六种保安刑，既有对人的保安处分，又有对物的保安处分；既有对成年人的保安处分，又有对少年的保安处分；既有对轻微犯罪人的保安处分，又有对严重犯罪人的保安处分。这些保安刑和自由刑相辅相成，使刑罚更为有效地发挥犯罪预防的特殊功能。

除上述保安刑以外，我国刑法中还有两种对没有达到刑事责任年龄和缺乏刑事责任能力的人适用的措施，我国刑法学界的某些学者称之为社会保护措施。[③]

---

① 参见赵秉志主编：《刑法修改研究综述》，216页，北京，中国人民公安大学出版社，1989。

② 参见高铭暄主编：《中国刑法学》，262页，北京，中国人民大学出版社，1989。

③ 参见高铭暄主编：《中国刑法学》，115～117页，北京，中国人民大学出版社，1984。

我认为应当明确为保安处分，并予以完善。这两种保安处分，一是刑法第 14 条第 4 款规定："因不满十六岁不处罚的，责令他的家长或者监护人加以管教；在必要的时候，也可以由政府收容教养。"这一规定表明，刑法虽然规定因不满 14 岁或不满 16 岁而不处罚，但并非在其实施危害社会的行为以后完全置之不管；也不只是消极地防止其再行危害社会，而是积极地加强对这些人的教育改造，使之成为有用之才。二是刑法第 15 条第 1 款但书规定："但是应当责令他的家属或者监护人严加看管和医疗。"这一规定同样表明，对无责任能力的精神病人造成危害社会的行为，虽然不追究刑事责任，但并非对其放任不管，而是积极地对这些人进行治疗，从而使其不再对社会造成危害。应该说，以上两种措施是有一定积极意义的。但由于有关法律规定不完善，管理机构不健全，因而效果不佳。例如，在刑法起草过程中，有人就曾提出过对实施危害行为而不负刑事责任的精神病人规定由政府强制医疗的问题，后来经过讨论斟酌，现行刑法从我国现阶段精神病医疗机构不足的实际情况出发，没有像某些外国刑法那样规定政府对精神病人的强制医疗措施。[①] 我认为，应当从立法上对不处罚的未成年人和精神病人的强制教养与强制治疗作出进一步明确具体的规定，并建立相应的教养与治疗机构，真正使这些人不危害社会，又得到身心两个方面的健康发展。值得注意的是，晚近的刑事立法中，又新增了两种保安处分：一是强制戒除。1990 年 12 月 28 日全国人大常委会《关于禁毒的决定》第 8 条规定："吸食、注射毒品成瘾的，除依照前款规定处罚外，予以强制戒除，进行治疗、教育。强制戒除后又吸食、注射毒品的，可以实行劳动教养，并在劳动教养中强制戒除。"二是强制治疗。1991 年 9 月 4 日全国人大常委会《关于严禁卖淫嫖娼的决定》第 4 条规定："对卖淫、嫖娼的，一律强制进行性病检查。对患有性病的，进行强制治疗。"由于吸食、注射毒品与卖淫、嫖娼行为本身并未被规定为犯罪，因而强制戒除与强制治疗不是对犯罪适用的保安处分，而是行政法意义上的保安处分措施。

---

① 参见高铭暄主编：《中华人民共和国刑法的孕育和诞生》，42 页，北京，法律出版社，1981。

第五节　保安处分的修订及其评价

在刑法修改中，对于保安处分问题进行了热烈的讨论。虽然在修订的刑法中没有在保安处分的立法上作出重大突破，但仍有必要从理论上加以反思。

一、保安处分的理论考察

在刑法修改中，保安处分立法化的呼声日益高涨。例如我国学者指出，应当在我国建立系统的保安处分制度，并使它完整地规定在刑事法律中，以便实现保安处分刑事立法化。[①] 我完全同意这种观点，因为这是刑法领域加强法制的必然要求。

在保安处分中，最引人注目的是劳动教养问题。在我国，劳动教养是指对有违法行为尚不够追究刑事责任，按治安管理处罚又失之过轻的人，所采取的一种强制性的教育改造措施，是介于刑事处罚和治安管理处罚之间的一种行政处罚。[②] 但是，1996 年全国人民代表大会颁行的《中华人民共和国行政处罚法》并未涉及劳动教养，同时该法第 9 条规定："法律可以设定各种行政处罚。限制人身自由的行政处罚，只能由法律设定。"第 10 条规定："行政法规可以设定除限制人身自由以外的行政处罚。"综合以上两条规定，行政法规与法律设定行政处罚种类的权限有所不同：前者不能设定限制人身自由的行政处罚；后者可以设定限制人身自由的行政处罚。劳动教养，不仅限制人身自由，而且是在一定程度上剥夺人身自由。那么，它设定的法律根据又是什么呢？法律根据是 1957 年 8 月 3 日《国务院关于劳动教养问题的决定》和 1979 年 11 月 29 日《国务院关于劳动

① 参见喻伟：《保安处分刑事立法化》，载《法学评论》，1996（5），15 页。

② 参见杨春洗等主编：《刑事法学大辞书》，300 页，南京，南京大学出版社，1990。

教养的补充规定》，以及 1982 年 1 月 21 日公安部发布的《劳动教养试行办法》。以上三项法规，均属行政法规的范畴。根据《行政处罚法》的规定，行政法规根本就无权规定限制人身自由的行政处罚。因此，在我国的法制建构中，劳动教养存在的合法性根据已经岌岌可危。更何况，劳动教养不论是由人民政府组织劳动教养管理委员会审查决定，或者实际上是由公安机关审查决定，都未经过司法机关，缺乏必要的司法程序，不利于保障当事人的合法权利。而且，劳动教养一经决定，期限长者可达 3 年，又在相当程度上剥夺自由，甚至比某些刑种更为严厉。结果出现对未构成犯罪的人比对已经构成犯罪的人处罚更重的尴尬局面。因此，从程序与实体两个方面来说，劳动教养存在的合理性根据都大可怀疑。

那么，在刑法修改中应当如何处理劳动教养呢？对此，存在三种观点：一是不涉及说，对劳动教养暂时不动，保留现状。二是取消说，认为劳动教养是在没有犯罪行为的情况下所采取的措施。从保障人权、加强法治的要求来看，以一般违法行为推定其将来犯罪的可能性并进而给予剥夺自由的保安处分，是很不合适的。因此，主张取消劳动教养。① 三是完善说，认为出于完善劳动教养立法和健全民主与法制建设的考虑，建议在修改的《刑法》中设立"保安措施"专节，并于该节规定劳动教养；同时，还应专门制定《劳动教养法》或者《劳动教养实施条例》，对劳动教养的有关问题作全面细致的规定，以便实践中易于操作。② 在以上三种观点中，第一种观点殊不可取。如前所述，劳动教养实际上已经在很大程度上丧失了其存在的合法性与合理性根据。如果在刑法修改中，对劳动教养还不触及，那么刑法修改成果就会大打折扣。因为劳动教养这种剥夺人身自由可达 3 年的严厉处罚措施还游离于刑法之外，不利于保障公民的合法权益。至于劳动教养是取消还是完善，不可就事论事，而是应当从我国刑事司法程序的宏观构造上来考察。

在我国刑事司法体制中，公、检、法是刑事诉讼的三道上下衔接的工序，可

---

① 参见赵秉志等：《中国刑法修改若干问题研究》，载《法学研究》，1996（5），45 页。

② 参见马克昌：《加大改革力度，修改、完善〈刑法〉》，载《法学评论》，1996（5），8 页。

以将它形象地比喻为一条传送带或者一个过滤器：在第一道工序中即公安机关先过滤一遍：凡是公安机关认为情节轻微不构成犯罪的，一般就直接予以治安管理处罚或者直接交付劳动教养。其余公安机关认为应当追究刑事责任的，就往检察机关输送。检察机关在批捕阶段再次把关筛选，又卡下一部分人，这部分人除极少数事实上无罪以外，相当一部分都具有轻微的犯罪行为，但又够不上刑事处分。对于这部分人，因为已经进入刑事司法程序，当事人往往已经关押了一个时期，不可能再作治安管理处罚，所以就采用劳动教养的办法加以消化。批捕以后，检察机关在审查起诉阶段又卡下一部分人。这部分人除完全无罪或者不应追究刑事责任的予以不起诉的以外，另有一部分具有一定犯罪事实但情节较轻不需要判处刑罚的，如果不起诉宣告无罪，则不足以体现对其惩戒，因而就有了以往刑事诉讼法中的免予起诉，作出有罪处分。案件起诉到法院以后，个别事实上无罪或者证据上无罪的被宣告无罪，另有一些虽有犯罪事实但情节轻微的可以判处免予刑事处分。由此可见，劳动教养、免予起诉与免予刑事处分，都是对于在刑事司法程序中筛选下来的轻微犯罪的一种处置办法。之所以出现这种情况，主要是由于我国刑法中的犯罪概念引入了定量因素：以情节是否严重、数额是否较大作为区分罪与非罪的标准。如果说数额尚较为明确容易认定，情节就较为复杂，因此出现公安机关认为情节已经严重构成犯罪，检察机关则认为不够严重不予批捕的情形，需要公安机关自行消化。免予起诉也是如此。修改后的刑事诉讼法虽然废除了免诉制度，但将其大部分归于不起诉。这样，不起诉就分为“无罪不诉”和“有罪不诉”两种情形。① 由于修改后的刑事诉讼法规定了“未经人民法院依法判决，对任何人都不得确定有罪”的原则，因而“有罪不诉”之“有罪”是事实上有罪（尽管犯罪情节轻微），而法律上无罪，由此形成两者的冲突。因此，以上问题的解决，无非有两个办法：一是排除犯罪概念中的定量因素，只要实施了一定的犯罪行为，就进入刑事司法程序，最后由审判机关根据罪行大小作

① 参见鲁兰：《不起诉制度利弊析》，载《中外法学》，1996（5），48页。

出各得其所的处置。这样，在刑事司法程序中被筛选下来的是事实上无罪或者证据上无罪的人，对这些人不宜再作司法处分。在这种司法体制下，劳动教养可以取消，不起诉制度也可以进一步完善，将实体处分权都集中到法院。然后，通过设置治安法院、重罪法院加以分流，在刑事诉讼程序上也分别采用简易程序与普通程序。这种情形，颇类似于某些大陆法系国家刑法中包含的违警罪，将违警罪的处置权也交给法院，从而有利于保障人权。当然，这种做法增添了法院负担，加重了当事人的讼累，也存在一定的缺陷。二是仍然保留现在的犯罪概念，为与刑事诉讼法相协调，将犯罪概念中的但书修改为“情节轻微、不需要判处刑罚的，不认为是犯罪”。然后，把犯罪情节轻微的，作为保安处分（主要是指劳动教养）的对象，在刑法中加以规定。同时，对劳动教养的内容加以改造，执行方法上有别于自由刑，以教养为主，辅之以劳动。在司法程序上采用简易程序，经由人民法院依法判决，以保障当事人的正当权利。以上两种办法，都有可取之处，前一种办法步子迈得较大，改革较为彻底，当前中国是否可行，不无疑虑。后一种办法步子迈得较小，基本上照顾了现实状况，较为可行。当然，在保留劳动教养的情况下，一定要对劳动教养加以改造完善，使之与刑罚相协调。这一点如果做不到，则其存在的合理性就会受到质疑，取消的理由也就更为充分。

劳动教养制度在实际运作中发现了某些偏差，而随着刑事法治的发展，劳动教养制度的缺陷日益显现。在这种情况下，2013 年 12 月 28 日全国人大常委会通过了《关于废止有关劳动教养法律规定的决定》，正式宣布在我国已实施 50 多年的劳动教养制度被依法废止。这是我国刑事法治的一大进步。在劳动教养制度废止以后，如何完善对违法犯罪行为的惩治和矫正的法律制度，成为值得关注的一个问题。

二、保安处分的立法分析

修订后的刑法对劳动教养没有涉及，也就是保持现状。应该说，这与严格的罪刑法定原则是不相符合的。在刑法修订以后，保安处分没有集中规定，还是散在地存在于刑法以及相关法律之中，现列举分析如下：

（一）收容教养

1979 年刑法第 14 条第 4 款规定："因不满十六岁不处罚的，责令他的家长或者监护人加以管教；在必要的时候，也可以由政府收容教养。"这是对不满 16 岁的人因没有达到刑事责任年龄不构成犯罪而给予的一种行政性处分措施。修订后的刑法第 17 条第 4 款除作了个别文字上的修改以外，保留了这一规定。

（二）强制医疗

我国刑法中的强制医疗可以分为以下两种情形：

1. 对精神病人的强制医疗

1979 年刑法第 15 条只规定对精神病人应当责令他的家属或者监护人严加看管和医疗，但并未规定强制医疗。当时之所以未作规定，主要是因为我们的医疗机构（精神病院）不足，法律规定了，容易落空，反而被动。同时，不明文规定，也可避免某些精神病人的家属借此把自己的管教责任推给政府，或者放松自己的管教责任。[①] 在刑法修改中，考虑到现在医疗机构健全了，而且对于精神病人社会应当承担一定的管教责任，尤其是那些家庭无力管教的，应由政府管教。为此，修订后的刑法第 18 条补充规定："在必要的时候，由政府强制医疗。"这里的强制医疗就是一种预防精神病人危害社会的保安措施。

2. 对患有性病的卖淫、嫖娼者的强制治疗

1991 年 9 月 4 日全国人大常委会通过的《关于严禁卖淫嫖娼的决定》第 4 条第 4 款规定："对卖淫、嫖娼的，一律强制进行性病检查。对患有性病的，进行强制治疗。"这里的强制治疗，具有保安处分的性质。由于根据修订后的刑法第 452 条的规定，虽然上述《决定》有关刑事责任的规定已被纳入刑法，但其中有关行政处罚和行政措施的规定继续有效。对患有性病的卖淫、嫖娼者的强制治疗

① 参见高铭暄：《中华人民共和国刑法的孕育和诞生》，42 页，北京，法律出版社，1981。

就是一种行政措施，因而在继续有效之列。

（三）强制戒除

1990年12月28日全国人大常委会通过的《关于禁毒的决定》第8条规定："吸食、注射毒品的，由公安机关处十五日以下拘留，可以单处或者并处二千元以下罚款，并没收毒品和吸食、注射器具。吸食、注射毒品成瘾的，除依照前款规定处罚外，予以强制戒除，进行治疗、教育。强制戒除后又吸食、注射毒品的，可以实行劳动教养，并在劳动教养中强制戒除。"这里的强制戒除，具有保安处分的性质。由于根据修订后的刑法第452条的规定，虽然上述《决定》有关刑事责任的规定已被纳入刑法，但其中有关行政处罚和行政措施的规定继续有效。对吸食、注射毒品成瘾的人实行强制戒除就是一种行政措施，因而在继续有效之列。

（四）没收罪物

1979年刑法第60条规定了没收罪物的处分，修订后的刑法第64条保留了这一规定，指出："违禁品和供犯罪所用的本人财物，应当予以没收。"因而，这里的罪物包括违禁品和供犯罪所用的本人财物，这些物品均在没收之列。

第三编

罪刑关系论

第二十一章

罪刑关系二元论

罪，可以分为已然之罪与未然之罪。刑，可以分为报应之刑与预防之刑。罪刑关系，可以分为已然之罪与报应之刑的因果关系和未然之罪与预防之刑的功利关系。罪刑关系的二元论，就是罪刑之间的因果关系与功利关系的统一。

第一节　已然之罪与报应之刑

已然之罪与报应之刑具有一种因果关系：犯罪是刑罚赖以存在的先因，刑罚则是犯罪的法律后果。已然之罪与报应之刑的这种因果关系，主要表现为以下两个方面：

一、刑从罪生

所谓刑从罪生，其义有二，即有罪当罚与无罪不罚。有罪当罚指的是只要有犯罪存在，便应该有与之相伴随的刑罚。它从正面强调一切犯罪都应受刑罚惩罚，表明犯罪对于刑罚的决定性，并表明犯罪与刑罚相联系的质的规定性。自此以观之，犯罪与刑罚之间的联系具有必然性。无论是谁，只要构成了犯罪，便不可避免地应受刑罚惩罚，而不能逍遥法外。无罪不罚，亦称刑不及无辜，指的是只要没有犯罪，便不能动用刑罚，它从反面强调刑罚只能以犯罪为对象，表明刑罚对于犯罪的依附性，同样揭示了犯罪与刑罚相联系的质的规定性。由此基点出发，犯罪与刑罚之间的联系又具有排他性，不管是谁，只要他未实施犯罪，便不能受刑罚惩罚。总之，有罪当罚与无罪不罚虽然角度有所不同，但其基本精神并无二致，两者都要求刑罚的发动以行为人构成犯罪为前提。

二、刑当其罪

刑当其罪，具体包括刑罚与犯罪的客观危害相适应及刑罚与犯罪的主观恶性相适应两方面的内容。犯罪的客观危害，以其最直观的形态反映着犯罪的社会危害性的大小，它可以通过如下四方面的因素进行衡量：其一是犯罪所侵害的社会关系的性质。犯罪总是以一定的社会关系为其侵害的客体，而不同性质的社会关系对于社会生活又有着不同的意义。这就决定了侵害不同社会关系的犯罪，其客观危害程度也迥然有异。例如，危害国家安全罪以国家安全为其侵害的客体，矛头直接指向国家的根本制度；而侵害人身权利罪则只侵害公民个人的人身权利。因此，前者的客观危害程度远非后者所能比。其二是犯罪的实际损害的大小。对于同一性质的不同犯罪行为来说，其客观危害的差异主要表现在实际损害的区别上。损害结果严重，犯罪的客观危害大；反之亦然。例如，同是杀人罪，杀死二人的客观危害总是大于只杀死一人。其三是造成损害结果的可能性的大小。在某些特定的场合，犯罪并未造成实际的损害结果，例如犯罪预备、未遂、行为犯，等等。在诸如此类的情况下，犯罪的客观危害的大小只有从造成损害结果的可能性来衡量。例如，犯罪预备与未遂，虽然均未造成法律规定的实际损害结果，但前者尚未进入犯罪的着手实施阶段，而后者则已实施直接的犯罪行为，因此，前者引起损害结果的可能性小于后者，其客观危害自然也比后者轻。其四，根据具体情况，犯罪的手段、时间、地点等往往也可以作为衡量犯罪的客观危害程度的参考因素。例如，用爆炸物杀人的危害通常大于用石击的方式杀人的危害，战时泄露国家的军事机密比平时泄露军事机密更为严重，在公共场所实施的流氓行为重于在其他地方所实施的流氓行为。

犯罪的主观恶性反映的是犯罪人应受法律责难的程度，它主要通过犯罪的主观要件及与此相关的某些因素来衡量。首先，罪过形式是衡量犯罪人的主观恶性程度的主要标志。罪过有故意与过失之分。故意罪过的本质是明知故犯，过失罪过则主要是不意误犯。因此，前者应受的法律责难大于后者。其次，在故意犯罪的范围内，犯罪动机、目的构成衡量主观恶性程度的重要因素。犯罪动机是否恶劣，犯罪目的是否卑鄙，直接影响着犯罪所应受的法律责难的轻重。例如，为生活所迫而实施的盗窃所应受的法律责难便显然轻于出于贪图腐化的动机而实施的盗窃所应受的法律责难。最后，犯罪人的一贯表现也是评价其主观恶性的必要的参考因素。很难想象，法律对一贯为非作歹者的责难与对偶而失足者的责难是一样的。

综上所述，犯罪的社会危害性程度是犯罪的客观危害程度与犯罪的主观恶性程度的有机统一。在对主观与客观诸因素进行全面分析的基础上，综合评价犯罪的社会危害性程度，并据此判处相应的刑罚，是刑当其罪的全部内涵之所在。

第二节　未然之罪与预防之刑

如果说，已然之罪与报应之刑是一种现实的联结，那么，未然之罪与预防之刑就是一种可能的联结。未然之罪与预防之刑的关系，不是一种因果关系，而是一种功利关系。这种功利关系，主要表现为以下两个方面：

一、刑须制罪

按照以害换利的功利原则，刑罚只有在能收到预防犯罪的效果时，才具有正当性。据此，刑须制罪应该是未然之罪与预防之刑的功利关系的质的规定性所在。它具体包括以下四方面的含义：首先，刑罚预防的对象不能是正当行为。人的行为大致可以归纳为正当行为与有害行为两类。正当行为，一般地说，是有益于社会的行为，至少是无害于社会的行为。对于此类行为，动用刑罚预防没有功利根据。因为预防无害乃至于有益于社会的行为，不但不能取得有益的社会效果，反而有碍于社会生活的正常进行。其次，只有足以构成犯罪的危害行为才有必要动用刑罚预防，在现实生活中，有害行为的表现形式纷繁复杂，其对社会的损害各不相同。因此，不同危害程度的有害行为应该有与之相适应的不同的预防手段。在所有预防有害行为的措施中，刑罚是最严厉的措施，其预防对象只能是足以构成犯罪而其他普通预防手段不足以预防其发生的严重危害社会的行为。一般的危害行为，如道德过错、行政违法行为、民事违法行为，只需借助道德谴责、行政处分、民事制裁手段便足以预防，没有必要动用刑罚这一最严厉的措施。再次，只有在有可能发生犯罪的场合，才能动用刑罚。刑罚的预防作用的发挥，以有可能发生的犯罪为前提。所谓可能的犯罪，包括一般人可能实施的犯罪以及犯罪人可能继续实施的犯罪。如果一般人与犯罪人均无犯罪或再犯罪的可能性，刑罚的预防作用便无从体现。在这种情况下适用的刑罚，毫无积极价值，有悖于以害换利的功利原则。最后，不可能预防的行为，不能成为刑罚的预防对象。刑罚的预防作用有一般预防与个别预防之分：前者是指刑罚对犯罪人以外的一般人的预防作用，后者则指的是刑罚对犯罪者本人的预防作用。一般地说，这两方面的作用能否发挥，是与一般人或犯罪人具有犯罪或再犯罪的可能性相适应的。然而，在某些特殊场合，这一规则可能出现异例，如：精神病人在实施危害行为后可能继续实施，但刑罚对他的适用则无法阻止其再次实施这样的行为。同样，貌似犯罪的意外事件与不可抗力，是任何人也无法避免的，对意外事件与不可抗力的行为人适用刑罚，也不可能收到阻止类似事件再生之效。因此，将诸如此类的异例作为刑罚的预防对象，缺乏功利根据，不具有正当性。

二、刑足制罪

未然之罪与预防之刑的量的规定性，源于功利观念的另一项要求，即以最小的牺牲换取最大的利益。按照这一要求，应该尽量做到以最轻的刑罚换取最大的预防效果。换言之，刑罚的分量以足以预防犯罪为必要，也应以足以预防犯罪为限度。这便是未然之罪与预防之刑的功利关系的量的规定性，我将其简称为刑足制罪。与刑罚的预防作用的分类相适应，刑足制罪包括刑罚的严厉性程度与一般预防的需要相适应，以及刑罚的严厉性程度与个别预防的需要相适应两方面的内容。

一般预防的需要，受制于一般人犯罪的可能性的大小，而一般人犯罪的可能性的大小又主要与社会治安形势的好坏相关联。对于一般人中的不稳定分子来说，治安形势混乱，他会感到犯罪的阻力小，有利因素多，犯罪后侥幸逃避惩罚的可能性大，因而会认为犯罪时机已经成熟，进而贸然犯罪。与此相反，稳定的治安形势给不稳定的分子所造成的心理压力大，他会认为犯罪的社会环境尚不具备，冒险犯罪后易于被捕并受刑罚惩罚，这样，他便轻易不敢犯罪。对于一般的守法者来说，也是如此。良好的社会治安形势能给守法者以安全感，可稳固其守法意识，促成其习惯性守法行为。而社会治安混乱，则使守法者失去了稳固其守法意识的环境条件，他们很可能因看不到守法的价值而动摇守法意识，蜕变成为不稳定分子，进而走上犯罪的道路。

个别预防的需要，取决于犯罪人再犯罪的可能性的大小，而再犯可能的大小应该根据犯罪人的有关情节来衡量。这里所谓的情节，包括犯前情节、犯中情节与犯后情节三类。犯前情节，首先是指犯罪原因，如是由于人生屡遭挫折、不适应复杂的社会生活而犯罪，还是因为敌视社会、人为地把个人生活与社会生活相对立而犯罪。犯罪原因之于衡量再犯可能性的意义在于，从中可以看出犯罪人犯罪意识的强弱，由此推测其再犯可能性的大小。除此之外，犯罪人的一贯表现也属于值得考虑的犯罪情节。犯罪人一贯违法犯罪，表明其犯罪意识根深蒂固，甚至于犯罪成癖，其再犯可能性自然大于其他一贯遵纪守法的犯罪人的再犯可能性。犯中情节集中反映了犯罪人在犯罪过程中的心理活动。犯罪人自觉放弃犯罪，表明他有弃恶从善的意愿，其再犯可能性较小；相反，犯罪人在犯罪过程中伪造现场、杀人灭口，乃至栽赃陷害，则说明他有着强烈的对抗社会的心理，其再犯可能性较大。犯后情节，包括犯罪人在犯罪后及行刑过程中的表现。这里，需要考察的是犯罪人是投案自首、坦白认罪、积极改造，还是规避追诉、拒不认罪、抗拒改造。前三者都不同程度地表明犯罪人有认罪乃至悔过自新的心理，其再犯可能性不大。与此相反，后三者则表明犯罪人留恋犯罪，毫无悔改之意，其再犯可能性较大。

总之，未然之罪与预防之刑的功利关系的量的规定性，要求在对影响一般人或犯罪人犯罪的诸相关因素进行全面分析的基础上，就犯罪的可能性的大小作出综合评判，并以此为基准来确定刑罚的分量，使刑罚的严厉性程度恰如其分地反映预防犯罪的需要。

第三节　双重罪刑关系的辩证统一

作为罪刑关系的两个组成部分，已然之罪与报应之刑的因果关系和未然之罪与预防之刑的功利关系，既从属于同一问题，又是同一问题的两个不同方面。因此，两者既有其对立性，又有其同一性。系统地考察罪刑关系，固然应该揭示这两个命题的具体内涵，但仅此还不够。只有在此基础上，进一步弄清这两个命题之间既对立又统一的关系，才可以说是完整地解决了罪刑关系问题。

一、双重罪刑关系的对立性

从前文的展示可以看出，罪刑关系的两个命题之间具有鲜明的对立性。这种对立性主要表现在以下两个方面：

其一，着眼于因果关系，刑罚应该为惩罚已然的犯罪而存在；立足于功利关系，刑罚则只能为预防未然的犯罪而存在。那么，刑罚究竟是应以已然的犯罪还是应以未然的犯罪为其赖以存在的根据呢？这是双重罪刑关系在质的规定性上的冲突所在。

其二，根据因果关系，刑罚的分量应该取决于已然的犯罪的轻重，而基于功利关系，刑罚的分量却应受制于未然的犯罪的可能性的大小。这样又引出了刑罚的分量究竟是应与已然的犯罪的轻重还是应与未然的犯罪的可能性的大小相适应的问题，这是双重罪刑关系在量的规定性上的对立。

二、双重罪刑关系的同一性

揭示矛盾是为了解决矛盾。而要解决双重罪刑关系的以上对立，又必须求助于辩证唯物主义的矛盾论。由辩证唯物主义关于矛盾的基本原理出发，解决矛盾的方式有三：其一是克服，即舍此求彼；其二是同亡，即彼此同时消亡；其三是统一，即彼此调和。但是具体到罪刑关系的矛盾的解决，克服与同亡都是不现实的，唯有统一才是最佳选择。这是因为，双重罪刑关系还固有着不可分割的同一性。

之所以说双重罪刑关系是不可分割的，首先是由于两者的根据是共存的。作为因果关系之根据的社会报应观念，代表着社会的公正要求。在我国当前的社会条件下，报应仍有其存在的客观基础。因此，在确立罪刑关系时，当然不能自外于社会报应观念。而作为功利关系之根据的社会功利观念，又体现了社会的价值尺度。毫无疑问，我们不能无视社会功利观念而确立毫无价值的罪刑关系。因此，我国刑法既不能只讲报应而不求功利，也不能只求功利而不讲报应。这就决定了在报应与功利之间不容舍此求彼，更不容两者皆抛。其次，双重罪刑关系的不可分割性也在于两者固有着手段与目的的关系。已然之罪与报应之刑固然是一种决定与被决定的关系，但这又并非一种纯自然的引起与被引起的关系，而是一种法律上的联系，带有国家意志这一主观因素。换言之，国家把刑罚作为犯罪的法律后果，并不是将其作为对犯罪的机械的反对，而是有着一定的追求。这种追求当然不能解释为惩罚本身，因为它自身并无价值，而在于惩罚犯罪所可能带来的社会功利——预防犯罪。反过来说，刑罚之功利目的的实现又必须以报应作为手段。因为脱离了报应的刑罚潜藏着有罪不罚、无罪施罚或者重罪轻罚、轻罪重罚的危险，难于保持应有的公正性，而不公正的刑罚既难以真正充分发挥其一般预防作用，也难于实际地收到最佳个别预防效果。据此，如果说双重罪刑关系的根据的共存性决定了对两者进行调和的必要性，那么，两者之间固有的手段与目的关系则赋予了对其进行调和的可行性。正因为如此，我们既应坚持报应，但反对无视功利的绝对报应主义，又应追求功利，但反对否定报应的单纯功利主义。这就要求我们把报应与功利有机地结合起来，为此，在确立与调整罪刑关系时，国家的刑事法律活动应该兼顾双重罪刑关系各自的质、量规定性。易言之，便是应该遵循“刑从罪生与刑须制罪相结合”及“刑当其罪与刑足制罪相结合”这两条基本原理。前一原理是对双重罪刑关系的质的规定性的兼顾，后一原理则是对量的规定性的调和。但是，应该指出，兼顾并不等于简单地相加，调和也不仅仅是一种代数和，而是应该有其内在的有机性。这种有机性就在于：被统一的双方在得到兼顾的前提下，还应该有轻重主次之分。这一主次关系的确定，应该以国家的不同刑事法律活动为根据。国家的刑事法律活动分为立法、审判与行刑三个阶段，它们有着各自不同的任务与特点。与此相适应，双重罪刑关系的主次性也应有不同的体现。

刑事立法的任务是就可能的犯罪确定刑罚，即主要是对事不对人地用法律的形式确立一种假定的罪刑关系，告诉人们什么样的行为应受社会最严厉的谴责，给全体社会成员提供一条大是大非的总标准。因此，立法者所面临的是可能的而非现实的犯罪，他所考虑的是哪些行为应用刑罚预防以及应用多重的刑罚来预防各种行为，这就决定了功利关系中的一般预防应该成为立法上假定的罪刑关系的主要根据。把一般预防作为确定法律罪刑关系的主要根据，既不违背报应要求，也未无视个别预防。因为刑法的颁行本身并不以特定的个人为对象，刑法规定的罪刑关系只是一种可能性，并未落实到具体的个人，自然不存在刑及无辜、罚不当罪的问题。同时，任何法定罪刑关系都未绝对化，而是采取相对确定的形式。这样，立法者给司法者参照犯罪人的再犯可能性的有无及大小定罪量刑留有余地，从而使功利关系中的个别预防有可能得到兼顾。

刑事审判的任务是定罪量刑，即根据已然的犯罪事实将立法上假定的罪刑关系转化为现实的罪刑关系，使法定的对事不对人的罪刑关系落实到特定的个人，变为既对事也对人的具体的罪刑关系。在这一阶段，由于犯罪人已作为刑罚的直接对象而存在，定罪量刑的主要根据只能是报应，而不是功利关系。因为如果以预防犯罪的需要作为定罪量刑的主要根据，势必导致过分超出既已发生的犯罪事实来定罪量刑，造成刑及无辜、有罪不罚或罚不当罪的结果，从而与报应的基本要求相背离。当然这并不是完全否定功利关系对于定罪量刑的意义，定罪量刑不只是要考虑已然的犯罪事实，而且必须依法进行。只要是依法定罪量刑，作为立法上假定的罪刑关系之主要根据的一般预防的指导意义，便可自然而然地在审判中得到体现。而且，由社会治安形势的好坏所反映的一般人犯罪的可能性的大小，以及由犯罪人的个性特点所决定的再犯可能性的大小，对于量刑也有一定的参考价值，这同样不失为兼顾功利关系的体现。

刑罚的执行过程，是对犯罪人进行个别预防的过程，只有在这一过程中，刑罚的个别预防功能才能得到发挥。因此，应否对犯罪人实际地执行刑罚尤其是实际执行的刑罚的分量，应该以功利关系中的个别预防作为主要根据。也就是说，对不具有再犯可能性的人，在一定条件下可不实际地执行刑罚，而对具有再犯可能性的人则应无条件地执行；对在行刑期间再犯可能性消失或减小的犯罪人可予以减刑或提前释放，而对行刑期间再犯可能性有增无减的犯罪人则应采取一定的措施。但是，刑罚的执行也不能不考虑报应及一般预防的要求。就是否实际执行刑罚而言，对于所犯罪行严重的人，即使其再犯可能性不大，也应该执行原判刑罚，这是使犯罪人罪有应得以及保持刑法的威信，以便充分发挥一般预防作用的必然要求。即使是在行刑过程中，因犯罪人的再犯可能性的削减而对原判刑罚的分量所作的调整，也应该与原判刑罚保持一定的比例，使原判刑重者减刑后的实际刑相对来说仍然较重，原判刑轻者减刑后的实际刑也比较轻，从而不致过分背离刑当其罪的报应要求。

第四节　罪刑关系基本原理的意义

研究罪刑关系的基本原则，揭示已然之罪与报应之刑的因果关系和未然之罪与预防之刑的功利关系之间的辩证统一的关系，既有重大的理论价值，也有直接的实践意义。下面，对罪刑关系基本原理的意义论述如下。

一、对刑法理论的意义

立足于罪刑关系的基本原理，可以正确地剖析历史上莫衷一是的诸种刑法理论，得出正确的结论。自刑法学作为一门独立的科学在近代西方问世以来，西方刑法学界报应主义与预防主义两大阵营便开始分庭抗礼。刑法理论中的报应主义与预防主义之争，实质上是罪刑关系的两个命题之争。报应主义主张已然之罪与报应之刑的因果关系，忽视乃至排斥未然之罪与预防之刑的功利关系，可谓得之公正而失之功利。尽管它在强调刑法的公正性方面具有一定的积极意义，但它把公正与功利人为地对立起来，看不到两者的同一性，使刑法的公正性失去了应有的社会价值，变成了一种毫无价值可求的抽象的理念，这是其致命弱点之所在。预防主义强调未然之罪与预防之刑的功利关系，否定已然之罪与报应之刑的因果关系，虽得之功利，却失之公正，尽管它紧密联系社会生活的需要，注重刑法的社会效益，不失其一定的合理性，但因无视社会报应观念的存在，对刑法的公正性重视不够而很可能走向极端，导致重刑威吓与刑及无辜。总之，报应主义与预防主义都只看到报应与预防的对立性，而未能认识到两者的不可分割的联系，因而均有失偏颇。而只有从罪刑关系的基本原理出发，才能对报应主义与预防主义的得失作出客观的评价，为我们批判地继承有益的法律文化遗产廓清道路。

二、对刑事立法的意义

揭示罪刑关系的基本原理，可以为正确地理解立法精神、完善刑事立法指明方向。刑法是关于犯罪与刑罚的法律，当然也是确定与调整罪刑关系的法律。因此，以罪刑关系的基本原理为主线，我们可以透过刑法规范的表象，把握其精神实质。

（一）罪刑关系的基本原理，有助于完整地理解刑法关于犯罪与刑事责任的一般规定

根据我国刑法第 13 条至第 15 条规定，一切依法构成犯罪的行为都应承担刑事责任。对于这些规定，人们从前通常只从报应的角度来解释，即只将其解释为是有罪当罚的要求，却很少注意其功利根据。其实，上述条文所列行为，都是有可能给社会造成严重损害的行为，只有动用刑罚才能预防其发生。因此，上述有关规定也是刑须制罪的必然产物。同样，刑法所规定的一些不负刑事责任的特殊情况，也不像人们通常所理解的那样，只建立在刑不及无辜的报应原则之上。事实上，刑须制罪的功利要求也是其重要的立法依据。这是因为，意外事件、不可抗力与精神病人的行为是无法以刑罚预防的。对这种行为追究刑事责任，无论是在立法上还是在司法上均不可能收到预防犯罪之效。而未满 14 周岁的人年幼无知，其思想意识尚未定型，可塑性大，只需求助于社会教育措施便足以根除其再犯可能性，没有必要对之动用刑罚。至于正当防卫与紧急避险行为，都是正当行为，它们不但无害而且有益于社会，追究其刑事责任，不具有正当性。总之，刑法关于不负刑事责任的规定，只有用罪刑关系两个命题的辩证关系才能得到完整

的解释。

（二）罪刑关系的基本原理，有助于我们全面地理解刑法关于刑罚的一般规定

我以死刑制度为例来说明刑罚的一般规定中所蕴含着的罪刑关系的基本原理。我国刑法学界有些学者对我国刑法关于死刑的规定的逻辑结构产生怀疑，认为既然死刑只能适用于罪行极其严重的犯罪分子，而对判处死刑但不需要立即执行的又可暂不执行，这至少在逻辑上是进退两难的。因为既然已适用了死刑，便是罪行极其严重，而对罪行极其严重者不存在不需要立即执行之余地。我认为，这种责难的出现，正是因未能认识到死刑规定的功利根据之所在。的确，仅从报应的角度来看，一切因罪行极其严重而被判处死刑者，都应毫无例外地被处死。但是，罪行极其严重毕竟不是再犯可能性大的代名词。罪行极其严重主要是针对已然之罪而言的，在罪行极其严重的犯罪人中，也有一些人存在着改恶从善的可能性。即是说，对罪行极其严重者不处死刑，也有可能消除其再犯可能性。刑法所规定的不需要立即执行，正是指这种情况。因此，适用死刑的条件与死刑缓期二年执行的条件并不矛盾，前者源于报应的量的规定性——刑当其罪，后者则出自预防的量的规定性——刑足制罪。因此，我国刑法中的死刑制度是报应与预防的统一。

（三）罪刑关系的基本原理，是完善刑事立法的指南

刑法理论研究的重要任务是为完善刑事立法提供科学的理论依据。从罪刑关系的基本原理出发，不但可以完整地把握立法精神，而且可以发现刑事立法的不足，有助于刑法规范的进一步完善。例如，刑法对某些犯罪所确定的法定刑偏低，不足以遏制这些犯罪，立法机关便采取修改刑法的方式，加重了这些犯罪的法定刑，这实际上是以未然之罪与预防之刑的功利关系为依据的。但从刑法来看，仍有不少条文不符合罪刑关系的一般原理。例如，1979 年刑法分则对通常致一人于死的过失杀人罪规定的最高刑为 15 年有期徒刑，而对可能致数人乃至数十人死亡的交通肇事罪规定的最高刑为 7 年有期徒刑。相比之下，后者显然偏

轻。这也未充分反映一般预防的需要，不利于阻止日益上升的交通事故的发生。这些缺陷，值得立法机关重视。在1997年修订的刑法中，通过降低过失致人死亡罪的法定刑——法定最高刑降至7年——的方法，圆满地解决了这个问题。

三、对刑事司法的意义

刑事司法包括审判与行刑两个阶段，其中，审判又包括定罪与量刑两个逻辑环节。罪刑关系的基本原理，对于定罪、量刑与行刑都具有重要意义。

（一）对定罪的意义

就定罪而言，其核心是根据行为人已然行为的性质、情节等反映出的社会危害程度，决定该行为是否构成应受刑罚惩罚的犯罪。按照罪刑关系的基本原理，司法人员一方面应该考虑刑从罪生。无视这一报应根据，必然导致有罪不罚或刑及无辜。而在另一方面，在定罪中还要参考刑须制罪这一功利要求。这种意义体现在，当按照有罪当罚的要求，行为人的行为处于罪与非罪的临界线上时，表明行为人有无再犯可能性的情节便是作出有罪或无罪决定的重要参考因素。在这方面，最高人民法院与最高人民检察院联合作出的某些司法解释很有说服力。例如，在有关认定经济犯罪的解释中，通常把一定的数额作为定罪的基准线。司法解释同时又规定，如果行为人一贯表现好、无前科、事后有悔改表现，即便达到了一定数额，也可以不以犯罪论处。相反，如果行为人一贯表现恶劣、有前科、事后无悔改表现，则即便未达到一定数额，亦可定罪。可见，罪刑关系的基本原理，对于定罪具有指导意义。

（二）对量刑的意义

就量刑而言，其任务是决定对已定罪的人是否处刑、处以多重之刑。这里，报应因素与预防因素无疑都是要考虑的。对于罪行较轻而再犯可能性不大的犯罪人，法院可免除刑罚；对于罪行严重而再犯可能性大的人，法院可按刑当其罪与刑须制罪的共同要求科以重刑；对于所犯罪行轻微而再犯可能性较大或者所犯罪行较重而再犯可能性较小的人，亦可按此共同要求处以恰当之刑。

（三）对行刑的意义

罪刑关系的基本原理对于行刑活动具有指导意义。这是由于，行刑活动直接受制于报应与预防的双重关系。例如，对于被判处死刑缓期二年执行与缓刑的犯罪人，应该根据其在考察期内的表现决定是否执行原判刑罚；对于被判处自由刑的犯罪人应该根据其再犯可能性的削减程度决定是否予以减刑与假释，这都是刑足制罪的必然要求。与此同时，对于被减刑或假释的犯罪人，其实际执行的刑期又必须在原判刑期的 1/2 以上（被判无期徒刑者，必须实际执行 13 年以上），这又是刑当其罪的制约性所在。因此，罪刑关系的基本原理，同样构成行刑期间对原判刑之调整的决定性因素。

第二十二章

罪刑关系的基本原则

罪刑关系的基本原理首先表现在调节罪刑关系的基本原则之中，由此对刑法产生直接作用。罪刑关系的基本原则，就是我国刑法学界所称的刑法基本原则，而只有反映罪刑关系辩证运动的一般规律，才能真正成为科学的原则。在我国刑法中，罪刑关系的基本原则主要有以下两条：一是罪刑法定原则。罪刑法定是要确立一种科学合理的罪刑关系，使之法定化。二是罪刑均衡原则。罪刑均衡是对罪刑关系的质和量进行调节的基本准则。

第一节 罪刑法定原则

一、罪刑法定原则的变迁

法无明文规定不为罪（nullum crimen sine lege）和法无明文规定不处罚（nulla poena sine lege）是罪刑法定的基本含义。这个命题虽然是用拉丁文表示的，但并不意味着在古罗马法中就实行罪刑法定原则。不过，据有关学者的考证，在古罗马法中有类似的原则，称为“适用刑罚必须根据法律实体”。但由于当时犯罪的构成要件并不明确，因而谈一下严格意义的罪刑法定。

罪刑法定的早期思想渊源，一般认为是1215年英王约翰（John，1167—1216）签署的大宪章（Magna Carta）第39条，它确定了“适当的法定程序”（Due process of law）的法的基本思想，该条规定：“凡是自由民除经其贵族依法判决或遵照国内法律之规定外，不得加以扣留、监禁、没收其财产、褫夺其法律保护权，或加以放逐、伤害、搜索或逮捕。”

罪刑法定的思想，在17、18世纪资产阶级启蒙思想家的著作中得到了更加系统与全面的阐述，由此形成了一种思想潮流，与封建社会的罪刑擅断相抗衡。例如，英国哲学家洛克指出：“处在政府之下的人们的自由，应有长期有效的规则作为生活的准绳。这种规则为社会一切成员所共同遵守，并为社会所建立的立法机关所制定。”[①] 那么，这些规则应该采取什么形式呢？洛克认为：“制定的、固定的、大家了解的、经一般人同意采纳和准许的法律，才是是非善恶的尺度。”[②] 因此，洛克虽然没有提及罪刑法定的这个概念，但洛克关于以固定规则做生活的准绳与是非善恶的尺度的思想，无疑蕴含着罪刑法定的精神。法国著名启蒙思想家孟德斯鸠也有类似的论述，指出：“专制国家是无所谓法律的。法官本身就是法律。法律明确时，法官遵守法律；法律不明确时，法官则探求法律的精神。在共和国里，政制的性质要求法官以法律的文字为依据；否则在有关一个公民的财产、荣誉或生命的案件中，就有可能对法律作有害于该公民的解释了。”[③] 较为明确地阐述罪刑法定原则的是意大利著名刑法学家贝卡里亚，贝氏指出：“只有法律才能为犯罪规定刑罚。超越法律限度的刑罚就不再是一种正义的刑罚。因此，任何一个司法官员都不得以热忱或公共福利为借口，增加对犯罪公民的既定刑罚。”[④] 贝卡里亚对封建社会的罪刑擅断进行了猛烈的抨击，表达

① ［英］洛克：《政府论》，下篇，叶启芳、瞿菊农译，16页，北京，商务印书馆，1964。
② ［英］洛克：《政府论》，下篇，叶启芳、瞿菊农译，16页，北京，商务印书馆，1964。
③ ［法］孟德斯鸠：《论法的精神》，上册，张雁深译，76页，北京，商务印书馆，1961。
④ ［意］贝卡里亚：《论犯罪与刑罚》，黄风译，11页，北京，中国大百科全书出版社，1993。

了对实行罪刑法定原则的资本主义社会的无限向往，他满怀深情地写道："当一部法典业已厘定，就应逐字遵守，法官惟一的使命就是判定公民的行为是否符合成文法律。当即应指导明智公民又应指导无知公民的权利规范不再是争议的对象，而成为一种既定事物的时候，臣民们就不再受那种小型的多数人专制的摆布，受难者与压迫者间的距离越小，这种多数人专制就越残忍；多数人专制比一人专制更有害，因为，前者只能由后者来纠正，并且一人专制的残暴程度并非与它的实力成正比，而是同它遇到的阻力成正比。"① 当然，罪刑法定真正成为刑法的基本原则，还是近代刑法学鼻祖费尔巴哈有力倡导的结果。费尔巴哈在《刑法教科书》（1801 年）中开始明确记载了关于"罪刑法定原则"这一确切的法律科学术语。费尔巴哈在《对实证主义刑法的原则和基本原理的修正》一书中指出："每一应判刑的行为都应依据法律处刑。"而费尔巴哈"哪里没有法律，哪里就没有对公民的处罚"一语，更是使罪刑法定原则的精神实质昭然若揭。

罪刑法定从学说到法律的转变，是在法国资产阶级革命胜利以后完成的。1789 年《人权宣言》第 5 条规定："法律仅有权禁止有害于社会的行为。凡未经法律禁止的行为即不得受到妨碍，而且任何人都不得被迫从事法律所未规定的行为。"《人权宣言》第 8 条还规定："法律只应规定确实需要和显然不可少的刑罚，而且除非根据在犯法前已经制定和公布的且系依法施行的法律以外，不得处罚任何人。"在《人权宣言》原则的指导下，1791 年法国制定了一部刑法草案（通称 1791 年《法国刑法典》），对各种犯罪都规定了具体的犯罪构成和绝对确定的法定刑，毫不允许审判官有根据犯罪情节酌情科刑之余地，这在刑法理论上称为绝对罪刑法定主义。绝对罪刑法定主义根本行不通，所以 1799 年拿破仑专政建立以后，又重新制定了一部刑法草案，并于 1810 年公布施行，这就是举世闻名的 1810 年《法国刑法典》。该法除了对少数犯罪规定绝对确定的法定刑以外，其余犯罪的法定刑都规定了一定幅度，在法律规定的幅度以内，审判官根据案件情节

① ［意］贝卡里亚：《论犯罪与刑罚》，黄风译，13 页，北京，中国大百科全书出版社，1993。

可以自由裁量刑罚，这在刑法理论上称为相对罪刑法定主义。1810 年《法国刑法典》第 4 条明确规定了罪刑法定原则："没有在犯罪行为时以明文规定刑罚的法律，对任何人不得处以违警罪、轻罪和重罪。"1810 年《法国刑法典》一经颁行，即成为世界上大多数国家仿效的范本，遂使罪刑法定主义成为在大陆法系国家刑法中通行的刑法基本原则之一。例如，意大利 1968 年 10 月修订的刑法典第 1 条（罪刑法定主义）规定："行为非经法律明文规定犯罪及刑罚者，不得定罪科刑。"联邦德国 1976 年修订的刑法典第 1 条（无法无刑）规定："行为之处罚，以其可罚性于行为前明定于法律者为限。"1971 年 3 月 18 日修正的瑞士刑法第 1 条（罪刑法定主义）规定："行为之处罚，以法律明文规定科刑者为限。"日本在 1880 年刑法典中，就有"无论何种行为，法无明文规定者不罚"的规定。在我国清朝末年，罪刑法定思想由日本传入，光绪三十四年（1908 年）颁布的《宪法大纲》规定："臣民非按照法律规定，不加以逮捕、监察、处罚。"此后在宣统二年（1910 年）颁布的《大清新刑律》规定："法律无正条者，不问何种行为，不为罪。"国民党 1935 年颁布、至今仍在台湾地区实行的"刑法典"也在第 1 条规定了罪刑法定主义，指出："行为之处罚，以行为时之法律有明文规定者为限。"

在英美法系中，罪刑法定原则的具体体现不同于大陆法系的。因为英美法系不实行成文法，而是实行判例法。因此，英美法系对当事人权利的保障主要是通过程序法。罪刑法定主义也在程序法中得以体现。如前所述，1215 年英王约翰签署的大宪章第 39 条，确定了"适当的法定程序"的基本思想，这一法的基本思想经过 1628 年的权利请愿书（petition of right）、1688 年的权利典章，不仅在英国本土扎根，而且在英联邦也产生了广泛的影响。这一思想传入美国后，产生了 1774 年的十二个殖民地代表会议的宣言和 1776 年的弗吉尼亚州的权利宣言（Declaration of right）。1787 年美国宪法有"不准制定任何事后法"，即不准制定有溯及力的法律的规定，各州亦有同样的规定。1791 年的宪法修正案第 5 条规定："不依法律规定，不得剥夺任何人的生命、自由和财产。"以上这些法律规定说明，即使在实行判例法的英美法系，也在“正当的法律程序”的形式下实行罪刑法定原则。

以上我回顾了罪刑法定原则从学说到法律的历史沿革，由此可以得出如下结论：罪刑法定原则是在反对封建社会的罪刑擅断的斗争中提出来的刑法原则，它是资产阶级革命的产物。

二、罪刑法定原则的根据

罪刑法定原则的提出，不仅有着深刻的历史政治背景，而且有其坚实的理论基础。罪刑法定原则的理论基础可以归结为以下两点：

（一）三权分立论

三权分立是一种分权学说，是近代西方最重要的政治理论之一。三权分立的最早提出，可以追溯到英国哲学家洛克。为了维护资产阶级的政治权力，防止封建贵族实行专制统治，洛克提出了分权原则。洛克主张把国家的权力分为立法权、行政权和对外权。立法权是制定和公布法律的权力；行政权是执行法律的权力，所以又称司法权；对外权就是进行外交活动的权力。在洛克看来，这三种权力不是平列的，立法权高于其他权力，处于支配地位。洛克认为，三种权力必须由不同的机关行使，不能集中在君主或政府手中。洛克深有感触地指出：“如果同一批人同时拥有判定和执行法律的权力，这就会给人们的弱点以绝大诱惑，使他们动辄要攫取权力，借以使他们自己免予服从他们所制定的法律，并且在制定和执行法律时，使法律适合于他们自己的私人利益。”① 法国著名启蒙思想家孟德斯鸠在洛克的影响下，以英国君主立宪政体为根据，提出了较为完整的分权学说。孟德斯鸠把政权分为立法权、司法权和行政权，认为这三种权力应当由三个不同的机关来行使，并且互相制约。孟德斯鸠指出：“当立法权和行政权集中在

① ［英］洛克：《政府论》，下篇，叶启芳、瞿菊农译，89页，北京，商务印书馆，1981。

同一个人或同一个机关之手，自由便不复存在了；因为人们将要害怕这个国王或议会制定暴虐的法律，并暴虐地执行法律。如果司法权不同立法权和行政权分立，自由也就不存在了。如果司法权同立法权合而为一，则将对公民的生命和自由施行专断的权力，因为法官就是立法者。如果司法权同行政权合而为一，法官便将握有压迫者的力量。”① 有鉴于此，孟德斯鸠提出以权制权的制衡原理，指出：“这三种权力原来应该形成静止或无为状态。不过，事物必然的运动逼使它们前进。因此它们就不能不协调地前进了。”②

以上我对三权分立学说作了简单的介绍，那么，为什么说三权分立学说是罪刑法定原则的理论基础呢？因为罪刑法定是以三权分立为前提的。在实行专制的社会，君主大权独揽，集立法、司法与行政三权于一身，实行的是罪刑擅断。在中国奴隶社会，崇尚所谓“刑不可知，则威不可测”。当然无所谓罪刑法定，只有临事议制。在中国封建社会，虽然公布了成文法，例如《唐律》，并且十分完备，但由于不存在立法权与司法权的分立，因而不可能真正依法办事，也谈不上罪刑法定。而根据三权分立学说，立法机关应该依据宪法规定独立地完成立法任务；司法机关依据刑事法律的明文规定独立地执行审判职责；行政机关，如果是司法行政机关则负责执行审判和行刑的任务以及执行属于法律解释权内的法律解释任务，其他行政机关不能干涉立法与司法的活动。由此可见，只有在立法与司法分立的前提下，为了防止审判的擅断，就有必要把罪与刑明文规定下来，从而确立了罪刑法定原则。因此，罪刑法定原则对于防止立法权与司法权的滥用，保障公民的正当权益具有十分重要的意义。

（二）心理强制说

德国著名刑法学家保罗·约翰·安塞尔姆·费尔巴哈是心理强制说的首倡者。费尔巴哈认为，所有违法行为的根源都在于趋向犯罪行为的动向、动机形成

① ［法］孟德斯鸠：《论法的精神》，上册，张雁深译，156页，北京，商务印书馆，1961。
② ［法］孟德斯鸠：《论法的精神》，上册，张雁深译，157页，北京，商务印书馆，1961。

源，它驱使人们违背法律。因此，国家制止犯罪的第一道防线便应该是道德教育。然而，教育远非万能，总会有人不服教育而产生违法的精神动向，这就决定了国家还必须建立以消除违法精神动向为目的的第二道防线，即求助于心理强制。费尔巴哈认为，人之违法精神动向的形成并非无中生有，而是受了潜在于违法行为中的快乐，以及不能得到该快乐所带来的不快的诱惑与驱使。这样，费尔巴哈就来向功利主义的趋利避害原则寻找理论根据了。费尔巴哈指出："使违法行为中蕴含着某种痛苦，已具有违法精神动向的人就不得不在违法行为可能带来的乐与苦之间进行细致的权衡，当违法行为所蕴含的苦大于其中的乐时，主体便会基于舍小求大的本能，回避大于不违法之苦的苦，而追求大于违法之乐的乐，自我抑制违法的精神动向，使之不发展成为犯罪行为。"这就是费尔巴哈的心理强制说的全部内涵。那么，怎么才能实现心理强制呢？费尔巴哈认为，刑罚与违法的精神动向相联系必须借助于一定的中介，这就是市民对痛苦与犯罪不可分的确信，即确信一定的违法行为必将招致一定的刑罚制裁。没有这种确信，市民就不可能认识到违法行为中包含有痛苦，更不可能会出于回避这种苦的动机而放弃违法的精神动向。而建立痛苦与犯罪不可分的确信的唯一途径就是用法律进行威吓。费尔巴哈认为，法律明确规定各种犯罪应受的刑罚，同时也就宣布了任何犯罪都必将受到惩罚。这样，试图犯罪的人不管他具有何种犯罪动向，都面临着刑罚的威吓，就会因该种威吓而不敢实施任何犯罪，从而达到国家预防犯罪发生的目的。由此，费尔巴哈主张罪刑法定，认为刑法应该具备确定性与绝对性这一双重属性。确定性就是法律要明确，而不能含糊其辞，捉摸不定。绝对性就是刑法要做到有罪必罚，具有权威性。只有罪刑法定才能做到这两点，因此费尔巴哈极力倡导罪刑法定。可以说，罪刑法定是费尔巴哈心理强制说的必然结论。

上述三权分立论与心理强制说的着眼点有所不同：三权分立论着眼于立法权与司法权、行政权的分立，为实行罪刑法定原则提供了政治制度的保证。而心理强制说着眼于对一般人的威吓功能，论证罪刑法定原则的实际效用。

西方国家刑法中的罪刑法定原则是建立在三权分立论与心理强制说的理

论基础之上的。但三权分立论与心理强制说却不能成为我国刑法中的罪刑法定原则的理论基础。因为在我国并不实行所谓三权分立的政治制度，而是实行议行合一的人民代表大会制度。同时，我国刑法虽然也具有一般预防之功能，但从根本上否定费尔巴哈将所有社会成员作为威吓对象的所谓心理强制学说。我认为，我国刑法之所以实行罪刑法定原则，归根到底是由我国刑法的性质决定的。随着经济体制改革的深入发展，逐渐完成从计划经济到市场经济的转型，我国社会也正在进入转型时期，即从政治国家的一元社会向政治国家与市民社会分立的二元社会转变。在这种情况下，刑法的机能也正在发生变化，从过于强调社会保护向人权保障倾斜。因此，只有实行罪刑法定原则，定罪量刑都严格依照法律的有关规定，防止出入人罪，才能实现刑法的社会保护与人权保障的双重机能，才能为市场经济的顺利发展创造宽松的社会环境与法治条件。刑法作为上层建筑的重要组成部分，它既决定于经济基础，又对经济基础具有巨大的反作用。但刑法对于经济基础的这种反作用，往往是通过一定的中介来实现的；并且，刑法作为法律规范具有其特殊的性质，即它对于一定的社会关系的特殊的调整作用。马克思曾经指出：法律是肯定的、明确的、普遍的规范，在这些规范中自由的存在具有普遍的、理性的、不取决于个别人的任性的性质。法典是人民自由的圣经。① 从这一论述出发可以得出下述必然的结论：刑法在通过惩罚违反社会生存条件（无论这是一种什么样的生存条件）来保护其赖以存在的经济基础的时候，它是以肯定的、明确的、普遍的规范将一定的行为规定为犯罪，而不取决于个别人的任性。正是从这个意义上说，法典（尤其是刑法典）应该是人民自由的圣经。在此基础上，罪刑法定原则可以说是呼之欲出了。因此，我认为我国刑法实行罪刑法定原则，不仅是市场经济发展的必然要求，而且是刑事法治建设的题中应有之义。

---

① 参见《马克思恩格斯全集》，第1卷，71页，北京，人民出版社，1956。

三、罪刑法定原则的体现

目前世界上大多数国家都实行罪刑法定原则，但这一原则在各国法律上的反映却不完全相同。概而论之，大约有以下几种情况：第一种情况，在宪法中明确规定罪刑法定原则，刑法不再作具体规定。例如日本宪法第31条规定："任何人非依法律所定手续，不得剥夺其生命或自由，或科以其他刑罚。"第39条第1款还规定："任何人如其行为在实行时实属合法，或经认为无罪时，不得问其刑事上之责任。"由于宪法已对罪刑法定原则作了明文规定，因而日本刑法未作重复规定。属于这种情况的还有丹麦、挪威、瑞典等国。第二种情况，将罪刑法定原则明确规定在刑法中。例如《德国刑法典》第1条（无法无刑）规定："行为之处罚，以其可罚性于行为前明定于法律者为限。"属于这种情况的还有荷兰、智利等国。第三种情况，将罪刑法定原则既规定在宪法中，又规定在刑法中。例如意大利宪法第25条第2款规定："不根据犯罪以前业已生效之法律，不得对任何人科以刑罚。"而《意大利刑法典》第1条（罪刑法定主义）又规定："行为非经法律明文规定犯罪及刑罚者，不得定罪科刑。"

我国宪法和1979年刑法对于罪刑法定原则都没有明文规定。但根据立法精神，我国刑法是倾向于罪刑法定主义的。[①] 1997年修订的刑法中，则明文规定了罪刑法定原则，第3条指出："法律明文规定为犯罪行为的，依照法律定罪处刑；法律没有明文规定为犯罪行为的，不得定罪处刑。"从我国刑法对犯罪与刑罚的具体规定来看，罪刑法定原则在我国刑法中确实得到了充分体现。

（一）罪之法定

罪之法定是刑之法定的基本前提，因此也是罪刑法定原则的根本要求之一。我国刑法中的罪之法定，主要是通过以下三个层次的内容体现出来的：一是对犯

① 参见陶希晋：《学习刑法中的几个问题》，载《法学研究》，1979（5），8页。

罪概念的规定。我国刑法第 13 条对犯罪定义作了完整的、科学的规定，指出："一切危害国家主权、领土完整和安全，分裂国家、颠覆人民民主专政的政权和推翻社会主义制度，破坏社会秩序和经济秩序，侵犯国有财产或者劳动群众集体所有的财产，侵犯公民私人所有的财产，侵犯公民的人身权利、民主权利和其他权利，以及其他危害社会的行为，依照法律应当受刑罚处罚的，都是犯罪。"这一犯罪的法定概念从根本上回答了什么行为是犯罪，以及为什么这些行为是犯罪的问题，为划分罪与非罪的界限确定了原则性的标准。这一定义强调行为的社会危害性是犯罪的本质特征，同时又将具有社会危害性的行为规定为违反刑法的行为，使社会危害性与刑事违法性有机地统一起来，从而使犯罪概念具有积极意义。二是对犯罪构成要件的规定。犯罪概念是对犯罪特征的高度概括，它仅是区分罪与非罪的基本尺度。为了具体地区分罪与非罪以及此罪与彼罪的界限，还必须有一个明确的法律规格，这就是犯罪构成。我国刑法对犯罪的构成要件作了明确规定，第 14 条规定了故意犯罪，第 15 条规定了过失犯罪，第 16 条是对无罪过的意外事件与不可抗力的规定，将其排除在犯罪之外，第 17 条是对刑事责任年龄的规定，第 18 条是对刑事责任能力的规定。上述规定，联系刑法第 13 条关于犯罪概念中对犯罪行为的一般规定，就是我国刑法中犯罪构成的一般要件，它为认定犯罪提供了一般的标准。三是对具体犯罪的规定。我国刑法分则条文对各种犯罪都作了明文规定，从而为司法实践的定罪工作提供了具体标准。例如我国刑法第 275 条规定："故意毁坏公私财物，数额较大或者有其他严重情节的，处三年以下有期徒刑、拘役或者罚金。"根据这一规定，构成本罪主观上必须具有犯罪故意，客观上必须具有毁坏公私财物的行为。第 275 条对犯罪主体虽然没有规定，但联系刑法总则的有关规定，可以确定：该罪的犯罪主体是年满 16 周岁具有辨认和控制自己行为能力的自然人。根据上述要件，就可以正确地认定故意毁坏公私财物罪。从上述三个层次的内容可以看出，我国刑法做到了罪之法定。

（二）刑之法定

只做到罪之法定，没有刑之法定，仍然不可能有效地保障公民的合法权益。因此，刑之法定也是罪刑法定原则的重要内容之一。我国刑法中刑之法定，主要是通过以下三个层次的内容体现出来的：一是对刑罚种类的规定。根据我国刑法的规定，刑罚分为主刑和附加刑。主刑包括管制、拘役、有期徒刑、无期徒刑和死刑。附加刑包括罚金、剥夺政治权利、没收财产。我国刑法不仅规定了刑罚种类，而且同时对适用某一刑种的条件作了限制规定。例如对死刑的规定，我国刑法第48条明确指出："死刑只适用于罪行极其严重的犯罪分子。"第49条还规定："犯罪的时候不满十八周岁的人和审判的时候怀孕的妇女，不适用死刑。"这些对死刑适用对象的规定，将死刑限制在一定的范围之内，体现了严格的罪刑法定原则。由于我国刑法对各种刑罚种类都作了明文规定，这就为司法工作人员依法适用刑罚提供了法律基础，要求司法工作人员只能根据案件具体情况，选择法定的刑罚种类，而不是滥施法外制裁。二是对量刑原则的规定。我国刑法对量刑原则作了具体规定。刑法第61条规定："对于犯罪分子决定刑罚的时候，应当根据犯罪的事实、犯罪的性质、情节和对于社会的危害程度，依照本法的有关规定判处。"这是关于量刑一般原则的规定。刑法还对量刑的具体原则作了规定，例如未成年人犯罪的量刑原则，防卫过当、避险过当的量刑原则，犯罪预备、未遂与中止的量刑原则，主犯、从犯、胁从犯与教唆犯的量刑原则，累犯、自首的量刑原则，等等。这些规定使司法工作人员可以根据犯罪案件的各种不同情况正确地适用刑罚。三是对具体犯罪的法定刑的规定。关于对具体犯罪的法定刑规定的形式，从各国立法例来看，存在三种情况：第一是绝对确定的法定刑。例如，体现绝对罪刑法定原则的1791年《法国刑法典》就采用了这种绝对确定的法定刑，该刑法典第二章第二节第1条规定："公开使用暴力构成的任一偷盗罪，判处苦役10年。"绝对确定的法定刑严格限制了法官裁量刑罚的权力，扼杀了司法工作人员的主观能动性。正如苏俄刑法学家A. H. 特拉伊宁所指出的："在这种情况下，法院的活动仅仅归结为确定犯罪和具体犯罪人的存在。至于法院在审判前后评定犯罪的其他全部工作，都已由立法者完成了。”① 第二是绝对不确定的法定刑，即法律没有对刑罚的种类和幅度加以规定，由司法工作人员自由裁量。这种做法显然违反罪刑法定原则，因而一般为各种刑法所不采。第三是相对确定的法定刑，即在法律条文中规定一定的刑种、幅度，并确定其最高和最低期限。这是目前世界上通行的做法，它体现了相对罪刑法定的精神，既可以使司法工作人员在法定刑幅度内根据案情适当地确定宣告刑，又避免了司法工作人员因无法可依而滥施刑罚。例如，我国刑法第 235 条规定：“过失伤害他人致人重伤的，处三年以下有期徒刑或者拘役。”凡是犯有过失重伤罪的，司法工作人员就可以根据案情选择有期徒刑或者拘役适用，有期徒刑在 3 年以下至 6 个月以上的幅度以内确定宣告刑；拘役期在 6 个月以下至 1 个月以上的幅度以内确定宣告刑。从上述三个层次的内容可以看出，我国刑法做到了刑之法定。

罪之法定与刑之法定是罪刑法定原则的根本要求，我国刑法实现了这一要求。1997 年修订的刑法废除了类推制度，明文规定罪刑法定原则，这是我国刑事立法民主化与科学化的一个重要标志。

四、罪刑法定原则的适用

罪刑法定是我国刑法的基本原则，这不仅在我国刑法学界已经成为通说，而且也是 1997 年修订的刑法的明文规定。但在刑法理论上，对于罪刑法定原则的重要意义的认识仍有待进一步深化，在刑事立法与刑事司法中如何贯彻罪刑法定原则都还存在值得探讨的问题，下面我就这些问题略抒己见。

（一）罪刑法定与法律类推

类推在我国具有悠久历史，中国古代社会本位的价值观决定了以个人本位的

① ［苏］A. H. 特拉伊宁：《犯罪构成的一般学说》，王作富等译，19 页，北京，中国人民大学出版社，1958。

价值观为基础的罪刑法定原则，难以成为我国法律文化的题中应有之义；而体现社会本位价值观的法律形式——类推，则有着根深蒂固的思想基础。罪刑法定与类推的矛盾不仅是刑法的保障机能与保护机能的矛盾，而且是西方法律文化与中国传统法律文化的矛盾。

我国在清末就传入了罪刑法定的思想。清末著名法学家沈家本是中国接受这一思想的第一人。沈家本不赞成清律关于“断罪无正条，用比附加减之律”的规定，指出：“近来东西各国刑法皆不用此文。”沈家本列举了律无正条而比附断案定罪的下述三点流弊：其一，司法之审判官，得以己意，于律无正条之行为，比附类似之条文，致人于罚，是非司法官，直立法官矣。司法、立法混而为一，非立宪国之所宜有也。其二，法者与民共信之物，律有明文，乃知应为与不应为，若刑律之外，参以官吏之意见，则民将无所适从，以律无明文之事，忽援类似之罚，是何异以机穿杀人也。其三，人心不同，亦如其面，若许审判官得据类似之例，科人以刑，即可恣意出入人罪，刑事裁判难期统一也。[①] 在沈家本主持下制定的《大清新刑律》，在中国刑事立法史上首次采用了罪刑法定主义。此后，中国半殖民地半封建的刑事立法虽然在形式上宣布了罪刑法定主义，但在实际上法外制裁从未根绝，其恶劣甚于法律明文规定的类推。

中华人民共和国成立以后，我国长期没有制定刑法典，因此根本谈不上罪刑法定。1979 年第一部刑法颁行以后，对于罪刑法定是否是我国刑法的基本原则，我国刑法学界存在肯定与否定两种截然对立的观点。肯定说认为，我国刑法是以罪刑法定为基础的，就是说，罪刑法定是我国刑法的基本原则之一。[②] 否定说认为，罪刑法定和法律类推，是根本对立、互不相容的。那种认为我国刑法是采取了在罪刑法定的基础上，实行有控制的类推的观点，从理论上看，是说不通的。[③] 我认为，正确理解罪刑法定与类推的关系，

---

① 参见沈家本：《历代刑法考》（四），1820 页，北京，中华书局，1985。

② 参见杨敦先：《罪刑法定和类推的适用》，载《北京大学学报》，1982（1），20 页。

③ 参见周密：《罪刑法定还是法律类推》，载《法学研究》，1980（5），28 页。

是解决我国刑法是否实行罪刑法定原则的关键。罪刑法定原则的基本含义是法无明文规定不为罪，或法无明文规定不处罚。而类推的基本含义是比附援引，例如《唐律》规定："诸断罪而无正条，其应出罪者，则举重以明轻；其应入罪者，则举轻以明重。"由上可知，罪刑法定与类推是矛盾的，禁止类推解释被公认为是罪刑法定主义的派生原则之一。因此，那种认为我国刑法上规定的类推，是足以体现罪刑法定原则的，甚至认为类推本身就是罪刑法定的一种表现的观点，是令人难以接受的。① 当然，一般把禁止类推适用不看作罪刑法定原则派生的当然结论，以便通过某种形式适用类推解释，这已成为一种世界性的趋势。我国刑法学界某些学者以此作为理由，论证我国1979年刑法中虽然规定了类推，但仍然实行罪刑法定原则，这实际上是一种误解。因为某些西方国家刑法解释中的容许类推，是指有利于被告的类推，不利于被告的类推还是禁止的。即使是个别不利于被告的类推在一定限度内被容许，也是小心翼翼地在扩张解释的名义下进行的，而扩张解释与类推解释的实质性区别本来就是刑法理论上的一大难题。② 我国1979年刑法中的类推则是对刑法分则没有明文规定的犯罪比照刑法分则最相类似的条文定罪判刑的制度。显然，这是一种不利于被告的类推。

我认为，罪刑法定与类推实际上体现了刑法中的一对矛盾，这就是刑法的保障机能与保护机能之间的矛盾。刑法的保障机能要求罪刑法定，使公民能够预见到自己行为的法律效果，以便更好地保障公民的人身和其他各种权利。而刑法的保护机能要求实行类推，使刑法能够适应复杂多变的社会情况，最大限度地遏制犯罪，以便更好地保护社会的政治、经济和其他各种秩序。那么，我国刑法应该如何解决这一矛盾呢？我认为，我国刑法中保护人民和惩治犯罪是有机地统一的，这也正体现了保障机能与保护机能的统一。

---

① 参见杨敦先：《罪刑法定和类推的适用》，载《北京大学学报》，1982（1），20页。

② 参见甘雨沛：《国外刑法理论中具有世界趋向性的几个问题》，载《社会科学战线》，1981（3），94～95页。

由于我国是一个人民民主专政的社会主义国家，社会主义民主与法制的原则要求实行罪刑法定。把现存的一切犯罪以及应处的刑罚都用法律规定下来，使司法机关的定罪量刑有法可依，防止滥用刑罚权，以保障公民的民主权利。但我国在今后一定时期内，各种危害国家安全和其他性质的犯罪仍然存在，并且会随着经济体制和政治体制改革的深化不断地发展变化。而且，我国是一个大国，各个地区的情况千差万别，犯罪形态各异。在第一部刑法中，把正在发生和可能发生的犯罪包罗无遗是不可能的。在这种情况下，允许有控制的类推也是必要的。有鉴于此，我们应该肯定罪刑法定是我国1979年刑法的基本原则，并把类推视为罪刑法定原则的补充。并且，我们可以预见，随着社会政治、经济等各方面条件的成熟，随着刑事立法经验的丰富，我国刑法将废除类推，实行彻底的罪刑法定原则。1997年修订的刑法，实现了这一预言。

我国刑法学界关于罪刑法定是否是我国刑法的基本原则的这一争论虽然已经平息，但实际上思想问题并没有彻底解决。我国刑法学家在讨论罪刑法定与类推问题时，常以“法有限，情无穷”来论证类推的必要性并否认罪刑法定的可能性。例如援引吕祖谦在注解《尚书·吕刑》中“上下比罪”一语时的著名论述：“三千已定之法，载之刑书者也；天下之情无穷，刑书所载有限，不可以有限之法，而穷无尽之情；又在用法者，斟酌损益之。”因此，主张否定罪刑法定原则的学者认为，社会生活纷繁复杂，犯罪现象千差万别，形式多样，无奇不有，而刑法条文的具体规定总是有限量的，即使再详尽、完备，也终究包罗不尽可能发生的一切犯罪现象。希冀以有限的法律条文囊括社会上可能发生的各种各样的全部犯罪现象，事实上是根本不可能的。为了有效地同犯罪作斗争，就有了“法律类推”原则的确立。[①] 我认为，这种观点是片面的。在这些堂皇的辞藻的背后，实际上隐藏着一种显然是错误的观念：任何行为都可能构成犯罪，都需要用刑罚

① 参见周密：《罪刑法定还是法律类推》，载《法学研究》，1980（5），27页。

来调整。但正如有的刑法学家指出："刑法并不是用以管理全社会所有的人类行为，而只是受理那些由国家经立法者之考虑所认为犯罪则应受处罚的行为。人类日常之事，只要未犯刑法所定之罪，并不涉及刑法之任何问题"①。

我认为，刑法的特点是运用刑罚的手段来调整一定的社会关系，它是统治阶级维护其政治上的与经济上的统治的最后法律防线，而且关系到对一个人的生杀予夺，质言之，统治阶级只有在不得已的情况下才动用刑罚。在这个意义上说，采刑罚谦抑主义是必要的。但我国长期的封建社会的法律传统，习惯于将刑罚作为调整一切社会关系的法律手段，从而以类推弥补法律规定之不足。这样一种刑法万能观念，在我看来是与我国社会主义性质格格不入的，应在破除之列。事实上，刑法的调整范围是有限的，以罪刑法定加以限制也是必要的，类推只是在第一部刑法规定不可能完备的情况下才有其存在的余地。而且，即使在 1979 年刑法规定类推的情况下，对于类推适用也应严加控制。但我国 1979 年刑法修订以前的刑法理论存在一种无限制地扩大类推适用的倾向。在刑法颁行之初，一般认为适用类推之所谓最相类似，是指在客观行为上最相类似可以类推，而主体、客体、罪过形式都不允许类推。② 但此后我国刑法学界某些学者认为，客体不同也可以类推③，某些学者认为罪过形式不同也可以类推④，还有某些学者认为主体不同也可以类推。⑤ 这些观点的提出，固然有其一定的实践基础。因为随着经济体制改革的深入发展，出现了一些新情况，例如对破坏个体生产行为应如何定性，由于刑法没有规定，因而提出类推定罪。我认为，刑法落后于社会生活，应该通过修改刑法或颁布单行刑法来解决与社会生活之间的矛盾，而不能用类推来维护法律的稳定性。否则，法律的稳定性虽然保持下来了，不受控制的类推将可

① 陶龙生：《论罪刑法定原则》，载《刑法总则论文选辑》（上），112 页，台北，五南图书出版公司，1984。

② 参见杨春洗等：《刑法总论》，77 页，北京，北京大学出版社，1981。

③ 参见王勇：《客体不同也可适用类推》，载《河北法学》，1984（4），30 页。

④ 参见杨弃：《过失犯罪类推初探》，载《法学》，1987（3），16～17 页。

⑤ 参见张明楷：《关于类推的几个问题》，载《法学研究》，1987（2），49 页。

能使法律的严肃性被破坏殆尽。在这种情况下，法律的稳定性又有何价值可言？总之，我们应该正确认识罪刑法定与类推的关系，不能以类推破坏罪刑法定。1997 年刑法修订对刑法中的罪名作了大幅度的增补，使刑法规定更为明确与具体，这就为废除类推，实行罪刑法定创造了条件。

（二）罪刑法定与刑事立法

罪刑法定首先是一个立法问题，我国 1979 年刑法虽然体现了罪刑法定原则，但除了类推制度的规定以外，在某些方面还有必要根据罪刑法定原则进一步发展完善。

1. 刑法的完备问题。

我国 1979 年刑法是不够完备的，这是一个不争的事实。但如何看待这种不完备性，却存在不同的认识。有些学者认为，刑事立法是否完备，要看它是否对现实发生的犯罪行为有适当的处理依据，看它是否适应和推动经济基础的发展。然而，经济基础和犯罪现象都在不断发展变化，所以，刑法在此时是完备的，而在形势发展后则会表现为不完备，不可能有一部永远都是完备的刑法典。刑法的这种相对完备性，说明了类推制度的不可避免性，采用类推就是为了克服这种相对性。[①] 我认为，承认刑法的相对完备性是正确的，但刑法的相对完备性本身也是随着现实发生的犯罪情况而发展的。不能因为刑法的完备是相对的，就放弃了对刑法完备性的追求，而永远依赖类推。就我国刑法来看，即使是相对的完备性也是谈不上的，人们近年来提出了一系列立法建议，涉及补充新罪名的达数十个之多，例如通奸罪、浪费罪、危害环境罪、重大医疗责任事故罪、掳人勒赎罪、侵占罪、劫持交通工具罪、抢劫枪支弹药罪、卖淫罪、抗拒改造罪等。[②] 这些情况在现实生活中时有发生，其中某些行为完全可以及时补充规定在刑法中，而没有必要以类推来补救。因此，我认为，根据罪刑法定原则的要求，应该不断地对刑法进行修改补充，使之适应社会生活的需要。1997 年修订后的刑法较之 1979

① 参见张明楷：《关于类推的几个问题》，载《法学研究》，1987（2），47 页。

② 参见高铭暄主编：《新中国刑法学研究综述（1949—1985）》，746～753 页，郑州，河南人民出版社，1986。

年刑法更为完备。但这种完备性同样是相对的，随着社会政治、经济生活的发展，刑法还会滞后，需要不断地加以完善。例如，在 1997 年刑法修订后不久，全国人大常委会又于 1998 年 12 月 29 日通过了《关于惩治骗购外汇、逃汇和非法买卖外汇犯罪的决定》，增设了骗购外汇罪。由此可见，刑事立法将随着犯罪的变化而不断地发展，刑法的完备是一个逐步发展的过程。

2. 刑法的繁简问题。

我国 1979 年刑法条文之简明，也是一个有目共睹的事实。从条文数量来看，在世界各国刑法典中可以说是最少的，仅 192 条。而在外国刑法中，条文多的如《印度刑法典》达 551 条，较少的如《蒙古刑法典》也有 225 条。我国第一部刑法因立法者缺乏刑事立法经验，不可能十分详尽，这也情有可原。但我国在刑事立法上存在一种片面满足于“简明扼要”的倾向，甚至把条文简约作为我国刑法的一大特色，这却是实堪忧虑的。立法是从千姿百态的案件事实中抽象出适用于所有案件的法律原则，因此具有高度的概括性。但立法又必须具有明确性，这是罪刑法定原则的基本要求，明确性（definiteness）作为罪刑法定的派生原则，是美国刑法学家在 20 世纪初提出的，又称为“不明确而无效的理论”（Voiclfor-vagueness doctrine）。根据明确性原则，罪刑虽然是法定的，但其内容如不明确，就无法防止刑罚权的滥用，罪刑法定主义保障公民自由的目的也就无法实现。为此，刑法规范必须明确，不明确的刑法规范应该认为是违宪、无效的。明确性作为罪刑法定主义的派生原则，应该说是罪刑法定的题中应有之义。法国著名启蒙思想家孟德斯鸠指出：“在法律已经把各种观念很明确地加以规定之后，就不应再回头使用含糊笼统的措辞，路易十四的刑事法令，在精确地列举了和国王有直接关系的讼案之后，又加上了这一句：‘以及一切向来都由国王的判官审理的讼案。’人们刚刚走出专横独断的境域，可是又被这句话推回去了。”[①] 但是，明确与不明确又是相对的，而往往是根据需要来安排的，为了适应社会生活的实际需要，有些刑法学家强调，今后刑法有

① ［法］孟德斯鸠：《论法的精神》，下册，张雁深译，297 页，北京，商务印书馆，1963。

必要创设柔软的、概括性的规定，即所谓“规范性的构成要件”、“开放性的构成要件”。有些法学家甚至主张经济刑法的立法者应有意识地订出一些界限不明确的行为构成要件（randun scharfe Tatbes taende），而使潜伏性的犯罪行为人不能明确地知道刑罚的范围，在这种情况下，可使具有犯罪意图者的行为，止于合法的领域里。① 这种观点当然是似是而非的。总之，根据罪刑法定原则，刑法规范要有一定的明确性，但又不应该将明确性绝对化，适应社会生活，创设一些概括性的规定，采取空白罪状等立法技术，以强化刑法的适时性与超前性，不应被认为是违反罪刑法定原则的。但问题在于，我国刑法为避免烦琐，片面追求简明，其结果却是简而不明。例如，我国刑法中随处可见的“情节严重”一词，其内涵与外延都极其含糊，它既可以是区分罪与非罪的界限，又可以是区分重罪与轻罪的界限，至于其含义是什么，完全在于司法工作人员的理解，而一般公民则无从了解。又如，1982年全国人大常委会《关于严惩严重破坏经济的罪犯的决定》第1条第1项，对包括盗窃在内的五种犯罪的处刑作了补充或修改。接着规定：“国家工作人员利用职务犯前款所列罪行，情节特别严重的，按前款规定从重处罚。”但根据1979年刑法第155条的规定，国家工作人员利用职务之便盗窃公共财物的，构成贪污罪，根本谈不上以盗窃罪从重处罚的问题。显然，这一差错就是由于片面追求简明，将数个犯罪放在一起规定造成的。我认为，对于某些外在特征不像传统刑事犯罪那样明确的犯罪，在立法上不宜采用简单罪状，而应采用叙明罪状，不厌其详地描述其构成特征。在立法技术上，尽可能地采取列举的方式，使之清楚明了，这也是罪刑法定原则的必然要求。1997年修订后的刑法，条文已经增加到452条，在立法指导思想上摈弃了“宁粗勿细”原则，而且追求明确性，使刑法具有可操作性，这是一个历史性的进步。

3. 类推立法的问题。

类推立法是指把刑法分则中没有明文规定的犯罪，通过其他法律的规定，比附在刑法分则最相近似的条文中，比照该条文类推定罪判刑。例如，1984年

① 参见林山田：《经济犯罪与经济刑法》，修订3版，103页，台北，三民书局，1981。

《专利法》第63条规定：假冒他人专利情节严重的，对直接责任人员比照刑法（指1979年刑法）第127条的规定追究刑事责任，而1979年刑法第127条规定的是假冒商标罪。类推立法曾一度成为我国法律，尤其是一些经济法、行政法规定各种新的犯罪时广泛采用的形式。陈丕显同志在全国人大第六届第二次会议上代表全国人大常委会所作的工作报告中指出："在经济法、行政法中关于追究刑事责任的问题，常委会在审议时……对刑法没有明确规定刑罚的，尽量规定比照刑法中最相近的条款追究刑事责任。"

但我认为，类推立法的效果如何，是一个很值得研究的问题。有些类推立法破坏了刑法典的内部协调统一，造成有法难依的局面。例如我国1979年刑法第187条规定了玩忽职守罪，属于过失犯罪。但全国人大常委会颁布的1982年《决定》和一些行政、经济法规中，规定国家工作人员某些职务上的危害行为，比照或者依照刑法（指1979年刑法）第187条论处。在这些危害行为中，有些主观上是故意。例如1982年《决定》第1条第4项规定：凡对于走私、投机倒把、盗窃、贩毒、盗运珍贵文物出口、受贿等犯罪人员，有追究责任的国家工作人员不依法追究，或者因受阻扰而不履行法律所规定的追究职责的，应比照1979年刑法第187条规定的玩忽职守罪处罚。又如，1984年《森林法》第35条规定："违反本法规定，超过批准的年采伐限额发放林木采伐许可证……情节严重，致使森林遭受严重破坏的，对直接责任人员依照《刑法》第一百八十七条的规定追究刑事责任。"有鉴于此，有些学者提出玩忽职守罪在主观上也可以由间接故意构成的论点。① 我认为，玩忽职守罪的罪过形式只能是过失，这是没有疑问的。如果包括故意，为什么过失犯罪与故意犯罪共用一个法定刑？这显然是难以自圆其说的。问题在于：如何解释法律的这些规定。我认为，法律的这种所谓类推立法是不妥的。根据罪刑法定原则，每个犯罪都应该有与之相应的法定刑，这已经成为刑事立法的一般常识。司法上的类推是因法律没有明文规定而不得已

① 参见刘佑生：《论依法查处玩忽职守案件》，载《中国法学》，1988（1），100页。

比照最相类似的条文定罪判刑；而在立法上，立法者完全有权创立新罪名并规定相应的法定刑，又有什么必要实行所谓类推？在我看来，类推立法之所以采用，这与立法者主观上没有很好地解决在经济、行政法规中能否规定刑事罚则（包括创立新罪名与规定相应的法定刑）这个问题有关。应该认为，立法者在宪法赋予的权限之内，是可以在经济、行政法规中规定刑事罚则的。而类推立法应当废止，它与罪刑法定原则是背道而驰的，也不利于我国刑事立法的发展完善。在1997年刑法修订中，已经把这些附属刑法规范吸纳到刑法中来。但今后还会存在附属刑法的问题，我主张不再采用类推立法，而是直接立法。

（三）罪刑法定与刑事司法

罪刑法定原则不仅要求在刑事立法上将罪刑关系法定化，而且要求在刑事司法中严格依法办事，保障公民的合法权益。总的来说，自1979年刑法颁行以来，我国司法机关是能够按照罪刑法定原则严格执法的，但对照罪刑法定原则的要求，也还存在一些有待于发展完善的地方。

1. 司法解释的问题

由于我国1979年刑法过于简约，给司法造成了一定的困难，立法者又忙于其他法律的制定而无暇顾及立法解释，因而司法解释就成了沟通立法与司法的桥梁。最高人民法院和最高人民检察院分别就审判工作和检察工作中具体应用刑事法律的问题作了不少解释。例如，最高人民法院《关于人民法院审判严重刑事犯罪案件中具体应用法律的若干问题的答复》，最高人民检察院《关于在严厉打击刑事犯罪斗争中具体应用法律的若干问题的答复》。特别是最高人民法院和最高人民检察院还就当时某些犯罪案件如何具体应用法律问题多次联合作出解释，例如关于拐卖人口案件、关于强奸案件、关于流氓案件、关于集团犯罪案件、关于盗窃案件、关于经济犯罪案件等。这对于统一司法机关的认识，加强办案工作，提高检察和审判工作质量，起着十分强有力的指导作用。[①] 但毋庸讳言，个别司法解释超越权限，违反了罪刑法定原则。例如，最高人民法院、最高人民检察院

---

① 参见高铭暄主编：《新中国刑法研究综述（1949—1985）》，13页，郑州，河南人民出版社，1986。

1986年6月21日公布的《关于刑法第114条规定的犯罪主体的适用范围的联合通知》，将刑法第114条规定的重大责任事故罪的犯罪主体由工厂、矿山、林场、建筑企业或者其他企业、事业单位的职工（特殊主体），扩大解释为包括群众合作经营组织或个体经营户的从业人员（一般主体）。[①] 我认为，这一司法解释的精神是正确的，但它超越了司法解释的权限。以后的司法解释要严格根据罪刑法定原则，只能就检察工作与审判工作中的有关问题作出解释。在1997年刑法修订后，由于明文规定了罪刑法定原则，这种越权的司法解释更应避免。

2. 司法裁量的问题

罪刑法定原则要求司法机关在法律规定的范围内行使其自由裁量权。在刑法史上，罪刑法定经历了从绝对罪刑法定到相对罪刑法定的历史转变。绝对罪刑法定完全否认法官的自由裁量权，事实证明是不科学的。相对罪刑法定则肯定法官在法律规定范围内的自由裁量权，有利于案件的公正处理。我国修订后的刑法确立了罪刑法定原则，废除了类推制度，因而对于司法机关提出了依法裁量的严格要求。法律上规定罪刑法定原则，不等于罪刑法定的实现。因为，罪刑法定不是一条简单的法律标语，它在刑事司法中应当得以切实的贯彻。在刑事司法中，应当转变观念，加强刑法的人权保障机能，严格依法定罪处刑。对于法律没有明文规定的行为，即使具有较大的社会危害性，也不应当随意套用其他罪名定罪处刑；否则，罪刑法定原则仍然有被虚置的危险。

第二节　罪刑均衡原则

一、罪刑均衡原则的变迁

罪刑均衡作为刑法基本原则是在资产阶级革命胜利以后确立的，但罪刑均衡

① 参见《中华人民共和国最高人民法院公报》，1986（3），8页。

的观念却具有源远流长的历史。在实行严刑苛罚的奴隶社会和封建社会，罪刑均衡只不过是善良人们的美好愿望而已。

罪刑均衡观念最早可以追溯到原始社会的同态复仇。在原始社会，同态复仇的习惯极为盛行。恩格斯在《家庭、私有制和国家的起源》中曾经指出：个人依靠氏族来保护自己的安全，而且也能做到这一点；凡伤害个人的，便是伤害了整个氏族。假使一个氏族成员被外族人杀害了，那么被害者的全氏族就有义务实行血族复仇。[①] 显然，同态复仇是血族复仇的形态之一。在奴隶社会初期，同态复仇的习俗残存下来并被法律所认可。例如《汉谟拉比法典》（约公元前 1792—前 1750）第 196 条规定："倘自由民损毁任何自由民（之子）之眼，则应毁其眼。"第 197 条指出："倘折断自由民（之子）之骨，则应折其骨。"《十二铜表法》（公元前 451—前 405）第八表第 2 条规定："如果故意伤人肢体，而又未与［受害人］和解者，则他本人亦应遭受同样的伤害。"这些规定从表面上看似乎是罪与刑的绝对均衡，体现了罪刑均衡的思想，但实际上是同态复仇的残俗，是罪刑均衡思想的最原始也是最粗俗的客观表现形态。

在理论上对罪刑均衡进行探讨，在西方首推古希腊著名哲学家亚里士多德。亚里士多德在《尼各马科伦理学》一书中指出："倘若是一个人打人，一个人被打，一个人杀人，一个人被杀，这样承受和行为之间就形成了不均等，于是就以惩罚使其均等，或者剥夺其利得。"[②] 此后，古罗马哲学家西塞罗在其名著《法律篇》中也明确地表达了罪刑相适应的思想，指出："对于违犯任何法律的惩罚应与犯法行为相符合。"[③] 中国古代最早论及罪刑均衡的思想家是墨子，其"罚当暴"[④] 一语恰当地表达了罚（即刑罚）与暴（即犯罪）之间的对等关系。继墨

① 参见《马克思恩格斯选集》，2 版，第 4 卷，85 页，北京，人民出版社，1995。

② ［古希腊］亚里士多德：《尼各马科伦理学》，苗力田译，95～96 页，北京，中国社会科学出版社，1990。

③ 转引自《西方法律思想史资料选编》，83 页，北京，北京大学出版社，1983。

④ 《墨子·尚同》。

子以后较为详细地论述罪刑均衡的是荀子。荀子把爵赏和贤德、刑罚和罪过视为一种对等的报偿关系，不能随意轻重，而应该贵必当功，刑必称罪。荀子指出："凡爵列、官职、赏庆、刑罚，皆报也，以类相从者也。一物失称，乱之端也。夫德不称位，能不称官，赏不当功，罚不当罪，不祥莫大焉。"[①] 荀子还明确指出："刑当罪则威，不当罪则侮。"[②] 这里的所谓侮，就是马克思曾经说过的，犯罪的耻辱就会变成法律的耻辱。[③] 因为罪刑太不相称，轻罪重罚，人们对犯罪的痛恨转变为对法律的仇视。应该指出，上述中外古代思想家虽然充分论述了罪刑均衡的思想，但在实行严刑苛罚的奴隶社会与封建社会，这些思想并没有为统治者所接受成为刑事立法与刑事司法的原则。

罪刑均衡成为刑法的基本原则是 17、18 世纪的启蒙思想家倡导的结果。启蒙思想家猛烈地抨击了封建社会的严刑苛罚，表达了资产阶级对于罪刑均衡的基本要求。例如法国启蒙思想家孟德斯鸠指出："惩罚应有程度之，按罪大小，定惩罚轻重。"[④] 孟德斯鸠在其名著《论法的精神》一书中更是明确地提出刑罚的轻重与犯罪相协调的思想。[⑤] 意大利著名刑法学家贝卡里亚最为系统地阐述了罪刑均衡的思想。贝卡里亚指出："公众所关心的不仅是不要发生犯罪，而且还关心犯罪对社会造成的危害尽量少些。因而，犯罪对公共利益的危害越大，促使人们犯罪的力量越强，制止人们犯罪的手段就应该越强有力。这就需要刑罚与犯罪相对称。"[⑥] 为了实现罪刑均衡，贝卡里亚别出心裁地设计了一个罪刑阶梯。贝卡里亚指出："既然存在着人们联合起来的必要性，既然存在着作为私人利益相互斗争的必然产物的契约，人们就能找到一个由一系列越轨行为构成的阶梯，它的最高一级就是那些直接毁灭社会的行为，最低一级就是对于作为社会成员的个

① 《荀子·正论》。
② 《荀子·君子》。
③ 参见《马克思恩格斯全集》，第 1 卷，148 页，北京，人民出版社，1956。
④ ［法］孟德斯鸠：《波斯人信札》，罗大冈译，104 页，北京，商务印书馆，1958。
⑤ 参见［法］孟德斯鸠：《论法的精神》，上册，张雁深译，91 页，北京，商务印书馆，1963。
⑥ ［意］贝卡里亚：《论犯罪与刑罚》，黄风译，65 页，北京，中国大百科全书出版社，1993。

人所可能犯下的、最轻微的非正义行为。在这两极之间，包括了所有侵害公共利益的、我们称之为犯罪的行为，这些行为都沿着这无形的阶梯，从高到低顺序排列。”[①] 确立了罪刑阶梯，就可以使之互相对称：轻罪轻刑，重罪重刑。它不仅为人们提供了一张确定某一行为是否构成犯罪的清单，而且给人们提供了一张罪刑的价目表，起到遏制犯罪的作用。

启蒙思想家所倡导的罪刑均衡的思想在资产阶级刑事立法中得到充分体现。例如法国1789年的《人权宣言》第8条指出：“法律只应当制定严格的、明显地必需的刑罚。”1793年法国宪法所附的《人权宣言》第15条规定：“刑罚应与犯法行为相适应，并应有益于社会。”从1791年到1810年的《法国刑法典》虽然改绝对确定的法定刑为相对确定的法定刑，但无疑地都贯彻了罪刑均衡的原则，成为后世刑事立法的楷模。当年世界各国虽然对罪刑均衡的理解可能有所差别，法律对犯罪与刑罚的规定也不完全相同，虽然保安处分的盛行，不定期刑的引入，更使罪刑均衡原则受到排挤，但是，罪刑均衡仍是刑法的基本原则之一。

二、罪刑均衡原则的根据

罪刑均衡原则的理论基础，主要有两种学说，一是报应主义，二是功利主义。这两种观念互相对立，各自从自己的前提出发得出了罪刑均衡的结论，但内容却大相径庭，但它们对于理解罪刑均衡原则有着重要的意义。

（一）报应主义

报应主义以德国古典哲学家康德、黑格尔为巨擘，认为刑罚是对犯罪的一种回报，因此刑罚的质和量完全以犯罪为转移，即犯罪对社会所造成的损害应当成为刑罚的尺度。康德指出：“公共的正义可以作为它的原则和标准的惩罚方式与尺度是什么？这只能是平等的原则。根据这个原则，在公正的天平上，指针就不

① ［意］贝卡里亚：《论犯罪与刑罚》，黄风译，66页，北京，中国大百科全书出版社，1993。

会偏向一边的，换句话说，任何一个人对人民当中的某个个别人所作的恶行，可以看做他对自己作恶。因此，也可以这样说：‘如果你诽谤别人，你就是诽谤了自己；如果你偷了别人的东西，你就是偷了你自己的东西；如果你打了别人，你就是打了你自己；如果你杀了别人，你就是杀了你自己。’这就是报复的权利。”① 康德甚至认为这是支配公共法庭的唯一原则，据此原则可以明确地决定在质和量两个方面都公正的刑罚。康德由此而引申出等量报应的原则，认为只有这样才能做到罪刑相适应。黑格尔虽然也是一个报应主义者，但他对罪刑相适应的理解又不同于康德的。黑格尔反对康德等量报应的观点，认为根据这种观点很容易得出刑罚上同态复仇的荒诞不经的结论，例如以眼还眼，以牙还牙，同样我们可以设想行为人是个独眼龙或者全口牙齿都已脱落等情况。因此，黑格尔提出等质报应的观点，指出：“犯罪的基本规定在于行为的无限性，所以单纯外在的种的性状消失得更为明显，而等同性则依然是惟一的根本规则，以调整本质的东西，即罪犯应该受到什么刑罚，但并不规定这种刑罚的外在的种的形态。单从这种外在的种的形态看来，一方面盗窃和强盗，他方面罚金和徒刑等等之间存在着显著的不等同，可是从它们的价值即侵害这种它们普遍的性质看来，彼此之间是可以比较的，寻求刑罚和犯罪接近于这种价值上的等同，是属于理智范围内的事。”② 因此，黑格尔主张从犯人的行为中去寻找刑罚的概念和尺度，以便做到罪刑相适应。从以上分析可以看出，尽管康德的等量报应与黑格尔的等质报应存在差别，但他们所主张的罪刑均衡都是指刑罚与已然的犯罪相适应。

（二）功利主义

功利主义有规范功利主义与行为功利主义之分，前者以贝卡里亚、边沁等人为代表，注重刑罚的一般预防功能；后者以龙勃罗梭、菲利等人为代表，注重刑罚的个别预防效果。贝卡里亚指出：“只要刑罚的恶果大于犯罪所带来的好处，

① ［德］康德：《法的形而上学原理——权利的科学》，沈叔平译，165页，北京，商务印书馆，1991。

② ［德］黑格尔：《法哲学原理》，范扬、张企泰译，106页，北京，商务印书馆，1961。

刑罚就可以收到它的效果。这种大于好处的恶果中应该包含的，一是刑罚的坚定性，二是犯罪既得利益的丧失。除此之外的一切都是多余的，因而也就是蛮横的。”[①] 边沁则将刑罚预防犯罪的必要限度作为确定罪刑均衡的标准。正如美国法学家戈尔丁指出：“到底能赋予罪刑相适应观念以什么意义呢？边沁详细地讨论了这个问题。他的基本观点是，预防犯罪只在这样做是值得的时候才应被实行……这就决定了法律是法律惩罚的限度。而不是以任何诉讼正义或自然权利的做法来决定这种限度。”[②] 因此，根据规范功利主义的观点，刑罚不是与已然的犯罪相适应，而是应当与足以有效地制止其他人犯罪相适应。如前所述，贝卡里亚关于罪刑阶梯的思想，似乎是主张刑罚与已然的犯罪相适应的，因而与报应主义有相同之处，例如美国学者戴维就指出：“在这一点上，我们可以看出，贝卡里亚与黑格尔是一致的，他们都认为，对各种具体犯罪可能施以不同的刑罚，是因为在社会条件不同的情况下，各种犯罪给社会造成的危害后果不同。”[③] 但我认为，贝卡里亚与黑格尔的出发点是截然不同的，黑格尔是从报应的角度出发得出罪刑等质的结论；贝卡里亚不是把罪刑对称视为报应的要求，而是看作利用人的心理活动规律发挥刑罚威吓作用的要求。正如我国学者指出：“他（指贝卡里亚——引者注）的对称论比较注重整个刑罚体系在宏观上的层次性，认为只有通过刑罚阶梯的层次性，才能为人们提供一个切实的功利标准，使他们经过利弊衡量后放弃无利可图的犯罪意念，从而达到维护社会正常秩序的刑罚目的。”[④] 行为功利主义又不同于规范功利主义，他们注重的是刑罚对犯罪人再犯可能性的遏制，因此，所谓罪刑均衡在行为功利主义看来，应该是刑罚与再犯可能性相适应，即与犯罪人的人身危险性相适应。例如龙勃罗梭认为刑罚的目的不是报应，而是为了防卫社会。为了防卫社会，对有人身危险性的人可采取预防性措施；对

---

① ［意］贝卡里亚：《论犯罪与刑罚》，黄风译，42～43页，北京，中国大百科全书出版社，1993。

② ［美］戈尔丁：《法律哲学》，齐海滨译，149页，北京，三联书店，1987。

③ ［美］戴维：《论贝卡里亚的刑法思想》，载《法学译丛》，1984（5），30页。

④ 黄风：《贝卡里亚及其刑法思想》，115页，北京，中国政法大学出版社，1987。

刑罚执行完毕的犯人，如果人身危险性依然存在，还可以继续服刑或给予保安措施。[①] 菲利则明确指出："对于遗传的或先天的犯罪人，或者由于习惯或精神病而倾向于犯罪的人犯下的重大罪行，实证派犯罪学主张保留不定期隔离的方式，因为在犯了重大罪行的危险退化者的案件中，事先规定出期限是不合理的。"[②] 由此可见，行为功利主义摈弃了报应主义关于刑罚与已然的犯罪相适应和规范功利主义关于刑罚与初犯可能性相适应的罪刑均衡原则，而主张关于刑罚与再犯可能性相适应的罪刑均衡原则。确切地说，行为功利主义转换了确立罪刑均衡的标准，这是刑法的价值观变换的必然结果。

我认为，上述报应主义与功利主义对罪刑均衡的理解都有偏颇。在我看来，报应与功利是具有不可分割的内在联系的，因为两者的根据是共存的。报应观念与功利观念分别代表着特定社会的公正要求与价值尺度，两者统一于统治阶级的利益与意志之中。我们既不能排斥报应追求不公正的功利，也不能否定功利追求无价值的报应，而应当把两者有机地统一起来。而且，报应与功利之间存在手段与目的的关系，国家设立刑罚的根本目的还是在于通过惩罚已然的犯罪（报应）达到预防未然的犯罪（功利）的目的。因此，我们在理解罪刑均衡的时候，应当以报应为主而兼顾功利，从而使两者结合起来。任何犯罪都有一定的否定的价值，以此为尺度可以确定与之相适应的刑罚，这就是以报应为主。但正如在经济学中价格并不完全等同于价值一样，在刑法中，刑罚的分量也不能与犯罪本身具有的社会危害性画等号，它还取决于一般预防与个别预防的需要，这就是要兼顾功利。因此，罪刑均衡的内涵既不是重罪重刑、轻罪轻刑这样一个简单公式所能包容的，更不意味着不考虑其他社会因素与个人因素的无差别的同罪同罚。罪刑均衡应该是在确定犯罪与刑罚的关系的时候，以报应为主，适当地兼顾功利，这就是我国刑法中的罪刑均衡原则的理论基础。

---

① 参见刘麟生：《郎伯罗梭犯罪学》，上海，商务印书馆，1938。

② ［意］菲利：《实证派犯罪学》，郭建安译，50页，北京，中国政法大学出版社，1987。

三、罪刑均衡原则的体现

我国1979年刑法中没有明文规定罪刑均衡原则，1997年修订后的刑法第5条则对罪刑均衡原则作了规定："刑罚的轻重，应当与犯罪分子所犯罪行和承担的刑事责任相适应"。罪刑均衡作为我国刑法的基本原则之一，在我国刑法中得到了充分的体现。如上所述，我们所理解的罪刑均衡，是指刑罚既与已然的犯罪的社会危害性程度相适应，又与未然的犯罪的可能性大小相适应，而这两个方面在我国刑法中得到了有机的统一。

在刑法总则中，我国刑法确定了一个科学的刑罚体系，这个刑罚体系按照各种刑罚方法的轻重次序分别加以排列，并且各个刑罚方法互相区别而又互相衔接，结构严密，主附配合，能够根据犯罪的各种情况灵活地运用，这就为实现罪刑均衡奠定了基础。这个刑罚体系中规定的刑种，既能根据已然的犯罪的社会危害性程度予以适用，具有给犯罪人带来一定痛苦的惩罚性，从而体现报应的意蕴，又能根据未然的犯罪的可能性大小加以适用，例如剥夺自由，限制自由，剥夺能力与财产等刑罚，都具有剥夺再犯可能性与遏制初犯可能性的功能，从而达到功利的目的。此其一。我国刑法总则还根据各种犯罪形态的社会危害性程度不同，规定了轻重有别的处罚原则。例如，防卫过当、避险过当应当酌情减轻或者免除处罚（第20、21条）；预备犯可以比照既遂犯从轻、减轻处罚或者免除处罚（第22条）；未遂犯可以比照既遂犯从轻或者减轻处罚（第23条）；中止犯应当免除或者减轻处罚（第24条）。在共同犯罪中，规定从犯则应当从轻、减轻处罚或者免除处罚（第27条）；胁从犯应当减轻处罚或者免除处罚（第28条）；教唆犯应当按照他在共同犯罪中所起的作用处罚（第29条）。犯有数罪的则要实行并罚（第69条）；在数罪并罚中，又根据后罪是判决宣告以前所犯还是在刑罚执行过程中所犯，分别规定先并后减与先减后并（第70条、第71条）。以上种种，都体现了我国刑法中罪刑均衡原则。此其二。我国刑法总则又根据未然犯罪的可能性大小，规定了一系列刑罚制度，例如累犯制度（第65条）、自首制度（第67条）、缓刑制度（第72、73、74、75、76、77条）、减刑制度（第78、79、80条）、假释制度（第81、82、83、84、85、86条）。在这些刑罚制度中，累犯因再犯可能性大而从重处罚，自首因人身危险性小而从轻处罚，适用缓刑的根本条件是根据犯罪分子的犯罪情节和悔罪表现认为适用缓刑确实不致再危害社会，减刑是因为犯罪分子在刑罚执行期间确有悔改或者立功表现，假释也是因为犯罪分子在刑罚执行期间确有悔改或者立功表现。这就说明，这些刑罚制度是为适应犯罪分子的人身危险性大小而设置的，如果把罪刑均衡仅仅理解为刑罚与已然的犯罪相适应，这些刑罚制度确实是对这种所谓罪刑均衡的否定，但如果把刑罚与未然的犯罪相适应也理解为罪刑均衡的内容之一，那么就应当把根据犯罪分子的人身危险性的大小确定刑罚的轻重以及对原判刑罚所做的适当调整，视为罪刑在新的基础上的均衡。此其三。

在刑法分则中，罪刑均衡原则是建立刑法分则体系的根据之一。根据我国犯罪构成理论，犯罪行为危害的客体不同，其社会危害性程度也不同，因而所处的刑罚也就不同。刑法分则各类罪的排列和各类罪名体系的建立，基本上是按照犯罪的社会危害性的大小、罪行的轻重决定的。但同时，我国刑法分则又对各种犯罪规定了相对确定的法定刑，并且根据情节轻重，分别规定了两个甚至三个量刑幅度，这样就为司法人员根据犯罪人的人身危险性大小正确地适用刑罚留下了余地。因此，我国刑法分则的规定也体现了罪刑均衡原则。

四、罪刑均衡原则的适用

罪刑均衡是我国刑法的基本原则，这在我国刑法学界也得到了绝大多数人的承认。但在刑法理论上，如何科学地理解罪刑相适应的原则，在刑事立法与刑事司法中如何贯彻罪刑均衡原则，也还存在一些值得研究的问题，下面我就这些问题略抒己见。

（一）罪刑相适应与刑罚目的

在我国传统法律文化中，报应的思想占有十分重要的地位。杀人者死、伤人者刑，似乎成为一条刑法的定律。虽在先秦也有人提倡以刑去刑，但占统治地位的还是杀人偿命的报应观念。由于受这种传统法律文化的影响，我们对罪刑相适应的理解往往拘泥于重罪重判、轻罪轻判的解释，甚至引用早期马克思的论述作为根据，例如马克思指出：罪犯受惩罚的界限应该是他的行为的界限，犯法的一定内容就是一定罪行的界限。因而衡量这一内容的尺度也就是衡量罪行的尺度。[①] 应该指出，早期马克思的这一思想是受了黑格尔的报应主义的影响，并且借用了黑格尔刑法思想的思辨表述。此后，马克思清算了黑格尔的报应主义思想，指出：这种把刑罚看成是罪犯个人意志的结果的理论只不过是古代“报复刑”——以眼还眼、以牙还牙、以血还血——的思辨表现罢了。[②] 对于罪刑均衡原则的这种片面理解，使得现存的刑法学体系出现了一个难以解决的矛盾：在犯罪论中强调罪刑相适应，主张刑罚以已然的犯罪为转移；在刑罚论中强调刑罚目的，主张刑罚以未然的犯罪为转移。这样，罪刑均衡与刑罚目的之间就发生了矛盾。有鉴于此，有些学者对罪刑均衡是否是我国刑法的基本原则提出了怀疑，并提出刑罚个别化原则与罪刑相适应原则并列，以解决罪刑均衡与刑罚目的之间的矛盾。而在我看来，刑罚个别化只包括量刑时应该考虑的犯罪人的个人情况即再犯可能性的内容，这是刑罚目的之一——个别预防，而没有考虑犯罪人以外的其他社会因素，例如形势、民愤等内容，这也是刑罚目的之一——一般预防，因而是不够全面的，没有从根本上解决罪刑均衡与刑罚目的的矛盾。何况这些学者是把刑罚个别化作为罪刑均衡的对立面，是在坚持罪刑均衡原则的前提下使刑罚个别化。我认为，罪刑均衡，一方面是指刑罚与已然的犯罪的社会危害性程度相适应，他方面是指刑罚与未然的犯罪的可能性大小相适应。这里所谓未然的犯罪的

① 参见《马克思恩格斯全集》，第1卷，141页，北京，人民出版社，1956。
② 参见《马克思恩格斯全集》，第8卷，579页，北京，人民出版社，1961。

可能性包括再犯可能性——犯罪分子本人再次犯罪的可能性与初犯可能性——社会上其他不稳定分子的犯罪可能性。这种理解可以从刑法第 5 条关于罪刑均衡的规定中得到佐证。根据这一规定，刑罚的轻重不仅应当与所犯罪行，即已然的犯罪的社会危害性程度相适应，而且应当与承担的刑事责任，即未然的犯罪的可能性（人身危险性）相适应。如此理解罪刑均衡，就把报应与功利两个方面的因素都考虑进去了，因而包括了刑罚个别化的内容，比较科学全面。由此再来看罪刑均衡与刑罚目的的关系，我们可以发现：两者不是并列的，更不应把两者对立起来。罪刑均衡是刑罚目的的上位概念，刑罚目的是罪刑均衡的应有内容。

（二）罪刑均衡与刑事立法

如前所述，我国刑法体现了罪刑均衡原则。但严格地按照罪刑均衡的原则来衡量，我国刑法中也还确实存在有悖于罪刑均衡原则的地方。因此，今后我国刑事立法发展完善的，十分重要的内容之一，就是确定一个罪刑均衡的刑事法律体系。

1. 法条竞合的问题。

我国刑法分则中，刑法为了体现对不同社会关系的保护，常常采用法条竞合的立法方式，即一行为侵犯两种社会关系，触犯两个法条的规定，而这两个法条在内容上具有重合或者交叉关系。在这种情况下，依法只能适用其中的一个法条，排斥适用另一个法条。例如刑法第 140 条规定了生产、销售伪劣产品罪，第 141 条至第 148 条规定了生产、销售各种特殊的伪劣产品罪，两种之间具有法条竞合关系。在一般情况下，特别法规定的犯罪在性质上重于普通法规定的犯罪，因而特别法重而普通法轻，按照特别法优于普通法的原则适用法条可以做到罪刑均衡。但由于立法技术上的原因，特别法只是在起刑点上重于普通法，法定最高刑则有可能轻于普通法。在这种情况下，立法者规定按照重法优于轻法的原则适用法条，以便做到罪刑均衡。例如刑法第 149 条第 2 款规定：生产、销售本节第 141 条至第 148 条所列产品，构成各该条规定的犯罪，同时又构成本节第 140 条规定之罪的，依照处罚较重的规定定罪处罚。当然，如果没有这样的明文规定，即使按照特别法优于普通法原则适用法条不能做到罪刑均衡，根据罪刑法定原则，也不能随意适用重法。因此，我认为，采取法条竞合的立法方法，在一般情况下特别法的法定刑应当高于普通法的法定刑，至少等于普通法的法定刑，以便真正做到罪刑均衡。

2. 法律协调的问题。

行为的社会危害性是随着社会生活的变化而变化的，因此，从纵向发展来看，罪刑均衡是一个不断发展变化的过程。为此，法律需要经常修改、补充，以便在刑事立法上保持罪刑之间的均衡。我国人大常委会在这方面做了许多有益的工作，但也必须看到，由于在修改刑法的时候，未能顾及罪刑横向之间的适应，因而出现了犯罪之间处罚不相协调的问题，这也是有悖于罪刑均衡原则的，应当引起立法者的高度重视。例如 1982 年全国人大常委会的《决定》将投机倒把罪的法定最高刑上升为死刑后，伪造国家货币等犯罪的法定最高刑依然如故，两罪刑罚显失平衡。恩格斯曾经指出：在现代国家中，法必须是不因内在矛盾而自相抵触的一种内部和谐一致的表现。① 在刑法中，这种内部和谐一致的重要标志就是要做到罪刑均衡——不仅孤立地看每个具体犯罪与其相应的法定刑相适应，而且联系地看各个犯罪之间的刑罚协调统一。所以，今后修改刑法的时候应当全盘考虑，以免牵一发而动全身，破坏了刑法典原有的内部协调，从而影响刑法的社会效果。

3. 区别对待的问题。

罪刑均衡的前提是对犯罪的各种情况区别对待，没有这种区别，就没有政策，也就没有罪刑均衡的原则。但我国对刑法进行补充、修改中，没有很好地注意这个问题。例如我国 1979 年刑法第 61 条规定了累犯制度，根据这一规定，被判处有期徒刑以上刑罚的犯罪分子，刑罚执行完毕或者赦免以后，在 3 年以内再犯应当判处有期徒刑以上刑罚之罪的，是累犯，应当从重处罚。实践证明，我国

---

① 参见《马克思恩格斯选集》，2 版，第 4 卷，702 页，北京，人民出版社，1995。

刑法中的累犯制度在与犯罪作斗争中是发挥了很好作用的。但 1981 年 6 月 10 日全国人大常委会通过的《关于处理逃跑或者重新犯罪的劳改犯和劳教人员的决定》(以下简称《决定》)规定:刑满释放后又犯罪的,从重处罚。这一规定实际上否定了我国刑法中的累犯制度,而且没有刑期、时间、罪过形式等限制条件,这就意味着只要犯过罪,不论处以何种刑罚,不论是何时所犯,也不论是故意犯罪还是过失犯罪,以后再犯罪的,都应当从重处罚。这种不考虑差别的处罚原则,显然是违背罪刑均衡原则的。马克思曾经指出:不论历史或是理性都同样证实这样一件事实,不考虑任何差别的残酷手段,使惩罚毫无效果,因为它消灭了作为法的结果的惩罚。[①] 马克思的这一论述是对罪刑均衡原则的最好说明,应该引起我们的深思。我认为,全国人大常委会的《决定》的立法精神是要打击那些重新犯罪的人,尤其是屡教不改的犯罪分子。这一立法精神是无可非议的,但在采取具体立法措施的时候未能对这些人区别对待。实际上,立法者可以通过设立再犯制度的方法解决这个问题,对累犯应当从重处罚,符合累犯条件的按累犯从重处罚;再犯是指犯罪经判决后又犯罪的人,法律规定对再犯可以从重处罚,以示在法律效果上区别于累犯,既能打击那些屡教不改但又不符合累犯条件的犯罪分子,又能体现罪刑均衡的原则。1997 年刑法修订,明令废止上述《决定》,并将累犯前罪与后罪的法定时间距离从 3 年改为 5 年,扩大了累犯的范围,从而较为圆满地解决了对重新犯罪的犯罪分子的从严处罚的问题。

(三)罪刑均衡与刑事司法

刑事立法上的罪刑均衡是实现罪刑均衡的前提,罪刑均衡的最后实现还有赖于刑事司法,因为刑法立法的任务是创制一定的法律规范,设立一种假定的罪刑关系。在这种情况下,所谓罪刑均衡也只是粗线条的、概括的。尤其是我国采用相对确定的法定刑,对某一犯罪根据犯罪情节的轻重设立几个量刑幅度,例如我国刑法第 232 条规定的故意杀人罪,最低只能判处 3 年有期徒刑,最高可以判处

① 参见《马克思恩格斯全集》,第 1 卷,139~140 页,北京,人民出版社,1956。

死刑。从立法上来说，根据故意杀人犯罪情节的轻重，规定了轻重不同的法定刑，这体现了罪刑均衡原则。但它虽然为司法实践中做到罪刑均衡提供了法律基础，却不能保证每个案件的审理结果都能做到罪刑均衡。因为犯罪总是具体的，量刑也只能根据犯罪的具体情节，正如马克思指出：法律是普遍的。应当根据法律来确定的案件是单一的。[①] 因此，对于具体犯罪来说，只有通过对案件情节的综合考察，才能真正做到罪刑均衡。所以，只有刑事立法上的罪刑均衡而没有刑事司法中的罪刑均衡，罪刑均衡原则也还是不可能最后实现。应当指出，我国司法机关在刑事审判活动中，基本上是能够做到罪刑均衡的，但也还存在一些有待研究的问题。

1. 量刑适当的问题

对罪刑均衡的思想认识，是一个首先需要解决的问题。在司法实践中，有些学者对于定罪往往比较重视，将其作为检验刑事审判工作质量的一个重要标准，而将罪刑均衡仅仅看作多判几年与少判几年的问题，认为无关紧要。二审法院在对上诉案件进行审理的时候，也往往注重定性是否准确；对于量刑，只有在畸重的情况下才予改判，至于一般的偏重则不予纠正。这也在一定程度上强化了基层司法工作人员重定罪轻量刑的思想认识。我认为，定罪与量刑是刑事审判工作的两个基本环节，定罪是否准确固然重要，量刑是否做到了罪刑均衡也具有同等重要的意义，两者不可偏废。在 1979 年刑法刚颁行不久，由于适用刑法的司法实践经验不足，强调与重视定罪问题，也是可以理解的，但随着社会主义民主与法制的发展，司法实践经验的积累，量刑适当即量刑的精确化问题也应被提上议事日程。而量刑适当实际上就是一个罪刑均衡的问题，应该把量刑适当与定罪准确并列为检验刑事审判工作质量的标准。

2. 刑罚适用的问题

在司法实践中要做到罪刑均衡，还必须正确适用有关刑罚制度。如前所述，

① 参见《马克思恩格斯全集》，第 1 卷，76 页，北京，人民出版社，1956。

报应因素对于刑罚具有决定性的意义。因此，在量刑时，应该主要考虑刑罚与已然的犯罪的社会危害性程度相适应。在此基础上，再考虑功利因素，例如犯罪人的再犯可能性与其他人的初犯可能性。我国刑法规定的累犯、自首等刑罚制度，就是以犯罪分子的人身危险性为根据的，在适用这些刑罚制度的时候，必须受已然的犯罪的社会危害性的制约，否则将会导致罪刑失衡。例如，有些司法机关为了片面追求一般预防的社会效果，对个别罪行十分严重但投案自首的犯罪分子一概免除刑事责任。显然，这是不符合我国刑法关于自首的规定的，也违反罪刑均衡的原则。

第二十三章

罪刑关系的法定化

罪刑关系的法定化，主要是指刑法的创制过程，即我们通常所说的刑事立法。刑事立法是罪刑关系辩证运动的逻辑起点，它对于此后的罪刑关系的辩证运动具有巨大的影响。以往的刑法理论未将刑事立法纳入研究视野，这是一个重大缺憾。根据罪刑关系的一般原理，刑事立法在刑法理论中占有重要地位。加强刑事立法的研究，也是现实向我们提出的迫切要求。

第一节　刑事立法的概念

一、刑事立法的变迁

刑事立法，作为立法活动的重要内容之一，经历了一个从不自觉到自觉的演变过程。随着刑事立法经验的不断积累，刑法从粗糙到精密、从稀疏到完备。

远古时代的刑事立法，在更大程度上是对原始社会某些习惯的认可，或者根据当时社会的需要加以修改。例如，我国夏代的五刑是从苗民的“五虐之刑”承继而来的。到了先秦时期，刑法内容庞杂，包含传统的习惯、国王和诸侯制定的刑、法，国王和诸侯的誓、诰、命令，还有礼仪典章等。经过汉、魏、晋、隋等历代的发展，中国的刑事立法到唐代发展到顶峰，制定了著名的《唐律》。关于《唐律》的性质，我国法律史学界存在以下两种不同的观点：第一种观点认为，中国的封建法典，从结构形式来看，自战国李悝的《法经》开始，经过秦汉魏晋时期的发展变化，直到隋朝的《开皇律》，一直是以刑事立法为主要内容的，同时也包括民事、婚姻、继承以及行政法和诉讼法等方面的法律规范。《唐律》也继承了这一传统，是一部“以刑为主，诸法合体”的综合性的封建法典。[①] 第二种观点认为，以现代法律科学对法律门类的划分来考察《唐律》，它只是规定了各种刑法原则，并规定了对各种犯罪认定与科刑的标准。因此，《唐律》依照现代法律分类的标准来说，也不过仅仅是一部刑律，或称为刑法典。[②] 我认为，《唐律》虽然内容涉及社会生活的各个方面，具有综合性，但从其体系构造来说，是以刑法为框架的，因而与其说它是一部综合性的法典，不如说是一部单一性的刑事法典，包括刑法与刑事诉讼法的内容，即使是刑事诉讼法的内容也是包含在刑法的框架之内的。因此，我同意第二种观点，可以认为《唐律》是一部刑法典。当然，《唐律》与现代意义上的刑法典还是有一定区别的。但是，即使从现代的眼光来看，《唐律》的体例也是十分科学的。例如，《唐律》共分十二篇，首篇为名例律。《唐律疏议》在解释名例二字的含义时指出：“名者，五刑之罪名；例者，五刑之体例。名训为命，例训为比；命诸篇之刑名，此诸篇之体例。但名因罪立，事由犯生，命名即刑应，比例即事表，故以名例为首篇。”因此，完全可以把名例律当做《唐律》的总则。

当然，在世界刑法史上，现代意义上的刑法典当推1810年《法国刑法典》，该刑法典彻底废除了诸法合一的立法原则，奠定了刑事立法的独立地位。从体例

① 参见乔伟：《唐律研究》，44页，济南，山东人民出版社，1985。

② 参见张晋藩主编：《中国刑法史稿》，222页，北京，中国政法大学出版社，1991。

上来说，《法国刑法典》首次将总则与分则分立，为此后的刑法典树立了楷模。1871年的《德国刑法典》在继承《法国刑法典》的基础上，使体例进一步完备，成为世界各国刑法典的蓝本。

即使是在实行判例法的英美法系国家，刑事立法也出现了成文化的趋势。尤其是在美国，19世纪初期，出现了刑事法律法典化的运动。1803年爱德华·列文斯顿领导的改革运动，导致1820年制定了路易斯安那州刑法典。大卫·菲尔德及其同事们在1865年为纽约州提出了一部刑法典草案。在19世纪和20世纪初，多数州的立法机关制定了处理犯罪的法规条例，其中不少是对存在于该州的普通法的法典化。尤其是美国法学会1962年公布的《模范刑法典》，对法典化运动推波助澜，发生了重大影响。至1980年，普通法罪已法典化的州和地区有：亚拉巴马、阿拉斯加、亚利桑那、阿肯色、加利福尼亚、哥伦比亚特区、佐治亚、爱达荷、伊利诺斯、印第安纳、缅因、密歇根、密西西比、密苏里、内布拉斯加、内华达、新墨西哥、北达科他、南达科他、俄克拉何马、南卡罗来纳、田纳西、华盛顿、怀俄明等24个。①

刑事立法从习惯法到成文法，尤其是制定统一的刑法典的历史演变过程，充分表明了刑事立法随着人类文明的进化而不断发展的同步性。

二、刑事立法的特征

刑事立法是指立法机关根据社会政治、经济生活发展的客观需要，创制刑事法律规范的一种活动。刑事立法有广义和狭义之分。狭义的刑事立法，专指刑事法律的制定。而广义的刑事立法，则指刑事法律的废、改、立。立，是指刑事法律规范的创制，这是罪刑关系的确立。废，是指刑事法律规范效力的废止。改，是指刑事法律规范的修改，这是对罪刑关系所作的立法调整。

---

① 参见储槐植：《美国刑法》，20～21页，北京，北京大学出版社，1987。

刑事立法是一件十分严肃的国家活动，它只能由专门的立法机关按照一定的法律程序进行。在我国，刑事立法的任务主要由全国人民代表大会及其常委会承担，任何其他机关不得染指。当然，也存在个别例外。刑法第 90 条规定：“民族自治地方不能全部适用本法规定的，可以由自治区或者省的人民代表大会根据当地民族的政治、经济、文化的特点和本法规定的基本原则，制定变通或者补充的规定，报请全国人民代表大会常务委员会批准施行。”之所以作出这一规定，主要是为了切合少数民族地区的实际情况。根据这一规定，民族自治地方的权力机关可以制定变通的刑事法规，实际上也就是享有了一定程度的刑事立法权。当然，这一刑事立法权是有限制的，就是只有报请全国人民代表大会常务委员会批准以后才能生效并施行。

刑事立法是以制定刑事法律为其内容的，这是刑事立法活动与其他立法活动的根本区别之所在。当然，制定刑事法律的含义是十分广泛的，不仅指制定刑法典，而且指制定单行刑法和附属刑法。在制定刑法典和单行刑法的情况下，刑事立法的性质容易确定。而在制定附属刑法的情况下，刑事立法的性质则不易确定。因为制定附属刑法是指在非刑事法律即经济、行政法规中创制刑法规范，这种刑法规范包含在其他经济、行政法规之中，并且同时制定，所以，有时没有注意到这也是一种刑事立法。对于附属刑法的制定，更应引起我们的重视。制定经济刑法规范，既要有刑事立法人员参加，也要有其他专门人员参加。特别是在经济法规中制定刑法规范，更要保证刑事立法人员自始至终都能参与立法。这样，一方面刑事立法人员可以对经济法规中的权利义务，以及有关技术性问题事先有所了解，以便为提供咨询打下基础；另一方面，刑事立法人员据此可根据刑法规定和刑法理论，对如何制定该经济法规中的刑法规范提供必要的咨询意见，以确保经济刑法规范的可行性和有效性。[①] 我认为，这一意见是可取的，应当采纳。

① 参见陈兴良主编：《经济刑法学（总论）》，201 页，北京，中国社会科学出版社，1990。

三、刑事立法的意义

刑事立法是刑事法律活动的一个阶段，这一阶段是罪刑关系运动的起点，它对于定罪、量刑和行刑都具有重要的意义。

以往我国刑法学，基本上是以注释现行刑法为己任的，这实际上默许了一个前提：现行刑法是正确的。因此，在无形中忽视了刑事立法的理论研究。然而，由于我们的刑事立法经验不足，立法技术不高，兼之现实社会生活的剧烈变动，现行刑法已经远远不能适应社会需要。为此，应该加强对刑事立法的研究，使刑法理论走在刑事立法的前面，不仅为刑事司法提供指导，而且为刑事立法提供参考。以往，不少人存在这样一个疑虑：批评现行法律，会不会有损于法律的尊严？我认为，这种担心是完全多余的，对错误的法律提出批评，指出其缺陷，以便及时地予以改进，这不仅无损于法律的尊严，而且有利于刑事立法的民主化。因此，对现行刑法得失利弊的评判，是科学的刑法研究的必要前提和先决条件。

第二节 刑事立法的指导思想

刑事立法不是盲目的，而是在一定思想指导下进行的，因而是有目的的。这种指导刑事立法的思想，就是刑事立法的指导思想，它对于刑事立法具有重要意义。下面，我们通过对传统的刑事立法指导思想的反思，对这一问题作一探索。

一、刑事立法的粗疏与细密

刑事立法是应粗疏还是应细密？这是一个关于刑事立法指导思想的问题。在这个问题上，以往我国刑事立法坚持“宁疏勿密”，即所谓“宜粗不宜细”。也就是说，我国刑事立法是追求粗疏而摈弃细密的。其主要理由无非有二：一曰适应实际需要，二曰方便劳动人民。下面分别加以辨析，以明是非。

适应实际需要作为刑事立法的方针，本来是无可非议的。任何一个国家的刑事立法，都必须从本国国情出发，立足于本国的实际情况制定刑法。然而，作为宁疏勿密理由的适应实际需要则并非如此，它是指将刑法条文规定得粗一些，给司法机关留下较大的活动余地，以便适应斗争的需要。例如关于罚金的数额，各国刑法一般都作了明文规定，我国 1979 年刑法对罚金没有作数额幅度的规定。在刑法起草过程中，第 22 稿曾在总则中规定罚金的一般原则，在分则有关条文中规定罚金的数额，以后修改中考虑到我国地广人多，情况复杂，把数额规定死了，未必适合斗争需要，故又把分则条文中的具体数额予以删除。[①] 这样的例子在我国刑法中不胜枚举。显然，这一指导思想是值得商榷的。我认为，以适应实际需要为理由将刑法条文规定得过于粗疏存在以下几个弊端：其一，为司法机关擅断提供了客观基础，不利于有效地保障公民的自由与权益。立法的目的在很大程度上是限制司法机关的权力，使司法机关有法可依，在法律提供的范围内活动，从而使公民的合法权益得以保障，真正使刑法典成为人民自由的圣经。如果法律规定粗疏，尤其是像刑法这样关系到对公民生杀予夺的重要法律规定得不够细密，赋予司法机关过大的自由裁量权，往往容易导致司法机关擅断，以至于侵犯公民权益。应该说，我国司法人员大多数是好的，是能够依法办事的，但也不能否认个别人徇私枉法现象的存在。如果法律规定细密，那么，以法谋私的现象就难以得逞，或者容易被发现。由于法律给予司法人员的自由裁量余地过大，就很可能使以法谋私活动合法化，即在法律允许的范围之内以法谋私，难以实行切实有效的监督。其二，由于法律规定粗疏，发生了有法难依，乃至于法律虚置的现象，使法律自动无效，结果不仅起不到打击犯罪的作用，而且严重损害法律的

① 参见高铭暄：《中华人民共和国刑法的孕育和诞生》，77～78 页，北京，法律出版社，1981。

严肃性与权威性。1979年刑法实施18年来的历史，已经充分证明了这一点。就以上面所说的罚金为例，立法上对数额不予规定，意在有利于运用罚金的法律武器同犯罪作斗争。但实际效果如何呢？罚金适用率之低堪称各刑种之最，在许多地方适用率只有0.5%，有些法院甚至从刑法实施以来没有适用过一件。难道是没有必要判处罚金吗？并非如此。现在社会上要求判处罚金的呼声很高，法律规定罚金适用面也有所扩大，但罚金适用率仍然上不去。除了其他方面的原因以外，刑法对罚金规定粗疏可以说是一个根本原因。事实证明，对罚金不规定数额，并非有利于运用罚金与犯罪作斗争，而恰恰相反，不利于与犯罪作斗争，这样的负效果或许是立法者始料不及的。

方便劳动人民，这又是一个堂而皇之的理由。法律是应该方便劳动人民，但这里存在一个思想的误区：立法者以为刑法规定越粗疏，条文越少，越有利于劳动人民熟悉法律。但立法的目的到底是什么？是光写在纸面上给老百姓看，还是为了给司法机关适用？显然是后者而非前者。这是在对刑法功能理解上的一个重大失误：将刑法的谕示功能凌驾于操作功能之上。我认为，制定刑法，主要目的在于为司法机关定罪量刑提供法律规格与法律标准，这种法律规格与法律标准应该是明确而细密的，具有可操作性。如果离开这一点，过分强调刑法的谕示功能，从法制宣传的效果出发，将刑法规定得过于粗疏，可以说是“捡了芝麻丢了西瓜”。这样做，表面上看是为了人民群众的利益，实际上恰恰使人民利益得不到切实有效的保障。这就是我们前面所说过的，粗疏的法律使某些以法谋私者有空可钻，从而发生侵犯公民自由的现象。

更为重要的是，立法者以宁疏勿密作为立法指导思想，追求法律的粗疏，其结果却适得其反，形成“欲疏益密”的状况。我国刑法条文确实是粗疏，但由于缺乏可操作性，司法机关为了适用刑法，不得不颁布大量的司法解释。以1979年刑法第160条规定的流氓罪为例，刑法共两款不足百字，但司法机关分别于1984年5月26日和1984年11月2日颁布了《关于怎样认定和处理流氓集团的意见》和《关于当前办理流氓案件中具体应用法律的若干问题的解答》，两个司法解释达数千言之长，超过刑法条文本身数十倍。所有司法解释的篇幅加起来，超过刑法篇幅的数十倍还要多。现在的刑法条文基本上成了原则性规定，离开了大量的司法解释，司法机关根本无法办案。因此，从某种意义上说，不是在适用刑法，而是在适用司法解释。有些刑法著作中提到立法者的定义权的旁落问题[①]，问题岂止是定义权的旁落，在一定程度上可以说是立法权的旁落。立法者宁疏勿密理由之一是让人民群众便于熟悉刑法，但当时大量的司法解释是以内部文件的形式出现的，不要说人民群众无从了解，即使是刑法理论工作人员对个别司法解释跑遍图书馆也未能找到出处。难怪我国学者指出：专业从事刑法教学和研究者尚且深感耳目不灵，社会上的一般公民对这些文件的懵然无知更可想见。把这种现象与"法不可测，威莫大焉"的传统观念相联系或许言之过重，但说不利于公民法律意识的增强，不符合法制进步和完善的要求，似乎尚属公允。[②] 立法者的目的是想让人民群众了解法律，结果是更加无从了解，这种动机与效果的矛盾难道还不令人深省吗？结论不言自明：宁疏勿密，可以休矣。

应该说，在刑事立法上出现宁粗勿细的思想，绝不是偶然的，而是有一定的历史背景的。对此，我国学者曾作了精湛的分析，主要是：第一，在长期的内忧外患、战乱频繁的历史条件下，共和国的缔造者——中国共产党强调的是组织纪律性，集体统一的领导，采取下级服从上级、全党服从中央的首长负责制，形成上级指示、领导人讲话就是政策、就代替法律的局面。在这种情况下，即使作为正式法律制定出来，也难免有随意、粗略、疏漏的弊端。第二，共和国胚胎于半封建、半殖民地的旧中国，两千多年形成的封建的传统、习惯深深地渗透在各个方面，在法律的制定工作中也就不会例外。封建社会的皇权至上、帝谕即法、出入人罪、司法专横等陈迹时刻发出臭气，污染着新的立法环境。第三，共和国建立后经历的政治、经济、文化等许多方面的剧烈变革，对立法工作产生了直接的

① 参见郑伟：《刑法个罪比较研究》，7页，郑州，河南人民出版社，1990。
② 参见郑伟：《刑法个罪比较研究》，11页，郑州，河南人民出版社，1990。

影响，使得宜粗不宜细原则有着广阔的市场。[①] 随着社会主义民主与法制的进一步健全，社会主义市场经济的迅速发展，立法上宁疏勿密的立法指导思想也会失去其存在的客观必然性。

我反对刑事立法上的宁疏勿密，当然并非主张制定法律必须冗长细碎，搞立法上的烦琐哲学，而是主张疏密有致，粗细得当。也就是说，在刑事立法上，应当从实际需要出发，应粗则粗，应细则细；该疏则疏，该密则密，使得刑事法律具有可操作性。应该指出，1997 年刑法修订中，已经从"宁疏勿细"向"明确具体"的要求转变，这是在刑事立法指导思想上的一个重大进步。

二、刑事立法的超前与滞后

刑事立法应当超前还是滞后？这也是一个关于刑事立法指导思想的问题。在这个问题上，我国刑事立法历来主张"成熟一条制定一条"，即所谓经验型立法。在刑法制定过程中，这种指导思想也反映得十分明显。例如，在 1979 年刑法分则第三章破坏社会主义经济秩序罪的讨论过程中，有的同志主张增加一些罪名，如：明知是劣质品、废品而冒充合格产品出厂发售；以假冒真，以坏充好，以少充多，欺骗顾客；任意压低、抬高购销价格，破坏物价管理；巧立名目，铺张浪费，破坏财经制度，挪用专款专料搞非法工程（楼堂馆所）；非法无偿占有土地或抗拒依法征用土地；等等。后来考虑到这些问题情况和原因很复杂，加之我国经济管理体制正在调整改革之中，对这些经验不成熟、政纪法纪责任界限一时还难于划清的问题，不必匆匆忙忙地在刑法中加以规定；否则，不仅执行起来有困难，弄得不好还会给工作带来不应有的损失。因此，大家倾向于先由有关部门加以考虑，必要时制定单行条例之类的东西，待实行一个时期以后再来总结经验，

① 参见刘守芬：《反思"宜粗不宜细"原则，完善刑事立法》，载《刑法发展与司法完善》，98 页，北京，中国人民公安大学出版社，1989。

那时认为需要补充到刑法中去，再补充进去也不迟。基于此种考虑，所以刑法中没有规定这些罪名。[①] 这里虽然只是涉及个别罪名的取舍问题，但还是反映出立法者的经验型立法的痕迹。

经验型立法，它是以已往的经验为基础的。因此，这样的立法大多较为消极被动，主要表现为对于已经成熟的经验做法的一种法律认可，这样的立法必然是滞后的。经验型立法当然比较保险，但却落后于社会生活的需要，尤其是在社会生活发生剧烈变动的情况下，更是如此。社会生活发展了，迫切需要法律调整，而按照经验型立法，在没有经验的情况下不能贸然立法，因而出现法律的盲区。立法上可以不予过问，但司法上对于一起起被提起的诉讼案件，不能无动于衷，因而司法机关只能根据自己的理解去做，无法可依一旦长久沿袭，必然形成一种惯性的力量，从而侵蚀有法必依的原则。例如立法者认为规定医疗事故罪的条件不成熟，因而未加规定。但在司法实践中，医疗事故构成犯罪的案件需要处理，因而只能各行其是，定重大责任事故罪有之，定过失杀人罪有之，定玩忽职守罪有之，这些都严重损害了法制的严肃性与统一性。

经验型立法的不足之处十分明显，尤其是在经济体制改革的情况下，刑事立法滞后更加突出。在这种情况下，提出了超前立法的问题，认为立法超前是一种社会客观存在，它是指社会统治阶级根据社会发展的趋势和规律，将自己想要达到的社会秩序的愿望，转化为明确的法律规范，以引导、规范人们行为的活动。立法超前是社会基本矛盾运动和法律规范之社会功能的题中之意，是立法活动整体内容的组成部分，是法律运行的规律之一，也是当代信息社会发展的必然要求。[②] 还有些学者不同意立法超前的提法，而主张立法先导，认为立法先导是指立法在顺应客观规律的基础上，对现实起一种指导作用，是因势利导，而不是不顾现实国情而硬性地超前立法。[③] 我认为，立法之超前与先导这两个词并无实质

---

① 参见高铭暄：《中华人民共和国刑法的孕育和诞生》，178页，北京，法律出版社，1981。

② 参见何勤华：《立法超前——法律运行的规律之一》，载《法学》，1991（4），9页。

③ 参见胡川：《立法可先导不可超前》，载《法学》，1991（4），11页。

的区别，都是强调立法不能滞后，而是要超前，对社会生活起到一种引导的作用。因此，我赞同超前立法。

在刑事立法中，所谓超前立法是指刑事立法应当充分地反映社会未来的发展趋势和未来的犯罪变化特点，从而使其能够适应历史发展的要求，以保证刑事立法的相对稳定性。否定超前立法的学者认为，超前的字义，就是超越现实总体，而法恰巧在总体上丝毫不能超越现实，客观实际是一切立法工作的出发点。[①] 我认为，刑事立法之超前与从实际出发并不矛盾。超前也只能建立在从实际出发的基础之上。在这个意义上说，刑事立法的超前性与其现实性是统一的，作为刑事立法指导思想的超前性不能脱离于现实，它必须是在现实中孕育着"应该"与"可能"的超前性。正如我国学者所说：应然之法律根源于实然之生活。[②] 但是，如果否认立法的超前性，过于强调对于现实生活的简单重复与认可，那么，法律就不会有生命力。

我们强调刑事立法的超前，并非不顾刑法的可行性。任何超前的立法，都必须具有可行性。完全脱离现实性的超前性，必然不可行。因为完全脱离现实的超前刑事立法，不可避免地会将现实中根本不存在的或者司法机关根本无力查出的危害行为规定为犯罪，出现法律虚置现象。例如，1988 年全国人大常委会通过的《关于惩治贪污罪贿赂罪的补充规定》第 11 条第 2 款所规定的隐瞒境外存款罪。从目前情况来看，我国同很少的几个国家有司法协助关系，而同西方发达国家则没有任何司法协助关系（境外存款主要是在这些国家的银行中的存款），而且短时间内也不可能同这些国家建立起司法协助关系。即使以后的某一天建立起来，对该类犯罪的调查还将受到西方银行界的抵制。在这种情况下，我国司法机关要侦查、起诉和审判该类案件，可以说几乎是完全不可能的。[③] 在 1997 年刑法中，第 395 条第 1 款设立了巨额财产来源不明罪，第 2 款设立了隐瞒境外存款

---

① 参见胡川：《立法可先导不可超前》，载《法学》，1991（4），10 页。

② 参见冯亚东：《立法只能是一种超前的活动》，载《法学》，1991（4），12 页。

③ 参见陈兴良主编：《经济刑法学（总论）》，40 页，北京，中国社会科学出版社，1990。

罪。在上述两罪中，巨额财产来源不明罪成为常见之罪，在司法实践中被广泛适用。而隐瞒境外存款罪则成为罕见之罪，基本上未见该罪的实际案例。由此可见，隐瞒境外存款罪的设立缺乏基础。诸如此类过于超前而不可行的刑事立法当然是要力求避免的。因此，超前立法向立法者提出了更高的要求：在对社会发展趋势与犯罪发生趋势作出科学预测的基础上，制定切实可行的刑法。我们看到，1997年刑法修订中，开始强调刑事立法的一定程度的超前性，从而使刑法更具预见性，有利于保持刑法的稳定性。例如，刑法对证券犯罪、计算机犯罪、黑社会犯罪的规定，都充分证明了这一点。

第三节 刑事立法的方式

刑事立法方式是指刑事立法应该采取的方法。一定的刑事立法方式是与刑事法律的体例密切相关的，因为刑事法律的体例是刑事立法方式的外部表现形式。研究刑事立法方式的根本目的，就在于如何使罪刑关系这一内容更恰当地包容在由一定的立法方式所创制的刑法规范之中。在这个意义上说，刑事立法方式无非就是罪刑关系的法律表达形式。

一、法典型立法方式

在大陆法系国家，创制法典是刑事立法的基本方式，法典也是刑事法律的基本体例。近代刑法典的制定，起始于1791年的《法国刑法典》，虽然这只是一部刑法典草案，未及施行，但在近代刑事立法史上具有重要意义。堪称近代刑法典楷模的是1810年《法国刑法典》，后来的1871年《德国刑法典》在近代刑事立法史上也占有一席之地。这种通过制定刑法典来规定犯罪与刑罚及其两者之间关系的立法方式，就是法典型立法方式。

（一）法典型立法方式的特点

刑法典作为世界上大多数国家普遍采用的一种刑事立法方式，绝不是偶然的，而是刑法典的性质、特征所决定的。也就是说，法典型立法方式具有其他立法方式无法比拟的优点，才使得刑法典在整个刑事法律体系中居于举足轻重的地位。我认为，法典型立法方式至少具有以下特点：

1. 权威性

应该说，刑法规范的效力相同，因而其权威性也应当是等同的，但事实上并非如此。在一般公民的心目中，通过刑法典表达出来的刑法规范似乎比存在于非刑事法律中的刑法规范具有更高的权威性。出现这种对刑法规范的威严的感觉上的差别现象，原因是多方面的，例如传统法律意识的影响、刑法规范内容的影响，等等。但一个重要的原因就在于刑事立法方式本身。也就是说，法典型的立法方式更易于为人们所接受。因此，将法典型立法方式作为刑法规范的基本载体，有助于加强刑法的权威性。

2. 稳定性

刑法典作为刑法的基本体例，它本身的性质要求具有一定的稳定性。刑法典的稳定性，是指刑法典所确立的罪刑关系的确定性与恒定性。在某种意义上说，稳定性是刑法公正性的一个基本要求。如果朝令夕改，那么，必然使人民无所适从，也就根本没有刑法公正可言。刑法典一经颁行，一般都要适用相当长的一段时间，只有到了明显落后于社会生活，难以保证刑法的公正性的情况下才进行修改补充，或者废止。例如，《法国刑法典》自 1810 年公布施行，至 1975 年正式修正，直至 1994 年才被新的《法国刑法典》所取代。《意大利刑法典》自 1930 年公布施行，虽经多次修订至今仍然有效。《德国刑法典》自 1953 年公布施行，至 1976 年修正，至今仍然有效。《日本刑法典》自 1907 年公布，1908 年施行，至 1968 年修正，至今仍然有效。《苏俄刑法典》自 1960 年公布，1961 年施行。直至 1996 年才被《俄罗斯联邦刑法典》所取代。从上述各国刑法典的修正和实施情况中，我们可以发现，刑法典的稳定期长则一百多年，短则数十年（当然，其中不排除对刑法典的个别条文进行修改)。因此，刑法典在一定时期内的稳定性，是一种不以人的意志为转移的客观要求。立法者为了保证社会的安定，不到迫不得已时，一般不会轻易修改刑法典，尤其是整体的修改。

3. 威慑性

刑法典由其不容置疑的权威性与一定时期内的稳定性所决定，它具有较大的威慑性。因为，刑法典本身就具有预防犯罪的作用。触犯刑法典，就会受到刑法制裁，这已经成为一种尽人皆知的法律意识（当然，并不排除个别的法盲)。这种法律意识使人产生一种戒备心理，促使每一个公民自觉地去了解并熟悉刑法典的内容，以便为自己的行为圈定一个基本的范围，以免触犯刑法典。

4. 系统性

刑法典作为一种权威性的法典，其内容并非堆砌而成，它本身的法条是一个经科学的排列组合而成的严密的逻辑体系。刑法典的这种规范内容的系统性，一方面有助于公民对刑法内容的了解，有效地保障公民的权利，真正使刑法典成为人民自由的圣经；他方面又为司法机关追究犯罪提供了具体、详细的操作规程，便于适用。

（二）基本刑法典与专门刑法典

刑法典，就一般意义上说，是指基本刑法典。基本刑法典是刑法的基本法，又称普通刑法典，是指国家立法机关系统地、专门地规定犯罪与刑罚并形成一定体系的刑事法律。除基本刑法典以外，某种特别刑法，也采取法典型的立法方式，从而形成所谓专门刑法典。从我国的情况来看，在刑法学界主要涉及的是经济刑法典与军事刑法典，下面略加论述：

1. 经济刑法典

改革开放后随着经济体制改革的深化和社会主义市场经济的发展，经济犯罪日益突出，并且更加错综复杂，而 1979 年刑法典不能适应打击经济犯罪的客观需要。在这种情况下，究竟如何从立法上采取有效措施，全面加强和完善我国的经济刑事立法，就成为一个突出问题。在这种情况下，我国学者提出制定经济刑法典的主张，认为应当将刑法典以及其他法律、法规中有关惩治经济犯罪的条款全部集中起来，废除其中相互冲突、矛盾重叠的部分，增补新的规定，系统地、全面地、详尽地制定出一部专门惩治经济犯罪的经济刑法典，就能克服现行经济刑事立法之不足，适应惩治各类经济犯罪的需要。①

我认为，制定专门的经济刑法典的立法设想是值得深入研究的，它的产生有着深刻的理论依据和实践基础。首先，制定经济刑法典可以保留法典型立法方式的长处，允分体现经济刑法规范的权威性。其次，制定经济刑法典可以尽量利用其专门化的特点，使经济刑法规范更加系统化和具体化，也可以避免使普通刑法典（相对于经济刑法典而言）过于庞杂。再次，制定经济刑法典可以充分发挥其系统化和具体化的特点，方便司法机关定罪量刑。最后，制定经济刑法典可以使普通刑法典因排除经济犯罪方面的规定而获得更大的稳定性。② 当然，我承认并肯定制定经济刑法典的必要性与可行性，并不等于马上可以着手制定。制定任何一种法律，都要有相应的理论作依据。但我国对经济犯罪的理论研究还相当薄弱，在一些基本理论问题上尚未达成共识。在这种情况下，匆忙制定经济刑法典显然是一种不切实际的设想，更何况我们的经济刑事立法尚处于摸索阶段。作为对经济犯罪理论探索的一种尝试，我们根据对市场经济发展和与此相联系的经济犯罪趋势的预测，借鉴外国经济刑事立法例，本着超前的研究意识，编撰了一部《中华人民共和国经济刑法典》（理论案）。③ 理论案共分为 11 章，第一章是法例，共 6 条，分别是：制定根据、经济犯罪的概念、法人犯罪及其刑事责任、共同经济犯罪及其刑事责任、对经济犯罪适用的特定之刑、经济犯罪累犯。其余十章规定了十类经济犯罪，设立了近 60 个经济犯罪，由此构成《经济刑法典》（理论案）的基本框架。我认为，在将来立法条件成熟以后，制定《经济刑法典》是必

① 参见谢正权：《试谈创立经济刑法典》，载《法学杂志》，1986（2），22～23 页；王芝祥、莫志成：《制定经济刑法刍议》，载《法学杂志》，1987（4），18～19 页。

② 参见陈兴良主编：《经济刑法学（总论）》，56 页，北京，中国社会科学出版社，1990。

③ 参见陈兴良主编：《经济刑法学（各论）》，335～350 页，北京，中国社会科学出版社，1990。

要的，也是可行的。当然，我们对经济刑法典的理论研究仍需继续。

2. 军事刑法典。

我国在1981年制定了《中华人民共和国惩治军人违反职责罪暂行条例》（以下简称《暂行条例》）。但随着形势的发展，危害军事利益的犯罪越来越严重，《暂行条例》已不足以威慑危害军事利益的犯罪分子，也不足以保护国家的军事利益。为此，我国学者提出制定军事刑法典的主张，主要理由是：第一，军事利益是巩固国防、抵抗侵略，保卫祖国，保卫人民的和平劳动的特殊利益，以军事刑法这种特别法的形式出台，有利于严厉打击危害军事利益的犯罪和对军事利益的特别保护。第二，可以明示本法的效力等级和适用范围。以《中华人民共和国军事刑法》出台，便可从本法的名称判断出是由哪级机关制定的，适用于哪些人。第三，制定军事刑法不会破坏刑法的系统性和完整性。因两者的特点不同，都有自己的适用对象、范围及罪名。第四，军事刑法以独立的法律出现，这在外国有先例。例如欧美一些国家都有独立的军事刑法典。① 这些学者还提出了我国军事刑法典的框架设想。军事刑法典分为两编，第一编为总则，设八章，分别是：军事刑法的制定依据和目的、军事刑法的效力、军事刑法的基本原则、军事刑罚、排除社会危害性行为的规定、战时缓刑、刑法总则与本法的关系、其他规定。第二编为分则，设九章，分别是：背叛罪、妨害作战秩序罪、危害战斗力罪、私造军火罪、危害军事机密罪、违反国际公约罪、违反部队管理制度罪、危害兵役罪、妨害国（边）境秩序罪。② 我认为，上述对军事刑法典的探索是十分可贵的，军事刑法规范具有较强的特殊性，制定专门的军事刑法典是必要的与可行的。

---

① 参见图们、盖新琦：《关于完善保护军事利益的刑事法律的探讨》，载杨敦先等主编：《刑法发展与司法完善》，121～122页，北京，中国人民公安大学出版社，1989。

② 参见盖新琦：《关于制定我国军事刑法的探讨》，载杨敦先等主编：《刑法发展与司法完善（续编）》，197～199页，长春，吉林大学出版社，1990。

二、散在型立法方式

法典型立法方式固然是一种基本的刑事立法方式，但随着社会的政治、经济的发展与变化，各种经济、行政法规日益增多，经济、行政的违法犯罪活动也日趋复杂化。在这种情况下，为维护刑法典的稳定性，又使新发生的犯罪得以被及时追究，在经济、行政法律中直接规定追究经济、行政违法行为的刑事责任的条款，不仅立法程序简便，而且可收到事半功倍之效。这种在经济、行政法规中直接规定刑事罚则的立法方式，就称为散在型立法方式。而规定在经济、行政法规中的刑事罚则，我国刑法学界一般称之为非刑事法律中的刑法规范。我认为，非刑事法律中的刑法规范这一术语过于冗长繁杂，不如改称附属刑法。在大陆法系刑法理论中，在其他法规中，如在行政法规、其他管理条例或政令中，附设罚则者，为附属刑法，因刑罚规定不是本法的主体部分。[①]

（一）散在型立法方式的特点

附属刑法也是大多数国家所采取的一种刑事法律体例。例如美国1890年的《谢尔曼反托拉斯法案》、德国1909年的《不当竞业法》，都是早期散在型立法方式的产物。20世纪中叶以后，随着社会的发展，各种犯罪的增多，散在型的立法方式也得到了普遍应用。例如，日本1947年的《禁止私人独占及确保公正交易法》、联邦德国1966年的《竞业限制法》、美国1974年的《反托拉斯诉讼程序与处罚法》，都是散在型立法方式的产物。散在型立法方式之所以备受各国立法者青睐，是因为这种立法方式具有以下特点：

1. 灵便性。

散在型的立法方式是在非刑事法律中设置刑法规范，因此，刑法规范的内容与所依附的经济、行政法规之间具有密切的联系。例如，专利法中的刑法规范与

① 参见甘雨沛、何鹏编：《外国刑法学》，上册，203页，北京，北京大学出版社，1984。

专利法有着直接的联系，成为专利法的不可分割的一部分，这种联系甚至超过它和其他刑法规范的联系。正因为如此，将这些内容规定在经济、行政法规中，更便于对刑法规范内容的理解与执行。而且，由于附属刑法是作为经济、行政法规的不可分割的内容而同时制定与通过的，其制定程序一体化，不需分别进行，这就减轻了立法机关的负荷，节省人力物力，具有灵活简便的特点。

2. 散在性。

附属刑法涉及的范围十分广泛，而且随着社会生活的发展变动，附属刑法的内容也会相应地有所变化。因此，这部分刑法规范内容不宜规定在刑法典之中，否则会影响刑法典的稳定性。而采用散在型的立法方式，使之散在于各种经济、行政法规之中，则较为适宜。在刑法理论上，往往把这些刑法规范内容称为专业刑法。例如台湾刑法学者林山田在谈到经济刑法时指出：因为经济犯罪所涉及的范围相当广泛，其犯罪形态也至为复杂，而且对于国计民生与整个经济制度具有相当高的损害性与危险性，为期针对此一犯罪形成有效的抗制，而特别订定的经济刑法，即为一种针对特定事项的专业刑法。[①] 根据专业细分，可以分为竞业刑法、金融刑法、公司刑法、破产刑法、商事刑法、专利刑法、商标刑法、税务刑法，等等。显然，这些刑法规范内容具有专业性强而又零碎的特征，一般不可能系统地规定在一部刑法典之中，从而不可避免地具有散在性的特点。

3. 辅助性。

散在型立法方式在刑事立法方式中，只起到辅助的作用，因而附属刑法在整个刑法体系中，也居于依附于刑法典的辅助地位。附属刑法对刑法典起着“拾遗补缺”的作用，由此决定附属刑法只有与刑法典结合起来，才能充分发挥其法律效力。例如，附属刑法大多是个别的刑法分则规范，是对具体罪刑的设置规定，必须将它与刑法总则规范联系起来，并以总则为指导，附属刑法才具有完整的法律规范的意义，才能在现实生活中具体运用。

① 参见林山田：《经济犯罪与经济刑法》，修订 3 版，91 页，台北，三民书局，1981。

4. 变异性。

散在型立法制定出来的附属刑法，在内容上具有较大的变异性，相对于刑法典的规范内容来说，具有不稳定性。附属刑法规定的犯罪大多是法定犯，其犯罪性质来自法律的禁止规定。而这种犯罪与国家的社会政策与经济政策具有密不可分的联系，当一定阶段的社会政策与经济政策发生变化，某一附属刑法规定的犯罪就可能失去其不法内涵而不成其为犯罪；反之，某一行为却可能由此而成为犯罪。因此，附属刑法规范的内容经常随着社会政策、经济政策的变化而变化，具有变异性的特点。

（二）散在型立法方式的种类

根据各国的立法例，散在型立法方式可以分为以下两种：

1. 依附性的散在型立法方式

依附性的散在型立法方式，是指附属刑法规范的内容必须依附于刑法典才有其存在的意义。这种依附性的散在型立法方式在我国一个时期曾经广泛采用。我国经济、行政法规中的刑法规范有三种表现形式：一是原则性的刑法规范，即在经济、行政法规中笼统规定对某种违法行为依法追究刑事责任，而对刑事责任未予具体设定。二是援引性的刑法规范，即在经济、行政法规中具体规定对某种违法行为依照刑法某一具体条文的规定追究刑事责任。三是比照性的刑法规范，即在经济、行政法规中类推规定对某种违法行为比照刑法某一具体条文的规定追究刑事责任。这三种刑法规范虽有所区别，但具备一个共同特点，即都不能离开刑法典单独适用。

依附性的刑法规范，主要具有以下三方面的功能：一是照应的功能。所谓照应功能，是指立法者在刑法已有明文规定的情况下，为了表示对某种违法行为的否定的刑事评价，而在经济、行政法规中再次作出重申性的规定，以示照应。照应性的规定是对刑法典条文的重申，并没有增添新内容，但这并不意味着照应性的规定毫无实际意义。我认为，这种照应性的规定，既有助于增强人民群众的法制观念和强化司法人员的执法意识，又能够体现刑事法律的完整性，使其首尾一致，前后呼应。因此，照应性的规定有其存在的必要性。二是补充的功能。依附性的刑法规范在许多情况下，还具有对刑法某个条文的内容进行补充，包括修改与解释的作用。例如，1984 年《森林法》第 34 条第 3 款规定：盗伐林木据为己有，数额巨大的，依照刑法第 152 条的规定追究刑事责任。这就是通过依附性的刑法规范，对 1979 年刑法第 128 条规定的盗伐林木罪的法定刑作了修改。我认为，依附性的刑法规范对刑法典的补充功能有助于阐明立法原意，帮助司法机关正确运用刑法，因而也是必要的。三是创制的功能。所谓创制功能，是指立法者通过依附性的刑法规范，创制一个具有完整罪状的新罪名，这就是通常所说的类推立法。我认为，类推立法虽然有一定价值，但这类刑法规范因受类推条件的制约，不可能对每一种新出现的违法行为都用类推立法的方式予以解决。而且，立法者既有权创制新罪名，当然也有权规定相应的法定刑，因此没有必要采取立法类推，宜直接予以规定。

依附性的刑法规范过分依赖刑法典，因而，一旦刑法典与社会生活之间形成较大的差距，那么，依附性的刑法规范就难以发挥正常的效能。因此，依附性的刑法规范的作用是十分有限的，对此应当引起我们的重视。

2. 独立性的散在型立法方式

独立性的散在型立法方式，是指在经济、行政法规中设置具有独立罪名和法定刑的刑法规范。

关于在经济、行政法规中能否设置具体罪刑条款，在我国刑法学界存在争论。有些学者对这种独立性的散在型立法方式予以否定，理由在于：第一，这种立法方式不符合经济法规本身的性质。经济法规就是经济法规，违反经济法规构成犯罪的，理应属于刑法规范调整的内容，经济法规不应当也不能够详细规定。第二，这种立法方式有损刑法典的权威性和严肃性。我国现阶段的立法水平不是很高，制定非刑事法律的人员大都缺乏刑事立法的经验；如果允许非刑事法律直接规定刑罚，容易出现偏差，有损刑法典的权威性和严肃性。第三，经济法规中的独立性刑法规范不能作为定罪量刑的法律依据。经济法规中的独立性刑法规范一旦成为定罪量刑的法律依据，在刑事判决书上就会出现“依照××经济法规第×条规定”的表达方法，这样一来，人们就无法搞清经济法规到底是调整经济法律关系的规范还是刑事法律规范。[①] 我认为，以上理由有些不能说毫无一点道理，但主要还是在思想上受大刑法典观念的束缚，值得反思。在 1810 年《法国刑法典》以前，刑法没有独立的表现形式，而是诸法合为一体，刑民不分。《法国刑法典》的诞生，标志着独立的刑法体例的形成，然而，在很长一段时间内，大刑法典的观念又成为人们思想的桎梏，将刑法典视为刑法的唯一的表现形式，排斥在经济、行政法规中的刑法规范，追求大一统的刑法典。但随着社会生活的发展，法律的触须向深层的经济领域延伸，刑事制裁也在经济生活中大显身手。在这种情况下，大刑法典已经越来越难以规范人们的行为。于是乎，刑法规范越来越多地在经济、行政法规中安家落户。这种趋势的发展，打破了刑法典的大一统体系，使刑法规范从合一又走向分立，再现诸法合体的景象。在这种情况下，否定论者认为过于零碎的表现形式将会使刑法支离破碎，使刑法的一般威慑功能大为弱化，因而仍然主张追求刑法典的高度统一集中。我认为，刑法典主要是指基本刑法典所规定的一般性犯罪，对于全民都有意义，其一般威慑功能仍然存在。而规定在经济、行政法规中的刑法规范，具有极强的专业性和技术性，只对某一专业领域的人适用。将这些对某一专业领域的人适用的刑法规范规定在经济、行政法规中，并不会减弱刑法的一般威慑功能。再说，刑法固然有一般威慑的功能，但制定刑法的目的主要不在于威慑，而在于适用。因此，过于强调刑法的威慑功能，其实是一种十分陈旧的刑法观念。

综上所述，我认为我国采用独立性的散在型立法方式不仅可行，而且实为当务之急。当然，采用独立性的散在型立法方式不能随心所欲。一般来说，在经济、行政法律中设置具有独立罪名和法定刑的刑法规范，应当注意以下四点：第一，刑法总则的规定对独立性的刑法规范具有制约性。也就是说，经济、行政法

① 参见谢正权：《试谈创立经济刑法典》，载《法学杂志》，1986 (2)，22～23 页。

律中具有独立罪名和刑罚的刑法规范，不得违反刑法总则之一般规定。第二，独立性的刑法规范应与刑法分则无冲突。凡是在刑法分则中已有明文规定的犯罪，只能采取依附性的散在型立法方式，予以照应、援引或者补充。只有在刑法分则中没有规定的犯罪行为，才能在经济、行政法律中独立地予以规定。第三，独立性的刑法规范之间要相互协调一致。由于独立性的刑法规范散落在各经济、行政法律之中，因而在制定时，立法者很容易习惯于将相应的独立性的刑法规范置于其所在的经济、行政法律的整体之中进行纵向考察，而疏于将相应的独立性刑法规范进行横向比较，以致彼此之间缺乏协调。第四，立法权问题。根据我国宪法规定，国务院无刑事立法权，因此，在国务院颁布的经济、行政法规中，不允许设置具有独立罪名和刑罚的刑法规范。

三、编纂型立法方式

法规编纂是使法律规范系统化的一种立法活动，它与法规汇编有所不同。法规汇编仅仅是指对现行的规范性文件，按年代顺序或者涉及问题的性质，作出有系统的排列，汇编成册。因此，法规汇编不是国家的立法活动。但法规编纂不限于对规范性文件的外部加工，它是在重新审查某一法律调整领域的全部现有法律规范的基础上，编纂对该领域具有指导意义的法律文件。进行法规编纂，既要整理已有的规范，消除其中相互冲突和重叠的部分，又要补充一些新的规范，填补空白，加强规范之间的协调，使之形成一个从某些共同原则出发的、有内在联系的统一体。因此，这种法规编纂实际上是一种特殊的立法方式，我们可以称之为编纂型的立法方式。

（一）荷兰、联邦德国的框架立法

在外国刑法中，多有采取编纂型的立法方式的，较为突出的是荷兰、联邦德国的框架立法。

荷兰 1950 年制定了《经济犯罪法》，这部经济刑法典既包括经济犯罪行为的

实体法与程序法，又包括经济刑事司法组织上的措施。荷兰的《经济犯罪法》所规定的经济犯罪行为都没有具体的构成要件和刑罚，这些内容是由相应的经济法规加以规定的，在《经济犯罪法》中仅仅标明该经济犯罪行为属于经济法规第几条款。像这种只提纲挈领地指出某种经济犯罪行为的出处，其实质内容由具体的经济法规规定的立法方式，就称之为框架立法。因此，荷兰的《经济犯罪法》实质上属于一种法规编纂性质的立法活动。它使本来分散规定于各经济法规中的刑法规范，按照一定的体例形成一个系统化的法律文件。这在相当程度上克服了散在型立法方式过于分散的弊端，为司法机关适用法律提供了便利条件。

联邦德国的《经济刑法》系于 1954 年统一简化分散规定于各种经济法规中的经济犯罪行为的罚则订定而成的，故该法之全名称之为《简化经济刑法》。联邦德国的《经济刑法》自制定以来迭经修正，至 1974 年又作大幅度的改动。联邦德国《经济刑法》的特点是将经济犯罪行为同一般的经济违法行为混合规定于一个法律文件之中，对前者处以自由刑和罚金，对后者则只能处以罚锾，根据《联邦德国刑法典》的规定，罚锾不是刑种。

以上荷兰和联邦德国的框架立法作为一种编纂型的立法方式，具有一定的意义，当然也存在不足。例如，荷兰的《经济犯罪法》只把经济法规中的刑法规范的条款编号集中于一个法律文件，把具体的犯罪构成要件和刑罚依然留在经济法规之中，这样编纂而成的法律文件只有索引性文件的价值，严重影响编纂型立法方式的方便效能。又如，联邦德国的《经济刑法》将经济犯罪和经济违法行为混合规定，也是欠妥的。

（二）我国采用编纂型立法方式之建议

我认为，外国的编纂型立法方式值得我国借鉴。根据我国的实际情况，我们建议采用这样一种编纂型的立法方式，即每隔一段时期（长短根据实际需要而定），由专门的立法机构将所有经济、行政法规中具有独立罪名和刑罚的刑法规范，按照一定的标准和体系，进行一次排列分类，归纳整理，编纂成一个统一的法律文件。

在我国采用编纂型的立法方式，需要注意以下几个问题：第一，编纂权归立法机关。法规编纂既然是一种立法活动，就只能由立法机关进行编纂。我们这里所说的法规编纂，是刑法规范的编纂。因此，它具有刑事立法的性质。根据宪法规定，这种编纂权应当由全国人大常委会行使。唯此，才能充分保证编纂后的法律文件的法律效力，使其能够成为实际部门定罪量刑的法律依据，并直接可以援引。第二，条文具体化。编纂的法律文件不宜采用荷兰、联邦德国的框架立法结构，而应当根据经济、行政法规中独立性的刑法规范的内容，详细规定有关犯罪的主客观特征及其法定刑，同时注明该犯罪属于何种法规第几条款，以表明编纂的法律文件与各经济、行政法规之间的源流关系。这样，既便于司法机关直接引用，也便于人民群众掌握。第三，体系规范化。编纂的法律文件，应当按照一定的标准分类排列，使之层次分明，具有一定的系统性。第四，可作必要的修正。采用编纂型立法方式，不仅仅是经济、行政法规中的独立性刑法规范的简单组合。如果在编纂过程中发现不妥之处，编纂者可以进行适当的修正，以消除矛盾，加强协调，使被编纂的刑法规范更加科学、合理。第五，建立专门的编纂机构。编纂型的立法是一项长期而复杂的工作。它既要对所有经济、行政法规中的独立性的刑法规范进行整理归纳，而且为了能够了解、发现问题，掌握执行情况，还需要作大量的调查研究，并进行统计工作。这些工作只有一个稳定的、由一定的专业人员组成的专门机构才能胜任。为此，我建议全国人大常委会在适当的时候设置这样的专门机构。

编纂型立法方式能够克服独立性散在型立法方式的弊端，并且为修改刑法典创造条件。因此，编纂型立法方式作为一种刑事立法方式具有积极的意义。

四、修正型立法方式

法律需要稳定，稳定是刑法公正的必要条件之一。但法律同样需要变更，变更也是刑法公正的必要条件。法律的稳定与变更似乎矛盾，实际上并不对立。在法理上，一般认为法律具有两种必要的性质：一种是公平，一种是确定。这两种性质立于互相否定的地位。因为法律既然要人们遵守不能不有相当程度的永久性，朝令夕改，不但使法律失去自己的威信，同时使人民无从遵守。承认法律的存在，谁都不能不承认法律确定这一性质。但是社会是前进的——或许可以说是后退，总不是立而不动的，法律公布了太长久，为维护它的确定性起见，就完全，或是大部分失去它的公平性。确定性可以说是公平性的确定性，若是法律失去它的公平性，那确定性也就完全没有价值了。法典为打开公平性这一条路起见，必然要变更。[①] 这里虽然说的是一般的法律，当然同时也适用于刑法，而且刑法的公平与确定的关系更为复杂。总之，为维持刑法的公正性起见，刑法的适时修改是必要的，这就产生了修正型的立法方式。

修正型的立法方式，是指立法机关通过一定的立法程序，颁布相应的单行刑法或者刑法修正案，对刑法典进行部分修正，以调整刑法规范不适应犯罪变化的情况。1979 年刑法颁行 18 年来，为了加强同犯罪作斗争，我国先后颁布了一系列的决定、补充规定对刑法典的内容作了修正。我认为，在采用修正型立法方式的时候，应当注意以下几点：第一，采用修正型立法方式应当注意罪与罪之间的协调。犯罪之间的协调是刑事立法的基本要求，随着社会生活的发展，原有的罪与罪之间的协调打破了，因而需要修正。修正是为了重新确定协调。但必须避免引起新的不协调，唯此才能使修正型立法方式发挥作用。第二，采用修正型立法方式还应当注意刑与刑之间的协调。如同罪与罪之间的协调一样，刑与刑之间也必须协调。往往在刑与刑之间不协调的情况下，才需要修正。但在调整某个犯罪的法定刑的时候，要有全局观念，防止牵一发而动全身，引起新的不协调。

如上所述，修正型立法方式可以分为单行刑法与刑法修正案两种。在我国以往的刑事立法过程中，基本上采取单行刑法方式对刑法典加以修改或补充。即使在 1997 年刑法修订以后，还于 1998 年 12 月 29 日颁行了《关于惩治骗购外汇、

① 参见薛祀光：《中国法系的特征及其将来》，载《社会科学论丛》，1929 年第 1 卷第 4 期。

逃汇和非法买卖外汇犯罪的决定》，对刑法加以修改或补充。这种修改方式，好处在于简便易行，不受刑法典的制约。但它的弊端也极为明显，因为它是与刑法典并列的刑法规范，因而相对于刑法典而言，是一种法外之法，使刑法变得凌乱，缺乏内在逻辑性与外在体系性。而刑法修正案则正可以克服这一缺点，它也是对刑法条文的修改或者补充，但刑法修正案没有打乱刑法典的逻辑体系，以修改后的条文替代被修改的条文，补充的内容也直接被吸纳到刑法典之中，保持了刑法典形式上的稳定性。值得注意的是，1999 年 12 月 25 日全国人大常委会首次以刑法修正案的方式对刑法加以修改与补充，其中，对刑法第 168 条等 6 个条文进行修改，以修改后的条文直接取代原条文。另外，补充则采用增加条、项的形式，例如第 162 条后增加一条，成为第 162 条之一。又如，第 225 条增加一项，作为第三项，原第三项改为第四项。这种刑法修正案的修改与补充形式，我认为是可取的。若无特殊理由，对刑法的修改一般均应采用刑法修正案的形式。当然，在以刑法修正案形式修改刑法以后，应当及时地对刑法条文进行编纂，从而保持刑法条文的连续性与稳定性。

五、解释型立法方式

法律解释存在立法解释与司法解释之分。作为一种立法方式的解释，当然是指立法解释。这里的立法解释，又专指刑事立法解释，即全国人大常委会对刑法规范本身需要明确界限，或者为解决最高人民法院和最高人民检察院所作出的有关刑事司法解释的原则性分歧而进行的解释。刑事立法解释显然同刑事立法本身存在一定的区别[①]，但不可否认它具有立法的性质，是一种辅助性的立法方式。刑事立法解释对于弥补刑法规范中的漏洞，使刑法规范适应复杂多变的犯罪活

① 参见欧阳涛、柯良栋：《试论我国刑法的立法解释》，载杨敦先等主编：《刑法发展与司法完善》，111～112 页，北京，中国人民公安大学出版社，1989。

动，维护刑法规范的稳定性，具有重要作用。然而，刑法颁行以来，我国立法机关对刑事立法解释并未予以足够的重视，从而导致刑事立法解释严重滞后。由于立法解释滞后，司法机关越权解释的现象屡有发生。例如，1985 年 7 月 18 日最高人民法院、最高人民检察院在《关于当前办理经济犯罪案件中具体应用法律的若干问题的解答》中作出了“关于挪用公款归个人使用或者进行非法活动以贪污论处”的解释，这显然已经超出具体应用法律的司法解释范围，而涉及法律条文本身的界限问题。

因此，应当加强刑事立法解释。在进行刑事立法解释时，要注意以下几个问题：第一，及时性。刑事立法解释贵在及时，唯此才能充分发挥刑事立法解释的作用，保证刑法规范得以正确运用。当然，我国立法机构由于立法任务繁重，无暇顾及立法解释，这也是事实。要求我国立法机关包揽一切立法解释在理论上可行，但在实际上不可行；过分地默认司法机关自行其是又有法官立法之嫌。变通的办法似可考虑在全国人大常委会中设立一个法律解释和监督机构，既负责立法机关的解释工作，又监督司法机关的解释。[①] 我认为，这一建议对于保证立法解释的及时性具有一定意义，拟可采纳。第二，慎重性，及时不等于草率，而应当与慎重并重。进行刑事立法解释，应当明确解释问题的实质，以便有针对性并使解释具有可行性。立法解释要注意全面平衡，综合协调；否则，考虑欠周，朝令夕改，会有损于法律的权威性和稳定性，令司法机关无所适从。第三，明确性。刑事立法解释的任务，就在于根据刑事司法实践的需要，对较为抽象容易发生或者已经发生疑义与歧义的刑法规范通过解释予以明确化。如果刑事立法解释本身含糊不清，模棱两可，那就不仅难以达到解释的目的，还会引起新的疑义，造成不必要的混乱。第四，公开性。刑事立法解释应当公开成文，正式公布，这既是社会主义法制原则的要求，也便于人民群众掌握。对公布的刑事立法解释，要经常性地归纳整理，必要时汇编成册。修改刑法典，应当在充分考虑刑事立法解释

① 参见黎建飞：《理解立法的辅助资料纵横谈》，载《法学与实践》，1991 (4)，19 页。

的基础上，采纳其合理部分，从而使刑事立法解释真正成为刑法规范不断自我完善的重要途径。

在以上五种刑事立法方式中，法典型立法方式是基本的立法方式，散在型与编纂型的立法方式是重要的立法方式，而修正型与解释型的立法方式则是辅助性的立法方式。这五种刑事立法方式不是孤立存在的，它们互相协调，取长补短，合理共存，形成一个多位一体的刑事立法体系。

第四节 刑事立法的技术

在立法学上，一般认为立法技术是关于法律的内部结构和外部结构的形式、法律的修改和废止的方法、法律的文体、法律体系的构成、法律的系统化的方法、立法预测和立法规划等方面的规则的总和。① 立法技术有广义与狭义之分。广义的立法技术，包括同立法活动有关的一切规则，是国家制定法律的细则，表达法律规范的内容和形式方面的特殊活动。而狭义的立法技术是专门用来表达法律的规定的一些细则。② 立法技术是人们在长期的立法实践活动中形成的，是立法经验、技巧、方法的科学概括。立法技术在法律的创制中具有重要作用。如果说法律是对社会生活条件的表现，那么，有时表现得好，有时表现得坏。而表现好坏在很大程度上取决于立法技术。在刑事立法中，立法技术同样意义重大，在刑法理论上应予充分注意。下面，我们从四个方面对刑事立法技术加以论述。

一、结构严密化

任何法律都有一定的结构，法律结构有内部结构与外部结构之分。法律规范

① 参见袁建国：《法律创制论》，183页，郑州，河南人民出版社，1989。

② 参见孙宛钟主编：《立法学教程》，170～171页，北京，中国法制出版社，1990。

内部各个组成部分的搭配和排列，就是法律的内部结构。而法律的外部结构，则是指法律的外部表现形式。[①] 在此，我们主要论述刑法的内部结构。

刑法的内部结构就是刑法的体系构造。我国 1979 年刑法由两编组成：第一编总则；第二编分则。总则分五章：刑法的指导思想、任务和适用范围；犯罪；刑罚；刑罚的具体运用；其他规定。分则分八章：反革命罪；危害公共安全罪；破坏社会主义经济秩序罪；侵犯公民人身权利、民主权利罪；侵犯财产罪；妨害社会管理秩序罪；妨害婚姻、家庭罪；渎职罪。这一刑法的内部结构，基本上是合理的，但经过十多年的司法实践，并且随着对刑法内部结构的理论研究的深化，在刑法修改中，我国刑法学界提出了一系列关于完善刑法内部结构的建议。[②] 我认为，刑法内部结构应当进一步严密化。为此，可作以下调整：

（一）关于刑法总则结构的完善

刑法总则的结构，总的来说还过于简单，有必要作进一步的调整。

（1）增加刑法基本原则一章。刑法基本原则对于刑法的创制与适用具有指导意义，因而有必要在刑法中予以明文规定。

（2）增加刑事责任一章。1979 年刑法中将刑事责任规定在犯罪一章中，但并无刑事责任的实体内容。我认为，应将刑事责任独立成章，其内容主要包括刑事责任的根据、追究、免除与终结等。

（3）增加刑罚的一般规定一章，内容包括刑罚的概念、刑罚权和刑罚目的等。而将刑法中的刑罚一章改为刑罚的种类。

（4）将刑法中的刑罚的具体运用一章分解为两章：刑罚的裁量与刑罚的执行。

（5）增加保安处分一章，如果条件成熟，则可以规定为保安刑。内容包括保安处分的一般规定、种类、具体运用等。

（二）关于刑法分则结构的完善

刑法分则结构也存在简单化的倾向，有必要加以调整：

---

① 参见袁建国：《法律创制论》，189～195 页，郑州，河南人民出版社，1989。

② 参见赵秉志主编：《刑法修改研究综述》，71 页，北京，中国人民公安大学出版社，1990。

(1) 将反革命罪改为危害国家安全罪，对此我国刑法学界虽还有个别学者反对，但基本上已经达成共识。

(2) 将侵犯公民人身权利、民主权利罪一章分解为两章：侵犯人身权利罪、侵犯民主权利罪。

(3) 增加妨害自然资源罪一章。妨害自然资源罪在刑法中有所规定，但主要散见于各种经济法规中，有必要集中规定，以便切实保护国家的自然资源。

(4) 增加危害司法活动罪一章。这些犯罪主要规定在妨害社会管理秩序罪之中，但由于该章本身条文庞杂，有必要将危害司法活动的犯罪从中分离出来。

(5) 刑法分则第八章渎职罪应予提前，并将章名改为危害国家活动罪，以便加强对这类犯罪的惩治。

通过以上调整，使各类犯罪层次更加清晰，分类更趋合理。

(三) 刑法结构的设想

根据以上论述，我认为对刑法结构可作如下安排：

第一编 刑法总则

第一章 刑法的基本原则

第二章 刑法的适用范围

第三章 犯罪

第四章 刑事责任

第五章 刑罚的一般规定

第六章 刑罚的种类

第七章 刑罚的裁量

第八章 刑罚的执行

第九章 保安处分

第十章 其他规定

第二编 刑法分则

第一章 危害国家安全罪

第二章　危害国家活动罪

第三章　危害司法活动罪

第四章　危害公共安全罪

第五章　侵犯人身权利罪

第六章　侵犯民主权利罪

第七章　侵犯财产权利罪

第八章　妨害经济秩序罪

第九章　妨害自然资源罪

第十章　妨害社会秩序罪

（四）刑法结构的修订

在刑法修改中，关于刑法结构是一个存在较大争论的问题，争论的焦点在于刑法分则体例是采大章制还是小章制。大章制论者主张除个别强调以外，基本上保留目前的刑法分则体例，对内容庞杂、条文过多的犯罪类型，可以在章下设节，每节分为不同的犯罪类型。小章制论者主张章下不设节，将原来内容庞杂、条文过多的犯罪类型划分为若干章。立法机关从刑事立法的连续性出发，维持了大章制，经过增改，修订后的刑法分则分为以下十章：

第一章　危害国家安全罪

第二章　危害公共安全罪

第三章　破坏社会主义市场经济秩序罪

第四章　侵犯公民人身权利、民主权利罪

第五章　侵犯财产罪

第六章　妨害社会管理秩序罪

第七章　危害国防利益罪

第八章　贪污贿赂罪

第九章　渎职罪

第十章　军人违反职责罪

在刑法结构上，引人注目的是修订后的刑法增加了附则的内容。刑法附则是相对于刑法的总则与分则而言的，是关于刑法内容的附属规定。增加刑法附则，是我国刑法结构的一个重要变化。

二、条文科学化

刑法条文是刑法规范的基本表现形式，也是刑法的基本单位，因而具有重要意义。我国1979年刑法中的条文，大部分是好的，但也存在一些问题，主要是单纯追求法律条文数量少，硬性合并法律条文，例如1979年刑法第151条，将盗窃、诈骗、抢夺这三种罪质完全不同的犯罪捏合在一个条文之中，这从立法技术上来说是十分不可取的。我认为，刑法条文的科学化应当做到以下几点：

（一）总则条文设立标题

现代各国刑法典，大多数在法条前都设立标题。这一做法的好处在于将每一法条的主旨予以概括性的明示，以便人们了解该法条的基本内容。

（二）分则条文明示罪名

刑法总则条文设立标题，与此相应，分则条文则明示罪名，罪名就相当于分则条文的标题。罪名看似一个名称问题，实则关系到定罪量刑，意义重大。我国刑法中，没有明示罪名，使得罪名极不统一，各种罪名五花八门，甚至连确切的罪名数目也统计不出来。这种现象的发生，与分则条文没有明示罪名有很大关系。现在世界上不少国家都在刑法分则条文中明示罪名，大约有两种方式：一是直接规定罪名，二是以条文主旨的形式规定罪名。在这两种方式中，以第二种方式较多，例如《苏俄刑法典》、《罗马尼亚刑法典》、《德国刑法典》、《瑞士刑法典》等均是如此。但我认为，我国刑法分则条文明示罪名，以第一种方式为好，使罪名法定化，在刑法分则条文中直接加以规定。这样，便于司法机关援引适用，也有助于人民群众对刑法分则的了解。

修订后的刑法，在条文科学化方面有所进步，主要表现在立法机关改变了对刑法篇幅短小精悍的片面追求，而不吝条文尽量明确、详细地对有关内容作出规定。因而，刑法条文从1979年刑法的192条增加到452条，不仅在条文数量上增加了，在条文规定的科学性上也有所改善。当然，修订后的刑法条文仍然未明确条文主旨与明示罪名。

三、罪刑协调化

罪刑协调化，主要是就刑法分则条文而言的。罪刑是刑法的基本内容，具体的罪刑关系是在刑法分则条文中加以确定的，因而刑法分则条文又称为罪刑式条文，在中国古代刑法中则称为正条，是对犯罪人定罪量刑的直接法律根据。因此，刑法分则条文的罪刑相协调，具有重要的意义。为了做到罪刑相协调，我认为应当注意以下几个问题：

（一）一条文一罪名

为使罪刑协调，我认为，应当在刑法分则条文的设置上做到一条文一罪名。之所以要采取一条文一罪名的立法模式，我国学者提出以下理由：其一，这是贯彻罪刑均衡原则的需要。一条数罪把不同种类和性质的犯罪规定在一起而适用同样的法定刑幅度，必然不能很好地适应罪刑相适应原则的需要，而用一条一罪的立法模式，便可以妥善解决此一问题。其二，这是正确理解和解释法条内容的需要。因为一条数罪易造成理解上的歧义而不易解释清楚，而一条一罪使其问题单一、针对性强，自然有助于准确理解。其三，这是司法实践中正确定罪的需要。一条数罪往往造成定罪的困难和分歧，而一条一罪使定罪的标准明确，易于正确掌握，也有利于司法活动中定罪的统一和协调；同时，一条一罪也克服了一条数罪时适用数罪并罚制度的困难与混乱，有助于妥当地解决实践中适用数罪并罚时对数罪的确定。[①] 以上论述是完全正确的，但我认为，刑法分则条文实行一条一罪，最主要的还是为了罪刑相协调。因为一条文一罪名，可以针对该犯罪的具体情节，合理地规定法定刑，使罪刑关系合理化。而 1979 年刑法中，把两个社会危害性极不相同，甚至差别很大的犯罪规定在同一条文之中，处以相同之刑，从而使罪刑失调。例如，1979 年刑法第 128 条规定："违反保护森林法规，盗伐、滥伐森林或者其他林木，情节严重的，处三年以下有期徒刑或者拘役，可以并处或者单处罚金。"这一条文包含盗伐林木罪与滥伐林木罪这两个罪名，而盗伐林木罪的社会危害性远远超过滥伐林木罪的社会危害性，但都只处 3 年以下有期徒刑。这样，罪刑就不相协调。只有采取一条文一罪名的立法模式，才能较好地解决这一问题。可惜，在 1997 年修订后的刑法中，这个问题仍未得到圆满的解决。

（二）罪刑单位合理化

我国刑法分则条文对罪刑单位的设置，关系到罪刑之间的协调，也应当引起我们的注意。从目前刑法分则的规定来看，除少数规定为一个罪刑单位以外，大多数都规定了两个或者三个罪刑单位。多个罪刑单位区分了多个量刑档次，从而有助于定罪量刑的精确化，使罪刑关系更加合理化。但我国刑法分别在罪刑单位的设置中也存在一些问题，主要是有些条文的罪刑单位从司法实践情况来看存在空档，或者是缺乏中档，或者缺乏上档。为此，应当加以纠正，使档次不同的罪刑单位互相衔接、轻重有序，实现罪刑单位的合理化。

四、文体规范化

法律文体，绝不能单纯地看作是一个刑法规范的表达形式的问题，而是与法律内容有着密切的关系。因此，历史上不少人对于法律文体都予以充分关注。例

① 参见赵秉志主编：《刑法修改研究综述》，93 页，北京，中国人民公安大学出版社，1990。

如，清末思想家梁启超指出："法律之文辞有三要件，一曰明，二曰确，三曰弹力性。明确就法文之用语言之，弹力性就法文所含意义言之。若用艰深之文，非妇孺所能晓解者，是曰不明。此在古代以法愚民者恒用之，今世不取也。确也者，用语之正确也。培根曰：'法律之最高品位，在于正确'，是其义也。弹力性，其法文之内包甚广，有可以容受解释之余地者也。确之一义与弹力性一义，似不相容，实乃不然，弹力性以言夫其义，确以言夫其文也。培根又曰：'最良之法律者，存最小之余地，以供判官伸缩之用，则其有弹力性可见。然则两者之可以相兼。明矣'。"[①] 我认为，梁启超关于法律文体应当做到明、确、弹力性，是对法律文体规范化的最高要求。但从我国刑法的法律文体来看，与明、确、弹力性的要求相比，还存在很大的差距，需要从以下几个方面加以改进：

（一）具体

在刑事立法宁疏勿密的思想指导下，我国刑法中的用语大多失之于概括、抽象与笼统，有些重要的概念也未予解释，这就发生了重要概念定义权的旁落现象。正如我国学者指出：重要概念定义权的旁落现象，首先表现为立法者在已经制定的法律文件中没有穷尽一切重要概念，或对某些重要概念表述得极为简略；其次表现为除立法机关外，司法机关和行政机关也分享重要概念的定义权。[②] 例如，1979 年刑法第 63 条对于自首仅规定"犯罪以后自首的"，而没有规定自首的概念与构成要件，这一任务只能由司法解释来完成。因此，我认为刑法规定应当具体，一些重要概念的定义权不能旁落。当然，1997 年修订后的刑法在刑事立法具体化上有所改进。例如刑法第 67 条就对自首作出界定，指出："犯罪以后自动投案，如实供述自己的罪行的，是自首。"这一规定有利于司法机关对自首的正确认定。

① 梁启超：《中国成文法编制之沿革》，59～60 页，上海，中华书局，1936。

② 参见郑伟：《刑法个罪比较研究》，7 页，郑州，河南人民出版社，1990。

（二）明确

法律用语明确，这也是法律文体规范化的基本要求。我国刑法中这种含糊不清之处俯拾可见。例如 1979 年刑法第 14 条第 2 款中的“杀人、重伤”是限于故意犯罪还是也包括过失犯罪？第 153 条中的“犯盗窃、诈骗、抢夺罪”的含义是指实施盗窃、诈骗、抢夺性质的行为，还是必须构成这些犯罪？这些问题都缺乏明确性，从而顿生疑惑，发生理解上的歧义。因此，在刑事立法中，对刑法规范内容的表述一定要明确化，以免发生不必要的歧义。1997 年修订后的刑法在刑事立法的明确性上也有进步。例如刑法第 17 条第 2 款规定：“已满十四周岁不满十六周岁的人，犯故意杀人、故意伤害致人重伤或者死亡、强奸、抢劫、贩卖毒品、放火、爆炸、投毒罪的，应当负刑事责任。”这一规定较之 1979 年刑法第 14 条第 2 款的规定，就更为明确，有利于司法机关正确适用。

（三）严密

法律文体严密，就是要符合逻辑，左右文与上下文不致互相矛盾，这可以说是对法律文体的最起码的要求。但就连这一最起码的要求，1979 年刑法也没有完全做到。在刑法中存在许多相互矛盾的地方：（1）刑法第 12 条第 2 款规定：“过失犯罪，法律有规定的才负刑事责任。”这里使用“犯罪”一词不合逻辑，因此“过失犯罪”与“法律没有规定”是相矛盾的，这样用词易造成法律未规定也可以构成过失犯罪只是不负刑事责任之误解。（2）刑法第 17 条第 2 款“正当防卫超过必要限度……”的规定，这里使用“正当防卫”一词不合逻辑，使人发生正当防卫有两种（未超过必要限度的正当防卫与超过必要限度的正当防卫）之误解，实际上超过必要限度已经不是正当防卫，而是防卫过当。刑法第 18 条第 2 款关于紧急避险过当的规定，也存在类似问题。（3）刑法第 44 条规定对不满 18 周岁的未成年人不适用死刑，又规定对已满 16 周岁不满 18 周岁的人可以判处死刑缓期两年执行，前后规定相矛盾。因为死缓是死刑执行制度，不适用死刑怎么能判处死缓呢？（4）刑法第 88 条规定：“本法所说的以上、以下、以内，都连本数在内。”第 59 条对减轻处罚却规定为：“应当在法定刑以下判处刑罚。”实际上其确切含义应该是“低于法定刑判处刑罚”，这也表现出不够严密。凡此种种，都说明我国刑法规定岂止粗疏，而且自相矛盾，这在立法中是最忌讳的。因此，以后刑事立法应当力求严密，克服法律文体上的自相矛盾。上述情形，在1997年刑法中，有的已经作出修改，有的则仍然保持原状。

（四）统一

同一法律中表达同一意思的用语，应当统一，这是法律文体规范化的应有之义。但我国1979年刑法中用语随意性极大，前后不统一，容易发生歧义。例如：“论处”和“处罚”的含义本应不同，“论处”包括定罪量刑，“处罚”仅指量刑。1979年刑法中有些该使用“论处”的地方使用“处罚”，该使用“处罚”的地方使用“论处”，极不统一，结果造成对立法内容的错误理解。不仅在同一法律中法律用语应当统一，而且在不同法律之间也应如此。在这方面，我国1979年刑法存在的问题较多。例如刑法第185条规定“国家工作人员利用职务上的便利，收受贿赂的”是受贿罪。但《关于严惩严重破坏经济的罪犯的决定》却规定为“国家工作人员索取、收受贿赂的”，这样就发生了两个问题：第一，受贿罪还是不是以利用职务上的便利为要件？第二，索贿是不是一个独立的罪名？其实，《决定》并未对受贿罪的构成要件作修改，也没有增设索贿罪，这种歧义都是由于法律文体不统一所造成的。因此，今后的刑事立法中应当尽力避免，做到法律用语统一协调。1997年修订后的刑法在刑法用语的统一上也有所改善。例如，“以……定罪处罚”与“以……处罚”，在含义上区分十分明显。

第五节　刑事立法的效力

刑事立法的效力，包括空间效力与时间效力，我国刑法对刑事立法的效力都有明文规定，但还是存在一些值得研究的问题。

一、普遍管辖问题

以往，我国的刑法论著对普遍管辖原则（又称世界主义）予以断然否定，认为这是国际上帝国主义、霸权主义否定各国主权原则的反动理论。[①] 实际上，普遍管辖原则原是欧亚地中海沿岸极少数国家，例如意大利、土耳其等国国内法的一种传统法律理论与原则，即主张不论犯罪人是哪国人，也不论在哪里犯罪，对于人类总是一种罪恶，因此该国有权实行管辖。按这些国家的刑法，法院在原则上均可巡捕、审判与惩办。[②] 例如《意大利刑法典》第9条第3款（本国人在外国之一般性犯罪）规定：如对外国或外国人有害时，如犯罪人之引渡未被允许或未被犯罪地国政府所接受时，应依司法部长之要求而处罚之。第10条（外国人在外国之一般性犯罪）规定：如对外国或外国人有害时，以有下列情形者为限，依司法部长之请求，以意大利法律处罚之：（1）犯罪人在本国领域内滞留者。（2）犯无期徒刑或3年以上有期徒刑之罪者。（3）犯罪人之引渡未被允许或未经其本国政府或犯罪地国政府所接受者。传统国际法一般是不承认这种管辖原则的，仅在例外情况下才予以采用。其典型表现是，经过长期国际实践，习惯国际法演化出对“国际法上的海盗”（而不是各国国内法中定义的海盗）的规则，即将这些海盗视为“人民公敌”，各国均可实施管辖。后将这些规则编成正式条文，规定在1958年日内瓦《公海公约》之中。此外，20世纪60年代以来，国际恐怖主义活动不断加剧，受到国际社会的严重关注。在有关国际组织的主持下，国际上先后制定了一系列旨在加强国际合作，有效地防止和惩处恐怖主义行为的国际条约，例如《海牙公约》、《蒙特利尔公约》等。这些条约规定：各缔约国应将非法劫持航空器，危害国际民用航空安全等行为定为国内法上的罪行，予以惩处；有

① 参见杨春洗等：《刑法总论》，58页，北京，北京大学出版社，1981。

② 参见赵维田：《论三个反劫机公约》，45页，北京，群众出版社，1985。

关缔约国应采取必要措施，对任何这类罪行行使管辖权，而不论罪犯是否其本国人、罪行是否发生于其国内。这一旨在对危害人类生命财产安全的罪行确立普遍管辖权的条款，已成为各类反恐怖主义国际条约的基本内容。[①] 由于我国参加了这类条约，便承担了对犯有条约规定的罪行的罪犯实施管辖的义务。国务院向第六届全国人大常委会第二十一次会议提交了关于提请作出《中华人民共和国对于其缔结或者参加的国际条约所规定的罪行行使刑事管辖权的决定》并获得通过，这就表明我国刑法对于我国所加入的国际公约规定的犯罪行为具有刑事管辖权，这就是一种普遍管辖，也是我国刑法关于刑事管辖权规定的发展。对此 1997 年修订后的刑法已经予以吸收，在第 9 条中作出明文规定："对于中华人民共和国缔结或者参加的国际条约所规定的罪行，中华人民共和国在所承担条约义务的范围内行使刑事管辖权的，适用本法。"

二、管辖冲突问题

我国政府关于"一国两制"的构思，圆满地解决了香港、澳门回归祖国的问题；同时，也为将来台湾问题的解决树立了样板。在这种"一国两制"的情况下，大陆刑法就与港、澳、台地区刑法发生了管辖冲突的问题。我国 1979 年刑法对刑事管辖权的规定，是以属地原则为主，属人原则、保护原则和普遍管辖为辅建立起来的，但它主要涉及我国刑事管辖权与外国刑事管辖权的界定问题。在香港、澳门回归祖国以后，大陆刑法效力显然不及于这两个地区，但对港澳人员在大陆犯罪或者大陆人员在港澳犯罪以及在港澳实施针对中华人民共和国的犯罪，应当如何处理呢？我认为，管辖冲突的解决，一方面可以参照国际法和国际惯例，在各地区之间积极开展司法协助，例如建立引渡制度等，在一定程度上解

① 我国有些刑法学家认为，对国际犯罪行为行使刑事管辖权，与普遍管辖原则的适用是性质不同的两类刑事管辖权，不能混为一谈。参见林欣：《国际法中的刑事管辖权》，19 页，北京，法律出版社，1988。

决管辖冲突问题。另一方面，应当修改完善我国刑法关于空间效力的规定，确立以犯罪地管辖原则为基础的刑事管辖制度，从而消除刑事管辖的冲突。总之，大陆与香港、澳门乃至于将来与台湾地区的管辖冲突，是一个值得重视的问题，它的正确解决对于实现“一国两制”具有重大意义。

三、溯及力问题

根据我国 1979 年刑法第 9 条的规定，我国刑法对溯及力问题采取的是从旧兼从轻原则。也就是说，新法除轻于旧法者以外，原则上没有溯及既往的效力。应该说，这一规定是符合罪刑法定原则的。但 1982 年与 1983 年两个《决定》对此却作了例外规定。1982 年全国人大常委会《关于严惩严重破坏经济的罪犯的决定》第 2 条规定：本决定自 1982 年 4 月 1 日起施行。凡在本决定施行之日以前犯罪，而在 1982 年 5 月 1 日以前投案自首，或者已被逮捕而如实地坦白承认全部罪行，并如实地检举其他犯罪人员的犯罪事实的，一律按本决定施行以前的有关法律规定处理。凡在 1982 年 5 月 1 日以前对所犯的罪行继续隐瞒拒不投案自首，或者拒不坦白承认本人的全部罪行，亦不检举其他犯罪人员的犯罪事实的，一律按本决定处理。可以看出，这条规定采取的是有条件的从新原则，也就是以犯罪分子是否在限期内投案自首或坦白检举，作为解决该决定有无溯及力问题的根据。1983 年全国人大常委会《关于严惩严重危害社会治安的犯罪分子的决定》第 3 条规定：“本决定公布后审判上述犯罪案件，适用本决定。”由此可见，这个决定在溯及力问题上采取的是从新原则。我国学者认为，上述两个《决定》采用从新原则，是为了更有力地严惩严重破坏经济和严重危害社会治安的犯罪分子，纠正刑罚轻和打击不力的偏向。[①] 但我认为，这两个《决定》对刑法溯及力问题规定从新原则是不妥的。新法没有溯及既往的效力，尤其是重法更不应

① 参见高铭暄主编：《中国刑法学》，61 页，北京，中国人民大学出版社，1989。

当溯及既往，这是罪刑法定原则的基本要求，也是国际上通行的惯例。采取从新原则，使重法溯及既往，尽管可收一时之功利效果，但从根本上说不利于同犯罪作斗争，不利于保障公民的合法权益。在刑法修改中，个别学者主张将从新原则吸收到刑法第 9 条中来，我认为这是很不合适的，不能苟同。恰恰相反，我主张在修改刑法的时候，废止从新原则，仍然坚持刑法第 9 条的从旧兼从轻的原则。1997 年修订后的刑法第 12 条确认了刑法溯及力上的从旧兼从轻原则，这是罪刑法定的题中应有之义。

第二十四章 罪刑关系的质的个别化

罪刑关系的个别化，首先是一个质的个别化问题，这就是我们通常所说的定罪问题。定罪是罪刑关系辩证运动中的一个十分重要的阶段，它对于此后的量刑和行刑都具有决定性的意义。

第一节 定罪的概念

一、定罪的变迁

定罪经历了一个从擅断到法定，从客观归罪到主观归罪，再到主客观统一地定罪的历史演变过程。

欧洲启蒙时代，处于封建社会末期，当时盛行所谓罪刑擅断主义，何种行为构成犯罪，何种犯罪应予何种之刑罚，完全没有法律规定，取决于法官的自由裁量。随着启蒙运动的兴起，封建的建立在法官个人好恶基础之上的刑事制度受到极大的冲击，正如恩格斯指出：以往的一切社会形式和国家形式、一切传统观念，都被当作不合理性的东西扔到垃圾堆里去了；到现在为止，世界所遵循的只是一些成见，过去的一切只值得怜悯和鄙视。只是现在阳光才照射出来。从今以后，迷信、非正义、特权和压迫，必将为永恒的真理，为永恒的正义，为基于自然的平等和不可剥夺的人权所取代。[①] 在这种文化氛围下，1764 年意大利著名刑法学家贝卡里亚发表了《论犯罪与刑罚》一书，倡导罪刑法定主义，认为犯罪和刑罚都应由法律预先设定，不允许法官自由裁量，刑法既以罪刑法定主义为原则，在规定犯罪时必然注意犯罪事实，因此，客观主义的定罪理论开始勃兴。客观主义重视犯罪人通过其具体行为给现实造成的危害，也就是说，重视犯罪人之所为，重视形之于外的结果，提倡所谓结果无价值的理论，把客观上发生的实际危害看作是犯罪的基本要件。例如贝卡里亚指出：犯罪对社会的危害是衡量犯罪的真正标尺。[②] 为了论证这一观点，贝卡里亚批驳了在认定犯罪标准上的两种错误观点：一是意图说，认为犯罪人的意图是衡量犯罪的真正标准。二是罪孽说，认为罪孽的轻重是衡量犯罪的真正标准。这两种观点都是以犯罪人的主观恶性作为衡量犯罪的标准，而犯罪人的主观恶性是通过行为的社会危害性表现出来的，离开了行为的社会危害性，犯罪人的主观恶性就无法认识。正如贝卡里亚指出：“意图说所依据的只是对客观对象的一时印象和头脑中的事先意念，而这些东西随着思想、欲望和环境的迅速发展，在大家和每个人身上都各不相同。”[③] 因此，意图不足以成为认定犯罪的标准。至于罪孽说，贝卡里亚认为其错误是显而易见的。因为“罪孽的轻重取决于叵测的内心堕落的程度，除了借助启迪之外，凡胎俗人是不可能了解它的，因而，怎么能以此作为惩罚犯罪的依据呢？如若这样做，就可能出现这种情况：当上帝宽恕的时候，人却予以惩罚；当上帝惩罚的时候，人却宽恕。”[④] 继贝卡里亚之后，费尔巴哈是客观主义定罪理论的代表人物，

---

① 参见《马克思恩格斯选集》，2 版，第 3 卷，356 页，北京，人民出版社，1995。

② 参见［意］贝卡里亚：《论犯罪与刑罚》，黄风译，67 页，北京，中国大百科全书出版社，1993。

③ ［意］贝卡里亚：《论犯罪与刑罚》，黄风译，67 页，北京，中国大百科全书出版社，1993。

④ ［意］贝卡里亚：《论犯罪与刑罚》，黄风译，68 页，北京，中国大百科全书出版社，1993。

他具体论述了罪刑法定原则，并创立了以行为为中心的客观主义的犯罪构成理论，指出："犯罪构成乃是违法的（从法律上看来）行为中所包含的各个行为的或事实的诸要件的总和。"[①] 费尔巴哈虽然十分肯定地认为行为人的主观因素是刑事责任的条件，但却不将其列入犯罪构成要件。正如苏俄著名刑法学家特拉伊宁指出："古典学派的刑法学家们认为罪过是刑事责任——行为的质，而不是主体的质。古典学派的代表们的犯罪构成学说，就是在这种客观根据上建立起来的。"[②] 因此，特拉伊宁称之为犯罪构成的客观结构。

客观主义定罪理论在西方 17 世纪～18 世纪占统治地位，但自 19 世纪中叶以来，不断受到批评。因为以外部行为为处罚对象的刑法，面对不断增加的累犯和少年犯罪，越来越感到无能为力。而在此时，自然科学得到长足的进步，生物学、人类学、心理学等自然科学的方法在社会科学中的运用，极大地改变了人类对社会现象的认识。在刑法理论中，意大利刑法学家龙勃罗梭首先将人类学的研究方法引入，创立了刑事人类学派。此后，在菲利、李斯特等人的倡导下，刑事社会学派又应运而生，从而宣告了主观主义定罪理论的诞生。主观主义重视犯罪人实施犯罪行为的意志的强弱，或者是不能认识和控制自己行为的危险性的大小。换言之，主观主义重视的是行为无价值，强调犯人的意志或者易于犯罪的性格，认为这种恶意或者危险性，如果表现为外部的行为，就是犯罪。主观主义不重视犯罪人之所为，而是把存在多少危险性作为衡量犯罪与刑罚之间比例的尺度而加以确定。

主观主义定罪理论虽然较之客观主义定罪理论更能适应社会的需要，因而有其历史进步意义，但在具体采用上缺乏有效可行的措施，例如人身危险性的测定，就是一个在目前科学条件下难以解决的问题。如果这个问题不加解决，则主

① 转引自［苏］A. H. 特拉伊宁：《犯罪构成的一般学说》，王作富等译，15 页，北京，中国人民大学出版社，1958。

② ［苏］A. H. 特拉伊宁：《犯罪构成的一般学说》，王作富等译，15 页，北京，中国人民大学出版社，1958。

观主义定罪理论潜在地具有侵犯公民权利的可能性。因此，除少数国家刑法（例如古巴刑法、秘鲁刑法）以外，大多数国家仍坚持客观主义，但又非纯粹客观主义，而是以客观主义为主吸收主观主义思想，亦即采用所谓并合主义。具体地说，在犯罪规定上适用客观主义立法原则，即对于犯罪之处罚，重视外部行为，将行为人的内部心理仅作为认定行为的参考而已，不视其为决定犯罪之根据。而在刑罚规定上适用主观主义，即无行为者虽不可处罚，但有行为者却未必科以刑罚，可予以缓刑或者减刑与假释的处遇。① 并合主义虽然也是一种主观与客观的统一，但并非有机统一，而是一种折中。

十月革命胜利以后，苏俄刑法学家以马克思主义法学理论为指导，摈弃了资产阶级刑法理论中的客观主义与主观主义的定罪原则，初步形成了社会主义刑法主观与客观相统一的原则。例如苏俄著名刑法学家 A. H. 特拉伊宁在论述犯罪构成时，一方面强调行为在犯罪构成中的重要地位，同时又指出，社会主义的刑事立法要求考虑犯罪人的政治面貌和道德面貌，要求在确定犯罪构成时必须以罪过和表明犯罪人人身的其他许多因素为依据。特拉伊宁明确指出："社会主义的刑法，不是建立在客观因素与主观因素的脱离或对立的基础上，而是以辩证地，结合对主体和他的行为的评价为基础的。"② 当然，苏俄刑法学家所主张的主观与客观相统一原则存在一个明显的缺陷，就是将主观与客观相统一的问题局限在犯罪构成这样一种狭窄的法律范畴内进行研究，因而使它流于公式化③，从而表现出犯罪论与刑罚论之间的严重脱节以及主观与客观相统一的逻辑进程的断裂。

回顾定罪活动的历史演变过程，我们可以发现一条清晰的发展轨迹，这就是客观主义—主观主义—主观与客观相统一，这是一个否定之否定的历史进程，同

---

① 参见蔡墩铭：《现代刑法思想与刑事立法》，2版，33页，台北，汉林出版社，1977。

② ［苏］A. H. 特拉伊宁：《犯罪构成的一般学说》，王作富等译，46页，北京，中国人民大学出版社，1958。

③ 参见张志愿：《论我国刑法主客观相统一的原则》，载《法学探微》，184页，重庆，重庆出版社，1986。

时也完全符合刑法的内在逻辑，因此是历史与逻辑的高度统一。

二、定罪的特征

定罪是指人民法院依据刑事法律确认某一行为是否构成犯罪、构成什么犯罪以及重罪还是轻罪的一种刑事司法活动。根据这一定义，定罪具有以下特征：

（一）定罪的主体是人民法院

根据我国法律的规定，定罪的主体主要是人民法院。人民法院行使审判权，审判权的一个十分重要的内容就是定罪权。人民法院通过自己的职能活动，查明犯罪事实，根据刑法规定认定行为的犯罪性质，这就是定罪活动。除人民法院有定罪权以外，根据1979年刑事诉讼法的规定，人民检察院行使免予起诉权，实际上也享有一定的定罪权。免予起诉，是人民检察院审查公安机关侦查终结，移送起诉或者免予起诉的案件，以及自行侦查终结的案件，认为被告人的行为虽已构成犯罪，但依法不需要判处刑罚或者应当免除刑罚，决定不将被告人提交人民法院审判的诉讼活动。[①] 这种处理决定表明：免予起诉是以被告人有罪为前提的，因而人民检察院也是定罪的主体。对于免予起诉权，我国法学界存在争议，有些学者认为，免予起诉产生了一系列问题：第一，允许人民检察院可以通过免予起诉来决定行为的有罪性，实际上是让检察权侵越了审判权的领域。第二，免予起诉制度人为地剥夺了被告人本应享受的许多诉讼权利。第三，免予起诉制度也不利于公、检、法三机关的相互制约。[②] 另也有学者不同意这种观点，认为免予起诉并未侵犯审判权。因为检察权与审判权的区别只具有相对的意义，其权力都是由法律赋予的，所以不能认为免予起诉是控审不分。事实上，外国也有起诉便宜主义等制度，类似于免予起诉。当然，免予起诉制度确实存在一些弊端，但是可以

① 参见程荣斌主编：《检察制度的理论与实践》，154页，北京，中国人民大学出版社，1990。
② 参见王勇：《定罪导论》，15页，北京，中国人民大学出版社，1990。

克服的。例如，应当赋予被告人更多的诉讼权利，并保证其能够依法享受。关于辩护权，可以考虑律师介入时间的提前，使免予起诉过程中有律师的参与，以便有效地保障被告人的合法权益。又如，只有在被告人认罪的情况下，免予起诉的决定才能生效。被告人不服罪的，不得作出免予起诉的决定，必须向人民法院起诉，以此防止检察机关滥用免予起诉权。但 1996 年修正后的刑事诉讼法经过慎重考虑、利弊权衡，还是废除了免诉制度。在这种情况下，只有人民法院是定罪的主体。

（二）定罪的内容是对行为是否有罪的确认

定罪的内容表现为对某一行为是否有罪的确认，这里的确认，又称为认定，即确定地认为，指从质的规定性上对一定的现象作出分析、认识、判断和确定。在定罪活动中，所谓确认，主要是指对某一行为与刑法所规定的犯罪构成之间进行相互一致的认定。应该指出，这种相互一致的认定，表面上与刑事侦查中的同一认定极为相似，但实际上要比同一认定复杂得多，因为：在同一认定中，认定与被认定的客体都是确定的东西，例如指纹、脚印等。但在定罪过程中，一方面是法律对某一犯罪要件的规定，另一方面是一个人的具体行为。由于法律规定的抽象性、概括性与不完整性，又由于行为的具体性、独特性，两者之间相互一致的认定就是一项极为复杂的工作。定罪的最终目的是解决有罪性问题，这里的有罪性，从狭义上来说，是指罪与非罪的问题。从广义上来说，还包括轻罪与重罪的问题和此罪与彼罪的问题。对此，将在本章第三节具体论述。

（三）定罪的性质是一种刑事司法活动

定罪作为一种刑事司法活动，不同于刑事立法活动。刑事立法活动是创制法律，主要任务是建构刑法规范。刑事司法活动则是实施法律的一种活动，它本身并不创造法律，而只是适用法律。同时，定罪与量刑、行刑等其他刑事司法活动也有区别，定罪是罪刑关系个别化的重要内容，即罪之个别化，它是量刑与行刑的前提与基础。离开了定罪，就根本说不上量刑与行刑的问题。此外，定罪作为一种刑事司法活动，是司法人员的一种实践活动，它遵循着人的实践活动的一般规律，同时又具有法律活动的特殊性。通过定罪活动，使有罪的人得以入罪，受到应有的刑事追究；使无罪的人得以出罪，保障公民的合法权益。因此，定罪活动关系到一个人的生杀予夺，是一项严肃的法律活动，应当严格依法进行。

三、定罪的模式

定罪模式是对定罪的宏观研究，是指依照哪一种法律模式来解决定罪问题，相当于现存的刑法学体系中的犯罪构成。因此，对定罪模式的研究，不能不以犯罪构成为出发点。

在我国刑法理论中，犯罪构成是一个重要课题。可以说，现存的刑法学体系中的犯罪论在某种意义上就是犯罪构成论。我国的犯罪构成理论是在参照苏联模式的基础上建立起来的，尤其是我国 1958 年翻译出版的苏俄著名刑法学家 A. H. 特拉伊宁的《犯罪构成的一般学说》一书，更是对我国犯罪构成理论的建立和发展产生了深远的影响。这个犯罪构成理论摈弃了大陆法系刑法理论以行为或行为人为中心的主客观相分离的犯罪构成体系，以社会危害性为中心来框架犯罪构成，使犯罪构成变为体现犯罪本质特征的具有实质内容的法律形式。但这个犯罪构成体系存在机械、僵化等缺陷，在许多问题上并没有真正划清罪与非罪的界限。我国刑法学界对犯罪构成进行了可贵的探索，有些刑法学者试图建立犯罪构成新体系，但这种探索成功的可能性是值得怀疑的。因为，犯罪构成是刑法学的一个有机组成部分，并受刑法学体系的制约。离开刑法学体系的重构怎么可能建立犯罪构成新体系呢？更何况在一些人那里，所谓犯罪构成新体系只不过是像玩弄积木游戏那样，对旧的内容（要件）作新的排列组合。我认为，应在建立新的刑法学体系的基础上，对犯罪构成在刑法学中的地位加以通盘考虑。同时，对犯罪构成要件的取舍，要在对世界上不同的犯罪构成体系进行比较的基础上确定。

苏俄和我国现存的犯罪构成体系是犯罪客体、犯罪客观方面、犯罪主体、犯罪主观方面这四大要件的总和，这是一种耦合式的逻辑结构。而德国、日本等大陆法系国家的犯罪构成体系将构成要件分为以下三个：一是构成要件的该当性、二是违法性，三是有责性。这三个要件之间基本上是一种递进式的逻辑结构。显然，这两种犯罪构成体系是有所不同的。用通俗的话来说，耦合式结构用的是加法（整合法），而递进式结构用的是减法（排除法）。这两种犯罪构成体系都是要为司法实践中正确地认定犯罪提供一个法律模式，那么从认识论或者方法论上来说，哪一种法律模式更有助于认定犯罪呢？对此，有必要对这两种定罪模式进行功能上的比较。

犯罪构成的递进式结构，在对犯罪的认定上采取排除法，这是比较符合人们的思维习惯的。构成要件的该当性、违法性和有责任，环环相扣、层层递进，各要件之间的逻辑关系明确，易于区分罪与非罪，具有一定的长处。尤其是将有责任作为构成要件之一，把刑事责任问题纳入犯罪构成，较好地解决了犯罪与刑事责任的关系问题。这种递进式的犯罪构成结构的缺陷在于将违法性作为一个构成要件，重点研究违法阻却事由，并将违法与有责区分开来，认为违法是客观的，责任是主观的，这是一种主观与客观相分离的表现。在我看来，违法性不是犯罪构成的一个要件，而是犯罪特征之一，整个犯罪构成实际上是刑事违法的构成。因此，将违法性作为犯罪构成的一个具体要件，是降低了违法性的意义。同时，犯罪构成作为一种定罪的法律模式，主要解决什么行为构成犯罪的问题，而违法阻却事由中研究的正当防卫、紧急避险等情况，主要是解决什么行为不构成犯罪的问题。显然，什么行为构成犯罪与什么行为不构成犯罪这是两个虽有联系但又有区别的问题，不可混为一谈。因此，将正当防卫、紧急避险作为违法阻却事由放在犯罪构成中研究是不恰当的。正如苏俄刑法学家 A. H. 特拉伊宁指出："在犯罪构成学说的范围内，没有必要而且也不可能对正当防卫和紧急避险这两个问题作详细的研究。"[①] 此外，把犯罪主体作为责任条件，在犯罪构成的最后一个

① ［苏］A. H. 特拉伊宁：《犯罪构成的一般学说》，王作富等译，272 页，北京，中国人民大学出版社，1958。

要件中研究，也是不妥的。因为犯罪主体与罪过是密切相连的，像精神病人，丧失了对本人行为性质和意义的辨认能力与控制能力，也就谈不上具有罪过的问题。

犯罪构成的耦合式结构，将四大要件先分而论之，然后加以整合，其长处是简单易懂，便于司法人员掌握。从内容上说，它不像递进式结构那样，把违法性作为犯罪构成的一个具体要件，而是将其作为犯罪特征加以研究，在这个意义上说是正确处理了犯罪构成与犯罪概念的关系。但这种耦合式结构也存在缺陷，主要是将犯罪构成要件之间的关系确定为一种共存关系，即一有俱有、一无俱无。只有四个要件全部具备了，才说得上是犯罪构成的要件。但在具体论述时，又分别作为犯罪构成的要件加以阐述。这样，在部分与整体的关系上存在逻辑混乱的现象。例如，因果关系，一方面说是客观的，不以人的意志为转移的。他方面，又说没有罪过，就不存在刑法意义上的因果关系，又似乎因果关系是以行为人有无罪过而转移的。如此等等，造成理论上的混乱。从内容上说，耦合式结构将犯罪客体作为构成要件之一，又把客体与对象分而论之，甚至认为存在有客体而无对象的犯罪，这是难以自圆其说的。在我看来，行为—客体（即对象）—结果这是三点成一线的（指结果犯，行为犯则另当别论），都属于客观要件。而客体中所讲的犯罪所侵害的社会关系，应该属于犯罪概念所要揭示的内容，是社会危害性的题中应有之义，并且是犯罪分类的基础。在这一点上，耦合式结构仍然没有把犯罪概念与犯罪构成区别开来。同时，把具有刑事责任能力，达到刑事责任年龄的人称为犯罪主体，作为犯罪构成要件也是不妥的。正如 A. H. 特拉伊宁指出："关于无责任能力的问题，可以在解决是否有杀人、盗窃、侮辱等任何一个犯罪构成的问题之前解决。责任能力通常在犯罪构成的前面讲，它总是被置于犯罪构成的范围之外。"[①] 因此，我认为，犯罪构成是犯罪事实的构成，而犯罪主

① ［苏］A. H. 特拉伊宁：《犯罪构成的一般学说》，王作富等译，61 页，北京，中国人民大学出版社，1958。

体不属于犯罪事实的范畴，应作为构成犯罪的前提条件加以研究。

通过对上述犯罪构成的递进式结构与耦合式结构的比较，我认为，犯罪构成归根到底是要解决定罪的法律模式问题的。所以静态的犯罪构成研究应该被纳入动态的定罪论体系，因而确定如下的定罪模式：犯罪主体是定罪的前提，犯罪的客观要件是定罪的客观依据，犯罪的主观要件是定罪的主观依据。

第二节　定罪的原则

定罪原则，是指在犯罪认定过程中必须遵循的基本准则。定罪原则是从刑法基本原则中派生出来的，并且是刑法基本原则在定罪阶段的具体体现。我认为，定罪原则是主观与客观相统一。

一、主观与客观相统一原则的界定

我国刑法学界一般认为，刑法上的主客观相统一主要是指主体与客体、主观方面与客观方面的统一。[①] 就此而言，主观是指犯罪构成的主观要件，客观是指犯罪构成的客观要件。因此，我国刑法学界明确提出主客观要件相统一是我国犯罪构成理论的核心。[②] 这种观点本身当然是正确的，但我认为这样的理解是极为肤浅的。主观与客观相统一原则中的主观与客观，不仅仅是指犯罪的主观要件与客观要件，更主要的是指对犯罪的评判标准。主观，指主观标准，以此作为唯一评价标准的就是主观主义。客观，指客观标准，以此作为唯一评价标准的就是客

① 参见张志愿：《论我国刑法的主客观相统一原则》，载《法学探微》，179页，重庆，重庆出版社，1986。

② 参见陈泽杰：《主、客观要件相统一是我国犯罪构成理论的核心》，载《法学研究》，1986（4），48页。

观主义。我们主张的主观与客观相统一的定罪原则，就是指对犯罪的评价采取主观与客观的双重参照标准。

在刑法理论上，对主观主义与客观主义的分野评价不一，大体上存在以下三种见解[①]：

其一，关于判断结果之妥当性。

从判断结果对何人妥当出发，可以区分为主观主义与客观主义。凡判断结果只对判断者为妥当时，为主观判断，属于主观主义的范畴。反之，判断内容不但对于判断者本身，而且对一般人亦属妥当者，为客观判断，属于客观主义的范畴。例如，关于过失犯罪中预见能力的判断，以当事人能否预见为标准，属于主观主义，以社会上一般人能否预见为标准，属于客观主义。

其二，关于判断内容之价值。

价值有属于个人的，也有属于社会与国家的。其中视个人价值为绝对的，为主观主义；重视社会及国家价值的，为客观主义。对个人价值的尊重，虽然也是间接对社会及国家价值的尊重，但当个人价值与社会及国家价值发生冲突时，重视个人价值者宁可牺牲社会及国家价值而不放弃个人价值，在这一意义上，主观主义与客观主义仍有差别。

其三，关于价值判断之对象。

虽然价值判断的对象限于人的行为，但是所谓人的行为，不仅指人的身体动静，而且指行为主体为实现其意志而外化的外部举动并引起结果的复杂历程。在观察人的行为时，着重主观要素，例如动机、意思、性格与人格的，是主观主义；着重客观的外部动作及外界所引起的结果的，是客观主义。

一般来说，刑法上所谓主观主义与客观主义，是就上述第三种意义上而言的。也就是说，主观主义侧重于行为人之人格，而客观主义则偏重于犯罪行为与结果的实害。因此，那种以为主观主义完全不考虑人的外部行为，客观主义则毫

① 参见蔡墩铭：《现代刑法思潮与刑事立法》，2 版，31 页，台北，汉林出版社，1977。

不关注人的内部精神的认识，纯属误解。

以上，我对主观与客观相统一原则中的主观与客观作了界定，明确指出它们是评判犯罪的主观标准与客观标准的统一，并且对主观主义与客观主义的分野作了评介。只有在这样的共许前提下，才能对主观与客观相统一的定罪原则进行探讨。

二、主观与客观相统一原则的理论基础

客观主义的理论基础是形而上学的唯心主义，集中表现为意志自由论。意志自由论原是神学教义的一个基本命题，古罗马著名哲学家奥古斯丁曾经竭力倡导意志自由论。奥古斯丁认为，人类是要追求幸福的，但人类又是罪恶深重的，只有赎罪修行才能得到上帝的宽恕，从而得到幸福。但是，人类不能自己得救，因为人类为原罪所决定，已经失去了意志自由，陷入不得不犯罪的状态。然而责任是以意志自由为前提的，没有自由的行为，就无所谓行为的责任。为罪恶而能惩罚的行为，必然是由自由意志而产生的行为。[①] 奥古斯丁宣扬的意志自由论的主体是上帝而不是人，因为上帝是第一原因，它既推动了自然原因，又推动了生产善良意志的原因。保护意志自由就必须遵从上帝的意旨，弃绝世俗的欲念。刑事古典学派扬弃了中世纪意志自由论中的宗教意蕴，形成一个十分重要的哲学命题。这个命题的核心是自由意志（free will），指人们在自己推理的基础上，在不完全受各种限制的支配的基础上，对各种事物进行选择以及在特定情况下从事活动的力量或能力。[②] 在刑事古典学派中，康德的绝对命令就是建立在意志自由的基础之上的，例如康德指出："意志是有生命东西的一切因果性，如若这些东西是有理性的，那么，自由就是这种因果性所固有的性质，它不受外来原因的限制，而独立地起作用；正如自然必然性是一切无理性东西的因果性所固有的性

① 参见罗国杰、宋希仁：《西方伦理思想史》，上卷，340页，北京，中国人民大学出版社，1985。

② 参见［英］戴维·M. 沃克：《牛津法律大辞典》，邓正来等译，351页，北京，光明日报出版社，1988。

质，它们的活动在外来原因影响下被规定。”[1] 黑格尔也指出：“法的基地一般说来是精神的东西，它的确定的地位和出发点是意志。意志是自由的，所以自由就构成法的实体和规定性。”[2] 根据自由意志论，犯罪人基于自由意志而选择了犯罪，由于每个人的自由意志都是同等的，因而只能以自由意志的外部现实行为及其后果为着眼点，来确定犯罪行为并作为刑事责任的基础。

主观主义的理论基础是机械唯物论，集中体现为行为决定论。行为决定论在哲学上又被称为宿命论，它原是神学教义的一个基本命题，是从宗教所赋予的上帝的特征中衍生出来的，这些特性是全能（权力无限）和全知（知识无穷）。按照这些宗教的说法，由于上帝创造了宇宙和包括人在内的宇宙万物，因而它能够做到一切，知道过去、现在和将来的一切。由于这些特征，世界历史上过去、现在和未来的一切事物，可以认为是注定如此、可以预知的。[3] 在主观主义学派中，龙勃罗梭基于行为决定论，认为犯罪是由生物学的因果和生理学的特征所决定的，从而得出天生犯罪人的结论。李斯特则认为犯罪是客观环境条件造成的必然的而且是不可避免的结果，指出：“犯罪是由实施犯罪行为当时行为者的特性，加上周围环境的影响所产生的。”[4] 根据行为决定论，犯罪根本不是犯罪人自由选择的结果，因此，应当根据行为人的人身危险性认定犯罪并作为刑事责任的基础。

我国的主观与客观相统一的定罪原则是以马克思主义的辩证唯物论为其哲学基础的，因而根本不同于客观主义与主观主义的理论基础。马克思主义不仅对于绝对的意志自由论持否定态度，而且对于行为决定论也同样予以断然否定。根据马克思主义的观点，人的活动是具有自觉能动性的，但这并不等于意志的绝对自由，人的认识和活动并不是随心所欲的，而是受客观存在和客观规律制约的。人

---

① ［德］康德：《道德形而上学原理》，100页，上海，上海人民出版社，1986。

② ［德］黑格尔：《法哲学原理》，范扬、张企泰译，10页，北京，商务印书馆，1961。

③ 参见［美］蒂洛：《伦理学理论与实践》，孟庆时译，110页，北京，北京大学出版社，1985。

④ 转引自甘雨沛、何鹏编：《外国刑法学》，上册，119页，北京，北京大学出版社，1984。

们只有在正确地认识和利用客观规律时，才能获得意志的相对自由，这就是马克思主义的相对的意志自由论。根据这一观点，犯罪人的犯罪不是完全被决定的，而是根据本人的意愿选择的。当然这种意愿本身又不能脱离一定的社会物质条件。因此，犯罪人应当对本人的危害社会的行为承担刑事责任，这种刑事责任乃是建立在犯罪人的社会危害性与人身危险性的统一的基础之上的，这是相对意志自由论的必然结论。

三、主观与客观相统一原则的体现

我国刑法应当建立在主观与客观相统一的基础之上，定罪活动必须遵循这一原则。

主观与客观相统一，首先表现为社会危害性是主观恶性与客观危害的统一，马克思主义认为，人们改造世界，影响客观实在的活动，总是受一定意识的支配，在一定的动机推动之下进行的。恩格斯指出：在社会历史领域内进行活动的，是具有意识的、经过思虑或凭激情行动的、追求某种目的的人；任何事情的发生都不是没有自觉的意图，没有预期的目的的。[①] 犯罪作为一种行为，它离不开主观罪过的指导和支配。因此，罪过通过对事实情况的反映（认识因素）而调节犯罪人的行为，使之按照一定的目的或计划来活动（意志因素）。当然，犯罪行为作为主观罪过的外化，对于主观目的的实现也具有重要意义。主观罪过要实现某一犯罪目的，必须依赖于犯罪行为。毛泽东同志指出：思想等等是主观的东西，做或行动是主观见之于客观的东西，都是人类特殊的能动性。[②] 作为主观见之于客观的犯罪行为，它是连接犯罪意图与客观存在，将主观犯意付诸实现的必然桥梁。缺乏客观上的犯罪行为，罪过就只能完全停留在主观活动的状态，而主

① 参见《马克思恩格斯选集》，2版，第4卷，247页，北京，人民出版社，1995。

② 参见《毛泽东选集》，2版，第2卷，477页，北京，人民出版社，1991。

体的犯罪意图也就无法实现。所以，犯意的实现离不开客观上的犯罪行为。同时，犯罪行为也是确定主观罪过的重要依据，正如马克思指出：除了行为的内容和形式而外，试问：还有什么客观标准来衡量意图呢?① 以法律根据而论，我国刑法规定了犯罪的故意与过失，并以此作为定罪的主观依据。我国刑法中的犯罪概念规定了危害行为的一般特征，刑法分则对各种犯罪的具体特征作了充分的描述，以此作为定罪的客观根据。我国刑法第 16 条还明确规定："行为在客观上虽然造成了损害结果，但是不是出于故意或者过失，而是由于不能抗拒或者不能预见的原因所引起的，不是犯罪"。这就充分体现了我国刑法中的定罪是以主观与客观相统一为原则的。只有坚持主观与客观的统一，才能既防止客观归罪，又防止主观归罪。

主观与客观相统一，还表现为犯罪的本质是社会危害性与人身危险性的统一。社会危害性本身是主观恶性与客观危害的统一，这也是一种主观与客观的统一。但作为已然之罪，社会危害性是一种客观存在。相对而言，作为未然之罪的人身危险性却是一种主观存在。在这个意义上，社会危害性与人身危险性是客观与主观的统一。我国刑法规定了累犯制度和自首制度，刑法第 65 条规定对累犯应当从重处罚，第 67 条规定对犯罪以后自首的可以从轻处罚，犯罪的社会危害性是不以犯罪分子具有累犯身份或者投案自首的情节而转移的。那么，为什么累犯从重、自首从轻呢？归根到底是由犯罪人的人身危险性程度决定的。因此，只有从社会危害性与人身危险性的统一上，才能科学地说明一切犯罪现象及其本质，从而为定罪提供事实根据与法律根据，并且正确地指导定罪。

第三节　一般犯罪的认定

我国刑法分则对犯罪的规定，是以一人犯一个既遂罪为标本的，这里的一人

① 参见《马克思恩格斯全集》，第 1 卷，138 页，北京，人民出版社，1956。

犯一个既遂罪就是通常意义上所说的犯罪，可以称之为一般犯罪。一般犯罪的认定，从内容上说，可以分为罪与非罪的认定、此罪与彼罪的认定和轻罪与重罪的认定这三个有机的组成部分，下面分别加以论述。

一、罪与非罪的认定

我国刑法分则条文对各种具体犯罪的规定共分为三种情况：第一种情况，只有对犯罪构成诸要件的描述，例如刑法第253条规定："邮政工作人员私自开拆或者隐匿、毁弃邮件、电报的，处二年以下有期徒刑或者拘役。"在这种情况下，只要查明行为人实施了条文规定的一定行为就构成犯罪。第二种情况，除对犯罪构成诸要件的描述以外，还有数额较大的规定，例如刑法第266条规定："诈骗公私财物，数额较大的，处三年以下有期徒刑、拘役或者管制，并处或者单处罚金"。在这种情况下，数额是否较大就是划分罪与非罪的标准。第三种情况，除对犯罪构成诸要件的描述以外，还有情节严重的规定，例如刑法第252条规定："隐匿、毁弃或者非法开拆他人信件，侵犯公民通信自由权利，情节严重的，处一年以下有期徒刑或者拘役。"在这种情况下，情节是否严重就是划分罪与非罪的标准。在以上三种情况中，第一种情况称为一般犯，第二种情况称为数额犯，第三种情况称为情节犯。对于一般犯，应当严格按照犯罪构成的要件加以认定，以便正确地区分罪与非罪的界限，对此不存在特殊问题。但在数额犯与情节犯的情况下，如何正确地区分罪与非罪的界限存在一些疑难，以下分别予以探讨。

（一）数额犯

1. 数额犯的概念

在我国刑法中，以一定的数额作为构成犯罪要件的，称为数额犯。例如我国刑法规定，以数额较大作为盗窃罪、诈骗罪、抢夺罪的构成要件之一。如果数额达不到较大的程度，就不认为是犯罪。

在经济犯罪的案件中，犯罪对象是国家、集体或者公民个人的财产，或者其他具有经济价值的物品，这些财产或者物品往往具有一定的数额，这种数额集中地体现了经济犯罪的社会危害性。因此，数额对于经济犯罪的定罪具有十分重要的意义。

数额是一定财产的价值。在经济犯罪中，以财产数额作为定罪的根据或者标准是合乎逻辑的。马克思曾经强调对于一定的罪行要有一定的惩罚尺度，即为了使惩罚成为实际的，惩罚也应该有界限，这个界限就是实际存在的罪行；并且，要使惩罚成为合法的惩罚，它就应该受到法的原则的限制。这样，才能使惩罚真正成为罪犯的责任，才能使罪犯懂得惩罚乃是他的行为的必然结果。总之，罪犯受惩罚的界限应该是他的行为的界限；犯法的一定内容就是一定罪行的尺度，因而衡量这一内容的尺度也就是衡量罪行的尺度。① 为了进一步说明侵犯财产罪的惩罚标准，马克思还提出了价值应当成为侵犯财产罪的惩罚标准或者尺度的思想，这对于我们理解数额在经济犯罪的定罪中的作用，具有指导意义。

把一定数额作为经济犯罪定罪的主要根据，也是由经济犯罪本身的特点决定的。我国刑法规定的数百种犯罪，根据其客观方面的不同，可以分为具有物质性危害结果的犯罪和不具有物质性危害结果的犯罪。前者例如故意伤害罪将被害人致轻伤或重伤，盗窃罪秘密窃取他人的财物等。后者例如侮辱、诽谤罪等。在具有物质性危害结果的犯罪中，还可以分为具有可计算价值量的危害结果的犯罪和具有不可计算价值量的危害结果的犯罪。例如盗窃了他人一台彩电，其危害结果是可以计算价值量的；但伤害了一个人，这一伤害结果虽然也可以用某种量的单位来计算，例如伤口的长短、深浅等，但却难以计算其价值量的大小。对于危害结果不能计算价值量的犯罪，只能根据主客观的各种情况，来考察认定犯罪的社会危害性的大小。而对于具有可计算价值量的危害结果的犯罪来说，便可以主要根据其数额的大小，来判断其社会危害性的程度。这就是具有可计算价值量的危害结果的各种经济犯罪，可以把一定数额的大小作为定罪量刑主要依据的根据之

① 参见《马克思恩格斯全集》，第1卷，140～141页，北京，人民出版社，1956。

所在。

2. 数额犯中数额的界定

在经济犯罪中，数额虽然在表现一定财产的价值，因而具有可计量性这一点上是共同的，在具体反映行为的社会危害性程度上却具有不同的特点。因此，数额是一个外延十分丰富的概念。为了准确地理解数额的内涵，我们有必要对数额的种类进行研究，我认为，数额可以分为以下几类：

（1）犯罪经营数额与犯罪所得数额。

犯罪经营数额，是指经营型经济犯罪中存在的金钱和物品的数量。在司法实践中，犯罪经营数额主要是指非法经营的物品的数额，例如生产、销售伪劣商品罪中的销售数额，这些数额体现了生产、销售伪劣商品犯罪活动的规模、范围，因而对行为的社会危害性程度具有一定的影响。

犯罪所得数额，是指行为人通过犯罪行为的实施而实际得到的非法利益的数量。经济犯罪，从行为人的主观目的来说，都是为了牟取非法利益，而犯罪所得数额的大小正是反映了这一目的的实际程度，因而对于定罪量刑都具有重要意义。

在我国刑法规定的营利性犯罪中，犯罪经营数额与犯罪所得数额是有所区分的，两者存在差别。在这种情况下，以什么数额作为量刑标准呢？对此，1997年刑法与1979年刑法相比有所改变。1979年刑法倾向于以经营数额作为量刑标准，而1997年刑法中有些犯罪改为以所得数额作为量刑标准。最为明显的是走私犯罪数额的变化。1988年全国人大常委会《关于惩治走私罪的补充规定》规定的走私货物、物品价额就是指非法经营的物品的数额，它是走私一般货物、物品罪的惩治标准。但1997年刑法有所变化。1997年刑法对走私特定的物品的，未规定走私数额。因为这种走私行为较为严重，其构成犯罪不以走私数额为转移，主要看行为性质。在量刑中，虽然也要考虑走私数额，但它不是主要标准。对于走私一般货物、物品的犯罪，1988年《补充规定》是以经营数额，即走私数额为定罪量刑标准的，但1997年刑法改为以偷逃应缴税额为定罪量刑的标准。

这里的偷逃应缴税额，实际上就是走私违法犯罪所得或可能得到的数额，它更能直观地反映走私一般货物、物品犯罪的社会危害性及其程度。但对于生产、销售伪劣商品的犯罪，1997 年刑法明确规定以销售金额作为定罪量刑的标准，上述两种数额的确定，在很大程度上考虑可操作性的因素。

（2）直接损失数额与间接损失数额。

直接损失数额是指国家、集体或者公民的现有财产数量因犯罪行为而减少或者丧失。我国刑法规定某些犯罪以使公私财产遭受重大损失为犯罪构成要件，这里的重大损失指直接损失数额。例如我国刑法第 133 条规定的交通肇事罪，法律规定使公私财产遭受重大损失的，处 3 年以下有期徒刑或者拘役。根据 1987 年 8 月 21 日最高人民法院、最高人民检察院《关于严格依法处理道路交通肇事案件的通知》（已失效）的解释，这里的使公私财产遭受重大损失是指造成公私财产直接损失的数额，并明确规定这一数额的起点在 3 万元至 6 万元之间。

间接损失数额是指国家、集体或者公民的现有财产因犯罪行为而减少或者丧失之后而造成的借此财产应当得到的财产数量的减少或者丧失。财物的间接损失具有以下三个特性：1）损失了的是一种未来的“可得利益”，这种利益的实现尚须经历一个过程。2）这种丧失的未来利益是具有实际意义的，而不是想象的或者假想的。3）这种可得利益必须是一定范围内的，即损害该财物的直接影响所及的范围，超出这个范围不能认为是间接损失。[①] 间接损失数额虽然不是经济犯罪的定罪的直接根据，但它却是定罪量刑应当考虑的情节之一。对此，有些司法解释作了明文规定。例如 1987 年 8 月最高人民检察院《关于正确认定和处理玩忽职守罪的若干意见（试行）》（已失效）指出：“直接经济损失是构成玩忽职守罪的重要依据，间接经济损失是定罪的考虑情节。”

（3）挥霍的数额和追缴、退赔的数额。

我国刑法第 64 条规定：“犯罪分子违法所得的一切财物，应当予以追缴或者

---

① 参见杨立新：《怎样计算财物损害价值》，载《法学季刊》，1986（2），67 页。

责令退赔”。刑法的这一规定，意义在于从经济上打击犯罪分子，使之不能占便宜。因此，数额可以从量刑的角度分为已挥霍的数额和已追缴、退赔的数额。

挥霍的数额是指已经被犯罪分子消费而不能返还的数额，例如用于大吃大喝等。经济犯罪的主观目的是牟取非法利益，将犯罪所得作为其生活或挥霍的主要来源，以满足不劳而获、穷奢极欲的腐朽生活需要。因此，经济犯罪分子往往是将非法所得用于大肆挥霍浪费。非法所得被犯罪分子挥霍而不能退赔的，在量刑时应当从重处罚。

追缴的数额是指将犯罪分子的犯罪所得追回，上缴国库的数额。追缴数额上交国库，一般有两种情况：一是犯罪所得的一切非法利润，一律追回上缴国库。二是找不到失主的赃款、赃物，也追回上缴国库。追缴的数额，对犯罪行为对社会所造成的社会危害性程度有所影响，因此也是量刑时应当考虑的情节之一。

退赔的数额，是指责令犯罪分子把其非法所得的公私财物，退回给受害的原单位或个人，无法原物退还的应照价赔偿。1987 年 8 月 26 日最高人民法院《关于被告人亲属主动为被告人退缴赃款应如何处理的批复》指出：“被告人是成年人，其违法所得都由自己挥霍，无法追缴的，应责令被告人退赔”。该批复还明确指出，已作了退赔，均可视为被告人退赃较好，可以依法适当从宽处罚。

（4）犯罪总额、参与数额、分赃数额和平均数额。

在共同经济犯罪中，数额更为复杂，可以分为犯罪总额、参与数额、分赃数额和平均数额。

犯罪总额是指整个共同犯罪案件总共的经济犯罪数额。任何共同经济犯罪案件都存在犯罪总额，它反映了该共同犯罪的规模和范围，是影响共同犯罪的社会危害性程度的主要情节之一。

参与数额是指各共同犯罪人具体参与实施的经济犯罪数额。在同一共同犯罪中，并非每一个犯罪人都参加每一起经济犯罪，在这种情况下，各共同犯罪人参与实施的经济犯罪的数额，就对该犯罪分子的定罪量刑具有重要意义。

分赃数额是指共同犯罪人所分得的赃款或赃物的数额。共同实施经济犯罪之后，往往存在一个分赃的问题，分赃是对犯罪所得的非法利益的一种分配，其原则一般是按劳分配，因此，分赃数额在一定程度上反映了共同犯罪人在共同犯罪中的地位与作用，对于正确适用刑罚具有重大影响。

平均数额是指共同犯罪的总额与共同犯罪人数的比例，这一数额在某些情况下对于共同犯罪的处理也具有一定的价值。

3. 数额犯中数额的意义

应当指出，我主张经济犯罪中的数额大小是定罪的根据，但绝不能由此得出结论，认为犯罪数额是定罪的唯一依据。关于这一点，在刑法未明文规定以“数额较大”作为定罪根据，而规定以“情节严重”作为定罪根据的犯罪中，应当正确理解数额与情节的关系。无疑，数额是情节中的一个重要因素，但数额并不等同于情节。情节除包括数额以外，还包括犯罪的主观动机、客观表现及其后果、犯罪的时间、地点等其他影响行为的社会危害性程度的因素。所以，在处理这类经济犯罪案件的时候，应当把数额放在一个适当的位置，综合全案情节进行考虑。那么，在法律明文规定以“数额较大”作为定罪根据的犯罪，例如盗窃罪的情况下，应如何认识数额的性质呢？关于这个问题，存在构成要件说与处罚条件说之争。构成要件说认为，法律只规定了数额对定罪的意义。所以，数额是认定盗窃罪的唯一条件，其他情节只对量刑有影响。处罚条件说认为，情节是说明社会危害程度的重要部分，虽然法律未明文规定，但认定盗窃罪无法脱离其他情节。① 上述两种观点的对立，可能导致对同一案件的不同处理结果。例如，盗窃犯王某在火车站台上，趁一旅客正欲上车之机，扒窃其钱包一个（内有人民币 7 角 7 分，布票 4 尺）。失主发现后，王某即钻过列车横越铁路逃跑，失主在后面紧紧追赶。当失主所乘的列车即将开动时，失主便转身返回，横越铁路时，正遇一列火车进站，因躲避不及被火车撞死。根据构成要件说，数额是认定盗窃罪的

① 参见高铭暄、王作富主编：《新中国刑法的理论与实践》，594～595 页，石家庄，河北人民出版社，1988。

唯一条件，本案数额未达到数额较大的程度，不应认定为犯罪。而根据处罚条件说，除数额外，还应考虑其他犯罪情节，本案盗窃数额虽然不大，但其他情节严重，应以犯罪论处。我认为，从法律的规定来看，构成要件说是符合立法原意的。但问题在于，法律的这种规定本身是否正确？在经济犯罪中，数额并不是决定社会危害性大小的唯一因素，其他情节也对定罪量刑具有不可忽视的重要意义。因此，在将来修改刑法的时候，应在数额较大后再增写情节严重一词，将两者并列。这样的条文表述，既强调了数额对于定罪的重要意义，同时又兼顾了其他犯罪情节，因而比较科学。

综上所述，经济犯罪的社会危害性虽然主要体现在犯罪数额上，但并不仅仅体现在犯罪数额上，除了犯罪数额以外，行为人作案的原因、手段、次数、后果以及犯罪之后的态度、退赃情况等，也反映着经济犯罪的社会危害性程度和人身危险性程度。因此，在对经济犯罪案件定罪时，也要适当地考虑上述因素。只有这样，才能客观、公正地处理案件，保证打击严重经济犯罪斗争的顺利开展。

（二）情节犯

1. 情节犯的概念

在刑法理论上，情节犯是指以一定的严重或者恶劣之情节作为犯罪构成的必备要件的犯罪。我国刑法中规定的情节犯主要有以下三种情形：（1）以情节严重为构成要件。例如刑法第246条规定："以暴力或者其他方法公然侮辱他人或者捏造事实诽谤他人，情节严重的，处三年以下有期徒刑、拘役、管制或者剥夺政治权利。"在此，侮辱罪、诽谤罪就是以情节严重为构成要件的情节犯。（2）以情节恶劣为构成要件。这里的情节恶劣与上述情节严重没有本质区分，似乎情节恶劣更多地包含伦理上的否定评价的意蕴。例如刑法第261条规定："对于年老、年幼、患病或者其他没有独立生活能力的人，负有扶养义务而拒绝扶养，情节恶劣的，处五年以下有期徒刑、拘役或者管制。"在此，遗弃罪就是以情节恶劣为构成要件的情节犯。（3）数额犯兼情节犯，即不仅以一定的犯罪数额为构成要件，而且同时规定以一定的犯罪情节为构成要件，两者可以选择。例如刑法第

275 条规定："故意毁坏公私财物，数额较大或者有其他严重情节的，处三年以下有期徒刑、拘役或者罚金"。在此，故意毁坏公私财物，数额较大或者情节严重，只要具备其中之一的，即可构成本罪。情节犯在我国刑法分则中所占的比重不小，对于这些犯罪的认定，尤其需要注意查明有关的定罪情节，否则就会混淆罪与非罪的界限。我国刑法之所以规定情节犯，主要是为了将某些虽然具有一定的社会危害性，但其程度尚未达到应受刑罚惩罚的行为或者人身危险性较小的行为排除在犯罪的范畴之外，从而正确地划分罪与非罪的界限。行为的社会危害性和人身危险性是犯罪的本质特征，但行为的社会危害性和人身危险性是抽象的，它往往通过各种犯罪构成要件体现出来，因此，在刑法分则条文中，需要详细地规定各种犯罪构成要件，以便为司法机关划分罪与非罪的界限提供法律标准。但是，有些行为虽然主观与客观的要件都具备了，如果不加区分地一概认定为犯罪，就会使刑法打击面失之过宽，不利于实行区别对待，体现惩办与宽大相结合的刑事政策。因此，对这些行为构成犯罪就应当有一定的限制。但是，犯罪的情况是复杂多变的，我国地广人多，各地社会风貌很不相同，不可能对各种犯罪的各种情节一一加以详细规定。因此，立法者只能概括为"情节严重"这样一个具有相当伸缩性的概念，将其解释权赋予司法机关。由此可见，我国刑法大量规定情节犯，具有以下两种意义：

（1）积极意义。

就积极意义而言，情节犯的规定是惩办与宽大相结合的刑事政策的体现，表明立法者对于不同的行为加以区别对待，从而体现了我国刑法的科学性。例如同是私拆电报、邮件的行为，邮政工作人员只要实施这一行为就可以构成犯罪，刑法第 253 条并无情节严重的限制。而如果是普通公民实施这一行为，根据刑法第 252 条的规定，就以情节严重作为犯罪构成的要件。

（2）消极意义。

以消极意义而论，情节犯的规定是迫不得已的，是立法粗疏的一种表现。由于情节是否严重完全取决于司法人员的理解，因而司法人员不仅具有相当大的刑罚裁量权，而且具有极大的犯罪裁量权。在司法人员业务素质低、政治品德差的情况下，往往会导致出入人罪。为此，最高司法机关应当通过颁布司法解释和刑事判例等各种方式，对情节犯之所谓情节作出统一的规定，以便正确地适用刑法分则条文。刑法理论也应当对情节犯加以深入研究，为司法实践提供理论根据。

2. 情节犯之情节的界定

理解情节犯，首先必须界定情节这一概念。情节一词，由情与节两个字构成。情指情状，这是一个空间的概念；节指环节，这是一个时间的概念。因此，情与节合用时，是指事物存在的情状与变化的环节。任何事物的存在与变化都可以用情节来加以描述，犯罪也不例外。任何犯罪都是在一定的时空范围内存在的，从时间上来说，存在一个从犯罪心理的形成、犯罪动机的产生、犯罪目的的确定、犯罪对象的捕捉、犯罪行为的实施、犯罪结果的发生这样一个先后有序、彼此衔接的变化环节。从空间上来说，具有犯罪客观方面与犯罪主观方面这样一些相互依存、密不可分的存在情状。犯罪的这种存在情状与变化环节的统一，就是情节犯的犯罪情节。由此可见，情节犯的犯罪情节具有以下特征：

（1）犯罪情节是构成犯罪的基本要素。

犯罪情节是依附于犯罪而存在的，离开犯罪，就不存在所谓犯罪情节。当我们对犯罪进行定性或者定量分析的时候，我们所能接触到的就是一系列的犯罪情节，正是通过对这一系列犯罪情节的综合加工，从而在我们的大脑中形成了犯罪这样一个概念。因此，犯罪情节是构成犯罪的基本要素。

（2）犯罪情节是质和量的统一。

犯罪情节的存在形式是多种多样的，但它们对于犯罪的存在与变化的意义并不相同。有些情节决定着犯罪性质，离开了这种情节，犯罪就无从谈起。这种情节主要反映犯罪的质的规定性。还有些情节则并不决定犯罪性质，但它们的存在对于犯罪性质的变化具有一定影响。这种情节主要反映犯罪的量的规定性。因此，犯罪情节是质和量的统一。

（3）犯罪情节是主观和客观的统一。

我国刑法对犯罪情节的规定，具有一定的模糊性，例如侮辱、诽谤行为情节恶劣才能构成犯罪。那么，如何理解这里的所谓情节呢？应当指出，刑法的规定具有一定的模糊性，这并不意味着不可理解或者难以捉摸，实际上，还是有一定的规律可循的。我认为，对于犯罪情节应当从主观与客观两个方面把握。反映犯罪的主观方面的情节，是指犯罪动机、目的、罪过形式及其程度、认罪态度等。反映犯罪的客观方面的情节，是指犯罪行为、行为方式、犯罪的时间、地点、犯罪结果等。在认定犯罪情节的时候，从上述主观与客观两个方面着手，就可以得出较为确切的答案。上述构成侮辱、诽谤罪之所谓情节，也是如此：从主观方面来说，看侮辱、诽谤的动机与目的是否恶劣；从客观方面来说，看侮辱、诽谤的行为及其造成的危害结果是否严重。把这两个方面结合起来，就可以正确地划分侮辱、诽谤行为的罪与非罪的界限。

3. 情节犯的认定

情节犯的认定，主要是指如何确定情节严重的问题。关于这个问题，我认为应当注意以下几点：

（1）按照有关法律认定情节是否严重。

我国刑法中的某些情节犯，是采取空白罪状的立法方式的，在定罪的时候，往往要参照有关的法律。在有些情况下，有关法律对情节轻重是有所区分的，可以作为认定情节犯之情节的标准。例如我国 1979 年刑法第 116 条规定的走私罪，是情节犯，其情节严重的认定可参照 1987 年 1 月 22 日颁布的《海关法》和 1988 年 1 月 21 日颁布的《关于惩治走私罪的补充规定》，这两个法律对走私罪的情节都有明确具体的规定。

（2）按照有关司法解释认定情节是否严重。

刑法颁行以来，我国最高司法机关先后颁布了一系列司法解释，指导司法实践，这些司法解释在很多地方涉及对情节犯之情节严重的解释。例如最高人民法院、最高人民检察院 1984 年 11 月 2 日《关于当前办理流氓案件中具体应用法律的若干问题的解答》(已失效)第2条指出:"区分流氓罪的罪与非罪的界限,主要在于把流氓罪同一般流氓违法行为严格加以区别,而情节是否恶劣,是区分流氓罪的罪与非罪界限的关键"。为此,该司法解释分别列举了聚众斗殴情节恶劣构成流氓罪的5种情况;寻衅滋事情节恶劣构成流氓罪的4种情况;侮辱妇女情节恶劣构成流氓罪的4种情况;其他流氓活动情节恶劣构成流氓罪的6种情况。这就为正确地认定流氓罪,提供了明确、具体的法律标准。修订后的刑法虽然分解了流氓罪,但此后司法解释仍会对情节犯之情节作出解释,以便于司法机关正确适用。

(3)按照司法实践经验认定情节是否严重。

在其他法律和司法解释对情节犯之情节没有明确规定的情况下,应当根据司法实践经验来加以认定。我认为,在认定的时候,主要注意从以下几个方面考虑:第一,凡是与数额有关的,应当从数额大小上认定情节是否严重。例如刑法第273条规定的挪用特定款物罪,虽然没有明确规定数额较大,但却把情节严重作为构成犯罪的条件。在这种情况下,认定情节是否严重,应当考虑数额。第二,从主观恶性上认定情节是否严重。主观恶性主要通过犯罪动机是否恶劣等主观心理状态表现出来的,因而对于认定情节犯具有重要意义。第三,从行为方式上认定情节是否严重。行为方式是多种多样的,主要是指采取何种手段,同一犯罪可以采用不同手段实行,手段本身有危害性程度上的差别,因而对于认定情节犯具有重要意义。第四,从客观后果上认定情节是否严重。犯罪的客观后果有直接的,也有间接的;有物质性的,也有非物质性的。这些后果表明犯罪的危害性大小的差别,因而对于认定情节犯具有重要意义。

二、此罪与彼罪的认定

刑法中规定的每一个犯罪,都具有独特的构成要件,因而不同于他罪。在大多数情况下,犯罪之间的界限不难划分,例如盗窃罪与重婚罪,就是如此,两个罪之间不会混淆。但在某些情况下，犯罪之间的界限却不易区分，因而需要研究此罪与彼罪的认定问题。

此罪与彼罪的认定，有两种情况：第一种是法条形态上的区分，这就是所谓法条竞合的问题。第二种是犯罪形态上的区分，这就是所谓相似犯罪的问题。法条竞合是法条形态，而相似犯罪是犯罪形态，两者具有各自不同的特点，下面分别加以论述：

（一）法条竞合

1. 法条竞合的概念。

法条竞合是指同一犯罪行为因刑事法律对法条的错综规定，出现数个法条所规定的构成要件在其内容上具有从属或者交叉关系的情形。法条竞合所要解决的是在一个犯罪行为该当数个法条的情况下，适用哪个法条的问题。这实际上就是一个从法条形态上区分此罪与彼罪的问题。

法条竞合具有以下特征：

（1）行为人实施的是一个犯罪行为。

一个犯罪行为是构成法条竞合的客观基础和必要条件。所谓一个犯罪行为，是指行为人在一定犯意的支配下，一次实施的该当某种犯罪构成要件的行为。

（2）行为人所实施的一个犯罪行为涉及刑法分则条文规定的数个罪名。

这一特征是法条竞合的法律表现。法条竞合作为法律现象，当然要体现在刑法规定之中，即表现为刑法分则规定有关罪名之间的关系。

（3）行为人实施的一个犯罪行为涉及的刑法分则规定的数罪名概念之间具有从属或者交叉的逻辑关系。

这是构成法条竞合的充分必要条件，也是法条竞合产生的逻辑根源。法条竞合现象是法律规定错综复杂的结果，刑法分则规定的每一具体犯罪都反映了该种危害社会行为的本质特征。但是，犯罪现象是复杂的，罪与罪之间都有着不同程度的联系，从而使刑法规定的罪名之间也必然产生相应的联系。这种联系就是罪名概念之间的相容关系和不相容关系，只有在相容关系的罪名概念之间才会产生竞合问题。

2. 法条竞合的种类。

法条竞合的种类是根据互相竞合的两个法条之间的逻辑关系，对法条竞合所进行的理论分类。法条竞合分为以下两类四种：

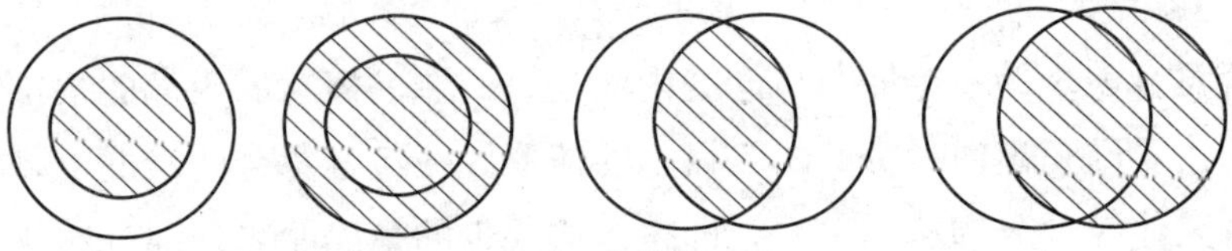

图一：独立竞合　图二：包容竞合　图三：交互竞合　图四：偏一竞合

(1) 从属关系的法条竞合。

从属关系，是逻辑学中概念之间的一种关系。在具有从属关系的两个概念中，其中一个概念的全部外延或者内涵只是另一个概念的外延或者内涵的一部分。概念之间的从属关系，是大量存在的，它只不过是事物之间普遍联系的一种表现。在刑法中，同样存在着罪名概念之间的从属关系，由此而形成法条竞合。因此，所谓从属关系的法条竞合是指在两个罪名概念中，其中一个罪名概念的外延或者内涵为另一个罪名概念的外延或者内涵的一部分。由于刑法中的罪名概念之间的这种从属关系的表现不同，从属关系的法条竞合又可以分为以下两种情形：

1) 独立竞合。

独立竞合表现为一个罪名概念的外延为另一个罪名概念的外延的一部分，而实际竞合的正是该罪名概念的外延部分。在独立竞合的情况下，两个法条之间具有普通与特殊的从属关系，即普通法规定的是属罪名，特殊法规定的是种罪名。在独立竞合的两个罪名概念中，外延小的那个罪名概念（种罪名）由于其客体受到法律的特殊保护或者其他原因而独立成罪，因而从外延大的那个罪名概念（属罪名）中分离出来，因此两者之间存在排斥关系。显然，如果没有外延小的那个罪名概念（种罪名），则其犯罪行为显然应当包容在外延大的那个罪名概念（属罪名）之中。因而，当犯罪人实施某一触犯外延小的种罪名的犯罪行为时，从逻辑上来说，其行为同时也符合外延大的属罪名，从而形成法条竞合。参见法条竞合示意图一。

2）包容竞合。

包容竞合表现为一个罪名概念的内涵是另一罪名概念的内涵的一部分，但犯罪构成的内容已超出内涵窄的罪名概念的情形。在包容竞合的情况下，两个法条之间具有整体与部分的从属关系，即整体法规定的是属罪名，部分法规定的是种罪名。在包容竞合的两个罪名概念中，内涵窄的那个罪名概念（种罪名）由于法律规定将其涵括在内涵宽的那个罪名概念（属罪名）中，因而使其在特定条件下丧失独立存在的意义，包容于属罪名之中，因此两者之间存在吸收关系。当犯罪人实施某一犯罪行为，完全符合全部法规定的构成要件时，其行为的一部分必然也同时符合部分法规定的构成要件，从而形成法条竞合。参见法条竞合示意图二。

（2）交叉关系的法条竞合。

交叉关系，也是形式逻辑中概念之间的一种关系。在具有交叉关系的两个概念中，其中一个概念的外延或者内涵与另一个概念的外延或者内涵各有一部分相交。在现实生活中，概念之间的交叉关系也是触目可见的，它反映了客观事物之间千丝万缕的复杂联系。在刑法中，罪名概念之间的交叉关系，就形成法条竞合。因此，所谓交叉关系的法条竞合是指在两个罪名概念中，其外延或者内涵各有一部分相交。由于刑法中的罪名概念之间的这种交叉关系的表现不同，交叉关系的法条竞合可以分为以下两种形式：

1）交互竞合。

交互竞合是指两个罪名概念之间各有一部分外延互相重合。每个罪名都是独立的，因而绝大多数罪名的内容是互不相同的。但由于犯罪的复杂性与出于立法技术的考虑，有时两个罪名概念之间会发生某些重合，这就是所谓交互竞合。参见法条竞合示意图三。

2）偏一竞合。

偏一竞合是指两个罪名概念的内涵交叉重合，但实际竞合的内容已经超出所重合范围的情形。偏一竞合也是一种交叉关系的竞合，但它不同于交互竞合，因为其内容已经超出重合范围。参见法条竞合示意图四。

3. 法条竞合的适用原则。

对法条竞合进行研究的目的，是要在对其作出合理解释的基础上，科学地提出我国刑法中法条竞合的适用原则。大陆法系刑法理论认为，在相互竞合的数个法条中，起重要的本质的组成要素作用的是代表综合评价的法律规定，就是法条竞合中应适用的法条，而其他法条应予排除。① 我们应该借鉴大陆法系刑法理论，根据我国刑法的有关规定，确立法条竞合的适用原则。

（1）独立竞合的适用原则——特别法优于普通法。

独立竞合的两个法条之间存在特别关系，其中其外延为另一个罪名概念的外延的一部分的罪名概念是特别法，而另一个罪名概念则是普通法。在这种情况下，应根据特别法优于普通法的原则适用特别法，排斥普通法。

（2）包容竞合的适用原则——全部法优于部分法。

包容竞合的两个法条之间存在吸收关系，其中包容他法条的法条是全部法，而被他法条包容的法条是部分法。在这种情况下，应根据全部法优于部分法的原则适用全部法，排斥部分法。

（3）交互竞合的适用原则——重法优于轻法。

交互竞合的两个法条之间存在择一关系，适用解释上，只能适用其一，排除其他。在选择法条时，往往是从一重者适用②，这就是重法优于轻法的原则。当然，重法与轻法不是绝对的，应当根据案情确定。

---

① 参见甘雨沛、何鹏编：《外国刑法学》，上册，454页，北京，北京大学出版社，1984。

② 参见甘雨沛、何鹏编：《外国刑法学》，上册，455页，北京，北京大学出版社，1984。

(4) 偏一竞合的适用原则——基本法优于补充法。

偏一竞合的两个法条之间存在补充关系，在这种情况下，实际竞合的内容超出了补充法，偏向于基本法，因而应根据基本法优于补充法的原则适用基本法，排斥补充法。

(二) 相似犯罪

多数犯罪之间，由于没有一个共同的要件(除刑事责任能力和刑事责任年龄以外)，因而是相异的犯罪，这种犯罪的区分不会发生困难。但在某些情况下，犯罪构成中除了一个要件外，其余所有的要件相同。这样的犯罪，完全可以称之为相近的罪，它们的结构通常是相同的，在这种相近犯罪之间，存在着一定的相似关系。相似关系不但揭示了不同的犯罪在一部分犯罪构成要件上的相同性或相似性，而且表明了在另一部分犯罪构成要件上的不同性或差异性。[①] 因此，正如苏俄著名刑法学家库德里亚夫采夫指出：为了正确定罪，就必须十分明确地设想在该罪与相近的罪之间划分区分线。如果我们确定了某一罪具有的要件，去掉不是它特有的要件，逐步深入分析法的规范和行为的事实情节，我们就会得出纯粹要件的总和，这些要件表现在该罪的性质上，并将它与其他罪相区别。[②] 所以，相似犯罪的区分对于此罪与彼罪的认定具有十分重要的意义。

相似犯罪的相似之处，主要表现在犯罪构成的客观要件上。因此，相似犯罪的区分主要应该从客观要件着手。例如，采用胁迫手段的抢劫与敲诈勒索，在客观上都是通过精神上的强制方法取得他人财物，因而具有一定的相似性。但是，这两种犯罪有着明显的差异，这种差异需要通过对两个犯罪的构成要件的总体把握而加以界定。正如库德里亚夫采夫指出：为了确定此罪赖以区别于彼罪的犯罪客观方面的要件，首先需要弄清相近的犯罪构成的内容，为了不限局于从罪状方面来比较犯罪构成的要件，就必须在弄清了法律的内容之后，根据对刑法典总则

---

① 参见王勇：《定罪导论》，275 页，北京，中国人民大学出版社，1990。

② 参见［苏］B. H. 库德里亚夫采夫：《定罪通论》，李益前译，154 页，北京，中国展望出版社，1989。

的分析，分则的系统解释，利用科学的原理和审判实践，全面描述所有的要件。[①] 还是以上述采取胁迫手段的抢劫与敲诈勒索为例，两者虽然同是非法占有他人财物，但其手段互异。由于抢劫罪侵犯的是人身与财产双重客体，因而其胁迫必然是暴力胁迫，而敲诈的精神强制则不限于暴力。即使同是暴力，敲诈勒索的暴力不可能是马上付诸实施的，只能是以后可能实现的，而抢劫中胁迫的暴力都是不交付财物就将当场实施的。通过以上比较，就可以把两种相似的犯罪加以区分。在客观要件中，除行为以外，还包括对象、时间、地点等，以及主观要件中的犯罪动机、犯罪目的，这些要件对于相似犯罪的区分也有重要意义。例如侮辱罪与侮辱妇女罪，其行为方式都是侮辱，因而极为相似。两者的区别主要在于，侮辱妇女罪的对象限于妇女，侮辱罪则不然。那么，在同是侮辱妇女的情况下，如何加以区分呢？这就要通过分析犯罪人与被害人的关系（相识或陌生）、犯罪人的动机、犯罪的地点（是否公共场所）等，进行综合性的分析，以便加以确定，这就是所谓罪与罪的综合区分。库德里亚夫采夫指出，罪与罪的综合区分，我们理解为根据属于罪的各种要素的许多要件，来区分此罪与彼罪的犯罪构成。[②] 罪与罪的综合区分是定罪的一个重要方法，没有这种方法的运用，定罪是不可能的。在这个意义上，库德里亚夫采夫把犯罪的区分称为定罪的反面，显然是有道理的。

三、轻罪与重罪的认定

在我国刑法中，轻罪与重罪是通过数额与情节加以区分的。以数额作为区分轻罪与重罪的标准的是数额加重犯，以情节作为区分轻罪与重罪的标准的是情节

① 参见［苏］B. H. 库德里亚夫采夫：《定罪通论》，李益前译，171 页，北京，中国展望出版社，1989。

② 参见［苏］B. H. 库德里亚夫采夫：《定罪通论》，李益前译，201～202 页，北京，中国展望出版社，1989。

减轻犯和情节加重犯以及情节特别加重犯。

（一）数额加重犯

我国刑法不仅把一定的数额作为区分罪与非罪的基础，而且把数额的大小作为区分轻罪与重罪的根据。我国刑法把经济犯罪数额分成三个等级：数额较大、数额巨大、数额特别巨大。数额较大是构成犯罪的数额，在刑法理论上往往把数额较大构成的经济犯罪称为数额犯，并以此与情节犯即以情节严重作为定罪根据的犯罪并列，它们和基本犯属于同一等级的范畴。我国刑法中规定的数额巨大，是一个区分轻罪与重罪的标准，在刑法理论上往往把数额巨大的经济犯罪称为数额加重犯，并以此与情节加重犯或者结果加重犯并列。刑法规定“数额巨大”的意义在于，它表明对于经济犯罪“数额巨大”的犯罪分子，较“数额较大”的犯罪分子要处以更严厉的刑罚。例如我国刑法第 214 条规定：“销售明知是假冒注册商标的商品，销售金额数额较大的，处三年以下有期徒刑或者拘役，并处或者单处罚金；销售金额数额巨大的，处三年以上七年以下有期徒刑，并处罚金。”可见，当销售金额达到巨大的时候，罪质就发生了变化，罪责也随之加重，在法条上表现为法定刑的升格。我国刑法没有明确规定“数额特别巨大”，在“数额巨大”之后，接着一般规定“情节特别严重”。但由于经济犯罪中的情节首先是指经济犯罪的数额，因而刑法在经济犯罪中规定的“情节特别严重”一语，无疑含有“数额特别巨大”的意思。可见，包含在“情节特别严重”中的“数额特别巨大”实际上是“数额巨大”之上的又一个等级的量刑数额。这样，我国刑法就与经济犯罪数额等级相适应，规定了三个量刑幅度。这三个等级的犯罪数额虽然在某些经济犯罪条款中并未明确规定，但实际上都是存在的。因此，在司法实践中，正确地认定数额加重犯对于区分轻罪与重罪具有重要意义。

（二）情节减轻犯与情节加重犯

1. 情节减轻犯与情节加重犯的概念

我国刑法所规定的每一犯罪都具有其独立的罪质，这一罪质是一定的犯罪所赖以成立的主观和客观的诸要件的总和。一定的罪质必然产生一定的罪责，两者不可分离。根据我国刑法的罪刑均衡的基本原则，罪质和罪责之间存在一种均衡和等价的关系。因此，罪责是我国刑法对一定的罪质的否定的社会政治和法律的评价，它是一定犯罪的应受刑罚惩罚性。罪质和罪责的统一，就是犯罪和刑罚的关系在我国刑法中的具体体现。

罪质和罪责的统一并不是一种简单的对等关系，而是存在着某种复杂的情形。在某些情况下，一个罪质具有一个罪责，在法律条文上表现为一个罪状和一个法定刑构成一个罪刑单位。例如，我国刑法第 216 条规定："假冒他人专利，情节严重的，处三年以下有期徒刑或者拘役，并处或者单处罚金。"而在大多数情况下，同一罪质的犯罪在其社会危害性程度上具有很大的差别，我国刑法对此区别情节轻重规定了相应的法定刑。这样，罪质就呈现了一定的层次。因此，罪责也就具有一定的等级。罪质的一定层次和罪责的一定等级互相对应，在罪刑均衡原则的基础上达到平衡和统一。无论罪质和罪责之间的关系如何复杂，一定的犯罪总具有一个基本的罪质，我们称之为基本犯。在基本犯的基础上，根据犯罪情节的轻重可以区别为情节减轻犯和情节加重犯。

我国刑法第 232 条规定："故意杀人的，处死刑、无期徒刑或者十年以上有期徒刑；情节较轻的，处三年以上十年以下有期徒刑。"我国刑法把杀人罪分为两个罪刑单位，第一个罪刑单位规定的是故意杀人罪的基本犯，第二个罪刑单位规定的是故意杀人罪的情节减轻犯。这种实施一定的犯罪，因为具有某种较轻的情节，减轻其罪质而使其罪责减轻的情形，就是我国刑法中的情节减轻犯。

我国刑法第 279 条规定："冒充国家机关工作人员招摇撞骗的，处三年以下有期徒刑、拘役、管制或者剥夺政治权利；严重情节的，处三年以上十年以下有期徒刑。"我国刑法把招摇撞骗罪分为两个罪刑单位：第一个罪刑单位规定的是招摇撞骗罪的基本犯。第二个罪刑单位规定的是招摇撞骗罪的情节加重犯。在我国刑法中，广泛地规定了情节加重犯。这种实施一定的犯罪，因为具有某种严重或者恶劣的情节，加重其罪质而使其罪责加重的情形，就是我国刑法中的情节加重犯。

我国刑法不仅规定了情节加重犯，而且在某些条文中规定了特别情节加重犯：就是在情节加重犯的基础上，因情节特别严重而使其法定刑再次升格。我国刑法第438条规定："盗窃、抢夺武器装备或者军用物资的，处五年以下有期徒刑或者拘役；情节严重的，处五年以上十年以下有期徒刑；情节特别严重的，处十年以上有期徒刑、无期徒刑或者死刑。"在此，我国刑法把盗窃、抢夺武器装备或军用物资罪分为三个罪刑单位：第一个罪刑单位规定的是本罪的基本犯；第二个罪刑单位规定的是本罪的情节加重犯；第三个罪刑单位规定的是本罪的特别情节加重犯。这样，基本犯、情节加重犯、特别情节加重犯，由轻到重形成一个罪刑阶梯，以便于司法机关根据情节轻重选择适用。

情节减轻犯是由重到轻，而情节加重犯则是由轻到重，两者在轻重顺序上的这种差别体现了立法机关对这两类犯罪的社会政治和法律的评价的严厉程度上的差别，因而对于法条适用具有重大的指导意义。我国刑法中规定的情节减轻犯，主要是那些性质严重的犯罪，例如故意杀人罪。对于这些犯罪法律规定以重者为基本犯，因而起刑点高，这就提示司法机关在适用法条时首先应该考虑选择基本犯这一较重的罪刑单位。例如，犯故意杀人罪，一般都要处死刑、无期徒刑或者10年以上有期徒刑，只有具备某种较轻的情节，才能考虑处3年以上10年以下有期徒刑。而情节加重犯则以轻者为基本犯，因而起刑点低。这就提示司法机关在适用法条时首先应该考虑选择基本犯这一较轻的罪刑单位；只有当具备某种严重的情节时，才能选择情节加重犯的罪刑单位。例如，犯招摇撞骗罪，一般只要处3年以下有期徒刑或者拘役；只有少数情节严重的才能处3年以上10年以下有期徒刑。所以，我国刑法对各种犯罪分别规定情节减轻犯、情节加重犯和特别情节加重犯，具有一定的立法意图。

2. 情节减轻犯与情节加重犯的内容

情节减轻犯或情节加重犯之所以减轻和加重其罪责，就在于它具有一定的减轻或加重其罪质的情节。所以，研究情节减轻犯或情节加重犯，不能不探讨减轻或加重情节的内涵和外延及其在犯罪构成中的地位。

（1）情节减轻犯与情节加重犯之所谓情节的界定。

情节减轻犯或情节加重犯之所谓减轻或加重情节，是以主观和客观相统一的形式体现一定犯罪的社会危害性程度和人身危险性程度以决定减轻或者加重其罪质的综合指标。具有一定的社会危害性和人身危险性并且能够衡量一定犯罪的社会危害性程度和人身危险性程度，这是情节减轻犯或情节加重犯之所谓减轻或加重情节的本质特征。我认为，犯罪的本质特征是社会危害性和人身危险性的统一。罪质之有无和大小，莫不决定于社会危害性程度和人身危险性程度。情节减轻犯或情节加重犯之所谓减轻或加重情节，标志着一定犯罪的社会危害性程度和人身危险性程度的减小或者增加，从而决定其法定刑的降格或者升格。因此，只有那些能够衡量一定犯罪的社会危害性程度和人身危险性程度的主观和客观的事实因素，才能成为情节减轻犯或情节加重犯之所谓减轻或加重情节。

（2）情节减轻犯与情节加重犯之情节与情节犯之所谓情节的区别。

情节减轻犯或情节加重犯之所谓减轻或加重情节，是那些能够决定一定犯罪的罪质之大小的主观和客观的事实因素。因此，决定一定犯罪的罪质之有无的情节犯的情节，并非情节减轻犯或情节加重犯之所谓减轻或加重情节，而是一定犯罪的基本犯的构成要件之一。例如，我国刑法第248条规定："监狱、拘留所、看守所等监管机构的监管人员对被监管人进行殴打或者体罚虐待，情节严重的，处三年以下有期徒刑或者拘役；情节特别严重的，处三年以上十年以下有期徒刑。"对于我国刑法中的殴打或体罚虐待被监管人罪来说，只有具备情节严重这一要件才能构成；否则，就是我国刑法第13条但书所规定的情节显著轻微危害不大不认为是犯罪的情形。因此，该情节是决定殴打或体罚虐待被监管人罪的罪质之有无，从而划分罪与非罪的标志，而不是情节加重犯之所谓加重情节。而我国刑法第248条规定的第二个罪刑单位之所谓情节特别严重，才是殴打或体罚虐待被监管人罪的情节加重犯。

（3）情节减轻犯与情节加重犯之所谓情节与犯罪构成要件的区别。

情节减轻犯或情节加重犯之所谓减轻或加重情节是一个综合指标，它在犯罪构成中具有特殊的地位。根据我国刑法的犯罪构成理论，犯罪构成一般具有四个基本要件。凡是具备这四个基本要件的，就构成基本犯。在充足基本犯的犯罪构成的基础上，如果具有减轻或者加重情节，就构成情节减轻犯或情节加重犯。因此，情节减轻犯或情节加重犯之所谓减轻或加重情节为犯罪构成的四个基本要件所不能容纳。它以综合的形式衡量一定犯罪的社会危害性程度和人身危险性程度，可以说是一个综合指标，它既可能属于客体要件，例如其所侵害的是简单客体还是复杂客体，也可能属于客观要件，例如犯罪手段是否残酷、犯罪后果是否严重；既可能是主体要件，例如是否是国家工作人员犯罪，也可能属于主观要件，例如犯罪动机是否恶劣。这些主观和客观的事实因素综合在一起说明一定犯罪的社会危害性程度和人身危险性程度。因此，该减轻和加重情节不属于犯罪构成的任何一个基本要件，但又在犯罪构成的范畴以内，是一个减轻或者加重的构成要件。

（4）情节减轻犯与情节加重犯和结果加重犯、数额加重犯的区别。

如上所述，情节减轻犯或情节加重犯之所谓减轻或加重情节是一个综合指标。所以，如果法律明文规定了具备一定的事实因素而加重其罪责的情形，就不属于该减轻或加重情节的范畴。例如，我国刑法规定了结果加重犯和数额加重犯，该结果和数额不属于情节加重犯之所谓加重情节。所谓结果加重犯，是指行为人实施一定的犯罪行为而发生法律所规定的加重结果，因法律另有加重刑罚之规定，而负担重于基本犯之罪责的情形。例如，我国刑法第 234 条规定的故意伤害致死罪，就是典型的结果加重犯。对于结果加重犯的加重结果，我国刑法都有明文规定。例如，第 236 条强奸罪规定的致人重伤、死亡；第 257 条暴力干涉婚姻自由罪规定的引起被害人死亡；第 260 条虐待罪规定的引起被害人重伤、死亡；等等。实施上述犯罪行为而发生了我国刑法所规定的这些加重结果，就应以结果加重犯论处。所谓数额加重犯，是指行为人实施一定的侵犯财产罪，其数额达到法律所规定的巨大程度，因法律另有加重刑罚之规定，而负担重于基本犯之罪责的情形。例如，我国刑法第 264 条规定的盗窃罪，数额较大的，或者多次盗窃，入户盗窃、携带凶器盗窃、扒窃的，处 3 年以下有期徒刑、拘役或者管制，并处或者单处罚金；数额巨大或者有其他严重情节的，处 3 年以上 10 年以下有期徒刑，并处罚金。前者是基本犯，后者是数额加重犯和情节加重犯。我国刑法在某些情况下，把结果加重犯、数额加重犯和情节加重犯并列规定在同一条文中，说明两者是并列关系，而不是从属关系。例如，我国 1979 年刑法第 150 条第 2 款规定：犯前款抢劫罪，情节严重的或者致人重伤、死亡的，处 10 年以上有期徒刑、无期徒刑或者死刑，可以并处没收财产。这是情节加重犯和结果加重犯并列，说明该严重之情节不包括致人重伤、死亡。在法律明文规定结果加重犯和数额加重犯的情况下，结果和数额不包括在情节加重犯之所谓加重情节之内。而在法律没有规定结果加重犯和数额加重犯的情况下，则一定犯罪的结果和数额自然应该包括在加重情节之内，量刑时一并加以考虑。例如，我国 1979 年刑法第 150 条规定了抢劫罪的基本犯、情节加重犯和结果加重犯，而没有规定数额加重犯，如其抢劫财物数额大，就应该包括在加重情节之内，是决定情节严重的一个重要指标。1997 年刑法从立法明确性的要求出发，情节加重犯有所减少，代之以列举规定。例如，1997 年刑法第 263 条对抢劫罪的加重构成情节列举如下：1）入户抢劫的；2）在公共交通工具上抢劫的；3）抢劫银行或者其他金融机构的；4）多次抢劫或者抢劫数额巨大的；5）抢劫致人重伤、死亡的；6）冒充军警人员抢劫的；7）持枪抢劫的；8）抢劫军用物资或者抢险、救灾、救济物资的。在上述情况下，情节加重犯之情节通过立法列举的方式得以具体化。当然，情节列举的在 1997 年刑法中仍是少数，大部分保持了情节加重犯的立法例。情节加重犯，在其性质上不同于结果加重犯和数额加重犯。从犯罪构成上说，结果加重犯和数额加重犯之所谓结果和数额显然都属于犯罪构成的客观要件，它可以而且应该包括在犯罪构成的客观要件之中。因此，在刑法理论上称之为客观的加重处罚条件。而情节加重犯之所谓加重情节则既可能是客观的，也可能是主观的，是一个综合指标。从法律效果上说，结果加重犯和数额加重犯，只要具备法律所规定的这一结果和数额，就足以使其法定刑升格。而情节加重犯，则要对主观和客观的事实因素综合考虑，以决定是否加重其罪责。

（5）情节减轻犯和情节加重犯之所谓情节的认定。

情节减轻犯和情节加重犯是以基本犯为基础的，其减轻和加重都不能否定基本犯的罪质。所以，一定的减轻和加重情节要受其罪质的制约。情节减轻犯之所谓情节较轻，只能是表明该犯罪的罪质所体现出来的社会危害性较小或人身危险性较小的事实因素。如果具有某一情节而使该犯罪转化为另一性质较轻的犯罪，则该情节不得视为情节减轻犯之所谓减轻情节，而应按照其所转化的犯罪论处。情节加重犯之所谓情节严重或者恶劣，也只能是在基本犯的罪质之内的加重其罪责的主观和客观的事实因素。凡超出其罪质的范围，则该情节构成其他犯罪，这时应该解决的是犯罪的单复数的问题，而不是情节加重犯的问题。因此，如果某一情节已经触犯其他法条而构成其他犯罪，就不能再以情节加重犯论处，而应实行数罪并罚。例如，我国 1979 年刑法第 141 条规定："拐卖人口的，处五年以下有期徒刑；情节严重的，处五年以上有期徒刑。"这里的情节严重与否，应该在拐卖人口罪的罪质范围内考虑。例如，拐卖人口的次数、获利多少，造成后果是否严重等，综合这些因素以决定情节是否严重。如果犯罪分子在拐卖人口过程中，强奸了被拐卖的妇女，则这一情节又触犯了强奸罪，应以拐卖人口罪和强奸罪实行数罪并罚，而不得把强奸妇女作为加重情节构成拐卖人口罪的情节加重犯。但是，1991 年 9 月 4 日全国人大常委会《关于严惩拐卖、绑架妇女、儿童的犯罪分子的决定》将奸淫被拐卖的妇女，诱骗、强迫被拐卖的妇女卖淫等作为拐卖妇女、儿童罪的情节，从而形成包容竞合。我认为，这种立法形式弊多利小，不足取。可惜 1997 年修订后的刑法不仅承袭了这一规定，而且还将绑架妇女、儿童也作为拐卖妇女、儿童罪的加重构成情节，明显地超出了拐卖一词的内涵与外延，因而存在偏颇。一定的犯罪，按照法律的规定，凡具有一定的情节就转化为其他性质的犯罪的，也不得视为情节加重犯。例如，我国刑法第 310 条规定的窝藏、包庇罪，分为基本犯和情节加重犯两个罪刑单位。根据该条第 2 款规定："犯前款罪，事前通谋的，以共同犯罪论处。"因此，事前通谋就不是窝藏、包庇罪的情节加重犯之所谓加重情节，而是决定某一罪质转化为另一罪质的标志。犯窝藏、包庇罪而有此事前通谋情节的，就应依照法律的规定以共同犯罪论处。

当然，如果某一犯罪情节虽然触犯其他或者同一法条，但根据刑法理论或者司法实践，这一情节并不构成单独的犯罪，则其触犯其他法条的情节可以作为情节加重犯的情形适用加重的刑罚。因此，在法律规定情节加重犯的情况下，牵连犯、连续犯和想象竞合犯等都可以作为情节加重犯论处。所谓牵连犯，是以实施某一犯罪为目的，而其犯罪的方法行为或者结果行为乂触犯其他罪名的犯罪。例如，我国刑法第 305 条规定的伪证罪和第 280 条规定的伪造公文、证件、印章罪分别具有基本犯和情节加重犯两个罪刑单位。如果某一证人在审判过程中，伪造国家机关的公文、证件、印章，对与案件有重要关系的情节制造伪证，意图陷害他人，则其行为分别触犯了伪证罪和伪造国家机关公文、证件、印章罪，并且两者之间具有牵连关系，是刑法理论上的牵连犯。在司法实践中，对牵连犯不实行数罪并罚，而是从一重罪从重处罚。从伪证罪和伪造国家机关公文、证件、印章罪的法定刑看，伪造国家机关公文、证件、印章罪的法定刑高于伪证罪的法定刑。所以，应以伪造国家机关公文、证件、印章罪论处，至于其所牵连的伪证情节则可以视为加重情节，作为伪造国家机关公文、证件、印章罪的情节加重犯处 3 年以上 10 年以下有期徒刑。所谓连续罪，是连续数个行为触犯同一罪名的犯罪。确切地说，出于同一的犯罪故意，连续实施数个独立的犯罪行为而触犯同一罪名的，叫连续犯。该数个独立的犯罪行为，每一个都可以充足基本构成，本为数罪，由于行为人出于同一的犯罪故意反复实施同一犯罪行为而合并为一罪。所以，连续犯不实行数罪并罚。在法律规定情节加重犯的情况下，可以作为情节加重犯论处。例如，我国刑法第 359 条规定的引诱、容留、介绍卖淫罪，分为基本犯和情节加重犯两个罪刑单位。如果某一犯罪分子以营利为目的，在一定的时间内多次引诱、容留多名妇女卖淫的，是引诱、容留、介绍他人卖淫罪的连续犯，可以按照引诱、容留卖淫罪的情节加重犯处 5 年以上有期徒刑。所谓想象竞合犯，是指实施一个犯罪行为而触犯数个罪名的情形。从形式上看，想象竞合犯似乎具备了两个犯罪构成，好像是数罪，但因为它只有一个行为，所以不是实际的数罪，而只是观念上的数罪。想象竞合犯虽然以一罪论，但其行为触犯其他罪名的情节在量刑时是应该加以考虑的。因此，如果法律对某一犯罪规定了情节加重犯，则该罪的想象竞合犯可以按照情节加重犯论处，唯有如此，才能真正做到罪刑均衡。

总之，情节减轻犯与情节加重犯之所谓减轻或加重情节是一个十分复杂的问题。在司法实践中，应该根据各种犯罪的特点，正确地理解减轻或加重情节，这对于区分轻罪与重罪无疑具有重大的意义。

3. 情节减轻犯与情节加重犯的性质

情节减轻犯与情节加重犯之所谓减轻或加重，表现为一定罪责的等级性，它以一定罪质的层次性为前提。因此，其所谓减轻或加重不仅是罪责的减轻和加重，而且是罪质的减轻或加重。这里存在一个关于情节的性质问题。它是减轻和加重罪质之条件，还是减轻和加重罪责之条件？我认为，情节减轻犯或情节加重犯绝不只是一个量刑幅度的问题，还应该从犯罪和刑罚的关系，也就是从罪质和罪责的关系上理解减轻或加重情节的性质。所以，我国刑法中的情节减轻犯与情节加重犯之所谓减轻和加重，是罪质的减轻与加重和罪责的减轻与加重的统一。

情节减轻犯与情节加重犯是在充足基本构成的基础上，因具有某种减轻和加重情节而减轻和加重其罪责的情形。因此，情节减轻犯、情节加重犯和基本犯具有同一的罪质。而罪质决定于一定犯罪的社会危害性和人身危险性。没有社会危害性和人身危险性，就谈不上犯罪，当然也就没有罪质可言。社会危害性和人身危险性具有程度上的差别，这就为我们衡量罪的轻重提供了一定的可能性。犯罪的罪质不是一成不变的，随着犯罪情节的变化，社会危害性程度和人身危险性程度就会发生变化，从而引起罪质的变化。在情节减轻犯和情节加重犯的情况下，由于出现了一定的减轻和加重情节，从而影响了犯罪的社会危害性程度和人身危险性程度，使其罪质呈现出一定的层次性，由此产生了罪责的等级性。例如，在情节加重犯的情况下，基本犯的犯罪构成不足以容纳其罪质，罪质的增加突破了基本犯的量刑幅度。只有通过加重其罪责，才能达到罪质和罪责的重新平衡。正是在这个意义上，体现了我国刑法中的罪刑相适应的基本原则。根据一定罪质的层次性，我们可以把犯罪划分为基本犯和情节减轻犯或者情节加重犯。情节减轻犯、情节加重犯和基本犯之间的这种罪质上的差别，是情节减轻犯与情节加重犯的罪责减轻和加重的客观基础。如果否定了情节减轻犯、情节加重犯和基本犯之间的这种罪质上的差别，就无由说明减轻和加重其罪责的根据。因此，我认为情节减轻犯和情节加重犯绝不单纯是一个减轻和加重罪责的问题，而且是一个罪质变化的问题。我们应该把情节减轻犯或情节加重犯视为一个罪刑单位，从犯罪和刑罚即罪质和罪责的关系上正确地理解情节减轻犯或情节加重犯的本质。

情节减轻犯、情节加重犯和基本犯具有同一的罪质，因此属于同一个犯罪。那么，它们的犯罪构成是否也只是一个呢？我认为，根据有的国家刑法的规定，一个犯罪可以具有几个犯罪构成，这里存在着犯罪和犯罪构成这两个概念之间的区别：犯罪是一种——杀人，但规定着几个构成的形式——故杀、谋杀、激愤杀人、受托杀人，等等。我国刑法虽然没有这种列举性的规定，但情节减轻犯和情节加重犯的规定，在同样的意义上，仍然可以被看成是一种犯罪的几个构成形式。苏俄刑法学家 A. H. 特拉伊宁曾经正确地指出："在对同一种犯罪的各个构成按照它们的社会危害程度进行分类时，必须把它们的三种形式加以区别：(1) 基本构成；(2) 社会危害性较大的构成；(3) 社会危害性较小的构成。"① 但特拉伊宁又认为，只有在法律明文列举规定减轻和加重情节的情况下，才存在这种犯罪构成上的区别。而在情节减轻犯和情节加重犯的情况下则不存在这种区别。特拉伊宁指出："在有些场合，法律本身并没有分出社会危害性较大或较小的专门的犯罪构成，而只是一般地讲到具有加重或减轻情况时的犯罪构成和法定

① ［苏］A. H. 特拉伊宁：《犯罪构成的一般学说》，王作富等译，85 页，北京，中国人民大学出版社，1958。

刑。”[①] 特拉伊宁认为这是一种附带提出减轻或加重情况的犯罪构成，其特点在于：“在这种结构中对减轻或加重的特征不作具体的规定，而只作一般的规定，减轻或加重的内容，完全由法院去决定”。因此，特拉伊宁指出：“正是在这些场合，立法者才没有把危害性较大的或较小的构成划分出来成立独立的规范，而只是在法定刑中附带地规定了减轻或加重的情况。”[②] 这样，特拉伊宁就否定了情节减轻犯或情节加重犯具有某种专门的或特殊的犯罪构成，而仅仅认为其构成结构具有某些特点罢了。所以，特拉伊宁没有把情节减轻犯或情节加重犯视为一个独立的罪刑单位，从而具有其特殊的犯罪构成，而仅仅把它视为一个法定刑轻重的问题。对于特拉伊宁的这种观点，我们不能苟同。情节减轻犯、情节加重犯和基本犯之间的罪质上的差别，不能不表现为犯罪构成上的差别。所以，根据我国刑法关于情节减轻犯和情节加重犯的规定，在犯罪构成的分类上，可以分为基本构成、减轻构成和加重构成。从刑法理论上说，情节减轻犯和情节加重犯不仅是罪责的减轻和加重，而且是犯罪构成的减轻和加重。对犯罪构成的这种分类，有助于我们正确理解我国刑法中的情节减轻犯和情节加重犯。

4. 情节减轻犯与情节加重犯作为一个独立的罪刑单位，对于划分我国刑法中的轻罪和重罪具有重大意义

在划分轻罪和重罪的标准问题上，我国刑法学界存在两种观点：第一种观点认为，划分轻罪和重罪应以其所犯罪行的性质为标准。例如，杀人罪是重罪。只要犯杀人罪的，无论是基本犯还是情节减轻犯、情节加重犯，都是重罪。第二种观点认为，划分轻罪和重罪应以其所处刑罚的高低为标准。例如，判处10年以上有期徒刑的是重罪，判处低于10年有期徒刑、拘役和管制的是轻罪，而不论其犯罪的性质如何。我认为，犯罪的轻重是由社会危害性和人身危险性的程度所

① ［苏］A. H. 特拉伊宁：《犯罪构成的一般学说》，王作富等译，86页，北京，中国人民大学出版社，1958。

② ［苏］A. H. 特拉伊宁：《犯罪构成的一般学说》，王作富等译，87页，北京，中国人民大学出版社，1958。

决定的，而刑罚是人民法院依照国家的法律，对具有社会危害性和人身危险性的犯罪行为的否定的社会政治和法律的评价。所以，在我国刑法中划分轻罪和重罪应以其所判处的刑罚为标准，而不能以其所犯罪行的性质为标准。因为同一罪质的犯罪，其社会危害性程度和人身危险性程度差别甚大。因此，我国刑法区别犯罪情节轻重，规定了情节减轻犯和情节加重犯。我国刑法中的情节减轻犯和情节加重犯具有独立的罪刑单位的意义。而以犯罪性质作为划分轻罪和重罪的标准，否定了同一罪质的犯罪在其社会危害性程度和人身危险性程度上的重大区别，从而也就否定了情节减轻犯和情节加重犯的独立的罪刑单位的意义。例如，犯故意杀人罪，情节较轻的激愤杀人、防卫过当杀人等情节减轻犯，不能不认为是轻罪。而犯引诱、容留妇女卖淫罪，情节特别严重的特别情节加重犯，不能不认为是重罪。同一罪质的犯罪，重中有轻，轻中有重。如果以其所犯罪行的性质为划分轻罪和重罪的标准，就抹杀了这种轻重的区别。只有以其所判处的刑罚高低作为划分轻罪和重罪的标准，才能充分体现情节减轻犯和情节加重犯的独立的罪刑单位的意义。

第四节　特殊犯罪的认定

特殊犯罪是相对于一般犯罪而言的。如前所述，一般犯罪是指一人所犯的一个既遂罪，因此，特殊犯罪就是二人以上（共同犯罪）所犯的两个以上（数罪）的未完成的（预备、未遂和中止）犯罪。下面，对特殊犯罪的认定分别加以论述。

一、未完成罪的认定

我国刑法分则对具体犯罪的规定，是以既遂为标本的。但是，在现实生活中，并非一切犯罪都能达到既遂。有的可能在着手犯罪做准备的阶段就被迫停止；有的可能在着手实行犯罪的阶段被迫停止；有的可能由于犯罪分子自动中止犯罪，使之在犯罪的预备阶段或者实行阶段停止下来。这样，在犯罪过程中，就出现了犯罪的预备、未遂和中止等各种未完成罪的形态。

在认定未完成罪的时候，首先应当限定其存在的范围。未完成罪的形态，严格地受着犯罪构成主观方面和客观方面的限制。从主观方面说，上述未完成罪的形态只存在于直接故意犯罪之中。间接故意犯罪和过失犯罪，都不存在上述各种未完成罪的形态问题。因为间接故意犯罪表现为对一定的犯罪结果持放任态度，主观上没有犯罪目的，而过失犯罪更不是有意地要实施犯罪，所以，对于间接故意犯罪和过失犯罪来说，不可能为实施犯罪而进行准备活动，也不存在犯罪未遂与中止的问题。从客观方面来说，有的犯罪是以发生一定的犯罪结果或犯罪行为实行到一定程度才算完成（既遂）。实施这类故意犯罪，可能出现上述几种未完成罪的形态。但是，有的犯罪，法律规定只要实施了一定的行为就构成既遂，例如阴谋犯，就不存在上述那种未完成罪的形态。

犯罪的预备、未遂和中止等未完成罪的形态，相对于犯罪既遂来说，是犯罪的一些特殊形态。对于犯罪既遂的犯罪构成，我国刑法分则条文一一作了明文规定，只要完全符合刑法分则某一条文的规定，就可以直接依照该条文的规定，作为犯罪既遂追究其刑事责任。但犯罪的预备、未遂和中止，是犯罪的特殊形态，即尚不具备刑法分则规定的某种犯罪的全部要件。那么，能否因此说上述形态不具备犯罪构成呢？回答是否定的。因为行为具备犯罪构成，是负刑事责任的基础。行为不具有犯罪构成，就不能追究刑事责任。我认为，犯罪的预备、未遂和中止不是不具备犯罪构成，而是具有不同于犯罪既遂的特殊形态的犯罪构成。它的特殊性就在于，它要以刑法分则相应的犯罪构成为基础，同时，又以刑法总则的有关条文为补充，从而确定上述几种行为的犯罪构成，由此形成对它们定罪的根据。所以，犯罪的预备、未遂和中止的构成，同犯罪既遂的构成，既有联系，又有区别。如果说，犯罪既遂的犯罪构成是犯罪构成的一般形态，那么，犯罪的预备、未遂和中止的犯罪构成，就是犯罪构成的特殊形态。如果把未完成罪的形态从预备到既遂排列成一个阶梯，就会出现一个离犯罪的完成远近的问题。在其他条件都相同的情况下，距离既遂越远的，社会危害性与人身危险性就越小；反之，距离既遂越近的，社会危害性与人身危险性就越大。正因为这样，我国刑法对犯罪的预备、未遂和中止规定了轻重有别的处罚原则，充分体现了我国刑法中罪刑均衡的基本原则。

二、共同犯罪的认定

犯罪构成是承担刑事责任的基础，共同犯罪也不例外。正如苏俄著名刑法学家 A. H. 特拉伊宁指出："共同犯罪并不变更刑事责任的根据。不论是单独行动的人，还是共同犯罪中的行为人，都只有在他们的行为包含了相当的犯罪构成的全部因素，特别是包含了像因果关系和罪过这样一类必要的构成因素时，才负刑事责任。"①

关于共同犯罪的定罪根据，在刑法理论上存在限制正犯论与扩张正犯论之争。限制正犯论认为，行为人自行实施犯罪行为，而实现构成要件者为正犯，非亲自实现构成要件者，则非正犯，此说将正犯之观念，限制于自己亲自实施犯罪构成要件之人，始为正犯，故谓之限制正犯论。依此说，刑罚法令各本条，仅就正犯之既遂行为设其处罚之规定，并未包括未遂及教唆、帮助等行为。因此，这些行为是非实行行为，没有法律特别规定，不得加以处罚。刑法总则上之教唆犯、帮助犯等共犯规定，乃欲使正犯之刑罚，扩张于正犯以外之人。所以，共犯规定实为刑罚扩张事由，或刑罚扩张原因。扩张正犯论主张，正犯之范围不应局限于实行构成要件之行为人，凡对实现犯罪构成要件之结果，赋予任何因果条件

① ［苏］A. H. 特拉伊宁：《犯罪构成的一般学说》，王作富等译，231 页，北京，中国人民大学出版社，1958。

之关系者，皆为正犯，不分其为亲自实施，或利用教唆、帮助他人实行。因这种学说强调共犯之独立性，扩张了正犯的概念，故谓之扩张正犯论。依此说，刑法分则及刑罚法令各本条所规定的构成要件，并非仅限于正犯有其适用，即教唆及帮助者，亦皆有其适用。教唆及帮助行为，均应依正犯之规定加以处罚。因此，如果没有刑法总则有关共犯的规定，所有对构成要件结果之实现具有条件关系之行为人，将皆按正犯处罚。故设此共犯规定，将正犯刑罚加以缩小适用，以限制或缩小教唆犯与帮助犯之处罚。本质上一切共犯，仍不失为正犯，又称为刑罚缩小原因说。①

以上两说，扩张正犯论将共犯行为说成是符合刑法分则规定的构成要件，仅因为缩小刑罚范围而在刑法总则中加以规定的观点是没有根据的。显然，杀人与教唆杀人或者帮助杀人在观念上是有区别的，刑法分则仅规定了杀人罪的刑事责任，如果没有刑法总则关于共同犯罪的规定，对教唆杀人或者帮助杀人的行为就不能理所当然地适用刑法分则的条文追究刑事责任。因此，主张刑法总则关于共同犯罪的规定是刑罚扩张事由的限制正犯论是有一定道理的。但限制正犯论没有揭示共犯行为之所以应当承担刑事责任的原因，也没有从构成要件上对共犯承担刑事责任的根据加以进一步的说明。我认为，共犯行为之所以应当承担刑事责任，归根到底还是由行为的社会危害性所决定的。教唆与帮助等行为，虽然不是刑法分则规定的犯罪实行行为，但它们在共同犯罪中对于犯罪结果的发生起着大小不等的作用。因此，教唆与帮助等行为也是具有社会危害性的，这就是共犯应受刑罚处罚的根本原因之所在。那么，又为什么不在刑法分则中将教唆与帮助等行为直接规定为犯罪行为呢？这主要是从立法技术上考虑的。因为每一种犯罪都有成立共同犯罪的可能，如果对此在刑法分则中一一加以规定，势必使刑法条文冗长烦琐，出现不必要的重复。而且，从对个别共同犯罪加以惩罚，到共同犯罪发展为一种刑法制度，正是刑法进化的结果，有其历史的必然性。所以，在刑法

① 参见郭功勋：《案例刑法总论》，2 版，392 页，台北，三民书局，1983。

总则中对共同犯罪加以规定，使其适用于刑法分则规定的各种犯罪，这不仅减轻了刑法条文的繁缛，而且便利司法实践。

犯罪构成一般是以一人犯一罪为标本的。因此，根据一般的犯罪构成不能解决共同犯罪的构成问题。共同犯罪的构成不同于单独犯罪的构成，为使共犯承担刑事责任，需要对单独犯罪的构成加以修正。在这个意义上可以认为，共犯的构成是犯罪构成的修正形式。正如日本刑法学家小野清一郎指出："共犯是构成要件的修正形式。共犯的各种问题全都应当从这一构成要件修正形式的角度去思考和解决"[①]。根据修正的犯罪构成的理论，我国刑法总则中规定的组织犯、教唆犯和帮助犯，并不是不具备犯罪构成，而只是不具备刑法分则所规定的基本的犯罪构成，但它们具备修正的犯罪构成，这就是共犯定罪的根据，也是共犯承担刑事责任的根据。

三、单复数罪的认定

单复数罪就是一罪与数罪的问题，它是犯罪的特殊形态之一。如何区分一罪与数罪，这是在司法实践中经常遇到的问题，它关系到是不是运用数罪并罚的法律原则去处理案件。所以，正确区分一罪与数罪是实行数罪并罚的前提。

为了区分一罪与数罪，首先要明确区分一罪与数罪的标准。关于这个问题，在刑法理论上存在很多学说，概括起来，主要有以下几种：一是犯意说。根据这种观点，犯罪是主观恶性的外化。因此，区分一罪与数罪应以犯罪人的犯意的个数为标准：行为人基于一个犯意的就是一罪，基于数个犯意的就是数罪。二是行为说。根据这种观点，犯罪是一种行为。因此，区分一罪与数罪应以行为的个数为标准：行为人所实施的是一个行为的就是一罪，实施数个行为的就是数罪。三

① ［日］小野清一郎：《犯罪构成要件理论》，王泰译，82页，北京，中国人民公安大学出版社，1991。

是结果说。根据这种观点，犯罪对社会的危害主要表现在结果上，因此，区分一罪与数罪，应以结果的个数为标准：造成一个犯罪结果的是一罪，造成数个犯罪结果的就是数罪。以上关于区分一罪与数罪标准的三种学说中，犯意说是主观说，而行为说和结果说是客观说。由于区分一罪与数罪的标准不同，结论也就不一样。例如，一个人在同时同地连续地砍死了三个人。按照犯意说，这是基于一个杀人故意，实施了三个杀人行为，只构成一个杀人罪。按照行为说，这是三个杀人行为，构成三个杀人罪。按照结果说，一条人命就算一个结果，那么三条人命就算三个结果，构成三个杀人罪。在此，主观说和客观说的结论显然不同。在客观说中，行为说和结果说对一罪与数罪的看法也不总是一致的，在某些情况下也有所不同。例如，一个人开枪杀人，一枪打死两个人。按照行为说，这是一个杀人行为。因此，尽管死了两个人，还是一罪。按照结果说，造成了二人死亡，尽管只是一个杀人行为，仍构成两个杀人罪。我认为，区分一罪与数罪的上述主观说和客观说都是孤立地、片面地强调犯罪构成的某一个要件而不及其余要件。这些学说是以割裂主观和客观为特征的，不可能科学地解决区分一罪与数罪的标准问题，因而不能正确地认定一罪与数罪。

根据我国刑法理论，区分一罪与数罪只能以犯罪构成作为标准。因此，确定一罪与数罪，不能孤立地强调主观或者客观的某一个方面，而应把主观要件与客观要件结合起来考虑。具体地说，凡是行为人基于一个故意或者过失的行为，具备一个犯罪构成的，就是一罪；基于数个故意或者过失的行为，具备数个犯罪构成的，就是数罪。例如，主观上有一个杀人的故意，客观上实施了杀人行为，这就构成了一个故意杀人罪。基于一个概括的杀人故意，连续杀死几个人，这是否构成几个杀人罪呢？按照以犯罪构成作为区分一罪与数罪标准的观点，这就是一个故意杀人罪。因为杀死几个人都是包含在杀人犯的一个概括故意之中的，他的连续的杀人行为，是在他的一个杀人意图支配下实施的。所以，从主观和客观的统一来看，只能是一罪，杀死多人可以作为故意杀人罪的一个严重情节予以考虑。又如，行为人在主观上的强奸故意的支配下，客观上实施了强奸行为，这就构成一个强奸罪。如果强奸以后又起意杀死被害妇女，这就构成了强奸和故意杀人两个罪。总之，在认定一罪数罪的时候，应以犯罪构成为标准，把主观要件和客观要件结合起来。

第五节 刑事疑罪的处理

刑事疑罪如同医学上的疑难杂症，虽然在全部案件中所占比例不大，但它的存在极大地困扰着司法机关，对于公民自由无疑也是一种潜在的威胁。因为一旦形成疑罪，出罪还是入罪没有明确具体的标准，因而往往容易转化为冤假错案。在这个意义上说，刑事错案只不过是刑事疑罪的一种不良转化形态。对于错案，只是一个事后纠正的问题。而对于疑罪，则面临一个正确解决以防止转化为错案的问题。因此，需要对刑事疑罪加以研究。

一、刑事疑罪的变迁

刑事疑罪是伴随着犯罪而出现的一种十分古老的法律现象，对于刑事疑罪的认识与处理，在一定程度上反映了一个国家的刑法意识的成熟程度。在这一点上，中国人是值得炫耀的。早在几千年前，中国古人就对刑事疑罪有了相当深刻的认识，并且提出了相应的处理原则。《尚书·皋陶谟》便有“罪疑惟轻”之说。《左传·襄公二十六年》所引《夏书》“与其杀不辜，宁失不经”，可以说是罪疑从赦刑法原则的最早规定，至西周进一步具体化。按《尚书·吕刑》的记载：“墨辟疑赦，其罚百锾，阅实其罪。劓辟疑赦，其罚惟倍，阅实其罪。剕辟疑赦，其罚倍差，阅实其罪。宫辟疑赦，其罚六百锾，阅实其罪。大辟疑赦，其罚千锾，阅实其罪”，这就是所谓“五刑之疑有赦，五罚之疑有赦”。孔颖达疏引《正义》曰：“刑疑有赦，赦从罚也；罚疑有赦，赦从免也。”在具体掌握上采取“附从轻，赦从重”，即“施刑从轻条，赦罪从重条”，以示对疑罪的宽宥。关于从赦原则在司法审判中的体现，就是实行与众共讯的程序。根据《礼记·王制》：商时“疑狱，泛与众共之，众疑，赦之。”同时，疑狱需要“三刺”，根据《周礼·秋官司寇》：三刺，“壹刺曰讯群臣，再刺曰讯群吏，三刺曰讯万民……而施上服下服之罪。”及至唐朝，刑事疑罪的处理原则已经制度化，明确规定在《唐律》之中。《唐律》规定：“诸疑罪，各依所犯，以赎论。即疑狱，法官执见不同者，得为异诉，议不得过三。”《唐律》在这里区分了疑罪与疑狱，何谓之疑？《疏议》云：“疑，谓虚实之证等，是非之理均；或事涉疑似，旁无证见；或旁有闻证，事非疑似之类。”由此可见，疑有事之疑与理之疑之分。事之疑，即刑事诉讼法上的疑案，主要是指证据之疑案，也就是《唐律》中的疑罪。《疏议》曰：“疑罪，谓事有疑似，处断难明。”根据《疏议》的进一步解释，疑罪之疑是虚实之证等，即证明无罪之证据（虚证）与证明有罪之证据（实证）相等。所谓虚实之证等，谓八品以下及庶人，一人证虚，一人证实，是二人以上虚实之证相等；或七品以上，各据众证定罪，亦各虚实之数相等。其他如事涉疑似，旁无证见，或旁有闻证，事非疑似，都属于刑事诉讼法上的疑案。理之疑，则是刑法上的疑罪，也就是《唐律》中的疑狱。根据《疏议》的解释，疑狱谓狱有所疑，法官执见不同，议律论情，各申异见。也就是所谓“是非之理均”，谓有是处，亦有非处，其理各均。《唐律》对于疑罪与疑狱采取不同的处理原则：对于疑罪是各依所犯，以赎论。即按所疑之罪，准予被告人按赎法收赎。对于疑狱，则为异议，议不得过三。也就是说，对定罪有所怀疑，法官执见不同，议律论情，可以各申已见，提出不同的看法；但异议不得过三。如丞相以下，通判者五人，大理卿以下五人。如此同判者多，不可各为异议，故云议不得过三。即对同一案件的异议，不能超过三次，拖而不决。如经过三次评议，仍有异议，即按疑罪收赎之法处理。[①] 自唐以后，各朝刑律都有类似规定。例如《大元通制》规定：“诸疑狱

① 参见乔伟：《唐律研究》，411页，济南，山东人民出版社，1985。

在禁五年以上不能明者，遇赦释免。”由上可见，中国古代刑法对疑罪的处理虽然不是从无，而是从赎或从轻，但还是反映了中国古代刑法疑罪处理原则的一定的先进性。

西方对刑事疑罪的处理原则，可以追溯到古罗马法的“有疑，为被告人之利益”。根据这一原则，在处理刑事疑罪的时候，应当从有利于被告人的原则出发，对被告人从宽处理。及至近代，刑事疑罪是有罪还是无罪的问题与无罪推定原则紧密联系在一起。近代著名刑法学家贝卡里亚在《论犯罪与刑罚》一书中论及刑讯时指出：“在法官判决之前，一个人是不能被称为罪犯的。只要还不能断定他已经侵犯了给予他公共保护的契约，社会就不能取消对他的公共保护。除了强权以外，还有什么样的权利能使法官在罪与非罪尚有疑问时对公民科处刑罚呢？这里并未出现什么新难题，犯罪或者是肯定的，或者是不肯定的。如果犯罪是肯定的，对他只能适用法律所规定的刑罚，而没有必要折磨他，因为，他交代与否已经无所谓了。如果犯罪是不肯定的，就不应折磨一个无辜者，因为，在法律看来，他的罪行并没有得到证实。”① 根据贝卡里亚的这一观点，对于疑罪的被告人，在没有得到充分的证据证明其有罪之前，应当视为无罪。这一思想后来发展为无罪推定的原则，在 1789 年法国的《人权宣言》第 9 条中得到明确的体现，该条规定：任何人在未被宣告为犯罪之前，应当被假定为无罪，即使认为予以逮捕，但为扣留其人身不需要的各种残酷行为，都应受到法律的严厉制裁。此后，无罪推定的原则在某些国家的立法中也相继出现。如 1947 年《意大利共和国宪法》第 27 条规定：“被告在最终定罪之前，不得被认为有罪。”无罪推定原则在联合国的有关文件中也有规定，如 1976 年生效的《公民权利和政治权利国际公约》第 14 条规定：“被告人未经依法确立有罪以前，应假定其无罪。”根据无罪推定原则，疑罪从无是必然的结论。

① ［意］贝卡里亚：《论犯罪与刑罚》，黄风译，31 页，北京，中国大百科全书出版社，1993。

二、刑事疑罪的成因

刑事疑罪的产生，从表面上看，原因是多方面的：有立法上的原因，也有司法上的原因。但从根本上来说，刑事疑罪的成因还是在于人的认识能力的有限性，套用一句哲学术语，叫做人的思维的非至上性。

根据唯物辩证法的观点，人的思维是至上性与非至上性的统一。所谓人的思维的至上性，是指客观事物是可以认识的，从而与不可知论划清了界限。所谓人的思维的非至上性，是指人的认识能力又是有限的，人不是全知全能的，从而与唯心主义划清了界限。正如恩格斯指出：一方面，人的思维的性质必然被看作是绝对的，另一方面，人的思维又是在完全有限地思维着的个人中实现的。这个矛盾只有在无限的前进过程中，在至少对我们来说实际上是无止境的人类世代更迭中才能得到解决。从这个意义来说，人的思维是至上的，同样又是不至上的，它的认识能力是无限的，同样又是有限的。按它的本性、使命、可能和历史的终极目的来说，是至上的和无限的；按它的个别实现情况和每次的现实来说，又是不至上的和有限的。[①] 在法律活动领域，人的思维的至上性与非至上性的矛盾及其统一也体现得十分明显。从立法上来说，立法者的认识能力是有限的，必然受到各种主观与客观条件的限制。因此，创制法律，实际上是对客观规律的一种翻译，这种翻译较之从一种语言到另一种语言的转换要复杂得多，要想达到信、达、雅的翻译最高境界也要困难得多。立法者在表述法律的时候，难免言不达意；在翻译客观规律的时候，难免语意失真。法律本身的这种非完善性，就为刑事疑罪的产生埋下了伏笔。正如贝卡里亚指出："如果说对法律进行解释是一个弊端的话，显然，使人不得不进行解释的法律含混性本身是另一个弊端。"[②] 正

① 参见《马克思恩格斯选集》，2 版，第 3 卷，427 页，北京，人民出版社，1995。
② ［意］贝卡里亚：《论犯罪与刑罚》，黄风译，15 页，北京，中国大百科全书出版社，1993。

是这一弊害导致刑事疑罪的产生。在社会生活发生剧烈变动的时期，尤其如此。正如菲利所言："法律总是具有一定程度的粗糙和不足，因为它必须在基于过去的同时着眼未来，否则就不能预见未来可能发生的全部情况。现代社会变化之疾之大使刑法即使经常修改也赶不上它的速度。"① 例如，我国 1979 年刑法是建立在以高度集权统一为特征的计划经济体制的基础之上的，随着经济体制改革的深入开展，社会主义市场经济的迅速发展，刑法在日益复杂化的市场经济面前，显得如此苍白无力。由于经济合同关系、借贷关系、保险关系、破产关系、证券关系、广告关系、租赁关系、承包关系等新型的经济形式的大量涌现，使得经济活动空前活跃，也空前混乱。而随着这些经济关系产生的经济犯罪，诸如合同诈骗、发放高利贷、保险诈欺、破产诈欺、证券诈欺、广告诈欺等等，在刑法中没有明文规定，只能套用诈骗罪的刑法条款，显得力不从心，不敷使用。即使是刑法中已经规定的犯罪，也由于经济关系的变动而变得面目全非。例如，经济成分的多元化，经济活动主体的复杂化，使过去单一的国家工作人员的概念难以涵括现实生活中的各种身份的犯罪主体，过去内涵简单的贪污罪的主体与客体发生了重大变异，贪污罪似乎在一夜之间变得难以认定了，疑罪层出不穷。

如果说，法律落后于社会生活这一刑事疑罪产生的表层原因可以随着法律的及时废、改、立而得以暂时的缓解，那么，司法活动中人的思维的非至上性就似乎是具有一定的恒定性了。在这个意义上说，刑事疑罪的存在是不可避免的，因而也是一种正常的法律现象。从刑事司法的角度来说，刑事疑罪的产生有两个方面的原因：一是由法律适用活动本身的特殊性所决定的。因为刑事立法的完备与完善，刑事司法的严肃与严格对于防止刑事疑罪的发生，固然有着重要意义。但是，刑事疑罪既不可能因完备与完善的立法而消灭，也不可能因严肃与严格的司法而消亡。在此，应当从刑事司法活动本身寻找原因。刑事司法，尤其是定罪，表现为一个将一般的法条适用于个别的案件（成文法的司法模式下）或者将此个

① ［意］菲利：《犯罪社会学》，郭建安译，125 页，北京，中国人民公安大学出版社，1990。

别的判例适用于彼个别的案件（判例法的司法模式下）的过程，在这一适用过程中，难免出现失真现象。因为，正像菲利所指出的那样："在刑法中，将法令适用到具体案件中去不是或不应当像在民法中那样，仅仅是一个法律的和抽象的逻辑问题。它必须从心理学角度把某个抽象的条例适用于活生生的人。因为刑事法官不能将自己与环境和社会生活割裂开来，成为一个在一定程度上有些机械性质的法律工具。每一个刑事判决对人的灵活鉴定都取决于行为、行为人和对其起作用的社会情况等，而不取决于成文法。"① 如果说，菲利还仅仅是从刑事司法的活动对象——人这个角度来说明刑事司法活动的复杂性，那么，如果再结合适用法律本身的特殊性来考虑，刑事司法活动更为复杂。正是这种复杂性，导致刑事疑罪不可避免地产生。二是由刑事案件本身的复杂性所决定的。作为一起刑事案件，总是在一定的时间、一定的地点，以一定的方式发生的，因而是客观存在的，是可以认识的。但由于受到各种主观与客观的条件的限制，我们不可能把每一起刑事案件的证据收集齐全，事实认定清楚，而必然存在这样或那样的疑惑。即使我们主观上想"实事求是"，但客观上也并非每一个寓于"实事"之中的"是"都能被我们完全准确地"求"得。如果不承认这一点，以为一切案情都可以大白于天下，那么也就无所谓刑事疑罪的存在了。如果这不是出于天真幻想，那就是自欺欺人。因此，即使是实事求是，也受到人的思维的非至上性的限制。在这种情况下，借助于一定的法律规则是必要的。例如无罪推定就是这种规则之一。无罪推定与实事求是并不矛盾，两者也不是在同等的意义上而言的。实事求是是根本目的，它具有实质的价值，但正是考虑到人的思维的非至上性，为达到实事求是这一目的，还必然利用一定的手段，无罪推定就是这样的手段，它只具有工具的价值。总之，刑事司法活动的特殊性和刑事案件本身的复杂性，决定了刑事疑罪存在的必然性。

面对这种刑事疑罪存在的必然性，我们不能希冀从根本上消灭刑事疑罪，而

① ［意］菲利：《犯罪社会学》，120页，北京，郭建安译，北京，中国人民公安大学出版社，1990。

是应该寻求对刑事疑案的科学处理办法。

三、刑事疑罪的处理

关于刑事疑罪的处理原则，如前所言，中国古代有从无和从有两种处理，从有又分从实（罪疑按有罪处理）、从轻（罪疑时认定为有罪，同时减轻处罚）、从赎（罪疑按有罪处理，可以金钱赎罪）等情况。[①] 至于西方国家，一般采取从无原则。例如菲利指出："根据'遇有疑义时应有利于被告'这一普遍规则而产生的无罪推定原则，显然是建立在真实基础之上的，在审判过程中无疑也是必须遵守的。与诚实的人比较，未被察觉的罪犯很少，因此我们在证明他有罪之前必须认为每一个被告都是无罪的。"[②] 菲利也反对夸大"遇有疑义时应有利于被告"这一原则，菲利认为应当恢复罗马人以"案情不清"形式所承认的"证据不足"的裁决作为"无罪"和"有罪"裁决的替代形式更为合理。菲利指出："每一个受审的人，如果其无罪已被证实，都有权要求宣告无罪。不过，如果证据不足，他惟一的权利是不被定罪，因为他的有罪尚未被证明。但是，当嫌疑还存在的时候，社会并没有义务宣告他绝对无罪。在这种情况下，一个'证据不足'的裁决是惟一合乎逻辑的公正裁决。这样一个裁决将消除对被宣告无罪的人的怀疑。另一方面，由于在证明无罪和证据不足的案件中的裁决相同，还将避免法官和陪审团在证据不足时不宣告无罪而宣告有罪但处以轻刑的折中倾向。"[③]

我国法学界在对刑事疑罪采用何种处理原则这个问题上存在争议，基本上可以归纳为以下三种观点[④]：第一种观点认为罪疑从无，理由在于：（1）罪疑从无

① 参见宋英辉：《刑事案件事实认定中的几个问题》，载《政法论坛》，1991（1），37页。
② ［意］菲利：《犯罪社会学》，郭建安译，103页，北京，中国人民公安大学出版社，1990。
③ ［意］菲利：《犯罪社会学》，郭建安译，104页，北京，中国人民公安大学出版社，1990。
④ 参见宋英辉：《刑事案件事实认定中的几个问题》，载《政法论坛》，1991（1），37页。

是我国刑事诉讼证明要求的必然结果。（2）罪疑从无，符合处理疑案这一事物本身的规律。（3）罪疑从无符合我党关于敌我矛盾和人民内部矛盾一时分不清的，先按人民内部矛盾处理的政策精神。（4）罪疑从无是社会主义民主与法制的要求。第二种观点认为罪疑从无就是无罪推定，难免轻纵犯罪，因此罪疑应认定有罪，同时可以从轻、减轻或免予刑事处罚。第三种观点认为，上述两种意见均不符合实事求是的精神，因此主张对疑案既不说有罪，也不说无罪，而由侦查机关撤销案件。如果说，以上观点主要是从刑事诉讼法的角度论述，那么，从刑法角度论述，我国刑法学者提出疑罪从宽原则，具体地说：（1）被告人可能犯有数罪，但能够查证属实的只有一罪或其中几罪，应按查证属实的罪数去认定。（2）被告人可能犯有较重的罪，但能够查证属实的只是较轻的罪，应当按较轻的罪予以认定。（3）被告人所犯之罪可能属牵连犯或吸收犯等情况，但能够确认的只是其中处刑较轻的一个犯罪行为，那么，只能按所认定的这一犯罪行为定罪。（4）被告人可能实现了犯罪行为，但由于客观原因而使这种犯罪行为得不到查证属实的，则应按无罪处理。[①] 还有学者提出以下处理疑案的规则：（1）罪与非罪之疑，应作无罪认定。（2）罪轻与罪重之疑，留有余地。（3）对不影响案件基本事实、基本证据的存疑之处不予认定。[②]

我认为，刑事疑罪的处理原则，总的提法还是采罪疑从无为好。前面有些学者之所以提出罪疑从轻或从宽，主要是因为在发生疑罪的情况下，有时并非完全作无罪处理，例如重罪与轻罪之疑从轻。但我认为，疑案从无之无，并非全部都是无罪之无，例如重罪与轻罪之疑，就是仍认定有罪，但按轻罪处理。就所疑的重罪来说，难道不是一种无吗？正如我国学者指出：从在证据充足的“轻”与证据不足的“重”之间选择“轻”这个意义上讲，固然是从轻，但是从因证据不足不予认定“重”来讲，对“重”的部分是从无，而不是在“重”的部分之中从

① 参见王勇：《定罪导论》，51～52页，北京，中国人民大学出版社，1990。

② 参见张军：《刑事错案研究》，266、271、275页，北京，群众出版社，1990。

轻，正如对有罪证据不足的整个事实来说不是认定有罪的情况下从轻一样，是对整个事实不予认定。至于证据充足的“轻”的部分，是本应认定的，不存在选择问题。若该部分罪证不足，连轻的情节也不能认定。因此，上述情况下，与其说是“从轻”，倒不如说是从无更确切。[①] 至于那种认为对刑事疑罪，主要是指证据不足的刑事疑罪，既不说有罪，也不说无罪，而是撤销案件的观点，我认为不妥。因为有罪与无罪是一个事物的肯定与否定的两个方面，或者有罪或者无罪，既有罪又无罪的中间状态是不存在的。刑事疑罪既然不能证明有罪，当然只能宣告无罪。当然，这里的无罪是指证据不足的无罪，这与那种没有任何证据的无罪还是有量的区别的，但在无罪这一点上具有质的同一性。

刑事疑罪之所以从无，可以从以下两个方面加以说明：

（一）罪刑法定的必然要求

根据罪刑法定的原则，只有在法律有明文规定的情况下，对某一行为才能认定有罪并处以刑罚。如果没有明文规定，除非在依法适用类推的情况下，不得认定有罪。刑事疑罪，这里主要是指实体法意义上的疑罪即法律之疑的疑罪，在罪与非罪之疑的情况下，既然难以认定为有罪，就应当认定为无罪；在重罪与轻罪之疑的情况下，既然难以认定为重罪，就应当认定为轻罪。只有这样，才能够有效地保护公民的权利不受非法侵害。

（二）无罪推定的必然要求

根据无罪推定的原则，在没有经审判正式认定为有罪之前，应当假定被告人是无罪的。1996 年刑事诉讼法明文规定了无罪推定原则，在处理疑罪上，这一原则更是有其重要意义。刑事疑罪，这里主要是指程序法意义上的疑罪即事实之疑的疑罪，既然没有充分的证据能够证明被告人有罪或者罪重，那么就应当实事求是地宣告被告无罪或者罪轻。由此可见，在处理刑事疑罪这一点上，无罪推定恰恰是一种实事求是的态度。只有这样，才能保障被告人的合法权利，防止出入人罪。

---

① 参见宋英辉：《刑事案件事实认定中的几个问题》，载《政法论坛》，1991（1），37 页。

第二十五章

罪刑关系的量的个别化

罪刑关系的个别化，除了质的个别化，即定罪以外，还存在一个量的个别化问题，这就是我们通常所说的量刑问题。量刑是在定罪的基础上，对具体刑罚进行裁量，因而具有承前（定罪）启后（行刑）的意义。

第一节　量刑的概念

一、量刑的变迁

量刑是与定罪紧密地联系在一起的，因此，量刑同定罪一样，也经历了一个从擅断到依法裁量的演变过程。

在古代刑法中，由社会的性质所决定，实行所谓“设法而体刑，临事而议罪”。罪之擅断，决定了刑之擅断。在实行刑罚擅断的情况下，量刑没有严格的法律根据与事实根据，而是以个人之好恶为转移。因此，刑之轻重、人之生死，完全取决于法官的自由裁量权。及至18世纪末期，随着启蒙运动的兴起，刑罚擅断的量刑制度遭到了启蒙思想家的猛烈抨击。尤其是刑事古典学派所宣扬的罪刑法定主义上升为刑法原则，主宰着资本主义初期的刑事立法，出于对刑罚擅断的矫枉过正，实行绝对的罪刑法定，由此而彻底否定了法官的自由裁量权。根据这种绝对罪刑法定原则，法官的任务只是确认一个公民是有罪还是无罪。无罪则不存在刑罚裁量问题，有罪同样不存在刑罚裁量，因为刑法已经规定了唯一可供适用的法定刑，法官毫无选择斟酌之余地。绝对罪刑法定主义虽有保障人权的积极意义，但剥夺了法官的自由裁量权，因而存在明显弊端。

近代科学的量刑原则，是与相对罪刑法定主义共命运的。根据相对罪刑法定主义，刑法仍然坚持罪刑法定，但这种罪刑法定并不意味着对法官的自由裁量权的彻底否定，而是使法定刑相对确定，即规定了一定的量刑幅度，法官在法定的量刑幅度内有选择科处之余地。相对罪刑法定，使法官的量刑成为可能，使刑罚个别化成为现实，因而为各国刑法所采纳。

二、量刑的特征

量刑是人民法院依据刑事法律确定对犯罪人是否判处刑罚，判处何种刑罚以及判处多重刑罚的刑事司法活动。因此，量刑具有以下特征：

（一）量刑的主体是人民法院

根据我国有关法律的规定，量刑的唯一主体是人民法院。人民法院是刑事审判机关，而量刑是刑事审判的重要内容之一。除人民法院享有量刑权以外，其他任何机关都没有量刑权。

（二）量刑的内容是对犯罪人确定刑罚

量刑所要解决的是对犯罪人适用刑罚的问题。确切地说，量刑是人民法院在查清犯罪事实的基础上，依法决定对犯罪人是否判处刑罚，判处什么样的刑罚以及判处多重的刑罚。量刑就是围绕着这一系列的问题而展开的，这些问题的核心是解决罚当其罪的问题。这些问题的正确解决，直接关系到维护社会主义法制、保障国家和人民的利益，实现我国刑法的任务。因此，量刑适当与否是检验刑事审判工作质量的重要标准之一。

（三）量刑的性质是一种刑事司法活动

量刑是人民法院根据犯罪事实、犯罪性质、情节和对社会的危害程度，还要参照犯罪人的个人情况，依照刑法的有关规定，对犯罪人裁量决定适当的刑罚。因此，量刑是人民法院的一种刑事司法活动，是国家刑事法律活动的有机组成部分。

三、量刑的模式

量刑模式是指量刑的基本方式。世界上存在两大量刑模式，我们应当在批判地借鉴这两大量刑模式的基础上，建立具有中国特色的量刑模式。

（一）大陆法系的量刑模式

大陆法系国家实行成文法，恪守古罗马“审判不依照判例，而依照法律”（Non exemplis sed legibus judicendum est）的原则。因此，法官只能依照法律的规定裁量刑罚。在某个时期，甚至实行绝对的法定刑。在这种情况下，法官的作用只是进行逻辑推理。正如意大利刑法学家贝卡里亚指出：“法官对任何案件都应进行三段论式的逻辑推理。大前提是一般法律，小前提是行为是否符合法律，结论是自由或者刑罚。”① 当前，大陆法系国家一般都实行相对确定的法定刑，在法律规定的限度之内，法官具有自由裁量权。这种自由裁量权，是指法官在审判刑事案件时，在坚持罪刑法定、有法必依原则的前提下，对具体案件的犯罪分子有权在法律规定的范围内选择与犯罪行为和犯罪人个人特点相适应的处罚方法。② 法官自由裁量权的存在，既使量刑被限定在法定范围之内，又使法官的主

① ［意］贝卡里亚：《论犯罪与刑罚》，黄风译，4页，北京，中国大百科全书出版社，1993。

② 参见张绍谦：《浅论法官量刑的“自由裁量权”》，载杨敦先主编：《刑法发展与司法完善》，251～252页，北京，中国人民公安大学出版社，1989。

观能动性得以发挥。大陆法系的量刑模式，从哲学上来说，是从一般到个别的推理。由于法条总是概括、抽象的，案件则是个别、具体而又千差万别的，因而这种量刑模式虽然在当时对于反对封建时期的罪刑擅断具有积极意义，但它也存在限制法官能动作用的缺憾。

（二）英美法系的量刑模式

在英美法系国家，判例是法律的主要渊源和形式，实行的是判例法，法官就是立法者，可以创制法律。根据判例法制度，某一判决中的法律规则不仅适用于该案，而且往往作为一种先例而适用于以后该法院或下级法院所管辖的案件。只要案件的基本事实相同或者相似，就必须以判例所定规则处理，这就是所谓“遵循先例”（Stare Decisis）的原则。这种量刑模式，从哲学上来说，是从个别到个别或者从此个别到彼个别的推理。判例法可比性强，为法官提供了一个具体感性的类比样板，以资仿效，并能适应形势变化等优点。但这种量刑模式可能造成量刑偏颇，不利于法制统一，并有判例庞杂、坠入文牍之嫌。在法官的思想素质与业务素质不具备或不完全具备的情况下，实行这种量刑模式，可能造成以法官个人的好恶代替法律的弊端。

（三）建立具有中国特色的量刑模式

大陆法系的成文法制度与英美法系的判例法制度虽然存在很大的差别，但也并不是绝对不相容的。近些年来，两大法系有逐渐合流的趋势。在司法活动中，大陆法系国家在坚守成文法的疆域的同时，已允许判例占有一席之地；英美法系虽然仍恪守“遵循先例”的传统，但同时也在制定成文法，尤其在量刑上，推行“判刑指导准则”（sentencing guideline）。美国的明尼苏达、宾夕法尼亚和华盛顿三个州建立了专门机构，称之为“量刑委员会”（sentencing commission），颁布了标准推定量刑准则。这些由议会授权的专门行政机构制定的准则和加利福尼亚州等立法机关本身制定的法律一样，对法官有法律约束力。[①]

① 参见储槐植：《美国刑法》，326 页，北京，北京大学出版社，1987。

在我国虽然判例制度有着悠久的历史，但我国现在是一个实行成文法的国家，判例的法律效力从来是不被承认的。20世纪80年代，我国法学界对建立判例制度的呼声日益高涨。例如，我国学者提出建立以成文法为主、以判例法为辅的具有中国特色的法律体系。[①] 值得注意的是，从1983年开始，我国最高司法机关编发了一系列的案例，这些案例虽然还不具有判例的性质，但它们在指导各级人民法院的审判工作中发挥了积极的示范作用。诚然，判例对于定罪与量刑都具有指导意义，但我认为，尤其应当注重判例在量刑上的指导。因为我国刑法的法定刑幅度较大，法官的自由裁量权也较大。一旦法官没有能力正确理解在法律中所体现的立法意图，或者不能忠实地代表国家行使刑罚权，国家应采取必要的措施，限制这种权力的任意使用，尽量由国家统一行使。正如我国学者指出，限制自由裁量权的重要措施之一，就是引进英美法系的判例制度。具体的犯罪虽绝对不同，但同一性质犯罪的不同案件之间，在其主要方面，却往往有许多相同的地方。而在这些情节大致相同的案件之间，危害性是有可比性的，因而其宣告刑也有可比性。因此，如果最高人民法院能够经常性地将一些定性、量刑都比较恰当的案例予以公布下发，明确规定各级法院应当参照执行，就可以大大克服成文法法定刑幅度过宽，法律用语含糊，各级法院、每一法官难以统一理解的弊端。[②] 我认为，这一建议是可行的。我国在坚持成文法的同时，兼采判例法，应该是一个可供选择的量刑模式。在这种量刑模式之下，成文法仍是量刑的主要根据，必须在法定的量刑幅度之内裁量刑罚。同时，赋予最高司法机关定期或者不定期颁布量刑判例的权力，并使这些量刑判例作为各级人民法院量刑的法律依据，对于同类或者相似案件具有法律拘束力，由此从法律体制上保证量刑适当，罚当其罪。

2010年11月26日和7月29日，最高人民法院和最高人民检察院分别通过

① 参见武树臣：《论判例在我国法制建设中的地位》，载《法学》，1986（6），26页。

② 参见张绍谦：《浅论法官量刑的“自由裁量权”》，载杨敦先等主编：《刑法发展与司法完善》，263页，北京，中国人民公安大学出版社，1989。

并颁布了《关于案例指导工作的规定》（以下简称《规定》），标志着案例指导制度在我国正式建立。案例指导制度中的案例，又被称为指导性案例。指导性案例区别于不具有指导性的普通案例，在某种意义上说，所谓指导性案例其实就是判例。案例指导制度实行以后，高法和高检先后颁布了若干指导性案例。这些案例，包括了刑事指导性案例，对于定罪量刑活动都具有重大的指导意义。例如高法颁布的王志才故意杀人案（法例第 4 号）、李飞故意杀人案（法例第 12 号），对如何区分故意杀人罪的死刑立即执行和死刑缓期执行提出了具体规则，有利于限制死刑的适用。我相信，随着刑事指导性案例的逐渐颁布，其在量刑中的作用必将日益凸显。

第二节　量刑的原则

量刑的原则，是一个在刑法理论与司法实践中都具有重大意义的问题。但是，在量刑的原则这一问题上，还存在较大的分歧。为此，需要深入地加以探讨。

一、量刑原则之比较

量刑原则，作为指导刑罚裁量的法律准则，在大陆法系许多国家的刑法典中都有所规定。

在西方国家的刑法中，规定量刑原则的有联邦德国、意大利、日本等国。《德国刑法典》第 46 条规定："犯罪人之责任为量刑之基础。刑罚对犯罪人未来社会生活的可期待发生之影响，并应斟酌及之。"这就要求法官在量刑的时候，同时要考虑到"犯罪人之生活经历，其人身及经济的关系"等各种犯罪人个人情况。《意大利刑法典》也明确规定，法官量刑在斟酌犯罪行为情状的同时，要斟酌犯罪人下列之个人情况："一、犯罪之动机及行为人之性格；二、刑事及裁判上之前科及行为人犯罪前之行为及生活状况；三、犯罪时或犯罪后之态度；四、行为人个人、家庭或社会关系。"日本1974年修正刑法草案关于刑罚适用一般标准的第2项，更明确地规定："适用刑罚时，必须考虑到罪犯的年龄、性格、经历和环境、犯罪的动机、方法、后果和社会影响、罪犯在犯罪后的态度和其他情由，应该达到有利于遏制犯罪和使罪犯改过自新这个目的。"由此可见，西方国家对量刑原则的表述虽然有所不同，但在量刑时除考虑所犯罪行以外，都要参考其个人情况，这一点是共同的。

苏俄和东欧国家刑法对量刑原则也有明文规定。例如1919年的《苏俄刑法指导原则》规定："对于犯罪人决定刑罚方法的时候，法院要鉴别犯罪人本人和他所实施的犯罪行为对共同生活的危害程度和危害性质（属性）。为了这一目的，法院除了研究实施犯罪行为的全部环境以外，首先应当判明犯罪人的个人情况在其罪行和动机里已经暴露出来的程度，及根据其生活方式和过去情形所能阐明其个人情况的程度；其次，并应当确定行为本身在当时的时间和地点的条件下，对于社会安全的基础所侵害的程度。"此后1922年的《苏俄刑法典》、1924年的《苏联及各加盟共和国刑事立法基本原则》、1926年的《苏俄刑法典》、1958年的《苏联及各加盟共和国刑事立法纲要》和1962年的《苏俄刑法典》都有类似规定。例如1986年修订的《苏俄刑法典》第37条规定："法院应当确切按照苏联和各加盟共和国刑事立法纲要以及本法典总则的各项原则，在规定着犯罪责任的本法典分则条文所确定的范围内量刑。法院在量刑时，应当遵循社会主义法律意识，考虑实施犯罪的性质和社会危害程度、犯罪人的身份，以及减轻和加重责任的案件情节。"此外，东欧国家，例如《捷克斯洛伐克刑法典》第19条规定："法院在量定刑罚时，应当考虑犯罪行为的社会危害性的程度、有罪人的罪过程度、有罪人的个人特性。"《蒙古刑法典》第27条规定："适用刑罚的一般原则，法院应当严格按照蒙古人民共和国刑法典的有关规定和在它所规定的范围内适用刑罚。法院适用刑罚应当以社会主义法律意识为指导，考虑罪行的性质和对社会的危害程度、犯罪人的个人情况以及减轻和加重责任的各种情节。”

从以上规定可以看出，无论是西方国家还是苏联和东欧国家，尽管在刑法典中对量刑的原则表述不尽相同，但内容上大同小异，即在量刑的时候，既要依据犯罪的社会危害性程度，又要考虑犯罪人的人身危险性的大小，由此确定应当判处的刑罚。

二、量刑原则之考察

我国1979年刑法第57条规定：“对于犯罪分子决定刑罚的时候，应当根据犯罪的事实、犯罪的性质、情节和对于社会的危害程度，依照本法的有关规定判处。”我国刑法学界一般认为，1979年刑法第57条是关于量刑的一般原则的规定，认为这是总结我国司法机关多年来量刑的经验规定出来的量刑的一般原则，它是“以事实为根据，以法律为准绳”这一审判工作的指导原则在量刑方面的具体体现。[①] 我国有些刑法论著明确把“以事实为根据，以法律为准绳”作为量刑的一般原则；有的则具体化为“以犯罪事实为根据，以刑事法律为准绳”[②]。对此，我国刑法学界有的学者提出质疑，认为1979年刑法第57条关于量刑的一般原则中，实际上包含着两个基本原则，这就是罪刑相适应原则和刑罚个别化原则。我国有些刑法教科书将该条仅仅概括为“以事实为根据，以法律为准绳”，而不进一步揭示其内涵，是不够的，因为“以事实为根据，以法律为准绳”的原则，不仅是量刑，也是定罪的基本原则，并且还是我国民事、经济、行政等所有司法实践的基本原则，它本身还不能完全反映量刑这一具体工作的特殊性。[③] 有些学者则更明确地指出，我国刑罚适用的原则应当是：（1）刑罚相适应；（2）刑

① 参见高铭暄：《中华人民共和国刑法的孕育和诞生》，87页，北京，法律出版社，1981。

② 王作富主编：《中国刑法适用》，239页，北京，中国人民公安大学出版社，1987。

③ 参见曲新久：《试论刑罚个别化原则》，载《法学研究》，1987（5），25页。

罚个别化；（3）刑罚法定。[①]

我认为，“以事实为根据，以法律为准绳”是法的适用的基本原则。[②] 可以说，我国1979年刑法第57条的规定体现了这一原则，如果认为这一原则就是我国刑法中量刑的一般原则，则确实没有揭示量刑的特殊性，因而不妥。正如有些学者指出：将“以事实为根据，以法律为准绳”作为刑罚适用的原则，实际上是将司法工作的普遍原则混同于刑罚适用的原则，就如同把宪法的某些原则混同于刑法、民法的原则一样[③]，其不妥之处显而易见。然而，将罪刑相适应视为量刑的原则，也存在问题。因为罪刑相适应被公认为是刑法的基本原则之一，在此又被视为量刑原则，仍然没有揭示量刑工作的特殊性。至于有些学者为了区别起见，称为刑罪相适应，而不称为罪刑相适应，但从其所论述的内容来看，与作为刑法基本原则的罪刑相适应并无二致。[④] 由此可见，字序的变化，并非良策。同时，认为1979年刑法第57条包含了刑罚个别化原则也是大有疑问的。因为刑罚个别化是指在量刑时要考虑犯罪人的个人因素，而1979年刑法第57条并未规定这种表明再犯可能性的个人因素。1979年刑法第33稿关于量刑原则的条文中，在“应当根据犯罪的事实、犯罪的性质、情节和对于社会危害程度”之后，还有“参照犯罪分子的个人情况、认罪的老实程度和对犯罪的悔改态度”一句。修改中认为，这些情况在量刑工作中适当加以掌握就行了，不必在条文中明白规定，规定上去，容易产生副作用：第一，不顾犯罪事实本身怎样，片面强调犯罪后的态度，势必导致量刑上的偏颇；第二，片面强调认罪和悔改态度，易使被告人产生顾虑，不敢充分行使辩护权，这对弄清事实没什么好处；第三，“犯罪分子的个人情况”，易使人理解为包括出身成分，出身成分好就从轻处罚，出身成分不好就从重处罚，这势必违反在法律面前人人平等的原则。为了避免可能产生的这

---

① 参见周振想：《刑罚适用论》，160页，北京，法律出版社，1990。

② 参见孙国华主编：《法学基础理论》，286页，北京，法律出版社，1982。

③ 参见周振想：《刑罚适用论》，155页，北京，法律出版社，1990。

④ 参见周振想：《刑罚适用论》，160页，北京，法律出版社，1990。

些副作用，因此将上述那一句删除。[①] 立法者的这些考虑当然是可以理解的，“十年动乱”中流行的“唯成分论”，片面强调犯罪人的阶级出身，以至于发生以出身好坏出入人罪的惨案，对于立法者来说是心有余悸的。“十年动乱”中出现的不顾犯罪事实而片面强调犯罪后的态度，甚至提出“问题不在大小，关键在于态度”的口号，导致量刑上的畸轻畸重，对于立法者来说是记忆犹新的。在这种情况下，立法者将在量刑的时候，考虑犯罪分子的个人情况、认罪态度和悔改表现的有关内容删掉，用心可谓良苦。但实际上这是一种因噎废食的做法，其结果只能是走到另一个极端：不考虑犯罪人的个人情况而机械地量刑，使刑罚的个别预防目的难以得到实现。我认为，只要正确地认识犯罪事实与个人情况在量刑中的作用及其相互关系，是可以防止上述两种极端现象发生的。因此，在修改刑法的时候，应重新补充规定量刑时应考虑犯罪人的个人情况、悔改表现等内容。然而，1997 年刑法第 61 条仍然承袭了 1979 年刑法第 57 条的规定，未作任何变动，尤其是没有增加刑罚个别化的内容，这是十分遗憾的，也与刑法第 5 条罪刑均衡的规定存在矛盾。

三、报应与预防相统一的量刑原则

我认为，量刑的原则实际上是要回答量刑以什么为根据的问题。就此而言，我国刑法应以报应与预防相统一作为量刑的一般原则。根据这一量刑原则，量刑要以已然之罪的社会危害性（主观恶性与客观危害的统一）为基础，同时考虑未然之罪的可能性（再犯可能性与初犯可能性的统一）。当然，在这两者中，前者是主要的，后者是次要的。但两者又是不可分割、不可偏废的，应该在量刑中得到兼顾。

① 参见高铭暄：《中华人民共和国刑法的孕育和诞生》，88 页，北京，法律出版社，1981。

（一）量刑的报应根据

量刑的报应根据指已然之罪的严重性程度应当成为所裁量的刑罚的严厉性程度的标准。犯罪的严重性，体现在犯罪的主观恶性与客观危害这两个方面。因此，量刑的报应根据既包括主观恶性，又包括客观危害。

犯罪的主观恶性，是指犯罪人支配其犯罪行为的主观心理状态，它往往标志着犯罪人应受的道德谴责和法律责难的程度。以犯罪人的主观恶性作为量刑根据，就是要求刑罚的分量与犯罪人的主观恶性的大小相适应，即犯罪人的主观恶性大，刑罚就愈严厉；犯罪人的主观恶性小，刑罚就愈和缓。

犯罪的客观危害，是指犯罪在客观上所造成的实际损害或造成实际损害的危险。犯罪所造成的实际损害，包括有形的损害与无形的损害。有形的损害是指犯罪所造成的看得见、摸得着的损失，例如人被杀死、财物被毁坏。而无形的损害则是指犯罪所造成的看不见、摸不着的损失，例如名誉损失、社会不良影响。造成实际损害的危险，是犯罪给其客体造成实际损害的可能性，这种可能性，是一种现实的可能性。犯罪的客观危害作为量刑的根据，不是要求同害报复，即犯罪所造成的损害是什么，便用刑罚剥夺犯罪人的什么权益。这是因为，同害报复反映的只是犯罪的损害状态，而不是客观危害的大小。犯罪的损害状态，是一种直观的形态，而客观危害的大小则须由人作出主观的评判。因此，以犯罪的客观危害作为量刑的根据，就是要求刑罚的分量与客观危害的大小相适应，即犯罪的客观危害大，刑罚就愈严厉；犯罪的客观危害小，刑罚就愈和缓。

犯罪的主观恶性与客观危害虽然是两个不同的概念，但两者之间具有不可分割的联系。这是因为，犯罪的主观恶性总是要外化为客观危害，而客观危害本身又可作为衡量主观恶性的标准。因此，在通常情况下，主观恶性的大小与客观危害的大小是一致的。正因为如此，在量刑时，可以兼顾犯罪的主观恶性与客观危害，使所裁量的刑罚的轻重同时符合两者的大小。但主观恶性与客观危害毕竟是两个不同的概念，在司法实践中同时把两者作为量刑的根据，有时会发生两者之间的脱节现象。在这种情况下，应以何者决定刑罚分量就成为一个问题。例如，在犯罪预备、未遂等场合，犯罪人的主观恶性大，客观危害不大。而在过失犯罪、激情犯罪等场合，犯罪人的主观恶性较小，客观危害则大。在这种情况下，应该采取折中的办法，即对于主观恶性与客观危害脱节的情况，量刑既不能仅根据一方的大小而从重，也不能仅凭另一方的大小而从轻，应该综合两个方面因素，作出刑罚轻重适中的判决。

（二）量刑的预防根据

量刑的预防根据是指未然之罪的可能性大小应当成为所裁量的刑罚的严厉性程度的标准。未然之罪的可能性，体现在再犯可能性与初犯可能性这两个方面，因此，量刑的预防根据既包括再犯可能性又包括初犯可能性。

再犯可能性是指犯罪人重新犯罪的可能性，个别预防主要就是通过消除再犯可能性而实现的。再犯可能性是通过人身危险性表现出来的。以再犯可能性作为量刑的根据，就是要求刑罚的分量与犯罪人的再犯可能性的大小相适应，即犯罪人的再犯可能性大，刑罚就愈严厉；犯罪人的再犯可能性小，刑罚就愈和缓。具体地说，存在以下三种情况：一是是否判刑与犯罪人再犯可能性的有无相适应。借助对犯罪人诸方面情况的综合分析，如果能得出犯罪人已无人身危险性，不会再犯罪的结论，便应作出免予刑罚的决定；反之，如果认为犯罪人仍然具有再犯可能性，则必须决定对其判处刑罚。二是刑罚的性质与可能再实施的犯罪的性质相适应。借助对犯罪人的人身危险性的全面测定，如果能得出犯罪人不但可能再犯罪，而且可能再犯某一特定之罪的结论，那么，便应判处能有效地遏制这一犯罪发生的刑罚方法。例如，对于有可能继续实施职务上的犯罪的人，应该判处资格刑；对于有可能实施贪利性犯罪的人，应该判处财产刑。三是借助对犯罪人的人身危险性的全面测定，如果所得出的结论是犯罪人再犯罪的可能性特别大，不堪改造，便应该判处最为严厉的刑罚，例如死刑，以有效地剥夺其犯罪能力；如果所得出的结论是犯罪人具有较大的再犯可能性，但并非完全不堪改造，应该判处长期的自由刑；如果所得出的结论是犯罪人再犯可能性不大，容易改造，则只应判处短期自由刑。

初犯可能性是指除犯罪人以外的一般人犯罪的可能性，一般预防主要就是通过防止一般人犯罪而实现的。以初犯可能性作为量刑的根据，就是要求刑罚的分量与一般人的初犯可能性的大小相适应，即一般人的初犯可能性大，刑罚就愈严厉；一般人的初犯可能性小，刑罚就愈和缓。具体地说，存在以下四种情况：一是量刑与社会治安形势的好坏相适应。社会治安形势的好坏对刑罚的一般威慑功能的发挥至关重要。因此，在社会治安形势良好时，对犯罪人的量刑可以从宽；而当社会治安形势混乱时，对犯罪人的量刑则应该从严。二是量刑与犯罪发案率升降相适应。发案率上升的犯罪，既然是潜在犯罪人最有可能实施的犯罪，那么，为了充分发挥刑罚的一般威慑功能，有效地遏制潜在犯罪人的犯罪，在量刑时，便应该对发案率日趋上升的犯罪予以从严处罚；对于潜在犯罪人不大可能实施的犯罪，即发案率稳步下降的犯罪，在量刑时则可以相对地从宽处罚。三是量刑与受害人的愤恨程度相适应。要充分发挥刑罚的犯罪预防作用，防止受害人的私力报复行为，对犯罪人所处的刑罚的轻重便应与受害人的愤恨程度相适应。受害人对犯罪人的愤恨越大，量刑时，对犯罪人越应从严处罚；受害人对犯罪人的愤恨愈不明显，对犯罪人则越应从宽处罚。四是量刑与民愤大小相适应。民愤的大小，既然体现着守法者对犯罪的否定性的价值评断，那么，为了充分发挥刑罚对守法者守法意识的稳固与强化功能，有效地防止守法者蜕变成为不稳定分子，便有必要使量刑与民愤大小相适应，即犯罪所激起的民愤越大，量刑越应严厉；犯罪所激起的民愤越小，量刑则越应从轻。

再犯可能性与初犯可能性虽然是两个不同的概念，但两者之间具有同一性，这种同一性在刑罚的双重预防功能中得以体现。但刑罚双重预防功能的主次性与对立性，又决定了两者的主次性与对立性。因此，在量刑的时候首先应该兼顾双重要求，即量刑既要与再犯可能性相适应，又要与初犯可能性相适应，而不能顾此失彼。同时，量刑时对这两个要求，又不能平等视之，而应该以量刑与再犯可能性相适应为主要要求，以量刑与初犯可能性相适应为次要要求或参考性要求。在具体的情况下，当这两个要求相对立时，通常应该舍弃次要要求，服从主要要求。

第三节　各种刑罚的裁量

一、生命刑的裁量

生命刑的裁量，关系到一个人的生与死，应当慎之又慎。因此，中国古代称生命刑为慎刑。生命刑的裁量可以分为死刑的裁量与死缓的裁量，下面分别加以论述。

（一）死刑的裁量

我国刑法第 48 条规定："死刑只适用于罪行极其严重的犯罪分子"。因此，罪行极其严重是适用死刑的前提，罪行非达到极其严重的程度，不能适用死刑。在这个意义上说，死刑的裁量，就是对罪行极其严重的认定。然而，罪是一个抽象而笼统的概念，为了正确地裁量死刑，需要根据刑法分则对各种死罪的规定使之具体化。我国刑法分则对各种死罪都作了相对具体的规定，例如危害国家安全罪适用死刑必须是"对国家和人民危害特别严重，情节特别恶劣"；重大刑事犯罪适用死刑必须是"情节特别严重"、"危害特别严重"、"造成后果特别严重"或者"致人重伤、死亡"等；经济犯罪和财产犯罪适用死刑必须是"数额特别巨大"等。当然，这些规定本身还是具有一定的概括性，但相对于罪行极其严重而言，总是要具体一些。在适用死刑的时候，应该结合司法解释和有关案情，加以正确地认定。

如果说，罪行极其严重是死刑适用的积极条件，那么，在死刑裁量的时候，我们还应当注意死刑适用的消极条件，也就是所谓排除条件。凡是存在这些法定的消极条件的，就应当排除死刑的适用。根据我国刑法第 49 条规定："犯罪的时候不满十八周岁的人和审判的时候怀孕的妇女，不适用死刑"。因此，犯罪的时候不满 18 周岁的人之所以不适用死刑，是因为未满 18 周岁的人，身心发育尚不成熟，认识和控制自己行为的能力还不及成年人，可塑性大，较易改造。但是，根据我国1979年刑法第44条规定，如果已满16周岁不满18周岁的人所犯罪行特别严重，可以判处死刑缓期二年执行。我认为，这一规定不妥。因为不适用死刑，就排除了适用死缓的可能性，死缓并非独立刑种，只是死刑的一种执行制度，它是以判处死刑为前提的。因此，我认为修改刑法时应当废止这一规定。1997年修订后的刑法采纳了这一建议，对不满18周岁的未成年人实现了严格意义上的不适用死刑。对孕妇不适用死刑，主要是从保护胎儿考虑，也是人道主义的必然要求。孕妇有罪，但胎儿无辜，不能因为母亲有罪而累及胎儿。特别是对孕妇不适用死刑已经成为一项世界性的原则，为各国刑法所公认，如果我们对孕妇判处死刑，在国际上会产生不良影响。应当注意，对孕妇不适用死刑，不仅指不判处死刑立即执行，而且也不能判处死缓，更不是说，在孕期不执行死刑，等分娩或人工流产后再执行死刑。

（二）死缓的裁量

严格地说，死缓是死刑的执行方法。但由于它也存在量定的问题，因而对死缓的裁量应当加以研究。

适用死缓的对象，必须是符合死刑条件的人。因为只有对于应当判处死刑的犯罪分子，才谈得上缓期执行的问题。明确这一点，对于防止死缓的滥用具有重要意义。根据我国刑法的规定，对于应当判处死刑的犯罪分子，如果不是必须立即执行的，可以判处死缓。那么，如何理解不是必须立即执行呢？我认为，就每一罪该处死的具体案件来说，是否必须立即执行，应根据量刑情节轻重、民愤大小、认罪态度好坏、政治影响如何等情况，加以认定。例如，对于经济犯罪来说，那些达到死刑的数额标准，且属于情节特别严重，但某一方面具有可宽恕因素的，例如退赔较好、动机不是特别卑鄙等，可以考虑判处死刑缓期执行。[①] 在其他类型的犯罪中，也应综合全案情节进行裁量，以便正确地认定是否必须立即执行。

① 参见陈兴良主编：《经济刑法学（总论）》，266～267页，北京，中国社会科学出版社，1990。

二、自由刑的裁量

我国刑法中的自由刑，分为无期徒刑、有期徒刑、拘役和管制，下面分别对其裁量问题加以论述。

（一）无期徒刑的裁量

无期徒刑的裁量，也是需要慎重对待的，因为无期徒刑具有确定性，不像有期徒刑那样有一定的幅度，可以在这一幅度之内灵活掌握。我认为，无期徒刑的裁量，应当考虑以下因素：

1. 已然犯罪的危害性是否达到相当严重的程度

无期徒刑是重刑之一，罪行不达到相当严重的程度不能适用。至于如何具体考察已然犯罪的危害性是否达到了相当严重的程度，还是应当从客观危害和主观罪过两个方面入手，将两者有机地统一起来，得出对犯罪人是否适用无期徒刑的正确结论。

2. 未然犯罪的可能性的大小

在无期徒刑裁量的时候，不仅要考虑罪行的严重程度，还要考虑未然犯罪的可能性的大小。如果犯罪人悔罪表现较好，具有自首甚至立功表现的，可以考虑不适用无期徒刑。如果犯罪人罪行十分严重，而且拒不认罪，或者具有抗拒表现的，可以考虑适用无期徒刑。当然，还要兼顾社会对该犯罪人的反应，着眼于一般威慑。

（二）有期徒刑的裁量

有期徒刑是适用面最广的刑罚方法，因而如何对犯罪人准确地裁量有期徒刑，意义十分重大。我认为，在有期徒刑的裁量中，应当注意以下问题：

1. 依法裁量

我国刑法对各种犯罪规定了具体的量刑幅度，在刑事司法中，不能突破法律规定的有期徒刑的刑度，而是要严格依照法律的规定。这里所谓法律的规定，既包括现行刑法典，又包括其他单行刑法和附属刑法。

2. 依照司法解释裁量

司法解释虽然只是对法律的解释，但由于它是由最高司法机关作出的，属于有权解释，因而对各级司法机关都具有拘束力。司法解释对于有期徒刑的裁量，无疑具有指导意义。因为我国刑法的某些规定比较概括，而最高司法机关在总结各地司法实践经验的基础上所作出的司法解释比较具体，因而有利于适用。例如刑法第345条第1款规定的盗伐林木罪，根据数量较大、数量巨大和数量特别巨大，分为三个量刑档次。对于这里的具体数量，2000年11月22日最高人民法院《关于审理破坏森林资源刑事案件具体应用法律若干问题的解释》第4条，作了以下规定：盗伐林木数量较大，以2至5立方米或者幼树100至200株为起点；盗伐林木数量巨大，以20至50立方米或者幼树1 000至2 000株为起点；盗伐林木数量特别巨大，以100至200立方米或者幼树5 000至1万株为起点。根据这一司法解释，就可以正确地对盗伐林木罪裁量适用不同的有期徒刑幅度。

3. 依据犯罪事实综合裁量

在适用有期徒刑的时候，还应当根据犯罪的事实、性质、情节和对社会的危害后果进行综合考虑，正确裁量。这里的犯罪事实，主要是指犯罪的客观危害与主观罪过。这既是定罪的根据，也是量刑的基础。此外，还要参考犯罪的具体类型、情节，包括法定情节和酌定情节以及犯罪对社会的危害后果等诸种因素。

（三）拘役的裁量

拘役是一种较轻的刑种，但它剥夺犯罪人的自由，属于剥夺自由刑。因此，在司法实践中仍然不可掉以轻心，而应当正确裁量。我认为，在适用拘役的时候，应当考虑以下因素：

1. 犯罪的严重性

根据我国刑法规定，只有对那些比较轻微的犯罪才能适用拘役。当然，在同是可处拘役的犯罪案件中，犯罪的危害性仍有程度之差。在确定拘役的刑期时，应当以各个犯罪案件的危害性程度为根据。

2. 再犯的可能性

只有对那些再犯可能性较小的犯罪人才能适用拘役，因为拘役刑期较短，如果再犯可能性大，则不足以对其进行改造。当然，在同是可处拘役的犯罪案件中，犯罪人的再犯可能性仍有大小之分。在确定拘役的刑期时，应当以各个犯罪人的再犯可能性大小为根据。

3. 综合量定

在对犯罪案件适用拘役时，还应当考虑其他影响刑罚量定的情节。在同是可处拘役的犯罪案件中，量刑情节可能有所不同，要在综合考虑这些量刑情节所体现出来的犯罪性质轻重的基础上，正确地确定拘役的刑期。

（四）管制的裁量

管制是限制自由刑，对犯罪分子不予关押，只是限制其一定的人身自由。因此，管制只适用于那些罪行较轻、人身危险性较小的犯罪分子。在适用管制的时候，应当从已然罪行的大小和未然之罪的可能性大小两个方面进行综合考虑，予以正确裁量。

三、财产刑的裁量

我国刑法中的财产刑，有罚金和没收财产之分，下面分别对其裁量问题论述如下：

（一）罚金的裁量

我国刑法第 52 条规定：“判处罚金，应当根据犯罪情节决定罚金数额”。因此，在裁量罚金的时候，主要应当根据犯罪情节，这是罪刑均衡原则在罚金裁量上的体现。根据刑法的这一规定，对犯罪人是否判处罚金以及判处多少罚金，都取决于犯罪情节。这里的犯罪情节，主要是指犯罪人非法得利的多少、行为的恶劣程度、危害的大小，等等。[①] 应当指出，刑法规定判处罚金，应当根据犯罪情节，绝不意味着可以不考虑其他因素。例如，罚金的缴纳能力，即犯罪人的经济状况，也是罚金裁量时应当考虑的因素之一。在西方刑法中，考虑犯罪人的经济情况，是罚金刑所特有的裁量原则。依据这项原则，在法律规定自由刑与罚金刑选科的场合，应当把犯罪人的经济状况作为选科自由刑或罚金刑的一个重要参考条件。对经济状况极差的人若科处罚金，不但在实践中不容易执行，且容易逼使部分犯罪人不惜铤而走险，重新犯罪，以犯罪所得来缴纳罚金。而经济状况极好的人则把缴纳罚金看作是无所谓的小事，若对这种人科处罚金，难以收到预期的刑罚效果。因此，对这两种人不宜选科罚金刑。同样，在决定罚金数额时，也应该考虑犯罪人的经济状况。罚金的数额应该高低适度，能发挥其作为刑罚手段的功能，且与犯罪人的经济状况基本相适应。如果罚金的数额过多，超过犯罪人的经济能力，则无执行可能性；反之，如果罚金的数额过少，不足以从经济上对犯罪人进行惩罚，则罚金刑不能收到应有的刑罚效果。[②] 我认为，西方在裁量罚金刑时考虑犯罪人的经济状况这一原则值得我们借鉴，并应当在刑法中予以明文规定。

（二）没收财产的裁量

在确定是否对犯罪人适用没收财产的时候，应以犯罪人的犯罪情节为根据，即在对犯罪性质、犯罪手段、犯罪后果、犯罪动机、犯罪后的态度、犯罪人的一贯表现等因素进行全面分析和综合考察的基础上，确定对犯罪人是否适用没收财产。没收财产还有部分没收与全部没收之分，因此，在确定对犯罪人没收财产以后，还需要进一步决定对犯罪人的财产是部分没收还是全部没收。我认为，确定部分没收还是全部没收，应当考虑以下因素：第一，对犯罪人所判主刑的轻重。一般来说，凡所判主刑重，例如判处死刑或者无期徒刑的，可以考虑对犯罪人的财产全部没收；否则，可考虑部分没收。第二，犯罪人的人身危险性的大小。虽然对犯罪人所判主

① 参见高铭暄：《中华人民共和国刑法的孕育和诞生》，78页，北京，法律出版社，1981。

② 参见甘雨沛等主编：《犯罪与刑罚新论》，519～520页，北京，北京大学出版社，1991。

刑的轻重已经包括了人身危险性的内容，但在确定部分没收还是全部没收时，仍有必要考虑人身危险性的大小。第三，犯罪人家庭的经济状况。虽然没收财产的范围限于犯罪人本人的财产，但在一个家庭之中，财产往往是共有的，剥夺了犯罪人本人的财产，对其家庭成员的经济状况仍有一定影响。因此，在确定部分没收还是全部没收时，对犯罪人家庭的经济状况还是应当予以适当考虑。

四、资格刑的裁量

资格刑的裁量，是指人民法院在对具体案件审理的基础上，确定是否适用资格刑和如何适用资格刑的活动。

（一）是否适用资格刑的裁量

在某些情况下，法律明文规定适用资格刑，没有自由裁量的余地。在这种情况下，应当依法对犯罪人适用资格刑。例如，我国刑法规定在以下两种情况下，应当附加剥夺政治权利：一是对于危害国家安全的犯罪分子；二是对于被判处死刑、无期徒刑的犯罪分子。在这两种情况下，不存在裁量的问题。但刑法第 56 条规定：“对于故意杀人、强奸、放火、爆炸、投毒、抢劫等严重破坏社会秩序的犯罪分子，可以附加剥夺政治权利。”何为“可以”？这就要求人民法院根据犯罪案件来加以确定，因而存在裁量的问题。此外，刑法分则规定某些犯罪可以独立适用资格刑，这也需要根据案情定夺。我认为，在确定是否适用资格刑的时候，应当从以下几个方面加以考察：

1. 犯罪是否与滥用政治权利有关

剥夺政治权利的刑罚，在一般情况下是针对滥用政治权利的犯罪而设立的。因此，在考虑对某一具体犯罪人是否适用资格刑的时候，先要考察其犯罪行为是否与滥用政治权利有关。就一般情况而言，凡犯罪与滥用政治权利有关的，可以考虑适用资格刑；凡犯罪与滥用政治权利无关的，则可以考虑不适用资格刑。不少国家的刑法典对此都有具体规定，值得我们参考。例如，1810 年《法国刑法典》第43条之二规定："明知并利用职业或社会上之方便关系而犯监禁刑之轻罪者，法院得以主刑宣告于5年以下期间内禁止为该职业或社会关系之活动。"

2. 犯罪人是否可能利用政治权利继续犯罪

刑罚不仅惩治犯罪于已然，而且防范犯罪于未然，资格刑亦不例外。因此，在确定对犯罪人是否适用剥夺政治权利这一刑罚的时候，还应当考虑犯罪人是否可能利用政治权利继续从事犯罪活动。凡是犯罪人可能利用政治权利继续犯罪的，就有必要剥夺政治权利；凡犯罪人不可能利用政治权利继续犯罪的，就没有必要剥夺政治权利。对此，也有值得我们借鉴的外国立法例。例如，《波兰刑法典》第42条第1项规定："如继续担任该职务或继续从事该职业会威胁到社会利益，则法院可以判处禁止担任特定职务或从事特定职业。"

（二）如何适用资格刑的裁量

在解决了是否适用资格刑的基础上，就发生了如何适用资格刑的问题。这个问题的解决，对于正确适用资格刑具有十分重要的意义。

驱逐出境、剥夺荣誉称号和剥夺军衔等类型的资格刑，一经确定适用就可以交付执行，不再存在裁量问题。终身剥夺政治权利也是如此，不存在期限问题，因而没有必要再次裁量。唯有期剥夺政治权利，刑法规定其期限为1年以上5年以下，在这种情况下，就需要进一步确定剥夺政治权利的期限。我认为，在研究剥夺政治权利刑期的时候，主要考虑以下两个方面的因素：一是已然的犯罪的危害性的轻重。凡犯罪重的，剥夺政治权利的期限应长，否则应短。二是未然的犯罪的可能性的大小。这里主要考虑的是犯罪人将来继续利用政治权利进行犯罪的可能性的大小。凡将来利用政治权利继续犯罪可能性大的，剥夺政治权利的期限宜长，否则宜短。

五、保安刑的裁量

保安处分也存在一个量定问题。至于保安处分的具体量定原则，主要有以下这些：第一，在处分的种类及量定上，首先要考虑危险性的性质及其程度的形成“原因的持续性。”第二，选定何种处分，决定于危险性的性质和程度。第三，须以“个人的状态”为基础进行处分的量定，即量定的重点不是行为本身而是行为者的危险程度和状态。第四，从处分适用的目的观、刑事政策观、合理主义、现实主义出发的保安处分的量定原则，必须是不定期主义。① 在上述保安处分的量定原则中，除第四条以外，都值得我国参考。随着保安刑的建立，这些处分被纳入法律调整的轨道，其依法裁量的问题也必将日益突出。我认为，保安刑主要应根据人身危险性进行裁量，兼顾已然犯罪的危害性程度。只有这样，才能正确地对保安刑进行裁量。

第四节　量刑的情节

刑罚裁量要有一定的事实根据，情节就是这种根据之一。情节的正确适用，对于量刑的综合平衡具有重要意义。

一、量刑情节的概念

量刑情节，是指人民法院对犯罪人裁量刑罚时必须考虑的、决定量刑轻重或者免除刑罚的各种情况。我国刑法中的量刑情节，可以分为法定情节与酌定情节两种，分述如下：

（一）法定情节

法定情节，是指刑法明文规定在量刑时应当予以考虑的情况。这里的刑法是广义上的刑法，其中包括依照刑法总则和全国人大常委会有关《决定》规定对各

① 参见甘雨沛、何鹏编：《外国刑法学》，下册，714 页，北京，北京大学出版社，1985。

种犯罪共同适用的情节，以及依照刑法分则和全国人大常委会有关法律规定对特定犯罪适用的情节。

（二）酌定情节

酌定情节，是指人民法院从审判经验中总结出来，在刑罚裁量时应当灵活掌握酌情适用的情节。酌定情节虽然不是法律所规定的，但是根据立法精神和有关刑事政策，从审判实践经验中总结出来的，因而对于刑罚的裁量也具有重要意义。

二、量刑情节的适用原则

量刑情节应当依法适用，因此，必须正确理解并且科学地掌握法律规定的量刑情节的适用原则。

（一）量刑情节之从重与从轻的适用原则

我国刑法第 62 条规定："犯罪分子具有本法规定的从重处罚、从轻处罚情节的，应当在法定刑的限度以内判处刑罚。"这是从重处罚与从轻处罚的量刑情节的适用原则。根据这一规定，从重处罚是指在法定刑幅度内选择比没有这个情节的类似犯罪相对重一些的刑种或刑期；从轻处罚是指在法定刑幅度内选择比没有这个情节的类似犯罪相对轻一些的刑种或刑期。[①]

为了正确地理解从重与从轻的法律蕴含，我们必须否定在这个问题上的中间线论。根据中间线论，从重处罚是在法定刑的平均刑期以上考虑应当判处的刑罚，从轻处罚是在法定刑的平均刑期以下考虑应当判处的刑罚。以 1979 年刑法第 139 条第 1 款规定的强奸罪为例，具有从重处罚情节时，应在 6 年 6 个月至 10 年之间考虑应当判处的刑罚；具有从轻处罚的情节时，则应在 6 年 6 个月以下至 3 年之间考虑应当判处的刑罚。[②] 我认为，这种中间线论之所以错误，最主要的

① 参见苏惠渔等：《量刑情节中从重、从轻、加重、减轻的科学含义及其定量研究》，载苏惠渔等：《量刑方法研究专论》，113 页，上海，复旦大学出版社，1991。

② 参见李光灿主编：《中华人民共和国刑法论》，上册，544 页，长春，吉林人民出版社，1984。

是没有把量刑情节的运用与整个犯罪事实联系起来，因而孤立地就量刑情节论量刑情节，导致对从重与从轻处罚理解上的偏颇。事实上，量刑情节是依赖于整个犯罪事实而存在的，在其适用时也不能离开对整个犯罪事实的综合考察与全面评价。如果把从重和从轻情节与整个犯罪事实联系起来考察，我们就会发现，从重与从轻在犯罪事实轻重不同的情况下，其具体的量化内容有所不同。在这个意义上说，从重与从轻的量化内容是以整个犯罪事实的轻重为转移的，没有一道固定的中间线可画。正如著名刑法学家高铭暄教授指出："对犯罪分子判处刑罚，应当根据量刑原则，综合分析案件的各种情节，而不能只根据其中某个情节量刑。如果某案件整个案情是轻微的，不足以判处法定刑中线以上的刑罚，就不能因为它具有某个从重处罚的情节而判处中线以上的刑罚。反过来说，如果某案件整个案情是严重的，足以判处法定刑中线以上的刑罚，也不能因为具有某一个从轻处罚的情节而拉到中线以下。就是说，不能片面强调、夸大某一个法定的从重或者从轻处罚的情节，使它孤立地起决定性的作用。这与量刑原则是不相符合的。"①因此，必须在正确地理解从重与从轻处罚的含义的基础上，依法适用从重与从轻的量刑情节。

（二）量刑情节之加重的适用原则

加重处罚有司法加重与立法加重之分。司法加重是指立法机关授权司法机关酌情予以加重，而立法加重是指立法机关通过立法程序加重某一犯罪的法定刑。作为量刑情节之加重，只能是司法加重，而不是立法加重。我国学者认为，1983年9月2日，全国人大常委会《关于严惩严重危害社会治安的犯罪分子的决定》规定，对流氓集团的首要分子等六种犯罪分子在刑法规定的最高刑以上判处刑罚，直至判处死刑，也是量刑的加重处罚情节。② 我认为，这是把立法加重与司法加重混为一谈了。立法加重属于立法的范畴，实际上是对法定刑的直接修改；

① 高铭暄：《论量刑的一般原则》，载《中国政法大学学报》，1983（1），56页。

② 参见杨敦先主编：《刑法学概论》，240页，北京，光明日报出版社，1985。

而司法加重属于司法的范畴，是量刑情节之一。

应当指出，我国 1979 年刑法原来没有加重处罚的规定。1981 年全国人大常委会《关于处理逃跑或者重新犯罪的劳改犯和劳教人员的决定》出现了加重处罚的规定，即劳改犯逃跑后又犯罪的，从重或加重处罚；劳改犯或者劳教人员对检举人、被害人和有关司法人员以及制止违法犯罪行为的干部、群众行凶报复的，从重或加重处罚。由于刑法典中没有规定加重处罚的情节，因而也就没有对加重处罚适用原则的解释。那么，怎样加重处罚呢？根据全国人大常委会法制委员会副主任王汉斌同志《关于三个有关法律的决议、决定（草案）的说明》，所谓加重处罚，即是在法定最高刑以上一格内判处。由此可见，加重处罚并非无限度地加重，而是有限度地加重一格处罚。所谓一格，就相当于一个刑罚的等级或阶梯。从刑法分则规定的法定最高刑来看，共有九种规定，即 1 年、2 年、3 年、5 年、7 年、10 年、15 年、无期徒刑、死刑。这九种法定最高刑就形成了九个刑罚等级，或者说九格。所以，加重处罚，即在法定最高刑以上一格判处刑罚。就是说，法定最高刑是 1 年的，在高于 1 年不超过 2 年的幅度内处罚；法定最高刑是 7 年的，加重处罚就是在高于 7 年不超过 10 年的幅度内处罚。依此类推。还有一个问题需要说明，就是关于对法定最高刑的理解。在具有一个罪刑单位的情况下，只有一个法定最高刑，这种情况不会发生理解上的歧义。但在具有两个甚至两个以上罪刑单位的情况下，如何理解法定最高刑呢？我同意以下见解：如果对具有加重处罚情节的犯罪分子适用刑罚所依据的刑法分则条文同时规定了数个量刑幅度时，每个量刑幅度都被认为具有独立的法定刑意义。因此，对这类犯罪分子，首先应参照其犯罪情节确定哪一个量刑幅度，然后在该量刑幅度的最高刑以上一格判处。例如，某劳改犯逃跑后又盗窃了数额较大的公私财物而构成盗窃罪，对其加重处罚就应该在高于 5 年不超过 7 年的幅度内进行。[1] 由于加重处罚

---

① 参见苏惠渔等：《量刑情节中从重、从轻、从重、减轻的科学含义及其定量研究》，载苏惠渔等：《量刑方法研究专论》，115 页，上海，复旦大学出版社，1991。

赋予了司法机关超越法律的量刑权，因而不利于保障被告人的合法权益。1997年刑法修订中，从罪刑法定原则出发，废止了加重处罚之规定。

（三）量刑情节之减轻的适用原则

减轻处罚有一般减轻与特殊减轻之分。我国1979年刑法第59条第1款规定："犯罪分子具有本法规定的减轻处罚情节的，应当在法定刑以下判处刑罚。"这是对一般减轻的规定，由此可见，一般减轻是指依法判处低于法定最低刑的刑罚。我国1979年刑法第59条第2款规定："犯罪分子虽然不具有本法规定的减轻处罚的情节，如果根据案件的具体情况，判处法定刑的最低刑还是过重的，经人民法院审判委员会决定，也可以在法定刑以下判处刑罚。"这是对特殊减轻的规定，由此可见，特殊减轻是酌情判处低于法定最低刑的刑罚。鉴于特殊减轻有可能被滥用，1997年刑法第63条第2款对此作了限制性规定，只有经最高人民法院核准，才可以在法定刑以下判处刑罚。在理解减轻处罚的量刑情节时，有两个问题应予明确：

1. 如何理解法定最低刑

在适用减轻处罚时，如何理解法定最低刑？对此存在两种观点[①]：第一种观点认为，所谓在法定刑以下判处刑罚，是指在法定刑的最低刑以下判处刑罚。也就是说，在法律规定情节减轻犯的情况下，是在情节减轻犯的法定刑以下判处刑罚。而在法律规定情节加重犯的情况下，则是在基本犯的法定刑以下判处刑罚。第二种观点认为，所谓在法定刑以下判处刑罚，在法律规定情节减轻犯的情况下，既可能在情节减轻犯的法定刑以下判处刑罚，也可能在基本犯的法定刑以下判处刑罚。在法律规定情节加重犯的情况下，既可能在基本犯的法定刑以下判处刑罚，也可能在情节加重犯的法定刑以下判处刑罚，应该视犯罪情节的轻重而决定。第一种观点可以称为条文说，第二种观点可以称为幅度说，两者的根本分歧

① 参见高铭暄、王作富主编：《新中国刑法的理论与实践》，399页，石家庄，河北人民出版社，1988。

在于是否把情节减轻犯或者情节加重犯视为一个独立的罪刑单位。我认为，应该以情节减轻犯或情节加重犯是一个独立的罪刑单位为出发点解决这一问题，因而同意幅度说。只有采用幅度说，才能真正做到罪刑均衡。

2. 减轻处罚可以减轻到什么程度

减轻处罚究竟能减轻到什么程度，刑法学界存在着三种观点[①]：第一观点认为，减轻处罚既包括刑期的减轻，也包括刑种的减轻，还可以减到免除处罚。例如，法定最低刑为3年的，具有减轻处罚情节的，可以判处6个月以上不满3年的有期徒刑，也可以判处拘役或管制，甚至可以免予刑罚处分。第二种观点认为，减轻处罚既包括刑种的减轻，也包括刑期的减轻，但不能减到免除处罚。第三种观点认为，减轻处罚只能是刑期的减轻，而不包括刑种的减轻。例如法定最低刑为10年的，具有减轻情节的，可以判处低于10年的有期徒刑，但不能判处拘役或管制。在以上三种观点中，我同意第二种观点。第一种观点认为减刑包括免予刑罚处分，这显然不妥。在某些情况下，具有减轻处罚的情节之所以免予刑事处分，不是适用减轻处罚情节的结果，而是整个案件的情节较轻，符合刑法第37条因而免予刑事处分，所以不能认为减轻处罚包含免予刑事处分的内容。至于第三种观点，把减轻处罚限于刑度的减轻，否定刑种的减轻，这是没有法律根据的。法律只是说在法定最低刑以下判处，对低到什么程度未加限制，这与加重处罚之受到一格的限制是有所不同的。因此，对减轻能否减为更轻的刑种，法律虽然没有明确规定，但在某些场合，逻辑上不能不这样理解。[②]

三、量刑情节的具体适用

量刑过程，在很大程度上就是各种量刑情节的具体适用过程。因此，量刑情

① 参见苏惠渔等：《量刑情节中从重、从轻、加重、减轻的科学含义及其定量研究》，载苏惠渔等：《量刑方法研究专论》，117页，上海，复旦大学出版社，1991。

② 参见高铭暄：《论量刑的一般原则》，载《中国政法大学学报》，1983（1），57页。

节的具体适用具有重要意义。

（一）量刑情节在竞合情况下的适用

同一犯罪案件，往往存在两个以上的量刑情节，这就是所谓量刑情节的竞合。量刑情节的竞合有同向竞合与逆向竞合之分。同向竞合是指具有两个以上的从轻或者从重情节，逆向竞合是指具有一个从轻情节一个从重情节。在同向竞合的情况下，量刑情节的适用较易解决，两个从轻情节，只要予以较大幅度的从轻就可以了。按照我国刑法规定，两个从轻情节不能升格为一个减轻情节。当然，如果判处法定最低刑仍嫌重的，可予特殊减轻。在逆向竞合的情况下，量刑情节的适用则较为复杂。在这种情况下，要摈弃抵消法。抵消法是指一案件如果有两个以上量刑情节，其中有的对量刑起从宽作用（包括从轻作用、减轻作用和免刑作用——下同），有的对量刑起从严作用（包括从重作用和加重作用——下同），在确定犯罪分子的刑事责任时将这两种情节相互抵消，既不从轻，也不从重，也就是等于把这两种量刑情节从量刑的因素中撇开。[①] 我认为，这种抵消法是不妥的。实际上，在具体案件中，每个量刑情节的内涵都不是等量的，因而不能简单地予以抵消。正确的方法应当是，首先根据基本犯罪事实与犯罪性质确定一个基本刑，然后利用情节对量刑进行裁判上的平衡，这种平衡的过程可以称之为刑罚的修正。刑罚的修正过程就是适用量刑情节对量刑进行优化的过程，刑罚的修正过程表现为量刑情节的变量值在一定的幅度内沿水平方向按照一定规律趋轻或趋重浮动的态势。[②] 在只有一个量刑情节的情况下，只要进行一次修正即可。但在具有两个逆向情节的情况下，则需要进行二次修正。一般情况下，先考虑从重情节，根据从重情节对基本刑进行趋重修正；然后再考虑从轻情节，根据从轻情节

① 参见胡云腾：《情节与量刑》，载苏惠渔等：《量刑方法研究专论》，63 页，上海，复旦大学出版社，1991。

② 参见李靖选：《量刑情节的优化适用》，载苏惠渔等：《量刑方法研究专论》，63 页，上海，复旦大学出版社，1991。

对经过第一次修正确定的刑罚进行趋轻修正。

（二）多功能情节的适用

我国刑法规定的从宽处罚的情节，一般都是多功能情节，一个量刑情节，具有从轻或者减轻处罚两个功能，甚至具有从轻、减轻或者免除处罚三种功能。在这种多功能情节的场合，应当如何适用？我认为，在这种情况下，首先要考虑犯罪的性质。如果犯罪性质较轻，可以考虑适用减轻或者免除处罚，而不是从轻处罚。如果犯罪性质较重，则可以考虑从轻处罚；同时，还要分析量刑情节本身的轻重。例如，同是杀人未遂，一是虽未将人杀死，却致人重伤；二是虽未将人杀死，却致人轻伤；三是不仅未将人杀死，而且被害人安然无恙。对于这样三种情况的杀人未遂，显然应当区别对待而不是一视同仁。最后还要注意一个问题，就是法条对从轻、减轻、免除处罚的排列顺序，对于多功能情节的适用具有指导意义。例如，我国刑法第 22 条对预备犯是可以比照既遂犯从轻、减轻或者免除处罚。而我国刑法第 24 条对中止犯是应当免除或者减轻处罚。虽然对预备犯应当按照从轻、减轻、免除的顺序考虑，而对于中止犯，则首先应当考虑免除，其次才是减轻处罚。

（三）可以型情节与应当型情节并存情况下的适用

我国刑法规定的量刑情节，既有可以型的，又有应当型的，两者显然有别。从法律逻辑学来说，由应当和可以构成的行为规范，称为规范模态判断。应当型规范是义务性规范，而可以型规范是许可性或授权性规范。因此，可以和应当的逻辑含义是不一样的。一般来说，法律规定可以做的，也可以不做；规定应当做的，就必须做。[①] 那么，在可以从轻与应当从重、应当从轻与可以从重等情节并存的情况下，应当如何对犯罪人量刑呢？我认为，在这种情况下，首先要考虑应当型情节，然后考虑可以型情节。

① 参见吴家麟主编：《法律逻辑学》，111 页，北京，群众出版社，1983。

第五节　量刑的方法

量刑的方法是指法官依法对犯罪分子裁量刑罚时所借助的手段。量刑的方法不同于量刑的模式，量刑模式属于司法体制的范畴，具有宏观的性质。而量刑方法属于技术性的手段，具有微观的性质。我国量刑，尤多采用传统的经验作业法，这是一种经验型的量刑方法。根据这种量刑方法，法官首先审理案件，掌握案情，在法定刑的范围以内，参照司法实践的经验，大致地估量出对现有案件应判的刑罚，接着再考虑案件中存在的加重、从重、从轻、减轻处罚和免除处罚的情节，最后，综合地估量出对犯罪人应当执行的刑罚而加以宣告。这种量刑方法虽有简便的优点，但由于我国刑法规定的粗疏性，因而导致量刑具有一定程度的随意性。随着法制现代化的发展，这种经验型的量刑方法越来越不能适应需要。为此，我国刑法学界不少有识之士对量刑方法的科学化做了有益的探讨。下面对两种主要的科学量刑方法作一评介。

一、数学量刑法

数学量刑法，是指引入数学方法，使量刑数学化的一种方法。量刑是刑之数量化，具有定量的性质，存在各种复杂的数量关系，这就为数学方法的运用提供了可能性。我国探讨的数学量刑法主要有以下三种：

（一）层次分析法

层次分析法又称为多层次加权分析决策方法，是系统工程中对非定量事件作定量分析的一种简便方法，也是对人们的主观判断作客观描述的有效手段，它有助于将决策人对复杂对象的决策思维过程系统化、模型化、数学化。这个方法体现了人们思维的一些基本特征，即分析、判断、综合。层次分析法已成功地运用于规划、预测、决定优先级、资源分配、多目标决策等问题中。量刑是一种决策活动，它是审判人员依据犯罪事实和法律规定，对具体案件进行分析、判断、综合，并最终以定量形式，决定其刑罚的思维活动。而量刑所面临的是一些呈现为层次结构状态的、非定量的社会、政治和法律因素。这就是说，量刑本身所要求的定量化，与决定量刑诸因素的非定量之间，形成了尖锐的矛盾。为了正确解决这个矛盾，科学的办法是运用数学模型，对复杂的问题进行抽象和概括，进而进行系统分析，作出量刑选择。由此可见，量刑作为一种决策活动，也可以采用层次分析方法。① 运用层次分析法来解决量刑问题，实际上是把量刑视为一种决策活动，根据各种量刑因素，确定最佳量刑结果。当然，我们还应当注意到量刑的特点，它与一般的决策有所不同，这在运用层次分析法时尤其应当注意。

（二）数学模型法

数学模型法，是指建立量刑的法律系统模型，以使量刑数学化。量刑的法律系统模型，是指建立在犯罪构成理论之上，由犯罪构成所决定的认定犯罪的诸要件之和，同时包括犯罪的概念、犯罪的社会危害性程度及情节等所组成的集合体。不仅如此，在这一模型中，尤其注重考察各具体犯罪认定中的微观差异，以便在量刑上使罪与非罪、此罪与彼罪、同类犯罪中的不同具体犯罪得到鲜明体现。然后从这一系统模型出发，建立一个供实践运用的量刑模型——量刑的数学模型，以此对犯罪进行定量分析。建立量刑的数学模型，需要经过以下步骤：第一，初步建立以量刑的结果为目标函数的数学模型，并确定模型中相应的变量及其含义，定量之间相互独立。变量与目标函数之间的关系是准确反映犯罪各方面因素与量刑结果之间所具有的内在规律性的关系。第二，建立变量数据库。将各变量的数据值与实际犯罪现象加以对照说明，并可根据社会的发展所出现的新的犯罪现象予以类比，确定其数据值。变量数据库就是量刑法律系统模型的具体

① 参见郑昌济、郑楚光：《刑罚量化的决策分析》，载《中南政法学院学报》，1989（1），21～29页。

化，通常可制成计算机文件予以存储和调取。第三，组织司法专家和数学家挑选各类最优案例，案例的类型和量刑范围应当具有很大的覆盖面和良好的均衡性，根据案例中的案情分别从变量数据库抽取数据送入数学模型中进行调试，以确定反映目标函数与变量之间内在规律关系的权数。第四，对调试后的数学模型从刑法理论上进一步进行论证、评估和修改，并可用于实际案件中进行尝试，直至臻于完善。[①] 数学模型的量刑方法，使罪刑关系完全数量化，对于实现量刑结果的精确化具有重要意义。

（三）定量分析法

量刑的定量分析法，是指人民法院在刑事审判实践中，依照我国刑法的规定，在对罪犯量刑时，以系统论思想为指导，对犯罪事实情节和法定刑幅度作定量分析，即对于犯罪事实情节和法定刑幅度，通过定量分析进行较为科学、准确的决策分析，使所确定的宣告刑达到最佳期望值。量刑的定量分析方法，在方法论上是以系统论思想为指导，但是并未达到综合运用现代化系统论、控制论和信息论的理论成果的程度；适用了数学手段，但是也尚未达到使用现代化数学方法的先进手段的程度。它只是以系统论为指导，按现行刑法的规定，摒弃了传统量刑方法的弊端，概括了传统量刑方法中数列系统的客观规律，对传统方法予以改革。[②] 由此可见，定量分析法具有简便可行的特点。

应当指出，上述几种数学量刑方法，虽然在具体构想上有所不同，但在运用数学方法这一点上是共同的，在具体步骤上也有相同之处。为此，应当在对这几种数学量刑法进行分析比较的基础上，取长补短，形成较为科学的数学量刑法。

---

① 参见余亚勤：《建立量刑数学模型初探》，载苏惠渔等：《量刑方法研究专论》，43～45页，上海，复旦大学出版社，1991。

② 参见陆翼德：《刑事审判中量刑的定量分析方法初探》，载苏惠渔等：《量刑方法研究专论》，128～141页，上海，复旦大学出版社，1991。

二、电脑量刑法

电脑量刑法，又称为电子计算机的量刑方法。电脑量刑系统属于人工智能的专家系统，它是综合运用现代系统论、控制论和信息论的理论成果，采用数学模型的技巧和电子计算机技术，集法律有关规定和专家型法官的经验以及他们正确适用法律定罪量刑的案例于一体的产物，它根据法官提供的案情事实信息，运用系统存储的法律和有关知识进行推理判断，为法官审理刑事案件提供准确定罪与最佳量刑的方案。电脑量刑法的关键是研制电脑辅助量刑的专家系统。从初步研究的结果来看，电脑辅助量刑专家系统大致可由以下几部分组成：第一，知识获取系统。把有关量刑的知识转换并加工为电脑的内部表示。第二，知识库。其中包括法规库、经验库和判例库三大部分。法规库存储与定罪量刑有关的所有法律、法规、立法解释和司法解释。经验库主要存放专家型法官汇总的，如何正确适用法律量刑的经验，以及表现为论文形式的、对法律的正确理解和对审判经验的理论概括。判例库主要存储经最高人民法院或经最高人民法院委托的高级人民法院审定、证明定罪准确、量刑适度的典型案例。知识库可以由设计人员根据法律的废、改、立情况，经验的进一步积累和判例数量的增多，进行修改和补充。第三，推理判断网络。即把犯罪事实和所有与量刑有关的法定量刑情节、酌定量刑情节以及专家型法官具体运用量刑情节的专业知识和经验，整理归纳为千万个以“如果出现这一情况，那就这么办”的形式表示的规则。这个过程一直继续下去，直到构成能处理任何一种排列组合形式的复杂的规则网络。这套规则体现了所有能够得到的证据和能从信息中得到符合逻辑的结论之后的关系。当把法官提供的案件事实信息送入系统后，该网络在一定策略控制下，从知识库里搜索相关知识，进行推理判断并得出结果。第四，人机对话系统。即接受需要量刑的案情信息，输出量刑结果。[①] 量刑方法的计算机化，使得量刑彻底从经验作业方法中

① 参见苏惠渔等：《量刑与电脑——量刑公正合理应用论》，136～137 页，上海，百家出版社，1989。

解脱出来，不仅实现量刑的精确化，而且实现量刑的自动化。

数学量刑法与电脑量刑法之间有着密切联系，实际上电脑量刑法也是建立在数学量刑法的基础之上的，是数学量刑法的高级形态。因此，量刑方法的科学化作为一个发展过程，可以先试行数学量刑法，在此基础上逐步探讨罪刑之间数量关系的内在规律，从而为电脑量刑法的运用奠定基础。当条件成熟的时候，推行电脑量刑法。

第六节　量刑的制度

量刑制度是指人民法院在裁量对犯罪人应处的刑罚时，根据案件的具体情况对犯罪分子适用的刑罚制度。我国刑法中的量刑制度包括数罪并罚制度、自首制度和累犯制度。这三项制度属于刑罚制度，是刑罚具体适用的制度，由于它们主要是解决刑罚量定问题，因而可以称为量刑制度。

一、数罪并罚制度

数罪并罚是我国刑罚适用的一项重要制度，从刑法实施以前对数罪并罚的估堆法，到刑法规定的以限制加重为主的数罪并罚原则的确定，表明我国刑法向科学化迈进了一大步。根据我国刑法第 70 条和第 71 条的规定，对于判决宣告以后，刑罚还没有执行完毕以前，发现被判刑的犯罪分子在判决宣告以前还有其他罪没有判决的情况，实行先并后减；而对判决宣告以后，刑罚还没有执行完毕以前，被判刑的犯罪分子又犯罪的情况，实行先减后并。先减后并实际执行的刑期可能超过 20 年，而先并后减则不会超过 20 年。我国刑法之所以如此规定，主要就是为了根据犯罪人的人身危险性的不同而加以区别对待。因为发现判刑以前的漏罪，可能是犯罪人主动坦白或自首的，在这种情况下表明犯罪人经过服刑有了悔改。虽然不是主动坦白或自首，而是被揭发或查获的，但从在服刑期间没有再犯新罪这一点上来说，至少不能表明犯罪人在服刑期间人身危险性有增无减。所以，对于上述发现漏罪的人，实行先并后减是合适的。当然，对于坦白或自首新罪的，可以从宽处理。而服刑期间又犯新罪，则表明犯罪人在服刑期间不但没有悔改，而且继续危害社会，具有较大的人身危险性，对于这种人实行先减后并也是完全应该的，由此可见，先并后减与先减后并的两种并罚方法，体现了区别对待的政策。

二、自首制度

自首制度的设立，表明我国刑法在报应的基础上追求刑罚的功利效果。根据我国刑法第 67 条的规定，自首是指犯罪分子犯罪以后自动投案，如实供述自己的罪行的行为。我国刑法规定，犯罪以后自首的，可以从轻处罚。那么，自首从轻的理论根据何在呢？我国学者从社会危害性方面加以阐发，指出：犯罪的社会危害性始于犯罪人预备犯罪之时，但是却并不终止于犯罪行为实施完毕之时。犯罪行为实施完毕之后，其对社会的危害仍处于一种持续状态，直至犯罪人归案甚至受到惩罚，这种危害社会的持续状态才告结束。无论发生何种犯罪，无论犯罪人出于何种动机投案自首，都意味着自行终止了因自己的犯罪而形成的危害社会的持续状态，与实施犯罪之后犯罪人隐匿、外逃的情形相比，实际上也就意味着自行减小了对社会的危害性，这正是我国刑法规定自首以后可从宽处罚的首要根据。①

我不同意这种观点。在我看来，自首是表明犯罪分子的人身危险性大小的一个指标，与社会危害性没有关系。因为，社会危害性是通过主观恶性与客观危害反映出来的，它集中在犯罪事实本身。例如同是杀人，可能社会危害性有所不同，这主要反映在犯罪动机是否恶劣、犯罪手段是否残忍、死亡结果是否发生这

① 参见周振想：《刑罚适用论》，297～298 页，北京，法律出版社，1990。

些因素上。如果上述因素都相同，仅因一个犯罪人自首，另一个犯罪人没有自首，就认为两个杀人罪的社会危害性发生了差别，这是很难令人信服的。如果两个犯罪人实施社会危害性相同的杀人罪，并且都没有自首。但一个犯罪人当场被抓获，另一个犯罪人一年以后才被抓获。如果根据行为的社会危害性的持续状态直到犯罪人归案甚至受惩罚才告结束的观点，是否可以得出一年后抓获的杀人犯的社会危害性大于当场抓获的杀人犯的社会危害性这一结论呢？如果是这样的话，那么，犯罪的社会危害性就不是由犯罪人本身的行为所决定的，而是由司法机关破案时间所决定的，其结果必然是将司法机关在破案工作上的无能转嫁到犯罪人身上，成为对其从重处罚的理由。又如，两个犯罪人实施社会危害性相同的杀人罪，一个犯罪人当场被抓获，另一个犯罪人一年以后自首，根据行为的社会危害性的持续状态直到犯罪人归案甚至受惩罚才告结束的观点，当场被抓获的杀人犯的社会危害性显然小于一年以后自首的杀人犯的社会危害性，因为其犯罪的社会危害性的持续状态当场就结束了，而自首的杀人犯的社会危害性还持续了一年。从以上分析可以看出，社会危害性的持续论是不能成立的，用它来解释自首从宽的根据是难以自圆其说的，自首的从宽根据只能从其人身危险性的减少得以说明。当然，自首制度虽然是刑罚的功利要求，但又不是与报应毫无关系的。实际上，自首的从宽幅度还是受到报应的制约的。我国刑法第 67 条规定："对于自首的犯罪分子，可以从轻或者减轻处罚。其中，犯罪较轻的，可以免除处罚。"由此可见，犯罪轻重不同，虽然同是自首，但从宽的幅度有所不同。正是在这个意义上，我认为自首制度体现了罪刑关系的基本原理。

三、累犯制度

我国刑法第 65 条规定："被判处有期徒刑以上刑罚的犯罪分子，刑罚执行完毕或者赦免以后，在五年以内再犯应当判处有期徒刑以上刑罚之罪的，是累犯，应当从重处罚，但是过失犯罪和不满十八周岁的人犯罪的除外。"根据这一规定，累犯的构成条件是十分明确的，需要从理论上解决的是累犯从重处罚的根据问题。关于这个问题，我国刑法学界一般认为，犯罪人在一定时间以内又犯性质比较严重的罪行，就表明其人身危险性较大，应当判处较重的刑罚，才能有效地对他实施惩罚和改造，达到预防犯罪的目的，这就是刑法确立累犯制度的理由所在。[①] 但有些学者认为以上表述对我国刑法从重处罚累犯的根据的论证是不够充分的。因为累犯的主观恶性和人身危险性，仅仅是累犯的社会危害性的一个方面。累犯的人身危险性和主观恶性，只有结合累犯的犯罪行为及其后果进行分析，才能够得到说明，离开累犯再次犯罪的事实，累犯的人身危险性和主观恶性就无从谈起。仅把累犯的人身危险性或主观恶性当做从重处罚累犯的根据，实际上就是把累犯的社会危害性与人身危险性、主观恶性等量齐观了。这些学者认为：我国刑法从重处罚累犯的根据，就在于累犯的人身危险性、主观恶性和其他犯罪行为所综合反映的社会危害性，比初犯的更大。[②] 我认为，对于累犯从重处罚的根据只能是人身危险性，而不是其他。因为社会危害性是已然的犯罪的属性，而人身危险性是未然的犯罪的趋势。前者属于量刑的报应根据，后者属于量刑的预防根据，二者应该严加区分。例如，甲乙共犯社会危害性相同的杀人罪，但甲在2年前曾犯判处有期徒刑以上刑罚之罪，是累犯，对甲就应依法从重处罚。由此可见，对于累犯从重处罚的根据只能是人身危险性。

---

① 参见高铭暄主编：《刑法学》，2版，261页，北京，法律出版社，1984。

② 参见黄文俊：《累犯问题的比较研究》，载《法学硕士论文集》，237页，湖南省法学会，1985。

第二十六章

罪刑关系的现实化

罪刑关系的现实化，表现为刑罚的具体执行过程，这就是行刑。行刑是罪刑关系辩证运动的一个十分重要的阶段，刑罚的效果主要通过行刑得以实现。与定罪和量刑相比较，行刑的研究受到明显的冷遇，这是十分不应该的，行刑问题应当引起我们的高度重视。

第一节　行刑的概念

一、行刑的变迁

自从刑罚产生之日，行刑活动就应运而生。行刑作为一种刑罚的执行活动，其方式与刑罚本身具有密不可分的联系。

古代和中世纪，盛行生命刑和身体刑，其执行方法也以残酷著称，并且执行方法构成刑罚本体的一个不可或缺的组成部分。以死刑为例，其实质是剥夺犯罪人的生命，以死为执行结果。但为了强化死刑的威慑效果，根据执行方法而将死刑区分为五花八门。中国春秋战国时期，死刑有杀、烹、醢、辗、枭首等各种方式。秦代有车裂、腰斩、枭首、磔和弃市。汉代废除了车裂与磔刑，余承秦制。魏晋南北朝又承汉制。隋唐五代，死刑采取两种形式：绞和斩。宋又袭唐，另设凌迟，后为元所沿用。明代改为绞、斩，兼用凌迟、枭首。清又因袭明制。[①] 及至清末修订刑律，沈家本提出死刑唯一说，指出："夫刑至于死，生命断绝，亦至惨矣。若犹以为轻而更议其重，将必以一死为未足，而淫刑以逞，车裂、菹醢、炮烙、铁梳，种种惨毒之为，有加无已，极其残忍之性，胡所底止?"[②] 经过沈家本等人的努力，最终才在中国刑法史上实现死刑唯一。不仅死刑的执行方法残酷，肉刑也是如此。中国历史上的肉刑素以残酷著称，切断肢体、残害器官、鞭笞肌肤，终身痛苦不息。

西方中世纪刑罚执行的残酷一点也不比中国的逊色，死刑的执行表现得极其残酷。例如，1610 年杀死法国皇帝亨利四世的拉瓦利雅可被判处死，拉瓦利雅可被放于断头台，身体全部系于断头台上，其实行犯罪之工具系于手上，燃起硫黄之火焰，然后以铁针刺其身体各部，伤处灌以溶化之铅液、油与树脂；此后将其四肢系于马身，使马牵拉，最初尚不使四肢脱裂，随后，使牵拉力逐渐增加，直至拉瓦利雅可解体为止；最后，将解体的身体各部分集中在一起，用火焚燃，使尸灰在风中散去。如此残酷情形，比任何恐怖电影都有过之而无不及。对于封建的酷刑，意大利刑法学家贝卡里亚作了猛烈的抨击，指出："纵观历史，目睹那些自命不凡、冷酷无情的智者所设计和实施的野蛮而无益的酷刑，谁能不触目惊心呢？目睹帮助少数人、欺压多数人的法律有意使或容忍成千上万的人陷于不幸，从而使他们绝望地返回到原始的自然状态，谁能不毛骨悚然呢？目睹某些具有同样感觉，因而也具有同样欲望的人在戏弄狂热的群众，他们采用刻意设置的手续和漫长残酷的刑讯，指控不幸的人们犯有不可能的或可怕的愚昧所罗织的犯

① 参见陈光中、沈国峰：《中国古代司法制度》，165 页，北京，群众出版社，1984。

② 转引自李光灿：《评〈寄簃文存〉》，259 页，北京，群众出版社，1985。

罪，或者仅仅因为人们忠实于自己的原则，就把他们指为罪犯，谁能不浑身发抖呢?”[①] 随着刑罚人道主义思想的传播，刑事古典学派在抨击中世纪封建酷刑中诞生，其代表人物首推贝卡里亚。贝卡里亚认为，犯罪是违反刑法应受惩罚的行为，刑罚是犯罪的必然结果。贝卡里亚对犯罪与刑罚之间的这种抽象的理性关系，予以充分的关注，提出著名的罪刑法定与罪刑相当的刑法基本原则。然而遗憾的是，贝卡里亚根本就没有注意行刑问题，在他那本充分显示了才华的刑法学经典著作《论犯罪与刑罚》中，根本就没有给行刑问题留下一席之地。诚然，贝卡里亚对刑罚目的作了十分精辟的阐述，但问题是通过什么具体途径达到刑罚这一预防犯罪的目的。对此，贝卡里亚过于强调刑罚的威吓作用。更为重要的是，在贝卡里亚看来，对于预防犯罪来说，教育、科学远比刑罚有效。基于这一思想，贝卡里亚提出了“惩罚犯罪不如预防犯罪”这一著名论断。贝卡里亚认为，刑罚作为一种感觉上的痛苦，虽然能够改变人的意志，但是，它却不可能洗刷纯粹作为一种道德关系的污点。要使人变得高尚并富有理性和善良的道德，应当借助于广泛地传播知识、奖励美德、完善教育以及一切改善社会环境的措施，而刑罚却不具有这些功能，因此刑罚并不是改造罪犯的手段。[②] 不可否认，贝卡里亚的这些思想有其正确性，但是，由于贝卡里亚把刑罚根本排斥于犯罪预防的措施之外，因而这些思想具有显而易见的不科学性。

由于刑事古典学派不能适应惩治与预防犯罪的客观需要，刑事实证学派取而代之。刑事实证学派的代表人物菲利，曾经揭露了刑事古典学派的行刑制度的以下缺陷：确定荒谬的道义责任标准；完全无视或忽视罪犯的生理心理学类型；一方面裁决与判决之间有空隙，另一方面判决与执行之间又有空隙，结果便会滥用宽赦；监狱中犯人退化和相互交往造成的实际后果严重；造成数以百万计的人被处以愚蠢和荒谬的短期监禁；造成累犯难以抑制的增加。[③] 正因为如此，刑事实

① ［意］贝卡里亚：《论犯罪与刑罚》，黄风译，42页，北京，中国大百科全书出版社，1993。

② 参见黄风：《贝卡里亚及其刑法思想》，92页，北京，中国政法大学出版社，1997。

③ 参见［意］菲利：《犯罪社会学》，郭建安译，137页，北京，中国人民公安大学出版社，1990。

证学派对行刑问题予以充分的关注。菲利认为犯罪是由人类学的、地理的和社会的三种因素共同造成的，社会因素在三种犯罪因素中起主导作用，通过对促使犯罪产生的社会环境进行改良，可以预防和控制大部分犯罪，但不能消除全部犯罪。其中，有一部分主要是由于人类学因素——行为人生理和心理方面的原因而导致的犯罪仍将存在。对于这部分犯罪，菲利主张通过对犯罪人的矫正来消除。在矫正的时候，必须根据犯罪人的特征予以适当分类，然后对症下药施以不同的矫正方案。因此，行刑是刑事实证学派所主张的达到社会防卫目的的一个十分重要的手段，对其怎么强调也不会过分。

行刑概念的变迁，是刑法观念进化的重要表现。行刑在刑法中的地位，在很大程度上是一部刑法的科学性程度的标志。

二、行刑的特征

行刑，又称为刑罚执行，是指有关司法机关将刑事判决所确定的刑罚付诸实施的刑事司法活动。根据这一定义，行刑具有以下特征：

（一）行刑主体是有关司法机关

行刑作为一种司法活动，只能由司法机关承担。根据我国有关法律的规定，监狱机关是刑罚执行的主要承担者。我国 1994 年监狱法第 2 条明文规定：“监狱是国家的刑罚执行机关。”我国刑事诉讼法第 253 条第 2 款规定：“对被判处死刑缓期二年执行、无期徒刑、有期徒刑的罪犯，由公安机关依法将该罪犯送交监狱执行刑罚。”被判处上述三种刑罚的罪犯，尤其是被判处有期徒刑的罪犯在所有被判刑的罪犯中占很大比例。因此，对于被判处上述三种刑罚的罪犯由专门的监狱执行，是适当的，这也说明监狱是刑罚执行的主要司法机关。刑事诉讼法第 253 条第 2 款还规定：“对被判处有期徒刑的罪犯，在被交付执行刑罚前，剩余刑期在三个月以下的，由看守所代为执行。对被判处拘役的罪犯，由公安机关执行。”所以，公安机关也是刑罚执行的司法机关之一，承担着部分刑罚执行的任务。人民法院是刑事审判机关，但同时承担着部分刑罚执行任务。我国刑事诉讼法第 260 条规定：“被判处罚金的罪犯，期满不缴纳的，人民法院应当强制缴纳。”所以，罚金是由人民法院直接执行。我国刑事诉讼法第 261 条规定：“没收财产的判决，无论附加适用或者独立适用，都由人民法院执行；在必要的时候，可以会同公安机关执行。”所以，没收财产由人民法院执行。刑事诉讼法第 250 条第 1 款规定：“最高人民法院判处和核准的死刑立即执行的刑决，应当由最高人民法院院长签发执行死刑的命令。”第 251 条第 1 款规定：“下级人民法院接到最高人民法院执行死刑的命令后，应当在七日以内交付执行。”所以，死刑立即执行是由人民法院执行。人民检察院虽然不直接执行刑罚，但根据我国刑事诉讼法第 265 条的规定，“人民检察院对执行机关执行刑罚的活动是否合法实行监督。如果发现有违法的情况，应当通知执行机关纠正。”由此可见，人民检察院是刑罚执行的监督机关。

从以上法律规定可以看出，我国刑罚执行机关不是采由一个司法机关执行的集中制，而是由数个司法机关执行的分散制。我国法学界有些学者提出这种执行权的分散行使，不利于统一掌握刑罚执行原则，不利于四机关在四道工序中的配合制约，使执行工作缺乏统筹研究，通盘考虑，出现了一些影响正确执行刑罚的弊病。因此，这些学者认为应当从合理分工角度出发，把管制、拘役、有期徒刑、无期徒刑、死刑、罚金、剥夺政治权利、没收财产的执行，连同假释、缓刑、监外执行、保外就医人员的管理考察工作，统一交由司法行政机关，由司法部到基层司法行政机关设置的执行机构负责进行。[①] 我认为，这一观点应当引起有关领导部门的高度重视。值得注意的是，我国刑事诉讼法第 258 条对非监禁的犯罪实行社区矫正，由社区矫正机构负责执行。因此，在某种意义上说，社区矫正机构成为一个新的刑事执行主体。这对于完善非监禁刑的执行具有重要意义。

---

① 参见京平：《司法行政机关与公、检、法机关配合制约问题观点综述》，载《法制建设》，1986 (5)，17 页。

（二）刑罚执行的内容是将刑罚付诸实施

刑罚执行作为一种刑事司法活动，具有一般刑事司法活动的共性。但刑罚执行又是刑事司法活动的一个特定阶段，它具有不同于其他刑事司法活动的特点。刑事司法活动，是相对于刑事立法活动而言的。刑事立法活动的主要内容是制定刑事法律，在这个时候，具体的犯罪没有发生，因此，刑事立法具有对事不对人的特点，设立一般的刑法规范，以解决刑事法律领域内有法可依的问题。刑事司法活动是要解决刑事法律领域内有法必依的问题，它主要可以分为刑事审判和刑罚执行两个阶段。在刑事审判阶段，主要内容是解决定罪与量刑的问题。在这个时候，具体的犯罪已经发生，因此，刑事审判是针对具体犯罪人提起的。通过刑事审判，对犯罪人在认定有罪的基础上确定应当判处的刑罚。但作为刑事审判结果的宣告刑，只是写在判决书上的东西，它的法律效力还有赖于通过刑罚执行活动得以实现。所以，刑罚执行的主要内容是使人民法院的刑事判决所确定的刑罚付诸实施，这就是刑罚执行不同于其他刑事司法活动的主要特点。

在通常情况下，刑事审判活动有以下三种结果：一是判决无罪。在这种情况下，因为被告人的行为根本没有构成犯罪，所以谈不上对其处以一定的刑罚，因而也就没有刑罚执行可言。二是判决有罪，但根据有关法律规定免除处罚，或者由于犯罪情节轻微不需要判处刑罚而根据我国刑法第 37 条免予刑事处分。在这种情况下，被告人的行为虽然已经构成犯罪，但没有给予实际的刑罚处罚，因此也谈不上刑罚执行的问题。我国刑法第 37 条规定，对于免予刑事处分的人，可以根据案件的不同情况，予以训诫或者责令具结悔过、赔礼道歉、赔偿损失，或者由主管部门予以行政处罚或者行政处分。这些处分在刑法理论上称为非刑罚处理方法，其中训诫、责令具结悔过或赔礼道歉是人民法院采取的教育措施；责令赔偿损失属于刑事附带的民事强制处分；主管部门给予的行政处罚或者行政处分则属于行政机关给予的行政性处罚或者法律惩戒措施。这些方法都不属于刑罚的范畴，因而谈不上刑罚执行问题。我国刑事诉讼法第 249 条规定："第一审人民法院判决被告人无罪、免除刑事处罚的，如果被告人在押，在宣判后应当立即释放。"这是判决的执行，而不是刑罚的执行。三是判决有罪，并且予以一定的刑罚处罚，例如判处一定的主刑或单独适用某种附加刑。在这种情况下，由于被告人被判处了刑罚，因而就发生了刑罚执行问题。由此可见，刑罚执行并非所有刑事审判活动的必然结果，而只是判决有罪并且予以一定刑罚处罚的刑事审判活动的必然结果。

（三）刑罚执行的时间是刑事判决生效以后

我国刑事诉讼法第248条规定判决和裁定在发生法律效力后执行，并且明文规定下列判决和裁定是发生法律效力的判决和裁定：（1）已过法定期限没有上诉、抗诉的判决和裁定；（2）终审的判决和裁定；（3）最高人民法院核准的死刑的判决和高级人民法院核准的死刑缓期二年执行的判决。因此，只有对上述三种判决所确定的刑罚才能执行。如上所述，刑罚执行的时间是在人民法院判决生效以后，那么，刑罚执行是否受时效的限制呢？这就是所谓行刑时效的问题。我国刑法和刑事诉讼法对此没有规定，但现代各国多数都规定了行刑时效。所谓行刑时效，就是法律规定的对被判刑的人执行刑罚的有效期限。判处刑罚而未执行，已过行刑时效期限的，刑罚就不再执行。例如《日本刑法典》第31条规定："受刑罚宣告的人，可以因时效的完成而免除刑罚的执行。"《日本刑法典》第32条还具体规定了行刑时效的期间，指出："时效，在宣告处刑的判决确定后，由于在下列期间内未执行而完成：（1）死刑，30年；（2）无期的惩役或监禁，20年；（3）10年以上的有期的惩役或监禁；15年；3年以上的，10年；不满3年的，5年；　（4）罚金，3年；（5）拘留、罚款和没收，1年。"在规定了行刑时效的国家，刑罚执行就有一定的时间限制，过了行刑时效的，不能执行刑罚。我国刑法之所以没有规定行刑时效，主要是因为中华人民共和国成立以来的实际经验表明，在审判机关与刑罚执行机关紧密合作共同努力下，判处刑罚而未予执行的现象基本上没有发生，因此规定行刑时效没有实际意义。既然我国法律没有行刑时效的限制，那么在个别情况下，如果发生犯罪分子在判决宣告以后，刑罚开始执行以前而逃亡的事件，或者因其他的原因影响了判决的执行，司法机关在任何时候都有权将犯罪分子追究归案，执行原判的刑罚。当然，从完善刑法的角度来说，有必要规定行刑的时效。尤其是我国刑法

第 53 条规定了罚金追缴制，法律规定应当“随时追缴”。这里的追缴显然属于行刑的范畴，那么是否受时效的限制呢？由于刑法未规定行刑时效，因而没有时间上的限制，但这是不合乎法理的。

三、行刑的意义

行刑与定罪、量刑一样，是刑法的重要内容之一。由于在刑事诉讼法和监狱法中都有关于刑罚执行的内容，因而，为了正确地认识刑法中行刑的意义，就有必要将它与刑事诉讼法中的判决执行和监狱法中的刑罚执行严格地加以区别。

刑法中的行刑与刑事诉讼法中的判决执行是既有联系又有区别的两个概念，不能以后者取代前者。当今世界各国的刑事诉讼法对判决执行问题都有规定，例如《法国刑事诉讼法》第五卷第一编就是刑事判决的执行；又如《日本刑事诉讼法》第七编是裁判的执行；我国刑事诉讼法第四编是执行。刑事诉讼法中的执行，是指人民法院和其他有关机关为实现已经发生法律效力的判决和裁定所确定的内容，依照法定程序而进行的各种活动。因此，刑事诉讼法中的执行实际上是指刑事判决的执行。而刑事判决包括有罪判决与无罪判决，有罪判决又可以分为判处刑罚的判决和免除刑事处罚的判决。例如我国刑事诉讼法第 249 条就规定了无罪判决与免除刑事处罚的判决的执行。因此，刑事诉讼法中的执行不限于刑罚的执行，而且包括无罪判决的执行和免除刑罚的判决的执行，而刑法中的刑罚执行仅限于判处刑罚的有罪判决的执行，其外延显然小于刑事诉讼法中的执行。并且，从内容上来说，刑事诉讼法中的执行主要是对执行机关、执行程序等问题的规定，而刑法中的执行主要是对执行方法的规定，它属于实体问题。因为某种刑罚与其执行方法往往有着密不可分的联系，刑罚的严厉性程度也往往在其执行方法上体现出来，所以执行方法属于刑法的范畴。当然，刑事诉讼法关于执行的规定与刑法的规定也有交叉之处，这是由程序法与实体法的密切关系所决定的。马克思曾经生动形象地指出：审判程序和法二者之间的联系如此密切，就像植物的外形和植物的联系，动物的外形和血肉的联系一样。审判程序和法律应该具有同样的精神，因为审判程序只是法律的生命形式，因而也是法律的内部生命的表现。① 所以，刑事诉讼法关于执行的规定发生交叉是不难理解的。而且，只要我们细心辨析，还是可以发现两者落脚点的不同。例如，我国刑法第53条规定："罚金在判决指定的期限内一次或者分期缴纳。期满不缴纳的，强制缴纳。对于不能全部缴纳罚金的，人民法院在任何时候发现被执行人有可能执行的财产，应当随时追缴。如果由于遭遇不能抗拒的灾祸缴纳确实有困难的，可以酌情减少或者免除。"这是关于罚金执行方法的规定。我国刑事诉讼法第260条规定："被判处罚金的罪犯，期满不缴纳的，人民法院应当强制缴纳；如果由于遭遇不能抗拒的灾祸缴纳确实有困难的，可以裁定减少或者免除"。对比这两个法律条文，可以发现刑事诉讼法比刑法的规定增加了以下两个内容：第一，刑事诉讼法明文规定人民法院是罚金的执行机关，这是对刑罚执行机关的规定，这一内容是刑法所没有的。第二，刑事诉讼法规定缴纳确实有困难的，可以裁定减少或者免除，这是对刑罚执行程序的规定，这一内容也是刑法所没有的。从以上分析可以看出，刑事诉讼法中的执行与刑法中的行刑是两个不同的范畴，不能以对前者的研究代替对后者的研究，因而否认行刑问题在刑法学体系中的重要地位。

刑法中的行刑与监狱法中的刑罚执行也是既有联系又有区别的两个概念。监狱法是指监禁刑罚的专门性法律规定。监狱法是刑事执行法的主干部分，是我国刑事法律体系的一个重要组成部分，是一独立的部门法。② 由此可见，监狱法的内容与刑罚执行有着密切联系。事实上，监狱学本身就是从刑法学中分立出来的学科。监狱学的形成就是运用其他学科的成就，既从实体法又从程序法的角度，对刑罚执行问题全面地、集中地和系统地加以研究的结果。因此，可以把刑法学视为监狱学的渊源性学科，但监狱学成为独立学科以后，刑法学中的行刑问题是

① 参见《马克思恩格斯全集》，第1卷，178页，北京，人民出版社，1956。

② 参见邵名正主编：《监狱学概论》，8页，北京，中国政法大学出版社，1995。

否不复存在，没有必要加以单独研究了呢？回答是否定的。因为监狱法涉及的刑罚执行范围比刑法中的行刑范围要小得多。根据我国刑法的规定，对犯罪分子适用刑罚，主刑有管制、拘役、有期徒刑、无期徒刑、死刑；附加刑有罚金、剥夺政治权利、没收财产。凡是已经发生法律效力的判决和裁定，由人民法院交付有关司法机关执行。其中，死刑、罚金、没收财产由人民法院执行；管制、拘役和剥夺政治权利由公安机关执行；有期徒刑、无期徒刑和判处死刑缓期二年执行的罪犯由监狱执行。因此，监狱法中的刑罚执行仅指有期徒刑、无期徒刑和死缓的执行，刑法中的刑罚执行则指所有刑罚，包括主刑与附加刑的执行，其范围显然大于监狱法的范围。而且，从内容上说两者也有所不同。刑法主要规定的是行刑的方法，而监狱法则侧重于对犯人的改造教育、监狱管理等内容。所以，应当把刑法中的行刑与监狱法中的刑罚执行加以区别，不能因为已经有专门研究刑罚执行的监狱学，就忽视甚至否认刑法学中对行刑问题进行研究的意义。

刑法中的行刑的意义在于将人民法院刑事判决所确定的刑罚转化为现实，真正使刑罚成为每个犯罪人的不可避免的后果。因此，就行刑以刑事判决所确定的刑罚为前提而言，它对于定罪与量刑等刑事司法活动具有一定的从属性，并且是这两种刑事司法活动的自然延伸。但行刑的意义绝不仅仅在于消极地执行刑罚，而且在于改造罪犯成为新人，通过对犯罪分子执行各种刑罚，消除其人身危险性，实现刑罚的一般预防与个别预防的目的。[①] 在这个意义上说，行刑关系到刑事司法活动的最终目的的实现。离开了刑罚执行活动，判决就只是一纸空文。并且，刑罚执行虽然是以判决所确定的刑罚为执行内容的，但它又具有其相对的独立性：刑罚执行过程中可以根据犯罪人的悔改和立功表现，对判决所确定的刑罚依法加以调整，这说明了刑罚执行不是定罪量刑的附庸，而是具有目的的刑事司法活动，这也表明了行刑对定罪量刑具有制约作用。

---

① 对死刑立即执行的犯罪人，特殊预防的意义在于从肉体上消除其人身危险性，这是一种特别的个别预防；对判处死刑缓期执行的犯罪人，仍有一个强制劳动改造，消除人身危险性，使其成为有用之人的问题。

第二节　行刑的原则

行刑原则，又称刑罚执行的原则，是指在刑罚执行过程中必须遵循的基本准则。行刑原则是从刑法基本原则中派生出来的，并且受我国基本刑事政策的制约。我认为，行刑原则是惩罚与改造相结合。

一、惩罚

刑罚执行过程首先体现了对犯罪人的惩罚。刑罚执行既然是刑罚的付诸实施，当然包含着惩罚的意蕴。刑罚执行就是要将这种惩罚落实到犯罪人身上，使之感受到犯罪以后所得到的否定的法律评价。刑罚方法不同，惩罚的内容与严厉性程度也就有所差别。死刑立即执行是最重的刑罚，其内容表现为剥夺生命，这是一种最严厉的惩罚。无期徒刑、有期徒刑或者拘役，也是较为严厉的刑罚，其内容表现为剥夺自由。对这些罪犯实施的惩罚，就是依照人民法院的判决和执行通知书，由监狱把罪犯监管起来，剥夺他们的自由；剥夺或者停止他们行使政治权利；实行武装警戒和严格管制，监督他们遵守监狱的各项监规纪律。凡是违犯监规纪律、聚众斗殴、哄监闹事的，要受监内惩处。凡是触犯刑律，重新犯罪的罪犯，则依法定罪判刑。通过惩罚，使这些罪犯认识到国家法律的严肃性；认识到自己所犯罪行对国家和人民的危害性；认识到自己既然侵犯了国家和人民的利益，就要受到国家法律的惩罚，罪有应得，从而使他们感到一定的压力和痛苦，使其认罪服法，悔过自新。对于被判处管制的犯罪分子，主要是通过限制人身自由，使其得到惩罚。被判处罚金、没收财产的犯罪分子，主要是通过剥夺一定的经济利益，使其得到惩罚。被判处剥夺政治权利的犯罪分子，主要是通过剥夺参加国家管理等政治权利，使其得到惩罚。以上无论何种刑罚的执行所带来的惩罚，都是加诸犯罪人一定的痛苦，都是对犯罪人的一定利益的剥夺。

二、改造

刑罚执行过程不仅是一个对犯罪人的惩罚过程，而且是一个对犯罪人改造的过程。“改造”一词最早见诸《诗经》，《诗·郑风·缁衣》云：“缁衣之好兮，敝，予又改造兮。”这里的改造一词是指重新制作一件衣服，以取代旧的衣服。《荀子·议兵》曰：“是数年而衰，而未可夺也，改造则不易周也。”这里的改造是指另外选择。在现代汉语中，改造一词被演变、引申为从根本上改变旧的，建立新的，或选择新的。刑罚执行中的改造，主要是指对犯罪人实行劳动改造。我国刑法第46条规定：“被判处有期徒刑、无期徒刑的犯罪分子，在监狱或者其他执行场所执行；凡有劳动能力的，都应当参加劳动，接受教育和改造。”我国刑法第43条第2款规定：“在执行期间，被判处拘役的犯罪分子每月可以回家一天至两天；参加劳动的，可以酌量发给报酬。”因此，判处拘役的犯罪分子虽然参加劳动可以得到一定的报酬，但仍然具有劳动改造的性质。至于其他刑罚的执行过程，例如罚金、剥夺政治权利和没收财产，也蕴含着对犯罪分子的改造，使之改恶从善。改造罪犯成为新人，是刑罚执行的一项重要任务，这一任务是根据改造社会、改造人类的伟大历史使命提出来的。毛泽东同志指出：无产阶级和革命人民改造世界的斗争，包括实现下述的任务：改造客观世界，也改造自己的主观世界……所谓被改造的客观世界，其中包括了一切反对改造的人们，他们的被改造，须要通过强迫的阶段，然后才能进入自觉的阶段。[①] 这里所说的“一切反对改造的人们”就包括依法被劳动改造的刑事犯罪分子。对犯罪分子进行改造，是以人能够被改造为前提的。在犯罪分子中，除了极少数不堪改造的人以外，绝大多数人是可以改造的。马克思主义认为，世界上任何事物无不处在不断发展运动

① 参见《毛泽东选集》，2版，第1卷，296页，北京，人民出版社，1991。

之中，人也如此。人不仅是自然的产物，更重要的是社会的产物。人的意识，包括犯罪分子的思想意识，是自然界和社会存在的客观事物在其头脑中的反映，它不是人的头脑中固有的，而是在社会生活中逐步形成的。因此，我们可以通过强制的方法对犯罪分子进行改造。

三、惩罚与改造的统一

在刑罚执行中，惩罚体现了对犯罪分子的报应，而改造则体现了我国对犯罪分子执行刑罚的目的不在于报应，而是为了追求一定的功利。在我国刑法中，报应因素与功利因素是统一的，因此作为行刑原则，惩罚与改造是结合在一起、密不可分的。一方面，行刑所体现出来的对犯罪分子的惩罚，仅仅是改造罪犯成为新人的手段。因此，离开了对犯罪分子的改造教育，就会导致惩办主义，无益于我国刑罚目的的实现。我国刑法中的一系列规定，说明我国刑法不是实行惩办主义与报应主义的。例如我国刑法中规定的缓刑、减刑、假释等刑罚执行制度，对于那些有悔改或者立功表现的犯罪人，有条件地不执行其刑罚，或者有条件地减轻其刑和有条件地提前予以释放。另一方面，在刑罚执行中所实行的改造，也不能离开惩罚而存在，是在强制下的改造。因为犯罪人的改造不是自觉自愿的，而是被迫的，总有一个从强迫改造到自觉改造的过程。而惩罚就是使犯罪人完成从强迫改造到自觉改造的转变的必不可少的手段。当然，在惩罚与改造这两者中，根据我国的刑事政策，应该立足于改造。

第三节　各种刑罚的执行

一、生命刑的执行

生命刑是刑罚中最严厉的一种，因此，生命刑的执行是一项极为严厉的司法活动。为防止错杀，各国刑事立法一般都规定了严格的法律程序。我国刑法中的死刑执行，分为立即执行与缓期执行两种，缓期执行实际上是一项独特的死刑制度，属于死刑的本体问题，在此不赘。

（一）执行方法

古代死刑执行主要是为了惩罚与威吓，因而其执行方法也极其残酷。我国奴隶社会将死刑称为大辟，执行的方法主要有杀、烹、肆、醢、辗、枭首、炮烙、剖腹等。在我国封建社会，死刑执行方法简化为绞、斩，但仍有凌迟等残酷方法的使用。古代及中世纪的欧洲各国的死刑执行方法有火烤、溺杀、活埋、马裂、车裂、蒸杀、压杀、煮杀、斩首等。日本曾有缚首、狱门、串刺、锯挽、磔刑、车裂、火烤、煮杀、投水、切腹等。随着社会的进化，文明的发达，人道主义的深入人心，世界各国对死刑执行方法进行了改革，彻底废除了野蛮残酷的死刑执行方法，代之以简便易行、效果迅速而痛苦最少且最人道的方法，并使死刑执行方法趋于统一。联合国《关于保护面对死刑的人的权利的保障措施》第 9 条明确规定："判处死刑后，应以尽量减轻痛苦的方式执行。"近代世界各国采用的死刑执行方法主要有以下五种：

（1）枪毙。枪毙是指以枪射击犯人致其死亡的死刑执行方法。枪毙是目前世界上最为通行的死刑执行方法。

（2）斩杀。斩杀是指以刀切断犯人的首级致其死亡的死刑执行方法。

（3）绞杀。绞杀是指以绞绳勒紧犯人的颈部使其窒息死亡的死刑执行方法。

（4）电杀。电杀是指以电击犯人致其死亡的死刑执行方法。电杀于 1882 年首次在美国纽约州采用，以后逐渐为其他各州所效仿。

（5）毒杀。毒杀是指以毒气（通常是瓦斯）致犯人死亡的死刑执行方法。毒杀于 1921 年首次在美国的内华达州采用，其他州也相继采用。据说毒杀可使犯人瞬间死亡，因此是最迅速、最人道的死刑执行方法。

我国 1979 年刑法第 45 条规定："死刑用枪决的方法执行。"由此可见，我国采用的是世界上较为通行的死刑执行方法。但 1996 年刑事诉讼法第 212 条规定：

“死刑采用枪决或者注射等方法执行。”现行刑事诉讼法第 252 条保留了这一规定。据此，我国执行死刑的方法主要有枪决和注射两种。1997 年刑法中，考虑到死刑的执行方法在刑事诉讼法中已有规定，因而刑法未再作重复规定。

（二）执行程序

死刑是一种极刑，历来统治者对死刑的执行都比较慎重，并规定了一套执行程序。我国有关法律对死刑的执行程序作了如下规定：

1. 死刑执行命令的签发

根据我国刑事诉讼法和其他法律的规定，由最高人民法院判处和核准的死刑立即执行的判决，应当由最高人民法院院长签发执行死刑的命令。死刑执行命令签发制度体现了死刑执行的慎重性。

2. 死刑执行的时间

根据我国刑事诉讼法第 251 条的规定，下级人民法院接到最高人民法院执行死刑的命令后，应当在 7 日以内交付执行。法律之所以对死刑的执行时间作如此严格的规定，主要是为了避免给被判处死刑的犯人因长时间静坐待毙而造成精神上的巨大痛苦，以减少死刑的不人道因素；同时，也是为了避免犯人利用死刑执行前较长的空隙而发生自杀、逃跑等意外事件。

3. 死刑的停止执行

根据我国刑事诉讼法第 251 条规定：发现有下列情形之一的，应当停止执行，并且立即报告最高人民法院，由最高人民法院作出裁定：(1) 在执行前发现判决可能有错误的。在这种情况下，之所以应当停止执行死刑，是为了防止错杀无辜。因为死刑一经执行，人死不能复生，如果发生错误，就难以补救，因而应当慎之又慎。但是，如果经过复查发现死刑判决并无错误，死刑仍需执行，但必须报请最高人民法院再签发执行死刑的命令才能执行。(2) 在执行前罪犯揭发重大犯罪事实或者有其他重大立功表现，可能需要改判的。在这种情况下，之所以应当停止执行死刑，是因为案情发生了变化，刀下留人，给犯罪分子一个求生的机会。(3) 罪犯正在怀孕。在这种情况下，之所以应当停止执行死刑，是因为我国刑法第 49 条规定：审判的时候怀孕的妇女，不适用死刑。即使是审判的时候怀孕而作了人工流产的，根据有关司法解释，也不能适用死刑。因此，如果查明罪犯属于上述情况的，应当报请核准死刑的最高人民法院，依照审判监督程序重新审判，裁定撤销核准死刑的裁定和原审判决，发回原审人民法院重新审判。原审人民法院重新审理后，不得再判处死刑或死刑缓期二年执行，应当根据案件的具体情况，依法改判其他刑罚。

4. 死刑执行的监督

为了保证顺利地执行死刑，中国古代历来实行行刑监督制度。正如沈家本指出："古者刑人必有监决之人，即《周礼·大司寇》之淮戮，后世所谓监斩者也。"[①] 春秋时期，将行刑监督称为涖杀。唐朝规定对不同等级的人执行死刑，应当由不同的人临场监督。例如，《唐六典·刑部》注："决大辟罪，官爵五品以上，在京者，大理正决之；在外者，上佐监决。余并判官监决。"明、清两朝，经审定为情实的死刑案件，执行时也必须专门派员临场监督。例如《大清律例增修汇纂大成》卷三十七"有司决囚等第"条附"条例"："朝审案件，令京畿道专办。行刑时著刑部给事中及刑部侍郎一人监视。"我国刑事诉讼法对死刑执行的监督也作了规定，刑事诉讼法第 252 条第 1 款规定："人民法院在交付执行死刑前，应当通知同级人民检察院派员临场监督。"因为人民检察院是法律监督机关，我国刑事诉讼法明确规定人民检察院对刑事判决的执行实行监督。死刑执行是刑罚执行中最重要的活动，人民检察院临场监督是十分必要的。

5. 验明正身

验明正身是指司法机关对行将执行死刑的罪犯，查明是否是依法应被执行死刑的罪犯本人的行为。验明正身的目的是从被执行死刑的对象上防止发生差错。我国刑事诉讼法第 252 条第 4 款规定："指挥执行的审判人员，对罪犯应当验明正身。"在验明正身的时候，除了询问本人的姓名、年龄等有关情况以外，还应

① 沈家本：《历代刑法考》（三），1228 页，北京，中华书局，1985。

讯问有无遗言、信札。因为罪犯在执行死刑前尚有检举揭发他人的犯罪事实等立功表现的可能，通过讯问罪犯是否有遗言，可以给某些罪犯立功提供最后的机会。并且，从人道的角度来看，讯问其是否有遗言、信札，也是必要的。因为罪犯在生命的最后时刻有可能对其家庭成员留下临终嘱咐，安排后事等。在验明正身的时候，如果有的罪犯临刑前喊冤叫屈的，应当暂停执行，并由有关司法机关迅速查明。经过查证，如果罪犯喊冤叫屈是为了拖延执行的时间，仍应执行死刑；如果原判确有错误，应报请核准死刑的人民法院，由院长签发停止执行死刑的命令，并依照审判监督程序重新审判。

6. 死刑执行的公开

中国古代的刑事审判，一般是不公开的。但为了使刑罚起到威吓作用，死刑的执行却是公开的，这就是所谓行刑公开制度。中国古代执行死刑的公开，表现在示戮与明梏这两种制度上。所谓示戮，就是公开杀人，陈尸于市，以期收到惩罚犯罪以儆效尤的作用。示戮之制，始于商、周。《礼记·王制》有"贵贱皆刑于市"的记载。秦汉南北朝时，弃市是法定的死刑之一，自然适用示戮制度。唐朝从玄宗开始废除弃市，但示戮之制仍在沿用。到了清代，杀人的时候自然奉行示戮之制。明梏是指将死罪执行的告示公开标明在罪犯的手械上。例如《周礼·秋官司寇》言："加明梏，以适市而刑杀之。"郑注："士，乡士也。乡士加明梏者，谓书其姓名及其罪于梏而著之也。囚虽时有无梏者，至于刑杀，皆设之，以适市就众也。庶姓无爵者，皆刑杀于市。"明梏到宋朝发展成为犯由牌。犯由牌就是载明案由的牌子，一般用纸贴在芦席片上制成。犯由牌制成以后，由当案孔目（官名）在行刑之前负责填写，所填内容一般是犯人姓名、所犯案由、应处刑罚及监斩官的职务和姓名。及至清朝，明梏演变为斩条。所谓斩条，又称亡命旗，就是把书写好的罪犯姓名、所犯罪名及所判刑罚的纸条，糊在一根竹竿上，然后插在犯罪人的背后。当然，在中国古代犯罪当死的皇亲国戚、达官显贵一般不适用示戮与明梏的制度，而是在隐蔽之处执行。例如《唐六典·刑部》规定："五品以上犯非恶逆已上，听自尽于家，七品以上及皇族若妇人犯罪非斩者，皆绞于隐处。"这是阶级不平等在死刑执行上的表现。

中华人民共和国成立后，死刑也是公开执行而不是秘密执行的。但我国刑事诉讼法第252条第5款规定："执行死刑应当公布，不应示众"。由此可见，我国死刑执行的公开与封建社会的公开行刑制度有着本质的区别。我国死刑执行的公开，是指判决公开，主要是指公开召开死刑宣判大会和公开张贴处决罪犯的布告，但布告不能不择场合到处张贴。执行死刑的刑场，也不得设在繁华地区、交通要道和旅游区附近。执行死刑不准游街示众，不能进行人身侮辱。

7. 死刑执行的报告

指挥执行的审判人员和人民检察院临场监督的人员，在执行死刑后，应当验尸。有法医的，可由法医协助验尸。执行死刑后，在场书记员应当制作笔录，笔录应当记明宣判死刑的情况，执行死刑的时间、地点，指挥执行死刑的审判人员和人民检察院临场监督的人员、负责执行死刑的人员的姓名，执行死刑的具体情况，包括毙命枪数、子弹出入口的位置和方向，等等。指挥执行和临场监督的审判人员、检察人员和书记员应当在笔录上签名。在执行死刑时，因工作需要拍摄的照片应当附卷，并严格管理，严禁外传。执行死刑的人民法院应当将执行死刑的情况并附以照片，报告核准死刑的最高人民法院。

8. 死刑执行的善后处理

在中国封建社会，死刑执行以后，往往还要陈尸示众，以加强死刑的儆戒效果。例如北齐河青三年（公元564年）规定：死刑重者辗，次枭首，并陈尸三日；无市者，列于乡亭显处。并且往往规定在一定的时间内不准死者亲属收尸。我国死刑执行制度完全否定了这种残忍的做法，1996年刑事诉讼法第212条第7款规定："执行死刑后，交付执行的人民法院应当通知罪犯家属。"可以在限期内由罪犯家属领取罪犯尸体或者骨灰。不领的，由人民法院通知有关单位处理。对于罪犯尸体或者骨灰的处理情况，应当记录附卷。执行死刑后，对于罪犯的遗书、遗物应当按照1984年1月11日最高人民法院、最高人民检察院、公安部、司法部《关于正确处理死刑罪犯遗书遗物等问题的通知》（已失效）处理。根据上述通知的规定，对于死刑罪犯的遗书、遗言，应由交付执行的人民法院及时进行审查，分别作出处理：（1）涉及财产继承、债务清偿、家事嘱托等一般内容的，交给其家属，同时复制存卷备查。（2）属于诽谤性质和反动言辞的部分，不交给其家属。（3）有喊冤叫屈内容的，应迅速查明事实，依法处理，喊冤叫屈部分不转交其家属。（4）凡涉及案件线索、证言性质和有关方面的工作问题的，应抄送有关机关，这一部分不交给其家属。在情形（2）、（3）、（4）下，除所列情况外的遗书、遗言，仍抄给其家属，原件存卷备查。对于死刑罪犯身边的遗物、遗款，应由羁押罪犯的看守所或监狱清点后，交其家属领收，将收条移送交付执行的人民法院存卷。如果死刑罪犯尚有在诉讼中确定应交付的款项，按照人民法院的通知，由看守所或监狱协助预先从遗款中扣除。之所以采取上述对遗书、遗言的处理措施，主要是为了防止极少数被判处死刑的罪犯，利用写遗书、留遗言进行诽谤，以图混淆是非，蛊惑人心。对遗物、遗款的上述处理措施，则是为了保障公民的合法权益，因为这些遗物、遗款既然不属于没收的范围，当然应当交还死刑罪犯的家属。最后，根据上述通知的规定，严禁任何人为被处决的罪犯举哀滋事，和借此进行扰乱社会秩序的其他活动。一旦发生这类情况，公安机关应即予以制止，并会同有关单位进行宣传教育，消除不良影响，必要时可以按照《治安管理处罚法》，对为首人员给予处罚；如已触犯刑律，应当依法惩治。

二、自由刑的执行

自由刑的执行，是行刑的主要内容。在很大程度上，行刑是就自由刑的执行而言的。因此，行刑一词，在狭义上就是指自由刑的执行。自由刑的执行可以分为监禁性自由刑的执行与非监禁性自由刑的执行。根据我国法律规定，监禁刑由监狱以及其他专门刑罚机关执行，而非监禁刑则由公安机关执行。但公安机关打击现行犯罪的任务繁重，警力不足，难以承担非监禁刑的执行职责。在这种情况下，我国前些年开始推行社区矫正制度。社区矫正是一项非监禁刑的行刑制度。根据有关规定，社区矫正是指将符合社区矫正条件的罪犯置于社区中，由专门的国家机关在相关社会团体和民间组织以及社会志愿者的协助下，矫正其犯罪心理和行为恶习，促使其顺利回归社会的非监禁刑罚执行活动。在试点中，社区矫正取得了较好的社会效果和法律效果。过去，非监禁刑处于无人过问的放任状态，因而非监禁刑的效果不佳，致使非监禁刑适用率极低。建立社区矫正制度以后，对于适用非监禁刑的罪犯进行统一管理，由此严格了非监禁刑的执行。但由于目前尚未制定社区矫正法，社区矫正的法律根据严重不足。《刑法修正案（八）》首次在我国刑法中对社区矫正作了规定，从而使社区矫正成为一项正式的法律制度，为以后制定社区矫正法创造了条件。《刑法修正案（八）》分别对管制、缓刑、假释的犯罪分子作了依法实行社区矫正的规定，这一规定对于社区矫正制度的建立仍然具有重要意义。我国刑法中的自由刑，由轻及重，可以分为管制、拘役、有期徒刑和无期徒刑，现分别对其执行问题论述如下：

（一）管制的执行

管制作为一种限制受刑人的人身自由的刑罚方法，如果没有行之有效的执行措施，就会使管制流于形式。因此，对于管制的执行问题应予充分重视。

1. 执行机关

管制的执行机关是社区矫正机构。管制的执行机关，有一个历史演变过程。中华人民共和国成立初期，管制主要适用于地主和反革命分子，当时管制的执行机关各地做法并不统一。例如 1951 年 7 月 20 日《华东军政委员会关于管制反革命分子试行办法》第 10 条第 2 款规定："城市中由所在地公安派出所执行，农村中由区乡人民政府执行。"1951 年 7 月 24 日《华东军政委员会关于土地改革完成地区管制改造地主的规定》第 8 条规定："管制和改造地主的工作，由乡人民政府负责，依靠乡农民协会、乡治安委员会与民兵依法执行。"从这两个地方性法规来看，管制除由公安机关执行以外，基层人民政府也承担管制的执行任务。1952 年 6 月 27 日政务院批准的《管制反革命分子暂行办法》第 11 条第 2 款规定："被管制分子之管制一经批准后，即由批准机关下达正式通知书，并在适当的群众会议上当众宣布执行之。"这一规定并没有明确对反革命分子管制的执行机关。1956 年 11 月 16 日全国人大常委会通过的《关于对反革命分子的管制一律由人民法院判决的决定》明文规定："今后对反革命分子和其他犯罪分子的管制，一律由人民法院依法判决，交由公安机关执行。"我国 1979 年和 1997 年刑法都规定管制由公安机关执行。因为管制是一种刑罚，应该由司法机关执行，不应由其他政府机关或人民群众执行。我国刑法虽然规定了管制由公安机关执行，但对执行办法没有进一步的规定。刑事诉讼法对此也无明文规定。1979 年 12 月 28 日公安部《关于管制、拘役、缓刑、假释、监外执行、监视居住的具体执行办法的通知》对管制的执行办法作了规定，该通知第 1 条指出："管制应按照刑法第三章第二节和刑事诉讼法第 159 条的规定执行。执行机关应是县（市）公安局、公安分局以及相当于县级的公安机关。在实际工作中，可以组织所属公安派出所、公安特派员或者有关单位的保卫组织，依靠治安保卫委员会具体执行。"但《刑法修正案（八）》规定对被判处管制的犯罪分子实行社区矫正。我国刑事诉讼法第 258 条明文规定：对被判处管制的罪犯，由社区矫正机构负责执行。由此，管制的执行机关完成了从公安机关到社区矫正机构的转变。

2. 执行方法

因为管制不同于有期徒刑和拘役，不剥夺人身自由，而仅限制人身自由，所以，法律有必要对管制的内容加以规定。我国 1979 年刑法第 34 条规定："被判处管制的犯罪分子，在执行期间，必须遵守下列规定：（一）遵守法律、法令，服从群众监督，积极参加集体劳动生产或者工作；（二）向执行机关定期报告自己的活动情况；（三）迁居或者外出必须报经执行机关批准。"所谓管制的具体执行就是要督促被判处管制的人遵守上述法律规定。在司法实践中，根据 1979 年 12 月 28 日公安部《关于管制、拘役、缓刑、假释、监外执行、监视居住的具体执行办法的通知》，为了有利于贯彻群众路线，对于每一个被判处管制的犯罪分子，应组成 3 人或 5 人的群众监督改造小组，在治安保卫委员会的领导下，负责监督被管制的犯罪分子遵守管制规定，促使其认罪悔改，成为守法的公民；并且还要对被判处管制的犯罪分子进行认罪服法教育，定期组织群众评议，这些活动都体现了依靠人民群众对犯罪分子进行监督改造的精神。上述通知还规定："被判处管制的犯罪分子，在管制期间外出或者迁居时，必须报经执行机关批准。外出 2 日以内的，可以向执行机关委托的治安保卫委员会请假；外出 3 日至 10 日以内的，应当经过执行机关所属的有关公安派出所、公安特派员或者所在单位的保卫组织批准；迁居的，须报经执行机关批准。"这是对 1979 年刑法第 34 条有关内容的具体化，而且便于执行。随着经济体制改革的发展，在现实生活中出现了一些新的变化，使得刑法关于管制的有关规定难以真正执行。例如，在农村实行包产到户以后，传统意义上的集体生产已不复存在。在城市也存在为数不少的个体生产者与待业青年。对于这些人中因犯罪而被判处管制者，是不可能要求他们积极参加生产或工作的，同工同酬更是一句空话。因此，不少地方提出被判处管制的犯罪分子在监督改造期间能否外出经商，能否搞承包或从事其他个体劳动等问题。对此，1986 年 11 月 8 日最高人民法院、最高人民检察院、公安部、劳动人事部发出《关于被判处管制、剥夺政治权利和宣告缓刑、假释的犯罪分子能否外出经商等问题的通知》，该通知规定被管制的犯罪分子不能外出经商。犯罪分子在被管制期间，若原单位确有特殊情况不能安排工作的，在不影响对其实行监督考察的情况下，经工商管理部门批准，可以在常住户口所在地自谋生计，家在农村的，亦可就地从事或承包一些农副业生产。但由于这些活动都具有一定的游离性，实际上很难真正有效地对其实行监督。1997 年修订后的刑法对管制期间应当遵守的规定作了重新调整，以便使管制发挥应有的社会效应。根据《刑法修正案（八）》的规定，对判处管制的犯罪分子应当实行社区矫正。

3. 管制的解除

在管制期满以后，应当及时宣布解除管制。我国现行刑法第 40 条规定："被判处管制的犯罪分子，管制期满，执行机关应即向本人和其所在单位或者居住地的群众宣布解除管制。"根据 1979 年 12 月 28 日公安部《关于管制、拘役、缓刑、假释、监外执行、监视居住的具体执行办法的通知》，管制期满的，执行机关应发给本人解除管制的通知书。管制的解除是管制执行的重要内容之一，它可以有效地避免管制无期的现象。

（二）拘役的执行

拘役是一种轻刑，这一点在拘役的执行上也体现得极为明显。我国现行刑法第43条规定："被判处拘役的犯罪分子，由公安机关就近执行"。这里所谓就近执行，是指在犯罪人工作、居住地的附近执行。1979年12月28日公安部《关于管制、拘役、缓刑、假释、监外执行、监视居住的具体执行办法的通知》第1条规定：公安机关对人民法院判处拘役的罪犯，有条件建立拘役所的放在拘役所执行；没有条件的可放在就近的监狱或劳改队执行；远离监狱和劳改队的公安机关，可放在看守所内执行。由此可见，拘役既可以在拘役所执行，又可以在就近的监狱或劳改队执行，还可以在看守所内执行。但在监狱、劳改队或看守所执行的，要实行分管分押，以便把被判处拘役的罪犯与被判处有期徒刑、无期徒刑的罪犯以及未决犯相区别，并防止与其他罪犯交叉感染，防止为未决犯通风报信。根据我国刑法的规定，拘役犯应当参加劳动，并可以酌量发给报酬。对于拘役犯如何参加劳动，上述公安部的通知作了如下规定："对放在监狱或劳改队执行拘役的罪犯，都要组织他们参加生产劳动，并从劳动收入中，'酌量发给报酬'。对放在看守所的拘役犯，原则上应当分管分押，并积极创造条件，使他们能够在看守所院内参加一些手工业、副业等生产劳动；也可以与看守所驻地附近的生产劳动单位（例如：清洁队、砖瓦场、建筑工程队、人民公社生产队等）联系，吸收他们参加一些生产劳动，并委托生产劳动单位对他们进行监督。采用这种方式参加劳动的拘役犯，仍在看守所住宿，早出晚归。"我国刑法还规定，在执行期间，被判处拘役的犯罪分子每月可以回家一天至两天。有些拘役犯执行的场所离家比较远，有的甚至路程就需一天至两天。对于这种情况，公安部上述通知规定，可以累积使用假期。我认为，这样做是合情合理的。拘役犯服刑期满，还应由执行机关发给刑满释放证予以释放。

（三）有期徒刑、无期徒刑的执行

有期徒刑和无期徒刑是我国刑法中适用最为广泛的刑罚方法，尤其是有期徒刑，我国刑法分则规定的犯罪都可以适用这种刑罚方法。有期徒刑和无期徒刑都是剥夺自由，只是前者有期、后者无期而已，两者的执行也有共同之处，并且我国刑法也将其规定在同一节之内。因而，在此将有期徒刑和无期徒刑的执行放在一起论述。

1. 执行机关

我国现行刑法第 46 条规定："被判处有期徒刑、无期徒刑的犯罪分子，在监狱或者其他执行场所执行。"监狱有狭义与广义之分。上述法律中所称的监狱，就是指狭义的监狱。广义的监狱则还包括其他刑罚执行场所，例如少年犯管教队、看守所、拘役所等。

监狱（以下均指广义的监狱）是国家机器的重要组成部分，它与军队、警察、法庭一样，都是国家权力的支柱，是阶级专政的重要工具。根据马克思主义的观点，监狱是随着国家的产生而产生的。中国古代监狱的产生，有"皋陶造狱"之说。皋陶生活在公元前 21 世纪左右，当时正处于从原始社会向奴隶社会转变时期，《史记·夏本纪》记载"皋陶作士以理民"，从而创造了监狱。监狱在夏朝称为夏台，又叫夏官，夏桀曾囚禁商族首领汤于夏台。夏台实际上是监狱所在地，并非监狱的名称。商朝把监狱称为圉，又叫羑里，殷纣王曾囚禁周文王于羑里，羑里也是监狱所在地。监狱在周朝称为圜土，是筑成圆形的土墙，用以囚禁犯人。中国进入封建社会后，秦朝称监狱为囹圄，广设监狱，犯人众多，以至于如同《汉书·刑法志》所描述的："赭衣塞路，囹圄成市。"汉朝开始称"狱"，在《汉律·囚律》中有"系囚、鞫狱、断狱"之称，监狱的名目繁多，仅在中央机关，廷尉（司法长官）之下设"诏狱"，宗正（皇族事务长官）之下设"都司空狱"，少府（财务长官）之下设"若卢诏狱"，执金吾（治安长官）之下设"都监狱"，此外还有"上林诏狱"、"中都官狱"、"掖廷秘狱"等共 26 所，地方上的监狱更是比比皆是。唐朝在中央、州、县均设狱。所谓狱，据颜师古注云："狱之言谞也，取坚牢之意。又狱字从二犬，取守备之意；从言，言者讼也，谓系防守囚讼被拘。”明朝将狱称为监，例如《大明律·刑律》云：“在京法司俟枭首重囚，在监病故……照常相埋，通类具奏。”及至清朝，合称监狱，专门关押已决犯，设内监关押死刑犯（包括立决犯和判处绞、斩监候者），外监关押被判流徙以下刑而尚未服刑的案犯，女监关押女犯。监狱之外，专设班管、差带，俗称班记，以羁押候审的未决犯、干连佐证以及犯轻罪者。中国古代监狱主要是监禁候审被告和等待执行犯人的场所，而不是刑罚的执行手段，根本谈不上改造和矫正犯人的问题。因为当时的刑罚体系是以生命刑与身体刑为中心的，对于生命刑来说，监狱只不过是等待执行死刑的场所；对于身体刑来说，监狱是施以肉刑的场所。所以，古代监狱是残忍与野蛮的象征。

现代意义上的监狱是与自由刑同时产生的，一般认为现代监狱起源于 16 世纪在西欧各地的都市设立的矫治所（House of correction）或劳役所（Work house）。这些机构最初是为收容都市的流浪者、乞丐或娼妓等而设的，但以后开始收容不良或犯罪少年及女性犯人，17 世纪以后开始收容一般犯人，而逐渐演变成为纯粹的监狱。西方最早的监狱是 1550 年设在英国勃莱德市（Bridewell①）的矫治所，较为著名的是 1595 年荷兰阿姆斯特丹的女监、1704 年罗马的少年监、1773 年比利时的格兰德监狱等。上述机构在自由刑的执行中已经注意到犯人的保健、感化和职业指导，等等。

法国学者福柯在论及近代监狱的诞生时指出：监狱这个惩罚武库中的一个基本因素，确实标志着刑事司法历史上的一个重要时刻：刑事司法走向“人道”。但是，它也是新的阶级权力正在展开的那些规训机制的历史上的一个重要时刻：规训机制征服了法律制度。在那个世纪之交，一种新的立法把惩罚权力规定为社会以同样方式对所有社会成员施展的一般职能，在这种权力面前，一切人都是平等的；但是在把拘留变为典型的刑罚时，新立场引进了某种权力特有的支配方

① Bridewell 一词已经由地名演变为感化院、拘留所，泛指监狱、监牢。参见夏登峻编著：《英汉法律词典》，106 页，北京，法律出版社，1985。

式。司法被说成是“平等”的，法律机制被说成是“自治”的，但是它们包含着规训征服的一切不对称性。这种状况就标志着监狱这种“文明社会的刑罚方式”（Rossi，169）的诞生。[①] 因此，在福柯看来，监狱只不过是权力行使的载体，近代监狱的诞生表明对人身的控制方式的转换，由以往的赤裸裸的暴力（以肉刑为象征）改变为现代的规训技术（以自由刑为象征）。

我国社会主义监狱是从革命根据地的监所发展起来的。土地革命战争时期的中央苏区、抗日战争和解放战争时期的老解放区以及新解放区的监所是司法机关的一个组成部分，直属于裁判部、法院或者司法行政机关。中华苏维埃共和国中央执行委员会于1932年6月9日颁布的《裁判部暂行组织及裁判条例》第10条规定：“在各级裁判部下可设立看守所，以监禁未审判的犯人，或判决短期监禁的犯人，县省两级裁判部，除设有看守所外，还设立劳动感化院，以备监闭判决长期监禁的犯人。”根据1943年3月公布的《陕甘宁边区司法处组织条例草案》的规定，犯人应羁押于各该县的看守所，短期人犯可在所内执行，长期人犯送监执行。1947年6月草订的《关东各级司法机关暂行组织条例草案》第21条规定：关东高等法院设司法行政处，该处下辖监狱科。以上这些不同时期的根据地法律说明：监狱在革命根据地时期是革命政权的重要组成部分，在对敌斗争中发挥了重要作用。

中华人民共和国成立以后，我国在1954年9月7日颁布了《中华人民共和国劳动改造条例》（已失效），根据改造犯人的需要，设置了我国的劳动改造机关。其中，监狱是实行最严格监管的劳动改造场所。《劳动改造条例》第14条规定：“监狱对犯人应当严格管制并严密警戒，在必要的时候可以单独监禁”。监狱主要监管不适宜从事监外劳动的反革命犯和其他重要刑事犯，其中包括判处死刑缓期二年执行、无期徒刑或10年以上有期徒刑的罪犯。劳动改造管教队（简称

① 参见［法］米歇尔·福柯：《规训与惩罚——监狱的诞生》，刘北成等译，259～260页，北京，三联书店，1999。

劳改队）是对罪犯进行劳动改造的主要组织形式，其监管的严格程度次于监狱的，而且所押犯人除在劳改队所在地劳动外，也到监外从事农业、工业或其他建设工程的劳动。《劳动改造条例》第17条规定："劳动改造管教队，监管已判决的适宜在监外劳动的反革命犯和其他刑事犯。"我国于1994年12月29日颁布了《监狱法》，以取代《劳动改造条例》。《监狱法》第2条规定："监狱是国家的刑罚执行机关。依照刑法和刑事诉讼法的规定，被判处死刑缓期二年执行、无期徒刑、有期徒刑的罪犯，在监狱内执行刑罚。"由此可见，在《监狱法》公布以后，劳动改造机关一律改为监狱，监狱成为唯一的刑罚执行机关。

2. 执行方法

徒刑的执行方法从古代到现代，有一个从残酷到人道的发展演变过程。在中国古代，徒刑是一种拘禁人的身体、役使人的劳力的刑罚。因此，我国古代徒刑的执行，犯人要受严格的人身束缚，又要从事十分繁重的劳役。周朝时，徒刑的执行要将犯人的手脚甚至颈项均系牢靠，或者令其坐在宫门以外的专为反省罪行而设的嘉石上，或者关入牢房，还让他们从事不同期限的劳役。秦汉时期，徒刑又称为髡钳城旦舂，就是把徒刑犯人剃光头发，用铁钳锁住颈项，强令他们去修城墙、守城门或者为寺庙拾柴、舂米。及至唐朝，对判处徒刑的犯人实行居作即强制劳役。刑徒不仅不能离开役院，还要戴上钳或校（木枷）等戒具，并且担负着沉重的劳动。病者虽可卸去戒具，得到治疗，但病愈以后仍要补上因病耽误的劳役时间。元朝徒刑犯人戴镣拘役，并分到金、铝、铜、铁等冶矿场、屯田、堤岸、桥梁、道路等场所服劳役。明朝，遣发徒刑犯人到盐场、铁冶场拘役。

近代西方在人道主义思想的倡导下，对监狱制度进行了重大改革，使监狱成为惩罚和矫正犯人的场所，并陆续创设了以下七种类型的监禁制度：

（1）独居制。

独居制又称分房制，因其发端于美国宾夕法尼亚州，所以又称宾州制（Pennsylvania System）。这种监禁方法是使犯人昼夜隔离独居，目的在于杜绝罪犯的相互传染，使罪犯产生反省悔悟之心。一般认为，独居制的优点在于使犯人在孤寂的环境中，畏惧刑罚和懂得自由的可贵，从而独自反省，防止和避免自由刑执行过程中传习犯罪和养成职业犯罪。但独居制也存在严重弊病，主要是损害犯人的健康，不符合现代行刑民主化、社会化的目的。西方国家的监狱现在采用独居制的越来越少，而且限制较严，一般只对初入监者、短期徒刑犯人、少年犯或者有明显传习犯罪的犯人等适用。

（2）沉默制。

沉默制又称奥本制，是为避免互相沾染犯罪恶习，防止监狱沦为犯罪学校而产生的监禁制度。根据沉默制，犯人夜间分房监禁，白天则在同一工场作业，但严禁其交谈联络，避免发生相互争执、杀伤、通谋反抗乃至监狱暴动。

（3）点数制。

点数制是一种激发犯人对前途的希望，鼓励其通过自我努力来达到改善自己待遇的监禁制度。最早倡导点数制的是英国派驻诺福克岛的官员马可诺奇（Alexander Maconochi，1787—1860）。点数制的内容是：以劳动刑代替时间刑，并用点数，即用劳动分数来测定和记载劳动表现的好坏。犯人得到一定的分数即可升一级，获得较好的待遇。升到一定级别时，便可获得假释。点数制最早实行于澳大利亚，后为欧美一些国家所仿效，并成为现在西方国家普遍推行的累进制度的一种重要形式。

（4）分类制。

分类制是一种分类监禁的制度。在此前提下，可以独居，可以杂居，也可以适用沉默制，但要服从于罪犯回归社会的需要。分类制是针对点数制只偏重于犯人的自身改善，不注重如何使犯人适应社会需要而提出来的，故又称为以社会训练为主的监禁制度。其主要内容是：根据犯人的不同情况，如初犯、再犯、成年犯、少年犯等予以分类，区别待遇，以便因材施教，对症下药。

（5）中间监狱制。

中间监狱制又称过渡监狱制，是对临近释放的犯人，尽量给予自由，使其与社会有较多的接触，以便他们在被释放后能更好地适应社会生活的制度。中间监狱制的创始人是爱尔兰监狱局长克罗夫顿（Walter Grofton，1815—1897）。中间监狱制的主要内容是：将监禁分为四个阶段。第一阶段，实行独房监禁八九个月。第二阶段，调到集体监狱，实行杂居作业。第三阶段，是犯人在凭假释证获得释放后的考验期，移送中间监狱或称过渡监狱，这种中间监狱是一种活动的房屋，附近设有耕地和工场，使考验期的犯人和常人共同操作，既不防止其脱逃，也不穿囚衣，可自由交际。中间监狱一般设于普通监狱之外，或在普通监狱内和一般犯人严格分开。第四阶段是假释，即在中间监狱经过一定时期，考试及格后，准予假释。

（6）自治制。

自治制是美国纽约州监狱改革委员会主席奥斯本（Thomas Mott Osborne，1859—1926）首倡的，其目的是通过犯人自治养成相互扶助的精神、集体责任的意识，确立自动遵守的监规纪律，刺激犯人的自尊心，以便更好地适应社会生活的需要。自治制的主要内容是：由犯人订立公约，在监狱内仿效三权分立制，分别设置立法部、行政部、司法部，由犯人中选举适当的人充任。监狱官员对其抱以完全信任的态度，非必要不加干涉。现代一些西方国家监狱也有采用自治制的，但一般都在适用范围和自治内容上有所限制，并在犯人的表现累进到一定阶段才允许其自治。

（7）累进制。

累进制的主要内容是：将判决书上的宣告刑分为几个阶段，根据犯人的表现，依次改善其待遇，鼓励犯人自新。德国刑法学家波纳维尔·法·马察纪（1802—1894）主张对犯人的监禁实行渐进制度，开始是分别监禁，然后经过不同阶段的共同劳动，对犯人进行严格的分类，最后是在监禁下实行有条件的自由。

由此可见，近代西方社会的自由刑的执行方法相对于奴隶社会与封建社会的来说，具有历史性的进步。

我国刑法第46条规定，被判处有期徒刑、无期徒刑的犯罪分子，凡有劳动能力的，都应当参加劳动，接受教育和改造。也就是说，我国对被判处有期徒刑、无期徒刑的犯罪分子，不是简单消极地实行关押和监禁，而是对他们实行劳动改造，以此来达到特殊预防的目的。我国行刑政策的核心是改造罪犯成为新人，这也是我国监狱制度与西方监狱制度的根本区别之所在。马克思主义认为，生产劳动是人的最基本的实践活动，也是人的认识的基本来源。劳动不仅创造了物质财富，而且创造了精神财物，并且创造了人本身。对犯人进行改造，从根本上说就是要改变导致其走上犯罪道路的丑恶的思想认识和意识形态。而这种犯罪的思想的形成又是与好逸恶劳有关的，是与人的认识脱离生产劳动实践有关的。而这种犯罪思想的根除并非沉默静思所能实现的，而必须通过生产劳动，辅之以必要的思想教育，使犯人在生产劳动中改变其犯罪思想。正是在这个意义上，马克思将生产劳动称为犯人改过自新的唯一手段。[①] 我国狱政机关在对判处有期徒刑、无期徒刑的犯罪分子实行劳动改造的过程中，主要实行下述原则：一是人道主义原则。对犯人实行人道主义，又仅仅表现在生活待遇上，关键是树立犯人也是人的观念，尊重犯人的人格，保护犯人的合法权利。只有这样，才能促使犯人切身体会到国家对他们的挽救，加强改造的信心和决心，早日改造成为新人。二是教育感化原则。所谓教育感化，就是从改造犯人出发，采用潜移默化或善意劝导的方法。具体地说，就是戒之以规、动之以情、晓之以理、导之以行，由此而使犯人发生思想转化。三是区别对待的原则。犯人的情况是不同的，不仅犯罪事实有所不同，而且个人情况等也千差万别。对此，必须实行区别对待，因人制宜地采取改造措施。四是依靠社会原则。劳动改造机关在对犯人实行劳动改造的时候，应当依靠社会各方面力量的支持和配合，否则，不可能很好地完成改造罪犯成为新人的任务。依靠社会就意味着在一定程度上实行劳动改造的开放化，这样做也是符合世界潮流的。我国监狱机关在劳动改造工作中实行上述原则，充分说

① 参见马克思：《哥达纲领批判》，27页，北京，人民出版社，1965。

明我国劳动改造工作的社会主义性质，也是我国对判处有期徒刑、无期徒刑的犯罪分子执行刑罚的方法的最大特点。

3. 刑满释放。

对判处有期徒刑的犯罪分子，刑期届满刑罚已经执行完毕，都应当予以释放。无期徒刑，是剥夺自由终身，因此不存在刑满释放的问题。但在行刑实践中，并非所有被判处无期徒刑的犯罪分子都被剥夺自由终身，绝大部分犯罪分子在执行一定刑期以后，都能得到不同程度的减刑。减为有期徒刑以后，刑满的应当释放。

三、财产刑的执行

我国刑法中的财产刑，分为罚金和没收财产两种，现将其执行问题分述如下：

（一）罚金的执行

根据我国刑事诉讼法第 260 条的规定，罚金由人民法院执行。在罚金的执行中，需要注意以下问题：

1. 一次或者分期缴纳

根据犯罪分子的经济状况，人民法院在判处罚金的时候可以分别判处一次缴纳或者分期缴纳。对于经济条件较好的犯罪分子，可以判处一次缴纳，即在判决所确定的期限内，强制犯罪分子一次性地将判决所确定的罚金额全部交齐。对于经济条件稍差但完全具有缴纳能力的犯罪分子，可以判处分期缴纳，即在判决所确定的期限内，分多次让犯罪分子交齐判决所确定的罚金额。分期缴纳主要是考虑到犯罪分子的经济负担能力，以便于执行而作出的灵活规定。

我国刑法关于分期缴纳的规定不仅是我国司法实践执行罚金的经验总结，而且是借鉴国际上关于罚金刑的立法例的结果。1950 年 8 月在海牙举行的第 12 次国际刑法及监狱会议的有关决议中曾规定："罚金刑……（b）必要时，允许被告分期缴纳。"《苏俄刑事诉讼法典》第 361 条规定，可以在不超过 6 个月的期限内分期缴纳。《联邦德国刑法典》第 28 条第 1 项规定："受刑之宣告者，如因经济上之原因，难以即时缴纳罚金时，法院应准其定期缴纳或分期缴纳。"

有的国家刑法对分期缴纳的期限作了规定，例如丹麦，须在 1 年内分期缴纳完毕；瑞典原则上为 1 年，但例外可达 2 年。有的国家刑法对分期缴纳的期限未加规定，例如瑞士，只要在刑罚的时效期间内即可，分期之次数不受限制。我国对于分期缴纳的期限也未加规定，但一般来说分期缴纳的时间不能拖得过长，否则不利于执行。

2. 强制缴纳

任何刑罚的执行都具有强制性，即不以罪犯自愿为前提。但是这里所说的罚金的强制缴纳，不是指一般意义上的刑罚强制性，而是指犯罪分子有缴纳罚金的经济能力而故意不缴纳，人民法院强迫犯罪分子缴纳。罚金的强制缴纳一般有以下两种情况：

一是犯罪分子拥有足以缴纳罚金的金钱，却拒不缴纳。例如，有些犯罪分子在银行有存款，足以缴纳罚金，但却故意隐瞒自己的经济状况，借口无钱而拒不缴纳。在这种情况下，人民法院可以要求银行予以协助，从犯罪分子的银行存款中提取罚金。

二是犯罪分子虽然没有现金，但拥有其他财产，完全可以变卖财产缴纳罚金，但却拒不缴纳。有些犯罪分子甚至将财产转移到其他人手中而抗拒罚金的缴纳。在这种情况下，人民法院可以查封犯罪分子的财产或调回被转移出去的财产，并折价变卖其中的一部分用以折抵罚金。

犯罪分子有经济能力却拒不缴纳罚金，表明其对法律的藐视。而罚金的强制缴纳为刑罚的有效执行、为维护法律的尊严提供了有力的保障。附带指出，在罚金的强制执行过程中，必要的时候可以依法对犯罪分子采取一定的人身强制措施。

3. 罚金的追缴

凡不能全部缴纳罚金，但又并非没有能力缴纳而是转移财产以致无法强制缴纳的，人民法院在任何时候发现被执行人有可以执行的财产，应当随时追缴。这是 1997 年修订后的刑法第 53 条的新规定，它有利于罚金的正确执行，以维护法律的严肃性。

4. 罚金的减免

在罚金的执行过程中，犯罪分子确实没有缴纳能力应该怎么办？这是各国法律都面临的一个问题。为解决这个问题，各国法律专家都曾经绞尽脑汁，设计出一些对策。其一是在确定罚金数额的时候，对犯罪分子的经济状况予以充分考虑，防患于未然。例如，《德国刑法典》第 27 条之三第 1 款规定："决定罚金数额时，应斟酌犯人的经济情况。"1926 年《苏俄刑法典》第 42 条第 2 款规定："在任何情况下，所判处的罚金数额，应当同被判刑人的财产状况相适应。"对此，我国刑法没有规定。但这并不意味着在司法实践中确定罚金数额时就可以完全不考虑犯罪分子的经济状况，从历来的司法解释看，适用罚金刑的时候，还是应该考虑犯罪分子的经济状况。例如，1951 年 1 月 8 日《最高人民法院华东分院对上海市人民法院关于财产刑罚使用问题的指示》指出："科处罚金时，须足够地注意被告的经济负担能力与其家庭生活生产情况。"1951 年 10 月 10 日《浙江省人民法院关于税务罚金于被告无财产可供执行时如何处理问题的批复》更明确地指出："法院在处理税务机关移送办理的违反税务案件时，应首先调查被告有无缴纳税款和罚金能力，以研究其危害性的轻重，作为加重处分的参考，不能迟至执行时因为事实上已无法追缴，再另行加重处分或改变原处分，因为这样做法，是会影响人民法院确定裁判的严肃性。"虽然确定罚金数额时考虑了缴纳能力，但在判决以后因为天灾人祸又丧失了缴纳能力，仍然会发生没有缴纳能力的问题。其二是延期缴纳，按时不能缴纳的，延长缴纳时间。例如，丹麦、瑞士得延长 3 个月，瑞典得延长 4 个月，但有特殊情形者可延长 8 个月。其三是罚金的缓刑制。罚金的缓刑制是作为不能缴纳罚金的一种补救方法而提出来的，有些国家的刑法对此作了规定，例如《日本刑法典》第 25 条规定对 5 000 日元以下罚金而具备缓刑的必要条件的，可以判处缓刑。其四是易科劳役。在不能缴纳罚金的情况下，将罚金折抵成自由制，这就是罚金的易科。例如《日本刑法典》第

18条第1项规定："不能缴纳罚金的人，应以1日以上2年以下的期间在劳役场内。"但这种换刑处分的方法将财产刑转换为自由刑，加重了被告人的刑事责任，因而不妥。尤其是在社会主义国家，这种无钱坐牢的做法历来是不允许的。1922年《苏俄刑法典》第39条、1924年《苏联及各加盟共和国刑事立法基本原则》第27条、1926年《苏俄刑法典》第42条都明确规定：用剥夺自由代替罚金是不准许的。我国司法实践中有个别地方曾经采用过易科徒刑的方法，例如1951年10月10日《浙江省人民法院关于税务罚金于被告无财产可供执行时如何处理问题的批复》指出："对于专科罚金的刑事案件（原则上一般适用于情节较轻贪图财物的犯罪），或并科罚金的刑事案件（原则上适用于有附加财产刑的必要者），于被告无力缴纳罚金时，可将罚金易科徒刑或劳役。"但这只是个别现象；根据我国最高司法解释，这种现象是不允许的。例如1960年5月12日《最高人民法院对新疆维吾尔自治区高级人民法院关于不能用罚金折服劳役问题的复函》指出："不能以罚金折服劳役。"其五是以自由劳动抵消罚金。例如《瑞士刑法典》第49条第1项规定："法院得准许受刑人以自愿工作，尤以对国家或地方团体有益之工作抵偿罚金。"又如，在苏维埃刑事立法中，在罚金无法追缴时，法院可以决定以不剥夺自由的劳动改造代替罚金，以1个月的劳动改造折抵10卢布计算，但不得超过1年的劳动改造。①

上述几种方法我国刑法都没有采纳，而是采取了罚金减免的方法。我国刑法第53条规定："如果由于遭遇不能抗拒的灾祸缴纳确实有困难的，可以酌情减少或者免除。"这里所谓不能抗拒的灾祸，指犯罪分子本身的力量所无法避免的天灾或人祸，例如火灾、水灾、地震、家属死亡等。由于上述情况影响罚金缴纳的，犯罪分子应向人民法院提出申请，说明理由，请求减免。人民法院调查属实，可以根据灾祸的轻重，裁定减少或者免除缴纳。在决定罚金的减免时必须注

① 参见［苏］H. A. 别利亚耶夫、M. И. 科瓦廖夫主编：《苏维埃刑法总论》，马改秀等译，296页，北京，群众出版社，1987。

意，减免的条件有两个：一是遭遇不能抗拒的灾祸，这是前提条件。如果灾祸不是不能抗拒的，而是犯罪分子故意制造事故毁灭自己的财产，以抗拒罚金的执行，就不能减免其罚金，而且应该采取相应的处理措施。二是缴纳确实有困难，这是本质条件。如果犯罪分子虽然遭遇了天灾人祸使其财产受到一定的损失，但这种损失对犯罪分子的经济状况影响不大，并不妨碍罚金的缴纳，则不应减免。以上两个条件同时具备，才能考虑罚金的减免。最后应该指出，罚金的减免虽然体现了刑罚执行的人道主义原则，但实际上并非因犯罪分子的悔罪表现而使其刑罚得以减免，不利于刑罚目的的实现。因此，我认为外国刑事立法中，以自由劳动抵消罚金的方法是值得借鉴的。

（二）没收财产的执行

1. 执行机关。

我国刑事诉讼法第 261 条规定："没收财产的判决，无论附加适用或者独立适用，都由人民法院执行；在必要的时候，可以会同公安机关执行。"由此可见，没收财产主要由人民法院执行，由公安机关辅助执行。

2. 正当债务的清偿。

我国刑法第 60 条规定："没收财产以前犯罪分子所负的正当债务，需要以没收的财产偿还的，经债权人请求，应当偿还。"在适用这一规定的时候，应当注意以下几点：第一，必须是正当债务。所谓正当债务，是指犯罪分子确因家庭经济困难、婚丧病残事故或遭遇自然灾害向债权人合法借贷所负的债务，或者由于正当的买卖、租赁所负的债务。如果不是正当债务，例如犯罪分子所欠的赌债或因其他违法犯罪活动而发生的债务，不在清偿之列。第二，必须有债权人的请求。如果没有债权人请求的，不予偿还。第三，必须是在没收财产的范围内按照一定的顺序偿还。超出没收财产范围的，国家不予偿还。如果债权人不止一个，应当按照一定的顺序偿还。关于偿还顺序，有些国家的刑法加以明文规定。例如《苏联及各加盟共和国刑事立法基本原则》第 26 条第 2 款规定的偿还顺序是："第一应当清偿的是领取工资的人的债权；第二应当清偿的是社会保险机关在社会保险方面的债权；第三应当清偿的是其他国家机关的债权；第四应当清偿的是其余一切的债权。”《苏俄刑法典》规定，偿付请求的顺序应当依照《苏俄民事诉讼法典》的规定办理。我国刑法对清偿的顺序没有规定，按照有关法律规定，可依照下列顺序清偿：（1）工资、生活费；（2）国家税收；（3）国家银行和信用合作社贷款；（4）其他债务。

3. 没收财产的处置。

人民法院没收的财产一律上缴国库，不得拍卖。对财政部门处理的没收财产，司法机关的干部不准事先选购。

四、资格刑的执行

我国刑法中的资格刑主要有：剥夺政治权利、驱逐出境和剥夺勋章、奖章和荣誉称号、剥夺军衔，现对这些刑罚的执行分述如下：

（一）剥夺政治权利的执行

根据我国刑事诉讼法第259条规定：“被判处剥夺政治权利的罪犯，由公安机关执行。”在执行的时候，应该向群众宣布犯罪事实以及剥夺政治权利的内容，并采取相应的执行措施。

1. 选举权和被选举权的剥夺。

选举权和被选举权的剥夺，主要在全国人民代表大会代表和地方各级人民代表大会代表选举时体现出来。我国宪法和选举法都规定，依照法律被剥夺政治权利的人没有选举权和被选举权。因此，在选民登记的时候，不能把被判处剥夺政治权利的人列入选民名单，发现列入的，应马上撤出。在选举期间，公安机关还应加强对被判处剥夺政治权利的人的监督，防止这种人将自己的意愿灌输给其他选民，因而实际参与选举。

2. 宪法规定的其他各种政治权利的剥夺。

这里所谓其他各种政治权利，是指言论、出版、集会、结社、游行、示威的自由。言论自由是指公民通过口头或书面表达自己对国家大事的意见的自由，而不是指一般意义上的言论自由。言论自由的剥夺就是不允许被判处剥夺政治权利的人随便发表对国家大事的意见或建议。出版自由是指新闻、出版、著作、绘画等自由。出版自由的剥夺就是不允许被判处剥夺政治权利的人出版自己的著作等。集会自由是指公民为某种自由聚集在一定场所商讨问题或表达意愿的自由。集会自由的剥夺就是被判处剥夺政治权利的人既不得发起一定的集会，也不得参加他人发起的集会。结社自由是指公民为一定宗旨组成某种社会组织的自由。结社自由的剥夺就是被判处剥夺政治权利的人不得组织或参加一定的社会组织。游行自由是指公民采取列队行进方式表达意愿的自由。游行自由的剥夺就是被判处剥夺政治权利的人不得组织或参加游行。示威自由是指公民通过集会或游行来表示强烈意愿的自由。示威自由的剥夺就是被判处剥夺政治权利的人不得发起或参加示威。一经发现被判处剥夺政治权利的人行使上述权利的，公安机关应当予以制止并进行批评。

3. 担任国家机关职务的权利的剥夺。

被判处剥夺政治权利的人不得担任国家机关职务。例如我国人民法院组织法第 34 条规定：被剥夺过政治权利的人不得被选举为人民法院院长，或者被任命为副院长、庭长、副庭长、审判员和助理审判员。根据这一规定，凡是被剥夺过政治权利的人均不得担任上述职务，正在被剥夺政治权利的人当然就更不得担任上述职务。

4. 担任国有公司、企业、事业单位和人民团体领导职务的权利的剥夺。

被判处剥夺政治权利的人不得担任国有公司、企业、事业单位和人民团体领导职务，在选举上述领导的时候，应该首先进行资格审查，防止被剥夺政治权利的人担任上述领导职务。1986 年 11 月 8 日最高人民法院、最高人民检察院、公安部、劳动人事部《关于被判处管制、剥夺政治权利和宣告缓刑、假释的犯罪分子能否外出经商等问题的通知》重申犯罪分子在被剥夺政治权利期间，不得担任国营或集体企事业单位的领导职务。

根据我国刑事诉讼法第 259 条规定，被剥夺政治权利的罪犯，执行期满，应当由执行机关书面通知本人及其所在单位、居住地基层组织。

（二）驱逐出境的执行

在我国刑罚体系中，驱逐出境不是普遍适用的刑罚方法，只能对犯罪的外国人适用。所以，我国刑法没有把驱逐出境列入一般刑种之内。驱逐出境一般由公安机关执行，在执行的时候，责令犯罪的外国人在一定期限之内离开中华人民共和国国境。

（三）剥夺军衔的执行

根据 1994 年《中国人民解放军军官军衔条例》第 28 条的规定，剥夺军衔必须由法院判决才能剥夺。在法院的判决生效以后，应当由原审法院将犯罪人的军衔并连同判决书副本一并上交有关部门。

五、保安刑的执行

保安处分的执行，是一个极为重要的问题。由于保安处分的内容十分丰富，涉及心理、病理、生理和医学等专门知识领域的内容，在保安处分的执行中都有所体现，因而较之一般刑罚的执行，保安处分的执行更为复杂，也更为重要。

在保安处分的执行问题上，存在着它与刑罚执行的关系问题。一元论者认为刑罚的执行与保安处分的执行不存在性质上的区别，在实际执行上，强加区别无甚意义。二元论者认为，保安处分的执行与刑罚的执行是有区别的，前者的执行方法要缓和些，目的须明确。① 1935 年在柏林召开的第 11 次国际刑法及监狱会议曾有关于“自由刑和有关自由的保安处分的执行应如何区别”的议题。会议对此作出了决议，其基本内容是：只要无损于保安处分的真实目的，刑罚与保安处分在执行上须贯彻两者的区别精神。保安处分的执行设施与刑罚的执行设施须分

① 参见甘雨沛、何鹏编：《外国刑法学》，下册，775 页，北京，北京大学出版社，1985。

别设定。保安处分的执行设施与执行方法，不能具有与刑罚同样程度的森严性与严峻性。在收容者的衣着、作业、给付、受教育的机会等方面都应有明显的区别。这个决议对各国保安处分的执行，起了指导性的作用。[①] 因此，目前世界各国对于保安处分的执行一般都有别于刑罚的执行。例如，意大利 1931 年的《保安处分及刑务所令》对于剥夺自由的保安处分的设施，保安收容者的分类，设施种类及特殊设施部，收容者的区分，收容所的构成和监督，设施的指挥和监视，监督裁判官和保护委员，收容者的指定和收容的执行，收容及收容者的行动规则、劳作、教育和宗教修养、惩戒，收容者人格考察簿，收容的执行费用，保安处分的中断、逃亡、移送和释放，收容特别规则等执行问题作了详细规定。

按照我们的设想，将保安处分引入刑罚体系，使之成为保安刑。保安刑的执行，当然也是一个行刑问题。但由于保安刑与自由刑有所不同，因而在执行上也要加以区别。在执行机关、执行场所、待遇、管理、教育等方面，都应当不同于自由刑的执行，而这一切内容须由有关的法律加以明确规定。

第四节　行刑的制度

行刑制度是指在行刑过程中，根据犯罪情节和犯罪人的悔罪表现，对犯罪分子适用的刑罚制度。我国刑法中的行刑制度包括缓刑制度、减刑制度和假释制度。对于减刑和假释属于行刑制度，在刑法理论上不存在争议。但关于缓刑是行刑制度还是量刑制度，认识不尽一致。我国学者认为，缓刑制度既是量刑制度之一，也属于行刑制度的范畴。因为对犯罪人是否适用缓刑制度，是量刑阶段的事情，而一旦对犯罪人判处了缓刑，便进入了行刑的领域。尽管缓刑制度纵跨量刑阶段和行刑阶段，但它首先是量刑阶段决定是否适用的一种刑罚制度，只有量刑

① 参见甘雨沛、何鹏编：《外国刑法学》，下册，774 页，北京，北京大学出版社，1985。

时决定对犯罪人适用之后，才继而谈得上执行，所以，应将缓刑制度视为量刑制度进行研究。[①] 我认为，量刑与行刑是罪刑关系运动的两个阶段，从时间上来说，缓刑发生在量刑阶段，将其归于量刑制度似乎并无不可。但缓刑是在刑罚量定的基础上，对其执行方法的确定，它不涉及刑罚之量定的问题，而只与刑罚的执行有关，在逻辑上应当将其归于行刑制度。

一、缓刑制度

缓刑是对被判处一定刑罚的犯罪分子，在其具备法定条件的情况下，在一定期间内附条件地不执行原判刑罚的一种制度。缓刑的特点在于，在判刑的同时宣告暂不执行，但又在一定时间内保留执行的可能性。如果遵守一定的条件，一定期限以后原判刑罚就不再执行；如果违反一定条件，原判刑罚仍要执行。所以，缓刑实际上是附条件地不执行原判刑罚。

缓刑制度的确立与适用，关键在于一定的条件。根据我国刑法规定，缓刑适用于被判处拘役、3 年以下有期徒刑的犯罪分子。条件是：(1) 犯罪情节较轻；(2) 有悔罪表现；(3) 没有再犯罪的危险；(4) 宣告缓刑对所居住社区没有重大不良影响。没有再犯罪的危险，这是适用缓刑的根本条件。但由于对犯罪人尚未适用缓刑，因而没有再犯罪的危险只能是审判人员的一种推测，这种推测的根据是犯罪情节较轻，有悔罪表现。在这两个因素中，犯罪情节较轻属于已然之罪的范畴，应当综合主观恶性与客观危害这两个方面加以综合评判。犯罪人悔罪表现较好，属于未然之罪的范畴，表明犯罪人的再犯可能性较小。为了确保适用缓刑不致再危害社会，法律还规定了一定的缓刑考验期。缓刑考验期是缓刑制度的重要组成部分，也是缓刑所附的条件。如果没有缓刑考验期，那就不成其为缓刑。确立缓刑考验期的目的在于使犯罪人真正悔过自新，并且通过切实有效的考察措

---

① 参见王作富主编：《中国刑法适用》，251 页，北京，中国人民公安大学出版社，1987。

施，达到缓刑的效果。因此，缓刑的意义不在于刑罚之不执行，而在于不执行所附之条件。对缓刑犯所作的考察，虽然不能认为是刑罚的执行，但它又具有刑法执行的意蕴，应予高度重视。

二、减刑制度

减刑是对被判处一定刑罚的犯罪分子，由于其在刑罚执行期间的悔改或立功表现，将原判刑罚予以适当减轻的一种制度。我国刑法学界一般认为，减刑是我国刑法特有的一项制度，认为世界上的其他国家通常把犯罪人在服刑期间的刑罚减除问题，视为与赦免性质相似的情况，由国家根据需要实行。① 如果就形式意义而言，将减刑说成我国刑法的独创无可厚非。但从实质意义上说，类似于减刑的制度外国也有。例如苏俄就有易科较轻的刑罚的制度。在把原刑未服完部分易科较轻的刑罚时，被判刑人不被免除刑罚，而是继续服另一种较轻的、代替原刑判处的刑罚。②

减刑取决于犯罪分子在刑罚执行期间的表现。确有悔改或立功表现的，才能得到减刑。根据司法解释，确有悔改表现，主是指罪犯认罪服法；一贯遵守监规纪律；积极参加政治、文化、技术学习；积极参加劳动，爱护公物，完成劳动任务。以上四个方面同时具备的，应认为是确有悔改表现。确有立功表现，是指揭发、检举监内外犯罪分子的犯罪活动，经查证属实；制止他犯逃跑、行凶、破坏等犯罪活动；在生产中有发明创造、重大技术革新；在日常生产生活中舍己救人，在抢险救灾中有突出贡献；其他有利于国家和人民利益的突出事迹。有上述表现之一的，应认为是确有立功表现。③ 以上减刑条件充分表明了未然之罪与预

---

① 参见周振想：《刑罚适用论》，364 页，北京，法律出版社，1990。

② 参见［苏］H. A. 别利亚耶夫、M. И. 科瓦廖夫主编：《苏维埃刑法总论》，马改秀等译，380 页，北京，群众出版社，1987。

③ 参见余淦才等：《刑法拆解汇纂》，165 页，北京，中国政法大学出版社，1991。

防之刑的关系，是减刑的功利根据。但与此同时，法律规定减刑必须有一定的限度，即经过一次或几次减刑，犯罪分子最后执行的刑期，判处无期徒刑的，不能少于13年；判处管制、拘役、有期徒刑的，不能少于原判刑期的1/2。对减刑的期限的限制，充分表明了已然之罪与报应之刑的关系，是报应因素对减刑的限制。

在研究减刑制度的时候，有必要涉及不定期刑的问题。不定期刑分为两种：一种是绝对不定期刑（completely or wholly indeterminate sentence）；另一种是相对不定期刑（relatively or limited indeterminate sentence）。绝对不定期刑是指法定刑和法院的宣告刑均无上限和下限，刑期绝对不确定，监禁时间可以从一日到终身。相对不定期刑是指在法定刑上有一个最高期限和最低期限的规定，法院在此规定的范围内宣告一个实际上有上下期限的相对不定期判刑。① 不定期刑，一般是指相对不定期刑制度，在西方盛行一时，现在日趋没落。我国刑法学界曾先后有人撰文，倡导在我国实行相对不定期刑制度。② 我认为，在我国实行相对不定期刑制度，首先必须处理好它与减刑制度的关系。由于减刑制度的存在，我国的宣告刑实际上具有一定的不定期性。例如宣告刑为10年有期徒刑的，其相对不定期的幅度为5年至10年。因此，减刑与不定期刑具有同工异曲之妙。不考虑这一点，匆忙引入相对不定期刑制度，恐怕不是上策。

三、假释制度

假释是一种附条件地提前释放的制度。我国刑法中的假释，是指被判处有期徒刑或无期徒刑的犯罪分子，在刑罚执行一定时间以后，如果确有悔改表现，不

---

① 参见甘雨沛等主编：《犯罪与刑罚新论》，455页，北京，北京大学出版社，1991。

② 参见刘强：《试论我国应采用"相对不定期刑"制度》，载《河北法学》，1987（6），19～21页；龚万征：《实行相对不定期刑的初步构想》，载《法学评论》，1988（2），72～74页。

致再危害社会，司法机关将其附条件地提前释放的一种制度。假释的本质条件是在服刑期间必须确有悔改表现，不致再危害社会。根据司法解释，不致再危害社会，是指罪犯确已悔罪，服刑期间一贯表现好，不致重新犯罪；老弱病残丧失作案能力的。此外，如果有特殊情节，可以不受执行刑期的限制。这是所谓特殊情节，司法解释认为是指：原工作单位因生产、重大科研的特殊需要，请求保释的；或者有其他特殊情况的。[①] 犯罪分子在服刑期间确有悔改表现，不致再危害社会，说明刑罚的个别预防日的已经提前达到，因而可以附条件地予以释放。但假释仍受已判刑期的限制，这表明在适用假释时，不能无视报应因素。假释不是无条件释放，而是附带一定条件地提前释放，这一定条件就是在假释考验期内不犯新罪。因此，应当重视对假释犯的考验。

① 参见余淦才等：《刑法拆解汇纂》，165页，北京，中国政法大学出版社，1991。

第二十七章 罪刑关系的理论化

罪刑关系的基本原理之于刑法学，犹如灵魂之于生命。罪刑关系的理论化，就是根据罪刑关系的基本原理，对历史上的各种刑法理论进行反思，并以此为基石，建构罪刑关系中心论的刑法学理论体系。

第一节 概 述

任何新的科学体系都孕育于旧有体系的母体之中，而使之从中脱颖而出的催产剂便是对旧有体系的反思。哲人曰：反思是新旧生活递嬗的动力。[①] 同样，反思也是新旧理论递嬗的动力。对传统刑法学体系的反思固然不能直接派生出新的刑法学体系，但却能为新体系的建立找到基点。毕竟，反思的结论总会蕴含着经验或教训的启迪。

① 参见陈旭麓：《浮想录》，89 页，重庆，重庆出版社，1991。

一、刑法学体系的反思

反思首先是一种回顾，但它不是昨天的简单再现，而是对过去的严肃批评。这种严肃批评，既不是肆意曲解，也不是凭空责难，而是奠基于一定根据之上的驳诘。那么，对传统刑法学体系的反思应该以什么为根据呢？易言之，应以什么为标准来评价传统的刑法学体系？这是一个首先必须解决的问题。而这一问题的解决，又不能不从刑法学体系的概念着手。

刑法学体系，是围绕特定的研究对象，根据一定的理论基础，借助一定的研究方法组合刑法理论的基本要素而成的有机整体。由此，我们可以发现刑法学体系的四大要件是：研究对象、理论基础、研究方法以及刑法理论基本要素的组合。与此相适应，我们可以为反思传统刑法学体系找到四项标准。

标准之一：研究对象是否正确

任何科学的建立，都以研究对象的确定为先决条件。任何刑法学体系，无论其内容多么庞杂，总是围绕特定的研究对象组构的。掌握了刑法学的研究对象，也就抓住了刑法学体系的主线。因此，所确定的研究对象是否正确，对于刑法学体系的科学与否具有决定性的意义。由此可见，对传统刑法学体系的反思应从研究对象入手：看它是否围绕正确的研究对象而组建，这是反思传统刑法学体系的标准之一。

标准之二：理论基础是否可靠

康德曾言："人类理性非常爱好建设，不只一次把一座塔建成了以后又拆掉，以便察看地基的情况如何。"[①] 的确，人们思维的本能总是把人引向追根寻底式的思考。要就传统刑法学大厦是否可靠得出结论，不可避免地要考察它的理论基础是否可靠。因为理论基础是理论体系的奠基石，基础不可靠，体系必将土崩瓦

① ［德］康德：《未来形而上学导论》，庞景仁译，4 页，北京，商务印书馆，1982。

解；基础愈薄弱，体系所潜藏的崩塌之险愈大。很难想象，没有可靠的基础的刑法学体系经得起刑法理论深入发展的冲击；不可思议，建立在不可靠的理论基础之上的刑法学体系可以免遭被淘汰的厄运。因此，理论基础是否可靠，是反思传统刑法学体系的标准之二。

标准之三：研究方法是否科学

研究方法“是用来发现真理的工具”①。它是建立科学体系之大厦的脚手架，任何理论体系的诞生都不可能没有科学的研究方法的催产。这样说，毫无夸张成分。因为研究方法的科学与否直接制约着所得出的结论的正确与否。刑法学体系同样需要通过一定的研究方法来组构，分析传统刑法学的研究方法，不失为考察传统刑法学体系是否科学的一条重要途径。相应的，研究方法科学与否，是反思传统刑法学体系的标准之三。

标准之四：理论结构是否合理。

理论结构，表现为刑法理论基本要素的组合，是刑法学体系的外在表现形态。它从两方面直接地向我们展示着刑法学体系的结构。其一是，从特定刑法学体系包容了哪些刑法理论基本要素，我们可以看到该体系在内容的取舍上是否合理。其二是，从刑法理论基本要素的组合形式中，我们可以发现该体系在结构上是否合乎逻辑，即各要素之间是协调一致，还是互不相关，抑或是彼此矛盾。由此我们可以得出结论，刑法学体系内在的理论结构是否合理，是反思传统刑法学体系的标准之四。

必须指出，上述反思传统刑法学体系的四个标准是具有内在联系的，它们构成一个完整的坐标体系，任何传统的刑法学体系经过这四个标准的衡量与考察，都将在这一坐标体系上留下其价值曲线。当然，这四个标准也不是同等重要的，其中研究对象与研究方法又是主要标准，这两者对于建立科学的刑法学体系具有举足轻重的意义，也是反思传统刑法学体系的根本标准。

---

① ［苏］普列汉诺夫：《普列汉诺夫哲学著作选集》，第1卷，148页，北京，三联书店，1959。

传统的刑法学体系不是铁板一块，因此，抽象的刑法学体系不能成为反思的对象。自从刑法学作为一门独立的科学在近代西方问世以来，在刑法学的领域，可以说是学派林立，每一个学派都有其独特的刑法学体系。如果对每一学派的刑法学体系都加以反思，显然是不可能的，也是没有必要的。那么，究竟如何确定反思的对象呢？

我认为，尽管刑法学内部的学派很多，各个学派的刑法学体系也确实存在一定的差别，但从大处着眼，仅就刑法学体系自身的历史演进而言，曾先后出现过三套不同的刑法学体系，对传统的刑法学体系的反思只能以这三套刑法学体系为对象。这三套刑法学体系就是：西方刑事古典学派建立的行为中心论体系，刑事实证学派建立的行为人中心论体系，以及由苏联刑法学者建立并至今仍为我国刑法界所沿袭的社会危害性中心论体系。如果说，行为中心论体系与行为人中心论体系是历史上先后存在过的刑法学体系，对这两套体系的反思属于历史的反思，那么，社会危害性中心论体系就是目前仍然存在的刑法学体系，对这一体系的反思属于现实的反思。对刑法学体系的反思，既不能仅以社会危害性中心论体系为对象，因为这样必然导致割裂不同刑法学体系的历史联系，也不能只反思行为中心论体系与行为人中心论体系，否则，反思的结论便不具有直接的现实意义。因此，历史的体系与现实的体系构成反思的全部对象。

二、刑法学体系的重构

对传统刑法学体系的反思是手段而不是目的，反思的目的在于重构新的刑法学体系。任何一个新体系的建立，都面临着两个方面的突破：内容与形式。两种突破相比较而言，内容的突破是根本的。在某种意义上说，没有内容的突破也就不会有真正意义上的形式的突破。当然，内容的突破也并非必然导致形式的突破。我们看到，历史上先后出现的行为中心论、行为人中心论和社会危害性中心论三个传统的刑法学体系，虽然内容上都有所突破，但形式上却仍是犯罪论与刑罚论呆板的两大块，没有发生根本上的改观。以罪刑关系的基本原理为中心建构新的刑法学体系，面临的突破将是双重的：不仅有内容上的突破，而且有形式上的突破。我们期待着罪刑关系中心论能以其崭新的姿态，为刑法学理论注入生机，使数百年一贯制的刑法学体系的容颜为之一变，给人以面目一新的感觉。

这是我们的希望，也是我们为之奋斗的目标。

第二节　行为中心论

行为中心论的刑法学体系是刑事古典学派所建立的，行为中心论的刑法学体系只不过是刑事古典学派的刑法思想的表述形式而已。刑事古典学派内部可以分为两支：一是以贝卡里亚、费尔巴哈等人为代表的功利主义，二是以康德、黑格尔等人为代表的报应主义。应该指出，在刑事古典学派内部，虽然存在功利主义与报应主义之争，但刑事古典学派有一个共同点，就是以犯罪行为为立论的基础，由此建立刑法学体系。因此，从刑法学体系上来说，刑事古典学派共有一个刑法学体系——行为中心论的刑法学体系。

古典学者们从犯罪的最直观形式——犯罪行为入手，前溯犯罪人的主观心理，后顾犯罪行为的危害后果，剖视犯罪行为与犯罪人的主观心理的联系，得出犯罪行为在主观上是犯罪人自由意志的产物，在客观上有害于社会的结论。据此，他们要么是从犯罪人的角度提出一切犯罪都是应受刑罚惩罚的行为，要么是从社会的角度提出一切犯罪都是应受刑罚遏制的行为，并从犯罪与刑罚的这种联系中推出有罪必罚、无罪不罚的刑法原则，进而将这一原则予以深入与展开，得出另一条刑法原则——罪刑均衡，完成了其刑法原则论体系的构筑。在犯罪论上，古典学者根据犯罪行为在犯罪之形成过程中的地位，即既是犯罪主观心理的外化，又是犯罪结果的导因，因而构成由犯罪人主观恶性过渡到犯罪的客观危害的中介，建立了以行为为中心的犯罪构成体系。在刑罚论上，古典学者仍然是以对犯罪行为的考察结论为提出命题的基础，要么是从犯罪人的行为是犯罪人的主观恶性的体现出发，提出刑罚的目的是对犯罪之恶的回复与报应，要么是以犯罪行为是犯罪的社会危害之导因为基点，阐明了用刑罚预防犯罪的必要性，主张刑罚的目的是预防犯罪。显然，古典学派的刑法学体系，无论是刑法原则论，还是犯罪论，抑或是刑罚论，都是以犯罪行为为主线而形成的，犯罪行为构成其第一块基石。正因如此，古典学派的刑法学体系被称为行为中心论。

仅就刑法理论的结构而言，行为中心论的刑法原则论—犯罪论—刑罚论的刑法学体系的逻辑结构是无可厚非的。然而，理论的基本要素的组合的合理性，并不意味着整个理论体系的科学完美。因为结构的合乎逻辑性虽然是理论体系的科学性的起码要求，但科学性绝非逻辑性的代名词，而是有着更深刻、更高层次的要求。正是在这个意义上，即从研究对象的正确性、理论基础的可靠性与研究方法的科学性来看，行为中心论刑法学体系的权威性大可质疑。

一、研究对象的反思

前文已经指出，研究对象的确定是否正确，是衡量某一理论体系是否科学的重要标志。在表面上，行为中心论刑法学体系是以刑法为研究对象，研究对象的确定上似乎无懈可击。然而，如果我们把问题推进一步，考察行为中心论者是从什么角度来研究刑法，或是研究刑法中的什么，则可以发现：在研究对象上，不同的行为中心论者各持一端。康德、黑格尔等人虽然以作为刑法之主体的犯罪与刑罚为研究对象，但他们注重的是已然之罪对报应之刑的决定性与报应之刑罚对已然之罪的从属性。正是因为康德、黑格尔实际上是把已然之罪对报应之刑的决定性与报应之刑对已然之罪的从属性作为刑法的主要研究对象，所以，其刑法原则论体系源于已然之罪与报应之刑之间的因果关系，其犯罪论是关于什么的行为应予报应的理论，其刑罚论则是关于如何报应的理论。与此相反，贝卡里亚、费尔巴哈等人虽然也以犯罪和刑罚为研究对象，但他们注重的是未然之罪与预防之刑的功利关系。正因为贝卡里亚、费尔巴哈等人以未然之罪与预防之刑的功利关系作为刑法学之首要研究对象，所以，他们的刑法原则论体系根植于未然之罪与预防之刑的功利性；其犯罪论是关于什么样的行为应予预防的理论；其刑罚论则是关于如何应用刑罚预防未然之罪的理论。

由上可见，由于在研究对象上各持一端，行为中心论者虽然在以犯罪行为为中心建立刑法学体系上找到了共同点，但这种共同与其说是不谋而合，不如说是一种巧遇。因为在不同的行为中心论者的心目中，行为的意蕴殊异。自此以观，行为中心论应该一分为二：已然的犯罪之行为中心论与未然的犯罪之行为中心论。常识告诉我们，两种截然相反的中心是不能并存于同一体系之中的。大凡两个中心并存，不是此正彼误，便是两者皆误。因此，行为中心论内部两个中心的并存，迫使我们对行为中心论者所确定的刑法学研究对象的正确性产生怀疑。

应该肯定，行为中心论不是仅仅把犯罪与刑罚的法律规范本身孤立地当做刑法学的研究对象，而是将触须伸到隐藏在法律规范之表象背后的罪刑关系，从犯罪与刑罚的相互联系中来确立刑法学的研究对象，这是可取的。然而，同样不能忽视的是，不同的行为中心论者并非把完整的罪刑关系作为刑法学的研究对象，而是把罪刑关系的两个密不可分的方面，即已然之罪与报应之刑之间的因果关系以及预防之刑与未然之罪之间的功利关系，人为地割裂开来，各取所需地将其作为刑法学的研究对象。可见，行为中心论所确定的刑法学研究对象，即便不能说是一无是处，至少也可以说是十分片面的。

二、理论基础的反思

行为中心论者在研究对象上的各持一端，导源于他们在理论基础上的各有所依。以康德、黑格尔为代表的行为中心论者认为，人就是现实上创造的最终目的，无论个人还是社会都不能把他人当做实现某一目的的手段。从尊重人作为目的的价值出发，对人的行为的反映便只能以其行为的性质为根据，而不能另立根据或另有所求，否则便是把人当做手段，否定了其作为目的的价值。犯罪在主观上是犯罪人自由选择的结果，在客观上是危害他人或社会的行为，因此，它是一种恶。恶有恶报是社会公正的要求，犯罪的恶性注定了它应受也只能受到恶的报应。只有这样，才能尊重犯罪人自己的选择，尊重其作为目的的价值。刑罚以给人痛苦与损害为内容，是对人的权益的剥夺，因而在本质上也是一种恶。而从社会公正观念出发，恶报只有加诸罪行，才具有公正性。因此，刑罚也只能加诸犯罪。而作为使犯罪与刑罚相联系的桥梁，刑法要具有公正性，便只能以用刑罚惩罚犯罪即以恶报恶为任务。可见，康德、黑格尔的刑法学体系的理论基础是报应主义。

以贝卡里亚、费尔巴哈为代表的行为中心论同样认为犯罪与刑罚本质上都是恶，但是，他们据以立论与由此所推导出来的结论却与报应主义迥然相异。贝卡里亚、费尔巴哈认为，既然犯罪是一种恶，那么，它便应该遭到社会的排除；既然刑罚也是一种恶，便只有在能排除更大的恶时才是正当的。于是他们提出，刑法的任务是以恶去恶，即以刑罚排除犯罪。而刑罚对犯罪的排除，仅凭惩罚是不可以实现的。因为惩罚虽然可以使犯罪人受到折磨与痛苦，却不能使已实施的犯罪成为不存在，不幸的人的呻吟并不能使过去已发生的事情变成没发生。所以，以恶去恶的核心只能是以恶制恶，即用刑罚预防将来可能发生的犯罪。而将来可能发生的犯罪，既可能出自恶性不改的犯罪人的重蹈覆辙，也可能是犯罪人以外的一般人的铤而走险。因此，刑罚对未然之罪的预防既包括对已成为所发生的不幸之肇事者的角色本人的行为的个别预防，也包括对那些有适当的动机与足够的机会实施同样行为的其他人的行为的一般预防。因此，贝卡里亚、费尔巴哈的刑法学体系的理论基础是功利主义。

综上所说，康德、黑格尔与贝卡里亚、费尔巴哈所各自圈定的刑法学的理论基础是大相径庭的。那么，他们何以从不同的理论基础出发，得出了以行为为中心建立刑法学体系的共同结论呢？这种殊途同归的现象，又迫使我们对行为中心论的理论基础是否可靠产生怀疑。报应主义强调人作为目的的价值，注重刑罚的公正性，这本身无可非议。问题在于，人作为社会的动物，并无绝对的目的性可言。当我们说人的权利应当得到尊重时，他是作为目的而存在的；但我们说人必须尊重他人的权利时，他又是实现他人的权利的手段。片面强调人的权利应得到尊重即人作为目的的一面，不是对人的社会性的正确反映。同时，公正性固然是刑法必须具有的一项重要属性，但不应忽视的是，公正本身并非人的生存的目的。相反，它只不过是维护人正常生存的手段。因此，刑法作为维持社会生活的手段，反映社会公正观念的价值绝非只是以刑罚之恶报犯罪之恶。更为重要的是，要通过以恶报恶，使人们意识到刑法的公正性，从而更自觉地尊重刑法，不违法犯罪，达到以恶制恶的目的。否则，刑法的公正性便失之空洞与抽象，毫无实际价值可言。功利主义从社会生活的客观需要出发，提出刑法应以以恶制恶为任务，这同样无可厚非，而且比报应主义更接近于刑法作为维护社会生活的手段的真谛。然而，功利主义把刑罚的正当性仅仅奠基于它能排除更大的恶这一命题，不能排除刑及无辜与轻罪重罚的可能性。按照这一命题，株连无辜与轻罪重罚均可以加强刑罚的威吓力，更有助于刑罚目的的实现，即能使刑罚排除更多的犯罪，因而也是正当的。但是这两种现象却与社会公正观念明显地相冲突，因而不具有公正性。可见，与报应主义恰恰相反，功利主义虽然强调了刑法的实际价值，但却潜藏着违背公正的危险。报应主义与功利主义的这种得之公正失之功利与得之功利失之公正的片面性本身便足以表明，两者均不是真正科学的根据。将如此片面的根据作为刑法学体系的理论基础，显然是不可靠的。

三、研究方法的反思

以上分析所得出的结论，把我们引向对这样一个问题的思考：为什么行为中心论者在刑法学研究对象的确定上与刑法理论基础的设置上，均会有失片面？答案自然在于，这是片面的方法论所致。行为中心论者只看到公正与功利的对立性，忽视了两者的同一性，看不到公正对功利追求的制约性与功利追求是公正的价值所在，把罪刑关系的两个方面的对立性绝对化，使本来不可分割地结合在一起的罪刑之间的决定与被决定和遏制与被遏制的关系被人为地割裂开来，以此为基点建立刑法学体系，均足以表明：在方法论上，他们不是以联系与运动的观点而是以孤立与静止的观点分析问题。这种盲人摸象式的研究方法的结果，当然只能是只见树木，不见森林，因而失之偏颇。

第三节 行为人中心论

行为中心论刑法学体系所固有的缺陷，为它遭到历史的否定埋下了伏笔，预示着它必将被新的刑法学体系所取代。正是在对行为中心论的批判的基础上，刑事实证学派建立了行为人中心论的刑法学体系。

刑事实证学派运用统计分析、个案调查等实证的方法，解剖犯罪的成因，得出了犯罪并非犯罪人自由意志的结果，而是一定的生理或社会因素的必然产物之结论，从而否定了作为行为中心论之重要理论命题的自由意志论。以此为基点，他们进一步对行为中心论的犯罪论与刑罚论展开了全面的挑战。他们认为，既然犯罪不是犯罪人自由意志的结果，那么，犯罪便不是应受刑罚惩罚的行为；也正由于犯罪不是自由意志的结果，人们在犯罪与不犯罪之间毫无自由选择的余地，刑罚对他们的威慑只不过是对牛弹琴。因此，犯罪也不是刑罚所能慑止的行为。这样，实证学者便完全推翻了古典学者关于犯罪是应受惩罚或应受慑止的行为的犯罪论。同时，既然犯罪不是自由意志的产物，那么，它便不是一种恶，以恶有恶报为由对之予以刑罚惩罚，是没有根据的；也正由于犯罪不是犯罪人自由意志的结果，以犯罪人会畏惧刑罚、刑罚能遏止犯罪为由而对之施以刑罚，也是难以立足的。因此，实证学者又彻底否定了古典学者关于刑罚的目的是报复或一般预防的刑罚论，古典学者的刑法原则论同样遭到破产的厄运。实证学者既然否定了犯罪是应受惩罚或慑止的行为，刑罚是惩罚或慑止犯罪的手段，也就否定了已然之罪同报应之刑之间的报应关系以及预防之刑同未然之罪之间的功利关系，古典学者们据此提出的有罪必罚、罪刑均衡等刑法原则便不攻自破。

在行为中心论刑法学体系的废墟上，实证学者构建了自己的刑法学体系。他们认为，犯罪是一种社会疾病，而犯罪人则是这种社会疾病的病原体。正如治病必须先诊断病因一样，研究犯罪首先必须探究犯罪的原因。因此，他们以犯罪人为中心，考虑其生理特征或社会背景，建立了犯罪原因论体系，并以此取代了古典学者的行为中心论的犯罪论体系。同时，既然犯罪是一种疾病，那么，正如为使他人免遭病人的传染而必须将其隔离一样，为使社会免遭犯罪人的危害，防卫社会安全，社会应该采取一系列措施使具有犯罪倾向的人或已犯罪的人与社会相隔离，并对之予以矫治。据此，实证学者以防止和预防有犯罪倾向的人或已犯罪的人危害社会为主要内容，建立了犯罪防治论体系①，并以此取代了古典学者以惩罚或慑止为主要内容的刑罚论体系。随后，他们又以刑罚与犯罪是矫治与被矫治的关系为基础，提出了对症下药的刑罚个别化原则，即刑罚的性质和分量与犯罪人的人身危险性相适应的原则，并以此取代了刑事古典学者所提出的有罪必罚、罪刑均衡等刑法原则。

由上可见，刑事实证学派的刑法学体系，无论是犯罪论，还是刑罚论，抑或是刑法原则论，都是以犯罪人为中心的。因此，它被称为行为人中心论体系。这种把犯罪人推到核心地位的刑法学体系，从表现上看，避免了行为中心论的某些不足。最为明显的是，它完全否定了已然之罪与报应之刑的因果关系及刑罚与未然之罪的一般预防关系，把刑法学的研究对象单一化为刑罚与已然之罪的个别预防关系，从而扭转了在刑法学研究对象上的各持一端的局面；同时，它既推翻了报应主义，又排斥了以一般预防为主体的规范功利主义，而把刑法学的理论基础统一于社会防卫论（行为功利主义）之中，从而消除了在刑法学理论基础上的分

① 部分实证学者，如菲里·萨瑟兰等甚至主张废除刑罚的概念，而代之以“治疗”（treament）或“康复”（rehabitation）。

庭抗礼。因此，行为人中心论给人以比行为中心论更合乎逻辑的印象。然而，这种印象只不过是一种表面。只要顺着前文既成的线索，层层撩开行为人中心论的面纱，我们仍然可以发现其内在的不可克服的弊端。

一、研究对象的反思

行为人中心论虽然实现了刑法学研究对象的统一，但是，这种统一是以对罪刑关系的歪曲与肢解为前提的。也就是说，行为人中心论之把个别预防关系当做刑法学的研究对象的唯一基点，只不过是对报应关系的正当性及一般预防关系的客观性的荒谬否定的产物。因此，以罪刑关系的基本原理为根据，可以得出如下结论：如果说行为中心论在刑法学研究对象上的错误在于立论者因只看到罪刑关系的两个命题的对立性，忽视了其同一性而导致了片面性，那么，行为人中心论者则因其不只是否定了罪刑关系的一个命题，更是否定了其一个半命题，而把这种片面性推到了极端。

二、理论基础的反思

作为行为人中心论之理论基础的是社会防卫论。此论认为，犯罪有其产生的必然性，相应的，社会亦有运用刑罚进行防卫的必要性。仅就这个命题而言，社会防卫论并无不妥。但问题在于，其对犯罪的必然性的认识的前提是十分荒谬的，其由社会防卫的必要性所得出的结论自然是不公正的。社会防卫论所理解的犯罪的必然性，是人的生理特征与社会不良环境决定了人之犯罪的不可避免性。"犯罪是由实施犯罪行为时行为者的特征，加上周围环境的影响所产生的"（李斯特语）①。它与犯罪人的意志完全无关联，因为面对特定的生理特性与不良的社

① 转引自甘雨沛、何鹏编：《外国刑法学》，上册，119页，北京，北京大学出版社，1984。

会环境，犯罪人除了犯罪以外，别无他择。菲利还断然否认自由意志，指出："我们不能承认自由意志。因为如果自由意志仅为我们内心中存在的幻想，则并非人类心理上存在的实际功能。"① 因此，在菲利看来，自由是幻想，只不过是原因、结果长河中的一个神秘的要素而已。由此可见，一方面社会防卫论对犯罪的必然性的认识是以否定人的自由意志为前提的。而事实上，人的自由意志是客观存在的，犯罪人也不例外。尽管不良的社会环境是犯罪的客观原因，但这种客观原因必然通过犯罪人的主观意志才能发挥作用。对于外界因素的不良影响，犯罪人主观上既可以接受，也可以不接受；既可以因此作出犯罪之选择，也可以因此作出不犯罪之选择。既如此，犯罪人不趋善，反从恶，其意志的自由性是不言而喻的。因此，作为社会防卫论之核心命题的犯罪的必然性，虽是一个正确的结论，却出自一个荒谬的前提。另一方面，社会防卫论从行为功利主义的立场出发，认为既然社会有用刑罚进行防卫的必要性，那么，即使人们尚未犯罪，只要他具有人身危险性即有危害社会的犯罪倾向，也应该对其实行强制隔离或强制矫正，以消除其人身危险性，使社会免遭其害。在这里，社会防卫论提出的刑罚之社会防卫目的虽然本身是正当的，但其为实现这一目的而构思的刑及无辜、置人的权利与尊严于不顾的手段则是不正当的。因此，社会防卫论与规范功利主义一样，陷入了只要目的正当可以不择手段的泥潭。社会防卫论所固有的以上两方面的谬误，足以表明它作为刑法学的理论基础，只会导致荒谬的刑法理论，而行为人中心论的刑法学体系恰恰就是如此。

三、研究方法的反思

行为人中心论者以实证主义为其方法论。实证主义本是 19 世纪产生与流行的一个哲学流派。它以在理性、科学和进步的旗号下宣扬唯心主义为特征。它主

① ［意］菲利：《实证派犯罪学》，郭建安译，15 页，北京，中国政法大学出版社，1987。

张，哲学所研究的是实证的知识与事实。刑法学上的实证学派，便是这种哲学思潮在刑法学领域的反映。根据该派学说的奠基人之一菲利的说法，它是就犯罪症状对社会变态进行实验性研究，以使关于犯罪与刑罚的理论符合日常事实的刑法流派。[①] 它反对用纯理性的逻辑来抽象地研究犯罪与刑罚问题，认为只有对反映犯罪与刑罚问题的事实进行观察与实验的结论，才能上升为刑法理论。较之古典学者的纯理性的推演，实证方法所得出的结论往往更令人信服。然而，纯粹的实证方法本身又具有很大的局限性。一方面，并非有关犯罪的一切问题都可通过观察与实验方法得出结论；另一方面，一次性的观察与实验所得出的结论只能适用于所观察与实验的对象范围内。而刑事实证学派却夸大实证方法的作用，无视其局限性，将其奉为万能之具，甚至把由有限的观察与实验的结论，推广到无限的犯罪与刑罚问题上去。因此，在研究方法上，刑事实证学派同样是十分片面的。它对犯罪人自由意志与刑罚的一般预防功能的否定，都是其片面的研究方法的产物。

四、理论结构的反思

行为人中心论的刑法学体系是以犯罪原因论与犯罪防治论为主体的体系。这种体系，与其说是刑法学体系，不如说是犯罪学体系。在这一体系中，犯罪学与刑法学被混为一体，难于区分。从内容上说，行为人中心论虽然扩大了刑法学的研究领域，增添了犯罪原因、保安处分等内容（至于这种增添是否合理，另当别论），但它贬低，甚至完全否认行为中心论所主张的犯罪构成理论与刑罚理论，使犯罪论变成罪犯病理学，刑罚论沦为犯罪防治学。这种组合结构，尽管有其内在逻辑性，但显然是不合理的。

---

① 参见［意］菲利：《犯罪社会学》，郭建安译，1页，北京，中国人民公安大学出版社，1990。

第四节 社会危害性中心论（上）

西方国家的刑法学的可继承性，在社会主义国家已成定论。这是因为，在西方出现的有关犯罪与刑罚的问题，会不可避免地跨越国境的藩篱而渗透到东方；西方国家关于犯罪与刑罚的学说，自然也不可能因政治上的对立而被完全拒之于社会主义国家的大门之外。然而，阶级利益的对抗性、国情的差异性又共同注定了社会主义国家对西方国家刑法学的不可照搬性。因此，应该如何继承与改造西方刑法学，并在此基础上建立社会主义刑法学体系，曾一度成为苏俄刑法学者们苦心思考的问题。这种思考的结果，便构筑了世界上第三个刑法学体系，这就是社会危害性中心论的刑法学体系。

一、苏俄刑法学体系的发展阶段

在世界上第一个社会主义国家苏联，刑法学的发展大致经历了三个阶段。第一阶段为草创时期，主要是 1917 年十月革命胜利后至 30 年代中期。在这一阶段，苏俄刑法学者对西方国家的报应主义刑法理论基本上持否定态度，不是认真地进行客观分析，而是一味地攻击批判。而对功利主义刑法理论，尤其是行为功利主义却态度暧昧，甚至不加分析地一律照搬。这在 1922 年《苏俄刑法典》中便初露端倪，它规定刑罚的目的是一般预防与个别预防，并明文指出：“刑罚是一种防卫的方法，故刑罚使用应适合其目的，同时并应完全免除残酷的性质，不宜使犯罪遭受无益与过多的痛苦。”显然，这不但一般地肯定了犯罪与刑罚的功利关系，而且主张刑罚的分量与预防犯罪的需要相适应。与此同时，它对犯罪与刑罚的报应关系却重视不够。例如，该法典规定未遂罪与既遂罪原则上同样处刑，这实际上忽视了未遂罪的社会危害性通常小于既遂罪的社会危害性，因而有失公正。1926年颁布的《苏俄刑法典》重预防、轻报应的倾向更为明显。该法典在犯罪概念中只表明犯罪是一种危害社会的行为，而未揭示犯罪的应受刑罚惩罚性。更有甚者，它还取消了刑罚的概念，而代之以“社会保卫方法”（第9条），从而在概念与逻辑上否定了犯罪与刑罚的因果报应关系。而对犯罪与刑罚的功利关系，该法却十分注重。它不但明文规定了“社会保卫方法”以个别预防与一般预防为目的，而且还确立了“医疗性及医疗教育性的社会保卫方法”（第24条、第25条）。当然，苏俄草创时期的刑法学重预防轻报应的思想及其在苏俄刑法中的反映，有其特定的历史背景。因为20世纪初正是报应主义及其规范功利主义失势，以菲利为代表的行为功利主义崛起之时。草创时期的苏俄刑法学不可能自外于这种世界性倾向的影响，同时，苏俄建国初期与犯罪作斗争的需要则是行为功利主义在苏联得宠的社会政治基础。

第二阶段主要包括30年代后期至60年代初期，这是苏俄刑法学的系统化阶段。此间，苏俄涌现出孟沙金、皮昂特科夫斯基、特拉伊宁及盖尔仲青等一代杰出的刑法学者，出版了一大批刑法教科书及专著，使苏俄刑法学真正上升到了理论化的高度。此间的苏俄刑法学体系具有两大鲜明的特点，即以社会危害性为中心的犯罪论体系与以预防犯罪为中心的刑罚论体系。在犯罪论上，自沃尔特夫于1935年正式提出“在刑法中，特别是在犯罪问题上，主要的一环是社会危害性”[①]以来，绝大部分苏俄学者都主张犯罪的社会危害性是犯罪论的核心。他们一反刑法草创时期之常态，明确提出了犯罪与刑罚的决定与被决定关系，即主张犯罪是应受刑罚惩罚的行为，犯罪的应受惩罚性渊源于犯罪的社会危害性。基于对犯罪的社会危害性的认识，以特拉伊宁为先驱的不少苏联学者建立了犯罪构成理论，把犯罪构成视为衡量犯罪的社会危害性的尺度。同时，苏联学者还运用社会危害性这把解剖刀，剖析刑法关于精神病人的行为、正当防卫行为等不负刑事

① 转引自［苏］皮昂特科夫斯基等：《苏联刑法科学史》，曹子丹等译，20页，北京，法律出版社，1984。

责任的规定的根据与犯罪未遂从轻、共犯的刑事责任分而治之等的根据，认为这些情形之所以见诸刑律，就在于它们与犯罪的社会危害性的有无及大小有关。在刑罚论上，苏俄学者仍然坚持刑法学草创时期的刑罚目的论，主张刑罚是以预防犯罪为目的的，从而肯定了未然之罪与预防之刑的功利关系。在此基础上，他们明确提出，量刑应该服从预防犯罪的需要，对再犯、累犯与常业犯之类的再犯可能性大的犯罪人应该从重处刑，而对再犯可能性小的罪犯则可以假释。毫无疑问，系统化时期的苏俄刑法学在肯定两种罪刑关系的同等重要性这一点上具有划时代的意义，它既吸收了报应主义与功利主义的合理成分，又剔除了两者的糟粕，使刑法学进入一个新的历史时期。但是此间的苏俄刑法学仍然具有一个致命的弱点，这就是它未能洞察两种罪刑关系的对立性，更遑论对于这种对立性的科学解释。在刑法学中，总是就犯罪而讲犯罪，就刑罚而讲刑罚，使刑法学体系出现了前后不照应、乃至脱节的状况。即是说，在犯罪论中讲犯罪的社会危害性是定罪量刑的唯一根据，在刑罚论中又讲预防犯罪是用刑施罚的指南。这样，便出现了定罪量刑究竟应该以犯罪的社会危害性为根据，还是以刑罚的目的为根据，即刑罚是对已然的犯罪的回顾，还是对未然的犯罪的前瞻这一矛盾。对此，几乎所有苏俄学者均持沉默态度，从而使犯罪论与刑罚论成了刑法学中彼此孤立的两大块。由此看来，系统化时期的苏俄刑法学并不系统，而只是把报应主义与功利主义的合理因素分别吸收到了犯罪论与刑罚论中，未从罪刑关系固有的同一性的高度，解决报应与功利即两种罪刑关系所固有的对立性。

苏俄刑法学的第三个发展阶段包括 60 年代后期至 1991 年苏联解体这段时期，这可以说是苏俄刑法学的完善阶段。此间的不少刑法学者已开始注意到了两种罪刑关系之间的对立性，并试图把两者统一于某一范畴内。于是乎，他们提出了刑事责任这一范畴，并把它作为两种罪刑关系的统一场。他们认为，犯罪与刑罚的联系并非直接的联系，而是应以刑事责任为中介。刑事责任赋予了国家惩罚犯罪人并以此为手段预防犯罪的权利。犯罪人的刑事责任既包括对已然的犯罪应负的接受惩罚之责，也包括对未然的犯罪应负的接受改造之责。因此，刑罚对已然的犯罪的回顾与对未然的犯罪的前瞻，可以在刑事责任中达到和谐的统一，刑事责任为用刑施罚提供了完整的根据。与此相适应，刑法学应该是罪—责—刑三位一体的理论体系。刑事责任理论的提出，不失为解决两种罪刑关系的对立性的一次有益的尝试。然而，这种尝试是否科学，却值得怀疑。因为，刑事责任只是犯罪与刑罚的决定与被决定关系的中介，即犯罪人犯了罪，应负刑事责任，因而应受到刑罚惩罚，罪重，责亦重，刑也重；反之亦然。这样，刑事责任只能是针对已然之罪而言的，而不能指向未然之罪。把因犯罪人再犯罪的可能性的大小而加重或减轻其刑罚，也说成是其应负的刑事责任的结果，显然不符合法理逻辑。因此，除非对刑事责任的概念进行牵强附会的解释，将其外延予以无限扩大；否则，以此来统一两种罪刑关系的任何努力，都将以失败而告终。

二、苏俄刑法学体系的理论反思

根据苏俄刑法学者建构的社会危害性中心论的刑法学体系，社会危害性既是犯罪的阶级本质与社会本质所在，也是犯罪的其他法律特征的渊源。因此，社会危害性是犯罪的本质特征。它决定了犯罪的应受刑罚惩罚性。以此为基点，特拉伊宁等苏俄学者提出了作为衡量犯罪的社会危害性的标准的犯罪构成论体系，以此作为犯罪论的主体。在刑罚论上，苏俄学者基本上也是以犯罪具有社会危害性为前提，推出了刑罚的目的应该是预防犯罪的结论，并以此为主线组构了刑罚论体系。

社会危害性中心论的刑法学体系，最显著的特点是强调了犯罪的阶级性，而犯罪的阶级性又是马克思主义犯罪观的一个立足点。因此，以犯罪的社会危害性为中心的刑法学体系，自建立，其便在苏俄及其他社会主义国家产生了巨大而深刻的影响。包括50年代的中国在内的各个社会主义国家，莫不将其作为刑法学体系的标准模式，不是简单地照搬，便是略作修改后予以移植。

由上可见，社会危害性中心论的刑法学体系，自提出延续了半个世纪之久，至今仍有其深得人心的魅力。然而，这一刑法学体系是否便是刑法学体系的终结呢？只要我们运用前文所认定的四项标准，对之予以深刻的反思，必然会得出否定的结论。

（一）研究对象的狭隘性

社会危害性中心论者，把刑法学的研究对象界定为法律所规定的犯罪与刑罚。在他们看来，刑法学中的犯罪论，只能研究刑法关于犯罪的规定，刑法学中的刑罚论，也只能研究刑法关于刑罚的规定。这样确定刑法学的研究对象，未能正确地反映刑法学的特性。其一，刑法学并非立法者的产品说明书。它首先应该是立法者制定刑法的罗盘针。因为刑法理论的必要性绝不仅在于它能说明刑法规范之已然，更重要的在于它能指示制定刑法的应然，即不仅在于它能解释刑法已有何规定，而且在于它能引导刑法应有何规定。把刑法学的研究对象界说为法律规定的犯罪与刑罚，显然，把刑事立法过程排斥在刑法学的领域之外。其二，理论的价值并不在于它能说明某一现象，而在于它能指导实践。与此相适应，刑法学也不只是刑法规范的注释，更重要的是，它是运用刑法的刑事司法实践的指南。因此，社会危害中心论者仅以刑法规范为刑法学的研究对象，把刑事司法实践中对刑法规范的适用拒之于刑法学的门外。社会危害性中心论所确定的研究对象的以上狭隘性，造成了三种后果。其一是未将刑事立法过程纳入刑法学的视野，缺乏系统的刑事立法理论，刑法学者成了刑事立法者的道具。立法者对刑法的任何变更，无论其正确与否，都必然引起刑法理论相应的修正，乃至基本立场的变换。刑法学对刑事立法者的这种从属性，使得刑法学缺乏应有的权威性。其二是由于未把刑事司法实践中应该如何运用刑法问题纳入刑法学的视野，刑法理论与司法实践的要求相去甚远，往往是理论上洋洋万言，实践中不知所云。如：现有的任何一本刑法教科书都把犯罪的法定定义解释得十分透彻，但审判中对如何运用这一概念来定罪，仍然是无所适从。刑法学对刑法规范的这种依附性，使得刑法学缺乏应有的实践性。其三，也是最严重的，由于把刑法学的研究范围圈定在刑法规范之中，刑法学成了戴着脚镣跳舞的演员，被刑法规范束缚了理论思维的触须，甚至为避越轨之嫌而不敢放手开拓刑法学的新领域。刑法规范对刑法学者的这种桎梏性，必然造成刑法学的停滞性。

（二）确定理论基础上的片面性

社会危害性中心论的理论基础是马克思主义的犯罪观。马克思、恩格斯论述犯罪的以下名言，便把社会危害性作为犯罪的本质特征与刑法学体系之核心的经典根据：犯罪——孤立的个人反对统治关系的斗争[1]（马克思语），蔑视社会秩序的最明显最极端的表现就是犯罪[2]（恩格斯语）。的确，马克思、恩格斯的这些精辟论述，昭示了犯罪的阶级内容与本质特征，因而理所当然地应该成为社会主义刑法学的指导思想。然而，这又并非马克思主义刑法观的全部内容，而只是其一个方面，即犯罪观。如果说，以此为根据来组构犯罪论体系无可非议，那么，不得不指出的是，以此作为确定整个刑法学体系之中心的根据，则是对马克思主义刑法观的肢解。因为，作为刑法学体系之基石的只能是完整的马克思主义刑法观，而刑法观是犯罪观与刑罚观的有机统一体。忽视马克思主义犯罪观与刑罚观的不可割裂性，将其犯罪观单方面作为刑法学的理论基础，看不到马克思主义刑罚观的应有的意义，显然是十分片面的。

（三）研究方法的单调性

社会危害性中心论，虽然认为刑法学是研究犯罪与刑罚的科学，但由于它所谓的犯罪与刑罚是法定的犯罪与刑罚，因而它所说的研究主要便是就法条论法条地对刑法规范予以解释。注解诠释被视为刑法学研究方法的正宗，其他一切研究方法都基本上被视为旁门左道而一概抛弃。这种单一化的研究方法所带来的后果是，刑法学理论既思辨性不足，缺乏应有的抽象性，又实证性不够，失之枯燥，所有刑法理论都只不过是刑法条文的扩张。这就是有些学者把社会危害性中心论归为刑法解释学，因而提出另建刑法哲学的原因所在。

---

① 参见《马克思恩格斯全集》，第3卷，379页，北京，人民出版社，1960。
② 参见《马克思恩格斯全集》，第2卷，416页，北京，人民出版社，1957。

（四）理论结构的不合理性

社会危害性中心论刑法学体系在总论上分绪论、犯罪论与刑罚论三编，刑法理论的总要素似乎应有尽有。然而，只要略加分析，便可发现，这三项总要素的组合，只不过是一种简单的积累，不但缺乏有机性，而且前后矛盾。最明显的体现是，在犯罪论中把犯罪的社会危害性当做定罪量刑的根据，在刑罚论中又把以预防犯罪为内容的刑罚目的视为用刑施罚的指南，而犯罪的社会危害性是指向已然的犯罪，刑罚的目的则是指向未然的犯罪。那么，定罪量刑的根据究竟应该是犯罪的社会危害性，还是未然的犯罪的可能性？换言之，刑罚应该是对已然犯罪的回顾，还是对未然犯罪的前瞻？这一矛盾的存在，使得刑法学的主体成了犯罪论与刑罚论两大块的孤立的堆积，缺乏内在的逻辑性。不仅如此，在刑法学绪论中，社会危害性中心论也缺乏应有的逻辑性。它提出了一系列刑法原则，但并未明确刑法原则的提出应以什么为根据，因此，所提出的各项刑法学原则要么是彼此毫无逻辑上的联系，要么是见其一不见其二。社会危害性中心论刑法学体系中的以上矛盾性和不合逻辑性，促使我们提出这样的问题：社会危害性中心论刑法学体系在刑法理论基本要素的取舍上究竟是否合理，或者，基本要素是否充足？对这一问题的回答，显然是否定的。这是因为，社会危害性中心论虽有犯罪论与刑罚论，却无罪刑关系论。唯其如此，犯罪论与刑罚论才自相矛盾；也唯其如此，刑法学理论才杂乱无章。

第五节 社会危害性中心论（下）

由于众所共知的原因，20 世纪五六十年代的中国刑法学几乎是苏俄刑法学的翻版。此后的二十余年间，由于法律虚无主义思潮的影响，刑法学研究基本停止。1979 年中国第一部社会主义刑法颁布以后，我国刑法学者在模仿苏俄教科书的基础上，参照我国现行的刑法体系，吸收司法实践经验建立了我国现存的刑法学体系。不少中国刑法学者曾深切地感到，刑法学的苏俄模式已经不合时宜，因而发出了“建立具有中国特色的社会主义刑法学体系”的呼声，并就此开始了艰难的探索。① 然而，从至今所能见到的有关论著来看，占主导地位的仍然是社会危害性中心论。按照这一观点，犯罪的社会危害性不只是犯罪论，而且是整个刑法学体系的基石，有关犯罪与刑罚的一切问题都应从犯罪的社会危害性来解释。②

一、中国刑法学体系内容的反思

我国社会危害性中心论的刑法学体系由于是苏俄刑法学体系的翻版，因而苏俄刑法学体系的缺陷在我国刑法学体系中同样存在，这样的刑法学理论难以正确地说明我国刑法的规定。

首先，我国刑法学的社会危害性中心论不能完整地解释刑法关于犯罪与刑事责任的问题。从社会危害性出发，固然可以对意外事件、正当防卫、紧急避险等不负刑事责任的情况作出解释，即可将其解释为没有社会危害性，因而不应受刑罚惩罚，但是，这种解释不可能是完整的。因为它忽视了对这些情况不追究刑事责任的另一重要根据，即对之予以惩罚不能达到预防犯罪的目的或不应该用刑罚对之予以遏制。

其次，我国刑法学的社会危害性中心论无法解释刑法关于刑罚的规定。以死刑、缓刑为例。按照刑法的规定，死刑应当适用于罪大恶极的犯罪分子。这是由犯罪的社会危害性所决定的。但是，为什么刑法又规定对应当判处死刑的犯罪分子可以缓期二年执行呢？刑法规定对已判 3 年以下有期徒刑或者拘役的犯罪分子

---

① 中国法学会刑法学研究会在 1984 年举行的成立大会上，曾把如何建立科学的刑法学体系作为一个重大议题，但收到的论文寥寥无几。

② 参见曾宪信：《建立具有中国特色的刑法学科学体系的设想》，载《中南政法学院学报》，1986 (1)，21～30 页。

可以宣告缓刑。这里宣告缓刑的前提不是犯罪的社会危害性，而是犯罪人没有再犯可能性或者再犯可能性较小。显然，对于我国刑法的这些规定，用社会危害性来解释是十分牵强而难以自圆其说的。

二、中国刑法学体系结构的反思

我国刑法学的社会危害性中心论不仅在内容上具有不科学性，而且在体系的逻辑结构上也存在以下缺陷：

首先，我国现存的刑法学体系是一个孤立的体系，它割裂了犯罪与刑罚的内在关系，以犯罪论与刑罚论这两大块作为刑法学体系的基本格局，未能充分关注犯罪与刑罚的联系，从两者的统一上建构刑法学体系。犯罪与刑罚是刑法的基本内容，理所当然地包括在刑法学的研究范围之内。但犯罪与刑罚不是相区别而存在的，恰恰相反，是相联系而存在的。因此，犯罪与刑罚的这种内在联系就成为构筑刑法学体系的关键。正是在这个意义上，我认为，罪刑关系的基本原理是刑法学体系的中心。显然，离开了行为人的人身危险性，就不能科学的揭示犯罪概念的内涵。同样，离开了行为的社会危害性，就不能正确地把握刑罚的本质。所以，与其说刑法是规定犯罪与刑罚的法律，不如说刑法是规定犯罪与刑罚的关系的法律。对于这一点，大陆法系刑法理论已有科学的阐述，认为刑法表现为犯罪与刑罚关系的各个规范的总和。[①] 如果不从犯罪与刑罚的关系入手，就不能正确地揭示刑法学理论的基本逻辑关系。现存的刑法学体系将犯罪与刑罚分而论之，对于初学者理解和掌握刑法基本知识是有益的，但为此却使刑法学理论的内在逻辑蒙受重大损失，可谓得不偿失。随着刑法理论的进一步发展，必然要求有一个与之相适应的科学的体系，在更高的层次上，将犯罪与刑罚统一起来，由此建立刑法学体系。只有这样，才能克服现存的刑法学体系的片面性。

---

① 参见甘雨沛、何鹏编：《外国刑法学》，上册，192 页，北京，北京大学出版社，1984。

其次，我国现存的刑法学体系是一个静态的体系，它囿于对法条的注疏，未能将司法实践运用刑法的过程直接纳入其视野。现存的刑法学体系虽然注意从司法实践中吸取营养，注重对于司法实践的理论概括，但这都仅限于一些具体问题，或者将以案释法视为理论联系实际的典范。因此，我们的许多学者往往把大量的精力投放在对疑难案例的探讨，对司法解释的诠注，对法律术语的辨析上(无疑，这些都是十分重要的)，然而没有从宏观上对司法实践进行研究，将研究刑法的具体运用的一般规律视为己任。所以，我国的法学刊物虽然充满着司法实践的气息，但给人以头疼医头、脚痛医脚的感觉，材料堆砌有余，理论抽象不足。这样，就很难站在应有的理论高度，对司法实践提出建设性的意见，并从全局上指导司法实践。为了使刑法理论担当起这一重任，就不能不面对司法实践，在刑法学体系的构造上改变现存体系的那种静止性，而与司法实践的节奏相协调，建立一个动态的刑法学体系。

最后，我国现存的刑法学体系是一个封闭的体系，由于其基本构架的不合理性，无法将大量新的内容吸收与补充进来，丰富与完善这一体系，因而在刑法理论与司法实践日新月异地飞跃发展的面前，现存的刑法学体系就像一个营养不良而又没有吸收能力的病儿，先天不足，后天失调，已经不能适应形势发展的需要。例如，现存的刑法学体系由于受注释刑法学的影响，没有为刑事立法留下一席之地，因而刑事立法的研究在现存的刑法学体系中是一块空白。这个问题，绝不是内容的增减所能解决的，而是涉及刑法学体系的内在逻辑。即使在现存的刑法学体系中增加了刑事立法一章，也并不能解决刑事立法在刑法学体系中的地位与作用等一系列问题。而且，刑法理论是不断发展着的，旧的概念被淘汰，新的概念会出现，表现为一个新陈代谢的过程。为了适应理论发展的这种需要，我们应该改革我国现存的封闭性的刑法学体系，建立一个具有新陈代谢能力的、呈现开放状态的刑法学体系。

第六节　罪刑关系中心论

破易立难，历来如此。我不敢奢望在一朝一夕提出一个成熟的科学体系，但却愿意在对刑法学体系问题的绝非一朝一夕的思考的基础上，发表一些也许是不成熟的见解，并试图提出一个可供选择的刑法学体系的候选模式。我深知自己的功力不能胜任这一工作，但一个民族，一刻也不能没有理论思维（恩格斯语）。在贵在探索的精神鼓舞下，我对建立罪刑关系中心论的刑法学体系的问题略抒管见，就正于刑法学界。

一、研究对象的界定

以往对刑法学体系的探讨，往往满足于在现存的刑法学体系的框架内增加或者调整一些内容，这就不可能突破现存的刑法学体系的束缚，因而没有提出系统的建设性的观点。我认为，对现存的刑法学体系的改造，应以刑法学的研究对象为突破口。在我看来，刑法学是关于罪刑关系的辩证运动的一般规律的科学。因此，罪刑关系的辩证运动的一般规律，应该成为刑法学的研究对象。

（一）刑法学应该研究罪刑关系

毛泽东同志指出：对于某一现象的领域所特有的某一种矛盾的研究，就构成某一门科学的对象。[①] 犯罪与刑罚作为一对矛盾，它们是相关联而存在的，而不是孤立地存在的。刑法学要揭示罪刑关系的基本原理，并以此指导刑事立法与司法实践。罪刑关系不仅是刑法的主线，也是刑法历史发展的主线。黑格尔指出："由于文化的进步，对犯罪的看法已比较缓和了，今天刑罚早已不像百年以前那

① 参见《毛泽东选集》，2版，第1卷，309页，北京，人民出版社，1991。

样严峻。犯罪或刑罚并没有变化，而是两者的关系发生了变化。"[①] 自刑法产生之日起，犯罪与刑罚就存在了，但两者的关系发生了变化。正是这种罪刑关系的变化，构成刑法历史发展的基本线索。因此，我们不应割裂犯罪与刑罚的关系，而是应把罪刑关系的整体作为刑法学的研究对象。由此建立起来的刑法学体系，是一个犯罪观与刑罚观两位一体的体系，是以罪刑关系为中心的体系，也是一个逻辑与历史相统一的体系。

（二）刑法学应该研究罪刑关系的辩证运动

犯罪与刑罚是一对矛盾，而任何矛盾都是处于运动之中的，只有在矛盾运动中，才能将矛盾的内在关系展开。罪刑关系的运动，表现于刑事法律关系的全过程。一般来说，罪刑关系的辩证运动，可以分为以下四个阶段：一是确定罪刑关系的刑事立法阶段；二是解决罪刑关系的质的个别化的定罪阶段；三是解决罪刑关系量的个别化的量刑阶段；四是实现罪刑关系的行刑阶段。上述四个阶段涵括了立法实践、司法实践（定罪与量刑）和行刑实践。在这四个罪刑关系发展的不同阶段，呈现出罪刑关系的不同特点与内容。将上述罪刑关系的辩证运动作为刑法学的研究对象，就能克服现存的刑法学体系的静止性，使刑法学研究直接面对立法实践、司法实践和行刑实践。由此建立起来的刑法学体系，是一个理论联系实际的体系，是一个充满生机与活力的体系。

（三）刑法学应该研究罪刑关系辩证运动的一般规律

罪刑关系是辩证的、运动着的，这种辩证运动是有规律可循的，揭示罪刑关系辩证运动的一般规律，就是刑法学的首要任务。规律是相对于表象而言的，它是运动着的事物的普遍与本质的联系。在刑法学领域内，犯罪现象、刑罚现象等都属于表象的范畴。我们不能满足于对这些现象的解释，而是要揭示支配着这些现象的规律。以法条为例，就其作为人们对罪刑关系的认识成果而言，它在一定程度上体现罪刑关系的内在规律。我们的任务是要揭示隐藏在法条背后的罪刑关

① ［德］黑格尔：《法哲学原理》，范扬、张企泰译，99页，北京，商务印书馆，1961。

系的一般规定，而不能囿于对法条的注疏。只有揭示了罪刑关系的一般规律，才能对法条进行合理的解释，对法律是否体现了罪刑关系的基本原理作出科学的评价，并为将来的刑事立法指明方向。如果把图解法条，甚至把论证司法解释的合理性作为刑法学的主要任务，刑法理论就没有科学性可言。只有把罪刑关系辩证运动的一般规律作为刑法学的研究对象，才能使刑法学上升到理论的高度，成为一门真正的科学。由此建立起来的刑法学体系，将是一个开放的体系、一个科学的体系。

二、研究方法的更新

如果把刑法学研究比喻为过河，那么，研究对象的确立就是选择过河的地点，而研究方法则是为过河架设一座桥梁。因此，研究方法对于刑法学研究，乃至于刑法学体系的建立，都具有十分重要的意义。刑法学的研究方法和法学的研究方法是共通的，没有特殊之处。问题在于，任何社会科学，包括法学的研究方法都不应该是单一的，而是应该运用多种研究方法。我认为，建立罪刑关系中心论的刑法学体系，应该将下述几种研究方法并重。

（一）思辨方法

思辨方法，从本质上说是一种抽象的或者说是定性的方法。思辨方法起源于古希腊，古希腊的智者们力图运用思辨的武器，去描绘客观物质世界的真实图景，对客观事物加以抽象。在这种抽象的基础上，建立了哲学的观念、概念、学说和定律等。古希腊的抽象的思辨方法，到柏拉图那里发展到顶峰。柏拉图将思辨方法归纳为辩证法，成为人类文化宝藏之一。在中世纪，宗教神学利用了思辨方法，以此论证上帝的存在。在近代，德国哲学家运用思辨方法，创立了一个唯心主义的辩证法体系。由此可以看出，思辨方法在西方文化史上具有重要的地位。

思辨方法从其产生之日起，就被运用于法学研究中。古代自然法思想正是抽象的思辨方法的产物。在刑法学领域，同样具有运用思辨方法的传统。黑格尔在运用思辨方法创立哲学体系的同时，也将思辨的触须伸向刑法学领域。例如，马克思在评论黑格尔的刑法思想时指出：这种把刑罚看成是罪犯个人意志的结果的理论只不过是古代"报复刑"——以眼还眼、以牙还牙、以血还血——的思辨表现罢了。[①]（着重号为引者所加）马克思在青年时代深受黑格尔这种思辨方法的影响，曾经借用黑格尔刑法思想的思辨表述方法。在刑法学研究中运用思辨方法，是建立理论刑法学的必然要求。作为一门理论学科，刑法学在研究犯罪与刑罚的时候，不是要简单地描述这些表象，不是要单纯地解释法条，而是要揭示隐藏在这些表象与法条背后的客观规律。而这一任务的完成，非思辨方法莫属。刑法学体系的建构，更是不能离开思辨方法。因此，提高思辨能力，可以说是我国当前刑法研究者提高理论素质的当务之急。

（二）实证方法

实证方法，从本质上说是一种直观的或者说是定量的方法。法国著名哲学家奥古斯特·孔德把实证方法上升为一种哲学理论，创立了实证主义哲学。孔德曾经提出一个重要命题："观察优于想象"。孔德认为，一切科学都必然是在被观察到的事实基础上发展而来的，因此，不仅自然科学的一切部门都应从属于观察，而且一切社会科学，以至于政治学都应从属于观察。在刑法学领域，龙勃罗梭是将实证方法引入刑法研究的始祖，由他所创立的刑法学派就是以实证派命名的。龙勃罗梭的成名之作《犯罪人论》，就是在对意大利各种监狱中的囚犯进行了大量细致的实证研究的基础上完成的，并由此开启了在刑法学领域内实证研究的先河，这可以说是一场方法论的革命。

实证方法在刑法学研究中之所以必要，主要是因为它可以弥补思辨方法过于空泛的缺陷，通过对犯罪与刑罚的实证分析，为刑法的思辨研究提供坚实的基础。如果说，我国目前刑法学研究中缺乏思辨观念，那么，同样也缺乏实证精神。或许这两者之间存在一定的关联：没有深入的实证研究，正是导致思辨贫乏

① 参见《马克思恩格斯全集》，第8卷，579页，北京，人民出版社，1961。

的原因。因此，在刑法学研究中引入实证方法也是当务之急。

（三）注释方法

注释方法虽非刑法学研究的独特方法（中国古代对四书五经等儒家经典著作的研究就曾经采用注释方法），但与思辨方法和实证方法相比，法学研究中的注释方法却是更为古老的方法。在中国封建社会，（刑）法学又称律学，就是以对律条的注疏为主的。例如《唐律疏议》就是一部律条与注释合为一体的著作，其对法条的注释达到了炉火纯青的程度。在西方中世纪，运用注释方法研究法学的结果曾经形成了著名的注释法学派。注释法学派以研究罗马法为中心，并以意大利博洛尼亚为发源地，前期注释法学派的奠基人是伊尔内留斯（约1055—1125）。这些法学家的主要工作是对有关罗马法的文献进行文字注释，以后发展为较详尽的注释，包括列举注释者之间的分歧意见、各方论据以及作者本人的结论，为供适用法律规则参考的有关案例，为便于记忆而归纳的简要准则和定义，以及对某一法律领域的论述等。由于注释方法具有这种源远流长的历史，因而在我国目前的刑法学研究中这种方法占主导地位。我认为，在刑法学研究的恢复阶段，为宣传我国第一部刑法，在研究中采用注释的方法是必要的，也是情有可原的，但刑法学不能永远停留在注释的水平上。因此，在刑法学研究中，注释方法虽然还是必要的，但却应退居次要地位，作为思辨方法与实证方法的补充。

（四）比较方法

有比较才能有鉴别，有鉴别才能有发展。因此，比较是刑法学研究的重要方法，它可以开拓我们的理论视野。比较作为法学研究的方法，具有悠久的历史，正如著名比较法学家勒内·达维德指出："对不同地区的法制进行比较研究，其历史同法学本身同样古老。"[①] 我国比较刑法的研究还较薄弱，因而倡导在刑法学研究中引入比较方法具有重要意义。在我看来，这种比较，不仅仅是不同国家之间刑法条文的比较，而且是思想观点的比较，由此启迪我们的思路，在比较中

① ［法］勒内·达维德：《当代主要法律体系》，漆竹生译，7页，上海，上海译文出版社，1984。

发现真理、论证真理并且发展真理。唯有如此，才能使我国刑法学冲破传统的藩篱，进入一个全新的理论境界。

三、基本框架的建构

刑法学理论的纵向延伸与横向扩展已到了开始越出传统刑法学体系之雷池的境地，不断更新着的刑法理论，无情地冲击着既存刑法学僵死的静态构架。

通过对历史与现实的三大刑法学体系的反思，我们认识到，历史上的行为中心论体系与行为人中心论体系由于其固有的内在矛盾，不可能容纳现有的刑法理论。而我国现存的社会危害性中心论刑法学体系虽然有其长处，例如它能够与刑法体系相协调，在排列上既照顾到理论的内在联系，又照顾到叙述的方便，注重内容的完整性与系统性，由于这些特点，它在传播刑法知识、繁荣刑法理论、培育刑法人才等方面，曾经起过不容置疑的重要作用，作为教科书的体系，有其存在的价值与理由，但是，作为一个刑法学的理论体系，它的局限性是显而易见的。我国刑法颁行后不久所建立的这一刑法学体系，在很大程度上是对前一阶段刑法宣传与研究的理论概括，其广度与深度与今日之刑事法治建设的客观需要是极不相称的。我国刑法学界在某些问题的研究上曾达到新的水平，例如，《法学研究》所组织的犯罪构成理论的讨论[①]，涉及犯罪构成理论的体系、定罪的根据、刑事责任的概念、犯罪的本质特征等一系列刑法学的重大问题。这些内容在现存的刑法学体系中没有得到反映，这说明这一刑法学体系已经落后于刑法学理论的发展。历史上从来不存在永恒不变的理论体系，任何学科体系在其内容已经发生了重大更新的情况下，都要进行变革，这是一条历史规律。

体系是内容的逻辑结构，是理论的表述形式。体系之变，是由内容引起

① 《法学研究》1986年第1期发表了何秉松教授的《建立具有中国特色的犯罪构成理论新体系》一文，并就此开始了专题讨论。

的。但当在体例编排上进行一些改动，增加一些新的观点，已经不能满足内容变化的要求，问题已经牵涉到一系列基本范畴的内在关系时，体系的改革就是势在必行的了。我认为，立以破为前提，为建立一个能够容纳由于刑法学理论的发展而必须加以补充、增加的内容，科学地揭示刑法学的基本要件之间的内在逻辑关系的刑法学体系，就必须破除现存的刑法学体系，在此基础上重构刑法学体系。

我的设想是：以罪刑关系的基本原理为经线，以罪刑关系的辩证运动为纬线，建立罪刑关系中心论的刑法学体系。罪刑关系中心论的刑法学体系，打破传统的犯罪论与刑罚论两大块的格局，在内容的排列上更大程度地超越刑法条文体系，而服从于罪刑关系辩证运动的内在逻辑，其基本框架图示如下：

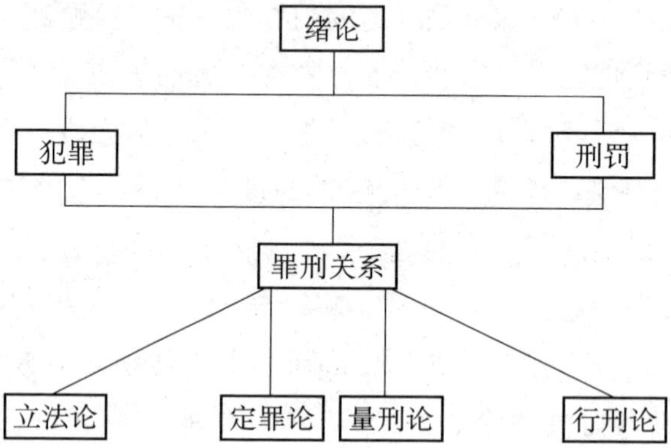

结 束 语

法有实定法与自然法之分。在一般意义上来说，法是指实定法。正如黑格尔指出："法一般说来是实定的，（一）因为它必须采取在某个国家有效的形式；这种法律权威，也就是实定法知识即实定法学的指导原理。（二）从内容上说，这种法由于下列三端而取得了实定要素：（1）一国人民的特殊民族性，它的历史发展阶段，以及属于自然必然性的一切情况的联系；（2）一个法律体系在适用上的必然性，即它必然要把普遍概念适用于各种对象和事件的特殊的，外部所给予的性状，——这种适用已不再是思辨的思维和概念的发展，而是理智的包摄；（3）实际裁判所需要的各种最后规定。"① 同样，黑格尔也并不否认自然法的存在及其与实定法的区别，指出："自然法或哲学上的法同实定法是有区别的。但如果曲解这种区别，以为两者是相互对立、彼此矛盾的，那是一个莫大的误解。其实，自然法跟实定法的关系正同于《法学阶梯》跟《学说汇纂》的关系。"② 显然，实定法是以法条形式表现出来的法，它以法规形式

① ［德］黑格尔：《法哲学原理》，范扬、张企泰译，4页，北京，商务印书馆，1961。

② ［德］黑格尔：《法哲学原理》，范扬、张企泰译，5页，北京，商务印书馆，1961。

出现，而自然法是高于实定法，作为实定法的义理而存在的。对此，日本刑法学家西原春夫作了精辟的论述，指出：法（Recht）以及法规范（Rechtsnorm）应同已采取制定法这一形式的法规（Gesetz）有区别。如“违法”时的“法”是 Recht，而不是 Gesetz。因为 Gesetz 只是规定“实施××××行为者，处以××××刑罚”，现实的犯罪行为与其说是违反了 Gesetz，还不如说是符合它。现实的犯罪行为隐藏于 Gesetz 内部的 Rechtsnorm，即违反“必须××××”，以及“严禁××××”之类的命令和禁令。因此，违法时的“法”意指作 Rechtsnorm 的 Recht。[①]

正因为法有实定法与自然法之分，法学也有实定法学与自然法学之别。我在一篇文章中的以下这段话，就是对实定法学与自然法学的描述：纵观西方法律思想史，我们可以发现一个有趣的现象：当社会革命行将到来，需要思想启蒙的时候，自然法学派勃然兴起，对法的价值等超乎实在法（即实定法）之上的问题的思考成为法学研究的热点。当社会革命已经过去，需要法律统治的时候，自然法学派悄然隐去，实定法学派得以复兴，对法的规范等法技术问题的考察成为法学研究的中心。自然法的思想渊源于古希腊文化，更醉心于运用思辨方法研究法之应然的问题，实在法的思想胚胎于古罗马文化，更热衷于运用实证方法研究法之实然的问题。在漫长的西方法律文化的历史舞台上，自然法的思想与实在法的思想轮流充当主角。自然法思想与实在法思想在矛盾斗争中的此消彼长，构成了西方法律文化的基本历史线索。当我们鸟瞰西方法律文化史的时候，既可以看到孟德斯鸠、黑格尔这样一个个以探究法的内在价值为己任的继承了自然法思想传统的法学家，又可以看到奥斯丁、凯尔逊这样一个个以揭示法的外在形式为使命的继承了实在法思想传统的法学家。这些法学家如群星闪烁，交相辉映。自然法思想犹如一把达摩克利斯之剑，高高地悬置于实定法之上；而实在法思想则宛若一条起伏于群山峻岭的万里长城，镇守着法律

① 参见［日］西原春夫：《刑法的根基与哲学》，顾肖荣等译，20～21 页，上海，三联书店上海分店，1991。

学科的神圣疆界。[①] 应该说，以上是对自然法学与实定法学的历史叙述。如果从逻辑联系来说，在同一历史时期，自然法学与实定法学也是可以共存的，只不过在理论层次上有所区分而已：实定法学居于较低的理论层次，而自然法学居于较高的理论层次，两者共同构成一定历史时期的法律文化。

之所以不厌其详地对实定法与自然法、实定法学与自然法学加以区别，只不过意在说明：刑法也有实定法意义上的刑法与自然法意义上的刑法之分；同样，刑法哲学也有实定法意义上的刑法哲学与自然法意义上的刑法哲学之别。实定法意义上的刑法，是规定实施何种行为时科以何种刑罚的法律。应科以刑罚的行为称为犯罪，所以也可以说刑法是规定犯罪与刑罚及其两者关系的法律。[②] 因此，以实定法意义上的刑法为研究对象，揭示并阐述罪刑关系的内在规律并将其上升为一般原理的刑法哲学，就是实定法学意义上的刑法哲学。而力图回答为什么人类社会里要有刑罚或刑法、国家凭什么持有刑罚权、国家行使这一权力又得到谁的允许这样一些处于刑法背后的、促使制定刑法的原动力，被日本刑法学家西原春夫称为刑法的基础要素或者根基的问题[③]的刑法哲学，可以称之为自然法意义上的刑法哲学。

根据以上对实定法意义上的刑法哲学与自然法意义上的刑法哲学的界定，本书可以被归之于实定法意义上的刑法哲学的范畴。尽管本书在一定程度上涉及刑法的基础要素问题，但基本上还是以揭示实定法意义上的刑法的罪刑关系的一般原理为己任的。至于自然法意义上的刑法哲学的研究，如同西原春夫所说，不仅要对刑法专业领域有深刻的研究，而且必须具有其他学术领域的广博学问，因此谈何容易。[④] 对于我本人来说，自然法意义上的刑法哲学是一种永恒的诱惑，也是将来需要深入研究的一个重大课题。

---

① 参见陈兴良：《呼唤法学研究的主体意识》，载《中外法学》，1989 (2)，44 页。

② 参见［日］西原春夫：《刑法的根基与哲学》，顾肖荣等译，3 页，上海，三联书店上海分店，1991。

③ 参见［日］西原春夫：《刑法的根基与哲学》，顾肖荣等译，1 页，上海，三联书店上海分店，1991。

④ 参见［日］西原春夫：《刑法的根基与哲学》，顾肖荣等译，1 页，上海，三联书店上海分店，1991。

附录Ⅰ　参引书目

（以引用先后为序）

1. ［英］彼得·斯坦，约翰·香德．西方社会的法律价值．王献平译．北京：中国人民公安大学出版社，1990

2. 顾培东．社会冲突与诉讼机制．成都：四川人民出版社，1991

3. ［法］卢梭．社会契约论．何兆武译．北京：商务印书馆，1962

4. 赵秉志等．中国刑法的运用与完善．北京：法律出版社，1989

5. 马克思恩格斯全集．第3卷．北京：人民出版社，1960

6. ［苏］斯皮里多诺夫．刑法社会学．陈明华译．北京：群众出版社，1989

7. 马克思恩格斯全集．第13卷．北京：人民出版社，1962

8. ［古希腊］亚里士多德．尼格马科伦理学．苗力田译．北京：中国社会科学出版社，1990

9. 陈明华．当代苏联东欧刑罚．北京：中国人民公安大学出版社，1989

10. 李光灿，吕世伦主编．马克思恩格斯法律思想史．北京：法律出版社，1991

11. 甘雨沛，何鹏编．外国刑法学．上册．北京：北京大学出版社，1984

12. ［意］菲利．实证派犯罪学．郭建安译．北京：中国政法大学出版社，1987

13. 林山田．刑罚学．2版．台北：“商务印书馆”，1983

14. 陈兴良主编．经济刑法学（总论）．北京：中国社会科学出版社，1990

15. 陈兴良主编．经济刑法学（各论）．北京：中国社会科学出版社，1990

16. 储槐植．美国刑法．北京：北京大学出版社，1987

17. ［意］贝卡里亚．论犯罪与刑罚．黄风译．北京：中国大百科全书出版社，1993

18. 夏甄陶．认识论引论．北京：人民出版社，1986

19. 列宁全集．第38卷．北京：人民出版社，1959

20. ［德］黑格尔．法哲学原理．范扬，张企泰译．北京：商务印书馆，1961

21. ［苏］Φ.Φ. 维亚凯列夫主编．客观辩证法．刘星等译．北京：东方出版社，1986

22. ［苏］格拉日丹尼科夫．哲学范畴系统化的方法．曹一连译．北京：中国人民大学出版社，1988

23. 洪增福．刑事责任之理论．修正版．台北：三民书局，1988

24. ［英］哈特．惩罚与责任．王勇等译．北京：华夏出版社，1989

25. ［苏］巴格里-沙赫马托夫．刑事责任与刑罚．韦政强等译．北京：法律出版社，1984

26. 罗国杰，宋希仁．西方伦理思想史．上卷．北京：中国人民大学出版社，1985

27. 张宏生主编．西方法律思想史．北京：北京大学出版社，1983

28. ［古希腊］亚里士多德．政治学．吴寿彭译．北京：商务印书馆，1965

29. 林山田．经济犯罪与经济刑法．修订3版．台北：三民书局，1980

30. 周辅成选编．西方伦理学名著选辑．上卷．北京：商务印书馆，1961

31. 黄风．贝卡里亚及其刑法思想．北京：中国政法大学出版社，1987

32. ［英］霍布斯．利维坦．黎思复等译．北京：商务印书馆，1985

33. ［意］加罗法洛．犯罪学．耿伟等译．北京：中国大百科全书出版社，1996

34. ［日］福田平，大塚仁．日本刑法总论讲义．李乔等译．沈阳：辽宁人民出版社，1986

35. 中国人民大学刑法教研室编译．苏维埃刑法论文选译．第1辑．北京：中国人民大学出版社，1955

36. ［英］特纳．肯尼刑法原理．王国庆等译．北京：华夏出版社，1989

37. 曹日昌主编．普通心理学．下册．2版．北京：人民教育出版社，1980

38. ［民主德国］J. 列克沙斯，J. 仑内贝格．民主德国刑法理论的若干问题．田彦群译．深圳：深圳大学，1988

39. 马克思恩格斯选集．2版．第3卷．北京：人民出版社，1995

40. ［奥］弗洛伊德．精神分析引论．高觉敷译，北京：商务印书馆，1984

41. 车文博．意识与无意识．沈阳：辽宁人民出版社，1987

42. 甘雨沛主编．刑法学专论．北京：北京大学出版社，1989

43. ［苏］斯·塔拉鲁欣．犯罪行为的社会心理特征．公人，志疆等译．北京：国际文化出版公司，1987

44. ［苏］皮昂特科夫斯基等．苏联刑法科学史．曹子丹等译．北京：法律出版社，1984

45. 马克思恩格斯全集．第1卷．北京：人民出版社，1956

46. ［日］木村龟二主编．刑法学词典．顾肖荣等译．上海：上海翻译出版公司，1991

47. 赵秉志等．全国刑法硕士论文荟萃（1981届—1988届）．北京：中国人民公安大学出版社，1989

48. ［苏］A. H. 特拉伊宁．犯罪构成的一般学说．王作富等译．北京：中国人民大学出版社，1958

49. ［德］黑格尔．精神现象学．下卷．贺麟，王玖兴译．北京：商务印书馆，1979

50. 吕世伦．黑格尔法律思想研究．北京：中国人民公安大学出版社，1989

51. 赵秉志．犯罪主体论．北京：中国人民大学出版社，1989

52. 周枏等．罗马法．北京：群众出版社，1983

53. ［古罗马］查士丁尼．法学总论：法学阶梯．张企泰译．北京：商务印书馆，1989

54. ［英］梅因．古代法．沈景一译．北京：商务印书馆，1959

55. 林山田．刑法特论（上）．台北：三民书局，1978

56. 马克思恩格斯全集．第6卷．北京：人民出版社，1961

57. ［美］B. F. 斯金纳．科学与人类行为．谭力海等译．北京：华夏出版社，1989

58. 林山田．刑法通论．2版．台北：三民书局，1986

59. ［德］克劳斯·伊梅尔曼．行为学导论．马祖礼等译．天津：南开大学出版社，1990

60. ［日］小野清一郎．犯罪构成要件理论．王泰译．北京：中国人民公安大学出版社，1991

61. 高铭暄主编．中国刑法学．北京：中国人民大学出版社，1989

62. ［英］鲁珀特·克罗斯，菲利普·A. 琼斯．英国刑法导论．赵秉志等译．北京：中国人民大学出版社，1991

63. 高铭暄等．中国刑法词典．上海：学林出版社，1989

64. 中国人民大学刑法教研室编译．苏维埃刑法论文选译．第2辑．北京：中国人民大学出版社，1956

65. 李光灿等．刑法因果关系论．北京：北京大学出版社，1986

66. 马克思恩格斯选集 . 2 版 . 第 4 卷 . 北京：人民出版社，1995

67. 列宁 . 黑格尔“逻辑学”一书摘要 . 北京：人民出版社，1965

68. 黄枬森主编 . 哲学笔记注释 . 上册 . 北京：北京大学出版社，1981

69. [德] 黑格尔 . 逻辑学 . 下卷 . 杨一之译 . 北京：商务印书馆，1976

70. [苏] В. П. 戈卢宾科 . 必然与自由 . 苍道来译 . 北京：北京大学出版社，1984

71. 陈朴生，洪增福 . 刑法总则 . 台北：五南图书出版公司，1992

72. [德] 李斯特 . 德国刑法教科书 . 徐久生译 . 北京：法律出版社，2000

73. 列宁 . 唯物主义和经验批判主义 . 北京：人民出版社，1960

74. 李德顺 . 价值论 . 北京：中国人民大学出版社，1987

75. [苏] В. И. 图加林若夫 . 马克思主义中的价值论 . 齐友等译 . 北京：中国人民大学出版社，1988

76. 高铭暄主编 . 新中国刑法学研究综述（1949—1985）. 郑州：河南人民出版社，1986

77. 高格主编 . 刑法教程 . 2 版 . 长春：吉林大学出版社，1987

78. 喻伟主编 . 中国刑法新教程 . 武汉：武汉大学出版社，1989

79. 樊凤林主编 . 犯罪构成论 . 北京：法律出版社，1987

80. 陈兴良 . 正当防卫论 . 北京：中国人民大学出版社，1987

81. [美] 理查德・昆尼，约翰・威尔德曼 . 新犯罪学 . 陈兴良等译 . 北京：中国国际广播出版社，1988

82. [苏] Н. А. 别利亚耶夫，М. И. 科瓦廖夫主编 . 苏维埃刑法总论 . 马改秀等译 . 北京：群众出版社，1987

83. [日] 菊田幸一 . 犯罪学 . 海沫等译 . 北京：群众出版社，1989

84. 林纪东 . 刑事政策学 . 4 版 . 台北：中正书局，1969

85. [美] 劳伦斯・泰勒 . 遗传与犯罪 . 孙力等译 . 北京：群众出版社，1986

86. [日] 平尾靖 . 违法犯罪的心理 . 金鞍译 . 北京：群众出版社，1984

87. ［苏］阿·鲍·萨哈洛夫．论苏联的犯罪人和犯罪原因．陈汉章译．北京：法律出版社，1964

88. 周振想．刑罚适用论．北京：法律出版社，1990

89. 张甘妹．再犯之研究．台北：法务通讯杂志社，1987

90. 杨春洗等主编．刑事法学大辞书．南京：南京大学出版社，1990

91. ［加］托马斯·加博．犯罪行为预测——统计方法．孙晓雳等译．北京：中国人民公安大学出版社，1990

92. 王勇．定罪导论．北京：中国人民大学出版社，1990

93. 张军．刑事错案研究．北京：群众出版社，1990

94. 邱兴隆等．刑罚学．北京：群众出版社，1988

95. 林准主编．中国刑法教程．北京：人民法院出版社，1989

96. 周密．犯罪学教程．北京：中国广播电视大学出版社，1990

97. 甘雨沛，何鹏编．外国刑法学．下册．北京：北京大学出版社，1985

98. 沈政主编．法律心理学．北京：北京大学出版社，1986

99. 北京大学法律学系编．改革与法制建设——北京大学九十周年校庆法学论文集．北京：光明日报出版社，1989

100. 高铭暄，王作富主编．新中国刑法的理论与实践．石家庄：河北人民出版社，1988

101. 艾思奇主编．辩证唯物主义历史唯物主义．3版．北京：人民出版社，1978

102. 蔡墩铭．唐律与近世刑事立法之比较研究．台北：汉苑出版社，1976

103. ［英］边沁．道德与立法原理导论．时殷弘译．北京：商务印书馆，2000

104. ［苏］孟沙金主编．苏联刑法总论．下册．彭仲文译．上海：大东书局，1950

105. 王作富主编．中国刑法适用．北京：中国人民公安大学出版社，1987

106. 郑伟．刑法个罪比较研究．郑州：河南人民出版社，1990

107. 赵秉志主编．刑法修改研究综述．北京：中国人民公安大学出版社，1990

108. 睡虎地秦墓竹简整理小组．睡虎地秦墓竹简．北京：文物出版社，1983

109. 王作富．中国刑法研究．北京：中国人民大学出版社，1988

110. ［苏］马特维也夫．苏维埃民法中的过错．彭望雍等译．北京：法律出版社，1958

111. ［苏］巴戈列利克等．在科技革命条件下如何打击犯罪．王长青，毛树智译．北京：群众出版社，1984

112. 中国高级法官培训中心，全国法院干部业余法律大学．首届学术讨论会论文选．北京：人民法院出版社，1990

113. 杨敦先等主编．廉政建设与刑法功能．北京：法律出版社，1991

114. 高格．刑法知识问答．2版．哈尔滨：黑龙江人民出版社，1982

115. 张炳明等．过失犯罪的理论与实践．北京：中国人民公安大学出版社，1988

116. 孙膺杰，吴振兴主编．刑事法学大词典．延边：延边大学出版社，1989

117. 欧阳涛等．英美刑法刑事诉讼法概论．北京：中国社会科学出版社，1984

118. 蔡枢衡．中国刑法史．南宁：广西人民出版社，1984

119. ［法］孟德斯鸠．论法的精神．上册．张雁深等译．北京：商务印书馆，1961

120. 陈兴良．共同犯罪论．北京：中国社会科学出版社，1992

121. 沈宗灵主编．法理学研究．上海：上海人民出版社，1990

122. 韩忠谟．刑法原理．增订14版．台北：台湾大学，1981

123. 蔡墩铭．刑法基本问题研究．台北：汉苑出版社，1976

124. ［日］日高义博．不作为犯的理论．王树平译．北京：中国人民公安大

学出版社，1992

125. 卢泰山主编．最高人民检察院司法解释评释（1979—1989）．北京：中国民主法制出版社，1991

126. 何鹏．外国刑法选论．长春：吉林大学出版社，1989

127. ［美］马斯洛．动机与人格．许金声等译．北京：华夏出版社，1987

128. 宋书文等主编．心理学词典．南宁：广西人民出版社，1984

129. 邱国梁．犯罪动机论．北京：法律出版社，1988

130. 曾宪信等．犯罪构成论．武汉：武汉大学出版社，1988

131. 张智辉．犯罪学．成都：四川大学出版社，1989

132. 马克思恩格斯全集．第23卷．北京：人民出版社，1972

133. 毛泽东选集．2版．第2卷．北京：人民出版社，1991

134. 夏甄陶．关于目的的哲学．上海：上海人民出版社，1982

135. 张智辉．论我国刑法中的流氓罪．北京：群众出版社，1988

136. 周辅成主编．西方著名伦理学家评传．上海：上海人民出版社，1987

137. ［德］弗里德里希·包尔生．伦理学体系．何怀宏，廖申白译．北京：中国社会科学出版社，1988

138. ［日］小仓志祥．伦理学概论．吴潜涛译．北京：中国社会科学出版社，1990

139. 王作富等．刑法各论．2版．北京：中国人民大学出版社，1985

140. ［德］黑格尔．小逻辑．贺麟译．北京：三联书店，1957

141. 马克思恩格斯全集．第8卷．北京：人民出版社，1961

142. ［意］龙勃罗梭．犯罪人论．黄风译．北京：中国法制出版社，2000

143. 甘雨沛等主编．犯罪与刑罚新论．北京：北京大学出版社，1991

144. 马俊驹．法人制度通论．武汉：武汉大学出版社，1988

145. ［美］克莱门斯·巴斯勒斯．矫正导论．孙晓雳等译．北京：中国人民公安大学出版社，1991

146. 罗大华等．犯罪心理学．北京：群众出版社，1983

147. 张绍彦．刑事执行法学．北京：中国人民公安大学出版社，1990

148. ［挪］约翰尼斯·安德聂斯．刑罚与预防犯罪．钟大能译．北京：法律出版社，1983

149. 孙晓雳等．劳改法学新论．北京：中国人民公安大学出版社，1991

150. 邓又天主编．劳动改造罪犯的理论与实践．北京：法律出版社，1987

151. ［德］京特·凯泽．欧·美·日本监狱制度比较．刘瑞祥等译．北京：中国政法大学出版社，1989

152. 张智辉，徐名涓．犯罪被害者学．北京：群众出版社，1988

153. ［苏］贝斯特洛娃．苏维埃刑法总论讲义．中国人民大学刑法教研室译．北京：中国人民大学出版社，1952

154. ［苏］杜尔曼诺夫．苏联刑法概论．杨旭译．北京：新华书店，1950

155. 何秉松主编．刑法教程．北京：法律出版社，1987

156. 曹子丹主编．刑法教程．北京：中国政法大学出版社，1988

157. 罗大华主编．法制心理学词典．北京：群众出版社，1989

158. 田文昌．刑罚目的论．北京：中国政法大学出版社，1987

159. ［意］菲利．犯罪社会学．郭建安译．北京：中国政法大学出版社，1990

160. 陈兴良．经济犯罪学．北京：中国社会科学出版社，1990

161. 高铭暄．中华人民共和国刑法的孕育和诞生．北京：法律出版社，1981

162. 王觐．中华刑法论．上卷．新订7版．北平：朝阳学院，1933

163. ［德］康德．法的形而上学原理——权利的科学．沈叔平译．北京：商务印书馆，1991

164. 王哲．西方政治法律学说史．北京：北京大学出版社，1988

165. ［英］戴维·M. 沃克．牛津法律大辞典．邓正来等译．北京：光明日

报出版社，1989

166. [美] N. 维纳．人有人的用处：控制论和社会．北京：商务印书馆，1978

167. [美] 约翰·罗尔斯．正义论．何怀宏等译．北京：中国社会科学出版社，1988

168. 马克思恩格斯选集．第2卷．北京：人民出版社，1992

169. [英] 边沁．立法理论：刑法典原理．孙力等译．北京：中国人民公安大学出版社，1993

170. [英] 洛克．政府论．下篇．叶启芳，瞿菊农译．北京：商务印书馆，1964

171. [法] 卢梭．论人类不平等的起源和基础．李常山译．北京：商务印书馆，1962

172. [法] 卢梭．社会契约论．修订2版．何兆武译．北京：商务印书馆，1980

173. [法] 罗伯斯庇尔．革命法制和审判．赵涵兴译．北京：商务印书馆，1965

174. 王德禄，蒋世和编．人权宣言．北京：求实出版社，1989

175. 刘仁文．死刑的温度．北京：生活·读书·新知三联书店，2014

176. 侯国云，薛瑞麟主编．刑法的修改与完善．北京：中国政法大学出版社，1989

177. 储槐植．刑事一体化与刑法关系论．北京：北京大学出版社，1997

178. 马克思恩格斯全集．第2卷．北京：人民出版社，1957

179. 乔伟．唐律研究．济南：山东人民出版社，1985

180. [唐] 长孙无忌等．唐律疏议．北京：中华书局，1983

181. 杨敦先等主编．刑法发展与司法完善．北京：中国人民公安大学出版社，1989

182. 杨敦先等主编．刑法发展与司法完善（续编）．长春：吉林大学出版

社，1990

183. 张甘妹．刑事政策．台北：三民书局，1979

184. 陈顾远．中国法制史概要．台北：三民书局，1977

185. 金凯．比较刑法．郑州：河南人民出版社，1985

186. 高铭暄等．刑法词典．2 版．上海．上海辞书出版社，1984

187. 张建田．军人违反职责罪．北京：群众出版社，1986

188. 沈家本．历代刑法考（四）．北京：中华书局，1984

189. 杨春洗等．刑法总论．北京：北京大学出版社，1981

190. ［法］孟德斯鸠．波斯人信札．罗大冈译．北京：人民文学出版社，1958

191. ［美］戈尔丁．法律哲学．齐海滨译．北京：三联书店，1987

192. 张晋藩主编．中国刑法史稿．北京：中国政法大学出版社，1991

193. 袁建国．法律创制论．郑州：河南人民出版社，1989

194. 孙宛钟主编．立法学教程．北京：中国法制出版社，1990

195. 梁启超．中国成文法编制之沿革．上海：中华书局，1936

196. 赵维田．论三个反劫机公约．北京：群众出版社，1985

197. 林欣．国际法中的刑事管辖权．北京：法律出版社，1988

198. 蔡墩铭．现代刑法思想与刑事立法．2 版．台北：汉林出版社，1977

199. 程荣斌主编．检察制度的理论与实践．北京：中国人民大学出版社，1990

200. ［美］蒂洛．伦理学理论与实践．孟庆时译．北京：北京大学出版社，1985

201. ［苏］B. H. 库德里亚夫采夫．定罪通论．李益前译．北京：中国展望出版社，1989

202. 郭功勋．案例刑法总论．台北：三民书局，1983

203. 孙国华主编．法学基础理论．北京：法律出版社，1982

204. 苏惠渔等．量刑方法研究专论．上海：复旦大学出版社，1991

205. 李光灿主编．中华人民共和国刑法论．上册．长春：吉林人民出版社，1984

206. 杨敦先主编．刑法学概论．北京：光明日报出版社，1985

207. 吴家麟主编．法律逻辑学．北京：群众出版社，1983

208. 苏惠渔等．量刑与电脑——量刑公正合理应用论．上海：百家出版社，1989

209. 陈光中，沈国峰．中国古代司法制度．北京：群众出版社，1984

210. 李光灿．评《寄簃文存》．北京：群众出版社，1985

211. 邵名正主编．监狱学概论．北京：中国政法大学出版社，1995

212. 沈家本．历代刑法考（三）．北京：中华书局，1985

213. 夏登峻编著．英汉法律词典．北京：法律出版社，1985

214. ［法］米歇尔·福柯．规训与惩罚——监狱的诞生．刘北成等译．北京：三联书店，1999

215. 马克思．哥达纲领批判．北京：人民出版社，1965

216. 余淦才等．刑法拆解汇纂．北京：中国政法大学出版社，1991

217. 陈旭麓．浮想录．重庆：重庆出版社，1991

218. ［德］康德．未来形而上学导论．庞景仁译．北京：商务印书馆，1982

219. ［苏］普列汉诺夫．普列汉诺夫哲学著作选集．第1卷．北京：三联书店，1959

220. ［法］勒内·达维德．当代主要法律体系．漆竹生译．上海：上海译文出版社，1984

221. ［日］西原春夫．刑法的根基与哲学．顾肖荣等译．上海：三联书店上海分店，1991

222. 宋耀良．十年文学主潮．上海：上海文艺出版社，1988

附录Ⅱ　索引

后　记

刑法哲学，对我来说是一个做了近十年的梦。当为本书打上最后一个句号的时候，这个梦也就圆了。我竦身一摇，将自己的思绪从梦中摆脱出来。

从 1981 年大学本科毕业，考上刑法专业硕士研究生算起，步入刑法学界已经整整十年，本书正是对自己近十年来刑法理论研究的一次总结。本书写作的初衷是为刑法理论的研究提供一种新的思路，为从注释刑法学到理论刑法学的转变作出一分努力。至于这一初衷是否实现以及在何种程度上实现，有待于社会的检验。刑法学，虽然是我国法学中的一门显学，然而刑法学又仍然是幼稚的，这种幼稚性的突出表现是没有建立起严谨科学的刑法理论的“专业槽”。文学艺术界的有识之士指出：以往文艺理论界的一个深刻的教训就在于批评的“食槽”太浅露而又宽泛，谁都可以伸进头来吃上一嘴。而如今，在一种潜在自觉意识指导下，批评家们在通力构筑起一套庞杂恢宏而又深奥抽象的理性符号系统。这不啻是一种防范性的措施，更重要的是为了维护和深化学科的科学性、专业性和学术性。[①]“专业食槽”过于浅露与宽泛的评价同样适合于刑法学，以至于整个法学。然而，文学艺术界的批评家们正在合力加速构建“专业槽”，而我们法学界又有多少人已经意识到这个问题呢？诚然，刑法学是一门实用性极强的应用学科，与司法实践有着直接的关联。然而，学科的实用性不应当成为理论的浅露性的遁词。作为一门严谨的学科，刑法学应当具有自己的“专业槽”，非经严格的专业训练，不能随便伸进头来吃上一嘴。这既是维护刑法学的学术性的需要，更是维护刑法学的科学性的需要。当然，我们并不反对在刑法学中作理论层次上的区分，由此而形成从司法实践到刑法理论和从刑法理论到司法实践的良性反馈系统。但现在的问题是：理论与实践难以区分，实践是理论的，理论也是实践的，其结果只能是既没有科学的理论，也没有科学的实践。我们的时代是一个反思的时代，崇尚思辨应该成为这个时代的特征。刑法学如欲无愧于这个时代的重托与厚望，必须提高自身的理论层次，引入哲学思辨，使刑法的理论思维成为对时代本质的思维，与时代变革的脉搏跳动合拍。这是我写作本书的最原始的信念之一，写在这里与刑法学界同仁共勉。

本书的写成，首先要归功于高铭暄教授和王作富教授十年来对我的精心栽培，没有这两位恩师开启思路、指点迷津，就不会有本书的问世。中国政法大学的曲新久、武汉大学的王晨、吉林大学的李贵方诸位学友，给我以信念上的支持，使我得以满怀信心地写完全书。尤其是曲新久君，以同居京城之便，经常与之切磋，使我受益匪浅。在此，我还要提到一位与本书写成具有重要关系的人，这就是邱兴隆君。我在1985年就开始与还在西南政法学院攻读硕士学位的他通信讨论罪刑关系问题，自他于1986年考入中国人民大学攻读博士学位以后，这种讨论更加深入，并合作发表了有关罪刑关系的论文。可以说，本书也包含着邱兴隆君的一份心血。中国政法大学出版社在当前学术书出版凋零的情况下，热情向我约稿，慨然将本书纳入中青年法学文库，使我解除了出书之忧，并成为写作

① 参见宋耀良：《十年文学主潮》，19～20页，上海，上海文艺出版社，1988。

本书的外在动力，为此十分感谢。最后，值此本书付梓之际，一并向所有关注并关心我的学术研究的各位良师益友表示诚挚的谢意。

陈兴良

1991 年 9 月 22 日中秋

识于北京西郊红楼陋室

图书在版编目（CIP）数据

刑法哲学/陈兴良著．—6 版．—北京：中国人民大学出版社，2017.10
（陈兴良刑法学）
ISBN 978-7-300-25077-9

Ⅰ.①刑… Ⅱ.①陈… Ⅲ.①刑法-法哲学-研究 Ⅳ.①D914.01

中国版本图书馆 CIP 数据核字（2017）第 253131 号

陈兴良刑法学
刑法哲学（第六版）
陈兴良 著
Xingfa Zhexue

出版发行	中国人民大学出版社		
社 址	北京中关村大街 31 号	邮政编码	100080
电 话	010－62511242（总编室）		010－62511770（质管部）
	010－82501766（邮购部）		010－62514148（门市部）
	010－62515195（发行公司）		010－62515275（盗版举报）
网 址	http://www.crup.com.cn		
经 销	新华书店		
印 刷	涿州市星河印刷有限公司	版 次	2015 年 7 月第 1 版
开 本	720 mm×1000 mm 1/16		2017 年 11 月第 2 版
印 张	60.25 插页 4	印 次	2024 年 5 月第 4 次印刷
字 数	875 000	定 价	238.00 元